辽西区青铜时代考古文献选编

——回眸药王庙、夏家店遗址发掘六十周年

中　国　考　古　学　会
中国社会科学院考古研究所
内　蒙　古　自　治　区　文　物　局
赤　峰　市　人　民　政　府
编

科　学　出　版　社
北　京

内 容 简 介

本书选编了辽西区（燕山南北至西拉木伦河流域）青铜时代的考古文献，内容包括3篇考古报告（简报）和31篇论文。这些文献均已发表，此次重刊则做了进一步的核校和统一编排，尤其是在核查原始资料的基础上修订了《赤峰药王庙、夏家店遗址试掘报告》。《附录》将涉及辽西区青铜时代考古的文献汇编成目录。本书对推动北方地区的考古研究有着积极意义。

本书可供考古工作者和历史学者鉴阅，以及高校的相关专业师生参考。

图书在版编目（CIP）数据

辽西区青铜时代考古文献选编：回眸药王庙、夏家店遗址发掘六十周年 / 中国考古学会等编. —北京：科学出版社，2020.8

ISBN 978-7-03-065960-6

Ⅰ. ①辽… Ⅱ. ①中… Ⅲ. ①青铜时代文化－考古－文献－汇编－辽西地区 Ⅳ. ①K871.3

中国版本图书馆 CIP 数据核字（2020）第 162603 号

责任编辑：李 茜 / 责任校对：邹慧卿
责任印制：肖 兴 / 封面设计：北京美光设计制版有限公司

科学出版社 出版
北京东黄城根北街 16 号
邮政编码：100717
http://www.sciencep.com

北京九天鸿程印刷有限责任公司 印刷
科学出版社发行 各地新华书店经销

*

2020 年 8 月第 一 版 开本：787 × 1092 1/16
2020 年 8 月第一次印刷 印张：35 插页：12
字数：810 000

定价：360.00 元

（如有印装质量问题，我社负责调换）

编 委 会

前　言

考古学上习称的辽西区常被表述为燕山南北至西拉木伦河流域，其地北起大兴安岭南缘，南迄燕山山脉东段，西达闪电河（滦河上游），东抵医巫闾山至彰武一线。按照目前的行政区划，当包括内蒙古的赤峰市，通辽市的库伦、奈曼两旗及霍林河上游至开鲁以西的扎鲁特、开鲁两旗（县）的西部，辽宁省的阜新、朝阳、锦州、葫芦岛4市和河北省的承德市。

辽西区的考古工作起步较早。1935年日本东亚考古学会发掘了赤峰红山后遗址，1938年出版的《赤峰红山后——热河省赤峰红山后先史遗址》成为当时此地域重要的考古报告。尹达依据红山后的发掘资料，将其中的新石器时代遗存（赤峰第一期文化）命名为红山文化。而红山后发掘报告称述的“赤峰第二期文化”内容较为庞杂。1959年，刘观民等支援内蒙古宁城县辽中京城遗址发掘，冬季收工后，在赤峰附近做短期田野调查，调查（包括复查）数十处遗址，将部分标本带回北京。经分析，所谓的“赤峰第二期文化”并不单纯，其陶器中至少含有两类各具特色的组群，一类是器表饰绳纹或篮纹而质地较为坚硬的灰陶陶器，另一类是表面光素无纹、质地较为疏松的夹砂红陶陶器。尽管不能否认包括红山后在内的一些遗址有着两类陶器共存于同层的现象，但并不能就此判断二者同时并存，需要再做一定的发掘，以了解它们在地层上的确切关系。当时，夏鼐副所长、苏秉琦等先生听取汇报和观摩标本后，也支持我们对两类不同陶器群分属两种考古学文化的认识，并赞同发掘夏家店、药王庙遗址。曾经认为，表面光素无纹、质地粗糙的夹砂红陶陶器群应早于饰绳纹或篮纹且质地坚硬的灰陶陶器群，后来的发掘则证明恰好相反。这在今天看来虽已是一般常识，但当时这一认识的转变竟使我们数夜难眠，其教训终生难忘。

1956年国务院成立科学规划委员会，郑振铎主持制定《考古学研究工作十二年远景规划（1956—1967）》，其中包括开展边疆民族地区考古工作。为实施这一“规划”，1960年春，考古研究所正式成立内蒙古工作队，这是考古所组建的第一支边疆工作队。当年4～6月，该队发掘了药王庙和夏家店两遗址。药王庙遗址发掘的4条探沟内均可分成若干堆积层，各层所出陶片俱属同类，皆是夹砂灰陶的鬲、甗和泥质灰陶的盆、钵、尊。夏家店遗址的情况比较复杂，故布设了4个发掘地点，各地点的堆积层次虽不尽相同，但靠上面的几层有的包含上述两类陶片，有的仅见光素无纹的夹砂红陶陶片，最下面的一层却都只出和药王庙遗址同样的陶片。故而可以肯定，夏家店遗址的最下层应是一种单纯的文化遗存，叠压其上的文化层当属另外一种文化，以夏家店遗址的地层为据，可知它应比下层文化遗存的年代要晚。至于两类陶片出自同层的现象，应是原本上层对下层有所扰动所致。这样，便通过对这两个遗址的小规模发掘，从昔日的“赤峰第二期文化”中辨识出年代各有先后的两种文化遗存。在1961年发表的《内蒙古赤峰药王庙、夏家店遗址试掘简报》中，这两种文化遗存分别被命名为“夏家店下层文化”和“夏家店上层文化”，均属青铜时代。

此后，该队于1961～1963年又相继发掘了宁城南山根、赤峰蜘蛛山和西水泉遗址，进一步揭示出夏家店下层文化晚于红山文化和夏家店上层文化早于战国时期遗存的年代关系。1964年在阴河—英金河流域的考古调查和发掘，首次确认了一批起建年代属于夏家店下层文化的石城址。随着周围地区考古资料的日益增多，对夏家店下层文化和夏家店上层文化的年代和谱系源流等基本问题也有了益渐清晰的认识。

20世纪七八十年代，北票丰下、赤峰（今松山区）西山根、赤峰（今松山区）四分地东山嘴、敖汉旗大甸子、林西大井、克什克腾旗龙头山、阜新平顶山、喀左南沟门、喀左和尚沟等重要遗址的发掘，使得夏家店下层文化和夏家店上层文化的研究步入崭新的阶段，并识别出分布地域偏南的同属青铜时代的魏营子文化。苏秉琦先生也正是基于这一时期辽西区的田野收获，阐发出影响深远的“古文化古城古国论”，以及后来提出的由古国到方国再到帝国的中国古代国家形成的“三部曲”。

90年代迄今，辽西区青铜时代的考古收获更是高潮迭起，北票康家屯，喀喇沁旗大山前，赤峰松山区三座店、上机房营子和红山区二道井子，以及宁城小黑石沟，这些举世关注的大遗址屡屡刷新了对此一地区青铜时代既有的认知。

总之，六十年来，我国考古事业不断发展，在辽西区青铜时代考古学的研究上积累了丰富的资料，研究水平也有了长足的进步。六十岁一甲子。为总结辽西区青铜时代考古成果，纪念在这片热土上立有开拓之功和做出重要贡献的考古先贤，以进一步推动东北青铜时代考古研究，值此药王庙、夏家店两遗址发掘六十周年之际，在中国考古学会、中国社会科学院考古研究所、内蒙古自治区文物局、赤峰市人民政府的主持下，辑成了《辽西区青铜时代考古文献选编——回眸药王庙、夏家店遗址发掘六十周年》（下称《选编》）。

《选编》所指称的辽西区青铜时代，包含该区域内的夏家店下层文化、夏家店上层文化、高台山文化、魏营子文化和相当于夏家店上层文化晚期前后的其他遗存，相对年代则可对应于中原地区的二里头文化时期至春秋中期之前（辽西区的井沟子文化、水泉文化、凌源三官甸子青铜短剑墓等春秋晚期至战国时代的遗存不归其属）。

《选编》的前提是上述时、空范围内的考古文献汇编，这部分工作的成果集结为《辽西区青铜时代考古文献目录索引》，现作为《选编》的附录部分。收入目录的文献分成4个门类，即“考古专刊报告和图录”（共15部）、“各刊物中的考古资料”（共163篇）、论文（共367篇）和“考古专著”（共18部），发表时间截至2018年底之前。原则上只收录中文的，但“考古专刊报告和图录”中有4部是外文或中、外文对照的，“考古专著”中有1部是英文的。为便于检索，“各刊物中的考古资料”按内蒙古自治区、辽宁省、河北省分别编排。

药王庙、夏家店遗址的发掘报告直接关系到夏家店下层文化和夏家店上层文化的确认。《内蒙古赤峰药王庙、夏家店遗址试掘简报》发表后，发掘者又对药王庙、夏家店、南山根遗址的发掘资料进行了全面整理，于1963年完成《药王庙、夏家店、南山根发掘报告》稿，拟以专刊形式发表。1972年《考古学报》复刊，因出版专刊受限，经考古所领导商定，将此稿拆分为《赤峰药王庙、夏家店遗址试掘报告》和《宁城南山根遗址发掘报告》两篇报告，文字、插图、图版均经压缩，分别发表在1974年第1期和1975年第1期的《考古学报》。鉴于《赤峰药王庙、夏家店遗址试掘报告》与原稿存在一定差别，为求真准，我们对照报告原稿一一做了修订，并重新扫描了插图和旧照，增加了一些当初未能发表的照片，《选编》的重要内容之一即是刊发这次重新修订的《赤峰药王庙、夏家店遗址试掘报告》（行文和体例仍因当年发表的报告）和此前发表的《内蒙古赤峰药王庙、夏家店遗址试掘简报》。作为近年辽西区青铜时代的新收获，《选编》也将《内蒙古赤峰市二道井子遗址的发掘》（原刊《内蒙古文物考古文集（第四辑）》，科学出版社，2013年）收入其中。除以上3篇考古报告（简报）外，经编委会商议，并征求李伯谦、郭大顺、林沄先生的意见，重刊了论文中的31篇著述，以期大体反映不同时段的研究认识。这些论文或经作者再校，或由编者重新校勘（多是已故作者的论文）。

中国境内错综纷纭的文化谱系中，辽西区青铜文化别树一帜，如今这方面的研究虽很深入，仍有许多未解之谜，不少领域还留着长长的空白。举例而言，已发现的夏家店下层文化遗址不下5000处，如果说夏家店下层文化已成一方之国的话，其核心地究竟应在何处；夏家店上层文化是否随时间推移而由北渐南；像宁城南山根、小黑石沟那样的高等级墓葬是否反映了夏家店上层文化的核心区……诸如此类的问题均与中华民族多元一体的形成息息相关，作为辽西区的考古工作者义不容辞，仍需努力。愿《选编》能助力读者，在考古研究的道路上不断取得新收获。

徐光冀　朱延平

2020年1月2日

目　录

前言……………………………………………………………………………………………（ i ）
内蒙古赤峰药王庙、夏家店遗址试掘简报…… 中国科学院考古研究所内蒙古发掘队 （ 1 ）
赤峰药王庙、夏家店遗址试掘报告 ………… 中国科学院考古研究所内蒙古工作队 （ 9 ）
内蒙古赤峰市二道井子遗址 2009 年发掘述要 …… 内蒙古自治区文物考古研究所 （52）
赤峰东八家石城址勘查记 ……………………………………………………佟柱臣 （66）
内蒙古东部地区青铜时代的两种文化 ………………………… 刘观民　徐光冀 （72）
从昭盟发现的大型青铜器试论北方的早期青铜文明 ……………………苏　赫 （82）
内蒙古东南部地区青铜时代的几个问题 …………………………………刘观民 （88）
辽西古文化古城古国…………………………………………………………苏秉琦 （95）
试析夏家店下层文化的陶鬲 ………………………………………………刘观民 （100）
赤峰英金河、阴河流域的石城遗址 …………………………………………徐光冀 （107）
丰下遗址陶器分期再认识 …………………………………………………郭大顺 （119）
夏家店下层文化研究………………………… 张忠培　孔哲生　张文军　陈　雍 （134）
试论魏营子类型………………………………………………………………郭大顺 （152）
夏家店上层文化及其族属问题 ……………………………………………靳枫毅 （171）
夏家店上层文化居民的种族类型及相关问题 ……………………………朱　泓 （202）
夏家店下层文化彩绘纹式 …………………………………… 刘观民　徐光冀 （214）
大甸子墓地乙群陶器分析 …………………………………………………刘晋祥 （221）
论夏家店下层文化……………………………………………………………李伯谦 （225）
对南山根 M102 出土刻纹骨板的一些看法…………………………………林　沄 （244）
东胡与山戎的考古探索 ……………………………………………………林　沄 （249）
《大甸子》序 …………………………………………………………………苏秉琦 （258）
山戎民族及其文化考…………………………………………………………郑绍宗 （259）
夏家店下层文化药王庙类型城址发现与探索 ………… 杨　虎　孙祖初　邵国田 （267）
魏营子文化初步研究…………………………………………………………董新林 （272）
夏家店上层文化青铜器研究 ………………………………………………刘国祥 （303）
论夏家店上层文化在欧亚大陆草原古代文化中的重要地位 ………………乌　恩 （357）
夏家店上层文化向南的分布态势与地域文化变迁 …………………………朱永刚 （372）
辽西区夏至战国时期文化格局与经济形态的演进 …………………………王立新 （385）
夏家店上层文化在中国北方青铜器发展中的传承作用 ……………………杨建华 （411）

辽西山地夏至战国时期考古学文化时空框架研究的再检讨 ………………… 赵宾福 （425）
夏家店上层文化的分期与源流 ……………………………………………… 井中伟 （459）
三座店石城遗址与夏家店下层文化若干问题之我见 ……………… 郭治中　郭　丽 （483）
赤峰新店石城址发掘记 ……………………………………………………… 徐光冀 （496）
老哈河中、上游夏家店上层文化之源 ……………………………………… 朱延平 （498）
附录　辽西区青铜时代考古文献目录索引 ……………………………………………（514）
编后记…………………………………………………………………………………………（546）

Contents

Introduction……………………………………………………………………………………(i)
Preliminary report on the test excavations at Yaowangmiao and Xiajiadian sites in Chifeng, Inner Mongolia ……………… Inner Mongolia Archaeological Team, Institute of Archaeology, Chinese Academy of Sciences (1)
Report on the test excavations at Yaowangmiao and Xiajiadian site in Chifeng area ………………………………Inner Mongolia Archaeological Team, Institute of Archaeology, Chinese Academy of Sciences (9)
The excavation at Erdaojingzi site in Chifeng city, Inner Mongolia ………………………… ……………………………… Inner Mongolian Autonomous Regional Institute of Cultural Relics and Archaeology (52)
A report of survey at the Dongbajia stone-wall site of Chifeng ……….Tong Zhuchen (66)
Two types of bronze age cultures of the eastern part of Inner Mongolia……………………… ………………………………………………………… Liu Guanmin and Xu Guangji (72)
Preliminary discussion of early bronze civilization in the North based on the large bronze vessel discoverd at Zhaowudameng (Chifeng city) ………………Su He (82)
Several questions on bronze age of southeast of Inner Mongolia ………. Liu Guanmin (88)
Ancient culture · ancient city · ancient country of Liaoxi area : Preliminary discussion of the emphasis of the present archaeological work and the major project ……………………………………………………………………… Su Bingqi (95)
An analytical study of the Li pottery of the Lower Xiajiadian culture ….. Liu Guanmin (100)
The stone-wall sites of the Yingjin and Yin river basins in Chifeng area …. Xu Guangji (107)
A new understanding on chronological study of the pottery of Fengxia site …………………… ……………………………………………………………………………… Guo Dashun (119)
Research of the Lower Xiajiadian culture……………………………………………………… ………….Zhang Zhongpei, Kong Zhesheng, Zhang Wenjun, and Chen Yong (134)
Preliminary discussion of the Weiyingzi cultural type…………………….Guo Dashun (152)
The Upper Xiajiadian culture and its ethnic attribution …………………… Jin Fengyi (171)
Race of the Upper Xiajiadian culture and its related questions……………. Zhu Hong (202)
The painting styles of the Lower Xiajiadian culture …… Liu Guanmin and Xu Guangji (214)
An analytical study of the B group pottery from graves in the Dadianzi cemetery…………… ……………………………………………………………………………Liu Jinxiang (221)

Discussion of the Lower Xiajiadian culture ········ Li Boqian (225)
Some views on inscribed bone plate from tomb 102 of Nanshangen site ········ Lin Yun (244)
Archaeological study on the ethnic groups Dong Hu and Shan Rong ········ Lin Yun (249)
Preface (《大甸子》序) ········ Su Bingqi (258)
On the ethnic group Shan Rong and its culture: A study into the social character of the Upper Xiajiadian culture ········ Zheng Shaozong (259)
The discovery and exploration on the wall-site of the Yaowangmiao type of the Lower Xiajiadian culture ········ Yang Hu, Sun Zuchu, Shao Guotian (267)
Preliminary study on the Weiyingzi culture ········ Dong Xinlin (272)
On the bronzes of the Upper Xiajiadian culture ········ Liu Guoxiang (303)
Discussion on the Importance of the Upper Xiajiadian culture to the Eurasia steppe ancient culture ········ Wu En (357)
The area of the Upper Xiajiadian culture extended to the south and the change of regional culture ········ Zhu Yonggang (372)
The evolution of cultural pattern and economic formation in Liaoxi area from the Xia dynasty to the Warring states period ········ Wang Lixin (385)
The inheritance of the Upper Xiajiadian culture with the development process of bronze artifacts of northern China ········ Yang Jianhua (411)
New study on the space-time framework of the archaeological culture from the Xia dynasty to the Warring states period in the mountainous area of Liaoxi ········ Zhao Binfu (425)
Chronological study and the origin and the development of the UpperXiajiadian culture ········ Jing Zhongwei (459)
My view on the Sanzuodian stone-wall site and several questions of the Lower Xiajiadian Culture ········ Guo Zhizhong and Guo Li (483)
The excavation at the Xindian stone-wall site of Chifeng ········ Xu Guangji (496)
The origin of the Upper Xiajiadian culture in the middle and upper Laoha river ········ Zhu Yanping (498)
Appendix: Liaoxi area Bronze Age archaeology bibciography indexes ········ (514)
Postscript ········ (546)

内蒙古赤峰药王庙、夏家店遗址试掘简报

中国科学院考古研究所内蒙古发掘队

1960年4～6月，我队在赤峰市药王庙遗址、夏家店遗址进行试掘，这两处遗址分别位于内蒙古自治区昭乌达盟赤峰市三眼井乡药王庙村和城郊乡夏家店村（图一；图版一，1），现将试掘的主要收获简报如下。

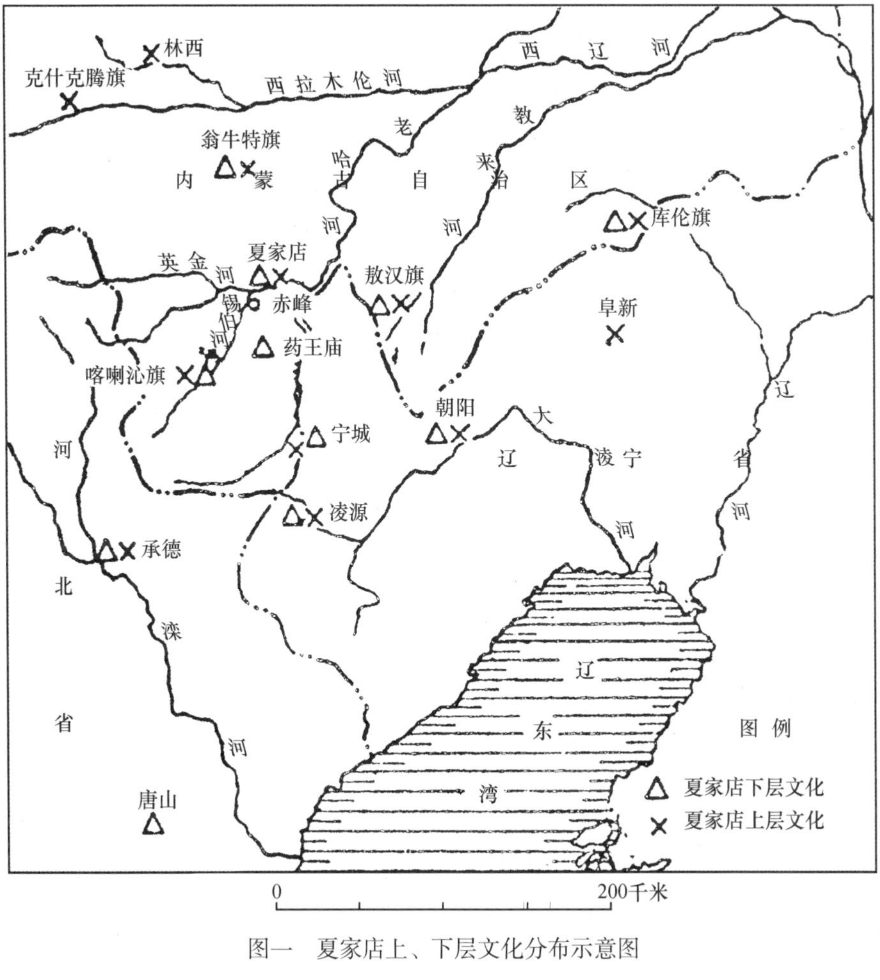

图一　夏家店上、下层文化分布示意图

一、药王庙遗址

药王庙村位于赤峰市南约17千米处，周围是绵延起伏的土山冈，遗址在村东的一

个山冈上（当地人称药王山）。山冈的西、北、南三面为涧沟环绕，西面是小南沟，向北流入英金河。山冈南北约200、东西约250米，地面上散布着陶片和石器等遗物。在断崖上可看到窖穴和灰层，灰层深达3米。我们在靠近断崖的地方，开掘了四条探沟，面积约70平方米。

（一）文化层堆积

堆积层比较简单，没有发现扰乱现象。除表土层外，可分二层：上层为灰土，土质松软；下层为黄灰土，土质较硬；再下即黄色生土。上下两层系同一文化，仅上层的个别器物下层未见。我们发现了建筑遗存和石器、骨器、陶器等遗物。陶器有鬲、甗、鼎、盆、罐、瓮和钵等。

（二）遗迹

房屋址分两种。一种为袋形窖穴式，如F2，口径2.7、底径3.4、深1.5米。四壁抹草泥，地面系经两次用草拌泥筑成，厚约20厘米，上有路土。房屋中部有篝火痕迹，未见灶，也没有发现柱洞。门朝南开，上窄下宽呈梯形，门道两壁亦抹草泥。另一种为圆形窖穴式，直径1.9、深1米。四周砌石头，黄土地面，经过夯打。屋内有篝火痕迹，中间有柱洞。

（三）遗物

1. 石器

多磨制，有铲、斧、锛、刀和环等。铲扁平，通体磨光，一面磨刃。斧有平面呈长方形、横剖面呈椭圆形较厚重的，也有扁平中部穿孔的，皆通体磨光，两面磨刃。打制石器有斧、锄、盘状器等。

2. 骨器

数量较多，制作精致，计有斧、匕、镞、锥、针和笄等。

此外，有卜骨，有的系猪之肩胛骨，有钻有灼。

3. 蚌器

较少，有穿孔蚌刀等。

4. 陶器

以夹砂灰陶最多，夹砂褐陶和泥质灰陶次之，亦有夹砂红陶和泥质黑陶。陶质坚硬，火候较高。纹饰主要是绳纹和绳纹加划纹，附加堆纹仅饰于甗腰和瓮的肩部和腹部，瓮、鬲腹部常有泥饼装饰。磨光陶器约占五分之一，常是把制作过程中印上的绳纹磨掉。制法为手制，多泥条盘筑法，分几部分做好再捏合，有些鬲足内壁有模制的痕迹。器形有鬲、甗、鼎、盆、罐（图二，1、2、4、6）、瓮（图二，7）和钵等。除炊器外，一般容器也多夹砂。鬲有敞口直腹、深裆实足、足与腹相接处区分很显著的（图二，1）和敞口缩颈深袋足的（图二，2）等几种。甗未见上部，袋状加锥形实足，袋部很深，分裆很高，腰部收缩（图二，6）。盆敞口，直腹，平底。有的近底部向内折收（图二，4），有的腹部向内倾斜，未见底部，其中有的可能是甗的上部。此外，有陶纺轮，可分圆球形和多角形两种。

兽骨数量不多，待以后鉴定。

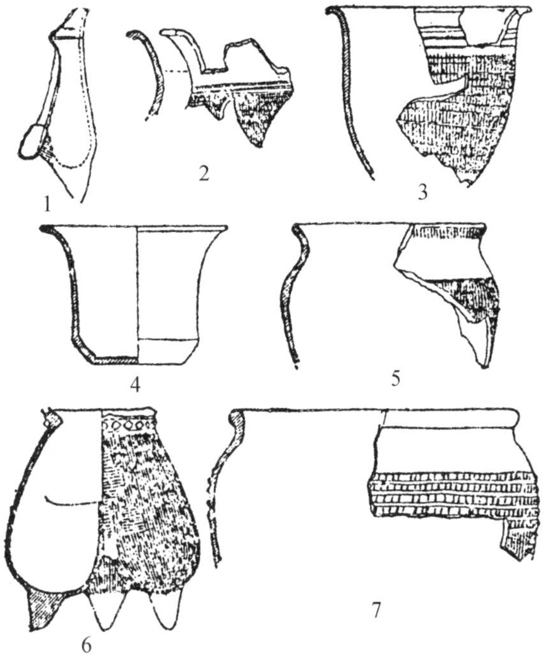

图二　药王庙和夏家店下层出土陶器

1、2. 鬲　3. 盆　4. 折腹盆　5. 罐　6. 甗　7. 瓮

（1、2、4、6、7. 出于药王庙　3、5. 出于夏家店下层）

二、夏家店遗址

夏家店位于赤峰市东约 15 千米，英金河北岸。英金河向东流入老哈河，北岸是连绵不断的山梁，经过长期的山水冲刷形成一条条伸向河岸的山冈，这些山冈上古代遗址很多，夏家店遗址就是其中一个。遗址在夏家店村北，分布在三个相连的山冈上，中间被两条山涧隔开，东西约 1000、南北约 300 米。1958 年农民挖水渠，经过遗址的南端，曾挖出一些完整陶罐和石器，并露出许多建筑遗迹的断面。1959 年冬，在赤峰调查时，先在赤峰市文物馆看了过去在这里采集的器物，才到这里进行调查。1960 年我们在这三道山冈上进行发掘，主要集中于第二道山冈的东坡和南坡，共发掘约 300 平方米。

（一）文化层堆积

文化层堆积厚约3米，发现两种文化层相叠压，并有上层的灰坑、墓葬打破下层的灰坑和地层的现象。

上层堆积较厚，1.5～2米，分为两层，只在个别器物上有区别，可进一步找到它的分期。我们发现了房屋、窖穴、墓葬和石器、骨器、陶器等遗迹、遗物，陶器有鬲、甗、罐、豆和钵等。

下层堆积较薄，厚度也不均匀，0.25～1米。发现的陶器与药王庙遗址的陶器完全一致（图二，3、5）。值得提出的是，在下层发现有碎小的铜渣。再下层即是生土。

下面只介绍上层的遗迹和遗物。

（二）遗迹

房屋有两种。一种是圆形窖穴式，如F4，直径约2.7、深0.6米，口略小于底，地面抹草泥。西南壁下有灶坑，平面呈梯形，深15厘米，中置石头3块，呈三角形，系置三足炊器的垫石。在灶坑附近有篝火痕迹，上有已残的鬲、豆两件，未见柱洞。另一种是夯打的黄土居住面，略近圆形，有篝火痕迹和柱洞，面积较前者大。

窖穴分圆形、袋形、长方形三种，但没有发现居住痕迹，有的袋形穴底部抹草泥，在靠近口部用石头加固。这些窖穴可能都是用来储藏物品的。

（三）遗物

1. 石器

多磨制，有锛斧、半月形双孔石刀、斧、石臼、杵和磨石等。锛斧似梯形，中穿孔。斧与药王庙遗址出土的大体相同。打制的石器有斧、盘状器和网坠等。还有铜斧和联珠形铜饰的石范等。

2. 骨器

制作较粗糙，有镞、锥、针和骨管等。此外，也有卜骨，有的系猪之肩胛骨，有灼无钻。

3. 蚌器

有穿孔蚌刀等。

4. 陶器

均系夹砂，颗粒较大，火候较低，颜色有褐色和红色两种，陶质疏松，素面磨光。只有甗的腰部有附加堆纹。多为手制，较大器物为泥条盘筑，分几部分做好后，捏合成器。器形有鬲、甗、罐、豆和钵。鬲有筒腹（图三，1）和圆腹（图三，2）两种，裆部较平缓，有较长的圆锥形实足，均是方形实耳或环耳。有的环耳鬲系柱状实足。甗未见完整器形，仅见腰部。罐皆平底，有小口深腹罐（图三，5）、大口浅腹罐，有的腹部有方耳或环耳。豆有浅盘有把豆（图三，3、4）和深盘无把豆。此外，有半球形陶纺轮和网坠等。

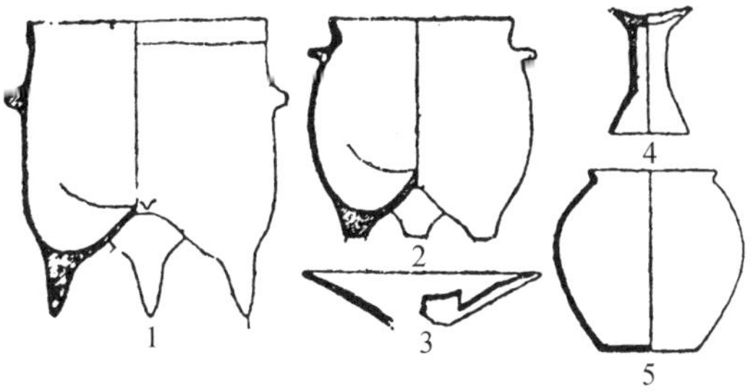

图三　夏家店上层出土陶器
1、2. 鬲　3. 豆盘　4. 豆把　5. 罐

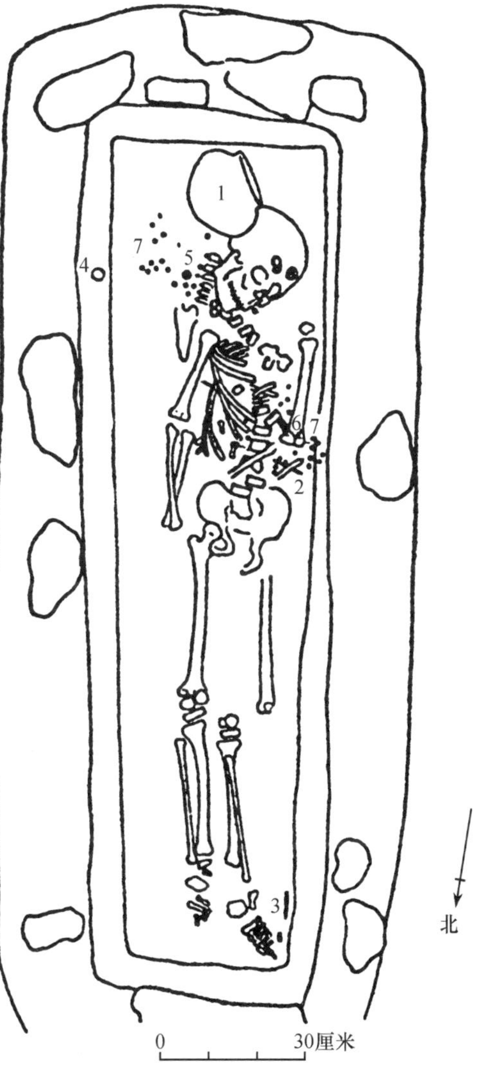

图四　M14 平面图
1. 陶罐　2. 骨针　3. 铜锥　4、5. 铜扣　6. 骨梭　7. 骨珠

兽骨很多，尚待鉴定。

（四）墓葬

在第三道和第二道山冈上，发掘了属于上层文化的墓葬17座。形制可分三种，有石棺墓、长方形土穴墓和圆形土穴墓。

1. 石棺墓

系用石块砌成长方形的“石棺”，一般长1.1～1.5、宽0.5、深0.3米。“石棺”上盖有未经加工的石板或石块。“石棺”内有的有木质葬具，葬式仰身直肢或下肢微曲，随葬品有陶罐、铜扣、骨珠串和骨针等，如M13。

2. 长方形土穴墓

一般长1.6～2.3、宽1、深0.7～1米，口底相若。葬具系用板围成长方形木框，四周用石头挤住，框外填土，有的加夯。葬式仰身直肢，多系单身葬，亦有合葬。随葬品有陶罐和纺轮，放置头侧。铜镞、锥、刀，骨镞、针和梭（？）等，一般是放在手臂的附近。镞是属于男性的随葬品。还有装饰在衣帽上的大小不同的铜扣。有的头部带有联珠状铜饰，颈部和胸前饰有骨制珠串。在M11中还发现有联珠状带弧形双尾的铜饰缀在珠串的下端[1]，如M14（图四）。

3. 圆形土穴墓

系利用废弃的圆形窖穴式的房屋或圆形窖穴埋人。骨架1～3具，保存不甚好。葬式仰身直肢，无随葬品。这种墓都集中于第三道山冈，与前两种墓葬不同，是值得注意的现象。

三、结　　语

从药王庙和夏家店下层的发掘，可以看出它们有特征明显的陶器群，有别于夏家店上层。如前所述，无论在陶质、纹饰、制法还是在器形方面，都有其自身的特点，我们暂称之为夏家店下层文化。由于地层中铜渣的出土，从而肯定它是铜器时代的一种文化。夏家店下层文化的陶器群，不仅在药王庙遗址和夏家店遗址下层共同伴出，而且有相当广阔的分布面。在赤峰附近的分布就相当稠密[2]。在西拉木伦河以南，翁牛特旗境内[3]，赤峰以东敖汉旗境内的教来河、孟克河流域[4]和库伦旗[5]以及辽宁省的朝阳、凌源[6]等地，赤峰西南的喀喇沁旗的锡伯河流域[7]，赤峰以南的宁城境内老哈河流域[8]，承德附近[9]，一直到河北省唐山[10]，都有这一文化的分布。夏家店下层文化的年代，在赤峰地区早于夏家店上层文化，其绝对年代，目前尚无确切证据，但不难看出它与殷商文化有较密切的关系，年代也可能大体相当。

通过夏家店上层的发掘，我们确切地认识了它的陶器群的特征，以及墓葬中富有特征的青铜器，是有别于夏家店下层文化的。从青铜器和石范等发现确知它也是青铜时代的一种文化。1935年日本人在赤峰红山后盗掘的“石棺墓”，与夏家店上层是属于同一文化的[11]。但是，在赤峰红山后第一住地的盗掘[12]，除了大量的属于夏家店上层的陶片外，还混有夏家店下层文化的陶片[13]，他们没有作为两种文化区别开来，因此，所谓“赤峰第二期文化”，实际上包括两种文化的因素。同时，日本人错误地认为相当于夏家店上层的陶器，发展成为相当于夏家店下层文化的陶器[14]，这在时代上也完全颠倒了。为避免继续造成混乱，我们把夏家店上层暂称为夏家店上层文化。夏家店上层文化在赤峰附近也有相当密集的分布[15]。已知的分布点，在宁城境内的老哈河流域和喀喇沁旗的锡伯河流域[16]比较多，承德附近也有[17]，一直到河北省唐山还可找到它的踪迹[18]。在赤峰以东的敖汉旗境内教来河和孟克河流域[19]，其分布没有夏家店下层文化稠密，在库伦旗[20]和辽宁省朝阳、阜新等地[21]，赤峰以北，翁牛特旗[22]，西拉木伦河流域的林西[23]以及克什克腾旗[24]都有分布。而且可以看出，夏家店上层文化与吉林市的西团山、土城子等遗址的文化[25]是有较密切关系的。夏家店上层文化的年代，在赤峰地区晚于夏家店下层文化，它的下限目前尚无确切证据，我们在夏家店遗址的地面，曾经采到鱼骨盆、细把豆的残片，而在两种文化的地层中都未发现。因此，上层文化的年代在赤峰地区应早于鱼骨盆、细把豆的时代。我们认为上层文化大体相当于西周、春秋，也可能晚到战国时期。

关于夏家店下层文化与夏家店上层文化的关系，由于下层文化与上层文化在陶器等各方面有很大的区别，而下层文化显然与殷商文化有较密切的关系，而上层文化则与吉林西团山、土城子等遗址的文化有较密切的关系，因此，我们认为：下层文化与上层文化可能属于不同的文化系统。从目前发表的材料来看，很难找出上层文化对下层文化有继承性。

总之，夏家店的两种文化，都是铜器时代的文化，时间都相当长，分布也十分广阔，目前，我们对它们的认识还很少，以上仅把这次发掘做简要报告，并提出一些粗浅的看法，许多问题还待今后继续工作和研究。

注　释

[1] 日本人在《内蒙古长城地带》一书中，把此种铜饰和联珠形铜饰作为所谓“绥远青铜文化”的特征之一，据近年的考古发现，所谓“绥远青铜文化”中实际上包括了不同文化系统的遗物。

[2] 据昭乌达盟文物工作站及我队的调查材料（未发表）。

[3] 八幡一郎：《热河省北部の先史时代遗迹及遗物》，《第一次满蒙学术调查研究团报告》第六部，第3编，1940年，50页插图第37。

[4] 据昭乌达盟文物工作站及我队的调查材料（未发表）。

[5] 滨田耕作：《貔子窝》，《东方考古学丛刊》第一册，东亚考古学会，1929年，插图第22-11。

[6] 八幡一郎：《热河省南部の先史时代遗迹及遗物》，《第一次满蒙学术调查研究团报告》第六部，第1编，1935年，图版第2-6、第10-23插图第5-4、插图第30-7。

[7] 据昭乌达盟文物工作站及我队的调查材料（未发表）。

[8] 据昭乌达盟文物工作站及我队的调查材料（未发表）。

[9] 八幡一郎：《热河省南部の先史时代遗迹及遗物》，《第一次满蒙学术调查研究团报告》第六部，第1编，1935年，图版第7～9等插图第50-1、59-1。

[10] a. 唐山大城山遗址曾出土不少相当于夏家店下层文化的陶器。关于这一遗址的文化性质，另行讨论（见河北省文物管理委员会：《河北唐山市大城山遗址发掘报告》，《考古学报》1959年第3期，17～34页）。
b. 唐山小官庄石棺墓。见安志敏：《唐山石棺墓及其相关的遗物》，《考古学报》第7册，1954年，77～86页。

[11] 滨田耕作、水野清一：《赤峰红山后——热河省赤峰红山后先史遗址》，《东方考古学丛刊》甲种第六册，东亚考古学会，1938年，8～24页。

[12] 第一住地分A、B、C三区，其中A区的地层可能是属于夏家店上层文化的地层，而B、C两区的地层都是混乱的，如C区地层的陶片，最多的是夏家店下层文化的，其次是夏家店上层文化的，还有战国、汉代的。但是，日本人没有分清楚，而是混为一团，错误地按陶质进行分析，当然不会有正确的认识。滨田耕作、水野清一：《赤峰红山后——热河省赤峰红山后先史遗址》，《东方考古学丛刊》甲种第六册，东亚考古学会，1938年，28～40页。

[13] 滨田耕作、水野清一：《赤峰红山后——热河省赤峰红山后先史遗址》，《东方考古学丛刊》甲种第六册，东亚考古学会，1938年，图版25-41、42、50等。

[14] 滨田耕作、水野清一：《赤峰红山后——热河省赤峰红山后先史遗址》，《东方考古学丛刊》甲种第六册，东亚考古学会，1938年，40页。

[15] 据昭乌达盟文物工作站及我队的调查材料（未发表）。

[16] 据昭乌达盟文物工作站及我队的调查材料（未发表）。

[17] 八幡一郎：《热河省南部の先史时代遗迹及遗物》，《第一次满蒙学术调查研究团报告》第六部，第1编，1935年，图版第10-23、26等，插图第48。

[18] 唐山小官庄石棺墓。见安志敏：《唐山石棺墓及其相关的遗物》，《考古学报》第7册，1954年，图版6-2。

[19] 据昭乌达盟文物工作站及我队的调查材料（未发表）。

[20] 滨田耕作：《貔子窝》，《东方考古学丛刊》第一册，东亚考古学会，1929年，图第20-1、8。

[21] 八幡一郎：《热河省南部の先史时代遗迹及遗物》，《第一次满蒙学术调查研究团报告》第六部，第 1 编，1935 年，图版第 2-7 插图第 5-5；刘谦：《辽宁西部发现的几处新石器时代遗址》，《考古通讯》1955 年第 6 期，13～16 页。
[22] 八幡一郎：《热河省北部の先史时代遗迹及遗物》，《第一次满蒙学术调查研究团报告》第六部，第 3 编，1940 年，图版第 23-4、5。
[23] a. 内蒙古自治区文化局文物工作组：《内蒙古自治区发现的细石器文化遗址》，《考古学报》1957 年第 1 期，9～20 页；b. 汪宇平：《西喇木伦河流域的新石器时代遗址》，《考古通讯》1955 年第 5 期，9～13 页。
[24] a. 内蒙古自治区文化局文物工作组：《内蒙古自治区发现的细石器文化遗址》，《考古学报》1957 年第 1 期，9～20 页；b. 汪宇平：《西喇木伦河流域的新石器时代遗址》，《考古通讯》1955 年第 5 期，9～13 页。
[25] a. 吉林省博物馆：《吉林江北土城子古文化遗址及石棺墓》，《考古学报》1957 年第 1 期，43～52 页；b. 贾兰坡：《吉林西团山古墓之发掘》，《科学通报》1950 年第 1 卷第 8 期，573 页；c. 吉林大学历史系文物陈列室：《吉林西团山子石棺墓发掘记》，《考古》1960 年第 4 期，35～40 页。

（原载《考古》1961 年第 2 期）

赤峰药王庙、夏家店遗址试掘报告

中国科学院考古研究所内蒙古工作队

1959 年，我们在辽宁省昭乌达盟（原属内蒙古自治区）境内做过短期的调查，发现过去称为“赤峰第二期文化”[1]的遗物，可能是内涵不同的两种文化遗存，不仅器物上有明显的区别，在分布地域上也有所不同。为了做进一步的考察，1960 年春，我们选定在赤峰近郊药王庙和夏家店两地做了试掘。试掘简报发表于《考古》1961 年第 2 期。简报提出了两种文化的看法。随后，我们和一些兄弟单位又在昭乌达盟和邻近地区做了一些调查发掘，发现不少与此性质相同或相似的重要遗存，使我们对这一问题的探索增进了一步。考虑到这批材料是提出两种文化区别的原始根据，还是有必要把它发表出来，作为一个供比较研究的地点。文中引用的比较资料，仍依旧稿迄于 1963 年底以前的发现。

文中人骨骼经颜誾先生鉴定。动物骨骼经古脊椎动物与古人类研究所李有恒、韩德芬同志鉴定。石器质地经地质博物馆王福泉同志鉴定。纺织物经原河北工学院王若愚先生鉴定。借此表示感谢，并向热情协助我们工作的内蒙古自治区文物工作队、辽宁省博物馆和昭乌达盟文物工作站的同志们表示感谢。

参加这次发掘和整理工作的人员有刘观民、徐光冀、郑文兰、邓文章、朱华志、高洪歧。

一、药王庙遗址

药王庙村在赤峰市南 17 千米处，属三眼井乡。村在药王山下，遗址在山上。山东南与赤峰市南郊的黄土山梁相连，其他三面都是季节性的河沟。小南沟自药王山西南绕过山的西、北两面，与大东沟汇合，往北流入英金河（图一；图版一，1）。

药王山高出河面约 30 米，山顶较平坦，东西长约 150、南北宽约 100 米。山上山下的地面上都散布有石器、陶片等遗物。山上的鱼鳞坑旁边，有很多被翻出地面的石块，这些石块大都是被翻动的古代建筑遗迹。山上有灰土堆积，从东南面的断崖观察，厚约 3 米。山下没有发现。

（一）文化层堆积

我们在山上开了 4 条探沟，面积共约 70 平方米。T1 在西北山坡上，面积 20 平方米（2 米 ×10 米），深 4.1 米到生土；T2 在山顶的东坡上，面积 20 平方米（2 米 ×10 米），深 3 米到生土；T3 在西南坡，面积 10 平方米（2 米 ×5 米），深 3.7 米到生土；

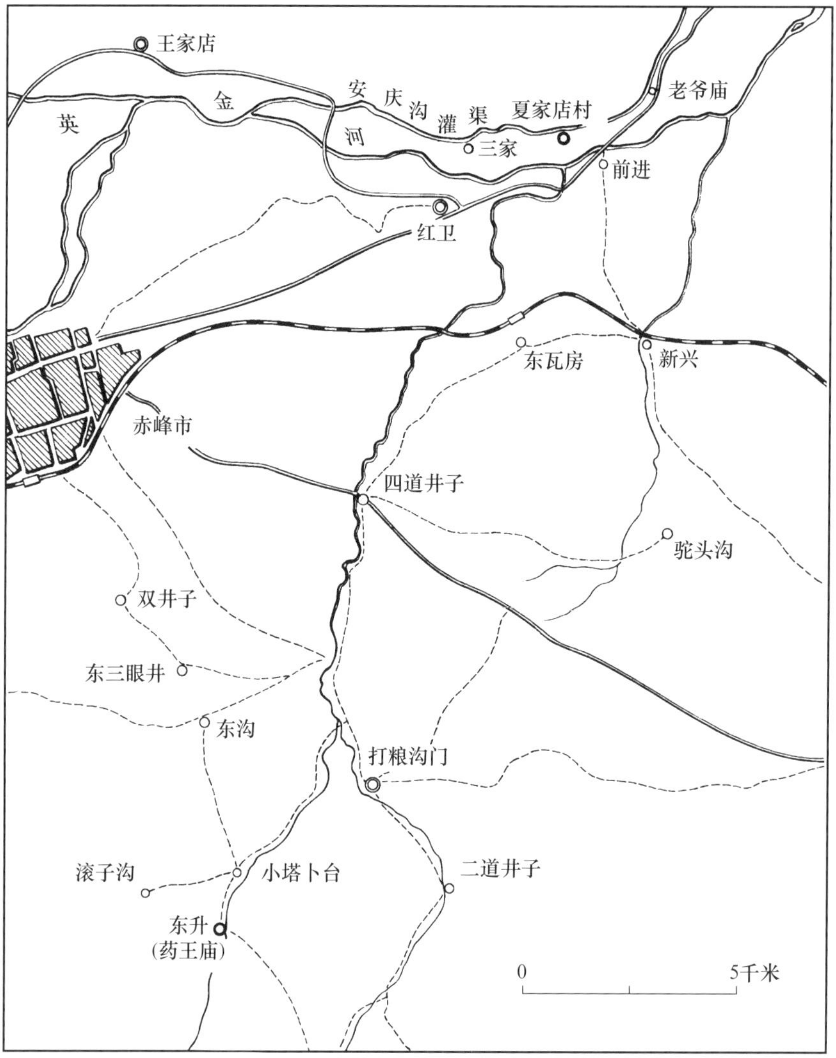

图一　赤峰药王庙、夏家店位置示意图

T4 在 T3 之东的断崖边，面积 9 平方米（3 米 ×3 米），深 4.15 米到生土。在 T3 与 T4 之间的断崖边，清理了一座暴露出来的住址，编号 F2（图二）。现以 T4 为例：

第 1 层：表土。黄褐色，质较硬，厚 0.3～1.4 米。

第 2 层：灰土。土质较软，厚 1.3～1.7 米。内含大量的碎陶片，器形有鬲、甗、盆、尊、鼎、罐、钵等，并有石器、骨器和少量的兽骨。

第 3 层：黄灰土。土质硬，厚 0.45～1.35 米，深距地表 1.7～4.15 米。有陶片和零星的草泥土块、夯土块，但未发现建筑址。陶片的器形有鬲、甗、盆、尊、鼎、罐、钵等。此层以下，即是黄色生土（图三）。

第 2 层和第 3 层的陶器器类和器形基本相同，仅第 2 层个别式样的陶器，如Ⅲ式盆和第二种鬲足，不见于第 3 层。

T1～T3 所出的陶器与 T4 所出基本相同。第 2 层也都出现第二种鬲足。T3 第 2 层还发现Ⅱ式甗，则为其他探沟所未见。这说明遗址堆积属于同一文化性质，而堆积的层次不同，应是代表时间的早晚。

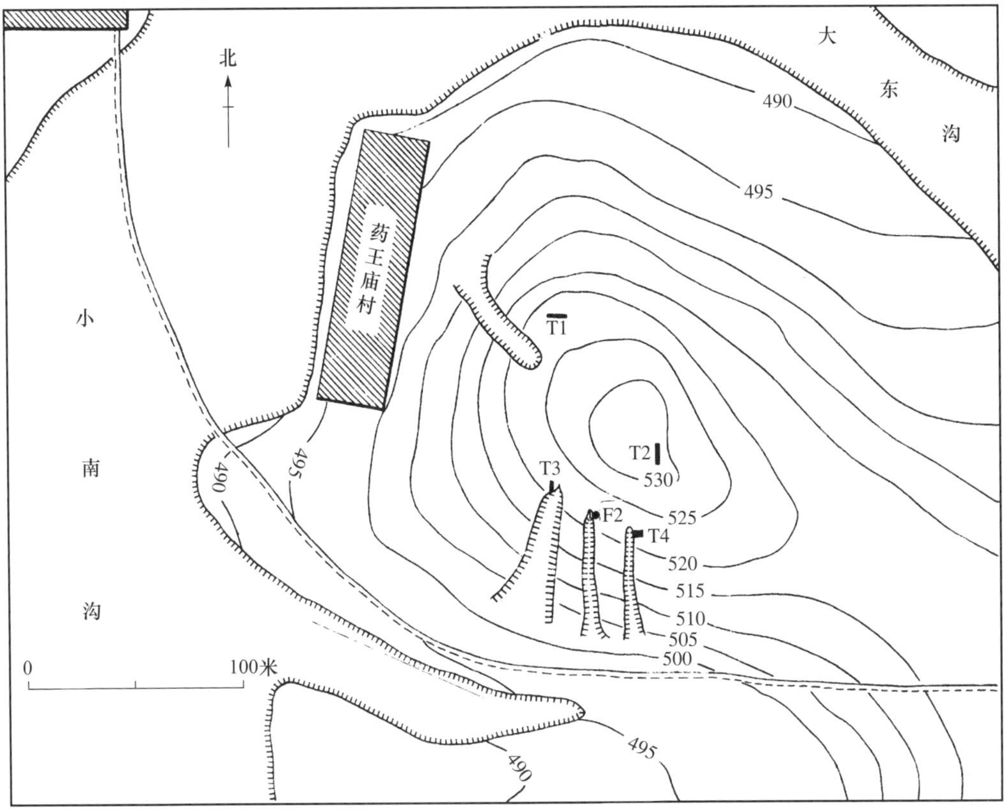

图二　药王庙遗址地形和发掘坑位图

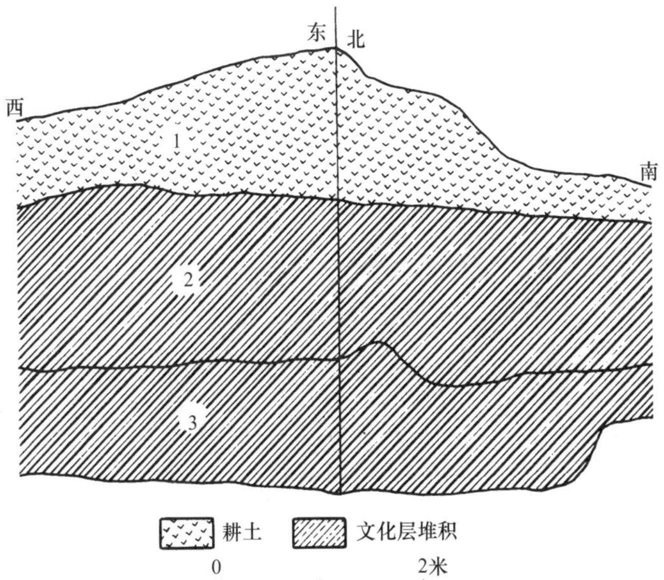

图三　药王庙 T4 北、东壁

（二）遗迹

揭露出屋址2座。一座是圆形窖穴式，编号F1；另一座是袋形窖穴式，编号F2。

F1　略呈圆形。坑口出现于T1第2层，距地表0.4米。口径约1.9、底径约2、坑深1米。坑壁砌以大小不一的石块。坑壁上部已毁坏，未见门道。屋址的黄土居住面经过夯打，居住面的东北角有一片红烧土，长约80、宽约45厘米。在靠近这片红烧土的坑壁上有被烘烤的痕迹。居住面的中部有两个圆形柱穴，相距0.3米，大小相同，直径30、深25厘米。柱穴填土坚硬，柱底及四周垫以小石块（图四；图版一，2）。

屋址废弃以后，坑内灰土堆积中含有陶片、石器及兽骨等物，器形与地层第2层所出相同。

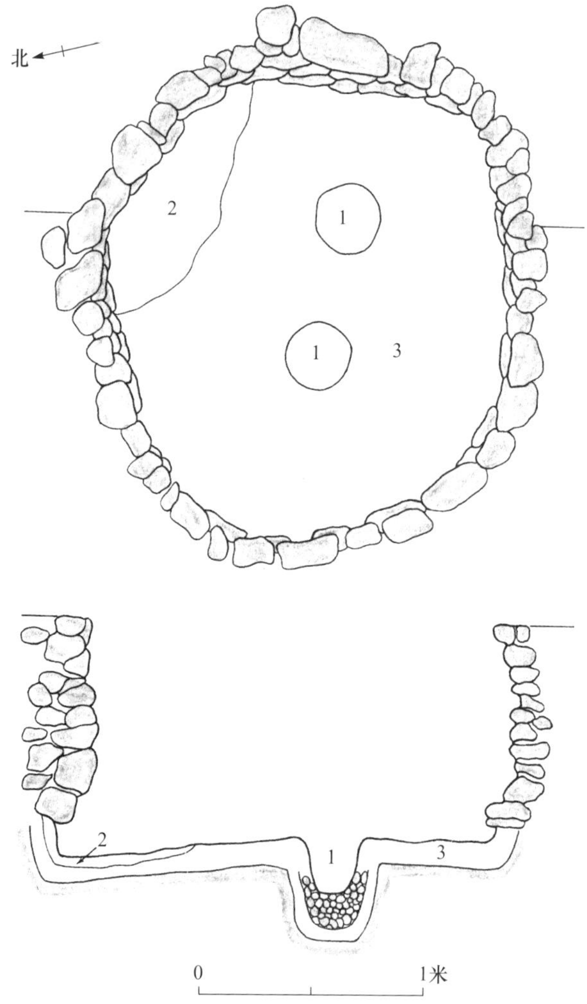

图四　药王庙F1平、剖面图
1. 柱洞　2. 烧土　3. 黄土面

F2 位于遗址的南坡，呈袋状，口小底大，口径约2.7、底径约3.4、深1.5米。门道向南。室内及门道两侧壁面均抹草泥，草泥的厚度为2毫米。东壁保存最高为1.5米，西壁临沟崖已崩塌。室内地面保存较好，分两次用草泥铺成，厚20厘米。地面上有路土。地面中央有一片红烧土，长80、宽74厘米。室内地面上及坑口四周未见有柱洞。

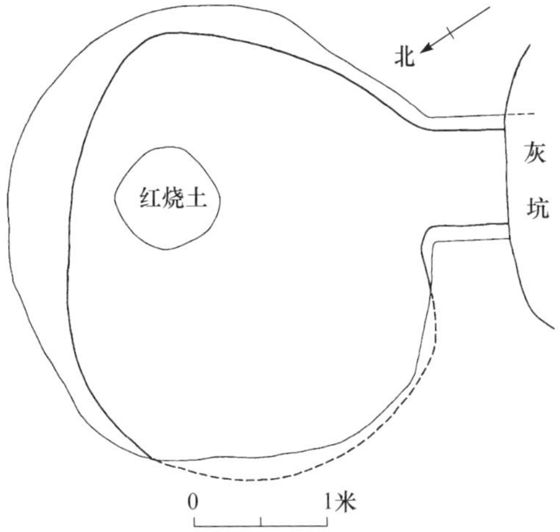

图五 F2平面图

门道上窄下宽，呈梯形，上部宽70、下部宽90厘米。门道南端被一灰坑破坏，残长60厘米。门道地面与室内居住面处于同一水平，无坡度或台阶痕迹。地面上也有路土，与室内居住面上的路土相连（图五；图版一，3）。

屋址堆积中的陶片，与T4第2层相同。

（三）遗物

1. 陶器

陶质以夹砂灰陶、夹砂褐陶为主，泥质灰陶次之，还有少量的黑陶和红陶。陶土似经淘洗，夹砂陶中砂粒细小均匀，火候较高，质坚硬，色较纯。炊器和容器大都是夹砂陶，泥质陶仅见于尊、小口罐、钵等器物。器表多数有纹饰。素面和磨光的约占全部陶片的27.89%，其中磨光的占多数，并且大多是把已印上的绳纹磨掉而成的，在遗址的地面曾采集到磨光的工具。器表纹饰以绳纹和绳纹加划纹为主，其次是附加堆纹和篮纹。绳纹有粗有细，在有些器物上有成组的交错绳纹，可能是拍印上去的。划纹系施于绳纹上，多数是横绕器壁的线条划纹，只有个别作网状划纹和三角形划纹。附加堆纹有条状、饼状两种。条状堆纹饰于瓮的肩部和甗的腰部，常压成起伏的波状。饼状堆纹饰于瓮的肩部和鬲的腹部。篮纹极少，印痕较浅。除少数单饰绳纹外，多数是几种纹饰并用于一器上（表一）。

表一 陶质、纹饰统计表

纹饰 \ 数量 \ 陶质	夹砂灰陶	夹砂黑陶	夹砂褐陶	夹砂红陶	泥质灰陶	泥质黑陶	泥质褐陶	泥质红陶	合计	百分比/%
绳纹	145	1	153	8	51	—	—	—	358	28.12
绳纹加划纹	176	2	169	—	99	—	—	17	463	36.37
附加堆纹	38	1	25	3	20	1	—	2	90	7.07
素面和磨光	132	7	42	41	80	41	1	11	355	27.89

（续表）

纹饰 \ 数量 \ 陶质	夹砂灰陶	夹砂黑陶	夹砂褐陶	夹砂红陶	泥质灰陶	泥质黑陶	泥质褐陶	泥质红陶	合计	百分比/%
划纹	1	1	—	—	—	2	—	1	5	0.39
篮纹	—	—	—	—	2	—	—	—	2	0.16
合计	492	12	389	52	252	44	1	31	1273	
百分比/%	38.65	0.94	30.56	4.08	19.79	3.46	0.08	2.44		100

陶器皆手制，多用泥条盘筑法，在一些器壁上尚留有明显的痕迹。制作过程是先把器物的不同部分，如鬲的口腹、空足、足尖分别做好，再捏合成器。鬲的空足内壁有反绳纹，推知有的是用鬲足作内模的。另在遗址地面上采集一件制陶工具（图八，5），形似鬲足，中有一孔，可以容指。有的器物口部有轮旋痕，可能是经轮修的。小型器物如钵、纺轮和有些陶器的附件，如器耳、鼎足等系用手捏制。

陶器种类，有鬲、甗、鼎、罐、盆、尊、瓮、钵、豆等。鬲、盆的数量最多，分别占总数的 22.6% 和 25.9%。甗、罐次之，分别占总数的 17.8% 和 18.1%。鬲、盆、甗、罐等主要陶器的陶质大多数是夹砂陶。

鬲　未见整器，从保存部分看可分二式。

Ⅰ式：敞口，圆唇，颈微内收。口、颈磨光。腹部饰绳纹或绳纹加划纹。标本 T4③：21，口径 24 厘米（图六，1；图版二，4）。

Ⅱ式：敞口，直腹，高裆，空足细瘦，下接实心锥形足尖。外表磨光，裆部残留绳纹。采集 1 件从口到足均有存留的残器（图六，2；图版二，5）。

此外，还有两种鬲足。一种空足宽肥，无附加实心足尖，外表饰绳纹。标本 T3②：1（图六，3；图版二，11）。另一种空足，足内底仅及裆至足尖的一半，裆外表有凸棱，横截面呈扁圆形，裆部平缓。外表饰绳纹。只见于第 2 层。标本 T1①：7（图六，4；图版二，12）。

甗　细腰，高裆，深袋足接锥形实心足。通体饰绳纹或绳纹加划纹。上部皆残片，未能复原，从残片看，上部形同Ⅰ式盆。分三式。

Ⅰ式：裆底外表距足尖很近，器内分隔处距足尖很远，形成很高的分隔。袋足部圆肥，最宽处在下部。标本 T1③：13，残高 27.5、腰部直径 12.5 厘米（图六，5；图版二，1）。

Ⅱ式：器内裆部分隔处稍低，袋足较Ⅰ式略瘦，最宽处在中部。标本 T1①：8，残高 28.5、腰部直径 12.5 厘米（图六，6）。

Ⅲ式：裆部较平缓，袋足较瘦。标本采集，残高 20.5、腰部直径 12.7 厘米（图六，7；图版二，2）。

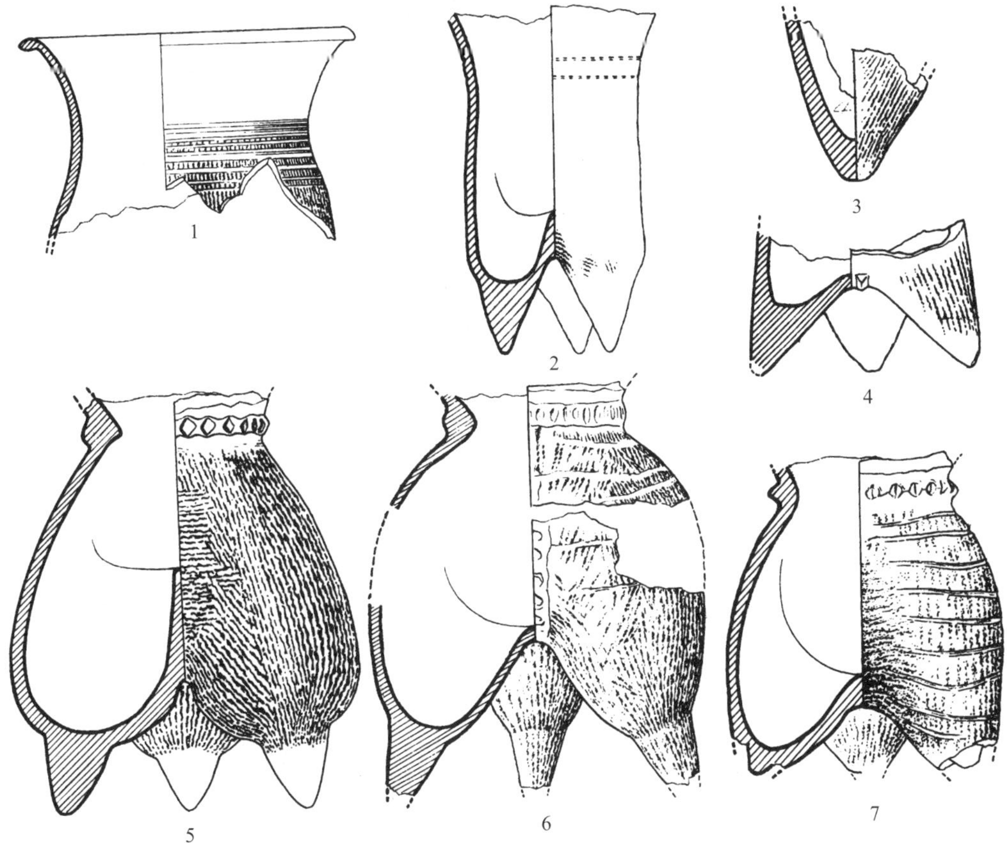

图六 药王庙遗址出土陶器

1. Ⅰ式鬲（T4③：21） 2. Ⅱ式鬲（采集） 3、4. 鬲足（T3②：1、T1①：7） 5. Ⅰ式甗（T1③：13）
6. Ⅱ式甗（T1①：8） 7. Ⅲ式甗（采集）

鼎 上部形状不明，根据1961年我们在宁城南山根遗址发掘的陶鼎来看，这种鼎的上部如Ⅰ式罐而略小。平底，下接三个实足。鼎足的形状可概括为三种。

第一种是圆锥形足，表面饰绳纹。标本T1②：9（图七，1）。

第二种是扁锥形足，表面饰绳纹。标本F2：19（图七，2）。

第三种是扁平铲形足，表面磨光。标本T1②：10（图七，3）。

罐 数量多，形式也多，但未得到复原器。略分四式。

Ⅰ式：小口，短颈，圆腹，肩腹分界不明显。器表多饰绳纹加划纹。标本T4③：27、F1：7（图七，5、10）。

Ⅱ式：大口，唇外侈，颈较长，圆腹。器表饰绳纹加划纹。标本采集（图七，4）。

Ⅲ式：小口圆唇，颈较长，宽肩，肩部以上磨光。有的肩部残留有绳纹加划纹痕，也有肩部饰绳纹的。标本F2：20（图七，7）。

Ⅳ式：器体较小。小口侈唇，短颈，扁圆腹。有的表面磨光，口腹间有环耳；有的口沿有小瘤。标本T4②：22（图七，6）。

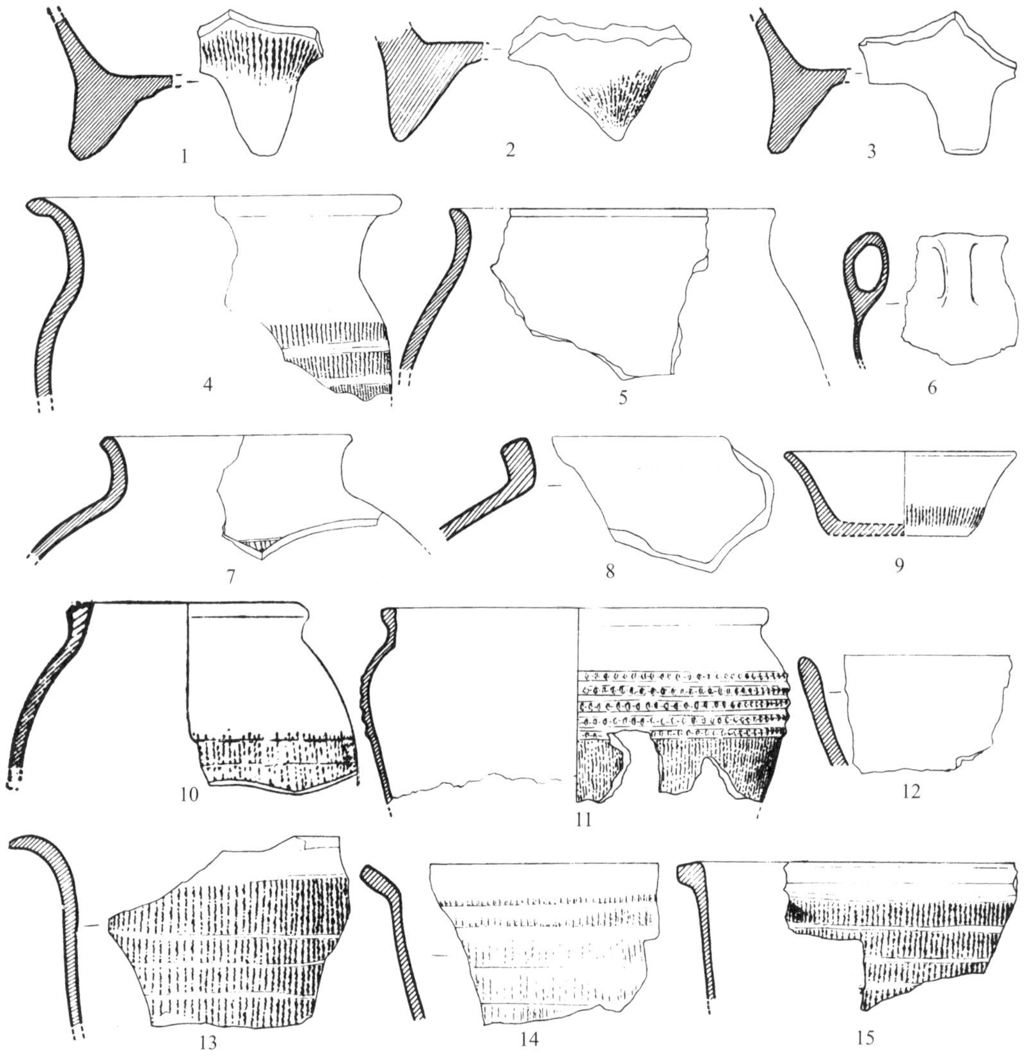

图七 药王庙遗址出土陶器

1～3. 鼎足（T1②：9、F2：19、T1②：10） 4. Ⅱ式罐（采集） 5、10. Ⅰ式罐（T4③：27、F1：7） 6. Ⅳ式罐（T4②：22） 7. Ⅲ式罐（F2：20） 8、11. 瓮（F2：23、T1①：11） 9. Ⅰ式钵（T4②：24） 12. Ⅱ式钵（T4②：25） 13. Ⅰ式盆（F2：21） 14. Ⅱ式盆（采集） 15. Ⅲ式盆（F1：8）

盆　未得到复原器。大体分为三式。

Ⅰ式：敞口，沿外卷，深腹，腹壁向内斜收，口部磨光，腹部有绳纹加划纹。未见盆底。标本 F2：21（图七，13）。

Ⅱ式：敞口，唇微外侈，腹较浅，平底。表面有绳纹或绳纹加划纹。器形与夏家店遗址下层出土的 1 件（H2：4；图一七，13）同。标本采集（图七，14）。

Ⅲ式：直口，方唇，腹壁较直。表面有绳纹或绳纹加划纹。仅见于第 2 层。标本 F1：8（图七，15）。

尊　敞口，筒腹，近底部向内折收，平底。表面磨光。分为三式。

Ⅰ式：浅腹，器身较矮。标本 T4③：28（图八，3；图版二，6）。

Ⅱ式：深腹，器身较高。标本 F2：22（图八，2；图版二，7）。

Ⅲ式：器形较大。近底处折收棱角显著。标本 T4③：23，口径 24 厘米（图八，4；图版二，8）。

另 1 件采集的可复原，口径 11、高 12 厘米（图八，1；图版二，9）。

瓮 器形较大，未见整器。分两种：一种直口，短颈，口外缘稍微凸起，窄肩。肩部有条状堆纹，有的还饰泥饼，腹部有绳纹。标本 T1①：11（图七，11；图版二，3）。另一种仅见残口沿。大口，方唇向外敞。器壁厚 6～10 厘米，应是大容器。标本 F2：23（图七，8）。

钵 器小而浅，敞口，平底。泥质的较多。分二式。

Ⅰ式：大口，器壁略向内曲。表面磨光，近底部残留绳纹。标本 T4②：24（图七，9）。

Ⅱ式：大口，器壁略向外鼓。素面。标本 T4②：25（图七，12）。

杯 敞口，尖唇，直腹，平底。标本 F2：24（图八，6）。

纺轮 4 件。泥质，捏制。

Ⅰ式：圆球形，中腰有一周沟槽。标本 T2②：3，直径 3、高 2.5 厘米（图八，7；图版二，13）。

Ⅱ式：圆形，中腰有六个凸瘤。标本 T1①：12，直径约 4.5、高 2.5 厘米（图八，9；图版二，10）。

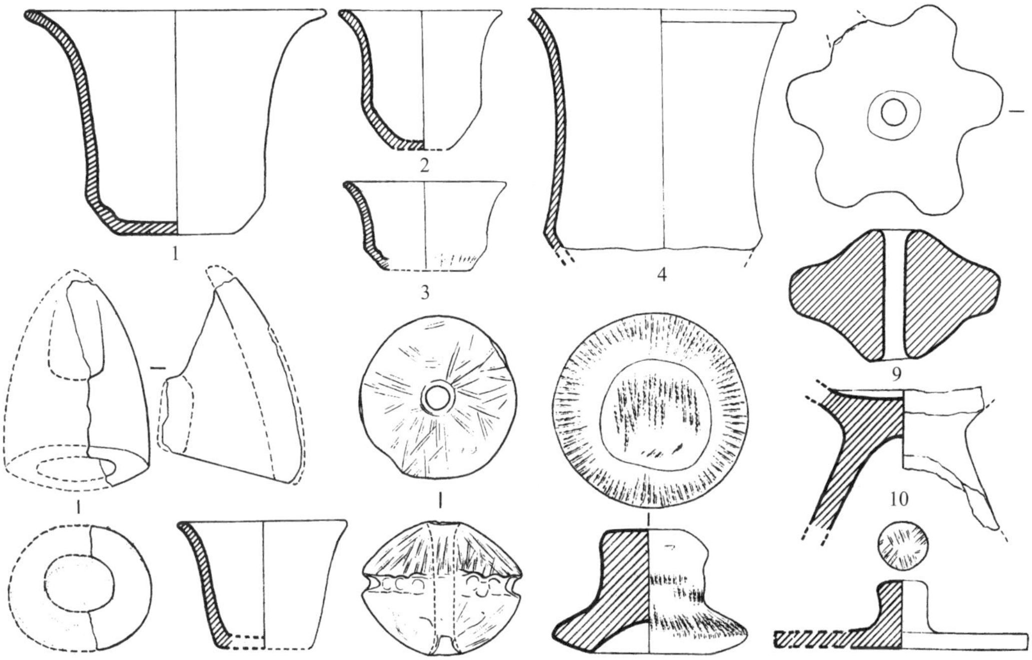

图八 药王庙遗址出土陶器

1、4. Ⅲ式尊（采集、T4③：23） 2. Ⅱ式尊（F2：22） 3. Ⅰ式尊（T4③：28） 5、8. 制陶工具（采集、T4③：18） 6. 杯（F2：24） 7. Ⅰ式纺轮（T2②：3） 9. Ⅱ式纺轮（T1①：12） 10. 豆（F1：10） 11. 器盖（T4②：26）

此外，有豆的残片若干，标本 F1：10（图八，10）；器盖 1 件，T4 ②：26（图八，11）；制陶工具 2 件，1 件 T4 ③：18（图八，8），另 1 件采集（图八，5）。

2. 石器

主要采用玄武岩、砂岩、石灰岩制成。制法是先打制成一定形状，多数再经磨制。器形有锄、铲、刀、斧、锛、盘状器、环等。

锄　2 件。上端较窄，中腰以下较宽。两面俱经打制，一面平，一面较凸起，刃呈弧形，有经使用残损的痕迹。标本 T4 ②：7，长 16、宽 9、厚 3 厘米（图九，7；图版三，3）。另采集 3 件，1 件长 17.1、宽 10.4、厚 2.2 厘米（图九，8，图版三，2）。

铲　3 件。皆残。扁平长方形，一面磨刃，通体磨光。刃部和两面有使用痕迹。标本 F1：1（图九，5；图版三，11）。另采集 3 件，皆残，也有使用的痕迹，1 件残长 10.7、宽 9.8、厚 0.8 厘米（图九，6；图版三，10）。

刀　4 件。皆磨制，分二式。

Ⅰ式：1 件。T1 ②：13，残。一面有凹槽，纵剖面呈弧形。有使用痕迹。残长 9、宽 4.6、厚 0.9 厘米（图九，1；图版四，13）。另采集 1 件，靠近背边有磨成的缺口。残长 9、宽 3.7、厚 0.65 厘米（图九，2；图版四，14）。

Ⅱ式：3 件。已残。一面较平滑，一面中部有脊，纵剖面呈三角形。有使用痕迹。通体磨光。靠近背边处有穿孔或磨成缺口。标本 T4 ②：16、标本 T4 ③：15（图九，3、4；图版四，11、12）。

斧　分打制和磨制两种。

打制 4 件，扁平梯形，两面都有打制痕迹，刃部有使用痕迹。标本 T4 ②：13（图九，10；图版三，4）。

磨制 6 件，分三式。

Ⅰ式：2 件。稍残。略呈梯形，刃部较宽，横剖面呈椭圆形，两面磨刃，通体磨光。标本 F2：14（图九 11；图版三，5）。另采集两件完整的，较厚重。

Ⅱ式：1 件。F2：13，器形较小，扁平梯形，刃部较宽，两面磨刃，通体磨光（图九，14；图版三，6）。

Ⅲ式：3 件。扁平长方形，刃部略宽，中部穿孔，两面对钻，两面磨刃，通体磨光。标本 T4 ③：14，长 10.4、宽 6、厚 1.7、孔径 0.6～1.5 厘米（图九，13；图版三，7）。标本 F1：9（图九，12；图版三，8）。

锛　1 件。T4 ②：6，呈梯形，横剖面呈半椭圆形，一面磨刃，通体磨光。长 8.1、宽 4.9、厚 1.4 厘米（图九，15；图版三，9）。

盘状器　2 件。打制，扁平圆形，边缘大部分打出薄刃。标本 T1 ②：3，刃部有磨痕（图九，9；图版三，1）。

环　1 件。F2：11，残。横剖面呈三角形（图九，16）。

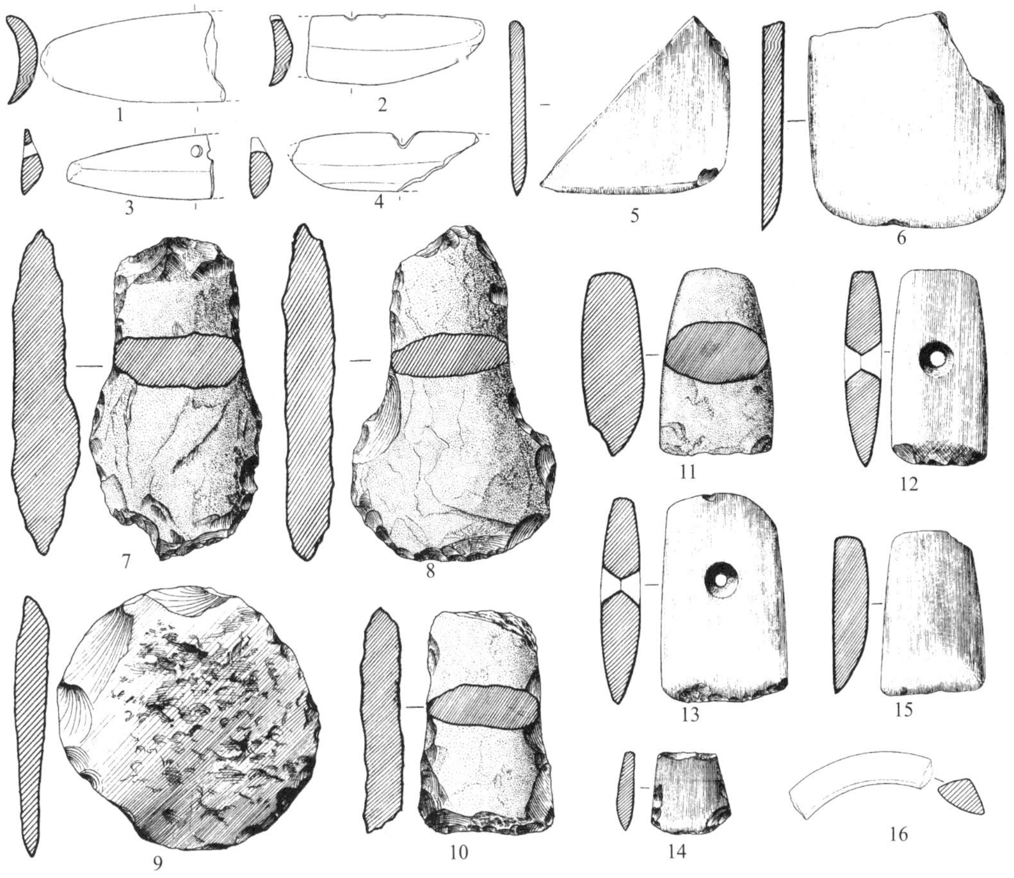

图九　药王庙遗址出土石器

1、2. Ⅰ式刀（T1②：13、采集） 3、4. Ⅱ式刀（T4②：16、T4③：15） 5、6. 铲（F1：1、采集） 7、8. 锄（T4②：7、采集） 9. 盘状器（T1②：3） 10. 打制斧（T4②：13） 11. Ⅰ式磨制斧（F2：14） 12、13. Ⅲ式磨制斧（F1：9、T4③：14） 14. Ⅱ式磨制斧（F2：13） 15. 锛（T4②：6） 16. 环（F2：11）

3. 骨器及蚌器

主要用动物的肢骨和肩胛骨加工成一定形状，而后磨制，有些尚留有磨痕。制作精致，大都保存完整。种类有铲、镞、匕、锥、针、簪以及卜骨、骨料等。

铲　1件。T4②：1，用肩胛骨磨制而成。平面呈梯形，平刃（图一〇，5；图版四，6）。简报误作斧。

镞　9件。分三式。

Ⅰ式：4件。镞尖磨成三棱形，铤圆锥状，镞身光滑，铤部留有粗糙的磨痕。标本T4②：5，长6、宽1.2厘米（图一〇，8；图版四，5）。

Ⅱ式：4件。呈圆锥形，两端皆尖锐。镞尖细长，表面光滑。铤部较粗，表面粗糙。标本T1②：4，长6.7、直径0.5厘米（图一〇，10；图版四，3）。

Ⅲ式：1件。F2：10，镞身呈圆锥形，铤部扁平（图一〇，9；图版四，4）。

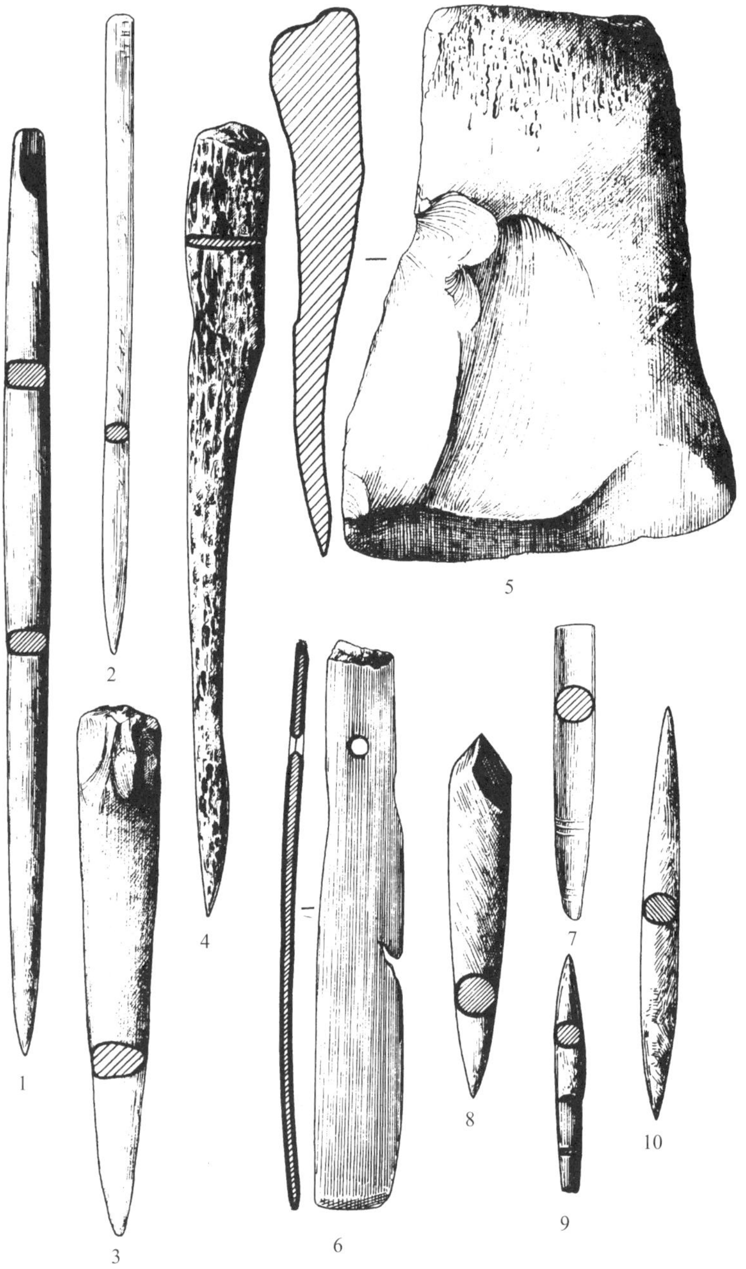

图一〇　药王庙遗址出土骨器

1. Ⅰ式簪（F2：1） 2. Ⅱ式簪（T2②：1） 3. Ⅰ式锥（T2②：2） 4. Ⅱ式锥（F2：3）
5. 铲（T4②：1） 6. 匕（T1②：2） 7. 锥形器（T4③：7） 8. Ⅰ式镞（T4②：5）
9. Ⅲ式镞（F2：10） 10. Ⅱ式镞（T1②：4）

匕　3件。扁平长条形，一端平刃，一端穿孔，器身磨光。标本T1②：2（图一〇，6；图版四，8）。

锥　3件。用动物的肢骨劈开后，一端磨尖，通体磨光。分二式。

Ⅰ式：2件。呈圆锥状，柄端较粗，横剖面呈椭圆形。标本T2②：2（图一〇，

3；图版四，7）。

Ⅱ式：1件。F2：3，用薄长的骨条的一端磨尖而成（图一〇，4）。

针　3件。细长，磨光。针鼻系一面钻孔，孔径0.5毫米。针尖圆钝，显系使用过。F2：6，长6.2、直径0.2厘米。

簪　6件。制作精致，通体磨光。分二式。

Ⅰ式：3件。横剖面呈椭圆形。标本F2：1（图一〇，1；图版四，1）。

Ⅱ式：3件。尖端圆锥形，尾端四棱形。标本T2②：1（图一〇，2；图版四，2）。

锥形器　1件。T4③：7，在尖端有用绳缠绕磨损的痕迹（图一〇，7）。

穿孔骨器　2件（T1④：5、T4③：17）。皆残，平面呈长条形，尾部有穿孔，通体磨光。

卜骨　1件。F2：10，系猪的肩胛骨，在一面先钻后灼，另一面有兆（图版四，10）。

骨料　2件。折断处均有锯痕。1件（F1：3）是骨片，另1件（F2：9）是肢骨。

穿孔蚌器　1件。F1：4，已残。一面有磨痕，刃部厚钝且有使用痕迹，中有两孔，两面对钻（图版四，9）。

4. 动物骨骼

数量不多，没有完整个体。经鉴定，T1和H1所出动物骨骼有狗（*Canis familiaris*）、猪（*Sus domestica*）、斑鹿（*Pseudaxis hortulorum*）、羊（*Ovis* sp.）。其中，以猪、狗较多。

二、夏家店遗址

夏家店村在赤峰市东15千米，英金河北岸临河的一带小山冈下。村北不远是高出现代水面约400米的熔岩山岭。山脚被由北向南的涧沟分割成一道道伸向河边的黄土山冈，遗址就分布在村东北的三个山冈上，东西并列（图一一；图版五，1）。1960年在这三个山冈上试掘了4个地点，共揭开面积270平方米（图一一）。在这里发现两种不同文化性质的堆积，以下便以“上层”和“下层”的层位关系为名，区别称述这两种不同内容的堆积。另外，在地面采集到灰色陶细把豆、红色粗陶绳纹罐（胎质掺有云母和粗砂，当地人俗称“鱼骨盆”）的碎片，但在发掘中未见有这种内容的堆积。

（一）文化层堆积

第一山冈在村东端以北，冈上不见灰土堆积，只在冈东侧的地面上有少量的碎陶片。在这里试掘1个地点：

Ⅰ地点　在冈东侧下坡、临涧沟边布设1条探沟T8，发掘面积115平方米。清除表土后即见灰坑和墓葬上口，并未挖到成层的文化堆积。发现灰坑5个（H23～H27）、

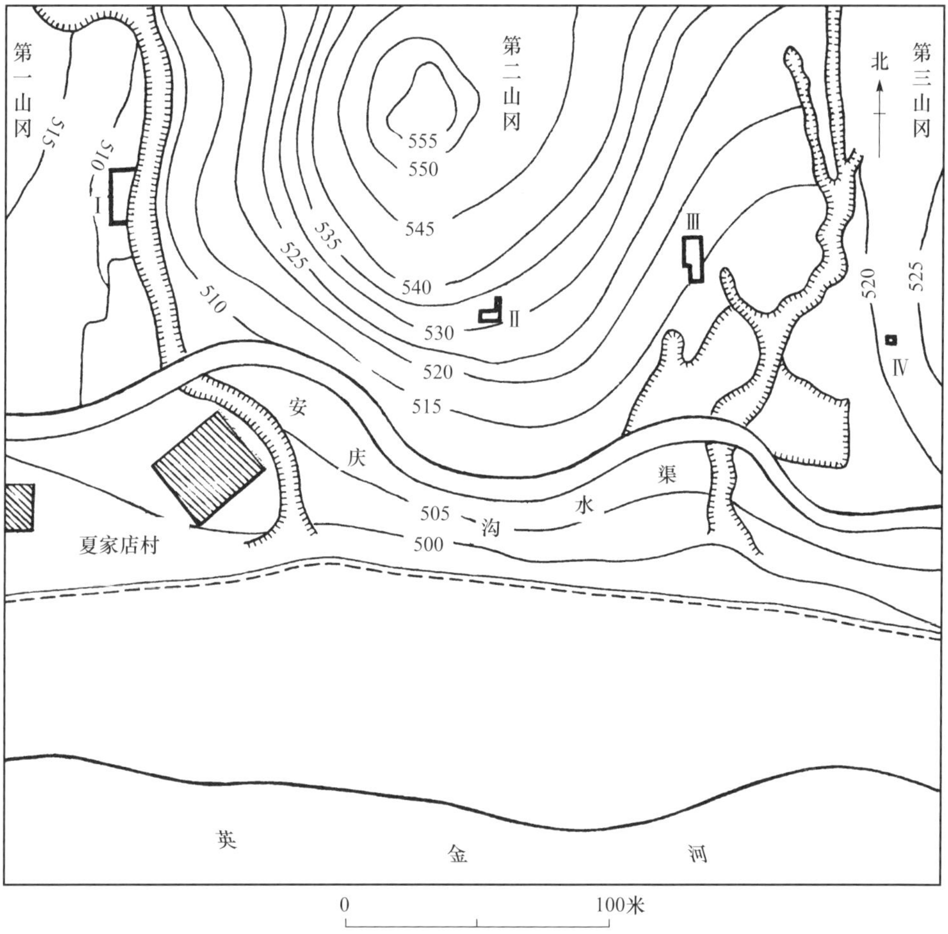

图一一　夏家店遗址地形和发掘坑位

窖穴式住址 1 处（F4）、墓葬 3 座（M7、M9、M10）。俱属上层文化性质（图一二）。

第二山冈在第一山冈的东边。冈上散布遗物最多，堆积层最厚，暴露的堆积断面，有的厚 4 米以上。在这冈上发掘Ⅱ、Ⅲ 2 个地点：

Ⅱ地点　在冈的南面上坡布设探方 T1、T7、T7A、T9，发掘面积 55 平方米。堆积共四层。剖面图以 T9 为例（图一三）。

第 1 层：地表耕土。

第 2 层：灰土。深（距地表，以下同）0.2～0.7、厚 0.8～2.25 米。土中有一些熔岩石块。在这层下面发现灰坑 9 个（H6、H7、H14～H20）。

第 3 层：褐土。深 0.8～2.3、厚 0.45～0.7 米。在这层下面发现墓葬 2 座（M11、M12）。

以上俱属上层文化性质。

第 4 层：黑灰土。深 2～3.45、厚 0.5～1 米。发现灰坑 1 个（H13），平面呈椭圆形，底略大于口，坑口长约 2.15、宽约 1.5 米，坑底长径 2.15 米，坑底铺垫一层厚 0.1～0.15 厘米的坚硬黄土，坑深 1.3 米。坑口被上层文化性质的 H14 和 M11 打破。坑

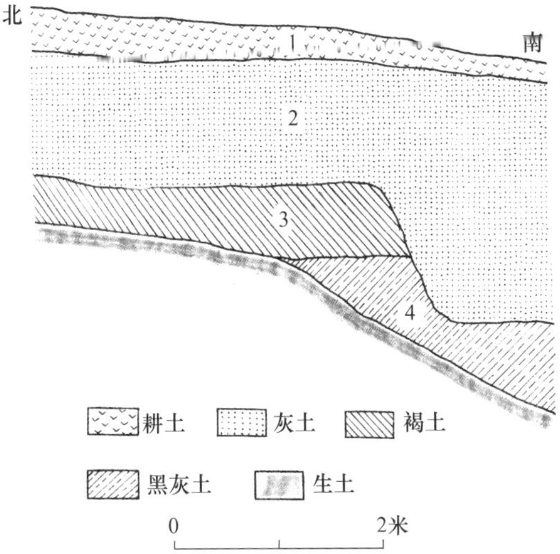

图一三　夏家店遗址Ⅱ地点 T9 东壁

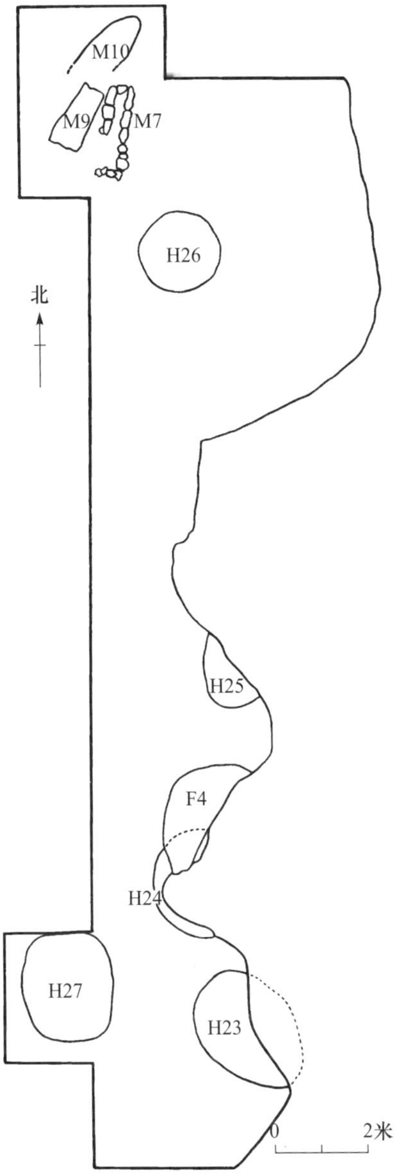

图一二　夏家店遗址Ⅰ地点（T8）平面图

内的包含物与这层堆积内所出的相同，均属下层文化性质（图一四）。

Ⅲ地点　在冈的东侧下坡，临涧沟边布设 T3、T4 两探方，发掘面积 90 平方米。堆积共四层。举 T3 为例（图一五）。

第 1 层：地表耕土。

第 2 层：有灰黄沙土和灰土两层，前者层位号②，深 0.5～1.4、厚 0.2～0.85 米。后者层位号③，深 0.75～1.65、厚 0.2～0.4 米。在③下有夯土一层（层位号④），系 F1 的居住面。

第 3 层：浅灰土，层位号⑤，深 1.75～2、厚 0.3～0.55 米。在这层堆积内发现灰坑 5 个（H5、H8～H10、H22），窖穴式住址 1 处（F5），墓葬 5 座（M13～M17）和砌石台阶一段。

以上俱属上层文化性质（图一六）。

第 4 层：黄灰土，层位号⑥，深 2.5～3.15、厚 0.25～0.95 米。属下层文化性质的堆积。

Ⅱ、Ⅲ两个发掘点都有两种文化性质的堆积。上层文化性质的堆积或遗迹墓葬，都是压在下层文化性质的堆积之上的。两个地点的上层文化性质的堆积都较厚，又都可分为早、晚（第 3、第 2）两层。两个地点的墓葬，在地层关系上都较早。在早、晚两层中出现的陶器种类相同，各类器物的形式与数量也无显著变化，只有陶鬲在早、晚两层中出现一些差别。两个地点的第 4 层同是下层文化性质的堆积。

第三山冈在第二山冈之东。冈上地面散布的遗物以下层文化性质的为多。涧沟崖边暴露的灰土断面有 2～3 米厚。在此发掘 1 个地点：

Ⅳ地点　在冈的西侧下坡，临涧沟边，发掘面积 10 平方米。地表耕土与一部分文化层已塌落崖下，剩余堆积厚约 0.7 米。发现残破的灰坑 2 个（H2、H4），均属下层文化性质。

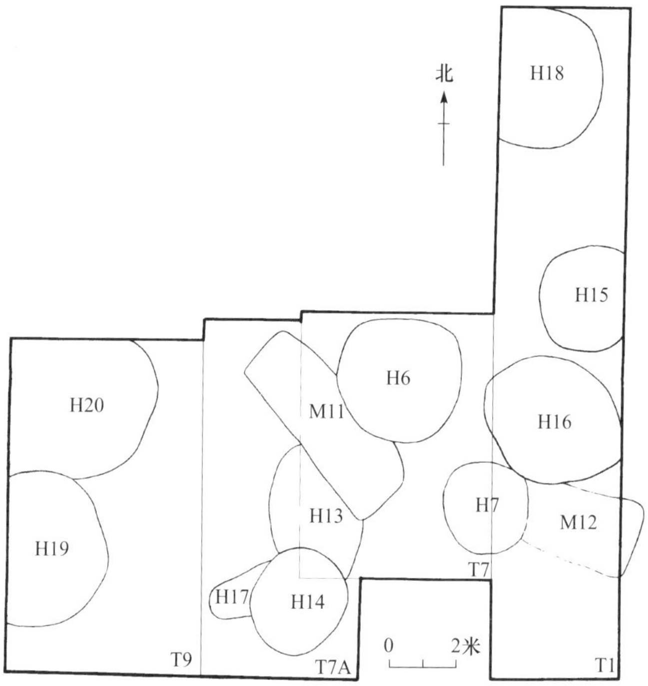

图一四　夏家店遗址Ⅱ地点平面图

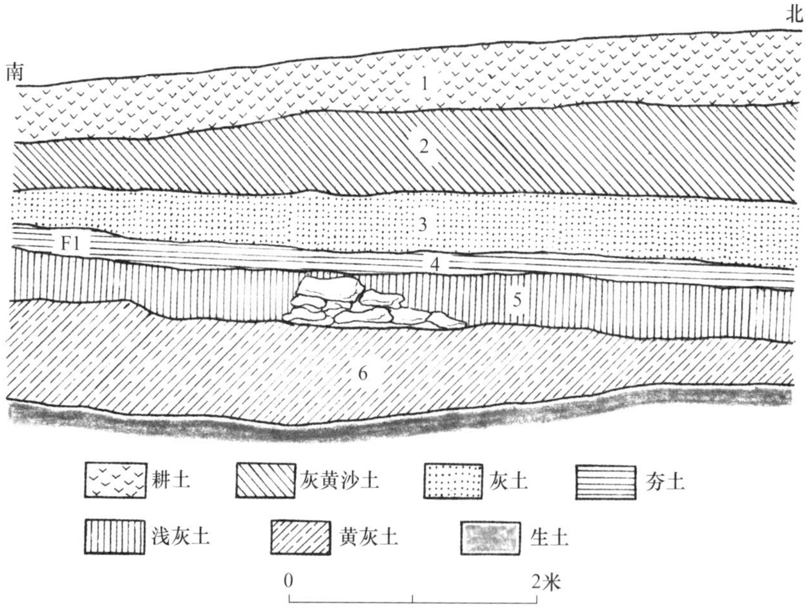

图一五　夏家店遗址Ⅲ地点 T3 西壁

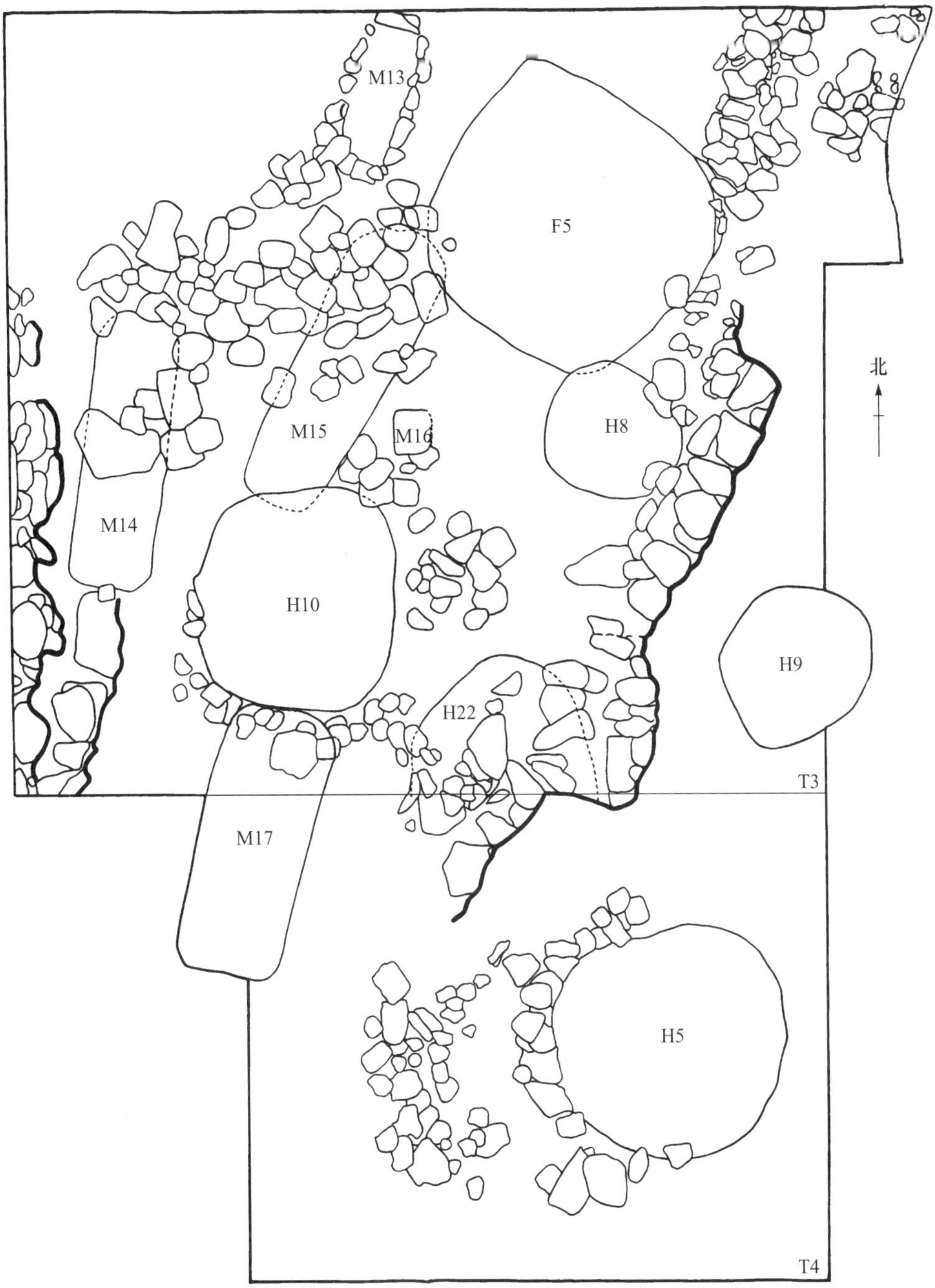

图一六 夏家店遗址Ⅲ地点平面图

（二）下层文化遗物

1. 陶器

以夹砂灰陶为主，泥质灰陶和夹砂褐陶次之，此外有少量的红陶和黑陶。陶土似经淘洗，掺和的砂粒，大小均匀，陶质坚硬，火候较高，陶色较纯。除炊器外，其他陶器也有夹砂的。泥质陶器主要是尊、钵、小口罐等。

器表纹饰与药王庙遗址的相似，但未见有成组的交错绳纹、网状划纹和三角形划纹。在瓮、甗上，有绳纹（或绳纹加划纹）与附加堆纹同饰于一器的。素面陶和磨光陶约占五分之一，磨光陶往往是把制作过程中印上的绳纹抹掉。在下层文化堆积中，这次未发现篮纹陶片（表二）。

表二　陶质、纹饰统计表

纹饰＼数量＼陶质	夹砂灰陶	夹砂黑陶	夹砂褐陶	夹砂红陶	泥质灰陶	泥质黑陶	泥质褐陶	泥质红陶	合计	百分比/%
绳纹	192	—	94	21	74	—	10	22	413	28.76
绳纹加划纹	164	—	31	13	235	—	21	3	467	32.52
附加堆纹	158	2	16	1	81	4	2	22	286	19.92
素面和磨光	113	4	51	2	49	2	23	23	267	18.59
划纹	2	—	—	—	1	—	—	—	3	0.21
合计	629	6	192	37	440	6	56	70	1436	
百分比/%	43.8	0.42	13.37	2.58	30.64	0.42	3.9	4.87		100

注：据Ⅱ地点第4层、Ⅲ地点第4层和H2、H4、H13出土的陶片统计。

制法与药王庙遗址同，手制，多用泥条盘筑法，有的鬲、甗之空足内壁有反印的绳纹痕。

陶器种类及其比例，大致与药王庙遗址所见相同。鬲、罐最多，分别占总数的27.1%和28.5%，甗、盆次之，分别占总数的14%和12.6%。这些陶器的质地也以夹砂的为多。

鬲　未有可复原者或完整器，分二式。

Ⅰ式：深空足下接锥形实心足尖。表面饰绳纹。标本T9④：18（图一七，1；图版六，9）。

Ⅱ式：直腹，裆较高，空足较瘦，下接锥形实心足尖。表面磨光。器形与药王庙Ⅱ式鬲接近。标本T3⑥：38（图一七，2；图版六，10）。

此外，还有与上述两式鬲不同的鬲足。一种是空心尖足，表面有绳纹。标本T3⑥：39（图一七，3）。另一种是裆较平缓，空足仅及裆以下至足尖的一半，表面磨光。与药王庙遗址第二种鬲足相似。标本H13：2（图一七，4）。

甗　仅见残片，与药王庙遗址的甗相似。腰部收缩，有一匝附加堆纹。袋足，表面有绳纹。据以后南山根的发现，知甑部似Ⅰ式盆。

鼎　未见完整器。鼎足与药王庙遗址的鼎足相似，也可分三种：第一种是圆锥形足，表有绳纹。标本H4：7（图一七，6）。第二种是扁锥形足，表面磨光或有绳纹。标本T3⑥：40（图一七，5）。第三种是扁平铲形足，表面磨光。标本T3⑥：41

（图一七，7）。

罐　发现碎片数量较多，无完整器。大体分三种。第一种与药王庙遗址的Ⅰ式罐相近。标本T5②：4（图一七，8；图版六，5）。第二种与药王庙遗址Ⅲ式罐相似。标本H13：3（图一七，10；图版六，8）。第三种器形较小。侈唇，短颈，圆腹，腹部饰绳纹或绳纹加划纹。标本H4：8（图一七，9）。

另外，还有1残片（H4：9），小口，长颈，表面磨光。罐形与上三种不同（图一七，14）。

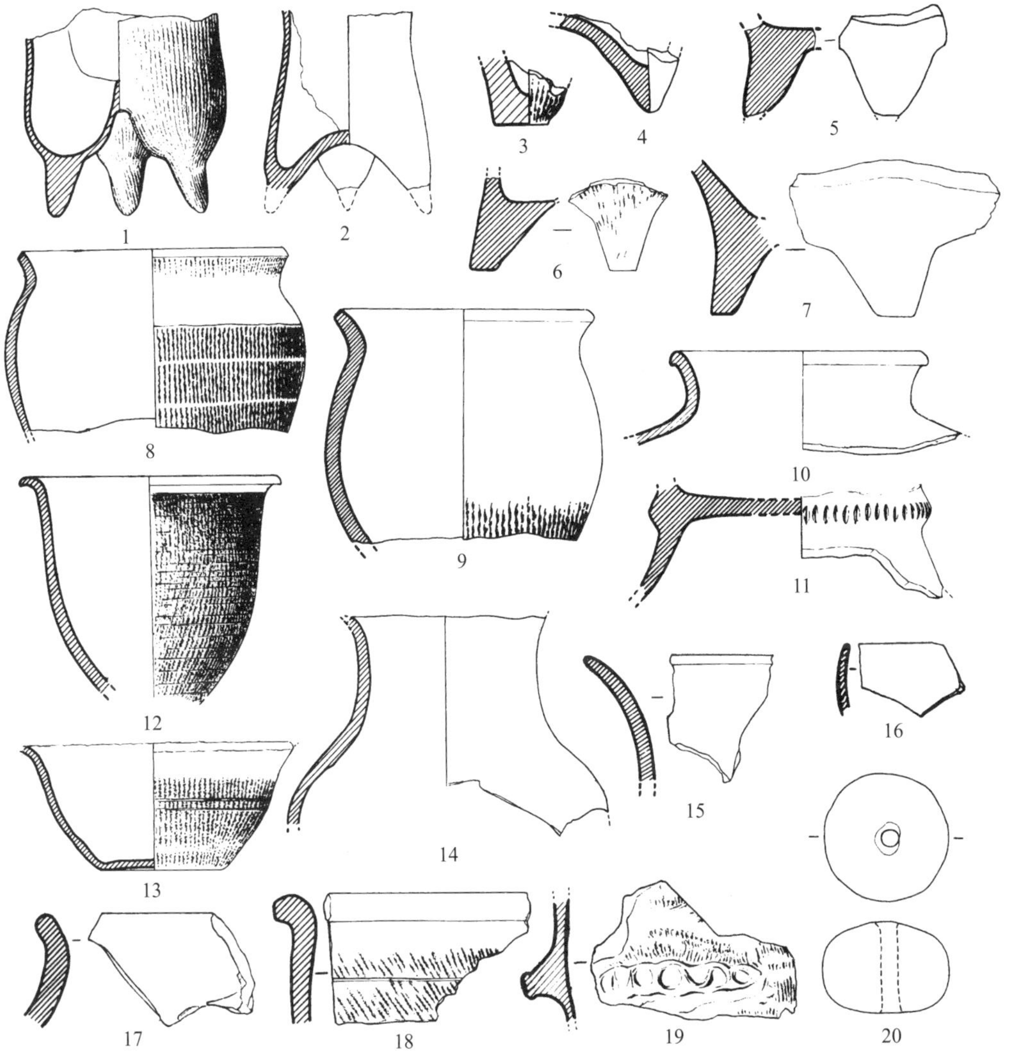

图一七　夏家店遗址下层出土陶器

1. Ⅰ式鬲（T9④：18）　2. Ⅱ式鬲（T3⑥：38）　3、4. 鬲足（T3⑥：39、H13：2）　5～7. 鼎足（T3⑥：40、H4：7、T3⑥：41）　8～10、14. 罐（T5②：4、H4：8、H13：3、H4：9）　11. 圈足器（H4：11）　12. Ⅰ式盆（T9④：19）　13. Ⅱ式盆（H2：4）　15. 尊（H2：5）　16. 钵（T9④：20）　17. 瓮（H4：10）　18. Ⅲ式盆（T3⑥：42）　19. 器耳（H4：12）　20. 纺轮（T3⑥：35）

盆　陶质全部夹砂，器形与药王庙遗址的盆相似。分三式。

Ⅰ式：敞口，唇沿外卷，深腹，腹壁向内斜收，未见器底。标本 T9 ④：19（图一七，12；图版六，1）。

Ⅱ式：敞口，唇外侈，浅腹，平底。表面有绳纹加划纹。标本 H2：4，口径 26、底径 12、高 12.5、壁厚 1、底厚 1.5 厘米（图一七，13；图版六，4）。

Ⅲ式：直口，方唇，腹壁较直。标本 T3 ⑥：42（图一七，18）。

尊　敞口，唇微外卷，直腹，未见整器。所得残片与药王庙遗址Ⅲ式尊相近。标本 H2：5（图一七，15）。

钵　皆残。敛口，腹壁向外鼓，表面磨光。标本 T9 ④：20（图一七，16）。

瓮　有两种。一种仅见肩腹残片，肩部有数条附加堆纹，与药王庙遗址第一种瓮相近。另一种仅见口部残片，圆唇微外敞，短颈，器壁厚重。标本 H4：10（图一七，17）。

圈足器　不知上部形状，只存圈足。平底，器底与圈足间有附加堆纹一匝。标本 H4：11（图一七，11）。

器耳　扁平，鸡冠形，边缘有压纹。横贴于器物的腹部，可能是盆（或甑）的器耳。标本 H4：12（图一七，19）。

纺轮　2 件。泥质，手捏制，圆球形。标本 T3 ⑥：35（图一七，20；图版六，3）。

2. 石器

共 8 件。系用基性火成岩、玄武岩等石料制作。

铲　3 件。皆残。与药王庙遗址所出相似。扁平长方形，通体磨光，一面磨刃，刃部有微小的缺口，当是使用所致。标本 T3 ⑥：28（图一八，8；图版六，2）。

杵　1 件。H4：13，上端呈球形，便于手握，下端较粗，已残。横剖面呈圆形（图一八，6；图版六，6）。

球形石器　1 件。T3 ⑥：43，打制。上下两面各有一个圆窝（图一八，5；图版六，7）。

穿孔石器　1 件。H2：3，残。打制后两侧经过磨制，中部穿孔（图一八，7）。

珠　2 件。1 件（T3 ⑥：30）管状，中穿孔，两面对钻，白色，表面光滑（图版六，15）。另 1 件（T3 ⑥：25）扁平，中穿孔，一面钻，白色，表面光滑（图版六，14）。

3. 骨器及其他

数量较少。大都经精细磨制而成。有镞、匕、匙、针、管以及卜骨等。

镞　4 件。1 件（H4：3）与药王庙遗址Ⅰ式镞相似（图一八，1；图版六，12）。3 件与药王庙遗址Ⅲ式镞相似。标本 H13：1（图一八，2；图版六，13）。

匕　1 件。T3 ⑥：21，残。长条形，扁平，一端是弧形刃（图一八，3）。

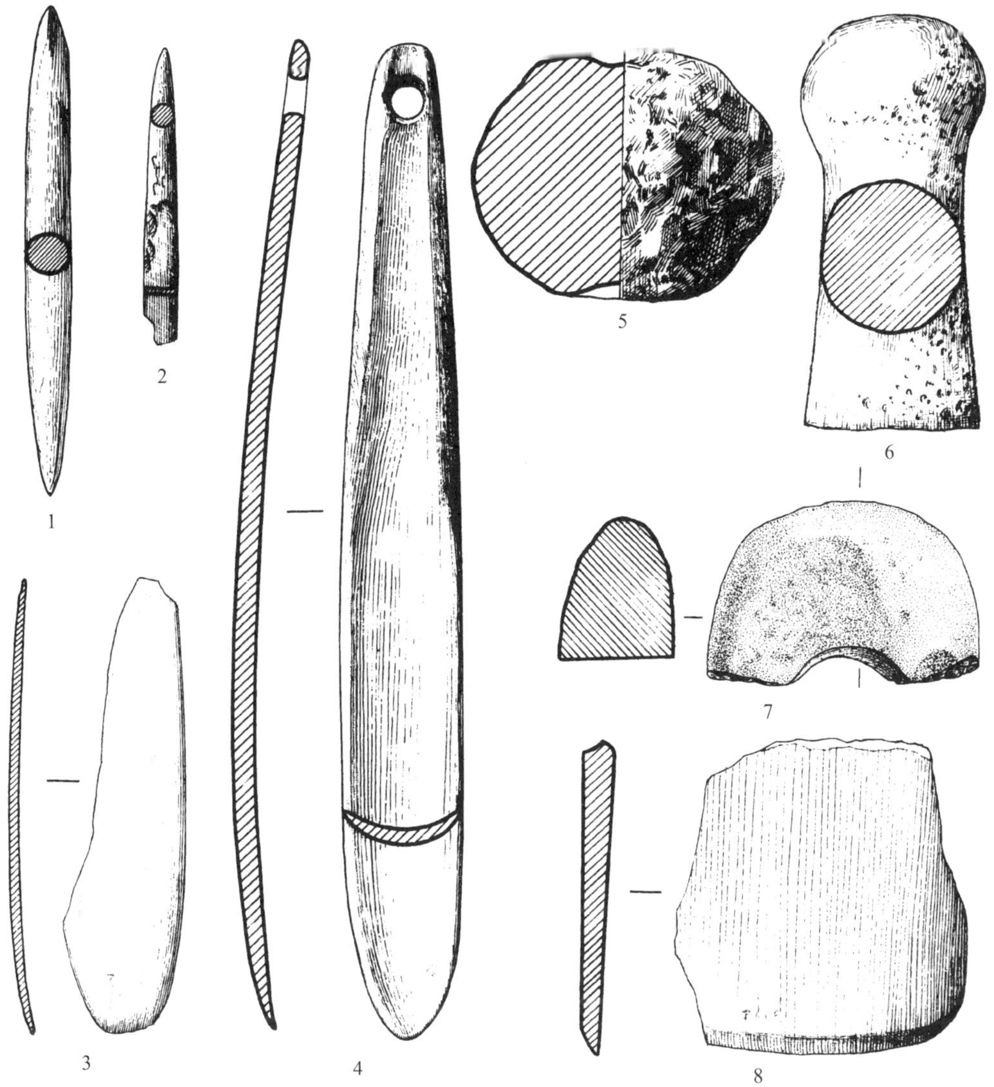

图一八　夏家店遗址下层出土骨器、石器

1、2. 骨镞（H4：3、H13：1） 3. 骨匕（T3⑥：21） 4. 骨匙（H4：1） 5. 球形石器（T3⑥：43） 6. 石杵（H4：13） 7. 穿孔石器（H2：3） 8. 石铲（T3⑥：28）

匙　1件。H4：1，用肢骨磨成，制作精致，一端呈柳叶形勺，横断面略呈弧形，柄端穿一孔（图一八，4；图版六，17）。

针　2件。残。

管　1件。截取肢骨一段，磨制而成。

卜骨　1件。H2：1，残。动物的肩胛骨，一面先钻后灼，一面有卜兆（图版六，16）。

蚌饰　1件。T3⑥：32，圆形，扁平，磨制，近边缘处穿孔（图版六，11）。

铜屑　4颗。出土于Ⅲ地点第4层（层位号⑥）。最大的直径在0.5厘米左右，看不出原来的器形，可能是铜器上脱落的碎屑。因颗粒小，锈蚀严重，未做化验。

4. 动物骨骼

经鉴定，第Ⅱ地点的 T9 ④、H13 和第Ⅳ地点的 H2 所出动物骨骼分属狗（*Canis familiaris*）、羊（*Ovis* sp.）、鹿科（Cervidae）、牛科（Bovidae），后者中可能有黄牛（*Bos* sp.）。

（三）上层文化遗迹

1. 灰坑

共发现 20 个，除 H11、H17 残破，形状不明外，其余口底平面都略呈圆形。以坑壁不同分为袋形和筒形两种（表三）。

表三　上层文化灰坑登记表　（单位：米）

坑号	位置	形状	口径	底径	坑深	备注
H23	Ⅰ地点	筒形	2.45		0.58	坑内埋二人，详见表六
H24	Ⅰ地点	筒形			0.3	坑内埋一人，详见表六
H25	Ⅰ地点	筒形			0.94	坑内埋一人，详见表六
H26	Ⅰ地点	筒形	1.75～1.9		0.73	坑内埋二人，详见表六
H27	Ⅰ地点	筒形	2		0.5	坑内埋三人，详见表六
H6	Ⅱ地点	袋形	1.4	1.7	1.2	
H7	Ⅱ地点	袋形	1.2	1.8	1.3	
H14	Ⅱ地点	筒形	1.4～1.53		0.59	
H15	Ⅱ地点	筒形	1.45～1.55		0.68	
H16	Ⅱ地点	袋形	2.06～1.66	1.98～2.15	2.38	坑口有石块垒砌
H18	Ⅱ地点	筒形	2		1.2	
H19	Ⅱ地点	袋形	1.9	2.3	0.6	
H20	Ⅱ地点	袋形	1.4～2	1.8～2.1	2.25	
H17	Ⅱ地点	形状不明				
H5	Ⅲ地点	袋形	1.22～1.65	1.8	2.5	坑口有石块垒砌
H8	Ⅲ地点	筒形	1.2		0.4	
H9	Ⅲ地点	袋形	1.4	1.72	2.32	
H10	Ⅲ地点	袋形	1.3～1.95	1.95	1.75	坑底有石块堆积
H22	Ⅲ地点	筒形	1.6		1.4	
H11	安庆沟灌渠内	形状不明				

袋形灰坑　在Ⅱ、Ⅲ地点共发现 8 个。口径都小于底径。5 个（H5、H9、H10、H16、H20）保存较好。口至底深 1.75～2.5 米，纵剖面呈束腰形。H5 和 H16 的坑壁上部

用天然石块垒砌（图一九；图版五，2）。H10坑中堆积很多石块，可能是石砌坑壁坠坏的堆积。H5和H16坑壁上保存有工具痕，长0.3～0.4米，由上而下，斜向同一方向，相距0.07～0.08米，绕坑壁若干匝，这应是修整坑壁时遗留的痕迹。H6、H7、H19这3坑保存较浅，坑壁上部向坑内倾斜，也是坑口小于坑底。

筒形灰坑　在Ⅰ、Ⅱ、Ⅲ地点共发现10个。口、底直径大致相同。除H8坑身浅小，直径1.2、深0.4米以外，其余直径都在1.4米以上。在Ⅰ地点发现的5个筒形灰坑中都有埋人现象。1个坑内埋1～3人。详见表六。

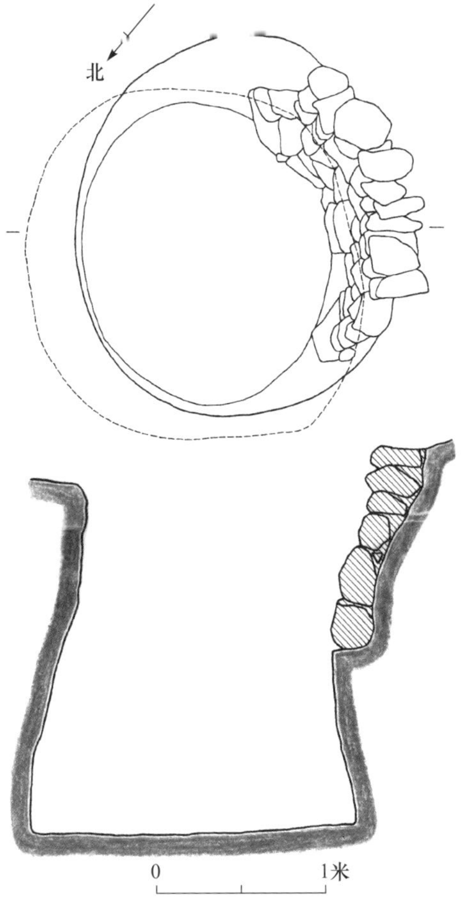

图一九　夏家店H16平、剖面图

2. 住址

发现5处。其中窖穴式住址2处，地面上建筑起来的住址3处。

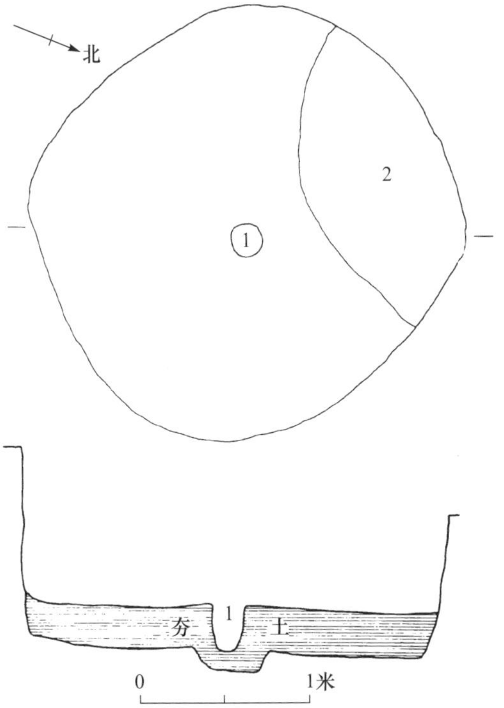

图二〇　夏家店F5平、剖面图
1. 柱洞　2. 烧土

窖穴式住址　2处，F4在Ⅰ地点，F5在Ⅲ地点。

F5平面略呈圆形，口、底直径均2.5、深0.9米。坑底地面经填土夯打，厚约25厘米。底面中央有1个柱洞，直径20、深28厘米。坑壁面上有残存的泥墙皮，由于坑壁不平整，壁面抹的泥皮也厚薄不匀，以求抹泥壁面平整。坑内填土中有不少坠落的泥墙皮。西北面坑壁和底面上有一片红烧土，厚5厘米。在现存的坑壁上未发现门道（图二〇；图版五，3）。

F4临涧沟边，有一半已塌落崖下。从保存部分看，原来平面可能也是圆形的。

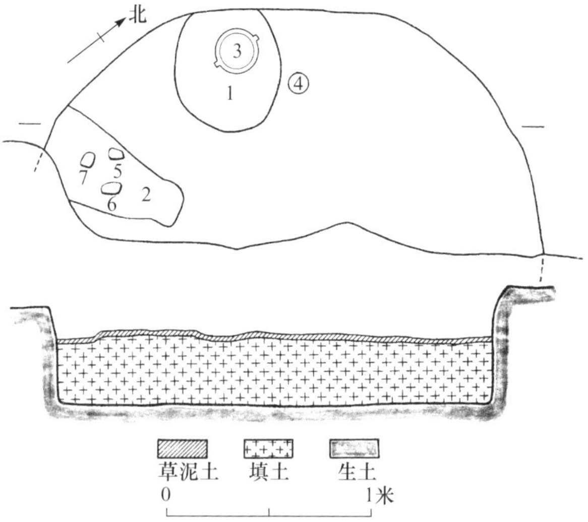

图二一　夏家店 F4 平、剖面图

1. 烧土范围　2. 灶坑　3. 鬲　4. 豆　5～7. 支架炊具的石块

直径约 3.2 米，坑壁保存最高处为 0.56 米。底面铺有 32 厘米厚的填土，填土上再敷 2 厘米厚的草拌泥地面（图二一；图版七，2）。现存坑壁上未见有门道或其他加工痕。靠西壁的地面上有 1 个灶坑，形状不规则，长约 70、宽 18～46、深 13 厘米。内有三块支架炊具的石块。灶坑边缘亦敷有 2 厘米厚的草拌泥，已被烧成红色。灶旁地面上还有一片红烧土，烧土上面发现陶鬲（图二三，2；图版一〇，3）、陶豆（图二三，11）各 1 件，皆残破。住址填土中发现人骨架 3 具（图版七，3），详见表七。人骨架紧贴敷泥地面（距离仅 1 厘米），可见 F4 的填塞主要是在埋人以后完成的。

当时地面上建筑的住址有 3 处，其中Ⅱ地点 2 处（F2、F3），都已破坏。Ⅲ地点 1 处，即 F1，保存稍好，残存部分东西长约 5、南北宽约 4 米。居住面是夯打三层的黄土，共厚约 20 厘米。住址墙壁也是黄土筑成，东北面残存一段长 1.25、高 0.25、厚 0.2 米。西面一段长 1.8、高 0.3、厚 0.2 米。残存墙根呈直线。现存地面中央有 1 柱洞，洞深 45、直径 30 厘米。居住面西边和东南边处各有烧坑 1 个，各深 10 厘米。东北面近墙根下有一片红烧土，红色深入居住面以下 50 厘米。居住面西南与一条路土相接，可能是出入的通道路面。在路土上也有 1 个柱洞（图二二）。

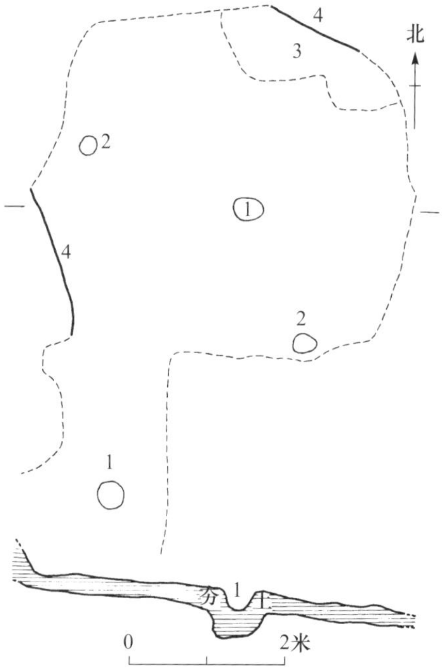

图二二　夏家店 F1 平、剖面图

1. 柱洞　2. 烧坑　3. 烧土范围　4. 残存墙根

（虚线为残存居住面）

3. 石砌台阶

在Ⅲ地点。只揭露出 3.6 米长的一段。高约 50、宽约 80 厘米（图一六），系用天然石块横拦着山坡砌造的，面临坡下的一面砌石较整齐，朝向坡上的一面不整齐，砌石之内侧与砌石之下的堆积是一样的。它可能是在较陡的山坡上为平整住地面砌起的石阶。

（四）上层文化遗物

1. 陶器

陶质疏松粗糙，夹杂大小不匀的石英砂粒。火候较低。罐、豆表面多呈红色，鬲、甗等炊器多呈褐色，但多数不是纯一色的。陶器表面在烧制前多经过压磨，显出光泽。表面未经磨光的素面陶器很少。加纹饰的极少，仅见甗腰有一匝用以加固接缝的附加堆纹（表四）。此外，见有划纹加点纹、“之”字压划纹陶片各一片，或是上层文化遗物，或是早期的遗物，还不能确定。制法皆手制，在多种器物内侧都可看出泥条盘筑的痕迹，这种制法应用于器物的口、腹、空足和器底。钵、纺轮等小型器，则用手捏成。豆柄用泥片卷合而成。器形复杂的如鬲，系先将口腹、空足、锥形实足、耳等各部分别做成，再黏合成器，表面抹平磨光。为使黏合牢固，常把接合处做出凹凸不平或锯齿状，器耳则做出榫头插入器壁中。一般制作粗糙，在接缝处大都可以看出接合的痕迹。器物种类有鬲、甗、罐、豆、钵及纺轮、陶坠等（表五）。其中以鬲的复原器和残片最多，在早、晚地层中出现不同型式，可作为寻求分期的线索。

表四　陶质、纹饰统计表

纹饰/数量/陶质	磨光	素面	附加堆纹	合计
夹砂褐陶	4819	155	18	4992
夹砂红陶	1833	103		1936
合计	6652	258	18	6928

表五　陶质、器形统计表

陶质/数量/器形	夹砂褐陶	夹砂红陶	合计	百分比 /%
鬲	280	53	333	48.5
甗	7	5	12	1.8
罐	60	64	124	18.1
豆	61	78	139	20.2
钵	63	15	78	11.4

注：另有不辨器形的陶片，夹砂褐陶 4508 片、夹砂红陶 1722 片。

鬲　腹下部半球形空足，空足下接锥形实足，腹部有方形实耳或环耳。分三式。

Ⅰ式：大口，直腹，呈筒状。口沿外施泥条一匝，腹部有方形实耳。个别在鬲裆上有一凸瘤。标本 T3 ⑤：11，口径 30～32、通高 36～39 厘米（图二三，1；图版一〇，1）。标本 F4：2（图二三，2；图版一〇，2）。

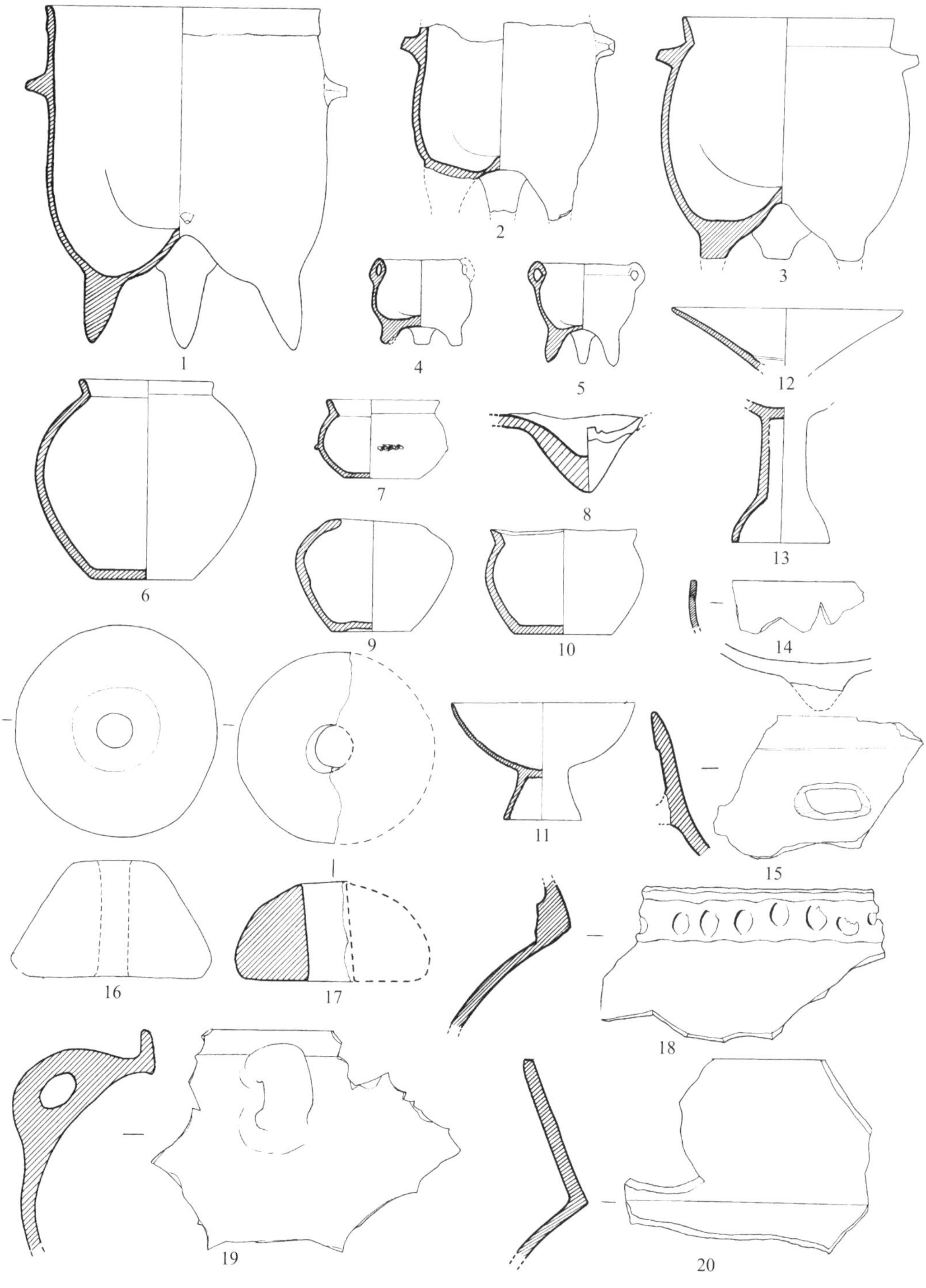

图二三　夏家店遗址上层出土陶器

1、2. Ⅰ式鬲（T3⑤：11、F4：2）3. Ⅱ式鬲（T1②：7）4、5. Ⅲ式鬲（T7①：2、H5：15）6、19. Ⅰ式罐（H11：4、F5：4）7、10. Ⅱ式罐（M12：7、M15：1）8. 鬲足（T7②：3）9. Ⅳ式罐（采集）11. Ⅱ式豆（F4：1）12、13. Ⅰ式豆（H9：4、T3④：37）14、15. 钵（H5：16、H9：5）16、17. 纺轮（H11：3、T1②：7）18. 甗（H16：4）20. Ⅲ式罐（H9：3）

Ⅱ式：敞口，圆腹，口径小于腹径。短颈，口腹间有方形实耳。标本T1②：7，口径22、腹径27、残高27厘米（图二二，3；图版一〇，3）。

Ⅲ式：敞口，浅腹，器形较小。空足平浅，口腹间有环形耳。标本H5：15、T7①：2，后者口径8、腹径11、通高9.5厘米（图二三，5、4；图版一一，8、9）。

另外，在Ⅱ、Ⅲ地点的较晚堆积（T7②、T4④、H5）中发现残鬲足3件，均空足宽浅，鬲裆平缓，足尖呈乳突状，标本T7②：3（图二三，8）。这种鬲足，曾见于《赤峰红山后——热河省赤峰红山后先史遗址》（以下简称《赤峰红山后》）A墓地第7号墓[1]（见《赤峰红山后》版Ⅹ）。

甗　皆残片，全形不明。腰部有附加堆纹一匝。标本H16：4（图二三，18）。

罐　略分四式。

Ⅰ式：小口，短颈，圆腹。标本H11：4（图二三，6；图版一〇，4）。个别器口下有环形耳或绕腹一周安有4个横鋬纽。标本F5：4（图二三，19；图版一一，3）、采集（图版一一，6）。

Ⅱ式：敞口，短颈，浅圆腹。标本M15：1，口径16.4、腹径18.4、底径11厘米，高11、胎厚0.7～1.5厘米（图二三，10；图版一一，1）。个别腹部有四个类似附加堆纹的器耳。标本M12：7（图二三，7；图版一一，2）。

Ⅲ式：大口，高颈外敞，有肩。标本H9：3（图二三，20）。

Ⅳ式：敛口，口沿内侧附加泥条一匝，最大径在肩部。标本采集，口径9、腹径18.5、底径9、高12、胎厚1～1.2厘米（图二三，9；图版一一，5）。

豆　分二式。

Ⅰ式：豆盘平浅，长柄中空，下接喇叭形座。标本H9：4，豆盘口径28、胎厚0.5～0.7厘米（图二三，12）。标本T3④：37，豆柄直径5.5、座底径11、残高8、胎厚0.5～0.8厘米（图二三，13；图版一一，7）。

Ⅱ式：豆碗深圆，下接喇叭形座。标本F4：1（图二三，11；图版一一，4）。

钵　皆残片，有两种。第一种直口方唇，圆腹。标本H5：16（图二三，14）。第二种敞口尖唇，浅腹。口沿外附加泥条一匝，口沿下有方形实耳。标本H9：5（图二三，15）。

纺轮　2件。中心有孔。T1②：7，半球形（图二三，17）。H11：3，截尖圆锥形，顶面直径2.5、底径5.7、高3、孔径1厘米（图二三，16）。

陶坠　1件。H11：1，扁平长方形。近长边处有二穿孔，边孔之间印有绳痕。长5.7、宽3.1、厚1厘米，重34克（图版一三，6）。

2. 石器

石器质料取材当地的基性火成岩、玄武岩、气孔状玄武岩和砂岩。大都经过打制成形，再磨制加工，多数已看不出原来的打制痕迹。未经磨制的很少。多为生产工具，有斧、锤斧、刀、盘状器、环形器、杵、臼、锤、石坠、磨石和石范等。

斧　9件。分五式。

Ⅰ式：3件。扁平长方形，中腰稍细，刃边略有弧线，有使用痕。两面打制，有两件略经磨制，边缘尚存打制痕。标本T3④：4（图二四，1；图版一二，1）。

Ⅱ式：1件。T3④：38，长方形，横剖面呈椭圆形。打制后略经磨制，边缘尚存打制痕（图二四，2；图版一二，2）。

Ⅲ式：2件。近于梯形，顶端较刃边为窄，横剖面呈椭圆形。通体磨制，两面磨刃，有使用痕。标本T3⑤：5，长12、宽6、厚4厘米（图二四，3；图版一二，3）。

Ⅳ式：1件。T9②：18，已残。体长，横剖面呈椭圆形，刃边较窄，平刃，有使用痕。通体磨光，两面磨刃。中部有一小圆窝，可能是准备穿孔的痕迹（图二四，4；图版一二，4）。

Ⅴ式：2件。皆残。扁平长方形，横剖面呈椭圆形，中腰有圆孔两面对钻。通体磨光，两面磨刃，刃边略有弧线，有使用痕。标本T3⑤：6（图二四，5；图版一二，5）。

锤斧　1件。T4②：3，残。楔形，磨制，纵剖面呈长方形。中心穿孔，两面对穿，穿孔方向与刃边平行。长15.6、残宽6、厚6、孔直径3.5厘米（图二四，13；图版一二，11）。另采集2件，与此形状相同（图版一二，10）。

刀　4件。皆残。半圆形，刃在弦边，背弧形，有双孔，两面对钻，通体磨光。标本T9②：9，残长7、宽5.5、厚0.9、孔径1厘米（图二四，7；图版一二，9）。

盘状器　3件。圆形，中间厚，边缘薄，略经磨制。一面中心有一小凹窝。边缘有使用痕。标本T4②：1（图二四，8；图版一三，3）。

环形器　4件。圆形，中央穿孔，两面对钻，略经磨制。标本T1①：1（图二四，10；图版一三，1）、H18：1（图二四，9；图版一三，2）。另采集1件（图版一三，4）。

杵　3件。磨制，圆柱状，下端较粗有研磨面。标本T4②：2，长14、直径5～6厘米（图二四，12；图版一三，8）。

臼　3件。盆状。标本T4②：11（图二四，11）与石杵（T4②：2）同出，残缺大半，可复原。口径30、高11、底径26、壁厚4厘米（图二四，11；图版一三，9）。

圆形石器　1件。H5：11，近椭圆形，两面中央有圆凹窝（图二四，6；图版一二，7）。

石坠　2件。1件（H20：1）椭圆形，中腰有一匝凹槽，重28克（图版一三，5）。另1件（H21：2）柱状，中腰有一匝凹槽，高4.2、宽4厘米，重73克（图版一三，7）。

磨石　5件。皆残。质料砂岩。有的研磨面留有条形槽，槽宽0.8～1.5、深0.4～1厘米，可能是用以磨制长条形器或尖状物（如骨锥）的。有的研磨面较宽，用途与前应有不同。

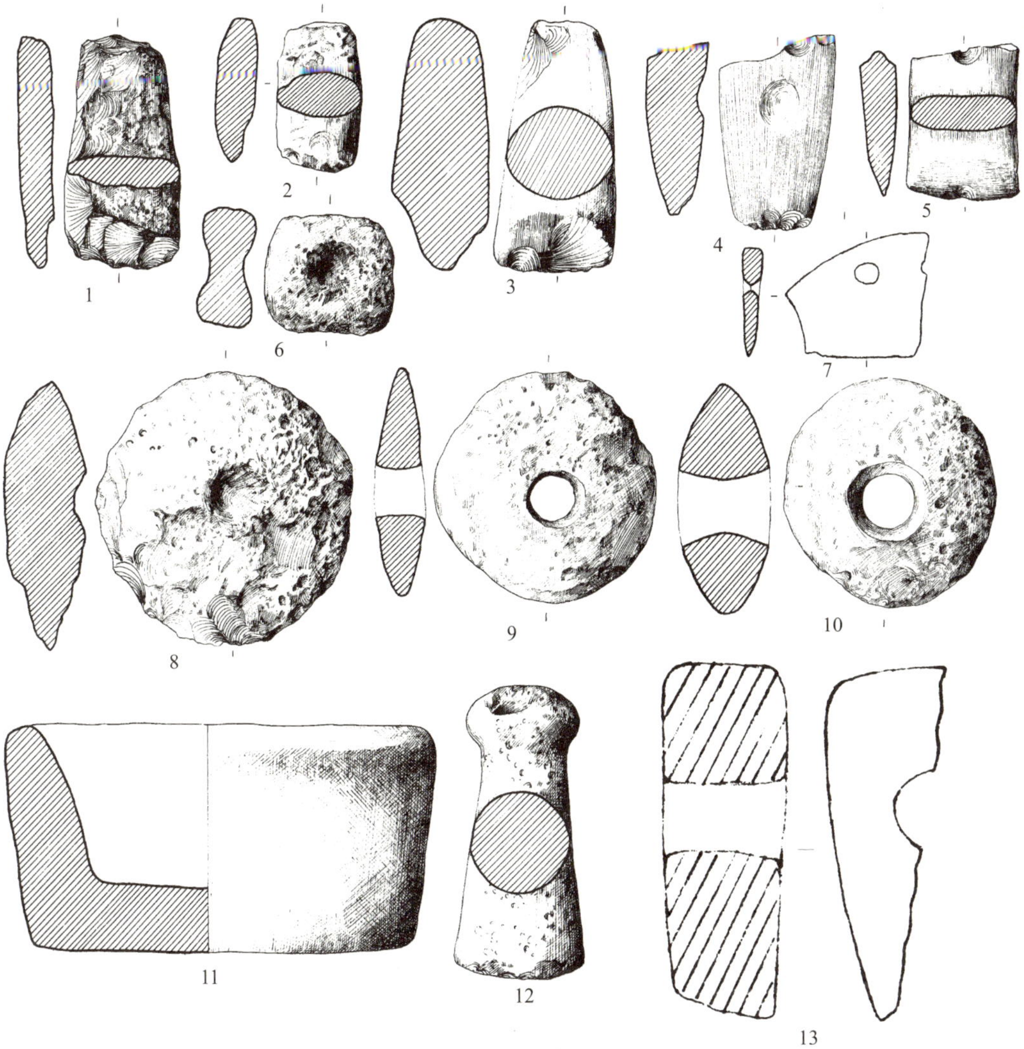

图二四　夏家店遗址上层出土石器

1. Ⅰ式斧（T3④：4） 2. Ⅱ式斧（T3④：38） 3. Ⅲ式斧（T3⑤：5） 4. Ⅳ式斧（T9②：18） 5. Ⅴ式斧（T3⑤：6） 6. 圆形石器（H5：11） 7. 刀（T9②：9） 8. 盘状器（T4②：1） 9、10. 环形器（H18：1、T1①：1） 11. 臼（T4②：11） 12. 杵（T4②：2） 13. 锤斧（T4②：3）

石范　2件。滑石制。1件是斧范（T7②：7），残。有阴刻的三角纹（图版一二，8）。另1件是联珠铜饰范（T3③：12）。系合范的一半。在联珠状的凹槽旁有灌注的沟槽，灌注口已残。范石侧面有沟槽，系固定合范的捆扎处。背面刻有“火”形符号（图版一二，6）。墓中出土的同类铜饰背面是平的，推想这一组合范的另外一半是没有凹槽的。

石锤　1件。T4③：4，残。打制，椭圆形，较厚重，中部有孔，两面对钻。孔径2.5～4.8厘米。

还有1件细石片，长条形，顶端有打击点，没有二次加工痕，一边有使用痕。长1.8、宽0.2～0.4厘米。

3. 骨器及其他

大都是用肢骨劈锯成坯，再磨制而成。针、镞规整，加工精细，其他制作较粗糙。有镞、锥、匕、针、管、穿孔器、牌、珠及卜骨。

镞　共 7 件。分三式。

Ⅰ式：5 件。镞身三棱锥形，有短翼，圆柱形铤，铤尾扁平楔形。标本 H22∶4，长 6.7、宽 1.2 厘米（图二五，5；图版一四，5）。

Ⅱ式：1 件。T3⑤∶8，镞身扁平，菱形，两面有棱脊，横剖面也呈菱形。扁铤，铤尾与Ⅰ式相同。长 8、宽 1 厘米（图二五，6；图版一四，7）。

Ⅲ式：1 件。T1②∶5，镞身呈扁平三角形，双翼，扁铤已残。长 5.6、宽 1.4、厚 0.6 厘米（图二五，7；图版一四，6）。

锥　共 16 件。制作粗糙，除尖端外，多保留原来劈锯痕。分三式。

Ⅰ式：6 件。锥锋圆锥形，锥柄多带有原来的骨骺。标本 H10∶1，长 11 厘米（图二五，1；图版一四，10）。标本 T3⑤∶7，长 9 厘米（图二五，3；图版一四，1）。

Ⅱ式：6 件。锥身加工规整，横剖面呈长方形，皆残断。标本 T3②∶2，长 7、宽 0.8、厚 0.4 厘米（图二五，2；图版一四，2）。

Ⅲ式：4 件。只在一端略加磨制成锋，锥身未经加工，形状也不规则。标本 T9②∶13（图二五，4）。

匕　2 件。以长条形骨片磨制而成。标本 H5∶5（图二五，9；图版一四，8）。

针　12 件。磨制精致，长 4～7 厘米。针孔由一面钻孔，孔径 0.5～1 毫米。标本 H5∶3、H9∶3、T3④∶16、H5∶17（图版一四，4）。

管　2 件。截取（鸟类）长骨一段磨制而成。管径 1 厘米。1960 年曾见当地农民挖到与此相同的 1 件，发现管内装有骨针数枚。据此，骨管用途应是针筒。

穿孔器　2 件。磨制。长条形骨片，一端稍宽，有穿孔，另一端较狭而薄。标本 H15∶14（图二五，8；图版一四，3）。

牌　1 件。T9②∶17，长方形，两长边各有对称的三个小孔。一端已残。另一端有二小孔，皆一面钻孔。长边侧面有刮削痕和锯痕（图版一四，12）。另采集 1 件，稍大。长方形，残一角，其余三角各有二小孔，一侧长边中间有二小孔（图版一四，13）。

珠　2 件。管状。长 4、直径 2 毫米，与墓葬出土的中型相近。

卜骨　5 件。肩胛骨，未经修治。一面有灼烤痕。1 件（H5∶8）较完整，经鉴定为猪肩胛骨（图版一四，14）。

角器　1 件。T5③∶2，鹿科动物角尖，尖端横穿一孔，已残。角心挖空，边缘已残，尚存一孔（图版一四，11）。

蚌器　1 件。T9②∶11，边缘已残，有一孔，面上有锯痕（图版一四，9）。

铜镞　1 件（出自 T3）。倒刺状双翼，一侧翼尾残，中有脊，铤断面呈圆形（图版一四，15）。

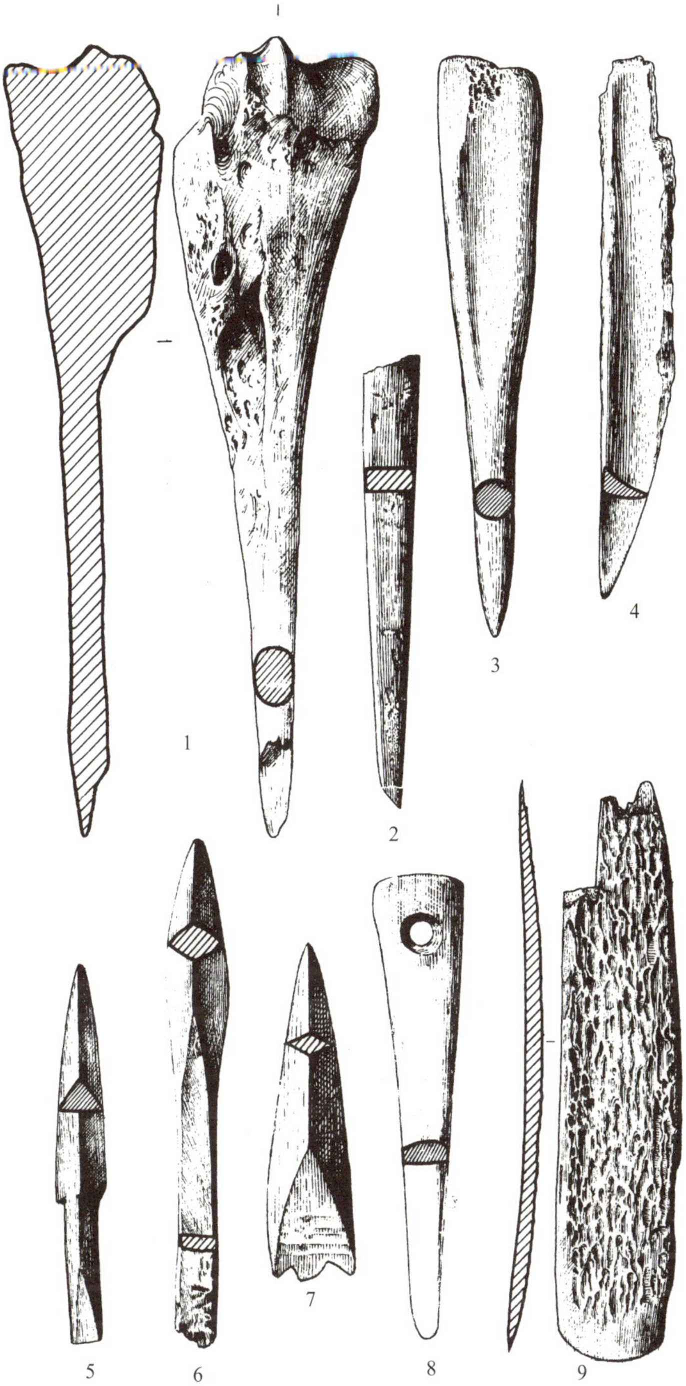

图二五 夏家店遗址上层出土骨器

1、3. Ⅰ式锥（H10：1、T3⑤：7） 2. Ⅱ式锥（T3②：2） 4. Ⅲ式锥（T9②：13） 5. Ⅰ式镞（H22：4） 6. Ⅱ式镞（T3⑤：8） 7. Ⅲ式镞（T1②：5） 8. 穿孔器（H15：14） 9. 匕（H5：5）

4. 动物骨骼

数量较多，无完整个体。经对T3②、T3③、H5、H9、H10、H11、H16、H18、

H20 所出动物骨骼的鉴定，有狗（*Canis familiaris*）、猪（*Sus domestica*）、羊（*Ovis* sp.）、牛科（*Bovidae*）、马科（*Equldae*）、鸟纲（*Aves*），后者中可能有鸡（*Gallus* sp.）。属牛科的有上颌骨、上臼齿、趾骨。属马科的有掌骨下端、下臼齿。以狗、猪为最多。如 H10 中至少有狗 4 个。H5 中至少有猪 6 个，从乳幼年到成年都有。H16 中有幼小猪完整骨架 1 具，另有上、下颌骨分属 6 个个体。T3 中至少有猪 5 个，其中 1 个甚小，仅长出下臼齿 1 个。另外，在不能鉴定种属的碎骨中，有许多是经过烧炙（食用）呈焦黑色的碎骨。另在骨角器中有鹿科动物的角。

（五）上层文化墓葬

1. 墓葬分布与地层关系

在Ⅰ、Ⅱ、Ⅲ 3 个地点发掘墓葬 10 座，在灌渠内清理 1 座，共 11 座墓。在Ⅰ地点发掘的 5 个灰坑和 1 个住址内也发现有埋人现象。

Ⅰ地点　3 座（M7、M9、M10）。耕土以下即见墓口，墓圹挖在生土里，填土土色与生土接近，其中包含物极少，M7 的填土中有一块器表饰绳纹加划纹的下层文化陶片。埋人的灰坑和窖穴式住址内的填土，与这 3 座墓的填土相同，灰土很少。表明这里在造墓或住人期间，地面上灰土堆积很少，是居住区的边缘。

Ⅱ地点　2 座（M11、M12）。墓口都在所在探方最早的上层文化堆积层之下，并被较晚的灰坑打破。两墓填土皆含有下层文化和上层文化的陶片。可以认定，两墓年代大体同时。

Ⅲ地点　5 座（M13～M17）。墓口见于上层文化层下，打破下层文化层。墓口距地表 1.9～2.5 米。填土中除 M16 外，皆有下层文化与上层文化的陶片。可以确认这批墓葬的年代大体同时，早于这里的上层文化堆积和其他遗迹，而晚于下层文化的堆积。

从地层上看，Ⅰ地点未见下层文化的堆积和遗物，Ⅱ、Ⅲ 2 个地点的墓都是出在上层文化较早的堆积中。从随葬器物上看，M11 与 M14 出土的陶罐相似，M7 出土的陶罐与 M12 和 M15 相似。3 个地点墓葬中出土陶器的型式关系，说明它们的年代是相近的。

2. 墓葬形制

除 M1 已被破坏外，其余 10 座分为长方形竖穴墓和浅圹墓两种（表六）。有埋人的灰坑和住址另为一种，放在后面叙述（表七）。

（1）长方形竖穴墓

4 座（M11、M12、M15、M17）。土圹较深，坑壁整齐，都有木质葬具。据朽木痕迹观察，葬具是用木条在墓底围成长方形木框，没有木头铺底，上盖长木条。葬具与圹壁间填土打夯，或填塞石块。其中 M11、M12 为合葬，M15、M17 为单葬，分别说明如下。

表六　夏家店上层文化墓葬

（单位：米）

墓号	位置	方向/（°）	墓形			人骨					随葬品	附注
			墓圹	尺寸	葬具	数量	头向	葬式	性别	年龄		
1	安庆沟灌渠内				有木葬具	1	北				铜刀1（Ⅲ）、铜锥1、铜扣43（大6、中3、小34）、骨珠690（大679、中11）	已破坏
7	Ⅰ地点	2	浅圹	底1.37×0.45 圹深0.25		1	北	仰身		儿童	陶罐1（Ⅱ）、铜扣1（中）	
9	Ⅰ地点	38	浅圹	底1.45×0.54 圹深0.35		1	西北	侧身下肢微曲		儿童		
10	Ⅰ地点		浅圹	半露出地表		1	东北	仰身				已破坏
11	Ⅱ地点		长方竖穴	底2.49× 0.65～0.91 圹深1.10	木葬具 2.1×0.56	2A B	西北 西北	仰身直肢 侧身向A	女	成年 儿童	陶罐1（Ⅰ）、陶纺轮1、铜锥1、双尾形铜饰20、联珠形铜饰80、铜扣5（大3、小2）、骨针2、骨珠289（中）	被H6打破
12	Ⅱ地点	87	长方竖穴	底1.75×1.10 圹深1.40	木葬具 1.6×0.8	2A B	东 西	仰身直肢 仰身直肢	女 男	青年 成年	陶罐1（Ⅱ）、铜刀1（Ⅱ）、铜镞2、骨针1、骨镞2	被H7、H16打破
13	Ⅲ地点	210	浅圹	底1.10×0.50 圹深0.30	木葬具 0.9×0.22	1	南	仰身下肢微曲		儿童	骨针1、骨珠76（中）	在T3⑤层下，打破第6层
14	Ⅲ地点	190	浅圹	底2.05×0.87 圹深0.30	木葬具 1.65×0.5	1	南	仰身直肢	女	青年	陶罐1（Ⅰ）、铜刀1（Ⅲ）、铜锥1、铜扣3（大2、中1）、骨针1、骨梭1、骨珠431（中353、小76）	在T3⑤层下　打破第6层
15	Ⅲ地点	200	长方竖穴	底？×0.90 圹深0.70	有木葬具	1	南	仰身直肢	女	成年	陶罐1（Ⅱ）、铜扣1（大）、骨针1	被F5、H10打破
16	Ⅲ地点	160	浅圹	底0.48×0.29 圹深0.10	木葬具 0.45×0.28	1	南	仰身直肢				在T3⑤层下，打破第6层
17	Ⅲ地点	195	长方竖穴	底2.30×0.93 圹深1.10	木葬具 1.90×0.50	1	南	仰身直肢	女	成年	铜刀1（Ⅰ）、铜锥1、铜扣39（大10、中29）、骨针1、骨珠473（中471、小2）	在T3⑤层下，打破第6层

表七　Ⅰ地点灰坑、住址内的埋葬

坑号	保存情况	骨架	第一次埋入	第二次埋入	埋葬情况	填土
H23	残半	AB	B 被扰乱	A 成年，剩下肢		
H24	残半	1	成年，剩胸、头部		骨架距坑底 6 厘米	
H25	残半	1	成年，剩小腿骨		骨架距坑底 16 厘米	
H26	完整	AB	B 成年，被扰乱	A 男，成年，俯葬，缺右下肢	B 距坑底 6 厘米	A、B 之间填土厚不足 10 厘米
H27	完整	ABC	B 成年，被扰乱 C 儿童，被扰乱	A 女，成年，完好	A 头骨贴在覆盖 B 的石块上	A 与 B、C 之间填土填石厚 10 厘米
F4	残半	ABC	A 儿童，完整 B 成年，残半，未扰乱 C 女，成年，残半，未扰乱		三个骨架平列，距居住面 5 厘米。A 头贴在 B 小腿上	

M11 墓口长 2.37、宽 0.53～0.85 米，墓底长 2.49、宽 0.65～0.91、深 1.1 米。据板灰痕迹，可知此墓葬具是用长 2.1、厚 0.06、宽 0.4～0.5 米的木板围成木框，上加木盖而成（是否有底不能确定），木框外挤以石块。此墓为成人与幼童合葬。成年女性（A），头向西北，仰身直肢。幼童（B），头向同上，侧身向 A，直肢。随葬品有陶罐 1 件，陶纺轮 1 件，骨针 2 件，铜锥 1 件，骨珠 289 个，以及铜扣、联珠形和双尾形铜饰共 105 件。铜饰出在头、颈、胸、腿上。铜扣大小不同，有的背面锈黏有纺织物痕，当为衣帽上的装饰。联珠形铜饰在额上绕头一匝，竖排共 80 条。经鉴定，这种联珠形铜饰是用麻线缝缀在帽缘上的。在颈下，有同样的一排，是缝缀在衣领前的。由颈间铜饰、铜扣以下至腰间，有珠串 2 条。左侧 1 条垂长及腰，右侧 1 条盘曲在胸间。2 条珠串的下端各有双尾形铜饰 4 个。腿间又有双尾形铜饰 2 组，每组 6 个（图二六；图版九，1、2）。

M12 西端被 H7 破坏。墓口残长 1.6～1.85、宽 1.1～1.2 米，墓底残长 1.75、宽 1.1 米，深 1.4 米。据板灰可知木质葬具宽 0.7～0.8 米，长、高不详。葬具与墓壁之间的填土经过夯打。此墓为男女合葬。女性（A）头向东，仰身直肢。随葬陶罐 1 件、骨针 1 件。男性（B）头向西，仰身直肢。随葬铜刀 1 件、铜镞 2 件、骨镞 2 件（图二七；图版九，3）。

M17 之长宽口、底相同，据板灰可知葬具为长 1.75、宽 0.5、板厚 0.04～0.06 米的木框，框内底部与人骨之间填有一薄层土。葬具与墓壁之间挤以石块。此墓为成年女性，头向南，仰身直肢。随葬骨针、铜锥、铜刀各 1 件，铜扣 39 件，骨珠 473 个。保存的衣服残片为平纹织物（图版一五，9），每平方厘米经纬 18 或 19 根。铜扣背面锈黏着的织物痕，经鉴定为麻织品。根据织物痕和铜扣、骨珠的位置，推测头上 12 个铜扣是缝在帽上的。胸前的骨珠穿成双行，与颈椎以下的连成一串

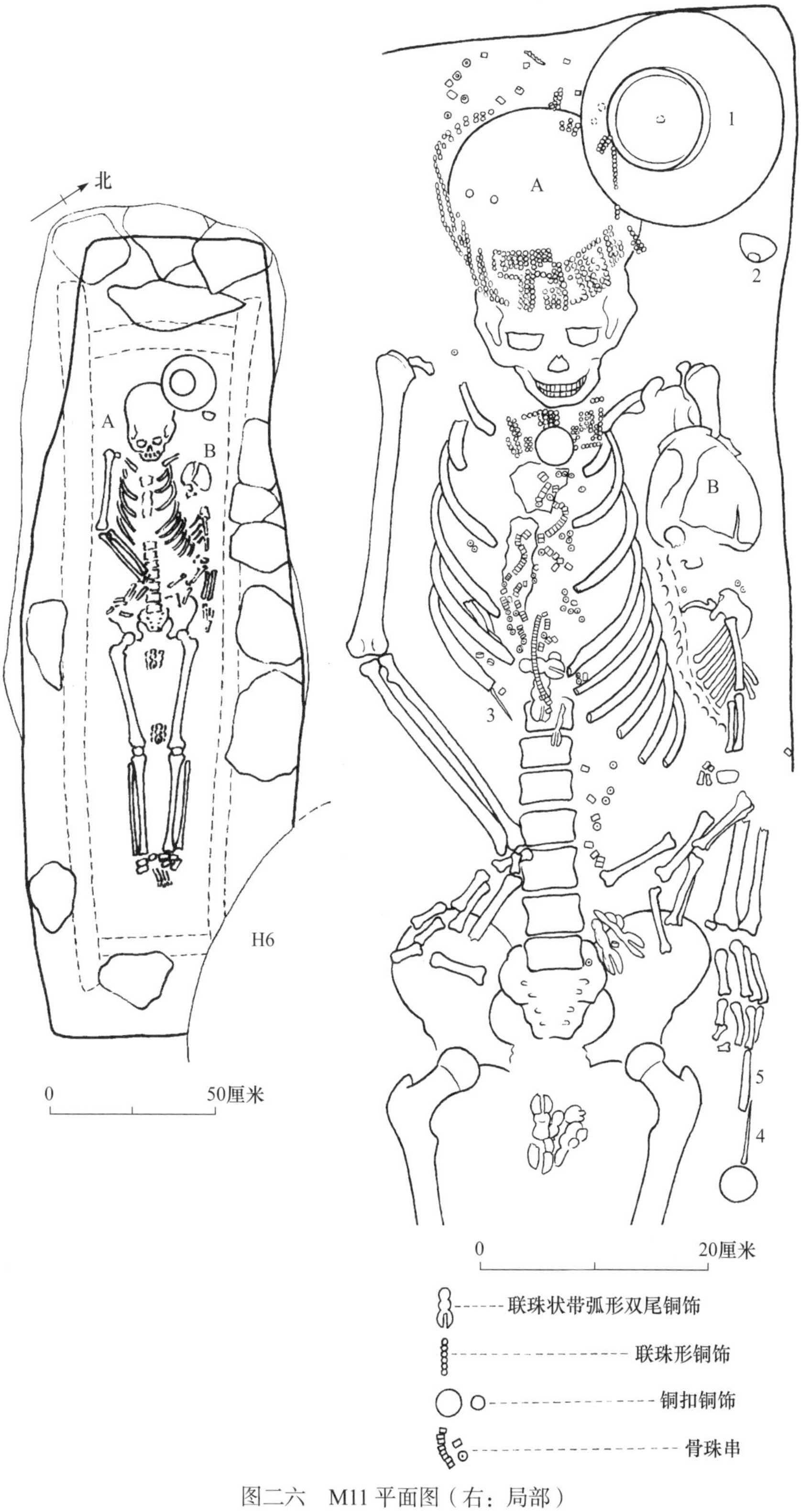

图二六　M11平面图（右：局部）
1. 陶罐　2. 陶纺轮　3、4. 骨针　5. 铜锥　A、B. 人骨架

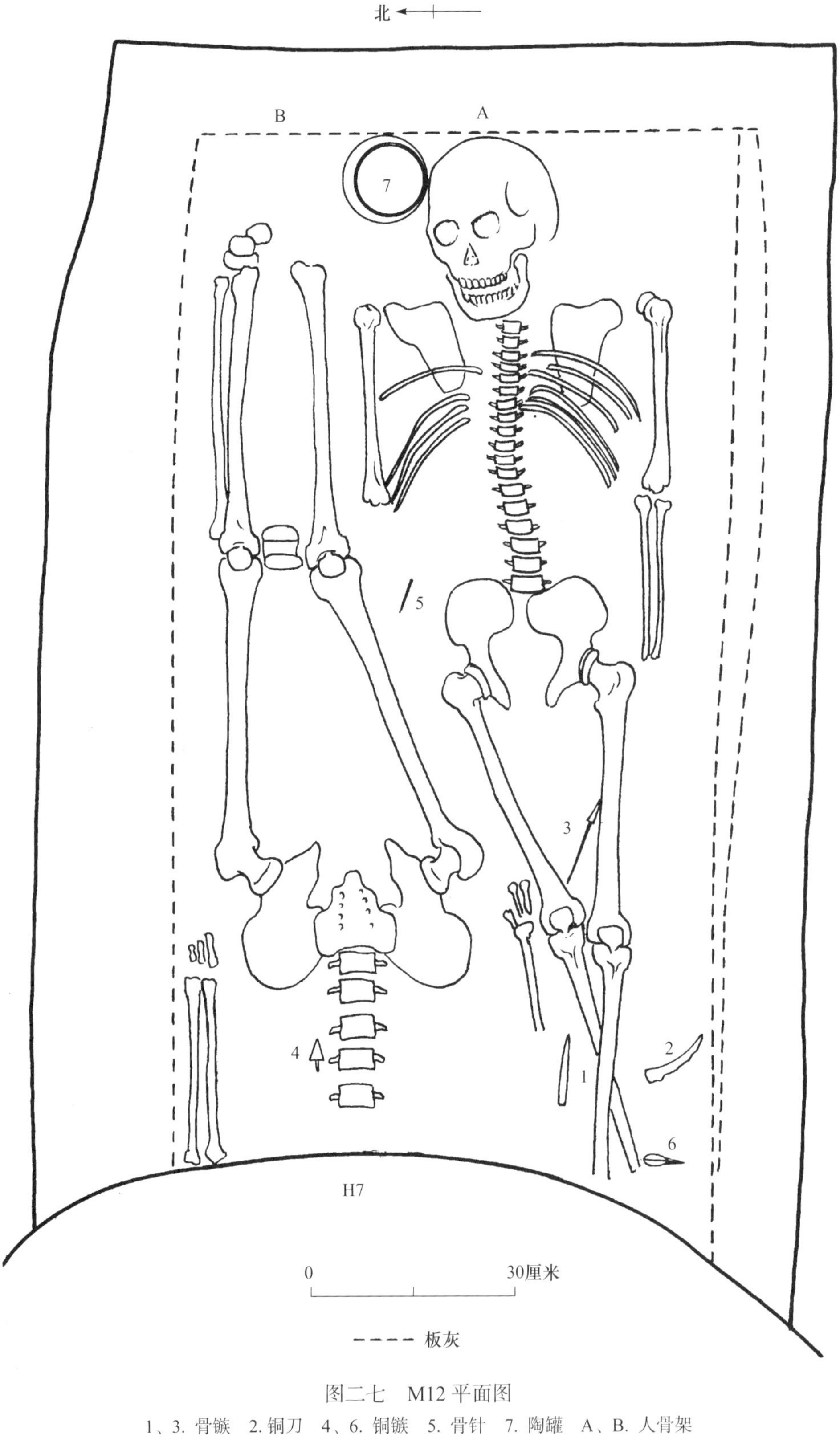

图二七　M12平面图

1、3. 骨镞　2. 铜刀　4、6. 铜镞　5. 骨针　7. 陶罐　A、B. 人骨架

（图二八；图版八，1、2）。

M15 亦为成年女性，葬式、头向均同上。随葬陶罐、铜扣、骨针各 1 件（图版八，4）。

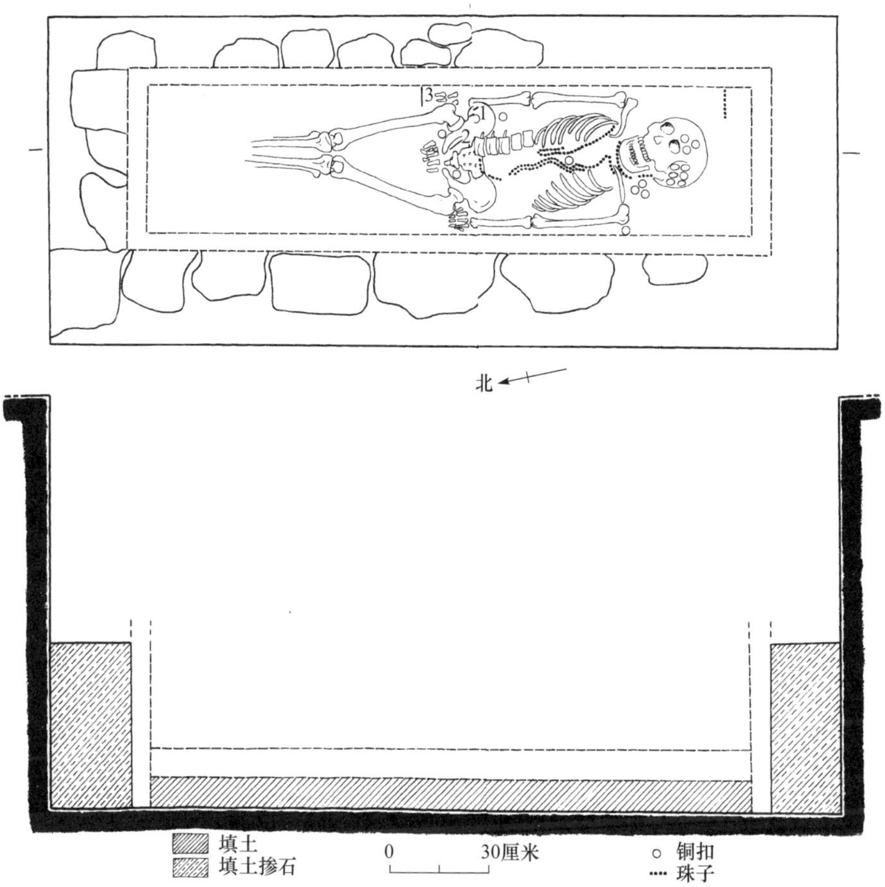

图二八 M17 平、剖面图
1. 骨针 2. 铜锥 3. 铜刀

（2）浅圹墓

6 座（M7、M9、M10、M13、M14、M16）。墓圹较浅，深 10～35 厘米。圹边不齐。M7、M9、M13、M14 等墓圹内四壁围砌石块，上盖石块，形似“石棺”或“石椁”，M13、M14、M16 这 3 座墓有木葬具痕迹。主要是青年和儿童的墓葬。随葬品很少。M14 为一青年女性，有陶罐和铜刀等随葬品（图版九，4）。M13 葬儿童骨架 1 具，头向南，仰身，下肢微曲，随葬骨针 1 件、骨珠 76 件，骨珠散在颈上（图二九；图版八，3）。

（3）灰坑和窖穴式住址内的埋葬

埋人的灰坑和住址均发现于Ⅰ地点，其中 H23～H25、F4 位于崖边，已部分塌毁。H26（图版七，1）、H27 保存完整。每坑埋 1～3 人。头向不一，葬式有仰身也有俯身，都没有随葬品。H24、H25已大部分塌毁，坑内各残存半具骨架，从现象观察，可能原来不只埋葬一具骨架。同一坑内的数具骨架，有的可能是同时埋的，如F4。有的则有先后，但都没有发现第二次葬埋时挖开填土的痕迹，如H27内的B、C两具骨架压在A骨架之下，其间隔着10厘米厚的填土和石块，B、C骨骼已被扰乱，而A保存完整，位置未扰动。H23、H26与此略同。这种现象表明，先埋入的骨架是在第二次埋入之前被扰动的，而不是迁葬引起的扰动。先埋入的骨架只掩盖10厘米厚的填土或石块，及至第二次埋入后才完全填塞土坑。由此我们认为，两次葬入的死者似为亲属关系，尽管死亡的时间有先后，固定是要埋在一起的。

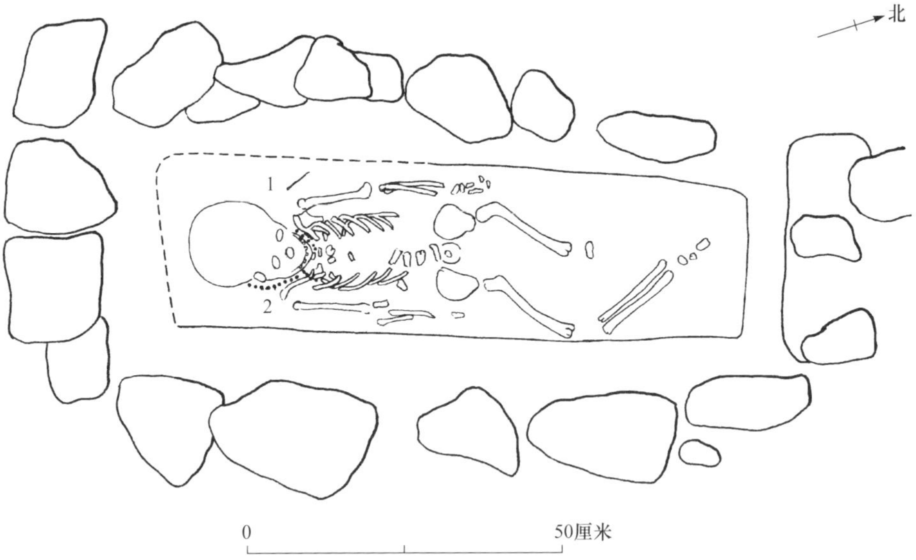

图二九　M13平、剖面图
1. 骨针　2. 骨珠

3. 随葬器物

8座墓有随葬品。种类有铜器、骨器和陶器，都属于实用的生活用具和装饰品。

（1）铜器

有镞、刀、锥、扣、双尾铜饰和联珠形铜饰。

镞　2件。1件（M12：4）三翼（图三〇，9；图版一五，5）。1件（M12：6）镞身扁平，中有脊，两刃向前聚成较宽的前锋，向后聚于中脊，呈扇形，铤部断面呈椭圆形，与赤峰红山后M22青铜镞（《赤峰红山后》图八，图版XXⅡ-5）相似（图三〇，10；图版一五，6）。

刀　4件。皆有残损，长6～13厘米。

Ⅰ式：1件。M17：6，弧形，刀背拱起，刃边凹下。柄部有齿（图三〇，1；图版一五，11）。

Ⅱ式：1件。M12：2，刀呈弧形，刀刃拱出，背边凹下（图三〇，2；图版一五，

12）。

Ⅲ式．2件（M1：2、M14：11）。刀背平直，刀前端较窄（图三〇，4、3；图版一五，13）。

锥　4件，3件残。分别出自M1、M11、M14、M17。锥身断面呈方形或四棱形，前端收成锥锋，柄端扁平，楔形，有的锈黏朽木痕，推知原安有木柄（图三〇，7；图版一五，1～4）。

扣　92件。据出土位置和织物痕迹，大多是缝在衣帽上的。

大型：22件。圆形，直径3～3.3厘米。正面凸起。少数面上铸有条纹。背面都有纽。标本M17：2（图三〇，18；图版一五，10）。M17中有2件在边缘上有椭圆形小孔。

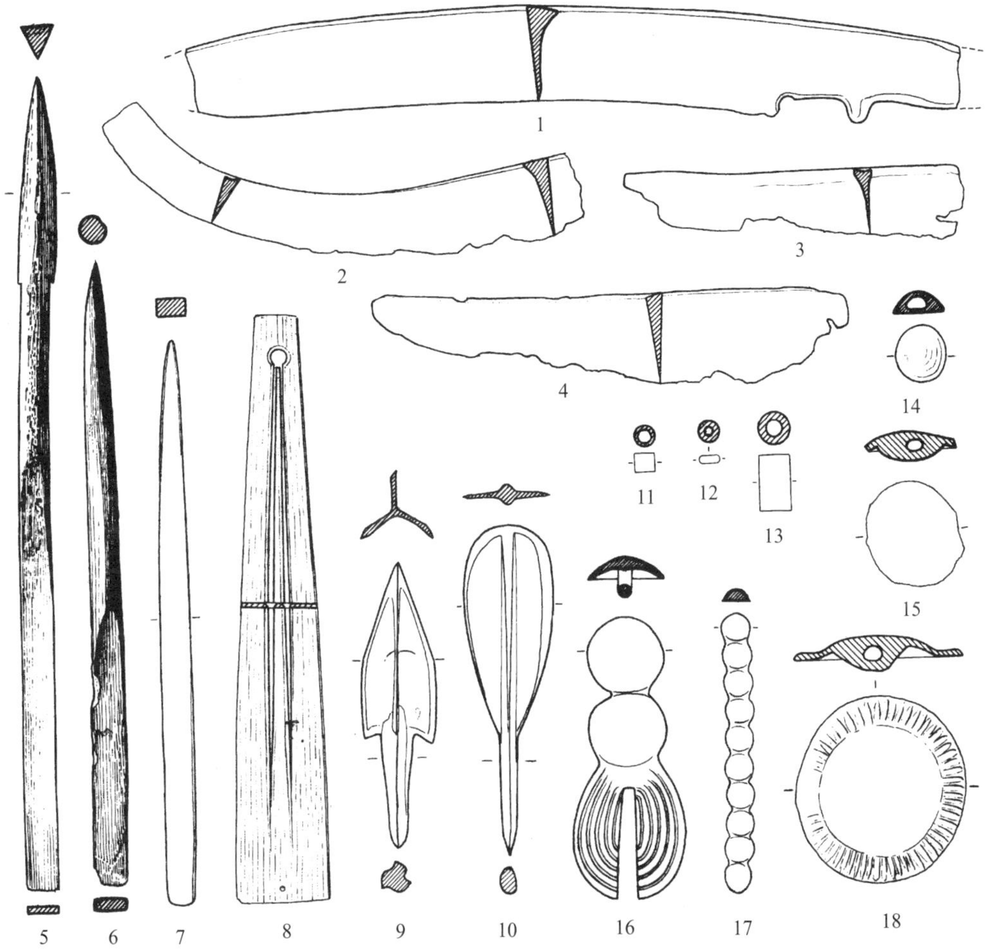

图三〇　夏家店上层墓葬出土铜器、骨器

1. Ⅰ式铜刀（M17：6） 2. Ⅱ式铜刀（M12：2） 3、4. Ⅲ式铜刀（M14：11、M1：2） 5、6. 骨镞（M12：3、M12：1） 7. 铜锥（M1：1） 8. 骨梭（M14：6） 9. Ⅰ式铜镞（M12：4） 10. Ⅱ式铜镞（M12：6） 11～13. 骨珠（M14：8、M17：42、M1：3） 14、15、18. 铜扣（M1：4、M17：12、M17：2） 16. 双尾形铜饰（M11：1） 17. 联珠形铜饰（M11：12）

中型：34件。形同大型扣，直径1.7～1.8厘米。无纹饰。标本M17：12（图三〇，15）。

小型：36件。半球形，无纹饰，背面有纽。直径0.8～0.9厘米。标本M1：4（图三〇，14）。

双尾形铜饰　20件，皆出自M11。形如两个中型铜扣相连，下接弧形双尾。最上面的圆扣背面有一穿孔纽。长4.5厘米。从形状和出土位置看应是双尾向下的一种坠饰。标本M11：1（图三〇，16；图版一五，7）。

联珠形铜饰　80件。由10粒圆珠连成1条，长5、宽0.5厘米。标本M11：12（图三〇，17；图版一五，8）。遗址中曾发现同类铜饰的石范。

（2）骨器

有镞、梭、针、珠饰等。

骨镞　2件。1件（M12：3）三棱形，有短翼，铤尾扁平似楔形，与赤峰红山后M3的骨镞相似（图三〇，5；图版一五，15）。另1件（M12：1）圆锥形，铤尾扁平似楔形，与赤峰红山后M18的骨镞相似（图三〇，6；图版一五，14）。

骨梭　1件。M14：6，长条形骨片，长9.8厘米。中间刻出梭针。顶端有一大孔，下端有一小孔（图三〇，8；图版一五，17）。

骨针　7件，出自M11～M15、M17，M11有2件。与遗址上层文化堆积中所见相同。标本M11：11（图版一五，16）。

骨珠　1957件。管状。有黑、白两种颜色。

大型：679件。长1、直径0.5厘米。标本M1：3（图三〇，13；图版一五，18）。

中型：1200件。长0.3～0.4、直径0.35厘米。标本M14：8（图三〇，11）。

小型：78件。长0.1～0.15、直径0.2～0.35厘米。标本M17：42（图三〇，12；图版一五，19）。

（3）陶器

有罐和纺轮。

陶罐　5件，出自M7、M11、M12、M14、M15中，每墓1件。皆手制，加砂红陶，表面磨光。分二式，分别同于遗址堆积中的Ⅰ、Ⅱ式。

Ⅰ式：2件，与赤峰红山后M3中的陶罐相似。M14：1，口径10、腹径17、底径7、高13、胎厚0.7～1厘米（图三一，1）。M11：13（图版一〇，5）。

Ⅱ式：3件，分别为M7：1、M12：7、M15：1（图三一，2；图二三，7、10；图版一一，2、1）。M12：7腹部饰4实耳。遗址堆积中仅见与此式相同的残片。

陶纺轮　1件。M11：14，加砂红陶。半球形，中心有孔，与赤峰红山后M25中的纺轮相似（图版一五，20）。

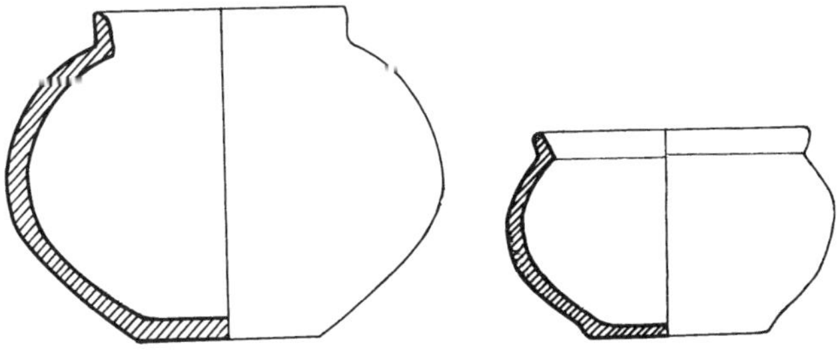

图三一 夏家店上层墓葬出土陶罐
1. Ⅰ式（M14∶1） 2. Ⅱ式（M7∶1）

三、结 语

药王庙遗址，从出土器物群的特征看，应是一种文化的遗存。堆积很厚，表明延续居住的时间相当长。夏家店遗址有两种不同文化的堆积。第二、三山冈（Ⅱ～Ⅳ地点）发掘的下层堆积，与药王庙遗址文化性质相同；其上层及第一山冈（Ⅰ地点）的遗迹和墓葬，则与药王庙遗址全然不同，为另一种文化遗存。这次试掘，对区别这两组各具明显特征的器物群得到了地层根据。从夏家店遗址堆积的层次关系，我们知道了二者的相对年代。为区别这两种不同的内涵，我们以夏家店遗址堆积的上、下层位暂名为“夏家店下层文化”和“夏家店上层文化”。

（一）夏家店下层文化

陶器以夹砂陶为最多，泥质陶较少。器表多数呈灰色，呈黑、褐色，红色的极少。陶质比较坚硬。制法主要是手制，少量陶器口沿上有平行的纹理，则可能是轮制。器形有鬲、甗、鼎、罐、盆、尊、瓮等。除鬲、甗外，皆平底器。鼎足粗短，近于三角形，横断面椭圆或扁平。各类器物无论有无纹饰，外表大都经过精致的修整。器表普遍有绳纹，在绳纹上并加横绕器身的附加堆纹或划纹。在一些表面磨光的陶器上，还留有尚未完全被抹去的绳纹，可见绳纹并非完全为了装饰，而是在制造过程中印上的。其他尚有少量富有特色的篮纹和刻划纹。

石器有磨制和打制两种。磨制的石铲和石刀的形状特点，在若干性质与此相同的遗址都有发现。卜骨系用肩胛骨略加修整，药王庙遗址发现的一块是用猪的肩胛骨做的。卜骨的一面钻成圆穴，并经灼烤，另一面有兆纹。在药王庙与夏家店都发现骨簪。所出的动物骨骼，有猪、狗、羊、牛、鹿等。

（二）夏家店上层文化

陶器皆为夹砂陶。陶质粗松，火候较低。多呈红、褐色。皆手制。罐的肩与口捏合处和鬲的足与腹捏合处，常有断裂的现象。器形有鬲、甗、豆、罐、钵、盆等。鬲、甗的空足大都是浅而圆的半球形，裆内平缓无分隔。器表在烧制前大多经过粗略的压磨。器壁薄厚不匀。纹饰极为罕见，只在少量甗腰和器口沿上有一匝附加泥条，用以加固。石器以双孔半圆形的石刀和锤斧最有特色。卜骨只有灼，无钻。所出的动物骨骼，除下层文化中已有的猪、狗、羊、牛、鹿之外，还有马和鸟类（鸡？）。

属于这种文化的 11 座墓葬，8 座有少量随葬品，不同性别的随葬品有明显的区别。女性随葬骨针、骨梭、陶纺轮和装饰品等。M13 系幼童，从随葬骨针和珠饰来看，可能也是女性。男性仅见 M12 一具，随葬铜镞和骨镞，是女性随葬品中所未见的。

M11 出土的铜饰，以及遗址和其他墓葬中出土的铜制品，经化验，都是青铜。在这里发现有铸造铜饰和铜斧的石范，说明这些器物是在当地铸造的。双尾形铜饰，过去发现不少，有些研究文章把它归入“鄂尔多斯”青铜器群中，或以为是马具革带上的兽面铜饰[2]，这种凭想象的分析是错误的。这次发掘，不仅了解了它的用途，而且明确了它和夏家店上层文化的共存关系。

除了 11 座墓葬外，还发现利用废弃的住址或灰坑埋人的现象。在 5 个灰坑和 1 处住址内，共发现 12 具骨架，男女成人和儿童都有，均无随葬品。经鉴定，这些骨架与墓葬中的骨架并无种族类型上的区别。但埋入废坑废址，却又与正规墓葬不同，这对研究当时的社会状况是很重要的现象。

（三）两种文化的年代和有关问题

根据已发表的资料[3]和近年来我们的调查，得知这两种文化有个共同的分布地带，约在西拉木伦河以南，辽河以西，以及河北北部山地一带。在这共同的分布区之外，这两种文化的分布情况还各有不同。

下面就这两种文化在共同的分布区域里的年代和关系试做分析。

夏家店下层文化的部分遗物，与黄河流域青铜时代较早的遗址，如郑州二里冈遗址做比较，面貌相似；另一些遗物，则有龙山文化的特征，因此，将它视为龙山文化的变种[4]不是没有道理的。从陶鬲的多种类型和夏家店上层文化的年代上限看，其年代下限不晚于西周初期。辽宁喀左小转山子遗址的西周铜器窖穴打破了夏家店下层文化的灰坑[5]，也有助于说明这种文化的年代下限。我们相信它有一个较长的发展过程。对这种文化的分期问题还待进一步解决。

关于夏家店上层文化的年代，在昭乌达盟宁城县南山根村两次发现的青铜器，有助于说明这个问题。1958 年发现的青铜戈[6]和 1963 年发现的鼎、簠、簋等一组青铜器[7]，都是春秋时期的流行形式。这两批铜器，据我们在 1961 年对南山根遗址的调查和发掘，可以确切地说都是出在夏家店上层文化的墓中。由此推断，这个区域内夏家店上层文化的年代上限当在春秋以前。根据我们 1963 年在赤峰市的发掘情况，其年代下限应在以燕、秦为代表的战国文化到达这里之前。

如果对这两种文化的年代推断无大差误，即可看出：自西周初至春秋时期，这个地区曾有过重大的变化，以致在考古学的文化范畴里竟出现如此显著的反映，是引人注目的。关于这一点，也许现在剖析它的条件还不够，以后继续揭露这两种文化性质的遗存，还是十分必要的。

辽西及河北地区的夏家店下层文化遗存，关系到从龙山文化晚期到殷代的历史研究。古史传说中的“殷王子亥宾于有易”[8]的故事启示我们：在汤商以前，河北境内的氏族或部落集团与商族可能有较密切的关系；周初封召公于燕，是周王室对东方氏族或部落集团加强统治的措施，这表明，这里与齐、鲁等地是被同等看待的。联系近年来在河北北部和辽西一带的考古发现，我们感到对商和先商时期的研究，这里也应是重点地区之一。

夏家店上层文化的时代和地理位置，与《史记》记载中“东胡”“山戎”的活动地域大致相当，虽然一般地将考古学上的文化与古代的族称简单地等同起来是不妥当的。倘若探求这一时期我国北部地区各族的问题，这仍是一个重要的线索。

注　释

[1] 滨田耕作、水野清一：《赤峰红山后——热河省赤峰红山后先史遗址》，《东方考古学丛刊》甲种第六册，东亚考古学会，1938年。

[2] 江上波夫、水野清一：《内蒙古·长城地带》，新时代社，1971年，120页。

[3] 郑绍宗：《解放以来热河省考古的新发现》，《考古》1955年5期；郑绍宗：《河北承德附近的新石器时代遗址》，《考古》1959年7期；八幡一郎：《热河省北部の先史时代遗迹及遗物》，《第一次满蒙学术调查团研究报告》，第六部，第3编，1940年；八幡一郎：《热河省南部の先史时代遗迹及遗物》，《第一次满蒙学术调查团研究报告》，第六部，第1编，1935年。

[4] 夏鼐：《我国近五年来的考古新收获》，《考古》1964年10期。

[5] a. 热河省博物馆筹备组：《热河凌源县海岛营子村发现的古代青铜器》，《文物参考资料》1955年5期。
b. 热河省博物馆筹备组：《凌源青铜器群出土地点发现新石器时代遗址》，《文物参考资料》1957年3期。
1960年承辽宁省博物馆惠予参观这个遗址的发掘资料，见到这个遗址中有与夏家店下层文化相同的陶器。以后又蒙孙守道同志函告：遗址中埋有西周铜器的窖穴，打破了属于夏家店下层文化的灰坑。

[6] 李逸友：《内蒙昭乌达盟出土的铜器调查》，《考古》1959年6期。

[7] 辽宁省昭乌达盟文物工作站等：《宁城县南山根的石椁墓》，《考古学报》1973年2期。

[8] 《山海经·大荒东经》郭注引《竹书纪年》。解说见王国维：《殷卜辞中所见先公先王考》，《观堂集林》第9卷，中华书局，1959年。

（原载《考古学报》1974年1期）

内蒙古赤峰市二道井子遗址2009年发掘述要

内蒙古自治区文物考古研究所

2009年4～11月，为配合“赤峰—朝阳”高速公路的基本建设，内蒙古自治区文物考古研究所组队对赤峰市二道井子遗址进行了抢救性的考古发掘工作，揭露面积5200平方米，清理城墙、环壕、院落、房屋、道路、窖穴、灰坑、墓葬等遗迹305处。发掘出土陶、石、骨、青铜器及玉器等1000余件。

一、遗 址 概 况

二道井子行政村隶属于赤峰市红山区文钟镇，西北距赤峰市约15千米（图一）。遗址位于二道井子行政村打粮沟门自然村北侧的山坡之上，周围为连绵的浅山丘陵。此山坡海拔617米，地势平缓，整体呈东高西低之势。遗址位于山坡中部，因其隆起于地表高达6米且多由灰土堆积构成，故当地居民俗称其“大灰包”，南北长190、东西宽140米，总面积近27000平方米。其南北两侧地势凹陷，环壕遗迹依稀可见，东侧为缓坡，西侧濒临一无名的季节性河流，河槽距遗址地表深约10米（图二；彩版一）。

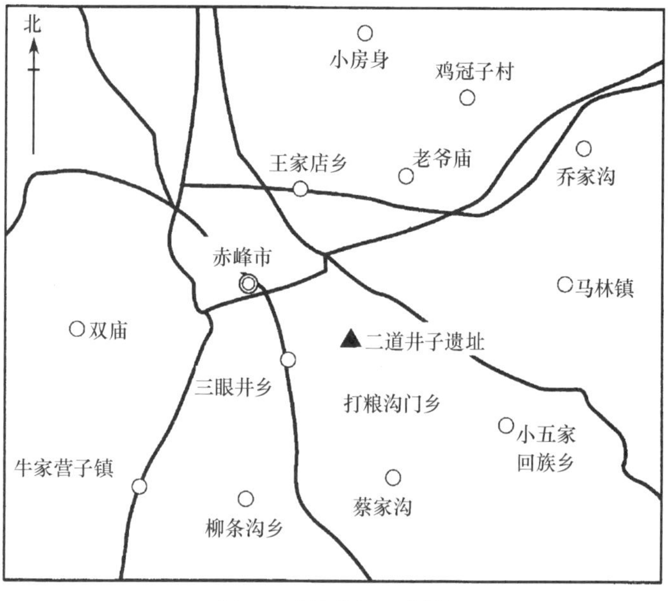

图一　遗址位置示意图

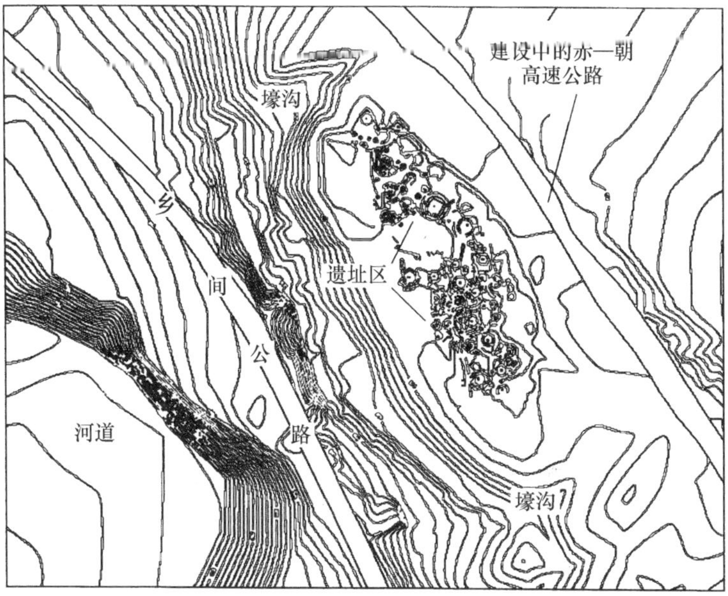

图二　遗址地形示意图

二、地 层 堆 积

二道井子遗址堆积深厚，个别探方内文化层相互叠压20余层。由于文化层多由房址的营建、使用、废弃堆积构成，因此分布范围均不大，发掘范围内未见统一的文化层。下面以T1707、T1708北壁剖面为例，对地层堆积情况加以说明（图三）。

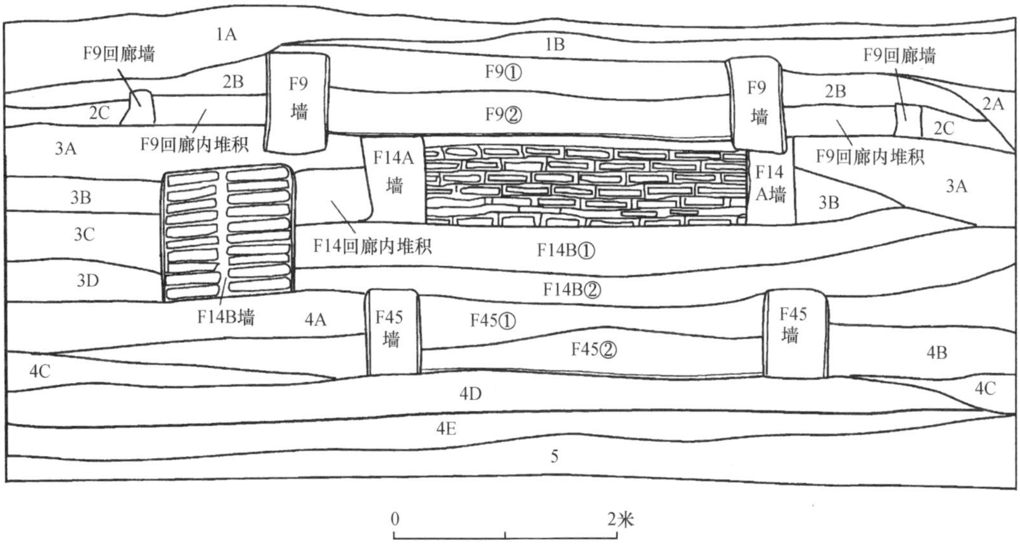

图三　T1707、T1708北壁剖面

T1707、T1708北壁剖面大体可分为五层，代表该探方内不同的五个时期。

第1层：耕土层，分为1A、1B两层。

1A 层：灰褐色，颗粒度大，土质较为松散。厚 10～60 厘米。包含大量植物根茎及陶片、石块等。属现代耕土层。全方分布。

1B 层：灰白色，颗粒度较小，土质略显致密。厚 50 厘米。包含少量石块和陶片。属近代耕土层。仅见于探方东北部。

第 2 层：分为 2A～2C 三层。

2A 层：灰色，颗粒度较大，土质较为坚硬。厚 50 厘米。包含大量草拌泥和土坯碎块。属 F9 废弃堆积。

2B 层：深灰色，颗粒度较大，土质略显致密。厚 35 厘米。包含大量草拌泥、土坯碎块及炭屑等。属 F9 略早时期的废弃堆积。

2C 层：灰黑色，颗粒度较小，土质疏松。厚 40 厘米。包含大量炭屑及少量陶片、动物骨骼等。属 F9 使用堆积。

第 3 层：分为 3A～3D 四层。

3A 层：灰白色，颗粒度较大，质地较为坚硬。厚 35～75 厘米。该层包含大量的土坯碎块和石块、陶片等。属 F14A 的废弃堆积，且 F9 建于该层之上。

3B 层：深灰色，颗粒度较小，土质较为松散。厚 45 厘米。包含大量的炭屑、炭化谷物、陶片、动物骨骼、石块。属 F14A 使用堆积。

3C 层：灰褐色，夹杂大量白色土块，颗粒度较大，土质密实。厚 50 厘米。包含较多土坯颗粒、硬土块和炭屑等。

3D 层：除存有黄花土颗粒外，土质土色与 3C 层较为相近。厚 15～35 厘米。可见，F14A 营建于 F14B ①上，并在 F14B 废弃后继续沿用其墙体成为 F14A 回廊墙体。

第 4 层：分为 4A～4E 五层。

4A 层：黄褐色，颗粒度较大，土质略松。厚 15～55 厘米。包含大量的灰烬和少量的土坯碎块、陶片等。F14B 建于该层之上。

4B 层：浅灰色，颗粒度较小，十分疏松，夹杂黄褐色土颗粒。厚 45 厘米。包含大量灰烬和少量炭化谷物、陶片等。属 F45 的使用堆积。

4C 层：灰褐色，颗粒度较小，土质疏松。厚 35 厘米。包含大量灰烬及少量陶片、动物骨骼、草拌泥碎块。属 F13 使用堆积。

4D 层：灰白色，夹杂少量黄土块，颗粒度较大，质地密实。厚 35 厘米。包含大量灰烬、土坯颗粒及少量陶片等。属 F45 垫土层。

4E 层：与 4D 层相近，均属于 F45 垫土层，但土色略显深灰，土质十分疏松，灰烬含量较大。厚 30 厘米。

第 5 层：未发掘完毕。

此剖面在二道井子遗址较具代表性。对此剖面进行观察，可发现 F45—F14B—F14A—F9 是在原地由早及晚依次营建，这种情况说明，早期房屋在废弃时，往往作为晚期房屋的地基来使用。这种营建方法的大范围使用势必造成当时整个聚落内的活动面不断抬升，同时也是遗址堆积深厚的根本原因。

三、遗　迹

（一）环壕与城墙

环壕与城墙是最为庞大而重要的防御设施，环壕平面大体呈椭圆形，南北长约190、宽约140米。其中环壕剖面大体呈“V”字形，外壁呈斜坡状，内壁略呈阶梯状，口宽约11.8、底宽0.2～0.5、深约6.05米。壕内堆积分为6层，包含物较少，底部未见淤土痕迹。城墙则位于环壕内侧，基宽9.6、存高6.2米。建筑方法为先挖成隆起于地面的梯形生土墙，进而在其两侧堆土包砌，使墙体的厚度、高度不断增加。城墙内侧堆砌坡度较缓，随着聚落内生活面的逐渐抬升，墙体顶部与之处于同一平面，以至于部分房址坐落于城墙之上；城墙外侧坡度陡峭，与环壕内壁相连形成统一的斜面，城墙顶部至环壕底部落差达12米。修建环壕时挖出的土壤直接用于堆砌城墙，从其剖面观察，多是由下至上斜向贴附于城墙外壁。由于城墙不断扩建，贴附于城墙的堆土多者可达13层，且各层的结合面平整光滑、剥离自然。为使城墙更为坚固，个别地段采用了夯筑技术或包砌了土坯（彩版二，1）。

（二）院落与房址

1. 院落

清理房址、窖穴、院墙等组成的完整院落4组。三号院落被F60叠压。属地面式建筑，由院墙、踩踏面、院门、F69、F61和H153构成（图四；彩版三）。

院墙分为Q1～Q3，主要以灰黄色杂土夯筑而成，墙体宽0.3～0.6、残高0.8～1米。Q1平面呈长方形，东部与一号院落西墙相衔接，西、南、北三侧为一次夯筑而成，墙体上部多加以土坯或石块修砌，拐角处以石块包砌加固，东西长10.7、南北宽8米，其南墙被H152打破。Q2依Q1西墙内侧而建，南北两端分别与Q1南墙及F61衔接，对Q1西墙起到加固作用。Q3位于院落西部，与Q2平行且衔接方式相同，推测为F61废弃后新建的院落西墙。

踩踏面呈东高西低之势，较为平整。院墙院门位于Q1南墙东部，宽0.56、残高0.8米。

F69为三号院落主要建筑，位于院落中部偏东。圆形地面式建筑，直径4.8米；房屋墙体为土坯垒筑而成，宽0.5、残高0.5～0.7米。垒墙的土坯一般长约0.5、宽约0.3、厚约0.2米，土坯之间以草拌泥黏合；墙壁保存较好，内外壁抹有两层草拌泥，厚度约为0.2米，并局部有烧结面；房内居住面高出院内踩踏面约0.12米，草拌泥抹就，保存极佳且经过烘烤，居住面东北部存有一地面灶，灶的周围有一小范围烧土；门道朝向西南，宽0.5米，门槛处的踩踏面保存完好（彩版二，2）。

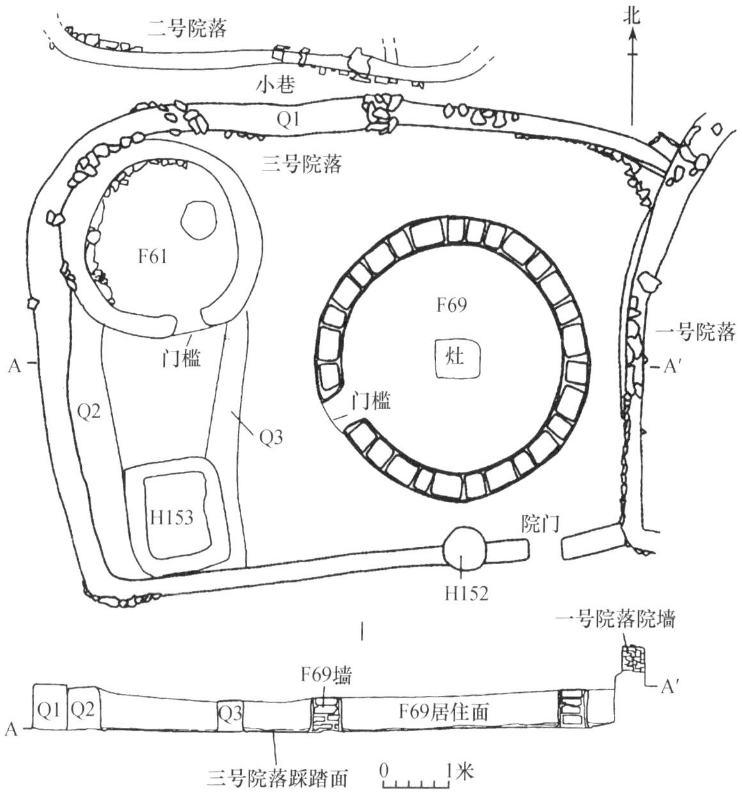

图四　三号院落平、剖面图

F61 与 F69 为同期建筑，但早于 F69 废弃。位于院落西北角，圆形地面式建筑，直径约 3.5 米；房屋墙体为杂土夯筑而成，宽 0.25～0.5、残高 0.5～0.7 米；墙壁保存较好，墙体内外两侧均抹有厚约 1 厘米的草拌泥；房内居住面高出院落踩踏面约 0.1 米，保存较好且经过烘烤，居住面东侧存有一圆形地面灶；门道朝向东南，宽约 0.45 米，门槛处踩踏面保存略好；F69 和 F61 房内堆积以较为松散的灰土为主，见有少量土坯碎块和草拌泥碎块，接近踩踏面处存有一层很薄的灰白色堆积；房内出土物以碎小的陶片为主，另见有陶鬲和陶器盖等。

H153 为地面式建筑，位于 Q1、Q2 之间的院落西南角，平面近正方形，边长约 1.7 米；四周存有用黄花土夯筑而成的土墙，宽约 0.3、残高 0.5～0.7 米；窖穴内外壁及底部均抹有厚约 1 厘米的草拌泥，内壁部分区域存有烘烤痕迹；坑内堆积以较为松软的灰土为主，另见少量草拌泥碎块。

院落北侧与二号院落院墙之间形成狭长的小巷，宽 0.25～0.68 米，巷内道路呈东高西低之势，路面平整。

2. 房址

房址共 149 座。分为地面式建筑和半地穴式建筑两种，以前者占绝大多数。地面式建筑平面形状以圆形为主，少见圆角方形。外部多附有回廊或侧室；房址墙体大多为土坯层层错砌而成，部分为夯土筑就，内外皆抹有多层黄土草拌泥，保存高度介于0.5～2.1米；房内烧烤而成的居住面保存较好，有的经多次使用可有10余层；门道多向西南，门口设有草拌泥抹面的门槛，门道两侧置有“门柱”，个别还存有石质的门臼。

F54地面式建筑，叠压于F81之上，被F38叠压。由主房、侧房和外墙三部分组成，非一次性同期建筑，占地面积约72平方米（图五）。建筑墙体均由尺寸不一的土坯垒砌而成，土坯之间以草拌泥黏合。

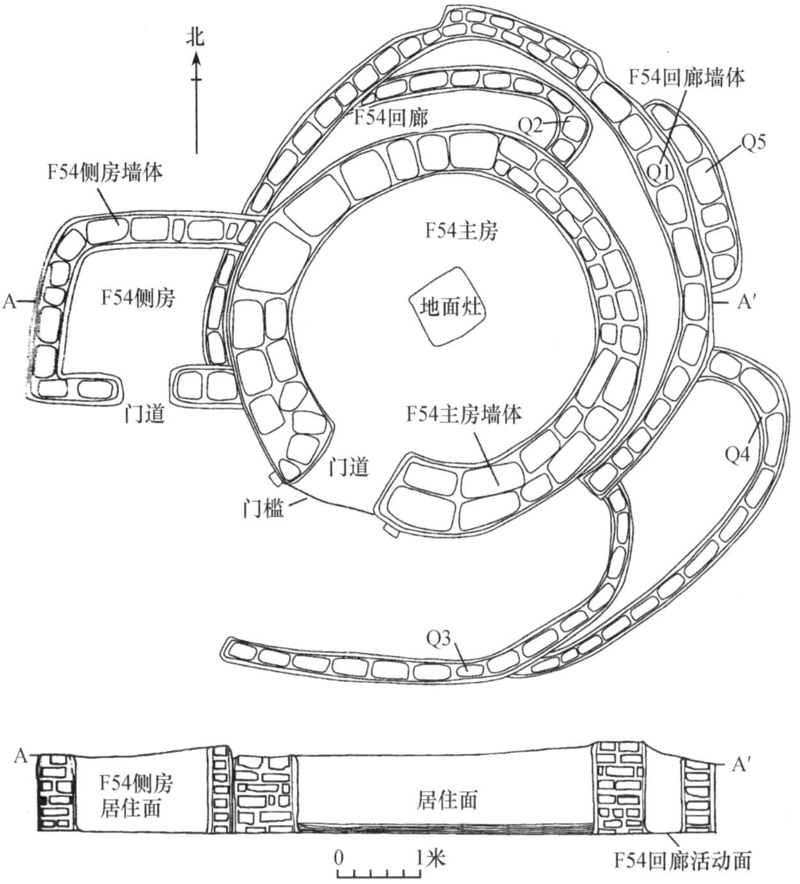

图五　F54平、剖面图

主房为地面式建筑，平面呈圆形，直径约5米，墙体宽约0.8、残高0.9～1米，墙面平整，内外壁均抹有三层草拌泥，厚约2厘米，局部存有火烧痕迹；房内居住面保存较好，分为五层，累计厚度约0.1米。居住面中央存有一近圆角方形地面灶，边长约0.75米，灶面烧结面明显且四周存有刻画痕迹；门道向西南，宽约0.9、残高0.92米，门外两侧存有土坯垒砌的对称“门柱”，长0.2、宽0.1、残高约0.5米。室内居住面略高于房外踩踏面。

侧房位于主房西侧，墙体接于主房墙体，平面呈长方形，东西长2.4、南北宽2.2米，墙体宽0.45、残高0.8～1米，墙面加工方式与主房相同，西北角墙壁之上存有明显烟熏痕迹。室内居住面与房外踩踏面相连接，可达主房门道附近。门道向南，宽约0.5米。

外墙分为五次修筑，Q1围绕于主房东北侧，宽约0.5、残高0.3～0.9米，墙面内外两侧均抹有厚约2厘米的草拌泥。Q2建于Q1内侧使用堆积之上，两端分别与主房墙体外侧和Q1内侧相接，墙体宽0.3、残高0.5米，墙面两侧均抹草拌泥，但保存不甚完好，内部踩踏面保存较差。Q3与Q1南端相衔接，呈弧状向西延伸，与住房之间形成“院落”状空间，墙体宽0.3、残高0.25米。Q4宽0.25～0.4、残高0.25米，两端分别与Q1和Q3外侧相接，围成一单独封闭空间。Q5贴附于Q1外侧，起到加固作用。

主房、侧房和外墙内部堆积以破碎土坯为主，夹杂少量较为松散的灰土和黄土，接近踩踏面处存有一层很薄的黄土堆积。房内出土物以陶片为主，另见有陶罐、彩绘陶碎片、陶纺轮及骨镞、骨针、骨锥、石刀、石槽等。

F55开口于F39之下。地面式建筑，平面呈圆形，直径约3.8米，墙体为土坯垒筑而成，宽0.3～0.4、残高0.6～0.75米，土坯一般长约0.5、宽约0.2、厚约0.2米，土坯之间以草拌泥黏合。墙面平整，内外两侧抹有2～3层厚约2厘米的草拌泥。门道朝向西南，宽约1米，外侧原存有宽0.15米的门槛，被最后一层居住面叠压。室内草拌泥抹就的居住面保存较好，经烘烤加工后平滑且坚硬，厚约0.15米，历经6次修葺。房屋中部存有一边长约0.85米的近方形地面灶，黑褐色烧结硬土保存完好。东南部用土坯构建一小型建筑，平面略呈梯形，宽0.1～0.3、残高0.45米，应为放置物品之用。门前踩踏面保存较好，为灰褐色硬结面，部分有开裂，呈坡状向外延伸，较室内居住面低12厘米。房内堆积以黄褐相间的土坯碎块和较为松散的灰土为主，见有少量草拌泥碎块，接近踩踏面处存有一层很薄的灰白色堆积。房内出土物以碎小的陶片为主，另见有少量石器、骨器等（图六）。

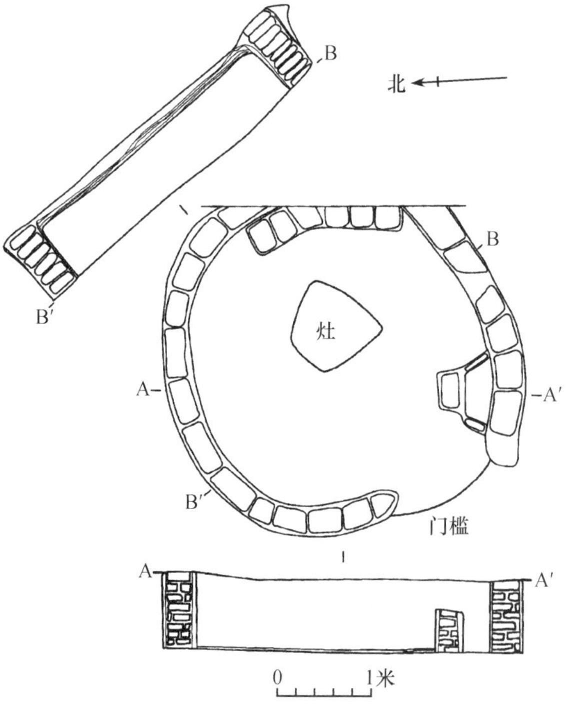

图六　F55平、剖面图

F75开口于F68之下。地面式建筑，平面呈圆形，直径约5.4米，房屋墙体为土坯垒筑而成，宽0.6、残高1.6～1.75米，土坯一般长约0.6、宽约0.3、厚约0.2米，土坯之间以草拌泥黏合。墙面平整，内外两侧均抹有厚3～5厘米的草拌泥，部分区域草拌泥上存有手抹痕迹；墙体西侧设有一覆斗形排气口（瞭望孔），内侧呈方形，高0.47、宽0.44米，外侧略呈圆形，直径约0.2米，排气孔内壁均抹以草拌泥。室内居住面保存较好且经过烘烤，居住面中部存有一近圆形地面灶；门向西南，立面呈上窄下宽的梯形，内宽外窄，外侧上宽约0.56、下宽1.1米，内侧上宽0.8、下宽1.4米，高1.1米。室外踩踏面平整，较室内居住面低约0.1米，西北部铺有石块，平面呈弧形。房内堆积以黄色或黑色土坯碎块及较为松散的灰土为主，见有少量草拌泥碎块，接近踩踏面处存有一层很薄的灰色堆积。房内出土物以碎小的陶片为主，另见有骨簪、骨铲等（图七）。

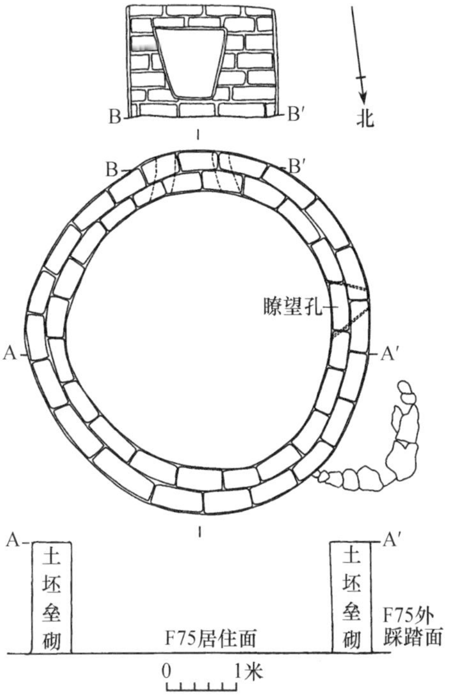

图七　F75平、剖面图

（三）窖穴

共发现153座，以圆形袋状居多，多为地穴式，少量为半地穴式或地面式，有的坑口周围建有土坯墙等建筑设施。为了防潮加固，大多在坑壁抹有草拌泥或垒砌一周土坯。部分窖穴内发现大量的炭化黍颗粒以及呈穗状的炭化粮食作物。

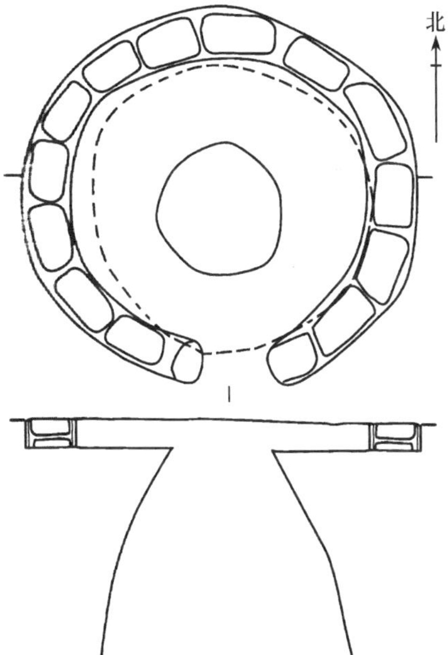

图八　H39平、剖面图

H39开口于F8废弃堆积之下。坑口周围建有圆形围墙，为黑色土坯垒砌而成，土坯之间填充黄色草拌泥，直径2.5米，围墙宽0.32、残高0.16米，墙面保存较好，

内外两侧均抹有厚约2厘米的草拌泥，外侧局部范围内存有火烧痕迹。围墙南部留有出口，宽0.4米。坑口位于围墙中部，整体呈圆形平底袋状，口部直径0.64、底部直径1.72、深1.6米。坑壁较为平整，但未见其他加工痕迹。坑内堆积以较为松软的灰色为主，另见少量黄土碎块和草拌泥碎块，出土有石斧、骨匕、骨针及少量陶片、兽骨、炭化谷物颗粒等（图八）。

H52开口于F22废弃堆积之下。整体呈椭圆形平底袋状。坑口平面呈椭圆形，直径1.85～2.25、底部直径2.2～2.6、深1.4米；坑壁四周垒砌一圈黑色土坯，土坯长0.4、宽0.2、厚0.1米左右，土坯之间填充2～3厘米的黄色草拌泥。土坯墙内侧抹以光滑的黄色草拌泥，烟熏痕迹明显，底部未经特别修整；坑内堆积以较为松软的黑灰土为主，另见少量土坯碎块和草拌泥碎块。坑内包含物较少，出土有石铲、纺轮、石斧及少量陶片、兽骨、炭化谷物颗粒等（图九）。

H53 开口于 F36 废弃堆积下，打破 F51。整体呈圆形平底袋状，坑口直径 0.8、坑底直径 1.6、深 1.05 米。坑壁四周抹有光滑的黄色草拌泥，保存较好。坑内堆积以较为松软的灰土为主，另见少量黑土块、草拌泥土块和红烧土块，出土少量陶片、兽骨和炭化谷物颗粒等（图一〇）。

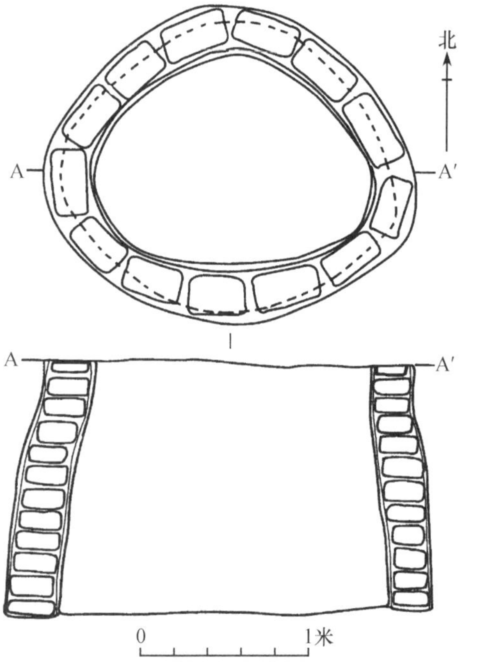

图九　H52 平、剖面图

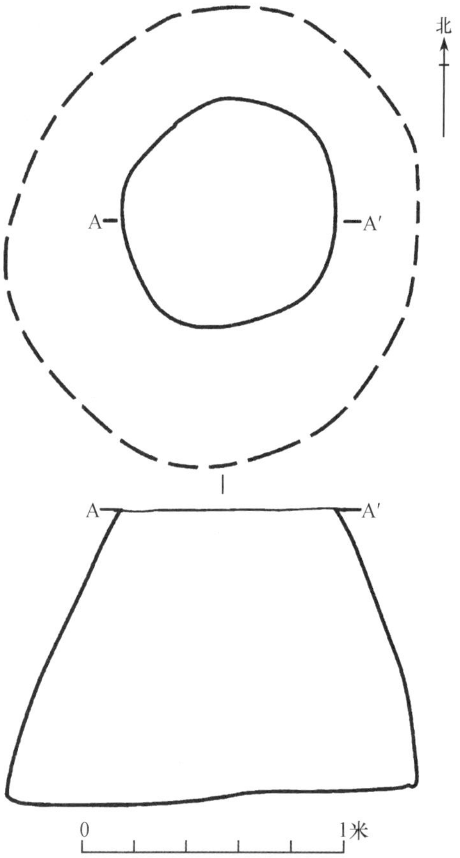

图一〇　H53 平、剖面图

四、遗　物

二道井子遗址内出土遗物以陶器、石器和骨器为主，另发现少量玉器及青铜器等。

（一）陶器

陶质分为夹砂陶、泥质陶、砂质陶三类，陶色以灰褐色、灰色居多，红褐色、黑色少见。器形多见三足器、平底器，圈足器较少，器类主要有鬲、罐、甗、盆、盘、盖、鼎、尊等。器表除素面外，最常见的纹饰为绳纹，篮纹和附加堆纹也占有一定的比例，个别尊、罐、鬲等泥质陶器器表施一层黑色或黄色陶衣，彩绘陶片也时有发现。

鬲　有筒形鬲、罐形鬲和盘形鬲。

筒形鬲　发现数量较多。整体器形呈筒状，厚圆唇，敞口，卷沿，筒腹，筒状空足，空足下附实足跟。H17：1，夹砂灰陶。整体瘦长，腹部平直，裆部较高，口沿内侧及上腹部施黄褐色陶衣，表面光滑，足部饰细绳纹和横向弦纹，裆部和实足跟饰纹饰后经手抹平。口径15、高24厘米（彩版四，1）。H60：1，夹砂灰陶。口部和足部略残，整体矮胖，裆部较低，通体素面似施陶衣，实足跟略大。口径17.4、高25.6厘米（彩版四，2）。

罐形鬲　较为常见。F28：6，夹砂灰褐陶。直口，圆唇，高领，鼓腹，分裆，足部略残。口沿外饰对称双纽，领部素面磨光，足部饰浅绳纹。口径7.9、高15.1厘米（彩版四，3）。

盘形鬲　F12：8，泥质灰褐陶。由盘和鬲组成，上部为盘，敞口，圆唇，唇下存有一圈刻槽，斜腹，底部与下部鬲口相接；鬲为矮领，溜肩，分裆，空足，足跟部分残缺，其中一空足上端存有一圆形穿孔。整体器形无口部，可能无实际功用。口径13.4、残高10.2厘米（彩版四，4）。

甗　大部分甗的上半部分已残失。H73：5，夹砂灰褐陶。足部存有烟熏痕迹。上端盆为圆唇，敞口，口部略残，斜腹，素面；下端鬲为溜肩，联裆，空足。足部饰浅绳纹，肩部饰一圈镂空纹，甗腰部存有一圈附加堆纹。口径11.5、高14厘米（彩版四，6）。F71：1，夹砂灰陶。上部残缺。腰部饰附加堆纹一周，形体瘦高，溜肩，裆部较高，三空足内聚，实足跟瘦长，通体饰绳纹。残高28厘米（彩版四，7）。F81：3，夹砂红陶。上部残缺。整体矮胖，腰部装饰与F71：1相同，弧肩，裆部较低，三空足略向外分，实足跟略残。残高18.5厘米（彩版四，8）。

尊　F76：14，泥质灰陶。口部略残。圆唇，卷沿，侈口，腹下部向内折收，折棱较为明显，平底。折腹以上及口沿内侧均施黄褐色陶衣，折腹以下近底处饰竖向绳纹。口径20、底径9.5、高15.8厘米（彩版五，1）。

鼎　G1：8，夹砂红陶。系在鼓腹矮领罐底部加安三个实足而成。圆唇，侈口，矮领，溜肩，鼓腹，柱状足，三足均残。素面。器表烟熏痕迹明显。口径6.4、残高8.1厘米（彩版五，2）。

罐　F40：1，夹砂灰陶。表面熏黑，多有烟炱。直口，溜肩，鼓腹，下腹内收，平底。下腹部饰竖向绳纹。口径8.7、底径8.2、高9.5厘米（彩版五，3）。

豆　F30：8，泥质灰陶。平沿，敞口，平底，下接粗矮圈足，圈足饰有数个方形镂空。口径18.3、底径14.7、高6.8厘米（彩版五，4）。

模具　所发现的少量模具均为制作鬲足的内范。F92：1，泥质灰陶。口部呈三角形，敛口，削肩，空足底部浑圆。口径9.9、高12.1厘米（彩版四，5）。F61：1，夹砂红陶，陶胎厚重。类似鬲的下半部分，口部中间留有一圆孔分裆，裆部较低。素面。

口部直径 9.1、高 7.6 厘米（彩版五，5）。

器盖柄　H104：2，泥质灰陶。器盖已残失，仅存柄手部分。整体形态呈两个兽头背向相接状，兽头眼、嘴刻画逼真。长 9.2、残高 4.6 厘米（彩版五，6）。

纺轮　遗址内出土数量较多，多为泥质陶。扁球体，中间存有圆形穿孔。素面。F27：1，泥质红陶。施以红色陶衣，表面饰有圆形戳刺纹。直径 2.6、厚 2.1、中间穿孔直径 0.6 厘米（彩版五，7）。

（二）石器

发现数量较多。以磨制为主，打制者少见。生产工具为大宗，生活用具较少。器类有斧、铲、锛、钺、锄、犁、槽、臼、杵、磨盘、磨棒等。

斧　均为磨制，长方形，正锋，刃部锋利。F3：1，形体较扁，弧刃，上部存有对钻圆形穿孔。长 10.1、宽 5.5、厚 1.8 厘米，穿孔直径 1.9 厘米（彩版六，1）。F84：1，粗砂岩磨制而成。形体略显浑圆，斧面弧度较大，横截面近椭圆形，刃部平直。长 7.5、宽 4.6、厚 3.2 厘米（彩版六，2）。F76：1，形态与 F84：1 相近。长 7.9、宽 5.5、厚 3.5 厘米（彩版六，3）。

铲　均磨制而成。平面呈倒梯形。T1110①：3，铲体一面平直，一面略弧。长 19.6、宽 6.5～9.8、厚 1 厘米（彩版六，4）。H95：1，肩部存有打击而成的凹槽，应为捆缚使用。长 12、宽 9～5.4、厚 0.9 厘米（彩版六，5）。

凿　F114：2，除刃部分布大小均匀的打击痕迹外，其余部分通体磨光。器身中部存有斜向对钻圆形穿孔。长 9.4、宽 3.7、厚 1.7 厘米，穿孔直径 1 厘米（彩版六，6）。

锛　F22：4，平面呈上窄刃宽的梯形，单面刃，底面平直。长 8.7、宽 3.9～5、厚 2.1 厘米（彩版六，7）。

钺　F1：1，砂岩磨制而成。平面呈上窄刃宽的梯形，器身略弧，刃部磨制精细，器身中部存有一对钻圆形穿孔。长 7.9、宽 6.9～9.4、厚 1.6 厘米，穿孔直径 2.2 厘米（彩版六，8）。

臼　F12：7，为一块完整石料打制而成，臼内及外侧口沿经过打磨处理。口径 9.2、底径 6.9、高 6.1 厘米，臼口直径 4.2、深 2.4 厘米（彩版七，1）。

鞋楦　F42：1，略残。为黄色砂岩磨制而成，做工精细，线条流畅。鞋尖略翘，鞋脊处存有七道刻划凹槽，鞋帮内收。从整体形态判断，可能用于制作女鞋。残长 15.7、宽 7.9、高 5.2 厘米（彩版七，2）。

（三）骨器

二道井子遗址内骨器发现数量较多，大部分为生活用品，且磨制精美。器类有勺、匕、铲、针、镞、针管、刻画骨器和卜骨等。

匕　多以动物肋骨磨制而成，长条状，略弧，尖部上翘且圆润，边缘锋利，中部渐厚，柄端存一穿孔。F36：3，匕柄与匕身间未见明显分界，匕柄端呈弧状。长18.7、宽1.7～2.3、厚0.2厘米，柄端穿孔直径0.3厘米（彩版八，1）。F102：1，匕柄变细，匕柄端呈三角状。长13.7、匕身宽1.3、匕柄宽0.9厘米，柄端穿孔直径0.4厘米（彩版八，2）。

勺　兽骨磨制而成，做工精细，长条状，勺身与勺柄部渐缓过渡，勺柄端存有一穿孔。F1：8，勺身平面近椭圆形，中部存有凹槽。勺头略残。长14.3厘米，勺身宽3、厚0.4厘米，勺柄宽1.8、厚0.6厘米，柄端穿孔直径0.6厘米（彩版八，3）。F30：4，勺体略窄，勺身平直。长15.4厘米，勺身宽2.2、厚0.3厘米，勺柄宽1.4、厚0.4厘米，柄端存有一椭圆形穿孔，直径0.5～1.3厘米（彩版八，4）。

针　兽骨磨制而成，器表光滑，锋部尖锐，针端存有穿孔。H79：1，横截面为圆形。长11.2、横截面直径0.3、端部穿孔直径0.1厘米（彩版八，5）。T0706②：1，横截面呈长方形。长11.4、宽0.5、厚0.3厘米，端部穿孔直径0.2厘米（彩版八，6）。

簪　动物骨骼磨制而成，细长圆柱体，尖部锋锐。F86：1，尖部略残。残长17.7、横截面最大直径0.8厘米（彩版八，7）。

镞　大部分为兽骨磨制而成，少量使用兽角或兽牙。F51：2，棱边存有弧线收杀至圆柱锥形铤部，镞身与铤存有明显分界线，镞尖略残，铤端尖锐。残长7、镞部厚0.8、铤部最大径0.7厘米（彩版八，9）。H59：4，三棱形铤部，铤部平面与镞体棱锋相接，镞尖、铤尖均较锋锐。长7.9厘米（彩版八，10）。F38：3，铤部呈圆柱状，镞身与铤部无明显分界线，两端均较锋锐。长5.9厘米（彩版八，11）。F92：2，形态特殊。无铤，两翼，器身扁平呈三角形。镞体表面略内凹，翼尾内曲。长2.4、宽1.3厘米（彩版八，8）。

卜骨　发现数量较少，多用动物肩胛骨或较为致密的狭长骨片制成。F39：3，残。狭长骨片制成，钻孔之前通体磨光，钻痕均位于同一侧，大体呈两排分布，钻穴平底，直径0.4～0.6厘米，应是使用不同钻具所致。卜骨骨端存有一圆形穿孔。残长6.2、宽2、厚0.4厘米，骨端穿孔直径0.4厘米（彩版八，12）。F58：1，以动物肩胛骨为原料，边缘及骨凸部分均存修治痕迹。钻痕皆存于肩胛冈面，大体成排分布，钻穴均平底，直径0.4～0.6厘米。钻穴密集，个别存有破钻。长12.3、宽7.2、厚1.3厘米（彩版八，13）。

针管　圆柱体，中空，肢骨磨制而成，通体磨光。F63：5，略扁平，横截面大体呈半圆形，管面存有两道刻画纹。长7.8、高1.3、壁厚0.3厘米（彩版八，14）。

刻画骨器　发现数量较少，一般以短小片状兽骨磨制而成，通体磨光且上饰数量不等的横向刻画纹。F102：2，长方形，下端残，平面略弧，器体之上横向刻有六道凹槽，器端上存有一圆形穿孔。残长7.5、宽2.3、厚0.3厘米，端部穿孔直径0.6厘米（彩版八，15）。

（四）玉器

遗址内发现玉器较少且玉料均不佳。

玉斧　F8：3，玉料较为光润。长方形，通体磨光，两端均残，刃部较为厚重，与实用性的石斧等工具刃部存有明显差异。斧身略弧且中部存有对钻的斜向圆形穿孔。长 11.1、宽 4.1、厚 2.1 厘米，穿孔直径 1.1 厘米（彩版七，3）。

玉凿　F84：2，形体较小，玉料光洁、纯润，近梯形。凿面略弧与两侧自然相接，线条流畅。刃部无明显实用痕迹，凿端存有对钻的圆形穿孔，其中一侧似损坏后重新打孔。长 5、宽 0.9～1.1、厚 0.6 厘米，穿孔直径 0.3 厘米（彩版七，4）。

玉璧　M36：1，白色玉料磨制而成，中间为对钻圆形穿孔。外径 4、内径 0.7、厚 0.5 厘米（彩版七，5）。

（五）青铜器

遗址内发现数量极少且器形较小。

铜刀　F22：2，锈蚀严重。整体呈月牙形，刀尖渐窄且上翘。长 12.1、宽 2.2、厚 0.3 厘米（彩版七，6）。

铜耳环　F6：12，圆环形，两端扁状喇叭口相接。外径 4.9、内径 3.8、厚 0.4 厘米（彩版七，7）。

五、结　　语

赤峰市二道井子遗址发掘是继辽宁省北票市康家屯[1]、赤峰市喀喇沁旗大山前[2]、敖汉旗大甸子遗址[3]之后，夏家店下层文化研究领域的又一项重要考古发现。

二道井子遗址是发现房址数量最多的夏家店下层文化聚落，清理的绝大多数房址均保存得非常完整，有的房址（如 F75）墙体保存的高度竟达 1.75 米，这在同类遗址中极为罕见，房址内发现的排气口（瞭望孔）、尚存过梁的门道及其他的附属设施，极大地丰富了我们对夏家店下层文化房屋建筑技术的认识，特别是遗址普遍存在的诸多房址在同一位置相互叠压的现象，既反映了其建筑方式的特殊性，也为阐释夏家店下层文化遗址堆积深厚的原因提供了有益证据。以房址为中心构建的土石混筑院落尚属首次发现，如三号院落与一号、二号院落毗邻，院落间布局合理，这对了解当时的聚落布局及社会组织结构，具有重要的学术价值。

遗址面积达 27000 平方米，属于夏家店下层文化中小型聚落，环壕与城墙是其重要的防御设施。二道井子遗址城墙加厚的方法与敖汉旗大甸子遗址土墙建筑的方法如出一辙，但前者主要采用堆砌的方式，而后者则以夯筑为主。二者建筑方法的差异，反映了夏家店下层文化建筑技术的多样性。环壕的修筑与城墙密切相关，为适应城墙修筑的需要不断拓宽加深环壕的现象，目前仅见于二道井子遗址，但随着今后工作的开展，这种现象在同类遗址中应具有一定的普遍性。

二道井子遗址出土的筒形鬲（H17：1）与大甸子M437：2鬲相同，甗（F71：1）与大山前T413⑨：11同类器形态相近，故本遗址年代应与大甸子墓地一期及大山前遗址T413⑨为代表的单位年代相当。

二道井子遗址文化内涵单纯，文化堆积深厚，建筑遗迹保存完整，是目前发现保存最好的夏家店下层文化遗址。由环壕、城墙、院落、房址、窖穴、道路等遗迹入手，可以考察这一遗址不同时期聚落形态的变化，进而复原整个遗址始建、修缮、扩建、重建直至最终废弃的过程。

附记：由于二道井子遗址发掘材料还未及时全部整理，故本文发表内容仅为2009年发掘的主要收获，详细材料及深层次的研究成果另发。2009年赤峰市二道井子遗址发掘领队为内蒙古自治区文物考古研究所曹建恩同志，参加发掘的人员有内蒙古自治区文物考古研究所孙金松、党郁、沈莎莎、张闯辉、王永乐、张清秀等同志及赤峰市红山区文物管理所、赤峰学院07级和08级考古专业师生及内蒙古师范大学07级考古专业师生。该年度的考古发掘工作，促使"赤峰—朝阳"高速公路改线并修建遗址博物馆。在此，特向赤峰市政府、市公路局、市文化局、市博物馆等相关单位致谢！

内蒙古自治区文物考古研究所岳够明同志完成遗址测绘工作；王永乐、张闯辉同志完成了本文所需遗迹图的扫描工作；沈莎莎同志完成了本文基础资料的核对工作；党郁、孙金松同志完成本文所需墨线图的绘制工作；孙金松同志完成本文所需照片的拍摄工作，在此一并致谢！

执笔：曹建恩　孙金松　党　郁

注　释

［1］ 辽宁省文物考古研究所：《辽宁北票市康家屯城址发掘简报》，《考古》2001年8期。
［2］ 赤峰考古队：《内蒙古喀拉沁旗大山前遗址1996年发掘简报》，《考古》1998年9期。
［3］ 中国社会科学院考古研究所：《大甸子——夏家店下层文化遗址与墓地发掘报告》，科学出版社，1996年。

（原载《内蒙古文物考古文集（第四辑）》，科学出版社，2013年）

赤峰东八家石城址勘查记

佟柱臣

一

到赤峰来勘查新石器时代遗址的人，已经不少了，我国的考古学者有梁思永和裴文中两位先生，日本人鸟居龙藏和八幡一郎，法国有德日进和桑志华。尤其自滨田耕作的《赤峰红山后——热河省赤峰红山后先史遗址》报告一书出版以后，更引起国内外考古学界的注意。但是就笔者的了解，红山后的遗存并不是太丰富，如以细石器论，哈达和硕遗址比红山后多得多，如以文化层论，王八盖子遗址比红山后厚得多，所以在赤峰 40 多个遗址中，东八家的石城遗址和居住遗址比赤峰红山后的学术价值可能是要高一些的。

这座石城遗址，是笔者于 1943 年春季发现的，那个时候笔者正沿着英金河沿岸调查汉代以前的长城遗址，无意中发现了它。此后曾经做了几次地面采集，同年 7 月，与李文信先生调查哈拉木头遼城，中途经过此地，又共同勘查了一次，秋季请王文增同志测绘平面图，于此附志谢意。

二

东八家石城遗址在赤峰东微偏北 35 里[①]红庙子车站东北 15 里的东八家村的后山坡上，南面临近英金河，东北、西南有两条大沟，东北面沟的谷头已经浸蚀到了山顶，构成了山鞍部。西北面横岭倾斜很急，处处呈颓岩现象。石城就是这样因山就势，堆成了一个不规则的长方形城址（图一）。像东北角的缩入、西北角的凸出，完全是利用了东西两沟的地形，南墙一部分，也因为坡度过大用大石块做墙基，就是这样有的石块还滚到山下去了呢。

从全城残存的轮廓来看，西北墙之外有圆形围墙为之辅，西北墙之内有数条平行长墙，以防上边石块落下。东北西南两墙的北部很清楚，也很高。西南墙南部高度递减。南墙除西南角外，墙基已与地面高度相平了。全城东西宽 140、南北长 160 米，用天然石块砌成阶级式墙，东北角现存的一段，高 1.5 米，分 4 级，最上一级宽 1.2 米。

石城之内，西北部高而东南部低，东南部虽然稍有起伏，但比西北平得多，所以东南部居住址密布，西北部则很少。这些居址保存都较好，一般都在黄土地面上露出圆墙基，有的在内壁之外，更有短的围墙。现在分别记述如下（图二）。

---

① 1 里 =500 米。

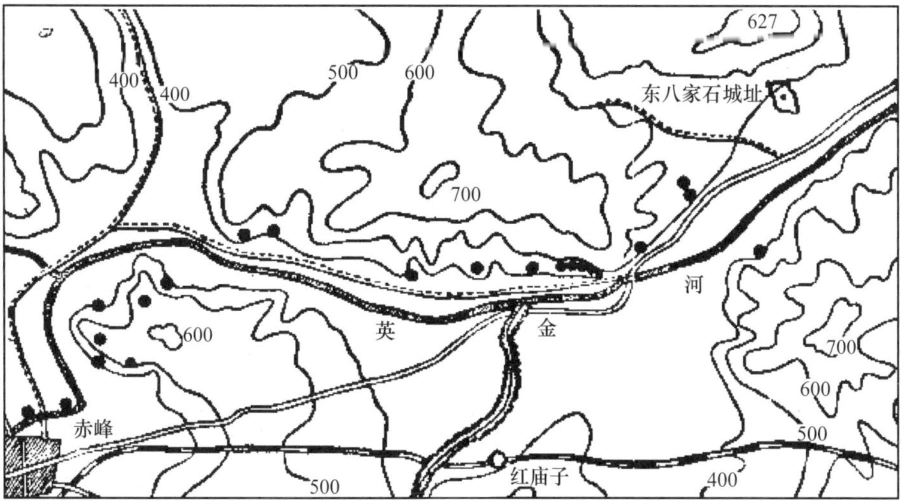

图一 赤峰东八家石城址附近地形

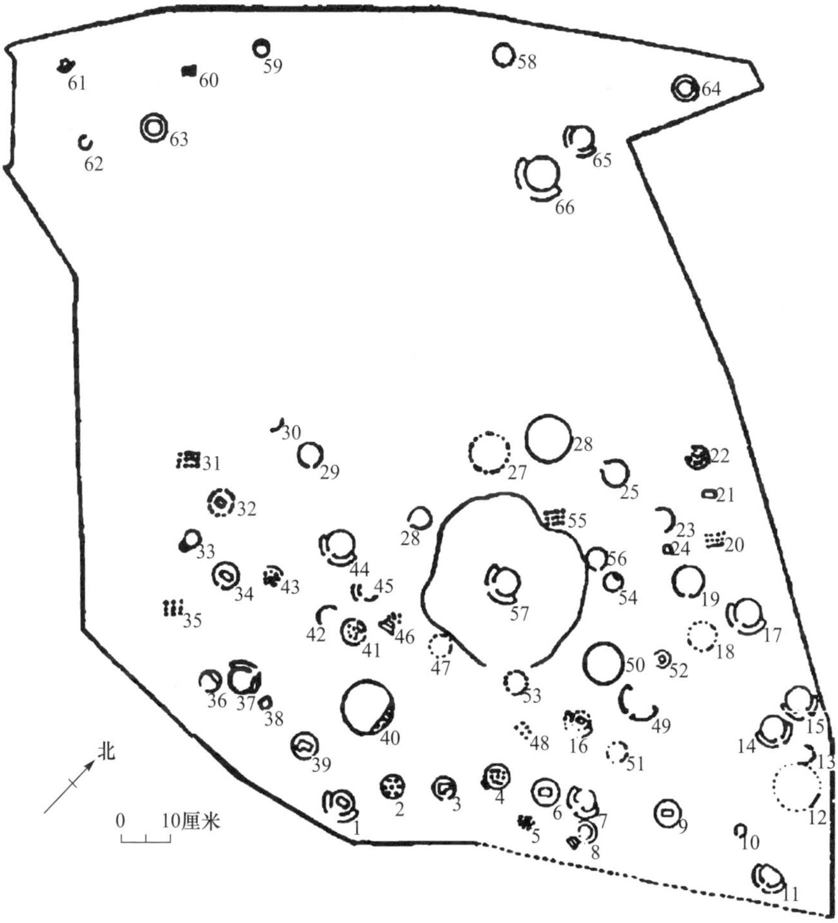

图二 东八家石城址平面图

从表一 66 个测点、57 个居住址中，知道圆室直径 10 米的有 1 座，最小直径 3 米的有 5 座，4 米的有 7 座，5 米的有 8 座，余者均在这些数字之间。小型室中的石台多作半圆形靠近北侧，大型室中的石台多作曲尺形，在室中间。内壁一般很清楚，外墙有的没有，至于 7 号室南壁作直线形，这是很特殊的一例。门方向的选择，也像有些道理，即位在城中间而位置较高的门多向南，在西北墙下的门多向东，在东北城下的门多向西或南，这不仅可以看出它们利用了地形，也暗示了各室之间的联系。至于中央 57 号室的围墙长宽各约 40 米，好像今天的一个大院落。如果这座城址确实是一个新石器时代城址的话，那么它也许就是酋长的住所了。

表一　现存遗存情况

编号	直径 / 米	现在遗存状况
1	4.5	内壁墙和外墙，虽然与今日地表面相平，但是很清楚地可以看出来，室内没有石块，仅有方形灶址，门向东南
2	4	可看出圆室轮廓，其中堆满了石块
3	4	内壁很清楚，不见外墙，内有曲尺形石台，一边长 1.2 米，一边长 1 米，一边长 3 米，高约 40 厘米，门向东南
4	4	同 2 号圆室一样，也堆满了石块，外面砌有方形石台
5	约 3	堆满了石块，原状已看不出来
6	5	内壁很清楚，用许多块大石砌成，内有长方形石台，长 2 米，门向不明
7	4	内壁外墙都很清楚，外墙很短，内壁南侧不成弧形而成一条直线，这是与其他圆室在建筑上不同的地方，室内有石台痕迹，门向南
8	4	北壁很清楚，南壁因颓圮，不辨原状。南壁外有阶级状石台，值得注意
9	5.5	内壁以极大石块砌成，可看出原来规模很大，内有长方形石台
10	3	内壁清楚，门向东南
11	4.5	内壁外墙都很清楚，室内北部砌成石台，门向东南，室外东面有灰屋和石堆
12	9.5	仅存一部分墙壁，或系外墙
13	?	略见墙基，东面也有灰层
14	4.7	内壁比外墙清楚，门向东
15	5	外墙比内壁清楚，门向东
16	?	因此室位置较高，所以在壁外砌成阶段状辅墙，内有石台，门向东南
17	5.3	内壁外墙清楚，门向南
18	5.2	南壁已圮，北壁尚存
19	5.2	内壁清楚，门向东南
20	4.2	碎石块一堆
21	?	内壁看不出来，室内有 1 米长的石台
22	4.5	室内堆满石块，门向西南
23	4.3	仅有北壁一部分
24	长宽各 1.5	此为方形石台，是否原来就是圆室，辨别不出来
25	5	内壁很清楚，门向东南

（续表）

编号	直径 / 米	现在遗存状况
26	9	内壁很清楚
27	约 8	内壁外墙，均较模糊
28	3.8	内壁尚可看出，门向南
29	5	内壁外墙都不清楚，门向东南
30	?	北壁已圮，东南角尚存
31	约 4	堆满石块
32	?	内壁不太清楚，室内有长 2.2、宽 1.4 米的石台
33	?	门向南，门外有台阶
34	4.2	内壁清楚，室内有长 3、宽 2 米石台，门向南
35	?	堆满石块
36	3.2	内壁很清楚，石台近北侧
37	4.4	内壁外墙都很规整，门向北
38	?	内壁还可看出来，室内西壁下有长宽各 1.5 米的石台
39	5	内壁很清楚，东侧外墙保存一部分，室内有曲尺形石台
40	10	内壁清楚，是这个城内最大的一个居住址，南壁已圮，近东壁有长 2、宽 1.5 米的石台
41	4.5	内壁很清楚，其中堆满石块，近北壁下有长宽各 1 米的石台
42	?	内壁看不出来，外墙西侧一部分清楚
43	?	内壁北侧一部分清楚，室内堆满石块
44	5	内壁外墙都很清楚，室内地下 50～70 厘米处有火灰，门向南
45	3.8	内壁与外墙西侧一部分清楚，门向南
46	?	石块一堆，南侧有石阶
47	?	内壁看不清楚
48	?	石堆，大块长 2 米，小块长 50 厘米
49	8	内壁看不出来，南侧外墙还很清楚
50	8	内壁清楚，门向不明
51	?	北壁清楚，南壁已为人掘掉
52	3	内壁清楚，内有长 2.2、宽 2.1 米的石台，地表下 40 厘米处有烧土。门向南
53	?	内壁外墙都很模糊
54	3.2	内壁很清楚，北壁下有长 90 厘米的石台
55	5	堆满石块
56	4	内壁很清楚，西壁系借用 57 号室外墙的东墙，门向东南
57	5	内壁外墙都很清楚，外墙宽 50 厘米，外墙与内壁的距离 70 厘米，一般都与此差不多，其次更有一不规则的大环墙，好似构成一个单一的庭院。它在城南部的中央
58	4	内壁清楚，堆满黄土
59	3	室内有“冂”形石台
60	?	堆满石块
61	3	室内有大石堆，外墙东部都清楚

（续表）

编号	直径 / 米	现在遗存状况
62	3	内壁南侧清楚
63	?	内壁外墙已经看不出来，周围有阶级状辅墙
64	?	情况与 63 号相类
65	?	内壁外墙都很清楚，并有石台阶，因系在东北角最后发现的，没有来得及测量
66	?	内壁外墙都很清楚，并有石台阶，因系在东北角最后发现的，没有来得及测量

三

为了初步推断这个城址的年代，采集标本费了不少工夫。这个城址满覆黄土，地表上仅可拾到零星石器，唯在南面被水冲破的厚约 80 厘米的灰层中，可以看到下面的一些遗物。

（一）石器

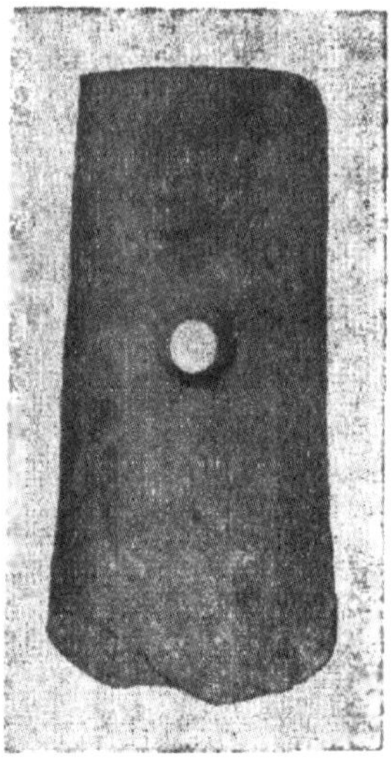

图三　有孔石斧

分打制石器、磨制石器、细石器三种。打制石器里面有长方形石斧，两侧与上下两端都有整齐的打击痕迹，一件长 24、宽 10、厚 0.5 厘米。云盘形石斧，上下两端均有刃，不过有的一端稍宽，而另一端则稍窄，中腰有一道洼槽，一件长 15、中腰宽 6、厚 2.5 厘米，这种打制石斧，不仅见于赤峰附近的一些遗址上，更广布于凌源、朝阳一带，可分三种型式：A 型（长方形斧）、B 型（有肩石斧）和 C 型（云盘形斧）。如朝阳只有 A 型，很少 B、C 二型；凌源 C 型最多，其次 B 型，再次 A 型；赤峰与凌源相反，A 型最多，其次 B 型，再次 C 型。磨制石器中有有孔石斧，一种是上窄下宽扁平斧，上附钙质胶泥，长 13、中宽 4.7 厘米，孔由两面钻成，孔径 1 厘米，平顶直刃（图三）。一种是短小厚重斧，有的直刃，有的圆刃，状近赤峰红山后石棺出土物。石杵数量不多，短而粗。更有一种长方形小石板，状近骨牌，长 3.2、宽 1.5、厚 0.4 厘米，用途不明。近杯状石器，口缘部分微残，径 3.2、高 2 厘米。细石器中未成器的石材较多，剥片痕迹很长。桂叶状石器 1 件，长 9、宽 4.5 厘米，一端很尖。量并不多。

（二）骨器

有骨斧，残长 10、厚 1.3 厘米。不知名骨器的柄部，磨磋均佳，上有小孔。骨镞 3 件，赤峰一般遗址中很少见。此外有加工过的骨片和贝壳片。

（三）陶片

有褐色绳纹陶（图四）、青灰色绳纹陶、黑色陶和红陶。其中最多的是褐色绳纹陶，这种陶含微量白沙，表面有模糊不清的细绳纹，上面贴有泥条，泥条之上刻成连续三角形纹，有鼎形器。青灰色绳纹陶火度不匀，颜色也不一致，绳纹较深，多扁三足器。黑色陶表面黑而不亮，很厚重，在居住址中，掘出壶器口缘片。红陶与赤峰一般遗址中出土的相同，但是这个城址内并不多，而出有罐类口唇处。

图四　褐色绳纹陶

从以上的采集品观察，我们并没有看到一处战国式灰陶，而且这个城址高得多，因此我们现在暂时推定它是新石器时代晚期的城址与居住址。

关于新石器时代城址的材料，在我国发现是不多的。如凌源南城子也有石城址，但规模不及东八家的大。济南城子崖虽然也有发现土城址的报告，但是学者间尚有异议。所以，赤峰东八家石城址是研究这一地区历史上少数民族——可能是东胡族——的生产状况、经济生活，以及向国家过渡的最有价值的遗址。这一遗址应该做进一步调查，并设法发掘，以使其内涵更为清楚。

（原载《考古通讯》1957年6期）

内蒙古东部地区青铜时代的两种文化

刘观民　徐光冀

本文考察的区域是西辽河及其支流一带。西辽河蒙古语名西拉木伦，西拉木伦河北边有查干木伦河、乌尔吉木伦河，皆自北而南流经大兴安岭东南麓汇入西拉木伦河。西拉木伦河南侧有老哈河、教来河，源自燕山山地北侧，向东北汇入西拉木伦河。对这个地区青铜时代的认识：在20世纪60年代以前只知有一种青铜文明，年代相当于战国，即以赤峰红山后的石棺墓和第一住地为代表的“赤峰第二期文化”，其根据是滨田耕作等人于1935年在赤峰红山后的发掘[1]。

由于20世纪50年代以来这一地带屡次发现战国以前的青铜器，在野外调查采集的其他质料的标本又呈现复杂的文化内涵，故使人想到这里的青铜文明或许并非始于战国，而且内容也不是单纯的只有一种。为探索这个问题，我们在这一地带做了几年野外考察。在工作中得到内蒙古自治区文物工作队等多方面的帮助。考察的结果是在上述青铜文明之外，发现还有一种青铜时代的考古文化，其面貌接近于黄河流域龙山文化稍后的绳纹陶器群，以往是被混在“赤峰第二期文化”之中，没有被区分出来。遂以初次发现这两种文化相对关系的地点和层位命名，将新区分出来的这种文化名为夏家店下层文化；对原“赤峰第二期文化”所包含的主要内涵称为夏家店上层文化。

关于这一发现，我们在1961年和1974年发表的工作简报[2]和报告[3]中曾提出：这两种文化有不同的传统；自西周初至春秋时期，这个地区曾有过重大的变化，以致在考古学的文化范畴里竟然出现如此显著的反映，是引人注目的。上述文章限于报道发现，只是扼要地提出了问题。以后见到陆续发表的一些文章论及这一发现，看法虽各有不同，却表明大家对这一发现是关注的。既然我们认为夏家店上层文化不是从夏家店下层文化演变而来，并且二者在这一地带相对的早晚关系又是明确的，那么这两种有显著区别的文化，是这个地区古史上怎样重大的变革所留下来的物质痕迹呢？本文试就这一问题说明我们目前的认识，就正于大家。

一

夏家店下层文化发现的地点甚多，仅以赤峰附近的英金河及其支流沿岸为例，曾经我们调查过的地点已近100处，其中经过我们或兄弟单位发掘的地点计有药王庙、夏家店、蜘蛛山[4]、新店[5]、香炉山[6]、四分地[7]、西山根[8]等地。此外还有宁城县的小榆树林子[9]、南山根[10]、敖汉旗的大甸子[11]，喀左县的小转山子[12]，北票县的丰下[13]等地也都经过发掘。另外在河北的承德、唐山、蓟县、大厂，北京等地也有与此有密切关系的发现。在西拉木伦河以北的地区，迄今虽在一些地点有燕秦以前的绳纹陶器发现，尚待进一步工作来确定这些发现的文化性质。由于以上各项工作的资料经过整理发表的甚少，目前欲将各地的发现做详细的比较分析实有一定困难，故仅就这种文化特征显著的器物群做些概略的介绍。

这种文化与当地别种文化显见易别的陶器群，是在田野调查中首先引起我们注意的现象。陶器的制法虽有轮制痕迹出现，但仍以手制（泥条盘筑）为主，还发现有可充陶器内模的制陶工具。器类有鬲、甗、鼎、罐、盆、尊、盘、豆等。在墓葬中已发现有爵、鬶、盉等酒器（图一）。陶器表面多经过磨光处理，或再加饰花纹。未经磨光处理的部分大都保留着制作过程中遗留下来的绳纹。另外附加堆纹也是一种常见的纹饰。如将这一陶器群和与之年代接近的郑州二里冈商代陶器群[14]相比较，可以见到许多相似的地方。如二里冈陶器制法有模制、轮制和手制三种，模制后有的还再经轮修。鬲、鼎、爵、斝、豆、盘等在轮制或修整后，尚有各部分用手捏合的痕迹。陶罐的断裂面有清晰的泥条盘筑痕。若与稍后发现于偃师二里头的陶器群[15]相比较，相近之处也很多。如二里头陶器制法有泥条盘筑、模制、轮制和手捏制，许多器物都是采用几种方法合制而成的，单独使用一种方法制成的并不多。品类有三足盘、平底盆、鼎、豆、鬶、斝、爵、盉、甑等。墓葬中也出现鬶、爵等专用的酒器。所以曾在黄河流域认识了龙山文化及其以后时期的陶器的人，当遇到这一陶器群时，不禁有似曾相识之感。

夏家店下层文化的随葬陶器上发现了大量的彩绘，是用红、白两色矿物颜料画在烧制完成的陶器上面。所画的图案有些类似商周青铜器上习见的各式“云纹”——以卷曲的线条构成单元，反复连续，还有少数以动物面、目为主，以上述“云纹”为补充的组合纹式。类似这种彩绘装饰的做法，近来在我国北方其他地区也有发现，其年代与此接近或稍早。单就这种装饰陶器的方法而言，不是一种文化所特有的。至少是在公元前17～前16世纪，在中国北方不同文化之中，有过同时存在的现象。梁思永先生曾在《远东考古学上的若干问题》[16]一文中指出：“青铜鬲、甗和新石器晚期的陶鬲、甗之间的形制既如此雷同，则青铜器的模仿陶器形制几乎是无可怀疑的”，“但对这种模仿的承认并不解决青铜器的起源问题”，“中国迄今未发现原始形制的青铜器，可以把它看成是历史性的青铜器的鼻祖。因此，这种‘羽毛丰满’的青铜文化的似乎突然出现，仍有待阐释”。而今发现这种纹式的彩绘陶器虽不能替代原始形制的青铜器，或者替代妥帖地解释中国青铜器特有的面貌的来历，但是青铜器既然模仿陶器的形制，那么最初铸造青铜容器时，也会采用装饰在陶器上的图案作为铜器图案的原型，至少从陶器彩绘图案中，已使人看到一点中国青铜文化“羽毛”发育的过程。

与通常出现在青铜时代遗存中的现象一样，夏家店下层文化住址中的生产工具发现有较多的石质制品，且种类很多。仅择其中的铲、锄、刀等几种，以比较说明其生产发达的程度。石铲：扁平长方形，刃边与两面都有很重的擦痕，擦痕直而长，都与刃边方向垂直，表明它在使用时的运动方向，同时刃边很少见强力撞击剥落疤痕，故

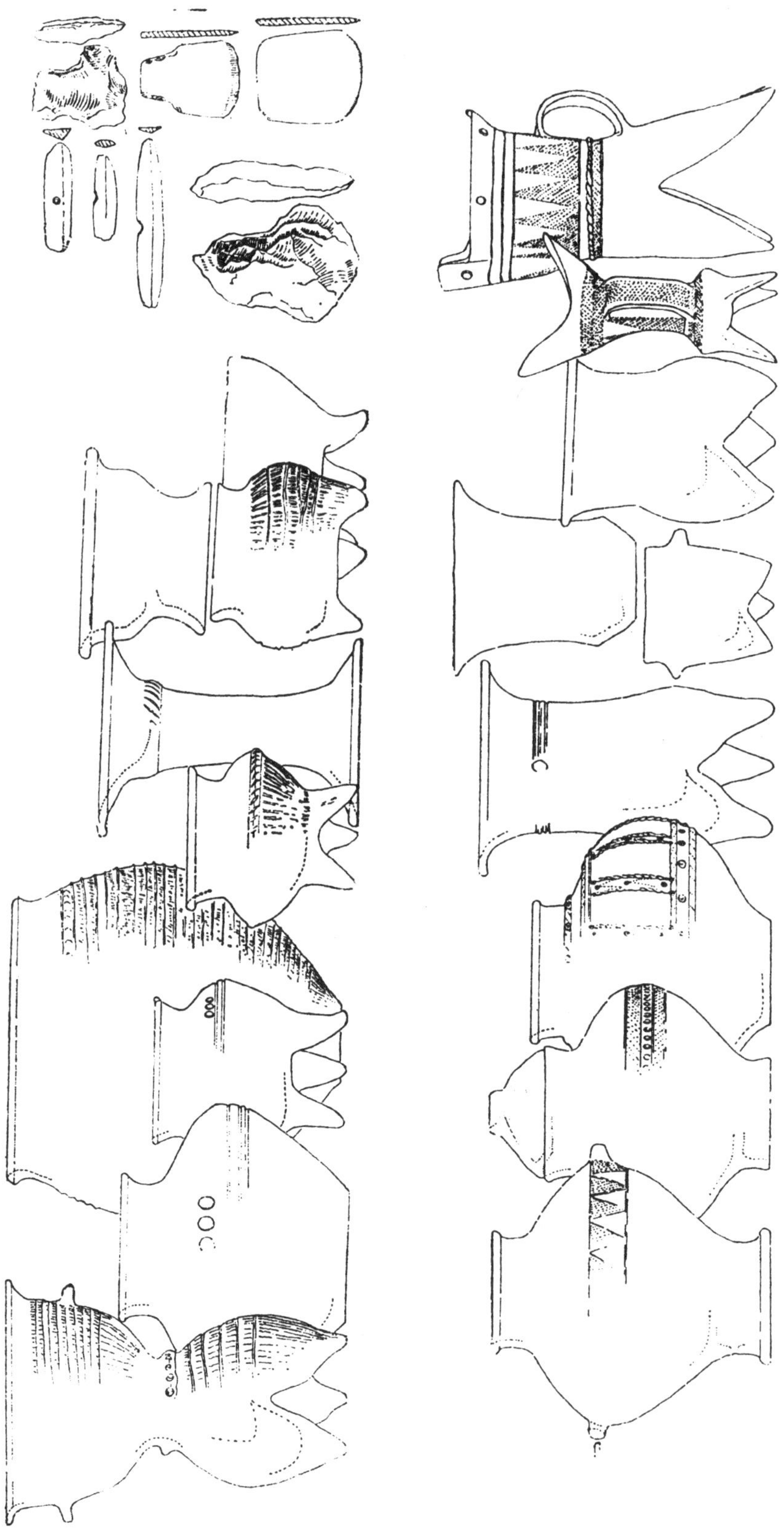

图一　夏家店下层文化器物

石铲是一种翻土工具。它在石质工具中发现的比率较大，如在南山根为三分之一。与河南郑州上街商遗址[17]发现石铲的比率相同，甚至在形状、大小与厚薄上也有完全相同的。此外在偃师二里头、灰咀[18]、陕县七里铺[19]等地也都有相同的发现。石锄：皆仅打制，表面粗糙，未见磨制加工，较石铲厚而重，能耐较强的撞击力量，刃端多崩落的疤痕，是适应当地条件——地表碎石块较多的松土工具，故于陕、豫黄河两岸少见石头的地带并未发现。石刀：长条形，一侧长边磨刃，靠近刀背边有穿孔，或磨出凹缺，这也是经常见到较多的一种刈割工具。同类用途的工具在河南郑州二里冈商代住址中也是常见的，1953 年二里冈发掘中发现的数量接近石质工具的一半。另外在郑州上街、陕县七里铺、偃师二里头、灰咀也都有不少的发现。仅以夏家店下层文化的上述石质工具的情况与黄河流域的发现相比较，表明它也是以农业经济为主的。从农业工具适应不同用途的分化而反映的生产技术发达的状况而言，它也并不低于黄河流域同时存在的农业文明。

关于夏家店下层文化的年代，最初的认识，由于在它的器物群中总是看到龙山文化的身影，故而不能将它的年代上限估计得脱离龙山文化时期太远。在以后发现的几例 ^{14}C 测定结果推进了上述的认识，如①赤峰蜘蛛山 H42：3855±90（半衰期为 5570 年，以下同），树轮校正 2410±140BC；②北票丰下 T10③：3450±80，树轮校正 1890±130BC；③敖汉大甸子 M454：3290±90，树轮校正 1695±130BC；④同上地点 M759：3320±85，树轮校正 1735±135BC[20]。上述四项测定结果，以赤峰蜘蛛山 H42 的年代最早，与另外三项结果相距较远，目前只有一例，在对这种文化器物群的早晚分期了解甚少的情况下，暂且不做比较。仅据其余三项测定的结果，可以相信这种文化早在公元前 16 世纪以前就已经出现在这里了。夏家店下层文化的地层或墓葬中发现的铜质器物较少，而且大都是耳环、指环等小型物品，迄今少见盛容器。另外在大凌河上源的凌源县、喀左县发现过几批商末周初的青铜器，据报道这些发现多系窖藏，并在这些地点附近大都发现有夏家店下层文化的堆积。迄南至北京房山琉璃河，在发现周初铜器的贵族墓地附近的小墓里，随葬陶器中也有显示夏家店下层文化特点的陶鬲[21]。虽然上述窖藏与遗址堆积的关系，或者贵族墓地与附近小墓的关系都还有待进一步考察，至少预示在燕山山地及其南麓地带都有充分的机会，可能发现与这些铜器年代相当，并与夏家店下层文化有密切关系的遗存。

1973 年喀左县北洞发现的铜器中有“父丁、𦣞冉、宄亚”铭文[22]，据唐兰先生释文“𦣞冉”应是古史中的孤竹[23]，这是可信的，以后晏琬亦有文章论及[24]。据汉以来对孤竹的注释，相沿在河北迁安县一带。唐先生认为依旧注迁安应是孤竹国的都邑，而国境绝不止此，喀左既出孤竹铭器，故此地亦属孤竹国境。唐先生此论是有可能的，但不是必然的。因与“𦣞冉、宄亚”铭同出的尚有“㠱侯、𣪘亚”铭器，故只肯定喀左属孤竹国疆域，而未论其他共出的器铭是不完全的。况且，附近还有周初燕侯铭铜器发现，对此屡屡发现的重要窖藏，首先要明确的是它们埋藏的年代，是在同时，或各在何时。对这个问题不同的回答，都会对窖藏内涵的研究结论有很大的影响。若是入周封燕以后的埋藏，则方国重器流入燕侯家的原因会有很多，若仅依器铭和古地理记述，简单对发现地精确判断为某一古方国疆域的结论，则易使人忽略对这些重要发现的埋藏年代尚需做进一步考察的问题。这是利用考古发现研究古地理时不可忽略的一个环节。近年在河北丰宁县内曾发现“牧亚”徽帜的铜斝[25]，它的器形、纹饰、铭文都具有商代特征，“牧亚”器铭在传世铜器中也有多件，而古史记载中这一方国名无传。如果这一发现也能证明是这里的一个商周时期的方国，那么燕山南北入周以后，隶属于燕的“商世侯国”已被遗忘的恐不止此一二！而类若孤竹，在古史记载中赖“伯夷、叔齐”的故事幸得传至今者，更是未遗忘中的少数，况且古史中的方国与考古学文化不是可以简单等同的概念，故不能将辽西和燕山山地视为孤竹一个方国的疆域，喀左发现的铜器铭文目前虽不能准确地肯定“孤竹”的疆域，但将来的发现无论证明孤竹的疆域包括哪些地带，以今考古调查发现和文献记载而言，总会在目前认识的夏家店下层文化的分布范围之中被区别出来。

在夏家店下层文化分布的南缘，这种文化遗址常与商末周初的青铜器一起出现，对它们的共存关系虽有些问题尚待进一步考察，但以北靠近西拉木伦河畔却罕见这类现象，而是有较商为早的 ^{14}C 测定的结果。从这些现象显示出夏家店下层文化似有一个自北而南的趋势，这与继踵而至的夏家店上层文化年代上限的考察结果恰是吻合的，形成一个同时南渐的过程。

二

夏家店上层文化遗存最早的发掘工作，是 1935 年日本人滨田耕作等在赤峰红山后做的，由于这种文化的墓葬有一种用石块垒砌的葬具，距地面甚近，既易暴露发现，又常于其中得到完整的随葬物，故初期介绍这类遗存的报道内容多为石棺墓，以后才逐渐注意到它的住址及其他形式的墓葬。1949 年以后的调查工作，发现这种文化的地点虽不及夏家店下层文化密集，但在昭乌达盟、哲里木盟、朝阳和承德地区发现的已有近百处。其分布状况与夏家店下层文化所不同的是：在西拉木伦河以北发现了许多地点，但在燕山以南至今未见这种文化的住址。

由于经过科学发掘的地点甚少，而且各地点发掘的规模也较小，故对其住址概貌的了解不多，只对住址的局部情形和作为文化特征的器物群方面有所认识。

夏家店上层文化的住址有圆形半地穴式的，也有构筑在地面以上的，屋址近旁有储存物品的袋形窖穴。半地穴式的屋址或窖穴有用土坯或石块垒砌坑壁的现象。分布在英金河畔熔岩山冈上的住址，还发现在屋址近旁用石块垒砌一段矮坝，从而将陡峭的山坡修整出一条狭窄的户外活动场地。在它的住址堆积中，也有弃置的陶器碎片和石质生产工具，与夏家店下层文化堆积所不同的是它含动物骨骼较多，在这些弃置的骨骼中，除有夏家店下层文化中曾经有过的牛、羊、猪、狗、鹿以外，还有夏家店下层文化中未曾见过的马的骨骼。

这种文化陶器群的器类较少，只见有鬲、甗、鼎、豆、罐、钵（碗）（图二）。在制陶工艺方面也远不及同地区年代较早的夏家店下层文化的制作精细。它的陶质粗疏，器壁较厚而不均匀，在陶器各部分的接合处时常发现脱裂现象。陶器表面皆经磨光，留有粗劣的刮磨痕，罕见纹饰，仅发现附加堆纹一种。烧制的火候较低，且多呈不均匀的红褐色。以上各点与吉林长春地区的西团山文化[26]、沈阳地区的新乐上层[27]是颇为相似的。

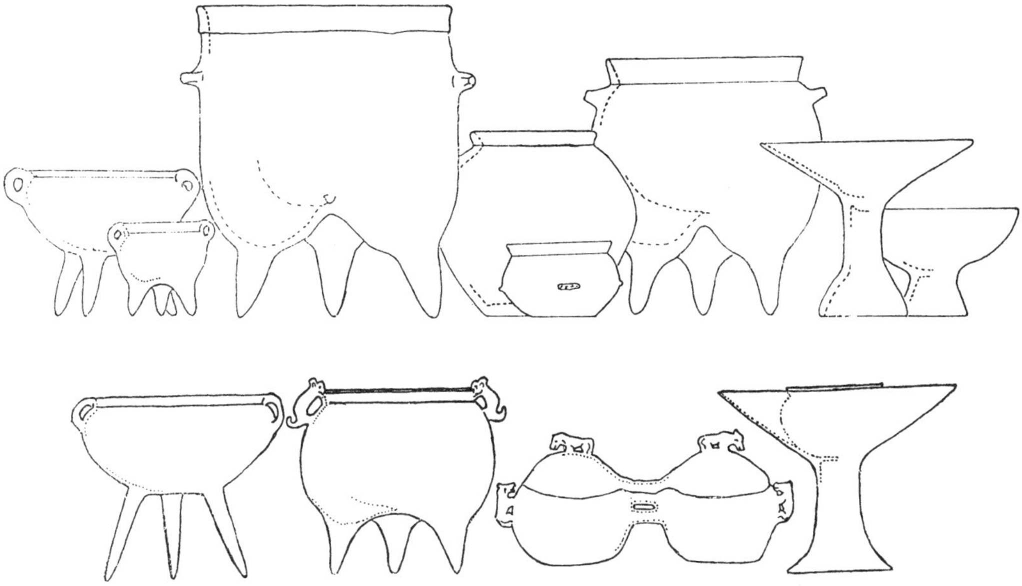

图二　夏家店上层文化器物

石质工具中敲砸器较多。穿孔锤斧的形态特征显著，适做武器。只发现可用于刈割的双孔半月形石刀，没有用于松土的锄、铲之类的石质工具，表明其农业种植方面是极简陋的。这与较早的夏家店下层文化农具发达程度相比是相差悬殊的。

铜质制品较夏家店下层文化显著增多了，常见的有锥、镞、小刀和各式铜斧。锥是四棱锥形，锥柄扁平为便于纳入木柄中。小刀柄甚短，在柄部与刃边相同的一边有齿，是为另缚木柄可以牢固。铜斧扇形，方銎孔。上述锥、小刀、斧三种常见器具的式样，与松辽平原许多地点发现的相同。还有许多铜质的装饰物，如联珠形、双尾形、鸟形的铜饰，大都是女性的装饰物，常发现在墓中随葬。双尾形、鸟形铜饰不仅只在赤峰夏家店、宁城南山根两地墓中发现[28]，在昭乌达盟、承德地区之内也有许多地点曾发现同类型的铜饰（图三）。这类铜饰在《内蒙古长城地带》一书中，曾论为绥远式青铜器的一项内容，唯该书所集多系购自市肆，出土地点不明。1949 年以来，在张家口及以西地带多次工作中发现铜饰甚多，迄今尚未发现上述形态的铜饰。

在男性墓中常发现铜盔、动物纹铜牌和短剑等物。宁城南山根 M101 中曾发现短

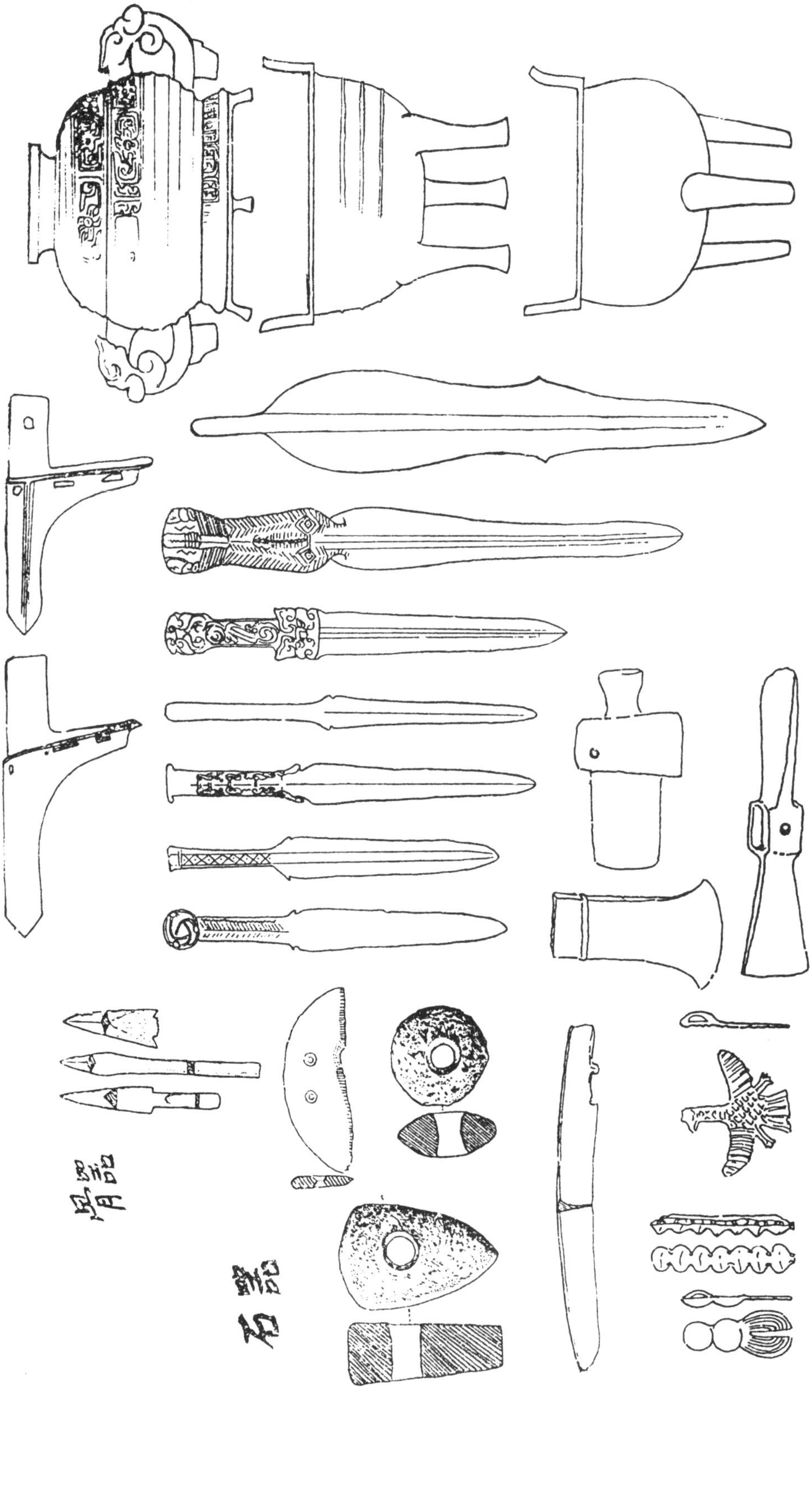

图三　夏家店上层文化青铜器、石器及骨器

剑7件，式样较多，既有夏家店上层文化分布区域中常见的式样，又有毗邻地区常见的式样，恰是这种文化与相邻的青铜文化的关系的一例。夏家店上层文化分布区域中发现例次最多的短剑是剑身与剑柄一次铸成连在一起的，这一点与辽宁、吉林地区的发现有显著的区别，辽宁、吉林等地常见的曲刃短剑是剑身与剑柄分别铸成，再组装到一起。

在南山根墓中也发现了另装剑柄的曲刃短剑，就曲线刃边这一特点而言，显然和相邻地区之间是有关系的，目前有明确年代的是南山根M101中的发现，也是曲刃短剑年代较早的一例。但确定最先出现具有这一特点的短剑的地区，还有待相邻的地区中多有一些确切年代的短剑发现。在剑身与剑柄一次铸成的直刃边短剑中，也有在柄和柄首铸出夔龙和兽面纹的，这与南山根墓中所发现的铜戈同是表明这种文化在武器方面也曾受到南邻的影响。

在南山根M101中发现的青铜容器很多。有一组鼎、鬲、豆、罐，其形态与夏家店上层文化的陶质容器形态特征完全一样，是代表这一文化特征的青铜容器。另有一组鼎、簋、簠，其形态、纹饰皆与黄河流域诸侯国发现的礼器一样，这不仅为宁城南山根的夏家店上层文化的墓地提供了年代证据，证明它相当于春秋初期，并且由此得知夏家店上层文化与其南邻的诸侯国并不隔绝。因为只有在贵族中间存在着慕效中原诸侯礼俗的风尚，才会在随葬铜器中不仅有一套具有土著文化特征的容器，更以有一组中原贵族的礼器随葬为时髦。

从西拉木伦河以南这种文化遗存中看到毗邻诸侯国的器物年代都是春秋时期的，发现这类现象的地点，如赤峰附近的美丽河和靠近燕山地带的宁城南山根。这些发现表明夏家店上层文化在春秋时期与诸侯国的接触，是在西拉木伦河以南，靠近燕山地带。这种文化较早的遗存发现在西拉木伦河以北，如林西大井遗址，据^{14}C测定的结果年代是商周之际[29]。从上述发现看夏家店上层文化在西拉木伦河以北有较早的遗存，在西拉木伦河以南只有西周以后的遗存，显示出这种文化有个自北而南的过程。目前对这文化分期的认识尚待进一步工作和研究，还不能从类型学方面展示这一过程，但从相对年代较早的夏家店下层文化的年代考察中得到辅助证明。如夏家店下层文化年代下限在分布地域上的反映是：靠近西拉木伦河的发现还未见有晚至周初的，年代下限能至周初的发现都在迤南地带。这个现象恰与夏家店上层文化的年代上限在南北分布上反映的差别恰呈一致的趋势。

考古文化的族称，历来是边疆少数民族聚居区域考古工作中众所关注的问题，夏家店上层文化的族属问题也是其中之一。早在1935年赤峰红山后墓地初次发掘时，滨田耕作等人曾指为东胡。1958年内蒙古文物工作队报道宁城南山根第一次发现的铜盔、短剑时，李逸友同志也认为是东胡[30]。当我们认识夏家店上层文化以后，证明赤峰红山后的墓地与宁城南山根的上述发现同是这一种文化的遗存。至今在夏家店上层文化的遗物中虽然没有出现直接的证据表明其族属，但从它的分布地域做历史地理方面的比较，认为称它是“东胡”和东胡的前身山戎的遗存是妥当的。

据《史记·匈奴传》：“燕有贤将秦开……袭破走东胡，东胡却千里……筑长城，自造阳至襄平。”这段长城经多次调查是自多伦以西，经康堡、围场、赤峰、敖汉、奈曼迤东，沿线多次发现刀币与秦权等物，证明确是燕秦长城。故知分布在燕秦长城南北的夏家店上层文化应是不同时期的“东胡”（山戎）遗存。在新近的发现与研究中，有关夏家店上层文化东西边缘的情况有两点值得注意。1979 年我们在张家口宣化发掘了一处相当于春秋至战国时期的墓地[31]，在葬俗及随葬器物特征方面与大青山以南年代相当的发现是相近的，至少就考古学文化而论是与夏家店上层文化不同的，可知自春秋至战国时期，夏家店上层文化分布的西缘只应在宣化以东地带。在夏家店上层文化的东面，自医巫闾山脚下至辽东半岛南端发现青铜时代的遗物很多，其中不少是与夏家店上层文化相近似的，但缺乏系统的发掘资料可以比较。据孙守道和徐秉琨同志考察认为：就构成考古学文化主要依据的器物特征群而言，可能不只一群[32]，说明这一带青铜时代的文化性质的探索还有待进一步的工作。在年代较早的记载中对“东胡”分布区域的东缘也并未直接指明。“胡”（Hun）在蒙古语中意为“人”，在古汉语中与“狄”“蛮”不同，不是对异族的蔑称，“东胡”则是与“胡”相对区别的指称。《史记》记载“东胡”是“分散居溪谷，自有君长，往往而聚者百有余戎，然莫能相一”[33]，这对秦以前，至少是辽河以西，大兴安岭东南麓的山地居民并未做详细区分。我们认为分布在这一区域之中的夏家店上层文化与古史记载中“东胡”（山戎）的指称相当，但不能说只有与已知的夏家店上层文化面貌完全相同的才是“东胡”（山戎），因为：一方面我们对这种考古文化的认识尚在初始阶段；另一方面考古文化的区别与古代族称的命名是各由不同的条件决定的。总之我们的目的并不是简单地求一个完全的等同做结论，而是从考古发现与古史记载的联系中去考察一定地带历史的变化。

三

从以上介绍这两种文化的发现与研究的情况，实不难发觉这种文化的交替过程是反映这一地带铜器时代中曾经有过一番剧烈的变化。

相当龙山文化阶段以后的夏家店下层文化是这里最早出现的青铜文明，它与黄河流域相当于夏、商时期的金属文明几乎是同时并存的，在文化面貌上也是很相似的农业文明。故将夏家店下层文化视同封燕以前的土著文明，在进入西周以后又是臣隶于燕的遗存，不仅在时间和空间方面，甚至在文化内容方面都是相当的，因此我们也赞同对西周以前的夏店家下层文化称为“先燕”的提法。

从考古发现展示出夏家店下层文化有自西拉木伦河逐渐南徙的趋势，同时商、周之际分布于西拉木伦河以北的夏家店上层文化，是越西拉木伦河而南，至春秋初已广布于燕山以北的大部分地区。这两种文化分布区域的接触面恰呈与时俱南的形势。在夏家店上层文化南下至燕山山地时，正当东西周之际，因此它也是从西周开始的戎胡南徙总趋势的一部分。在这一过程中燕及其臣隶必经过一番丧乱南徙，考察这里对古史中聚讼已久的问题，是不能忽略这一历史背景的。

注释

[1] 滨田耕作、水野清一:《赤峰红山后——热河省赤峰红山后先史遗址》,《东方考古学丛刊》甲种第六册，东亚考古学会，1938年。
[2] 中国科学院考古研究所内蒙古发掘队:《内蒙古赤峰药王庙、夏家店遗址试掘简报》,《考古》1961年2期。
[3] 中国科学院考古研究所内蒙古工作队:《赤峰药王庙、夏家店遗址试掘报告》,《考古学报》1974年1期。
[4] 中国社会科学院考古研究所内蒙古工作队:《赤峰蜘蛛山遗址的发掘》,《考古学报》1979年2期。
[5] 徐光冀:《赤峰新店石城址发掘记——兼谈夏家店下层文化石城址研究的相关问题(提要)》,《废墟上的足迹——徐光冀考古与文物保护文集》，科学出版，2018年。
[6] 辽宁省博物馆、昭盟文物站发掘资料。
[7] 辽宁省博物馆、昭盟文物站发掘资料。
[8] 考古所内蒙古队1974年发掘(未刊)。
[9] 内蒙古自治区文物工作队:《内蒙古宁城县小榆树林遗址试掘简报》,《考古》1965年12期。
[10] 中国科学院考古研究所内蒙古工作队:《宁城南山根遗址发掘报告》,《考古学报》1975年1期。
[11] 中国科学院考古研究所辽宁工作队:《敖汉旗大甸子遗址1974年试掘简报》,《考古》1975年2期。
[12] 王增新:《凌源青铜器群出土地点发现新石器时代遗址》,《文物参考资料》1957年3期。
[13] 辽宁省文物干部培训班:《辽宁北票县丰下遗址1972年春发掘简报》,《考古》1976年3期。
[14] 河南省文化局文物工作队:《郑州二里岗》(考古学专刊丁种第7号)，科学出版社，1959年。
[15] 中国科学院考古研究所洛阳发掘队:《河南偃师二里头遗址发掘简报》,《考古》1965年5期。
[16] 梁思永:《远东考古学上的若干问题》,《梁思永考古论文集》，科学出版社，1959年。
[17] 河南省文化局文物工作队:《河南郑州上街商代遗址发掘报告》,《考古》1966年1期。
[18] 河南省文化局文物工作队:《河南偃师县灰咀商代遗址的调查》,《考古》1961年2期。
[19] 黄河水库工作队河南分队:《河南陕县七里铺商代遗址的发掘》,《考古学报》1960年1期。
[20] a. 中国科学院考古研究所实验室:《放射性碳素测定年代报告(三)》,《考古》1974年5期；b. 中国社会科学院考古研究所实验室:《放射性碳素测定年代报告(四)》,《考古》1977年3期；c. 中国社会科学院考古研究所实验室:《放射性碳素测定年代报告(五)》,《考古》1978年4期；d. 中国社会科学院考古研究所实验室:《放射性碳素测定年代报告(六)》,《考古》1979年1期。
[21] 中国科学院考古研究所等:《北京琉璃河夏家店下层文化墓葬》,《考古》1976年1期。
[22] 辽宁省博物馆等:《辽宁喀左县北洞村出土的殷周青铜器》,《考古》1974年6期。
[23] 唐兰:《从河南郑州出土的商代前期青铜器谈起》,《文物》1973年7期。
[24] 晏琬:《北京、辽宁出土铜器与周初的燕》,《考古》1975年5期。
[25] 河北省文物管理处:《河北省三十年来的考古工作》,《文物考古工作三十年》，文物出版社，1979年。
[26] 东北考古发掘团:《吉林西团山石棺墓发掘报告》,《考古学报》1964年1期。
[27] 沈阳市文物管理办公室:《沈阳新乐遗址试掘报告》,《考古学报》1978年4期。
[28] 中国科学院考古所东北队、辽宁省昭乌达盟文物工作站等:《宁城县南山根的石椁墓》,《考古学报》1973年2期。
[29] 中国社会科学院考古研究所实验室:《放射性碳素测定年代报告(六)》,《考古》1979年1期。
[30] 李逸友:《内蒙昭乌达盟出土的铜器调查》,《考古》1959年6期。
[31] 考古所内蒙古队1979年在河北宣化白庙村的发掘(未刊)。
[32] 孙守道、徐秉琨:《辽宁寺儿堡等地青铜短剑与大伙房石棺墓》,《考古》1964年6期。
[33]《史记·匈奴传》。

(原载《内蒙古文物考古》1981年创刊号)

从昭盟发现的大型青铜器试论北方的早期青铜文明

苏　赫

近几年来，在昭盟地区多次发现相当于中原地区早商时期的青铜器，这些青铜器虽然引起了学术界的重视，但对它们所代表的文化内涵，还没有人做过全面的探索，因而对它的认识还很模糊。自1961年以来，随着对夏家店下层文化工作的不断深入，在西辽河流域到燕山南麓发现了不少小型青铜器，但大型青铜器极少。对已发现的大型铜器，多因地层关系不清或伴出器物缺少而众说纷纭莫衷一是，始终得不出较肯定的答案。1981年5月，昭盟翁牛特旗解放营子公社头牌子大队敖包山前，出土了3件大型青铜器，一甗二鼎。鼎中盛满棕色结晶体矿砂。

三件青铜器也显示出它们所代表的文化属性、时代等方面的重要线索。联系1958年赤峰县大西牛波罗出土的弦纹铜甗，以及1973年克旗天宝同出土的弦纹铜甗，可以约略看出，在西辽河上游即西拉木伦河和老哈河流域，存在着一个还未被认识的早期青铜文化。本文试从这几件青铜器，特别是以翁牛特三件大器为据，就这一青铜文化提出一些看法，以就正于读者。

一

现将头牌子三件青铜器分述如下。

1. 甗

铜色呈暗红色，腹部和足部有黑色烟熏痕。无箅，裆部残。通高66、口径41、腹深36厘米，重14千克（图一，1；图版一六，1、2）。腹壁较薄，厚0.5厘米。口沿上有两方形耳，耳下部凸出于内壁上，耳高14厘米。壁外有三道平行的弦纹。足呈袋状，平底足，实心。整个器体由四范合铸，范口结合不严，铸缝明显。在器体一侧，有呈不规则长方形的补铸痕迹，长30、宽19厘米。其下还有七处近椭圆形的小补铸痕。袋足上有四处补铸痕，裆下中间部分全为补铸，但仍留有残孔。此器铸造方法原始，浇铸时铜液温度低、流动性差，因而形成上述多处缺液和补铸。更具特色的是内外范的定位方法与商器的通常方法不同。在每条铸缝的两旁都留有圆形疤痕，直径1.5～2厘米。说明内外范间是用圆柱状物作为定位的。故浇铸后在器壁上留下孔洞，

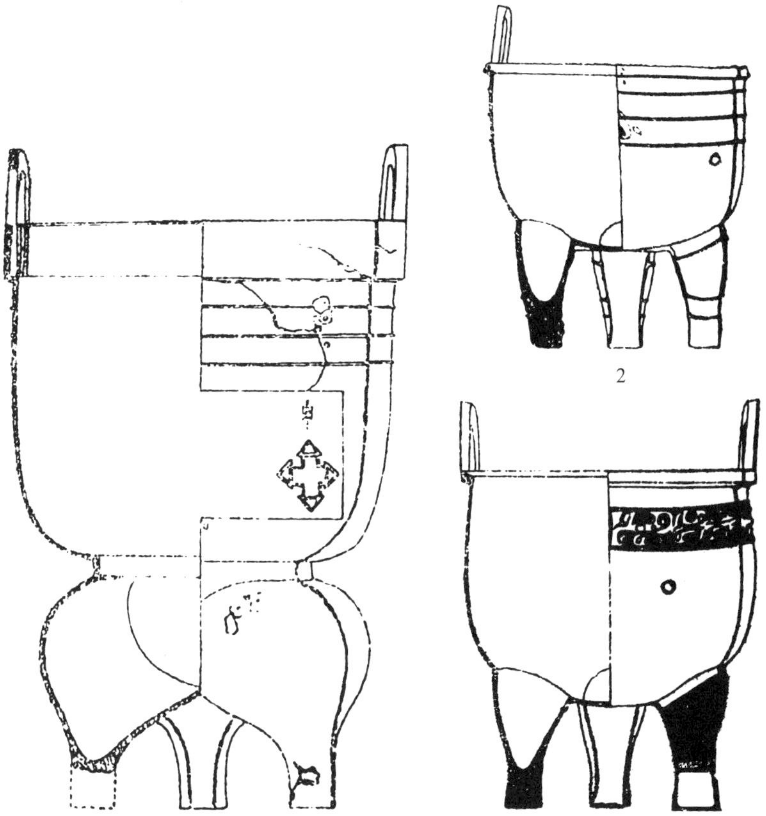
1 2 3

图一 铜器
1. 甗 2. 弦纹鼎 3. 饕餮纹鼎

然后再加以补铸。这是一种很原始的方法，这种方法在其他两鼎上也都相同。在赤峰大西牛波罗出土的弦纹甗上，也留有这种工艺所形成的痕迹。在腹壁内侧铸有阳文两个。

2. 饕餮纹鼎

呈暗红铜色，通高 54、口径 38、两耳高 9 厘米。口沿外侈，器壁厚 0.5 厘米（图一，3；图版一六，3）。表面粗糙，四范合铸，铸缝凸出。直腿，在口沿下有一圈饕餮纹和云雷纹组成的纹饰。腿上也饰饕餮纹。在铸缝两旁也有六个相对应的圆形疤痕，裆底也有三个圆疤呈正三角形排列。说明此鼎与前述铜甗的铸造方法完全相同。鼎上的纹饰和北京市刘家河出土的铜器上的纹饰相似。

3. 弦纹鼎

呈暗红色。通高 67、口径 37、器壁厚 0.5 厘米（图一，2；图版一六，4）。四范合铸，铸缝凸起，铸缝两旁也有圆痕。耳高 9.4 厘米，一耳脱落。在口沿下腹部上方和足上有三道凸起的弦纹。腿部也留有铸补的痕迹，方法与上述两器相同。

以上三器，在形制上有共同的特点。虽然饕餮纹鼎的纹饰具有中原早商器的风格，在时间上容易被看成晚于其他两器，但仔细观察，许多现象都说明三器是同一时期的作品：①两鼎的形制和同一种原始的工艺方法所表现出来的外貌的一致性；②在铸造方法上的初期阶段所形成的缺漏和铸补在三器上完全一致；②内外范定位方法相同，所遗留的痕迹也如出一辙。这些特点不仅可以断定三器的铸造方法、铸造时间相同，而且排除了这些器物是从其他地区移来后埋藏在这里的可能性。更值得提出的是，赤峰县大西牛波罗出土的铜甗也具有上述特点。这一现象极为重要，它有力地说明，在昭盟地区发现的大型青铜器，是同一工艺方法、同一文化属性、同一时代的产品。这证明了在这一地区有着一个很发达的早期青铜文化。其他在若干夏家店下层文化中出现的小型青铜器：可能就是这一文化的早期产物。

二

几件大型青铜器的陆续出土，给我们研究昭盟地区的早期青铜文化提供了资料。目前对这些器物的看法其说不一。大多数都认为是商器，时代大约在商中期或更早，对其中的饕餮纹鼎则认为较其他更晚。至于这些器物和大量分布在昭盟南部至燕山南麓京津地区的、含有精致彩陶和小型铜器的夏家店下层文化有什么联系，或者就是同一文化等，都不明确。近年来，辽宁省喀左出土的所谓孤竹的大型青铜器，也对这些青铜器的认识上产生着影响。北京市刘家河出土的早商铜器群中，伴出夏家店下层文化特有的喇叭形耳环，但也只是提出了不肯定的推断。所以，这几件大型青铜器的文化属性是中原商器还是夏家店下层文化是首先需要进行探讨的问题。

根据考古学上的发现，目前在中原地区以偃师二里头、郑州二里冈、安阳小屯为代表，把商代青铜器分为早、中、晚三期。按着这一序列来认识和判定其他早期青铜器，就使一些边远地区发现的青铜器得不到准确认识。况且这些青铜器的渊源尚无定论。至于西辽河流域的夏家店下层文化还没有专门论及。所以一提起早期青铜器，特别是大型青铜器，一般都认为是中原商代产品，最低限度也必然说成与商有密切关系。这种局限性是由于许多客观上的原因和条件所形成的。随着工作的深入，这些问题将会逐渐得到解决。

夏家店下层文化是在我国北方发现的一个重要的早期青铜器时代文化。随着考古工作的深入，新的材料不断出现，经 ^{14}C 测定，它的年代也越来越清楚，文化面貌也逐渐被认识。目前可以肯定，早在公元前 20 世纪这种文化就已经存在了。已发表的 ^{14}C 测定结果如下：

赤峰蜘蛛山	2015B.C	年轮校正 2410	
赤峰夏家店	1890B.C	年轮校正 1890	
敖汉大甸子	EK402	1440B.C	年轮校正 1695
	EK480	1470B.C	年轮校正 1735
北票丰下	1660B.C		年轮校正 1890

建平水泉　　　1820B.C

根据以上数据，年代的上限相当于夏代，下限也不晚于早商，而且就在这一期间，已经出现了青铜器，据已发表的材料如下：

赤峰夏家店	铜渣、铜屑
宁城小榆树林	铜刀
北京刘李庄	铜耳环
唐山小官庄	铜耳环
唐山大城山	铜牌
蓟县张家园	铜镞、铜刀、铜耳环
北京昌平雪山	铜刀、铜镞
敖汉大甸子	铜耳环、铜杖首
河北大陀头	铜镞
北京刘家店	铜器群

上述地点，年代可考的最早是赤峰夏家店，最晚是敖汉大甸子。总之，在公元前19世纪前后，夏家店下层文化就已掌握了冶铜技术。虽然这些地点发现的都是小型青铜器，但敖汉大甸子墓出土的铜杖首却是合范铸造，其他地点还出土了铜镞等，都说明冶铸技术已达到一定水平，无疑给制作大型青铜器提供了基础。翁牛特头牌子三件大器和天宝同、大西牛波罗两件铜甗，制作方法原始，技术粗糙，范定位方法还不合理。这些都是大型器物出现的雏形时期，还处在刚刚开始的阶段。这也有理由使我们推断它们是夏家店下层文化已从小型铜器发展到某一阶段的产物。特别是如前所述，都有着共同的特征，这些特征标志着它们是当地的同一文化、同一时代的产品。这在当地也只有夏家店下层文化才能和这些特征合拍。

同时，把这些铜器用类型学的方法与夏家店下层文化的陶器相对比也可以看到它们之间的渊源关系。赤峰县四分地夏家店下层文化遗址中，出土的陶甗袋足和铜甗相似。铜鼎上的饕餮纹、云纹等纹饰也和敖汉大甸子夏家店下层文化墓中出土的彩陶器上的纹饰有明显的联系，尤其是鼎腿上的纹饰与大甸子M371：7和M621：26两个鬲腹上的纹饰更为接近（考古所内蒙古队资料未发表）。这些都如梁思永先生在《远东考古学上的若干问题》一文中所说的“最初铸造青铜器时，也会采用装饰在陶器上的图案作为铜器图案的原型……”的论断。北京市平谷刘家河出土的铜器群中的某些纹饰，不仅和这个饕餮纹相似，而且伴出了夏家店下层文化特有的耳环。总之许多现象都有力地证明这些大型青铜器应是夏家店下层文化发展到某一阶段的产品。有明确年代的遗存从公元前20世纪到公元前14世纪的五六百年中都有铜器发现。说明青铜器的发生和发展已经历了一个漫长的时期。那么，这些大型青铜器可能就产生于这个时期。假定这一推断准确的话，至迟也不会晚于公元前14世纪，它甚至早于出土铜刀、铜镞的二里头三期文化（^{14}C1245BC）。与黄河流域商代早期青铜文明发生和发展时期相当，应是一个同时并存的北方青铜文明，在我国冶金史上应该占有一定的地位。

其次，对头牌子大型器的金相组织做了初步分析，据中国社会科学院考古研究所初步定性分析，是一种含锡和少量铅的青铜。这和已经发现的早商青铜器的金相构成情况是一致的。据已发表的材料，属于夏家店下层文化的唐山小官庄的铜耳环，偃师二里头的铜爵、铜锛都是锡青铜。随着技术的发展，锡和铅的含量逐渐增加，并且达到根据需要适当配料的阶段。夏家店下层文化能够烧制火候很高的灰陶，掌握了木炭还原的方法，这就为冶炼氧化锡、氧化铅等矿物提供了基础，创造了制作锡青铜的条件。为了进一步摸清这些冶炼方面的问题，对两个鼎中盛放的矿砂，做了初步分析，结果是：

Sn	Pb	En	Cu	Ag	Mo	Ni	Gr	Co
0.5	0.03	0.02	0.02	0.001	0.002	0.005	0.002	0.001

这是一种含锡达 50% 的矿石。把这种矿石放在鼎中，不是偶然的，应是有意识的原料储藏。说明当时的人们已经掌握了识别矿物的知识，学会了有选择地挑选矿石，进行配料熟练地冶炼出所需青铜的技术。这些矿石的发现，是一个重要的发现，对当地存在的早期青铜文化提供了有力的旁证。

更应当提及的是，昭盟北部发现 6 处古代铜矿遗址。在对林西县大井子古铜矿的试掘中，发现了大量石锤、鬲腿、夹砂红灰陶片以及铜器和陶制鼓风管等。这些都和当地的早期青铜文化有着直接关系，是需要进一步探索的问题。

三

在头牌子铜甗上有两个字。第一个字在甲骨中读为“贮”，金文中有人释为“宁”，恐不确。第二个字过去一直释为“郭”或“墉”。但“郭”字甲骨文与此字不同，甲骨文献中与此字有关的卜辞有下列几例：

1)《殷契书契前编》第 8101 片：己丑子贞卜子□乎出□。

2)《日本京都藏甲骨》第 3241 片：己丑子贞余又乎出□。

(以上两片能缀合，是一片)

3)《殷契粹编》第 367 片：

己未贞王其告其从□侯

庚申贞王于父丁告

4)《殷契粹编》第 1271 片：丙寅贞其征□于丁，叀庚征□。

5)《殷契粹编》第 1273 片：己卯卜□侯于来月至。

以上几条都是武丁以后的卜辞。《殷契书契前编》和《日本京都藏甲骨》两条是子组卜辞，大约在武丁时代；《殷契粹编》中的几条时代较晚，辞中的父丁应是文丁，故应为祖乙时的卜辞。这些都是商晚期的卜辞，中早期的还没有看到。这几条中出现的“□”形字，无疑就是“□”字的变形或简化。武丁时的较接近，文丁以后就简化成“”或“”了。以上几条中这个字似指地名或姓氏，因为有两条在这个字的后面都是侯字，应是侯伯田等爵秩之义。因而这个字很可能代表某个地点或以地点为姓氏的某个方族。这个方族的族名（或族徽）出现在夏家店文化的铜器上，而且在商晚期的卜辞中也有所反映，说明“”姓方族曾活动于整个商代，并且和商族有密切关系，也可能是商代的一个重要的“商世侯国”。夏家店下层文化中有精美的铜器、金器、铅器以及绚丽多彩的彩绘陶器、雕琢精致的玉器，发达的农业和手工业。仅在昭盟敖汉旗三个公社就发现了380多处的有城墙围绕的居住遗址等，这应是商代北方一个强大的方族。这个族就是以“”字为姓氏的方族。同时这个铭文的发现，从一个侧面提出了饶有兴趣的问题就是商族的来源与商族南迁的传说，这是应该深入探索的问题，不能简单地待以“姑罔听之”的态度。

综括上述，我认为这几件铜器的出现标明早在公元前20世纪开始经过几百年的发展，在北方西辽河流域，以后又向南到燕山南北形成了一个早期的青铜文明。这个文明就是目前刚刚开始认识的夏家店下层文化。

（原载《内蒙古文物考古》1982年2期）

内蒙古东南部地区青铜时代的几个问题

刘观民

对于包括内蒙古东南部在内的广大的东北地区和内蒙古东部地区古代社会的认识，常以为进入金属文明的年代较晚。因为有关这里的古史记载中不仅记述应用金属的年代晚，而且至3世纪中，仍有以“石砮”作为方物贡献的记录。由此形成的这个区域的古代金属文明开始甚迟的观念，不能不在很长的时间里影响着人们对这里青铜文化的探索。20世纪初，在这里开始的考古调查，亦多侧重于石器的采集。至1930年，以梁思永先生为代表的中国学者对这一地带开展长期工作的设想[1]未及实现，即为日本侵华战争所阻，终引以为憾事。1938年日人滨田耕作等以其在赤峰红山后的发掘所获，提出“赤峰第二期文化”是这里的青铜文明，并推测其年代相当于战国[2]。这次发掘虽然缺乏确切的地层关系作辨认年代的证据，但是一批与秦、汉文物全然异趣的发掘品，使大家相信其说。兹后长时间缺乏科学发掘或进一步的研究，故自1938年以来，每论及东北和内蒙古东部地区最初的金属文明时，多以此当之。

抗日战争时期喀左县曾发现过西周时的青铜器[3]，中华人民共和国成立后凌源县马场沟又有发现[4]。当时曾有金石家认为，那是秦灭六国时，亡燕北遁，流落在此地的重器。人们对此解释不无疑虑，1958年，在宁城[5]、锦西[6]、朝阳[7]等地墓葬中相继发现较战国为早的青铜器，愈益显示出这里青铜文明的年代并不限于战国。于是关于内蒙古东南部地区青铜文明阶段的考古文化面貌与年代，就列为我们在这一带田野考察中着手探索的问题之。

自赤峰夏家店与宁城南山根两地发掘之后，由于得到两种文化的文化层和它们的相对关系，在区别认识各自文化特征和它们相对年代方面有了切实的依据[8]。并且依宁城南山根发现的青铜器的年代将分布在燕山北麓的夏家店上层文化（即所谓赤峰第二期文化的主要内容）年代上限提早到西周东周之际。同时肯定在这以前还有另一种考古文化——夏家店下层文化，从以下比较中得知它是与黄河流域同时的青铜文明相仿佛的一种。仅以上述这两种文化存在的时间与空间而言，表明在内蒙古东南部地区有一个大致与黄河流域同时的青铜时代。

一

于揭露夏家店下层文化堆积之初，对它的认识唯赖于对比以往的发现。当时得到内容接近的比较资料主要是郑州二里冈[9]、陕县七里铺[10]等遗址的材料。这几个比较地点所代表的文化性质和它们各自的年代并不完全相同。据 1952～1953 年的发掘得知，郑州二里冈遗址是一种文化相衔接的两个阶段的堆积，其上层的器物形态特征与安阳小屯殷墟早期的发现可以相接，故大都认为郑州二里冈上下两层包含物的形态特征是商文化在盘庚迁殷以前的代表。陕县七里铺遗址 1959 年的工作报告认为，从器物形态特征观察，有别于郑州二里冈下层，与当时发现不久的洛阳东干沟等地点的器物特征十分接近。因而只知道它在时间方面要早于郑州二里冈下层。随后在探索夏文化的目标下大规模地揭露了偃师二里头遗址，我们才对这一类遗存的认识大有进展，认为它是河南龙山文化与以二里冈为代表的商文化这两大阶段之间的一种考古文化，是豫西早期青铜时代的一个代表[11]。以上三项发现的年代都比安阳小屯所代表的殷代遗存早。在分布地域上都与夏家店下层文化分布区有很大的距离，同时在器物形态、文化特征等多方面也有毋庸多言的明显差别；唯在比较中看到陶器类别、制法与用途等方面有一些共同点，成为引人注意的现象。比较中得到的共同点略如下述：居住址中所见实用陶器以泥质和夹砂灰陶为主。陶器表面的篮纹随时间早晚不同有逐渐减少的趋势，绳纹则由少变为主要的纹饰，陶器表面磨光或印有图案的只是其中一小部分。陶器的制法有三种：①模制，如在制鬲的空足时有相同处，以内模成形；再接合三个空足为一体，手捏接合处有刮抹痕。②手制，在罐、尊（盂）等器类中常见泥条盘筑的清晰痕迹，其他器类在不同文化中也有多少不同的泥条盘筑痕迹。盘筑成形后的器壁有一个加工过程。篮纹或绳纹是在这个过程中留下的痕迹。进一步区别绳纹的形态差别将有助于从制作过程中的差别方面认识不同文化的特征。③上述两种制法以外都有少量的轮修痕。陶器始终用单一制法成就的极少，多是几种制法合用。炊器类中有鬲、甑等。酒器类中有鬶、盉、爵等（1976 年以来在夏家店下层文化中才发现这一器类）。以上器类虽在不同文化中的器物形态有特征可以区别，但在同一用途上有同类的器皿，而且形态相似。鼎则是各以其常用的小盛容器（如罐等）加三个实足，故同一文化中的鼎腹各异，其形态变化常与各自相同的小盛容器的形态变化相关联，而鼎足的形态差别往往表现了文化特征的区别。

从上述不同文化的陶器比较中，可以看到在制陶技术、各类陶器的用途及形态方面有一些共同点。故于发现夏家店下层文化之初，我们只借助它们之间的这些共同点来估计夏家店下层文化的年代上限，以为不会距龙山文化时期太远。以后这一估计被几例 ^{14}C 年代测定所证实[12]。至于当时我们认为这种文化与殷商文化有密切关系的提法[13]，是过于笼统而且不贴切的，因为从商的先王“亥”王侵犯了“有易氏”的利益而引起了氏族仇杀的古史传说中，可见商代以前易水流域尚非商族领域。至于较易水流域更北的燕山北麓与西拉木伦河之间的夏家店下层文化，在商及商以前时期与商的文化关系只能在这一背景之下考虑。另外一点也需说明：至今在这一地带既未发现龙山文化性质的遗存，也没有弄清楚夏家店下层文化与毗邻地区龙山文化的关系。过去以为夏家店下层文化是龙山文化变种的认识[14]，无助于深入探讨夏家店下层文化与相邻地区青铜时代较早的某些考古文化存在共同点的问题。

二

1973年以来，先后发现了敖汉旗小河沿公社白斯朗营子附近的几个遗址点[15]和翁牛特旗石棚山墓地[16]，这些遗存与1960年敖汉旗石羊石虎山发现的墓地[17]属于同一文化性质，称作石棚山类型。这类性质遗存的发现对探索红山文化与夏家店下层文化的关系很有启发。如石棚山墓地的70余座墓葬，共发现随葬陶器200余件，其中有很多陶钵与筒形罐。这种泥质敛口小平底彩陶钵与夹砂陶筒形罐，是以赤峰红山后西水泉[18]为代表的红山文化红山后类型中普遍出现的器类，其形态虽大致相同，纹饰却有明显差异（图一）。如夹砂陶筒形罐表面有刻划图案，甚至还有零乱交错的绳纹，红山后类型则罕见。泥质陶钵的彩纹，以直线、弧线相间，与上述红山后类型中习见的旋勾三角纹等图案及画风也有所不同。石棚山器物群中的高圈足豆，也是红山后类型中所没有的。陶豆的盛盘与当地所出的各式陶钵是相同的，这种豆的高圈足——筒形器座，在红山后类型的遗存中可以找到线索[19]。

图一

1、2. 西水泉　3、5. 小河沿四棱山　4. 凌源三官甸子　6、10、13、14. 小河沿白斯朗营子　7～9、11、12、16. 石棚山　15. 石羊石虎山　17. 药王庙　18. 大甸子

这里还需特别提出来的是，在石棚山、石羊石虎山、白斯朗营子南台地等处都曾发现过的陶尊，不见于红山后类型，而与夏家店下层文化中的尊（或称折腹盆或盂）

的形状极为相似。尊是夏家店下层文化器物群里特征显著的器类。目前的发现虽不能列出这一器类在这两种文化之间的演变系列，但可看出它们之间确实存在内在的联系。石棚山类型兼有红山后类型和夏家店下层文化的某些因素，当为红山文化晚期阶段的代表。若沿这一线索继续考察这里新石器时代至青铜时代的转变过程，对认识内蒙古东南部地区这一阶段考古文化具体的演变进程会有帮助。同时也有助于与黄河流域同时代遗存的比较研究。

三

石棚山类型陶器纹饰中出现一种新的着色方法，与以往红山文化红山后类型中的彩陶不同。红山后类型的彩陶是在器坯上绘画后加温烧成，成品着水不脱颜色。而石棚山类型的着色方法则是以胶质调和白、红等色颜料直接画在烧好的陶器表面，名之为彩绘陶。这种着色方法在夏家店下层文化中相当普遍，如赤峰蜘蛛山[20]、四分地[21]、北票丰下[22]、奈曼旗[23]等地都有发现。但数量较少且都在破碎的陶片上难以明了所绘图案的全貌。1974年，敖汉旗大甸子墓地发现大量陶器（包括彩绘陶）[24]，为了解这种彩绘的内容提供了较好的条件。

夏家店下层文化与石棚山类型彩绘图案的式样差距较远，若与当地的青铜器图案纹式相比则关系较近。在夏家店下层文化的彩绘陶器画面上，有主要画面和非主要画面的区分。例如，罐的肩腹部是主要画面，口沿、圈足是非主要画面。鬲有以裆面或足面的垂直中分线三分主要画面，颈间或口沿另有一匝为非主要画面。以上画面的分割方式都与同类的青铜器纹式的画面分割方式相同。以器盖、鼻、纽、鼎足为独立的小画面单独构成一个单元的方式，也见于青铜器上的布置。依^{14}C年代测定，夏家店下层文化出彩绘陶器墓葬的年代，较迄今各地发现的青铜盛容器的年代为早。可见铜器画面的分割法并非仅是因范模的分割而产生的，而是将早已有之的画面分割方式在铸造铜器时被范模的分块进一步固定下来。

夏家店下层文化随葬陶器上所见的彩绘纹式多种多样。多数纹式是以卷曲的线条构成图案，反复连续使用。在一件器物上画同一纹式时，视画面大小宽窄不同而随势变化，表现出直接绘在陶器上的图案比模型铸造的图案更灵活多变。纹式单元品类繁多，常有以一种简单的结构为因素，连续反复变化构成多种纹式。如大甸子Ab117式（图二，1）就是Ab118式（图二，2）的基本因素。在翁牛特旗新发现一组年代较早的青铜器里有一件鼎，鼎腹上有一匝通常称为“云雷纹”的纹带（图二，3）[25]，不难认出这也是Ab117式变化构成的。如大甸子Ab201式（图二，4）在近年发现的铜鬲上也见到与此完全相同的纹式，施用于器物的部位也相同。

此外，还有少量模拟动物面目的图案，画在陶器的主要画面，配置其他纹式布满整个器物画面。如Aa104式（图二，5）[26]是以垂直线中分为两半，左右对称各画一目，长眼角，无下颌，与青铜器上常见的饕餮纹非常相似。再如Aa101式（图二，6）[27]

一望而知比 Aa104 式更接近于真实的兽面。另外一类如 Aa114 式（图二，7）则是圆睛钩喙，头上有羽冠，是鸟头象征。这一式样中即使在同一件器上也多数只是以卷曲的白色笔道构成各式花冠（图二，8），与鸟喙羽冠之间的差别在于是否有圆眼睛。白色卷曲笔道结构的某些图案纹式与羽毛是相通的，或者说有一部分可能是由羽毛演化而来的。

图二

1. 大甸子 Ab117 式　2. 大甸子 Ab118 式　3. 翁牛特旗铜鼎腹纹式　4. 大甸子 Ab201 式　5. 大甸子 Aa104 式　6. 大甸了 Aa101 式　7. 大甸子 Aa114 式　8. 大甸子 Aa114 式 b

从夏家店下层文化陶器上所见彩绘纹式的复杂内容与其形式的变化来看，它已经是相当成熟的作品，在此以前还应当有一个不短的发展过程，只是目前还没有发现。类似夏家店下层文化陶器上的彩绘不仅在内蒙古东南部有所发现，在夏家店下层文化分布区以外的地区里也有发现。如河南陕县七里铺遗址曾采集到一片面有红色卷云纹的陶片，惜报告中未揭示以图，不能做具体比较。最近山西襄汾县陶寺村、河北蔚县三关村也有发现。以上各地的发现所属文化性质虽有不同，但大都是商以前的遗存，可见这类以彩绘装饰陶器的办法并不是一种文化所特有的，它出现在新石器时代的末期，在青铜时代早期阶段的若干文化中相当普遍，对这类不同文化的彩绘图案进行比较，分析其异同，将是一项很有意义的工作，或有助于早期青铜器的分域研究。

梁思永先生曾于1932年提出，“青铜范、甗和新石器晚期的陶鬲、甗之间的形制既如此雷同，则青铜器的模仿陶器形制几乎是无可怀疑的”，“但对这种模仿的承认并不解决青铜器的起源问题”，“中国迄今未发现原始性形制的青铜器，可以把它看成是历史性的青铜器的鼻祖。因此，这种‘羽毛丰满’的青铜文化的似乎突然出现仍有待阐释”[28]。而今各地青铜时代中较早的发现已经很多了，其中这些酷似青铜器纹饰的彩绘陶器，虽不能以此替代原始形制的青铜器，或替代解释中国青铜器特有的风采的来历，但是铸造青铜器既然是模仿陶器的形态，那么最初铸造青铜容器时也会采用画在陶器上的图案，作为铜器纹式的原型。故从以上陶器彩绘纹式与青铜器上有关纹式的一点简略比较中，我认识到“羽毛丰满”的中国青铜文化雏期的“羽毛”发育过程，还是一个很宽的研究领域。

注　释

[1] 梁思永：《热河查不干庙等处所采集之新石器时代的石器与陶片》，《梁思永考古论文集》，科学出版社，1959年。

[2] 滨田耕作、水野清一：《赤峰红山后——热河省赤峰红山后先史遗址》，《东方考古学丛刊》甲种第六册，东亚考古学会，1938年。

[3] 陈梦家：《西周铜器断代（二）》，《考古学报》第十册，1955年。

[4] 热河博物馆筹备处：《热河凌源县海岛营子村发现的古代青铜器》，《文物参考资料》1955年8期。

[5] 李逸友：《内蒙昭乌达盟出土的铜器调查》，《考古》1959年6期。

[6] 刘谦：《辽宁锦西乌金塘东周墓调查记》，《考古》1960年5期。

[7] 朱贵：《朝阳十二台营子青铜短剑墓》，《考古学报》1960年1期。

[8] 中国科学院考古研究所内蒙古发掘队：《内蒙古赤峰药王庙、夏家店遗址试掘简报》，《考古》1961年2期；《赤峰药王庙、夏家店遗址试掘报告》，《考古学报》1974年1期；《宁城南山根遗址发掘报告》，《考古学报》1975年1期。

[9] 安志敏：《1952年秋季郑州二里冈发掘记》，《考古学报》第八册，1954年；河南省文物工作队：《郑州二里岗》（考古学专刊丁种第7号），科学出版社，1959年。

[10] 黄河水库考古工作队：《河南陕县七里铺商代遗址的调查》，《考古学报》1960年1期。

[11] 中国科学院考古研究所洛阳工作队：《河南偃师二里头遗址发掘简报》，《考古》1965年5期。

[12] 中国科学院考古研究所实验室：《放射性碳素测定年代报告（三）》，《考古》1964年1期；《放射性碳素测定年代报告（四）》，《考古》1977年3期；《放射性碳素测定年代报告（五）》，《考古》1978年4期；《放射性碳素测定年代报告（六）》，《考古》1979年1期。

[13] 中国科学院考古研究所内蒙古发掘队：《内蒙古赤峰药王庙、夏家店遗址试掘简报》，《考古》1961年2期；《赤峰药王庙夏家店遗址试掘报告》，《考古学报》1974年1期；《宁城南山根遗址发掘报告》，《考古学报》1975年1期。

[14] 中国科学院考古研究所内蒙古发掘队：《内蒙古赤峰药王庙、夏家店遗址试掘简报》，《考古》1961年2期；《赤峰药王庙夏家店遗址试掘报告》，《考古学报》1974年1期；《宁城南山根遗址发掘报告》，《考古学报》1975年1期。

[15] 辽宁省博物馆：《辽宁敖汉旗小河沿三种原始文化的发现》，《文物》1977年12期。

[16] 李恭笃：《昭乌达盟石棚山考古新发现》，《文物》1982年3期。

[17] 王兆军：《内蒙古昭乌达盟石羊石虎山新石器时代墓葬》，《考古》1963年10期。

[18] 中国社会科学院考古研究所内蒙古工作队：《赤峰西水泉红山文化遗址》，《考古学报》1982年2期。

[19] 邓宝学：《建国以来朝阳地区考古收获》，《辽宁省考古博物馆学会会刊》1981年。

[20] 中国社会科学院考古研究所内蒙古工作队：《赤峰蜘蛛山遗址的发掘》，《考古学报》1979年2期。

[21] 承内蒙古昭乌达盟苏赫同志惠示标本照片。

[22] 辽宁省文物干部培训班:《辽宁北票丰下遗址1972年春发掘简报》,《考古》1976年3期。
[23] 吉林省考古研究室、吉林省文物工作队:《统一的多民族国家的历史见证》,《文物考古工作三十年》,文物出版社,1980年。
[24] 中国科学院考古研究所辽宁工作队:《敖汉旗大甸子遗址1974年试掘简报》,《考古》1975年2期。
[25] 苏赫:《从昭盟发现的大型青铜器试论北方的早期青铜文明》,《内蒙古文物考古》1982年2期。据内蒙古昭乌达盟苏赫同志惠赠标本拓片描图;同纹式鼎亦见于《陕西省新出土商周青铜器》第一册第127号。
[26]《辽宁画报》1978年2期。
[27]《辽宁画报》1978年2期。
[28] 梁思永:《远东考古学上的若干问题》,《梁思永考古论文集》,科学出版社,1959年。

(原载《中国考古学会第四次年会论文集》,文物出版社,1985年)

辽西古文化古城古国
——试论当前考古工作重点和大课题

苏秉琦

首先解释一下题目，古文化范围的辽西与自然地理范围的辽西不完全是一回事，但古文化也有一个同自然地理差不多大小的范围。根据多年考古工作的成果，我们对辽西古文化范围的认识是：东起辽河或辽河西的医巫闾山；西至内蒙古的锡林浩特到河北张家口一线；北从西辽河流域，即西拉木伦河两侧；南边到大、小凌河流域或燕山山脉。从水系讲，包括西拉木伦河、老哈河、大凌河、小凌河及它们的几个小支流。从行政区划讲，主要包括辽宁的阜新、锦州、朝阳和内蒙古的赤峰地区。

古文化、古城、古国。这三个概念，分开来看不是新课题。它们的提出可以追溯到1975年国家文物局恢复工作之初，在承德召开北方七省文物工作会议时，陈滋德同志同我谈今后文物保护还要贯彻“两重两利”方针，问我“两重”的重点是什么？我当时回答：“古城古国。”因为我从多年实际工作看，古城址往往埋藏很浅，高平低垫，很容易就被破坏，一重要，二难保护，所以当时提出“古城古国”应当作为文物保护重点的原则。现在看来，这一提法主要是指历史时期的遗存，而没有指出史前时期文化遗存的重点，也就是说，没有把古城、古国与古文化联系起来，所以不能说没有一定的片面性。

这里还要回顾一下20世纪80年代初正式提出“考古学文化区系类型”的问题。这是从我们学科发展需要进入一个阶段性转折出发而提出的。从中华人民共和国成立初十几年间起，大家共同关心和摸索新中国考古学的发展方向，思考怎样实现学科的马克思主义化。长期的实践使我们认识到：“生搬”（把马克思主义经典作家论证关于社会发展史的有关章节、词句、论点和自己的研究论著镶嵌在一起）不行；“硬套”（学习苏联初期经验，把考古学简单理解为物质文化史）也不行。结论只有一个：走自己的路。什么是自己的路呢？历史文化传统给了我们启发，现实状况给了我们启发，半个多世纪以来的田野考古工作给了我们启发，集中到一点：我们的中华民族、我们的国家，原有她自己的特色，自成一系。半个多世纪的田野考古实践，使我们从比较模糊的意识到比较清晰、深刻的认识，这就是：田野考古工作、资料、研究的结果，终于可以概括为一点——它能够通过本学科的方法、手段、资料的积累与研究的深入，对上述这三大课题的系统性、阶段性和多样性，取得较胜于其他邻近学科的，更为丰富、正确（接近史实）的成果。因此，我们不妨说，20世纪80年代初正式提出考古学区系类型问题，正是反映了这个学科发展的阶段性变化的转折点。说它是转折点，是因为它一方面意味着我们要对过去半个多世纪考古工作进行大量的总结性研究，另一方面我们总结的目的正是达到我们学科理想目标的必不可少的准备或基础工作，即真正从理论上对中华文化、中华民族、中华国家这三个课题做出自己的贡献。不过，当时考古学区系类型问题是作为学科目标，一种学术思想、一种方法论提出的，而并未涉及工作重点问题，也就是，课题明确了，还有个如何落实的问题。“古文化古城古国”这个概念或课题的提出，正是为了解决这个问题。

一句话，1975 年谈古城古国是从文物保护角度讲的，20 世纪 80 年代初提出考古学文化区系类型是总结过去，是从学科建设目标出发的。现在我们再往前走一步，把古文化古城古国联系起来，解决当前考古工作如何抓住重点的问题。换句话说，这个提法是把考古学区系类型的理论转化为实践的中心环节。

那么，古文化古城古国的特定含义是什么呢？

古文化是指原始文化。

古城指城乡最初分化意义上的城和镇，而不必专指特定含义的城市。

古国指高于部落之上的、稳定的、独立的政治实体。

三者应从逻辑的、历史的、发展的关系理解，它们联系起来的新概念是：与社会分工、社会关系分化相应的、区别于一般村落的遗址、墓地在原始社会后期、距今四五千年间或五千年前的若干个地点已找到了线索。再明确一点说，现在提出把“古文化古城古国”作为当前考古工作的重点与大课题，目的是把原始文化（或史前文化）和中国古城古国联系起来的那一部分加以突出，这将有利于本学科比较顺利的发展。

辽西地区的古文化古城古国可以概括为：三种文化属于三个时期，这三个时期是一、三、五。二、四两个中间时期是两个转折点。这个概括既是这些年工作的成果和认识，也是为了下一步工作从何起步提出问题。

第一个时期：新石器时代，红山诸文化，约当距今七千年前到距今五千年前后。与中原仰韶文化几乎同步，头尾大致相当，阶段性也近似。

我国广大北方地区原始文化中多含有细石器，在我国近代考古学前期定名为细石器文化，20 世纪 70 年代出版的历史地图仍旧沿用。首先被分析、分辨出来的是以赤峰红山遗址命名的红山文化。后来，在西拉木伦河两侧分析、分辨出以富河沟门遗址为代表的富河文化，并进一步论证两者在这一带曾经是交错、并行的两种新石器文化。前者主要分布在西拉木伦河南侧，后者主要分布在它的北侧。

辽宁省的辽西三市（朝阳、阜新、锦州），也就是大凌河流域的红山文化遗址，主要发现在与内蒙古昭盟邻境的朝阳、阜新两市。锦州市新石器文化遗址面貌还比较模糊，初步看来，与阜新市相似，但缺乏彩陶。从已经发掘的阜新胡头沟，朝阳喀左东山嘴，建平、凌源交界的牛河梁红山文化遗址看，与赤峰附近同类文化有些明显的差异。例如，喀左东山嘴、阜新胡头沟的彩陶以连续卷云纹为主题图案，有长期的发展过程。赤峰附近的蜘蛛山、西水泉等红山文化遗址的彩陶则以鳞纹做主题图案，也有长期的发展过程。它们代表了红山文化的两支：一支以老哈河流域为中心，一支以大凌河流域为中心。

近年全国文物普查工作中，在内蒙古昭盟敖汉旗发现的新石器文化遗址，除红山文化之外，初步被认证的还有两种文化类型，一暂名赵宝沟类型，一暂名兴隆洼类型。还有些不属于前三者的遗址，有待进一步分析。它们主要分布在老哈河、大凌河中间地带的教来河与孟克河流域。

以上以老哈河、大凌河流域为中心的两支红山文化，和位于这两河流域之间的两种文化类型的共同特征之一是，"之"字纹筒形罐都包括了从无到有再到消失的发展全过程，它们在技术工艺发展过程上走的是共同道路，与主要分布在西拉木伦河北侧的富河文化以及辽东的新乐、后洼遗址的"之"字纹筒形罐有差别，前四种类型也有差别，是属于一个区系中的不同类型的差别，后者是属于不同区系间的差别，故可以把辽西地区这四种文化类型统名为"红山诸文化"。

以红山统名，理由是：①红山文化分布面最广，影响最远；②喀左东山嘴相当红山文化后期的祭坛遗址、牛河梁的女神庙遗址和附近积石冢群，是我国早到五千年前的、反映原始公社氏族部落制的发展已达到产生基于公社又凌驾于公社之上的高一级的组织形式，在我国其他地区还没有发现过类似遗迹，与它们相应的生活聚落猜想也会有某种程度的分化，典型的此种聚落现在还没有发现，这应该是我们下一步工作的重点。

第二个时期：早期青铜时代，夏家店下层文化，约当距今四千年前后。

20世纪60年代本地区另一项田野考古重要发现，是分析、辨认出来两种青铜文化，分别定名为夏家店下层文化和夏家店上层文化。这两种文化的渊源、特征、发展道路以及主要分布范围不同，又互相交错存在。夏家店下层文化的覆盖范围大致与红山文化相当，夏家店上层文化的覆盖范围大致与富河文化相似，推测两者也是并行的。

距今四千年前后，是辽西地区社会发展、文明昌盛的时期。已发掘的重要的夏家店下层文化遗址有朝阳市水泉、北票丰下、昭盟大甸子等，属于夏家店上层文化的重要遗址还没有发掘过。

夏家店下层文化一个突出特征是：村落密集分布在河谷地带，几乎都有防御设施，大小城堡遗址构成有机的组合群体，赤峰英金河两岸岗丘上发现东西排列的小城堡带，与战国秦汉长城大致平行，发人深思。这种"原始长城"与大小城堡组合群、村村设防相结合的体系，意味着一种什么样的社会结构？处于哪一个社会发展阶段？又是一种什么样的南北关系？后来的长城的性质是否也可以从中得到启示？

朝阳几县和敖汉旗在普查中还发现多处类似规模的"一大几小"城堡组合群。我们有理由相信会有高于这些群体、而与类似"长城"的小堡垒群相适应的、更大一些的聚落——或可能就是古城，还没有被发现，有比大甸子墓群中那些随葬象征特殊身份器物（如铜"权杖"首、仿铜器的陶爵、鬶和成组玉器等）在规格更大的墓中还没有发现，有些早于西周的燕山以北的"古国"还没有被发现。这是我们这个地区下一步工作的又一个重点。

第三个时期：早期铁器时代，燕文化，约当距今两三千年间。

位于北京西南的易县燕下都旧城墙、宫殿基址、陵墓群还保留在地面。20 世纪 30 年代初，北京大学马衡教授领导组织过调查、勘察工作。因此，所谓“燕文化”首先由田野考古被认证。同类遗存在现在北京城外被零星发现。中华人民共和国成立后，北京陶然亭公园挖湖发现当时大面积居住址。早被发现但到 20 世纪 60 年代初才开始正式发掘的北京琉璃河燕都城址，发现西周燕侯家族墓地和不晚于西周的城墙。以上发现既丰富了我们对“燕文化”内涵的认识，也揭示了燕文化的复杂性。更为重要的一点是：在琉璃河燕古城范围内就是夏家店下层文化遗址；在河北涞水的拒马河流域一带也发现了夏家店下层文化遗址、墓地，一个北方早期青铜时代的夏家店下层文化，一个西周时期的燕侯城郭、墓地，与一个战国时期（早期铁器时代）的燕王都城重叠交错存在于北京及其附近。《史记·燕世家》记载内容显然比这些简略得多。简略的文献记载虽然头头是道，但毕竟不及田野考古实物资料丰富多彩。

燕下都及北京所出燕国文物，包括瓦当，也发现于昭盟和朝阳等地，其范围大致和历史地图中战国时期燕国国境相符，燕瓦当之外还有“燕式鬲”。绝妙的是这种鬲的结构（袋式器体）似乎同夏家店下层文化晚期鬲一脉相承。一个属青铜时代早期，一个属早期铁器时代，这种相似，能是偶合？

燕下都一座 19 人（战士）集体墓中，仅一人持带铭文的铜戈，其余均持铁兵器，比它晚的秦始皇陵“兵马俑坑”的战士也是铁兵器武装的。秦统一前的坟墓中还没有发现过类似燕下都出的这套铁兵装备。燕国史、燕文化之谜，若断若续，值得深思。

第一个中间期：红山文化与夏家店下层文化的中间阶段，距今五千至四千年。

相当于这一时期的重要考古发现：一是敖汉旗小河沿，一是翁牛特旗大南沟。前者是居住址，后者是墓地。后者材料比较完整、系统。根据它的特征性质，暂拟定为“后红山文化”。它既自成一个历史阶段，又有红山文化后期的延续部分性质，具有明显的红山文化与夏家店下层文化的中间过渡性质。我们有理由相信，在辽西广大地区内属于这一时期的遗址会有多种文化类型。

第二个中间期：夏家店下层文化与燕文化的中间阶段，晚期青铜时代，距今三千年前后。

本地区属于这一时期的发现有夏家店上层文化（主要指它的晚期）及魏营子类型等。特别重要的如喀左与凌源、建平间的属于商周之际的 6 处青铜器窖藏坑，以及与宁城南山根相似或其前后的文化遗存。同样有理由相信，它们也会是多种多样的。类似北京—琉璃河一带那种交错复杂的情况，在本地区也会有。

这两个中间期经济类型和文化传统的复杂性和更多的交错关系，为各自的下一阶段的更高发展准备了条件，同样是我们这个地区的工作重点。

最后，本地区今后的考古工作，如果我们把它作为一个“古文化古城古国”大课题的实践对待，那么现在已有成果加在一起，也仅仅是一部大书的序言而已，已知量是很小的，未知数是很大的。至于它对最终揭示中华文化、中华民族、中华国家起源和形成具体过程的重要性就不多讲了。

1985 年 10 月 12 日于辽宁兴城

（原载《辽海文物学刊》1986 年创刊号）

试析夏家店下层文化的陶鬲

刘观民

有关夏家店下层文化的发现日益增多，激起关心这方面发现的同志们的兴趣，并提出各自对它的分期或分类型的意见。各抒所见的议论，无论有怎样的不同，对促进深入思考这方面问题都是有益的。以下是我在看到大家的分析以后，结合最近一些发现，对这种文化的器物群部分内容的认识。

讨论一种考古学文化的类型或分期，常是将它各方面的发现分别比较，再综合其差别。诸家对夏家店下层文化这样做的分析都是各具卓识的，但也都受一个共同的客观条件限制。就是各个发掘点的工作规模不同，因此不同地点的同类现象，或相同器类的有与无，甚至发现的统计比率上的差别，都会有许多偶然的因素。故将各地点的遗迹和遗物试图全面地进行比较，作为讨论分期或分类型的基础时，其结果则难以不受其影响。为尽量使比较分析少受这一条件的限制，只有采取抽样比较的方法，从各地点选取相同器类比较入手，为以后做全面的器物群比较准备条件。这里仅选择夏家店下层文化各地点都发现的器类——陶鬲试析如下。

陶鬲在夏家店下层文化发现的普遍性，表明它在这种文化的器物群中是具有代表性的。近年的发现日多，见到夏家店下层文化陶鬲的完整器物多了，与相邻地区同时代遗存中的鬲形器的区别也日渐明显。这增加了我们对夏家店下层文化陶鬲形态差别，以及这种文化与相邻的文化关系方面的一些新认识。

夏家店下层文化几处较早发掘过的地点，如药王庙[1]、夏家店[2]、南山根[3]、蜘蛛山[4]等地发掘的规模都较小，能复原的完整陶鬲数量不多。北票丰下遗址[5]发掘面积虽较大，但因只发表了简报，故所发表的鬲形器资料有限。所以从上述各地发表的资料来了解鬲形器各型的全貌，与实际情形是会有很大距离的。1974 年在敖汉旗大甸子墓地[6]发掘以后，由于墓中随葬的完整鬲的数量多，才有了认识这种文化陶鬲各型完整面貌的较好条件，也有了借以对照各地发现的陶鬲残片，检查所包含各型的比较条件。在大甸子墓地发掘了近千座墓，其中随葬陶鬲的墓 430 余座。经初步整理得知鬲有三型。以下试以 A、B、C 别之。

A 型：通常因其形状细长似筒而被称为长筒鬲。从大量的标本中看到这一型的制法是由三段合成。敞口侈唇是上段；中腰为直筒状腹腔，是第二段；腹腔以下的第三段是由三个筒状空足捏合而成。这三个筒状空足的形状与接合形式虽然尚有区别，可以分为若干亚型，而足的共同点之一是在空足底下都安接一个实心的足尖。这种 A 型鬲不只在大甸子遗址或墓地出现的鬲形器中是最多的，而且在燕山以北属于夏家店下层文化的各个地点都有发现（见图一之A型鬲），故以其出现的普遍程度而言，应是最有代表性的器类。这种鬲型与相邻地区的发现相比也是最易看出区别的。所以认为这是夏家店下层文化器物群中特征显著的代表器类。

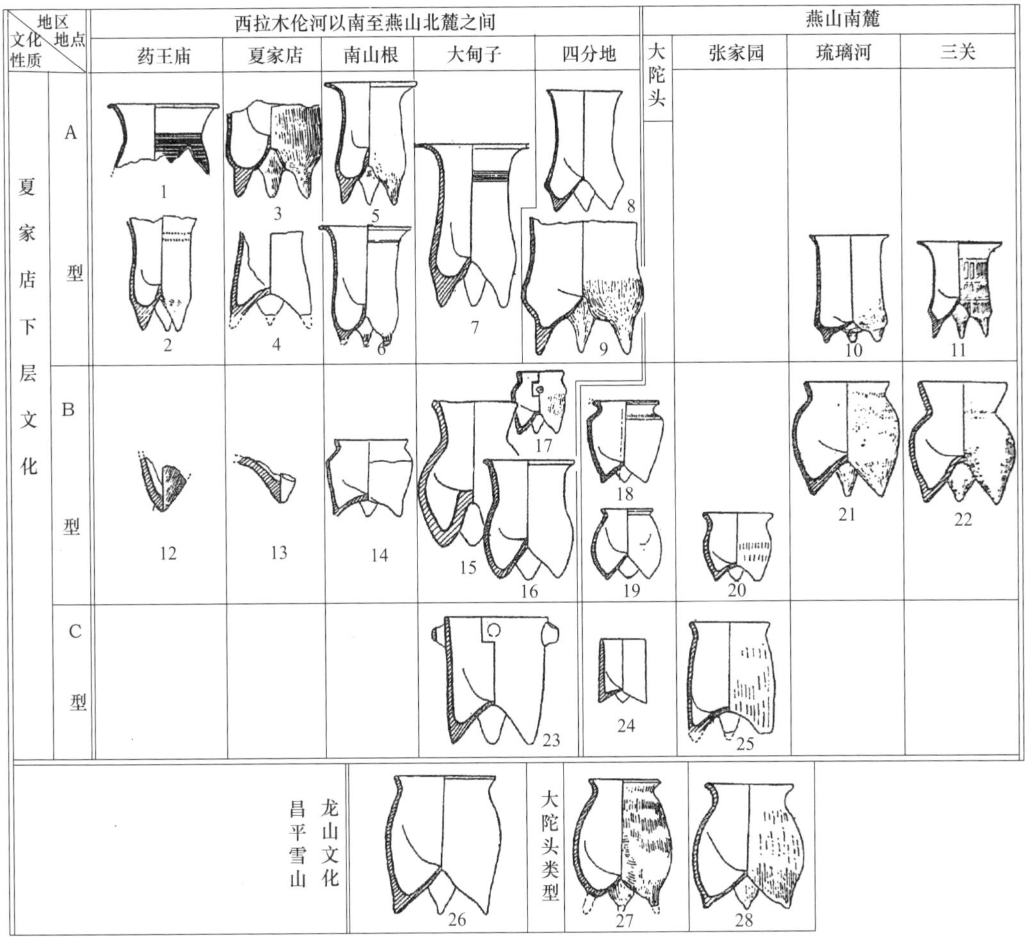

图一

1. 药T4③：21　2. 药采集　3. 夏T94：18　4. 夏T3⑥：38　5. 南T1③：34　6. 南T1③：35　7. 甸M747：2　8. 四H11：8　9. 四H11：7　10. 琉M1：1　11. 蔚YSGM2008：1　12. 药T3②：1　13. 夏T3⑥：39　14. 南采集　15. 甸M444：3　16. 甸M418：1　17. 甸M875：5　18. 坨H1：6　19. 坨H1：5　20. 张T3②　21. 琉M1：2　22. 蔚YSGM2015：1　23. 甸M658：4　24. 坨H1：8　25. 张T②4：1　26. 雪H66④：94　27. 坨H2：15　28. 张F4：1

A型鬲空足以上的两段，与折腹盆（或称尊、盂。以下省略或称）的腹部折棱以上部分是完全相同的，这种折腹盆在夏家店下层文化器物群中也是有代表性的器类。A型鬲与折腹盆所不同的部位在于A型鬲的下段是由三个筒状空足合成，折腹盆的下段只是一个小平底的敞口浅盘。折腹盆与A型鬲在夏家店下层文化中是同样具有普遍性的器类。不仅如此，而且在当地较夏家店下层文化时代稍早的石羊石虎山[7]、白斯朗营子[8]、石棚山[9]等地所代表的遗存中，也都有与此极相近的折腹盆形器，只是纵剖面的腹部轮廓线有不同。现象表明这是在同一地域中时间前后相邻的两个器物群之间关系最密切的一个形态因素。换言之，在夏家店下层文化器物群形成的过程中，折腹盆形器是由原来的敞口筒腰扁圆腹的形状将小平底敛口钵变为小平底敞口浅盘与中部筒腰相接诞生了折腹盆。也就在这个过程中，在受到新的启示下，在折腹盆的敞口筒腰的下面，安接了三个空足合成的下段诞生了夏家店下层文化的 A 型鬲。这只是从形态分析假设的夏家店下层文化 A 型鬲的发生过程与折腹盆演变过程中的关系。属于这个过程中最初的标本尚有待于科学发掘提供证据，现在还没有条件证明或更细致地说明这个过程，只确知这两种器类在大多数地点都是同时共存的。

B 型：因为它的肩（或腹）径大都比颈口的直径大，故有人称为鼓腹鬲。观察到的制法是由三段合成。上段的口与颈呈短直领或长颈侈口。中段是肩（或腹）部，它与下段的接合处往往是在肩（或腹）的最大直径处。下段是由三个模制的锥形空足捏合而成。B 型鬲的空足底下都不加实心足尖，这不仅在大甸子墓地所出 70 余例都是如此，即使是与 A 型鬲同出一墓的 B 型鬲也无一例外，就是在别的地点发现的 B 型鬲也是如此。据此还可以对照以往各遗址发掘的陶鬲碎片（见图一 B 型鬲），也能清楚地与 A 型鬲区分出来。

C 型：通常称为小筒鬲。在制法上是一段短小的直筒腹腔，下接三个空足，只由两段合成。全器形是直口直腹、空足不向外撇。C 型与 A 型的突出差别，是没有 A 型敞口侈唇的那一段，空足底下也不加实心足尖。与 B 型相比突出的差别，是没有 B 型的肩（或腹）部那一段向外凸出的曲线。C 型鬲在大甸子墓地墓中发现的比率与 B 型相当，并且大都出在这块墓地较晚阶段的墓中。在敖汉旗大甸子以外地点的发现情况，与 B 型鬲略有不同。以往在靠近西拉木仑河地带的调查中并没有发现，在赤峰市区内发掘过的几个地点也没有发现，从 C 型鬲的发现地点来看，都在这种文化分布区的偏南方。

总之，夏家店下层文化的陶鬲有三型。三型之间口、腹、足的各部形状也有个别的错杂现象，如 AB 混合型、以 A 型鬲足加在 B 型口腹之下者，有口与腹介于 B、C 两型之间者，这些在大甸子随葬陶器中不及千分之一。在宁城小榆树林子遗址中还发现过一件 A 型鬲口加在 C 型鬲腹之上[10]。这些型之间的少数错杂现象，恰好表明客观存在着普遍的、大量的、规律性事实。三者在这个文化的器物群里有个大致平行的演变序列，但并不是说三者的始末和演变都是同步的。从三者发现的情况观察，在这个有特征的器物群中各自的地位不同。以鬲的各型在各地发现的情况而言，A 型最普遍，而且每个地点中发现的都比其他型多，所以它成为与相邻有鬲的各种文化中显见易别的标识物，也是夏家店下层文化器物群中突出的代表器形。B 型发现的地点也是比较多的，每个地点中发现的数量虽然较 A 型少，但仍不失为这种文化器物群中有普遍性的代表器形。C 型发现的地点较少，已知的地点都靠近燕山山麓，在夏家店下层文化整个分布区域中是偏南的。在遗址调查发掘的标本中检查，因为 C 型鬲的残片不易与 B 型鬲足或其他器类的腹片区别开来，故还不能完全排除由这种原因造成的没有认出来的可能性，但在能明白辨认出有C型鬲的地点，它总是与夏家店下层文化各类较晚的现象共同出现，或许这可以作为C型鬲序列的开始是在A型与B型开始以后的证明。

以目前对夏家店下层文化陶鬲三型的了解，斟酌以往对这种文化的认识，在新发现和研究的新进展基础上对这种文化的研究有两个可供继续探索的问题。

第一，在西拉木仑河以南、燕山以北夏家店下层文化曾经发掘过的各地点，A型与B型鬲共存的现象是普遍的事实。在尚无条件将各地点A型与B型的各式做对比分析的情况下，还可以从与它们共生的其他器类的发现情况中理出一点分布区域上的差别：西拉木仑河与燕山之间的各地点虽然发现有圈足器的圈足，但能确认是圈足陶簋的地方，只有这个区域的南部敖汉旗大甸子，具只在数百座墓中见过两件。在这个区域之外的情况有很大不同，如房山琉璃河的一座墓中，与A、B两型陶鬲同出一墓的有两件陶簋[11]，在张家口蔚县三关的一处墓地[12]，在数十座有陶器随葬的墓中，除发现A、B两型鬲之外，陶簋（或豆）的数量远较敖汉旗大甸子数百座有陶器随葬的墓中发现为多。不论这种现象的性质如何，仅从器物群的器类组合上表现出的差别在进一步区分这种文化的类型时是一个不可忽视的现象。

第二，关于夏家店下层文化B型鬲的认识。我初对B型鬲与相邻各种文化中的鼓腹鬲的区别点不认识，待到B型鬲的完整器发现较多，相互间的区别点日益坦露得明显之后才有所觉。B型鬲不仅在西拉木伦河与燕山之间的发现都是没有实心足尖的，在这区域之外的张家口蔚县三关墓葬、房山琉璃河墓葬M1、大厂县大坨头H2[13]中所见也都是如此。但是在大坨头被H2覆压下的H1中所出的鼓腹鬲则与B型鬲不同，口、腹虽然相似，但在空足底下有附加的实心足尖，这是B型鬲没有的。与此相同的堆积关系尚有蓟县张家园F4与覆压在它上面的夏家店下层文化堆积[14]。韩嘉谷同志提出应以此区别出鼓腹鬲，作为大坨头类型的特点[15]。因已有文详榷，毋庸繁赘。能将夏家店下层文化的B型鬲与大坨头类型的鼓腹鬲区分开，有利于区分不同文化系统的同类器皿的谱系，从而使我们讨论文化的类型或分期问题的立论基点建立得比较稳固。这个分辨的结果不仅有益于区别认识不同的器物群；并且根据大坨头和张家园两地的大坨头类型遗存，是压在夏家店下层文化的堆积之下的地层次序关系，进而提出夏家店下层文化分布到京津地区是在大坨头类型之后的认识，也是燕山以南区域研究中的新进展。

从大坨头类型的鼓腹鬲与昌平雪山的所谓龙山文化的陶鬲[16]的比较中，可以看出这种鼓腹鬲与当地的“龙山文化”及其以南发现的鬲的系统关系密切。夏家店下层文化的B型鬲则与内蒙古长城地带从西到东都有发现的另一陶鬲系统有密切关系。这一系统的鬲，有人以它在纹饰方面的共同点，称为附加堆纹鬲或“蛇”纹鬲（按：鬲有附加堆纹的并非只此一个系统，故此名尚可斟酌）。因为它屡次出现在内蒙古长城地带，早为大家所关心。只因对于与它共生的器物群缺乏了解，所以一直是个搁置着的问题。

为便于与夏家店下层文化的发现对比分析，在此将这一系统鬲的新近发现做一简单的回顾。

最先发现的一件完整器是在内蒙古河套东南、黄河西岸的准格尔旗[17]。形状是短领，空足深肥，空足底下没有实心足尖。表面饰有附加堆纹。附加堆纹位置在鬲裆和空足脊背正中，自颈间垂直向下各有一条曲折线，在两条曲折线之间都夹着一条直线堆纹间隔（图二，1）。以后在相邻的黄河东岸的清水河县白泥窑子等地也陆续发现这种鬲的残片[18]。1961年在西拉木伦河南岸的翁牛特旗五分地乡调查时[19]，曾在一座被风蚀破坏的残墓中发现两件陶鬲。陶质夹砂、红褐色、器壁薄、火候较高。鬲足内面有模制印痕。形状是侈口短领，圆肩以下接三个宽肥的空足，空足底下没有实心足尖。表面印有浅而密的细绳纹，并附加堆纹装饰。附加堆纹在领口上横绕一或二匝，领以下至足裆之间以附加堆纹直线区划器表为若干矩形框格（图二，2）；另一件则在框格内填以疏朗的斜线，构成另一纹式（图二，3）。对这些发现的年代估计虽然都是较早的，但仍缺乏共生器物群或地层方面的证据。近年内蒙古文物工作队在与准格尔旗相邻的伊金霍洛旗的发掘中，于青铜时代较早的堆积中发现了这种陶鬲[20]。对这种鬲在内蒙古长城地带西段的年代提供了一点确切的证据。在大甸子墓地数百座有鬲的墓中，曾有一件残甗在M653中当作鬲用来随葬（图二，5）。它的形态与纹饰都与上述几件鬲相近。空足上的附加堆纹尤与准格尔旗的发现相似。因惑于如此相似的发现竟然相距这样远，故犹豫它在夏家店下层文化中有可能是偶然的外来因素。1980年在燕山北麓的喀拉沁旗上瓦房调查时，在一处夏家店下层文化的遗址堆积中又发现了它[21]。只是陶质呈青灰色，附加堆纹的纹式稍有不同，是在附加堆纹构成的矩形框格内填以折线附加堆纹（图二，4）。一再的发现启示，至此才消除了我对这种鬲在长城地带东段的年代和文化性质认识上的困惑。它是属于早期青铜时代中的夏家店下层文化。在翁牛特旗、喀拉沁旗等地发现的附加堆纹构成的纹式，应是夏家店下层文化陶器纹饰中的一种，对大甸子M653中这样的陶甗，在夏家店下层文化器物群中虽是少量现象，也不必因其少而见怪了。

认识了这种形态的附加堆纹陶鬲是夏家店下层文化器物群的一部分之后，再来考虑夏家店下层文化器物群中的鬲同时存在A、B型两个系统的事实，对这种现象的理解也有所启悟。从对A型鬲的来源的探讨和与相邻文化遗存的对比中，不难看出它是夏家店下层文化最突出的代表。B型鬲则应与上瓦房、五分地所出的鬲和大甸子所出的甗相比较，这样，便可看出它们的共同形态特点：都是侈口直领，有肩（或腹），肩（或腹）最大直径处就是与空足接合处，空足底下不加实心足尖。比较中所见形态上的一致性，表明B型鬲可能与它们有同出一系的亲缘关系。只是现在发表的资料较少，尚难做精细的分析比较，给以恰当的统一的型式区别和次序。唯从内蒙古长城地带有鬲形陶器发现区域的概貌来看，夏家店下层文化的B型鬲最西边的发现地点是在张家口蔚县三关。而与B型鬲有密切关系的有附加堆纹装饰的鬲发现的地带就更宽了，沿北纬40°线以北，东至东经120°，西至东经110°，东西跨越500千米以上。在东段的发

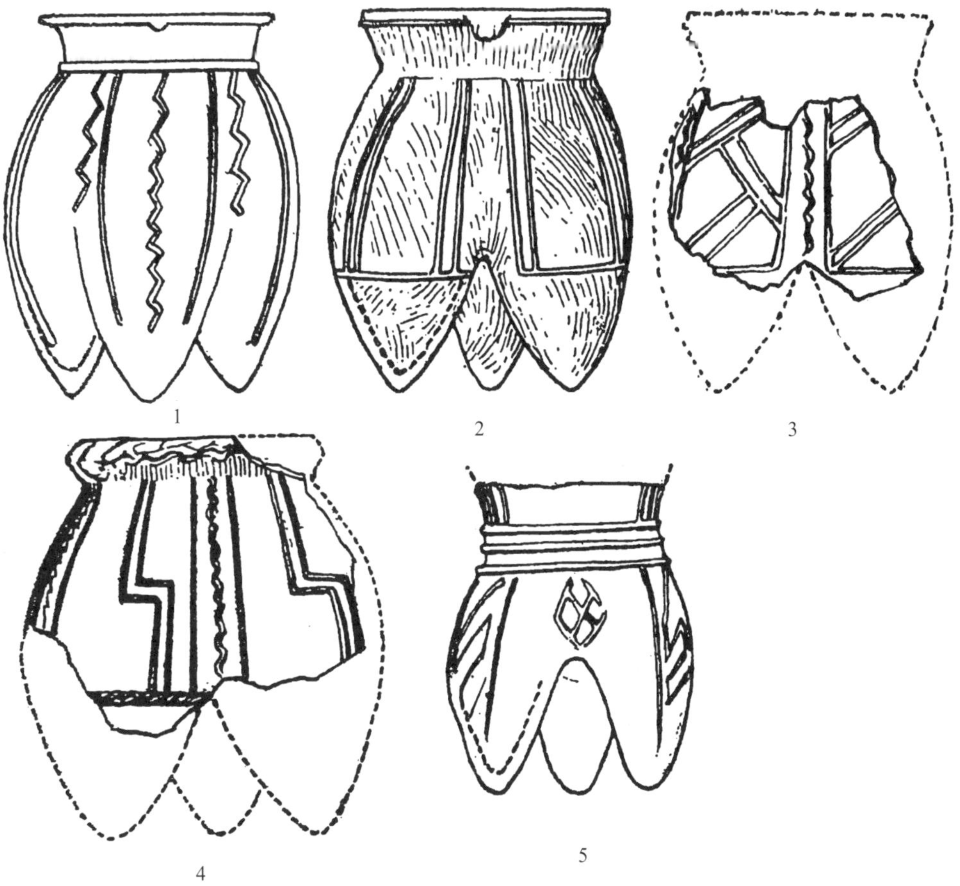

图二
1. 准格尔旗东部 2、3. 翁牛特旗五分地 4. 喀拉沁旗上瓦房 5. 敖汉旗大甸子 M653：2

现已知它是夏家店下层文化的内容。在西段的准格尔旗、伊金霍洛旗的发现只能是另一种文化器物群中的内容。所以这种特点突出的鬲在内蒙古长城地带虽然都属早期青铜时代，但又是不同文化中共有的因素。对这样一个包含在若干考古学文化之内的区域性的共同现象，在我国北方青铜时代的研究中，是个已经显现出来的不可忽视的新问题。

注 释

[1] 中国科学院考古研究所内蒙古工作队：《赤峰药王庙、夏家店遗址试掘报告》，《考古学报》1974 年 1 期。
[2] 中国科学院考古研究所内蒙古工作队：《赤峰药王庙、夏家店遗址试掘报告》，《考古学报》1974 年 1 期。
[3] 中国科学院考古研究所内蒙古工作队：《宁城南山根遗址发掘报告》，《考古学报》1975 年 1 期。
[4] 中国社会科学院考古研究所内蒙古工作队：《赤峰蜘蛛山遗址的发掘》，《考古学报》1979 年 2 期。
[5] 辽宁省文物干部培训班：《辽宁北票县丰下遗址 1972 年春发掘简报》，《考古》1976 年 3 期。
[6] 中国科学院考古研究所辽宁工作队：《敖汉旗大甸子遗址 1974 年试掘简报》，《考古》1975 年 2 期。本文中所述凡这一期简报中未载的内容，皆系 1975 年以后陆续发掘的资料。

［7］ 内蒙古自治区昭乌达盟文物工作站：《内蒙古昭乌达盟石羊石虎山新石器时代墓葬》，《考古》1963 年 10 期。
［8］ 辽宁省博物馆、昭乌达盟文物工作站、敖汉旗文化馆：《辽宁敖汉旗小河沿三种原始文化的发现》，《文物》1977 年 12 期。
［9］ 李恭笃：《昭盟石棚山考古新发现》，《文物》1982 年 3 期。
［10］ 内蒙古自治区文物工作队：《内蒙古宁城县小榆树林子遗址试掘简报》，《考古》1965 年 12 期。
［11］ 北京市文物管理处、中国科学院考古研究所琉璃河考古工作队、房山县文教局：《北京房山琉璃河夏家店下层文化墓葬》，《考古》1976 年 1 期。
［12］ 张家口考古队：《蔚县夏商时期考古的主要收获》，《考古与文物》1984 年 1 期。
［13］ 天津市文化局考古发掘队：《河北大厂回族自治县大坨头遗址试掘简报》，《考古》1966 年 1 期。
［14］ 天津市文物管理处：《天津蓟县张家园遗址试掘简报》，《文物资料丛刊（1）》，文物出版社，1979 年。按：张家园地点夏家店下层文化堆积 T2 ④中所出的 C 型鬲（见本文图一，25），口沿下略有收束，近似 B 型鬲的口颈。同类现象在敖汉大甸子所出 C 型鬲中也是有的。因少量器件虽在外形的轮廓上表现出些微近似，但依决定形态的制作方法而言，它们都是由两段、上段的直筒和下段的空足合成，故仍以归入 C 型为宜。
［15］ 韩嘉谷：《京津地区商周时期古文化发展的一点线索》，《中国考古学会第三次年会论文集 •1981》，文物出版社，1984 年。
［16］ 邹衡：《关于夏商时期北方地区诸邻境文化的初步探讨》，《夏商周考古学论文集》，文物出版社，1980 年。
［17］《内蒙古出土文物》，《民族画报》1962 年 10 期。
［18］ 崔璇、斯琴：《内蒙古中南部新石器至青铜时代文化初探》，《中国考古学会第四次年会论文集 •1983》，文物出版社，1985 年。
［19］ 考古所内蒙古工作队 1961 年调查资料。
［20］ 承内蒙古文物工作队田广金同志见告，在内蒙古文物工作队建队三十年纪念会的汇报展览中见到部分标本。
［21］ 考古所内蒙古工作队 1980 年调查资料。

（原载《中国考古学研究》编委会：《中国考古学研究——夏鼐先生考古五十年纪念论文集》，文物出版社，1986 年）

赤峰英金河、阴河流域的石城遗址

徐光冀

本文所述的石城址，是一种以大石块垒砌围墙等防御设施的居住址，这种居住址的性质，应属于城障、城堡或是石砦（寨）一类。这类石城址从20世纪40年代开始发现[1]，50年代末我们在内蒙古自治区赤峰地区开展工作以后，也做过一些调查。通过对夏家店、药王庙、南山根、西水泉、蜘蛛山等遗址的发掘[2]，在对这个地区的考古学文化和年代序列有了初步认识的基础上，为使地区考古学研究继续深入，我们认为需要对这类石城址做进一步的了解和研究。为此，1964年在赤峰市郊区和赤峰县境内，我们沿英金河及其上游阴河进行了调查。

这次共调查石城址43座，其中东八家石城址是佟柱臣先生调查过的[3]，其余42座是这次调查中发现的。并在这次调查的基础上，于1964年发掘了新店石城址，1974年发掘了西山根石城址。通过调查和发掘，我们对这类石城址的分布、形制、结构和布局，以及对它的文化性质和年代有了初步的认识。对于这项调查和发掘，在综合30年来的考古发现和研究成果时，曾做过概略叙述[4]。同时，近年来关于石城址的问题，也引起过有关单位同志的关注，并曾在文章中论及[5]。

一

阴河源于河北省围场县境内，由西向东流，进入内蒙古自治区赤峰县境，曲折流向东南，于赤峰市区北与由南向东的锡伯河汇合成英金河，再向东于建昌营东南汇入老哈河，全长140余千米。河流沿岸为海拔600～1200米连绵不断的山峦，海拔自西向东逐渐低下，河流曲折流贯其间。河道两旁的河谷平地，阴河流域狭窄，仅有0.5～2千米。汇成英金河后，河谷平地渐趋宽阔，一般为3～8千米，至入老哈河汇合处，河谷平地宽达10千米，河流沿北岸山冈流过，南岸多为开阔的平地。

石城址都分布在河流两岸的山冈上，以河北岸为多，一般距离河道很近，在50～500米，少数也有稍远的（图一）。其海拔在700～900米，相对高度（高出河面）一般在30～70米，少数也有20米左右，或70米以上的。这些山冈形势险峻，常是一面或两面，甚至三面临深沟大壑或是峭壁陡坡，其背后常有更高的山岭。石城多位于山冈向阳的南坡，也有在西南或东南坡的，但少发现有建于北坡的。石城所在的坡面地势均较为平坦或平缓。城墙建在周边地势较高处，城内石砌建筑，则建在这些较为平坦或平缓的坡面上（图二、图三）。由于石砌建筑的坍塌，地面上有大量散乱的石

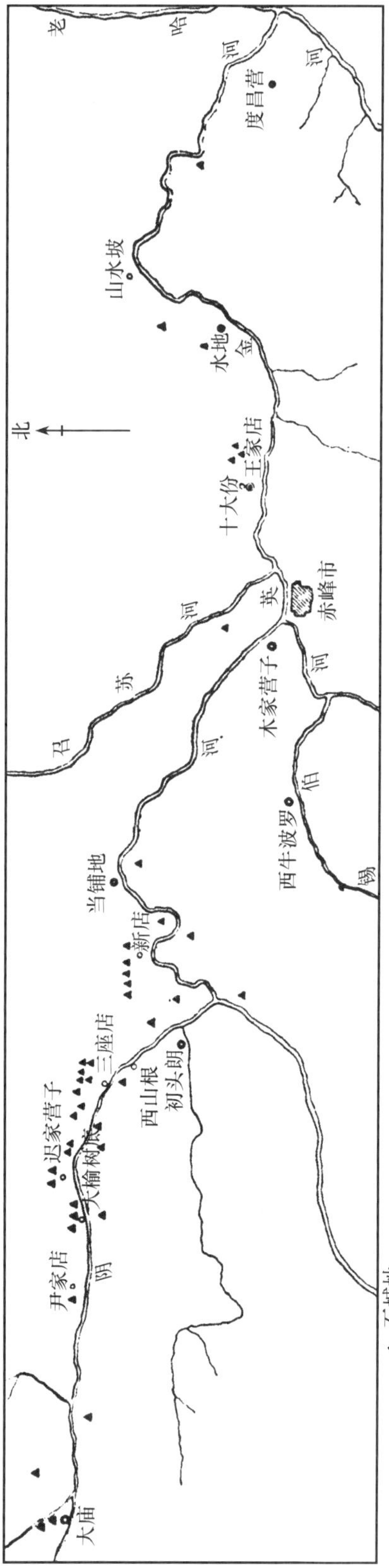

图一　英金河、阴河流域石城址分布图

块，从外貌看，像一个巨大的石堆，仔细观察才能辨别出建筑遗迹。

石城址的分布相当密集，有些地方城址之间相距只有200～300米，而且是成群的分布。在阴河和英金河沿岸，从西向东，可以明显地看出三组石城址群（图一）。第一组石城址群分布于尹家店至三座店，在约20千米的范围内，发现石城址20座。在这20座石城址中，有3座规模较大：1座位于三座店附近，城内面积为3.8万平方米；1座位于尹家店的石城址，城内面积为3.3万平方米；最大的1座是位于迟家营子的石城址，城内面积近10万平方米，也是这43座石城址中规模最大的一座，可能是这一组石城群的中心。第二组石城群分布于初头朗至当铺地，与第一组石城群相距约5千米，这一段也约有20千米，发现石城址12座。规模较大的有2座：1座是位于新店村西台家营子的石城址，城内面积为2.5万平方米；1座是位于当铺地对岸的石城址（大营子南山），面积为3.5万平方米，这2座石城址可能是这一组石城群的中心。第三组石城群分布于王家店至水地一带，与第二组石城群相距约25千米，在约20千米的范围内，发现石城址5座。规模较大的1座，即水地北的东八家石城址，城内面积2.2万平方米，可能是这一组石城群的中心。此外，在大庙附近还发现石城址4座，可能是又一组石城群（图一），由于对大庙以西调查的范围有限，只有在以后的工作中进一步确定。赤峰市区北还有1座孤单的石城址（图一），它可能应是英金河的支流召苏河流域的石城址，但对召苏河沿岸我们尚没能向北调查。这类城址选择这样的地理环境，显然是出于防御目的。这类石城址在敖汉旗、朝阳地区也有分布。

二

石城址的规模悬殊。城内的地面上，大多可见保存的石砌建筑基址，基本上都是当时的房屋基址。城址的面积一般为1万～2万平方米，保存较好的，城内尚存建筑基址40～100座，这样规模的石城址约占这次调查的石城址的半数以上。例如，新店石城址，面积约1万平方米，城外还有石砌建筑基址，面积约0.24万平方米，城内至少尚存石砌建筑基址60座，城外尚可见到石砌建筑基址18座（图二）；西山根石城址也约为1万平方米，城内有石砌建筑基址72座以上（图三）。小的石城址面积只有0.3万～0.8万平方米，城内保存的石砌建筑基址20～40座，如机房营子石城址面积约0.4万平方米，城内尚有石砌建筑基址40座。大的石城址面积则在2万平方米以上，最大的迟家营子石城址面积近10万平方米，城内三分之二的建筑基址已被毁坏，尚存石砌建筑基址216座，如果将被毁坏的计算在内，当在600座以上。

城址的平面形状，一般皆不规整，因山坡的地形变化而不同。城墙随山势建造，有略呈方形的、圆形的、椭圆形的，也有略似三角形的。有的城址是两座相连的城组成，个别也有3座相连的城组成。这些城址往往不是四周都建城墙，在陡峭岩壁边或临沟壑的一面，一般都未发现城墙的痕迹，只是在缓坡和较为平坦的地方才建造城墙，这种墙因地形变化而曲直不一。这些利用地形的险峻，并建筑城墙的城址，其目

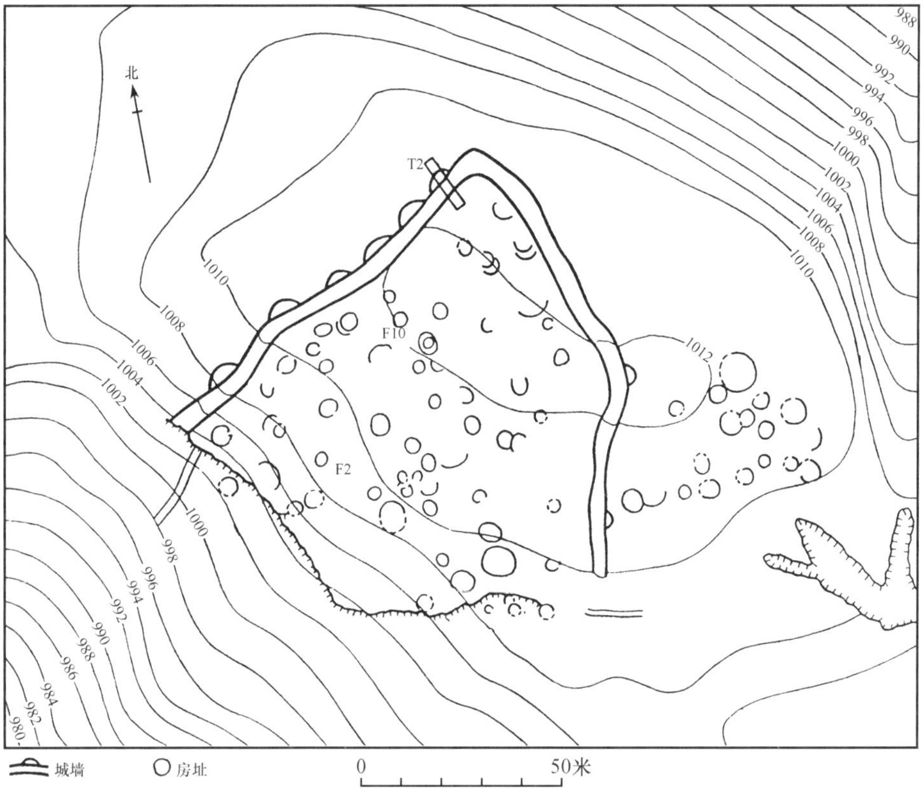

图二　新店石城址地形图（采用假定高程）

的自然是防御外来的攻击。新店石城址形状略似三角形（图二），只在北、东两面缓坡的地方建墙，而南、西两面为陡峭的山崖，则未见城墙。西山根石城址，平面略呈方形（图三），为南北相连的两城，先建南城，后建北城。北城的北、东、南三面建墙，西南面为南城，未再建墙；南城只在北、东两面建墙，南、西两面为山势险峻的山崖，未见建墙。为了增强防御能力，有些城址还在同一方向建筑平行的两道墙，如迟家营子石城址，其北墙即有内外两道墙，两墙相距20～28米，两墙之间还有壕沟。大榆树底石城址，北、东、西三面建墙，其北墙存高尚有3米（图一、图四），而南面临悬崖则未建墙，北、东、西三面都建有内墙，内外两墙之间也有壕沟。壕沟并不限于在平行的两道墙之间，在其他一些城址的墙外也有壕沟发现。

城墙现存于地表的高度，一般为0.2～1.5米，保存高有2.1～3.5米。宽（厚）度相差较大，一般为1～5米，窄的也有少于1米的，最宽的则有6～13米。从保存较高的城墙可见基至顶有收分，基部要宽于顶部，保存越高，其顶部越接近原来的宽度。迟家营子石城址，现存于地面的城墙，基宽6～13、顶宽3～7、高2.2～3.5米；尹家店石城址基宽3.7～6.3、顶宽1～3.7、存高2.1米；新店石城址，城墙现存地面高0.2～0.5米，经过发掘的一段城墙，存高2.5、顶宽3.8～4.2、基宽4.8米（图二、图五）。城墙的结构发现两种：一种是全用石块垒砌的，这种发现较多。有些石墙是倚经修整的土崖垒砌的，这类石墙从城内看城墙甚低，而从城外看则城墙较

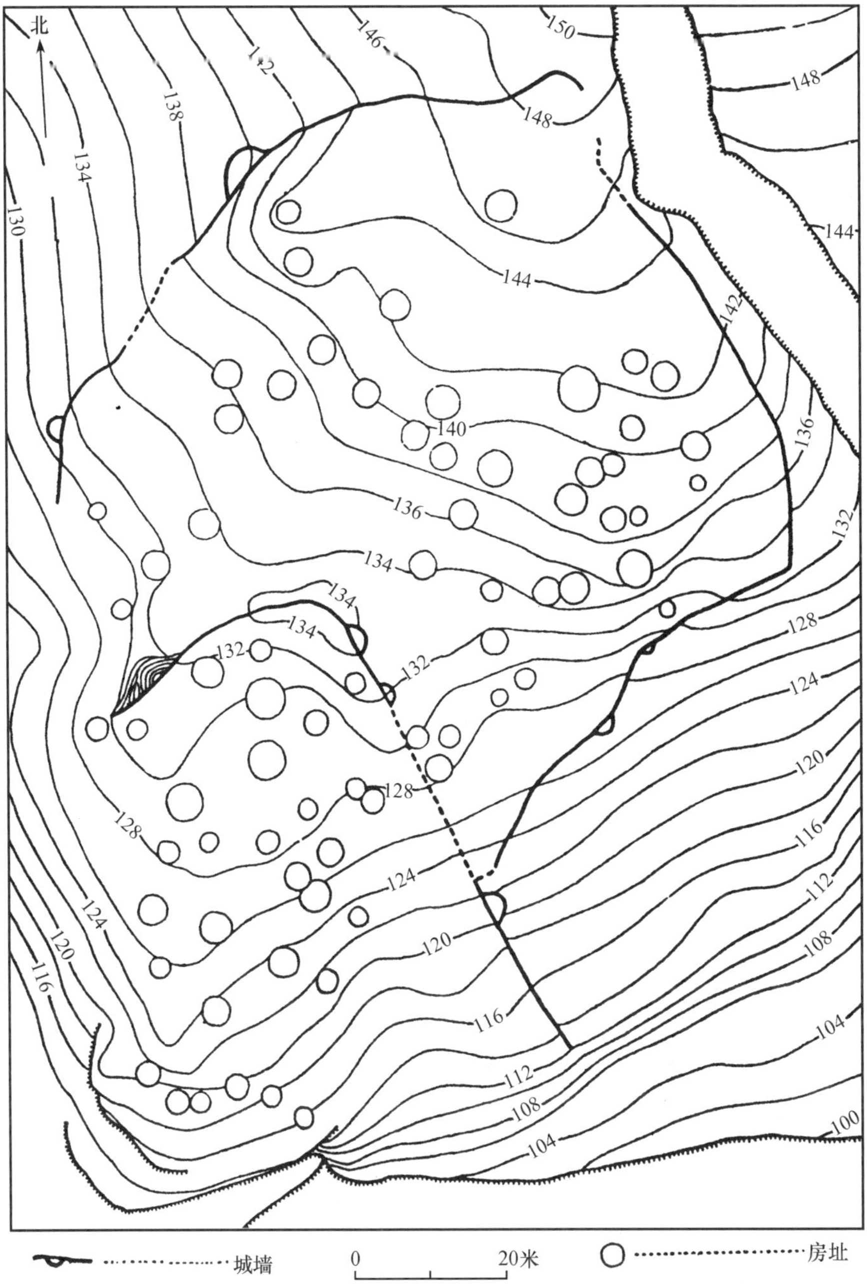

图三　西山根石城址地形图（采用假定高程）

高，这是由于利用了地形的自然高差的缘故，这类石墙一般较窄，如西山根石城址，城墙露出地面高 0.2～1.1、宽 0.5～1.5 米，经过发掘的一段石墙顶宽 0.8、基宽 1.4～1.6 米，从墙外量存高 2.5 米，墙建于生土之上，生土表面经夯打，未见有基槽。一种是中间筑土，内外两侧垒砌石块的，新店石城址即属此种（图五），经过发掘的一段城墙，中为夯土，宽 1.7～2.5 米，内外两侧各垒砌 0.6～1.2 米宽的石块。这种城墙还在迟家营子、大榆树底等石城址发现。在许多石城址城墙外侧，发现有凸出的半圆形的用石块垒砌的建筑，这类石建筑一般宽4～6、长3～5米（与城墙平行方向称宽，与城墙垂直方向称长；以下同）。大型的宽10～15、长8～9米，小型的长、宽均为2～3米，保存的高度一般都与城墙相同（图四）。

图四　大榆树底石城址北墙及半圆形石建筑

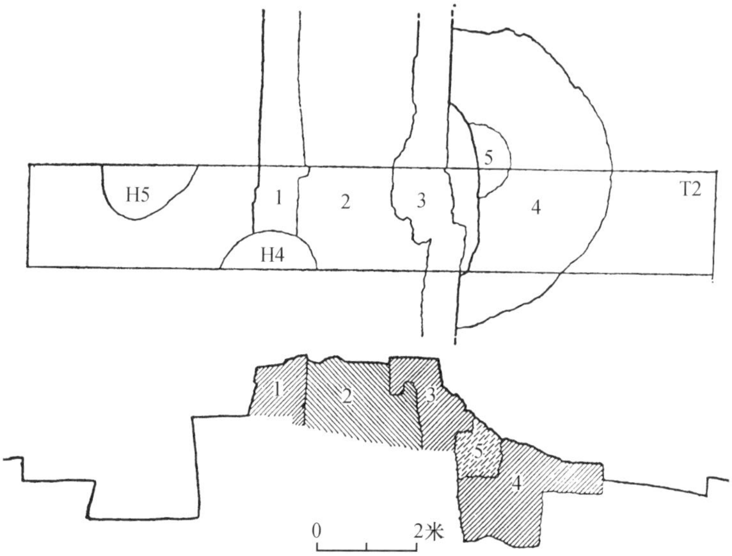

图五　新店石城址T2平面及东壁剖面图

1. 墙内侧砌石　2. 夯土　3. 墙外侧砌石　4. 半圆形石建筑　5. 半圆形石建筑的空间

这类半圆形石建筑在城墙外侧的分布，间距不一，有的4～20米，有的25～50米，往往在城墙转弯处有这类石建筑，且形制较大。新店石城址在北墙发现半圆形石建筑6座，间距为4～15米，东墙发现2座，间距30米，每座宽4～9、长2～4米（图二）。经过发掘的半圆形石建筑（图五、图六），宽5.8、长3.8、存高0.3～1.5米，用石块垒砌而成，中心留有半圆形空间未砌石块，宽1.4、长0.17～0.9米。建造半圆形石建筑是先在地面挖一半圆形土穴，深0.3～1米，穴内垒砌巨石，然后再分层垒砌而成。在西山根石城址，内城东墙外侧有半圆形石建筑3座，外城北墙和南墙

图六 新店石城址北墙及半圆形石建筑

各发现2座（图三）。一般宽3、长2米，最大的宽15、长8米。经发掘的1座，宽4.5、长4米，中心空间宽2.5、长1.5米，保存最高处1.4米。这类城墙外侧的半圆形石建筑，酷似后世城墙的“马面”（即墩台），它除了可以加固城墙外，更重要的是它凸出于城墙之外，可使攻城者三面受敌，是增强防御的一种设施。这类设施在汉代沿长城线的边塞城障中发现过[6]，有长方形的，也有半圆形的，有的是石砌的，也有用土夯筑的。中原地区目前所知是以洛阳汉魏故城的最早，系长方形的夯土建筑，年代当属魏晋时期[7]。因此石城址的这种半圆形石建筑，年代要早得多，应是后世“马面”的先驱。多数城址的城墙有缺口，有些便于出入的地方，可能是门址；有的缺口的两端有圆形石砌建筑，说明不是后世破坏的；有的缺口内外有砌石台阶走道或铺石通道，这些缺口当是门址，如新店石城址西北处有巨石垒砌的台阶，东南处的缺口有铺石的通道（图二）。

城址内明显可见的遗迹，大都是石砌的稍高出地面的圆形建筑基址（图七），在一些城址内也发现少数方形圆角的石砌基址。经发掘证明这些圆形石砌的基址基本上都是当时的房屋基址。石块垒砌的是当时房屋的墙壁；也有少数是圆形石砌的窖穴。方形圆角的石砌基址可能也是房址，赤峰蜘蛛山遗址曾发现过这类房址[8]，北票丰下遗址也发现过类似的房址[9]。在许多城址中，可以清晰地看到这些房址排列有序，在坡面的同一高度成排建筑，自下而上可见到一层层的排列，为了便于建筑，坡面似经修整，或是以石块垫砌取平。圆形石砌房址的大小，差别也很大，直径一般为2.5～4、石墙宽0.4～0.7米。小的直径只有2米左右。大的直径在4米以上至10米，最大的直径超过10米。大型房址都是选择在城中地势开阔、平缓，位置较高的地方，反映了居住者的显要地位（图二、图三）。圆形石砌房址的结构，以新店石城址发掘的房址

（F2）为例（图八）；平面略呈圆形，半地穴式，口大于底，石墙存高 0.8～1.3、宽 0.5 米，室内居住面南北 2.4、东西 2.2 米，中间有柱穴，东北部有石砌灶坑，居住面抹有草泥，地面有经火烧的痕迹，未发现门道，但在西南靠墙壁处有石砌台阶，当为出入通道。房址的建造，系先挖一圆形地穴，在地穴四周垒砌石块墙壁。

图七　新店石城址地面圆形石砌基址

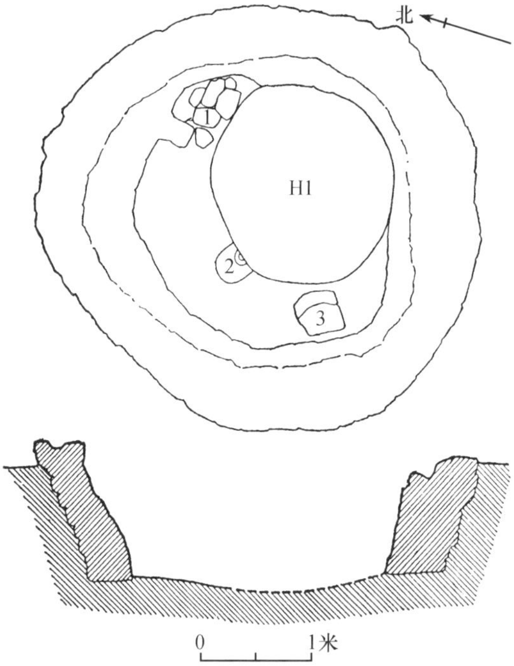

图八　新店石城址房址（F2）平、剖面图
1. 灶址　2. 柱穴　3. 石阶

有些圆形石砌房址有门道，有些壁面抹草泥。这类圆形石砌房址，在赤峰药王庙、北票丰下遗址都曾发现过[10]。

以上对43座石城址的规模、形状和城墙结构以及城内布局、建筑基址和它们的特点，做了概括叙述。在当时生产力的条件下，这些石城址的建筑确实是一项巨大的工程。

三

关于石城址的文化性质和年代，是我们工作中特别关注的问题之一，我们对43座石城址都做了详细的考察，并进行了初步的分析。

其一，在43座石城址的地面或堆积中，都无例外地采集到夏家店下层文化的遗物，主要是陶片，也有少量完整或可复原的陶器。石器有铲、镬、刀等。在其中21座石城址中，只发现有夏家店下层文化的遗物或堆积，而未见其他文化的遗物或堆积，因此这21座石城址的文化性质应属于夏家店下层文化。

其二，在22座石城址中，发现有两种或两种以上文化的遗物或堆积。其中有战国—汉代遗物的10座，我们注意到在新店村东北的1座石城址，被1座战国—汉代的小型夯土城障破坏，说明这里的战国—汉代遗存要晚于这类石城址。同时英金河、阴河沿岸正是燕秦时期的长城线，有为数不少的规整的夯土城障，其分布的地形以及形制、结构的特点均与这类石城址不同[11]，因此这类石城址的文化性质和年代，可以肯定不会是战国—汉代的。发现有夏家店上层文化遗物或堆积的石城址，虽有19处，但我们也注意到在只有夏家店上层文化遗物和堆积的多处遗址中，绝无石块垒砌城墙的痕迹，因此这类石城址也不太可能是夏家店上层文化时期建筑的。

其三，为了进一步明确这类石城址的文化性质和年代，我们选择了有夏家店下层文化和夏家店上层文化两种堆积的新店石城址进行发掘，发掘结果表明：城墙建于生土之上，城墙使用期的堆积为夏家店下层文化层；城墙上部倒塌后，被夏家店上层文化层覆盖，并有夏家店上层文化的窖穴（H4）破坏城墙（图五）；城内圆形石砌房址，也建在生土之上，房址的柱穴中垫有夏家店下层文化陶片，房址中的堆积也是夏家店下层文化的，并有夏家店上层文化的窖穴（H1）打破房址（图八）。这些地层和打破关系都证明新店石城址是在夏家店下层文化时期建筑和使用的。在西山根右城址的发掘，也得到了同样的结果，城墙和圆形石砌房址均建于生土之上，对城墙和房址的发掘，只发现夏家店下层文化的堆积；同时在城北不远的地方，有夏家店上层文化的遗址，在这里同样未见有石城址的痕迹。

根据以上三点，我们认为英金河、阴河流域的石城址，其文化性质是属于夏家店下层文化的，是在夏家店下层文化时期建筑和使用的。当然它们具体的建筑的时间，也可能有先有后，这是有待进一步研究的问题。

夏家店下层文化是青铜时代早期的一种文化。已知其相对年代，在这一地区晚于红山文化和白斯朗营子遗存[12]；而早于夏家店上层文化[13]，并再次为新店石城址的地层关系所证实。其绝对年代，据^{14}C测定的几个年代数据（半衰期5730年）：赤峰蜘蛛山遗址（H42木炭）距今3965年±90年，树轮校正为4360年±140年；建平水泉遗址（T15H5 木炭）距今 3780 年 ±90 年，树轮校正为 4130 年 ±110 年；北票丰下遗址（T10 ③木炭）距今 3550 年 ±80 年，树轮校正为 3840 年 ±130 年；敖汉大甸子遗址（M1759 朽木）距今 3420 年 ±85 年，树轮校正为 3685 年 ±135 年；（M454 朽木）距今 3390 年 ±90 年，树轮校正为 3645 年 ±135 年[14]。蜘蛛山遗址和水泉遗址测定年代的木炭，均出于遗址的早期层位，丰下遗址测定年代的木炭出于相当于遗址的中期或是晚期偏早的层位，大甸子遗址 2 座墓葬的朽木，出于墓地的晚期墓葬。这 4 处遗址测定的 5 个数据，年代早的在遗址中属于早期单位，年代晚的在遗址中属于晚期单位，这个现象很有意思，暗示了这 4 处遗址的年代可能相差不远，对于我们了解夏家店下层文化的绝对年代的范围是有帮助的。这 5 个数据的年代范围为距今 3965 年 ±90 年～3390 年 ±90 年，经树轮校正的年代范围为 4360 年 ±140 年～3645 年 ±135 年，为公元前 2300～前 1600 年。这与用考古学方法推定的夏家店下层文化主要阶段的绝对年代是基本相符的，大约相当于中原地区的二里头文化和二里冈商文化的阶段。由于目前对这批石城址仅进行了初步调查和发掘，对它们之间的早晚关系还有待研究，因此目前只好笼统地将夏家店下层文化的相对年代与绝对年代视作这批石城址的相对年代和绝对年代，从总的年代范围来说，不会有大的出入。

夏家店下层文化不仅有前述的以石块垒砌的石城址，而且发现有夯土墙的城址，如敖汉大甸子遗址，就是一座城内面积达 6 万平方米的规模较大的夯筑城址，墙外也有壕沟，仅发现城门两侧垒砌石块、门道为铺石通道，这大概是因为自然条件的不同，而采用了不同的建筑材料。夏家店下层文化时期，如此普遍地出现这类设防（城墙、壕沟）的城堡，自应有其深刻的社会背景。

四

英金河、阴河沿岸的石城址不是孤立存在的，而是成组（群）出现的；一组石城址群中，又有一两座大的石城址；每组石城址群间，有相当距离的间隔。这种现象似可理解为每座石城址可能是一个独立的社会单位，每组石城址群则可能是这种社会单位的联合体，而每一组群中大的石城址可能是联合体的中心。这应是反映了当时的社会情况，使人联想到当时的社会组织；如一座石城址可能是一个氏族或部落，一组石城群则可能是一个部落或部落联盟。频繁的战事，使他们有必要建筑这样工程巨大的“山城”，并使它们紧密地联系在一起，因此它们只能是社会发展到一定历史时期的产物。这时期社会发展的进程，应从社会内部找其原因。在夏家店下层文化的城址（遗址）与墓葬中，略可窥见一些迹象。

其一，在石城址中（如前所述），少数规模大的房址与一般房址差别很大，反映了居住者的显要地位（当然也不排除有的房址可能是公共性建筑）。在北票丰下遗址中也发现相类的情形[15]，在发掘的十几座房址中，圆形房址直径在 2 米左右，大型的直径 4 米，方形房址的规模也大致类似。最大的一座（F12），为方形双间式房址，大的一间长宽各4米，不仅规模大，而且室内墙壁和地面的加工均较一般房址讲究。

其二，在夏家店下层文化的墓地中，如大甸子是一座排列有序的完整的墓地，至1983年已基本全部揭露，共发掘墓葬800余座，几乎都是单人葬，墓葬之间绝少有叠压关系，从墓葬的规模和随葬品的多寡，明显地反映了墓主人生前在财富和地位上的差别。在800余座墓中，仅从随葬陶器而言，在成年人的墓葬中，约有三分之一的墓葬没有或只有不成组的陶器随葬，在其余的墓葬中，多数随葬一组陶器（以鬲、罐各1件为主，或另附1件陶器），而同时随葬三组陶器（鬲、罐或另加鬶、爵）或三组以上陶器的墓葬，在整个墓地不过20座左右，约占25‰。这类墓葬规模大、随葬品多（包括猪、狗的殉葬），反映他们生前在社会上的特殊地位。这种是否随葬成组的陶器，以及随葬成组陶器的数量，似有一定的制度，以表示墓主人生前的社会地位。同时这些大墓仍是与其他墓葬一样排列于墓地之中，并未有单独的区域，反映了依然有氏族的纽带。在距大甸子墓地不远的范仗子墓地，发掘的88座夏家店下层文化的墓葬中，也有类似的情形[16]。

其三，在大甸子遗址的地层堆积中，发现了一些人头骨，与其墓地的正规埋葬不同，这类人不论是本氏族的，还是外氏族的，其社会地位应更为低下。

以上现象，反映了当时社会已有明显的贫富分化，有富人与穷人之分，其社会地位也不相同，少数人已有较多的财富和较高的地位，暗示已出现阶级的区别。反映了当时正处于原始社会解体到阶级社会产生这样一个历史时期。正是这一时期，为了掠夺，战争频繁，这就是夏家店下层文化这类石城址产生的社会背景。正如恩格斯形象概括的："在新的设防城市的周围屹立着高峻的墙壁并非无故：它们的壕沟深陷为氏族制度的墓穴，而它们的城楼已经耸入文明时代了。"[17]

在我国这类防御性的城堡的出现，大约是从新石器时代晚期开始的，在内蒙古包头，河南省登封、淮阳、安阳，山东省历城、寿光等地均有发现[18]。从社会发展进程来看，大约开始于原始社会末期，这正是社会处于变革的时期。这种变革经历了从原始公社解体到奴隶制社会建立的历史过程；这是一个相当长的历史时期，这个历史时期大概相当于中国考古学从新石器时代晚期到青铜时代早期阶段。夏家店下层文化城堡的出现，也正是在这一历史时期之内，而且数量多、分布密集、保存较好，在国内是少见的。因此对它的研究，对了解这一历史时期的社会状况，是有重要意义的。

注　释

[1] 佟柱臣：《赤峰东八家石城址勘察记》，《考古通讯》1957年6期。

[2] a. 中国科学院考古研究所内蒙古工作队：《赤峰药王庙、夏家店试掘报告》，《考古学报》1974年1期；b. 中国科学院考古研究所内蒙古工作队：《宁城南山根遗址发掘报告》，《考古学报》1975年1期；c. 中国社会科学院考古研究所内蒙古工作队：《赤峰西水泉红山文化遗址》，《考古学报》1982年2期；d. 中国社会科学院考古研究所内蒙古工作队：《赤峰蜘蛛山遗址的发掘》，《考古学报》1979年2期。

[3] 佟柱臣：《赤峰东八家石城址勘察记》，《考古通讯》1957年6期。

[4] 中国社会科学院考古研究所：《新中国的考古发现和研究》第三章五（一），《北方草原的青铜文化》，文物出

版社，1984年，342页。
[5] a. 辽宁省文物干部培训班：《辽宁北票县丰下遗址1972年春发掘简报》，《考古》1976年3期；b. 辽宁省博物馆文物队：《概述辽宁省考古新收获》，《文物考古工作三十年》，文物出版社，1979年，88页。
[6] a. 侯仁之等：《乌兰布和沙漠的考古发现和地理环境的变迁》，《考古》1973年2期；b. 盖山林等：《内蒙古境内战国秦汉长城遗迹》，《中国考古学会第一次年会论文集·1979》，文物出版社，1980年；c. 唐晓峰：《内蒙古西北部秦汉长城调查记》，《内蒙古大学学报》1977年3期；d. 中国社会科学院考古研究所：《居延汉简》甲乙编下册，《额济纳河流域障燧述要》，中华书局，1980年。
[7] 中国科学院考古研究所洛阳工作队：《汉魏洛阳城初步勘查》，《考古》1973年4期。
[8] 中国社会科学院考古研究所内蒙古工作队：《赤峰蜘蛛山遗址的发掘》，《考古学报》1979年2期。
[9] 辽宁省文物干部培训班：《辽宁北票县丰下遗址1972年春发掘简报》，《考古》1976年3期。
[10] a. 中国科学院考古研究所内蒙古工作队：《赤峰药王庙、夏家店试掘报告》，《考古学报》1974年1期；b. 辽宁省文物干部培训班：《辽宁北票县丰下遗址1972年春发掘简报》，《考古》1976年3期；c. 辽宁省博物馆文物队：《概述辽宁省考古新收获》，《文物考古工作三十年》，文物出版社，1979年，88页。
[11] a. 佟柱臣：《赤峰附近新发现之汉前土城与古长城》，《历史与考古》，1946年；b. 项春松：《昭乌达盟燕秦长城遗址调查报告》，《中国长城遗迹调查报告集》，文物出版社，1981年。
[12] a. 中国社会科学院考古研究所内蒙古工作队：《赤峰蜘蛛山遗址的发掘》，《考古学报》1979年2期；b. 辽宁省博物馆等：《辽宁敖汉旗小河沿三种原始文化的发现》，《文物》1977年12期。
[13] a. 中国科学院考古研究所内蒙古工作队：《赤峰药王庙、夏家店试掘报告》，《考古学报》1974年1期；b. 中国科学院考古研究所内蒙古工作队：《宁城南山根遗址发掘报告》，《考古学报》1975年第1期；c. 中国社会科学院考古研究所内蒙古工作队：《赤峰西水泉红山文化遗址》，《考古学报》1982年2期；d. 中国社会科学院考古研究所内蒙古工作队：《赤峰蜘蛛山遗址的发掘》，《考古学报》1979年2期。
[14] 中国社会科学院考古研究所：《中国考古学中碳十四年代数据集》，文物出版社，1983年。
[15] 辽宁省文物干部培训班：《辽宁北票县丰下遗址1972年春发掘简报》，《考古》1976年3期。
[16] 内蒙古自治区文物工作队：《敖汉旗范仗子古墓群发掘简报》，《内蒙古文物考古》1984年3期。
[17] 恩格斯：《家庭、私有制和国家的起源》，人民出版社，1972年。
[18] a. 内蒙古社会科学院蒙古史研究所等：《内蒙古包头市阿善遗址发掘简报》，《考古》1984年2期；b. 河南省文物研究所等：《登封王城岗遗址的发掘》，《文物》1983年3期；c. 河南省文物研究所等：《河南淮阳平粮台龙山文化城址试掘简报》，《文物》1983年3期；d. 山东省博物馆等：《山东发现四千年前的古城堡遗址》，《人民日报》1985年1月3日；e. 李济等：《城子崖》，1934年；f. 杨宝成：《登封王城岗与“禹都阳城”》，《文物》1984年2期。

（原载《中国考古学研究》编委会：《中国考古学研究——夏鼐先生考古五十年纪念论文集》，文物出版社，1986年）

丰下遗址陶器分期再认识

郭大顺

辽宁北票县丰下遗址，是已发表的夏家店下层文化遗址中较丰富的一处[1]。这个遗址引起有关研究者注意的，除了20余座保存较好的不同类型的房址以外，主要是把其中一批标有层位的陶器作为判断这类遗址早晚的依据之一[2]。只是因为当时整理、发表条件和认识水平所限，在报道中未能就遗址分期提供更多必要的资料和做进一步比较分析，以至利用这批资料进行分期仍有一定困难。1982年冬，我们对丰下遗址的材料进行了一次再整理，根据原始记录对标有层位的陶器做了核实，选择了部分有分期断代意义的陶器标本，对丰下遗址做初步分期研究，并参考近年有关发现和研究成果，对夏家店下层文化的分期、年代和发展演变进行讨论。

一

丰下遗址所处位置不在主要河川，遗址面积较小（100米×75米），在同类遗址中属中小型低台地类型[3]。但这个遗址文化堆积较厚，在3米左右，最厚处达6米，又不见任何晚期文化层叠压和扰乱，特别是在遗址南区部分相连的探方里，地层划分明确，各层位出土陶器有一定变化，这就为遗址的分期提供了条件。

（一）文化层叠压关系

关于遗址的地层关系，原简报介绍了T10北剖面和T20②（属第2层）的H1打破F15两组关系，再整理时，注意到典型器物出土层位间的对应关系，分为三组。

第一组：T10与T3、T4、T8、T9、T17、T23互为邻方，地层相连，可统一划分为三层。

上层即第2层，包括T3②、T4②、T8②、T9②、T10②、T17②、T23②，为较硬的黄土夹灰土层。这一层主要为房址内外堆积，房址开口于层内上部。出土陶器中夹砂红褐陶多，泥质磨光黑陶甚少。

中层即第3层，包括T8③、T9③、T10③、T17③④、T23③④，为松软的纯灰土，这一层多处直接叠压在中层房址之下，出土陶器以夹砂灰褐陶为多，泥质磨光黑陶较上层有显著增加。

下层即第5层，包括T8④、T9⑤、T10⑤、T17⑤、T23⑤⑥，为黑灰土层，陶器以夹砂灰陶为主，磨光泥质黑陶较中层为多见。

以上地层叠压关系，在现场观察时十分清晰，上层房址的黄土居住面直接叠压着中层灰土，T9、T10 两个探方的中、下层间以一层黄色淤土相隔（即原简报 T9 ④和 T10 ④）。

第二组：T20 ② H1 打破 T20 ② F15。F15 为长方形房址，开口于 T20 第 2 层内，H1 正好压在 F15 中部，灰坑内出土有较完整陶器：小鼎 1、小口瓮 1、大口盆 1（可能为甗的上部）、壶 1、器盖 1（图一）。T20 ②相当于第一组的上层。

第三组：T102 ②，在南区东断崖处；T78 ②、T84 ②，为北区零散分布的探方，从土质、陶片分析，都相当于第一组上层。

由于第二、三组各单位都与第一组上层相对应，故第一组可以作为丰下遗址的一组标准层位。

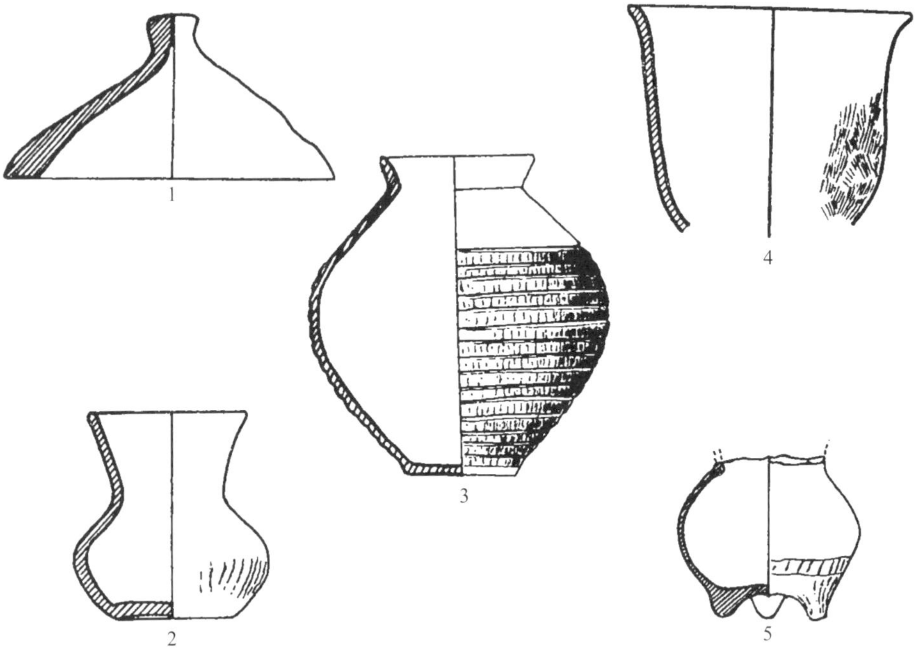

图一　丰下 T20 ② H1 陶器

1. 器盖　2. 壶　3. 小口瓮　4. 甗（上部）　5. 鼎

（二）典型器物比较

关于各层陶器变化，原简报曾概略地谈道："以上各层堆积的文化内涵有以下明显的变化：红褐陶第二层较第三层以下为多，磨光泥质黑陶第三层以下出土数量渐多，一些主要器类，如甗、鼎、小口罐等，从第五层到第二层，表现出一定的演化序列。"关于三个文化层陶质的变化，可参见表一。以下专对各层典型器物进行比较分析。

共选出六类器：甗（下部）、鼎、大口盆、盂、小口瓮、大瓮。需要说明的是，这里只选择变化敏感、具有分期意义的代表性器物分型式进行比较，与原简报所分型式并不完全对应，个别器物原简报未及收入。

表一　丰下遗址各文化层典型单位陶质统计表

层位	典型单位 \ 陶质 %	夹砂褐陶		夹砂红褐陶		夹砂红陶		夹砂灰陶		泥质灰陶		泥质黑陶		泥质红陶		合计	
		数量	%	数量	%	数量	%	数量	%	数量	%	数量	%	数量	%	数量	%
上	T28②	61	18.6	142	43.29	30	9.15	27	8.22	47	14.33	5	1.53	16	4.88	328	100
中	T9③	488	63.28			49	6.92	94	13.28	52	7.34	65	9.18			748	100
下	T17⑤	253	51.63	39	7.97	14	2.85	37	7.55	65	13.27	82	16.73			490	100

注：中层 T9③夹砂褐陶包括夹砂红褐陶。

甗　典型标本 3 件。依地层关系其比较顺序为 T8④：1、T17③：1、T10②F1：1。

T8④：1，夹砂灰陶，胎表呈灰黑色，通体饰浅而细的绳纹间划纹，腰口细，长体，直筒状袋足，最宽处在近足底部折棱处，内底分裆线较低，外底宽而平。同层见正圆锥体的实足根，足面满饰印纹深而齐的绳纹。另在宁城县文化馆见一甗，为宁城县三座店遗址出土，陶质、纹饰、形体与此件全同，只体形稍大，也为规整的圆锥体实足根，可知这是夏家店下层文化陶甗标准型式之一（图二，1）。

T17③：1，夹砂灰褐陶，通体饰较细的浅绳纹，腰口较细，袋足甚肥而长，最宽处在袋足下部，内隔加厚泥块，使分裆线较高而袋足显深（图二，2）。

T10②F1：1，夹砂褐陶，饰不整齐绳纹，多处抹平，腰口甚粗，袋足肥大，最宽处在体中部，整体显扁宽，内外底均加厚泥块，使分裆线高而平（图二，3）。

以上三器变化趋势：由腰口细、体高到腰口粗、体扁宽，袋足由外撇而内收，内隔趋向平而高。以上各部位变化相应，在于增加与火的接触面和容量，是符合规律的，故可定为三式：T8④：1 为甗Ⅰ式，T17③：1 为甗Ⅱ式，T10②F1：1 为甗Ⅲ式。它们出土的地层关系为Ⅰ式甗只 1 件，见于下层，Ⅱ式甗见于下、中层，Ⅲ式甗只见于上层。

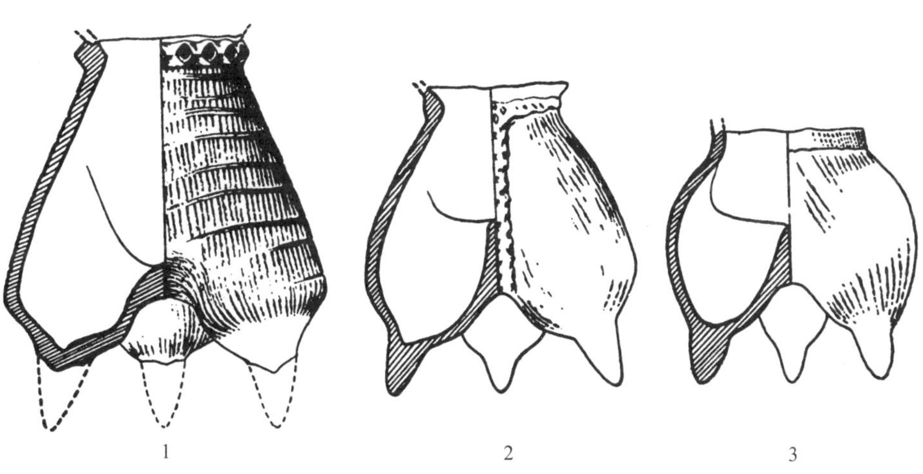

图二　陶甗（下部）

1. Ⅰ式（T8④：1）2. Ⅱ式（T17③：1）3. Ⅲ式（T10②F1：1）

鼎　标本 2 件。依层位关系其比较顺序为 T10 ③：1、T3 ②：1。

T10 ③：1，夹砂灰陶。深腹罐形，底较大，三短足置于底缘，足横截面扁圆。颈、沿磨光，腹及足饰绳纹（图三，1）。

T3 ②：1，夹砂红褐陶。腹上部圆鼓，底小，三圆锥足，足根置于底中央，甚外撇。体饰绳纹显乱，无磨光（图三，2）。

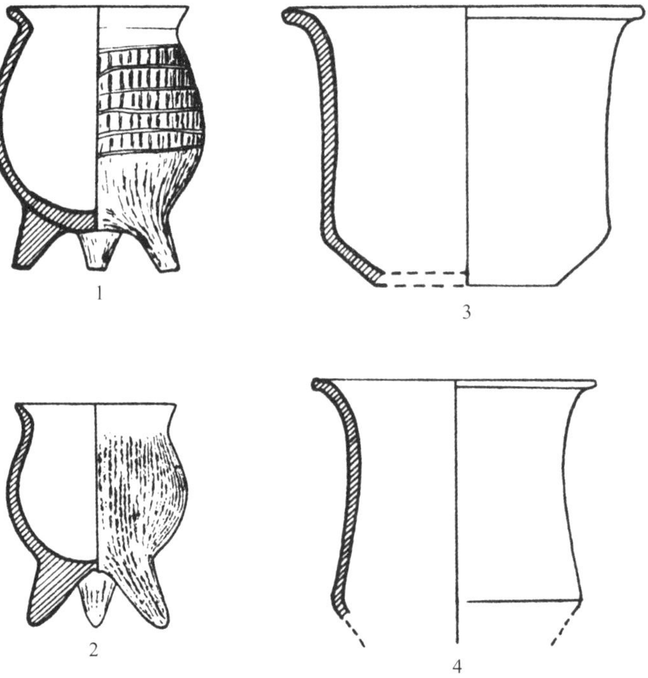

图三　陶鼎（左）、盂（右）

1. Ⅰ式鼎（T10 ③：1）2. Ⅱ式鼎（T3 ②：1）3. Ⅰ式盂（T17 ⑤：2）4. Ⅱ式盂（T8 ②：3）

以上二器变化以足部较明显，制作由精而粗。可定为二式：T10 ③：1 为鼎Ⅰ式，T3 ②：1 为鼎Ⅱ式。它们出土的层位情况：Ⅰ式鼎多见于中层，为中层代表性器类；Ⅱ式鼎只见于上层。

大口盆　选 4 件标本。依层位其比较顺序为 T17 ⑤：2、T23 ⑥：1、T10 ③：8、T102 ② F8：9。

T17 ⑤：2，泥质黑陶。质坚硬，口沿特宽，外敞而不折，腹斜收，沿面至外壁上部均磨光（图四，1）。

T23 ⑥：1，质硬，上部磨光部分近 T17 ⑤：2，唯口沿较短，口显折，腹显鼓（图四，2）。

T10 ③：8，泥质黑灰陶。短平沿，口下磨光部分窄（图四，3）。

T102 ② F8：9，夹砂灰褐陶。短沿外卷，只沿面磨光（图四，4）。

以上四器变化主要在口沿部分，由宽沿大敞口到平短沿到下卷短沿，上部磨光部分渐缩小，质渐粗。以上变化有规律性。可定为四式：T17⑤：2为大口盆Ⅰ式，T23⑥：1为大口盆Ⅱ式，T10③：8为大口盆Ⅲ式，T102②F8：9为大口盆Ⅳ式。各式盆出土层位：Ⅰ、Ⅱ式只见于下层，Ⅲ式见于中层，Ⅳ式只见于上层。

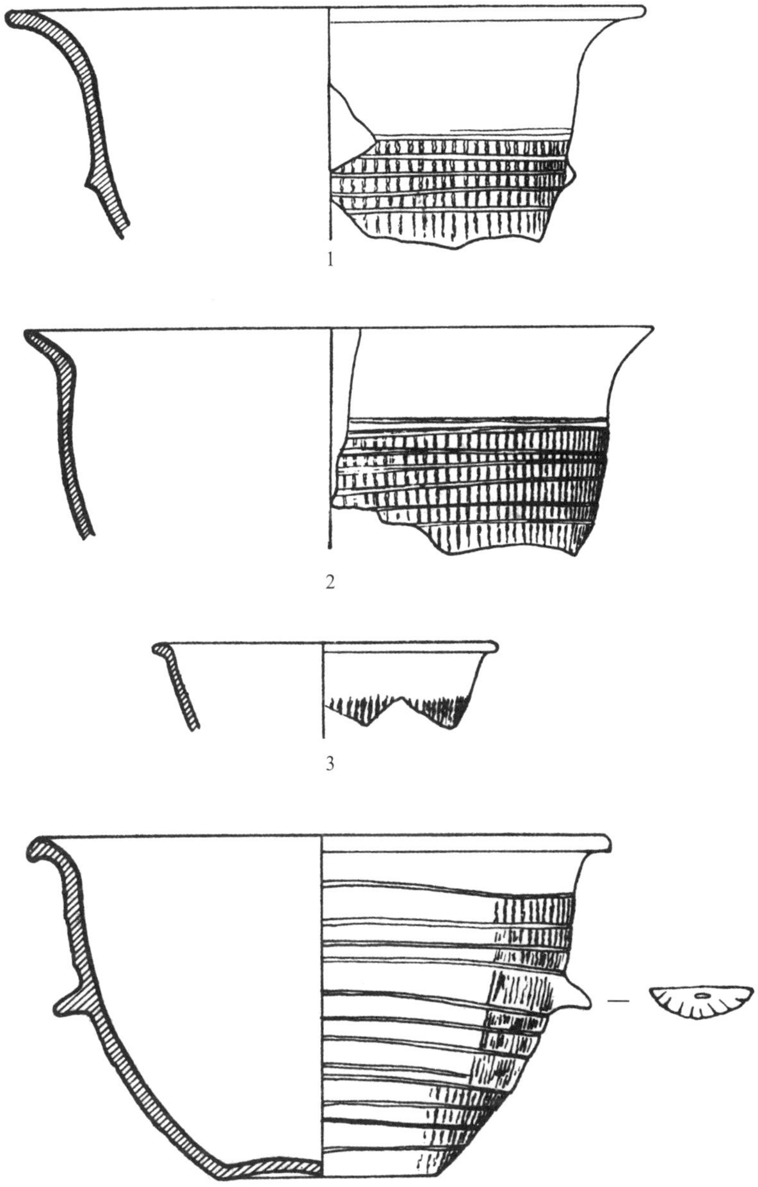

图四 陶大口盆

1. Ⅰ式（T17⑤：2） 2. Ⅱ式（T23⑥：1） 3. Ⅲ式（T10③：8） 4. Ⅳ式（T102②F8：9）

盂 标本2件。依层位其比较顺序为T17⑤：2、T8②：3。

T17⑤：2，宽平沿，上腹甚直（图三，3）。

T8②：3，短沿稍卷，上腹壁有内弧（图三，4）。

盂的变化在口沿和腹部，可定为二式：T17⑤：2 为盂Ⅰ式，T8②：3 为盂Ⅱ式。它们出土层位：Ⅰ式盂见于下、中层，Ⅱ式盂见于中、上层。

小口瓮　标本 3 件。依层位其比较顺序为 T17⑤：5、T84②F13：8、T20②H1：1。

T17⑤：5，泥质灰陶。质硬壁薄，有短直领，肩甚广，口沿至肩上部均磨光（图五，1）。

T84②F13：8，泥质灰褐陶。宽沿无领，圆肩，只口下磨光（图五，2）。

T20②H1：1，泥质灰陶。折沿，削肩，最大腹围移至腹中部，不磨光（图五，3）。

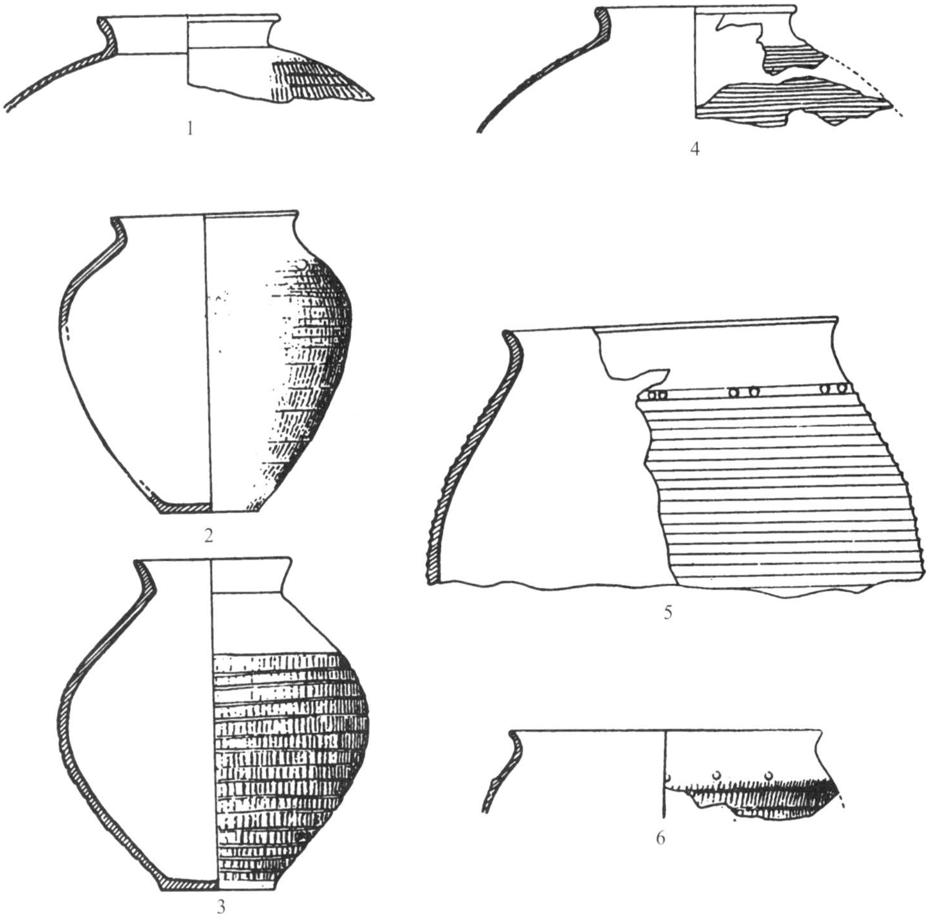

图五　陶小口瓮（左）、大瓮（右）

1. Ⅰ式小口瓮（T17⑤：5）　2. Ⅱ式小口瓮（T84②F13：8）　3. Ⅲ式小口瓮（T20②H1：1）　4. Ⅰ式大瓮（T17⑤：8）　5. Ⅱ式大瓮（T17⑤：7）　6. Ⅲ式大瓮（T4②：1）

以上三器变化主要在肩部，由广肩到圆肩到斜肩，最大腹围下移，磨光部分减少，是符合规律的变化。可定为三式：T17⑤：5 为小口瓮Ⅰ式，T84②F13：8 为小口瓮Ⅱ式，T20②H1：1 为小口瓮Ⅲ式。各式小口瓮出土层位情况：Ⅰ式只见于下层，Ⅱ式见于中、上层，Ⅲ式只见于上层。

大瓮　标本 3 件。依层位其比较顺序为 T17⑤：8、T17⑤：7、T4②：1。

T17⑤：8，泥质黑陶。质坚硬，有短领，肩较广，沿、领内外至肩上部均磨光，腹饰密而整齐的细条堆纹。此器甚大而壁薄匀（图五，4）。

T17⑤：7，泥质灰褐陶。无领，斜肩，口下磨光部分窄，饰纹、制作不如T17⑤：8精（图五，5）。

T4②：1，夹砂红陶。斜方唇，肩部已不显，腹饰绳纹间划纹，此器制作粗，不磨光（图五，6）。

大瓮的变化近于小口瓮，可定为三式：T17⑤：8为大瓮Ⅰ式，T17⑤：7为大瓮Ⅱ式，T4②：1为大瓮Ⅲ式。各式大口瓮出土层位情况：Ⅰ式只见于下层，Ⅱ式见于下、中层，Ⅲ式只见于上层。

（三）器物组合、分期和各期特征归纳

以上六类器各式组合关系见表二。

表二　六类器各式组合关系表

器类 / 型式 / 层位	甗			鼎		大口盆				盂		小口瓮			大瓮		
	Ⅰ	Ⅱ	Ⅲ	Ⅰ	Ⅱ	Ⅰ	Ⅱ	Ⅲ	Ⅳ	Ⅰ	Ⅱ	Ⅰ	Ⅱ	Ⅲ	Ⅰ	Ⅱ	Ⅲ
上			√		√				√		√		√	√			√
中		√		√				√		√			√			√	
下	√	√				√	√			√		√			√	√	

从表二中可见，三个文化层间器物分式组合有较明显界限。各类器物式间演变序列已如前述。这样，关于丰下遗址分期已具备以下条件。

第一，三个依次叠压的文化层；

第二，三层主要器类有早晚演变序列，且各器类间有相近的变化；

第三，三层器物分式组合有较明显的区别和界限。

以上所反映的三个文化层的关系：①是连续发展的；②三层的变化具有阶段性变化的意义，说明这三个文化层分别代表了该遗址的三个发展阶段。由此，可将丰下遗址划分为三期，即下层为遗址第一期，中层为遗址第二期，上层为遗址第三期（图六）。

第一期：陶质以夹砂灰褐陶为主，多数为褐色胎、表里黑灰色，泥质磨光黑陶占有相当数量（约1/6），火候高，质地坚硬，器形规整，器壁均匀，个别为快轮制。部分灰褐陶上部有较宽的磨光带。这一期的绳纹陶纹印深，较整齐，又因烧制火候高，纹道触之有摩擦力大的直感。器形除典型器Ⅰ式甗，Ⅰ、Ⅱ式大口盆，Ⅰ式盂，Ⅰ式小口瓮，Ⅰ、Ⅱ式大瓮外，具有特征的器物还有壁薄腹内收的甗上部，通体磨光扁折腹宽扁足鼎，束颈、腹饰整齐绳纹的中口罐，快轮制作、火候特高、外表磨光黑亮如漆的高圈足器，黑陶宽足大平底盆等。第一期堆积虽揭露很少，但特征十分显著。

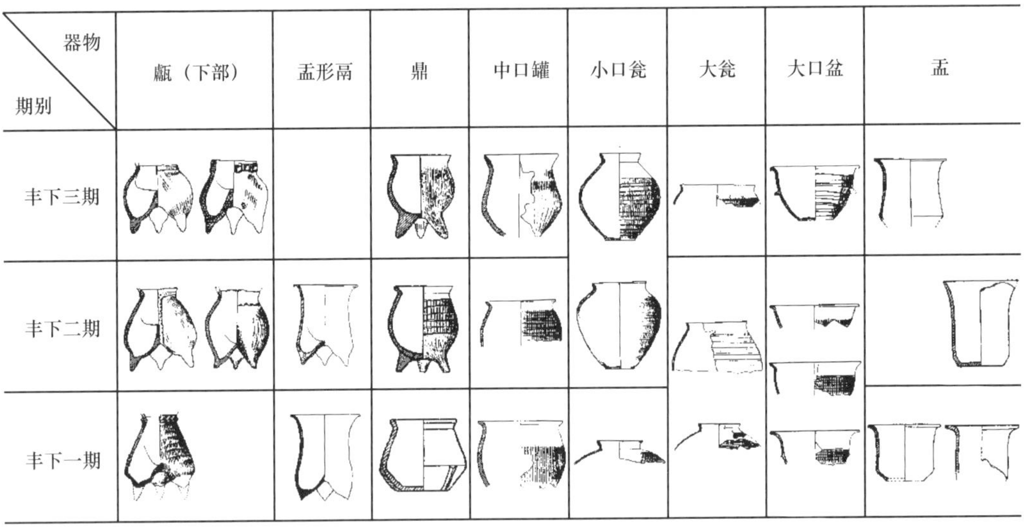

图六　丰下遗址陶器分期图

第二期：陶质仍以夹砂灰褐陶为主，红褐陶增多，泥质磨光黑陶仍占有一定数量（约 1/10），较一期为少见，也不如一期典型。盆、瓮等器口下磨光带缩小，不见一期纹印深而整齐、火候高的绳纹陶器。典型器除Ⅱ式甗、Ⅰ式鼎、Ⅲ式大口盆、Ⅰ式盂、Ⅱ式小口瓮、Ⅱ式大瓮外，以泥质磨光黑陶盂形鬲多见，还有体长、不显实足根的绳纹甗，圆腹饰绳纹间划纹的中口罐，黑陶细高柄浅盘豆，领部饰竹节纹，通体轮制的黑陶壶等，有黑陶彩绘陶片。这一期是遗址堆积分布最广、最厚，出土物也最丰富的一期，丰下遗址 ^{14}C 测定年代的标本采自这一期（为 T10 ③，B.C.3550 年 ±80 年）。这一期的地层在 T17、T23 又可分为两层，并有灰坑打破地层下部的现象，说明这一期经历了较长时间，早晚又有变化。

第三期：陶质较一、二期有较大变化，夹砂褐陶多为红褐色，泥质磨光黑陶显著减少（约占 2%），且多不典型，有的外表磨光有脱落，通体磨光器只有盂和盂形鬲两种，瓮、盆一类器物磨光部分只限于口沿。夹砂红陶有显著增加。绳纹陶的纹印浅、粗而不够整齐，火候较低，总体看来，陶器制作远不如一、二期精。器形除典型器Ⅲ式甗、Ⅱ式鼎、Ⅳ式大口盆、Ⅱ式盂、Ⅲ式小口瓮、Ⅲ式大瓮外，具有特征的还有一批夹砂红陶器，如中口罐、短圈足钵、实足根不显的甗下部等。这一期揭露房址多，大都打破该期地层下部，其中所包括的第二组地层关系（T20 ② H1 打破 T20 ② F15）中，H1 所出Ⅲ式小口瓮、腹较鼓的甗上部以及小鼎等，表现出更晚的特征。说明这一期中又有早晚变化。

二

关于夏家店下层文化分期、年代和发展演变等问题的讨论。

夏家店下层文化命名于20世纪60年代初[4]，如果从二三十年代东蒙古收集的材料算起，则已有半个多世纪的发现史[5]。尤其是近年，规模较大的发掘已进行多次，成批材料已有相当积累[6]。但是，迄今为止，有关这一文化的分期，尚处于探索阶段，只有少数遗址有早晚线索，距文化统一分期尚有较大距离，这一点，已直接影响到对该文化研究的深入。丰下遗址的材料虽有明显不足之处，如复原完整器物较少，有些典型器尚属孤例，缺少该文化典型器盂形鬲的比较材料等。但以上初步分期结果，仍有助于我们对夏家店下层文化分期的认识。

（一）同类遗存的比较分析及文化分期

以辽西诸遗存为主，旁及燕南。

1. 辽西诸遗存

（1）药王庙遗址[7]

F2发表鼎足、大口盆、盂（尊）各一件。鼎足F2：19为大平底、扁宽短足，近丰下Ⅰ式鼎。大口盆F2：21有沿近平，口下有磨光，近丰下Ⅲ式大口盆。尊F2：22上腹稍有内弧，约在丰下Ⅰ、Ⅱ式盂之间。

其他可比较的有Ⅰ式甗（T1③：13），束腰，袋足肥大，内隔线高而平，接近丰下Ⅱ式甗。Ⅲ式尊（T4③：23）上腹内弧，接近丰下Ⅱ式盂。

以上比较所得认识是，药王庙遗址陶器大部分接近丰下二期，个别接近丰下三期，尚未分析出相当于丰下一期的遗存。

夏家店遗址下层可供比较的仅有鼎足，也近丰下Ⅰ式鼎，总体看来，时间与药王庙遗址相近。

（2）蜘蛛山遗址[8]

Ⅰ～Ⅲ式的4件盆变化趋势与丰下大口盆相近。其中ⅠA式盆（T1②E：61），宽沿，口上敞，饰篮纹，近丰下Ⅰ式大口盆。ⅠB式盆（T1②B：62）为平沿，近丰下Ⅲ式大口盆。Ⅲ式盆（T1②B：63）为下卷沿，具丰下Ⅳ式大口盆特征。

Ⅰ式尊（T1②G：64），大敞口，尚具丰下Ⅰ式大口盆特点，应是甚早特征。Ⅱ式尊（H1：14）似介于丰下Ⅰ、Ⅱ式盂之间。另有鼎足（T2④B：73）近丰下Ⅰ式鼎，Ⅱ式罐（T3④E：52）近丰下中期中口罐。

报告将遗址分为早、晚两层，从以上比较所得的认识是，早期地层部分器物可相当于丰下一期，晚期地层器物多相当于丰下二期，这两个遗址部分器类早晚演变序列相应。

（3）南山根遗址下层[9]

Ⅰ式盆（H28：3）近丰下Ⅱ式大口盆。鼎2件（T10④：22、T10④：23）均具丰下Ⅰ式鼎特征。Ⅱ式罐（T1④：37）与丰下二期中口罐作风相同。Ⅱ式瓮（H26：2）近丰下Ⅱ式大口瓮。

南山根遗址采集的Ⅱ式鬲（采：1），折肩，弧裆，为晚期鬲特征，丰下遗址尚不见。可知南山根遗址下层约当丰下二期，个别则甚晚。

（4）白斯朗营子塔山下 F1 和 F2[10]

F1 出一组完整陶器，可资比较的有以下几件。

Ⅱ式盆（F1：8），有外敞的大宽沿，腹内收，特征同丰下Ⅰ式大口盆，该器饰浅横篮纹，应较早。

Ⅰ式折腹盆（F1：3），有宽折沿，上腹稍有内弧，折腹处起外凸棱甚明显，是早期特征。

Ⅰ式盆（F1：11）为大平底盆，以及Ⅲ式折腹盆（F1：4）也均显示较早特征。

F2 只发表盂 1 件（F2：13），上腹直而深，特征同丰下Ⅰ式盂。

故可定塔山下 F1、F2 约当丰下早期，其中的篮纹大口盆、大平底盆等可能提供了更早线索。

（5）四分地遗址[11]

发掘的 9 座房址和 10 余座灰坑均直接打破生土层，尚未发现有相互打破的关系，故较单纯。发表的材料缺少单位共存器物；可供比较的只有盂类，即Ⅰ式折腹盆（F2：1）和Ⅱ式折腹盆（F5：1）均接近丰下Ⅰ式盂。该遗址出较多篮纹、泥质磨光黑陶，大平底盆和圈足、宽足大平底盆出土较多，尤其是一件饰竹节纹的平底盆（F3：1），表现出更早特征。说明四分地遗址包括了相当于丰下一期和更早的遗存。

（6）南台地窖穴[12]

该窖穴出土一组完整陶器，其中甗、鬲、鼎、盆均为夹砂灰陶，饰绳纹间划纹，作风甚为一致。甗近丰下Ⅱ式甗，鼎同丰下Ⅰ式鼎，大口盆近丰下Ⅱ式大口盆，鬲也与丰下中期盂形鬲相近。可以作为丰下中期的一组标准器物组合（图七）。

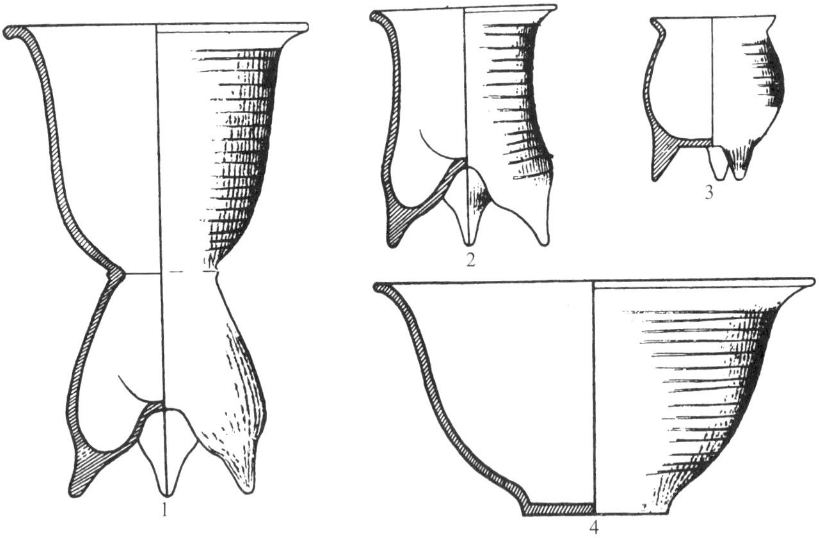

图七　朝阳南台地遗址 H1 陶器

1. 甗　2. 盂形鬲　3. 鼎　4. 大口盆

2. 燕山南诸遗存的比较

（1）大厂大坨头遗址[13]

已指出H2和H1分别为该遗址夏家店下层文化的两期[14]。

H2所出甗（H2：16）、鬲（H2：15）均接近丰下中期甗下部特征；盆（H2：9）近丰下Ⅱ式大口盆，可推定大坨头H2约当丰下二期。

H1所出两种鬲，一为无实足根的空袋足（H1：5），一为折肩式（H1：6），都为丰下遗址所不见，时间可能相当于丰下三期或更晚。

（2）唐山小官庄石棺墓[15]

盂3件（甲：2、丙：2、戊：1）均为上腹内弧，近丰下Ⅱ式盂特征，小口瓮（甲：1）近丰下Ⅱ式小口瓮，又有折肩鬲（戊：3）。以上随葬器物多夹砂粗红陶或红褐陶，故可推定这批石棺墓的时间约当丰下三期或偏晚。

（3）蔚县三关[16]

简报分为两段。

一段：盂形鬲近丰下二期盂形鬲，盂近丰下Ⅱ式盂，未见有近丰下一期的器物，时间约当丰下二期。

二段：出折肩鬲，约当丰下三期或稍晚。

（4）唐山大城山遗址[17]

分上、下两层。下层甗（9②：288）近丰下Ⅱ式甗，侈唇罐（8②：256）同丰下二期中口罐，甑（9②：318）近丰下一期甗上部。横环耳黑陶罐、折腹黑陶碗（8②：250）则为丰下遗址所不见，约较早，估计大城山下层相当于丰下一、二期遗存，部分可能较早。上层发表器物较少，盆（10③：340）近丰下Ⅱ式大口盆，甗（10①：343）形制较特殊，不便比较，上层又出黑陶圈足盘（10①：346），估计与丰下二期相近，尚未分析出有相当于丰下三期或更晚的遗存。

综合以上比较，提出三点看法。

第一，丰下遗址的分期在夏家店下层文化分布密集的老哈河和大凌河流域具有一定代表性，对燕山以南同类遗存的分期也有一定参考价值。

第二，丰下遗址所划分的三期显然又不能概括该文化的所有阶段。相当于丰下早期的白斯朗营子塔山下、四分地以及大城山遗址下层，都显露出更早遗存的线索。相当于丰下中期的药王庙、蜘蛛山等遗存延续时间与丰下中期不完全相当，有稍早或稍晚的情况。大坨头H1、三关二段、小官庄则都可能有晚于丰下三期的遗存。

第三，以上比较所具有的相对性还表现在尚不能准确掌握断代标准器和标准器组合，这除了对典型器本身特征认识程度有所不同以外，根据我们在现场发掘和整理中的体会，还可能同该类遗址具有较强连续性特点有很大关系。如丰下遗址的F1有相距半米左右的两层居住面，F1与F6又基本是在同一位置相叠压，建平喀喇沁河东遗址更发现了5座房址在同一位置连续叠罗的现象[18]。敖汉大甸子墓地所揭露的近千座墓，基本连成一片，墓间距不过1米左右，但绝无相互打破关系。这种在同一位置有几座房址连续叠罗和墓葬密集分布而不打破的现象，反映不间断地使用一块房基地和墓地的习俗和活动规律，这在夏家店下层文化遗址中是十分普遍的情况。前述蜘蛛山等遗址同一层位多种器物有演变序列可循，也说明了这种情况。这种连续性所必然造成阶段性不够明显的特点，在分期研究时，应给予充分考虑。

考虑到以上条件和因素，我们体会，在对夏家店下层文化进行分期研究时，可以从抓早晚变化的总趋势和抓最早、最晚的遗存入手，当可弥补目前分期的不足。

这样，以丰下遗址的三期作为一个标尺，参考有关遗存的早晚区别，暂将夏家店下层文化分为三期5段。

第一期：以丰下一期为一段，早于丰下一期的为一段，即该文化最早阶段。

第二期：丰下二期及其先后。这一期包括遗存较多，堆积最为丰厚，延续时间也较长，为该文化盛期。

第三期：以丰下三期为一段，晚于丰下三期的为一段，即该文化最晚阶段。

（二）关于夏家店下层文化年代和发展演变问题

关于夏家店下层文化的年代，由于它与中原商文化有更多接近的特征，一般认为其时代也与商文化并行，以后又提出与夏商文化并行。我们曾提出该文化上限相当于龙山文化时期，下限不晚于商二里冈期[19]。这里，依据以上分期结果，进一步讨论以下两个方面的问题。

1）在辽西地区是否还存在一个独立的龙山文化阶段。因为在有夏家店下层文化分布的燕山南麓，广泛分布有龙山文化遗存，提出这一问题就是很自然的了[20]。由于这一问题不仅与确定该文化的上限有关，更关系到它的文化渊源，有必要加以论证。对此，我们提出以下看法。

第一，多年来，在夏家店下层文化分布密集的老哈河中上游和大凌河中上游进行了广泛调查，据朝阳地区六县和内蒙古敖汉旗南部调查统计，已发现夏家店下层文化遗址3000余处，但从未见有龙山文化遗存发现。

第二，据丰下和有关遗址的分期，该文化的早期阶段尽管有浓厚的龙山文化特征和个别龙山文化典型器，但就总体看，仍属于夏家店下层文化，而不是一个新的文化阶段。

第三，属于后红山文化（前称小河沿类型）的内蒙古赤峰市大南沟墓地整理结果表明，该墓地的早期与当地红山文化相衔接，发展到晚期，泥质红陶和彩陶几乎完全消失，全部为黑灰陶，出现了典型的磨光泥质黑陶、黑皮涂朱和彩绘陶以及雷纹和方格纹，器形已由折腹盆演变出典型的盂形器，与夏家店下层文化基本可以衔接起来，其间已无大的空白[21]。

第四，燕南地区夏家店下层文化与龙山文化的时间先后关系，也要做具体分析，如：

昌平雪山二期为龙山文化，但雪山三期为夏家店下层文化晚期。

蔚县三关第一段晚于龙山文化，但这个遗址的龙山文化要早于后冈二期，而三关第一段如前述，也不是夏家店文化的早期遗存。

唐山大城山遗址的文化性质，学术界有不同看法，过去统归为龙山文化，后多认为该遗址主要包括了夏家店下层文化遗存。前述这个遗址的上、下层都有相当于夏家店下层文化早、中期阶段的遗存。全面分析这个遗址，如遗址位于高70余米的峰顶，遗址下层有人工铺石和白灰居住面及墙壁，这是夏家店下层文化所处地势和建筑特点。就陶器而言，以绳纹灰陶为主，有实足根的甗、瘦长腹饰绳纹加划纹的中口罐、饰绳纹的钵碗、饰附加堆纹间篮纹的大瓮、绳纹间划纹的大口盆等，构成夏家店下层文化特有的陶器群。泥质黑陶部分为外黑胎红，以及鬶鋬、盉嘴、黑陶盂、圈足器等近龙山文化的因素，也都见于夏家店下层文化遗址，只蛋壳陶和横环耳器尚不见，但在这个遗址所占比例也甚少。大城山遗址下层是否还包括单一的龙山文化层，有待进一步分析，不过从总体看，应属于夏家店下层文化。

燕山南麓正是夏家店下层文化与龙山文化的接触地带，地层上的先后反映这两种文化的交错和影响关系，而燕南夏家店下层文化的典型器如盂、盂形鬲和彩绘陶器等的来源，还要追溯到辽西地区。

以上说明，在辽西地区并不存在一个独立的龙山文化阶段，辽西地区相当于龙山文化阶段的遗存，应就是夏家店下层文化的最早阶段，夏家店下层文化在燕南地区与龙山文化接触并互有影响，而夏家店下层文化的渊源，则与辽西地区红山文化及相当于红山文化的诸文化类型有直接关系。

2）有一种代表性观点，认为辽西一带出土的商周青铜器属于夏家店下层晚期[22]。我们曾提出，它们应属于晚于夏家店下层文化的又一阶段[23]。这些商周青铜器是否属于夏家店下层文化，这不仅有关该文化的时代下限的确定，而且涉及对夏家店下层文化和商周青铜器性质的认识。对此，我们分析的结果是：

第一，辽西地区出土商周之际青铜器已有11起之多，从未发现两者有共存关系。已知材料，除马厂沟小转山子遗址的房址被周初铜器窖藏坑打破以外，北洞更发现了商周之际铜器窖藏坑填土出夏家店下层文化晚期陶片的现象[24]。

第二，辽西出土商周青铜器范围，北到西拉木伦河南岸的天宝同[25]，已超出夏家店下层文化分布的北界。

第三，目前所知夏家店下层文化出土铜器，多为耳环一类小件，赤峰县四分地遗址所出陶合范和敖汉旗大甸子墓地出土的铜杖首，表明当时人们已掌握了制造铜容器的技术，但从该墓地出土的仿铜器陶器看，多以成排仿铆钉为装饰，这反映的是青铜器发展初期的制作技术，该墓地出土的陶鬶、爵等也为早期形制[26]，这些发现都可证明，夏家店下层文化尚未达到铸造青铜重器的技术水平。

第四，喀左和尚沟已发现了魏营子类型陶器和商周之际青铜器共生的墓葬。魏营子类型以夹砂绳纹红陶三足器、钵为主要特征，时间约当商晚期到周初[27]，从夏家店下层文化陶器演变趋势看，到了它的晚期阶段，灰黑陶锐减，代之以大量红砂绳纹陶，陶器制作技术由精而粗，表现出与魏营子类型有一定承袭关系，但魏营子类型已不属于夏家店下层文化，而是一个独立的文化类型，反映出商周之际前后辽西地区青铜文化正经历一个大的阶段性变化，而辽西出土的众多商周青铜重器，正是以这一阶段性变化为其历史背景的。

第五，燕山以南出土青铜器与夏家店下层文化的关系，与辽西地区有相同的情况。这一地区以平谷刘家河商中期墓葬及随葬铜器群为较早[28]，也不见与夏家店下层文化共存的证据，蔚县三关则发现了二里冈上层与夏家店下层文化晚期陶器共存的地层关系[29]。

以上诸例相互印证，说明燕山南北地区广泛出土的商周之际前后的青铜器，都不属于夏家店下层文化，而是晚于夏家店下层文化又一阶段的遗存，而夏家店下层文化的下限也以定在商二里冈期及以前为妥。

对夏家店下层文化的初步分期和年代分析，有助于对该文化发展演变的认识。

夏家店下层文化在辽西地区经历了它的全过程，不仅从兴到盛，而且从盛到衰，并找到了上承当地红山文化，下启商周之际诸文化类型的线索。该文化在燕山以南出现稍晚，与龙山文化和商二里冈文化关系较深，内涵不如燕北单一和典型。夏家店下层文化的中心不在燕南而在燕北，并且有由中心区向南发展的趋势。距今4000年前后发生在燕山南北地区的这一由北而南的文化推进，对夏、商以及燕文化的形成，应起到了积极作用，这正是我们在分期研究基础上需要深入探索的课题。

注　释

[1] 辽宁省文物干部培训班：《辽宁北票县丰下遗址1972年春发掘简报》，《考古》1976年3期。

[2] a. 北京大学考古教研室：《商周考古》，文物出版社，1980年；b. 李经汉：《试论夏家店下层文化的分期和类型》，《中国考古学会第一次年会论文集·1979》，文物出版社，1980年；c. 张家口考古队：《蔚县考古纪略》，《考古与文物》1982年4期。

[3] 辽宁省文物普查训练班：《朝阳地区1979年文物普查发掘的主要收获》，《辽宁文物》1980年1期。

[4] 中国科学院考古研究所内蒙古发掘队：《内蒙古赤峰药王庙夏家店遗址试掘简报》，《考古》1960年2期。

[5] 20世纪60年代以前的发现见：《貔子窝》1928年；《赤峰红山后——热河省赤峰红山后先史遗址》，1938年；佟柱臣：《赤峰东八家石城址勘察记》，《考古通讯》1957年6期；热河省博物馆筹备组：《热河凌源县海岛营子村发现的古代青铜器》，《文物参考资料》1955年8期。

[6] 重要发掘工作有敖汉旗大甸子墓地、建平水泉遗址等。

[7] 中国科学院考古研究所内蒙古工作队：《赤峰药王庙、夏家店遗址试掘报告》，《考古学报》1974年1期。

[8] 中国社会科学院考古研究所内蒙古工作队：《赤峰蜘蛛山遗址的发掘》，《考古学报》1979年2期。

[9] 中国科学院考古研究所内蒙古工作队：《宁城南山根遗址发掘报告》，《考古学报》1975年1期。

[10] 辽宁省博物馆等：《辽宁敖汉旗小河沿三种原始文化的发现》，《文物》1979年12期。

[11] 辽宁省博物馆等：《内蒙赤峰县四分地东山嘴遗址试掘简报》，《考古》1983年5期。

[12] 孙国平：《朝阳胜利三角城子遗址群调查记》，《辽宁文物》1982年3期。

[13] 天津市文化局考古发掘队：《河北大厂回族自治县大坨头遗址试掘简报》，《考古》1966年1期。

[14] 同[2]a。

[15] 安志敏：《唐山石棺墓及其相关的遗物》，《考古学报》1954年7期。

[16] 同[2]b。

[17] 河北省文物管理委员会：《河北唐山大城山遗址发掘报告》，《考古学报》1959年3期。
[18] 同[1]；辽宁省博物馆文物工作队：《辽宁建平县喀喇沁河东遗址试掘简报》，《考古》1983年11期。
[19] 郭大顺：《西辽河流域青铜文化研究新进展》，《中国考古学会第四次年会论文集·1983》，文物出版社，1985年。
[20] 安志敏：《中国早期铜器的几个问题》，《考古学报》1981年3期。
[21]《大南沟——后红山文化墓发掘报告》（待刊）。
[22] a. 邹衡：《夏商周考古论文集》，文物出版社，1980年；b. 中国社会科学院考古研究所：《新中国的考古发现和研究》，文物出版社，1984年；c. 苏赫：《从昭盟发现的大型青铜器试论北方的早期青铜文明》，《内蒙古文物考古》1982年2期。
[23] 同[19]。
[24] 辽宁省博物馆等：《辽宁喀左北洞村出土殷周青铜器》，《考古》1974年6期。
[25] 克什克腾旗文化馆：《辽宁克什克腾旗天宝同发现商代铜器》，《考古》1977年5期。
[26] 同[11]、[22]b。
[27] 同[3]。
[28] 北京市文物管理处：《北京市平谷县发现商代墓葬》，《文物》1977年1期。
[29] 同[2]c。

（原载于文物出版社编辑部：《文物与考古论集——文物出版社成立三十周年纪念》，文物出版社，1986年）

夏家店下层文化研究

张忠培　孔哲生　张文军　陈　雍

1935年，日本学者发掘赤峰红山后，提出了“赤峰第二期文化”[1]的概念，我国学者曾在1956年指出：“过去所谓‘赤峰第二期文化’实际上还包含几个性质面貌不同的阶段”并将“赤峰第二期文化”以“红山前56.02Ⅰ”和“红山后石棺墓和北大沟住地”为代表区分开[2]。1960年，赤峰药王店、夏家店遗址试掘后[3]，我国学者进一步指出：“‘赤峰第二期文化’实际是两种性质年代不同的青铜文化”，并以“夏家店下层文化”和“夏家店上层文化”分别命名了这两种青铜文化，自此以后，我国考古工作者相继在内蒙古、辽宁、河北、北京、天津等地区做了大量的考古工作，提出了夏家店下层文化的年代、分期、类型、源流和族属等一系列问题。今天，夏家店下层文化已经成为我国北方地区青铜时代考古的重要课题之一。

本文分别从西辽河水系区和海河北系区的遗存入手，结合近年张家口考古队在蔚县壶流河流域发现的夏商时期遗存做的考察，提出一些看法，以供学术界讨论。

一、西辽河水系区遗存

西辽河水系区，是指西拉木伦河流域及辽西沿海诸河流城地区。

这个区做过发掘的有赤峰药王庙、夏家店[4]、蜘蛛山[5]、新店、香炉山四分地、西山根[6]、敖汉旗大甸子[7]、小河沿[8]、宁城南山根[9]、小榆树林子[10]，以及北票丰下[11]和喀左小转子山[12]等遗址。这些遗址的有关遗存的文化内涵基本相同。目前一般将这种遗存作为典型的夏家店下层文化。

1）上述遗址的一些遗存间存在着叠压或打破关系。这种关系表明遗存间的早晚关系和遗址形成过程。

本区较好的层位关系有以下几组：

北票丰下遗址

南区 ②/F]→③→④→⑤（箭号指向被叠压或打破的单位，下同）

赤峰蜘蛛山遗址

T1②A·B·C·D·E→T1②F→H42→T1②G

T3④A·B·C→T3④D·E

赤峰药王庙遗址

T1 ①→ F1 →②→③

药王庙、夏家店、南山根和蜘蛛山 4 处遗址陶器统计表明，鬲、甗、盆、罐、鼎在全部陶器中的比率较高，排队的陶器应在这些器物中筛选。尊在遗址陶器中虽然只占 2.24%（据南山根统计），考虑到尊及其衍生器——尊形鬲在构成夏家店下层文化面貌方面所起的作用，也把它选入排队陶器里来。另外，壶（或称长颈罐）的比率略高于尊，为 2.62%（据南山根统计），鬲类中有它的衍生器，壶也是这一文化有特点的器物，亦应入选。但本区已发表资料里鼎、壶缺乏可供排队的标本，只好暂缺。

丰下、蜘蛛山两遗址的分期（层），为夏家店下层文化分期提供了重要依据。

据《丰下简报》，1972 年春的发掘集中在遗址南区，遗址中区、北区和东部断崖只做了零星发掘。南区第 2 层主要为房址及其堆积物，其中有灰坑打破房址和房址互相叠压、打破的现象。第 3 层普遍被第 2 层房址打破。第 4 层为厚约 70 厘米的黄土夹淤土，出土遗物较少，多碎小陶片。第 5 层以下为原生黄土。在使用丰下遗址层位关系时，需要做以下两点说明。

第一，第 4 层仅 T8 发表了两件陶器。这两件陶器形态与其他探方第 2、3 层同类器最晚者相近，但 T8 第 2、3 层没有可资比较的同类器物，故 T8 的层位情况有待研究。南区其他探方的第 4 层可划出不论。

第二，第 2、3 层的房址、灰坑，原简报没有具体交代它们在层的上部或下部。

丰下遗址层位最早的南区 T17 第 5 层共发表了 7 件陶器，T10 第 5 层和 T23 第 5 层也各发表了 1 件。这是根据层位得到的最早的一组陶器。药王庙遗址无层位关系的 F2、南山根遗址无层位关系的 H26 大约都是这个时期的遗存。

丰下遗址南区第 3 层和第 3 层的灰坑，发表陶器的有 T3 ③、T8 ③、T9 ③、T10 ③、T17 ③、T23 ③、T17 ③ H1、T17 ③ H3。以上各单位发表的陶器大都是一两件，目下只好把它们视为一个群体，以此来对比其他材料。至于 T101 ③的出土器物，从简报涉及的探方编号推测，T100～T103 似在另一区，T101 ③是否与南区三层各单位相当，不可得知。

蜘蛛山遗址晚期单位 T2 ④ B 出土的 T20 ④ B：63 残鬲与丰下 T23 ③：1 尊形鬲具有相同的特点。根据这种鬲的制法，可将全器分解成两个部分。器身接碴以上部分与相应型式尊相似，接碴以下部分与相应型式绳纹鬲和甗的腿部相似，这样就可把尊形鬲的上部和下部分别与相应的尊、鬲和甗腿部相比较。蜘蛛山 T2 ④ B：63 和丰下 T23 ③：1 两鬲的上部都与丰下 T16 ② F12：AI 式折腹盆（即尊）的形态相近，而与丰下 T17 ⑤：2Ⅰ式折腹盆（即尊）相差较远。

蜘蛛山遗址 H40，原报告没介绍开口层位，其遗物与该遗址晚期地层的相同当属晚期单位。H40：1 甗腿部与丰下 T17 ③：1Ⅱ式甗腿部及 T9 ③：4 Ⅲ式甗腿部相近。H40：7 Ⅳ式盆与丰下 T9 ③：4 Ⅲ式甗的盆部相同。甗是鬲和盆的复合形体，故可两相比较。

蜘蛛山遗址 T1 ② B：62IB 式盆口沿与蜘蛛山 H40：6Ⅱ式盆，以及 T2 ④ B：63

鬲、丰下 T23 ③：1 鬲的口沿都具有圆唇沿平折的相近作风，沿与腹的夹角（即沿张角）小于 110°。T1 ② B：62IB 式盆与丰下 T17 ⑤：2Ⅰ式盆、丰下 T102 ② F8：9Ⅱ式盆约为同型异式器，其形态介于丰下的两件盆之间。这件盆所在的单位大致与丰下第 3 层相当，丰下第 3 层正好位于第 5 层和第 2 层之间，层位关系与器形分析相符。

因此，蜘蛛山遗址晚期单位与丰下第 3 层及相关单位可视为同一时期遗存。另外，白斯朗营子塔山 F1 出土的一组陶器也可纳入这个阶段。

丰下遗址第 2 层和第 2 层的房址、灰坑，已发表陶器的有 T3 ②、T8 ②、T11 ②、T22 ②、T78 ②、T4 ② F1、T12 ② F7、T16 ② F12、T84 ② F13、T20 ② H1，以及 T101 ②、T102 ② F8。其中绝大多数单位基本同于第 3 层。打破第 2 层房址 F15 的 T20 ② H1 器形变化显著，应是本遗址最晚遗存的代表。T102 ② F8 与南区各方层位对应关系不清，共发表 3 件陶器，仅 T102 ② F8：9Ⅱ式盆有分期意义。这种绳纹鼓腹盆的器形变化显著，T102 ② F8：9 盆由蜘蛛山 T1 ② B：62 盆的平折沿演变为下折沿，沿与腹的夹角仍小于 110°，下腹较蜘蛛山 H40：5 甗的盆部更向内收敛，丰下 T102 ② F8：9 显然晚于蜘蛛山的盆和甗上部的盆。这样，T102 ② F8 就应晚于蜘蛛山晚期地层单位和丰下第 3 层及相关单位。T102 ② F8 和 T20 ② H1 虽无直接对比的器物，但估计它们年代大致相应。

丰下遗址第 5 层和第 2、3 层间似有缺环，蜘蛛山遗址为寻找这一缺环提供了线索。蜘蛛山遗址分为早、晚两层。上面已将晚期地层单位纳入丰下第 3 层代表的阶段，于是早期地层单位应在丰下第 3 层代表的阶段之前。

据蜘蛛山遗址 T1 早期地层的层位关系，蜘蛛山早期地层的遗存似可进一步划分。如被 T1 ② F 叠压的 H42 出土的 H42：5 罐，口微侈，扁圆唇，唇外一周凸棱，颈部较长，与北方地区龙山时期陶器作风接近，为同类器物的早期形态。H42 出土木炭放射性碳素年代为距今 3965 年 ±95 年[13]，可参证。被 H42 打破的 T1 ② G 层出土的 T1 ② G：64 尊，与药王庙 F2：22 尊相近，这样，H42 和 T1 ② G 则有早到丰下第 5 层代表阶段的可能。

蜘蛛山早期地层单位发表的陶器不多，排除上述两个单位后，显得更少，需要并联其他遗址的材料。在已发表资料中，南山根遗址陶器[14]与蜘蛛山早期地层陶器比较接近。南山根遗址除前面提到的无层位关系的 H26 外，余下的单位暂可与蜘蛛山的排在一起。

南山根大部分遗存与蜘姝山早期地层的部分遗存排在一起以后，南山根 H28：3[15]Ⅰ式盆便成了有分期意义的器物。这件绳纹盆圆唇、沿斜外卷，内壁沿、腹接合处略见折痕，它较蜘蛛山 T1 ② B：62 盆的沿腹夹角要大，约 120°，相应地不若蜘蛛山盆沿平折，下腹外鼓。如将 H28：3 盆与丰下 T17 ⑤：2 盆相比，又可看到，后者的沿、腹夹角略大于前者，内壁沿、腹结合处圆转无折痕。南山根 T10 ④：21 甗腿的裆部高于丰下 T17 ③：1 甗腿裆部，与此有关的外裆线与内裆线及裆内隔都有区别，前者应早于后者。据此，蜘蛛山早期地层的部分遗存和南山根大部遗存可以独立构成一个阶段，应排在丰下第 3 层代表的阶段之前、丰下第 5 层代表的阶段之后。

另外，药王庙 T1 ①：8 甗腿部与丰下 T4 ② F1：1 甗腿部相近。药王庙只见于第 2 层的鬲足（标本 T1 ①：7）与蜘蛛山只出于晚期地层的鬲足（标本 T3 ④ C：51）相近，据此，药王庙 T1 ①、F1、T1 ②都应和丰下南区第 2、3 层及蜘蛛山晚期地层相当。

在层位上早于药王庙 T1 ①、F1、T1 ②的 T1 ③出土的 T1 ③：13Ⅰ式甗的腿部，其形态明显早于丰下 T17 ③：1Ⅱ式甗，如与南山根 T10 ④：21 甗腿部相比，也应早于南山根出土者，于是便可排列出丰下 T17 ③：1Ⅱ甗的变化序列：药王庙 T1：13 →南山根 T10 ④：21 →丰下 T17 ③：1。因此，药王庙 T1 ③应与丰下南区的第 5 层相当。

综括以上分析，可以初步排出西辽河水系区遗存的分期。

Ⅰ段：以丰下⑤，药王庙 T1 ③、F2，南山根 H26，蜘蛛山 T1 ② G、H42 为代表的遗存。

Ⅱ段：以蜘蛛山 T1 ② F，T3 ④ D、E，南山根大部分遗存为代表的遗存。

Ⅲ段：以丰下②、③和有关房址、灰坑；蜘蛛山 T1 ② A～E，T2 ④ A、B；T3 ④ A～C、H40、H31；药王庙 T1 ①、F1、T1 ②为代表的遗存。

Ⅳ段：以丰下 T20 ② H1、T102 ② F8 为代表的遗存。

分期指示陶器见图一。受材料所限，分期图中的陶器没有严格的型式划分。

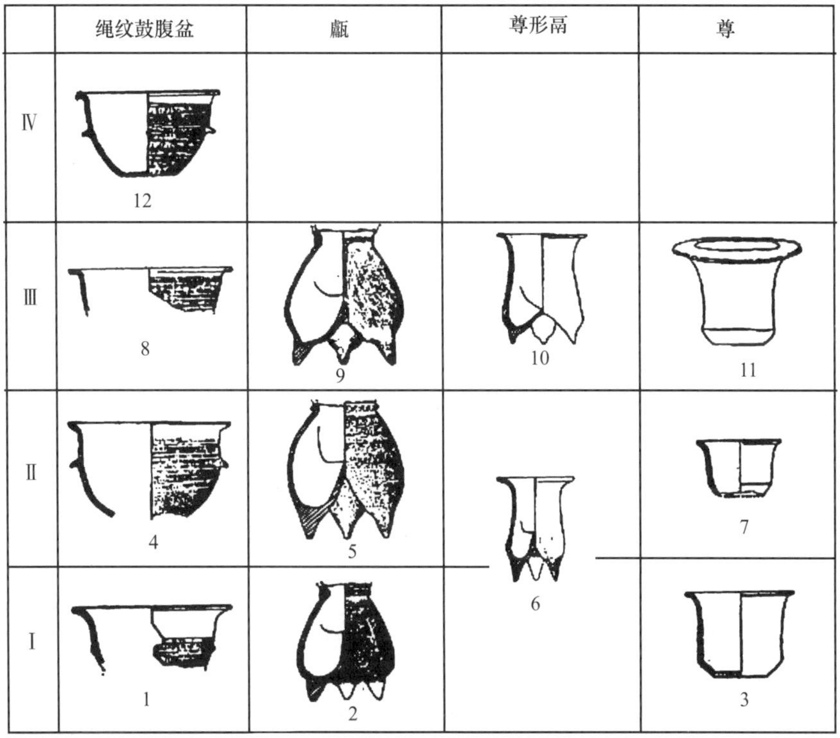

图一　西辽河水系区夏家店下层文化陶器分期图

1、3. 均为丰下 T17 ⑤：2　2. 药王庙 T1 ③：13　4. 南山根 H28：3　5. 南山根 T10 ④：21　6. 南山根 T1 ③：34　7. 南山根 T9 ②：16　8. 蜘蛛山 T1 ② B：62　9. 丰下 T17 ③：1　10. 丰下 T23 ③：1　11. 丰下 T16 ② F12：A1　12. 丰下 T102 ② F8：9

2）西辽河水系区遗存的陶器主要由夹砂灰陶、夹砂褐陶、泥质灰陶和黑陶、红陶五系构成。由于各遗址的空间与时间条件不同，加上发掘的局限，各遗址陶器不尽相同。

药王庙以夹砂灰陶、夹砂褐陶为主，泥质灰陶次之，还有少量的黑陶和红陶。夏家店以夹砂灰陶为主，泥质灰陶和夹砂褐陶次之，还有少量的红陶和黑陶。蜘蛛山以泥质灰陶和夹砂褐陶最多，夹砂灰、红陶和泥质红陶次之，泥质黑陶最少。南山根以夹砂灰陶最多，泥质灰陶和夹砂褐陶次之，夹砂黑陶和泥质黑、褐、红陶很少。西拉木伦河流域的四遗址陶器的共同特点，突出表现在以灰陶为主体方面。

凌河流域的丰下陶器以夹砂褐陶为主，第2层夹砂红陶显著增多，尤为值得注意的是，出现了一些新器形的磨光红陶。

纹饰以绳纹为主，素面、磨光亦占有相当比例。饰绳纹的鬲、罐、盆等器的口、颈部大部分磨光。磨光器物磨光前往往先饰绳纹。附加堆纹有泥条、泥饼两种，常见于瓮、盆腹部和甗腰部。为数不多的篮纹大都见于Ⅰ、Ⅱ段。划纹除常与绳纹、篮纹结合使用外，单独构成的三角划纹也很引人注意。器底常见有交叉划纹。墓葬部分陶器上有烧后绘制红、白、黄色的“云纹”“动物面目纹”图案。这类彩绘陶在遗址中也有少量发现。

陶器制法以泥条盘筑、分段套接为主。部分器物有轮修痕。蜘蛛山和丰下发现了少量的小型轮制器。用榫卯法结合足、耳等附件。鬲足多为模制。

主要器形有鬲、甗、鼎、罐、盆、瓮、尊、壶、豆、钵、盘等。墓葬陶器中还有爵、斝、盉等。整个陶器群以实足根绳纹鬲、鼓腹绳纹盆及这两种器形的复合体——甗、尊及其衍生器——尊形鬲、壶及其衍生器——壶形鬲、罐及其衍生器——罐形鼎、附加堆纹瓮等为代表器。

器形的特征往往与制法有一定的联系。根据分段套接的接碴，可以把器物分解后再做分析，由此推导出陶器演变的一般规律。

实足根绳纹鬲、实足根甗腿部和尊形鬲器身接茬以下部分，罐和罐形鼎器身部分，以及瓮等器的整体形态依最大横径在器高（口沿高度不计在内）的位置，大约分为上三分之一型和下三分之一型。这两型呈近似的轴对称图形。器身两侧曲线都是由外鼓向内收演变，它们的变化几乎是同步的。图二左侧两个象限内的是Ⅰ、Ⅱ段的一对形体，右侧两个象限内的是Ⅲ、Ⅳ段的一对形体。盆、尊类器大概也受这种变化规律的影响。

所有陶器的口沿大致分圆唇和方唇两大主系。圆唇系的变化规律是由外卷沿变为外折沿，再变为平折沿，然后变成下折沿，Ⅰ、Ⅱ段沿张角≥120°，Ⅲ、Ⅳ段沿张角≤110°，如图三所示。大约方唇系的变化也受这种规律影响。

鬲、甗绝大多数是由高分裆变为矮联裆（另有一型弧裆鬲，依其自身变化规律发展变化）。所谓裆高或矮，是指裆底到两前足跟与款足结合处的连线上的垂线长或短。外裆线变化见图四。

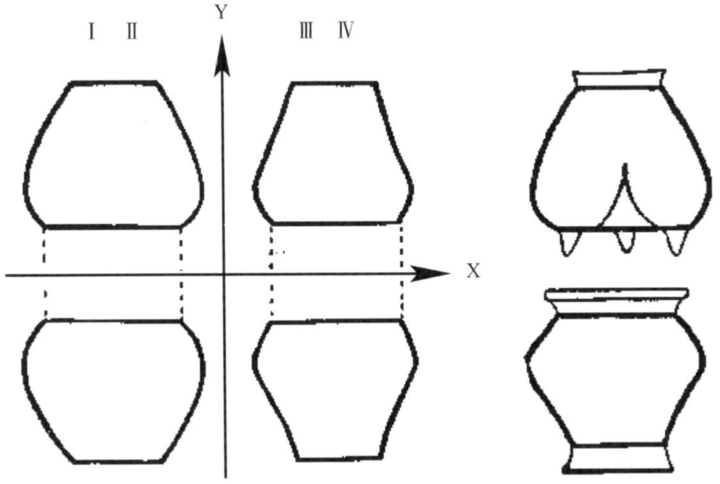

图二　西辽河水系区部分陶器器形变化示意图

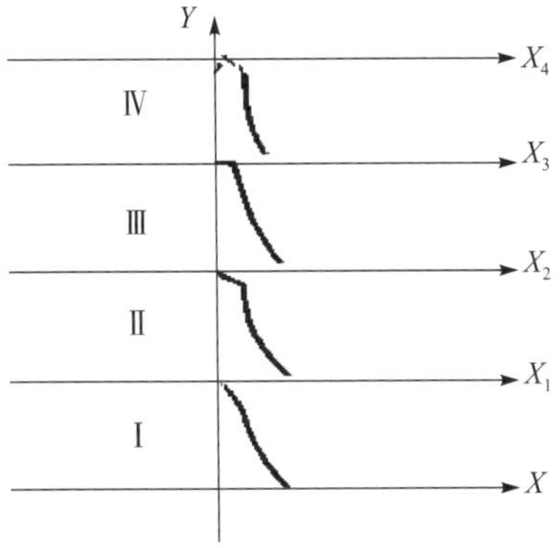

图三　西辽河水系区陶器口沿圆唇系变化示意图

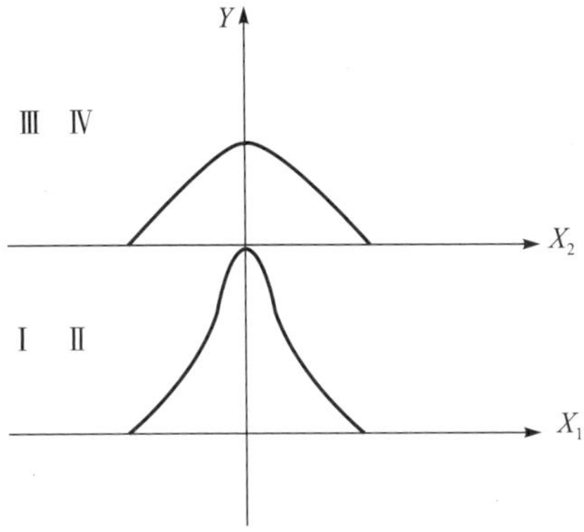

图四　西辽河水系区陶鬲、甗外裆线变化示意图

由高分裆变为矮联裆，除外裆线变化外，内裆线也相应地发生了变化。当高分裆时，内裆存在着较高的裆隔，随着裆高下降，裆内的裆隔也逐渐降低而至消失。这种裆隔的变化，反映了制法的改进。内裆线变化见图五。

3）西辽河水系区遗存的石器按制法分为磨制、打制和压削制（即细石器）三类。据药王庙、南山根、蜘蛛山的石器统计，磨制石器约占65%强；打制石器一般为15%左右，药王庙的比率偏高，为36.4%；压削制石器15%左右。磨制石器主要有铲、刀、斧、锛等。铲为大宗，药王庙占13.6%，南山根占60%，蜘蛛山占40%。打制石器主要有锄、斧、盘状器等。锄为大宗，药王庙占20%，南山根占80%。石器中的铲、刀、斧具有分期意义。锄估计也应有分期意义。磨制石铲、斧和打制石

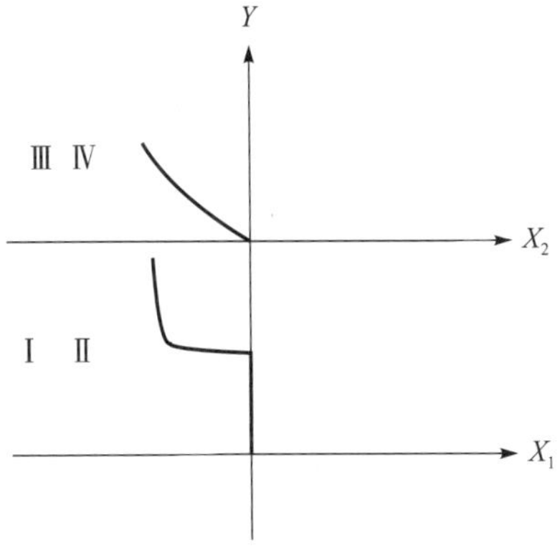

图五　西辽河水系区陶鬲、甗内裆线变化示意图

斧，都可分为直身与束身二式，较早阶段只有直身式。磨制柳叶形石刀分为凹腹孤脊、凹腹棱脊、直腹棱脊三式。较晚阶段主要是直腹棱脊式。

夏家店、小榆树林子、四分地和大甸子等地陆续发现的小型青铜器及相关遗物[16]表明西辽河水系区遗存是一种使用陶范法生产青铜器的北方系统青铜文化。已发表的资料不具备分期的可能。这种文化是否有较大型的青铜容器，目前没有物证。

据药王庙、夏家店、南山根、小榆树林子、蜘蛛山遗址的发现，西辽河水系区遗存的卜骨主要使用猪、羊肩胛骨，还使用动物的肢、肋骨。

肩胛骨的胛冈一般经修治，骨臼不做处理。肢、肋骨剖制成条形骨片，在胛骨背面和肢、肋骨髓腔面施钻、灼。进入普遍施钻阶段。

4）本区发现的房址较多。计药王庙 2 座：F1、F2；蜘蛛山 4 座：F3～F6；小榆树林子 2 座：Fl、F2；丰下 18 座，编号不详；白斯朗营子塔山 2 座：F1、F2；白斯朗营子南台地 3 座：F3、F9、F12。这些房址按建筑方式分为半地穴型与地上型两类。各类型房址按平面形状分为下列各式。

半地穴型：圆形独间式、方形独间式。

地上型：圆形独间式、方形独间式、方形多间式。

半地穴型的圆形独间式以药王庙的两座为代表。半地穴型的方形独间式以白斯朗营子塔山 F1 为代表。地上型的圆形独间式以丰下 F5 为代表。地上型的方形独间式以蜘蛛山 F5 为代表，F5 仅揭露了房址的东北角，为一圆角方形房址。地上型的方形多间式以丰下 F12 为代表。

Ⅰ、Ⅱ段房址主要为半地穴型圆形独间式，Ⅲ、Ⅳ段房址具有两型各式多种，而以地上型居多。夏家店下层文化的房屋大致经历了由地下向地上、由圆形向方形，由独间向多间发展的过程。在建筑技术方面。叠石砌墙早、晚并见，土坯墙只见于Ⅲ、Ⅳ段，Ⅲ、Ⅳ段还出现了外围墙。“白灰面”主要流行于Ⅲ、Ⅳ段。

5）墓葬在构成考古文化面貌与特征方面与遗址一样起着同等重要的作用。本区大甸子发现了大片墓地，南山根和丰下有零星的发现。

敖汉大甸子墓地已进行大面积的揭露[17]。墓地紧靠遗址的东北部。1974 年发掘的 54 座位于墓地东部边缘。墓葬分布密集，排列有序，大都是长方形土坑竖穴墓。部分有木质葬具。多为单人葬，个别合葬。葬式主要为侧身直肢，仰身或俯身的极少。头向多为西北。据遗址和墓地方位推测，遗骸头向遗址。随葬陶器大都放在脚端，部分墓放在脚端的壁龛里。陶器为鬲、罐、鼎和鬲、罐、钵两套基本组合，数量上有多有少。

部分墓有陶爵、斝、盉。约有五分之二的陶器涂绘有红、白、黄色颜料的图案。有随葬猪、狗头或整体的葬俗。整个墓地存在划分类型和分期的可能。

南山根第五道沟当地居民发现的墓葬具体情况不明。据说，出土了 1 件陶鬲和 1 件陶钵。这种折肩鬲应是这个地区年代较晚的器物。

早夭的儿童埋在遗址附近。丰下遗址发现的儿童墓为土坑竖穴式，无葬具。

二、海河北系区遗存

海河北系区，是指永定河以北，包括潮白、蓟运河系在内的海河水系地区。这一区的东界大约在陡河流域。本区内进行过发掘的有河北大厂大坨头[18]、天津蓟县张家园[19]、围坊[20]、北京昌平雪山[21]、房山琉璃河刘李店[22]，以及河北唐山大城山[23]、小官庄[24]，这些遗址的有关遗存与西辽河水系区既有联系，又有区别。

目前一般都把这种遗存作为一个类型从属于夏家唐下层文化。

1）这个区发表的资料有限，可供分析的层位关系有下列三组。

张家园遗址

T1 ④→ F4

大坨头遗址

H1 → H2

围坊遗址

T7、T8、T9 ③→④

本区发表的陶器校少，可供排队的器物很难筛选，型式也不易划分。

张家园遗址层位最早的F4出土的F4：1绳纹鬲具有卷沿、鼓腹、高裆、无明显的实足跟等特点，在本区已发现的无实足跟鬲中形态较早，应是本区较早阶段器物的代表。“雪山二期文化”中也有相当于这个阶段的遗存。目前一般认为“雪山二期文化”是相当于龙山时期的遗存，《夏商周考古论文集》第263页图二为雪山H66④：94鬲，明显出现了腹腔，其形态与张家园F4：1鬲已十分接近。因此，“雪山二期文化”以H66④：94鬲为代表的有关遗存应从龙山时期遗存中划分出来。根据类型学比较这种遗存的年代与张家园F4大体相当。“围坊一期文化”的T7、T8、T9第4层陶器与第5层陶器判然有别。第4层陶器应与“围坊二期文化”的第3层陶器属同一系统。4层出土的灰陶卷沿划断绳纹罐、豆（或称簋）、甗等器都具有本区同类器物较早的形态。根据地层与类型的比较，围坊遗址T7、T8、T9第4层遗存，应与张家园F4的年代大体相当或略早。

大坨头H2：14和刘李店M1：2绳纹鬲与张家园F4：1鬲在形态方面存在演变逻辑关系，即沿有外折，腹体和袋足有内收的趋势。大坨头H2：17盆、H2：16甗盆部与叠压张家园F4之上的第4层出土的T2④：3尊的作风相近，同作圆唇折沿。据此，大坨头H2和刘李店M1与张家园第4层可视为同阶段遗存。需说明的是，原简报图二表明T1④叠压于F4上，简报把各方的第4层均做同一时期处理，今暂从。

打破大坨头H2和H1出土的陶器，与H2出土者区别明显，应是本区目前发表的最晚阶段的遗存。属“围坊二期文化”的叠压在T7、T8、T9第4层上的第3层出土的陶器与大坨头H1陶器形态接近，年代相当。小官庄戊墓出土的折肩鬲，与大坨头H1同类器的时代作风相近，此墓大约相当于本段偏早或上段偏晚。

陡河流城的大城山遗存，原报告没交代彼此不相连的各探方地层，发表陶器主要集中在 T3 ②、T9 ②和 T10 ①三个单位，现在看来，T8 ②应为相当于龙山时期的遗存。T9 ②、T10 ①与上述第一阶段遗存大致相当，如圆唇折沿的 T10 ①：340 盆、T9 ②：318 甗盆，它们的形态应早于大坨头圆唇折沿的 H2：17 盆和 H2：16 甗盆。需要指出的是，大城山是多重结构的遗存，其中含有部分西辽河水系区早期遗存，如 T9 ②：288 甗。

通过陶器的分析，海河北系区遗存大体经历了以张家园 F4 和围坊 T7、T8、T9 第 4 层为代表的，以张家园第 4 层和大坨头 H2 为代表的，以大坨头 H1 和围坊 T7、T8、T9 第 3 层为代表的三个阶段（图六）。

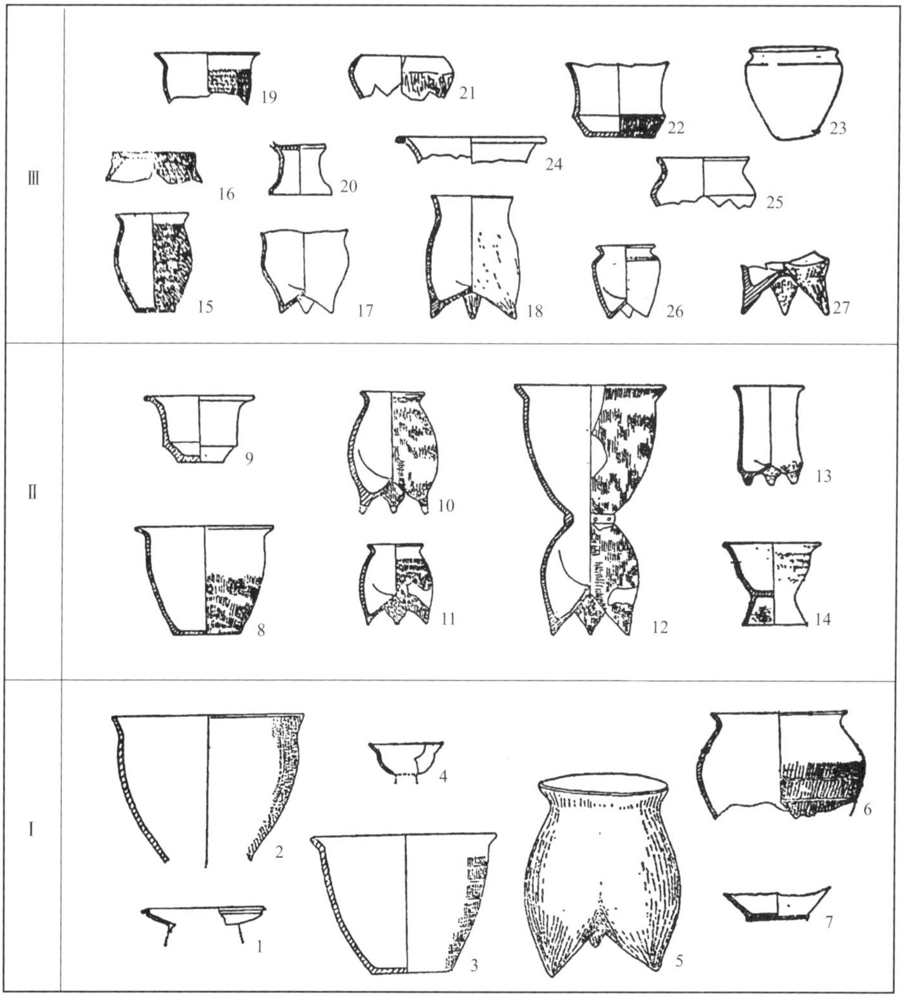

图六　海河北系区夏家店下层文化陶器分期图

1. T9 ④：11　2. T9 ②：318　3. T10 ①：340　4. T9 ④：14　5. F4：1（摘自幼铮《天津出土文物掇英》，《天津社会科学》1982 年 2 期）　6. T9 ④：10　7. T9 ④：16　8. H2：17　9. T2 ④：3　10. H2：15　11. H2：14　12. H2：16　13. M1：1　14. M1：4　15. T4③：13　16. T4③：18　17. T1③：30　18. T3③：13　19. T3③：20　20. H1：9　21. T1③：19　22. T1 ③：16　23. H1：10　24. T1 ③：17　25. T3 ③：17　26. H1：6　27. T3 ③：21
（1、4、6、7、15～19、21、22、24、25、27. 围坊出土　2、3. 大城山出土　5、9. 张家园出土　8、10～12、20、23、26. 大坨头出土　13、14. 刘李店出土）

2）海河北系区的陶器以夹砂褐陶为主，据“围坊二期文化”的统计约占陶器总数的68.2%。灰陶和泥质陶的概率较小。张家园第4层出现了较多的红陶。纹饰以绳纹和划断绳纹为主，其次为素面或磨光附加堆纹只见于器物结合部，在大坨头遗址和雪山墓葬中，发现了彩绘。制法以手制为主[25]。

整个陶器群以无足跟绳纹鬲、无足跟素面鬲、无足跟斜腹盆式甗、斜腹盆、深腹豆、尊及尊形鬲等器为典型器物。Ⅰ、Ⅱ段器身两侧为外凸曲线，Ⅲ段两侧曲线率渐小，并出现内收趋势，部分器身出现折棱。Ⅰ、Ⅱ段器沿为卷沿和折沿，Ⅲ段为平折沿。Ⅰ、Ⅱ段高分裆，Ⅲ段矮联裆。以上是本区陶器的基本特征。

3）海河北系区遗存的石器以磨制为主，器形有斧、刀等。压削制石器有镞、刮削器等，为数不多。已发表的资料中，未见打制石器。矩形穿孔石刀是本区石器的典型器物。

本区大坨头、张家园、围坊、雪山、刘李店和大城山、小官庄诸遗址中，都发现了北方系统的青铜器和相关遗物。青铜器出现的频率要高于西辽河水系区。被学术界认作夏家店下层文化典型遗物的喇叭状青铜耳饰，目前发表的标本全部出土于海河北系区。

根据现有资料，这种耳饰形制早晚似有变化：较早的喇叭状顶端皆为实心，柄呈倒“U”字形，较晚的出现了空心的喇叭状顶端和“O”形柄。与青铜耳饰形制相同的金质耳饰，出现于较晚的阶段。这种遗存是否有较大型的青铜容器，现今没有确凿的发现。

4）张家园遗址发现Ⅰ段房址1座：F4；大坨头遗址发现Ⅱ段和Ⅲ段房址各1座：H2和H1。

张家园F4为半地穴式建筑，房址平面呈不规则长条形。有斜坡式门道，居住面铺沙及黄土。

大坨头H2为大型半地穴式建筑，平面呈椭圆形。有阶梯式门道。居住面铺白色细沙。

大坨头H1为一多间式半地穴建筑。破坏严重，原貌不可得知。有斜坡式门道。

5）琉璃河刘李店、昌平雪山、唐山、小官庄和大城山等处发现了墓葬。刘李店和大城山的较早，雪山和小官庄的较晚。

刘李店墓为长方形土坑竖穴式。头向均为90°，皆仰身直肢葬。未见棺板痕迹。M1随葬器放在足端，组合为鬲、豆（原简报称簋）、罐。M2葬有铜耳环、指环。

大城山F5二层底发现人骨一具，俯身屈肢，头向东北，头前有狗骨架一具。

大城山T10上层发现并列的人骨架4具，头向皆东南，仰身直肢。骨架周围没发现葬具痕迹，随葬器物不明确。

雪山墓据《商周考古》一书介绍的材料[26]，发现的10余座墓均为长方土坑竖穴式，方向以东西向者为多，南北向者很少。葬式不明。二层台或有熟土或生土，一般有木棺。随葬器物放在棺内。随葬陶容器的基本组合为鬲、尊（即原文的折腹盆）、罐或钵罐。有的墓有铜耳环或金耳环。

小官庄发现的 6 座均为长方形石棺墓。人骨头东脚西，葬式不明。随葬陶器或放在棺内，或放在棺尾外的石室里。随葬陶器基本组合为鬲、尊（原报告称大口高颈素罐）、罐。丁墓随葬喇叭状铜耳环 1 枚。

三、西辽河水系区遗存、海河北系区遗存与蔚县壶流河流域夏商时期遗存的比较

1979～1982 年，张家口考古队在蔚县壶流河流域围绕夏家店下层文化开展了一些工作。在三关、庄窠、筛子绫罗、四十里坡、前堡等遗址发现的夏商时期遗存，其自身发展阶段、年代、遗存结构和与邻境文化的关系都比较清楚。《蔚县考古纪略》[27]和《蔚县夏商时期考古的主要收获》[28]曾简要地介绍了这些遗存。蔚县壶流河流域夏商时期第一、二、三阶段遗存是多重结构的遗存。《蔚县夏商时期考古的主要收获》一文曾指出它的主体成分和海河北系区的夏家店下层文化同属一系统文化其他两种成分分别和太行山脉东、西两麓同时期的考古文化有关。第四阶段是含有北方文化因素的早商文化或早商文化的北方变体。

首先讨论西辽河水系区遗存、海河北系区遗存与蔚县遗存的分期、年代的对应关系。

海河北系区雪山遗址的层位关系与蔚县诸遗址相类似，夏家店下层文化遗存叠压当地龙山时期遗存之上；叠压在相当于商时期遗存之下。西辽河水系区目前虽然没有这种层位关系，但本区较早单位蜘蛛山 H42 放射性碳素年代与蔚县龙山时期最晚的年代相近[29]，属Ⅲ段的丰下 T10 ③放射性碳素年代与蔚县第二阶段 YZT17H30 的年代接近[30]。

三种遗存主要陶器形制演变的逻辑序列在以下几个方面基本一致。

鬲、罐、盆、瓮等器的器身两侧曲线都是由外凸逐渐变为内收；

鬲、罐、瓿、罍、瓮、钵等器在较晚的阶段流行折棱；

器沿一般都是由卷沿向折沿、平折沿变化，最后形成下折沿，完成整个演变过程；

鬲、甗的裆部一般都是由高分裆变为矮联裆。

三种遗存陶鬲横向对比，基本形态和主要特征十分相似：

蔚县夏商第二阶段的 YQF1∶7 与海河北系区Ⅰ段的雪山 H66 ④∶94（图七，1、2）；

蔚县夏商第一阶段的 YSG 采集标本与西辽河水系区Ⅱ段的南山根 T1 ③∶34（图七，5、6）；

蔚县夏商第二阶段的 YSGH2022∶26 与西辽河水系区Ⅰ段的药王庙 T1 ③∶13 甗腿部（图七，4、3）；

蔚县夏商第三阶段YZ采集标本、YQ采集标本与海河北系区Ⅲ段的大坨头H1：6、西辽河水系区年代较晚的南山根采：1（图七，8、9）。

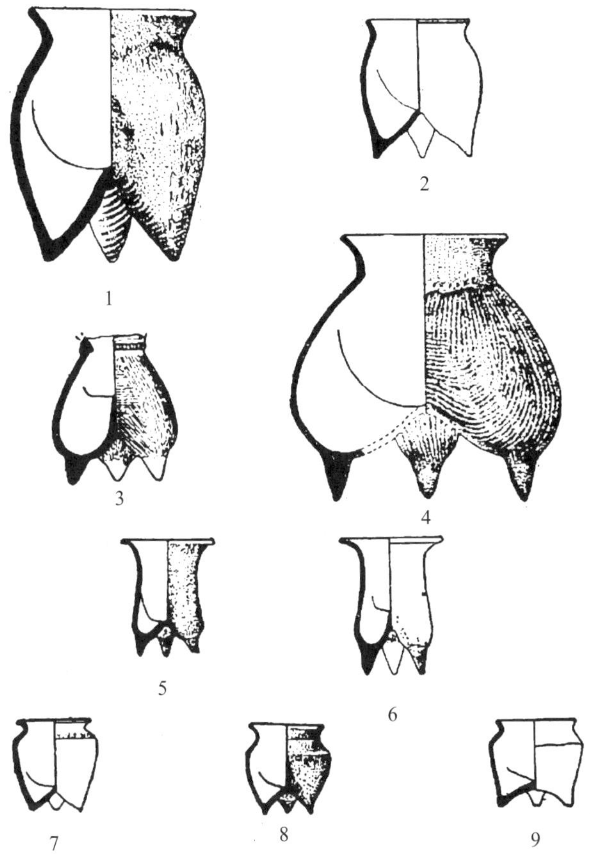

图七　陶鬲对比图

1. 蔚县前堡YQF1：7　2. 昌平雪山H66④：94　3. 赤峰药王庙T1③：13（甗腿部）　4. 蔚县三关YSGH2022：26　5. 蔚县三关采集　6. 宁城南山根T1③：34　7. 大厂大坨头H1：6　8. 蔚县庄窠采集　9. 宁城南山根采：1

一般地说，三种遗存起始时间相近，发展进程相近（即分期大体对应），它们消亡时间也就不会相去甚远。实际上由于发展的不平衡性，三种遗存消亡的时间可能互有早晚。在考察西辽河水系区遗存和海河北系区遗存的年代时除蔚县提供的比较标尺外，还应考虑到以下的考古现象。

1）黄河以北地区，南如夏县东下冯遗址[31]，北如伊金霍洛旗朱开沟遗址[32]与蔚县同时期的遗存，消亡时间都在早商晚期。

2）西辽河水系区遗存和海河北系区遗存分别被“魏营子类型”[33]和“张家园（围坊）上层文化”[34]叠压。

3）西辽河水系和海河北系两区遗存迄今尚未确切发现较大的青铜容器，而两区内出现的青铜容器最早年代为早商晚期[35]。

因此，有理由认为，西辽河水系区遗存和海河北系区遗存的年代下限与蔚县夏商时期遗存一样，至迟不会晚于晚商时期。如说得更具体一些，则不会晚于武丁时期。三种遗存分期与年代对应关系大致如表一所示。

表一

<table>
<tr><th>壶流河流域</th><th>海河北系区</th><th>西辽河水系</th><th>年代</th></tr>
<tr><td>Ⅰ</td><td rowspan="2">Ⅰ</td><td>Ⅰ</td><td rowspan="3">夏</td></tr>
<tr><td rowspan="2">Ⅱ</td><td rowspan="2">Ⅱ</td></tr>
<tr><td>Ⅱ</td></tr>
<tr><td rowspan="2">Ⅲ</td><td rowspan="3">Ⅲ</td><td>Ⅲ</td><td rowspan="2">早商早期</td></tr>
<tr><td rowspan="2">Ⅳ</td></tr>
<tr><td>Ⅳ</td><td>早商晚期</td></tr>
</table>

接下来比较三种遗存文化面貌方面的异同。

蔚县壶流河系桑干河支流，属海河北系。壶流河流域夏商时期第一至三阶段遗存主体成分为海河北系区遗存。蔚县壶流河流域是海河北系区的西界地段。这样，实际上就是海河北系区遗存与西辽河水系区遗存的对比。

1）陶器。

海河北系区多褐陶，典型器物有无实足跟鬲（甗），深腹豆、大口尊形绳纹瓮及尊、尊形鬲。西辽河水系区多灰陶，典型器物有空足跟鬲（甗）、壶与壶形鬲、罐与罐形鼎、附加堆纹瓮及尊、尊形鬲。两区典型器物中共同高频出现的是尊与尊形鬲。

2）石器与铜器。

海河北系区的石器主要是磨制和压削制两类。磨制矩形穿孔石刀为典型器物。据蔚县资料，石镰也是典型器物。

西辽河水系区的石器除磨制和压削制外，还有一定数量的打制器。磨制扁平石铲、柳叶形石刀和打制石锄为典型器物。磨制石铲、石斧和打制石斧较晚阶段流行束身式。

喇叭状铜耳饰，目前已发表的标本全部出于海河北系区，西辽河水系区缺乏同类对比器物。

3）房址。

目前，海河北系区房址资料尚感不足。据现有资料得到的线索：海河北系区的房址不见西辽河水系区以石块、土坯砌墙的做法，海河北系区居住面铺沙的做法，也不见于西辽河水系区的房址。

4）墓。

海河北系区多是东向单人仰身直肢葬的土坑墓。随葬陶器基本组合为鬲、豆、罐和鬲、尊、罐。较晚的组合里有钵。西辽河水系区多是西北向的单人侧身直肢葬的土坑墓。随葬陶器基本组合为鬲、罐、鼎和鬲、罐、钵。部分墓有爵、斝、盉。海河北系区墓葬中的鬲除尊形鬲外，尚有一定数量的无足跟素面（绳纹鬲），而西辽河水系区墓葬中绝大多数为尊形鬲。

尽管两区遗存在文化面貌方面存在一定的差异，作为炊器的鬲（甗）谱系不尽相同，但尊形鬲以一种相对稳定的因素存在于两区遗存。这种富有特征的器物大都作为墓葬的随葬品而构成两区遗存共同的基本特征。

现有资料表明，西辽河水系海河北系区两种遗存内部也存在着一些差别，这些差别是通过不同河流流域遗存表现出来的。如西辽河水系区内，西拉木伦河及其支流老哈河流域的遗存与大凌河及小凌河流域的遗存在陶器等方面的某些差别；海河北系区内，永定河及其支流桑干河流域的遗存与潮白、蓟运河流域遗存在陶器等方面的某些差别。不断深入研究这些地方性差别对于进一步确定夏家店下层文化的类型和探讨夏家店下层文化与周邻文化的关系大有裨益。

四、余　　论

1）上述按水系划分的两大区域里，没有包含滦河水系地区。滦河水系地区位于注入辽东湾的西辽河水系区和注入渤海湾的海河北系区的中间，全部河流注入渤海北部，是一个独立的水系地区。

这个地区至今没有发表正式发掘的资料。调查资料表明，滦河中上游的山地遗存与下游平原遗存存在某些差别。这些遗存既与西辽河水系区有联系，又与海河北系区有联系。它们还有受到辽东半岛或山东半岛文化影响的可能，这点在陡河流域已有反映。

根据以上两点，滦河水系地区自龙山至夏商时期的遗存应是多重结构的。这个地区将会成为解开海河北系区和西辽河水系区，以及辽东半岛、山东半岛地区文化关系的枢纽。

2）当我们把“雪山二期文化”中的以H66④：94鬲为代表的有关遗存划入夏家店下层文化以后，发现“雪山二期文化”与“雪山三期文化”之间有缺环的现象，“雪山一期文化”和“雪山二期文化”间的距离原本就很大，这就是说，雪山遗址的三期遗存的年代不是衔接的。

张家口考古队在蔚县壶流河流城诸遗址中不仅发现了雪山遗址的三种遗存，而且发现了由“雪山一期文化”发展来的晚于雪山一期早于雪山二期的遗存。同时还认识了“雪山二期文化”中相当于龙山时期遗存的几个发展阶段，证实了以雪山H66④：94鬲为代表的有关遗存应该属于夏家店下层文化。蔚县发掘提出的海河北系区龙山时期遗存和夏家店下层文化陶鬲谱系方面的新问题，使我们感到，目前在没有搞清楚海河北系区龙山时期遗存前，不便简单地认为它就是海河北系区夏家店下层文化的前身。

3）西辽河水系区和海河北系区夏家店下层文化年代下限的确定，直接关系到“魏营子类型”和“张家园（围坊）上层文化”的年代问题。根据南沟门遗址和魏营子遗址的层位关系，现在可以肯定“魏营子类型”应是相当于晚商时期的遗存。据张家园和围坊两遗址的层位关系及类型学的对比，“张家园（围坊）上层文化”亦应是相当于晚商时期的遗存。这里需要指出的是，“魏营子类型”和“张家园（围坊）上层文化”内涵与西辽河水系区和海河北系区的夏家店下层文化不同，尤其是陶器的质色、纹饰、制法以及器类、器形方面都存在着较大的差异，陶器依各自的演变序列变化，主要器物间不存在演变逻辑关系。因此，“魏营子类型”和“张家园（围坊）上层文化”不应属西辽河水系区和海河北系区夏家店下层文化范畴，它们之间也不存在继承与发展的关系。“魏营子类型”和“张家园（围坊）上层文化”是取代西辽河水系区和海河北系区夏家店下层文化的两种新的北方地区青铜时代的考古文化。

4）夏家店下层文化年代的确定，动摇了以往关于夏家店下层文化族属的考证，有必要对此问题重新认识。

从考古方面看：

海河北系区夏家店下层文化遗存主要分布在大清河以北的海河水系流域地区。

海河北系区夏家店下层文化遗存的年代包括整个夏时期和早商时期。

海河北系区的夏家店下层文化南与海河南系区的先商文化北境接壤[36]，文化关系密切[37]。

海河北系区的夏家店下层文化在夏商之际发生了较大的变化。

从文献方面看：

A. 海河北系区是古幽州的主要区域。

关于古幽州，先秦文献中主要有两种说法：

《尔雅·释地》：“燕曰幽州。”

郭璞注：自易水至北狄。

《周礼·职方》：“东北曰幽州。其山镇曰医无闾，其泽薮曰豯养，其川河、泲，其浸菑、时。”

郑玄注：医无闾在辽东，豯养在长广，菑出莱芜，时出般阳。

很显然，海河北系区应与《职方》幽州无涉。《释地》幽州大约是从《禹贡》的冀州中划分出来的。郭璞认为它南起易水，北至北狄之地。这条南界的易水，邢昺说：“《地理志》云：‘涿郡故安县：阎，乡易水所出，东至范阳入濡也。’从此易水至于北狄幽州之境也。”就是今天易县的易水。

说到幽州，人们自然会想起被舜流放到幽州的共工。邹衡曾对共工氏及其所处的年代与活动范围详加考证，他认为“共工被流放之地是在今北京市昌平，密云一带”[38]。

幽州既是共工流放的地方，那么《淮南子·本经训》说的“共工振滔洪水，以薄空桑”的空桑，也就该在幽州境内。郝懿行据《山海经》推定空桑的三个地点[39]，以赵、代间与海河北系区关系最密。在《山海经》以太行山为首的《北次三经》里有这样的记载：“又北二百里，曰空桑之山，无草木，冬夏有雪。空桑之水出焉，东流注于虖沱。”

据《北次二经》《北次三经》所叙的山水推定，空桑之山大概是今山西北部的云中山，空桑之水即今桑干河。那么传说中共工振滔洪水的河流就该是桑干河了。

B. 有易氏是活动在古幽州的先民。

说到幽州，人们还会想起被共工所改变的北狄。《史记·五帝本纪》载：“于是舜归而言于帝，请流共工于幽陵（《正义》：《尚书》及《大戴礼》皆作“幽州”），以变北狄。”

我们认为，活动在古幽州的北狄就是有易。“狄”与“易”固然有语音方面的联系，然而史迁称有易为北狄，很可能与春秋战国以降把北方民族称为北狄有关。《楚辞·天问》里有这样一段文字：

> 该秉季德，厥父是臧，胡终弊于有扈，牧夫牛羊？干协时舞，何以怀之？平胁曼肤，何以肥之？有扈牧竖，云何而逢？击床先出，其命何从？恒秉季德，焉得夫朴牛？何往营班禄，不但还来？昏微遵迹，有狄不宁。

王国维认为“有扈”当为“有易”之误[40]，很有道理。据《周易》《竹书纪年》《山海经》记载的这段史实，有扈确是有易之讹。在上引《天问》这段文字中，有易与有狄并见，恰好表现出这种称谓的嬗变。有易之称大概与易水有关。至于有易氏的地望，王国维谓：“其国当在大河之北，或在易水左右（原注，孙氏之禄说）。”[41]

《山海经·大荒本经》载：

> 有困民国，勾姓而食。有人曰王亥，两手操鸟，方食其头。王亥讬于有易、河伯仆牛，有易杀王亥取仆牛。
>
> 河伯念有易，有易潜出，为国于兽，方食之，名曰摇民。

郭璞注引《竹书纪年》：

> 殷王子亥宾于有易而淫焉，有易之君绵臣杀而放之，是故殷主甲微假师于河伯，以伐有易，灭之，遂杀其君绵臣也。

以上记载，可以得到《周易》的印证：

《周易·大壮六五爻辞》：“丧羊于易，无悔。”

《周易·旅上九爻辞》：“丧牛于易，凶。”

今本《竹书纪年》的记载大致同古本《竹书纪年》，有些文字可能是衍入的注文。

今本《竹书纪年》帝泄十二年：“殷侯子亥宾于有易，有易杀而放之。”

今本《竹书纪年》帝泄十六年：“殷侯微以河伯之师伐有易，杀其君緜臣。殷侯子亥宾于有易而淫焉，有易之君緜臣杀而放之。故殷上甲微假师于河伯以伐有易，灭之，遂杀其君緜臣。中叶衰而上甲微复兴，故殷人报焉。”

根据文献记载，有易民在商先公先王时期与商族发生了十分密切的关系，它曾一度非常强悍，到商上甲微以后，便衰落下去。

海河北系区夏家店下层文化的分布区城、年代、与邻境文化关系等方面都和文献中的有易氏相吻合，这种文化遗存很可能就是有易氏所属的考古文化。

至于西辽河水系区夏家店下层文化的族属，尚待考证。

1983 年 3 月定稿，1984 年 8 月略作修改。

注 释

[1] 滨田耕作、水野清一：《赤峰红山后——热河省赤峰红山后先史遗址》，《东方考古学丛刊》甲种第六册，东亚考古学会，1938 年。

[2] 吕遵谔：《内蒙赤峰红山考古调查报告》，《考古学报》1958 年 3 期。

[3] 中国科学院考古研究所内蒙古发掘队：《内蒙古赤峰药王庙、夏家店遗址试掘简报》，《考古》1961 年 2 期；中国科学院考古研究所内蒙古工作队：《赤峰药正庙、夏家店遗址试掘报告》，《考古学报》1974 年 1 期。

[4] 中国科学院考古研究所内蒙古发掘队：《内蒙古赤峰药王庙、夏家店遗址试掘简报》，《考古》1961 年 2 期；中国科学院考古研究所内蒙古工作队：《赤峰药正庙、夏家店遗址试掘报告》，《考古学报》1974 年 1 期。

[5] 中国社会科学院考古研究所内蒙古工作队：《赤峰蜘蛛山遗址的发掘》，《考古学报》1979 年 2 期。

[6] 参见刘观民、徐光冀：《内蒙古东部地区青铜时代的两种文化》，《内蒙古文物考古》1981 年创刊号。

[7] 中国科学院考古研究所辽宁工作队：《敖汉旗大甸子遗址 1974 年试掘简报》，《考古》1975 年 2 期。

[8] 辽宁省博物馆、昭乌达盟文物工作站、敖汉旗文化馆：《辽宁敖汉旗小河沿三种原始文化的发现》，《文物》1977 年 12 期。

[9] 中国科学院考古研究所内蒙古工作队：《宁城南山根遗址发掘报告》，《考古学报》1975 年 1 期。

[10] 内蒙古自治区文物工作队：《内蒙古宁城县小榆树林子遗址试掘简报》，《考古》1965 年 12 期。

[11] 辽宁省文物干部培训班：《辽宁北票县丰下遗址 1972 年春发掘简报》，《考古》1976 年 3 期。

[12] 王增新：《凌源青铜器群出土地点发现新石器时代遗址》，《文物参考资料》1957 年 3 期。

[13] 中国科学院考古研究所实验室：《放射性碳素测定年代报告（三）》，《考古》1974 年 5 期。

[14] 据《南山根遗址发掘报告》，Ⅰ地点的 T1～T4、T6、T9、T10 和Ⅱ地点的 T5 都是第 4 层为夏家店下层文化性质的堆积。发表的陶器有相当数量出于第 4 层以上的地层，整个陶器群表现出的时代特点不很单纯、明显。我们暂且把它们作为同一时期遗存处理。

[15] 南山根 H28 是田野编号，原是第 4 层凹下的堆积，原报告已做说明。

[16] 敖汉旗大甸子公社历史研究小组、辽宁省博物馆：《从大甸子墓地出土物看历史上的阶级分化》，《文物》1976 年 1 期。

[17] 中国科学院考古研究所辽宁工作队：《敖汉旗大甸子遗址 1974 年试掘简报》，《考古》1975 年 2 期；敖汉旗大甸子公社历史研究小组、辽宁省博物馆：《从大甸子墓地出土物看历史上的阶级分化》，《文物》1976 年 1 期。

[18] 天津市文化局考古发掘队：《河北大厂回族自治县大坨头遗址试掘简报》，《考古》1966 年 1 期。

[19] 天津市文物管理处：《天津蓟县张家园遗址试掘简报》，《文物资料丛刊（1）》，文物出版社，1977 年。

[20] 天津市文物管理处考古队：《天津蓟县围坊遗址发掘报告》，《考古》1983 年 10 期。

[21] 鲁琪、葛英会：《北京市出土文物展览巡礼》，《文物》1979 年 4 期；邹衡：《夏商周考古学论文集》第陆篇第二章，文物出版社，1980 年。

[22] 北京市文物管理处、中国科学院考古研究所、房山县文教局琉璃河考古工作队：《北京琉璃河夏家店下层文

化墓葬》,《考古》1976年1期。
[23] 河北省文物管理委员会:《河北唐山市大城山遗址发掘报告》,《考古学报》1959年3期。
[24] 安志敏:《唐山石棺墓及其相关的遗物》,《考古学报》第七册,1954年。
[25]《张家园遗址试掘简报》称“制法多轮制”,此说颇值得怀疑。
[26] 北京大学历史系考古教研室商周组:《商周考古》第二章第七节,文物出版社,1979年。
[27] 张家口考古队:《蔚县考古纪略》,《考古与文物》1982年4期。
[28] 张家口考古队:《蔚县夏商时期考古的主要收获》,《考古与文物》1984年1期。
[29] 蜘蛛山H42放射性碳素年代为B.C.3965年±90年,中国科学院考古研究所实验室:《放射性碳素测定年代报告(三)》,《考古》1974年5期;蔚县庄窠T22H128放射性碳素年代为B.C.3940年±80年,此数据由北京大学历史系考古专业碳-14实验室测定,实验室编号BK79099,起迄年代为1950年,半衰期取5730年,未经树轮校正。
[30] 丰下T10③放射性碳素年代为B.C.3550年±80年,中国科学院考古研究所实验室:《放射性碳素测定年报告(四)》,《考古》1977年3期;蔚县庄窠T17H30放射性碳素年代为B.C.3285年±75年。此数据由国家文物局文物保护科学技术研究所碳-14实验室测定,实验室编号WK81-46,起讫年代为1950年,半衰期取5730年,未经树轮校正。
[31] 东下冯考古队:《山西夏县东下冯遗址东区、中区发掘简报》,《考古》1980年2期。
[32] 鲁琪、葛英会:《北京市出土文物展览巡礼》,《文物》1979年4期;邹衡:《夏商周考古学论文集》第陆篇第二章,文物出版社,1980年。
[33] 辽宁省博物馆文物工作队:《辽宁朝阳魏营子西周墓和古遗址》,《考古》1977年5期;喀左县文化馆:《记辽宁喀左县后坟村发现的一组陶器》,《考古》1982年1期;郭大顺:《魏营于类型的发现及其意义(提要)》,《辽宁省考古、博物馆学会成立大会会刊》,1981年。
[34] 天津市文物管理处:《天津蓟县张家园遗址试掘简报》,《文物资料丛刊(1)》,文物出版社,1977年;天津市文物管理处考古队:《天津蓟县围坊遗址发掘报告》,《考古》1983年10期。
[35] 文物编辑委员会:《文物考古工作三十年》,《概述辽宁省考古新收获》,文物出版社,1979年;克什克腾旗文化馆:《辽宁克什克腾旗天宝同发现商代铜甗》,《考古》1977年5期;北京市文物管理处:《北京市平谷县发现商代墓葬》,《文物》1977年11期。这批青铜容器出土情况不甚清楚,它们与金质耳饰、臂钏的关系也不很清楚。这批铜器难以确认为“夏家店下层文化”遗物。
[36] 邹衡:《夏商周考古学论文集》第四篇、第六篇,文物出版社,1980年。
[37] 张家口考古队:《蔚县夏商时期考古的主要收获》,《考古与文物》1984年1期。
[38] 邹衡:《夏商周考古学论文集》第六篇,文物出版社,1980年。
[39]《山海经·北次三经》空桑之山条郝疏。
[40] 王国维:《殷卜辞中所见先公王考》,《观堂集林(上)》,中华书局,1959年。
[41] 王国维:《殷卜辞中所见先公王考》,《观堂集林(上)》,中华书局,1959年。

(原载苏秉琦主编:《考古学文化论集(一)》,文物出版社,1987年)

试论魏营子类型

郭大顺

辽宁省西部丘陵山区的大小凌河流域，是青铜时代文化遗存分布密集的一个小区域。这里是夏商之际前后的夏家店下层文化分布中心区的南半部；以喀左县为集中地，有多起商周时期青铜器出土；两周之际以曲刃青铜短剑为重要内涵的遗址和墓葬（一般视为夏家店上层文化的一个地方类型，或称“凌河类型”）也有广泛发现。这一区域，以青铜文明发达较早、地方特色鲜明又同中原地区关系密切、文化发展具连续性和多样性等特点，成为我国北方地区青铜文化研究的一个重点。20世纪60年代以来，学术界对包括大小凌河流域及邻近老哈河流域青铜文化的研究，集中于以下几个问题：①夏家店下、上层文化关系，辽西及邻近地区青铜文化发展阶段；②喀左一带窖藏铜器性质及其同商文化、周初燕文化的关系；③曲刃青铜短剑的渊源。以上课题的提出和讨论，反映了辽西及邻近地区青铜文化的研究成果，然而这些课题的解决，仍有待于取得新的突破性进展。我们在长期工作实践中感到，以上课题的进一步深入，都涉及这样一个难题，那就是晚商到周初阶段的文化遗存不明确，也就是说，确定这一地域商周之际前后阶段的文化遗存，已是提到日程上的课题。

近几年来，我们在田野工作中注意到这个问题，并从大小凌河流域及相邻地区的考古材料中，陆续分析出一批时间相当于商周之际前后的文化遗存。其中，大小凌河流域积累材料较多，已基本可以确定为一个文化类型，因以发现较早、材料具典型性的朝阳县魏营子遗址命名，称为“魏营子类型”。本文试就这一文化类型的基本材料做综合分析，并对由此而涉及的有关辽河及邻近地区青铜文化研究中的一些问题进行初步讨论。

一

目前，这类文化遗存尚缺少重点遗址的发掘，成批资料少，为了尽可能全面地了解它的文化面貌，有必要对几处重点遗存的材料做一综合介绍。它们是魏营子遗址和墓葬、南沟门二期文化层、后坟陶器群、和尚沟A点墓地、道虎沟墓。

1. 魏营子遗址和墓葬[1]

位于朝阳县南70千米，前魏营子村北一个叫“龙湾”的台地上。这里周围群山环绕，小凌河的一条支流由南向北流经这块台地时，回折环绕而过。台地长500、宽200米，玄武岩基岩上覆盖一种红色黄土堆积。在台地顶部及东坡，散布有大片红烧土和陶片，墓葬分布在台地东南坡。

遗址未经发掘。采集陶片以夹砂红陶和红褐陶为主，有少量夹砂灰褐陶和粗泥灰陶。素面陶多，外表多不经打磨，绳纹陶片占半数左右，绳纹的特点一是浅而细，一是拍打绳纹后又经抹平的做法普遍使用，这种做法尤多见于罐、鬲的颈部和鬲、甗的足根，有的抹平较甚，甚至已磨光。其上的绳纹往往需要仔细观察才隐约可见。附加堆纹见于鬲、罐口沿和甗的腰部。一种压印三角组成的横带纹是很有特点的装饰。此外，还见平行凹弦纹、平行斜线划纹。

主要器形可辨认的有（图一）：

鬲　口沿附加一周堆纹花边装饰，有较高而直的领，领部饰绳纹，圆锥状实足。

甗　只辨认出腰部，有附加堆纹，两侧有绳纹，还采集到陶箅。

鼎　只见足一件，残长8.5、宽7、厚3.5厘米，甚大，四棱状，疑为陶方鼎的足。

瓮　有平唇或斜方唇，有的唇沿上起棱，直领，壁甚厚。这种瓮口径往往在1米左右，是一种大型陶器。

钵　有直口，外叠唇，外叠唇一般较宽而薄。

豆　仅见柄部，较粗，座较矮，呈喇叭状。

另有附柱状把手和横錾耳的陶片。

墓地选择在遗址东南一侧，坐落在一种黏性甚强的红色胶泥土中，共清理9座，皆为长方土坑木椁式，土圹和木椁间填灰膏泥，方向东偏南，墓葬填土中多出有遗址的陶片，如M7001填土中出一块口沿饰堆纹花边的直领鬲口部。木椁结构为：底铺垫板，垫板下或有圆枕木，垫板上立侧板和堵板，一般堵板插在侧板间，顶板横置。两座墓有随葬品。收集到的铜器有M7001出土的盔残片，长方形大"甲"，方、圆形泡饰、銮铃、车、羊头饰，以及金臂钏和绿松石珠等，M7609只收集到当卢1件（图二）。

魏营子墓地和遗址年代的推定：以上墓葬所出銮铃，长板舌状兽面当卢及方、圆泡饰的形制，均与西安张家坡和北京昌平白浮西周早期墓相同[2]，车軎做长管状，不起沿和节，也为晚商到周初形制，羊头饰作盘角，睁目，有须，形象逼真，作风与商晚期和西周早期铜器上的羊头饰类同。墓葬结构也与白浮墓属同一形式，完全不同于当地春秋时期前后出"曲刃短剑"墓葬的那种石椁或石板结构（附近10余里范围内有这种曲刃短剑墓发现）。所以，我们推定这处墓地的时代为西周早期，遗址因被墓葬打破也大约同时或稍早。

2. 南沟门遗址二期文化层[3]

南沟门村在大凌河东岸，大城子镇东南8千米，东南距魏营子遗址约40千米。遗址所在为一块低台地，靠山面水，扼草场河川出口处，地势险要。这个遗址1979

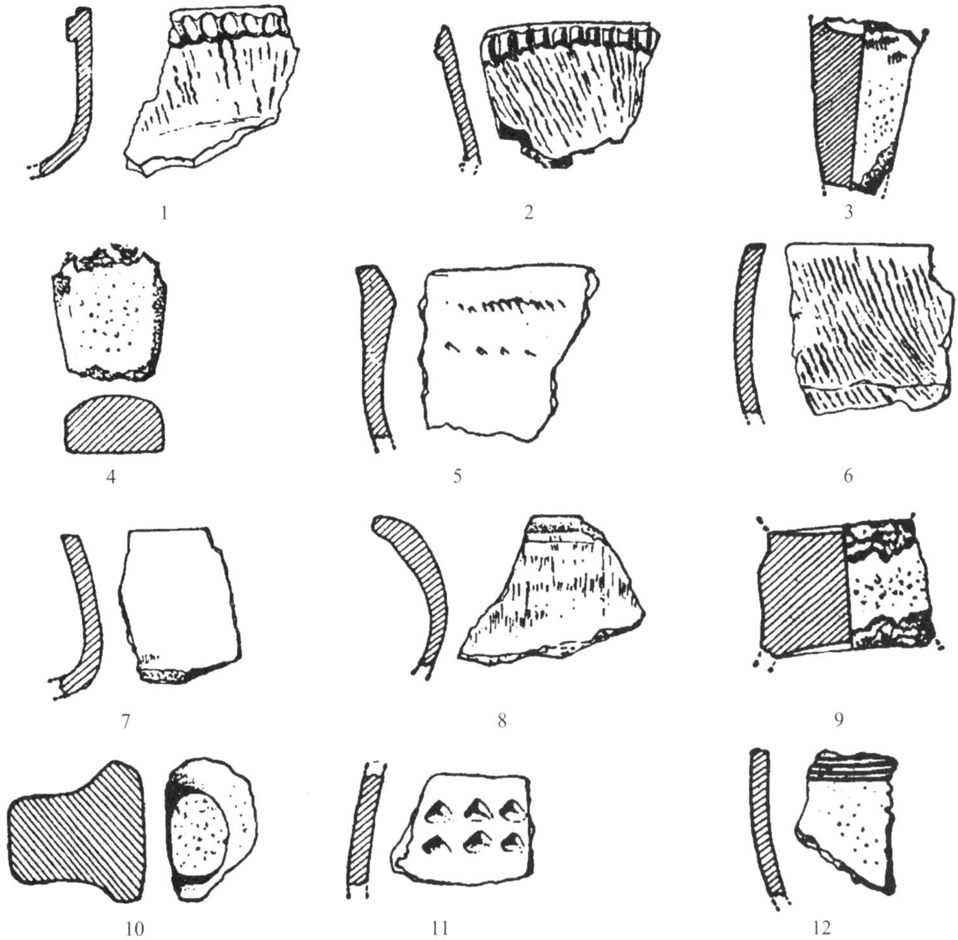

图一　魏营子遗址陶器

1、2. 鬲口沿　3. 鬲足　4. 鼎足　5. 盆口沿　6. 钵口沿　7、8. 瓮口沿　9. 豆柄　10. 器柄　11. 饰压印三角窝纹陶片　12. 饰凹弦纹陶片

年发掘，分为四个时期的文化堆积，第一期为夏家店下层文化层，黄土夹灰土质，厚50厘米左右，出土有磨光泥质黑陶鬲、尊，灰陶绳纹、盆，有肩石铲等；第二期即魏营子类型文化层，黑色土，厚50厘米左右，出土遗物甚少；第三期为砌石墓群，出土有铜柄曲刃剑、甬首直刃剑、铜矛、双翼式铜镞、小型铜带钩、尖首刀币，灰褐素面大口罐以及灰陶绳纹盆等，为春秋时期墓地；第四期为战国中期前后土坑墓和战国晚期瓮棺。

南沟门第二期魏营子类型文化层出土陶片全部为夹砂红陶和红褐陶，部分饰绳纹、附加堆纹和压印三角纹带。器形有（图三）：

鬲　口沿饰堆纹花边，有领，袋足圆鼓，下附加圆锥形实足，复原1件，夹砂红陶，通体打磨光滑，无绳纹。

瓮　复原1件，体形甚大。口径46.7、高59.3厘米。斜方唇，唇沿上起两道棱，通体饰细而浅的竖行绳纹，间以疏散而不规则的划纹。

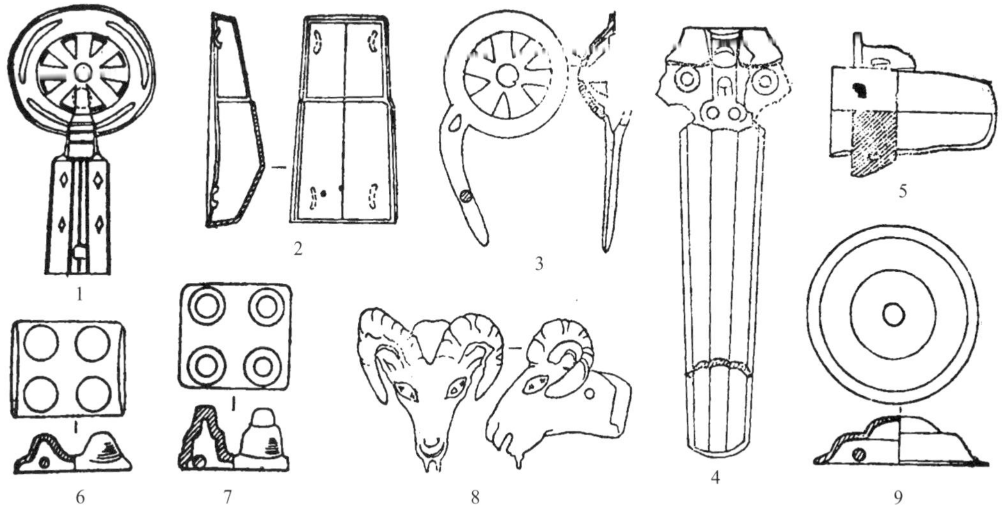

图二　魏营子墓葬铜器

1. 銮铃　2. 长方甲饰　3. 铃饰　4. 当卢　5. 车軎　6、7、9. 铜泡饰　8. 羊首饰

（4 为 M7609，余皆 M7001）

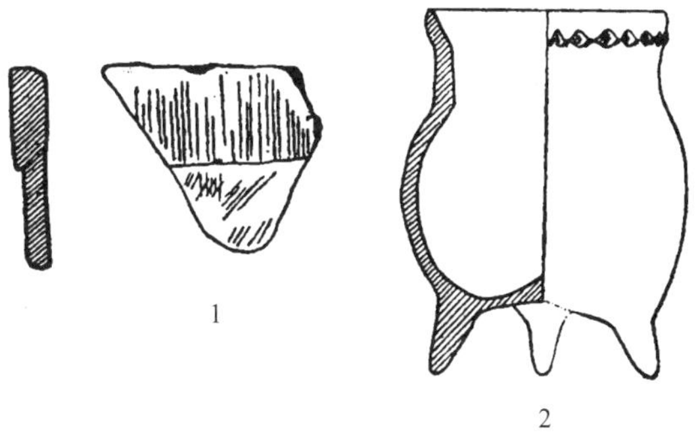

图三　南沟门二期陶器

1. 钵口沿　2. 鬲

罐　皆残片，肩部饰压印三角纹组成的横带，腹饰绳纹。

钵　皆残片，为直口，有整齐的"外叠唇"，竖行绳纹直至唇部。

以上器类与魏营子遗址所见相同。

南沟门遗址是继魏营子遗址之后为确定这类遗存的时代提供的又一组地层关系，即魏营子类型要晚于夏家店下层文化，而早于当地夏家店上层文化凌河类型。

3. 后坟陶器群[4]

后坟村在喀左县东南、大凌河西岸，属山嘴子公社海岛营子大队。1972 年，群众在村旁打井时，在一处泉眼底部挖出数十件完整陶器。收集到的 18 件都为夹砂褐陶质，陶色以红褐为多，灰褐次之，个别为黑褐色陶。12 件饰绳纹或拍印绳纹后又经抹平，占 67%；6 件为素面，有的内外壁经打磨，占 32%。体形除一件壶较大（高在 20 厘米以上）外，均较小。

器形有（图四）：

鬲　为最多的一种，共6件，占33%。高都在12厘米左右。形制主要可分二型。

A型　斜直高领，袋足圆鼓，下附圆锥状实足。三袋足系分别做成后接在一起的，分裆明显，内隔线近水平，外底较平而宽，领腹间似接腰带，整个体形身高都略大于腹宽，口沿皆饰有堆纹花边一周。

B型　口直稍外敞，无领而有较长的腰部，袋足偏下，近盂形鬲。

罐　5件，占27.8%，形制多样。以一种大口罐较富特征，灰褐陶，内外打磨光滑，口沿大于腹径，有甚宽的斜沿，大敞口，最大腹径在上部，腹内收而较深。此外还有中口罐、双耳深腹罐、折腹罐等。

小口瓮　1件。广肩，小口，深腹，肩部饰一带压印三角纹。联系魏营子、南沟门遗址所出饰三角纹陶片都为肩部，可知这种富有特征的纹饰主要是饰在这种小口瓮上的。

壶　1件。高近30厘米，为体形最大的一件，斜直领，圆鼓腹，通体打磨光滑，仔细观察仍可找出这件陶器也是用了先拍打绳纹后又磨光的做法，在领部、领腹交界处及腹中部都隐约可见竖行细绳纹痕迹。

钵碗类　共6件，占33%，与鬲同为较多的一种器类。它们的共同特点是近底处腹底交接痕迹明显。一种浅腹钵，口微敛，腹壁斜直而稍有外弧的曲度，通体饰斜行绳纹，部分抹平。深腹钵近杯形，沿面平，通体饰斜行或竖行绳纹直至沿面，近底处腹底交接痕迹更为明显，形成凸出的底缘。一件有柱状单耳；另一件钵口部外贴一圈薄薄的宽泥带，形成不大明显的“外叠唇”。

后坟泉眼出土的这批陶器，从陶质、纹饰、器形分析，都具有魏营子类型陶器的特点，可以证明是同一种文化类型的遗物，它提供了这种类型迄今为止唯一的一批完整陶器，加深了我们对魏营子类型文化面貌的认识。

4. 和尚沟墓地[5]

位于大城子镇北15千米，大凌河西12千米，属兴隆庄公社宣家窝铺大队。和尚沟为一条东西向河沟，村庄在沟北侧，墓地在村西黄土台地。这里正是大凌河到县西北部山区过渡地带靠山一侧。

1979年共在四个地点进行了试掘，分别编为A、B、C、D点，属于魏营子类型的是A点墓地，它位于这块台地中部靠上一侧，其他三个地点为凌河类型墓地，分别位于A点下部东西两侧。总的范围长不过1千米。

A点共发现墓葬4座，皆为长方形土坑竖穴式，有木椁，东西向，单人仰身直肢葬。墓葬间距平均16米，分布较疏散。

M1长约2.7、宽1.8、深约1米。足下出铜卣1、铜壶1，头前陶钵2，身上金钏2，绿松石珠多枚，铜卣内置海贝近百枚。

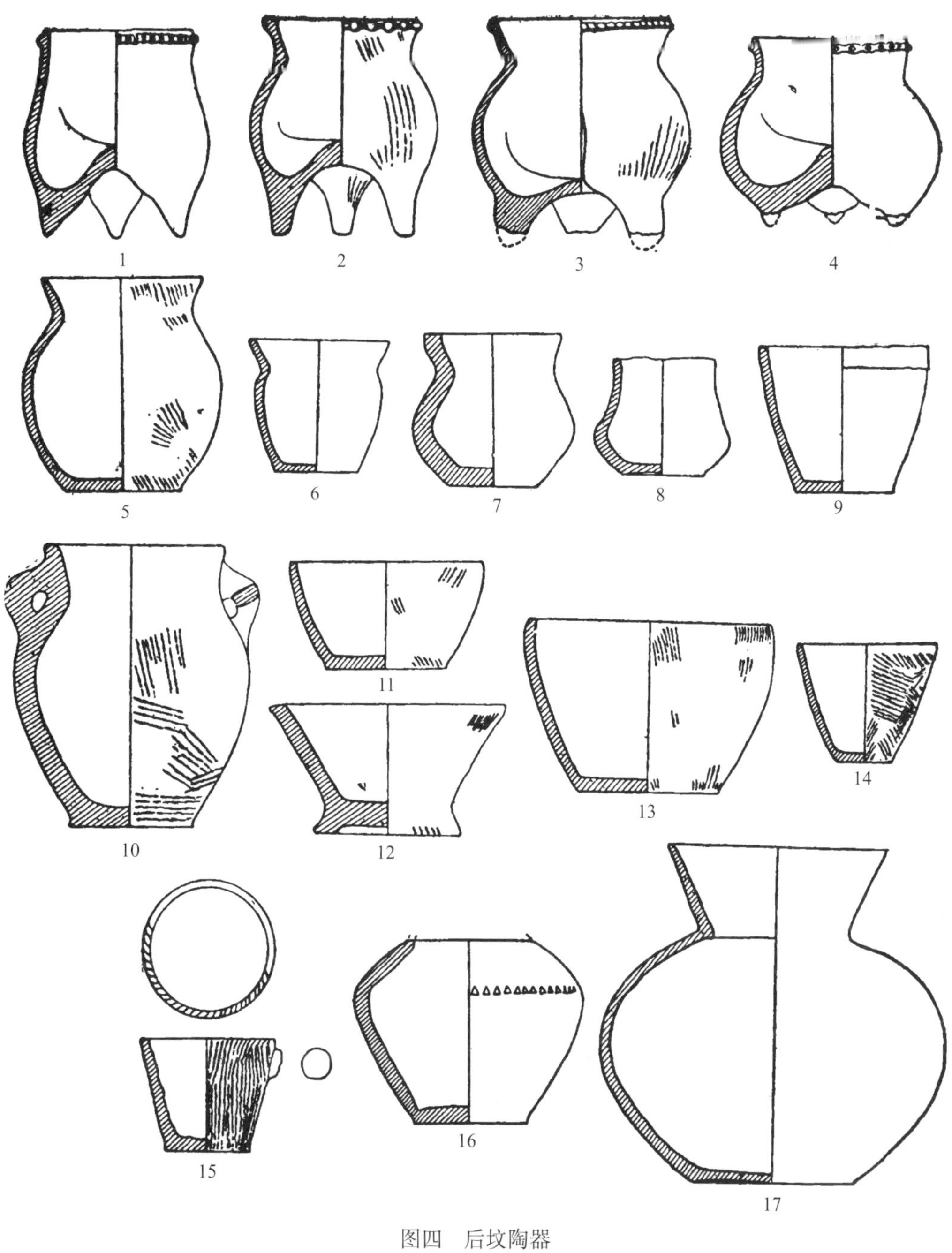

图四　后坟陶器

1. B型鬲　2～4. A型鬲　5. 中口罐　6. 大口罐　7、8. 折腹罐　9. 外叠唇口钵　10. 双耳罐　11、13～15. 绳纹钵　12. 圈足碗　16. 小口瓮　17. 壶

M2、M3、M4规模都较M1小，头前都葬有陶器。M3在左右下侧葬有猪肢骨，M4并随葬石钺1件。

A点共获陶器5件，计钵3、罐1、鼎1（图五，1、2）。

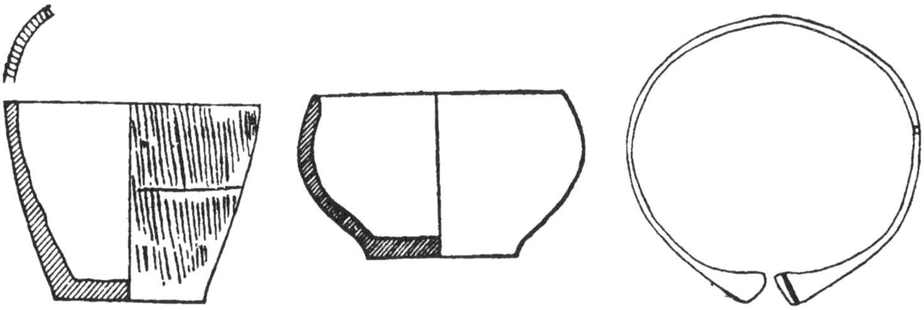

1　　2　　3

图五　和尚沟 M1 陶器及金钏
1. 绳纹陶钵　2. 陶钵　3. 金钏

M1 所出钵，敞口，斜直壁，腹较深，沿面平。通体饰竖行绳纹直至沿面，体形和饰纹做法与后坟同类器完全相同；M2 的大口罐，斜宽沿，大敞口，口径大于腹径，腹也较深，形制与后坟的大口罐完全相同；M4 出一件鼎，鼎身除较扁以外，也为斜宽沿大敞口的作风。所以，以陶器可以推定 A 点墓地属魏营子类型无疑。

M1 出土的两件铜容器，铜卣腹扁而甚下垂，绹索状提梁，盖面和颈部均饰联珠纹夹雷纹组成的宽带纹，这类铜卣在安阳商晚期墓出土多件。如安阳西区 M1015：4（见《考古学报》1979 年 1 期图版拾壹之 5），《邺中片羽》初集卷上二十著录的“卣亚智卣”，均与和尚沟卣相同。铜壶也作索状提梁，腹部圆鼓若球状，颈部饰对夔纹带，外底阳文一字“[illegible]”，花纹、铭文也均为商末周初所习见（图六）。M1 还出有金钏一对（图五，3），两端作扇面形，同样形制的金钏见于京郊平谷刘家河商中期墓[6]。

1　　2

图六　和尚沟 M1 出土铜器
1. 卣　2. 壶

这是迄今为止辽宁地区商周之际铜容器第一次明确在墓葬出土。魏营子类型墓葬方面的这一新材料，不仅为确定这一类型的时代从器物断代上提供了进一步证据，而且提出了魏营子类型与这一带窖藏铜器关系的问题，下一节将讨论这个问题。

5. 道虎沟墓[7]

位于喀左县东南角、大凌河支流渗津河南岸、小东沟村西，属山嘴子公社道虎沟大队，为黄土台地。1979年春，群众在这里挖土时发现人骨架、陶器、小铜器等，断崖暴露的一座土坑墓，为东西向。收集到铜镜1、铜耳环5、玉块1、陶钵1（图七）。

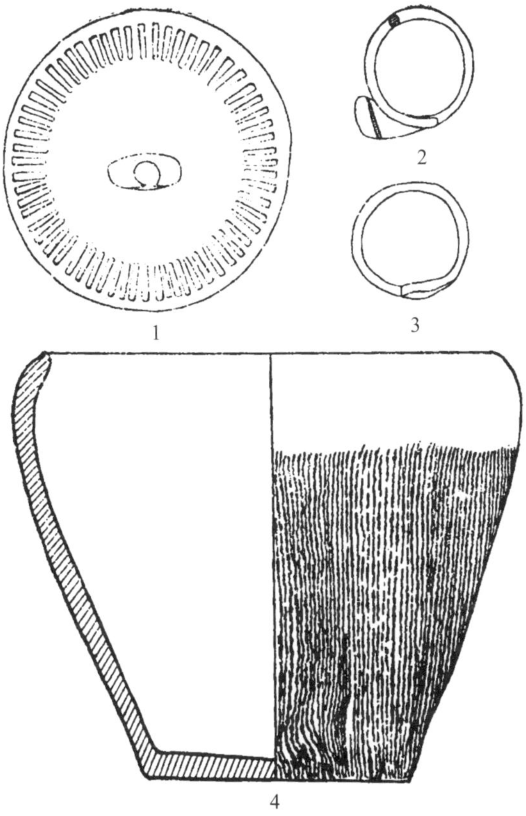

图七　道虎沟墓地器物

1. 铜镜　2、3. 铜耳环　4. 绳纹红陶钵

铜镜直径仅6.1厘米，厚仅1.5毫米，体小而薄，有半环纽，甚小，背饰放射状条状纹，这种形小而薄、纹饰简单的铜镜，是早期铜镜的特点，而这一件又很接近于安阳妇好墓镜[8]。

铜耳环皆铜丝缠绕成圈。有2件一端铸成扇面形，这种形制的耳环，也见于夏家店下层文化墓葬中[9]。

陶钵为夹砂红陶质，敛口，深腹，竖行粗绳纹，近底处腹底交接痕迹明显，作风接近于后坟、和尚沟钵，唯体较大而规正。绳纹深而较整齐，口沿有轮旋纹。

这处墓地尚待进一步勘探了解，不过已收集到的几种器类的时代是相吻合的，绳纹陶钵为魏营子类型典型器，铜镜、耳环则为前几处所未见，从而为这种类型增添了新内容。

此外，1979 年朝阳地区文物普查时，还在 20 多个点发现了具有魏营子类型特点的陶片。其中以喀左县内发现最多，一般单纯而堆积薄，如东哨公社段家梁、平房子公社大倞庄、北洞等地点。以前在北洞孤山脚下也采集到一件夹砂红陶钵，饰斜行绳纹，系墓葬所出[10]。锦州地区的义县、锦西、兴城、绥中这类遗址也发现较多。说明魏营子类型在大、小凌河流域均有一定分布面。

二

以上几批材料，从地层关系、陶器群、遗址和墓葬等多方面反映出这类遗存的文化面貌。因此，我们认为这一类型基本可以确立。

目前，我们对魏营子类型文化内容的认识，可以归纳为以下几点。

1）遗址多位于背山靠水的红色黄土台地或山坡，文化层一般较薄，为黑灰土堆积。

2）陶器几乎全部属夹砂红陶和红褐陶系，素面为主，部分内外壁打磨，饰绳纹的约占半数，绳纹细密而浅，大多数拍印绳纹后又经抹平，有的已打磨光滑，所以需仔细观察才可辨认出痕迹。一种由压印的三角组成的横带是这一类型特有的一种纹饰。代表性器类有：袋足鬲，有圆锥形实足，尤以口沿外贴一周花边状附加堆纹带最富特征；平沿斜直壁钵，这种钵的一个共同特点是制作时在底腹交接处留下很清晰的接痕，在近底处形成直或外撇的底缘，多通体饰绳纹，以斜行绳纹多见，沿面也饰绳纹是一个明显特点；大口罐，有斜直的宽沿，形成大敞口，口径大于腹径，腹最大径在上部，腹也较深，形制很有特点；大瓮，体形甚大，口径多在 1 米左右，壁也甚厚，有直口和高领，口沿上往往起一道或数道棱，其他代表器类还有肩饰压印三角纹带的小口瓮、矮粗柄的豆及鼎和甗类，并开始出现有外叠唇的盆钵。

3）墓地多选择在一种黏性甚大的红色黄土中，结构有竖穴土坑木椁，有的填灰膏泥，东西向，单人仰身直肢葬。随葬陶器多置于头前，其他随葬品有铜耳环、铜镜、绿松石珠、金钏等装饰品，石钺以及铜容器、车马器、盔甲等。有殉猪的习俗。

4）从获得的和尚沟、道虎沟、魏营子三个地点的铜器材料综合分析，这一类型拥有具中原特征的铜容器和车马器，同时共存的是一批具有地方特色的铜器，主要是小件铜器，如铜镜、耳环及各种甲饰。

5）时代及早晚线索。南沟门和魏营子的两组地层关系以及共存器物断代都已表明，这一类型晚于夏家店下层文化而早于夏家店上层文化凌河类型。至于这一类型本身的早晚关系，由于未正式发掘，尚不能明确分期。若对以上几个地点材料做一比较，尚可找到一些早晚差别的线索：①后坟的陶鬲形制接近二里冈到安阳早期鬲，如有领、袋足肥、有圆锥形实足、体高大于腹宽。②道虎沟墓铜镜形制近妇好墓所出铜镜，耳环近夏家店下层文化所出铜耳环。以上两组材料似可到商晚期。③和尚沟墓出典型商晚期铜卣，铜壶可定为商末周初器。金钏见于平谷刘家河商墓和河北卢龙商墓，故和尚沟墓时间可定为商周之际。④魏营子墓为西周早期墓，应略晚于和尚沟墓，魏营子遗址与墓同期或稍早。据此，可推定魏营子类型的时代跨越商晚期到西周早期这一阶段。

6）分布。就目前所知材料，以大凌河流域南部、小凌河流域直至锦州地区的渤海沿岸，分布均较密，东可到义县医巫闾山麓。大凌河流域的北部以及老哈河、西拉木伦河流域有特征近似的遗物发现，如口饰花边的素面红陶鬲，但迄今尚未见有明确同类型遗址发现。

综合以上几点认识，我们认为：魏营子类型是主要分布于大凌河流域南部、小凌河流域以至渤海海滨，时代在商周之际前后的一种青铜文化。

三

魏营子类型的发现为西辽河流域青铜文化的研究提出了一系列新的课题。这里讨论三个方面的问题。

1. 关于魏营子类型与商周窖藏铜器的关系

辽宁西部地区，主要是喀左县境内，多次出土商到西周早期青铜器，规模大、重器多，据统计，在喀左县境内已先后出土这一时期青铜器六起69件[11]，成为国内在一个县范围内出土这一时期青铜器较多的地区，从而引起国内外学者的特别关注。但这些青铜器有明确出土关系的绝大部分为窖藏，不仅窖藏性质有待探究，就是它们的埋藏时间，即是否当时埋藏，也需要确凿考古材料的证明。在这里，寻找与窖藏铜器有关的文化遗址就成为解决这一问题的关键所在。所以，多年来，我们除了从窖藏铜器本身的分析中寻找有关它们埋藏时代、性质的线索以外，主要是在田野工作中发现和分辨有关遗址和墓葬。最初，我们曾推测窖藏铜器可能同夏家店下层文化，主要与夏家店下层文化的晚期有关。但已知的窖藏铜器地点附近虽都发现有夏家店下层文化遗址，却只找到窖藏铜器坑打破这类遗址的地层关系；至于典型的商文化和西周早期遗址，在辽西一带迄今为止尚无明确发现。然而，自从注意到魏营子这类遗址之后，我们就从多方面找到了这种类型同窖藏铜器的联系，如：

1）时间相吻合，都在商周之际前后这一阶段。

2）分布地域相合，魏营子一类遗址主要在大、小凌河流域，尤以喀左县境内分布点较多。值得注意的是，几处窖藏铜器附近都有这类遗址发现，如后坟陶器群出土地点南距马厂沟铜器出土地点仅2千米，山湾子铜器出土地点周围不到1千米的范围内就发现了大倖庄、东山根、鹿场三处魏营子类型遗址，北洞孤山脚下距铜器坑仅百余米就有这类遗存分布。

3）有共存关系。这方面的材料主要是和尚沟第1号墓和所属A点墓地，同时，窖藏铜器本身也分析出这种共存关系的线索。和尚沟1号墓的共存关系是两件商周之际铜器与魏营子类型陶器共出，这两件铜器与窖藏铜器的同类器一样都具典型中原特征。和尚沟南距北洞等窖藏铜器地点不超过 20 千米，同处于大凌河川，它们应是有关遗存。窖藏铜器本身共存关系的线索主要指新近发现的小波汰沟铜器群[12]。小波汰沟共出土铜器 14 件，其中与典型中原器鼎、簋、盘等共出有具北方作风的铜器数件，如铃首匙、悬铃方座簋等。其中一件器盖风格特异（图八）。这件器盖作覆钵式，口径 9.8、高 6 厘米，壁厚仅 1.5 毫米。成分未测，锈色、光泽度均有别于同坑他器，顶中无纽，盖面有甚小的单环，这种形制的器盖为商周铜器所未见。尤其是这件器盖颈部的纹饰，为锯齿状纹加粟点纹组成的宽纹带，这两种花纹主题与商周铜器的传统花纹迥然不同，却为北方一带铜器所习见。具有代表性的如河北青龙抄道沟铜器群中的鹿首铜弯刀（见《考古》1962 年 12 期图版五，3），其柄上的纹饰就是这种锯齿纹和粟点纹的组合。饰同样花纹器还可举出北京收集的一件“双兽铜钺”、张家口市收集的兽首铜刀、昭盟收集的铃首铜刀等（分别见《文物资料丛刊》二期 20 页图一九、《河北出土文物》图八七和本文图九）。相互对照，不难看出，小波汰沟这件器盖与抄道沟一类铜刀子有密切关系，它们同属北方地方产品无疑。抄道沟一类铜器的时代，据山西保德、陕西绥德、河北藁城以及安阳发现的同类器的共存关系，多认为在商晚期前后，不会晚于西周早期[13]，小波汰沟器盖的断代也可以此为准。

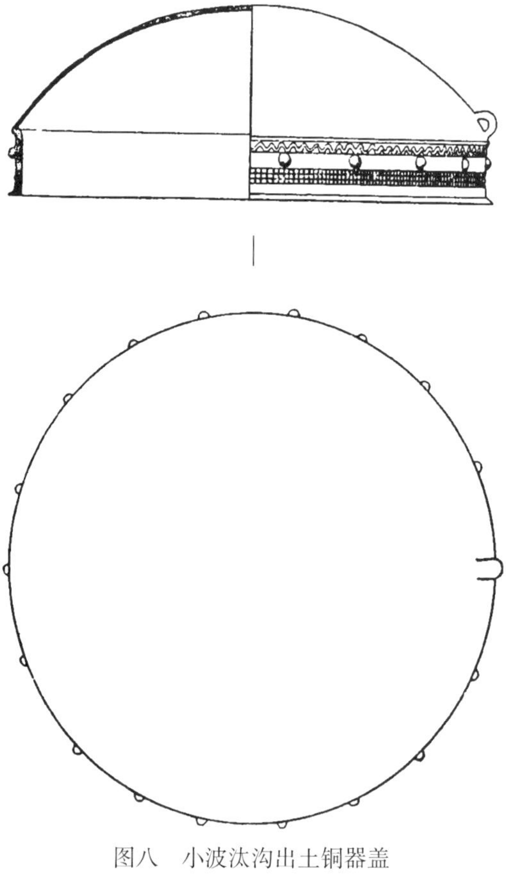

图八　小波汰沟出土铜器盖

这是喀左窖藏铜器群中第一次明确分析出的地方产品，联系和尚沟墓葬的发现，可以说明：①同出的地方产品时代也在商周之际前后，与共存的具中原特征器时代一致，这就进一步证实窖藏铜器确为当时埋藏；②与中原铜器伴出分别有具地方特点的陶、铜器，证明窖藏铜器应与地方青铜文化有关，据和尚沟1号墓共存陶器的性质，这种地方青铜文化应即魏营子类型；③增加了对抄道沟一类铜弯刀的认识。这一类铜器广泛分布于包括陕北、晋北、内蒙古、冀北到辽宁在内的我国北方地区，在辽宁地区的兴城、新民、抚顺、丹东都有发现，朝阳地区也已收集到多件[14]。它们的分布面甚广，应分属于不同文化类型。朝阳地区的出土品，如小波汰沟的器盖，应与魏营子类型有关。这些具有浓厚地方特色的产品，很可能就是魏营子类型本身所拥有的青铜制品。

关于喀左一带窖藏铜器的多起发现，学术界较为普遍的看法是认为它反映"西周初期燕的势力已推进到辽西一带"；有的进一步认为，它"表明商朝的政治势力早已越过长城地区"；有的则更具体指出，喀左一带为商周王朝某一个诸侯国或方国所在[15]。以上所谈，是专指政治统辖而言，都没有涉及考古学文化问题。魏营子类型的确立及其同窖藏铜器的关系，主要是从所属考古学文化的角度提出问题，指出了进一步探讨窖藏铜器性质及其所反映的历史内容的两个基点：①窖藏铜器不单是属于中原商和西周文化的问题，而且属于当地青铜文化；②这支青铜文化拥有大批商周青铜重器，特别是包括部分燕器，说明它与商文化及以后的燕文化关系密切，很可能就是燕文化分布在燕山以北的一支。至于这几批铜器本身，主要是铸族徽铭文的铜器，是否都反映具体"族"的活动，也应以上述两点出发探讨为妥，而不宜轻易做直接肯定或否定的结论。

2. 关于魏营子类型与当地夏家店下、上层文化的关系

魏营子类型晚于夏家店下层文化而早于夏家店上层文化凌河类型，这已由南沟门的地层关系和它们各自确定的年代所证实。同时魏营子类型的文化面貌也具有介乎夏家店下、上层文化之间的性质。

魏营子类型与夏家店下层文化的关系，从文化全貌看，似差别较大。魏营子类型的分布远不如夏家店下层文化那样广而密集，堆积也远不如夏家店下层文化丰厚。夏家店下层文化以灰褐陶为主，有部分磨光泥质黑陶，魏营子类型不见泥质黑陶，灰褐陶也甚少，主要为粗砂红陶和红褐陶，器形已较单调，不见尊、盂形鬲等夏家店下层文化典型器，而出现外叠唇器、横耳器等新形式。

考虑到一个文化的发展总有一个从兴起、繁荣到衰落的过程，而魏营子类型又远在夏家居下层文化之后，它应是夏家居下层文化经历了它的繁荣期之后出现的，所以其间差别很大并不一定就能说明它们之间不存在承袭关系。

实际上，从陶器的比较中也可表明，魏营子类型主要同夏家店下层文化的晚期阶段有较多接近点。如：①夏家店下层文化晚期，泥质黑陶显著减少，红陶比例显著增加，绳纹变浅而较乱，饰斜行绳纹的红褐陶钵增多，这种发展趋势是逐步同魏营子类型接近的。这两种文化类型的共同因素还有都有绳纹和绳纹加划纹，器形都有鬲、甗、鼎、钵等。②魏营子类型的典型器袋足鬲体较长，领与袋足间有腰带相接，这种很有特点的制作方法只见于夏家店下层文化的盂形鬲。尤其是后坟的B型鬲，可以说是夏家店下层文化盂形鬲的延续。③魏营子类型拥有数量多、规模大的青铜器，其中有的为地方产品，这应是当地夏家店下层文化青铜铸造业长期发展的结果。

所以，魏营子类型与夏家店下层文化之间，时间紧相衔接，在文化关系上虽变化较大，但也是有承袭脉络可循的。

魏营子类型与当地夏家店上层文化凌河类型的关系：①目前所知魏营子类型分布区的大小凌河流域，正是曲刃短剑墓分布最密集的区域。②辽西曲刃铜剑目前所知年代最早约在西周晚期前后，时间与魏营子类型大体相衔接。③共同文化因素较多，如文化堆积多黑色土；文化层都较薄，陶器都以夹砂红陶和红褐陶为主，素面陶多，手制，器类都有鬲、鼎等三足器，粗柄豆，直领大瓮和钵碗类，作为凌河类型陶器典型特征的外叠唇和横鋬耳，在魏营子类型也已出现。都拥有比较发达的地方青铜铸造业，有以铜盔甲、各种泡饰和兵器为主的铜器群，以上有的还可以找到先后发展演变关系。如陶器上的绳纹，魏营子类型表现为逐步衰落的征象，到凌河类型时已基本消失，凌河类型发现铜器多、分布广，显示出其青铜铸造业较魏营子类型有很大发展，铜器上的同类纹饰，如锯齿、粟点等花纹，则有逐步简化的趋势。④确定这两个类型的关系，和尚沟墓地是一个很重要的地点。如前述，在这处墓地中，A点魏营子类型墓与他点的曲刃短剑墓是相邻分布的，它们共同坐落在一块东西不到1千米范围的黄土台地上，相互并无打破关系，也无交错分布的情况，而是分布有序，属于魏营子类型的A点在台地中部靠上，曲刃短剑墓分别在A点下部东西两侧。墓的结构几乎完全相同，都为长方土坑竖穴式，东西向，头向东，有木椁，深度也相近。随葬陶器都以钵为主要形制，以红褐素面陶为主，随葬石钺形制都为长方窄条形。这个地点出土的曲刃短剑为木柄式，尖锋甚短，叶锋在靠近尖锋一侧，刃部和柱脊锉棱明显，石加重器有不起棱脊的凹腰式，都是目前所知较早的形制，时间约在西周后半叶，与A点墓葬的时间即使不衔接，也不会相距太远。推测这是一块从商周之际到两周之际连续形成的完整墓地，这就从一个墓葬点进一步证明两个类型有一定承袭关系。

以上我们以魏营子类型为纽带，得出大小凌河流域青铜文化的发展序列是：夏家店下层文化—魏营子类型—夏家店上层文化凌河类型。以往，只注意到夏家店下层文化与凌河类型之间文化面貌变化甚大，有联不起来的感觉，魏营子类型的发现，填补了其间的缺环，找到了当地青铜文化连续发展的一面，这对研究夏家店下层文化的去脉、夏家店上层文化的渊源及燕文化在燕山以北的发展演变等重要课题，都具有重要意义。

3. 关于辽河流域及邻近地区有关青铜文化及其发展阶段的讨论

目前，这个地区青铜文化发展阶段比较明确的只有赤峰及其周围地区的夏家店下层文化和夏家店上层文化[16]。这一阶段划分也被认为适用于燕山山地和辽西的大、小凌河流域。辽东半岛以至吉林、黑龙江两省也多有以此作为当地青铜文化断代标准的。新的材料对这一划分标准提出的问题是：这两大阶段年代并不完全衔接，从而也就不能概括所有遗存。

关于夏家店下层文化的年代，目前已有三个方面的依据：①陶器类比的结果，一般认为与商代相当，我们曾进一步指出，主要应同龙山文化晚期到二里冈商文化相接近；② ^{14}C 测定已有 5 个数据，最早的为赤峰蜘蛛山，经树轮校正为距今 4360 年 ±140 年，最晚的为敖汉大甸子第 454 号墓，树轮校正为距今 3595 年[17]；③喀左马厂沟、北洞都发现有商周之际窖藏铜器坑打破夏家店下层文化遗址的地层关系，京郊平谷刘家河又发现了夏家店下层文化遗址被商中期墓所打破，这座商中期墓有近于喀左和尚沟魏营子类型墓的特征，如金钏形制相同，应不属于夏家店下层文化。以上三方面所得年代是相互对应的，即夏家店下层文化的下限不会晚到商代晚期，甚至还可提早。

夏家店上层文化的断代依据主要为宁城南山根 M101，该墓有共存的一批铜容器、兵器等，可明确断定在公元前 8 世纪前后，即两周之际。属于夏家店上层文化的林西大井铜矿经 ^{14}C 测定年代为距今 2885 年 ±130 年，与南山根墓是大体相应的。只一个数据为 2970 年 ±115 年，似偏早，尚未见这个文化有早到西周早期的迹象。

这样，在这两个文化之间，就存在一段不小的空白，即商周之际前后这一阶段。而恰恰在这一阶段，辽西地区有商到西周初期青铜器大规模出土，赤峰西牛波罗乡南山、克什克腾旗和翁牛特旗头牌子也分别出有商晚期铜器。它们是属于夏家店下层文化，还是属于夏家店上层文化？

魏营子类型的发现及其同夏家店下层文化、夏家店上层文化凌河类型的关系表明，至少在辽西大小凌河流域，在下、上层文化之间，确有另一个文化发展阶段，它既承上启下，又自有文化特点，是辽西青铜文化发展过程中相当重要的一个阶段。那么，与辽西邻近的地区是否也存在这一阶段的文化遗存呢？我们注意到在几个地区都已出现了有关材料，试分析如下。

首先，关于赤峰及其周围，主要包括老哈河、西拉木伦河流域，这里是夏家店下、上层文化分布中心区之一，有关遗存除了典型的夏家店下、上层文化遗存之外，还可分辨出以下材料。

1）一种以素面红陶鬲为代表的陶器。这种鬲有高直领，袋足圆鼓，下附加圆锥形实足，有的口部饰堆纹状花边装饰，个别的似有绳纹抹平，一般都归为夏家店上层文化。其实，它同典型夏家店上层文化那种陶鬲，即直筒形、直口有外叠唇、横鋬耳、足直立不外撇的形制，并不相同，而与大、小凌河流域的魏营子类型陶鬲颇为近似，时间也应较当地夏家店上层文化为早。

2）赤峰一带也出有商到西周初期青铜器，如前述的赤峰县西牛波罗乡南山和克什克腾旗天宝同分别出有商晚期弦纹铜甗，翁牛特旗头牌子出安阳早期铜甗、鼎[18]。另在赤峰一带收集的铜器中，有铃首刀、环首刀、銎式戈、兽首刀等这一时期的地方青铜铸品（图九）。天宝同铜甗出土地点附近发现的文化遗址，出有口沿饰堆纹花边的直领红陶鬲、甗等，时代可以相互对照。

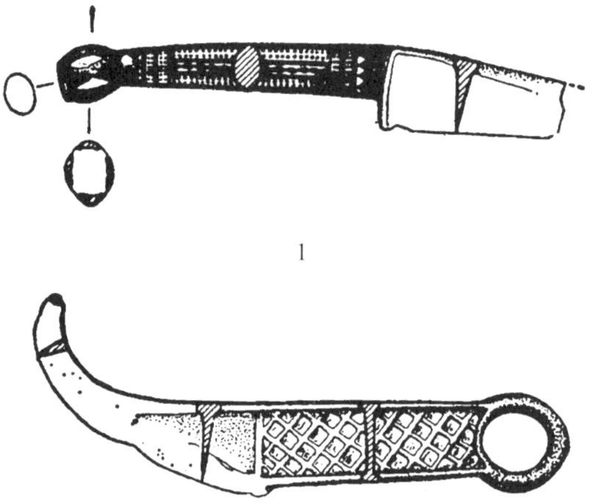

1

2

图九　赤峰附近收集铜刀

1. 铃首刀　2. 环首刀

3）这里要特别提到的是，早年在内蒙古哲里木盟小库伦收集到的两件陶鬲。材料发表于1928年出版的《貔子窝》一书（见该书第二二图1、8），它们因发表甚早，又具商代特征，作为北方鬲的代表，在20世纪三四十年代曾引起很大重视。这两件鬲现存旅顺博物馆。1979年我曾有机会看到实物并绘了实测图（图一〇），这里做简略描述（采用旅顺博物馆原器物编号）。

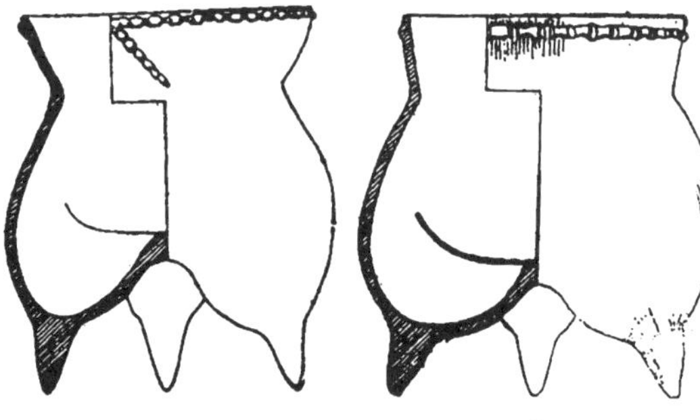

1　2

图一〇　小库仑收集陶鬲

1. 19：32　2. 19：15

鬲19：32，口径21.2、通高26、最大腹径24厘米。红褐色，外表打磨光滑，腰部个别部位隐约有绳纹。斜直领、领中段外鼓，敞口，袋足肥大，下附较高的圆锥形实足，系三袋足分别做成后捏合，内隔呈锐角，外底较大，口沿外稍下有一周附加堆纹花边，整个体形高略大于宽，甚为均匀。

鬲19：15，口径20、通高26、最大腹径25.6厘米。红褐陶，外表先拍印绳纹后又经打磨，绳纹痕迹在领部、领腹交接处，腹部，实足内侧及外底处均可见。平沿，直领，袋足圆鼓，下附稍短的圆锥形实足，也系三袋足分别做成后捏合，内隔甚锐并加泥片，口沿下有一周堆纹状花边。

小库伦曾同时收集到夏家店下层文化陶器，也一起发表于《貔子窝》一书。上述二鬲皆为红褐陶，外表打磨光滑，形制均不同于同时收集的夏家店下层文化陶器。从陶质看似具有更多夏家店上层文化特征，但它们直领、袋足圆鼓的形制和有绳纹等，又有别于夏家店上层文化，而明显地具有魏营子类型陶鬲作风。小库伦处于西辽河流域东侧，距大、小凌河流域较远，还不能肯定它们同魏营子一类是否属同一文化类型，但可以肯定的是，它们在时间上是相近的。

总之，从赤峰附近到小库伦，即夏家店下、上层文化分布的中心区，都可以分析出商周之际前后阶段的文化遗存，它们可能包括了夏家店上层文化的前身或其早期阶段，应予区分。

其次，是上述地区的邻区，包括西邻的燕山山地和东邻的辽东半岛。

燕山山地即滦河流域，行政区划包括承德地区和京津地区北缘。这一地区的卢龙、青龙、丰宁诸县都有典型商器出土，以青龙抄道沟铜器群为代表的地方青铜器有更普遍的发现，如近年北京地区收集的鹿首曲柄剑、螭虎弯刀、双兽钺等［分别见《文物资料丛刊》(二期)《北京市新征集的商周青铜器》图一三、图一五、图一八、图一九］有关这一时期的文化遗址目前还不能确指，但这一带出过类似魏营子类型的陶器，如20世纪50年代在卢龙县双望乡发现的一批陶器中就有多件夹砂红陶鬲，口沿有堆纹状花边，体饰绳纹（见《考古通讯》1958年6期李捷民、孟昭林文）。至于京津地区北缘，虽已有典型商文化和周初燕文化分布，但仍不同程度地包含一些地方文化因素，与魏营子类型也不无关系，如昌平白浮商周墓的墓葬结构，出土铜器与朝阳县魏营子西周墓有不少是相同的，平谷刘家河商墓金钏与喀左和尚沟金钏形制完全相同。新近在玉田县东孟各庄采集陶片中，也有具魏营子类型的夹砂红褐陶鬲、饰压印三角窝纹的陶盆等[19]。可见，在燕山山地和京津地区北缘青铜文化发展阶段中，商周之际作为一个阶段是无可争议的，但有关这一区域的青铜时代考古编年，也有只概括为夏家店下层文化和夏家店上层文化两个阶段的。所以，在燕山山地，也有一个把商周之际遗存同当地夏家店下、上层文化相区分的问题。

辽东半岛近年青铜文化遗存发现较多，不过因尚未建立起系统考古编年，多以辽西作为断代标准。又由于这一地区至今无夏家店下层文化发现，而所获资料都不同程度与辽西夏家店上层文化有某些共同特征，如红褐陶，素面无纹饰，多三足器、钵、壶类，故一般多与辽西夏家店上层文化相提并论。其实，辽东半岛这类材料不少是属于商周之际这一阶段的。如：

位于下辽河流域西区的康平顺山屯遗址[20]，陶器以夹砂红陶为主，素面无绳纹，有横耳，多鬲。鬲的特点为有领，袋足圆鼓，有的口沿下饰堆纹花边，形制与魏营子类型接近。顺山屯遗址 ^{14}C 测定年代分别为公元前3320年 ±90年、公元前2960年 ±

90 年，大体在商周之际前后。

下辽河流域东区，主要有浑河流域的抚顺望花和沈阳新乐两处遗址。望花遗址陶器多为一种夹砂红陶，素面无绳纹，器形以鼎为主，鬲、甗少见，有横耳。这个遗址曾出有环首铜刀一柄，长 24.1 厘米，弧背，刀尖上翘，同型器见于山西石楼后兰家沟商墓（《文参》1958 年 1 期），为典型商代器，故可推定望花遗址的时代也在商周之际前后[21]。

新乐遗址在沈阳北郊[22]，与望花遗址同属浑河流域。这个遗址的上层也以素面红褐陶为主，器形除鼎多见以外，也有鬲、甗。该遗址发掘报告把上层的时代定在商周之际，是可信的，但又说"广义上属夏家店上层文化"，似不妥，应予区分。新乐一类遗存在沈阳周围分布很广，附近新民大红旗发现铜戚 3 件（图一一），形同抄道沟的一批[23]，大约是同时期同类型遗存。

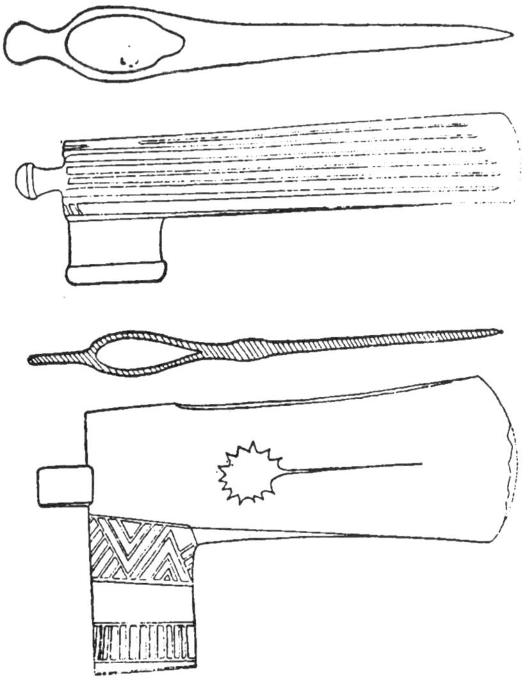

图一一　新民县大红旗铜戚

旅大沿海地区这方面材料掌握较少。大约相当于这一阶段的遗存可以高丽城山遗址为代表[24]，它以一种红褐陶素面的大甗为主要器形，有外叠厚唇，横环耳。接近鸭绿江口的东沟县沿海区发现过饰堆纹花边的夹砂红陶罐和銎式铜戈，说明商周之际青铜文化遗存在沿海地区也有分布。

以上对辽西及邻近地区主要是商周之际这一阶段的青铜文化遗存做的初步分析，意在说明以下问题。

1）在夏家店下、上层文化共同分布区域内，不仅大、小凌河流域，包括相邻的西辽河流域、燕山山地，都可分析出商周之际前后的文化遗存，它们在时间上介于当地夏家店下、上层文化之间，在文化关系上，老哈河流域和大凌河流域的北部，较多地反映其间变化大的一面，大凌河流域南部直至渤海海滨，则以文化的连续发展一面为主，可以说是这一时期的一个相对稳定地区。

2）从更大的范围看，西从燕山南麓，东到辽东半岛，商周之际阶段遗存有一个广阔的分布面。它们一方面以各主要河川为范围，形成具有区域特征的多种地方文化类型；一方面在一些主要文化因素上，又有相当多的共性，如陶器普遍“红化”，绳纹衰落，素面磨光陶逐渐取而代之；三足器，尤其是袋足器，仍保持了盛而不衰的势头；拥有地方色彩浓厚的铜器群，即包括兽首铜弯刀在内的所谓“北方式铜器”，它们经常与典型中原铜器共出。在这样一个大范围内，考古文化的一致性和多样性是很值得重视的现象。

3）这一区域的商周之际青铜文化，虽具显明地方特色，却与中原商文化有多方面联系，如多三足器，尤以袋足器发达，鬲的形制与商代鬲有共同时代特征。从铜器的发现看，除了这一区域多有典型商到周初器出土以外，在商文化分布中心区的黄河中下游，也常有北方式铜器共出，如河北藁城商遗址出土的蛇首匕，甚至商都安阳王陵也随葬具北方铜器特征的马首铜弯刀等。商文化与北方青铜文化的这种特殊密切关系，早已为世人所注意。

商周之际，我国北方民族与中原日渐密切的关系，在文献中也不乏记录。活动于东北地区的大族肃慎就是在这一时期多见于记载并同中央王朝频繁往来的，春秋以来在北方影响较大的诸戎狄族，其兴起也可追溯到商周之际，史书所记孤竹国的活动、箕子的故事、武庚北奔以及周初召公封燕等属于中原王朝发生的一些重要历史事件，也都发生在商末周初的北方地区。《左传·召公十年》：“昔武王克商……肃慎燕亳吾北土也。”是把肃慎与燕亳并提，并包括在商周王朝北方疆域范围之内的。以上记载都说明，商周之际，正是我国北方地区诸民族兴起和活动日渐频繁的一个重要时期，也是我国中央王朝同北方各族广泛交往的一个重要时期。所以，从考古文化上揭示北方地区这一阶段的历史文化面貌是十分有意义的。我们希望，随着魏营子类型的确立和由此提出的一系列问题，能够使我们在今后有关工作中，把一部分注意力集中到商周之际这一阶段上来，尤其是在田野工作中着重于分辨和确定这一阶段诸类型的物质文化面貌，以期带动辽西及邻近地区整个青铜时代考古文化研究的进展。

注　释

［1］辽宁省博物馆文物工作队：《辽宁朝阳县魏营子西周墓和古遗址》，《考古》1977年5期。

［2］《沣西发掘报告》图一〇二之1、2、6；北京市文物管理处：《北京地区的又一重要考古收获》，《考古》1976年4期。

［3］《辽宁喀左县南沟门遗址和墓葬发掘报告》（未刊）。

［4］《记辽宁喀左县海岛营子后坟出土的一批陶器》，《考古》1982年1期。

［5］《辽宁喀左县和尚沟墓地试掘报告》（未刊）。

［6］北京市文物管理处：《北京市平谷县刘家河发现商代墓葬》，《文物》1977年11期。

[7]《辽宁喀左县 1979 年文物普查报告》(未刊)。
[8] 中国社会科学院考古研究所安阳工作队:《安阳殷墟五号墓的发掘》,《考古学报》1977 年 2 期,图版拾贰之 2、3。
[9] 同[6];安志敏:《唐山石棺墓及其相关的遗物》,《考古学报》第七册,1954 年;《北京琉璃河夏家店下层文化墓葬》,《考古》1976 年 1 期,60 页图 4。
[10] 喀左文化馆等:《辽宁喀左县北洞村出土的殷周青铜器》,《考古》1974 年 6 期,图一之二。
[11] 喀左境内已出土的商周青铜器计小城子 1 件、马厂沟 18 件、北洞 12 件、山湾子 22 件,小波汰沟 14 件、和尚沟 2 件。
[12] 刘新民等:《辽宁喀左县小波汰沟出土商周青铜器群》(未刊)。
[13] 郭勇:《石楼后兰家沟发现商代青铜器简报》,《文物》1962 年 4、5 期合刊;吴振禄:《保德县新发现的殷代青铜器》,《文物》1972 年 4 期,62 页;黑光、朱捷元:《陕西绥德嫣头村发现一批窖藏商代铜器》,《文物》1975 年 2 期;安阳妇好墓出土"龙首刀"见《考古学报》1977 年 2 期,图版十五之一。
[14] 锦州市博物馆:《辽宁兴城县杨河发现青铜器》,《考古》1978 年 6 期,387 页图版九之一,二、新民铜戚见《文物》1977 年 12 期 28 页,图八,抚顺、丹东、朝阳材料分别为各馆藏品。
[15] 张长寿:《殷商时代的青铜容器》,《考古学报》1979 年 3 期;《商周考古》188 页;唐兰:《从河南郑州出土的商代前期青铜器谈起》,《文物》1973 年 3 期;晏琬:《北京、辽宁出土铜器与周初的燕》,《考古》1975 年 5 期。
[16] 中国科学院考古研究所内蒙古工作队:《赤峰药王庙、夏家店遗址试掘报告》,《考古学报》1974 年 1 期。
[17] 以上 ^{14}C 测定材料分别见《考古》1974 年 5 期、《考古》1979 年 1 期。
[18] 苏赫:《从昭盟发现的大型青铜器试论北方的早期青铜文明》,《内蒙古文物考古》1982 年 2 期;克什克腾旗文化馆:《辽宁克什克腾旗天宝同发现商代铜甗》,《考古》1977 年 5 期;赤峰西牛波罗出土铜甗现藏昭盟文物站。
[19]《河北玉田县发现新石器和青铜时代遗址》,《考古》1983 年 5 期,478 页图 -1-3。
[20] 顺山屯遗址由铁岭地区艺术馆文物组发掘,报告未刊,^{14}C 测定材料见《文物》1979 年 12 期。
[21] 望花遗址由抚顺市博物馆发掘,见《考古》1981 年第 2 期。
[22] 沈阳市文物管理办公室:《沈阳新乐遗址试掘报告》,《考古学报》1978 年 4 期。该报告认为新乐上层文化"广义上属于夏家店上层文化"。
[23] 河北省文化局文物工作队:《河北青龙县抄道沟发现一批青铜器》,《考古》1962 年 12 期。
[24] 旅大高丽城山材料见《考古学报》1980 年 4 期。

(原载于苏秉琦主编:《考古学文化论集(一)》,文物出版社,1987 年)

夏家店上层文化及其族属问题

靳枫毅

夏家店上层文化遗存的发现，可以追溯到1935年日本考古学者滨田耕作等发掘的赤峰红山后石椁墓群[1]，迄今已有半个世纪了。当时称为“赤峰第二期文化”。由于滨田耕作等人在田野发掘方面存在严重失误与缺陷，未能从地层上区分出夏家店下层文化与夏家店上层文化，因此，所谓“赤峰第二期文化”内涵并非一种单纯的夏家店上层文化，而混杂有某些夏家店下层文化因素的遗存。

这一问题，直到1960年春中国科学院考古研究所内蒙古工作队科学地发掘了药王庙和夏家店遗址[2, 3]之后，才得以澄清。夏家店上层文化这一考古学文化名称，自此正式确定下来。

20世纪60年代以后，中国科学院考古研究所内蒙古工作队、东北工作队、内蒙古自治区文物工作队、昭乌达盟文物工作站、辽宁省博物馆和朝阳地区博物馆等单位，对分布于辽西地区的夏家店上层文化遗存，又做过大量的调查工作，并陆续发掘了一部分遗址和墓葬，从而为考察这一文化的基本内涵与特征积累了较为丰富的资料。

关于夏家店上层文化的研究，到目前为止，可以说尚处于初始阶段。尽管已经发表了一批科学发掘和调查资料，但至今尚未有专文对这一文化做全面的综合研究。有的报告和文章，虽然对这一文化的分布、内涵特征及年代等问题，提出过值得重视的意见，但多限于报道发现，或只是简略地提出问题，还远不全面、具体和深入。如分布范围，所指地理概念尚嫌笼统，以致在有的地区发生与其他考古文化相混淆或重叠的现象；在年代上，尚缺乏分期编年研究；在文化类型上，尤缺乏细致的分辨与比较工作；在族属问题上，中华人民共和国成立以前日本考古学者滨田耕作等就曾提出这一文化遗存可能属于中国历史上的东胡民族的观点，长期以来，国内考古学者亦多有持此说者[4, 5]，或有属于山戎[6]的意见等，但都缺乏从考古学与文献学相结合的高度，提出较为充实的根据，来分析和证论自己的观点。

我们在系统地整理了辽西地区含曲刃青铜短剑的文化遗存资料之后，认为对夏家店上层文化及其族属问题，还有做进一步探索的必要。虽然在已发表的拙文[7]中，对夏家店上层文化的分布、类型、分期编年及族属问题曾有所涉及，但是，囿于篇幅和当时的资料条件与认识水平，关于这一文化的类型，还没有明确提出北部地区的大井类型，还未将单纯的含A型曲刃銎柄式青铜短剑的遗存，从南山根类型中划分出来；同时，也没有明确提出文化类型之间存在有接触地带的问题；关于族属问题一节，写得甚为简略，在论述夏家店上层文化应属东胡文化遗存时，未及展开，语焉不详。我认为，这一问题是探讨含曲刃青铜短剑的文化遗存诸问题中至关重要的，是应该认真、深入地加以探索和研究的。故专为此文，希望得到同志们教正。

一、夏家店上层文化的基本内涵与特征

（一）分布地域的特征

夏家店上层文化的分布地域，根据迄今为止的田野调查和发掘资料，其北限不超过北纬45°，一般多集中发现于北纬44° 30′以南地区，包括现今整个西拉木伦河北岸的广阔丘陵、沙漠及大兴安岭山脉南段东麓一带地域；南限在北纬40°以北，未过滦河和燕山山脉，比较夏家店下层文化分布范围之南限，明显北缩；西南大体以七老图山为界，西端不过东经117°；东南到达医巫闾山一带，东端未过辽河，一般不超过东经123°，基本上以柳河为限。主要包括内蒙古东南部的昭乌达盟地区，辽宁西部的阜新地区、朝阳地区、锦州地区，河北省北部围场县、承德县和东部平泉县的局部地域。唐山地区位于滦河以南，不属夏家店上层文化范围（图一）。

（二）文化内涵的一般特征

夏家店上层文化遗址，多分布于临河向阳的山坡台地上。从地层关系看，在北部西拉木伦河流域一带，独立存在的单纯遗址比较多一些，文化堆积一般不太丰厚，与夏家店下层文化，特别是与战国燕文化相互叠压的情况极少见；在中部和南部地区，独立存在的单纯遗址，较北部地区明显减少，而多见与夏家店下层文化和战国燕文化相互叠压，即战国燕文化层在上，夏家店下层文化在下，夏家店上层文化层中，堆积一般较北部地区厚。经调查，这类遗址在这一地区，迄今已发现数百处之多。大型遗址，面积在两三万平方米，多集中分布在中部地区的老哈河、英金河、坤都河、教来河流域。应该指出的是，这类遗址，往往有隔河相对分布的特点，如宁城县沙子北山嘴遗址[8]与建平县太平庄和乐老南船石砬山遗[9]，就是隔老哈河相望，而“鸡犬之声相闻”的一对邻居遗址。这种现象值得注意，对其中所包含的社会意义，应在今后认真加以探索。

夏家店上层文化房址，根据北部地区林西大井遗址[10]和中部地区赤峰夏家店、蜘蛛山[11]及宁城南山根遗址[12]的发掘资料，平面多作圆形，直径3～5米，大体可分为三种：第一种是不挖地基，在地面上建筑，如夏家店F1～F3；第二种是挖地基，地穴式，如夏家店F4、林西大井F1～F3；第三种是利用灰坑或窖穴居住的，如宁城南山根H10、夏家店F5等。建筑材料，多用自然石块、石板，也有用土坯的。除较深的灰坑居址地面不见柱洞外，其他形式的房址，一般都在室内中央部位遗有一个柱洞。较大一些的房子，有的在室内周围有一圈柱洞。据此推测，该文化的房子，多为圆锥形顶。灶多置于室内西北侧，以石块搭砌。门多设在东南侧向阳处，门前或铺有一段甬路。

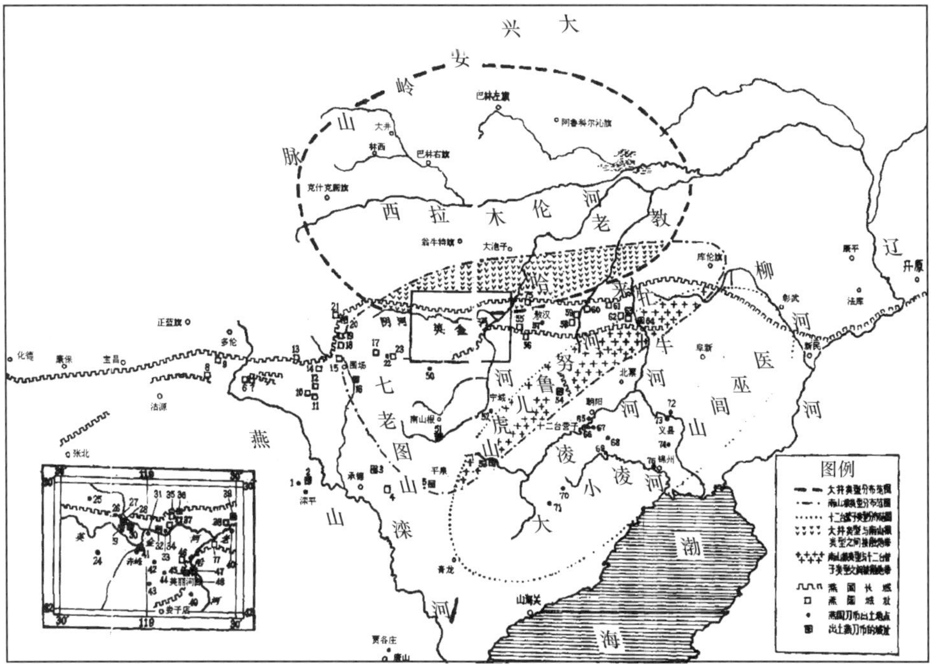

图一　夏家店上层文化三个类型分布范围及燕北长城行经路线图

（燕北长城行经路线，系参考［31］～［36］绘制）

1. 滦平西北丘陵地　2. 滦平小城子城址　3. 承德瓦房村城址　4. 承德东山嘴城址　5. 平泉　6. 丰宁后梁城址　7. 丰宁小梁后城址　8. 丰宁永增厚城址　9. 丰宁骆驼场城址　10. 隆化城子公社城址　11. 隆化下河西大队城址　12. 隆化西山城址　13. 围场城子公社城址　14. 围场半截塔城址　15. 围场小锥子山城址　16. 围场簸箕掌古城址　17. 围场小拨城址　18. 围场小城子城址　19. 围场九号城子村城址　20. 围场岱尹梁上城址　21. 围场岱尹梁下城址　22. 围场南湾子地　23. 围场东台子城址　24. 赤峰砖瓦窑　25. 赤峰郭家梁遗址　26. 赤峰西望楼址　27. 赤峰北望楼址　28. 赤峰北土城址　29. 赤峰上水泉城址　30. 赤峰北哈达和硕城址　31. 赤峰红山后　32. 赤峰山湾子小土城址　33. 赤峰老爷庙遗址　34. 赤峰山头城址　35. 赤峰香炉山城址　36. 赤峰撒水坡屯接壁城　37. 赤峰山水坡城址　38. 赤峰小城子城址　39. 赤峰哈拉木头北小城城址　40. 建平哈拉道口　41. 赤峰蜘蛛山城址　42. 赤峰打粮沟门　43. 赤峰南蘑菇山遗址　44. 赤峰四楞沟遗址　45. 赤峰冷水塘城址　46. 赤峰山湾城子山城址　47. 赤峰后美丽河东城子城址　48. 赤峰塔子沟城址　49. 赤峰新窝铺遗址　50. 喀喇沁旗　51. 宁城黑城大队古城址　52. 宁城天义镇　53. 凌源安杖子村城子城址　54. 敖汉旗小王八盖子村城址　55. 建平下霍家地城址　56. 建平小五家城址　57. 敖汉旗新惠镇　58. 敖汉旗白塔子城址　59. 敖汉旗山湾子城址　60. 敖汉旗东罗城城址　61. 敖汉旗荷叶村城址　62. 奈曼旗西土城子城址　63. 奈曼旗五间房城址　64. 奈曼沙巴营子城址　65. 朝阳城郊中山营子　66. 朝阳袁家台子遗址　67. 朝阳袁家台子东山坡地　68. 朝阳洪家沟　69. 朝阳松树嘴子　70. 建昌安杖子大队　71. 建昌玲珑塔大队后杖子　72. 义县复兴堡大队　73. 义县老君堡　74. 义县大荒地大队第三生产队　75. 敖汉旗七道窝铺村城址　76. 锦州泥洼　77. 建平达拉甲城址

房子外面有的还砌有围墙。

夏家店上层文化墓葬，墓地一般都选择在向阳的山坡和临河台地上。有的墓葬，依存于遗址内，也有独立于遗址之外的墓地，往往都距同类文化遗址不远。主要有长方形土圹竖穴石椁墓和土坑墓两类。绝大多数为单人仰身直肢葬，男女合葬或其他特殊葬式较少见。一些独立于遗址之外的墓地，墓坑多作东西向，或东南—西北向，排列比较紧密。死者头部朝东或东南的居多，并多见殉犬习俗。男性墓中，在死者腰间，常发现有曲刃青铜短剑，或铜刀、砺石，靠近腿部多有铜镞、骨镞等；规模较大、身份较高的墓，死者头部往往还出有铜盔，腰间的曲刃青铜短剑或套有剑鞘，并配备有铜戈、铜矛等长兵器，以及铜车马饰件等[13]。女性墓多随葬骨针、铜锥、骨纺轮等。有的保存很好的墓葬，还发现死者（不论男女）往往用装饰着铜泡、铜扣或绿松石珠的麻布覆面，或巨蚌覆面[14]。墓葬中的陶器，较遗址的器类简单，一般多为罐、钵、壶、碗之类，多置于死者头部一侧。另外，还有利用灰坑和窖穴式居址埋葬的现象，每坑埋1～3人，有成年人单葬者，也有成年男女与儿童合葬的，头向不一，葬式有仰身也有俯身，均无随葬品。经鉴定，这些人骨与墓葬中的人骨，并无种族类型之差，但被埋入废坑废址，待遇竟迥然不同。这从一个侧面透露出，夏家店上层文化已经有了阶级和阶级压迫。夏家店上层文化的器物群，是颇具特色的。陶器基本上都是夹砂陶，一般都掺有石英砂粒，皆为手制，工艺粗糙，质地疏松，火候较低，多呈红色或红褐色，器表均经刮抹、打磨，绝大多数器物为素面，一般仅在甗的腰部附加堆纹一周。器类主要有鬲、甗、鼎、罐、豆、盆、瓮、钵、碗等。带方形鋬耳的筒腹鬲、双环耳圆底鼎、叠唇深腹盆、短颈鼓腹附疣小罐、碗式粗柄豆、盘式喇叭口高柄豆等，都是这一文化富有代表性的器物。在鬲、盆、罐、钵等器口附加叠唇和在器壁上附加方形鋬耳的作风，也是该文化陶器的鲜明特点之一。

青铜器相当发达，不论是种类、数量，还是工艺质量，都远远超过夏家店下层文化，代表了这一文化的生产力水平。它既有一组显示其文化特征的大件容器如南山根M101出土的环耳圜底鼎、犬形耳球腹鬲、马纹纽双联罐及豆形器等，又有种类繁多、颇具特点的青铜兵器，如各种形式的曲刃短剑、犬纹銎式戈、銎筒钺、双联剑鞘、柱脊柳叶形镞、三棱翼有铤镞、顶附方鼻的铜盔等。而富有特色的马具、生产工具及装饰品，如鹿首或铃首镳、双螭形銮铃、两端附倒刺的马衔及凸面中央附鼻纽的“镜形饰”；扇刃方銎斧、銎筒附加重冠的斧、镐，柄底边带齿的刀及一端作扁刃的四棱形锥；人面形、兽形铜牌、双尾形、联珠形铜扣等，也同样以其别致的造型和精良的工艺惹人注目。

纹饰方面，有写实动物纹和几何形纹两类，其中以写实动物纹为主。常见以犬为母题，装饰在多种器物上，也有以马、牛、鹿、蛇、蛙、鸟等为纹饰的；几何形纹，常见的主要有三角形和三角锯齿形纹。

石器，在聚落遗址中，打制石器较少，多为磨制石器，而且多属生产工具，如斧、锤、盘状器、环形器、有孔锤斧、弧背双孔石刀、臼杵、滑石范等。不见石矛，罕见石镞，与东北西团山文化及辽东地区的诸文化遗存有显著的差别。在墓葬中仅见磨制的长条形穿孔砺石。其中，以有孔锤斧和弧背双孔半月形石刀最有代表性。罕见用于松土的铲、锄等石质工具，这一点又与夏家店下层文化有明显的不同。

骨制品比较丰富，种类繁多，大都以动物肢骨劈锯成坯，然后磨制而成。针、镞、匕等加工甚为精细，而锥、卜骨等制作较为粗糙。其中各种扁铤式骨镞，以及以猪或羊的肩胛骨制成的只灼不钻的卜骨最具特点。此外，该文化遗存中不见骨笄，这一点也与较早的夏家店下层文化和较晚的战国燕文化有明显区别。

（三）文化类型的特征

夏家店上层文化的内涵，在上述广阔的分布地域内，面貌不尽完全一致。根据现有的考古资料，特别是最近发表的林西大井古铜矿遗址、巴林右旗大板南山墓四[15]和翁牛特旗大泡子墓[16]等资料，我们认为，在夏家店上层文化分布圈内，从北到南，依含A、B、C三种类型曲青铜短剑的组合关系和陶器特征等方面的差异，可以区分为三个文化类型，即北部大井类型、中部南山根类型、南部十二台营子类型。

1. 大井类型

这一类型，在上述资料未发表以前，原是笼统地归于南山根类型的，现在我们经过重新考察，认为有单独提出一个类型的线索，将它单独划分出来，比混在南山根类型中更能清楚地说明一些问题。

这个类型的遗址，现仅有林西县大井古铜矿遗址作代表，墓葬可以林西巴林右旗大板南山墓和翁牛特旗乌兰敖都大泡子墓为代表。虽然目前可供比较和分析的资料还不够丰富，但毕竟已能观察出某些线索。

首先，从分布地域看，这个类型处于夏家店上层文化分布圈的北部，基本上是以西拉木伦河流域为中心，北面包括乌尔吉木伦河流域、查干木伦河和嘎苏太河流域，以及大兴安岭山脉南段东麓一带丘陵山地，南面包括英金河以北、老哈河中下游与教来河中下游流域一带（参见图一）。

其次，从文化特征看，这个类型的陶器、青铜器、石器和骨器，虽然具有前述夏家店上层文化的一般特征，但具体考察起来，它又另有自身的若干特点。

（1）陶器

掺有多量的石英砂粒，较南山根和十二台营子类型更加粗疏。有一部分陶器表面饰以锥刺篦点纹和压印几何纹，三足器的裆部，往往带有乳突或泥条装饰，这种装饰特点，在南山根和十二台营子类型中也是罕见的。在大泡子墓中出土一组泥质褐陶器，饰有篦点和附加泥条构成的几何纹带连续图案，这样的质地和纹饰作风，似融有东北邻区白金宝一类文化的某些因素，这种外来因素，在南山根和十二台营子类型的陶器中也是根本不见的（图二）。

（2）青铜兵器

根据翁牛特旗大泡子和林西县大板南山两处墓葬，以及过去在赤峰红山、克什克腾旗董家沟等地的零散征集资料，可以看到：在夏家店上层文化北部分布地域内，即英金河以北到西拉木伦河流域之间一带，仅见一种单纯的A型曲刃銎柄式青铜短剑，而不见B型和C型曲刃短剑遗存。这一点，是该类型区别于南山根和十二台营子类型最主要和最明显的特征之一（图三）。

（3）石器

大井遗址试掘结果表明，该类型打制石器占有相当的比重，出土有各式石锤、石

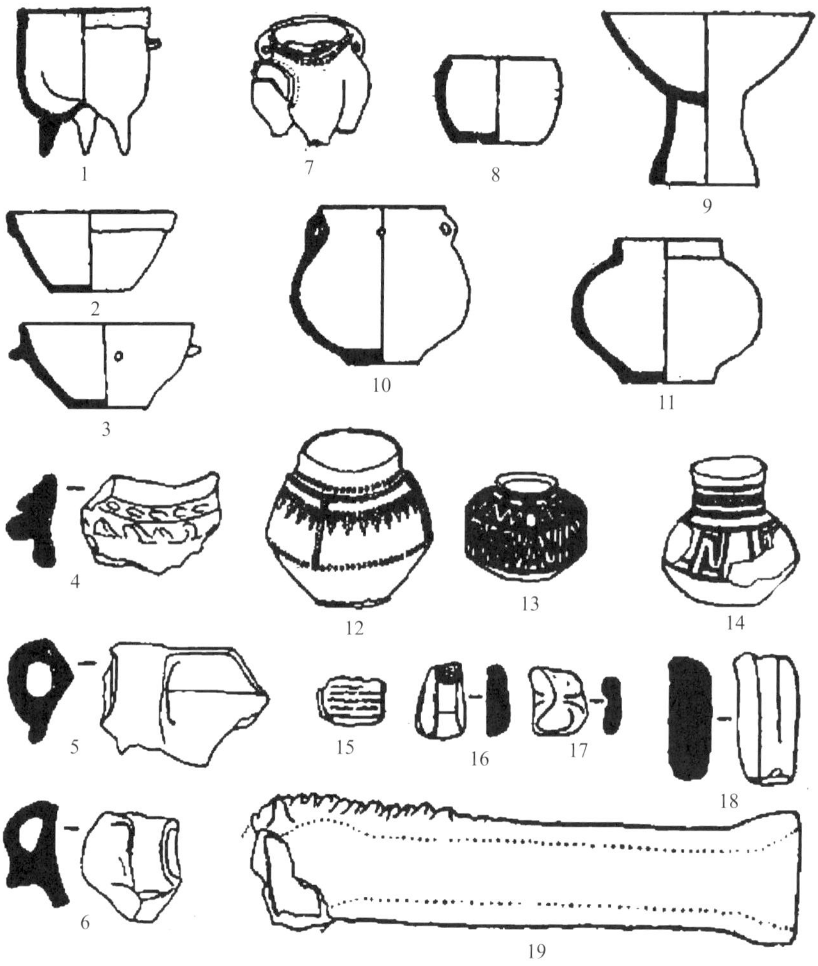

图二　大井类型的陶器

1. 鬲　2. 盆　3. 深腹钵　4. 堆纹甗腰　5、6. 鬲耳　7. 鬲　8、10、11. 罐　9. 豆　12、13. 泥质褐陶罐　14. 泥质褐陶壶　15～17. 外范　18. 内范　19. 马首形鼓风管

（1、2、4～6、15～19. 林西大井古铜矿遗址　3. 林西大板南山　7～14. 翁牛特旗大泡子墓）

钎、石环、石球、盘状器、穿孔砺石及细石器等，种类与数量都较多，制作粗糙，大部分还保留有原来的岩面，唯求实用而已。这一特点，诚然与其为一处矿冶遗址有关，但它一方面丰富了夏家店上层文化石器群的内容，另一方面也的确表现出它与南山根和十二台营子类型石器在种类和制作工艺上存在的一些差别（图四）。

（4）动物骨骼

在大井遗址发现有鹿、麃、野马、野牛、狐狸、狍、熊、野兔等大量野生动物，以及山鸡等野禽骨骼，家畜仅发现有羊一种。这样一个动物群体，同夏家店上层文化中部和南部区域内所拥有的以猪、狗、马、牛、羊（野生动物有鹿）等多种家畜为主要群体的情况相比，显然又有很大差异。它表明，该类型的狩猎经济比重很大。所以，从经济形态考察，大井类型与南山根、十二台营子类型也是有区别的。

需要指出的是，虽然由于大井遗址面积较小，没有发现墓葬，青铜制品出土很少，未见曲刃銎柄式青铜短剑等大件器物，但从该遗址的规模、相互配套的采冶工序和出土的鼓风陶管及多件内、外铸范等反映的生产力水平，该遗址开采和利用的时间较长等情况，再联系邻近的克什克腾旗天宝同[17]、翁牛特旗解放营子头牌敖包山[18]、赤峰县西牛波罗，以及扎鲁特旗霍林河矿区[19]等地点连续多次发现商周时代青铜器的事实看，推测在林西大井铜矿采冶时期，此地已具有铸造大件青铜器的能力。在大井类型分布地域内，将来会有曲刃銎柄式青铜短剑的发现，当不致有大误。

还需要进一步说明的是，我们将大泡子和大板南山墓葬，纳入大井类型而不混入南山根类型，还考虑到在陶器的一些特征上，这两处墓葬与大井遗址的陶器更接近一些。如大泡子墓的夹砂红陶鬲和Ⅱ式罐，在口沿与肩之间附加的环耳特征，与大井遗址Ⅱ式陶隔的环耳作风相一致；大板南山墓虽只出一件夹砂红陶钵，但器形却与大井遗址的夹砂红褐陶盆很相似，唯前者在口沿下有耳，而后者口沿外附加一圈叠唇。特别引人注目的是，在纹饰上，大泡子的夹砂红陶鬲，口沿饰锥刺篦点纹，而大井遗址一部分陶器上也有加饰锥刺篦点纹的作风。这些都表现出这两处墓葬与大井遗址在文化因素方面的密切联系，而与南山根和十二台营子类型存在一定差异。

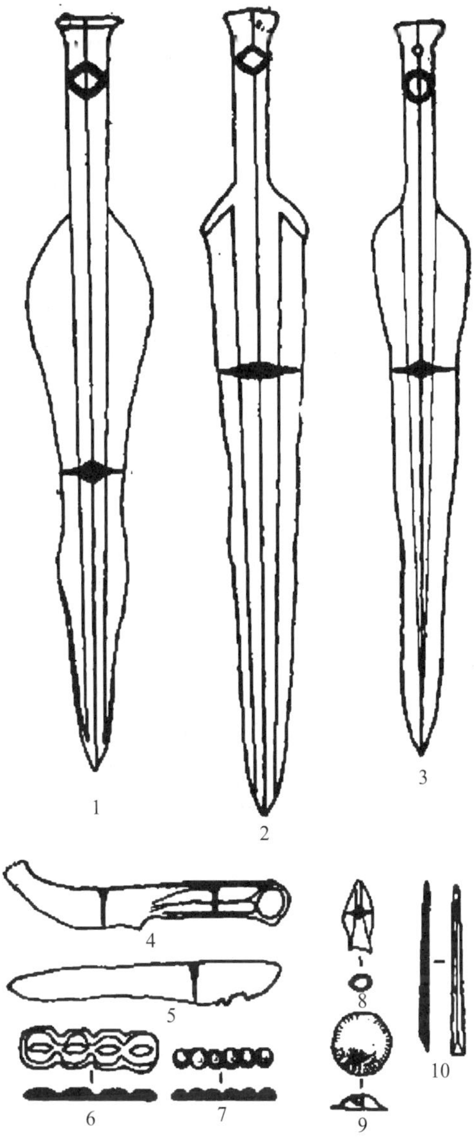

图三　大井类型A型曲刃銎柄式青铜短剑、青铜器

1～3. A型剑　4、5. 铜刀　6、7. 联珠形铜饰　8. 铜镞　9. 铜泡　10. 铜锥

（1、6、9. 林西大板南山墓　2～5、7. 翁牛特旗大泡子墓　8、10. 林西大井古铜矿遗址）

基于上述线索和原因，我们姑且从夏家店上层文化中，再明确地提出一个新的文化类型——大井类型，以便今后继续积累资料，做进一步的比较、探索，以推进关于夏家店上层文化问题的研究。

2. 南山根类型

将大井类型划出以后，南山根类型的分布地域，主要是以老哈河中上游为中心，东西两翼包括坤都河、英金河、阴河流域，以及教来河中上游流域一带。西部和西南

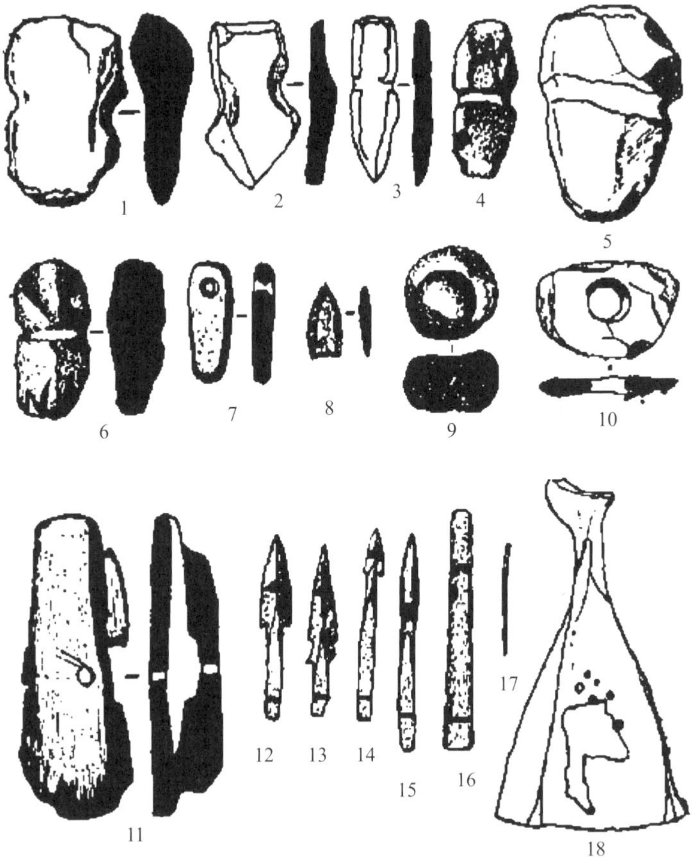

图四　大井类型石、骨器

1～3. 石钎　4～6. 石锤　7. 砺石　8. 细石器　9. 石盘状器　10. 石环　11. 骨锤
12～15. 骨镞　16. 骨匕　17. 骨针　18. 卜骨
（均为林西大井古铜矿遗址出土）

部到河北省围场县、承德县和平泉县三个县份的北部缘边地域，基本上以到伊逊河上游和七老图山脉为限，最西端不过东经 117° 30′。东部伸展到库伦旗，但大体不过东经 122°。

这个类型的遗址，以宁城县南山根遗址、赤峰夏家店和蜘蛛山遗址为代表；墓葬可以宁城南山根 M101 石椁墓为代表。

该类型青铜器种类、数量繁多，铸造工艺精良，水平高于大井类型，代表了夏家店上层文化繁盛发达阶段的面貌。它以含有 A、B、C 三种类型的曲刃青铜短剑和 D 型直刃匕首式青铜短剑的组合关系，显示出其区别于大井类型和十二台营子类型的突出特征（图五）。

该类型的陶器，基本上皆为素面，不见泥质陶等外来因素；石器打制者很少，多为磨制者。这些特点，也同大井类型有所差别。

在经济形态方面，这个类型的畜牧经济比重较大，农业经济也占有相当的比重。前者可由诸遗址中发现的大量的猪、狗、马、牛、羊、鸡等家畜、家禽骨骼为证；后者可由墓葬中出土的各式铜镐、铜镬等农业生产工具和遗址中出土的数量较多的半月

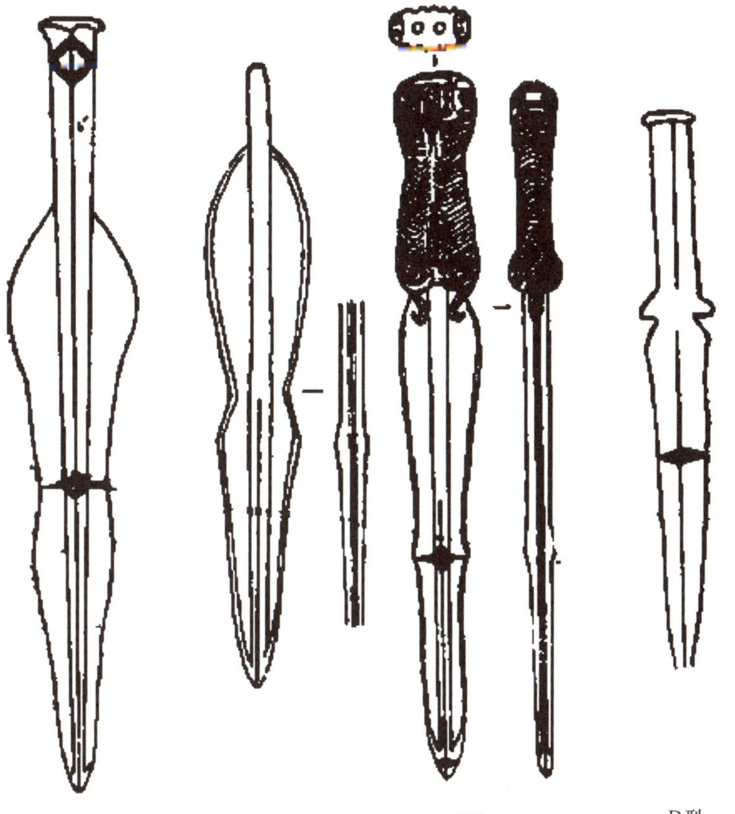

图五　南山根类型的青铜短剑组合关系
（宁城南山根 M101 石椁墓）

形双孔石刀，以及有的窖穴中还储有大量的炭化谷物（如建平县水泉遗址发现的三座粮窖遗迹）为证[20]。不言而喻，这也是南山根类型有别于大井类型的一个重要方面。

至于南山根类型其他方面的一些特征，在已发表的拙文中大都述及，在此不赘（下同）。

3. 十二台营子类型

分布范围主要集中在大凌河、小凌河以及牤牛河中下游流域一带，西到努鲁儿虎山，东达医巫闾山，北到柳河上游，在北纬 42° 30′左右，东北以柳河中游为限，未过彰武、新民，即不到东经 123°，南限未及北纬 40°，大体不过山海关，西南基本上不超过河北青龙，在东经 119°左右。

这个类型的遗址，在大、小凌河流域较多，但堆积较薄，保存也欠佳，迄今尚缺乏完整的科学发掘资料。墓葬发掘较多，可以朝阳县十二台营子[21]和锦西县乌金塘[22]发现的曲刃青铜短剑墓为代表。

这一类型，以含有单纯 B 型曲刃短茎式青铜短剑为其主要特征之一（图六）。装饰品中的多纽铜镜，也是颇具特色的器物，这在大井类型和南山根类型中是不见的。

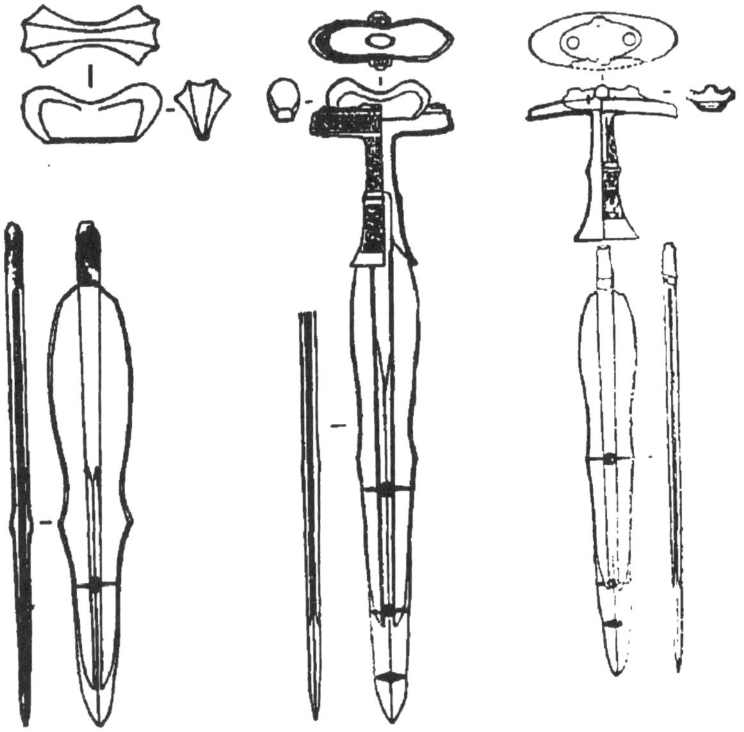

图六　十二台营子类型一、二、三期（左、中、右）B 型曲刃短茎式青铜短剑

这个类型的陶器，皆属夹砂陶，有红褐和灰褐两种，绝大多数为素面，器壁较厚，手制，火候不高，质地疏松，有不少器物呈外灰内红，器表仅略经打磨，罕见大井类型和南山根类型那种打磨得非常光亮的深棕色器物。遗址中亦常发现器足和豆柄一类器物残件，三足器以鬲为多。墓葬中仅见筒形罐、钵、碗等陶器，口沿外附加一圈叠唇，或有少数器物口沿以下饰三角形压点纹。石器，罕见打制者，绝大多数为磨制，在距墓地不远的同类遗址中，常可采集到磨光舌形石斧和斜刃小石斧，以及磨棒和磨制石球等工具。

该类型的经济形态，与大井类型和南山根类型也有所差异，由于地处鱼类资源比较丰富的大、小凌河流域，所以它的特点是：除兼营畜牧、农业、狩猎之外，尚辅有一定比重的捕鱼经济。这可由十二台营子曲刃青铜短剑墓出土的铜鱼钩和鱼坠为证。

以上是夏家店上层文化三个类型的特征。在这三个文化类型之间的接触地带，文化面貌多呈现出相邻的两个类型之间文化因素互相渗透、交流、影响与融合的某些特点，其中尤以出土该文化系统的典型青铜兵器——曲刃青铜短剑的种类及其组合关系的特点，其分野显示得较为清楚。这种接触地带，现在能够认识到的，初步可以分作两区，我们称为第一接触地带和第二接触地带。

第一接触地带，在大井类型与南山根类型之间，分布在老哈河与教来河中游，西拉木伦河以南，英金河与阴河迤北一带，包括翁牛特旗南部、敖汉旗和奈曼旗北半部地域（参见图一）。

在这个接触地带中，B型曲刃短茎式青铜短剑绝迹，只见A型曲刃銎柄式青铜短剑、C型曲刃匕首式青铜短剑及D型直刃匕首式青铜短剑，其中A型剑占据统治地位。在这个接触地带以北地区，则全部为单纯的A型剑的遗存。这暗示出A型剑是大井类型的固有因素，而此接触地带内的C型剑及D型剑，则是来自南山根类型的因素，它们在这里与大井类型的文化因素相遇，因而呈现出A、C、D三种类型青铜短剑共存的现象。

第二接触地带，在南山根类型与十二台营子类型之间，分布在大凌河与老哈河上游，以及教来河上游之间的地域，即在努鲁儿虎山脉附近一带，包括建平县、敖汉旗、奈曼旗和库伦旗的南部、凌源县、北票县及阜新县的北部地域（参见图一）。

在这个接触地带中，在数量上占据统治地位的是B型剑，其次为A型剑，而C型剑和D型剑数量很少。在靠近老哈河流域的地方，A型剑和C型剑比较发达，型式与数量都显得多一些，而B型剑数量相对较少，多属早期形制；在靠近大凌河流域的地方，A型剑和C型剑数量很少，渐趋绝迹，而B型剑则趋向繁盛，数量多，型式繁。这表明，此接触地带内的B型剑，主要是来自十二台营子类型的因素，而大井类型所固有的A型剑和南山根类型的C型剑与D型剑等文化因素，在南部地域的影响所及，至此接触地带，已达其边缘极限。

（四）分期编年

从地层关系考察，夏家店上层文化普遍叠压于夏家店下层文化之上，这表明夏家店上层文化的年代上限必晚于夏家店下层文化的年代下限，这一点，已被经过科学发掘的宁城南山根、赤峰夏家店、蜘蛛山和建平水泉等遗址的地层资料所证实。据20世纪50年代在喀左县（原凌掠县）马厂沟小转山子遗址发掘所获得的地层资料，在出土著名的匽侯盂等一组西周早期青铜器窖藏坑所在地，这座窖藏坑打破了夏家店下层文化的地层，这证明此地夏家店下层文化的年代下限，将不晚于西周初。这意味着这里的夏家店上层文化的年代上限，一般不会早于西周初。又根据近年辽宁省文物普查队在喀左县南沟门遗址发掘所获得的地层叠压关系[23]，进一步了解到，这里含曲刃青铜短剑的夏家店上层文化遗存，还晚于大约属于商周之际的以绳纹夹砂红陶为其基本特征的一类遗存[24, 25]。

从^{14}C测定年代数据考察，林西大井遗址现有6个数据可供参考[26, 27]，它们依次为距今2700年±100年、2715年±85年、2720年±90年、2780年±100年、2795年±85年、2970年±115年。这6个数据大体表明，夏家店上层文化北部的大井类型，其年代上限可能将早到西周早期或商周之际（这一时限，比中部的南山根类型和南部的十二台营子类型都早一些），其年代下限，将延续到西周晚期或春秋初期。

从曲刃銎柄式青铜短剑型式发展规律考察，林西大板南山墓和翁牛特旗乌兰敖都大泡子墓出土的銎柄式剑，似较南山根M101出土者略早，大泡子墓中伴出的刃尖上卷的铜刀，在商晚期的殷墟祭祀坑曾出土过[28]，表明这类铜刀的形制时代偏早。此外，同出的双环耳球腹实足隔和双环耳溜肩鼓腹假圈足罐，其形制也都具有夏家店上层文化同类器物较早的特点。南山根 M101 的年代，以墓中出土的一组具有断代标识的青铜器为准，可定在西周晚期至春秋早期，那么大板南山墓和翁牛特旗大泡子墓的年代，自应比南山根 M101 略早，似以推定在西周中期至西周晚期前后为宜。

中部南山根类型的年代，上限大约在西周早中期或西周中期前后，下限约可到春秋早期或春秋早中期南部十二台营子类型，根据目前掌握的田野调查和发掘资料，大致可以区分为三期遗存。这三期遗存，分布地域基本相同，主要集中分布在大凌河中、下游和小凌河流域一带。从埋葬制度和葬俗，陶系、器类与形制作风，曲刃青铜短剑的种类及其型式发展规律等方面考察，这三期遗存的发展过程，既表现出夏家店上层文化传统一脉相承不断发展的连续性，又表现出十二台营子类型自身特征在其发展变化过程中的一定的阶段性。

第一期遗存，以朝阳十二台营子和锦西乌金塘曲刃青铜短剑墓为代表，以具有发达的早期形制的 B 型Ⅰ、Ⅱ式曲刃短茎式青铜短剑为其显著特征，年代上限约在西周晚期，下限一般不晚于春秋中期[7]。

第二期遗存，以喀左南洞沟石椁墓[29]和喀左南沟门墓地[23]为代表，以具有中期形制的 B 型Ⅲ、Ⅳ式剑身和 TⅠ、TⅡ、TⅢ式 T 字形铜剑柄为其显著特征之一，年代上限约在春秋中期或中晚期，下限至战国初。

第三期遗存，以喀左黄家店土城子墓[23]和朝阳袁家台子东山坡墓地出手制陶罐的墓葬[23]。为代表，以具有晚期形制的 B 型Ⅴ、Ⅵ、Ⅶ式剑身及其 TⅣ、TⅤ式铜剑柄为其显著特征之一。

从以上两处墓地的发掘情况看，夏家店上层文化在其南部分布地域的晚期遗存，多与战国时代燕国城址相邻，并且与该城所属的以出土轮制泥质灰陶器物为组合特点、无殉犬习俗、南北向的典型燕墓共存于一处墓地，二者之间无打破关系，考察这批燕墓的年代，多属战国早中期或战国中期，故可据以推断这里的夏家店上层文化遗存的年代下限，大致也将延续到这个时期。

小结辽西地区夏家店上层文化三个文化类型的分期编年，可概括成表一。

表一　夏家店上层文化的类型与分期编年

<table>
<tr><td colspan="2" rowspan="2">文化类型</td><td rowspan="2">大井类型</td><td rowspan="2">南山根类型</td><td colspan="3">十二台营子类型</td></tr>
<tr><td>第一期</td><td>第二期</td><td>第三期</td></tr>
<tr><td colspan="2">分布地域</td><td>西拉木伦河流域及其迤北地带</td><td>老哈河、英金河、坤都河、教来河流域一带</td><td colspan="3">大凌河中、下游及小凌河流域一带</td></tr>
<tr><td rowspan="2">典型遗存</td><td>遗址</td><td>林西大井古铜矿</td><td>宁城南山根
赤峰夏家店
赤峰蜘蛛山
建平县水泉</td><td></td><td></td><td></td></tr>
<tr><td>墓葬</td><td>林西大板南山墓
翁牛特旗大泡子墓</td><td>南山根 M101
南山根东区石椁墓</td><td>朝阳十二台营子墓
锦西乌金塘墓</td><td>喀左南洞沟墓
喀左南沟门墓地</td><td>喀左土城子墓
朝阳袁家台子东山坡墓地</td></tr>
</table>

（续表）

文化类型	大井类型	南山根类型	十二台营子类型		
			第一期	第二期	第三期
青铜短剑种类及型式	A 型曲刃銎柄式	A 型曲刃銎柄式 BⅠ、Ⅱ曲刃短茎式 C 型曲刃匕首式 D 型直刃匕首式	BⅠ、Ⅱ曲刃短茎式	BⅢ、Ⅳ曲刃短茎式	BⅤ、Ⅵ、Ⅶ曲刃短茎式
相对年代	约商、周之际至春秋初期	约西周时中期至春秋早中期	约西周晚期至春秋中期	约春秋中期或中晚期至战国早期	约战国早中期至战国中期

通过表一可以看到，夏家店上层文化的年代上限约可早到商、周之际或西周早期，下限一直延续到战国中期前后，其间经历了差不多七八百年的发展过程。其中，北部大井类型的年代较早，而南部十二台营子类型的年代较晚。这一情况，使我们进一步认识到，夏家店上层文化的活动中心先后似曾发生过变化，早期活动中心偏北、偏西，晚期活动中心则偏南、偏东，有一个由北逐渐向南发展和移动的趋势。这是夏家店上层文化居民逐步接触来自中原农业区文明的进步过程的反映。

需要指出的是，在老哈河中上游地区及其与大凌河中上游之间的地域内，比较集中地发现一批属于西周晚期至春秋早期的出有青铜盔和曲刃青铜短剑等成组兵器及成套车马器具的夏家店上层文化的奴隶主贵族墓葬，如南山根 M101、南山根东区石椁墓、汐子北山嘴 M7501、瓦房中 M791、小黑石沟 M8061、赤峰附近[30]美丽河石椁墓、喀左东赤里赤、建平石砬山石椁墓等，这在东北和其他相邻地区内都是没有的。这一事实，似不应简单地视为一种偶然的考古发现。联系夏家店上层文化在辽西地区的分布和发展趋势，我们有理由推断，老哈河中上游及其与大凌河中上游之间，不仅是夏家店上层文化早中期阶段遗存分布最为稠密的主要地区，而且应该是西周至春秋之际聚居在这一带的夏家店上层文化居民的政治、经济、军事和文化的中心所在。

二、推论夏家店上层文化为东胡遗存的依据

我们认为，辽西地区夏家店上层文化，是探讨东胡文化的重要对象。根据现有资料，从考古发现联系古史记载，并结合体质人类学的鉴定与研究成果，我们大致可以提出以下六个方面的依据。

1）从空间看。夏家店上层文化的分布地域与文献记载的东胡活动地域，在地望上相合不悖。

如前所述，考古学上发现的夏家店上层文化遗存，其北限不超过北纬 45°，一般多集中分布于北纬 44° 30′以南、西拉木伦河流域及其迤北的丘陵地带，南限在北纬 40°以北，未过滦河与燕山，西南大体以七老图山为界，东部不过柳河与医巫闾山。这一分布地域，正是历史上战国以前的燕与东胡相接触的地带，也是东胡民族世代聚居的地

方。根据《史记·匈奴列传》记载，春秋时期，“燕北有东胡”；据《史记·货殖列传》记载，战国时期，燕“东北边胡”；据《史记·匈奴列传·索隐》引东汉学者服虔的解释，则不仅使我们了解到东胡之名的来历，而且使我们知道了东胡聚居的所在地与匈奴驻地的大致地理关系，即其地“在匈奴东，故曰东胡”。因此，以古史记载考察，东胡的活动地域还是比较明确的，早在春秋战国以前，东胡族即居于燕国的北方和东北方，并位于后来的匈奴居地之东一带。

当时，东胡势力较大，拥有一定军事实力，《史记·匈奴列传》明确记载：“时东胡强”，常“西侵”匈奴，亦常南下寇扰燕、赵边民，燕昭王时（前311～前279年），“燕有贤将秦开”曾“为质于胡”等。正因如此，燕昭王才发愤自雄决心除掉东胡这个北方边患，于是派遣伺机逃归的大将秦开，率军“袭破走东胡”，追奔逐北，“却千余里”。遂又在逐出之地，“筑长城，自造阳至襄平”，并“置上谷、渔阳、右北平、辽西、辽东郡以拒胡”。从此，燕与东胡的关系才发生了根本性的和划时代意义的转变。造阳，据《史记集解》韦昭解，地在上谷。上谷郡治沮阳县，一般多推定在今河北省怀来县大古城村；襄平，即今辽宁省辽阳城。这就是说，从文献学的角度考察，燕长城大约应在今河北怀来县至辽宁辽阳市之间地带。

从考古学方面考察，燕北长城遗迹及其行经路线，经过我国考古工作者先后四十年的陆续调查[31～33]现已基本查明其西端是在内蒙古自治区化德县境与赵长城相衔接，而后向东经正蓝旗、多伦县，折入河北省围场县境[34]，然后又进入昭乌达盟境内，分为东西走向的南、北两段，北段沿英金河的北岸横贯赤峰县和敖汉旗，南段自喀喇沁旗娄子店起，经赤峰县南境、建平县北境，进入敖汉旗中部，这两段长城间隔四五十千米。自敖汉旗宝国吐，又越过牤牛河，进入库伦旗，又伸延到阜新县境，然后再经彰武、新民，到法库而后抵吉林省开原县境[35]。考古调查发现的燕北长城遗迹的行经路线，较文献记载的更具体、更准确，它大体向北推移了120余千米[36]。据我们粗略统计，在燕北长城沿线及其附近，已发现的大小燕国城址即有50座之多，还有很多的望楼址和聚落遗址，以及大量的燕刀币遗存等。这些事实表明，燕国为了防御和制服东胡的侵扰，发展其政治势力，开发其北方边陲和广大的辽西与东北地区，曾投入了多么巨大的军事和经济力量。据此，我们不难推知，在燕长城和燕五郡的中心及其附近地区，在秦开却胡以前，必有东胡部落聚居；而在秦开却胡之后，在燕的北方和东北方较偏远之地，还可能会有一部分溃散的东胡后人匿居。

考古调查和科学发掘的事实，为我们的这一推论提供了较为可靠的根据。燕北长城行经路线，自西而东，分布在北纬42°～43°，恰恰是从夏家店上层文化分布圈的中间地带横贯而过；而且，在长城沿线及其附近地带的若干燕文化遗存的下面，往往叠压着夏家店上层文化的遗存，如赤峰夏家店、蜘蛛山遗址、红山后遗址、建平水泉遗址、宁城南山根遗址等。这证明，当战国燕的势力尚未发展到这一地区之前，燕北长城沿线及其附近地域，确曾是东胡的聚居之所在。

2）从时间看，夏家店上层文化所跨越的历史时代，与文献记载的东胡活动的时代，亦相合不悖。

夏家店上层文化的年代，上限约当商周之际或西周早期前后，下限在其南部分布地域，迄于战国早中期或战国中期前后，经历七八个世纪的发展过程。东胡起源的时代，虽然从文献学上还不能找到它起源于商周之际的直接证据，但通过《史记·匈奴列传》的记载，我们确信，至迟在春秋时代，燕国北方即已有东胡存在，这一点是没有疑问的。而从考古学上对夏家店上层文化做类型与分期编年研究，推断这一文化的年代上限，可能早到商、周之际或西周早期前后，这一点与历史文献关于东胡活动时代的记载，非但不抵触，而且是一个有益的补充。夏家店上层文化的年代下限，在其南部分布地域——大、小凌河流域一带，迄于战国早中期或战国中期前后，此与燕将秦开破败东胡和燕国拓地的时代大致吻合①。这一情况，殊为重要，决不应将此简单地视为考古发现与历史故事的偶然巧合，恰恰相反，我以为它可能正从一个侧面透露出或证明当时东胡与燕国的政治、军事势力，彼此消长和变迁的历史史实。

还需要指出的是，从考古发现看，在辽西地区，相当于这一时期——西周至战国早、中期以前（东胡频繁活动时期），有别于燕文化面貌的土著文化，除了已经发现的夏家店上层文化外，迄今尚未有其他考古文化系统的遗存发现。这一点，不仅同文献所反映的燕国与这一地区的少数民族关系史相符合，而且是我们推论夏家店上层文化为东胡文化的考古学依据之一。

3）从畜犬、殉犬习俗考察，夏家店上层文化遗存中保留的畜犬、殉犬习俗与历史文献所记载的东胡人生前畜犬、死后殉犬之俗，是完全一致的。

东胡人生前畜犬、死后殉犬的习俗，我们可借助《后汉书·乌桓鲜卑列传》中有关东胡系乌桓人的风习的记载而窥其一斑。传云："乌桓者，本东胡也。""俗贵兵死，殓尸以棺，有哭泣之哀，至葬则歌舞相送。肥养一犬，以彩绳缨牵，并取死者所乘马衣物，皆烧而送之，言以属累犬，使护死者神灵归赤山。"

在宁城南山根、赤峰夏家店、红山后、蜘蛛山、建平水泉等经过发掘的夏家店上层文化遗址中，都曾发现大量的狗骨；在赤峰红山后石椁墓群、围场李家营子石椁墓群[37]、敖汉旗周家地墓地、喀左县南沟门墓地和朝阳县袁家台子东山坡墓地等若干夏家店上层文化墓葬中，都发现有明确的殉犬例证。以犬的形象为艺术母题，装饰在各种青铜器物上，更是夏家店上层文化惹人注目的特征。宁城县南山根M101出土的犬形耳铜鬲、南山根东区石椁墓出土的犬纹三穿铜戈、犬纹铜刀和朝阳十二台营子一号墓出土的犬纹铜牌等，都是匠心独运、蕴含特定意义的写实珍品（图七）。年代属西周

---

① 《史记·匈奴列传》云："燕有贤将秦开，为质于胡，胡甚信之。归而袭破走东胡，东胡却千余里。与荆轲刺秦王秦舞阳者，开之孙也。"据此记载，秦开乃秦舞阳之祖父。秦舞阳是在十三岁以后，随荆轲一道于秦王政二十年（前227年），行刺秦王的。以此推算秦开在世及其率军破败东胡之年，应从公元前227年再往前追溯三代人的时间方为合理，大致应前推七八十年，正值燕昭王时期（前311～前279年）。东胡被击败溃散之后，燕国乘势在东胡空出来的地方设立上谷、渔阳、右北平、辽西四郡，随之又在东夷系民族杂居的辽东地区设置了辽东郡，这也是在燕昭王时期完成的。

晚期至春秋早期的南山根M102石椁墓[38]，还出土一件弥足珍贵的刻纹骨板，上面精心设计、刻划有墓主人生前乘驾马车，携带两只猎犬开弓射猎马鹿的极其生动的场面，这是我国考古学上发现最早的一幅表现自然场景、反映古代少数民族经济生活和风俗民情写实画（图八）。上述事实，使我们不难看出，创造夏家店上层文化的民族，对于犬是何等的依重。

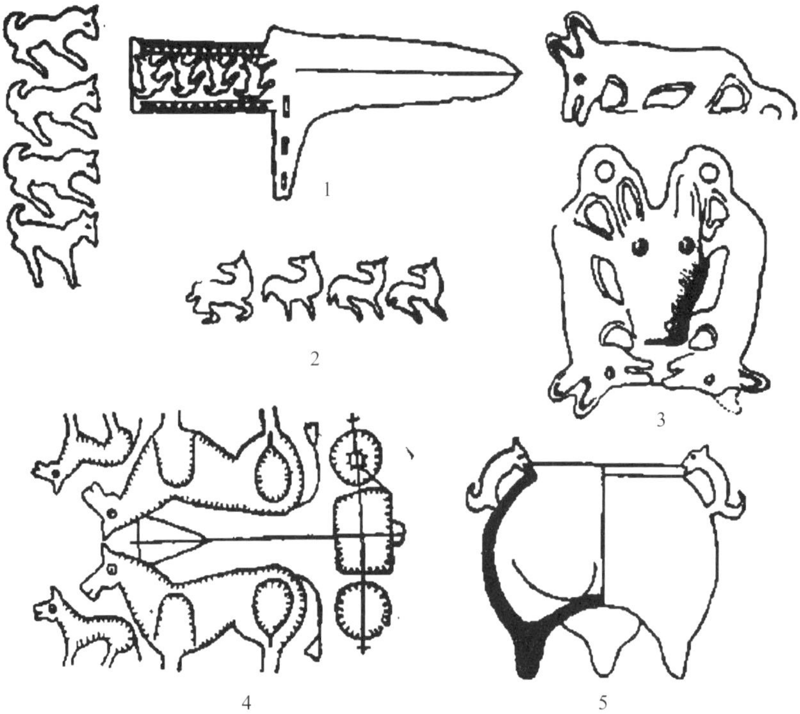

图七　夏家店上层文化的犬纹装饰

1. 铜戈内部　2. 铜刀柄部　3. 犬纹铜牌　4. 刻纹骨板　5. 铜鬲耳部
（1、2. 宁城南山根东区石椁墓　3. 朝阳十二台营子M1　4. 宁城南山根M102石椁墓
5. 宁城南山根M101石椁墓）

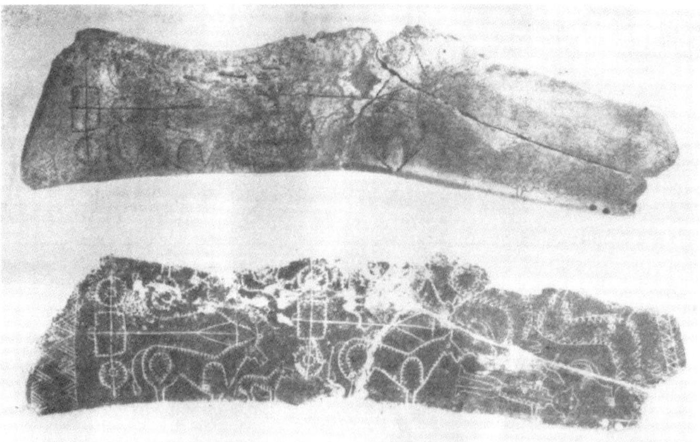

图八　南山根M102石椁墓出土刻纹骨板

这种生前畜犬、死后殉犬的习俗，从文献学与考古学相对照的角度考察，能达到如此统一与吻合者，在中国东北地区，除了夏家店上层文化与东胡可相联系之外，迄今尚不见相当于这一时期的其他任何考古文化能与某个民族相联系的情况。

4）从髡头习俗考察，夏家店上层文化墓葬中出土的人头形象资料，头顶皆不蓄发，或仅在头的周边和侧面编结小辫，此与文献所记载的东胡民族固有的“髡头”之俗，亦相符合。

1935年，在赤峰红山后搜集到人面形铜牌1件，应属夏家店上层文化墓葬之随葬品，长4.2、宽3.7厘米，面部器官塑造得清清楚楚，唯头顶光而无发（图九，1）。1958年，在十二台营子第一号墓出土人面形铜牌6件，形制、规格相同，长9.2、宽7.4厘米，铜牌外沿绕以双蛇，人的面部器官也塑造得清清楚楚，唯头顶也是光而无发（图九，2）。1958年春，在南山根东区石椁墓中出土曲刃匕首式青铜短剑1件，此剑全长31.7厘米，铜质优良，完整无损，剑柄本身是由一对相背的男、女全身裸体立雕肖像构成，人物面部扁平，额骨较凸出，两眼前凸，鼻较长，头顶皆光而无发（图九，3）。1963年，南山根M102石椁墓出土刻纹骨板1件，长34厘米，上面刻划了狩猎的场面，猎者是个男人，其面部形象与上述几件人像标本酷似，头顶亦光而无发（图八）。以上四例人头形象资料，毋庸置疑，表现的应该就是夏家店上层文化的主人的形象。其髡头形式，均属一种类型，即髡掉头顶全部头发，此其一。其二，1981年在敖汉旗周家地M45，发现死者头顶偏前方左、右两侧和左后方各有一条辫根，头左右两侧、耳部附近各有一段发辫（图一〇）。据保存现状，死者头顶正中部位和其他没有扎辫的部位，未见蓄发痕迹。这一情况，或可能因腐朽所致，但也不能排除另一种可

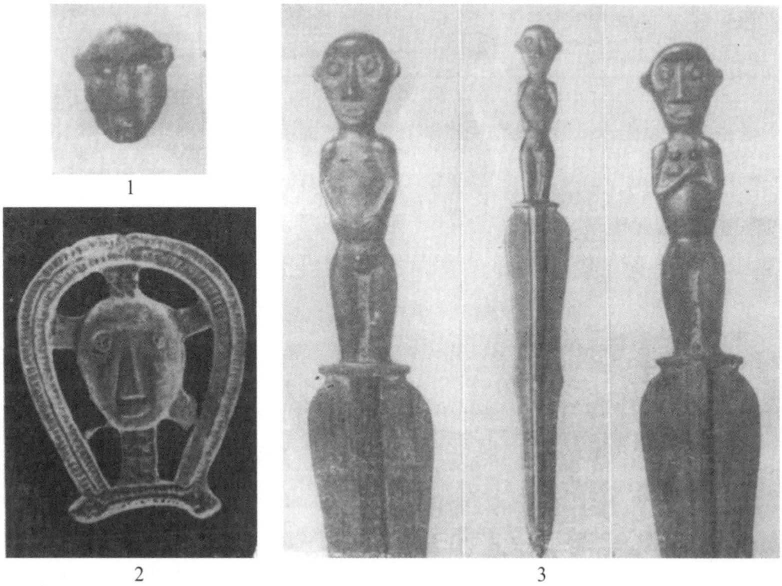

图九　夏家店上层文化的写实人像

1. 赤峰红山后人面形铜牌　2. 朝阳十二台营子人面形铜牌　3. 宁城南山根东区石椁墓曲刃匕首式青铜短剑（左. 正面裸体男像　中. 青铜短剑　右. 背面裸体女像）

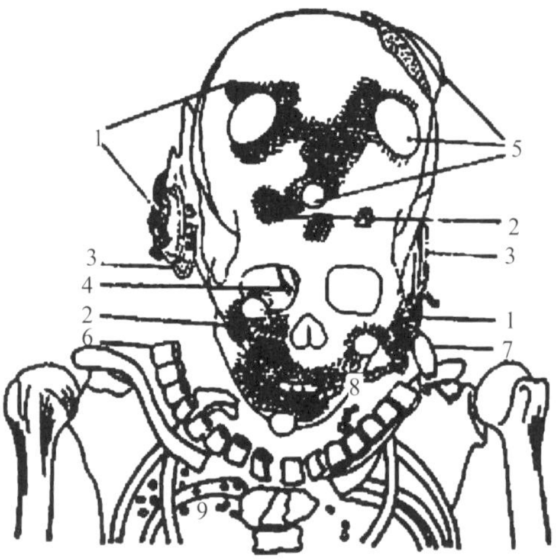

图一〇　敖汉旗周家地 M45

1. 发辫　2. 麻布覆面　3. 铜耳环　4. 骨族　5. 铜泡　6. 蚌珠项饰　7. 铜耳坠　8. 绿松石　9. 石珠

能，即这些部位的头发有的可能原来就已经被髡掉了。这一实例，似应作为东胡人髡头的另一种形式来考虑。因此，我以为东胡人的髡头，可能有几种形式。

据《史记·匈奴列传》索隐引《续汉书》云：乌桓人“父子男女悉髡头为轻便”。又据《后汉书·乌桓鲜卑列传》云：“乌桓者，本东胡也。……俗善骑射，飞猎禽兽为事……以髡头为轻便。妇人至嫁时乃养发，分为髻，著句决，饰以金碧，犹中国有籣步摇。”同传谓鲜卑云：“鲜卑者，亦东胡之支也……其言语习俗与乌桓同。唯婚姻先髡头，以季春月大会饶乐水上，饮宴毕，然后配合。”《三国志·魏书·鲜卑传》裴注云：“嫁女娶妇，髡头饮宴。”乌桓、鲜卑系由东胡直接分出的两支血缘关系最亲近的部族，乌桓、鲜卑之习俗，实乃东胡习俗之遗留。根据以上记载，可将东胡后裔乌桓、鲜卑的髡头习俗，概括成表二。

表二　东胡后裔乌桓、鲜卑的髡头习俗

民族		性别	婚前	婚配时及婚后
东胡	乌桓	男	髡	髡
		女	髡	不髡——养发，分为髻
	鲜卑	男	可能不髡	髡
		女	可能不髡	髡

我们有这样几点理解：①乌桓与鲜卑，不论男女，凡长到成年者，必经历髡头之俗；②乌桓男子终生都髡头，鲜卑男子只有到婚配时和婚后才髡头，婚前可能不髡头；③乌桓女子婚前是髡头的，婚配时和婚后始蓄发、梳髻，而鲜卑女子婚配时必先髡头，婚后仍保持髡头之俗，婚前处女阶段，则可能不髡头，二者的髡头与蓄发的时序正相反；④婚令因素、婚配与否，对于乌桓女子、鲜卑男子和女子来说，是其是否实行髡头之俗的关键和界标；⑤上述文献虽未具体描述乌桓与鲜卑的髡头形象，但却从总体上使我们了解到乌桓与鲜卑在髡头习俗方面尚有不尽相同之处，这就为我们推察东胡可能有多种髡头形式，从文献学角度提供了一定依据。

在内蒙古和林格尔新店子一号汉墓壁画中，有表现髡头的少数部族乌桓人躬身列队准备谒见幕府主人——汉护乌桓校尉的场面[39]。这些乌桓人的髡头形式，大致有两种：一种是将头发全部剃光（图一一），如同前述夏家店上层文化墓葬中出土的几件人物头像标本所表现的髡头形式一样；另一种是将头四周的头发剃掉，只留头顶正中的一小撮头发，扎作一束竖起（图一二）。在满洲里市札赉诺尔东汉鲜卑墓地 M29 中，

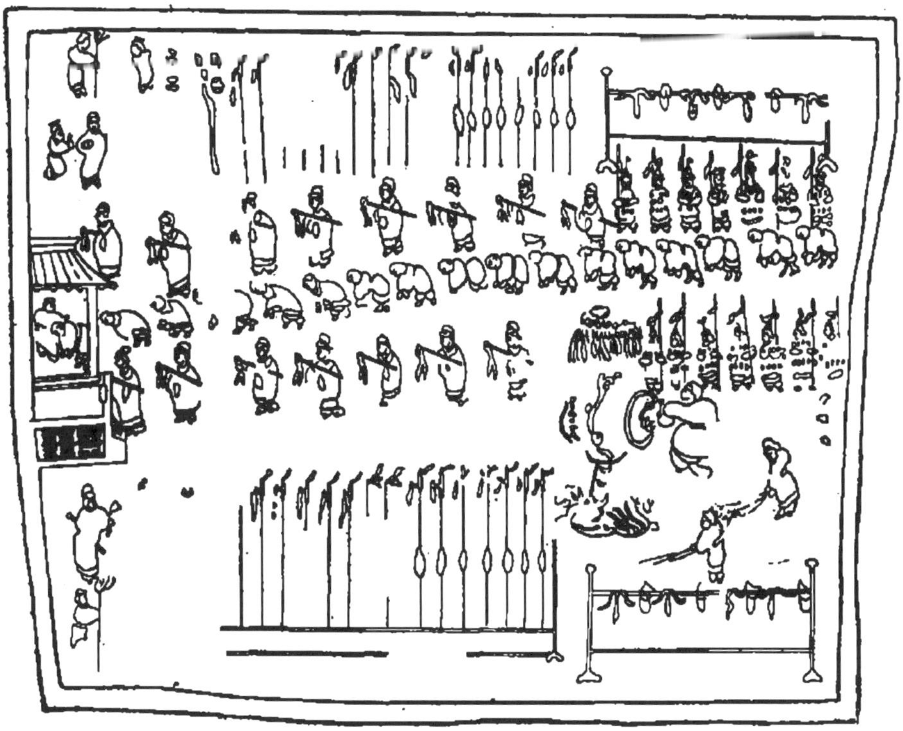

图一一　少数民族人物（中间躬身列队行伏拜礼者）髡头形式之一
（和林格尔一号汉墓前室至中室南道北壁宁城图之一）

图一二　少数部族人物髡头形式之二
（和林格尔一号汉墓前室北壁和东壁幕府大廊图局部）

曾发现墓主人“头骨右侧残存发辫节”[40]，这与敖汉旗周家地 M45 发现的发辫情况大同小异。上述发现，无疑又从考古学角度证实了东胡系民族髡头习俗的可信性及其形式的多样性。

作为东胡后裔的辽代契丹人，同样继承了其祖先的髡头习俗的传统，这有大量的考古资料为证。虽然契丹在时代上已较东胡晚了一千余年以至近二千年，其髡头形式不可避免地随着历史的演进而发生某些变化，因而契丹之髡头形式不会完全等同于东胡之髡头形式；但是，契丹毕竟是东胡的后裔，其髡头习俗及其基本形式，本源于和承袭其东胡祖先之创制而来。所以，从这个意义上讲，对辽代契丹人的有关髡头资料，还应予以足够的重视。如在大量的契丹壁画资料中，极少见到男子头顶正中部位蓄发的现象，这一点，就同前述夏家店上层文化墓葬出土的几例人物头像标本所表现的髡头特征，以及敖汉旗周家地 M45 主人遗留的头发的痕迹，是相一致的。

5）夏家店上层文化墓葬有以麻布和巨蚌壳作覆面及以人面形铜牌随葬的葬俗，辽代契丹贵族则有“用金银为面具”的葬俗[41]，二者在这一葬俗特点上的一致性，又从一个侧面证明，夏家店上层文化应属东胡文化。

1981 年在敖汉旗周家地夏家店上层文化墓地，发现几座保存比较好的墓葬，死者面部遗有覆面。如 M2 墓主（女性，16～17 岁）面部覆盖一片巨蚌壳，M45（男性？12～13 岁）死者头顶和面部，有钉缀铜泡及绿松石的麻布覆面，在麻布覆面之上，又加盖一片巨蚌壳，这片蚌壳长 20.1 厘米（图一三，左）。

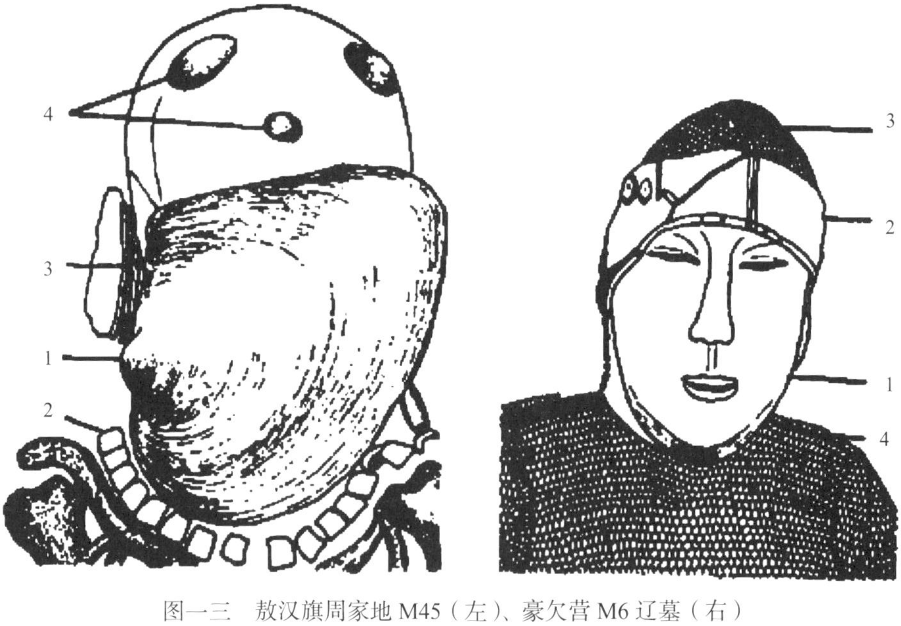

图一三　敖汉旗周家地 M45（左）、豪欠营 M6 辽墓（右）

左：1. 巨蚌壳覆面　2. 蚌珠项饰　3. 铜耳环　4. 铜泡

右：1. 鎏金铜面具　2. 丝织帽状巾帻　3. 铜丝头套网络　4. 小铜丝胸背网络

辽代契丹贵族墓中，死者面部覆盖金属面具是常见的。这类面具系按死者身份、性别、年龄、面貌的不同特点分别制作的，依身份高低，又有鎏金与不鎏金之差。察右前旗豪欠营M6辽墓女尸，戴的是一件鎏金铜面具[42]（图一三，右）。过去从《虏廷事实》中得知“用金银为面具”乃契丹丧葬之礼，又见到辽墓中有若干出土实例，即曾想到应在东胡族系的文化中追索其来源，但困于文献无证，考古文化方面，迄今尚未辨认出乌桓文化，鲜卑墓葬虽有零星发现，但还没有此种葬俗的明确例证。所以，这次敖汉旗周家地夏家店上层文化墓葬中发现的以麻布和巨蚌壳作覆面的葬俗资料，倍感珍贵。它一方面揭示了辽代契丹人的覆面葬俗并非孤立的或偶然的历史现象，而是源于夏家店上层文化的；另一方面又使过去在赤峰红山后、朝阳十二台营子等夏家店上层文化墓葬中发现的一些人面形铜牌，与辽代契丹的人面形金属面具，在葬俗意义上相沟通、相联系起来，表明二者在原始宗教意识和信仰，以及心理素质方面，具有共同的传统，应归属同一祖先和同一族系。因此，我们可以将夏家店上层文化墓葬中有以麻布和巨蚌壳作覆面，以及以人面形铜牌随葬的习俗，作为这一文化应属东胡文化的旁证。

还需进一步指出的是，这种葬俗，在东北地区，除了夏家店上层文化和东胡后裔——辽代契丹文化中有所发现以外，在其他系统的少数民族文化中，都是没有的。

6）从体质人类学方面考察，夏家店上层文化人骨的种族、体征特点，归属东亚蒙古人种华北型，这与其西邻的匈奴文化和东北的西团山文化的人骨体征，都存在明显差异。从东北地区历史上民族群的分布地域关系及其所处自然条件分析，夏家店上层文化的人骨，亦应为东胡民族之遗骨。

中国是蒙古人种发祥的重要地区[43]。东北地区，自西周以迄于战国时代，曾有东胡系、肃慎系和匈奴系等几个不同系统的民族群在这片广袤的土地上居住。他们在大人种上虽然都属于蒙古人种或典型蒙古人种，但是由于他们的活动地域、自然环境及生活方式各不相同，因此，他们在种族、体征方面，也存在一定差别。

夏家店上层文化的人骨资料，经过鉴定的有两批，一是赤峰红山后石椁墓群人骨[44]，二是赤峰夏家店和宁城南山根墓葬的人骨[45]。根据头骨各项指数测量数值的平均数的比较、红山后、夏家店、南山根的人骨特征，基本一致。其偏长的中颅型，颅高较高、为高颅型和正颅型，面宽较窄等特征，代表了夏家店上层文化人骨的基本特征，可归入远东蒙古人种华北型，而与北极人种、南亚人种、西伯利亚人种差异较大，与现代通古斯和具有东亚与北亚蒙古人种相混合特征的西团山文化人骨，以及匈奴文化人骨之间，也都存在较为明显的差别（附表一、附表二）。相当于战国早期的内蒙古杭锦旗桃红巴拉匈奴墓和相当于2世纪的青海大通归化匈奴墓人骨，经潘其风、韩康信先生鉴定，认为接近北亚蒙古人种类型[46]，相当于公元前1世纪或公元前后的贝加尔湖西部地区匈奴墓的人骨和胡吉尔图匈奴墓的人骨，分别经苏联杰别茨和匈牙利托思鉴定，认为应归入古西伯利亚类型[47, 48]。

从东北地区历史上民族群的分布地域关系考察，世居辽西古饶乐水（即今西拉木伦河）流域及其附近地带的东胡族，其东北大体以辽河为界，曾与分布在松花江流域一带的古肃慎族为邻，其西部大体以大兴安岭为界，曾与分布于蒙古草原与戈壁的匈奴族为邻。从考古文化发现的情况考察，如前所述，自西周至战国，在辽西地区，除了燕文化以外，尚未见特征比夏家店上层文化更为明确的土著文化遗存。而今，西部的匈奴文化的分布地域、文化面貌及人骨种族与体征，均可与夏家店上层文化相区别；东北的西团山文化的分布地域、文化面貌[49]及人骨种族与体征，亦可与夏家店上层文化相区别，其族属据佟柱臣先生推考可能为古肃慎[50, 51]。因此，我们认为，分布于辽西地区的夏家店上层文化，应为东胡的文化遗存，经过鉴定的夏家店上层文化人骨，应为东胡人的遗骨。

根据体质人类学的鉴定与研究结果，可将夏家店上层文化、匈奴文化、西团山文化在种族特征方面的差异及其族属情况，概括成表三。

表三　夏家店上层文化、匈奴文化、西团山文化在种族特征方面的差异及其族属情况

文化系统	夏家店上层文化	匈奴文化		西团山文化
人骨标本	赤峰红山后石椁墓群 赤峰夏家店遗址上层墓葬 宁城南山根遗址上层墓葬	今中国境内： 桃红巴拉匈奴墓 青海大通匈奴墓	今蒙古人民共和国境内： 贝加尔湖西部地区匈奴墓 胡吉尔图二号匈奴墓	吉林西团山石棺墓
种族特征	属东亚蒙古人种华北型	接近北亚蒙古人种	属古亚西洲伯蒙利 古亚人型种	
民族	东胡	匈奴		肃慎

值得提及和重视的是，前述赤峰红山后、朝阳十二台营子出土的人面形铜牌，宁城南山根东区石椁墓出土的以男、女裸体雕像为柄饰的曲刃匕首式青铜短剑和南山根M102石椁墓出土的刻纹骨板上的挽弓猎人等，其人物形象，经韩康信先生观察、鉴定，认为均属典型蒙古人种形象。它们都具有面部扁平、鼻额角较大、鼻骨长、眼球前突、颧骨突出明显、颅长高指数，属高颅与低颅之间的正颅型，较现代华北人偏低，也不同于北亚蒙古人种低颅型的特征。这与夏家店上层文化人骨的鉴定结果是一致的。

总之，通过空间（地望）、时间（编年）、畜犬殉犬习俗、髡头习俗、覆面葬俗、人骨的体质人类学鉴定及与出土人物形象资料相比较等六个方面的考察与分析，我们有理由得出一个比较明确的推断结论：辽西地区的夏家店上层文化应是历史上的东胡文化。

三、余　论

代表夏家店上层文化生产力水平的青铜冶铸业相当发达，它明显地高于东北及其相邻地区同时代的诸少数民族文化。它不仅在其早期发展阶段就已开采具有相当规模的林西大井露天铜矿，拥有初采、选矿、冶炼、鼓风、铸造等一系列配套比较完备的青铜采冶工艺，而且能够铸造具有本文化特征的各式大件容器，工艺复杂的兵器、车马器、生产工具和装饰品等。正因为有这样的生产力水平作为这个文化的经济基础，所以，才出现与之相应的却不为同时期其他少数民族文化所能具有的艺术珍品——男女全身裸体雕像和刻于骨板上的大场景狩猎图画。因此，夏家店上层文化在其发展过程中，曾对邻近地区的土著文化，如冀北一带的山戎文化、东北的西团山文化（肃慎文化）、西部的匈奴文化，以及辽东半岛甚至朝鲜半岛的诸青铜文化，都产生过较大的影响。这个文化之所以能够在中原通向东北的咽喉之地，得以存在和持续发展七八百年之久，直到燕昭王时代，才被燕国的铁器文明所战胜。

虽然，夏家店上层文化在辽西地区分布比较稠密，到目前为止已经发掘几处遗址和墓地，但田野工作开展得还不够平衡。现在看来，中部地区南山根类型的调查与发掘工作，做得比较多；北部大井类型和南部十二台营子类型遗存，尚缺乏全面调查和有计划的发掘，特别是聚落遗址，还缺乏大面积的揭露氏族墓地资料，目前还有很多区域是空白的。所以，关于夏家店上层文化的发展序列和文化类型的探索，还需要补充大量的新资料，做更深入的研究。

关于夏家店上层文化的族属问题，学术界存在不同的意见分歧。其中，最主要的一种分歧意见，就是认为它不是东胡的遗存，而是山戎的遗存，东胡"到战国时代才出现"，把辽西地区含曲刃青铜短剑的文化遗存，与东胡挂钩，是一种"历史误会"，努鲁儿虎山以东广大地区，是所谓东北系铜剑的主要分布区，这"应是濊貊（包括高句丽、夫余等）、真番、朝鲜等族的祖先所共有的一种遗物"[6]。其次，还有一种认为历史上的东胡与山戎本为一族，唯其称谓先后不同，先称山戎，后谓东胡，故"认为称它是'东胡'和东胡的前身山戎的遗存是妥当的"[52]意见。后一种意见，以前也曾有人提出过类似的观点[1, 53]。那么，到底历史上的东胡与山戎是一个民族，还是两个民族？是不是先称山戎，后谓东胡？东胡是不是到战国时代才出现的呢？我们在此不妨略作分辨说明，以澄清在夏家店上层文化族属问题上存在的一些模糊认识。

首先，从历史文献记载中，找不到任何一条关于东胡与山戎本一族而异称，或先称山戎后谓东胡的记载依据。恰恰相反，倒往往有将东胡和山戎同时并提的记载，如《史记·匈奴列传》云："晋北有林胡、楼烦之戎，燕北有东胡、山戎。各分散居溪谷，自有君长，往往而聚者百有余戎，然莫能相一。"这里的林胡、楼烦、东胡、山戎，每一个名称，都是作为"自有君长""莫能相一"的单独一个民族并列的，而绝不是当作一族异称重复罗列的。又如《逸周书·王会解》云："东北方有稷慎、发、东胡、山戎……"这里的稷慎、发、东胡、山戎等每一个名称，也同样是作为一个单独民族并列的，而决非当作一族异称重复罗列的。这样理解，我想不至于有什么错误吧。

另外，从历史文献记载中所反映的东胡与山戎的地理方位看，也不相同。尽管东胡与山戎皆在燕之北，且都有与燕发生双边关系的若干记载，但二者在同匈奴、赵和齐的接触关系上，却有明显的差别。东胡与匈奴、赵之间发生双边关系的事例颇多（参见《史记·匈奴列传》《赵世家》等），但不见与齐发生接触关系的记录。山戎则与齐发生双边关系较多，而同西北的匈奴和赵国无涉（参见《史记·匈奴列传》《齐世家》《国语·齐语》等）。这一事实提示我们，东胡的地理方位，较山戎更为偏北，应在距匈奴东界和赵的东北边防比较近一些的地域；而山戎的地理方位，则应处于东胡的南面，即应距燕和齐比较近一些的地域。这样理解，我想也不会有什么大的失误。

因此，我认为，即使从历史文献方面做比较考察，也有理由肯定，东胡与山戎，并非一族，亦非同族异称，它们本是两个各有自身活动地域的不同的民族。

据《史记·匈奴列传》记载："当是之时，秦晋为强国。晋文公攘戎翟，居于河西圁、洛之间，号曰赤翟、白翟。秦穆公得由余，西戎八国服于秦，故自陇以西有绵诸、绲戎、翟、獂之戎，岐、梁山、泾、漆之北有义渠、大荔、乌氏、朐衍之戎。而晋北有林胡、楼烦之戎，燕北有东胡、山戎。"这里的晋文公（前636～前628年）、秦穆公（前659～前621年），皆为春秋时代人，故此"当是之时"，"燕北有东胡、山戎"，当然指的是春秋时期燕国北方即已有东胡和山戎了。由此可知，所谓"到战国时代才出现东胡"的说法，是不确的。至于该文所提出的"濊貊说"，我在已发表的拙文中，从正面已做过论述，对此说已予以否定，在此毋庸赘言。

下面，我们再从考古学方面简要地考察和分析一下山戎文化的分布地域和文化特征。

我在已发表的拙文中曾经指出："冀北自七老图山至深河流域、燕山、军都山一带，多见D型直刃匕首式青铜短剑的文化遗存，很少发现曲刃青铜短剑，其文化面貌与辽西地区夏家店上层文化存在明显差异；从地望看，这一带应是山戎族的居地。其南与燕国为邻，其西有林胡、楼烦，其北同东胡搭界。正因其与燕国紧相毗邻，所以它经常'伐燕'，以至'病燕'，甚至'越燕而伐齐'，而《史记·齐太公世家》关于桓齐公二十三年（前663年），为救燕'遂伐山戎，至于孤竹而还'的记载，更使我们了解到山戎的具体活动地域。这里的孤竹，历史地理学家一般都认为是在今河北卢龙附近，正是滦河流域、燕山及其余脉一带。近些年来，这一带及其迤西军都山一线，所发现的相当于春秋以至战国早中期阶段的以含D型直刃匕首式青铜短剑为主要特征的文化遗存，很可能就是山戎的遗存。"由于从考古学的角度观察，"冀北的遗存与辽西的夏家店上层文化遗存，不仅在分布地域上有南、北之别，而且在文化内涵上更有明显差异。所以，我们主张，对于冀北地区以含D型直刃匕首式青铜短剑为其主要文化特征之一的一类遗存，在考古学命名上，今后应避免笼统地泛称其为夏家店上层文化，而宜以本地有代表性的遗存命以新的文化类型；在族属上，也不宜将山戎和东胡视为一族，这将有助于今后做进一步的分辨研究工作"①。上述推断意见，经过新近发表的河北省滦平县虎什哈炮台山墓地[54]、张家口市庞家堡区白庙遗址材料[55]的检验，以及我们在北京延庆县军都山沿线诸遗址的调查和选点发掘的结果验证，现在看来是正确的。我所指的以含直刃匕首式青铜短剑为其主要特征之一的文化遗存的分布地域，与前面所引述的历史文献记载的山戎地理方位，是相

① 见[7]之第五部分，第50、51页。

吻合的。这一地理方位，正是处于夏家店上层文化分布地域的南面，与历史上的燕国毗邻，距齐国又相对较近。

从文化内涵基本特征看，山戎文化有别于东胡文化的主要之点在于：该文化以擅铸各式直刃匕首式青铜短剑为其最大特点，而东胡文化则是以各种类型的曲刃青铜短剑为其显著特色；该文化的青铜工具中以铜削数量最多，早晚形式变化有序可循，这一点比东胡文化表现得更显明；青铜饰件中，该文化的铜带钩出土数量相当多，形式多样，这是东胡文化所远远不及的；该文化的陶器，包含两个系统，即夹砂红褐陶与泥质灰陶，在两系陶器中，均缺乏三足器，尤不见鬲、甗之类的三足器，唯在夹砂系中发现少量的三足鼎形罐，泥质灰陶系的代表性器类为长柄浅盘豆和折肩罐，夹砂红褐陶系的代表性器物是鼓腹罐，从陶器群的整体面貌到各类器物的形制特征观察，都与东胡文化的陶器判然有别。墓葬形制上，该文化不见石棺墓，罕见石椁墓，绝大多数为长方形土坑竖穴墓，这一点也与东胡文化有些差别；葬式上，该文化有仰身屈肢葬，东胡文化尚未发现；殉牲上，主要以肢解后的狗、牛等牲畜祭祀，或在墓坑外设祭祀堆，或者在墓坑填土中分层按顺序排列祭祀，这种殉牲形式，与东胡文化也有区别。此外，在山戎墓地中，还发现有立石围砌的祭祀遗迹，这是山戎民族信仰原始宗教的实物见证，但这类遗迹在已发掘的东胡文化遗址和墓地中尚未见到。

总之，东胡文化与山戎文化，是历史上不同的两个民族创造出来的两种不同的文化，它们的分布地域有南、北之差，它们的文化面貌和文化内涵各有特点，它们各自都有自身的发展过程和发展序列，不可以混为一谈。我衷心希望，今后能与同行师友继续为分辨和研究这两种文化尽绵薄之力。

限于目前的考古资料，这篇探索与研究，只能说是初步的和简略的。随着今后考古工作的蓬勃开展，相信一定会有若干新发现和新资料，来充实和修正我们今天的认识，关于这一课题的研究，也一定会提高到一个更新的水准。

注　释

[1] 滨田耕作、水野清一：《赤峰红山后——热河省赤峰红山后先史遗址》，《东方考古学丛刊》甲种第六册，东亚考古学会，1938年。

[2] 中国科学院考古研究所内蒙古发掘队：《内蒙古赤峰药王庙、夏家店遗址试掘简报》，《考古》1961年2期。

[3] 中国科学院考古研究所内蒙古工作队：《赤峰药王庙、夏家店遗址试掘报告》，《考古学报》1974年1期。

[4] 李逸友：《内蒙昭乌达盟出土的铜器调查》，《考古》1959年6期。

[5] 中国科学院考古研究所：《新中国的考古收获》，文物出版社，1961年，第72页。

[6] 林沄：《中国东北系铜剑初论》，《考古学报》1980年2期。

[7] 靳枫毅：《论中国东北地区含曲刃青铜短剑的文化遗存》，《考古学报》1982年4期、1983年1期。

[8] 宁城县文化馆、中国社会科学院研究生院东北考古专业：《宁城县新发现的夏家店上层文化墓葬及其相关遗物的研究》，《文物资料丛刊（9）》，文物出版社，1985年。

[9] 建平县文化馆、朝阳地区博物馆：《建平县的青铜时代墓葬及其相关遗物》，《考古》1983年8期。

[10] 辽宁省博物馆文物工作队：《辽宁林西县大井古铜矿1976年试掘简报》，《文物资料丛刊（7）》，文物出版社，1983年。

[11] 中国社会科学院考古研究所内蒙古工作队：《赤峰蜘蛛山遗址的发掘》，《考古学报》1979年2期。

[12] 中国科学院考古研究所内蒙古工作队：《宁城南山根遗址发掘报告》，《考古学报》1979 年 1 期。
[13] 辽宁省昭乌达盟文物工作站、中国科学院考古研究所东北工作队：《宁城南山根的石椁墓》，《考古学报》1973 年 2 期。
[14] 中国社会科学院考古研究所内蒙古工作队：《内蒙古敖汉旗周家地墓地发掘简报》，《考古》1984 年 5 期。
[15] 董文义：《巴林右旗发现青铜短剑墓》，《内蒙古文物考古》创刊号，1981 年。
[16] 贾鸿恩：《翁牛特旗大泡子青铜短剑墓》，《文物》1984 年 2 期。
[17] 克什克腾旗文化馆：《辽宁克什克腾旗天宝同发现商代铜甗》，《考古》1977 年 5 期。
[18] 苏赫：《从昭盟发现的大型青铜器试论北方的早期青铜文明》，《内蒙古文物考古》1982 年 2 期。
[19] 张柏忠：《霍林河矿区附近发现的西周铜器》，《内蒙古文物考古》1982 年第 2 期。
[20] 辽宁博物馆文物工作队：《概述辽宁考古新收》，《文物考古工作三十年》，文物出版社，1979 年。
[21] 朱贵：《辽宁朝阳十二台营子青铜短剑墓》，《考古学报》1960 年 1 期。
[22] 锦州市博物馆：《辽宁锦西乌金塘东周墓调查记》，《考古》1960 年 5 期。
[23] 辽宁省文物普查训练班：《一九七九年朝阳地区文物普查发掘的主要收获》，《辽宁文物》1980 年 1 期。
[24] 辽宁省博物馆文物工作队：《辽宁朝阳魏营子西周墓和古遗址》，《考古》1982 年 1 期。
[25] 喀左县文化馆：《记辽宁喀左县后坟村发现的一组陶器》，《考古》1977 年 5 期。
[26] 北京大学历史系考古专业碳十四实验室：《碳十四年代年测定报告（续一）》，《文物》1978 年 5 期。
[27] 中国社会科学院考古研究所实验室：《放射性碳素测定年代报告（六）》，《考古》1979 年 2 期。
[28] 安阳亦工亦农文物考古短训班、中国科学院考古研究所安阳发掘队：《安阳殷墟奴隶祭祀坑的发掘》，《考古》1977 年 1 期，第 28 页图九上（M22：1）。
[29] 辽宁省博物馆、朝阳地区博物馆：《辽宁喀左南洞沟石椁墓》，《考古》1977 年 6 期。
[30] 岛田贞彦：《满洲国新出の古银铜面及二三の青铜遗物について》，《考古学杂志》第二十八卷第二号，1938 年。
[31] 佟柱臣：《赤峰附近新发现之汉前土城址与古长城》，《历史与考古》第一号（沈阳博物馆专刊）1946 年。
[32] 布尼阿林：《河北省围场县燕秦长城调查报告》、项春松：《昭乌达盟燕秦长城遗址调查报告》，《中国长城遗迹调查报告集》，文物出版社，1981 年。
[33] 吉林省考古研究室、吉林省文物工作队：《统一的多民族国家的历史见证——吉林省文物考古工作三十年的主要收获》，《文物考古工作三十年》，文物出版社，1979 年。
[34] 内蒙古文物工作队、内蒙古博物馆：《内蒙古文物考古工作三十年》，《文物考古工作三十年》，文物出版社，1979 年。
[35] 李殿富：《吉林省西南部的燕秦汉文化》，《社会科学战线》1978 年 3 期。
[36] 佟柱臣：《考古学上汉代及汉代以前的东北疆域》，《考古学报》1956 年 1 期。
[37] ェ・ソサン：《天津北疆博物院の古生物学的并に考古学的事业》，《考古学论丛》，东亚考古学第三回及第四回总会讲演论文集，东京，1930 年。
[38] 中国社会科学院考古研究所东北工作队：《内蒙古宁城南山根 102 号石椁墓》，《考古》1981 年 4 期。
[39] 内蒙古自治区博物馆文化工作队：《和林格尔汉墓壁画》，第 17 页图三 5 号，第 105、132、133 页，文物出版社，1978 年。
[40] 内蒙古文物工作队：《内蒙古札赉诺尔古墓群发掘简报》，《考古》1961 年 12 期。
[41]（宋）文惟简：《虏廷事实》，《说郛》卷八,四十七，《丧葬》，涵芬楼，商务印书馆本。
[42] 乌兰察布盟文物工作站：《察右前旗欠营第六号辽墓清理简报》，《文物》1983 年 9 期。
[43] 韩康信、潘其风：《古代中国人种成分研究》，《考古学报》1984 年 2 期。
[44] 三宅宗悦等：《赤峰红山后石椁墓人骨の人类学的研究》，《赤峰红山后——热河省赤峰红山后先史遗址》附录一，《东方考古学丛刊》甲种第六册，东亚考古学会 1938 年。
[45] 中国科学院考古研究所体质人类学组：《赤峰、宁城夏家店上层文化人骨研究》，《考古学报》1975 年 4 期。
[46] 潘其风、韩康信：《内蒙古桃红巴拉古墓和青海大通匈奴墓人骨的研究》，《考古》1984 年 4 期。
[47] Г. ф. Дебеll. Палеоаитропология СССР, СТР. 121-124.
[48] Toth T. Paleoanthropological finds from the vally of Hudjirte（Noin-Ula，Mongolia）Acta Archaeo logica Hungarica, Tom. 14，1962，P.250-253.

[49] 董学增:《试论吉林地区西团山文化》,《考古学报》1983 年 4 期。
[50] 佟柱臣:《吉林的新石器时代文化》,《考古通讯》1955 年 2 期。
[51] 东北考古发掘团:《吉林西团石棺墓发掘报告》,《考古学报》1964 年 1 期。
[52] 刘观民、徐光冀:《内蒙古东部地区青铜时代两种文化》,《内蒙古文物考古》创刊号,1981 年。
[53] 卞鸿儒:《历史上东北民族之研究》,《东北丛刊(第二期)》,1930 年。
[54] 河北省文物研究所、承德地区文化局、滦平县文物管理所:《滦平县虎什哈炮台山山戎墓地的发现》,《文物资料丛刊(7)》,文物出版社,1983 年。
[55] 张家口市文物事业管理所:《张家口市白庙遗址清理简报》,《文物》1985 年 10 期。

(原载《考古学报》1987 年第 2 期)

附表一　夏家店上层文化三组与亚洲蒙古人种之比较（男性）

（单位：毫米）

测量项目	南山根（韩康信、潘其风）	夏家店（韩康信、潘其风）	赤峰红山（三宅宗悦）	西团山（贾兰坡、颜誾）	桃红巴拉（潘其风、韩康信）	青海大通（潘其风、韩康信）	贝加尔湖西部地区匈奴墓（杰别茨）	胡吉尔图2号匈奴墓（托恩）	华北（步达生）	蒙古（杰别茨）	通古斯（杰别茨）
1. 头长（g-op）	177.50（2）	183.00（1）	181.86（8）	175.1（2）	178.00	188.00	187.30	—	178.50（86）	182.20（80）	185.50（28）
8. 头宽（eu-eu）	134.50（2）	143.50（1）	135.64（7）	138.1（2）	151.00？	149.00	145.50	—	138.20（86）	149.00（80）	145.70（28）
17. 头高（ba-b）	139.00？（2）	149.50（1）	138（2）	132（1）	—	137.50	131.00	135.00	137.20（86）	131.40（80）	126.30（27）
20. 耳上颅高（po-b）	111.50（2）	119.05（1）	115（2）	113（1）	—	117.00	—	—	—	114.00	109.90（28）
（po-v）	113.00（2）	121.00（1）	—	—	—	—	—	—	—	—	—
9. 最小额宽（ft-ft）	89.75（2）	94.50（1）	88.36（1）	86.2（2）	94.00	97.00	91.90	90.00	89.40（85）	94.30（80）	90.60（28）
40. 面基底长（ba-pr）	102？（2）	92.5（1）	103.50（2）	98（1）	—	105.00	99.90	96.00	—	—	—
5. 颅基底长（ba-n）	104？（2）	100.5（1）	101.50（2）	100.2（1）	—	96.00	101.00	99.00	—	—	—
45. 颧宽（zy-zy）	136.50（2）	—	131.00（2）	148.2（1）	—	—	—	—	132.70（83）	141.80（80）	141.60（28）
48. 上面高（n-pr）	71.50（2）	76.00（1）	72（2）	76.10（4）	76.00	72.00	76.40	71.00	75.30（83）	78.00（69）	75.40（28）
（n-sd）	—	—	—	—	80.50	76.00	—	—	—	—	—
51. 眶宽（mf-ek）右	42.25（2）	44.50（1）	42.50（2）	41.90（1）	44.60	45.50	—	42.00	44.00（62）	—	—
左	42.25（2）	—	42（3）	—	—	—	—	—	—	43.30（81）	43.00（27）
51a. 眶宽（d-ek）右	38.50（2）	40.00（1）	—	39.00（1）	40.00	40.00	40.11	38.00	—	—	40.00（28）
52. 眶高　右	34.50（2）	36.20（1）	33.50（2）	37.3（2）	—	40.00	35.56	34.00	35.50（74）	35.80（81）	—
左	33.50（2）	—	32.7（3）	36（1）	31.50	40.00	—	—	—	—	35.00（27）
54. 鼻宽	27.50（2）	29.50（1）	28（3）	27（2）	28.50	29.00	27.67	27.00	25.00（86）	27.40（81）	27.10（28）
55. 鼻高（n-ns）	54.50（2）	56.00（1）	51.50（2）	56（2）	57.80	58.50	55.44	50.00	55.30（86）	56.50（81）	55.30（28）
8:1. 头指数	75.85（2）	78.42（1）	47.36（7）	75.16（1）	84.83	79.26	77.80	—	77.56（86）	82.00（80）	78.70（28）
17:1. 长高指数	78.30（2）	81.69（1）	76.5（2）	75.82（1）	—	73.14	69.5	—	77.02（86）	72.12	68.09

（续表）

测量项目	南山根（韩康信、潘其风）	夏家店（韩康信、潘其风）	赤峰红山（三宅宗悦）	西团山（贾兰坡、颜訚）	桃红巴拉（潘其风、韩康信）	青海大通（潘其风、韩康信）	贝加尔湖西部地区匈奴墓（杰别茨）	胡吉尔图2号匈奴墓（托恩）	华北（步达生）	蒙古（杰别茨）	通古斯（杰别茨）
20:1. 头长耳高指数	62.81（2）	65.30（1）	（63.81）	64.91（1）	—	—	—	—	—	—	—
17:8. 宽高指数	101.96（2）	104.18（1）	104.6（2）	95.72（1）	—	92.28	90.10	—	99.53（86）	87.92	68.36
48:45. 上面指数	52.39（2）	—	（54.92）	51.28（1）	—	—	—	—	56.80（82）	55.01	53.25
52:51. 眶指数Ⅰ右	81.62（2）	81.35（1）	78.9（2）	—	70.63	87.91	—	80.90	80.66（62）	左 82.90	左 81.50（27）
52:51a. 眶指数Ⅱ右	89.59（2）	90.50（1）	—	—	78.75	100.00	87.40	89.95	91.80	左 88.80	左 87.60（28）
54:55. 鼻指数	50.43（2）	52.68（1）	54.3（2）	48.21（2）	49.31	49.57	49.30	54.00	45.33（86）	48.60（81）	49.40（28）
48:17. 垂直卢布面指数	51.43（2）	51.01（1）	52.17	—	—	55.28	58.32	52.60	54.20	59.40（68）	60.00（27）
72. 总面角（n-prFH）	79°（2）	83°（1）	81°	—	—	87°	—	—	83.4°（80）	87.5°（74）	86.6°（28）
74. 齿槽面角（pr-nsFH）	61.5°（2）	74°（1）	75.5°	—		75°	—	73.5°（151）	73°（64）	79.4°（68）	77.2°（28）
32. 额角（n-mFH）	85.5°（2）	81.5°（1）	86°（3）	—	—	74°	—	85.2°（86）	83.3°（76）	80.5°（80）	77.8°（28）
77. 鼻颧角（fmo-n-fmo）	149.5°	—	—	—	154.00°	144.00°	—	145.1°（243）	145.6°（77）	146.4°（80）	149.1°（28）

附表二　夏家店上层文化两组与亚洲有关蒙古人种之比较（女性）

（单位：毫米）

组别 / 数值 / 测量项目	夏家店	赤峰红山	西团山	青海大通		华北	蒙古	通古斯
				M1:B ♀	M1:C ♀			
1. 头长	173.25（4）	177.50（6）	180.00（1）	176.00	176.00	172.4（10）	172.3（36）	174.7（28）
8. 头宽	134.13（4）	132.00（4）	140.00（1）	138.00	143.50	133.6（10）	142.9（36）	140.5（28）
17. 头高	127.25（4）	130.50（2）	—	138.20	132.00	131.6（10）	126.6（35）	120.7（28）
9. 最小额宽	86.88（4）	91.30（2）	89.20（1）	84.50	92.00	87.2（10）	92.2（35）	87.3（28）
45. 颧宽	120.38（4）	125.00（1）	—	134.007	—	124.8（10）	131.2（32）	130.5（28）
40. 面基底长（ba-pr）	91.15（4）	92.00（1）	—	88.50	96.80	95（10）	94.6（30）	95.9（27）
5. 颅基底长（ba-n）	92.33（4）	—	—	104.00	98.00	95.2（10）	95.1（35）	94.4（28）
48. 上面高（n-pr）	64.75（4）	73.00（1）	—	70.50	71.00	69.6（10）	71.7（31）	70.5（27）
54. 鼻宽	25.00（4）	28.00（1）	26.60（2）	24.00	25.00	23.4（10）	25.8（35）	25.1（28）
55. 鼻高	50.35（4）	—	54.50（2）	56.50	53.00	50.4（10）	52.8（35）	51.5（28）
51. 眶宽（mf-ek）右	40.56（4）	42.00（1）	—	46.00	41.50	40.8（6）	—	—
左	40.25（4）	42.00（1）	39.00（1）	45.20	—	—	40.8（35）	40.4（28）
51a. 眶宽（d-ek）右	36.23（4）	—	—	43.50	38.00	—	—	—
左	35.75（4）	—	—	42.00	—	—	38.4（35）	38.3（28）
52. 眶高　右	31.65（4）	35.00（1）	—	42.00	35.00	33.5（8）	—	—
左	31.93（4）	35.00（1）	36.00（1）	42.50	—	—	35.0（35）	33.9（28）
62. 腭长	41.63（4）	43.00（1）	—	44.20	—	44.3（10）	—	—
63. 腭宽	35.75（4）	43.00（1）	—	47.00	—	41.0（5）	—	—
60. 齿槽弓长	43.65（4）	49.00（1）	—	46.50	—	51.8（9）	—	—

（续表）

组别 数值 测量项目		夏家店	赤峰红山	西团山	青海大通		华北	蒙古	通古斯
					M1:B ♀	M1:C ♀			
61. 齿槽弓宽		60.63（4）	66.00（1）	—	58.00	—	62.3（9）	—	—
8:1 头指数		77.36（4）	76.70（2）	77.79（1）	78.41	81.53	77.55（10）	83.00（36）	80.60（2[illegible]）
17:1. 长高指数		73.64（4）	74.80（2）	—	78.52	75.00	76.35（10）	（73.48）	（69.09）
17:8. 宽高指数		95.19（4）	103.00（1）	—	100.15	91.99	98.15（10）	（88.59）	（85.91）
48:17. 垂直颅面指数		50.62（4）	—	—	51.30	—	（52.89）	56.6（30）	58.4（27）
48:45. 面指数		53.86（4）	58.40（1）	—	52.99	—	56.00（10）	（54.65）	（54.10）
54:55. 鼻指数		49.64（4）	—	48.98（2）	42.48	47.17	46.40（10）	48.90（35）	49.10（28）
SS.SC. 鼻根指数		26.89（4）	—	—	38.46	41.67	—	—	—
52:51. 眶指数Ⅰ	右	77.67（4）	83.30（1）	—	91.30	84.34	82.00（6）	—	—
	左	79.91（4）	83.30（1）	—	94.03	—	—	85.80（35）	84.1（28）
52:51a. 眶指数Ⅱ	右	88.06（4）	—	—	96.55	92.11	—	—	—
	左	88.68（4）	—	—	101.19	—	—	91.50（35）	88.5（28）
72. 总面角		83.75°（4）	89°（1）	—	90.5°	82.00°	82.3°（10）	86.1°（30）	86°（27）
77. 鼻额角		153.5°（4）	—	—	147°	—	145.1°（240）	145.6°（35）	149.9°（27）
额上颌角		133.13°（4）	—	—	—	—	131.4°（30）	138.2°（34）	142.6°（27）
32 额角		86.13°（4）	86°（1）	—	78°	84°	—	83°（34）	80.1°（28）

夏家店上层文化居民的种族类型及相关问题

朱　泓

对夏家店上层文化居民的遗骸进行人类学研究开始于20世纪30年代。1935年日本考古学家滨田耕作等在赤峰红山后发掘了一批夏家店上层文化（当时被称为“赤峰第二期文化”）的石椁墓[1]，所出人骨材料交由日本学者三宅宗悦等进行观察和测量，并将研究结果于1938年作为《赤峰红山后——热河省赤峰红山后先史遗址》一书的附录发表[2]。1960年春，中国科学院考古研究所内蒙古工作队对赤峰药王庙、夏家店两处遗址进行了科学发掘[3, 4]，正式确立了夏家店上层文化这一考古学文化的名称。翌年，该工作队又发掘宁城南山根遗址[5]。夏家店、南山根两处遗址中出土的夏家店上层文化人骨材料，经由中国科学院考古研究所体质人类学组研究，并于1975年正式发表了研究结论[6]。

采集红山后、夏家店和南山根三处遗址的大多数夏家店上层文化人骨保存情况欠佳，南山根组中可供测量和观察的比较完整的颅骨仅有两例（均为男性），夏家店组中可供测量的颅骨亦仅有5例（男性1例、女性4例），红山组中发表数据的总例数虽比较多（男性11例、女性6例），但仅有三四例颅骨测量资料比较完整。鉴于上述情况，我们认为在探讨夏家店上层文化居民的种族特征时可将该三组颅骨的资料合并为一组，以便尽量缩小因例数过少而产生的抽样误差。

一、夏家店上层文化各颅骨组之间的比较

为了验证在文化面貌上同属于夏家店上层文化范畴的南山根、夏家店和红山等三组颅骨在体质特征上是否属于同一种族类型，本文采用计算上述各组之间种族相似系数 r 的方法进行比较，其计算公式为

$$r=\frac{1}{m}\sum\frac{\left(M_1-M_2\right)^2}{\delta^2}$$

式中 M_1 和 M_2 分别为参加比较的两组之间各项平均值；δ 为每项特征的同种系标准差；m 为比较的项目数。按照该公式计算所得 r 值的大小反映各对比组之间的亲疏关系，一般来说，r 值大于3，说明两组之间差异显著，r 值小于3，则表示两组关系密切，r 值越小，两对比组之间在种系关系上有可能越接近[7]。

我们选择了颅长、颅宽、颅高、耳上颅高、最小额宽、颅基底长、上面高、眶宽、

眶高、鼻宽、鼻高、颅指数、颅长高指数、颅宽高指数、眶指数、鼻指数、面角和额宽指数等 18 项重要颅面部测量和指数的平均值参加比较，各组的有关数据见表一，各组之间种族相似系数 *r* 值的计算结果见表二。

表一 夏家店上层文化各颅骨组之间的比较（男性）

（长度：毫米；角度：度；指数：%）

马丁号	项目 \ 组别	南山根组	夏家店组	红山组	同种系标准差（δ）
1	颅长（g-op）	177.50（2）	183.00（1）	181.88（8）	5.73
8	颅宽（eu-eu）	134.50（2）	143.50（1）	135.64（7）	4.76
17	颅高（ba-b）	139.00（2）	149.50（1）	138.00（2）	5.69
20	耳上颅高（po-b）	111.50（2）	119.50（1）	115.00（2）	4.12
9	最小额宽（ft-ft）	89.75（2）	94.50（1）	88.36（11）	4.05
5	颅基底长（ba-n）	104.00（2）△	100.50（1）△	101.50（2）△	3.97
48	上面高（n-sd）	74.00（2）	78.50（1）	74.50（2）	4.15
51	眶宽（mf-ek）	42.25（2）	44.50（1）	42.50（2）	1.67
52	眶 高	34.50（2）	36.20（1）	33.50（2）	1.91
54	鼻 宽	27.50（2）	29.50（1）	28.00（2）	1.77
55	鼻高（n-ns）	54.50（2）	56.00（1）	51.50（2）	2.92
8:1	颅指数	75.85（2）	78.42（1）	74.36（2）	2.67
17:1	颅长高指数	78.30（2）	81.69（1）	76.50（2）	2.94
17:8	颅宽高指数	101.96（2）	104.18（1）	104.60（2）	4.30
52:51	眶指数	81.62（2）	81.35（1）	78.90（2）	5.05
54:55	鼻指数	50.43（2）	52.68（1）	54.30（2）	3.82
72	面角（n-prFH）	79.00（2）	83.00（1）	81.00（2）	3.24
9:8	额宽指数	［66.73］	（65.85）（1）	［65.14］	3.29

注：1. 表中圆括号内数字为各组的例数；方括号内数值系根据平均数计算的近似值：加△者系根据原始资料中的上面高（n-pr）推算出的上面高（n-sd）的校正值（原数值加 2.5 毫米）。

2. 同种系标准差（δ）系借用莫兰特的埃及（E）组各项之标准差。

表二 夏家店上层文化各颅骨组之间比较的 *r* 值

组别	全部项目（18 项）	角度和指数项目（7 项）
南山根组—夏家店组	1.31	0.64
南山根组—红山组	0.35	0.43
夏家店组—红山组	1.34	0.90

从表二中可以看出，南山根组与红山组之间的 *r* 值最小（全部项目 *r*=0.35；角度和指数项目 *r*=0.43），而夏家店组与上述两组之间的 *r* 值则显得略大些。究其原因，可以发现表一中夏家店组唯一的一例男性颅骨为一较大的个体，除颅基底长一项之外，

其余 10 项绝对值的数据均明显大于南山根组和红山组的相应数值，而在角度和指数项目上，夏家店组与后二者之间的接近程度明显增大。该现象在表二的 *r* 值计算结果中也有所反映：在全部项目上，南山根组与红山组之间的 *r* 值为 0.35，而夏家店组与该两组之间的差距较大，*r* 值分别为 1.31 和 1.34；在角度和指数项目方面，南山根组与红山组之间的 *r* 值为 0.43，而夏家店组与该两组之间的 *r* 值则分别为 0.64 和 0.90。反映出在角度和指数项目上三者之间的差异较小。

总之，无论是在角度和指数项目上，还是在全部项目上，夏家店上层文化三组之间的种族相似系数均很小，即使是在含有 11 项绝对值的全部项目方面，三组之间的最大 *r* 值（1.34）也明显小于 3，从而说明该三组之间在种族特征上无显著差异，可以被认为属于同一体质类型。需要指出的是，本文的这一结论恰好同《赤峰、宁城夏家店上层文化人骨研究》一文的结论相一致，该文作者认为南山根组、夏家店组人骨“与红山第一住地人骨的体质特征，彼此非常接近，其种族类型基本也一样”[6]。至此，我们认为有充分的理由将南山根、夏家店、红山三个颅骨组合并为一个夏家店上层文化合并组，用以代表该文化居民的群体体质特征。

二、夏家店上层文化合并组与亚洲蒙古人种各类型的比较

由于夏家店上层文化居民普遍具有圆钝的眶形、比较低矮的鼻棘、欠发达的犬齿窝、深而宽的颧骨及较高的下颌圆枕出现率等一系列特点[6]，说明该文化居民在大人种的归属上当属蒙古人种。

下面在将夏家店上层文化合并组与亚洲蒙古人种的北亚、东北亚、东亚和南亚等四个区域性类型进行比较，比较的项目包括颅长、颅宽、颅指数、颅高、颅长高指数、颅宽高指数、最小额宽、额角、颧宽、上面高、垂直颅面指数、上面指数、鼻颧角、面角、眶指数和鼻指数等 16 项，各项目的有关数值见表三。

与北亚类型相比，夏家店上层文化合并组明显超出其变异范围的项目共有颅宽、颅高、颅长高指数、颅宽高指数、额宽、颧宽、垂直颅面指数、上面指数、面角和鼻指数等 10 项（占 62.5%），其余 6 项均落入或接近北亚类型的变异范围。该组明显超出东北亚类型范围的项目有颅长高指数、额宽、额角、颧宽、鼻指数等 5 项（占 31.3%）；超出东亚类型范围的项目有颅宽、颅指数、颅宽高指数、鼻颧角和鼻指数等 5 项（占 31.3%）。与南亚类型相比，该组的颅宽、颅指数、颅高、颅宽高指数、上面高、上面指数、鼻颧角和垂直颅面指数等 8 个项目均明显超出南亚类型范围（占 50.0%）。如果仅仅简单地从上述各百分比数字上看，夏家店上层文化合并组在若干重要体质特征上与东亚、东北亚蒙古人种较为接近，其次为南亚蒙古人种，而与北亚蒙古人种的差异最为显著。

如果进一步对若干重要的体质因素进行分析，便可发现尽管夏家店上层文化合并组落入和超出东亚、东北亚两个类型范围的项目数量相等，但由此而反映出在体质类

型上的接近程度却不尽相等。该组的主要颅面部形态特征为偏长的中颅型、高颅型和狭颅型，较窄的面宽，较陡直的前额，较阔的鼻型和颇大的上面部扁平度。在这些特征中，除上面部扁平度一项与东亚类型差距显著以及鼻型略宽些之外，其余诸项特征均与东亚类型十分相似，而该组的这些特征与东北亚类型相比就显得差异比较大了，东北亚类型明显后倾的斜额、宽而高的面形以及颇狭的鼻型等典型特征与夏家店上层文化居民相差甚远。

综合上述分析，我们认为夏家店上层文化合并组与亚洲蒙古人种的东亚类型最为接近，其次为东北亚类型和南亚类型，而与北亚类型之间的差别较为明显。但是，还应该指出的是，该组与东亚类型明显不同的是其颇大的上面扁平度和较阔的鼻型，而这两个特点恰恰是北亚蒙古人种通常所具有的特征。由此我们似乎可以做出如下结论：夏家店上层文化居民的基本体质特征属于亚洲蒙古人种的东亚类型，但在个别因素上又混入了某种程度的北亚类型因素。因此，该文化居民的种族类型可概括为：以东亚类型成分占主导地位的东亚、北亚蒙古人种的混血类型。

表三　夏家店上层文化合并组颅骨主要测量项目与亚洲蒙古人种各类型的比较（男性）

（长度：毫米；角度：度；指数：%）

马丁号	测量项目	夏家店上层文化合并组	亚洲蒙古人种				
			北亚类型	东北亚类型	东亚类型	南亚类型	变异范围
1	颅长（g-op）	181.19	174.9～192.7	180.7～192.4	175.0～182.2	169.9～181.3	169.9～192.7
8	颅宽（eu-eu）	136.20	144.4～151.5	134.3～142.6	137.6～143.9	137.9～143.9	134.3～151.5
8:1	颅指数	75.06	75.4～85.9	69.8～79.0	76.9～81.5	76.9～83.3	69.8～85.9
17	颅高（ba-b）	140.70	127.1～132.4	132.9～141.1	135.3～140.2	134.4～137.8	127.1～141.1
17:1	颅长高指数	78.26	67.4～73.5	72.6～75.2	74.3～80.1	76.5～79.5	67.4～80.1
17:8	颅宽高指数	103.46	85.2～91.7	93.3～102.8	94.4～100.3	95.0～101.3	85.2～102.8
9	最小额宽（ft-ft）	89.00	90.6～95.8	94.2～96.6	89.0～93.7	89.7～95.4	89.0～96.6
32	额角（n-mFH）	85.08	77.3～85.1	77.0～79.0	83.3～86.9	84.2～87.0	77.0～87.0
45	颧宽（zy-zy）	133.75	138.2～144.0	137.9～144.8	131.3～136.0	131.5～136.3	131.3～144.8
48	上面高（n-sd）	75.10	72.1～77.6	74.0～79.4	70.2～76.6	66.1～71.5	66.1～79.4
48:17	垂直颅面指数	53.38	55.8～59.2	53.0～58.4	52.0～54.9	48.0～52.2	48.0～59.2
48:45	上面指数	56.15	51.4～55.0	51.3～56.6	51.7～56.8	49.9～53.3	49.9～56.8
71	鼻颧角（fmo-n-fmo）	149.50	147.0～151.4	149.0～152.0	145.0～146.6	142.1～146.0	142.1～152.0
72	面角（n-prFH）	80.60	85.3～88.1	80.5～86.3	80.6～86.5	81.1～84.2	80.5～88.1
52:51	眶指数	80.48	79.3～85.7	81.4～84.9	80.7～85.0	78.2～81.0	78.2～85.7
54:55	鼻指数	52.43	45.0～50.7	42.6～47.6	45.2～50.2	50.3～55.5	42.6～55.5

注：表中亚洲蒙古人种的各项数据转引自参考文献［8］。

三、夏家店上层文化合并组与有关各古代颅骨组之间的比较

本文选择了与夏家店上层文化在时间、空间或文化性质方面有关的9个古代颅骨组同夏家店上层文化合并组进行比较（表四），以便考察后者与有关各颅骨组所代表的古代居民在特质体征上的异同，进而为族属问题的讨论提供一些可资参考的人种学证据。

9个古代对比组包括：蔚县夏家店下层文化合并组、西团山文化合并组[10]、郑家洼子组[11]、白庙Ⅰ组、白庙Ⅱ组[12]、完工组[13]、扎赉诺尔汉代A组、扎赉诺尔汉代B组[14]和南杨家营子组[13]。

首先，我们运用计算夏家店上层文化合并组与各对比组的欧式距离系数（D_{ij}值）的方法进行比较。计算公式为

$$D_{ij}=\sqrt{\frac{\sum_{k=1}^{m}\left(xik-xjk\right)^{2}}{m}}$$

式中的i、j代表颅骨组；k代表比较项目；m代表项目数。各比较组之间的亲疏关系由距离系数的大小来决定，一般来说。D_{ij}值越小，表明该两组之间的关系可能越接近[15]。

本文选择了表四中所列的颅长、颅宽、颅高、最小额宽、颧宽、上面高、眶高、眶宽、鼻高、鼻宽等10项线段测量的绝对值以及额角、面角、鼻颧角、颅指数、颅长高指数、颅宽高指数、上面指数、垂直颅面指数、眶指数、鼻指数和额宽指数等11项角度和指数项目来进行比较。在9个对比组中，郑家洼子组缺少颧宽和上面指数两项数值、白庙Ⅰ组和白庙Ⅱ组缺少额角的项目。其余各组均具有全部21项的数据。夏家店上层文化合并组与各古代对比组之间欧式距离系数的计算结果见表五。

从表五的比较结果看，依据全部项目的D_{ij}值，各古代对比组中与夏家店上层文化合并组之间关系最为密切的为白庙Ⅰ组（D_{ij}=3.15），其余八组按D_{ij}值由小到大的排列顺序为：蔚县夏家店下层文化合并组（3.78）、完工组（4.19）、西团山文化合并组（4.98）、扎赉诺尔汉代B组（5.46）、白庙Ⅱ组（5.77）、南杨家营子组（6.58）、扎赉诺尔汉代A组（6.66）、郑家洼子组（7.27）、依据角度和指数项目的D_{ij}值，同夏家店上层文化合并组关系最为密切的古代颅骨组仍旧为白庙Ⅰ组（3.08）。而其余八组的排列顺序为：蔚县夏家店下层文化合并组（4.11）、完工组（4.47）、白庙Ⅱ组（5.18）、西团山文化合并组（5.49）、扎赉诺尔汉代B组（5.60）、扎赉诺尔汉代A组（7.06）、南杨家营子组（7.31）、郑家洼子组（8.08）。

表四 夏家店上层文化合并组与各有关古代颅骨组的比较（男性） （长度：毫米；角度：度；指数：%）

马丁号	组别 / 项目	夏家店上层文化合并组	蔚县夏家店下层文化合并组	西山团文化合并组	郑家洼子组	白庙Ⅰ组	白庙Ⅱ组	完工组	扎赉诺尔汉代A组	扎赉诺尔汉代B组	南杨家营子组
1	颅长（g-op）	181.19（11）	175.11	178.18	184.00	185.38	181.13	134.25	185.00	186.30	179.63
8	颅宽（eu-eu）	136.20（10）	142.37	138.18	151.50	139.88	149.25	140.60	146.08	149.60	144.75
17	颅高（ba-b）	140.70（5）	138.58	134.67	141.00	146.50	140.00	139.00	126.76	135.50	126.30
9	最小额宽（ft-ft）	89.00（14）	91.42	86.47	90.00	94.00	98.03	91.00	94.04	93.10	90.00
45	颧宽（zy-zy）	133.75（4）△	136.37	144.10	—	136.50	145.50	142.50	140.20	136.75	136.75
48	上面高（n-sd）	75.10（5）	72.97	78.27	79.50	76.00	76.38	77.50	76.16	77.34	76.75
52	眶高 右	34.44（5）	32.66	左 37.87	38.00	33.13	33.15	33.75	34.84	32.88	34.07
51	眶宽（mf-ek）右	42.80（5）	42.44	左 42.47	39.40	42.80	44.25	43.25	42.86	42.40	41.83
55	鼻高	53.60（5）	52.79	55.93	60.50	54.63	54.50	59.00	56.44	57.34	57.50
54	鼻宽	28.08（6）	25.96	28.00	32.00	26.30	26.85	26.75	27.34	27.02	27.00
32	额角（n-mFH）	85.08（6）	87.44	76.00	84.00	—	—	76.75	78.30	80.13	79.03
72	面角（n-prFH）	80.60（5）	87.10	89.00	88.00	87.75	89.75	88.00	87.50	85.75	91.16
77	鼻颧角（fmo-n-fmo）	149.50（2）	142.64	140.00	161.00	146.88	148.13	148.25	147.00	147.62	150.40
8:1	颅指数	75.06（10）	81.32	75.99	82.30	75.32	82.54	76.44	79.00	80.35	79.90
17:1	颅长高指数	78.26（5）	79.53	75.30	76.60	79.09	77.31	75.54	68.55	72.74	70.20
17:8	颅宽高指数	103.46（5）	98.09	97.37	93.10	104.83	93.84	98.94	86.79	90.36	87.06
48:45	上面指数（sd）	[56.15]（4）	53.32	54.06	—	55.95	52.59	54.40	54.30	55.77	55.70
48:17	垂直颅面指数（sd）	[53.38]（5）	52.35	57.26	56.40	[51.88]	[54.56]	55.75	60.04	56.27	60.72
52:51	眶指数 右	80.48（5）	77.05	左 83.87	96.40	77.43	77.47	78.01	81.27	77.09	81.34
54:55	鼻指数	52.43（5）	49.39	50.83	50.20	48.15	49.23	45.41	48.52	46.84	47.16
9:8	额宽指数	65.35（10）	64.37	62.51	59.40	67.45	65.72	64.89	64.38	62.24	62.51

注：表中圆括号内数字为例数；方括号内数值系根据平均数计算之近似值；加△者根据原资料中的上面高（n-pr）推算出的上面高（n-sd）的校正值（原数值加2.5毫米）。古代对比组的各项数据引自参考文献［9］～［14］。

表五　欧式距离系数（D_{ij}值）的比较结果

组别	全部项目	角度和指数项目
夏家店上层文化合并组—蔚县夏家店下层文化合并组	3.78	4.11
夏家店上层文化合并组—西团山文化合并组	4.98	5.49
夏家店上层文化合并组—郑家洼子组	7.27	8.08
夏家店上层文化合并组—白庙Ⅰ组	3.15	3.08
夏家店上层文化合并组—白庙Ⅱ组	5.77	5.18
夏家店上层文化合并组—完工组	4.19	4.47
夏家店上层文化合并组—扎赉诺尔汉代 A 组	6.66	7.06
夏家店上层文化合并组—扎赉诺尔汉代 B 组	5.46	5.60
夏家店上层文化合并组—南杨家营子组	6.58	7.31

上述两种序列中，尽管在个别组的排列次序上略有变化，但共性仍是明显的，即根据欧式距离系数的比较，白庙Ⅰ组与夏家店上层文化合并组的关系最为接近，其次为蔚县夏家店下层文化合并组、完工组、西团山组、白庙Ⅱ组和扎赉诺尔汉代 B 组，而扎赉诺尔汉代 A 组、南杨家营子组和郑家洼子组则与之差异颇为显著。

下面我们再采用平均数组间差异均方根的方法对上述比较结果进行验证。平均数组间差异均方根函数值的计算公式为

$$\sqrt{\frac{\sum\frac{d^2}{\delta^2}}{n}}$$

其中，d 为两个对比组之间每项平均值上的组差；δ 为同种系标准差，本文借用莫兰特（G. M. Morant）的埃及（E）组的各项标准差[16]；n 为比较的项目数。一般来说，运用此公式计算所得之函数值越小，则有可能表明该两个对比组之间关系越接近[9]。

本文选择了表四中所列的颅长、颅宽、颅高、最小额宽、颧宽、上眶面、眶高、眶宽、鼻高、鼻宽等 10 个线段测量绝对值项目和面角、颅指数、颅宽高指数、眶指数、鼻指数、额宽指数等 7 个角度和指数项目进行比较，各古代对比组中仅郑家洼子组缺少颧宽的项目。夏家店上层文化合并组与各古代颅骨组之间平均数组间差异均方根计算结果见表六。

表六　平均数组间差异均方根的比较结果

组别	全部项目	角度和指数项目
夏家店上层文化合并组—蔚县夏家店下层文化合并组	1.05	1.33
夏家店上层文化合并组—西团山文化合并组	1.08	1.27
夏家店上层文化合并组—郑家洼子组	1.92	2.15

（续表）

组别	全部项目	角度和指数项目
夏家店上层文化合并组—白庙Ⅰ组	0.87	1.01
夏家店上层文化合并组—白庙Ⅱ组	1.59	1.77
夏家店上层文化合并组—完工组	1.10	1.26
夏家店上层文化合并组—扎赉诺尔汉代A组	1.70	2.20
夏家店上层文化合并组—扎赉诺尔汉代B组	1.47	1.80
夏家店上层文化合并组—南杨家营子组	1.75	2.35

从组差均方根的比较结果上看，白庙Ⅰ组与夏家店上层文化合并组之间在全部项目和角度、指数项目上的函数值分别为0.87和1.01，这两个数值在古代对比组中均属最小者，从而再一次体现出二者之间在种系特征上存在着比较接近的关系。夏家店上层文化合并组与其余8个古代对比组在全部项目上的函数值由小到大的排列顺序为：蔚县夏家店下层文化合并组（1.05）、西团山文化合并组（1.08）、完工组（1.10）、扎赉诺尔汉代B组（1.47）、白庙Ⅱ组（1.59）、扎赉诺尔汉代A组（1.70）、南杨家营子组（1.75）和郑家洼子组（1.92）；而在角度和指数项目上，该序列则为：完工组（1.26）、西团山文化合并组（1.27）、蔚县夏家店下层文化合并组（1.33）、白庙Ⅱ组（1.77）、扎赉诺尔汉代B组（1.80）、郑家洼子组（2.15）、扎赉诺尔汉代A组（2.20）和南杨家营子组（2.35）。

总结上述两个序列比较结果的共性可以发现，按照组差均方根的函数值，夏家店上层文化合并组与9个古代颅骨组中关系最为密切者为白庙Ⅰ组，其次为蔚县夏家店下层文化合并组、完工组、西团山文化合并组、扎赉诺尔汉代B组和白庙Ⅱ组，而与扎赉诺尔汉代A组、郑家洼子组以及南杨家营子组之间的关系颇为疏远。

需要指出，这一比较结果与本文依据欧式距离系数的比较得出的结果完全一致，两种方法的比较互相印证，从而增强了本文结论的可靠性。至此，我们似乎可以做出如下结论：在我们所选择的9个古代对比组中，夏家店上层文化合并组与白庙Ⅰ组在若干项重要体质特征上的关系最为接近，而其与扎赉诺尔汉代A组、南杨家营子组、郑家洼子组之间的关系则颇为疏远。夏家店上层文化合并组与其他5个古代颅骨组之间可能存在着不同程度的中等联系。

四、讨　　论

1. 夏家店上、下层文化居民的体质类型比较

中国科学院考古研究所体系人类学组在赤峰夏家店、宁城南山根两处遗址出土的夏家店上层文化人骨的报告中指出该两处墓葬的人骨材料所反映的种族特征是一致的，均可归入远东蒙古人种的华北型，但在鼻型和面部扁平度等项体征上又带有一些通古

斯人种的倾向，同时还指出该两组人骨“与红山第一住地人骨的体质特征，彼此非常接近，其种族类型基本上也一样”[6]。这一结论与本文的研究结果大抵相仿。

从基本体质特征上来讲，夏家店上层文化居民属于亚洲蒙古人种的东亚类型，在本文所选择的9个古代对比组中，同样也属于东亚蒙古人种的仅有白庙Ⅰ组和蔚县夏家店下层文化合并组。尽管不论从欧氏距离系数 D_{ij} 值还是从平均数组间差异均方根的函数值上来看，夏家店上层文化合并组与蔚县夏家店下层文化合并组之间的差距并不太大，但二者之间的区别仍是显而易见的。蔚县夏家店下层文化合并组在体质类型上虽亦属东亚类型，但是与近代各蒙古人种颅骨组的比较中，该合并组“与华南组最为接近，其次为华北组，而与蒙古和爱斯基摩组则相去较远”[9]。换言之，蔚县夏家店下层文化居民大体上可以归入远东蒙古人种的华南型，而不是如夏家店上层文化居民那样归属于远东蒙古人种的华北型。此外，该两组居民的基本种族类型虽均属蒙古人种的东亚类型，但在若干个别的颅面部形态特征上又差异显著。夏家店上层文化合并组在鼻型和由颇大的鼻颧角（149.50）所反映出的扁平的上面部形态方面，显然有别于典型的东亚类型居民，而表现出某些北亚蒙古人种因素的影响。蔚县夏家店下层文化合并组则具有很小的鼻颧角（142.64）同时在偏低的眶形和阔鼻倾向等方面也“呈现出某些同南亚类型较为接近的因素”[9]。因此，我们认为夏家店上层文化合并组和蔚县夏家店下层文化合并组是在种系构成上有所区别的两个颅骨组，前者代表了一组混杂有部分北亚蒙古人种成分的东亚类型居民，而后者则代表了一组含有若干接近南亚蒙古人种因素的东亚类型居民。需要指出的是，地处冀北地区的蔚县夏家店下层文化在文化面貌上有别于辽西地区的夏家店下层文化，那么二者之间在居民的种系成分上是否相同，目前尚未得知。因此，要想最终解决夏家店上、下层文化居民的种族异同问题，尚有待于辽西地区夏家店下层文化人类学资料的收集和研究。

2. 关于夏家店上层文化的族属问题

有关夏家店上层文化的族属，国内外学术界迄今为止主要有三种意见：其一，为东胡说，这一观点最早为日本考古学家滨田耕作等人提出，国内学者亦有很多持此意见者[17, 18]；其二，为山戎说[19]；其三，为东胡、山戎说，认为将夏家店上层文化看作是“‘东胡’和东胡的前身山戎的遗存是妥当的”[20]。产生这些不同意见的原因，一方面是由于人们对于古代文献记载的史料在理解上存在着差异，另一方面则是由于不同的学者对于夏家店上层文化的时空范围和文化内涵等问题也有不同的见解。

诚然，若想通过对古代人骨进行人种学研究来彻底解决考古学文化的族属问题是不大可能的，但同时我们也不能否认人种学的研究成果常常能为人们考察族属问题提供有益的启示。

笔者认为，在运用人种学的材料来探讨古代居民的族属问题时，最稳妥的方法应是从已知推未知，即从已确定族属或已基本上确定族属的某一考古学文化的资料出发，通过对该文化居民的人种学研究，建立起一个或若干个古代民族的人种学坐标，然后再结合考古遗存的文化面貌以及古代文献记载中有关族属源流方面的发展线索，进而对那些未确定族属的考古学文化居民进行人种成分分析，最后从人种学的角度提出对关于该文化居民族属问题的参考意见。应该指出，由于种族（人种）和民族是两个不同的范畴，所以从人种学角度来探讨族属绝不是仅仅通过一次简略三段论的演绎推理便可解决的问题。但是，我们毕竟可以站在种族遗传学的立场上提出若干可能性和不可能性，为最终解决古代文化的族属问题提供科学的依据。

目前学术界对夏家店上层文化族属问题的讨论中较具代表性的一种意见是认为该文化与文献记载的“东胡”有关，进而明确提出该文化属“东胡文化”[18]。关于古代“东胡”族的人种特征目前我们尚无确凿无疑的人类学材料来加以证实，历史文献中有关“东胡”的记载亦多仅寥寥数语，更不见有关其体貌特征的描述。因此，我们只能以文献记载为线索，在那些可能与“东胡”存在着种族遗传关系的古代民族中寻找人种学的证据。

《三国志·乌丸鲜卑东夷传》载：“乌丸、鲜卑即古所谓东胡也。”又据《三国志》裴注引《魏书》载：“乌丸者，东胡也。汉初，匈奴冒顿灭其国，余类保乌丸山，因以为号焉。俗善骑射，随水草放牧，居无常处，以穹庐为宅，皆向东。”又云：“鲜卑亦东胡之余也，别保鲜卑山，因号焉。其言语习俗与乌丸同。”另《辽史·世表》在言及契丹族的族源时曰：“庖牺氏降，炎帝氏、黄帝氏子孙众多，……炎帝之裔曰葛乌菟者，世雄朔陲，后为冒顿可汗所袭，保鲜卑山以居，号鲜卑氏。既而慕容燕破之，析其部曰宇文，曰库莫奚，曰契丹。”《魏书·库莫奚传》载：“库莫奚国之先，东部宇文之别种也。初为慕容元真所破，遗落者窜匿松漠之间。”又据《魏书·契丹传》曰：“契丹国，在库莫奚东，异种同类，俱窜于松漠之间。”《新唐书·契丹传》载：“契丹，本东胡种。其先为匈奴所破，保鲜卑山。魏青龙中，部酋比能稍桀骜，为幽州刺史王雄所杀。众遂微，逃潢水之南，黄龙之北。至元魏，自号曰契丹。”此外，关于室韦，《旧唐书·室韦传》载：“室韦者，契丹之别类也。”《魏书·失韦传》亦称室韦“语与库莫奚、契丹、豆莫娄国同”。而《北史·室韦传》则言之更详：“室韦国在勿吉北千里，去洛阳六千里。‘室’或为‘失’，盖契丹之类，其南者为契丹，在北者号为失韦。”

对于上述文献记载之史实的考订，特别是有关其中“种”“类”“别种”“别类”等词的含义，在学术界颇多争议，不乏仁智之见，笔者不想妄加评论。不过，至少我们可以从中得到这样一条线索，即古代的乌桓（乌丸）、鲜卑、契丹、库莫奚、室韦（失韦）等族有可能与“东胡”在种族渊源上存在着承袭关系。

有关乌桓、库莫奚和室韦的人类学资料目前尚未见报道，但我们对于鲜卑族和契丹族的体质特征却已多少有所了解。

完工、扎赉诺尔、南杨家营子三处遗址的汉代墓葬，目前国内学术界多数者均认为应属鲜卑遗存[21, 22]。潘其风、韩康信先生对上述三批人骨材料进行系统研究后指出这三组人类学材料在体质特征上既有区别又有联系，“总体说来，完工组与扎赉诺尔组的面部形态特征比较接近，两者的差异主要表现在头型和颧宽，即完工组独具长颅和狭颅，没有低颅和阔颅，最大颧宽也较大。南杨家营子组与扎赉诺尔组相近的项目近多，只是南杨家营子组低颅型的出现率略高，头高的绝对值也更小，颅宽较宽，面部更为扁平。南杨家营子组与完工组之间的差异比较大"[13]。笔者利用新的补充资料重新考察了扎赉诺尔鲜卑族居民的种系构成情况，将该墓地居民依体质类型的差异区分为A、B两组，同时提出了对鲜卑族体质特征由完工组经扎赉诺尔A、B两组向南杨家营子组演变的历史过程的规律性认识[14]。

本文运用计算欧氏距离系数（D_{ij}值）以及平均数组间差异均方根函数值的方法进行组间比较的结果证明，夏家店上层文化合并组与扎赉诺尔、南杨家营子两遗址的鲜卑族居民在体质特征上差异显著。完工组与夏家店上层文化合并组的D_{ij}值的函数值虽略小一些，但二者之间仍存在着无法忽视的差别：完工组拥有斜额、宽面、狭鼻等接近北极蒙古人种的特点，而夏家店上层文化合并组的相应特征则是直额、窄面、阔鼻。如果我们将完工组作为早期鲜卑的代表的话，那么便很难设想她能够具有诸如夏家店上层文化合并组那样的"东胡"祖先。

限于目前有关人类学资料的不足，我们尚不能对完工组和夏家店上层文化合并组之间所存在的差别从种系构成方面做出合理的确切解释，而只能从人种学角度提出如下几种可能性。

1）完工遗址汉代居民的族属并非鲜卑；

2）夏家店上层文化居民的族属并非"东胡"；

3）文献记载有误，鲜卑族并非"东胡"后裔；

4）"东胡"为匈奴所破之后与他族发生大规模的融合，因而改变了自己的遗传学特征；

5）历史上的"东胡"只是一种泛称，或仅是一种政治、军事上的共同体，其内部并没有共同的人种学联系。

至于契丹族的种族归属问题，笔者通过对豪欠营辽代契丹族墓地人骨材料的考察已提出过初步结论，认为早期契丹人的人种类型应属北亚蒙古人种，并且与南杨家营子、扎赉诺尔、完工等汉代颅骨组比较接近，其中尤其接近于南杨家营子组。此外，豪欠营的契丹人骨在体质特征上尚与河北省蔚县庄窠魏晋时期的鲜卑墓葬人骨颇为相似[23]。

综上所述，在我们目前所掌握的可能与"东胡"有关的完工组、扎赉诺尔汉代A组、扎赉诺尔汉代B组、南杨家营子组以及豪欠营的辽代契丹人骨和庄窠的魏晋时期鲜卑人骨基本上都是一种面形较宽的居民，与夏家店上层文化典型的窄面居民差异显著。南杨家营子组的面形虽然相对略窄一些，但其最大颧宽（136.75毫米）亦明显大于夏家店上层文化合并组的同类项目（133.75毫米）。况且，二者之间在颅型上差距悬殊。

在本文的比较中，与夏家店上层文化合并组在体质特征上最为接近的是白庙Ⅰ组。白庙遗址位于张家口市宣化县，该遗址所代表的是一种以直刃匕首式青铜短剑为主要特征的遗址，文化面貌有别于夏家店上层文化，其分布范围位于夏家店上层文化以南，"自七老图山至滦河流域、燕山、军都山一带"，其年代"相当于春秋以至战国早中期阶段”[24]。这类青铜文化遗存被某些学者认为属于山戎文化[18, 25]。至于该文化与夏家店上层文化在文化面貌上的异同问题已超出本文讨论的范畴，故在此不予评论。

值得注意的是，据潘其风先生的意见，白庙墓地的人骨材料中存在着两种可以区分的不同体质类型，即具有“偏长的中颅型结合高颅型和狭颅型，较高的上面高和狭的面宽”等东亚蒙古人种特征的白庙Ⅰ组以及“具有较阔的面宽和扁平的面部，可以与北亚人种相对比，但高的头高又可能与东亚或北极人种相关”的白庙Ⅱ组[12]。有关这两种类型之间的相互关系，以及白庙墓地所代表的考古学文化同夏家店上层文化之间在文化面貌、族属乃至种族渊源等方面的诸多问题，尚有待于今后新材料的发现以及在考古学、文献学和人类学等领域进行广泛合作和深入研究后才有可能最终得到解决。

注　释

[1] 滨田耕作、水野清一：《赤峰红山后——热河省赤峰红山后先史遗址》，《东方考古学丛刊》甲种第六册，东亚考古学会，1938年。
[2] 三宅宗悦等：《赤峰红山后石椁墓人骨的人类学的研究》，《赤峰红山后——热河省赤峰红山后先史遗址》附录一，《东方考古学丛刊》甲种第六册，东亚考古学会，1938年。
[3] 中国科学院考古研究所内蒙古发掘队：《内蒙古赤峰药王庙、夏家店遗址试掘简报》，《考古》1961年2期。
[4] 中国科学院考古研究所内蒙古工作队：《赤峰药王庙、夏家店遗址试掘报告》，《考古学报》1974年1期。
[5] 中国科学院考古研究所内蒙古工作队：《宁城南山根遗址发掘报告》，《考古学报》1975年1期。
[6] 中国科学院考古研究所体质人类学组：《赤峰、宁城夏家店上层文化人骨研究》，《考古学报》1975年2期。
[7] 陈德珍、吴新智：《河南长葛石固早期新石器时代人骨的研究》、《人类学学报》1985年3、4期。
[8] 潘其风、韩康信：《柳湾墓地的人骨研究》，《青海柳湾》，文物出版社，1984年。
[9] 张家口考古队：《蔚县夏家店下层文化颅骨的人种学研究》，《北方文物》1987年1期。
[10] 朱泓：《内蒙古凉城东周时期墓葬人骨研究》，《考古学集刊（第13集）》，科学出版社，1991年。
[11] 韩康信：《沈阳郑家洼子的两具青铜时代人骨》，《考古学报》1975年1期。
[12] 潘其风：《从颅骨资料看匈奴族的人种》，《中国考古学研究——夏鼐先生考古五十年纪念论文集（二）》，科学出版社，1986年。
[13] 潘其风、韩康信：《东汉北方草原游牧民族人骨的研究》，《考古学报》1982年1期。
[14] 朱泓：《从扎赉诺尔汉代居民的体质差异探讨鲜卑族的人种构成》，《北方文物》1989年第2期。
[15] 朱泓：《黄河流域新石器时代居民体质类型的聚类分析》，《北方文物》1990年第4期。
[16] Morant G M. A First Study of Tibetan Skull. Biometrika, Vol.14.1923.
[17] 李逸友：《内蒙昭乌达盟出土的铜器调查》，《考古》1959年6期。
[18] 靳枫毅：《夏家店上层文化及其族属问题》，《考古学报》1987年2期。
[19] 翟德芳：《中国北方地区青铜短剑分群研究》，《考古学报》1988年3期。
[20] 刘观民、徐光冀：《内蒙古东部地区青铜时代两种文化》，《内蒙古文物考古》创刊号，1981年。
[21] 宿白：《东北、内蒙古地区的鲜卑遗址——鲜卑遗迹辑录之一》，《文物》1977年5期。
[22] 中国社会科学院考古研究所：《新中国的考古发现和研究》，文物出版社，1984年。
[23] 朱泓：《契丹人种初窥》，《辽海文物学刊》1990年第2期。
[24] 靳枫毅：《论中国东北地区含曲刃青铜短剑的文化遗存》，《考古学报》1982年4期、1983年1期。
[25] 河北省文物研究所、承德地区文化局、滦平县文物管理所：《滦平县虎什哈炮台山山戎墓地的发现》，《文物资料丛刊（7）》，文物出版社，1983年。

（原载《辽海文物学刊》1989年第1期）

夏家店下层文化彩绘纹式

刘观民　徐光冀

夏家店下层文化陶器上有彩绘花纹，是 1963 年在赤峰蜘蛛山遗址发掘中最初见到的[1]，继之在赤峰四分地遗址[2]、辽宁北票丰下遗址[3]陆续发现少量有彩绘的陶片。由于保存得不好，只隐约可见是红、白两色，图案单元多似容纳在方形格框之中，至 1974 年在敖汉旗大甸子发掘墓地时始有大量发现（图版六，1）[4]。

在大甸子墓地中发现有陶器随葬的墓 640 座，其中陶器上有彩绘的墓 200 多座，曾经彩绘过的陶器 400 多件，能看清局部或全部纹饰的约为其中的三分之二。

这种彩绘不同于仰韶时期陶器上的彩绘。它是在烧制完成的陶器表面，用毛笔着红（HgS）、白（$CaCO_3$）两色绘画的，颜料中加有胶着性的调合剂。多以白色画主纹，红色填地。

当 1981 年墓地已大部分发掘完，着手整理工作之初，粗略统计彩绘花纹式样已逾百种。有一些很像“蛇”“鸟”“饕餮”等图像，更多的是以卷曲的笔道构成各式单元图案。由于花纹是绕器手画，不同于陶器的印纹或铜器上的铸纹，单元纹式的内容可以随势增减，故多有变化。因此在如何使式样繁多的花纹系统化，怎样在报告中描述等问题上甚为犹豫。适得苏秉琦先生指导：首先要从器物类型方面注重解决墓地本身的区域划分问题，花纹分类只是其中一把钥匙，“单纯只想花纹分类，回答不了墓地本身的块块、条条、阶段”[5]。同时也指出“对彩绘花纹要像对器物形态一样进行分类”。“分类学（类型学）的方法是一般的方法”，“不同学科有不同的学科的分类方法”。要我们从整理研究对象的实际出发寻找适宜于它的分类方法。在选取方法上既要适用于我们认为“能解清楚的”，也要适用于“不能解的”。意即要求我们将这部分彩绘花纹的整理作为科学认识过程中的一步来对待，即我们能解的未必正确；现在不能解的未必以后也不能解。应将材料尽可能完全地系统地展示出来，以便于继续用它做研究。这是对纹式分类整理提出的科学要求，同时也解除了我们意欲离开传统的图像纹饰解说方式的顾虑。

一

经过逐一观察彩绘花纹，反复实验，选定从画面分析与纹式分析两方面描述，这样能较完全地概括内容，并以系统的形式表示出来。

1）画面分析。各类陶器虽然形态各异，但都有一个垂直的轴心，器物的画面都在这个轴心的旋转面上。尽管各类器物的画面各有凹凸、宽窄不同，而每件器物上的画面都是连续相接的条带形画面。在器物不同位置上的画面往往绘画的内容不同，甚至明显地画出分割线以区别主要画面和边缘画面（图一）。画面的区分既然是彩绘本身客观存在的屡见现象，整理中则应展示它与各类器物及各种纹式之间的关系。

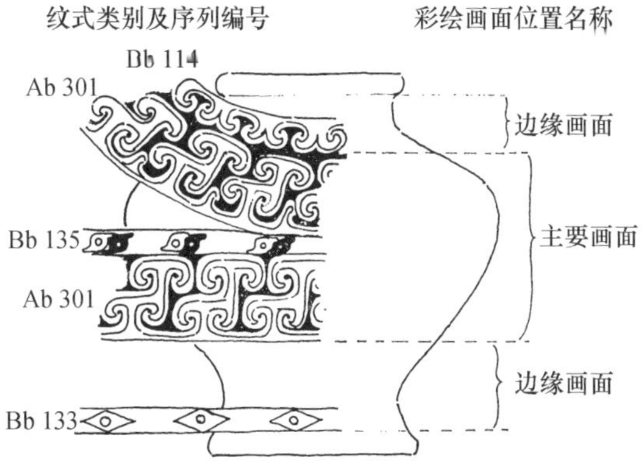

图一 画面位置名称和纹式公布示意图

2）纹式分析。彩绘花纹式样总计150多种。同一种纹式往往不只画在1座墓中或1件器物上。同时1座墓中或1件器物上又常常不只绘一种纹式。于是有必要在纹式顺序说明项下列出所见墓号与器号，另外依墓号顺序作表，登记每件器物上的纹式编号与画面位置。以便于按式索器或循器索式。

由于纹式有通用于多种器类的，有在1件器物上见于各个部位的，有只见于器物的特定部位的，有只见于一定器类或只见于一定茔域之中的。欲寻究这种种现象间的关联，还有必要将数量繁多的纹式区分类别，以便于检讨纹式类别与画面、器类，以及与茔域之间的关系。

纹式概分为两大类，A类为中心纹式，通常只画在主要画面上。这类纹式的图案结构内容尚可分为两部分。Aa是一部分酷似动物面目或徽帜形象的图案（图三，1）。大都结构复杂，单元画幅较大，故只适画于主要画面。在内容上似有它特殊的寓意，所见器类与茔区每每有一定限制。具有专用设计的性质。Ab是普遍大量的二方连续或四方连续的图案。可依图案单元的分割线型归类，因而是有通用设计性质的。B类为辅助纹式。通常画在边缘画面，依纹式的图案结构内容也可以分为两部分。Ba，如在鼎足、器盖、器纽等特定部位，常依画面的限制做随（适）形图案，这部分也具有专用设计的性质。虽与Aa类同属专用设计的性质，而原因不同。Aa类是依内容寓意的限定，Ba类则是依画面的形状大小限定。Bb类是大量的二方连续图案。常在器之唇沿、颈、圈足等处施用。为适应画面的限制，大都是狭窄的条带型纹带，也可以依图案单元的分割线型归类，是具有通用设计性质的。

辅助纹式也有用于主要画面上的，但多为区分画面而用。也有很少部分中心纹式画在边缘画面上的，但前提是边缘画面能容纳得下，而且常是Ab类的。辅助纹式中有些明显的是析出中心纹式的部分结构，变化适于边缘画面的条件，这是辅助纹式中多见的一种现象。

对纹式这样的分类方法，可以将中心纹式和辅助纹式中大量具有通用设计性质的部分Ab类和Bb类，统一使用图案单元的分割线型的分析，纳入同样的系统之中。如图案单元系直线分割的于“101”序列之108，系斜线分割的于“210”序列，系折线分割的于“301”序列（图二）。

	纹式编号	纹式图例	单元分割线型
直线分割	Ab 108		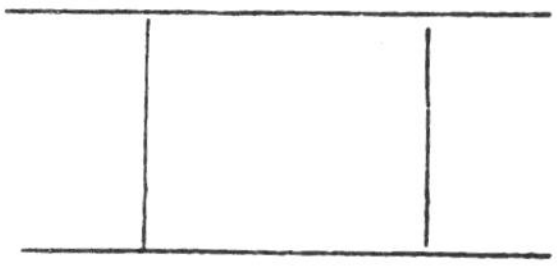
斜线分割	Ab 201		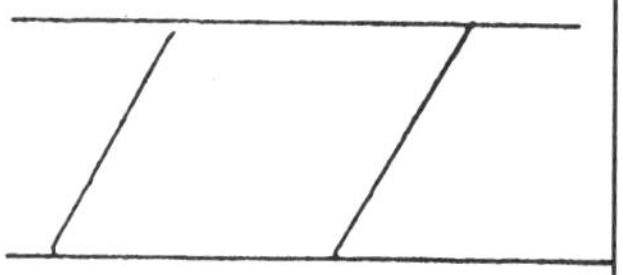
折线分割	Ab 301		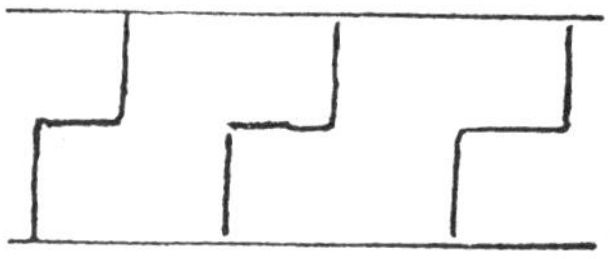

图二　图案单元分割线型示意图

由于边缘画面多是狭窄的条带型，所以在辅助纹式的Bb类中很少有“301”序列的——折线分割的单元。

依上述分类法可以将大甸子地点发现的150多种纹式系统化地逻辑在一起。既无碍于从中选取任何一式或几式做比较，也避免了要给每一式都起一个专用名的困难。这是在苏秉琦先生指导下，我们学习类型学的方法，整理复杂多样的彩绘花纹的一次尝试。

限于我们对类型学方法的理解和对这些花纹的认识程度，这样做的类型分析也许并不是唯一的、完满无缺的方法。但这次整理的结果使我们相信使用类型学的方法整理夏家店下层文化的彩绘纹式，是指望得到科学认识的途径。

二

在整理彩绘花纹之后，从画面分析与纹式分析中，现试择两点谈谈对夏家店下层文化的认识。

以罐和鬲做两种代表器类，分析其画面有以下值得思考的现象。陶罐的主要画面是绕器壁一匝的宽带型，多数是先横向分割为三条或二条宽窄不同的条带，分别安排中心纹式和辅助纹式。在这样的纹带上再纵向分割为若干相同的块（即若干个单元），所有这样纹带的分块（或单元）数，常见的公因数是2。这表明具体在1件器物的绘画过程，往往是从将绕器一匝的纹带对分为两半开始。这一点在同时的陶器上饰篮纹、绳纹或划纹的过程中是没有的。

鬲的画面虽然也是绕器壁一匝的纹带，然而腹、足之间的画面凹凸，与罐类画面有很大差别。故鬲的画面是多数先纵向分割主要画面，三分或六分，并且都是以鬲裆或鬲足附面中分线为画面分割线的位置。从上述有代表性的两种器物画面分割布局来看，与新石器时代传统的饰绳纹、篮纹及附加堆纹的设计有很大不同，这不同点突出在画面分割上；而且主要画面分割线的位置恰与较早的青铜器的范缝在同一位置上。另外在纹式还有一些与较早的青铜器上的相同，所以早在发掘进行中就有朋友以为我国最早的青铜器就应是模仿这个模样铸造的。一般而论这是对的。前辈学者也曾假设：最初的铜容器形态应是仿效陶器的，因此我们相信在仿效陶器形态的同时，也会把陶器上的花纹仿效过来。但是在具体过程中，一旦铸有花纹的铜容器出现以后，人们又会把它当作陶器的模仿对象。而且在大甸子墓地所代表的夏家店下层文化的年代里——距今3600年左右，已经发现有用外范两块、范芯一块铸成表面有纹饰的小件器物，就技术水平而言，完全有可能铸造大些的盛容器。故不能排除这些彩绘花纹中有些是仿自当时，甚至再早些的铜容器上的纹式。如果夏家店下层文化中已有铸有花纹的铜容器，那么还有那些与之同时代的若干文化，其发达程度并不低于此，现在也不能给它们做出不会有铜容器的结论，所以不能简单地理解中国青铜器纹饰只能来源于夏家店下层文化的彩绘。只能具体分析在此之后的青铜器纹式中有哪些是与这些彩绘纹式有关系的。总之，这个历史阶段也是一个复杂的过程。所以每当我们将日益增多的早期青铜器纹式与这些彩绘纹式做具体比较时，就愈发感到这不是一个可以简单回答的问题，同时也更激发了朋友们与我们讨论这个问题的兴趣。

在纹式分析中，属于似有特殊寓意，具有专用设计性质的Aa类纹式中，有20多种是有“目”纹的，多数是左右对称地构成一副没有下颌的面相，如同通常称为“饕餮”的纹式（图三，1）。这20多种纹式出在16座墓中。这16座墓的墓圹，只1座圹长是1.7～2.2米的二等墓，其余都是圹长2.2米以上的一等墓。从茔域分布方面也有特殊的反映。在墓地依照随葬陶器分析，显现出不同家族茔域区分后，上述16座墓中竟有一半出在一家茔域之中。另外，整个墓地出现13座随葬陶鬶、爵的墓，竟有7座在这一茔域之中。其中3座墓是既有鬶、爵，又有绘“目”纹彩绘的陶器。这个茔域是发现贝最多的，其他茔域或少，或是蚌壳仿制贝，勿论其他证据，仅举这一点已可表明，这个茔域在整个墓地中是个既富且贵的家族茔域。在这个村寨社会中，这个茔域所代表的家族与其他家族的社会地位不同，这种有“目”纹彩绘陶器随葬的人在这个家族之中也是有特殊地位的。故有“目”纹的纹式并不是可以随便画在任何一墓随葬陶器上的。

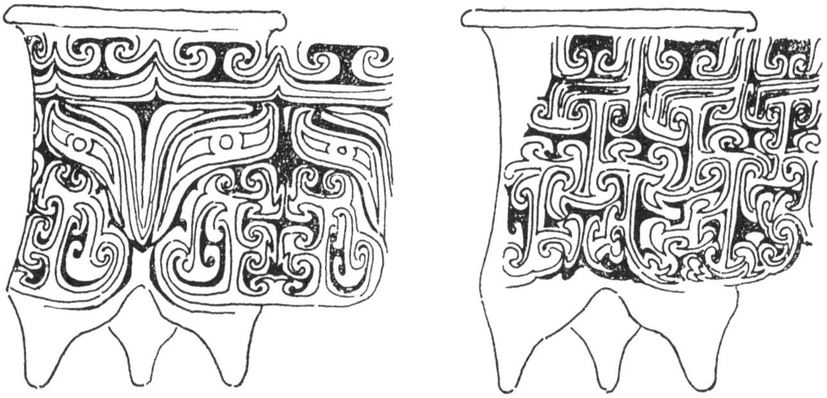
1　　　　2

图三　有“目”与无“目”的纹式对比

1. Aa 108　2. Ab 321

结构大致相同的纹式中有“目”纹与无“目”纹的差别，这种现象不仅只存在于夏家店下层文化之中，在河南也有与此相同的发现。如在属于二里冈早期的青铜器花纹之中曾有所发现（图四），已经得到河南省文物考古研究所裴明相同志的注意[6]。仅依这点线索，也足以把我们的思考引出一种考古学文化的范畴，将它作为中国青铜时代里有普遍意义的问题，譬如这种有“目”纹左右对称的图案单元，和商代青铜器上的“饕餮”纹各自的发育过程之间有怎样的关系，以及应用范围的变化等问题上，二里冈早期与夏家店下层文化之间共同有的这个现象，可能是有阶段性的意义的。

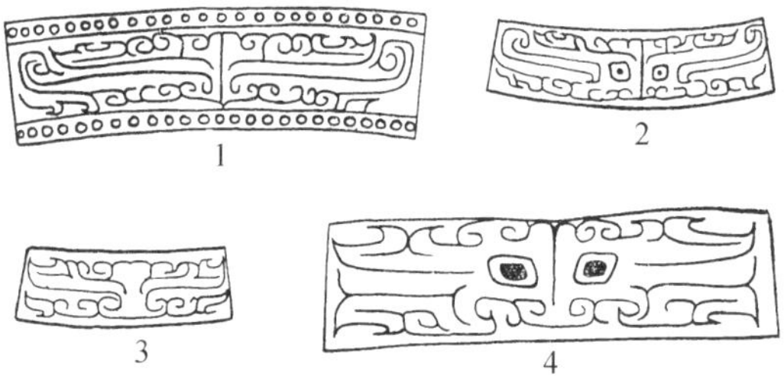
1　　2　　3　　4

图四　河南二里冈早期铜器花纹中有“目”与无“目”纹式对比

1. 白家庄 M7 铜斝腰　2. 郑州二里冈铜斝腰　3. 郑州烟厂铜觚腰　4. 中牟黄店铜盉颈

三

彩绘花纹在大甸子随葬陶器是相当普遍的现象。统计墓地有陶器随葬的墓中出现彩绘的有三分之一。但墓圹大小和随葬陶器多少不同的墓中，彩绘出现的频率是不同的。如墓圹长 2.2 米以上的有陶器墓大半都有彩绘，圹长在 1.7～2.2 米的有陶器墓中约五分之一有彩绘。圹长在 1.7 米以下的有陶器墓中也有少量发现。在随葬陶器数量不同的墓中也有差别，如随葬陶鬶、爵的，或随葬三组鬲、罐的墓中都有彩绘。随葬 5 件陶器的墓中有彩绘的约为 80%，随葬 4 件陶器的墓中有彩绘的占 60% 以上，随葬 3 件陶器的墓中有彩绘的占 40% 以上，随葬 2 件陶器的墓中有彩绘的仅占 20%。

从以上彩绘出现的统计数字上明白显示出：在墓圹规模愈大和随葬陶器数量越多的墓中彩绘出现率越高；在随葬陶器件数愈多的墓中彩绘出现率略呈等差级数。这一方面说明随葬陶器施用彩绘是葬仪中一项礼遇隆重的表示，另一方面还说明这是一种遍及各个等级的一般性礼俗。

用彩绘陶器随葬并不是夏家店下层文化这一个墓地所特有的现象。在赤峰敖汉旗已有多处发现有这种彩绘陶器随葬的墓地，如在大甸子以东 15 千米的宝国吐公社范仗子村，1982 年内蒙古文物工作队曾在这里发掘过一处墓地，简报发表于《内蒙古文物考古》第 3 期。墓地虽较大甸子为小，在发掘的 80 多座墓中出现了一批彩绘陶器。在相邻的哲里木盟库伦旗与奈曼旗的调查报告中[7]，介绍发现 3 处墓地，其中 2 处发现彩绘陶器。河北省张家口蔚县三关村 1980 年发掘的夏家店下层文化墓中，也出现数件彩绘陶器[8]。以上几处发现的彩绘纹式，在主要画面上都属 Ab 类，是通用设计性质的，都未见 Aa 类纹式。敖汉范仗子与张家口三关 2 处墓地规模较小，可能是没有 Aa 类纹式。至于奈曼旗与库伦旗发现的几个地点，只是偶然发现得到一点线索，不足以说明该地点的全部情形。总之夏家店下层文化的墓中随葬陶器有彩绘是普遍性的现象。

在夏家店下层文化居住址中出现的情况，前面已列出赤峰蜘蛛山、四分地和北票丰下3个地点。上述各地发现数量不多的彩绘都是在黑色陶片上，据观察三地所出彩绘陶片，都近似夏家店下层文化的A型鬲（侈唇筒腹）的上半部或尊（折腹盆）的残片。虽然每个地点发现的数量都少，无可复原的完整器，但是出现的器类比较稳定在一两种中。发掘量稍多的地点几乎都有发现。这种易剥落、不堪日常使用的装饰陶器，除用于墓葬的随葬品外，在生活中用量甚少的特定用途很可能是用于祭祀，这一设想是符合每个住址地点都有且用量都少、器类有一定限制的条件。

综上所述，彩绘的陶器不论是大量出在墓中的，还是少量出在住址的，都应是“礼器”，不应视为日常实用器皿。

彩绘陶器作为“礼器”，在夏家店下层文化中是普遍的现象，可否将它视为夏家店下层文化的文化特征之一呢？对这个问题现在不能做简单的回答。纵观以往的材料和最近各地的新发现，在年代上与夏家店下层文化约略相当的，我国北方有若干个不同的考古学文化中都有彩绘陶器出现。所以不能将陶器上的这种彩绘简单地当作这一种文化的特征。如早年曾在辽宁大连大砣子发现过彩绘陶豆[9]； 河南陕县七里铺遗址曾发现彩绘的“云纹”陶片[10]； 陕西长安客省庄的客省庄二期文化堆积中也有彩绘陶片[11]； 山西襄汾陶寺随葬陶器上有保存完好的彩绘二方连续图案和动物形象的纹式[12]； 山东方面也有发现。最近河南偃师二里头遗址中也有彩绘出现[13]。上述数例可以充分表明，陶器上的彩绘并不能笼统地当作一个文化的特征。至少在我国北方一段不短的时间里是一个相当普遍的现象。属于这一阶段的墓葬我们以往很少发掘，彩绘恰在墓中保藏得最多，且比遗址中保存条件为好。这一阶段的遗址以往发掘的远比墓葬为多，但住址中可能原来埋藏的数量就少。掺杂在灰土中更不易保存，在毫无思想准备的条件下，对偶有一点颜色的陶片很可能与灰土一起被洗刷干净。故关于彩绘的问题长久未提到讨论的日程中来是有多种原因的。如果这一问题在野外工作中得到普遍的重视，预料随着这一历史阶段的工作开展，至少在北方已有线索的各省区可能陆续将有可观的发现。到那时可以讨论的彩绘问题，至少可以把区分不同考古学文化的彩绘纹式特征提到议程中来。

注 释

[1] 中国社会科学院考古研究所内蒙古工作队：《赤峰蜘蛛山遗址的发掘》，《考古学报》1979年2期。

[2] 承赤峰市苏赫同志惠示标本照片。

[3] 辽宁省文物干部培训班：《辽宁北票县丰下遗址1972年春发掘简报》，《考古》1976年3期。

[4] 中国社会科学院考古研究所内蒙古工作队：《敖汉旗大甸子遗址1974年试掘简报》，《考古》1975年2期。

[5] 苏秉琦：《关于编写田野考古发掘报告问题》，《辽海文物学刊》1987年1期。

[6] 裴明相：《郑州商代二里岗期青铜容器概述》，《中国考古学会第四次年会论文集·1983》，文物出版社，1985年。

[7] 吉林省考古研究室：《统一的多民族国家的历史见证》，《文物考古工作三十年》，文物出版社，1980年。

[8] 张家口考古队：《蔚县夏商时期考古的主要收获》，《考古与文物》1984年1期。

[9] 滨田耕作：《貔子窝》，《东方考古学丛刊》第一册，1929年。

[10] 黄河水库考古工作队河南分队：《河南陕县七里铺商代遗址的发掘》，《考古学报》1960年1期。

[11] 中国科学院考古研究所：《沣西发掘报告》，文物出版社，1963年。

[12] 中国社会科学院考古研究所山西工作队、临汾文化局：《1978～1980年山西襄汾陶寺墓地发掘简报》，《考古》1983年1期。

[13] 承二里头工作队的杨国忠、刘忠伏同志见告。

（原载《庆祝苏秉琦考古五十五年论文集》编辑组：《庆祝苏秉琦考古五十五年论文集》，文物出版社，1989年）

大甸子墓地乙群陶器分析

刘晋祥

敖汉旗夏家店下层文化的大甸子遗址[1]，是由居住址和墓地两部分组成的。居住址四周建有夯土墙和壕沟。在壕沟北侧是公共墓地，在那里先后发现和清理了数百座墓葬，出土了大量的随葬陶器。对墓中出土的随葬陶器，可以据已有的对夏家店下层文化陶器群的认识，区分为不同的甲、乙两群。甲群即夏家店下层文化陶器群，乙群陶器数量极少，为高台山类型陶器群[2]。以下想对乙群即高台山类型陶器群出现在夏家店下层文化的大甸子墓地的有关问题，进行初步讨论。

大甸子墓地的乙群陶器，有30多件，出自15座墓中。其陶质都是夹砂磨光红陶。其制作工艺特点：火候较高，手制。泥条盘筑成形。器表打磨光滑多无纹饰，仅一钵上有刻划纹。器表多有附加器耳或瘤状纽等。器口制作时多向里侧斜抹，形成斜坡状口沿。罐内口与腹部接茬处多有一硬折的棱线，圈足钵底中央有遗留旋刮的凸状痕，圈足里侧有刮痕。乙群陶器器类有罐、碗、钵、钵口壶等。罐多作短颈直口或敞口，腹有圆腹、扁圆腹、长圆腹之分。有的肩部或颈部有横穿桥状耳（图一，5、6）。有的在颈部有瘤状纽（图一，8），有的口沿向里侧斜抹呈尖圆唇（图一，5～7）。钵，口微敛，深圆腹下接圈足式厚圆底，腹部刻有纹饰并附加小耳（图一，1）。另有一件钵，直口、深腹、下接矮圈足，钵底中央做圆形凸出状。壁饰小耳，口沿里侧向下斜抹（图一，2）。钵口壶，口呈钵状，深腹下接圈足，圈足里侧有刮痕（图一，4）。碗，敞口，壁微弧，厚圆底（图一，3）。上述乙群陶器的制作手法和器物形态，均有其自身的特点。为了便于进行比较，下面再简述一下大甸子甲群陶器的制作手法及器物形态特征。

大甸子墓地出土的甲群陶器数量很多，多是专为随葬用的明器，实用器极少。以灰陶和黑灰陶为主。一般火候不高，湿时极易破碎。用泥条盘筑或模制成形。器多素面磨光，未经磨光处多遗有制作过程中拍打的绳纹，这是甲群陶器的特征之一。部分陶器上有彩绘、弦纹、篦点、乳钉、附加堆纹等纹饰。器表多无器耳等附件。罐多敞口，短颈或无颈，口沿多外卷，厚圆唇，口腹接碴处多作圆折。圈足里侧多有抹痕而无刮痕。器类主要有鬲、鼎、罐、尊、钵，还有少量的鬶、爵等。

通过比较甲乙两群陶器的区别，可看出它们是各具自身特征的两个陶器群，其区别是明显的。两群陶器在器物形态、陶质陶色、器表装饰、制作手法上均不相同。各自制作工艺手法上的特点，在甲、乙两群陶器上也不互见。如乙群陶器向里侧斜抹的口沿、内侧有刮痕的圈足、附加器耳等工艺手法不见于甲群的陶器上。这说明乙群陶

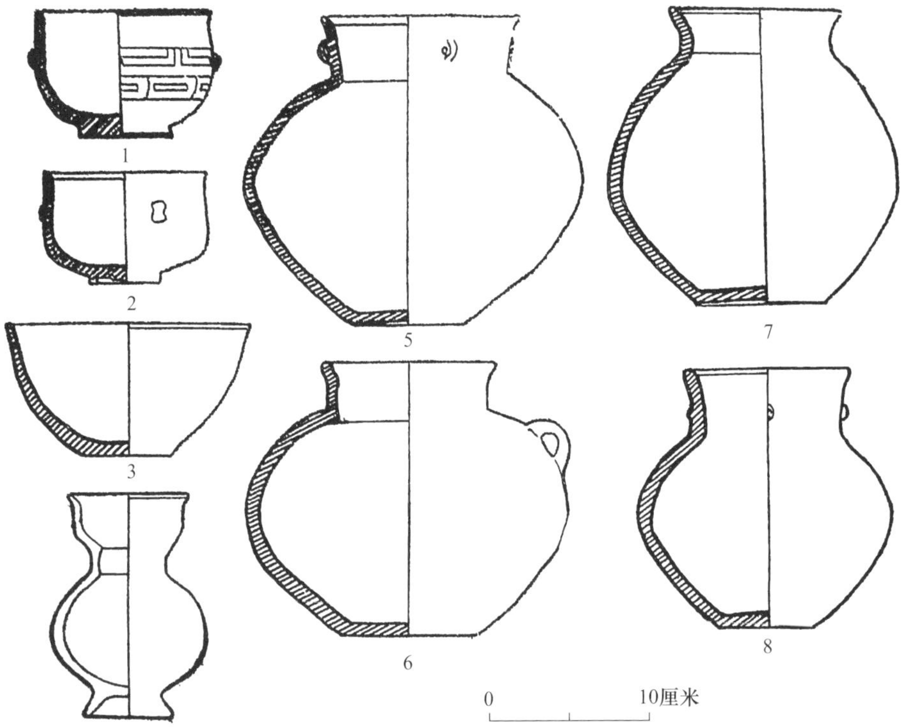

图一 大甸子墓地乙群陶器
1、2. 钵 3. 碗 4. 钵口壶 5～8. 罐

器的出现，不是夏家店下层文化陶器群的变异，也不是甲群陶器在制陶技术上的新因素。乙群陶器反映出与甲群陶器器物群形态与制作工艺不同的特点，怎样认识这一现象，既是识别不同考古文化器物群的具体问题，也是关系到认识不同器物群杂错出现的理论问题。大甸子墓地的两群陶器我们认为它们不属于一个考古学文化。乙群陶器有单纯出现的地点，如辽宁省高台山的发现。为说明乙群陶器与高台山类型陶器的关系，把高台山遗址发现情况做一介绍是必要的。

高台山遗址在大甸子遗址以东500多千米处，属辽宁省新民县[3]。遗址由相对高度50米左右的三座小山组成。构成高台山类型的器物群，是在三座小山之一的腰高台南坡台地上，发掘的12座墓的20余件随葬陶器和部分调查采集品。器类比较简单，有高领罐、高圈足钵和小罐、碗等。高领罐和高圈足钵数量最多。这些陶器多是火候较高的手制砂红陶，泥条盘筑成器，器表压磨光滑，多附加器耳，有的器耳已无实用意义，纯是装饰。制陶手法的特点是多在器口的里侧向下斜抹的加工法，使唇沿呈三角状尖缘。高领罐多直口尖唇，领腹接碴处内侧多为方折，有一较硬的棱线，腹部多有四横穿耳（图二，1、2）。高圈足钵也是具特征的器物之一，多敛口，深圆腹下接高矮不同的圈足，在折腹处多有四竖耳，或装饰四个对称的鸡冠耳、指甲纹等。圈足底部中央，大多有一凸瘤状物，这是制作时遗留下的痕迹（图二，3）。碗多敞口且壁较直，厚圆底（图二，5）。小罐呈直口深腹状，在肩部对称位置上有一对鋬耳和一对鸡冠耳（图二，4、6）。从上述中可看到高台山墓葬出土陶器的器类虽少，但却是具有自身特点的陶器群。

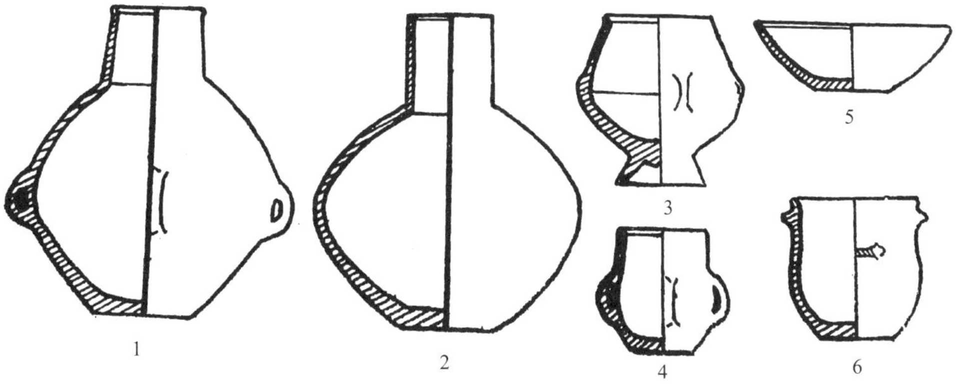

图二 高台山类型陶器
1、2. 高领罐 3. 高圈足钵 4、6. 小罐 5. 碗

将高台山类型的陶器和大甸子乙群陶器相比较，在器物特征和制陶工艺手法上的相同处有以下几点：器口里侧向下斜抹的制陶手法；钵底下有瘤状凸起：附加器耳和装饰性器耳；器表磨光少有纹饰，更不见绳纹痕迹；领腹接碴处里侧多做方折呈一棱线，等等。上述特征的一致性，说明大甸子乙群陶器和高台山类型陶器应属于同一个考古学文化的陶器群。推论大甸子和高台山两地点关系的另一根据，是两处的年代相近。据 ^{14}C 测定的年代数据，高台山墓地木炭测定的年代树轮校正值是 3620 年 ±135 年，公元前 1670 年[3]；大甸子 M759 和 M454 的朽木测定年代的树轮校正值分别为 3685 年 ±135 年，公元前 1735 年和 3645 年 ±135 年，公元前 1695 年[4]。说明大甸子和高台山两地点存在的年代是相近的，这就使得相邻地区之间不同考古文化的交换和成员间的往来有可能进行，因此大甸子乙群陶器和高台山类型陶器在主要特征上相同的现象就不难理解了。还应指出，在对比中我们看到大甸子乙群陶器和高台山类型陶器间还是有些差别的，如钵的圈足高低的不同；罐颈的长短不一；大甸子见到的钵口壶和钵上的刻划纹等在高台山报告中未见。这些在同类器物的局部长短、大小间的差别，应是属于同一种文化内的差别。将来随着高台山类型陶器群发现逐渐增多，在大甸子墓地乙群陶器中的器类和形态也许可能都会在高台山类型遗存中找到共同点。

大甸子墓地出土的乙群陶器，虽不排除有交换的外来品的可能性。但考虑到陶器是当时人们生活中的必需品，又易破碎、需求量大的特点。限于当时的运输条件，大量的长途运输交换是缺乏先例的。况且这时每个聚落点都可以烧造陶器。同时，在大甸子乙群陶器与该墓地所出甲群陶器相对而言虽是少数，但总数也有 30 余件。这就很难理解为完全是交换来的。故乙群陶器中的绝大部分，宜视为在大甸子当地制作的。又因为乙群陶器形态和制作工艺上的特点，都与甲群截然不相混杂，所以我们认为乙群陶器是掌握这种传统制陶工艺技术的高台山人在大甸子制造的，也就是说在大甸子—夏家店下层文化的居民中应有外来的高台山人。至于夏家店下层文化的人和高台山人在体质形态上是否有种族特征可以区别，以及大甸子墓地中埋葬的人是否在种族体征上可以做怎样的比较分析，都是需体质人类学回答的问题。但从墓葬形制、埋葬习俗来观察，凡出乙群陶器的墓，并没有另外集中的茔域，而是散布在几个茔域之中。同时在各茔域之中出乙群陶器的墓与单纯出甲群陶器的墓，在形制上并无不同。只是在随葬器物组合中乙群陶器的多数器类不作为随葬器物组合的主要器物。我们也注意到乙群陶器既有出现在埋葬礼遇比较隆重的3座墓中，也有出现在一般的12座墓中，这表明在不同的埋葬礼遇中，对乙群陶器并没有明显的排斥现象。所以我们认为生活在大甸子—夏家店下层文化村寨中的高台山人，是与夏家店下层文化人由于婚姻关系或其他原因结合到一个氏族之内，埋在同一个“族墓地”之中的，因此才没有另辟一块高台山人的茔地。

综上所述，表明夏家店下层文化的社会组织尽管还保留着血缘氏族制的外貌，但由于相邻地区之间人口杂处，逐渐将血缘的氏族向地缘的氏族转变。所以我们认为分析大甸子的夏家店下层文化陶器群、高台山类型陶器群，不仅对识别不同考古学文化是必要的，而且对夏家店下层文化所处的社会发展阶段的认识也是有帮助的。

注　释

[1] 中国科学院考古研究所辽宁工作队：《敖汉旗大甸子遗址1974年试掘简报》，《考古》1975年2期。

[2] 沈阳市文物管理办公室：《沈阳新民县高台山遗址》，《考古》1982年2期。

[3] 高台山76东山T1H1木炭的测年数据参见北京大学历史系考古专业碳十四实验室：《碳十四年代测定报告（三）》，《文物》1979年12期，78页。

[4] M759朽木的测年数据参见中国社会科学院考古研究所实验室：《放射性碳素测定年代报告（六）》，《考古》1979年1期，89页；M454朽木的测年数据参见中国社会科学院考古研究所实验室：《放射性碳素测定年代报告（五）》，《考古》1978年4期，285页。

（原载《庆祝苏秉琦考古五十五年论文集》编辑组：《庆祝苏秉琦先生考古五十五年论文集》，文物出版社，1989年）

论夏家店下层文化

李伯谦

一、发现与研究概况

夏家店下层文化是分布于燕山南北地区的一支早期青铜文化。其分布范围广，延续时间长，文化特征鲜明，同中原文化有着密切关系，在我国青铜时代考古学上占有重要地位。

夏家店下层文化的遗物从20世纪20年代开始即陆续有所发现。1929年，日人滨田耕作出版了《貔子窝》一书，该书著录有小库仑出土的圆折肩素面陶鬲、腹饰绳纹加划纹的罐形小阜鼎和新出土的素面磨光筒腹鬲等夏家店下层文化的典型陶器[1]。后来，日人八幡一郎在今河北省北部（原热河省南部）一带调查[2]，江上波夫和永野清一在内蒙古及长城沿线调查[3]，继续有所发现。1935年，滨田耕作和水野清一到内蒙古赤峰挖掘，出版了考古发掘报告[4]，对包括夏家店下层文化遗物在内的青铜时代遗存提出了“赤峰第二期文化”的命名，并以在当地曾采集到“明刀”钱为据，推定其年代约当中原的秦汉时期。这一观点在学术界流行了许多年。

中华人民共和国成立后，燕山南北地区的考古工作出现了新的面貌。1952年，在唐山小官庄基建工程中出土了6座石棺墓，墓中随葬的素面鬲、折腹盆等器物具有燕北夏家店下层文化同类器物的作风，安志敏先生通过对石棺及其随葬品的研究，认为其年代要早于东周，并首次指出《赤峰红山后——热河省赤峰红山后先史遗址》一文对所谓赤峰第二期文化年代的推断缺乏科学根据[5]。

1956年，裴文中教授率领北京大学考古专业学生到赤峰红山实习，在56：02•I地点一灰层中采集到夏家店下层文化的陶甗，由吕遵谔先生执笔撰写的调查报告指出，“过去所谓‘赤峰第二期文化’实际上还包含几个性质面貌不同的阶段”[6]，1960年中国科学院考古研究所内蒙古发掘队对赤峰夏家店遗址的发掘[7]，对认识夏家店下层文化有突破的意义。虽然这次发掘所获遗物不多，但却发现该遗址明显存在出土遗物各有特点的上、下两层堆积，从所谓赤峰第二期文化中分辨出两种年代不同、文化性质也不相同的文化，以下层为代表的遗存命名为夏家店下层文化，以上层为代表的遗存命名为“夏家店上层文化”。关于夏家店下层文化的年代，发掘简报明确认为与殷商文化有密切的关系，年代也可能大体相当。

迄今在燕山南北地区已发现夏家店下层文化遗址数百处，经过正式科学发掘的也有十几处。其中燕北地区，1960年在赤峰药王庙[8]，1961年在宁城南山根[9]，1963年在赤峰蜘蛛山[10]，1972年在北票丰下[11]，均发现了夏家店下层文化的多层堆积，为确定其年代分期提供了重要的地层根据。1974年，考古工作者在敖汉旗白斯郎营子南台地发现了该文化遗存打破晚于红山文化的小河沿文化遗存的层位关系[12]，开始提出燕北地区夏家店下层文化的来源问题；此外，在同年开始的对敖汉旗大甸子的发掘中，又发现墓葬数百座[13]，为研究该文化居民的埋葬习俗及其反映的社会组织、社会发展阶段等问题提供了丰富的资料。燕南地区，1961年，考古工作者在昌平雪山村发现了该类遗存打破当地龙山期文化遗存的地层关系和其居址、墓葬既与燕北地区的遗存有相似之处，又有不同特点的现象[14]，从而确定了该类遗存在燕南地区的年代上限，并提出了夏家店下层文化分型的问题。1964年在大厂大坨头[15]、1965年在蓟县张家园[16]、1977～1979年在蓟县围坊[17]、1981年在滦南东庄店[18]，均发现了该类遗存的多层堆积，为燕南地区该文化的分期提供了科学依据。另外，在张家园和围坊遗址的上层还发现一类既与该文化有一定承受关系，但基本面貌又与其不同的遗存，即张家园上层文化[19]，进一步明确了该文化在燕南偏东地区的年代下限。从1979年开始的河北蔚县壶流河流域的调查与发掘[20]，除发现有当地该类文化遗存与龙山期文化以及二里冈期上层商文化遗存的上下叠压关系外，还发现有该文化遗存之间的相互打破现象，确定了其在当地存在的时限，理出了其发展线索。同时，还由于其文化内涵的多重结构，也提出了这类遗存的性质及其与其他文化关系等需要重新或继续深入探讨的问题。

目前，对夏家店下层文化的研究，除各遗址的发掘报告与简报外，见于发表的论文主要还有邹衡《关于夏商时期北方地区诸邻境文化的初步探讨》[21]、李经汉《试论夏家店下层文化的分期和类型》[22]、刘观民和徐光冀《内蒙古东部地区青铜时代的两种文化》[23]等。《商周考古》一书也有专门的介绍[24]。综合各家的意见，对许多问题的认识是相同或相近的，但在诸如文化性质、类型划分、年代分期、族属以及与中原文化的关系等问题上却仍然有较大的分歧。

本文在前人研究的基础上，依据近几年新发现的资料，对上述有关问题做一初步探讨，不当之处恳请指正。

二、文化性质分析

夏家店下层文化遗存分布于北起西拉木伦河，南至海河，西起桑干河上游，东至辽河左近的广大地区。其范围之广，超过了二里头文化，几乎与商文化不相上下。分布如此广泛的遗存是否具有同一的性质，是否属于一个考古学文化，只有通过对其文化内涵进行深入分析，并将其与周围的其他文化加以比较，才能做出科学的判断。

在经过调查和发掘的这类遗存中，不仅出有大量的石、骨、陶等各种质料的生产工具与生活用具，而且发现有窖穴、房基、灶址、墓葬等遗迹。考察由其构成的文化内涵，可以发现，尽管这些遗址分布不在一处，有的距离还相当遥远，但都具有许多不同于其他文化的共同特征，主要表现在以下几个方面。

1. 房屋

多为半地穴式，少见地上建筑，一般以圆形为主，屋内常见红烧面，少见凹下的灶坑。据统计，燕山南北地区共发现52座这类遗存的房基。其中燕北较多，有48座，分别见于丰下、蜘蛛山、药王庙、四分地东山嘴[25]、小榆树林子[26]、白斯郎营子和喀喇沁河东[27]等7处遗址。在48座房基中，可确知为半地穴式的有24座、地上建筑的4座，分别占50%、8%，其余形制不明。在不明形制的20座中，丰下有16座。而据丰下发掘简报，丰下共有18座房基是以“半地穴式为主”的，可见形制不明者中多数仍属半地穴式。燕南有4座，即大坨头2座、张家园和围坊各1座，全部为半地穴式。

2. 墓葬

墓地一般位于村落遗址附近。墓穴分布密集，排列有序，以土坑竖穴为主，葬式多为单人直肢。随葬陶器组合以鬲、罐为中心，有的另配一折腹盆（尊，下同）、鼎、钵、瓿等，器表多素面，流行红、白、黄三色彩绘，几乎全是明器。揭露出墓葬的遗址，燕北有大甸子，燕南有小官庄和雪山，另外在库伦旗、奈曼旗[28]和壶流河流域亦有发现。除小官庄为石棺墓[28]外，其他均具有上述特点。

3. 生产工具

以石、骨质料的农业生产工具为主，次为手工业和渔猎工具。

石器中，磨制石器、细石器与打制或打、磨兼制石器共存，以磨制为主。条形石斧、扁平石铲、矩形石刀、亚腰形石锄、三角形细石镞和刮削器等各地均有发现。燕北地区以南山根遗址为例，磨制石器41件、打制石器10件、细石器11件，分别占66.1%、16.1%、17.8%，燕南地区以张家园遗址为例，磨制石器10件，打、磨兼制石器1件、细石器4件，分别占66.7%、6.7%、26.6%。

骨器数量仅次于石器，以各种型式的镞、锥、铲等最为常见（图一，23；图二，27、28）。

陶纺轮多为算珠形，多角星形者在燕山南北均有发现（图一，16、24、34；图二，18；图三，40）。

4. 生活用陶器

夹砂褐陶与灰陶在陶系中占有突出地位；绳纹和绳纹加划纹是常见纹饰，炊器主要是鬲、甗，盛器主要有盆、罐，折腹盆、鼎、钵亦是常见器类。燕北地区以药王庙遗址为例，夹砂褐陶与灰陶各约占30.58%、38.6%；绳纹、绳纹加划纹各约占28.15%、36.4%；鬲、甗、盆、罐分别占22.6%、17.8%、25.9%、18.1%。燕南地区以围坊遗址

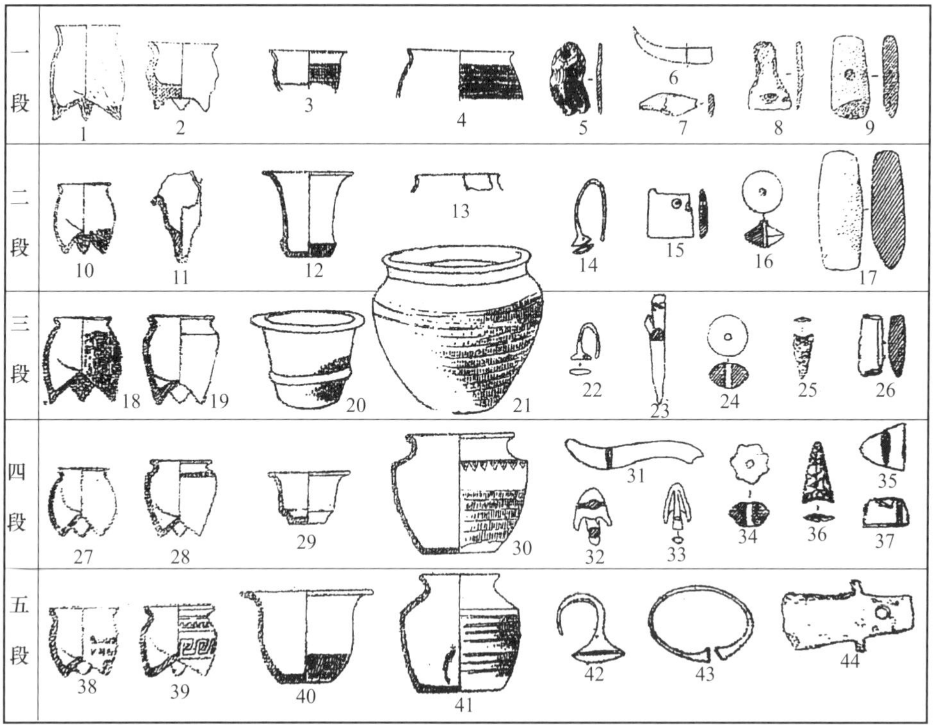

图一　大坨头类型器物

1. 陶鼓腹鬲（围坊 T3③：13） 2. 陶鼎（东庄店 T2③：39） 3. 陶曲腹盆（围坊 T3③：20） 4. 陶瓮（东庄店 T2③：71.） 5. 石刮削器（围坊 T6③：1） 6. 铜刀（围坊 T4③：1） 7. 石镰（东庄店 T3③：20） 8. 亚腰石锄（东庄店 T2③：9） 9. 石斧（围坊 T3③：31） 10. 陶鼓腹鬲（围坊 T4H3：4） 11. 陶筒腹鬲（东庄店 T4①：44） 12. 折腹盆（东庄店 T2②：32） 13. 瓮（围坊 T1③：29） 14. 铜耳环（围坊 T1③：7） 15. 石刀（东庄店 T2②：5） 16. 陶纺轮（围坊 T1③：9） 17. 石斧（东庄店 T5①：12） 18. 鼓腹鬲（大坨头 H2：14） 19. 折肩鬲（小官庄戊：3） 20. 折腹盆（小官庄甲：2） 21. 瓮（小官庄甲：1） 22. 铜耳环（张家园 F4） 23. 骨锥（张家园 F4） 24. 陶纺轮（张家园 F4） 25. 细石镞（张家园 F4） 26. 石斧（张家园 F4） 27. 鼓腹鬲（大坨头 H1：5） 28. 折肩鬲（大坨头 H11：6） 29. 折肩盆（张家园） 30. 瓮罐（雪山 M42：3） 31. 铜刀（张家园 T2④） 32. 铜镞（张家园 T2④） 33. 铜镞（大坨头 H1） 34. 陶纺轮（张家园 T2④） 35. 细石镞（张家园 T2④） 36. 石镰（张家园 T2④） 37. 石刀（张家园 T2④） 38. 鼓腹鬲（张家园 T3②） 39. 折肩鬲（雪山 M1：6） 40. 折腹盆（雪山 M11：7） 41. 瓮罐（雪山 M11：4） 42. 金耳环（刘家河墓葬） 43. 金臂钏（刘家河墓葬） 44. 铁刃铜钺（刘家河墓葬）

为例，夹砂褐陶和灰陶各约占 18.22%、13.45%；绳纹、绳纹加划纹各约占 55.62%、13.81%；鬲、甗、盆、罐亦是主要器物。陶器的形制，燕北、燕南亦有许多相似的作风，例如，燕北地区有代表性的素面磨光筒腹鬲在燕南地区亦有发现，燕南地区有代表性的素面鼓腹鬲在燕北地区亦有出土。

5. 占卜

普遍流行占卜习俗。有卜骨无卜甲，卜骨多用动物肩胛骨或肢骨稍加整治而成，多灼、钻而未见凿。

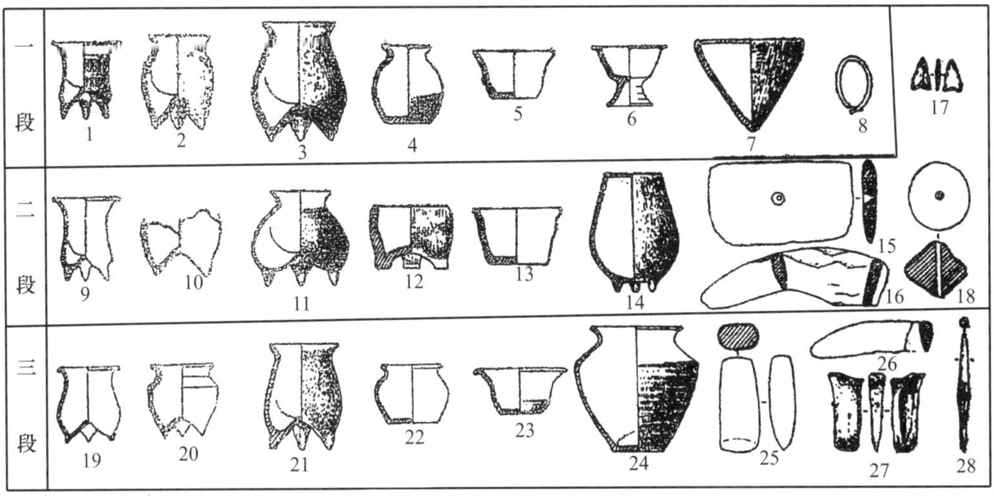

图二　壶流河类型器物

1. 筒腹鬲（三关 M2008：1） 2. 鼓腹鬲（前堡 F1：7） 3. 无实足根绳纹鬲（前堡 F1：39） 4. 罐（三关 M2008：3） 5. 盂（三关 M2008：5） 6. 簋形豆（三关 M2008：1） 7. 尖底陶器（前堡 F1：18） 8. 铜耳环（三关 M2010：2） 9. 筒腹鬲（三关：采） 10. 鼓腹鬲（三关 H2047） 11. 锥足绳纹鬲（三关 H2022：26） 12. 鼎（三关 H2047：1） 13. 盂（三关 H2047：3） 14. 卵形三足瓮 15. 石刀（庄窠 T8H104：3） 16. 石镰（庄窠 T10AH7：2） 17. 细石镞（庄窠 H48：2） 18. 陶纺轮（三关 H2022：3） 19. 筒腹鬲（四十里铺 H28：11） 20. 折肩鬲（庄窠：采） 21. 绳纹鬲（前堡 TC②：6） 22. 瓿（前堡：采） 23. 折腹盆（庄窠 H224） 24. 瓮（庄窠 W3：1） 25. 石斧（庄窠 T10⑧：3） 26. 石镰（四十里铺 H28：5） 27. 骨凿（庄窠 T10H114：1） 28. 骨锥（庄窠 T8H57：5）

6. 装饰

首作喇叭形的“U”字形铜耳环和盘丝环形铜耳环是富有特色的青铜饰品。在燕南地区的小官庄、雪山、房山刘李店[29]、围坊、张家园、平谷刘家河[30]和燕北的大甸子以及壶流河流域均有发现（图一，14、22；图二，8）。

以上述特点与周围地区年代相当或相近的遗存比较，发现有明显的区别。例如，辽河以东，以抚顺望花、施家东山遗址等[31]为代表的遗存，夹粗砂红褐陶为主要陶系，器表少见绳纹，多素面，以鼎为主要炊器。壶流河流域以西，分布于晋中、晋北地区的光社文化[32]，陶器上普遍流行楔形点纹。以高颈鼓腹锥状实足绳纹鬲、敛口斝、卵形三足、盆形鼎等为典型器物。南面，分布于豫北、冀南，以磁县下七垣第3层和第4层为代表的先商文化遗存[33]，以夹砂和泥质灰陶为主要陶系；细绳纹为主要纹饰，细绳纹卷沿锥足鬲、喇叭口形豆、大口尊、侧装扁三角形足罐形鼎等是常见器物。这些均不同于燕山南北地区的同期遗存。

判断在一定时间和空间范围内的一群遗迹，遗物是否属于一个考古学文化，主要是看其是否具有共同的或基本一致的文化特征。分布于燕山南北地区的这类遗存，既然有自己存在的一定时限和分布范围，文化面貌大体相同。能与周围其他考古学文化加以区分，当然应属于同一个考古学文化，而不应分属于几个不同的考古学文化，早已在学术界得到认可的夏家店下层文化，不仅应包括燕北地区的，也应该包括燕南地区的这类遗存。

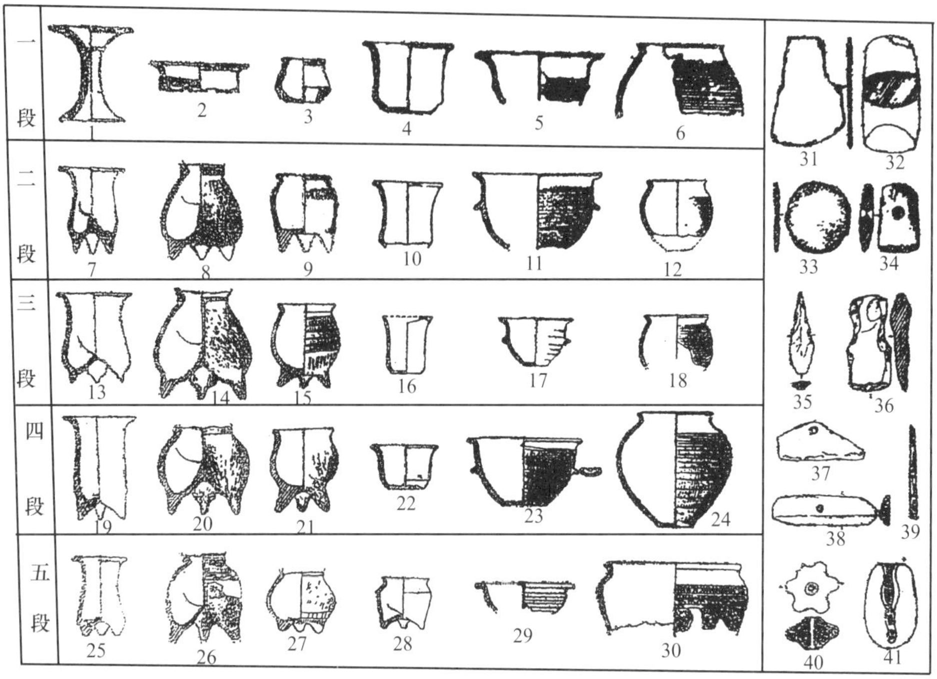

图三 药王庙类型器物

1. 豆（四分地 F1：1） 2. 八足盘（四分地 H6：1） 3. 鼎（丰下 T17⑤：1） 4. 折腹盆（丰下 T17⑤：2） 5. 曲腹盆（丰下 T17⑤：2） 6. 瓮（丰下 T17⑤：7） 7. 筒腹鬲（南山根 T1③：34） 8. 甗（药王庙 T1③：13） 9. 鼎（南山根 T10④：22） 10. 折腹盆（药王庙 T4③：23） 11. 曲腹盆（南山根 H28：3） 12. 瓮（白斯郎营子南台地 F3：4） 13. 筒腹鬲（丰下 T23③：1） 14. 甗（丰下 T17③：1） 15. 鼎（丰下 T10③：1） 16. 曲腹盆（丰下 T3③：1） 17. 曲腹盆（白斯郎营子塔山 F1：⑧） 18. 瓮（T10③：5） 19. 筒腹鬲（大甸子） 20. 甗（丰下 T4②F1：1） 21. 鼎（丰下 T3②：1） 22. 折腹盆（南山根 T9：16） 23. 曲腹盆（丰下 T10②F8：9） 24. 瓮（丰下 T84②F13：8） 25. 筒腹鬲（大甸子） 26. 甗（药王庙 T1①：8） 27. 鼎（丰下 FT20H1：5） 28. 折肩鬲（南山根：采） 29. 曲腹盆（蜘蛛山 T1②B：63） 30. 瓮（药王庙 T1①：11） 31. 有肩石铲（四分地 F8：4） 32. 石斧（四分地 H18：1） 33. 石盘状器（白斯郎营子塔山 F2：11） 34. 穿孔石斧（药王庙 T4③：14） 35. 细石镞（丰下 T9③：2） 36. 亚腰石锄（丰下 T23④：1） 37. 石磬（西山坡） 38. 柳叶形石刀（丰下 T11②：5） 39. 铜刻刀（小榆树林子） 40. 陶纺轮（药王庙 T1①：12） 41. 陶范（四分地 H7：1）

三、类型划分

夏家店下层文化存在着不同的地域类型，这一认识是从 1961 年对雪山遗址前发掘开始后逐步形成并提出来的。目前，学术界一般将夏家店下层文化划分为两个类型。《商周考古》和《关于夏商时期北方地区诸邻境文化的初步探讨》一文称为辽西类型和燕山类型；《试论夏家店下层文化的分期和类型》一文称为燕北类型和燕南类型，两种分法大同小异，基本观点一致。关于两个类型的区别，以上论著均有详细分析，此不赘述。我们认为，依据当时的材料将燕北与燕南分为两个类型，符合客观实际，是对夏家店下层文化认识上的一个重大进步。不过，随着近年来桑干河上游壶流河流域考古工作的进一步开展，我们看到，该地区的这类遗存，既不同于以赤峰、朝阳为中心的燕北地区，又与燕南地区东部京、津、唐三角地带有明显区别。如果以划分燕北、燕南两个类型的标准来分析，以壶流河流域为中心的这类遗存也应是夏家店下层文化的一个类型。这就是说，根据目前所见材料，夏家店下层交化可细分为三个类型。其中燕北地区，以较早经过科学发掘的药王庙遗址为代表，称为药王庙类型；燕南地区东部京、津、唐三角地带以比较单纯的大坨头遗址为代表，称为大坨头类型；壶流河流域未发表典型遗址的发掘报告，现暂称为壶流河类型。以下着重分析壶流河类型与其他两者的区别。

1. 壶流河类型与药王庙类型的比校

壶流河类型的村落遗址未见任何防御设施。药王庙类型村落遗址的周围则常常发现有壕沟围墙或土筑围墙。

壶流河类型的房屋发现不多，未见药王庙流行的石块砌墙和土坯砌墙结构。

在壶流河类型与药王庙类型的遗址中，均发现有土坑竖穴墓。前者头向东，流行单人仰身直肢和下肢完整胸骨零散的葬式，也有一定数量的二次葬；后者头向北，流行单人侧身直肢葬。前者随葬陶器多置于头侧，流行鬲、折腹盆（或盂）、豆、罐组合；后者随葬陶器多置于脚端或脚端壁龛，流行鬲、罐、甗、鼎、壶等组合。

壶流河类型的陶器，陶质以夹砂和泥质灰陶为主，绳纹是常见纹饰，不加实足根的绳纹鼓腹鬲、篦形豆、盂、卵形三足瓮是典型的有代表性的器物，它们基本不见于或很少见于药王庙类型；药王庙类型陶器，陶质与前者基本相同，绳纹与绳纹加划纹最为流行，素面磨光筒腹鬲多于前者，圈足甗、钵形鼎、细颈壶等在壶流河类型中很少见到。

壶流河类型的石器主要是磨制，较流行的有矩形石刀、半月形石镰、条形石斧等，也发现有细石器，但不见药王庙类型流行的有肩石铲、亚腰石锄、盘状器等大型打制石器。药王庙类型的石器是磨制、打制和细石器共存，磨制石器中流行的有柳叶形刀不见于壶流河类型（图三，31～38）。

2. 壶流河类型与大坨头类型的比较

大坨头类型的陶器明显不同于壶流河流域，陶质始终以夹砂褐陶为主，绳纹加划纹占较大比例。无实足根素面鼓腹鬲、折腹盆、折肩罐等是典型器类。壶流河类型中不见或少见药王庙类型的无实足根绳纹鼓腹鬲等典型陶器，在大坨头类型也很少发现，随葬陶器上的红、白、黄三色彩绘虽不如药王庙类型发达，但却较大坨头类型普遍。

大坨头类型的石器，磨制比较粗糙，有的尚有打制痕迹，实际是打磨兼制，常见器形有斧、刀、镰、锛等。琢制的细石器在石器中所占的比例多于壶流河类型，除较常见的细石镞，尚有各种形式的刮削器（图一，5、7～9、15、17、25、26、35～37）。壶流河类型的石器磨制较清，琢制的细石器数量少，器形也较单纯。

大坨头类型的青铜器比较发达，经过正式发掘的雪山、大坨头、张家园、小官庄、围坊、东庄店等遗址，均有青铜工具、武器或装饰品出土（图一，6、14、22、31～33），其后期以平谷刘家河墓葬为代表。并出现了成组的青铜礼器，其中有些具有明显的地域特点，可以肯定是当地所铸；壶流河类型的青铜器发现有刀、削、耳环等（图二，98），虽较药王庙类型为多，但不如大坨头类型的丰富。

大坨头类型的墓葬有土坑竖穴墓和石棺墓两种，后者不见于壶流河类型。土坑竖穴墓以雪山发现者为代表，死者头向东，多单人仰身直肢葬；石棺墓见于唐山小官庄，皆用石板构筑和盖顶，死者亦头东脚西。两者的随葬陶器多置于脚端，基本组合是鬲、罐折腹盆（尊），不见和少见壶流河类型流行的豆和盂。

通过比较可以看出，尽管壶流河类型与药王庙类型、大坨头类型基本特征一致，但它们之间确实还存在一定的差别。依据这种大同中的小异，将其区分为三个不同的类型是可以成立的。现在需要探讨的问题是，这三个类型是平列的、从属的关系，还是别的什么关系？它们究竟是怎样形成的？我们认为，要回答这个问题，仅仅从横的方面做以比较是远远不够的，还必须在搞清各类型年代分期的基础上。着重从各自的发展演变过程及其相互影响中去进一步探求。

四、年代分期

1. 药王庙类型

在药王庙类型分布范围内，迄今尚未发现相当于龙山文化的遗存，据遗址发掘材料，叠压在药王庙类型遗存之下的有红山文化和晚于红山文化的小河沿文化遗存，叠压在药王庙类型遗存之上的有夏家店上层文化和新发现的魏营子类型遗存[34]。药王庙类型本身地层叠压关系甚多，其中以丰下、药王庙、蜘蛛山、南山根等遗址较为典型。以地层叠压关系为基础，分析其不同层位的出土遗物，主要是富于变化的陶器的形制特点，并参考其他遗址材料，可将药王庙类型暂分为5段。

（1）第1段

以丰下遗址第5层为代表[35]，与其相当的有四分地东山嘴F1、F2、F8、H6等层位陶器以夹砂和泥质灰陶为主，泥质磨光黑陶占有一定比例，绳纹一般较细，有一定数量的篮纹、方格纹和附加堆纹，浅盘高柄豆、圈足或四足八足盘、罐形鼎、折腹盆、曲腹盆、敞口斜壁碗、瓮、筒形鬲等是常见器物（图三，1～6）。

豆　浅盘大敞口，高喇叭形圈足。

圈足盘　平底，圈足成四瓣、八瓣瓦形足。

鼎　平底较大，三足安于下腹。

支腹盆　大口，深腹，折棱明显。

曲腹盆　深腹圆鼓，敞口，大卷沿。

瓮　侈口卷沿圆唇，最大径在中腹，腹常饰多道细条附加堆纹。

本段陶器具有较多龙山时代和二里头早期同类器物的作风。

本段发现的房基全为半地穴式，多圆形、椭圆形，少见方形，亦未见白灰面和土坯、石块砌墙。

（2）第2段

以药王庙遗址T1③为代表，与其相当的有蜘蛛山T1②F、G，南山根T1④～③、T10④～③、H28及白斯郎营子南台地F3等单位。

陶器仍以夹砂和泥质灰陶为主，但夹砂褐陶比例上升，泥质磨光黑陶相对减少，绳纹、绳纹加划纹流行，篮纹、方格纹比较少见，上段流行的具有龙山时代和二里头早期文化特点的典型器物浅盘高柄豆、四足或八足盘等基本不见，其他器物的形制亦有明显变化（图三，7～12）。

筒腹鬲　形制基本同前，裆隔高，三锥状实足垂直着地。

甗　仅见下部，袋足肥硕，最大径靠下，裆隔亦甚高。

鼎　仍为平底，三足安于底侧。

折腹盆　体瘦高，折棱明显。

曲腹盆　大口卷沿，沿下角略小。

瓮　形制同前，最大径仍在中腹，饰多道细条附加堆纹者减少。

（3）第3段

以丰下遗址第3层为代表，与其相当的有蜘蛛山T1②E、药王庙T1②及白斯郎营子塔山F1、F2等。

夹砂褐陶和灰陶均占重要地位，泥质磨光黑陶少见。纹饰以绳纹和绳纹加划纹为主，不见篮纹和方格纹。陶器器类基本同前，同时，出现了折肩鬲（图三，13～18）。

筒腹鬲　裆隔变低，三锥状实足外撇。

鼎　由平底变为近圜底，三足安于底部，外撇明显。

折腹盆　折棱不凸出。

曲腹盆　仍为卷沿，沿下角变小，腹部略变瘦。

瓮　形制同前，无明显变化。

（4）第4段

以丰下遗址第2层为代表，南山根某些单位的第2层与之相当。

陶质以夹砂褐陶为主，灰陶降居次要地位，基本不见纯正的泥质磨光黑陶，绳纹一般较粗，附加堆纹明显减少（图三，19～24）。

筒腹鬲　裆隔基本不显，三实足外撇更甚。

甗　鬲部最大径继续上移至上腹，裆隔变低。

折腹盆　体变矮，微显折棱。

曲腹盆　腹变浅，卷沿外翻，沿下角又变小。

瓮　小口，短颈，唇圆方，腹最大径由中腹移至上腹。

房基仍以半地穴圆形者为主，但地面上建筑和方向、长方形者有所增多。地面多涂有白灰面，流行土坯砌墙、石块砌墙和外加石围墙的结构。

（5）第 5 段

以药王庙 T1 ①和丰下 T20 ② H1 为代表，蜘蛛山 T1 ② A、B 等与之相当。

陶质、纹饰、器类与上段基本相同（图三，25～30）。

筒腹鬲　一般不见隔挡，分裆变为弧裆。

甗　鬲部最大径在上腹，裆隔更低。

折肩鬲　体型由高变矮，裆部与筒腹鬲同。

鼎　足更小更矮。

曲腹盆　浅腹，卷沿下翻，沿下角更小，有的不见鸡冠耳。

瓮　短颈，方唇，肩部凸出。

本段房基特征同上段。

以上 5 段是连续发展下来的。1、2 段之间，3、4 段之间变化较为明显；2 段与 3 段，4 段与 5 段较接近。

2. 大坨头类型

大坨头类型晚于当地的龙山期文化。早于张家园文化。目前可作为其分期依据的地层叠压和遗址打破关系主要有：

大坨头	H1	打破	H2
张家园	T1 ④	叠压	F4
东庄店	二层	叠压	三、四层
围坊	T4H2	打破	T4 ③

依据层位关系和出土遗物特征，张家园遗址，与 T1 ④相当的有 T2 ④等；围坊遗址，与 T4 ③相当的有 T2 ③、T3 ③等，与 T4H2 相当的有 T1 ③等。

大坨头 H2 的鼓腹鬲（图一，18）与 H1 的鼓腹鬲（图一，27）区别明显，而与张家园 F4 出土者特点相同[36]；大坨头 H1 的直腹鬲则与张家园 T2 ④的直腹鬲具有相似作风[37]。

张家园 T3 ②在层位上晚于以 T2 ④为代表的第 4 层，其出土的鼓腹鬲（图一，38）与以 T2 ③为代表的张家园上层文化鼓腹鬲又有明显区别[38]，而与大坨头 H1 的鼓腹鬲存在承继关系，故当较 T2 ③为早。

围坊 T4H2 出土的鼓腹鬲明显不同于与 T4 ③相当的 T3 ③出土的鼓腹鬲，接近于大坨头 H2 和张家园 F4 出土者而又略早。东庄店第 3、4 层的出土器物特点与围坊 T4 ③等单位的相同，第 2 层出土的折腹盆（图一，12）则与同围坊 T4H2 相当的 T1 ③的同类器物相似[39]。

这样，我们便可将以上遗址诸单位串联为有早晚关系的五组，即五个发展阶段。

（1）第1段

以围坊T2～T4第3层和东庄店各探方的第3、4层为代表。

陶器以夹砂褐陶为主，灰陶次之，亦有少量红胎黑衣陶，绳纹、绳纹加划纹流行，素面磨光比例较大，亦有少量篮纹、方格纹及箍状附加堆纹等，鬲、甗、盆、罐、瓮等为主要器类，大型器类如瓮、罐等多泥条盘筑，鬲、甗等则多模制，小件陶器多轮制（图一，1～4）。

鬲　仅见鼓腹鬲一种，一般呈长体，口略直，领较长，多有实足根，绳纹常抹去。

曲腹盆　敞口，大卷沿，腹深而鼓，腹部饰绳纹加划纹。

本段还发现了刀等小件青铜器（图一，6）。

（2）第2段

以围坊遗址T4H2、T1③及东庄店遗址各探方第2层为代表，与之基本相当的有雪山遗址H109等单位[40]。

陶器陶质基本同第1段，唯细泥磨光黑陶很少见到。饰纹仍以绳纹、绳纹加划纹为主，基本不见篮纹、方格纹。除绳纹鼓腹鬲外，新出现的有素面磨光筒腹鬲，曲腹盆数量较少，折腹盆多见（图一，10～13）。

鼓腹鬲　绳纹多抹去，口微侈，领部变低，实足根变短，整个体型由高向矮发展。

筒腹鬲　未见完整器。由残片观察，裆隔高，锥状实足垂直着地。

折腹盆　体高而瘦，折棱凸出。

瓮　形制同前，无大变化。

本段始发现有青铜耳环装饰（图一，14）。

（3）第3段

以大坨头H2、张家园F4为代表，小官庄甲墓、戊墓亦属之。陶质、纹饰、器类基本同2段，新发现有折肩鬲（图一，18～21）。

鼓腹鬲　体近正方，侈口，领部消失，实足根一般不显。

折肩鬲　体型较2段略肥，折棱仍较明显。

瓮　最大径由中腹移至肩部，腹多饰绳纹和绳纹加划纹。

（4）第4段

以大坨头H1，张家园T1、T2的第4层为代表，雪山遗址M42等与之相当。陶器质地、器类无多变化，纹饰中出现三角划纹（图一，27～30）。

鼓腹鬲　有的绳纹抹光呈素面，空足较肥，无实足根，体型呈方形。

折肩鬲　体由高向矮发展，裆部变低，不见实足根。

折腹盆　体变矮肥，仍显折棱。

瓮（罐）出现折肩，多方唇，肩部有的饰三角形划纹。

本段除发现刀、镞、耳环等青铜器（图一，31～33），亦发现有黄金耳环。

（5）第5段

以张家园T3②为代表，雪山M11、刘家河铜器墓当属之。

陶质、器类、纹饰基本同前，绳纹中出现一种后来在张家园上层文化中十分流行的僵直绳纹（图一，38～41）。

鼓腹鬲　体型由方向扁发展，无实足根，裆更低，多呈弧形。

折肩鬲　体型亦变为扁体，低裆，无实足根。雪山 M11：6 用红、白两色绘出云纹图案。

折腹盆　体矮肥，折棱消失，但下腹仍有绳纹。

瓮（罐）仍流行折肩作风。

本段以刘家河墓葬为代表，出现了成组的青铜礼器和武器（图一，44）以及黄金饰品（图一，42、43）。与药王庙类型一样，大坨头类型的 5 段中，1、2 段之间，3、4 段之间的区别较明显，2 段与 3 段，4 段与 5 段较接近。

3. 壶流河类型

壶流河类型晚于当地龙山期文化，早于二里冈期上层商文化。张家口考古队依据层位与器物演化规律将壶流河类型分为 3 段[41]，各段特点如下。

（1）第 1 段

以三关 M2010 等为代表。原分为 2 段的庄窠 F1 所出 YQF1：7 鼓腹鬲（原称素面鬲，下同）在形制上早于 2 段标准单位三关 H2047 所处鼓腹鬲（原称磨光鬲）[42]，似可提早至本段。

本段典型器物有筒腹鬲（原称尊式鬲）、鼓腹鬲、无实足根绳纹鬲、豆、折腹盆（原称尊）、盂等。墓葬随葬陶器组合为鬲、豆、折腹盆或盂、罐等（图二，1～7）。

筒腹鬲　体型较长，敞口，卷沿，裆隔较高，三锥状实足微显外撇。

鼓腹鬲　亦为高体，侈口，高领，高裆，空足，原饰绳纹被抹去，呈素面。

无实足根绳纹鬲　高体，侈沿，鼓腹，空足，通体饰绳纹。

罐　下口，鼓腹，大平底，下腹饰绳纹。

盂　敞口，深腹，平底。

豆　盘深似盂，圈足矮肥，整体似簋。

本段发现有青铜耳环（图二，8）。

（2）第 2 段

以三关 H2047、四十里坡 T12 ③为代表。该段遗存分布较广。

陶器以夹砂和泥质灰陶为大宗，亦有夹砂和泥质红褐陶、夹砂和泥质黑陶。绳纹是主要纹饰，素面磨光亦占有重要地位。主要器形有鬲、甗、盆、罐、卵形三足瓮、折腹盆（尊）、豆、盂、缸等，墓葬随葬陶器组合中新出现了钵（图二，9～14）。

筒腹鬲　仍为高体，敞口，卷沿，裆隔变矮，三锥状实足外撇。

鼓腹鬲　裆部变低，器表多磨光。

高领实足根绳纹鬲　仅见于本段 H2022：26。高领，袋足肥硕，三锥状实足垂直着地，细绳纹。

盂　形制基本同前，腹壁较直。

卵形三足瓮　敛口内折沿，最大径在下腹，圜底，下有三矮实足。

鼎　标本 YSGH2047∶1，较特殊，口近直，腹微鼓，下部似弧裆鬲。

本段发现的卜骨一般只施灼，个别有钻窝。青铜器有刀、削和耳环等。

（3）第 3 段

以前堡 B1 ②、四十里坡 H28 等为代表。

陶质、纹饰、器类与第 2 段基本相同，黑陶比率明显增多，不见高领实足根绳纹鬲、卵形三足瓮，新出现了折肩鬲，墓葬随葬陶器组合中瓿代替了罐。在造型上，器身流行折棱，口沿多下折，较 2 段有明显变化（图二，19～24）。

筒腹鬲　体型变矮，沿斜下折，裆隔更低，实足根基本消失。

无实足根绳纹鬲　基本形制变化不大，但均加安了较高的绳纹锥状实足根。

折肩鬲　体型近方，三足内收，一般均素面或磨光。

折腹盆　体型矮肥，折棱不甚明显。

瓮　除下鼓腹瓮，尚流行上折肩瓮，最大径在肩部，腹饰绳纹或绳纹加划纹。

瓿　侈口，鼓腹，平底，素面。

本段卜骨都有灼、钻。

以上 3 段以 2、3 段之间变化明显。

夏家店下层文化的三个类型，虽各有自己的发展系列，但基本变化规律相同，通过对比，可以发现：

药王庙类型 1 段与大坨头类型 1 段都有一定数量的泥质磨光黑陶和少量篮纹、方格纹，罐形鼎、曲腹盆、瓮等具有相同或相似的作风；药王庙类型 2 段与大坨头类型 2 段不见篮纹、方格纹等早期流行的折腹盆，折腹盆的折棱仍较明显，都出现有素面或磨光的折肩鬲；4 段均以夹砂褐陶为主，折腹盆均由高变矮，折棱不如 3 段明显；5 段除陶质纹饰相同，折肩鬲均呈扁体，瓮均出现折肩。

壶流河类型 1 段的高裆隔筒腹鬲与药王庙、大坨头 2 段者接近，鼓腹鬲与大坨头 2 段者相似；其 2 段筒腹鬲与药王庙 3 段筒腹鬲甚难区分，鼓腹鬲与大坨头 3 段者具有同一作风；其 3 段筒腹鬲与药王庙 4 段筒腹鬲的裆隔均变低，折肩鬲与大坨头 4 段折肩鬲的体型均由高变矮近方体，折腹盆与药王庙、大坨头 4 段者均由高瘦变矮肥，折棱不如以前清晰。

由此可见，药王庙类型与大坨头类型的 1～5 段、壶流河类型的 1～3 段与前两者的 2～4 段是基本对应的，三个类型在发展过程中出现的阶段性明显变化也大体相当。这样，我们即可把夏家店下层文化概分为三期（表一）。

关于各期、段的绝对年代，依据壶流河类型 3 段遗存被二里冈上层商文化遗存叠压的地层关系，可以推定壶流河类型与药王庙和大坨头类型的 4 段均不晚于二里冈上层商文化；叠压大坨头类型的张家园上层文化遗存中伴出有相当殷墟晚期的三角划纹簋片[43]，药王庙类型遗存被相当于商晚期的魏营子类型遗存叠压，则大坨头类型和药

表一　夏家店下层文化各类型分期对应表

年代	分期	药王庙类型	大坨头类型	壶流河类型
夏	一	1	1	
	二	2	2	1
		3	3	2
商前期	三	4	4	3
		5	5	

王庙类型的最晚期第 5 段亦不会晚到商代晚期；药王庙类型大甸子墓葬出土的爵、盉、鬶等陶器与二里头晚期者十分相似[44]，二里头文化为夏文化[45]，则夏家店下层文化较早的遗存亦应属夏代。迄今已知夏家店下层文化的 ^{14}C 测定年代数据（距今）共有五个[46]，即：

ZK-153　3550±80（半衰期用 5730，下同）树轮校正（依达曼表）3840±130（丰下 T10 ③）

ZK-176　3965±90 树轮校正　4360±135（蜘蛛山 H42）

ZK-402　3390±90 树轮校正　3645±135（大甸子 M454）

ZK-480　3420±85 树轮校正　3685±135（大甸子 M759）

WK-81-46　3285±75 树轮校正　3615±125（庄窠 T10H30）

除 ZK-176 所测年代过早，超过了一般龙山期文化的 ^{14}C 年代，应予排除外，其余四个差距不大，大体接近实际年代。其中已知 ZK-153 所属的丰下 T10 ③属药王庙类型第 3 段，WK-81-46 所属的庄窠 H30 属壶流河类型 2 段[47]，两者的时代相当，均为夏家店下层文化第 2 层偏晚阶段，其 ^{14}C 年代平均为 3678 年 ±128 年，约当据文献推断的夏代末年，与前面的估计基本吻合。据此，夏家店下层文化的一、二期应与夏代相当，其中一期相当于夏代早期偏晚，二期相当于夏代晚期；夏家店下层文化的第三期应与商代前期相当。这就是说，夏家店下层文化既不可能早到与龙山期文化同时，也不可能晚到商代晚期，它基本上是与中原夏—商前期同时的一种文化遗存。

五、各类型相互关系

由表一可以看出，药王庙类型与大坨头类型的形成在前，两者基本同时，而壶流河类型的形成在后，要比前两者晚一个阶段。从壶流河类型的文化内涵来看，除无实足根绳纹鬲、簋形豆、盂等当地固有的因素和卵形三足瓮、实足根高领绳纹鼓腹鬲等来自晋中、晋北光社文化的因素外，有许多与药王庙类型和大坨头类型中占主导地位的因素相同或相似。与药王庙类型相似者有素面磨光筒腹鬲、素面甗，墓葬随葬陶器流行红、白、黄三色彩绘等；与大坨头类型相似者有无实足根素面鼓腹鬲、素面或磨光折肩鬲、折腹盆、青铜耳环等。这些因素在壶流河类型中出现的时间均晚于在药王庙和大坨头类型中出现的时间，显然是由后者传播来的。由此可见，壶流河类型的形成不但在时间上晚于药王庙和大坨头类型，而且是这两个类型向该地区逐步发展，与当地土著因素相互融合并吸收了某些光社文化的影响而形成的。壶流河类型应该是药王庙类型和大坨头类型的派生类型。

至于药王庙类型和大坨头类型的关系则完全是另一种情况。

比较两者的发展过程，它们都是紧接龙山期文化智慧逐步形成的，时间基本相同，分不出孰早孰晚。

考察其文化来源，两者并非同源。在药王庙类型分布范围内，迄今未发现相当于龙山阶段的文化遗存，其面貌如何尚不清楚。较早的相当于中原仰韶晚期的小河沿文化的某些因素，如浅盘高柄豆、平底浅腹盆等，似与药王庙类型早期的同类器物有一定承继关系[48]，很可能药王庙类型的主要因素就是由分布于燕北广大地区的红山—小河沿文化逐步演化来的。在大坨头类型分布范围内，虽也发现有属于红山—小河沿文化范畴的雪山一期文化遗存，但在雪山一期文化与大坨头类型之间尚发现有雪山二期文化，后者是相当于龙山期的文化遗存，据目前掌握的资料，其分布范围往北尚未越过燕山山地，文化内涵主要包括河北龙山文化和部分山东龙山文化的因素，看不出它和在时代上与之基本衔接的雪山一期文化有什么直接的继承发展关系，两者显然不属于同一文化系统。如果将大坨头类型与雪山二期文化做一比较，我们则会发现，尽管两者的基本面貌不同，如雪山二期的陶器主要是夹砂和泥质灰陶、泥质黑陶也占较大比例，大坨头类型的陶器主要是夹砂褐陶，灰陶较少，黑陶罕见；雪山二期陶器的纹饰，除素面磨光外，以绳纹为主，篮纹、方格纹也占较大比重，大坨头类型素面磨光少于雪山二期，绳纹和绳纹加划纹占绝对优势，少见篮纹、方格纹；雪山二期陶器造型精致，器壁一般较薄，以轮制为主，大坨头类型陶器造型朴拙，器壁较厚，以手、模合制为主。但另一方面，两者也确有一部分因素十分相似，例如，雪山二期灰坑H66除出土较多的绳纹鬲，还出土一些素面鬲[49]，与大坨头类型早期素面鬲相比，两者均为红褐色夹砂陶，形制均为直口微侈，鼓腹、空袋足，微显实足根，其器表绳纹均被抹去，有的仍留有痕迹，其他如折腹盆、罐等作风也颇为近似。这表明，大坨头类型与药王庙类型不同，其主要因素至少有相当一部分来自雪山二期文化。可见，在龙山文化时代，左右药王庙和大坨头两类型各自主要文化来源的燕北与燕南地区的文化遗存，本不属于一个考古学文化。

分析其文化内涵，药王庙类型与大坨头类型的共同因素并非都是各自所固有的，在各类型中也并非都占有同等重要的地位。例如，构成药王庙类型典型特征的素面磨光筒腹鬲，在本类型中不但数量多，而且自始至终存在，但在大坨头类型却较少见，且从第2段始有发现，要晚于药王庙类型一个阶段；药王庙类型墓葬随葬陶器上普遍红、白、黄三色彩绘的作风，在大坨头类型虽也可见到，但数量少，出现晚；药王庙类型的亚腰形石锄、有肩石铲、盘状器、刮削器等打制石器在石器工具中占有突出地位，大坨头类型虽也存在，但数量不多。同样，大坨头类型的典型陶器鼓腹鬲、折肩鬲等在本类型中数量多，出现早，而在药王庙类型却数量少，出现晚；大坨头类型陶器始终以夹砂褐陶为主要陶系，药王庙类型到第3段夹砂褐陶才超过夹砂灰陶占据主要地位；大坨头类型与药王庙类型具有青铜耳环，但前者出现早，发现普遍，后者数量少，出现的要迟。这表明，两者的共同因素，有的是甲方由乙方吸收而来，有的是乙方由甲方吸收而来。

由此不难看出，药王庙类型与大坨头类型的形成，是原来不同性质的两种文化在长期发展过程中彼此交流、相互渗透、逐步融合的结果，两者不存在原生与派生的关系。

六、社会发展阶段与族属推断

夏家店下层文化从龙山时代之后开始，到商代晚期之前结束，大体经过了六七百年的时间。

相当于夏代早期的第一期，分布范围扩大，文化内涵丰富，特征鲜明，是夏家店下层文化的发展繁荣时期。此时虽已使用小件青铜器，但主要生产工具仍是石器和骨器。从大甸子、雪山和三关墓地反映的情况看，氏族公共墓地还牢固存在，同一墓地之中，墓葬排列有序，墓穴大小相差无几，随葬品虽有多寡、有无之别，但并不悬殊，即使地位较高的死者，有的也仍然要随葬生产工具，表示生前并未完全脱离劳动。说明当时虽有贫富分化，甚至阶级对立，但整个社会仍处在原始社会的末期。

相当于商代前期的第三期，生产力有较大提高，各类型发展不平衡性愈加明显，尤其在本期后段，由于先进的商文化的强烈影响，促使内部产生较快变化，大坨头类型随葬组成青铜礼器和武器的墓葬的发现，表明首先受到商文化冲击、与商文化关系最密切的燕南地区东部已率先跨入了文明社会的门槛。

夏家店下层文化后期曾受到商文化的强烈影响，壶流河类型甚至被二里冈期上层商文化所代替，但它与商文化并无直接承袭演化关系，它不是商文化的自然北延或商文化在北方的来源之一，其鲜明的文化特征表明，它不属于中原系统的文化。

当然，我们也不同意夏家店下层文化是东夷文化的分析。分布于山东和苏北沿海地区的大汶口文化、山东龙山文化、岳石文化是学术界公认的东夷文化，其与可能是夏家店下层文化来源的小河沿文化、雪山二期文化乃至夏家店下层文化本身都有较为密切的关系，从后者的文化内涵中的确可以看到某些与前者相似的因素，前者对后者曾产生过一定的影响是不可否认的[50]，但从总体上看，两者面貌殊异，性质截然不同，它们仍是两个自成体系的、并行发展的、不同的文化。

过去，较多的学者往往从《左转·昭公九年》“肃慎、燕亳吾北土也”的记载，推定夏家店下层文化为古代肃慎、燕亳的遗存，或据古籍中有关伯夷、叔齐孤竹国地的记载，主张夏家店下层文化应包括孤竹在内。但正如前面曾经指出的那样，夏家店下层文化的三个类型至商代晚期已先后被其他文化所代替，与西周文化并未发生关系。既然年代与文献记载难以契合，这种推断也就很难说具有可靠的根据了。考古学文化与族的共同体是既有联系又有区别的两个不同的概念。一个考古学文化可以是一个部族创造和使用的文化，也可以是两个或两个以上部族创造和使用的文化，甚至不排除在一定条件下，一个部族也可以使用两种不同的考古学文化。夏家店下层文化延续时间长，分布范围广，依据不同的地区文化面貌的差异可分为三个不同的类型，其中药王庙类型与大坨头类型的文化来源亦不相同。因此，从族属来说，夏家店下层文化更大可能是两个甚或两个以上部族的遗存。我国古籍中对夏商时期与该地区有关的人物、事件、部落等的记载本来不多，而且相互矛盾，目前要确切判明夏家店下层文化与古文献的有关记载继续进行深入研究，但更为重要的，还有赖于该地及其周围地区考古工作的进一步开展，其中尤为关键的一环，是要对滹沱河至拒马河、永定河地带夏商时期的考古文化面貌有比较清楚的认识。现在已知，在夏商时期，滹沱河以南分布有先商文化和商文化[51]，在拒马河、永定河以北是夏家店下层文化的分布区，通过将来的考古工作，如果能够搞清两者之间这一过渡地带夏商时期的考古文化面貌，那么，再结合文献的有关记载进行综合研究，就有可能比较确切地判明它们之间的文化关系和包括夏家店下层文化三个类型在内的诸考古学文化和文化类型的族属。在这项工作进行之前，我们唯一可以说的是，根据夏家店下层文化的发展过程及其文化特征分析，夏家店下层文化是我国北方系统的文化，创造和使用夏家店下层文化的部族也应是活动于北方的部族。

附记：本文写作过程中曾参阅张忠培、孔哲生、张文军、陈雍提交中国考古学会第四届年会的论文《夏家店下层文化研究》，并同张文军、陈雍两位作者进行过交谈，颇受启发，谨书此致谢。

1984年5月

注释

[1] 滨田耕作：《貔子窝》，《东方考古学丛刊》第一册，东亚考古学会，1929年，图二二，3、10、12。

[2] 八幡一郎：《热河省南部の先史时代遗迹及遗物》《第一次满蒙学术调查研究团报告》第六部，第1编，1935年。

[3] 江上波夫、水野清一：《内蒙古·长城地带》，1935年。

[4] 滨田耕作、水野清一：《赤峰红山后——热河省赤峰红山后先史遗址》，《东方考古学丛刊》甲种第六册，东亚考古学会，1938年。

[5] 安志敏：《唐山石棺墓及其相关的遗物》，《考古学报》第七册，1954年。

[6] 吕遵谔：《内蒙赤峰红山考古调查报告》，《考古学报》1958年3期。

[7] 中国科学院考古研究所内蒙古发掘队：《内蒙古赤峰药王庙、夏家店遗址试掘简报》1961年2期。正式报告见《考古学报》1974年1期。

[8] 中国科学院考古研究所内蒙古发掘队：《内蒙古赤峰药王庙、夏家店遗址试掘简报》1961年2期。正式报告见《考古学报》1974年1期。

[9] 中国科学院考古研究所内蒙古工作队：《宁城南山根遗址发掘报告》，《考古学报》1975年1期。

[10] 中国社会科学院考古研究所内蒙古工作队：《赤峰蜘蛛山遗址的发掘》，《考古学报》1979年2期。

[11] 辽宁省文物干部培训班：《辽宁北票县丰下遗址1972年春发掘简报》，《考古》1976年3期。

［12］辽宁省博物馆等：《辽宁敖汉旗小河沿三种原始文化的发现》，《文物》1977 年 12 期。
［13］中国科学院考古研究所辽宁工作队：《敖汉旗大甸子遗址 1974 年试掘简报》，《考古》1975 年 2 期。
［14］据北京大学考古专业 1958 级昌平雪山实习资料。
［15］天津市文化局考古发掘队：《河北大厂回族自治县大坨头遗址试掘简报》，《考古》1975 年 2 期。
［16］天津市文物管理处：《天津蓟县张家园遗址试掘报告》，《文物资料丛刊（1）》，文物出版社，1977 年。
［17］天津市文物管理处考古队：《天津蓟县围坊遗址发掘报告》，《考古》1983 年 10 期。
［18］河北省文物研究所：《河北滦南县东庄店遗址调查》，《考古》1983 年 9 期。
［19］对张家园上层类型遗存的认识是逐步明确的。1982 年《蔚县考古纪略》提出张家园"第三层和 H3、H6 是否属于夏家店下层文化，值得讨论"。1983 年《天津蓟县围坊遗址发掘报告》进一步提出，这类遗存"与夏家店下层文化比较差别很大，……夏家店下层文化的概念，已无法对它进行概括，可能是一种新的文化类型"。张家园上层与围坊上层基本面貌一致，但仍有一些区别，如张家园上层的高锥状实足根鬲足即不见于围坊上层，两者可能时代上有早晚之别。
［20］张家口考古队：《蔚县考古纪略》，《考古与文物》1982 年 4 期；《蔚县夏商时期考古的主要收获》，《考古与文物》1984 年 1 期。
［21］载《夏商周考古学论文集》，文物出版社，1980 年。
［22］载《中国考古学会第一次年会论文集・1979》，文物出版社，1980 年。
［23］载《内蒙古文物考古》创刊号，1981 年。
［24］北京大学历史系考古专业商周组：《商周考古》第七节，文物出版社，1979 年。
［25］辽宁省博物馆等：《内蒙古赤峰县四分地东山咀遗址试掘简报》，《考古》1983 年 5 期。
［26］内蒙古自治区文物工作队：《内蒙古宁城县小榆树林子遗址试掘简报》，《考古》1965 年 12 期。
［27］辽宁省博物馆文物工作队等：《辽宁建平县喀喇沁河东遗址试掘简报》，《考古》1983 年 11 期
［28］李殿福：《库仑、奈曼两旗夏家店下层文化遗址分布与内涵》，《文物资料丛刊（7）》，文物出版社，1983 年。
［29］北京市文物管理处等：《北京琉璃河夏家店下层文化墓葬》，《考古》1976 年 1 期。
［30］北京市文物管理处：《北京市平谷县发现商代墓葬》，《考古》1977 年 11 期。
［31］抚顺市博物馆考古队：《抚顺地区早晚两类青铜文化遗存》，《文物》1983 年 9 期。
［32］寿田：《太原光社新石器时代遗址的发现与遭遇》，《文物参考资料》1957 年 1 期；解希恭：《光社遗址调查试掘简报》，《文物》1962 年 4、5 期；邹衡：《论先周文化》，《夏商周考古学论文集》，文物出版社，1980 年。
［33］河北省文物管理处：《磁县下七垣遗址发掘报告》，《考古学报》1979 年 2 期。首先提出其为先商文化的是邹衡《试论夏文化》一文，载《夏商周考古学论文集》。
［34］辽宁省博物馆文物工作队：《辽宁朝阳魏营子西周墓和古遗址》，《考古》1977 年 2 期；喀左县文化馆：《记辽宁喀左县后坟村发现的一组陶器》，《考古》1982 年 1 期。
［35］丰下遗址第 4 层为黄土夹淤土层，包含遗物少而碎小，特征不明显，从堆积看与第 3 层区别较大，但是否同第 5 层尚难确定。
［36］《文物资料丛刊（1）》，文物出版社，1977 年，166 页，图九，1。
［37］《考古》1966 年 1 期，9 页，图三，4；《文物资料丛刊（1）》，文物出版社，1977 年，166 页，图九，2。
［38］《文物资料丛刊（1）》，168 页，图十一，3；又见《考古》1983 年 10 期，888 页，图九，1、3 等。
［39］《考古》1983 年 10 期，881 页，图七，13、19。
［40］邹衡：《夏商周考古学论文集》，263 页，图二，2，即雪山 H109 出土陶鬲。
［41］张家口考古队：《蔚县夏商周时期考古的主要收获》，《考古与文物》1984 年 1 期。
［42］见《考古与文物》1984 年 1 期，42 页，图二，14。
［43］《文物资料丛刊（1）》，166 页，图九，7。
［44］如《内蒙古文物考古》1981 年创刊号，9 页，图一中之爵（角），鬶与《考古》1965 年 5 期 219 页，图七，6 爵及《考古》1978 年 1 期，20 页，图五，2 鬶等。
［45］邹衡：《试论夏文化》，《夏商周考古学论文集》，文物出版社，1980 年。
［46］分别见《中国考古学中碳十四年代数据集》，27、24、25 页和张忠培等《夏家店下层文化研究》（中国考古学会第四届年会论文）。

［47］ 据张忠培等：《夏家店下层文化研究》《考古学文化论集（一）》，文物出版社，1987年。

［48］ 同［12］，14页，图一九，6、9。

［49］ 邹衡《夏商周考古论文集》，263页，图二，1即雪山H66出土之褐色素面鬲。

［50］ 关于大汶口文化对小河沿文化的影响可参看李恭笃、高美璇：《试论小河沿文化》，《中国考古学第二次年会论文集·1980》，文物出版社，1982年。雪山二期文化中与山东龙山文化相似的因素如河北省文物管理委员会：《河北唐山大城山遗址发掘报告》图版肆，1横鼻黑陶罐；图版叁，26侈壁深腹子母口黑陶罐；30页，图十三，4、5扭丝状器耳等。夏家店下层文化中与岳石文化相似的因素如鬲之裆部贴有竖行附加堆纹的甗等。

［51］ 邹衡：《试论夏文化》，《夏商周考古学论文集》，文物出版社，1980年。

（原载北京大学考古系：《纪念北京大学考古学专业三十周年论文集 1952—1982年》，文物出版社，1990年）

对南山根 M102 出土刻纹骨板的一些看法

林 沄

宁城南山根 M102 是 1963 年发掘的，其中出土的一件刻纹骨板（图一），是很罕见的文物[1]。

刻纹骨板的两端边缘有繁简不同的曲折带纹，原报告以为是“栅栏”“山岳”，但恐怕只是装饰花纹而已。右上方有一个手持弓矢的男子，矢头方向有两只鹿。中下部是两辆驾双马的单辕马车。后一辆车的双马之前各有一狗。这种图像在我国北方地区属首次发现。

原报告认为：“车马的图像几乎和甲骨文、金文的字体一致。”这只说到了事情的一个方面。实际上，骨板上的图像和在蒙古国发现的岩画有更多的一致性。

第一，商周文字中的车字均不附以所驾之马。蒙古国岩画中则有大量驾双马的马车图像。而且绝大多数都是马背朝向车辕，和南山根 M102 刻纹骨板上的构图方式完全一致。同类构图的双驾马车图像，也见于苏联图瓦、阿尔泰和中亚各地的岩画（图二）[2]。

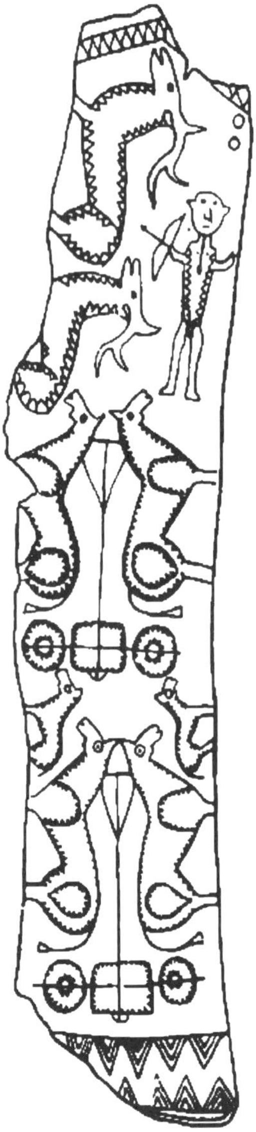

图一 宁城县南山根 M102 出土的刻纹骨板

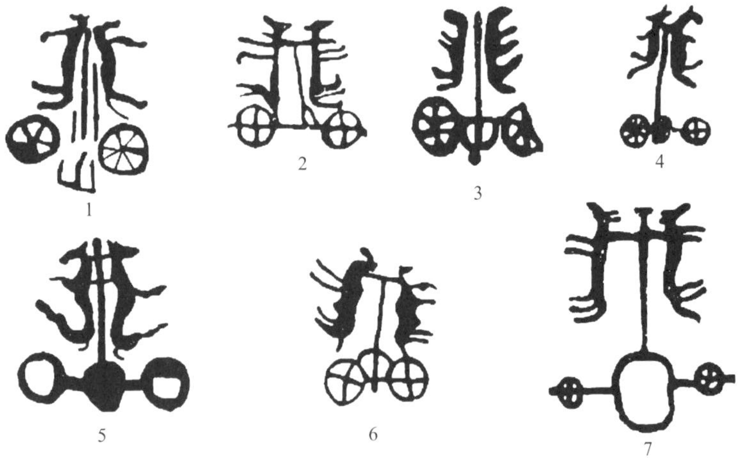

图二 苏联、蒙古国、中亚各地双驾马车岩画图像
1、5. 蒙古国 2. 图瓦 3. 塔吉克斯坦 4. 吉尔吉斯斯坦 6. 哈萨克斯坦 7. 阿尔泰

第二，骨板上马车的轭驾系统表现做✢状，在商周古文字中也找不出相同的表现法，而在蒙古国岩画中却颇多相似的例子，同类表现法在阿尔泰和哈萨克斯坦也有（图三）[3]。

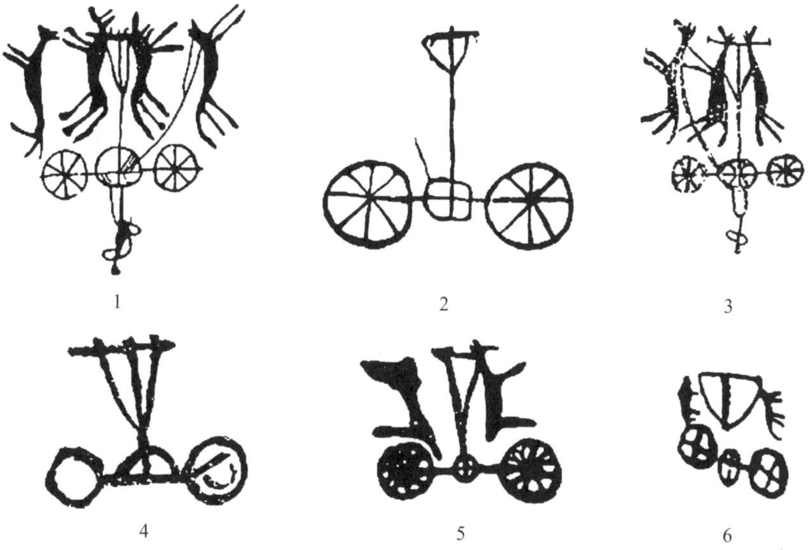

图三　马车轭驾方式的岩画图像

1～4. 蒙古国　5. 阿尔泰　6. 哈萨克斯坦

第三，马车、射手、狗、鹿组合在一起的图景，在蒙古国岩画中也可以找出相同的例子。例如，在巴彦洪戈尔省南部的毕其特恩—阿姆峡谷中发现的一组岩画，包括一辆驾双马的马车，车厢中有一人，车上方有两只鹿，下方还有一只鹿，并有两人持弓箭射此鹿，此外还有一些种类不明的动物。车左轮所附之物，有可能是简略的侧视之狗（图四）。苏联考古学者诺夫戈罗多娃对此解释说："要说这一场景，非常可能是描绘狩猎，和殷代中国已为人熟悉的乘车狩猎相似。"[4]南山根M102骨板上的场景也可以做同样的解释。

第四，骨板上的男子，特别画出外生殖器以表明其性别，这正是蒙古国岩画中习见之举（图五）[5]。

因此，这块骨板上的图像和以蒙古高原为中心的岩画艺术有密切关系，和我国中原地区的艺术传统是不同的。我过去曾提出过，夏家店上层文化的青铜器是以北方系青铜器为主体的[6]。这块骨板出自夏家店上层文化的墓葬中，进一步证明该文化在艺术上也是属于"北方系"的。

这块刻纹骨板发现的另一个意义，是为确定蒙古国等处岩画马车的年代提供了一个可靠的基点。起初，苏联考古学者奥克拉德尼科夫曾把蒙古国岩画马车的年代定为公元前7～前5世纪[7]。后来，苏联的研究者大多把早期的岩画马车定为公元前16～前13世纪的卡拉苏克时代[8]，但蒙古国学者仍有认为是公元前1千纪末出现的[9]。应该指出，我们即使同意岩画马车的出现确实是早于"斯基泰时代"（因为，和马车共

图四　毕其特恩—阿姆峡谷岩画

图五　蒙古国岩画中的男子图像
1、2. 特布希山　3. 牙玛乃·乌斯峡谷

存的鹿的角是直立而分叉的，和斯基泰的定式显然不同，共存的人形所持武器形式也较早等），却很难证明它们能早到公元前16～前13世纪。现在南山根M102的年代可以定在“西周晚期至春秋早期”。至少可证明蒙古国的相类似的岩画马车确实可以早到公元前8世纪以前，的确出现于前斯基泰时代。

在中国历史学界，过去普遍认为北方的戎、狄是不使用马车来作战的。这是因为《左传》隐公八年：“北戎侵郑，郑伯御之，患戎师，曰：‘彼徒我车，惧其侵轶我也。’”又昭公元年：“晋中行穆子败无终及群狄于大原。……将战，魏舒曰：‘彼徒我车……’”从这类记载中，人们甚至推论戎、狄根本不用马车。但是，从比《左传》早得多的西周金文来看，当时北方民族是和中原各国一样使用驾马的战车的。

西周早期的小盂鼎：“王［令］盂以□□□伐鬼方……俘人［万］三千八十一人，俘［马］□□匹，［俘］车卅两。”[10]

西周中期的师同鼎：“……折首执讯，寽车马五乘，大车廿，羊百……寽戎金胄卅，戎鼎廿，釜五十，剑廿。”[11]

西周晚期的多友鼎：“用严允方兴，广伐京师。……武公命多友率公车羞追于京师。……甲申之晨搏于漆，多友右，折首二百□又五人，执讯廿又三人，俘戎车百乘十一又七乘。……或搏于龚，折首卅又六人，执讯二人，俘车十乘。”[12]

以上铭文有两点值得注意：①鬼方、严允（即《诗经》中的“猃狁”）都是我国古代著名的北方民族。师同鼎因铭文缺失前半部分，不知作战的对象是何族，是在记述俘获物时，提到了戎的胄、鼎、釜、剑，形象地描绘了一个使用北方系青铜器的民族。这些民族都拥有马车。②美国学者夏含夷已经指出，多友鼎铭中，严允“损失的人员与马车之比，恰恰是3∶1。假如猃狁采用与周人相同的戎车制度，即每一戎车配备三名车骑，那么猃狁所有的死伤及被俘者都应当是车骑”[13]。至少，战车当时在北方民族军队中所占的比重很大，他们的军队组成和中原各国是差不多的。

因此，把刻纹骨板、岩画和金文资料结合在一起，可以肯定在整个西周时代，北亚草原上的各族曾广泛使用马车，不仅用于狩猎，而且用于战争。所以，把蒙古国岩画马车的年代定在公元前2千纪末至公元前1千纪初，是完全可信的。至于这一地区的马车出现是否更早，则尚需寻求新的可靠依据。

当然，按照中国传统的观点，我们很容易把刻纹骨板上的马车，看作是中原商代马车向外围传布的结果，而且对蒙古国和中亚地区的岩画马车亦作如是观。然而，我们应该考虑事情也存在相反的可能。这是因为：①中国商代马车的出现，就目前的考古发现而言，仍然是个突兀的现象。还不曾发现它在黄河流域的原始、萌芽状态，而在殷墟一下子就达到了相当完善而复杂的地步。②不仅在蒙古国和中亚地区存在一系列和甲骨文、金文车字形式非常一致的岩画马车，而且在这个地区的西端，在苏联亚美尼亚赛万湖南岸的恰申古墓中，出土了两辆保存甚佳的马车（图六），其^{14}C年代为公元前1250年±100年，校正值为公元前1500年左右。其结构和商代马车无异，而年代略早于我国中原最早的马车[14]。③中国古代文献中有关马车发明者的记载，《荀

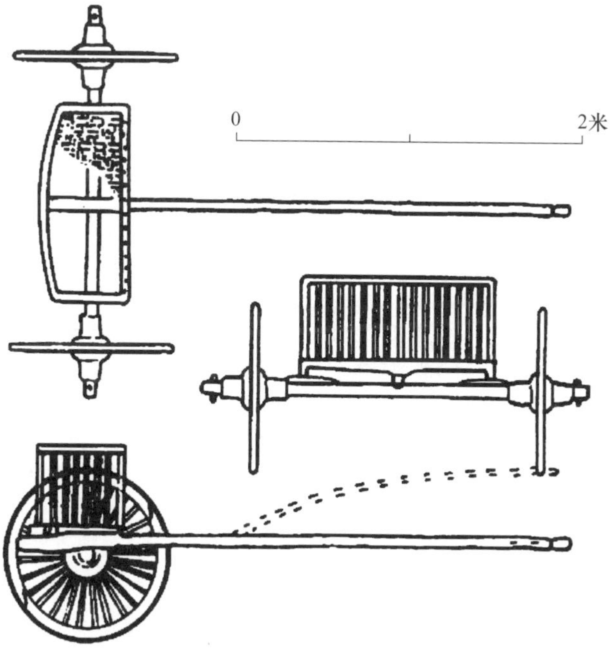

图六　恰申古墓出土马车

子·解蔽》是比较早的："奚仲作车，乘杜作乘马。"《世本》则说"相土作乘马"。据《左传》定公元年"薛宰曰：薛之皇祖奚仲居薛，以为夏车正。奚仲迁于邳"。奚仲似是中原人氏。但奚字据于省吾考证是像辫发民族的形象[15]。因此，奚仲也可能是来自北方的辫发民族。而相土是商族的先公，现在有不少学者都认为商族原先是在北方地区活动而逐渐南下的。

因此，我们不妨把刻纹骨板的发现作为一个起点，今后进一步探讨马车在我国北方地区的实际历史。其实，除了图像资料外，并不是没有希望在长城地带或更北地区发现商周时代车的实物，或发现和车有关的其他遗物的。这是一个摆在我们面前的新的研究课题。

附记：1990年10月在赤峰召开的"内蒙古东部地区考古学术研讨会"上宣读的论文。

注　释

[1] 中国社会科学院考古研究所东北工作队：《内蒙古宁城南山根102号石椁墓》，《考古》1981年4期，图六，图版柒。

[2] 图二的岩画出处为：①Э. А. Новгородова. Мир петроглифов Монголии. М.，1984. 图一九之2。②4、5、7，Э. А. Новгородова. Древнейшие изображения колесниц в горах Монголни. — СА，1978，No.4. 图9、6。3、6，П. М. Кожин. Колесничные сюжеты в наскальном искусстве Цептральной Азии. — Археология，этнография иантропопогия Монголии. Новосибирск，1987. 集成图A之22、Г之17.

[3] 图三岩画出处均为：Э. А. Новгородова. Древнейшие изображения колесниц в горах Монголии. — СА，1978，No.4，图一上、2a上、3、6。

[4] Э. А. Новгородова. Мир петроглифов Монголии. М.，1984. 64页，图一九之3。

[5] А. П. Окладников. Петроглифы Цеитралвной Азии. Л.，1980. 图版149之2，图版168之2。又同注[3]，图二6。

[6] 林沄：《中国东北系铜剑初论》，《考古学报》1980年2期，159页。

[7] А. П. Окладников. Олень золотые рога. М.，1964：210、211 .

[8] 同注[4]，64页，还提到B. B. 伏尔科夫和П. M. 柯仁也持同样观点。

[9] 同注[4]，64页，持此观点的有道尔吉、赛尔-奥布扎夫。

[10] 罗振玉：《三代吉金文存》卷四，中华书局，1983年，44页。

[11] 陕西周原扶风文管所：《周原发现师同鼎》，《文物》1982年12期，图八。

[12] 《人文杂志》1981年4期。

[13] 夏含夷：《中国马车的起源及其历史意义》，《汉学研究》7卷1期，1989年。

[14] 据注[13]引C. A. 叶萨扬：《古代亚美尼亚的武器和军事》，埃里温，1966年。本文图六系转引夏含夷文中之图二。夏含夷指出："车辕垂直地架附在车轴之上，向后一直延伸到车厢的尾部，向前延伸原有3.5米，不过发掘时早已腐朽得不见任何痕迹。考古学家在复原这段车辕时，曾假定它从车厢下向前探出并沿着一条直线向前延伸，不过这样的一根直辕根本无法达到马的肩隆以上，不可能用来套马。因此，车辕的前端一定是向上翘的。这一点也从同一遗址出土的几辆小型铜制马车之模型上得到证实，模型的车辕确确实实都是向上翘起的。"

[15] 于省吾：《殷代的奚奴》，《东北人民大学人文科学学报》1956年2期。

（原载内蒙古文物考古研究所：《内蒙古东部区考古学文化研究文集》，海洋出版社，1991年。后收入《林沄学术文集》）

东胡与山戎的考古探索

林 沄

渤海湾的东北岸地区是我国文化史和民族史上至关重要的地区。新石器时代前期，这里属于东北亚古老的以平底筒形罐为代表的文化区[1]。从新石器时代晚期开始，来自不同方向的文化流和人流不断反复撞击这一地区，使该地长期在文化上和人种上呈现错综复杂的形势，每每令考古学家产生一种扑朔迷离之感。

周初在现今北京附近就建立了周王室嫡支的燕侯之国，到晚周时它已扩展到为燕长城所表明的范围[2]，因而中原文献中先后出现了一些关于这一地区古国古族的记载，其中最重要的便是东胡和山戎。究竟它们留下的考古遗存是什么？不仅使考古学家感兴趣，也受到史学界的普遍注意。

20 世纪 60 年代初，有人提出东北系曲刃剑的墓葬应属东胡族的观点[3]。后来对这类剑的研究不断发展，越来越多的人认识到这类剑的分布甚广，为多种考古学文化所共有，不宜作为某一民族的标志物[4]。另外，则有人提出夏家店上层文化为东胡族的观点，这在靳枫毅的论文中做了系统论证[5]，而研究东北史者亦多持同类见解[6]。

但随着考古研究的进展，夏家店上层文化是东胡的说法出现了越来越多的破绽。

起初因为在一些遗址中战国燕文化堆积直接叠压在夏家店上层文化堆积之上，给人的印象是夏家店上层文化延续到燕国破东胡之际，即公元前 300 年左右[7]。然而迄今为止，并没有找到该文化晚到春秋中期的任何明确证据。

靳枫毅认为夏家店上层文化至少晚到战国中期，是因为他把大凌河中下游和小凌河的青铜短剑墓作为“十二台营子类型”而划归夏家店上层文化。这批墓中确有晚到战国中期者，但“十二台营子类型”是否可以算作夏家店上层文化的一个类型，是非常值得怀疑的。他在区分“南山根类型”和“十二台营子类型”时详细讨论过两者在陶器和铜器上的一系列差别。这些差别之大，足以把这两个“类型”区分为两种考古学文化。从陶器说，朱永刚指出，仅据陶质、陶色、制法上的共同性把不同遗存划归一个考古学文化，显然理由不充分。要分析具体器形的话，十二台营子类型早期只有一种鼓腹钵可以和南山根类型相比较，而十二台营子类型的春秋晚期以后的随葬陶器，更难看出和南山根类型有什么渊源关系。相反地，“肩部饰疣状耳的深腹罐壶和长颈壶，其形式与下辽河流域的陶罐和陶壶比较接近”[8]。从铜器说，靳枫毅已指出，南山根类型混出 A（曲刃銎柄）、B（曲刃短茎）、C（曲刃匕首）、D（直刃匕首）四型剑，而“尤以 A 型剑为发达”。可见南山根类型的铜剑以 A 型为主（实际上这类剑的基本特征是銎柄，刃部并不都是曲的，也有直刃的）。而十二台营子类型从早到晚都“基本上是属于单纯含 B 型剑的遗存”。而且，如扇形铜斧，发达的几何纹也均与南山根类型异趣，而跟东面的下辽河流域有更密切的关系。如将“十二台营子类型”排除，则靳枫毅也认为夏家店上层文化的“大井类型”下限为西周晚期或春秋初期，“南山根类型”下限为春秋早期或春秋早中期。

这就和文献上见到的东胡活动时间发生了很大差距。先秦东胡有年代可考的记载只有以下几条。

1）《战国策·赵策》：“自常山以至代、上党，东有燕、东胡之境，西有楼烦、秦、韩之边。”这是公元前 307 年赵武灵王在推行胡服骑射时说的话。

2）《史记·匈奴列传》在记述赵武灵王胡服骑射，破林胡、楼烦，筑长城之后，接着写道：“其后，燕有贤将秦开为质于胡，胡甚信之，归而袭破走东胡，东胡却千余里。与荆轲刺秦王舞阳者，开之孙也。燕亦筑长城，自造阳至襄平置上谷、渔阳、右北平、辽西、辽东郡以拒胡。”此事年代不具体，但总之发生在公元前 307 年和公元前 227 年荆轲刺秦王之间，一般推测在燕昭王（前 311～前 279 年）时。若推测为燕武成王（前 271～前 258 年）时亦颇合理。

3）《史记·赵世家》赵惠文王二十六年（前 273 年）“取东胡欧代地”。“欧代”应即《匈奴列传》提到的东胡“与匈奴间，中有弃地莫居千余里，各居其边为瓯脱”，其地当在燕、赵长城之外。

以上记载均属战国后期。当然，我们并不因此而否定东胡在春秋时代已经存在于燕国之北的可能性，也不可能否定它的历史可以追溯到更远。但有一点可以肯定，东胡在燕筑长城之前仍在今赤峰以南活动，筑长城之后，则在离燕、赵长城不远处活动。我们目前发现的夏家店上层文化却到春秋中期以后就不知下落了，两者怎么能说是“相合不悖”呢？

由于颅骨种族研究的开展，我们还发现了一个更大的矛盾。

业经鉴定的夏家店上层文化的颅骨已有红山后、夏家店和南山根三批[9]，他们的体质特征彼此非常接近，其种族类型基本一致。朱泓把夏家店上层文化混合组与亚洲蒙古人种的北亚、东亚、东北亚和南亚四个区域性类型做细致比较后的结论是：“夏家店上层文化居民的基本体质特征属于亚洲蒙古人种的东亚类型，但在个别因素上又混入了某种程度的北亚类型因素。因此，该文化居民的种族类型可概括为：以东亚类型成分为主导地位的东亚、北亚蒙古人种的混血类型。”[10]

可是，《三国志》说“鲜卑即古所谓东胡也”，古来治史者无异说。目前对汉代鲜卑颅骨鉴定的结果表明，他们均非东亚蒙古人种。现考古界多数学者认为属汉代鲜卑遗存的完工、扎赉诺尔、南杨家营子三批颅骨的研究结果是：“完工组显示出与北极（即东北亚）蒙古人种相似的成分居多，可能还包含有一些西伯利亚（即北亚）和东亚蒙古人种的因素。扎赉诺尔组主要是西伯利亚蒙古人种和北极蒙古人种的混血类型，某些个体上反映出较强的西伯利亚蒙古人种的性状。同时，不排除在某种程度上还有一些东亚蒙古人种的因素。南杨家营子组的情况同扎赉诺尔组有些类似，但在该组所见之西伯利亚蒙古人种的性状更趋明显。”[11]后来又对扎赉诺尔墓地第三次发掘中所获颅骨进行研究，发现这批颅骨上的西伯利亚蒙古人种特征更为明显[12]。综合扎赉诺尔三次发掘的资料，朱泓认为该地居民可分为两个体质类型，A组为西伯利亚蒙古人种，B组为西伯利亚蒙古人种和北极蒙古人种的混血类型。A组非常接近于外贝加尔的匈奴墓地的颅骨，B组则和完工组有相当的关系[13]。此外，对河北蔚县庄窠遗址属魏晋时期的一座出鲜卑式陶器的墓（M202），也进行了颅骨鉴定，亦显示典型的北亚（即西伯利亚）蒙古人种性状[14]。

根据现有资料，对鲜卑的种族特征可以有两种不同认识。一种是设想早期鲜卑的种族特征可能以完工组为代表，即以东北亚（即北极）蒙古人种成分为主。由于在鲜卑族发展过程中加入了许多匈奴族的成分，而不断加强了北亚蒙古人种的性状。另一种则可以设想早期鲜卑和匈奴人一样，属北亚蒙古人种范畴。只是在发展过程中，吸收了东北亚蒙古人种的部落，并和东北亚蒙古人种通婚，才出现完工组和扎赉诺尔B组那样的情况。

但是，无论如何，目前无法设想鲜卑能有夏家店上层文化人群那样的以东亚人种成分为主体的祖先。

此外，《新唐书·契丹传》：“契丹，本东胡种，其先为匈奴所破，保鲜卑山。”对察右前旗豪欠营和宁城山嘴子辽代契丹墓的颅骨研究表明：“辽代契丹人的种族成分中主体因素应该是北亚（西伯利亚）蒙古人种的特征。”[15]

再从夏家店上层文化本身的文化内涵来看，也很难令人相信是东胡的文化遗存。

靳枫毅很详细地讨论了殉犬、覆面、髡发等习俗，以证明夏家店上层文化应是东胡文化。但这些习俗很难说是某一民族所专有的。例如，被靳枫毅定为“山戎文化”的燕然山地区东周遗存，也同样盛行殉犬和覆面之俗[16]。满族也髡顶发而留辮，不能以此证明他们也是东胡后裔。

夏家店上层文化的一个突出特征是，它有明显是定居生活的较大的村落，虽然堆积层不如夏家店下层文化厚，但有用石块、石板或土坯建筑并栽柱的长期性住房，房子外面有的还有围墙。有相当发达的陶器，颇多大型容器。遗址内有许多窖穴（建平水泉遗址还发现三座储有大量炭化谷物的粮窖遗迹[17]）。遗址中发现猪、狗、马、牛、羊、鸡的骨骼，而猪和鸡的饲养是定居生活的显著标志。这和《三国志》裴注引王沈《魏书》所记“乌丸者，东胡也。……随水草放牧居无常处，以穹庐为宅”，“鲜卑亦东胡之余也。……习俗与乌丸同”是有明显差异的。因此说夏家店上层文化是乌丸、鲜卑式文化的前身，是一般人在常识范围内难以接受的，如果说有某种特殊机制能使人们的生活方式产生这种剧变，那就必须在文化史和民族志上举出实例认真论证，并从考古学上证明这种特殊机制确实存在。

因此，夏家店上层文化是东胡文化的流行观点，需要重新考虑。大、小凌河地区的“十二台营子类型”一直延续到战国中期。它有没有可能是东胡呢？我认为也不可能是。第一，它在文化特征上与更东地区的同期遗存有更大的相似性，显属同一文化系统。第二，这类遗存在西面没有发现，在燕长城以北更无踪迹。因此和文献中的东胡也是根本对不上号的。我想，这类遗存加上更东地区的相似遗存，有相当一部分是战国文献中常提到的“貉（或作貊）”。应该注意《诗经•韩奕》中提到一位“韩侯”，他在周宣王时入觐，并和周厉王的外甥女结婚。他的都城是燕国的军队帮助修筑的。诗中描写了周王对他的隆重礼遇、丰厚赏赐和亲自册命：“王锡韩侯，其追其貊，奄受北国，因以其伯。”全诗文辞和西周金文有很大的一致性，当属信史无疑。这位貊地的霸主，他的都城和部众的遗存，正应该在大、小凌河及更东地区去探索。这一地区以东北系铜剑为代表的遗存，上限至少可以到西周晚期或更早，和《诗经》记载的韩侯和貊在时代上是相合的。《墨子》一再提到“燕、代、胡、貉”，《荀子》《晏子春秋》《管子》也都“胡、貉”兼举，可见在燕国以北不能只考虑有胡，而忽略貉的存在。

《三国志》裴注引鱼豢《魏略》：“昔箕子之后朝鲜侯见周衰，燕自尊为王，欲东略地。朝鲜侯亦自称为王，欲兴兵逆击燕，以尊周室。其大夫礼谏之，乃止。使礼西说燕，燕止之不攻。后子孙稍骄虐，燕乃遣将秦开攻其西方，取地二千余里，至满潘汗为界。”（《盐铁论•伐功》也提到“燕袭走东胡辟地千里度辽东而攻朝鲜”。）不论“朝鲜侯”是否就是“韩侯”，“攻其西方”究竟是朝鲜侯的西部领地，还是朝鲜侯领地以西的地区，至少可以肯定：燕国在秦开时期开拓的北边五郡（上谷、渔阳、右北平、辽西、辽东），并非全从东胡夺来，也有从攻朝鲜侯西方而得来。因此，显然不能把燕长城以南的早于战国燕文化的遗存都当作东胡。既然考虑到貉的存在，就一定有东周的貉文化遗存。

综上所述，东周时代在燕国以北地区活动的东胡的遗存，目前仍是一个谜。当然也并不完全是闷葫芦，因为已经看到了东胡的一些影子。

第一，先秦东胡的体质类型应该不是以东亚人种成分为主体，可能和匈奴一样属北亚（西伯利亚）人种范畴，也可能属东北亚（北极）人种范畴。

第二，先秦东胡应该是定居性较弱的以畜牧马、牛、羊为主的民族。在汉代至北朝的鲜卑墓中普遍随葬马、牛、羊和狗的头及蹄足这种习俗完全可能追溯到先秦。

这种流动性大的非东亚人种的人群在先秦时代是否真到达过渤海湾的西北沿岸地区，在该地区的定居性遗存中可以间接看出许多迹象。

以定居性十分显著的夏家店下层文化为例，敖汉旗的大甸子墓地中存在两种不同的体质类型。从已发表的测量数据来看[18]，大甸子Ⅰ组是比较纯的东亚人种，大甸子Ⅱ组是混有北亚人种成分的东亚人种。但这两种人在葬俗及随葬器物的种类和型式方面是混同莫辨的。显然，只有定居的东亚人种和某种北亚人种有接触，吸收了北亚人种加入自己的族团，才会产生这种现象。而且，夏家店下层文化的铜耳环，一端作喇叭口形，与分布在叶尼塞河以西的安德罗诺沃文化的铜耳环很奇怪地有相似性（图一）[19]。在两个相距如此遥远的定居族团之间会发生这种交流，不正说明其间必有流动性强的人群在作媒介吗？

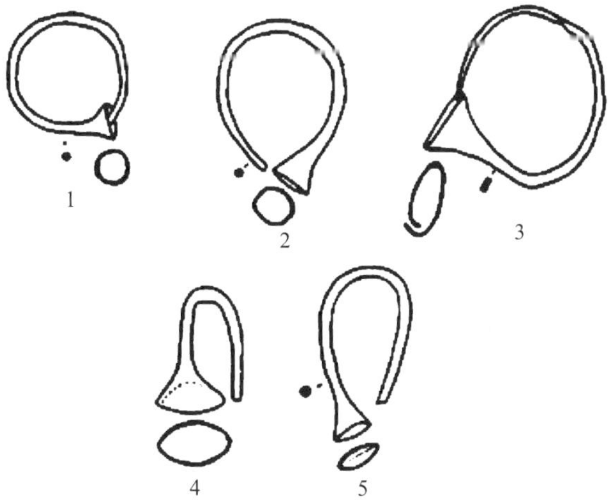

图一

上：安德罗诺沃文化 1. 黑湖ⅠM76 2. 叶洛夫卡ⅡM3 3. 姆米纳巴德 M3

下：夏家店下层文化 4. 唐山小官庄 5. 阜新平顶山

再以定居的夏家店上层文化为例。该文化的居民是混有北亚人种因素的东亚人种，可推测他们的祖先是和北亚人种有所接触的东亚人种。在他们的文化遗存中可以看到更多的和遥远的西北方相似的因素。一个小小的例子是克什克腾旗龙头山的ⅡM1 中出一件柳叶形镞，保存的一段木箭杆以劈裂成四个尖的方式夹住镞身[20]。器形上反映这种独特安杆方式的铜矛，即所谓“塞伊玛分叉式矛”，其原始形式和铸范均发现于西伯利亚的叶尼塞河和额尔齐斯河之间（图二）[21]。另一个例子是南山根 M102 出土的刻纹骨板，其题材与构图都明显与蒙古国的岩画有联系[22]。再从该文化的青铜短剑看，被靳枫毅分为 C 型的“直刃匕首”，在鄂尔多斯地区已发现的众多短剑中几乎找不出与之相近的例子，却与南西伯利亚塔加尔文化的一种短剑颇为相近（图三）[23]。

还可以以定居的燕然山地区的东周遗存为例。张家口市白庙墓地中也存在两种不同的体质类型，从发表的数据来看[24]，白庙 A 组和夏家店上层文化人群性质上非常接近，白庙 B 组则又混有更多的北亚人种因素。这无疑表明了和新的北亚人种人群的接触。这两种人在葬俗和随葬器物上并无差别。与这种情况相应的是，这类文化中出现了一批新的与欧亚大陆辽阔草原地带相似的文化因素，我在最近一篇文章中[25]已经举出一些例子（参看该文图一之 A），不再多说。

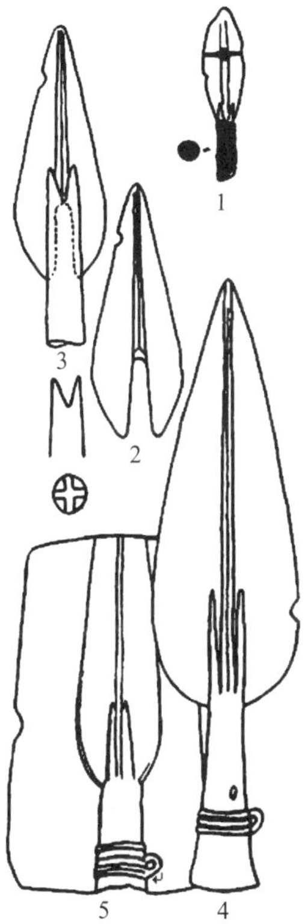

图二

1. 龙头山ⅡM1 2. 克拉斯诺亚尔斯克州
3. 2之插木杆方式 4. 托木斯克
5. 额尔齐斯河

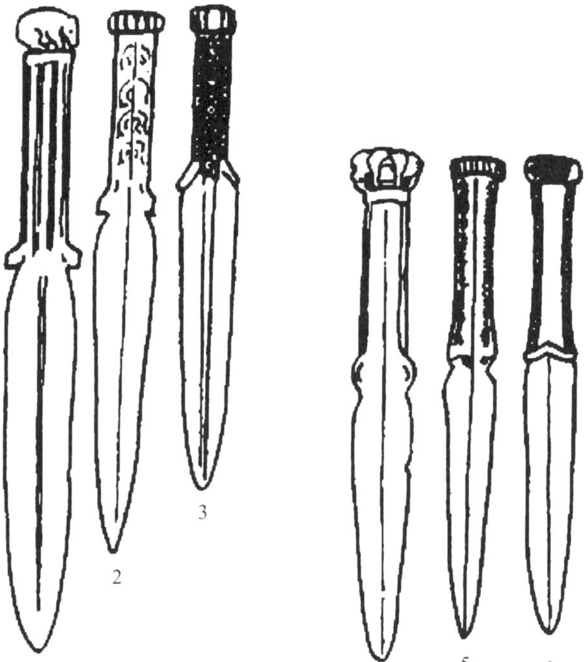

图三
左：夏家店上层文化　1～3. 宁城南山根
右：塔加尔文化　4、6. 克拉斯诺亚尔斯克州　5. 杰辛斯科耶

特别值得注意的是，就某一有限的地域而言，这些定居的文化遗存并非绵延不绝、一脉相承，而是彼此之间存在着“间歇期”。在现今赤峰附近，夏家店下层文化最晚的只到商代前期[26]，而夏家店上层文化最早的大约在西周早中期或西周中期前后[27]。可见，在商代晚期到西周初，这里就有一个定居文化的间歇期。恰恰在这段时间内，周邻地区出现了一系列纯粹的北方系青铜器群，分布直抵渤海之滨[28]。同时还出现了至今仍使许多人感到困惑的“魏营子类型”陶器群[29]，它的引人注目的成分——花边口沿鼓腹鬲，恰恰和同期的北方系青铜器一样，从渤海湾的西北岸一直分布到山西北部、内蒙古中南部，甚至更西[30]。这种情况难道不值得我们深思吗?

关于后代的鲜卑如何大规模地消灭农业居民和耕地，把大片土地变成牧场和游猎之地，马长寿选取典型的文献记载进行过描述[31]。先秦时代的游牧族团自然早已演出过同样的情景。综合以上考古发现我们可以描绘出渤海湾西北岸的这样一幅历史图景：

在一片宜农宜牧的土地上，散布着定居的属东亚人种的聚落群。不时有来自西方或北方的游动的北亚人种穿插其间，就像流水迂回于岛群之间。当水是涓涓细流时，它和岛之间只发生局部的拍击或崩解。一旦来了汹涌大波，岛体便被统统冲毁或裹走，形成淹没一切的洪泛区。只有当洪水撤退，或是因为浊流本身的沉积，或是因为新的定居人群的迁入，才重新出现新的定居者的岛群，开始新的历史循环。

从这个观点看，在燕长城以南夏家店上层文化和战国燕文化之间的间歇期，正预示着有一批确确实实的东胡遗存有待发现和研究。我想，东胡遗存分布的中心区域，也可能偏向西北方面。昭乌达盟南部、河北北部、辽宁西部只不过是它的波及地带而已。但即使如此，在这些地区也不是全无线索可寻。例如，在喀左县市政园林处偶尔发现的一座石椁墓中[32]，和中原式附耳陶鼎共存两件双耳壶，其中一件倒不妨说是唐山贾各庄所出的燕式陶壶或铜壶的不太成功的仿制品[33]，另一件颈部饰七道凸弦纹而广肩者，在已知资料中只有内蒙古凉城崞县窑子出的双耳壶与之相近[34]。这就是一条应该抓住不放的线索。

现在再说说山戎遗存问题。

何为山戎遗存，目前主要有两种意见。一种认为夏家店上层文化是山戎遗存[35]，另一种认为燕然山周围地带的东周遗存是山戎遗存[36]。

我认为，无论从时代还是从地望看，前说均优于后说。

夏家店上层文化最发达的时期无疑是在西周晚期到春秋早期。这时，不仅有墓葬超过百座的大型墓地，而且有随葬器物很丰富的大型墓葬。其中最突出的是宁城小黑石沟被群众破坏的一座大墓（编号 M8501），出土器物有 700 余件[37]。仅中原式青铜礼器一项，就包括商末周初至春秋初期的各时代之物，其中不乏精美重器。说明当时在宁城附近已出现了显著的权力和财富的集中现象，墓主的权势实不下于中原的中等诸侯。而且该地与中原国家已有相当的接触。

众所周知，山戎之闻名于史，实际上只有一件事，就是春秋初年齐桓公因山戎威胁燕国而伐山戎。此事《春秋》仅记鲁庄公三十年（前 664 年）“齐人伐山戎”，《左传》则解释说，“以其病燕故也”。战国至汉初的古书如《国语》《管子》《韩诗外传》《盐铁论》提到山戎者，也都说的是这件事。《史记》在《齐太公世家》和《燕召公世家》中所记的也是此事。只是在《匈奴列传》中又说：“山戎越燕而伐齐，齐釐公与战于齐郊。”很可能是因为《左传》桓公六年（前 706 年，即齐釐公二十五年）有“北戎伐齐”之语而加以推衍。更晚的刘向《新序》虽有“孔子北之山戎”的故事，但难以据为信史。至于《大戴礼记·五帝德》说虞舜时有山戎，《逸周书·王会解》说周成王时有山戎，在我看来都是晚周以后的演义故事，可备一说而已。无论如何，山戎在春秋初最强大，是没有问题的。夏家店上层文化正与之相符。而燕山地区东周遗存最发达的时间是在春战之际，和史载山戎显然不合。

从地理位置上说，《国语·齐语》：“齐桓公……遂北伐山戎，弗令支，斩孤竹而南归。”《管子·封禅篇》：“桓公曰：寡人北伐山戎，过孤竹。”旧说一般认为孤竹在河北卢龙，令支在河北迁安，均在燕国之东，今滦河下游。由滦河上溯，从今天的喜峰口越过燕山，正进入夏家店上层文化的分布区。如把山戎安在北京西北面的燕然山地区，虽然是有山，方位是不合适的。

其实，燕然山地区被靳枫毅称为“山戎文化”者，乃是公元前 457 年被赵襄子所灭的代。代是狄人的一支所建之国。这些我在另一篇文章里讨论过[38]，不再赘述。我在这里只想郑重地提一个建议：当一种文化遗存的族属尚有可讨论之余地时，不要用族名作为考古学文化的名称。过去西岔沟遗址被发现后，被称为“匈奴西岔沟文化”。不同意是匈奴遗存的人，还可以把“匈奴”去掉而单称“西岔沟文化”。现在把一批遗存统统先安上“山戎文化”之称，不同意是山戎的人，怎么办？我看这样的事应该是智者所不为，建议这批遗存还是按最初发现地点而称为“北辛堡文化”。

最后，还想赘上几句也许不算题外的话。如果夏家店上层文化是山戎和北辛堡文化的说法可以成立，那么史称之“戎狄”，至少是东北部的戎狄，仍属东亚蒙古人种范畴，和史称为“胡”的匈奴以及史称为“东胡”的鲜卑、契丹，在人种上是有区别的。而且，先秦文献中也总是把胡和戎狄并举，以示有别。因此，我们切不可相信汉代以来的史家们把戎狄和胡混为一谈的说法，以免干扰考古学的实事求是的探索。

附记：1992年8月在石家庄召开的“第四次环渤海考古国际学术讨论会”上宣读的论文。

注　释

［1］冯恩学：《东北平底筒形罐区系研究》，《北方文物》1991 年 4 期。

［2］李庆发、张克举：《辽西地区燕秦长城调查报告》，《辽海文物学刊》1991 年 2 期。

［3］朱贵：《辽宁朝阳十二台营子青铜短剑墓》，《考古学报》1960 年 1 期。

［4］乌恩：《关于我国北方的青铜短剑》，《考古》1978 年 5 期；林沄：《中国东北系铜剑初论》，《考古学报》1980 年 2 期；靳枫毅：《论中国东北地区含曲刃青铜短剑的文化遗存》，《考古学报》1982 年 4 期、1983 年 1 期。

［5］靳枫毅：《夏家店上层文化及其族属问题》，《考古学报》1987 年 2 期。

［6］孙进己等：《东北历史地理》，黑龙江人民出版社，1989 年。

［7］《中国大百科全书·考古学卷》，中国大百科全书出版社，1986 年。

［8］朱永刚：《夏家店上层文化的初步研究》，《考古学文化论集（一）》，文物出版社，1987 年。

［9］三宅宗悦等：《赤峰红山后石柱子墓人骨之人类学的研究》，《赤峰红山后——热河省赤峰红山后先史遗址》，《东方考古学丛刊》甲种第六册，东方考古学会，1938 年；中国科学院考古研究所体质人类学组：《赤峰、宁城夏家店上层文化人骨研究》，《考古学报》1975 年 2 期。

［10］朱泓：《夏家店上层文化居民的种族类型及其相关问题》，《辽海文物学刊》1989 年 1 期。

［11］潘其风、韩康信：《东汉北方草原游牧民族人骨的研究》，《考古学报》1982 年 1 期。

［12］朱泓：《扎赉诺尔汉代墓葬第三次发掘出土颅骨的初步研究》，《人类学学报》1989 年 2 期。

［13］朱泓：《从扎赉诺尔汉代居民的体质差异探讨鲜卑族的人种构成》，《北方文物》1989 年 2 期。

［14］朱泓：《人种学上的匈奴、鲜卑与契丹》，《北方文物》1994 年 2 期。

［15］朱泓：《人种学上的匈奴、鲜卑与契丹》，《北方文物》1994 年 2 期。

［16］北京市文物研究所山戎文化考古队：《北京延庆军都山东周山戎部落墓地发掘纪略》，《文物》1989 年 9 期；靳枫毅：《军都山山戎文化墓地葬制与主要器物特征》，《辽海文物学刊》1991 年 1 期。

［17］辽宁省博物馆文物工作队：《概述辽宁省考古新收获》，《文物考古工作三十年》，文物出版社，1979 年。

［18］潘其风：《我国青铜时代居民人种类型的分布和演变趋势》，《庆祝苏秉琦考古五十五年论文集》，文物出版社，1989 年。

［19］Н. А. Аванесова. Серьги и височные подвески андроновской культуры. — Первобытная археология Сибири. Л., 1975.

［20］内蒙古自治区文物考古研究所等：《内蒙古克什克腾旗龙头山遗址第一、二次发掘简报》，《考古》1991 年

8 期。
[21] В. Г. Тихонов. Металлические изделия эпохи бронзы на Среднем Урале и Приуралье. — МИА, No.90. М. —Л., 1960.
[22] 林沄：《对南山根 M102 出土刻纹骨板的一些看法》，《内蒙古东部区考古学文化研究文集》，海洋出版社，1991 年。
[23] Г. А. Максименков. Новые данные по археологии района Красноярска. — Вопросы истории Сибири и Дальнего Востока. М., 1961. 图二，3、4；Н. Л. Членова. Происхождение и ранняя история племем тагарской культуры. М., 1967. 图版 3，27 - 29.
[24] 潘其风：《从颅骨资料看匈奴族的人种》，《中国考古学研究——夏鼐先生考古五十年纪念论文集》，科学出版社，1986 年。
[25] 林沄：《关于中国的对匈奴族源的考古学研究》，1992 年在呼和浩特召开的"中国古代北方民族考古文化国际学术讨论会"上宣读的论文。后刊于《内蒙古文物考古》1993 年 1、2 期合刊。
[26] 张忠培、孔哲生、张文军、陈雍：《夏家店下层文化研究》，《考古学文化论集（一）》，文物出版社，1987 年；李伯谦：《论夏家店下层文化》，《纪念北京大学考古专业三十周年论文集》，文物出版社，1990 年。
[27] 刘观民、徐光冀：《内蒙古东部地区青铜时代的两种文化》，《内蒙古文物考古》1981 年创刊号。
[28] 河北省文化局文物工作队：《河北青龙县抄道沟发现一批青铜器》，《考古》1962 年 12 期；王峰：《河北兴隆县发现商周青铜器窖藏》，《文物》1990 年 11 期；建平县文化馆等：《辽宁建平县的青铜时代墓葬及相关遗物》，《考古》1983 年 8 期；锦州市博物馆：《辽宁兴城杨河发现青铜器》，《考古》1978 年 6 期。
[29] 郭大顺：《试论魏营子类型》，《考古学文化论集（一）》，文物出版社，1987 年。
[30] 韩嘉谷：《花边鬲寻踪》，《内蒙古东部区考古学文化研究文集》，海洋出版社，1991 年。
[31] 马长寿：《乌桓与鲜卑》，上海人民出版社，1962 年。
[32] 傅宗德、陈莉：《辽宁喀左县出土战国器物》，《考古》1988 年 7 期。
[33] 安志敏：《河北省唐山市贾各庄发掘报告》，《考古学报》第六册，1953 年。
[34] 内蒙古文物考古研究所：《凉城崞县窑子墓地》，《考古学报》1989 年 1 期。
[35] 河北省文物管理处：《河北平泉东南沟夏家店上层文化墓葬》，《考古》1977 年 1 期；河北省文物管理处：《滦平发现山戎族墓地》，《光明日报》1977 年 12 月 6 日。
[36] 北京市文物研究所山戎文化考古队：《北京延庆军都山东周山戎部落墓地发掘纪略》，《文物》1989 年 9 期；靳枫毅：《军都山山戎文化墓地葬制与主要器物特征》，《辽海文物学刊》1991 年 1 期。
[37] 内蒙古文物考古研究所：《内蒙古文物考古工作的新进展》，《文物考古工作十年》，文物出版社，1990 年（按：该墓正式报告见项春松等：《宁城小黑石沟石椁墓调查清理简报》，《文物》1995 年 5 期）。
[38] 林沄：《关于中国的对匈奴族源的考古学研究》，1992 年在呼和浩特召开的"中国古代北方民族考古文化国际学术讨论会"上宣读的论文。后刊于《内蒙古文物考古》1993 年 1、2 期合刊。

（原载河北省文物研究所：《环渤海考古国际学术讨论会论文集》，
知识出版社，1996 年。后收入《林沄学术文集》）

《大甸子》序

苏秉琦

《大甸子》是我所内蒙古队20世纪70～80年代进行的颇具特色的一项田野考古专题研究成果。曾列入“七五”（1986～1990年）期间国家哲学社会科学研究重点项目。

1980年前后十多年间正是中国考古学科从初期基础研究（原始资料积累和理论建设）向较高层次研究（重建古史）的转折期，这项工作恰恰具备这一特色。

“以燕山南北长城地带为重心的北方地区”是中国考古学大系统中的一个支系统，《大甸子》是这个支系统中的一个特定阶段（早期青铜文化，相当于中原的夏商时代）保存相当完好的典型聚落遗址。研究者把它划归“夏家店下层文化”（1960年提出）这个考古学文化群体。被揭露出的一处保存完好的墓地，含墓不下800座，居住址被揭露的面积不大，文化层遗存序列同墓地整体跨度相当，文化内涵有一定差异。

经过研究者对这批材料分析、研究、论证，它反映了一个社会组织严密、内部分化清晰、连绵不断达几百年之久，文化特征鲜明、有高度发展的社群的历史。是迄今所知这一考古学文化群体中的佼佼者，它的史料价值是不可低估的。

这项工作成果的重要意义，尤其是它对重建古史的任务的贡献，仅举两点如下。

1）同类文化群体中一个带普遍性特征是遗址周围有防御性设施。这类遗存分布范围北部，沿英金河两岸曾发现连绵不断、保持一定间隔的小城堡带，恰同燕秦、汉长城遗迹大致并行或重合，两者性质可能相似，推测它就是古长城的“原型”是不无道理的。产生长城的社会历史背景是相通的，也就是说，这已是超越早期国家的事了。

2）这个考古学文化群体上承“红山文化”是有脉络可循的，其共性之一是“北方”与“中原”两大考古学文化区系互相撞击、融合的结果，而不仅是“交流”，从而使我们更深入一层认识“北方”这个大区系在中华民族文化形成中的特殊地位。

1992年4月

（原载中国社会科学院考古研究所：《大甸子——夏家店下层文化遗址与墓地发掘报告》，科学出版社，1996年）

山戎民族及其文化考
——关于夏家店上层文化社会性质的研究

郑绍宗

山戎民族是西周以来活跃于我国北方的较大的民族部落联盟，很早就见于历史记载了。这个民族从春秋时期起屡次和占据中原北部的燕、齐、鲁、郑等国发生战争，而燕、齐两国则是山戎侵掠的主要目标之一。但是，像这样雄踞于北方的强戎，占地面积广，活动时间长，在历史上所出现的记载却是一鳞片爪、寥寥无几；战国以后，这个民族的去向逐渐为人们遗忘，而从汉以后则是无文献可征了。所以在历史界对于山戎的起源和发展历来就存在着两种看法：一种是东汉著名学者服虔的主张，据《史记•匈奴列传》“东胡，乌丸之先，后始鲜卑”，又云“山戎，盖今鲜卑”（见同书注《索隐》），主张山戎就是战国时期的东胡，亦即后来的鲜卑，即山戎、东胡、鲜卑同源说。此说实源于《国语•齐语》章注“山戎，今之鲜卑”之说。另一种是《逸周书•王会篇》“东胡黄罴，山戎戎菽”，即把山戎和东胡并论，司马迁也主此说，即认为山戎和东胡同是存在于我国北方草原的两个不同的氏族部落联盟[1]。上述两种看法一直影响到现代的一些历史考古学者，特别是考古界把燕山以北滦河、老哈河流域发现的夏家店上层文化概括为两种民族的概念，一种解释主张夏家店上层文化为东胡民族文化[2]；另一种解释认为是山戎民族文化[3]，迄今没有一个统一的意见。由于对古代文化族属研究方面的不同见解，造成对山戎和东胡民族历史研究方面的一定混乱。本文想就上述问题发表一些见解，而重点还是放在山戎民族文化的研究方面。

一、山戎古国的地理位置

山戎之名最早见于《国语》《春秋左氏传》等有关著作中，但有着不同的解释，这些解释大多出自晚期的诠释。一者认为春秋之山戎即北戎，而北戎见于记载还要早些，大抵在西周晚期，山戎就已和中原地区几个周族子弟封国燕、齐、鲁等发生了联系。《竹书纪年》有“宣王四十年，晋人败北戎于汾、隰”的记载。《后汉书•西羌传》：“平王二年，邢侯大破北戎。”此事又见于元氏出土臣谏簋铭文记邢侯伐戎事。《春秋左传集解》记“桓公六年北戎伐齐”，桓公十一年又提及此事，是发生于西周晚期到春秋初年之事。此后屡见山戎之名，同书“庄公三十年齐人伐山戎”，杜注“山戎，北戎”，事同见于《史记》“齐桓公二十三年”（较《左传》所载晚一年）。可以看出，北戎即是山戎，大体北戎出现于记载上要早一些，《通典》“古北戎，无终国子也，一名山戎，凡三名"，无终即今河北省蓟县。晚出的一些著作有的本于此说，并认为代戎（今河北芋县）亦即北戎[4]。另一些著作则把山戎、北戎并列，认为同是存在于内蒙古和东北山地的两个不同的部落联盟[5]，但缺乏立论的根据。我以为山戎即北戎之说是对的。大体是西周以来对于北方戎族部落的一种称谓，是指存在于燕、鲁、齐三国北方，有泛指"北面戎人"之意，在典籍中以方位、地区命名的戎、狄部落是比较多见的，如西戎、代戎、骊戎等皆有此意，到了春秋时期，燕、齐北面劲敌则称为山戎，也就是西周以来的北戎，无终是北戎的政治活动中心，入春秋之后，由于齐、郑、燕的多次征讨，势力已退居到车都山以西、燕山以北到七老图山一带。

山戎民族虽然是自春秋以来活跃于我国北方的一强大部落联盟，但其地理方位在我国典籍中却很少记载，只可从上述山戎对燕、齐的侵略战争和齐、郑、鲁等对山戎的征讨中找到一些线索，结合考古学上的发现与研究，可大体勾画出山戎古国的范围来。

山戎民族大体是活跃在燕山以北到七老图山之间，即今滦河、潮白河、老哈河、西拉木伦河以南，大凌河以西这一广阔山地和丘陵地带。鲁隐公二年（前721年）会于潜和盟于唐（高平方与县）之戎即北戎，亦即后来之山戎，此后多次侵掠燕、齐，鲁桓公六年（前706年）北戎大举进犯齐国，齐不能支，求救于郑国，郑太子忽率师救齐，六月败戎师，擒获北戎二帅大良、少良，被甲武士首级三百献于齐国。为了防止北戎的再次南侵，各诸侯国使大夫成齐。"鲁庄公十八年（前676年）戎侵鲁，公逐之于济水之西。"庄公二十年（前674年）"齐人伐戎"，这个"戎"指的就是山戎，因为只有山戎地近齐、鲁。特别是齐桓公伐山戎一役，是燕、齐、鲁和山戎间一次较大的战争。《史记·齐太公世家》记"齐桓公二十三年山戎伐燕，燕告急齐，齐桓公救燕，遂伐山戎，至于孤竹而还"。又《史记·燕世家》，此役后，"燕君送齐桓公出境，桓公因割燕所至地予燕，使燕共贡天子，如成周时戢（职），使燕复修召公之法"。关于这次战争的过程，古文献的记载比较简单，《韩非子》："管仲、隰朋从桓公而伐孤竹，春去冬返，迷惑失道。"此处所举之伐孤竹者，是齐伐山戎之役。此举之前，鲁庄公与齐遇于鲁济以谋，桓公亲征，管仲、隰朋辅之，用了将近一年的时间才征服了山戎。齐桓公二十四年（前662年）献戎捷于鲁，这里的戎从时间连贯看仍是山戎。可见伐山戎对燕、鲁、齐三国来说是一个很大的举动，是救燕以存齐、鲁的联合行动。

上述，虽然是燕、齐、鲁和山戎之间进行的民族战争，但背后却反映了山戎部落联盟的一些史实，它为我们指出了三点：一是具体地指明山戎部落联盟的位置在孤竹之北，孤竹在今河北省卢龙县。《通典》称"平州（今卢龙）春秋山戎国地"。又"营州（今朝阳一带）春秋时地属山戎"。《清一统志》言"孤竹山在卢龙县西，孤竹城在其阴"。商之孤竹国的位置当在卢龙至喀左县一线，是山戎部落联盟之所在。不论是早期的北戎伐齐，还是后来的山戎侵燕，都要经过孤竹而进入华北平原。二是指明了时当春秋早期。三是说明山戎部落联盟之强大。燕在当时列国中还是一个弱国，山戎侵燕，以致燕不能支告急于齐，说明它是春秋以来燕、齐北面的一个劲敌，虽然自春秋以来它基本上就处于燕国的势力范围之内，但燕不能控制它，山戎有组织严密的军队，《左传》中的大良、少良可能就是他们的军事首领，有装备良好的披甲武士，有他们的活动区域。它屡进中原、与大国会盟，屡侵燕、齐，以致燕、齐、鲁、许等采取共同的防御行动，这一切都说明它是燕国北面一个不小的政治集团和军事部落联盟，是由多数部落组成的一个共同体。

二、山戎文化

在大约相当于史载之山戎活动的区域内，发现了时当西周至春秋时期的夏家店上层文化。这种文化类型分布的中心区域是燕山到七老图山之间的老哈河、滦河、潮白河流域的赤峰、承德张家口、唐山一部分市县。对河北省平泉县黄窝子山[6]，滦平营房[7]，苘子沟，虎什哈[8]，丰宁县北大面山，内家古赤峰红山后、夏家店[9]，宁城县南山根[10]，延庆葫芦沟，西梁垙，玉皇庙[11]，怀来北辛堡[12]，宣化白庙等一些典型遗址和墓葬都经过了重点的调查和发掘。其时代从西周到春秋，个别可到战国初年。宁城南山根石椁墓为春秋早期，滦平苘子沟山戎墓地为西周到春秋，在时代上和史载之山戎时代相当，在地望上也正是山戎部落联盟活动的中心区域，有理由认为夏家店上层文化时主人就是山戎民族，夏家店上层文化应属于山戎文化，现在综合考古发现简单分析一下山戎民族社会的一些情况。

在东西绵延一千余千米的燕山，七老图山、军都山的区域内，都发现了山戎族的活动遗迹，包括居住址和墓葬群等数百处，遗址大多数处于沿河两岸或较高的山顶，反映了这个民族的一些居住特点，一些遗址的周围发现有石砌围墙，在围墙内发现有当时人们居住的房屋和储存食物用的窖穴。一般中型遗址如滦平县小城子西山、虎什哈营房等，长宽在 150 米左右。在赤峰药王庙、夏家店遗址中，住址是半地穴式的，平面略呈圆形，直径约 2.5、深 0.9 米，中间有柱子洞，墙壁上抹草泥；有灶坑和支架炊具用的石块；滦平小城子西山发现的半地穴式房屋有圆、方两种，中间有柱洞，向阳处开门道，圆者直径 2～3 米，地面一侧有灶址。储存食物的窖穴和灰坑呈袋状，口小底大，直径 1.2 米左右，深 1.7～2.5 米。从遗址分布的密集程度，房屋、窖穴之普遍分析，山戎民族的部落联盟在沿着滦河、潮白河、老哈河流域已有较为密集的村落。如此有规律的居住址的分布，可以想象一些较大的部落当有酋长，与《史记·匈奴列传》“燕北有东胡、山戎。各分散居溪谷，自有君长，往往而聚者百有余戎，然莫能相一”的情况很相符合，每个部落都是山戎氏族部落联盟的一个组成部分。

山戎族社会已处于发展较高的父系氏族社会，进入奴隶制青铜时代。各遗址出现了大量制作精美的石、骨、蚌制生产工具，有各种狩猎用的有孔锤斧、椭圆柱状石斧、盘状器，农业生产用的石锄、石镰、双孔石刀，米面加工用的石臼、石磨棒、磨盘、蚌镰、蚌锯，各种兽骨制的骨锥、骨刀、骨镖、网坠，纺织用的骨梭、纺轮。山戎族虽然已经进入青铜时代，但在生产上仍是以石制生产工具为主，其中有孔石锤斧是山戎文化中最具特征的一种狩猎击兽用具。在遗址中发现大量的牛、马、羊、狗、鹿和猪骨等，说明山戎族的社会生产最初是以狩猎和畜牧为主，后来，由于接受中原先进农业生产技术，农业在山戎部落内也逐渐发展起来，饲养和繁殖了狗、猪等家畜。山戎族的生活用具，基本是以夹砂粗红陶为主的，有各种炊具和生活用具，使用着陶制的甗、鬲、盆、碗、豆，在当时已经有了专门的制陶业。在宁城县南山根、滦平苘子沟、隆化三道营等山戎墓地中出土了大批制作精美的青铜器，分为两种，一种是包括虎、马、羊、蛙等形象的青铜牌饰，联珠双尾铜饰、兽纹铜泡、小件佩饰品，各种北方式直刃青铜短剑、戈、矛及斧，刀、锛、凿、马具、铜盔、盾、鼎、鬲、罐、杯等一组器物群，过去对这类器物一概以所有鄂尔多斯式青铜器称之；另一种是具有中原西周至春秋时期作风的青铜器，如宁城南山根石椁墓中出土的簋、簠、鼎等，怀来北辛堡出土了大型青铜鑑，延庆玉皇庙墓地等出土了匜、豆、盘、罍等青铜礼器。铜兵器的大量出现，反映了山戎氏族部落联盟对外征伐和掠夺占着很大的成分。在青铜器的风格上，一方面有其固有的具有游牧民族特色的青铜器群，即草原青铜文化的特征；而另一方面又反映出受中原商、周青铜文化的影响。在山戎的氏族部落内已经有了较为发达的青铜制造业。

以上可以看出，山戎族的社会生产是以畜牧和狩猎为主的，农业和手工业生产都占着相当的比重。在制陶、纺织、青铜制造等方面已经有了较为详细的分工。

山戎的氏族部落还保持着古老的埋葬习俗。在葬法上有土坑、石椁，以石棺、木棺等为葬具，仅赤峰、承德两地区发现的山戎墓地即有数十处以上。墓顶封石、封土，墓内少量有积石、积灰现象，以仰身葬或单人葬为主，没有发现合葬现象。墓地距居住址较近，多选在山顶或阳坡面上，一处墓地少则数十座，如平泉黄窝子山；多则数百座，如滦平苘子沟，一般三四十座集中在一起埋葬，成年人和儿童分开埋葬，一个墓地大体包括一个氏族部落的主要成员。用肢解的马、牛、狗殉葬。在滦平苘子沟的一座奴隶主墓中，以一个奴隶头骨、一肢解马和狗殉葬。墓中出土物有明显的贫富区别。一个墓地的墓葬一般无随葬品的居多，少数有随葬品，极少数墓有较多随葬品。这种现象正是私有制的一种反映，是部落首领和一般成员之间贫富悬殊和阶级对立事实的真实写照。

在山戎部落和中原各国之间，已经出现了商品交换关系。很多墓葬中发现有作为货币媒介物的早期货币——海贝。这些东西多来自东南方的海域，是商品交换发展的一种反映。

以上可以看出，山戎的社会性质是处于以奴隶主占有生产资料和能当作牲畜来买卖屠杀的奴隶为特征的奴隶占有制社会，已经处于晚期阶段。它是西周至春秋时期北方古老的游牧民族之一，有着广阔的地盘即氏族区域，在一定时期内建立过山戎奴隶主军事政权，在这个部落联盟内，奴隶主施行种族统治，它包括了许多族属相同而名号可能不一致的大大小小分属于各地的部落，燕山山地的戎族部落和军都山区戎族部落，文化上还可能有地方特点，如燕山山地石棺墓多，而军都山区几乎不见，而后者又有中原礼器增多的现象。山戎族有着相当数量的人口，有着共同的文化体。山戎的氏族社会由于是军事性质的奴隶制政权，所以对汉族居住地区的齐、鲁、燕等经常进行掠夺性的战争，掠夺的对象主要是财产和汉族奴隶，这反映出山戎社会组织有着一定的严密性，否则是不可能前后延续数百年的。

三、山戎之盛衰

山戎的活跃时间大体起自西周晚期，即公元前8世纪上半叶，到战国初期，即公元前5世纪上半叶，首尾相延了约四百年时间，到了晚期，其名字仍在燕国北部出现，这时司马迁《史记》中已把东胡和山戎并提，此后这一地区有关山戎的记载越来越少，进入战国以后，侵掠燕、代者主要是东胡。关于山戎之盛衰，牵涉东胡、匈奴等几个方面的问题。

1. 山戎的族源

山戎族的前身即族源，多年以前王国维[13]、梁启超[14]等人就进行了研究，其论据多源于《史记·匈奴列传》："匈奴，其先祖夏后氏之苗裔也，曰淳维。唐虞以上有山戎、猃狁、荤粥，居于北蛮，随畜牧而转移。"又同书《五帝本纪》《索隐》"匈奴别名也，唐虞以上曰山戎，亦曰熏粥，夏曰淳维，殷曰鬼方，周曰玁狁，汉曰匈奴"之说即山戎系殷之鬼方（位殷北），周之玁狁（位周西），汉之匈奴，其名号因时而异，同族异名，皆系一音之转[15]。另一种见解则以为鬼方、畎夷、荤粥、猃狁并非匈奴，而义渠与匈奴为同族[16]。根据甲骨文记载，活动在这一带的主要是土方。土方是商人北面的劲敌，甲骨文中屡见商人征土方的记载。依地望推测，其和土方的关系密切可想而知。山戎族可能源于甲骨文记载中之土方[17]。尽管二者中间缺少发展中的链环，特别是在文化遗物方面的某些环节。冀北、内蒙古东部、辽西一带发现的夏家店下层文化有很浓厚的龙山和早商文化成分，依其时代，地望推之有可能是属于"土方"的文化。土方接受中原文化的影响的时间可能是夏末商初之际。《史记·匈奴列传》《索引》言"厚维以殷时奔北边"，淳维为匈奴之首领，只不过是夏民族中的传说式人物，说明汤灭夏以后，夏裔的一部分避居北野，与北方土著民族融而为一，同时也将中原先进的夏文化带到了北方，使夏家店下层文化中有浓厚的农业成分。郭沫若先生考证"土方之疆域盖在今山西北部……即玁狁之一大族"（引文同上），但其谓"土方即是夏民族"之说并不完全正确，若此，州北市当时之民族系皆从中原而去，似不符合实际情况，夏亡时避居北野的只是夏裔的一部分，而且是夏之骨干，并与北方土著民族融合后而成为新的一支。

2. 关于山戎族之衰落

山戎衰落的时间约当春秋晚期。公元前663年“齐桓公北伐山戎，山戎走”（《史记•匈切列传》）。此役之后，山戎因受重挫，大举入寇之事少见，但并未完全瓦解。迟于春秋晚期，山戎部落联盟之一部分离开原来住地而向东北移动，与西拉木伦河以北、辽河以东的东胡部落联盟相融合。战国初期东胡部落联盟强盛起来，成了燕国东北部的主要敌人，是时，山戎部落联盟由于南北夹击已经瓦解，原留在滦河、潮白河、老哈河、洋河流域的山戎部落一部分退到西北，合于匈奴，余为燕国所统一。这一地区只有到了战国时期以后，文化上才呈现出统一的情况。

3. 山戎和东胡

这是一个比较复杂的问题。东胡民族是居住在周王朝东北面的一个古老民族。从商时起就与中原发生往来[18]。春秋时期位于燕国正北，即今西辽河以北以东一带，战国初吞并了其临近的山戎等大大小小部落而壮大起来，不时侵掠燕、代。《史记•匈奴列传》:“燕有贤将秦开，为质于胡，胡甚信之，归而袭破东胡，东胡却千余里。”时当燕昭王（前311～前279年）时期，为了防止东胡入侵，燕国自造阳（今怀来）至襄平（辽阳）筑长城，置上谷、渔阳、右北平、辽西、辽东五郡以拒胡，迫东胡北退于五郡北部的边塞之地。长期以来，东胡部落联盟是很强大的。公元前206年，东胡为匈奴冒顿单于所灭，部落联盟瓦解。其最活跃强盛时期当在春秋末到秦以前的二百多年间。以地域而论，山戎靠南，而东胡靠北；以时间而论，东胡见于记载较山戎为早，而其活跃强盛时期较山戎为迟。山戎部落联盟瓦解当在战国初期，而东胡则到了西汉初年。这就为我们提出了一个东胡文化和山戎文化的关系问题。此点在认识上颇不一致，一是把发现于老哈河、大凌河流域的夏家店上层文化和以曲刃式青铜短剑为代表的文化，即两种性质不同的文化遗存并论，认为是东胡文化[19]；二是认为夏家店上层文化为“诸戎狄”的遗存[20]，认为“夏家店上层文化的时代和地理位置与《史记》记载中的‘东胡’‘山戎’的活动地域大致相同”[21]；三是认为把具有曲刃式青铜短剑为特征的文化遗存称为东胡文化遗存，认为夏家店上层文化为山戎文化。以上论点是关系到夏家店上层文化和以曲刃式青铜短剑为代表文化（以下简称“曲刃式青铜短剑”文化）的族属问题。从山戎和东胡的发展时间、活动地域上分析，不同时代文化类型应该是不同族属的反映，把两种不同类型的文化合而为一，笼统认为都是东胡文化遗存[22]；把夏家店上层文化认为是东胡或山戎文化的含混提法都是不够确切的，缺乏对这些不同文化类型的进一步分析。前已提及，山戎和东胡既然在活动时间上、地域上有着不同，在文化表现上也应该是不相同的。曲刃式青铜短剑文化分布在老哈河以东，大凌河、辽河中下游，基本属于辽宁省的西部和中南部，其代表性遗址和墓葬有牧羊城[23]、朝阳十二台营子[24]、旅顺口后牧城驿[25]、锦西乌金塘[26]、沈阳郑家洼子[27]、南塔、法库石柱子[28]、锦西寺儿堡、海城大屯、辽阳甲亮山[29]等地。沈阳郑家洼子和朝阳十二台营子墓是这类文化的代表。在出土文化遗物特征上，出土以曲刃式青铜短剑为主的具有明显地域性的青铜器群。葬式、遗物和夏家店上层文化都有显著的区别，时代从春秋到战国晚期[30]，以其地望、时代推之，恰是东胡民族的活动地域和时间。其遗迹分布超出辽宁范围，远在吉林永吉杨屯也发现这类遗物[31]。曲刃式青铜短剑文化，辽南、吉林东部的发现和辽西是有区别的，有人推断其与早期秽貊有关。所以，从历史记载结合考古发现地望分析，夏家店上层文化的族属应为山戎，辽西、吉西地区以曲刃式青铜短剑为代表的文化，其族属应为东胡。这比较合乎实际情况，舍此很不好解释。

4. 山戎和匈奴文化

山戎和匈奴除了史籍记载方面的联系以外，我以为近代考古学已为这一问题的研究提供了有益的启示。从出土文物上可以看出山戎文化对于史载之匈奴文化有着承先启后的关系，尽管匈奴的遗迹、遗物在国内发现不多，在迄今考古发现中，可以从葬俗、随葬品等几个方面进行分析。在葬俗方面，山戎文化可以赤峰红山后、宁城南山根、滦平苘子沟、虎什哈发掘的数百座山戎的氏族墓地、怀来北辛堡[32]墓群等和内蒙古桃红巴拉的早期匈奴墓[33]做一比较。山戎墓地以土坑竖穴式南北向墓为主（间有石椁、石棺墓，这是由材料来源方便与否决定的），多单人仰身直肢葬式，这些特征与内蒙古早期匈奴墓同。滦平苘子沟、虎什哈以肢解的马、牛、狗的头骨和牛趾骨殉葬，这一点和怀来北辛堡以肢解的马、牛、羊、狗、猪“五畜”殉葬，桃红巴拉以马、牛、羊头骨层层叠压殉葬的情况是相同的。用肢解的马、牛殉葬是古代草原民族共有的一种特征，但有着时代和地域的不同，山戎的葬俗可能代表着早期的一种特征。在随葬品方面的联系就更明显了，在山戎墓地中出现的大量所谓北方式青铜器如虎、马、羊、蛙等各种动物形象的青铜牌饰、泡饰，大量带有齿纹图案兽首柄扁茎蝶翼式直刃剑，弓背直柄式小刀，弹簧形金、铜耳环，繁缛的佩饰品，各种马具，粗陶器等都是两者共有的特征，可以认为山戎文化反映了匈奴文化的早期形态的某些特点。但二者各有本身的特征。当然，不可否认，古代游牧民族，由于草原经济基础的相同，而决定在文化方面某些共同性的东西，但是地域性、时代性的差异这一点也是不容忽视的。山戎文化为匈奴文化早期情况的研究提供了某些有益的启示。

对于山戎民族历史及其文化的研究，目前也还在深入，许多学术问题还在讨论，就军都山区延庆、怀来的发现，也有山戎或代戎等不同见解，所以说也只是一个开始。过去的研究多限于古文献上有关山戎的诠释和考证，中华人民共和国成立后考古学的发展，为山戎以及东胡、匈奴历史的研究提供了方便，考古学上的某种文化应是不同时期、不同族属一定范围内的政治和经济形态的反映，本文提出了考古学上发现于滦河、潮白河、老哈河流域的夏家店上层文化应即山戎民族文化，大凌河、辽河中下游的以曲刃式青铜短剑为代表的一组文化遗物应是东胡民族文化。指出了北戎即山戎，山戎之盛衰；山戎、东胡是两个不同的氏族部落联盟，在历史上的活跃时间不同，分布地域不同；从考古学上指出了山戎文化和东胡文化异同，山戎和匈奴文化关系之密切。对于目前学术界中有关山戎、东胡民族研究中的一些问题提出了自己的不同见解，并以此就正于读者。

注　释

[1] 岑仲勉:《西周社会制度问题》，新知识出版社，1956年。
[2]《中国古代北方各族简史》，内蒙古人民出版社，1977年；中国科学院考古研究所内蒙古工作队:《宁城南山根遗址发掘报告》,《考古学报》1957年1期。
[3] 河北省文物管理处:《滦平发现山戎氏族墓地》,《光明日报》1977年12月9日。
[4] 岑仲勉:《西周社会制度问题》，新知识出版社，1956年。
[5] 郭沫若:《中国史稿》第一册，人民出版社，1976年，296页；翦伯赞:《中国史纲要》第一册，人民出版社，1979年，59页。
[6] 河北省文物管理处:《平泉黄宽子山夏家店上层文化墓葬发掘简报》,《考古》1977年1期。
[7] 河北省文化局文物工作队:《承德地区新石器时代遗址调查》,《考古》1962年12期。
[8] 河北省文物研究所、承德地区文化局、滦平县文管所:《滦平县虎什哈炮台山山戎墓地的发掘》,《文物资料丛刊(7)》，文物出版社，1983年。
[9] 中国科学院考古研究所内蒙古工作队:《赤峰药王庙、夏家店试掘简报》,《考古学报》1974年1期。
[10] 中国科学院考古研究所内蒙古工作队:《宁城南山根石椁墓》,《考古学报》1972年2期。
[11] 北京市文物研究所山戎考古队:《北京延庆军都山东周山戎部落墓地发掘纪略》,《文物》1989年3期。
[12] 河北省文化局文物工作队:《河北怀来北辛堡战国墓》,《考古》1966年5期。
[13] 王国维:《鬼方昆夷猃狁考》,《观堂集林》卷13，中华书局，1959年。
[14] 梁启超:《史记匈奴传戎狄名义考》,《饮冰室合集》第八册，中华书局，1989年。
[15] 郭沫若:《中国古代社会研究》，人民出版社，1954年。
[16] 蒙文通:《周秦少数民族研究》，上海龙门书局，1958年。
[17] 郭沫若:《中国古代社会研究》，人民出版社，1954年。
[18]《伊尹朝献商书》。
[19]《中国古代北方各族简史》，内蒙古人民出版社，1977年；中国科学院考古研究所内蒙古队:《宁城南山根遗址发掘报告》,《考古学报》1957年1期。
[20]《中国古代北方各族简史》，内蒙古人民出版社，1977年；中国科学院考古研究所内蒙古队:《宁城南山根遗址发掘报告》,《考古学报》1957年1期。
[21] 中国科学院考古研究所内蒙古工作队:《赤峰药王庙、夏家店试掘简报》,《考古学报》1974年1期。
[22] 朱贵:《辽宁朝阳十二台营子青铜短剑墓》,《考古学报》1960年1期。
[23]《牧羊城》(日文),《东方考古学丛刊》第二册，1931年。
[24] 朱贵:《辽宁朝阳十二台营子青铜短剑墓》,《考古学报》1960年1期。
《牧羊城》(日文),《东方考古学丛刊》第二册，1931年。
[25] 旅顺博物馆:《旅顺口区后牧城驿战国墓清理》,《考古》1960年8期。
[26] 锦州市博物馆:《辽宁锦西乌金塘东周墓调查记》,《考古》1960年5期。
[27] 沈阳故宫博物馆、沈阳文物管理办公室:《沈阳郑家洼子两座青铜时代墓》,《考古学报》1978年1期。
[28] 沈阳市文物工作组:《沈阳地区出土青铜短剑资料》,《考古》1964年1期。
[29] 孙守道、徐秉琨:《辽宁寺儿堡等地青铜短剑与大伙房石棺墓》,《考古》1964年6期。
[30] 关于夏家店上层文化和以曲刃式青铜短剑为特征的一组文物遗物之异同，将另文讨论，此不赘述。
[31] 刘振华:《永吉杨屯遗址试掘简报》,《文物》1973年6期。
[32] 河北省文化局文物工作队:《怀来北辛堡战国墓》,《考古》1966年5期。
[33] 田广金:《桃红巴拉的匈奴墓》,《考古学报》1976年1期。

(原载河北省文物研究所:《环渤海考古国际学术讨论会论文集》，知识出版社，1996年)

夏家店下层文化药王庙类型城址发现与探索

杨　虎　孙祖初　邵国田

夏家店下层文化是中国青铜时代早期北方的一种重要文化遗存，大致相当于夏—商（前期），据放射性碳素断代，其主体年代约为公元前 2000～前 1500 年，该文化独具特征，又与黄河中下游等地保持紧密联系，共同缔造了中华文明。该文化可分为三种类型，其中药王庙类型主要分布于内蒙古东南部赤峰市和哲里木盟南部，辽宁省西部朝阳、阜新、锦州（北部）地区与河北省承德地区（北部），地处昭乌达高原南部、冀北山地东部和辽西山地丘陵。

一、药王庙类型发现与研究回顾

20 世纪 30 年代，在赤峰红山后遗址发掘出这类遗存。40 年代调查测量赤峰东八家“石城”遗址。在刘观民先生主持下，通过 1960 年在赤峰郊区夏家店、药王庙两个遗址的发掘，分辨出夏家店下层和夏家店上层两种考古学文化，开创了该地区青铜文化研究的新时期。60 年代，徐光冀先生主持调查、发掘了阴河—英金河药王庙类型石城址，首次进行石城址等级和以大、中型城址为中心的多层次城址群体的探索。70 年代，在敖汉旗大甸子的发掘，率先确认该文化的夯土围墙，并揭示出一片基本完整的大型墓地。这两项工作为夏家店下层文化的深入研究奠定了坚实的基础。同时，对于赤峰蜘蛛山、四分地东山嘴、建平水泉、北票丰下等遗址的发掘研究，有力地推进了对这一文化遗存的研究。80 年代的文物普查给药王庙类型的研究开辟了广阔的前景，中国社会科学院考古研究所内蒙古队与敖汉旗文物部门合作，在该旗普查，发现 2000 余处夏家店下层文化遗址，近年测绘了 100 余处。与此同时，辽宁省在西部，河北省在承德地区北部也调查出大量遗址。90 年代初，辽宁省文物研究所与日本的中国考古学研究会合作测量研究凌源三官店子城子山和阜新南梁两处石城遗址。基本上在同一个阶段里，还发掘了内蒙古赤峰地区三座店、点将台等遗址。从 1996 年开始，在张忠培先生主持下，中国社会科学院考古所、内蒙古自治区文物考古研究所、吉林大学考古系联合对赤峰市西南部夏家店下层文化遗址进行了调查、发掘（喀喇沁旗大山前遗址），总之，对于药王庙类型的研究，正以城址为中心的多层次的群落为重点，逐个逐群地复查、调查、测量并选点发掘，以考古学方法为主，进行综合研究，探索夏商之际燕北地区社会发展状况及其在中华文明发展过程中的历史地位。

二、药王庙类型遗址形态举例

药王庙遗址形态可粗略区分为两大类：一类是聚落址，二类是山、丘顶部小型遗址。

（一）第一类，不同层次的聚落址

1. 大型中心聚落——城址

敖汉旗大甸子城址。位于大凌河水系上游，据刘观民先生等发掘与研究，城址形似圆角长方形的土台，高出周围地面2～3米，南北长350、东西宽200米，建有夯土墙和壕沟。在西南侧发掘出一门道，宽2.25米，中间用碎石铺路面，坡度较大，门道两侧的夯土城墙断面用石块包砌。城内东北部比西南边缘高出5米以上，故铺石的门道或兼有排除城内积水的作用。城东墓地约占地1万平方米，共发掘804座墓葬。两条空白地带将燕地区划成三个墓区；以墓葬布局、随葬陶鬲、彩绘纹样等多种因素的差异为依据，各区内又可分为若干茔域，由此可以判明，埋葬于这一墓地的有以尊式鬲、鼓腹鬲和直腹鬲三型鬲为代表的三个集团，又各有若干家族。墓内随葬品的规格表明，尊式鬲集团最强大，其中尊式Ⅰ型鬲家族墓葬是随葬鬶、爵、彩绘动物面目陶器、斧、钺等高级礼器最多的，这个家族在各家族中权势和财力最高。各家族内还可区分为多个等级。城址东北部发现的陶鬲以AⅢ、Ⅳ型为主，应是该家族的住地，该家族在城址和墓地中都占有较高地势，与其身份相符，显示出在城里各个集团、各家族分区聚族而居，与墓地分区、分茔域下葬相对应关系的线索。以城址为中心，在约1.44平方千米范围内有8处居住性遗址环绕，在城外西北还有一处随葬彩绘陶器的墓地，这些构成一个完整的统一体。目前还缺乏对大型建筑和手工业作坊等方面的资料。

敖汉旗萨力巴乡城子山石城址。位于敖汉旗西部老哈河支流附近，坐落在当地最高的山顶部，海拔855.6米，比附近地面高出约250米。随山势围砌石墙，陡峭的段落则凭天险防御，面积6.5万平方米，是为外城。其南面有一门址，城内有30处石砌方院，面积160～450平方米，多三五处相连，有门相通。各院内建一两座直径5～9米的石砌圆形房屋。此外，还有单独的37处圆形石砌房屋，直径5米左右。内城位居全城的制高点，比外城高3～5米，面积近7000平方米，中部有12处石砌圆形建筑，直径7～9米。这种建筑布局，标志着在这里居住的人至少分为三个等级，内城是核心，主人应是全城及附近丘顶、坡地上9个小型聚落，以至更大范围人群的政治、经济、军事和宗教诸领域的首领，这个地点有比较严密的防御设施，应是高层次的城堡，抑或就是城的一种形态。

2. 中型聚落址

敖汉旗敖吉乡等子山遗址，位于教来河中游右岸的山坡上，砌有近长方形“石城”，墙高 1～3 米。北墙长 150 米，东西墙各长 340 米，南墙在山南侧，长约 100 米，把山顶围在墙内。"城内"修 10 余级活动面，各级外缘用石块砌成坝埂状护坡，是一处长期使用的居住地。山顶部筑有一长椭圆形建筑，可能是首领住地，用于瞭望兼作祭祀。"城外"还有房址和墓地，当为"城址"的附属部分。

赤峰东八家"石城"遗址。因山就势建成不规则长方形，2 万余平方米，围有"石墙"。57 座圆形居住址，多集中分布于比较低平的东南部，部分有内外两重墙，直径 3～10 米，门多向中部。南部中央的一座附有直径约 40 米的不规则院墙，主人的地位应高于其他居民。

从地貌、规模及布局观察，这两个地点只是有围墙的中型聚落遗址。

3. 小型聚落

旺兴沟聚落群，在佛爷山坡地上，佛爷山位于敖汉旗大甸子城址西南 6 千米处，山坡中部的三处小型聚落址，面积各千余平方米；山城下部两处聚落遗址，面积各四五千平方米，有的地点可见环壕痕迹。

（二）第二类，山、丘顶部小型遗址

佛爷山遗址群，山顶海拔 871.6 米，是附近最高山峰，在长、宽各约 2000 米的山脊处凸出部位已知小型石砌建筑遗址 7 处，各面积 200～600 平方米。山顶粗略修成椭圆形平台，面积约 200 平方米。部分边缘砌有石坝，西南缺口似为门址，内部有石块建筑物。有的遗址由两三级台面组成，有石坝和半圆形护坡石。此群遗址应与上述旺兴沟遗址群有密切关系。

三、关于药王庙类型遗址及其群落的初步认识

1）选址，建筑布局与结构特点。

A. 普遍建有多层次防御性设施。城址和部分中型聚落设有围墙和壕沟。城址和中型聚落中的核心建筑多位于地势高的位置上，有的尚有"内城"或大院落。中型房址也有建筑双重墙的。山顶、山脊上的小型遗址当与瞭望或祭祀有关。这应是当时社会内外矛盾尖锐、战事频繁的反映。

B. 依赖、适应山地丘陵环境，利用、改造地貌，改善生存场地，有所创造，形成一些特色。

在山顶和山脊凸出部位及与其结合部位，多用人工修成一两级或多级平台，作为建筑和活动的基址。山丘顶部的小型遗址较多，应是祭祀或防御设施，或兼有多种功能。

在比较平缓的黄土山坡上，修筑多层阶梯式平地，外侧砌石加固，聚族而居。

C. 夯土围墙与石墙（有的系夯土内外两侧包砌石块）的选择，一个重要原因是因

地制宜，在山顶、陡坡地，易取石料处，多砌石墙、石坝，与凸露地表的岩石和陡峭山崖相配合结成一体。相反，山前台地或平缓地带、山丘缓坡上则建筑夯土墙，但也有的建筑石墙。石墙外侧常间断性地砌出半圆形石建筑物加固，是马面的原始形态。高山小型遗址一般周边砌有单级或多级护坡石坝，有的或为“祭坛”。

D. 台地、平甸上的城址和一般聚落址多呈高台状，一是由于选址时择高而建；二是在长期居住过程中，建筑物多次废弃，又不断叠压再建，使聚落址不断增高。

2）城址内的等级性及以其为中心的多层次群落结构，是探索药王庙类型社会结构的基础环节，徐光冀先生首先对此进行了研究，山前台地、平甸地上的城址与山坡聚落址、山顶小型遗址相结合的大型聚落群体，是构成一个完整社会结构的载体。这一特征是由其所处复杂社会阶段和所在丘陵地区环境决定的。敖汉旗大甸子遗址群便是一例。大甸子城址与其周边小聚落组成中心性聚落；佛爷山一带山顶小型遗址和城池遗址组成的群落，以及与其同类的其他群落共同组成大甸子聚落群，更高层次的遗址群，以及整个药王庙类型的复杂社会构架的探索则是更艰难的课题。

识别一个有围墙的遗址是否为城址，其地位如何、面积大小是一项重要因素，但不宜简单地据此排序，重要的是要依据其内涵和控制范围所反映的社会结构的复杂程度去判断。城址所处环境也从另一角度反映出其地位与特征，山顶城址更具有城堡性质。

3）药王庙类型围墙聚落、城址是本地区史前聚落形态发展的必然的质的飞跃。

A. 本地区有深厚的史前社会与聚落发展的基础。药王庙类型植根于本地区的史前文化：新石器时代中期兴隆洼文化（约前 6200～前 5400 年）、晚期赵宝沟文化（约前 5200～前 4470 年），经铜石并用时代红山文化—小河沿文化（约前 4710～前 2920 年以近），发展成为夏家店下层文化药王庙类型。兴隆洼文化建有近圆形（椭圆形）的环壕聚落，发展到红山文化阶段的近方形（长方形）环壕聚落，其中敖汉旗西台遗址，位于山地前凸部位的丘顶和南坡，两条壕沟将聚落分别围成大小两个紧邻的近长方形部分，平面总体似凸字形，丘顶的部分小于南坡部分，开启了药王庙类型丘冈上建造方（长方）形的聚落，以及在城址或一般聚落高处建“小城”“内城”或大院落的先河。

B. 药王庙人在山丘高处修建祭祀或防御性石材建筑，也明显具有承继红山人的信仰，以及祭祀等特殊功能场所的选址观念的特点。

C. 石砌建筑技术和形态也是在红山文化时期奠定的基础。牛河梁是典型的实证，“女神庙”丘顶被修整成面积约 4 万平方米的大平台，东侧又有低平台，外侧均砌石坝；积石冢以石垒“墙”，筑墓、封顶等。红山人高水平的砌石建筑技术、设计和实施大规模的建筑工程，以及多级平台、圆形或方形（长方形）建筑形式等都被药王庙人所继承和发展。

这一地区虽有自身的传统，但也必须看到，药王庙类型及其祖先，在与邻区文化长期联系中互有影响，特别是黄河中下游地区对这里持续而深刻地影响，是其社会发展较快的重要原因。

与红山文化和小河沿文化的规模、内涵、布局及数量等方面相比较，药王庙类型产生了质的飞跃，药王庙类型城址，是燕北地区迄今所知最早的城址，以中型聚落为中心的若干小聚落组成一个群落；若干小群以及山顶小型遗址群又以城址为中心组成一个大型聚落群，呈现出多层次的社会结构。大甸子一类的城址是当时较大地域的社会中心，透过这些遗存的外壳，我们看到了城乡对立的形成和早期国家机器的运转，从一个重要方面标志着最迟到公元前1600年左右，燕北地区已处于早期文明阶段。

我们希望早日寻找、辨识药王庙类型邦国都邑一类的城址，进一步揭示这一文化类型的社会结构、对中华文明早期发展的贡献，以及在东北亚地区古代文明起源和发展中的积极作用。

（原载《赤峰学院学报》1999年5期）

魏营子文化初步研究

董新林

一、绪　　言

魏营子文化是分布于北方长城地带东端的一支青铜文化，其占据的大、小凌河流域是联系中原和东北亚地区的枢纽。魏营子文化的研究，对于理顺燕山南北长城地带诸青铜文化的关系具有十分重要的意义。

魏营子文化因1970年秋最早发现于辽宁朝阳县前魏营子村而得名。1971～1976年，辽宁省博物馆等单位在魏营子遗址附近清理了9座墓葬，获得了一组铜器等遗物，并认识到魏营子遗存有别于夏家店上层文化，其年代不会晚于西周早期[1]。1972年，辽宁喀左县后坟村发现一组陶器，报告者认为其与魏营子文化性质相同，可能是辽西地区夏家店下层文化和夏家店上层文化之间的一种文化类型，暂称之为"魏营子类型"[2]。1979年，考古工作者发掘了喀左县南沟门遗址，获得了"魏营子类型"晚于夏家店下层文化的地层关系[3]。同年，辽宁省文物普查训练班在辽宁喀左和尚沟墓地试掘了四个地点，增加了"魏营子类型"墓葬方面的新内容，提出了"魏营子类型"与"短茎式曲刃青铜短剑"的关系问题。发掘者还明确指出："魏营子类型"很可能是与窖藏铜器有关的一种文化遗存[4]。1989年，考古工作者发掘了辽宁阜新平顶山遗址，获得了一批具有地方特色的陶器等遗物，丰富了对"魏营子类型"的认识。发掘者推定平顶山遗址"魏营子类型"的年代上限不会早于魏营子组（西周早期），下限不晚于西周[5]。可见，对"魏营子类型"的认识随着新材料的增加在不断深化。

关于"魏营子类型"的研究，学者多是在探讨北方青铜时代诸考古学文化的文章中有所涉及[6]。仅郭大顺先生曾专文论述了"魏营子类型"及其相关问题，对已知的材料做了较全面的总结和阐释[7]。但是，以往的研究由于缺乏较好的科学发掘资料，诸多重要问题尚未解决，有些认识亦有待修正和深化。为此，考古工作者于1992年春发掘了辽宁义县向阳岭遗址，获得了一组典型的陶器群和其他遗物。笔者根据考古学文化命名的基本原则，认为依据这批材料可以明确提出"魏营子文化"的命名[8]。本文将以义县向阳岭遗址发掘资料为主要依据，结合已知的材料，试图对魏营子文化的分期、年代、文化内涵以及文化性质进行探讨，并通过与周邻诸青铜文化关系的比较，确立魏营子文化在燕山南北长城地区青铜时代考古学文化谱系中的位置。

二、分期、年代和文化特征

已发现的魏营子文化，遗址主要有义县向阳岭[9]、阜新平顶山[10]、喀左后坟[11]、朝阳魏营子[12]、建平水泉[13]、喀左南沟门[14]、兴城仙灵寺[15]、锦州山河营子[16]等，宣化小白阳[17]似乎也可暂归入此类遗存；墓地有喀左道虎沟[18]、喀左和尚沟[19]；铜器窖藏坑有凌源（今喀左）马厂沟[20]及喀左小城子[21]、北洞[22]、山湾子[23]、小波汰沟[24]，以及义县花尔楼[25]、兴城杨河[26]、绥中冯家村[27]、青龙抄道沟[28]等，哲里木盟小库伦[29]也发现有魏营子文化的因素。

考古学文化的分期，是对诸多典型遗存分期的综合和概括。由于已发表的魏营子文化的典型遗存有限，故本文从向阳岭遗址的分析入手，参考阜新平顶山遗址及其他典型遗存的年代，来归纳目前所认识的魏营子文化的分期。

（一）向阳岭遗址魏营子文化遗存分期

向阳岭遗址位于义县城西北约20千米处的大凌河畔，1992年4月进行了首次发掘。该遗址共发现五层文化堆积，包含夏家店下层文化和魏营子文化两类遗存（图一）。其中第5层、第4层、第4层下开口遗迹，以及上口被第3层下开口的灰坑打破，它又直接打破第5层的H191、H200、H202、H212、H220等5个灰坑，均属夏家店下层文化遗存，其余各层及其遗迹为魏营子文化遗存。

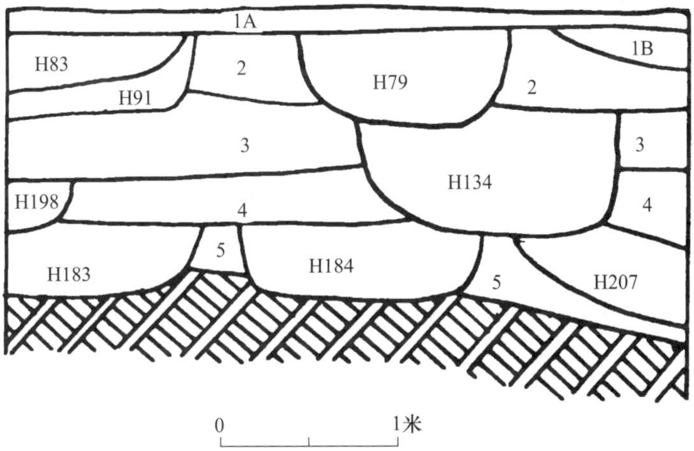

图一　向阳岭遗址T6北壁剖面图

1. 典型层位关系

魏营子文化遗存堆积厚、遗物丰富、叠压关系复杂。我们筛选下面四组典型层位关系来作为陶器分期的依据。根据我们的比较分析，向阳岭遗址各探方和探沟的地层堆积基本一致，故我们可把四组层位关系划为大体对应的四段（表一）。

表一 向阳岭遗址魏营子文化遗存层位关系对应表

组别＼段别	4	3	2	1
第一组	①B→H80、H91 →	② →	H99、H217 →	③→H138、H139
第二组	①B→H95、H100 →	② →	H116、H117 →	③→H142
第三组	①B→H78、H160 →	② →	H166 →	③
第四组	①B →	② →	H132 →	③→H153、H171

2. 陶器形制演变

陶器的形制演变及组合关系变化是进行考古学文化分期的依据。统计分析表明，向阳岭遗址魏营子文化的陶器基本组合一直是鬲、罐、盆、钵和瓮（瓮在第二期暂未发现，但参考其他遗址可知，瓮在第二期仍为典型器），发展序列清楚。其表现出来的形态差别，基本体现了各发展阶段的时代风格。

鬲 最富特征的代表性器物，均素面。依据形制的不同，分三型[30]。

A型 领部系附加堆纹。高体，高领，弧鼓腹，高实足根。依据领与腹部的变化，分四式。

Ⅰ式：领与腹部内折棱明显。H138：2，夹砂灰褐陶。尖唇，侈口（图二，1）。

Ⅱ式：领与腹部内折棱微显，外折角较小。H62：7，夹砂红褐陶。抹斜口尖唇，微侈口（图二，2）。

Ⅲ式：领与腹部内折棱微显，外折角较大。T9②：7，夹砂红褐陶。方唇，侈口（图二，3）。

Ⅳ式：领与腹部无内折棱。T5①B：2，夹砂橘红陶。圆唇，侈口（图二，4）。

B型 口沿饰附加堆纹。矮体，高鼓腹，高实足根。分二亚型。

Ba型 领与腹部有折棱，瘪分裆。依据领与腹部的变化，分三式。

Ⅰ式：领与腹部内折棱较尖，口径明显小于腹径。H153：2，夹砂灰褐陶。方唇，侈口，高实根外撇（图二，5）。

Ⅱ式：领与腹部内折棱较钝，口径略等于腹径。H62：2，夹砂灰褐陶。尖唇，俯视口呈三角形，侈口，锥足近直（图二，6）。

Ⅲ式：领与腹部几乎无折棱。G1②：9，夹砂橘红陶。方唇，侈口（图二，7）。H91：1，夹砂红褐陶。圆唇，大侈口（图二，8）。

Bb型 领与腹部无折棱。分二式。

Ⅰ式：口径小于腹径。H153：4，夹砂灰褐陶。圆唇，侈口（图二，9）。

Ⅱ式：口径略大于腹径。H57：1，夹砂灰褐陶。尖唇，侈口（图二，10）。

C型　无附加堆纹，矮体，高领，鼓腹，高实足根。依据裆部的差异，分二亚型。

Ca型　瘪分裆。口径明显小于腹径，领与腹内折棱明显。H21∶1，夹砂灰褐陶。尖唇，平沿，浅袋足（图二，11）。

Cb型　弧裆。口径略大于腹径，领与腹部内折棱不明显。H97∶4，夹砂黑灰陶。方唇，薄胎，侈口，深袋足（图二，12）。

瓮　均素面。依据形制的变化，分二式。

Ⅰ式：小口，直领，领与腹部内折明显。H37∶1，夹砂红褐陶，部分呈灰褐色。尖唇，深鼓腹，小平底（图二，13）。

Ⅱ式：大口，斜领，领与腹部内折微显。H57∶2，夹砂红陶。方唇，大侈口，弧腹（图二，14）。

附加堆纹罐　高领，素面。依据形制的变化，分二式。

Ⅰ式：喇叭形口，束颈明显，弧鼓腹。H20∶3，夹砂灰褐陶。器表色泽不一，部分泛黑。方唇（图二，15）。

Ⅱ式：侈口，直领，束颈不明显，弧腹。H160∶1，夹砂橘红陶。圆唇，平底（图二，16）。

高领罐　均素面。依据形制的变化，分四式。

Ⅰ式：尖圆唇，圆肩，领与腹部内折棱微显。H139∶6，夹砂黑灰陶。微侈口（图二，17）。

Ⅱ式：方唇，耸肩，领与腹部内折棱明显。H166∶17，夹砂红褐陶。直口（图二，18）。

Ⅲ式：方唇，凸缘，耸肩，领与腹部内折棱明显。T6②∶9，夹砂黑灰陶。侈口（图二，19）。

Ⅳ式：方唇，凸缘，圆肩，领与腹部内折棱微显。H114∶7，夹砂红褐陶。侈口（图二，20）。

折肩罐　均素面。依据形制的变化，分二式。

Ⅰ式：卷沿，高领，折肩靠下。T8②∶12，泥质黑灰陶。磨光。方唇，侈口（图二，21）。

Ⅱ式：折沿，矮领，折肩靠上。T5①B∶5，夹砂黑灰陶。圆唇，侈口，斜直腹（图二，22）。

叠唇罐　依据叠唇有无绳纹，分二型。

A型　叠唇有绳纹，略经抹平。依据唇部的变化，分二式。

Ⅰ式：薄唇。H171∶12，夹砂灰褐陶。圆唇，侈口。腹部素面（图二，23）。

Ⅱ式：厚唇。H116∶12，夹砂灰褐陶。方唇，侈口。周身绳纹，略经抹平（图二，24）。

B型　叠唇无纹。依据唇部的变化，分二式。

Ⅰ式：薄唇。H139∶5，夹砂灰褐陶。圆唇，侈口。腹饰绳纹（图二，25）。

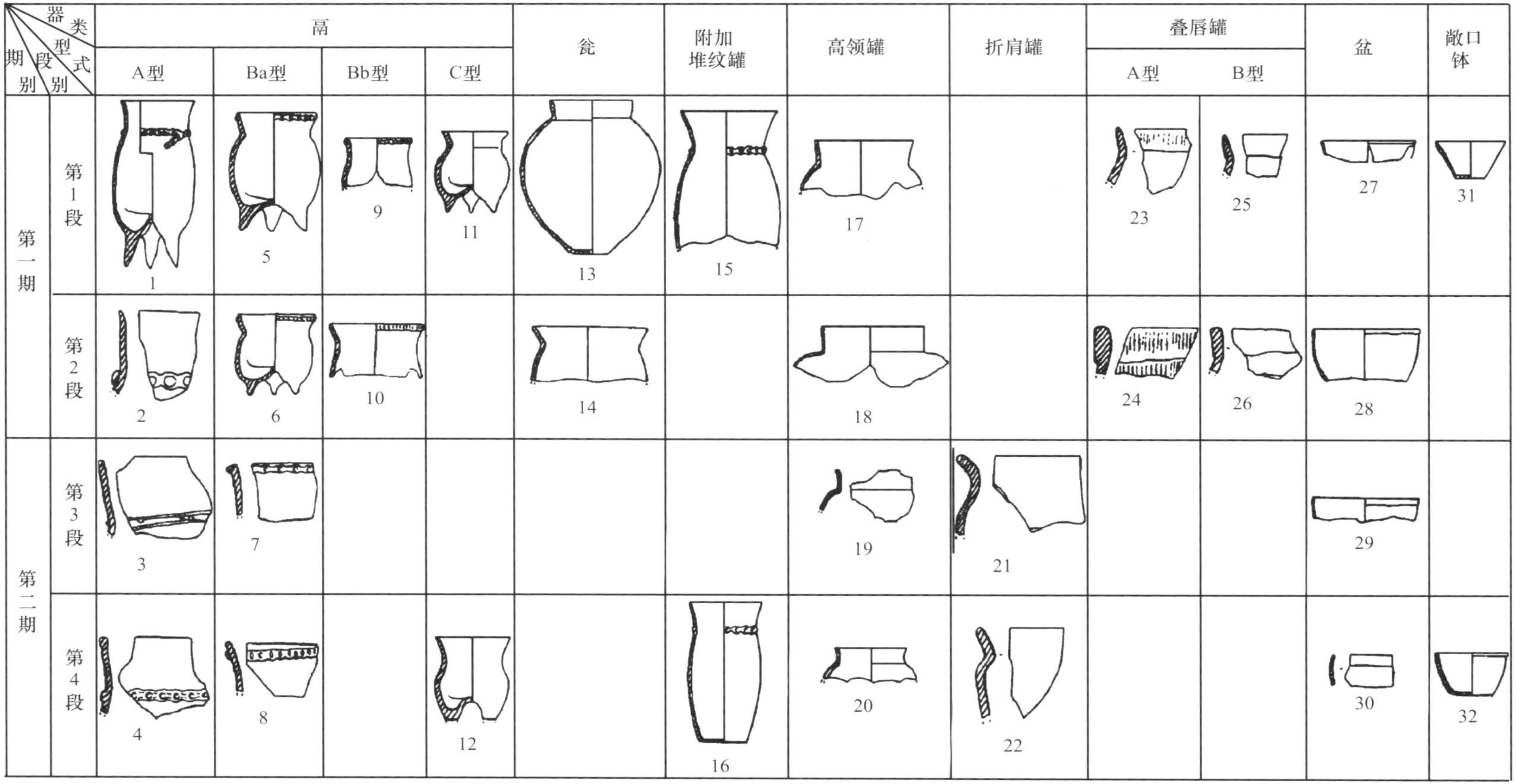

图二　向阳岭遗址魏营子文化陶器分期图

1～4. A 型鬲（H138：2、H62：7、T9②：7、T5①B：2）　5～8. Ba 型鬲（H153：2、H62：2、G1②：9、H91：1）　9、10. Bb 型鬲（H153：4、H57：1）　11. Ca 型鬲（H21：1）　12. Cb 型鬲（H97：4）　13、14. 瓮（H37：1、H57：2）　15、16. 附加堆纹罐（H20：3、H160：1）　17～20. 高领罐（H139：6、H166：17、T6②：9、H114：7）　21、22. 折肩罐（T8②：12、T5①B：5）　23、24. A 型叠唇罐（H171：12、H116：12）　25、26. B 型叠唇罐（H139：5、H99：1）　27～30. 盆（T6③：5、H166：10、T8②：5、H100：1）　31. A 型敞口钵（H60：1）　32. B 型敞口钵（H12：6）

Ⅱ式：厚唇。H99∶1，夹砂红褐陶。方唇，侈口。素面（图二，26）。

盆　数量颇多，均素面，方唇部回泥成叠唇。依据唇部和口部的变化，分四式。

Ⅰ式：薄唇，微敞口。T6③∶5，夹砂红褐陶（图二，27）。

Ⅱ式：厚唇，近直口。H166∶10，夹砂红褐陶。深弧腹（图二，28）。

Ⅲ式：厚唇，口微敛。T8②∶5，夹砂橘红陶。弧腹（图二，29）。

Ⅳ式：薄唇，口微敛。H100∶1，夹砂橘红陶。微弧腹（图二，30）。

敞口钵　依据叠唇的有无，分二型。

A型　无叠唇，斜直腹。H60∶1，夹砂红褐陶。饰绳纹，经抹平。圆唇，外壁近直，内壁微凸，小平底（图二，31）。

B型　口沿有叠唇，微鼓腹。H12∶6，夹砂黑灰陶。素面。圆唇，外底平，内底凸（图二，32）。

3. 分期及各期的主要特征

根据器物演变规律和组合关系的变化，并参照前述层位关系，我们将向阳岭遗址魏营子文化遗存分为4段两期（图二；表二）。4段发展序列清楚，嬗变关系紧密，不可能有大的缺环。不过细加比较，1段与2段、3段与4段联系更紧，而2段与3段之间差异略大。因此我们可以把1、2段及3、4段分别合并，作为两期。两期4段基本代表了向阳岭遗址魏营子文化遗存的分期。

表二　向阳岭遗址典型单位陶器组合关系表

遗迹	鬲				瓮	附加堆纹罐	高领罐	折肩罐	叠唇罐		盆	敞口钵		段别	期别
	A	Ba	Bb	C					A	B		A	B		
H153		Ⅰ	Ⅰ								Ⅰ			1	第一期
H138	Ⅰ				Ⅰ						Ⅰ	○		1	
H171		Ⅰ	Ⅰ								Ⅰ			1	
H139		Ⅰ					Ⅰ			Ⅰ				1	
H21				Ca								○		1	
H37					Ⅰ							○		1	
H20						Ⅰ								1	
H116	Ⅱ		Ⅱ				Ⅱ		Ⅱ		Ⅱ			2	
H62	Ⅱ	Ⅱ									Ⅱ			2	
H57		Ⅱ	Ⅱ		Ⅱ						Ⅱ			2	
H166		Ⅱ					Ⅱ				Ⅱ			2	
H132		Ⅱ									Ⅱ			2	
H99		Ⅱ								Ⅱ				2	

（续表）

遗迹	鬲				瓮	附加堆纹罐	高领罐	折肩罐	叠唇罐		盆	敞口钵		段别	期别
	A	Ba	Bb	C					A	B		A	B		
H9②	Ⅲ	Ⅲ					Ⅲ				Ⅲ			3	第二期
T6②		Ⅲ				Ⅲ					Ⅲ			3	
H160														4	
H114	Ⅳ						Ⅳ				Ⅳ			4	
H97		Ⅲ		Cb			Ⅳ							4	
H80				Cb									○	4	
H12													○	4	
T5①B	Ⅳ	Ⅲ						Ⅲ			Ⅳ			4	

在上文分析研究的基础上，归纳各期的主要文化特征如下。

第一期：以夹砂灰褐陶、红褐陶为主要陶系，也见灰陶、黑灰陶、红陶和红衣陶，基本不见泥质陶。夹砂陶中多有掺有云母片，烧制火候不匀，器表色泽参差，表里亦色调不一。陶器几乎都是泥片盘筑，分段套接而成。多器壁包器底者，呈圈足状。器表多经修整，有刷痕，较平滑。器里则制作粗糙，接痕明显。鬲足多包制，形制较多，有一种素面实足根有刀削痕，呈棱状体，颇有特色。纹饰少见，素面占绝对优势，附加堆纹、绳纹次之，还见三角窝纹、戳印纹、弦纹、三角填平行线纹等。绳纹多较浅而规整，部分经抹平。器耳不发达，仅见一种装饰性捏瘤耳。主要器类有A型Ⅰ式、A型Ⅱ式鬲，Ba型Ⅰ式、Ba型Ⅱ式鬲，Bb型鬲，Ca型鬲，瓮，Ⅰ式附加堆纹罐，Ⅰ、Ⅱ式高领罐，叠唇罐，Ⅰ、Ⅱ式叠唇盆，A型敞口钵，尊和夹砂灰褐陶器盖等。

第二期：以夹砂橘红陶、红褐陶为主要陶系，还见灰褐陶、黑灰陶和灰陶。橘红陶质地疏松，砂粒较大，裸于器表，有涩感；其他陶系器表略显平滑。泥质陶极少，有灰陶和红陶两系。陶器烧制火候亦较小，表里色泽斑驳，表红胎黑者占一定数量。制法和纹饰与第一期基本一致。有器底包器壁者，呈假圈足状。部分器底也饰有绳纹，附加堆纹有衰落之势，少见器耳。器类主要有A型Ⅲ式、A型Ⅳ式鬲，Ba型Ⅲ式鬲，Cb型鬲，Ⅱ式附加堆纹罐，Ⅲ、Ⅳ式高领罐，折肩罐，Ⅲ、Ⅳ式叠唇盆，B型敞口钵，泥质灰陶器盖等，未发现尊和瓮，此外还发现有三翼铜镞（表三、表四）。

表三　向阳岭遗址魏营子文化遗存陶系分段比较表

期别		夹粗砂				夹细砂				泥质		总计/%
		灰褐	红褐	橘红	灰	灰	黑灰	红	红衣	灰	红	
第一期	1	51.75	41.55		0.50	1.90		4.20	0.05			99.95
	2	38.15	56.95		0.10	3.40	0.08	1.30				99.98
第二期	3	35.32	38.08	25.20	0.80	0.15	0.30			0.14		9.99
	4	9.04	17.64	70.92		0.14	1.24	0.04		0.46	0.50	99.98

表四 向阳岭遗址魏营子文化遗存纹饰分段比较表

期别		素面	绳纹	绳纹加弦纹	附加堆纹	三角窝纹	三角填平行线纹	戳印纹	弦纹	总计/%
第一期	1	71.35	16.75	3.24	6.85	1.74			0.02	99.95
	2	80.75	11.40	1.70	5.45	0.40	0.03	0.04		99.77
第二期	3	84.80	10.25	2.02	2.82	0.02		0.06		99.97
	4	84.25	10.43	1.05	3.85	0.34			0.03	99.95

比较两期主要特征可知：二者都存在夹砂红褐陶系，都以鬲口沿、领部饰附加堆纹和盆、钵类口沿呈外叠唇为主要风格，制法、纹饰和器物基本组合亦大致相同。但是，第一期陶系以夹砂灰褐陶为主，其中Bb型鬲、叠唇罐、尊不见于二期；第二期以夹砂橘红陶居多，其中折肩罐、泥质陶器盖、三翼铜镞均不见于一期。这说明两期之间既有共性，又有差异，而共性是主要的。两期的共性表明二者属于同一考古学文化；两期的差异则反映了同一文化的不同发展阶段。

4. 各期段年代推定

向阳岭遗址两期4段的划分，初步建立了魏营子文化的陶器编年。因缺乏直接断代依据，我们需通过与周邻地区同时代考古学文化的比较来考察各期段的时代。

第一期第1段：在向阳岭遗址，我们发现几组魏营子文化早期遗存叠压在夏家店下层文化晚期遗存上的层位关系[31]，表明魏营子文化的上限，当不会早于夏家店下层文化结束年代。学术界一般将夏家店下层文化的下限推定为商代前期，即不晚于武丁[32]。依此，第一期第1段的年代当不早于武丁。第1段的C型鬲（H21：1）与藁城台西F6：49同类器[33]风格接近，年代大体相仿或略晚；陶钵（H21：2）与喀左高家洞M1：1同类器很相似，而高家洞M1共存有一件相当于殷墟二期的铜瓿（M1：3）[34]。因此，推测H21的年代当在殷墟二期左右。在阜新平顶山遗址中，H112是魏营子文化的最早单位。根据类型学比较研究，H112中鬲、瓮、罐和盆等一组器物都与向阳岭遗址第一期第1段同类器一致，H112属于此段无疑。有趣的是，与H112在同一层位下开口的M108是座相当于殷墟二期或略晚的高台山文化墓葬[35]。依据我们的认识，H112的年代应该晚于高台山文化M108，当在殷墟三期左右。这样，第一期第1段的年代应在殷墟二期至三期左右。

第一期第2段：向阳岭第2段偏晚的单位H217有一件陶尊（H217：1）与蓟县张家园F1：7同类器[36]形制酷似。与张家园F1开口于同一层位下的H1中有典型的西周早期陶片。从器物形制比较看，F1略早于H1。依此，我们推定H217应不晚于西周早期。这样，第一期第2段年代可定为殷墟四期至西周早期。

第二期第3段：阜新平顶山遗址中，以88H201、88H302为代表的一类遗存出现了夹砂橘红陶系，其中鬲、高领罐、盆、钵等形制特征与向阳岭遗址第3段遗存基本一致，应属于同一发展阶段。平顶山遗址的中口鼓腹罐（88H201：3）和鬲（88H302：1）分别与赤峰夏家店M14：1和T3⑤：11同类器[37]形制相似，其年代应在西周中期左右。向阳岭遗址出土一件三翼铜镞（T10②：1），长铤，柱脊截面呈圆形，扁铤略歪。此铜镞与赤峰夏家店M12：4[38]、宁城南山根M101：39[39]同类器比较，风格相近，形制似介于二者之间。T10②的年代亦应介于夏家店M12和南山根M101之间为宜。这样，第二期第3段的年代大体在西周中期左右或略晚。

第二期第4段：阜新平顶山遗址以第2层、第1层及M303等为代表的一类遗存文化面貌与向阳岭遗址第4段一致，应属同一发展阶段。平顶山遗址的鬲（M303：2）与赤峰红山后M7：1同类器[40]形制酷似，年代也可能在西周晚期到春秋早期左右[41]。从陶器编年看，第4段应晚于第3段一个时期，既然第3段定为西周中期左右或略晚，那么，第4段自然应在西周晚期左右或稍晚。这样，第二期第4段年代应定在西周晚期至两周之际。

（二）其他典型遗存与向阳岭魏营子文化遗存的分期比较

1. 阜新平顶山遗址

辽宁阜新平顶山遗址魏营子文化遗存有灰坑、散见于居址的墓葬和丰富的遗物。据层位关系和我们对器物形制的划分以及组合的变化，平顶山魏营子文化遗存亦可归纳成两期4段（图三）。

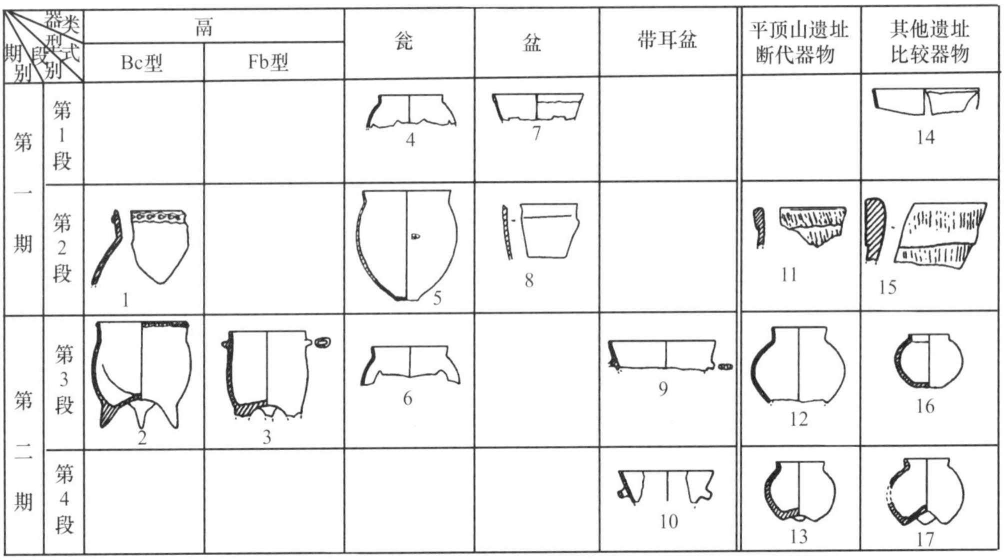

图三　平顶山遗址魏营子文化陶器分期图

1、2. Bc型鬲（G201③：15、88H201：1）　3. Fb型鬲（88H202：9）　4～6. 瓮（H112：11、H307：1、88H302：9）　7、8. 盆（H112：4、T303③：8）　9、10. 带耳盆（88H201：4、H303：4）　11、15. A型叠唇罐（T301③：6、向阳岭H116：12）　12、16. 中口鼓腹罐（88H201：3、夏家店M14：1）　13. Db型鬲（M303：2）　14. 盆（向阳岭T6③：5）　17. 鬲（赤峰红山后M7：1）

第一期第1段：以开口于第3层下的H112为代表。其年代大体相当于向阳岭第一期第1段偏晚[42]。

第一期第2段：以第3层下开口的H307和第3层为代表。Ba型鬲、瓮、盆、A型叠唇罐等均与向阳岭第一期第2段同类器形制一致，年代应基本同时。

第二期第3段：以开口于第2层下88H201、88H302为代表，包括第2层下开口的大部分灰坑。与向阳岭第二期第3段年代大致相当。

第二期第4段：以第2层和1层下的单位为代表，包括M303等部分第2层下开口的单位。其文化面貌与向阳岭第二期第4段基本一致，年代相仿。

2. 喀左后坟陶器群

1972年，喀左县文化馆在后坟村南一座古泉眼中清理出18件陶器，并采集到一件陶鬲，共19件。根据我们分析，后坟陶器以夹砂灰褐陶和红褐陶为多，除素面外，绳纹多较粗，斜行，拍印后多经抹平，还有压印三角窝纹。器类主要有Bc型鬲、Da型鬲、E型鬲、Fa型鬲（图四）、敞口钵、碗、叠唇盆、大敞口罐、壶、瓮（图七）。其中Bc型鬲高领，领与腹部折棱明显，鼓腹，高实足根，口径明显小于腹径的特点，与向阳岭第1段Ba型鬲（H153∶2）和Ca型鬲（H21∶1）的风格一致，应属于同一时期。E型鬲很像夏家店下层文化药王庙类型筒腹鬲的孑遗，似也说明后坟陶器群年代较早。故推定其相当于向阳岭第一期1段。

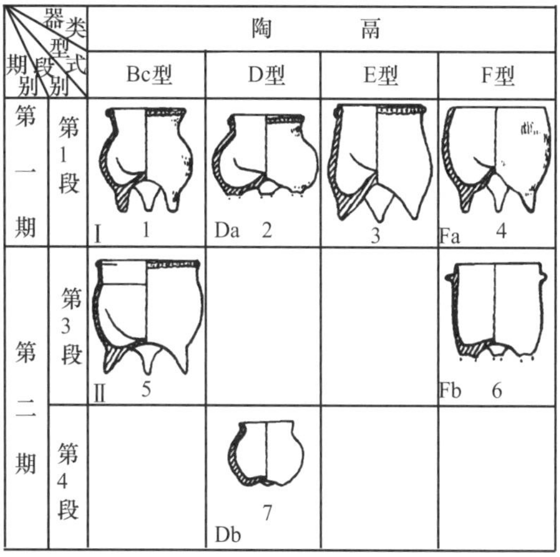

图四 后坟和平顶山魏营子文化陶器分期图
1～4. 喀左后坟 5～7. 阜新平顶山

3. 喀左道虎沟墓地

1979年，在道虎沟墓地清理了一座土坑墓，获得铜镜1件、铜耳环5件、玉玦1件、陶钵1件。铜镜与安阳妇好墓M5∶45同类器[43]相似，陶钵与蓟县围坊T8②∶4同类器[44]形制一致，年代应相仿，大体与向阳岭第一期第1段相当。

4. 朝阳魏营子遗址和墓葬

魏营子遗址未经发掘，仅在遗址附近清理了9座墓葬，获得了一组铜器和其他遗物。发掘者认为，魏营子墓葬（以M7101和M7606为代表）和昌平白浮村墓葬结构基本相同，銮铃、兽面当卢、铜軎都与白浮村M2∶9、M3∶32、M3∶20同类器[45]相似，年代应大体相当；羊头饰件与商周之际青铜彝器上的羊头风格酷似，因此，报告推定魏营子墓葬年代为西周早期。发掘者进一步指出：魏营子墓葬填土中出有“夹砂红褐陶片，饰绳纹，器形有鬲，与遗址出的一样”，认为遗址年代不会晚于墓葬年代，即不晚于西周早期。这一认识是值得商榷的。

目前，对魏营子遗址的认识主要是依据采集陶片而获得的。陶片主要有夹砂橘红陶和红褐陶两系，素面为主，部分饰浅绳纹，有的拍绳纹后又经抹平，还见附加堆纹、压印三角窝纹和平行斜线划纹。可识器类有附加堆纹鬲、甗、鼎、罐、盆和豆等。从总体文化特征看，与向阳岭第二期文化面貌完全一致。新近有的学者经过研究指出，昌平白浮村 M2、M3 的年代至少也应晚到了西周中期[46]，自然魏营子墓葬（M7101 和 M7606）的年代也当不早于西周中期。这与我们的认识不谋而合。若此不悖，则可以推知魏营子遗址和墓葬的主体年代已到了西周中期或更晚。是否存在更早的遗存，尚需新资料的发现和研究。

5. 建平水泉遗址

1977 年、1978 年两次发掘该遗址。简报将遗址分为水泉下层遗存（属于夏家店下层文化）、水泉中层遗存（夏家店上层文化）、水泉上层遗存（属于战国燕文化）。我们认为中层遗存的性质值得商榷。

由于发掘资料的层位关系问题颇多，我们仅根据文化内涵的不同，将中层遗存分为两类：甲类包括房址、窖穴和灰坑，乙类为墓葬。

甲类遗存以陶器为主，也见石器和骨器。陶器皆夹砂质，多呈红褐陶，少量呈灰褐陶，火候较低，陶质疏松；手制，多素面，还见附加堆纹，器类有附加堆纹鬲、鼎、罐、钵、瓮及盘等。从总体特征看，其应属于魏营子文化。其年代大体与向阳岭第一期第 2 段相当。

乙类遗存为 18 座墓葬。分长方形土坑竖穴墓和乱葬坑两种。这些墓是否属同一性质不得而知。从发表的 M8 可知，銎柄式直刃铜剑、齿柄刀、双翼铜饰、联珠铜饰、铜镜饰、变异的扇形铜斧等一组铜器都是夏家店上层文化的典型器，表明乙类遗存应属于夏家店上层文化。依 M8 的铜剑与翁牛特旗大泡子墓Ⅱ式剑酷似[47]，推定以 M8 为代表的乙类遗存年代应在西周中期左右。

可见，水泉中层遗存实际上包含魏营子文化遗存（相当于向阳岭第一期第 2 段）和夏家店上层文化墓葬（相当于向阳岭第二期第 3 段）两种遗存。这一事实表明，在魏营子文化晚期，夏家店上层文化已经开始侵占魏营子文化的地域。

6. 喀左和尚沟墓地

1979 年发掘该墓地。在东西约 1 千米的范围内试掘了 A、B、C、D 四个地点，清理了 22 座墓。原报告认为 A 点与 B、C、D 三点分属于不同的考古学文化。我们认为有必要重新认识。

原报告指出 A 点为魏营子文化遗址是正确的。M1 : 1 铜卣与安阳后冈圆祭坑 HGH10 : 6[48]、安阳西区 M1015 : 4[49]同类器相似，年代当在殷墟四期；铜壶颈部饰夔纹带，为商末周初常见纹饰；铜壶底部铭文“𠫑”，通常被认为是商末灵石旌介地区某氏族集团的族徽[50]。结合陶器形制，可以推定A点墓葬年代应相当于向阳岭第一期第2段。

由于三个地点的墓葬中都出短茎式曲刃铜剑和剑柄端石加重器，故原报告合称之为曲刃短剑墓遗存“和尚沟类型”，以区别于魏营子文化。我们认为B、C、D三点墓葬与A点一样，亦应属于魏营子文化范畴。理由如下。

第一,四个地点共同占据同一块黄土台地，相距较近，又互不干扰，A点占据中间靠上部位，其他三点分布于A点东西两侧。这种有序的排列，或许说明墓地是有一定布局的。通常只有同一文化共同体才会有这种考虑。

第二,四个地点墓葬均为土坑竖穴木椁墓，流行单人仰身直肢葬，墓向为东西，头向东，规模大体相近；随葬陶器都以夹砂红褐陶钵为主，手制粗糙；均见殉牲习俗。这些共同的葬俗表明四个地点的墓葬属于同一文化传统。随葬品的差异可能与墓主的社会地位以及墓葬年代的早晚有关。

第三，B、C、D三点墓葬中共出土三把短茎式曲刃青铜短剑，按形制变化可分为三式（图五）。Ⅲ式剑（M6：1）与宁城南山根M101：37同类器[51]相似，其年代应大体同时。Ⅰ、Ⅱ式短剑则应早于Ⅲ式短剑。剑柄端石加重器（M10：2）明显比凌源大杖子西队王八盖子山遗址同类器[52]更原始些，年代应不晚于西周（图五）。青铜刀可分二型：A型为身柄不分者；B型为身柄有别者。A型刀（M12：3）与翁牛特大泡子墓Ⅱ式刀[53]相似；B型刀（M22：5、M17：3）与宁城南山根[54]同类器相似，青铜刀年代约在西周中晚期左右（图五）。陶器粗糙，从形制上比较，应晚于A点陶器，但年代相去不远。

总之，B、C、D三点墓葬年代晚于A点，而其下限应不晚于两周之际，与向阳岭第二期相当。

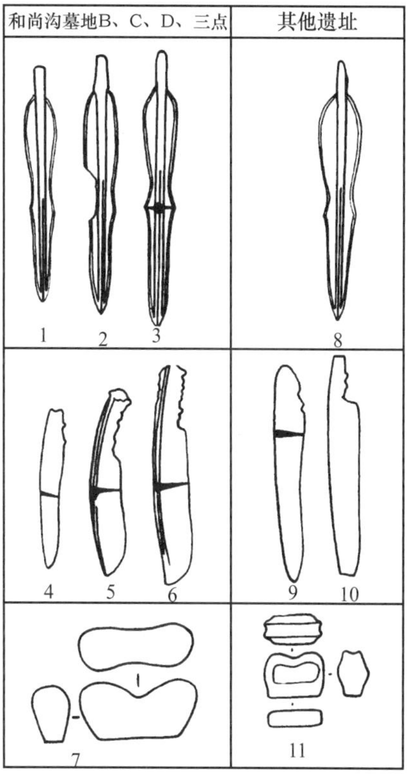

图五　和尚沟墓地断代器物比较图

1. Ⅰ式剑（M17：1） 2. Ⅱ式剑（M13：1） 3. Ⅲ式剑（M6：1） 4. A型刀（M12：3） 5、6. B型刀（M22：5、M17：3） 7. 剑柄端石加重器（M10：2） 8. 南山根（M101：37） 9. 大泡子Ⅱ式刀 10. 南山根墓葬 11. 凌源大杖子西队王八盖山

7. 喀左南沟门遗址

1979年发掘该遗址，共分四种文化堆积：第一种为夏家店下层文化；第二种为魏营子文化；第三种为春秋时期砌石墓葬；第四种为战国中晚期墓葬。魏营子文化遗存陶器为夹砂橘红陶和红褐陶系，部分饰附加堆纹、绳纹或压印三角窝纹；器类有鬲、瓮、罐、盆等。与向阳岭第二期文化面貌一致。

经上述各典型遗存与向阳岭遗址魏营子文化

分期比较（表五），可以看出，向阳岭遗址的两期 4 段基本上代表了现知魏营子文化的分期（图二）。

表五　向阳岭魏营子文化遗存与其他典型遗存分期对应表

<table>
<tr><td>遗址名称</td><td colspan="4">分　期</td></tr>
<tr><td rowspan="2">向阳岭遗址</td><td colspan="2">第一期</td><td colspan="2">第二期</td></tr>
<tr><td>第 1 段</td><td>第 2 段</td><td>第 3 段</td><td>第 4 段</td></tr>
<tr><td>阜新平顶山</td><td>○</td><td>○</td><td>○</td><td>○</td></tr>
<tr><td>喀左后坟</td><td>○</td><td></td><td></td><td></td></tr>
<tr><td>喀左道虎沟</td><td>○</td><td></td><td></td><td></td></tr>
<tr><td>朝阳魏营子</td><td></td><td>?</td><td>○</td><td>○</td></tr>
<tr><td>建平水泉</td><td></td><td>○</td><td colspan="2"></td></tr>
<tr><td>喀左和尚沟</td><td></td><td>○</td><td colspan="2">○</td></tr>
<tr><td>喀左南门沟</td><td></td><td></td><td colspan="2">○</td></tr>
</table>

注：○表示有相当于该时期的遗存。

学术界通常认为魏营子文化存在于商末周初。本文经过分析研究确定，魏营子文化年代上限为殷墟二期左右，下限大体不晚于两周之际。

（三）魏营子文化特征和分布

目前，魏营子文化的发掘资料十分有限，尚难以全面认识其整体面貌。本文根据现有的材料，在文化分期的基础上，对魏营子文化的基本特征进行初步归纳。

1. 遗址

魏营子文化房址发现较少。平面形状主要有圆形和圆角方形两种，为半地穴式或地面式建筑。向阳岭遗址发现双套间椭圆形半地穴式建筑，较为特殊。灰坑发现颇多，种类繁杂，用途各异。值得注意的是，有些房址和灰坑可能与祭祀有关。以向阳岭遗址为例，F6 是一座残存形状为方形的地面式建筑。南北残长 300、东西宽约 390 厘米，活动面为较硬黄灰土，房址的西半部有 A、B 两个遗迹，用纯黄土、紫褐土、红土和蛋黄土交错镶嵌成圆形和月牙形，以及“星点”等图案；东半部有 C、D、E 三个遗迹，C 为石块砌成的半圆形遗迹，内置动物碎骨数片；D 为“穴”式灶，内部填满灰烬土，底部有烧烤痕；E 为厚约 8 厘米的纯黄土圈。A、B、C、D、E 五个遗迹共同构成一个整体。这些迹象表明：F6 并非一般性居住遗迹，很可能与祭祀活动有关（图六）。H117 为非常规整的圆形筒状平底坑，其内堆积皆为灰烬土，无任何遗物。H43 为圆形口平底坑，其内放置一大石块，下压有钻有灼的卜骨和骨锥各一。这类遗迹目前仅见于魏营子文化第一期，尤以第2段居多。

铜器窖藏是魏营子文化的重要特征之一（表六）。从铜器形制特点上考察，这些窖藏都属于魏营子文化第一期第2段；兴城杨河、绥中冯家村、青龙抄道沟三处或许晚到第二期。

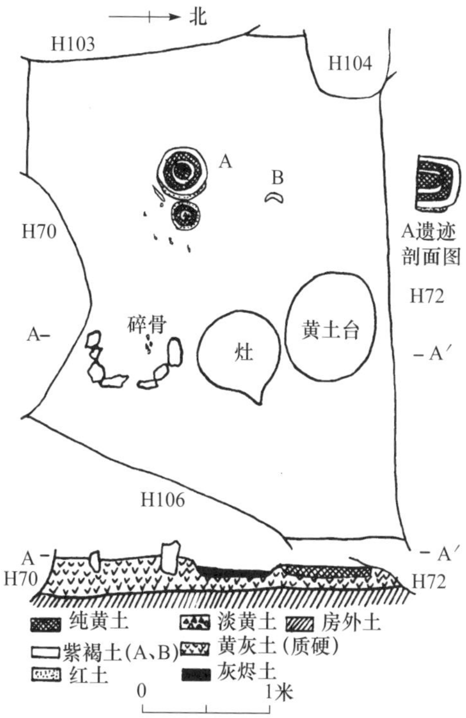

图六 向阳岭遗址F6平、剖面图

2. 墓葬

墓葬有的散见于遗址，如阜新平顶山；有的则独立于遗址之外，如喀左和尚沟。墓葬以土坑竖穴墓为主要形式，有的带木椁或石椁，还有填灰膏泥者。墓向东西，流行单人仰身直肢葬。墓葬可分铜器葬、陶器葬和无随葬品小墓三类。随葬品有卣、壶等铜容器；銮铃、当卢、軎等车马器；铜刀、短茎式曲刃铜剑、剑柄端石加重器、石斧、骨镞等武器；铜镜、铜耳环、金钏、绿松石珠等生活用品和装饰品。此外，陶器以钵为多，也见鼎、罐等，多放于墓主人头前。有殉猪、殉牛的习俗。随葬品的差异往往体现了墓主人的社会地位和身份的不同。

3. 遗物

陶器中夹砂质占绝大多数，陶质疏松，火候较低。一期主要是灰褐陶和红褐陶两系。二期中橘红陶和红褐陶两系居多；几乎均为泥片圈筑，分段套接成器；素面占绝对优势，少见纹饰，偶有附加堆纹、浅绳纹和压印三角窝纹等；口沿及领部系附加堆纹鼓腹鬲、外叠唇盆、素面瓮、附加堆纹罐、高领罐、敞口钵为基本组合（图七）。

铜器分两组。甲组：典型中原铜器，主要出自窖藏，也见于墓葬中。常见鼎、甗、簋、卣、壶、鬲、盘等容器和銮铃、軎、铜泡等车马器。乙组：具有地方特点的铜器，仍以窖藏和墓葬居多，也见于遗址中。主要有器盖、带嘴钵形器、铜镜等生活用具；短茎式曲刃剑，身柄有别的齿柄刀、銎内喙戈、管銎战斧、环首刀等武器；耳环（以及金钏）等装饰品。在第一期第2段，甲组和乙组铜器并存（表六）；在第二期，基本不见甲组铜器，乙组特征突出；兵器常见銎内喙戈、管銎战斧和环首刀；短茎式曲刃剑、身柄有别的齿柄刀；铜镜多见（图八）。

石器有单孔长方形斧、长条形直背直刃双孔刀、半月形双孔刀、网坠等，颇具特色；骨器以骨匕、短铤镞、有钻有孔的卜骨略具风格。

简而言之，魏营子文化的基本特征可以概括为：①以夹砂灰褐陶、红褐陶、橘红

表六 魏营子文化窖藏铜器一览表

遗址	中原式容器												地方式用器					地方式兵器										其他	合计
	鼎	甗	簋	鬲	盂	卣	壶	罍	鸭形尊	尊	盘	瓿	带嘴钵形器	器盖	俎形器	带铃方座簋	铃首匙	銎内啄戈	管銎战斧	凸背环首刀	羊首曲柄短剑	方銎斧	兽首刀	铃首刀	三齿形器	钩形器		
凌源马厂沟	1	2	3		1	2	1	2	1		1																残2件	16
喀左小城子	2																											2
喀左北洞 坑1								5				1																6
喀左北洞 坑2	3		1					1					1															6
喀左山湾子	1	3	10	1	1	1		3		1																	盘状器	22
喀左汉汰沟	○		○								○			○		○	○											14
义县花尔楼	1	2	1											1														5
兴城杨河																		1	1	3						1		6
绥中冯家村																		13	2	17		13	1		2			48
青龙抄道沟																		1	1	3	1		1	1				8

注：○表示有，数目不详。资料来源见注释［20］～［28］。

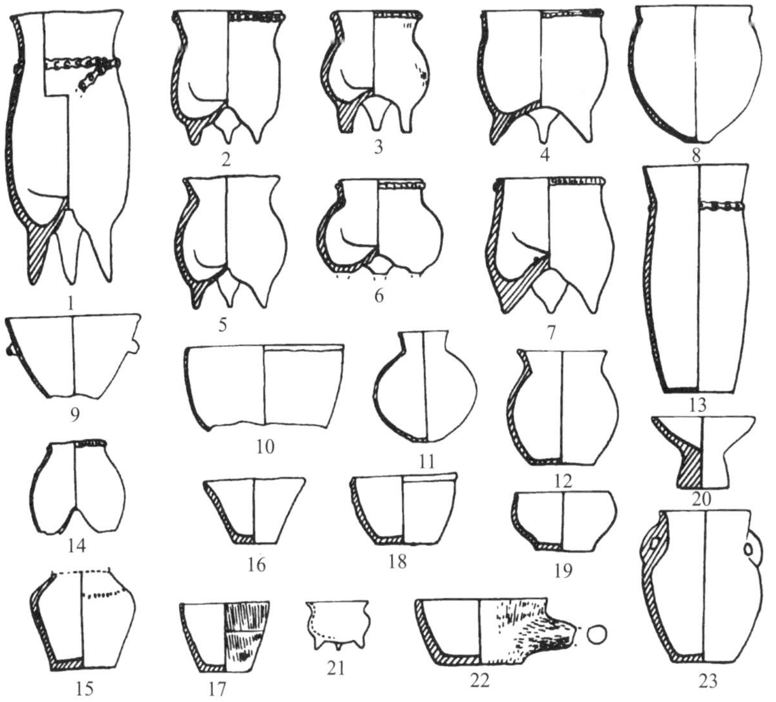

图七 魏营子文化典型陶器图

1. A型鬲 2～4. B型鬲 5. C型鬲 6. D型鬲 7. E型鬲 8. 瓮 9. 带耳（甗）盆 10. 叠唇盆 11. 小口鼓腹罐 12. 中口鼓腹罐 13. 附加堆纹罐 14.（甗）鬲 15. 折肩瓮 16～18. 敞口钵 19. 敛口钵 20. 豆 21. 鼎 22. 带把钵形器 23. 双耳壶

（1、2、5、10、13、16、18. 义县向阳岭；3、6、7、12、15、23. 喀左后坟；4、8、9、11、14、20、22. 阜新平顶山；17、19、21. 喀左和尚沟）

陶为基本陶系，以口沿或领部饰附加堆纹的素面鼓腹鬲为突出特征，连同外叠唇盆、素面瓮、附加堆纹罐、高领罐、钵为基本组合的一组陶器群；②以具有地方特色的銎内喙戈、管銎战斧、环首刀、短茎式曲刃剑、身柄有别的齿柄刀等兵器和铜镜、器盖、带嘴钵形器等生活用品为代表的一组铜器群；③以单孔长条形石斧、长条形直背直刃双孔石刀和骨匕、有钻有灼的卜骨为代表的一组石骨器群；④半地穴式或地面式圆形和方形房屋，尤以双套间半地穴式房屋为特色；⑤以土坑竖穴木椁墓，单人仰身直肢葬为特点的墓葬，有殉猪、牛的习俗。

根据魏营子文化的基本特征，其分布范围大致可定：东抵医巫闾山，东南到海，南不过燕山，西北达努鲁儿虎山左近。大、小凌河流域是魏营子文化的中心分布区。在燕山北麓的滦河上游地区，发现有魏营子文化的遗存[55]（图九）。联系到宣化小白阳遗址尚有类似魏营子文化的遗存[56]，推定这一地区乃至桑干河水系洋河流域，在西周某时期或许曾是魏营子文化势力所及的范围。其北界尚不清楚[57]（图一〇）。

在其分布范围内，魏营子文化存在着地域性差异。位于大凌河支流牤牛河流域的阜新平顶山遗址和位于大凌河中游地区的义县向阳岭遗址各具特色。前者流行器耳，有鋬耳和横桥耳等；后者少见器耳，仅见极少盲瘤耳。前者的筒腹双鋬鬲、中口鼓腹

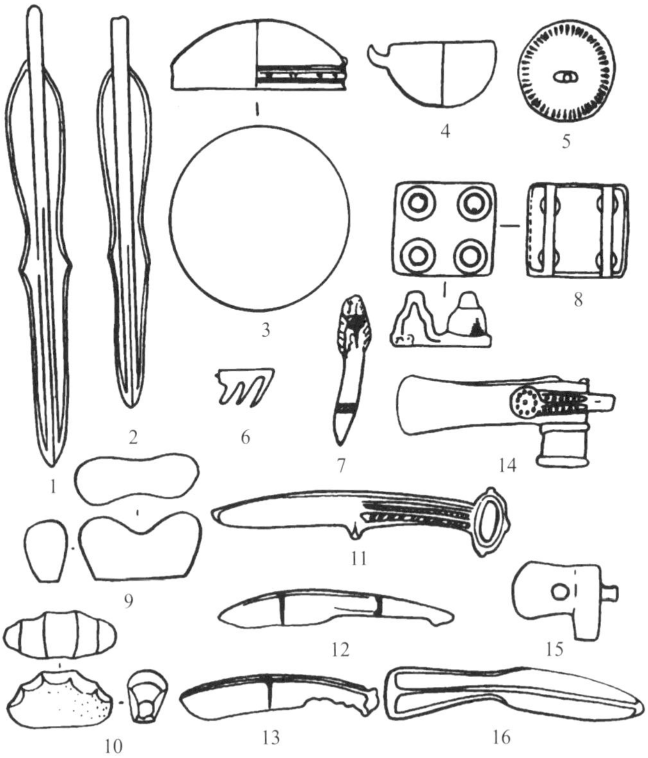

图八 魏营子文化铜器图

1、2. 短茎式曲刃剑 3. 器盖 4. 带嘴钵形器 5. 铜镜 6. 三齿形器 7. 镞 8. 铜泡 9、10. 剑柄端石加重器 11. 环首刀 12、13. 齿柄刀 14、15. 管銎战斧 16. 銎内喙戈

（1、2、9、10、13. 和尚沟 3. 小波汰沟 4. 北洞村 5. 道虎沟 6、15. 冯家村 7. 向阳岭 8. 魏营子 11、14. 杨河 12. 平顶山 16. 抄道沟）

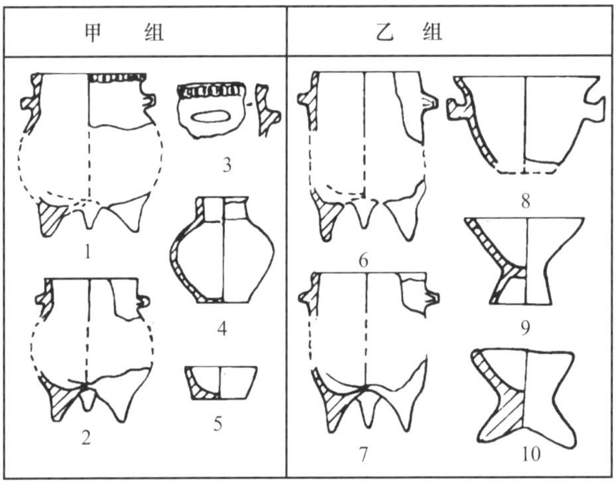

图九 滦河上游诸遗址陶器分组图

1、4、6. 丰宁城根营 2、7. 赤峰猴头沟 3、8、9. 滦平营坊 5、10. 丰宁胡岔沟

罐、坩埚、陶勺、铜刀，不见于后者；后者的领饰附加堆纹弧腹鬲或罐、大口尊、三翼铜镞亦不见于前者。说明对魏营子文化本身有进一步划分“类型”的必要。

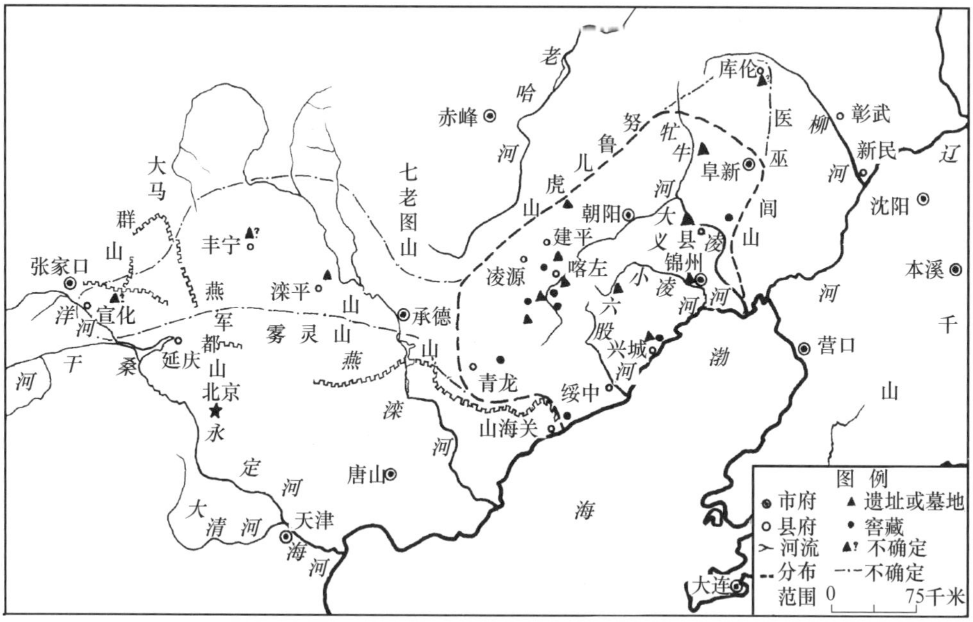

图一〇　魏营子文化诸遗存分布示意图

三、文化因素分析和文化性质的确定

（一）文化因素分析

考古学文化是一个动态的文化共同体，其构成因素具有相对不稳定性。任何考古学文化的形成和发展总会在特定的历史条件和地理环境的制约下，与稍早或同时期周邻文化发生程度不同的文化借鉴、吸收和融合。因此，要正确认识某一考古学文化的性质，追寻其文化渊源，就必须从文化因素入手。“文化因素分析是指对考古学文化构成因素的分析。”[58]文化构成因素的不稳定性，决定了文化因素分析应该在分期的基础上“动态”地进行。我们依据较能反映不同文化特征的典型器物组合及器物群的整体风格，将魏营子文化略析为四组不同因素。

甲组：承袭当地夏家店下层文化药王庙类型的因素。主要存在于第一期，以夹砂灰褐陶为主，红褐陶次之，部分陶器饰规整绳纹，并有绳纹抹平的作风。主要器类有E型鬲、敞口绳纹钵、鼎等，铜耳环应归入此组（图一一）。E型鬲仅见于第1段，其口沿饰附加堆纹，似另有传统。就其整体形制看，直腹，空袋足，有实足根，弧裆，不难看出药王庙类型典型器——筒腹鬲的孑遗。敞口绳纹钵是一期的典型器之一，第二期少见。在向阳岭遗址药王庙类型晚期遗存中有此类钵。鼎目前仅第一期有完整器。其罐形，三锥足微外撇的特点，应与药王庙类型丰下T3②：1同类器[59]有一定渊源。铜耳环见于阜新平顶山药王庙类型等遗存中[60]，为夏家店下层文化典型器物之一。

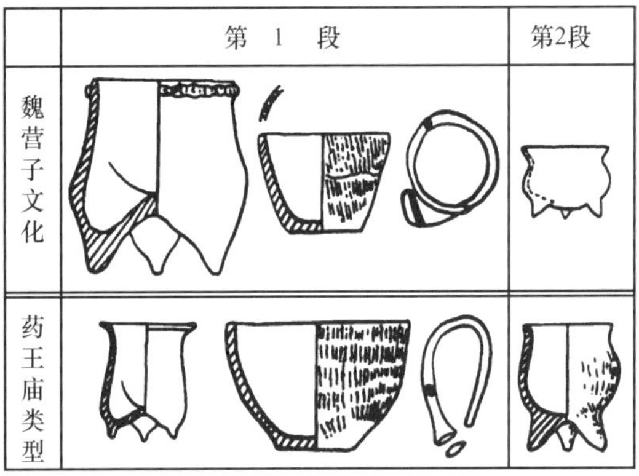

图一一 甲组因素与药王庙类型比较图

乙组：来自东部高台山文化的因素。这组因素的陶器制作风格独树一帜，特征明确。表现为：①素面作风；②鬲、盆、罐、钵等口沿回泥成叠唇的作风；③饰横桥耳、鋬耳的作风；④口沿内侧抹斜成尖唇的作风（仅见第一期）。器类有 F 型鬲、双耳壶、叠唇（甗）盆等（图一二）。F 型鬲分二亚型。Fa 型鬲仅见于第 1 段，Fb 型鬲见于第 3 段。二者在高台山文化中都有典型器。双耳壶仅见于第 1 段。其双耳饰于肩和领上的作风是高台山文化典型特点。叠唇（甗）盆各段均见，是魏营子文化重要器物之一。其形制有别于（甗）盆，但总体风格一致，故归入此组。

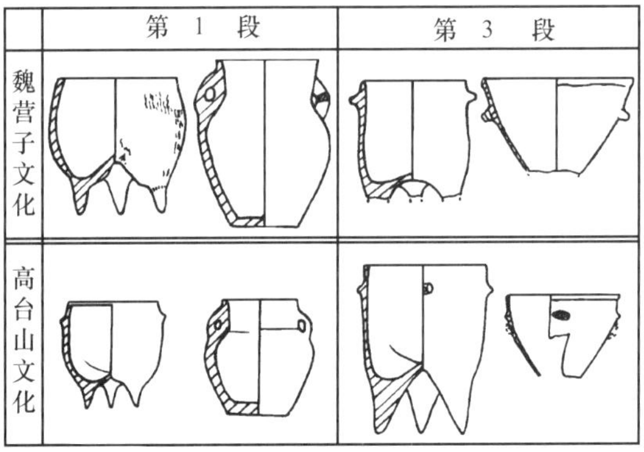

图一二 乙组因素与高台山文化比较图

丙组：来自张家园上层文化和中原商周文化的因素。属于这组的主要是窖藏和墓葬中的青铜容器和车马器。陶器难以分辨，来源于西部的大口尊和唇饰绳纹鬲（或盆）暂归入此组。

青铜容器和车马器几乎都是典型中原商代晚期和西周初期的器物，也见于张家园上层文化中。其性质和来源渠道及其反映的问题很复杂，本文暂不涉及。大口尊仅见于第 2 段。张家园上层文化中有同类器[61]。藁城遗址二里冈上层文化遗存[62]中有更早形制。唇饰绳纹鬲（或盆）各期均见。唇饰绳纹作风仅见于西部。张家园上层文化乃至陕北[63]商末周初的考古学文化中均见，年代略早。估计此类器是从张家园上层文化等遗存中吸收而来。

丁组：具有自身特点的因素。这组因素颇具特色，在同一器形上常反映出不同的文化风格。以口沿或领部饰附加堆纹的鼓腹鬲和罐为代表的一类因素，一直是魏营子文化各期段中最有代表性的因素。考察早于魏营子文化的周邻诸考古学文化，均不见此作风。而在远离大、小凌河流域的河套地区，这种鬲、罐则是夏与早商时期朱开沟文化[64]典型因素之一。联系到宣化李大人庄夏家店下层文化壶流河类型遗存[65]中朱开沟文化因素的存在和宣化小白阳遗址及滦河上游地区均见魏营子文化遗存的情况，我们推定以附加堆纹鼓腹鬲或罐为代表的一类因素来源于朱开沟文化当为不悖[66]。但是，这类因素的鬲和罐几乎都是素面，少见绳纹抹平者，完全异于朱开沟文化的绳纹系统，而具有乙组因素的某些特点。陶鬲带高实足根的特点也不见于朱开沟文化，应是甲组或乙组因素中鬲的风格。上述表明，丁组因素是朱开沟文化附加堆纹因素等融合甲组和乙组的某些特征而形成的一类独特的新因素。器类有 A 型鬲、B 型鬲、D 型鬲、附加堆纹罐、素面瓮、高领罐等。将具有地方特点的铜器——带嘴钵形器、器盖、铜镜、銎内喙戈、管銎战斧、环首刀、短茎式曲刃剑暂归此组（图一三）。

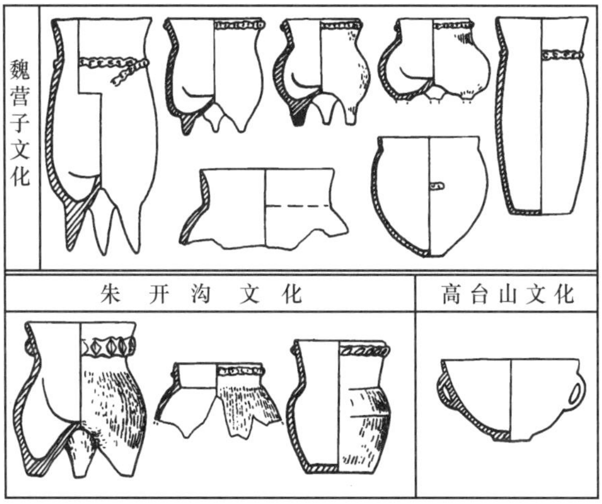

图一三 丁组因素与其构成因素来源器物图

A 型鬲各段均见，为魏营子文化典型因素之一。B 型鬲数量最多，是魏营子文化典型因素之一。分三型：Ba 型，各段均见；Bb 型，仅见于第一期；Bc 型，见于第 1 段和第 3 段。D 型鬲分二型。Da 型鬲目前仅见于第 1 段。Db 型鬲口沿无附加堆纹，形制与 Da 型鬲很像，似有渊源关系。附加堆纹罐见于第 1 段和第 4 段。其风格和形制与 A 型鬲相似，颇具特色。与朱开沟文化和高台山文化附加堆纹罐均不同，故归入此组。素面瓮各段均见，为该文化特有因素之一。高领罐各段均见，演变序列清楚，较有特色。带嘴钵形器、器盖、镜、銎内喙戈、管銎战斧等铜器均只见于第 2 段，主要发现于大、小凌河流域，其来源不清，暂作为具有地方特点的因素，归入此组。凸背环首刀也仅发现于第 2 段，常与銎内喙戈、管銎战斧共出土于窖藏中，很可能也是地方因素。其较早形制为凹背环首、尖部上翘，发现于河套地区[67]，与此不同。短茎式曲刃剑见于第二期。其较早形制即出现于该文化中，应为魏营子文化的重要因素之一。

（二）文化性质的确定

通过分析，可以看出魏营子文化四组因素在其文化构成中所处的地位是不同的。魏营子文化的性质应该由其主导因素来决定。

比较四组因素，甲组主要见于第一期，显然不会是主导因素。乙组虽第一、二期均见，其制陶风格对魏营子文化构成有重要影响，但其不见稳定的器物组合贯穿始终，说明其也不是决定性因素。丙组仅见于第一期，多是铜器，少见陶器，难以确定文化性质。而丁组因素有一套独特的陶器群和铜器群，且有一组器物演变序列清楚，贯穿文化始终，无疑应是魏营子文化的主导因素。

前文已经谈及，丁组因素实际是朱开沟文化的某些因素与乙组的某些因素融合，并吸收当地甲组因素而形成的文化复合体。这样，我们可以推测：朱开沟文化的一支大体在殷墟一、二期时沿燕山北麓到达夏家店下层文化药王庙类型南部地区——大、小凌河流域，与西进的一支高台山文化相碰撞，三者相互吸收，相互融合，形成了独具特色的魏营子文化。

四、与周邻地区诸考古学文化的关系

魏营子文化构成因素是比较复杂的，在其形成过程中，吸收并融合了朱开沟文化、高台山文化和夏家店下层文化的某些因素；在其发展过程中，又与周邻地区同时期诸考古学文化发生了密切关系。

（一）与张家园上层文化的关系

张家园上层文化兴起于殷墟二期左右，占据北抵燕山，南达北易水流域，东到滦河流域及燕山山地，西不过太行山的广大区域。其消亡时间随燕文化的扩张和同化过程而略有不同：靠近北京房山地区，在西周早期基本已为燕文化所控制；在边远地区，张家园上层文化直到两周之际方退出历史舞台[68]。

张家园上层文化与魏营子文化地域相邻，年代相当，二者必然发生某些联系。但比较文化特征（表七），从遗迹到遗物群（陶器、铜器、石骨器等），从生活习惯到葬俗（图一四、图一五），二者差异明显大于共性，这表明二者应是两个不同的考古学文化。

表七　魏营子文化和张家园上层文化特征比较表

	魏营子文化之特征	张家园上层文化之特征	二者之相同点
房址	双套间半地穴式建筑	半地穴式建筑为主，有的砌石墙	圆形、椭圆形半地穴式或地面式建筑

（续表）

	魏营子文化之特征	张家园上层文化之特征	二者之相同点
墓葬	以单人仰身直肢葬为主，有殉牲习俗，随葬品以短茎式曲刃剑、铜镜、齿柄刀为多	以俯身直肢葬为主，随葬品以匕首式短剑、兽首式铃首刀、弓形器为特点，有的墓以中原鼎、簋为组合	东西向土坑竖穴墓，均随葬铜耳环、金钏
陶系	晚期有夹砂橘红陶系	不见夹砂橘红陶系	均以夹砂或云母片灰褐陶、红褐陶为主，有少量泥质陶
制法	有轮制	有模制	手制为主，分段套接成器
纹饰	以素面为主，少见浅绳纹、附加堆纹，流行口沿回泥成叠唇的作风	以绳纹、间断绳纹为大宗，还见少量附加堆纹，绳纹早晚有别	均见素面、绳纹、附加堆纹、压印三角窝纹
主要陶器	领部饰附加堆纹的高体鼓腹鬲、素面瓮、高领罐、叠唇盆、双耳壶以及筒腹鬲、豆	口沿饰附加堆纹高体鼓腹鬲、甗、绳纹盆、碗等	口沿饰附加堆纹矮体鼓腹鬲、尊、钵等
铜器	短茎式曲刃剑、身柄有别齿柄刀、銎内喙戈、管銎战斧、铜镜、器盖、带嘴钵形器、三翼铜镞	匕首式短剑、铃首或兽首刀、三銎刀、銎内带胡戈、钩戟、穿鼻斧、弓形器，以及釜、锅形鼎、器盖	主要见于窖藏和墓葬中，既有中原式，又有地方式器物，如金钏、铜耳环、头盔
石骨器			石器有磨制、打制和细石器；骨器大同小异

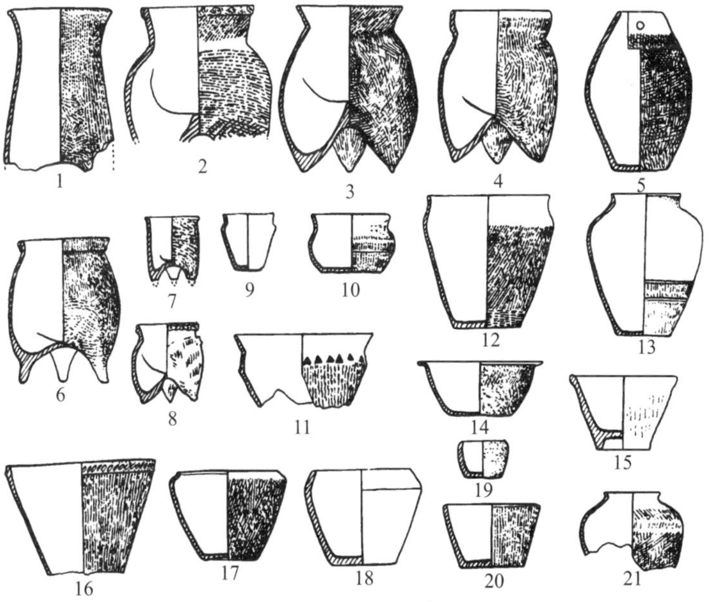

图一四　张家园上层文化典型陶器图

1. 长体弧腹弧裆鬲　2、6、8. 附加堆纹鼓腹鬲　3、4. 矮体鼓腹鬲　5. 壶　7. 筒腹鬲　9、11. 尊　10. 扁腹罐　12. 大口直腹罐　13. 小口直腹罐　14. 盆　15. 簋　16. 甗　17～19. 敛口钵　20. 敞口钵　21. 瓮

（1、6、7、10、13、14、16、20. 唐山古冶　2、11、15. 蓟县张家园　3～5、9、12、17～19、21. 蓟县围坊　8. 三河冯家府）

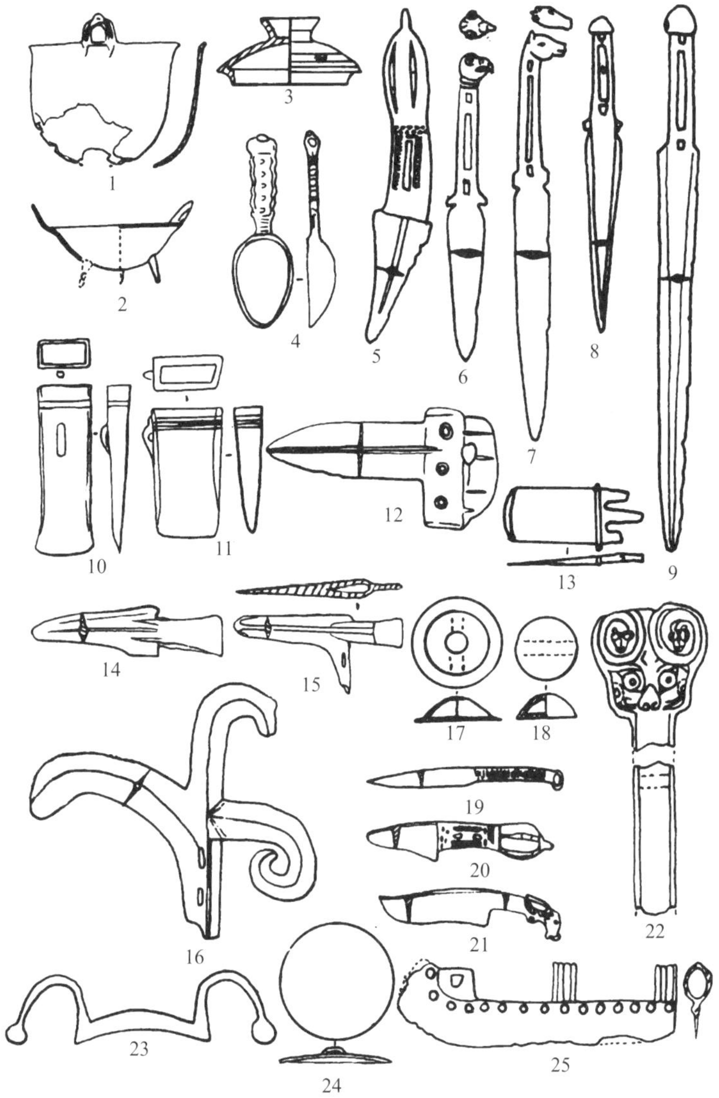

图一五　张家园上层文化铜器图

1. 釜　2. 锅形鼎　3. 器盖　4. 匙　5. 铃首匕首　6. 鹰首匕首式短剑　7. 马首匕首短剑　8、9. 冒首匕首式短剑　10. 带耳锛　11. 带耳斧　12. 管銎啄戈　13. 钺　14、15. 銎内戈　16. 戟　17、18. 护腿甲泡　19. 环首刀　20. 铃首刀　21. 兽首刀　22. 兽面当卢　23. 弓形器　24. 镜形饰　25. 三銎刀
（1、2、4、14、19. 延庆西拨子村　3、15、20、21. 兴隆小河南村　5～13、16～18、22～25. 昌平白浮）

（二）与夏家店上层文化的关系

夏家店上层文化主要分布于老哈河流域和西拉木伦河流域。东南以努鲁儿虎山为界与魏营子文化毗邻，似有交错地带。

关于夏家店上层文化的年代，学术界认识略有不同[69]。克什克腾旗龙头山遗址的发掘[70]，为确认夏家店上层文化上限至少可以早到西周早期提供了新的佐证。其一，銎柄式直刃剑 M1：15，平直刃，窄剑身，素面，单面有不明显的格，椭圆形銎柄，显然比大泡子墓同类剑[71]更原始、古朴；三翼铜镞M1：18，细长，无尾翼，二角形铤出尖不明显，比夏家店M12：4同类器[72]年代要早；龙头山M1出扇形铜斧，銎口凸棱下饰倒三角纹，与年代相当于商的苏联叶尼塞河流域“安加拉－叶尼塞”式铜斧[73]有相似的风格。其二，龙头山M1椁墓^{14}C测定年代经树轮校正，距今3240年±150年，约在商末周初左右。其三，龙头山陶鬲H70：1与喀左后坟采集陶鬲[74]相近，年代偏早。可见，以龙头山M1和H70为代表的一类遗存年代较早，不会晚于西周早期。

需要指出的是，以往学术界通常认为魏营子文化在年代上介于夏家店下层文化和夏家店上层文化之间，其主要原因在于把魏营子文化下限定得偏早，而夏家店上层文化上限定得偏晚。本文的研究已经证明魏营子文化的年代下限可到两周之际；而龙头山遗址的材料，又表明夏家店上层文化年代上限不会晚于西周早期，下限至少已进入春秋时期。由此可知，魏营子文化和夏家店上层文化至少在整个西周时期都是平行发展的，只是就目前资料而言，魏营子文化兴起略早，夏家店上层文化结束较晚而已。

比较夏家店上层文化和魏营子文化特征（表八；图一六、图一七）可知，虽然二者地域相邻，大部分时期并行发展，但二者都具有极强的独立性，文化面貌迥异，显然属于不同的文化谱系。在文化交错地带，似乎也有较密切的接触。建平水泉中层遗存反映的情况属此类。

表八　魏营子文化和夏家店上层文化特征比较表

	魏营子文化之特征	夏家店上层文化之特征	二者之相同点
房址	双套间椭圆形半地穴式	窖穴式建筑，石砌墙的半地穴建筑，石砌灶坑	半地穴式或地面式建筑
祭祀遗迹	只见房址、灰坑	龙头山有石砌围墙的祭祀址，包括祭祀坑（有典型人祭）、灰坑、房址	均见
墓葬	以长方形土坑竖穴墓为主，有殉猪、牛习俗，随葬品以短茎式曲刃剑、石加重器、铜镜为特点	以长方形石椁（棺）墓为主，还见梯形竖穴坑墓、袋状坑套梯形竖穴坑墓；有殉狗习俗。随葬品以銎柄式铜剑、齿柄刀、扇形铜斧为特色	均见木椁墓、石棺墓，流行东西向，以仰身直肢葬为主，均见铜容器、兵器、车马器、金钏、铜耳环
陶系	以灰褐陶、红褐陶和橘红陶为主	以红褐陶和色泽鲜艳的红陶为主，似有红衣	均夹砂或云母片，陶质疏松，火候较低
纹饰	有一定绳纹，还见压印三角窝纹、附加堆纹等，少见器耳	几乎皆素面，不见绳纹，有篦点纹，流行器耳	均以素面为主，流行外叠唇，均见鋬耳、桥状耳、盲耳
制法			均手制，分段套接成器，也可轮制
主要陶器	附加维纹鼓腹鬲、附加堆纹罐、素面瓮、叠唇罐、高领罐、叠唇盆、钵	双鋬鼓腹鬲、双耳鼓腹鬲、鼎、高柄豆、筒腹罐、凹口器、叠唇盆	短柄豆、乳足鬲、筒腹鬲、勺、中口罐、纺轮、网坠
铜器	短茎式曲刃剑、身柄有别齿柄刀、銎内喙戈、管銎战斧、凸背环首刀、铜镜、器盖、带嘴钵形器	銎柄式剑、齿柄刀、扇形斧、柳叶形镞、剑鞘、联珠式或双尾形铜饰、蛙形或蛇形牌饰、鬲、鼎、双联罐、豆形器、勺等	均见地方式和中原式器物，还有金钏、耳环，三翼铜镞、头盔

（续表）

	魏营子文化之特征	夏家店上层文化之特征	二者之相同点
石器	长条形直背直刃刀、单孔长条形斧，多磨制器	穿孔锤斧，多打制器	双孔弧背半月形刀、环形石器、镞等，均见打制、磨制和细石器
骨器	卜骨有钻有灼，骨铲	卜骨只见灼烤，长身骨镞	卜骨、骨匕、笄、短身镞

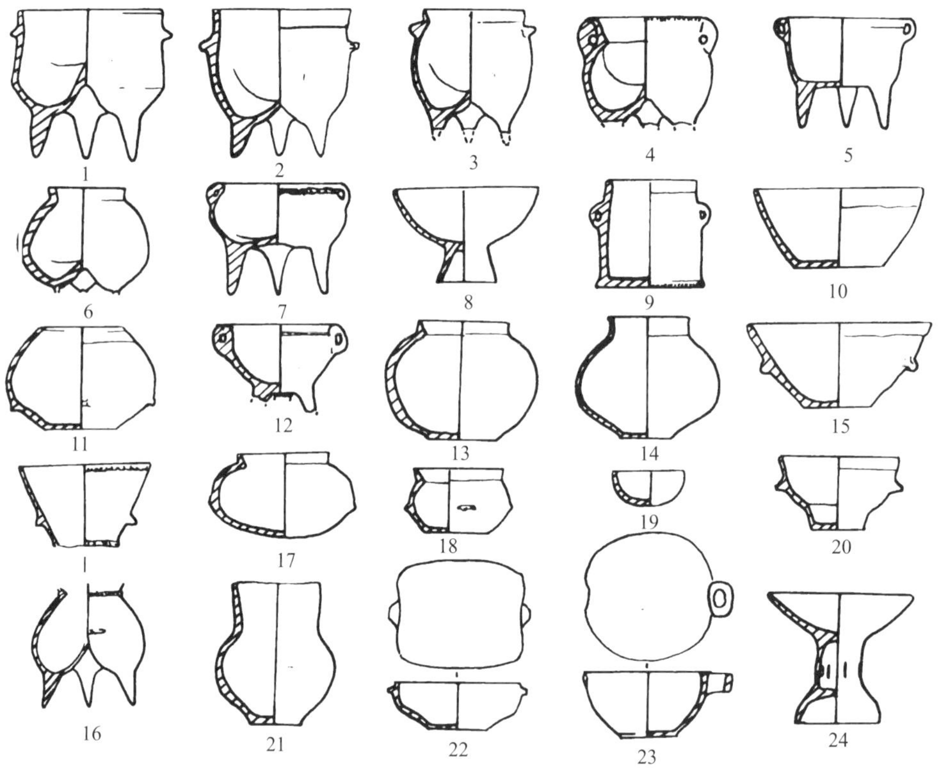

图一六　夏家店上层文化典型陶器图

1、2. 鋬耳筒腹鬲　3. 鋬耳鼓腹鬲　4、7. 桥耳鼓腹鬲　5、12. 鼎　6. 乳足鬲　8、24. 豆　9. 筒形罐　10、15. 盆　11. 敛口罐　13. 鼓腹平底罐　14. 折腹平底罐　16. 甗　17. 鼓腹圜底罐　18. 扁腹平底罐　19. 圜底钵　20. 假圈足钵　21. 壶　22、23. 凹口钵

（1、5～7、9、11、14、16、19、20、22～24. 克什克腾龙头山　2、10. 林西大井　3、8、13、17、18. 赤峰夏家店　4. 翁牛特大泡子　12、21. 敖汉周家地　15. 赤峰蜘蛛山）

（三）与双房类型[75]及老虎冲遗存[76]的关系

双房类型是继羊头洼类型[77]之后兴起的一支考古学文化遗存。陶器以夹砂红褐陶和黑褐陶居多，几乎都是素面，也见弦纹、附加堆纹；口沿回泥成外叠唇，流行器耳，上耸横桥耳和泥片贴耳最具特色。主要器类有双横桥耳杯形口鼓腹圈足壶、长颈壶、叠唇筒腹罐、圈足碗等。铜器有短茎式曲刃剑和斧。双房类型主要分布于以碧河流域为中心的辽东半岛。沈阳老虎冲遗存[78]的发现，似乎表明双房类型已达辽河流域。但双房类型是否占据了整个辽河流域，尚不得而知。其陶器特征和葬俗与魏营子文化大相径庭，不会同属于一个文化谱系。

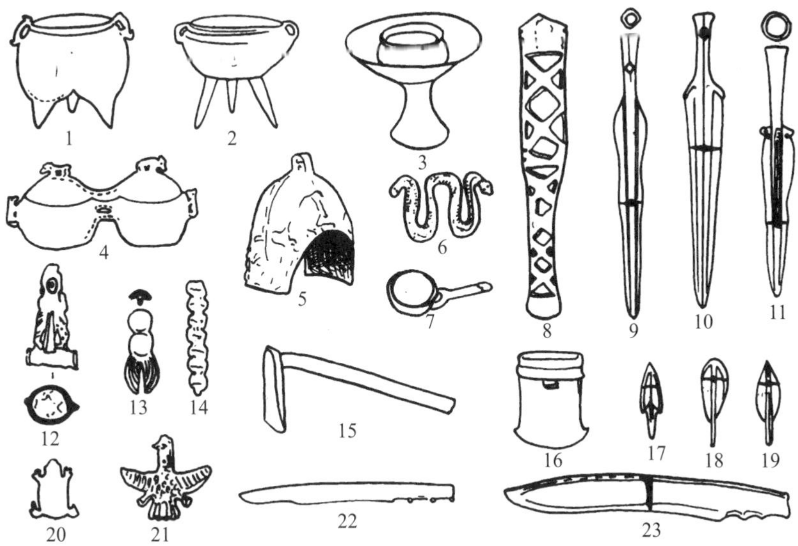

图一七　夏家店上层文化铜器群

1. 鬲　2. 鼎　3. 豆形器　4. 双联罐　5. 头盔　6. 蛇形器　7. 勺　8. 剑鞘　9～11. 銎柄式短剑　12. 饰件　13. 双尾饰　14. 联珠饰　15. 锄　16. 斧　17～19. 镞　20. 蛙形饰　21. 鸟形饰　22、23. 齿柄刀

（1～5、7～9、15、16、22. 南山根 M101　6. 宁城滦营子　10. 大泡子　11. 宁城小黑石沟　12、14、21、23. 南山根　13、17～19. 夏家店　20. 赤峰红山后）

值得注意的是，双房类型的短茎式曲刃剑似乎与魏营子文化同类器属于同一文化系统，只是形制略有差别。这种现象所反映的问题有待于进一步探讨。

（四）与长城地带诸青铜文化的关系

附加堆纹鼓腹鬲是魏营子文化最富特色的代表性器物，其贯穿整个文化始终，形制复杂。有趣的是，在其西部沿长城地带大体同时的诸考古学文化中，也都发现这种附加堆纹鬲。魏营子文化与这些考古学文化之间似乎存在着某些内在的联系（图一八）。

朱开沟文化是年代为夏至商代前期，分布于阴山南麓内蒙古中南部的一种考古学文化。附加堆纹鬲较早出现于该文化中，并呈放射状对周邻文化产生不同程度的影响。其后，李家崖文化[79]出现于陕北、晋北地区，年代相当于殷墟二期至西周中期左右，附加堆纹鬲是该文化的重要特征。从文化面貌上看，李家崖文化应与朱开沟文化有一定的渊源。

辛店文化主要分布在洮河、大夏河中下游地区，存在于商代晚期到春秋初年[80]。陶器以夹砂黄褐陶或粗红陶为主，流行彩绘、绳纹，素面占一定数量。主要器类有罐、盆、鬲、鼎等。其附加堆纹鬲有绳纹和素面两种，均双耳，分裆，大袋足外撇，颇具特色。主要流行于商末左右，西周仍有，但已明显衰落。

寺洼文化是与辛店文化年代大体相当的一支考古学文化，其主要占据洮河和渭河中上游地区[81]。陶器以夹砂红褐陶为主，流行素面，以马鞍形双耳罐最具特点，也见鬲、鼎等。其附加堆纹鬲均素面，双耳，分裆，大袋足，与辛店文化陶鬲形制相似。

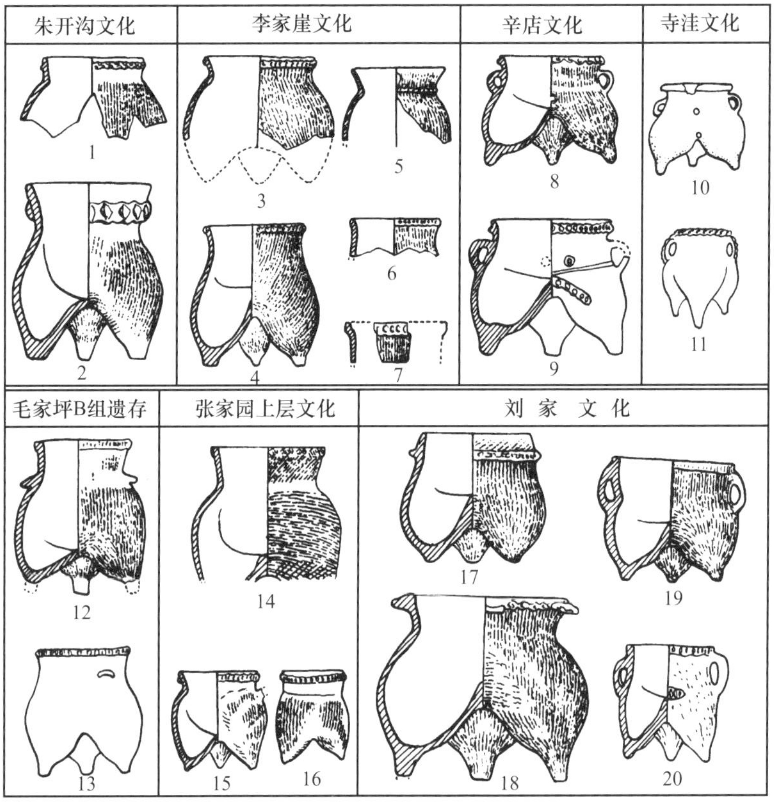

图一八　长城地带诸考古学文化附加堆纹鬲比较图

1、2. 伊金霍洛朱开沟　3、4. 柳林高红 H1　5. 清涧李家崖　6、7. 绥德薛家渠　8、9. 永靖姬家川　10、11. 临洮寺洼山　12. 武山付家门　13. 庆阳毛家坪　14. 蓟县张家园　15. 三河冯家府　16. 卢龙双望　17、18. 长武碾子坡　19、20. 扶风刘家

其后，在该地区存在一类毛家坪 B 组遗存[82]，其下限可到战国。该遗存有变形的附加堆纹鬲，可能与寺洼文化有一定的承袭关系。

张家园上层文化在殷墟二期到春秋初年左右存在于京、津、唐地区。附加堆纹鬲是其典型器物，形制颇多，基本都有绳纹，有自身特点。

需要指出的是，在关中地区西部的刘家文化[83]，其北部类型也见一种带双錾的附加堆纹鬲，数量不多，不是其典型器。刘家文化常见双耳分裆鬲，口沿无附加堆纹，而是在口沿上直接压有锯齿纹等，别具一格。因此，刘家文化不宜归入附加堆纹鬲系统中。

经过比较分析可知，在长城地带诸考古学文化中，附加堆纹鬲是一种共性。除朱开沟文化外，其他诸考古学文化在年代上大体相当，彼此各据一方，同时又互相交往，密切相关。若从考古学文化层次分析角度考虑，以附加堆纹鬲为标志则构成了一个长城文化带。这个文化带上的诸文化几乎同时兴起于殷墟二期或略晚，强盛于商代晚期和西周。中原商文化在二里冈上层和殷墟一期以后从北方突然收缩，或许与附加堆纹鬲系统的原生文化群向南扩张有密切关系。

在长城地带诸青铜文化中，均普遍发现具有地方特点的北方青铜器。主要是兵器、装饰品，也有一些容器。这些铜器的渊源和归属等问题一直为学术界所关注。我们认为，将发现的青铜器依据共存关系与当地考古学文化直接挂钩是合适的。基于此，本文对魏营子文化、张家园上层文化，乃至夏家店上层文化的铜器群做了初步归纳。此外，在陕北、晋北和内蒙古南部发现的铜器群，诸如铃首剑、铃首刀、单环三组首刀、双环纽首刀、蛇首匕、头饰、耳饰等，都应属于李家崖文化的范畴。

（五）魏营子文化发展去向的初步探讨

在春秋时期，占据原魏营子文化分布地域的考古学文化是以朝阳十二台营子[84]为代表的一类遗存。因工作较少，目前只能依据石椁墓所反映的现象来认识。

墓葬中主要是铜器遗存，有短茎式曲刃剑、多纽铜镜、双螭纠结铜饰、丫形铜饰、十字形铜饰、双蛇盘人面形铜牌饰、狼纹铜牌饰、盖式銮铃、双螭銮铃、鹿首镳等。陶器以夹砂红褐陶为主，陶质疏松，火候低，素面，手制，仅见外叠唇筒腹罐、敞口罐、敛口钵。墓葬形制多为长方形，木棺石椁墓，流行仰身直肢葬。

经比较分析可知，十二台营子遗存短茎式曲刃剑、铜镜、身柄有别铜刀以及葬俗都明显承继了魏营子文化的传统。根据辽宁省文物考古研究所文物普查资料，十二台营子出土的一类短茎式曲刃剑常与夹砂橘红陶系遗物共出于遗址中，似乎表明魏营子文化和十二台营子短茎式曲刃剑遗存在遗址中也有承继关系。因此，我们认为朝阳十二台营子所代表的遗存可能是魏营子文化的直接继承者。

根据现有材料，本文对魏营子文化进行了初步分期，并在文化因素分析以及与周邻考古学文化的比较中确认了魏营子文化的性质及其在燕山南北长城地带考古学文化谱系中的位置。关于魏营子文化类型划分、经济形态的探讨、社会等级制度的分析，特别是文化共同体族属的推定等诸多问题都没有涉及，有待进一步研究。

附记：本文是在北京大学考古学系李伯谦先生悉心指导下，于1993年完成的硕士论文，发表时略作修改。在论文资料的收集过程中，曾得到郭大顺、辛占山、王成生等先生和锦州市文物科、义县文管所等领导的指导和大力支持，特别是承蒙吴鹏、刘剑二位学兄的热情帮助，谨此一并致谢！

注　释

［1］辽宁省博物馆文物工作队：《辽宁朝阳县魏营子西周墓和古遗址》1977年5期。

［2］喀左县文化馆：《记辽宁喀左县后坟村发现的一组陶器》，《考古》1982年1期。

［3］郭大顺：《试论魏营子类型》，《考古学文化论集（一）》，文物出版社，1987年。

［4］辽宁省文物考古研究所、喀左县博物馆：《喀左和尚沟墓地》，《辽海文物学刊》1989年2期。

［5］辽宁省文物考古研究所、吉林大学考古系：《辽宁阜新平顶山石城址发掘报告》，《考古》1992年5期。

［6］朱永刚：《夏家店上层文化研究》，《考古学文化论集（一）》，文物出版社，1987年；陈光：《羊头洼类型研究》，《考古学文化论集（二）》，文物出版社，1989年；李晓钟、蔺新建：《下辽河流域早期青铜文化研究》，

《辽海文物学刊》1991年1期；韩嘉谷：《燕史源流的考古学考察》，《北京文物与考古（二）》，北京燕山出版社，1991年。论文中，韩先生曾使用了“魏营子文化”的名称。又见：《花边鬲寻踪——谈我国北方长城文化带的形成》，《内蒙古东部区考古学文化研究文集》，海洋出版社，1991年。

[7] 同[3]。

[8] 辽宁省文物考古研究所：《辽宁省义县向阳岭青铜时代遗址发掘报告》，《考古学集刊（第13集）》，中国大百科全书出版社，1999年。本文以下均使用“魏营子文化”这一名称。

[9] 同[8]。

[10] 同[5]。

[11] 同[2]。

[12] 同[1]。

[13] 辽宁省博物馆、朝阳市博物馆：《建平水泉遗址发掘简报》，《辽海文物学刊》1986年2期。

[14] 同[3]。

[15] 高美璇：《兴城县仙灵寺商周时期古遗址发掘收获》，《锦州文物通讯》总2期，1985年。又见：《兴城县仙灵寺夏家店下层文化遗址》，《中国考古学年鉴》，文物出版社，1985年。

[16] 刘谦：《锦州山河营子遗址发掘报告》，《考古》1986年10期。

[17] 张家口市文物事业管理所、宣化县文化馆：《河北宣化县小白阳墓地发掘报告》，《文物》1987年5期。指遗址所出的附加堆纹鬲等遗存。

[18] 同[3]。

[19] 同[4]。

[20] 热河省博物馆筹备处：《热河凌源县海岛营子村发现的古代铜器》，《文物参考资料》1955年8期。

[21] 满洲古迹古物名胜天然纪念物保存协会：《顾乡屯（第二辑）》，1942年，50页（上）。

[22] 辽宁省博物馆、朝阳地区博物馆：《辽宁喀左县北洞发现殷代青铜器》，《考古》1973年4期；喀左文化馆、朝阳地区博物馆、辽宁省博物馆北洞文物发掘小组：《辽宁喀左县北洞村出土的殷周青铜器》，《考古》1974年6期。

[23] 喀左县文化馆等：《辽宁省喀左县山湾子出土商周青铜器》，《文物》1977年12期。

[24] 同[3]；辽宁省博物馆文物工作队：《概述辽宁省考古新收获》，《文物考古工作三十年》，文物出版社，1979年。

[25] 孙思贤、邵福玉：《辽宁义县发现商周铜器窖藏》，《文物》1982年1期。

[26] 锦州市博物馆：《辽宁兴城县杨河发现青铜器》，《考古》1978年6期。

[27] 王同军：《绥中县（前卫镇冯家村）发现窖藏商周青铜兵刃器》，《辽宁日报》1988年9月17日；王云刚等：《绥中冯家发现商代窖藏铜器》，《辽海文物学刊》1996年1期。

[28] 河北省文化局文物工作队：《河北青龙县抄道沟发现一批青铜器》，《考古》1962年12期。

[29] 滨田耕作：《貔子窝》，《东方考古学丛刊》第一册，东亚考古学会，1929年，第二二图，1、8。

[30] 目前向阳岭遗址有分期意义的陶鬲仅分A型、B型（含Ba型、Bb型）、C型（图二）。后文将其他遗址的陶鬲按统一的标准又分出Bc型、D型、E型、F型、G型（图四）。Bc型：领与腹部有折棱，弧裆。D型：矮体，高领，鼓腹，无实足根。分二亚型。Da型：口沿饰附加堆纹；Db型：口沿无附加堆纹。E型：口沿饰附加堆纹，矮体，无领，近直腹，高实足根。F型：无附加堆纹，矮体，无领，近直腹，高实足根。分二亚型。Fa型：微敛口，无耳；Fb型：直口，有耳。G型：方唇，无领，唇上有指压窝纹，再饰绳纹，周身饰绳纹。目前不见完整器形，故未列入图中（参见《辽宁义县向阳岭青铜时代遗址发掘报告》中的E型鬲）。魏营子文化的七型陶鬲从更高的层面看，前四型属有领鼓腹鬲，后三型属无领直腹鬲。

[31] 魏营子文化叠压夏家店下层文化的层位关系还见于喀左南门沟、建平水泉、兴城仙灵寺、阜新平顶山等遗址；在向阳岭遗址，有三组层位关系：① H190 → H191；② H178 → H189 → H200；③ H140 → H202 → 212。依我们研究，H140、H178、H189、H190均属于魏营子文化第一期第1段；而H212：12和H212：13绳纹罐与北票丰下T20②H1：1和T84②F13：8同类器相似，大体可知H212应与药王庙类型第三期第4段相当或略晚；这样，晚于H212一段的H191、H200、H202则应与药王庙类型最晚段即第5段年代相仿（药王庙类型分期标准见本文注[32]李伯谦文）。

[32] 李伯谦：《论夏家店下层文化》，《纪念北京大学考古专业三十周年论文集》，文物出版社，1990年；张忠培

等:《夏家店下层文化研究》,《考古学文化论集(一)》,文物出版社,1987年。
[33] 河北省文物研究所:《藁城台西商代遗址》,文物出版社,1985年。
[34] 辽宁省文物考古研究所:《辽宁喀左高家洞商周墓》,《考古》1998年1期。
[35] 董新林:《高台山文化研究》,《考古》1996年第6期。
[36] 天津市历史博物馆考古队:《天津蓟县张家园遗址第二次发掘》,《考古》1984年8期。另见:天津市历史博物馆考古部:《天津蓟县张家园遗址第三次发掘》,《考古》1993年4期。
[37] 中国科学院考古研究所内蒙古工作队:《赤峰药王庙、夏家店遗址试掘报告》,《考古学报》1974年1期。
[38] 中国科学院考古研究所内蒙古工作队:《赤峰药王庙、夏家店遗址试掘报告》,《考古学报》1974年1期。
[39] 中国科学院考古研究所内蒙古工作队:《宁城南山根遗址发掘报告》,《考古学报》1975年1期。
[40] 滨田耕作、水野清一:《赤峰红山后——热河省赤峰红山后先史遗址》,《东方考古学丛刊》甲种第六册,东亚考古学会,1938年。
[41] 见[6]朱永刚文。
[42] 年代推定的依据参见本文"向阳岭遗址绝对年代推定"一节。下同。
[43] 中国社会科学院考古研究所:《殷墟妇好墓》,文物出版社,1980年。
[44] 天津市文物管理处考古队:《天津蓟县围坊遗址发掘报告》,《考古》1983年10期;李伯谦:《张家园上层类型若干问题研究》,《考古学研究(二)》,北京大学出版社,1994年。文中认为围坊遗址第2层年代在殷墟二、三期之际左右,应为不误,本文依之。
[45] 北京市文物管理处:《北京地区的又一重要考古收获》,《考古》1976年4期。
[46] 林沄:《早期北方系青铜器的几个年代问题》,《内蒙古文物考古文集》,中国大百科全书出版社,1994年。
[47] 贾鸿恩:《翁牛特旗大泡子青铜短剑墓》,《文物》1984年2期。
[48] 中国社会科学院考古研究所:《殷墟发掘报告》,文物出版社,1987年。
[49] 中国社会科学院考古研究所安阳工作队:《1969—1977年殷墟西区墓葬发掘报告》,《考古学报》1979年1期。
[50] 李伯谦:《从灵石旌介商墓看晋绥高原青铜文化的归属》,《北京大学学报(社科版)》1988年2期。
[51] 辽宁省昭乌达盟文物工作站、中国科学院考古研究所东北工作队:《宁城南山根的石椁墓》,《考古学报》1973年2期。
[52] 靳枫毅:《朝阳地区发现的剑柄端加重器及其相关遗物》,《考古》1983年2期。
[53] 同[47]。
[54] 李逸友:《内蒙昭乌达盟出土的铜器调查》,《考古》1959年6期。
[55] 河北省文化局文物工作队:《河北承德地区的古文化遗址调查》,《考古》1962年12期;郑绍宗:《有关河北长城区域原始文化类型的讨论》,《考古》1962年12期。我们根据陶器特征,将这一地区遗存归为两组:甲组,魏营子文化;乙组,夏家店上层文化。甲组遗存主要有河北丰宁城根营、千佛寺、胡岔沟、滦平营房等(图九)。
[56] 同[17]。小白阳遗址有11个灰坑,其文化内涵与阜新平顶山二期遗存相似,应是类似于魏营子文化第二期的遗存。
[57] 在内蒙古小库伦旗有2件采集陶鬲,具有魏营子文化陶鬲的基本特征,但因出土地点不详,目前还不能断定魏营子文化势力是否已占据库仑地区。参见[29]。
[58] 李伯谦:《论文化因素分析方法》,《中国文物报》第44期,1988年11月4日。
[59] 辽宁省干部培训班:《辽宁北票丰下遗址1972年春发掘简报》,《考古》1976年3期。
[60] 同[5]。
[61] 同[36]。
[62] 河北省文物研究所:《藁城台西商代遗址》,文物出版社,1985年。
[63] 陕西省考古研究所:《陕北甘泉县史家湾遗址》,《文物》1992年11期。
[64] 内蒙古文物考古研究所:《内蒙古朱开沟遗址》,《考古学报》1988年3期。
[65] 张家口市文物事业管理所、宣化县文化馆:《河北宣化李大人庄遗址试掘报告》,《文物》1990年5期。
[66] 李伯谦先生在《张家园上层类型若干问题研究》中指出张家园上层文化附加堆纹因素也来源于朱开沟文化。那么,魏营子文化附加堆纹鬲因素是否经张家园上层文化而来呢?回答是否定的。张家园上层文化和魏营子文化都是以附加堆纹鬲为主要特征的,其出现时间均为殷墟二期左右,若附加堆纹鬲因素经张家园上层

文化而来，则魏营子文化中此因素出现年代应晚一阶段较为合适，而且应有一组张家园上层文化的影响因素。事实并非如此。另外，朱开沟文化因素到达大、小凌河流域可上溯至夏或早商时期，在阜新平顶山遗址药王庙类型中发现有蛇纹陶片，在更北的敖汉大甸子，翁牛特旗五分地（刘观民：《试析夏家店下层文化的陶鬲》，《中国考古学研究（一）》，文物出版社，1986年）均见蛇纹鬲。说明河套地区与凌河流域交往由来已久。燕山北麓可能存在一条传播孔道。因此，我们推测朱开沟文化附加堆纹鬲因素一支在进入燕山南麓地区的同时，另有一支从宣化盆地沿燕山北麓，经滦河上游承德地区进入大、小凌河流域。

[67] 同[64]。

[68] 同[44]李伯谦文；同[6]韩嘉谷文。

[69] 同[6]朱永刚文；靳枫毅：《夏家店上层文化及其族属问题的探讨》，《北京文物与考古（二）》，北京燕山出版社，1991年；齐晓光：《内蒙古克什克腾旗龙头山遗址发掘的主要收获》，《内蒙古东部区考古学文化研究文集》，海洋出版社，1991年。关于年代下限认定，涉及对夏家店上层文化内涵的界定问题。靳枫毅和齐晓光二文中都把大、小凌河流域“短茎式曲刃剑遗存”归入夏家店上层文化中，这是不合适的。朱永刚文曾有论证，本文认为是符合实际的，不再重复。断代亦以朱永刚文为准。

[70] 内蒙古自治区文物考古研究所等：《内蒙古克什克腾旗龙头山遗址第一、二次发掘简报》，《考古》1991年8期。

[71] 同[47]。

[72] 同[37]。

[73] 林沄：《商文化青铜器与北方地区青铜器关系之再研究》，《考古学文化论集（一）》，文物出版社，1987年。

[74] 同[2]。

[75] 许明刚、许玉林：《辽宁新金双房石盖石棺墓》，《考古》1983年第4期；许玉林、许明刚：《新金石棚和石盖石棺墓》，《文物资料丛刊（7）》，文物出版社，1983年。

[76] 曲瑞琦：《沈阳地区新石器时代的考古学文化》，《辽宁省考古、博物馆学会成立大会会刊》，1981年。

[77] 陈光：《羊头洼类型研究》，《考古学文化论集（二）》，文物出版社，1989年。文中认为羊头洼类型是分布于辽东半岛南端（碧流河以南），存在于夏末至商末的考古学文化类型。双房类型（遗存）亦兴起于商末，最迟不晚于西周早期。本文暂依此说。

[78] 老虎冲遗存仅发现几个灰坑，且内涵复杂。根据已发表的材料，我们认为其与双房类型有一定的亲缘关系，可能属于同一文化谱系。

[79] 张映文、吕智荣：《陕西清涧县李家崖古城址发掘》，《考古与文物》1988年1期。

[80] 中国社会科学院考古研究所甘肃考古队：《甘肃永靖张家咀与姬家川遗址的发掘》，《考古学报》1980年2期；又见《甘肃永靖莲花台辛店文化》，《考古》1980年4期；南玉泉：《辛店文化序列及其与卡约、寺洼文化的关系》，《考古类型学的理论与实践》，文物出版社，1989年。

[81] 夏鼐：《临洮寺洼山发掘记》，《考古学论文集》，科学出版社，1961年；王占奎：《试论九站寺洼文化遗址——兼论甘肃东部地区寺洼文化》，北京大学考古学系硕士学位论文，1986年。

[82] 赵化成：《甘肃东部秦和羌戎文化的考古学考察》，《考古类型学的理论与实践》，文物出版社，1989年。

[83] 陕西周原考古队：《扶风刘家姜戎墓葬发掘简报》，《文物》1984年7期。

[84] 朱贵：《辽宁朝阳十二台营子青铜短剑墓》，《考古学报》1960年1期。

（原载《考古学报》2000年第1期）

夏家店上层文化青铜器研究

刘国祥

一、序　　言

在中国北方草原地带诸多青铜文化中，夏家店上层文化具有特殊的地位和作用。从考古学角度对其文化内涵进行深入分析，是考察北方草原民族青铜文化特征、发展历程及其与周邻文化交流模式的有效途径。

夏家店上层文化遗存始发现于20世纪30年代中叶，日本人滨田耕作等发掘了赤峰红山后遗址[1]，将红山后石椁墓和第Ⅰ住地遗存称之为“赤峰第二期文化”。60年代初，中国科学院考古研究所内蒙古工作队发掘了赤峰药王庙[2]、夏家店[3]遗址，依据地层叠压关系和器物群的显著差异，正式提出了夏家店下层文化和夏家店上层文化的命名，同时指出所谓“赤峰第二期文化”实际包含有夏家店下层文化和夏家店上层文化两种不同文化的因素，从而将赤峰地区青铜时代考古研究提高到一个新的阶段。此后相继发掘了宁城南山根遗址（第Ⅰ、Ⅱ地点）[4]和赤峰蜘蛛山遗址[5]，从地层关系上进一步证实夏家店上层文化晚于夏家店下层文化，而早于战国时期文化遗存。对于夏家店上层文化居址、墓葬的规模和形制以及出土遗物种类、特征的认识得以深入。基于上述认识将1963年发掘的南山根M101大型石椁墓[6]、M102中型石椁墓[7]以及1958年调查出土青铜器的南山根东区石椁墓[8]的文化性质明确定为夏家店上层文化。这三批青铜器材料种类、数量多，组合关系较完备，特别是M101墓内出土一组纪年明确的中原式青铜礼器，对研究夏家店上层文化青铜器的年代序列、铸造水平、文化交流等多方面内容具有重大学术价值，可视为夏家店上层文化考古研究中的一个里程碑。

20世纪70年代中期至80年代初，在宁城、建平两县和敖汉旗境内陆续出土了几批夏家店上层文化青铜器，主要地点有宁城天巨泉[9]、孙家沟[10]、沙子北山嘴[11]、瓦房中[12]、小黑石沟[13]、梁家营子[14]、建平老南船石砬山[15]、大拉罕沟[16]、水泉城子[17]、敖汉旗山湾子[18]、热水汤[19]、东井[20]、千斤营子[21]等。尽管上述地点多数未经正式发掘给系统性研究造成一定困难，但在很大程度上丰富了夏家店上层文化青铜器的内涵。1985年在宁城小黑石沟遗址发现了一座夏家店上层文化大型石椁墓[22]，出土了一大批青铜器，是继南山根M101之后的又一次重大考古发现。在西拉木伦河流域，田野考古工作相对薄弱。自20世纪70年代以来，零星地发现有夏家店上层文化居址和墓葬。1976年发掘的林西大井古铜矿遗址[23]，为系统研究夏家店上层文化采矿、选矿、冶炼、铸造环节和技术提供了实证。80年代中后期，经过正式发掘的克什克腾旗龙头山遗址[24]基本上揭示出夏家店上层文化在西拉木伦河流域的发展特征和演变序列，对于认识夏家店上层文化不同区域间的类型划分具有代表意义。

在研究方面，自南山根M101发现以来，夏家店上层文化研究一直成为学术界关注的焦点。60～70年代，多限于基础性材料的报道和认识，研究工作多集中于单个遗址或墓葬的文化内涵、特征、年代等方面，缺乏综合性研究和专题研究。80年代中后期，综合性研究明显加强[25]；90年代初以来，专题性研究增多，主要集中在夏家店上层文化青铜短剑[26]、方銎斧[27]、青铜艺术[28]等方面。这些研究工作从不同侧面提高了对夏家店上层文化青铜文明的认识，同时也使夏家店上层文化研究工作走向多元化的轨道。

从上述发现与研究历程可看出，青铜器是构成夏家店上层文化内涵的重心之一，在发现之初便深受中外学术界瞩目。由于夏家店上层文化的分布范围正处于欧亚大陆草原地带东端，是东北地区与中原腹地古文化交接区域，因而夏家店上层文化青铜器不仅是研究北方草原民族青铜文化的重要实物资料，对研究东北与中原青铜文化交流和传播同样具有不可替代的作用。在对夏家店上层文化整体内涵有了全面认识的基础上，对青铜器进行系统的分类与编年研究就显得格外重要，这也是现阶段夏家店上层文化研究中的薄弱环节。本文根据目前已发表的考古资料和部分馆藏资料，拟对夏家店上层文化青铜器的发现与分布、种类与特征、年代与分期、与周邻文化青铜器的关系等方面加以分析，借此阐明夏家店上层文化青铜器在中国北方草原地带青铜文化中的重要地位和影响。

二、发现与分布

从考古发现看，夏家店上层文化青铜器绝大多数出自墓葬中，房址和窖穴内仅有零星发现。因墓葬等级、规格不同，随葬青铜器的种类和数量也有明显的差异。夏家店上层文化墓形制分为石椁墓、石棺墓、土坑墓三种。石椁墓有大、中、小型之分。石棺墓和土坑墓多属小型者。大型石椁墓内出土青铜器种类丰富，有的多达几百件，甚至近千件；小型墓内有的仅随葬一枚小铜泡，有的则无任何随葬品。另外，夏家店遗址第Ⅰ地点还发现利用废弃的房址和窖穴埋葬死者的现象，均无随葬品。以下按分布地域依次介绍夏家店上层文化青铜器出土的主要地点及发现情况（图一）。

（一）西拉木伦河流域

1. 克什克腾旗龙头山M1

小型石椁墓，有木棺，墓口长2.9、宽0.8～1.3、深2.85米。随葬青铜器有短剑、刀、斧、凿、镞、牌饰、联珠饰、S形饰、箕形饰、泡等。

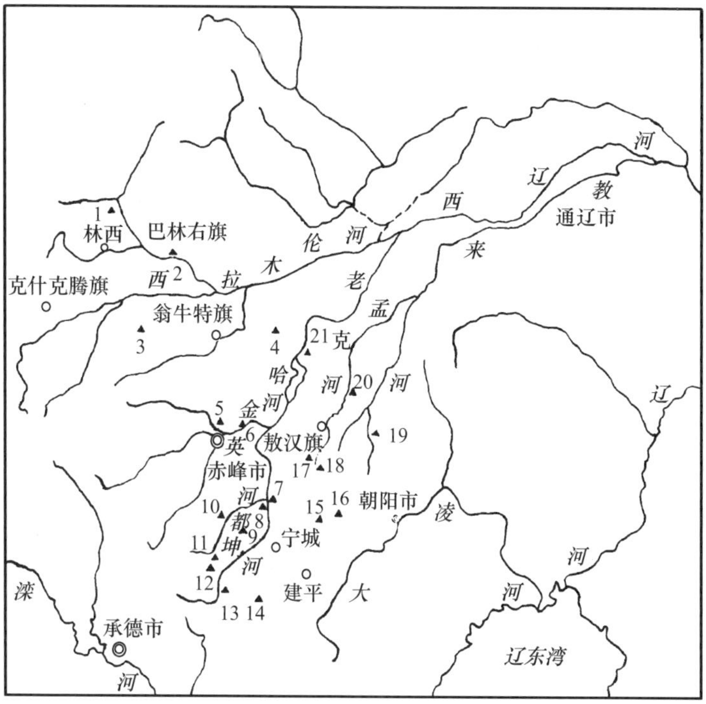

图一 夏家店上层文化青铜器主要出土地点分布图

1. 大井 2. 大板 3. 龙头山 4. 大泡子 5. 红山后 6. 夏家店 7. 老南船 8. 汐子 9. 梁家营子 10. 瓦房中 11. 南山根 12. 天巨泉 13. 小黑石沟 14. 孙家沟 15. 大拉罕沟 16. 小泉城子 17. 热水汤 18. 东井 19. 山湾子 20. 千斤营子 21. 周家地

2. 翁牛特旗大泡子墓[29]

1981 年调查时发现，墓葬形制已不清楚。共有青铜器 38 件。器类有短剑、刀、联珠饰、泡等。

3. 巴林右旗大板南山墓[30]

长方形竖穴土坑墓。长约 2、宽 0.8～0.9、深 1.2 米。随葬青铜器有短剑、联珠饰、泡等。

4. 林西县大井房址

F2 为圆形半地穴式建筑，直径 4 米。室内红烧土层中出土铜锻 1 件。F3 为近圆形半地穴式建筑，居址面上出土铜锥 1 件。

（二）英金河流域

1. 赤峰红山后墓葬

赤峰红山后 A 区共清理墓葬 26 座，皆为小型石棺墓，随葬青铜器的仅有 5 座，数量为 1 件或 2 件。M7、Ml1 均随葬铜泡，Ml8、M22、M25 分别随葬有螺形环、镞、圆环。D 区共清理墓葬 4 座，亦为小型石棺墓，有两座墓随葬青铜器。Ml 随葬铜环，M2 随葬铜刀、镞。

2. 赤峰夏家店墓葬

夏家店遗址第Ⅰ、Ⅱ、Ⅲ地点和安庆沟灌渠内共清理墓葬 11 座，皆为小型石椁墓或土坑墓，随葬青铜器的有 7 座，数量不一。Ml 葬制不明，Ml4、Ml7 皆为小型石椁墓，这三座墓中均随葬铜刀、锥、泡。Ml1 为小型石椁墓，随葬有铜锥、双尾饰、联珠饰、泡等。Ml2 为土坑墓，随葬有铜刀、镞。M7、Ml5 内仅随葬有铜泡。

（三）老哈河流域

1. 宁城南山根小型墓葬

1961 年中国科学院考古研究所内蒙古工作队对南山根遗址进行了发掘，共清理墓葬 9 座，皆为小型石椁墓或石棺墓。随葬青铜器的有 4 座，均为小型制品，数量不一。Ml、M2 为小型石棺墓，Ml 内随葬有铜刀、泡；M2 内仅随葬铜刀。M3、M4 为小型石椁墓，M3 内随葬有铜刀、双尾饰、铃形饰、圆环、螺形环；M4 内随葬有铜刀、匕、匙、针筒、联珠饰、铃形饰、鸟形饰、泡等。

2. 南山根 M101

大型石椁墓，墓口长 3.8 米，两端宽窄不同，一端宽 2.23、另一端宽 1.8、深 2.4 米。随葬品主要是青铜器，总数 510 余件。主要器类有簋、簠、鼎、鬲、甗、杯、豆形器、双联罐、圜底罐、勺、刀、斧、凿、镐、锄、短剑、剑鞘、戈、矛、盔、盾、衔、銮、摆形器、环、动物牌饰、各种形状的牌饰、镜、泡、钩形器、叉形器等。

3. 南山根 M102

中型石椁墓，墓室长 2.8、宽 1.15、深 0.9 米。随葬品多为青铜器，总数 50 余件。主要器类有铜刀、锛、凿、锥、镞、衔、镜、环、泡、叉形器等。

4. 南山根东区石椁墓

1958 年春季在宁城县南山根遗址东部沟崖边的灰层里发现，墓室长 2 米多，宽 1.5 米，应属中型石椁墓。调查简报中介绍此墓出土青铜器 71 件，后来《宁城南山根遗址发掘报告》和《宁城县新发现的夏家店上层文化墓葬及相关遗物的研究》两文中又补充了漏记的 3 件，总共 74 件。主要器类有青铜短剑、剑鞘、盔、戈、管銎戈、镞、刀、斧、钉、长方形牌饰、动物牌饰、泡等。

5. 宁城天巨泉 M7301

中型石椁墓，文物部门回收到此墓出土的青铜器共 11 件。主要器类有青铜短剑、刀、衔、月牙形饰、圆形牌饰、镜、泡等。

6. 宁城梁家营子 M8071

墓室长 2、宽 0.5 米，属于中型石椁墓。共出土青铜器 22 件。主要器类有铜刀、斧、锥、镞、双蛇形饰、圆环、螺形环、泡等。

7. 宁城瓦房中 M791

中型石椁墓，文物部门收回此墓出土的青铜器共 10 件。主要器类有铜盔、戈、短剑、刀、斧、勺、圆形牌饰等。

8. 宁城汐子北山嘴 M7501

大型石椁墓，共出土青铜器 48 件。主要器类有铜簋、短剑、剑鞘、盔、钺、镞、摆形器等。

9. 宁城县小黑石沟 M8061

中型石椁墓，文物部门收回此墓出土的青铜器共 42 件。主要器类有铜盔、短剑、镞、銮铃、镳、联珠形饰、泡等。

10. 宁城小黑石沟 M8501

墓室残长约 3.1、宽 2.3、深 2.1 米，属于大型石椁墓。出土青铜器总数 390 余件。主要器类有簋、鼎、罍、盉、壶、尊、匜、鬲、豆、豆形器、圈底罐、平底罐、双联罐、四联罐、勺、盔、短剑、剑鞘、戈、镞、刀、刀鞘、斧、锛、凿、锥、锥形器、衔、轭、管、钉、动物牌饰、长方形牌饰、杖首、U 形器、T 形器等。

11. 宁城小黑石沟 M9601[31]

大型石椁墓，出土各类青铜器 1000 余件。主要器类有簋、鼎、豆、盘、罐、盔、刀、镞等。

12. 建平老南船石砬山 M741

墓室长约 2.3、宽 0.7 米，属于中型石椁墓。文物部门收回此墓出土的青铜器共 11 件。主要器类有铜盔、短剑、刀、镞等。另外，在 M741 北约 17 米处同时又发现一座石椁墓（编号 M742）仅收回一把青铜短剑。

13. 宁城孙家沟 M7371

中型石椁墓，文物部门收回此墓出土青铜器共 6 件。主要器类有青铜短剑、刀、锛、锥、铃等。

14. 敖汉周家地墓地[32]

墓地南北 7、东西宽 18 米，共发掘墓葬 54 座，皆为土坑竖穴墓，沿东北西南方向成行排列。简报中发表的 4 座墓中，M2、M45 的规格相近，较 Ml6、M43 略高。M2 墓穴长 2.3、宽 1、深 1.1 米。随葬青铜器的种类有刀、锥、双尾饰等。M45 墓穴长 2.26、宽 1.15、深 1.85 米。随葬青铜器的种类有刀、锥、镞、方形牌饰、联珠饰、泡等。Ml6、M43 均随葬有铜耳环、泡等。

（四）孟克河流域

1. 敖汉热水汤墓葬

长方形竖穴土坑墓，文物部门收回此墓出土青铜器 19 件。主要器类有青铜短剑、镞、矛、斧、锛、镜形饰、杖首饰、双尾饰等。

2. 敖汉东井墓葬

墓葬形制不详，文物部门收回此墓出土青铜器 3 件。器类有青铜短剑、斧、刀。

3. 敖汉千斤营子墓葬

墓葬形制不详，文物部门收回此墓出土青铜器 3 件。器类有斧、刀、泡。

（五）教来河流域

敖汉山湾子墓地

1974 年在山湾子村修水库时发现一处夏家店上层文化墓地，墓葬座数和形制不详。文物部门收回此墓地出土青铜器 13 件。主要器类有青铜短剑、刀、镜形饰等。

（六）大凌河上游地区

1. 建平水泉城子 M7701

长方形竖穴土坑墓，长 1.93、宽 0.8、深 0.83 米。出土青铜器共 52 件。主要器类有青铜短剑、镞、刀、斧、凿、锥、镜、双尾饰、联珠饰、泡等。另外，在该遗址东区还发现一座残墓（编号 M7801），收回青铜器 3 件，分别是短剑、刀、镜。

2. 建平大拉罕沟 M751

墓葬形制不详，文物部门收回此墓出土青铜器 7 件。主要器类有短剑、斧、凿、銮铃、镜等。除上述成批发现夏家店上层文化青铜器地点外，在克什克腾旗董家沟、赤峰美丽河、敖汉旗金场沟梁、新地、建平县哈拉道口、万寿老西店、二十家子、凌源县安杖子等地均有零星发现。根据目前掌握的材料可以看出，夏家店上层文化青铜器分布范围很广，主要包括西拉木伦河流域及其以北地区、老哈河及其支流英金河、坤都河流域、孟克河、教来河流域、大凌河上游地区，而尤以老哈河中上游及其支流坤都河流域分布最为密集。由于出土青铜器的地点多系偶然发现，经过科学调查和发掘的相对较少，准确划定夏家店上层文化青铜器的范围还有相当大的难度。在西拉木伦河以北地区和努鲁儿虎山以东、医巫闾山以西地区，进行周密的夏家店上层文化遗址和墓葬的调查、发掘工作，是了解上述两个区域夏家店上层文化青铜器分布状况以及准确划定夏家店上层文化分布区北界和东界的关键所在。

三、种类与特征

夏家店上层文化青铜器种类丰富，特征明显。据发表资料统计，各种器类总数有50余种，总件数达几千件。按使用功能的不同又可分为兵器、工具、车马器、日用器具、装饰品等。有些器物造型奇特，用途不明，可归入杂器类。

（一）青铜兵器

1. 短剑

根据剑柄形制不同，分为五型。

A型　銎柄式直刃或曲刃青铜短剑。据剑身的不同，又分四亚型。

Aa型　銎柄、直刃，剑身素面、瘦长。可分四式。

Ⅰ式：銎口呈椭圆形，圆柱脊贯通全身，不加挫磨，剑尾下斜，一面有格，不明显。龙头山M1出土1件（图二，1）。

Ⅱ式：銎口呈椭圆形或菱形，圆柱脊或扁平脊，叶尾稍宽，凸起两个齿状剑格，较明显。大泡子墓和小黑石沟M8501各出土1件（图二，2、3）。

Ⅲ式：銎口呈椭圆形，圆柱脊，两侧叶刃斜直，叶尾伸出两个齿状剑格。小黑石沟M8501、敖汉新地[33]各出土1件（图二，4、5）。

Ⅳ式：銎口呈不规则圆形，圆柱脊，叶刃较直，尾部作弧形缓收，下接斜出明显的齿状剑格。老南船石砬山M742出土1件（图二，18）。

Ab型　銎柄，曲刃，剑身素面，最宽处接近尾部，尤剑格。分五式。

Ⅰ式：銎口呈圆形，圆柱脊，叶刃弧曲明显，叶尾作圆弧斜内收。大泡子墓出土1件（图二，12）。

Ⅱ式：銎口呈圆形，圆柱脊，剑身前半段较直，后半段弧曲，叶尾向内折收。水泉城子M7701出土1件（图二，13）。

Ⅲ式：銎口呈圆形，圆柱脊，剑身前半段较直略窄，后半段弧曲明显，叶尾作圆弧内收。水泉城子M7801和小黑石沟M8061各出土1件（图二，14、15）。

Ⅳ式：銎口呈菱形，柱脊中间略起棱线，叶尾向内斜收。大板南山墓出土1件（图二，16）。

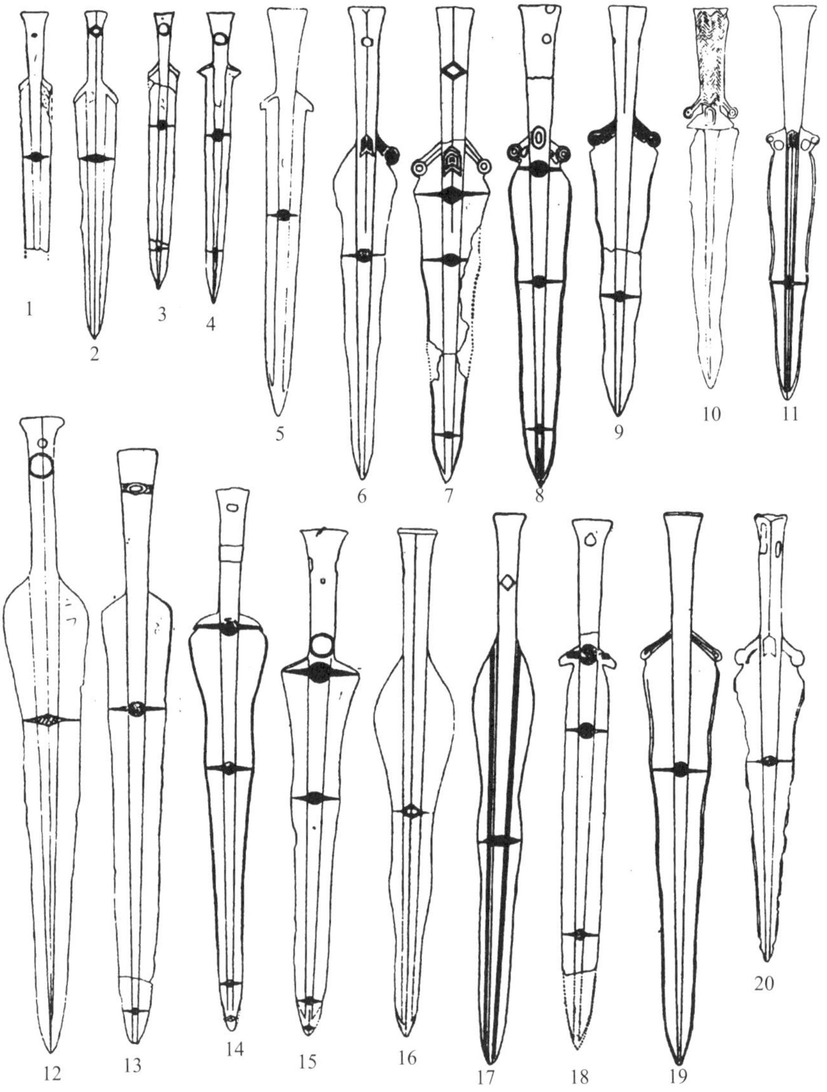

图二　夏家店上层文化銎柄青铜短剑

1. Aa 型Ⅰ式　2、3. Aa 型Ⅱ式　4、5. Aa 型Ⅲ式　6～9. Ac 型Ⅱ式　10. Ac 型Ⅲ式　11. Ad 型　12.Ab 型Ⅰ式　13. Ab 型Ⅱ式　14、15. Ab 型Ⅲ式　16. Ab 型Ⅳ式　17. Ab 型Ⅴ式　18. Aa 型Ⅳ式　19、20. Ac 型Ⅰ式（1. 龙山头 M1　2、12. 大泡子墓　3、4. 小黑石沟 M8501　5. 新地　6、19. 山湾子墓　7、18. 老南船石砬山 M741、M742　8. 二十家子　9. 万寿老西店　10. 南山根东区石椁墓　11. 小黑石沟　13、14. 水泉城子 M7701、M7801　15. 小黑石沟 M8061　16. 大板南山墓　17. 面山根 M101　20. 哈拉道口）

Ⅴ式：銎口呈菱形，圆柱脊，脊两侧各有一道凸棱，叶尾向内斜收。南山根 M101 出土 1 件（图二，17）。

Ac 型　銎柄，两侧叶刃呈双曲波浪弧形，叶尾下接斜出圆齿状剑格，上饰凸棱纹或重环纹。分三式。

Ⅰ式：銎口呈圆形，圆柱脊，剑尾斜出齿状剑格，上铸三条凸棱纹，近齿端有一小孔。山湾子墓地、哈拉道口[34]各出 1 件（图三，19、20）。

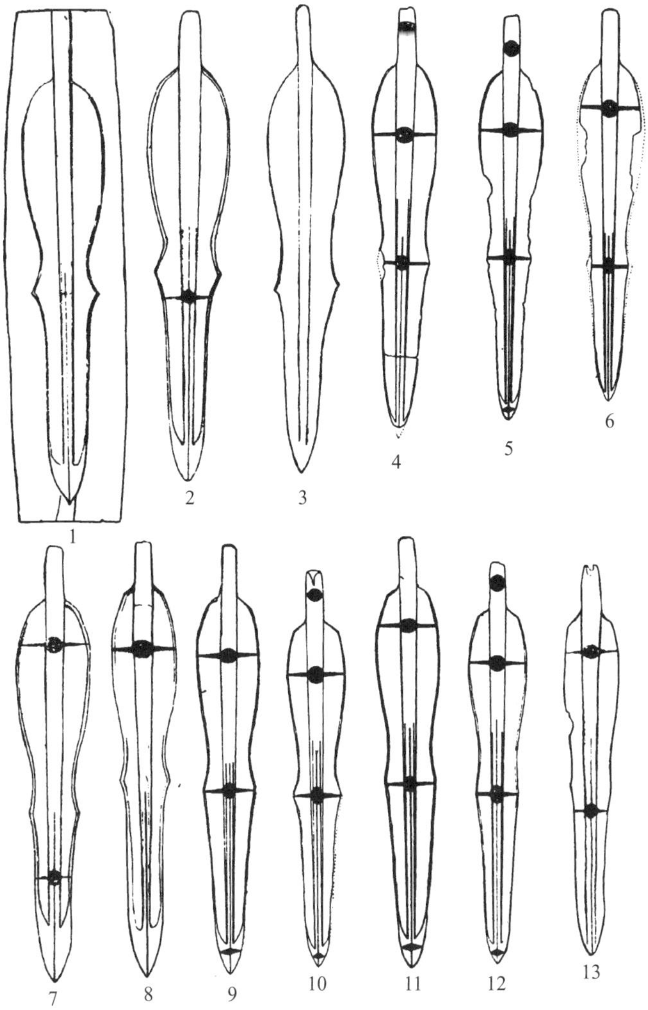

图三　夏家店上层文化短茎式青铜短剑及石范

1. B 型Ⅰ式剑石范　2～6. B 型Ⅰ式剑　7～10. B 型Ⅱ式剑　11～13. B 型Ⅲ式剑

（1、2、7、13. 山湾子　3. 南山根 M101　4. 宁城　5. 建平　6. 汐子北山嘴 M750　8. 东井墓　9、11. 喀喇沁 M7301、M7302　10. 四道营子　12. 甸子）

Ⅱ式：銎口呈菱形，圆柱或扁圆柱脊，叶尾略折收，下接斜出圆齿状剑格，其上多饰凸棱纹，齿端饰重环纹。山湾子墓地、老南船石砬山 M741、二十家子[35]、万寿老西店[36]各出土 1 件（图二，6～9）。

Ⅲ式：銎口呈菱形，柄部饰几何形人字纹，叶尾折收明显，并与斜出的齿状剑格分开，剑格上饰凸棱纹和重环纹。南山根东区石椁墓出土 1 件（图二，10）。

Ad 型　銎口呈圆形，柱脊经研磨，有脊中心棱线和两条脊侧棱线，中间有隆起的脊凸。两侧叶刃弧曲，节尖凸出。叶尾作圆弧内收，下接斜出齿状剑格，叶尾与剑格连接处有镂孔。小黑石沟零散出土 1 件[37]（图二，11）。

B 型　短茎式曲刃青铜短剑。短茎，叶刃弧曲，有节尖，束腰叶尾宽肥。柱状脊，前半段经过挫磨，有脊中心棱线和两道侧棱线，脊凸明显；后半段未加锉磨。锋部较短，横剖面呈菱形，较锐利。分三式。

Ⅰ式：前段叶刃明显短于后段，尖节凸出，束腰明显。脊中心棱线止点与束腰内凹极点位置相当。叶尾作圆弧内收。锋较短。山湾子墓地、南山根 M101 和汐子北山嘴 M7501 各出土 1 件；宁城和建平零散资料中各记录 1 件[38]（图三，1～6）。

Ⅱ式：前段叶刃短于后段，较Ⅰ式略有增长。脊凸和束腰均较明显，叶尾作圆弧折收，锋较长。东井墓葬、宁城四道营子[39]、建平喀喇沁 M7301[40]各出土 1 件，山湾子墓地出土 3 件（图三，7～10）。

Ⅲ式：前段叶刃与后段相当，节尖不太明显，束腰内凹弧度较小，脊中心棱线止点下移。叶尾折收，锋增长。山湾子墓地出土 2 件，宁城甸子[41]和建平喀喇沁 M7302[42]各出土 1 件（图三，11～13）。

C 型　T 形柄曲刃青铜短剑。剑体由剑身、剑柄和剑把头三部分组成。剑柄呈 T 形，剑叶弧曲，有节尖和束腰，柱脊前段经挫磨，短锋。分三式。

Ⅰ式：剑身与剑柄联铸。剑柄素面，前端起节，呈喇叭状，尾端盘部呈长椭圆形，壁外斜。剑把头呈半圆状，两侧外鼓起二道棱脊，下部铸成子母口状嵌入盘中。剑身前段小于后段。两侧叶刃脊突和束腰明显，叶尾作圆弧内收，短锋。小黑石沟 M8501 出 2 件（图四，1、2）。

Ⅱ式：剑身、柄分铸，后焊接在一起。剑柄呈 T 形，上饰斜三角纹。尾端盘口呈长椭圆形，壁内斜。剑身前段小于后段，节尖明显。柱脊前段经锉磨。脊中心棱线止点与束腰内凹极点位置相当 C 叶尾作圆弧内收，短锋。宁城汐子出土 1 件[43]（图四，3）。

Ⅲ式：剑身、柄分铸，后焊接在一起。剑柄呈 T 形，中部略起节，上饰斜三角纹或三角勾连纹。尾端盘口呈束腰梭形，壁内凹斜收。石质剑把头呈凹腰枕状，上起凸棱。剑身前段与后段相当，节尖不明显，脊中心棱线止点明显下移。叶尾作圆弧折收。锋稍长。宁城孙家沟 M7371 和王营子[44]各出土 1 件（图四，4、5）。

D 型　人体或动物体柄曲刃青铜短剑。依据柄部形态不同，分三亚型。

Da 型　剑柄两面为相背的一对男女全身裸体雕像，头部在柄尾，男性双手捧腹，女性双手交叉置于胸前，均做站立状，脚部以剑格代示。剑身与柄部联铸一起，两侧叶刃弧曲，节尖和束腰显著。柱脊通体挫磨，脊中心棱线和两条脊侧棱线直贯至叶尾，叶尾作圆弧内收。短锋。仅南山根东区石椁墓出土 1 件（图四，6）。

Db 型　剑柄为对卧的双虎，虎头在柄端，虎尾与叶尾相连。分二式。

Ⅰ式：两侧叶刃弧曲，节尖突出，柱脊贯通剑身。叶尾作圆弧内收。短锋。南山根 M101 出土 1 件（图四，7）。

Ⅱ式：两侧叶刃弧曲，节尖不明显，无柱状脊，剑身横剖面呈尖头梭形，叶尾向内折收。汐子北山嘴 M7501 出土 1 件（图四，8）。

Dc 型　剑柄上端较直，下端外敞呈喇叭口状，柄首铸出一动物形象。两侧叶刃弧曲，节尖明显，叶尾作圆弧内收。柱脊贯通剑身。短锋。南山根东区石椁墓出土1件（图四，9）。

E型　直柄直刃青铜短剑。剑柄、身联铸。剑柄较直，多呈扁平长条形。叶刃斜直。通常称此型剑为直刃匕首式剑。根据柄端、剑身形制不同，分三亚型。

Ea型　柄首平直或略起小凸棱，剑体素面，或仅柄部饰几何形纹饰。叶尾向内斜收，下接斜出的齿状剑格，较明显。南山根M101出土3件，瓦房中M791出土1件（图四，10～13）。

Eb型　柄首铸出动物形象。叶尾斜内收，下接斜出齿状剑格，或直接铸出带状剑格。南山根M101出土2件，东区石椁墓出土1件（图四，14、15）。

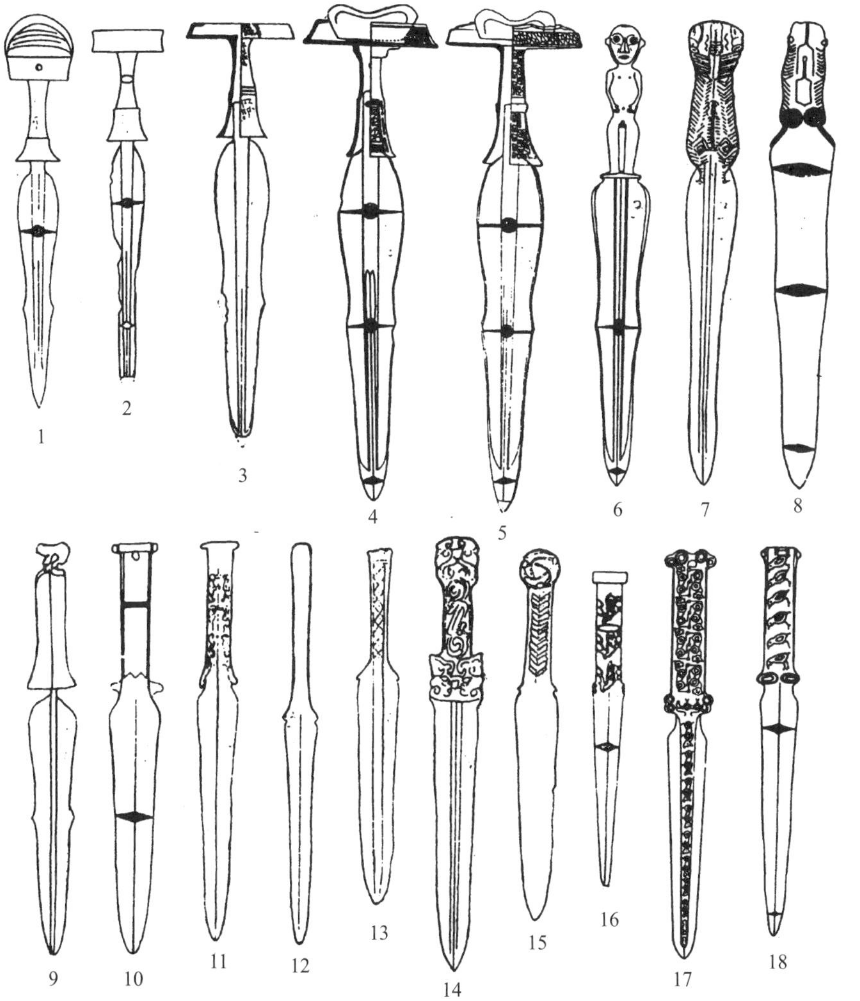

图四　夏家店上层文化T形柄、人体或动物体柄、直柄青铜短剑

1、2. C型Ⅰ式　3. C型Ⅱ式　4、5. C型Ⅲ式　6. Da型　7. Db型Ⅰ式　8. Db型Ⅱ式　9. Dc型　10～13. Ea型　14、15. Eb型　16～18. Ec型

（1、2、16. 小黑石沟M8501　3. 汐子　4. 孙家沟M7371　5. 王营子　6、9. 南山根东区石椁墓　7、11～15. 南山根M101　8. 汐子北山嘴M7501　10. 瓦房中M791　17. 小黑石沟　18. 天巨泉M7301）

Ec 型　柄首两端起凸棱，顶端较平或略凹。剑身中部起棱线脊或条带状脊。剑柄或剑身两面饰动物图案，种类有鸟、鹿、牛、马、猪等。天巨泉 M7301 出土 2 件，小黑石沟 M8501 出土 1 件，还有一件系出自小黑石沟的征集品[45]（图四，16～18）。

2. 剑鞘

有单、双联之分，据此分为二型。

A 型　单联剑鞘。上段较宽，下段内收变窄，顶端折弧，横剖面呈梭形。一面有成行排列的三角形或菱形镂空，另一面光素或饰几何线纹。顶端、中部两侧有穿孔或鼻纽。南山根 M101 出土 2 件（图五，1、2），东区石椁墓出土 1 件。

B 型　双联剑鞘。一长一短两个鞘体上部或上下均联铸在一起，横剖面呈梭形，顶端折弧。一面有三角形或菱形镂空，另一面光素或上下两端饰锯齿纹。大鞘上端和小鞘中部各有一横鼻纽。南山根 M101、小黑石沟 M8501 各出土 2 件，汐子北山嘴 M7501 出土 1 件（图五，3～6）。

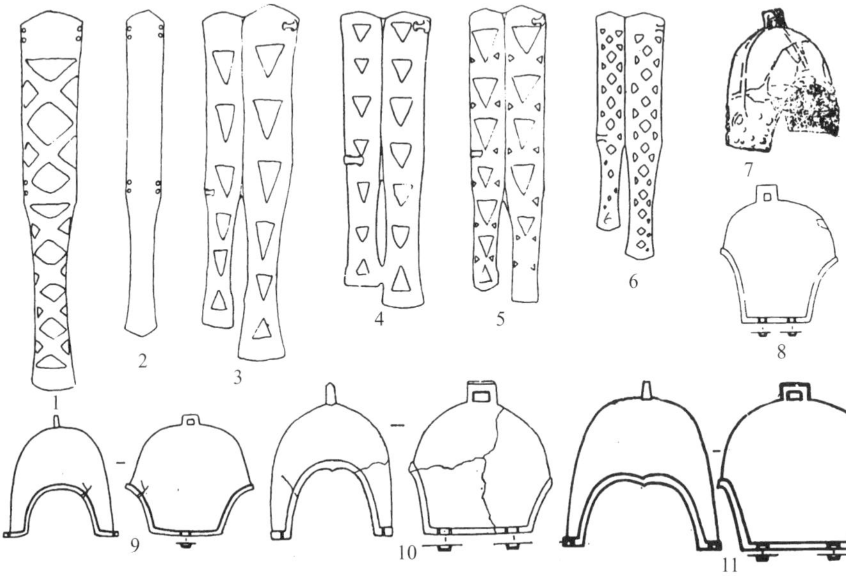

图五　夏家店上层文化青铜剑鞘、盔

1、2. A 型剑鞘　3～6. B 型剑鞘　7～9. A 型盔　10、11. B 型盔

（1～3、5、7. 南山根 M01　4. 小黑石沟 M8501　6、10. 汐子北山嘴 M7501　8. 瓦房中 M791　9. 小黑石沟 M8061　11. 老南船石砬山 M741）

3. 盔

顶呈圆弧形，正中有方形鼻纽，纽中有长方形穿孔。前后两端为半圆形开口，左右两侧为垂弧形护耳。前后口沿和底边有相连的叠唇状凸带，宽约 1 厘米。在两侧底边正中或靠近两端铸出一个或两个长方形鼻纽。依据开脸形制差异分为二型。

A 型　前开脸和后开口顶部均呈圆弧形。南山根 M101、东区石椁墓、瓦房中 M791、小黑石沟 M8061 各出土 1 件（图五，7～9）。

B 型　前开脸顶部中间出弧尖，后开口呈圆弧形。汐子北山嘴 M750 和老南船石砬山 M741 各出土 1 件（图五 10、11）。

4. 镞

根据镞翼形制不同，分三型。

A 型　三棱翼有铤式镞。铤横剖面呈三角形。分三式。

Ⅰ式：镞身细长，无后锋，身、铤分界不明显。龙头山 Ml 出土 1 件，热水汤墓葬出土 2 件，老南船石砬山 M741 出土 7 件（图六，1、2、16、20）。

Ⅱ式：镞身略长，尾翼平直或向下折收，身、铤分界明显。南山根 M102 出土 3 件，汐子北山嘴 M7501 出土 40 件（图六，3、4）。

Ⅲ式：镞身变短，略宽，尾翼内侧向上折收，出尖，身、铤分界明显。夏家店 Ml2、梁家营子 M8071、老南船石砬山 M741 各出土 1 件（图六，5、6）。

B 型　双翼柳叶形镞。铤横剖面呈椭圆形或圆形。分二亚型。

Ba 型　锋端呈尖状，镞身最宽处在中部。分三式。

Ⅰ式：锋端呈圆弧尖状。龙头山 Ml 出土 1 件（图六，15）。

Ⅱ式：两翼靠近锋端斜收，尖部明显。小黑石沟 M8061、大井 F2 内各出土 1 件（图六，7）。

Ⅲ式：两翼内收明显，尖部凸出。红山后 A 区 M22 内出土 1 件（图六，21）。

Bb 型　锋端呈圆弧形，尾翼向内斜收。夏家店 Ml2 出土 1 件（图六，22）。

C 型　双翼三角形镞。铤横剖面呈圆形或椭圆形。分二亚型。

Ca 型　镞身窄长，尾翼内侧向上折收形成短凹胡。分二式。

Ⅰ式：柱脊贯至锋前，翼两面平直。热水汤墓葬出土 1 件（图六，11）。

Ⅱ式：锋部增长，翼两面下凹出槽。周家地 M45 出土 1 件（图六，12）。

Cb 型　镞身略宽。分四式。

Ⅰ式：柱脊贯至前锋，翼两侧斜直，尾端凹胡较长。水泉城子 M7701 出土 1 件（图六，8）。

Ⅱ式：翼两侧前段斜直，下段略内收，两面平直尾端凹胡较长。梁家营子 M8071 出土 1 件（图六，9）。

Ⅲ式：翼两侧外弧，两面平直，尾端凹胡较短，锋部增长。周家地 M42 出土 1 件，红山后 D 区 M2 出土 2 件（图六，10、17、23）。

Ⅳ式：翼两侧略弧，两面下凹出槽，长锋。红山后 D 区 M2 出土 2 件（图六，13、14）。

5. 盾

圆形，中间稍凸起并有长方形銎，銎口向背面伸出。靠近边缘有一圈小孔。南山根 M101 出土 1 件（图六，18）。

6. 钺

身与銎筒联铸，銎筒稍长，横剖面呈椭圆形，背面附有长方形“冠”。钺身中部偏上有一圆孔，弧形刃。汐子北山嘴M7501出土1件（图六，24）。

7. 戈

根据形制差异，分二型。

A型　援中部起棱脊，上、下刃平直，斜收成锋，下刃向下弯曲成胡，阑侧三穿。銎内、两面均铸出动物纹饰。南山根东区石椁墓出土1件（图六，26）。

B型　管銎戈。援体较宽，上刃平直，下刃凹弧，斜收成锋。后接管器，銎背有方形疣。南山根东区石椁墓出土1件（图六，19）。

8. 管銎斧

身呈扁平长方形，刃微弧。銎呈长管状，一端较细，另一端略粗。銎背有椭圆形截锥状疣。南山根M101出土1件（图六，25）。

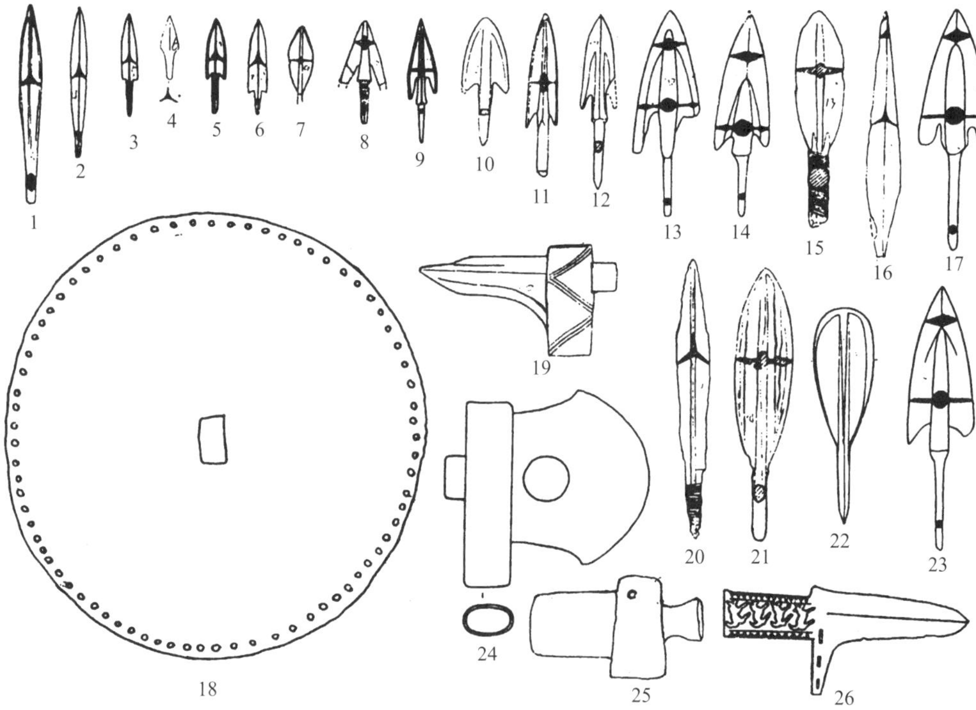

图六　夏家店上层文化青铜武器

1、2、16、20. A型Ⅰ式镞　3、4. A型Ⅱ式镞　5、6. A型Ⅲ式镞　7. Ba型Ⅱ式镞　8. Cb型Ⅰ式镞　9. Cb型Ⅰ式镞　10、17、23. Cb型Ⅲ式镞　11. Ca型Ⅰ式镞　12. Ca型Ⅱ式镞　13、14. Cb型Ⅳ式镞　15. Ba型Ⅰ式镞　18. 盾　19. B型戈　21. Ba型Ⅲ式镞　22. Bb型镞　24. 钺　25. 管銎斧　26. A型戈

（1、11、16. 热水汤墓　2、6. 老南船石砬山M741　3、24. 汐子北山嘴M7501　4. 南山根M102　5、9. 梁家营子M8071　7. 小黑石沟M8061　8. 小泉城子M7701　10、12. 周家地M42、M45　13、14、17、23. 红山后D区M2　15、20. 龙头山M1　18、25. 南山根M101　19、26. 南山根东区石椁墓　21. 红山后A区M22　22. 夏家店M12）

9. 矛

分二式。

Ⅰ式：两叶前段斜直，下段折内收，柱脊贯至前锋，銎口断面呈圆形。热水汤墓葬出土1件。

Ⅱ式：两叶呈弧形，銎口断面呈椭圆形，旁侧有一环纽。南山根M101出土1件。

（二）青铜工具

1. 刀

根据柄、身形制不同，分五型。

A型　齿柄刀。分二亚型。

Aa型　刀柄较宽，与刀身通连。分六式。

Ⅰ式：背略弧，刃微凹，刀首呈圆弧尖状，柄端稍宽，下侧有两个凸齿。大泡子墓出土1件（图七，1）。

Ⅱ式：弧背，背脊中间有浅凹槽，刃平直或微凹，刀首呈圆弧状，柄端下侧伸出三个凸齿。水泉城子M7701和M7801各出土1件（图七，2、4）。

Ⅲ式：弧背明显，一侧起凸棱，凹刃，刀首呈尖状，柄稍窄，下出一个或两个凸齿。南山根M102和夏家店Ml7各出土1件（图七，3、5）。

Ⅳ式：弧背凹刃，刀首呈尖状，微上翘，柄稍窄，下侧伸出两个凸齿。东井墓葬，南山根M1、M3各出土1件（图七，7、8）。

Ⅴ式：弧背，刃略凹，尖首上翘，刀柄下侧伸出两个凸齿。周家地M45出土1件（图七，6）。

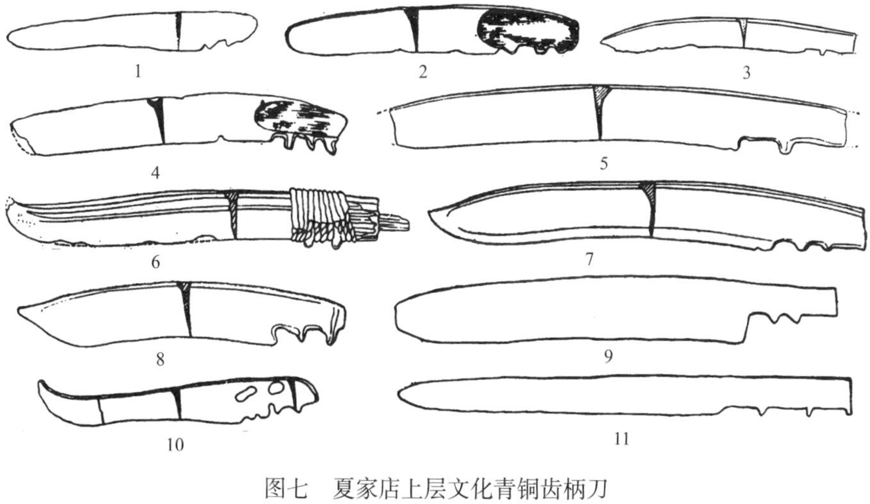

图七　夏家店上层文化青铜齿柄刀

1. Aa型Ⅰ式　2、4. Aa型Ⅱ式　3、5. Aa型Ⅲ式　6. Aa型Ⅴ式　7、8. Aa型Ⅳ式　9. Ab型Ⅰ式　10. Aa型Ⅵ式　11. Ab型Ⅱ式

（1. 大泡子墓　2、4. 水泉城子M7701、M7801　3. 南山根M102　5. 夏家店Ml7　6. 周家地M45　7. 南山根M3　8. 东井墓　9. 南山根东区石椁墓　10. 孙家沟M7371　11. 南山根M101）

Ⅵ式：刀身较窄，背微弧，凹刃，尖首明显上翘，柄较宽，下侧伸出四个不规则状凸齿。孙家沟 M7371 出土 1 件（图七，10）。

Ab 型　宽身窄柄，身、柄分界明显。分二式。

Ⅰ式：弧背凹刃，直柄较窄，下侧伸出两个凸齿。南山根东区石椁墓出土 1 件（图七，9）。

Ⅱ式：背、刃平直，斜收成尖刃，窄柄，下侧伸出三个凸齿。南山根 M101 出土 1 件（图七，11）。

B 型　柄首平直或起凸棱，刀身窄长。分四亚型。

Ba 型　直柄平首，弧背凹刃。南山根 M101、M102，瓦房中 M791 各出土 1 件。小黑石沟 M8501 发表 2 件（图八，2、7、12）。

Bb 型　弧背凹刃，直柄，柄端上下侧起凸棱。南山根 M101 出土 3 件，小黑石沟 M8501 发表 1 件（图八，6、20）。

Bc 型　直背，微凹刃，直柄，柄端下部略凸。南山根 M101 出土 1 件（图八，4）。

Bd 型　弧背凹刃，柄较直，做成扭辫形。南山根 M101 出土 1 件（图八，10）。

C 型　环首刀。分四式。

Ⅰ式：环首，短柄，刃宽斜，尖部上翘。千斤营子墓出土 1 件（图八，5）。

Ⅱ式：环首，柄稍长，尖部上翘。大泡子墓出土 1 件，建平县文化馆有一件收集品[46]（图八，1、3）。

Ⅲ式：环首，弧背凹刃，刀身稍宽，尖部下斜。安家楼[47]和老建平[48]各出土 1 件（图八，8、13）。

Ⅳ式：环首或双环首，弧背凹刃，刀身略窄，尖部下斜。南山根 M102、天巨泉 M7301 各出土 1 件（图八，18、19）。

D 型　柄首铸出写实或变体动物形象。分四亚型。

Da 型　分二式。

Ⅰ式：弧背，凹刃，柄上饰三角纹，柄首为马头。热水汤墓出土 1 件（图八，15）。

Ⅱ式：柄首圆雕牛头或立马，折背凹刃。老南船石砬山 M741 出土 1 件，建平县文化馆有一件收集品[49]（图八，11、14）。

Db 型　柄首透雕一奔兔，凸弧刃。周家地 M31 出土 1 件（图八，9）。

Dc 型　柄首呈圆形，镂刻两兽做相斗状，弧背凹刃。南山根 M101 出土 1 件。

Dd 型　柄首铸两兽，做相向曲体状。弧背凹刃。小黑石沟 M8501 发表 1 件（图八，16）。

E 型　铃首刀。弧背凹刃。小黑石沟 M8501 发表 1 件（图八，17）。

2. 刀鞘

鞘体呈扁平弧状，上端宽，下端窄，脊侧有两鼻纽。一面饰镂刻三角纹，另一侧饰折线纹。小黑石沟 M8501 出土 1 件。

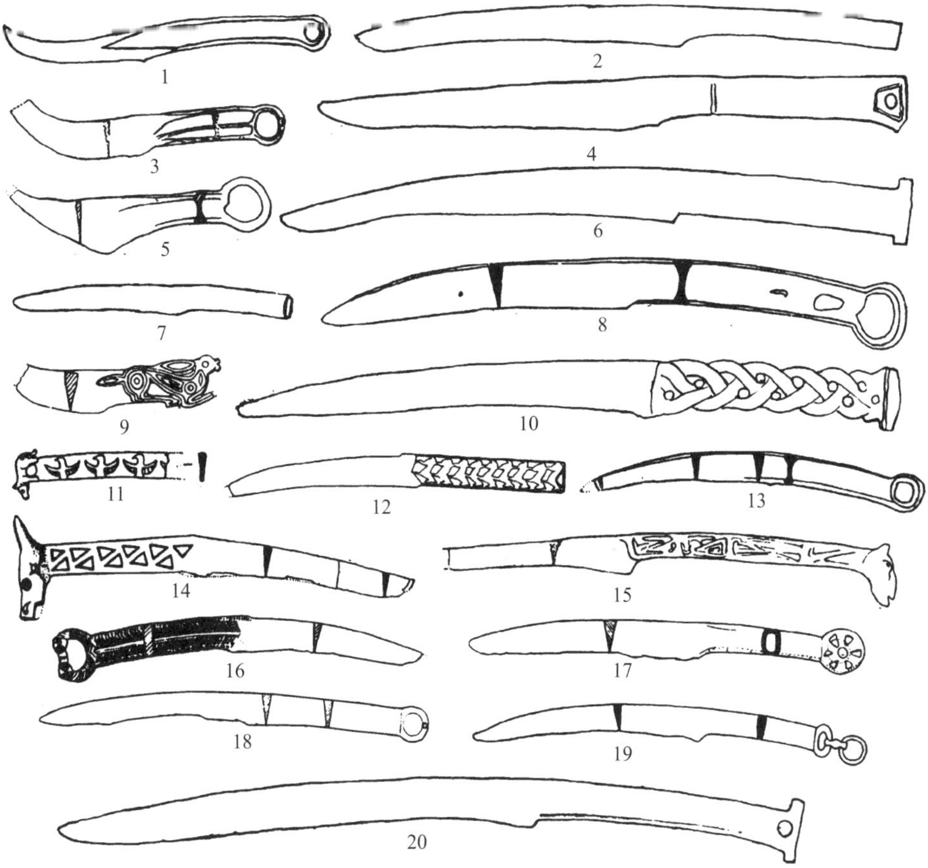

图八　夏家店上层文化青铜刀

1、3. C型Ⅱ式　2、7、12. Ba型　4. Bc型　5. C型Ⅰ式　6、20. Bb型　8、13. C型Ⅲ式　9. Db型　10. Bd型　11、14. D型Ⅱ式　15. Da型Ⅰ式　16. Dd型　17. E型　18、19. C型Ⅳ式
（1、14. 建平县文化馆收集　2、4、6、10、20. 南山根M101　3. 大泡子墓　5. 千斤营子墓　7. 瓦房中M791　8. 安家楼　9. 周家地M31　11. 老南船石砬山M741　12、16、17. 小黑石沟M8501　13. 老建平　15. 热水汤墓　18. 南山根M102　19. 天巨泉MT301）

3. 斧

依据斧身形制不同，分三型。

A型　方銎斧。斧身呈长方形或近方形，方銎，靠近器口有一周或几周凸棱，外凸弧刃。分四亚型。

Aa型　斧身宽扁。分四式。

Ⅰ式：刃微弧。龙头山Ml、千斤营子墓各出土1件（图九，1、2）。

Ⅱ式：外弧刃，两侧出尖角。水泉城子M7701出土1件，建平零散资料记录1件[50]（图九，3）。

Ⅲ式：刃两侧尖角向上微翘。南山根Ml01、M102各出土1件（图九，5、4），小黑石沟M8501发表2件。

Ⅳ式：刃两侧尖角上翘成钩状。南山根M101、小黑石沟M8501各出土1件（图

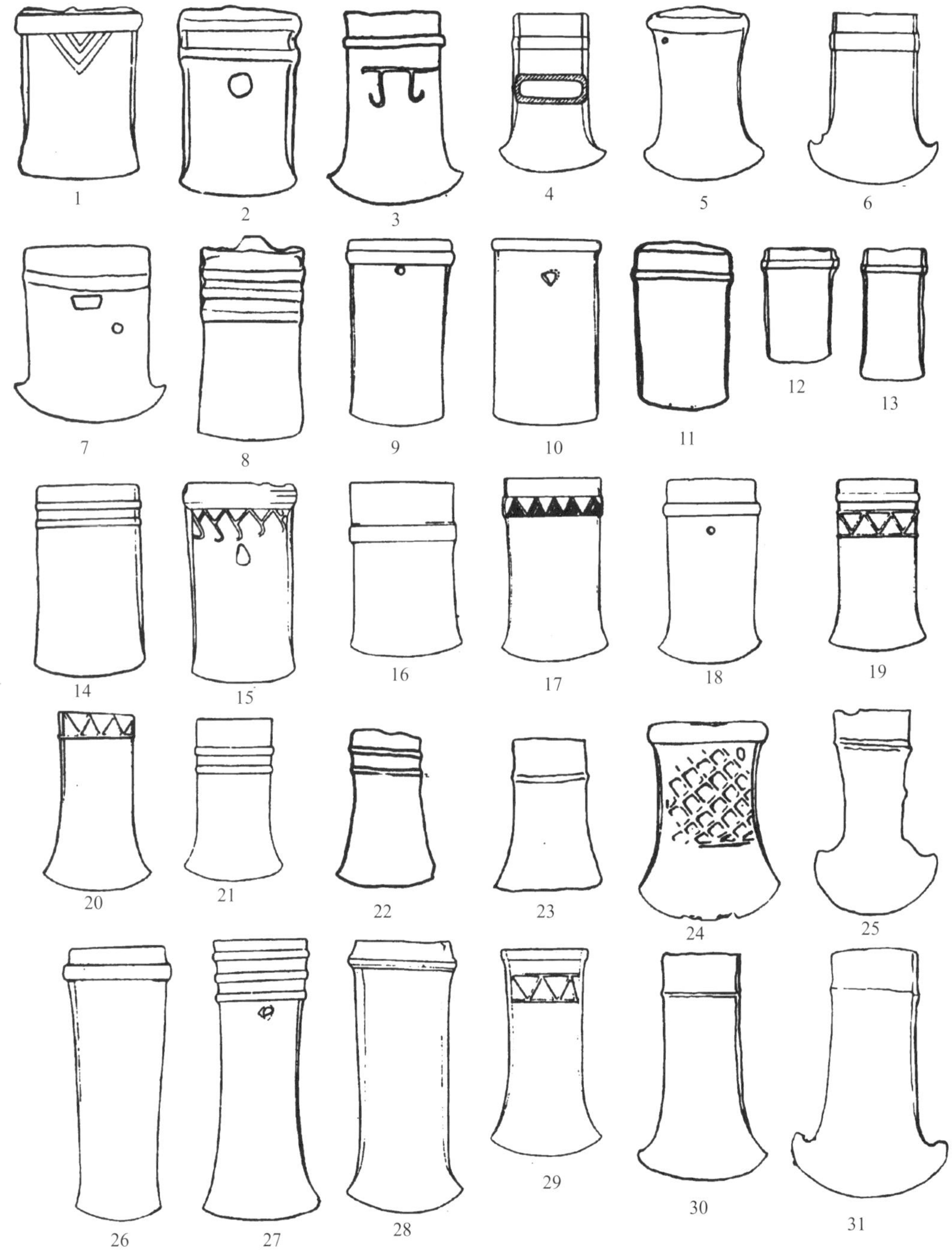

图九　夏家店上层文化青铜方銎斧

1、2. Aa 型Ⅰ式　3. Aa 型Ⅱ式　4、5. Aa 型Ⅲ式　6、7. Aa 型Ⅳ式　8、9. Ab 型Ⅰ式　10～13. Ab 型Ⅱ式　14～16. Ab 型Ⅲ式　17～19. Ab 型Ⅳ式　20～23. Ab 型Ⅴ式　24. Ab 型Ⅵ式　25. Ad 型　26. Ac 型Ⅰ式　27～30. Ac 型Ⅱ式　31. Ac 型Ⅲ式

（1. 龙头山 M1　2. 千斤营子墓　3、11. 建平　4. 南山根 M102　5、7、23、25、30. 南山根 M101　6、9、10、14～21、26～29. 小黑石沟 M8501　8. 热水汤墓　12. 宁城　13. 瓦房中 M791　22. 梁家营子 M8071　24. 东井墓　31. 南山根东区石椁墓）

九，7、6）。

Ab型 斧身略窄。分六式。

Ⅰ式：两侧微凹，刃微弧。热水汤墓和小黑石沟M8501各出土1件，建平县文化馆有一件收集品[51]（图九，8、9）。

Ⅱ式：两侧较直，弧刃。瓦房中M791、小黑石沟M8501各出土1件，宁城、建平零散资料各记录1件[52]（图九，10～13）。

Ⅲ式：两侧较直，近刃端微外斜，弧刃明显。小黑石沟M8501出土5件（图九，14～16）。

Ⅳ式：两侧较直，近刃端外斜，弧刃两端略出尖角。小黑石沟M8501出土3件（图九，17～19）。

Ⅴ式：两侧上段较直，下段明显外敞，刃两端出尖角。小黑石沟M8501出土2件，南山根M101、梁家营子M8071各出土1件（图九，20～23）。

Ⅵ式：两侧下段外敞，刃端较宽，两侧尖角明显。东井墓出土1件（图九，24）。

Ac型 斧身较长。分三式。

Ⅰ式：銎口端较宽，刃端略窄，两侧微凹弧刃。小黑石沟M8501出土1件（图九，26）。

Ⅱ式：銎口端窄，刃端较宽，尖角明显。小黑石沟M8501出土5件，南山根M101出土2件，大拉罕沟M751出土1件，建平零散资料记录1件[53]（图九27～30）。

Ⅲ式：刃端明显宽于銎口端，弧刃上卷形成勾角。南山根东区石椁墓出土1件（图九，31）。

Ad型 斧身一侧较直，另一侧微凹，刃部呈半圆形，两端略出尖角。南山根M101出土1件（图九，25）。

B型 斧身较小，略呈长方形，上下两侧平直，刃端微弧，另一端横穿一长方形銎。南山根M101出土1件。

C型 斧身两侧外鼓，斜收成窄刃，中部有銎。分二亚型。

Ca型 顶端呈圆弧形，中部有长方形銎。小黑石沟M8501出土1件（图一〇，19）。

Cb型 顶端平直，中部有椭圆形銎。小黑石沟M8501出土1件（图一〇，18）。

4. 锛

器身略呈长方形，方銎，单面弧刃。分二型。

A型 身宽短，两侧向刃端斜收。建平零散资料记录1件[54]（图一〇，7）。

B型 身窄长，两侧内凹，刃两端成尖角，近銎口有一周凸棱。宁城、建平零散资料各记录1件[55]，孙家沟M7371、大拉罕沟M751各出土1件（图一〇，6、8、9）。

5. 凿

依器体形制不同，分二型。

A 型　銎口呈方形或长方形，近銎口有一道或两道凸棱，刃平直或略弧。分三式。

Ⅰ式：体两侧较直，平直刃，龙头山 Ml 出土 1 件（图一〇，4）。

Ⅱ式：体两侧斜直，窄平刃。热水汤墓、水泉城子 M7701、南山根 M102、大拉罕沟 M751 各出土 1 件（图一〇，3、5）。

Ⅲ式：体窄长，刃略弧。南山根 M101 出土 1 件，东区石椁墓出土 2 件，小黑石沟 M8501 出土 2 件（图一〇，2）。

B 型　器体细长，顶端有圆帽，上段呈圆柱状，下段平收成窄刃。南山根 M101 出土 1 件（图一〇，1）。

6. 锥

依器体形制不同，分三型。

A 型　锥体呈四棱形，尖部呈圆锥状。分二亚型。

Aa 型　平顶或圆弧顶，龙头山 Ml、南山根 M102、梁家营子 M8071 各出土 1 件（图一〇，10、11）。

Ab 型　扁平楔形顶。林西大井 F3，夏家店 Ml、Mll、Ml4、Ml7，孙家沟 M7371 各出土 1 件（图一〇，12、13）。

B 型　顶端有圆帽，上段为圆柱状，下段呈四棱体，圆锥状尖。南山根 M101 出土 5 件，周家地 M45 出土 1 件（图一〇，14）。

C 型　细长二棱体，圆锥状尖。周家地 M2 出土 1 件（图一〇，15）。

7. 镐

依器体形制不同，分二型。

A 型　镐身略呈长方形，中部偏上有一圆形銎，顶端附加一圆球状疣，弧刃。南山根 M101 出土 1 件（图一〇，20）。

B 型　长方銎，两侧分别接铸一段立置、平置的梯形镐身，刃微弧。南山根 M101 出土 1 件（图一〇，17）。

8. 锄

锄身扁平，上窄下宽，近顶端偏中接一铜柄，柄稍弯曲，前半段断面呈长方形，后端则呈圆形。南山根 M101 出土 1 件（图一〇，16）。

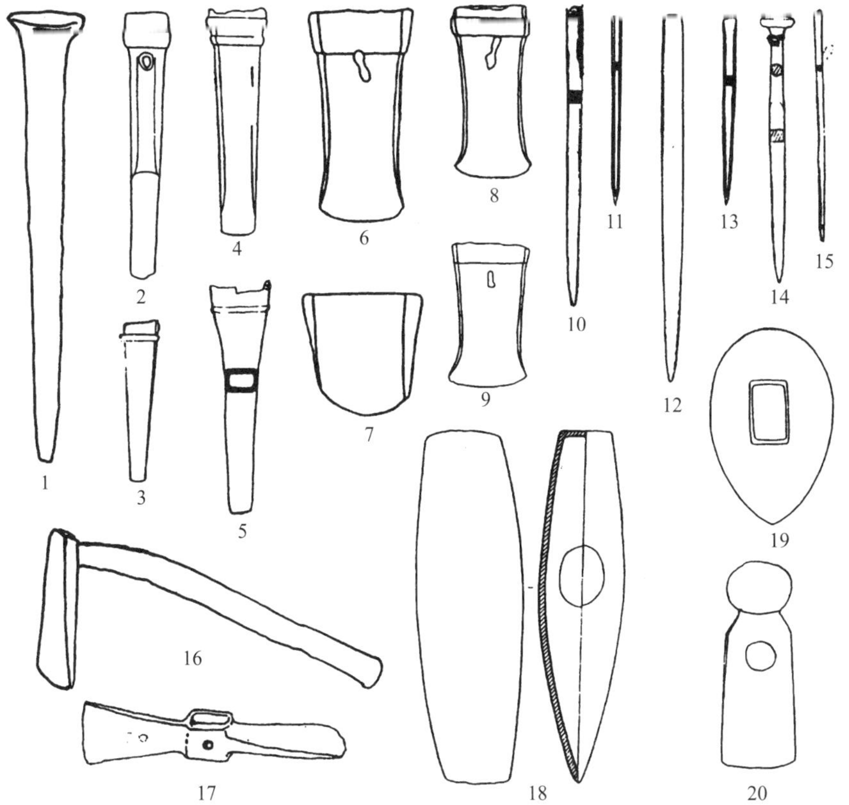

图一〇 夏家店上层文化青铜工具

1. B 型凿 2. A 型Ⅲ式凿 3、5. A 型Ⅱ式凿 4. A 型Ⅰ式凿 6、8、9. B 型锛 7. A 型锛 10、11. Aa 型锥 12、13. Ab 型锥 14. B 型锥 15. C 型锥 16. 锄 17. B 型镐 18. Cb 型斧 19. Ca 型斧 20. A 型镐
（1、16、17、20. 南山根 M101 2、18、19. 小黑石沟 M8501 3. 水泉城子 M7701 4、10. 龙头山 M1 5. 热水汤墓 6、7. 建平 8、13. 孙家沟 M7371 9. 宁城 11. 梁家营子 M8071 12. 夏家店 M1 14、15. 周家地 M45、M2）

（三）青铜车马器

1. 衔

依形制不同，分五型。

A 型 中间两圆环相套接，杆两端各接一圆环或弧形三角式环。南山根 M102 出土 1 件，天巨泉 M7301 出土 2 件（图一一，1、2）。

B 型 中间两环相套接，均呈圆尖状，杆两端横出短柄，上接三个环纽。南山根 M102 出土 1 件（图一一，6）。

C 型 中间两圆套接，杆两端嵌入短柄中，柄内侧伸出尖齿，背接半圆形环纽。南山根 M101 出土 1 件（图一一，7）。

D 型 双环相套，两端各套接一虎形环饰。小黑石沟 M8501 出土 1 件（图一一，3）。

E 型 中间两环相套，一端伸出短齿，另一端套接一虎形环饰。小黑石沟 M8501 出土 1 件（图一一，4）。

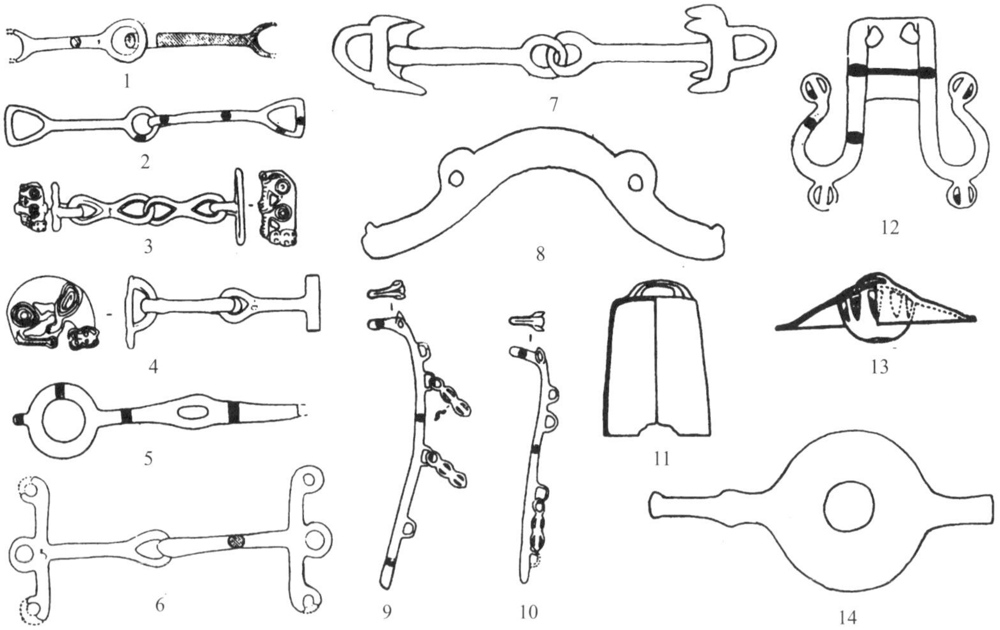

图一一　夏家店上层文化青铜车马器

1、2. A 型衔　3. D 型衔　4. E 型衔　5. B 型摆形器　6. B 型衔　7. C 型衔　8. 轭　9、10. 镳　11. 铃　12. A 型銮铃　13. B 型銮铃　14. A 型摆形器

（1、6. 南山根 M102　2. 天巨泉 M7301　3、4、8. 小黑石沟 M8501　5. 汐子北山嘴 M7501　7、14. 南山根 M101　9、10、12. 小黑石沟 M8061　11. 孙家沟 M7371　13. 大拉罕沟 M751）

2. 镳

体略弧，横剖面呈椭圆形，鹿首。背有四个圆角方形环纽，中间套接扁体凸面镂孔联珠形饰件。小黑石沟 M8061 出土 2 件（图一一，9、10）。

3. 轭

弓背，中空，两侧偏中凸起一环鼻，中段横剖面呈圆形，两端作方形，各有一对穿，端背各铸一方形凸纽。小黑石沟 M8501 出土 2 件（图一一，8）。

4. 铃

体呈扁筒形，顶面微凸，上有桥状环纽，环纽两侧各有一圆孔。两侧壁向外斜直伸出，底边平直。孙家沟 M7371 出土 2 件（图一一，11）。

5. 銮铃

依器体形制不同，分二型。

A 型　双虺体。双虺相背，曲体昂首，虺首以镂空圆铃代替，曲体下方各接铸一镂空圆铃，内有铜丸。双虺间以方板相连。上方有对称的桃形穿孔。小黑石沟 M8061 出土 1 件（图一一，12）。

B型　圆体。顶面呈弧状隆起，正中有一桥形鼻纽。背面铸成镂空半球形，内有铜丸。大拉罕沟M751出土2件（图一一，13）。

6. 摆形器

依器体形制不同，分二型。

A型　中部呈圆环形，上下两端各伸出一短轴，轴上有长方形穿孔。南山根M101出土8件（图一一，14）。

B型　上端呈圆环形，环顶凸出一柱状小纽，下接扁方体轴杆，轴杆中部外弧，当中有扁圆形穿孔。汐子北山嘴M7501出土2件（图一一，5）。

（四）青铜日用器具

1. 鼎

敛口，斜弧腹，圆底。口部两侧各铸一环耳。三足细长，呈圆锥状，斜撑底部。南山根M101出土1件（图一二，1）。

2. 鬲

敛口，矮颈，圆鼓腹，下接三个锥状实心足。肩附两个兽形小耳。南山根M101、小黑石沟M8501各出土1件（图一二，3、2）。

3. 豆形器

依器体形制不同，分二型。

A型　外形如豆，豆盘中间接铸一个浅腹小盘。南山根M101出土1件（图一二，4）。

B型　中间为一折沿鼓腹圜底罐，绕肩一周铸有六个小錾耳，耳接铸六件形制大小相同的浅盘、细高柄豆。小黑石沟M8501出土1件（图一二，12）。

4. 罐

依器体形制不同，分四型。

A型　双联罐。分二亚型。

Aa型　两个罐体相连，斜鼓腹，平底。盖呈半球形，双盖相连，盖顶有圆形平纽。通体素面。小黑石沟M8501出土1件（图一二，10）。

Ab型　两罐圆鼓腹，平底，腹部由两条上下平行的铜梁相连接，腹部外侧各铸一个立马形纽。盖呈半球形，两盖的边沿由一条铜梁连接在一起，顶上各铸一个立马形纽。南山根M101出土1件（图一二，9）。

B型　四联罐。四个罐体联铸一起，弧腹，平底。盖呈半球状，四盖联铸。小黑石沟M8501出土1件（图一二，5）。

C 型　小口鼓腹罐。小口，沿斜直或平折，鼓腹，平底或断底。沿面一周钻有小孔。南山根 M101 出土 1 件，小黑石沟 M8501 出土 2 件（图一二，8）。

D 型　长腹圜底罐。器体略扁，腹两侧斜直，圜底。盖上端凸出呈半球形，下端直内收。通体以弦纹相隔，饰以不同式样的几何纹和动物纹。小黑石沟 M8501 出土 1 件（图一二，7）。

5. 勺

依勺柄形制不同，分二型。

A 型　斜长柄。勺口呈圆形，深腹，圜底，扁柄，斜长。小黑石沟 M8501 出土 2 件，瓦房中 M791 出土 2 件（图一二，11）。

B 型　短柄，柄首如祖。勺口呈圆形，圆弧腹。南山根 M101、小黑石沟 M8501 各出土 2 件（图一二，6）。

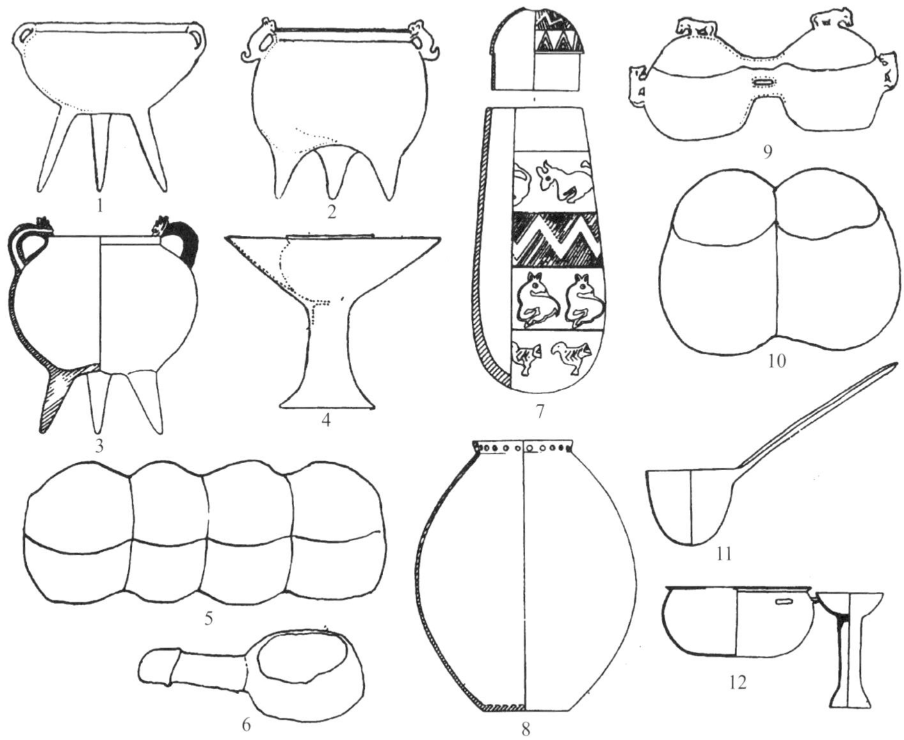

图一二　夏家店上层文化青铜日用器具

1. 鼎　2、3. 鬲　4. A 型豆形器　5. B 型罐　6. B 型勺　7. D 型罐　8. C 型罐　9. Ab 型罐　10. Aa 型罐　11. A 型勺　12. B 型豆形器

（1、3、4、9. 南山根 M101　2、5～8、10、12. 小黑石沟 M8501　11. 瓦房中 M791）

6. 匙

头部呈椭圆形，圆弧内凹，后接一长条形柄，柄端有圆孔。南山根 M4 出土 1 件，红山后采集品中有 6 件。

7. 匕

扁平长条形，前段呈凹弧状，柄端有钻孔。南山根 M4 出土 1 件。

（五）青铜装饰品

1. 牌饰

依据器形和纹样的不同，分六型。

A 型　透雕动物牌饰。背后多铸有小环纽。分二亚型。

Aa 型　正面透雕出单体动物形象，主要有卧虎、屈身虎、卧羊、立羊、屈身兔等。南山根 M101 出土 14 件，小黑石沟 M8501 发表 3 件（图一三，1，5、6、10）。

Ab 型　正面透雕出双体动物形象。主要有虎食羊、双虎相背、双鹿交媾等。小黑石沟 M8501 发表 3 件（图一三，8、9、11）。

B 型　长方形牌饰。背后铸有二个或四个小纽。分三亚型。

Ba 型　正面铸出动物形象，常见有并立双马、三牛等。南山根东区石椁墓出土 12 件，小黑石沟 M8501 发表 1 件（图一三，2）。

Bb 型　正面中部凸起一小圆泡，四周铸以小乳钉纹。南山根 M101 出土 20 件（图一三，4）。

Be 型　正面素面。南山根 M101 出土 33 件（图一三，3）。

C 型　方形牌饰。背面铸出一个或两个桥状纽。分二亚型。

Ca 型　正面饰成排叶状几何纹，四周边缘饰小方格纹。周家地 M45 发表 2 件（图一三，12）。

Cb 型　正面素面，或仅四周边缘饰一周小方格纹。周家地 M1、M31 发表 1 件（图一三，17）。

D 型　圆形牌饰。分四亚型。

Da 型　正面中间作花瓣形镂空，外侧铸一周凸棱和联珠状纹饰。南山根 M101 出土 9 件（图一三，15）。

Db 型　正面略凸，中部素面，外圈饰一周短线纹，缘边做连弧状。背面鼻纽中穿一铜丝环。瓦房中 M791 出土 2 件（图一三，18）。

Dc 型　正面略凸，中部光素，外圈依次饰联珠纹、三角纹、短线纹。天巨泉 M7301 出土 1 件（图一三，7）。

Dd 型　通体素面，靠近一侧边缘有一圆孔，背面有一小鼻纽。南山根 M101 出土 1 件（图一三，14）。

E 型　半圆形牌饰。周边铸有小乳钉状纹饰。南山根 M101 出土 1 件（图一三，13）。

F 型　月牙形牌饰。素面，体平直，背面铸有两个长方形环鼻。天巨泉 M7301 出土 2 件（图一三，16）。

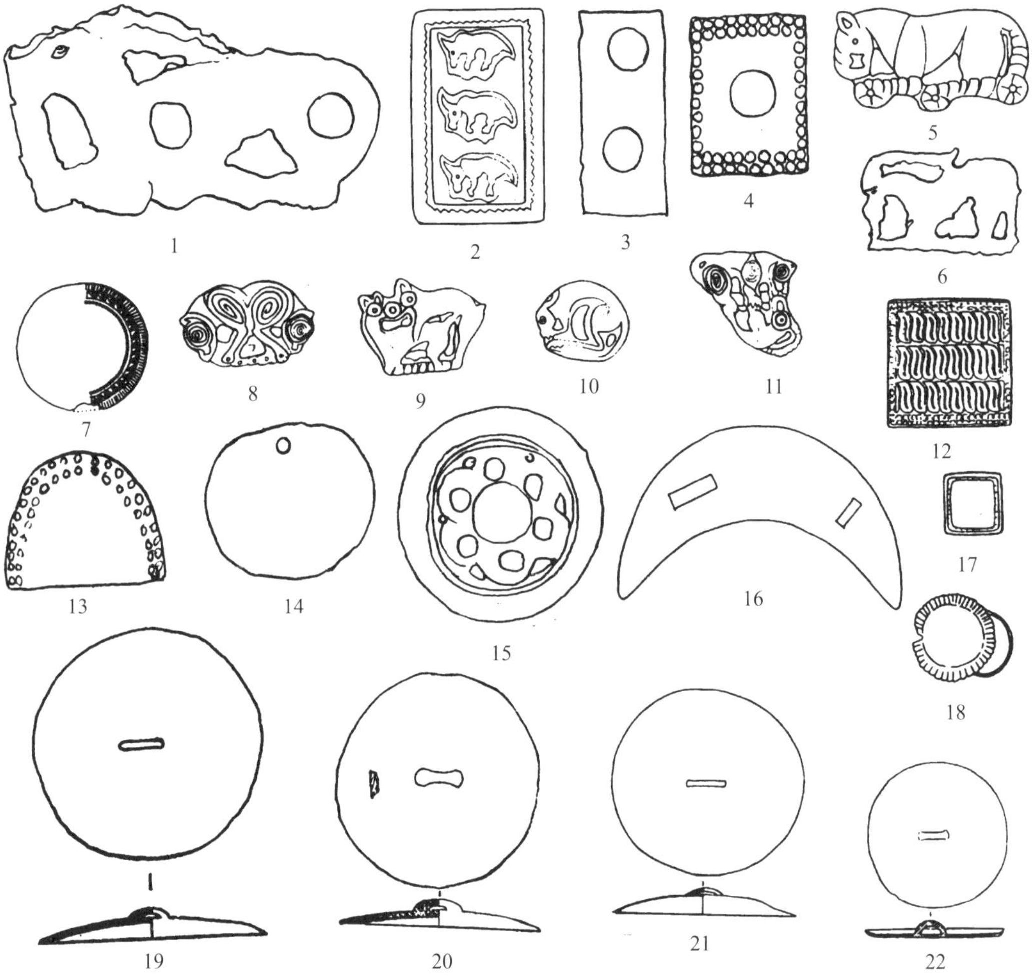

图一三　夏家店上层文化青铜装饰品

1、5、6、10. Aa 型牌饰　2. Ba 型牌饰　3. Be 型牌饰　4. Bb 型牌饰　7. Dc 型牌饰　8、9、11. Ab 型牌饰　12. Ca 型牌饰　13. E 型牌饰　14. Dd 型牌饰　15. Da 型牌饰　16. F 型牌饰　17. Cb 型牌饰　18. Db 型牌饰　19～21. A 型镜形饰　22. B 型镜形饰

（1、3、4、6、13～15. 南山根 M101　2、5、8～11. 小黑石沟 M8501　7、16、21. 天巨泉 M7301　12、17. 周家地 M45、Ml　18. 瓦房中 M791　19. 大拉罕沟 M751　20. 水泉城子 M7701　22. 南山根 M102）

2. 镜形饰

依器体形制不同，分二型。

A 型　圆形凸背，正中有一桥形鼻纽，正面内凹。水泉城子 M7701、M7801，热水汤墓葬各出土 1 件，天巨泉 M7301、大拉罕沟 M751 各出土 2 件，南山根 M101 出土 10 件（图一三，19～21）。

B 型　正面平直，外缘外折，背面正中有一桥形鼻纽。南山根 M102（图一三，22）、小黑石沟 M8501 各出土 1 件。

3. 环形饰

依器体形制不同，分三型。

A型 圆形单环。红山后A区M25出土1件，D区Ml出土2件，南山根M102出土2件，梁家营子M8071出土6件（图一四，4）。

B型 螺形环。红山后A区M18、梁家营子M8071各出土2件，南山根M3出土1件，周家地M2、M41各发表1件（图一四，1～3）。

C型 方圆环。三边呈弧形，一边平直，环外侧铸有两个骑马人像，靠近一马前铸一奔兔。南山根M3出土1件（图一四，12）。

4. 铃形饰

口部呈椭圆形，壁面有穿孔，上端有一纽。铃身铸几何人字纹或网格纹。南山根M3出土9件，M4出土42件（图一四，10、11）。

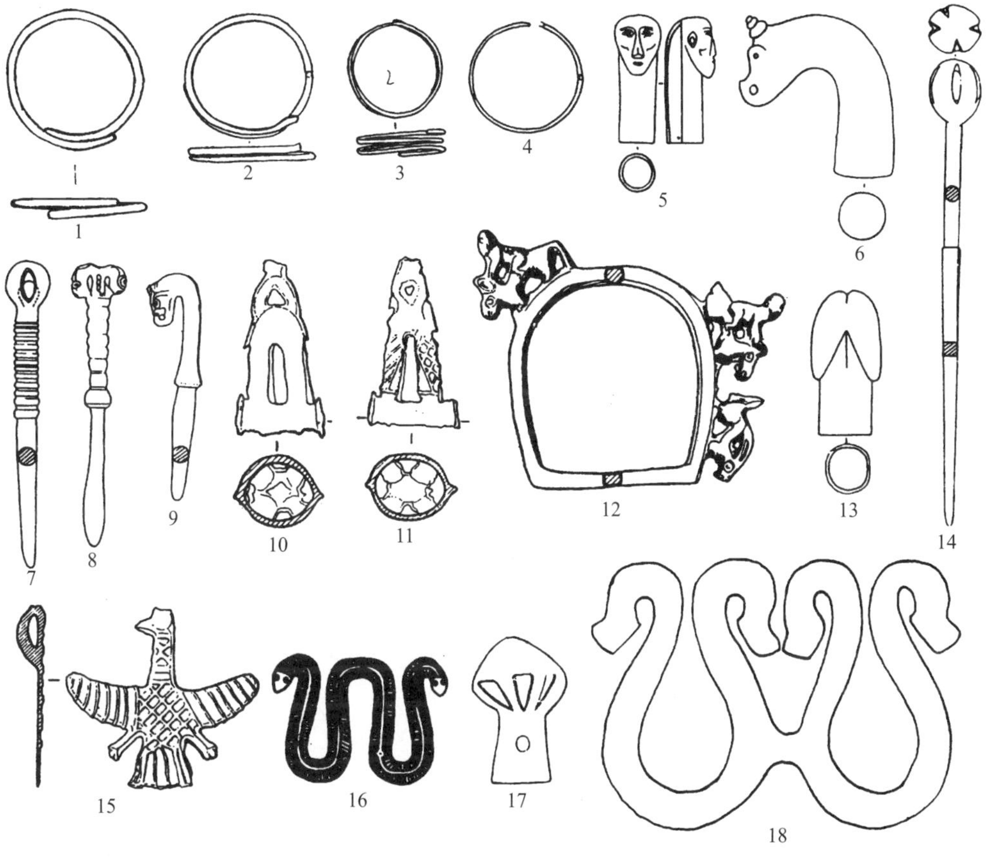

图一四 夏家店上层文化青铜装饰品

1～3. B型环 4. A型环 5、6、13、17. 杖首饰 7、14. A型锥形饰 8、9. B型锥形饰 10、11. 铃形饰 12. C型环 15. A型动物形饰 16、18. B型动物形饰

（1. 红山后A区Ml8 2. 周家地M2 3、4、16. 梁家营子M8071 5～9、13、14. 小黑石沟M8501 10、11、15. 南山根M4 12. 南山根M3 17. 热水汤墓 18. 南山根东区石椁墓）

5. 锥形饰

器体细长，呈锥状，器身分上下两段。依柄首形制不同，分二型。

A 型　镂空铃首。小黑石沟 M8501 出土 2 件（图一四，7、14）。

B 型　动物型首。柄首铸出一个或两个相背的动物头像。小黑石沟 M8501 出土 3 件（图一四，8、9）。

6. 杖首饰

器身较直或弯弧，一端为圆形开口，另一端有铃形、人面形、动物头像形或祖形首。热水汤墓葬出土 1 件，小黑石沟 M8501 出土 4 件（图一四，5、6、13、17）。

7. 动物形饰

依据动物种类不同，分四型。

A 型　鸟形饰。体扁平，做伸颈展翅状，正面铸线纹表示羽毛，背面有一鼻纽。南山根 M4 出土 17 件（图一四，15），红山后有采集品 6 件，周家地有采集品 2 件。

B 型　蛇形饰。均呈屈体状，两端各铸一蛇头，或为一对双蛇体通联，共铸四个蛇头。背部有五个或六个鼻纽。南山根东区石椁墓、梁家营子 M8071 各出土 8 件（图一四，16、18）。

C 型　蛙形饰。背部略凸，腿伸开。红山后有一件采集品。

D 型　鸭形饰。器体较小。小黑石沟 M8501 出土 160 余件。

8. 双尾饰

依器体形制不同，分二型。

A 型　双尾分开。分三式。

Ⅰ式：上端铸一或两个圆泡，下接弧形双尾，尾端呈圆尖状，较短，通体素面，背面铸一鼻纽。水泉城子 M7701 出土 1 件，热水汤墓葬出土 2 件（图一五，1、2）。

Ⅱ式：上端为双泡相连，双尾呈半圆状，正面铸弧形条纹。背面铸一鼻纽。夏家店 M11 出土 20 件（图一五，3）。

Ⅲ式：上端为双泡相连，双尾呈长弧状，正面铸条纹。背面铸有两个鼻纽。周家地 M2 出土 2 件（图一五，4）。

B 型　上端为两圆泡相连，下接弧形双尾，尾端相连。正面饰条纹，背面有一鼻纽。南山根 M3 出土 40 件（图一五，5）。

9. 联珠饰

器体呈长条形，由两个或两个以上的圆泡联铸在一起。正面凸起，呈连弧状。背面平直或略弧，铸有鼻纽，或为穿孔带状纽，也有的无纽。分八型。

A 型　双联珠。龙头山 M1 发表 1 件，水泉城子 M7701 出土 26 件，红山后有 2 件

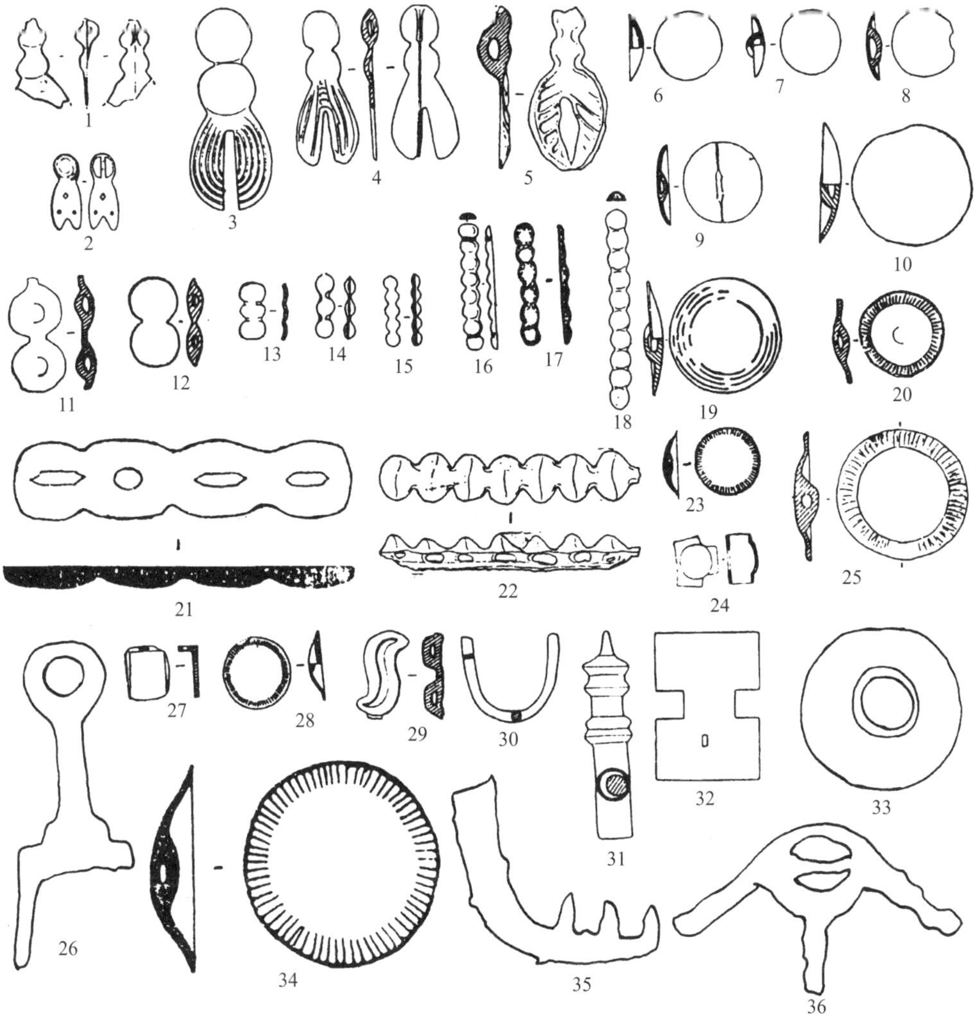

图一五　夏家店上层文化青铜装饰品和杂器

1、2. A型Ⅰ式双尾饰　3. A型Ⅱ式双尾饰　4. A型Ⅲ式双尾饰　5. B型双尾饰　6～10. B型泡　11、12. A型联珠饰　13、14. B型联珠饰　15. D型联珠饰　16. G型联珠饰　17. E型联珠饰　18. H型联珠饰　19. C型泡　20、23、25、28、34. A型泡　21. C型联珠饰　22. F型联珠饰　24. 凸形器　26. 叉形器　27. 箕形器　29. S形饰　30. U形器　31. 尖柱形器　32. 工形器　33. 圆形穿孔饰　35. 钩形器　36. 爪形器

（1. 热水汤墓　2、6. 水泉城子M7701　3、18. 夏家店M11　4. 周家地M2　5. 南山根M3　7. 天巨泉M7301　8、30～32. 小黑石沟M8501　9、24. 南山根M102　10、14、15、28. 小黑石沟M8061　11、13、20、27、29. 龙头山M1　12. 周家地M45　16. 周家地M1　17、23. 大泡子墓　19. 周家地M31　21、34. 大板南山墓　22. 南山根M4　25. 夏家店M17　26、33、35、36. 南山根M101）

采集品，周家地M45发表1件（图一五，11、12）。

B型　三联珠。龙头山M1和小黑石沟M8061各出土1件，红山后采集品1件（图一五，13、14）。

C型　四联珠。大板南山墓发表1件，红山后采集品1件（图一五，21）。

D型　五联珠。小黑石沟M8061出土7件（图一五，15）。

E型　六联珠。大泡子墓葬出土18件，红山后采集品10件（图一五，17）。

F 型　七联珠。南山根 M4 出土 160 件（图一五，22）。

G 型　八联珠。周家地 Ml 出土 3 件（图一五，16）。

H 型　十联珠。夏家店 M11 出土 80 件（图一五，18）。

10. 泡

形体较小，出土数量较多，造型基本接近。正面呈弧形凸起，有的边沿平直。背面内凹，正中有一鼻纽，或为横梁纽。依据器形和器表所饰纹样的不同，可以分为三型。

A 型　边沿平直，上饰一周放射状短线纹。龙头山 M1 和大泡子墓葬各出土 1 件，大板南山墓出土 5 件，夏家店 M17 发表 1 件，小黑石沟 M8061 出土 7 件，红山后采集品 6 件（图一五，20、23、25、28、34）。

B 型　正面凸起，仅少数有平沿，器体光素。水泉城子 M7701 出土 18 件，天巨泉 M7301、梁家营子 M8071、千斤营子墓各出土 1 件，小黑石沟 M8061 出土 20 件，M8501 出土 70 余件，南山根 M101 出土 269 件、M102 出土 30 件，夏家店和周家地墓葬中有一定数量出土（图一五，6～10）。

C 型　器身凸起，面饰重环凹弦纹。南山根 M101 出土 15 件，周家地 M31 发表 1 件（图一五，19）。

11. 圆形穿孔饰

器体扁薄，呈圆形，中部有一圆孔，有的孔周围略凸。南山根 M101 出土 12 件（图一五，33）。

12. S 形饰

器体扁薄，呈 S 形，背部有两鼻纽。龙头山 Ml 出土 1 件（图一五，29）。

（六）青铜杂器

1. 钩形器

器体呈弯钩状，一端为銎口，另一端内侧伸出三个尖齿。南山根 M101 出土 1 件（图一五，35）。

2. 爪形器

中部呈圆环形，下方铸一方形纽，边侧向下斜伸出三个短齿，作爪形。南山根 M101 出土 3 件（图一五，36）。

3. 叉形器

环首，直柄，器身作双叉形。南山根 M101、M102 各出土 1 件（图一五，26）。

4. 尖柱形器

器身上段有四道凸棱，下段呈圆柱状，顶端凸出一尖齿。小黑石沟 M8501 出土 1 件（图一五，31）。

5. 凸形器

上段呈圆弧状凸起，较小。下段略大，呈圆弧形或相连方形，中空。小黑石沟 M8501 出土 1 件，南山根 M102 出土 5 件（图一五，24）。

6. 箕形器

长方形，三面有折边，作簸箕形。龙头山 M1 出土 1 件（图一五，27）。

7. 工形器

器体扁薄，呈“工”字形。小黑石沟 M8501 出土 1 件（图一五，32）。

8. U 形器

“U”形体，横剖面呈圆形。南山根 M101 出土 1 件，小黑石沟 M8501 出土 2 件（图一五，30）。

四、分期与年代

目前夏家店上层文化遗址发掘地点有限，墓葬资料比较零散，缺少具有分期断代意义的标准地层关系。加之青铜器本身具有延续时间长、流布地域广的特殊性，因而对夏家店上层文化青铜器进行分期与年代考察时，应从不同的角度入手，互相验证，以使所得结论更为符合客观实际。以下从地层依据、年代推断、主要器类的演变序列、器类组合关系四个方面入手进行分析。

（一）地层依据

1）龙头山遗址地层堆积共分三层，皆属夏家店上层文化。M1 开口于第Ⅱ区 T0803 ③层下，打破生土，是该遗址中最早的单位之一。

2）夏家店遗址第Ⅱ、Ⅲ地点地层堆积共分四层，其中第 2、3 层属于夏家店上层文化，第 4 层属于夏家店下层文化。第Ⅰ地点 M11、M12，第Ⅱ地点 M13～M17 均开口于第 3 层下。这 7 座墓葬均为该遗址夏家店上层文化的早期单位。

3）水泉城子遗址地层堆积共分三层，第 2 层属于夏家店上层文化，第 1 层和第 3 层分别为战国文化层和夏家店下层文化层。M7701 开口于第 2 层下，应属该遗址中夏家店上层文化的早期单位。

4）南山根遗址第Ⅰ、Ⅱ地点地层堆积共分四层，其中第Ⅰ地点 3 层和第Ⅱ地点 2、3

层属于夏家店上层文化，第 4 层属夏家店下层文化。第Ⅰ地点 M1 开口于 T6 ①层下。M7、M12 位于第一道沟的两侧，其中 M7 开口于战国—汉初文化层下。M2～M6 位于第二道沟上端西侧，墓口以上均无文化层，墓圹挖在生土中，填土中夹杂有夏家店上层文化陶片。上述墓葬应属该遗址中夏家店上层文化的晚期单位。

5）蜘蛛山遗址地层堆积较厚，红山文化、夏家店下层文化、夏家店上层文化、战国汉初四种文化层依次叠压。以 T3 东壁剖面为例，第 3 层为夏家店上层文化层，第 2、4 层分别为战国—汉初文化层和夏家店下层文化层。建平喀喇沁河东遗址也发现有同样的地层关系。

6）周家地遗址地层堆积共分两层，第 2 层属于夏家店上层文化层。墓葬有的开口于第 2 层下，也有开口于第 1 层下或直接暴露于地表，表明各墓葬年代应有早晚之别。

（二）年代推断

1）龙头山遗址 Ml 与 H6 均属早期单位，年代相当。H6 内出土的一件筒腹陶鬲（H6：1），叠唇，敞口，腹壁垂直，腹上部有两个对称的方形竖耳，下接三个锥状实足，其特征明显早于林西大井 F2 内出土的那件筒腹鬲。因此，龙头山 Ml、H6 的年代应较大井 F2 早。参考 Ml 棺板 ^{14}C 测定年代数据（树轮校正距今 3240 年 ±150 年）[56]，Ml 的年代应定在西周早期。

2）翁牛特旗大泡子墓出土陶器 8 件，夹砂红陶 5 件、泥质褐陶 3 件。其中，夹砂红陶矮颈扁鼓腹罐与龙头山 T0203 ③：1 器形相近，早于龙头山 T0402 ②：5 和红山后 M3 出土的矮颈圆鼓腹罐。泥质褐陶罐、壶的器形和纹饰与黑龙江肇源白金宝[57]遗址出土同类器风格相近。龙头山遗址第 2、3 层遗存分别相当于西周晚期和西周中期，参考白金宝遗址 Hl 提供的 ^{14}C 测定年代数据（树轮校正距今 2900 年 ±100 年），推断大泡子墓葬的年代约相当于西周中期早段。

3）林西大井 F2 内出土的一件筒腹鬲体较宽，上腹微凹，其形态晚于龙头山 H6：1，而早于腹体较长的夏家店 T3 ⑤：11。参考该房址堆积层中和 K2T4 上层炼炉旁采集石炭标本的 ^{14}C 测定年代数据（前者距今 2720 年 ±90 年，后者距今 2970 年 ±115 年）[58]，大井 F2 的年代定在西周中期晚段为宜。

4）南山根 M101、小黑石沟 M8501、汐子北山嘴 M7501 均出有中原式青铜礼器和兵器，某些相同的器类曾见于长安张家坡西周窖藏[59]和三门峡虢国墓地[60]，年代可明确定在西周晚期至春秋早期。据此推断，上述 3 座墓葬的年代约相当于西周晚期至春秋早期。

5）周家地 M45 出土的一件双环耳陶鼎（M45：01，简报中作鬲），敞口，沿面外折，下腹斜收，腹较深，其形制晚于南山根 H3：25。后者呈微敛口，短沿较直，浅腹，圜底，与南山根 M101 出土的双环耳铜鼎（M101：4）形态一致。因此，周家地 M45 的年代应晚于南山根 M101。约相当于春秋中期。

（三）主要器类的演变序列

通过对夏家店上层文化青铜器进行分类排比可看出，某些器类经历时间较长，早晚变化特征明显，其演变序列可作为考察分期的重要线索。另一些器类早晚形制变化不大或出土数量较少，暂不具备分期意义。早晚形制变化明显的器类主要有：Aa、Ab、Ac、B、C型短剑，A、Ba、Cb型镞，Aa、C型刀，Aa型斧，A型凿，A型双尾饰。其演变特征如下。

1. Aa型剑（Ⅰ～Ⅳ式）

銎柄，直刃，叶尾和剑格的变化突出。叶尾一面出格由不明显到明显，后来演变成斜伸的齿状剑格。

2. Ab型剑（Ⅰ～Ⅴ式）

銎柄，曲刃，主要变化集中在銎口、叶尾和柱脊上。銎口由圆形演变成菱形；叶尾与銎柄之间的夹角由小渐大，叶最宽处由尾端向锋部下移；柱脊两侧由光平演变成凸起两道脊棱。

3. Ac型剑（Ⅰ～Ⅲ式）

銎柄，曲刃，主要变化集中在銎柄、叶尾和剑格上。銎口由圆形演变成菱形，柄面由光素演变成饰几何形线纹；叶尾略斜收，与圆齿状剑格相连，变成叶尾明显折收，尾端与剑格分开。

4. B型剑（Ⅰ～Ⅲ式）

短茎，曲刃，主要变化集中在叶尾、叶刃两侧节尖和束腰，脊中心棱线止点、锋部以及剑叶前后两段长度之比值上。叶尾由圆弧内收变成折收；叶刃两侧节尖和束腰由明显变得不明显；脊中心棱线止点由与内凹极点位置相平变得明显下移；锋部由短变长；剑叶前后两段长度之比值由小变大。

5. C型剑（Ⅰ～Ⅲ式）

T形柄，曲刃，剑身的演变特征与B型剑基本相同。剑柄和剑把头的变化主要表现在：柄筒分界位置由靠前渐移至中部，盘壁由外敞、直立变成斜直内收，盘口平面由长椭圆形变成束腰梭形。剑柄由素面发展成满饰几何形纹饰。剑把头由体高、圆鼓形变成束腰、顶部下凹的枕状，体小于盘。

6. A型镞（Ⅰ～Ⅲ式）

三棱翼，短铤，主要变化集中在铤身和尾翼上。铤身由长变短；身、铤分界由不明显变得明显；尾翼由向下斜收、平直变成向上折收，出尖。

7. Ba 型镞（Ⅰ～Ⅲ式）

柳叶形双翼，短铤，镞身和锋端变化明显。镞身由宽变窄，锋端尖部越来越突出。

8. Cb 型镞（Ⅰ～Ⅳ式）

双棱翼，短铤，主要变化集中在两翼和尾端。翼两侧由斜直外敞变成弧状略内收；两面由平直变成下凹出槽；尾端凹弧由长变短。

9. Aa 型刀（Ⅰ～Ⅳ式）

弧背，凹刃，齿柄，主要变化集中在刀首和柄部。刀首由圆弧状变成尖状，并渐渐上翘；刀柄由宽变窄；身、柄分界处由不明显变得明显。

10. C 型刀（Ⅰ～Ⅳ式）

环首，刀身变化显著，由宽短变得窄长，凹背、外凸弧刃变成弧背凹刃，尖部上翘变成下斜。

11. Aa 型斧（Ⅰ～Ⅳ式）

斧身宽扁，銎口呈长方形，主要变化集中在刃端。弧刃两端尖角从无到有，最后演变成类钩状。

12. A 型凿（Ⅰ～Ⅲ式）

凿身窄长，銎口多呈方形，单面刃。体两侧和刃端变化明显，主要表现在：凿身由短变长，体两侧较直变成微内凹状，平直刃变成凸弧刃。

13. A 型双尾饰（Ⅰ～Ⅲ式）

双尾分开，由短变长；尾部由素面演变成饰以弧形条纹。

（四）器类组合关系

1）头山 M1：Aa 型Ⅰ式剑，A 型Ⅰ式、Ba 型Ⅰ式镞、Aa 型Ⅰ式斧、Aa 型Ⅰ式凿。

2）千斤营子墓：Aa 型Ⅰ式斧、C 型Ⅰ式刀。

3）大泡子墓：Aa 型Ⅱ式、Ab 型Ⅰ式剑、Aa 型Ⅰ式、C 型Ⅱ式刀。

4）热水汤墓：Aa 型Ⅰ式、Ca 型Ⅰ式镞、Aa 型Ⅱ式凿、Aa 型Ⅰ式双尾饰。

5）水泉城子 M7701：Aa 型Ⅱ式剑、Cb 型Ⅰ式镞、Aa 型Ⅱ式刀、Aa 型Ⅱ式凿、A 型Ⅱ式凿、Aa 型Ⅰ式双尾饰。

6）水泉城子 M7801：Ab 型Ⅲ式剑、Aa 型Ⅱ式刀。

7）小黑石沟 M8061：Ab 型Ⅲ式剑、Ba 型Ⅱ式镞。

8）南山根 M101：Ab 型Ⅴ式、B 型Ⅰ式剑，Aa 型Ⅲ式、Aa 型Ⅳ式斧，A 型Ⅲ

式凿。

9）南山根 M102：A 型Ⅱ式镞，Aa 型Ⅲ式、C 型Ⅳ式刀，Aa 型Ⅲ式斧，A 型Ⅲ式凿。

10）南山根东区石椁墓：Ac 型Ⅲ式剑、Aa 型Ⅲ式斧、A 型Ⅲ式凿。

11）汐子北山嘴 M7501：B 型Ⅰ式剑、A 型Ⅱ式镞。

12）老南船石砬山 M741：Ac 型Ⅱ式剑，A 型Ⅰ式、Ⅲ式镞。

13）小黑石沟 M8501：Aa 型Ⅱ式、Ⅲ式剑，C 型Ⅰ式剑，Aa 型Ⅲ式、Ⅳ式斧，A 型Ⅲ式凿。

14）东井墓：B 型Ⅱ式剑、Aa 型Ⅳ式刀。

15）周家地 M45：Ca 型Ⅱ式镞、Aa 型Ⅴ式刀。

16）孙家沟 M7371：C 型Ⅲ式剑、Aa 型Ⅵ式刀。

综合上述四个方面的分析，可以将出土夏家店上层文化青铜器的主要单位分成具有早晚关系的八个年代组，分别如下。

第一组：以龙头山 M1、千斤营子墓为代表。

第二组：以大泡子墓为代表。

第三组：以热水汤墓、水泉城子 M7701 为代表，同期还有水泉城子 M7801，大井 F2、F3。

第四组：以小黑石沟 M8061 为代表，同期还有大板南山墓，夏家店 M1、M7、M11、M12、M14、M15、M17。

第五组：以南山根 M101、小黑石沟 M8501 为代表，同期还有南山根 M102，东区石椁墓，汐子北山嘴 M7501，瓦房中 M791，天巨泉 M7301，梁家营子 M8071，老南船石砬山 M741、M742，大拉罕沟 M751。

第六组：以大井墓为代表，同期还有南山根遗址 M1～M4，红山后 A 区 M7，M11、M18、M22、M25，D 区 M1、M2 以及周家地 M42 等。

第七组：以周家地 M2、M45 为代表。

第八组：以孙家沟 M7371 为代表。

以上八组分别代表了夏家店上层文化青铜器的八个期别（图一六；表一），各期特征和年代如下。

第一期：兵器类有 Aa 型Ⅰ式剑，A 型Ⅰ式、B 型Ⅰ式镞。工具类有 C 型Ⅰ式刀、Aa 型Ⅰ式斧、A 型Ⅰ式凿、Aa 型锥。装饰品类有 A、B 型联珠饰，A、B 型泡，S 形饰，箕形饰等。此期年代约相当于西周早期。

第二期：兵器类中，Aa 型剑由Ⅰ式发展成Ⅱ式，新出现 Ab 型Ⅰ式剑。工具类中 C 型刀由Ⅰ式发展成Ⅱ式，新出现 Aa 型Ⅰ式刀。装饰品类有 E 型联珠饰、A 型泡。此期年代约相当于西周中期早段。

表一　夏家店上层文化青铜器部分器类型式统计

器类	短剑					镞				刀		斧		凿	双尾饰
分型	A			B	C	A	B	C		A	C	A		A	A
分式 期别	a	b	c				a	a	b	a		a	b		
第一期	Ⅰ					Ⅰ	Ⅰ				Ⅰ	Ⅰ		Ⅰ	
第二期	Ⅱ	Ⅰ								Ⅰ	Ⅱ				
第三期		Ⅱ Ⅲ					Ⅱ	Ⅰ	Ⅰ	Ⅱ		Ⅱ	Ⅰ	Ⅱ	Ⅰ
第四期		Ⅳ	Ⅰ			Ⅱ				Ⅲ	Ⅲ				Ⅱ
第五期	Ⅲ Ⅳ	Ⅴ	Ⅱ Ⅲ	Ⅰ	Ⅰ	Ⅲ			Ⅱ		Ⅳ	Ⅲ Ⅳ	Ⅱ Ⅲ Ⅳ Ⅴ	Ⅲ	
第六期				Ⅱ	Ⅱ		Ⅲ		Ⅲ Ⅳ	Ⅳ			Ⅵ		
第七期								Ⅱ		Ⅴ					Ⅲ
第八期				Ⅲ	Ⅲ					Ⅵ					

第三期：兵器类中，Ab型剑由Ⅰ式发展成Ⅱ、Ⅲ式，Ba型镞由Ⅰ式发展成Ⅱ式，出现Ca型Ⅰ式、Cb型Ⅰ式镞，Ⅰ式矛。工具类中Aa型刀、Aa型斧、A型凿均由Ⅰ式发展成Ⅱ式，出现Da型Ⅰ式刀、Ab型Ⅰ式斧，还有Ab型锥。装饰品类有A型镜形饰、A型Ⅰ式双尾饰、A型联珠饰、铃形杖首饰、B型泡等。此期年代约相当于西周中期晚段

第四期：兵器类中Ab型Ⅲ式剑仍旧流行，出现Ab型Ⅳ式剑。A、B型镞均由Ⅰ式发展成Ⅲ式，Ba型Ⅱ式镞仍旧存在，还有A型盔。工具类中Aa型刀由Ⅱ式发展成Ⅲ式，还有Ab型锥。车马具有镜、A型銮铃。装饰品中，A型双尾饰由Ⅰ式发展成Ⅱ式，还有B、C、D、H型联珠饰，A、B型泡等。此期年代约相当于西周晚期早段。

第五期：兵器类中，Aa型Ⅱ式剑仍旧流行，出现Aa型Ⅲ式、Aa型Ⅳ式剑。Ab型剑由Ⅳ式发展成Ⅴ式，Ac型剑由Ⅰ式发展成Ⅱ、Ⅲ式。新出现B型Ⅰ式、C型Ⅰ式剑，还有Da型、Db型Ⅰ式、Db型Ⅱ式、De型、Ea型、Eb型、Ec型剑。A型Ⅰ式、A型Ⅱ式镞仍旧流行，出现A型Ⅲ式族。Cb型镞由Ⅰ式发展成Ⅱ式。还有A、B型剑鞘，A、B型盔，A、B型戈、管銎斧、钺、Ⅱ式矛、盾。工具类中Aa型Ⅲ式刀仍旧存在，C型刀由Ⅲ式发展成Ⅳ式，新出现Ab型Ⅰ式、Ab型Ⅱ式、Ba型、Bb型、Be型、Bd型、Da型Ⅱ式、De型刀。Aa型斧由Ⅱ式发展成Ⅲ、Ⅳ式，出现Ab型Ⅱ～Ⅴ式、Ac型Ⅰ～Ⅲ式、Ad型、B型、Ca型、Cb型斧。A型Ⅱ式凿仍旧存在，出现A型Ⅲ式凿。此外，还有刀鞘，Aa、B型锥，镐，锄。车马具类有A、B、C、D、E型衔，轭，A、B型摆形器，B形銮铃等。日用器具类有鼎，鬲，A、B型豆形器，Aa、Ab、B、C、D型罐，A、B型勺。装饰品类中有Aa、Ab、Ba、Bb、Be、Da、Db、De、Dd、E、F型牌饰，A、B型镜形饰，A、B型锥形饰，杖首饰，A形环形饰，B、D型动物形饰，圆形穿孔形饰，B、C型泡。此期年代约相当于西周晚期晚段至春秋早期。

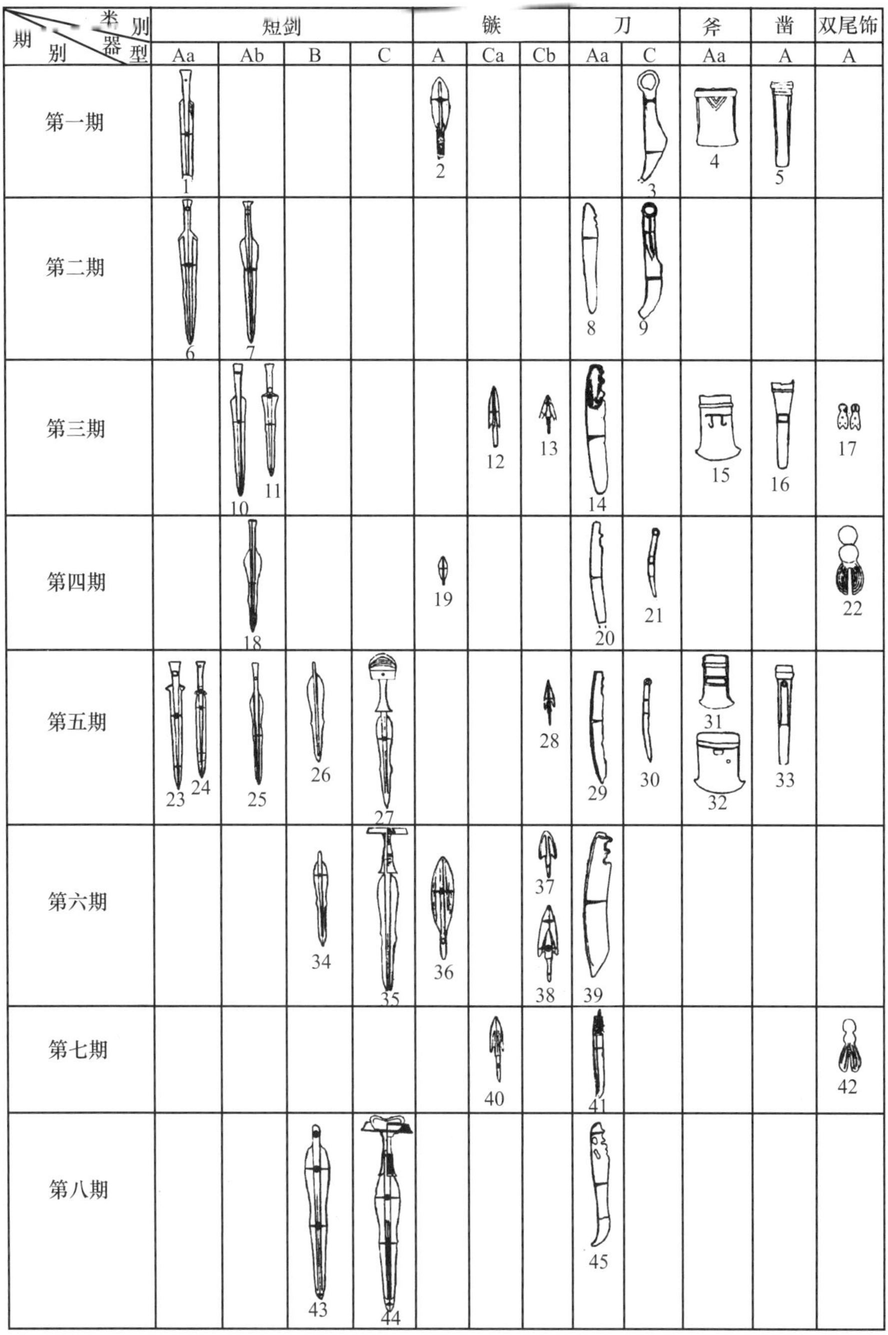

图一六　夏家店上层文化青铜器（部分器类）分期图

1、2、4、5. 龙头山M1　3. 千斤营子墓　6～9. 大泡子墓　10、13、14、17. 水泉城子M7701　11. 水泉城子M7801　12、16. 热水汤墓　15. 建平　18. 大板南山墓　19. 小黑石沟M8061　20、22. 夏家店M17、M11　21. 老建平　23、27、33. 小黑石沟M8501　24. 老南船石砬山M742　25、26、32. 南山根M101　28. 梁家营子M8071　29～31. 南山根M102　34、39. 东井墓　35. 汐子　36. 红山后A区M22　37. 周家地M42　38. 红山后D区M2　40、41. 周家地M45　42. 周家地M42　43. 甸子　44、45. 孙家沟M7301

第六期：兵器类中，B 型剑由Ⅰ式发展成Ⅱ式，Ba 型镞由Ⅰ式发展成Ⅲ式，Cb 型镞由Ⅰ式发展成Ⅲ、Ⅳ式。工具类中，Aa 型刀由Ⅲ式发展成Ⅳ式，Ab 型斧由Ⅴ式发展成Ⅵ式。日用器具类有匙、匕。装饰品类有 A、B、C 型环形饰铃形饰，A、C 型动物形饰，B 型双尾饰，A、B、C、E、F 型联珠饰，A 型泡。此期年代约相当于春秋中期早段。

第七期：兵器类中，Ca 型镞由Ⅰ式发展成Ⅱ式。工具类中，Aa 型刀由Ⅳ式发展成Ⅴ式，还有 Db 型刀、B 型锥。装饰品类中，A 型双尾饰由Ⅰ式发展成Ⅲ式，还有 Ca、Cb 型牌饰，B 型环形饰，A、G 型联珠饰，B、C 型泡。此期年代约相当于春秋中期晚段。

第八期：兵器类中，C 型剑由Ⅱ式发展成Ⅲ式。工具类中，Aa 型刀由Ⅴ饰发展成Ⅵ式，还有 Ab 型锥。车马具有铃。此期年代约相当于春秋晚期。

五、与周邻文化青铜器的关系

夏家店上层文化青铜器经历时间长达五个世纪左右。从发展历程看，第一、二期处于初创阶段，器类略显单一，但在器形和铸造技术方面基本形成了特定的风格。第三、四期是发展阶段，器类较一、二期增多，某些器形也发生了相应的变化，铸造技术更加成熟。第五期进入鼎盛阶段，器类显著增加，型式多样，成组青铜容器的出现，标志着青铜铸造技术已经达到相当高的水平。第六至八期则处于逐渐衰落阶段，某些原有器形继续得以发展，但一些具有代表意义的器类已经消失，夏家店上层文化最终被新的文化所取代。以第五期为代表，夏家店上层文化青铜器之所以达到如此辉煌的阶段，并非孤立发展起来的。一方面，夏家店上层文化出色地继承了北方草原民族在青铜器铸造方面的已有成果，同时又与以黄河流域为中心的高度发达的中原青铜文明保持着某种特定的联系；另一方面，夏家店上层文化青铜器的发展并没有拘泥在固定的模式中，在融合、吸收外来文化因素的基础上，充分显示出自身较强的独创性，这是促使夏家店上层文化青铜器不断发展的根本动力。夏家店上层文化在青铜铸造方面取得的突出成就，对周邻地区青铜文化及早期铁器时代文化均产生了深远的影响，从而奠定了夏家店上层文化青铜器在北方草原地带青铜文化中的重要地位。以下分几个方面探讨夏家店上层文化青铜器与周邻文化青铜器的关系

（一）与商周之际北方青铜器的关系

中国北方草原民族在青铜器铸造和使用方面有着悠久的历史。在长城地带东、西段早期青铜文化中，夏家店下层文化大甸子墓地[61]常见有耳环、指环、套件、链等小型青铜制品；辽宁锦县水手营子村一座夏家店下层文化晚期墓葬[62]中还发现一件长 80.2 厘米的铜柄戈；朱开沟[63]文化自第 3 段开始出现锥、针、指环、耳环等小型青铜器。这些发现证实，北方草原民族在公元前 2000 年初就已步入青铜文明时代。在商末周初这一阶段，长城沿线陆续出土了一批具有浓厚草原风格的青铜器（图一七）。从分布地域看，主要集中在内蒙古鄂尔多斯、陕北和晋西北、冀北、内蒙古东南部和辽宁

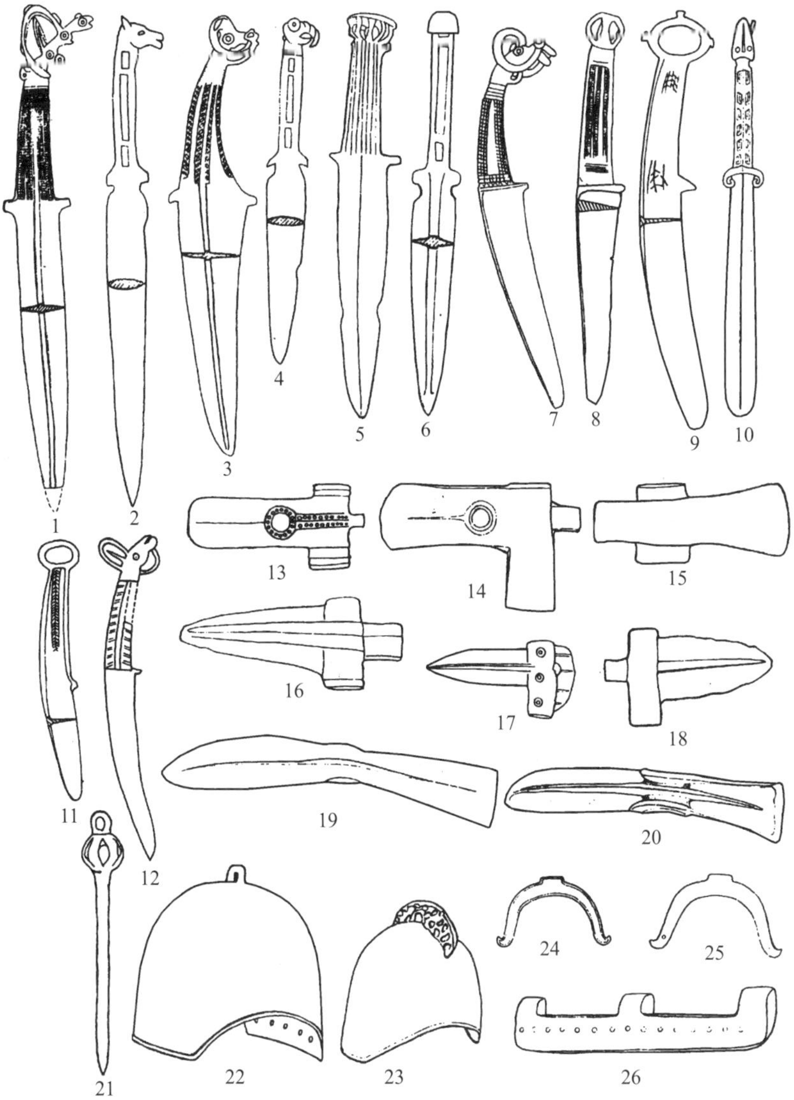

图一七　商周之际北方青铜器

1～6. 短剑　7～9、11、12. 刀　10. 匕　13～15. 管銎斧　16～18. 管銎戈　19、20. 啄锤　21. 锥形饰　22、23. 盔　24、25. 弓形器　26. 条形刀

（1. 张家口　2、4、6、17、23. 昌平白浮　3. 青龙抄道沟　5、21. 保德林遮峪　7.《含义》图版Ⅴ，1，8. 法库弯柳　9、11、19. 兴城杨河　10、24. 石楼后兰家沟　12. 绥德嫣头村　13、18.《含义》图版Ⅹ，4、6　14、20. 绥中前卫　15、22. 柳林高红　16.《工具》图版35、205　25. 石楼褚家峪　26. 绥德后任家沟）

西部地区[64]。具有代表性的器类有曲柄、直柄匕首式短剑，管銎斧，管銎戈，啄锤，盔，兽首，首环，铃首刀，蛇首匕，弓形器等。

夏家店上层文化青铜器和商周之际北方青铜器的关系表现在以下四个方面。

其一，商周之际北方青铜器的个别器类出自夏家店上层文化墓葬中，器形无明显变化。南山根M101和东区石椁墓各出土1件管銎斧和管銎戈。两者分别与《动物纹中狩猎巫术的含义》[65]《殷代的若干兵器和工具》[66]中各著录的一件管銎斧、管銎戈形制相近。

其二，商周之际北方青铜器的某些器类经过改造、创新，成为夏家店上层文化青铜器的典型器类，两者形制既有相近之处，又有明显区别。商周之际北方直柄匕首式剑与夏家店上层文化E型剑关系密切。二者共同之处在于直柄，斜直刃，身、柄衔接处外伸齿状剑格。不同点在于，前者柄首主要为马首、鹿首、蘑菇形首、铃首和环首，柄身多饰弦纹、几何纹或一面铸出浅凹槽；后者柄首多平直或两侧起凸棱，也有动物形首者，但具体形象与前者迥然有别，柄身多饰几何线纹或铸出动物形纹饰。商周之际北方环首刀与夏家店上层文化C型刀关系密切。二者之主要区别在于，前者柄与刀身衔接处的刃部下侧有一凸环首刀刀身变得窄长，环首相对变小，从造型风格上完全脱离了商周之际北方环首刀的作风。商周之际北方铜盔发现数量不多，仅柳林高红[67]出土1件，昌平白浮[68]出土2件，但基本形制与夏家店上层文化铜盔相近，均为圆弧顶，正中有纽，前后开口，左右两侧下垂护耳，沿边起棱或有窄带。不同之处在于，前者顶部正中为方形鼻纽或凸起一道弧形网状长脊，中部有圆形穿孔，前后开口较低，呈圆弧形，左右两侧护耳底边无纽；后者顶部正中均有方形鼻纽，中部有长方形穿孔，前后开口较高，呈半圆形，左右两侧护耳底边均有一个或两个长方形鼻纽。除以上三种典型器类外，商周之际北方青铜器中的铃首锥形器与夏家店上层文化A型锥形器形制相近，不同之处在于，前者锥身素面，不分段，有的在铃首顶端铸一小环纽；后者锥身明确分为上下两段，有的上段饰凸弦纹，铃首顶端无环纽。

其三，商周之际北方青铜器中某些器类的局部铸造风格被夏家店上层文化青铜器所承继并得以发展，在相同或不同器类局部铸造上充分体现出来。商周之际北方青铜器中，短剑、刀柄端加铸镂空铃首的作风非常流行，发现数量较多。夏家店上层文化未见铃首短剑，仅发现铃首刀1件，且刀身形制与商周之际北方铃首刀明显有别。但这种加铸铃首的作风在双蛇形銮铃和杖首饰等器类的铸造上均有体现。商周之际北方短剑、刀柄端加铸兽首者也很普遍，均为圆雕的动物头部，主要有鹿首、绵羊首、马首、鹰首等。夏家店上层文化兽首短剑很少，基本不见上述动物形象。刀柄端有加铸牛首、马首的，还有的铸以立马形象。相同的立马形象也见于双联罐的腹部两侧和盖纽上。鹿首仅见于两件铜镇之上，且与商周之际北方短剑、刀柄端习见的鹿首形象明显有别。

其四，商周之际北方青铜器中的某些典型器类，如弓形器、蛇首匕、啄锤、条形刀等在夏家店上层文化中不见。反之，构成夏家店上层文化青铜器核心内涵的銎柄、短茎、T形柄短剑、齿柄刀、柳叶形镞以及各种青铜容器等均为夏家店上层文化所独有，其铸造工艺和水平大大超出了商周之际的北方青铜器。

（二）与东部相邻地区青铜文化的关系

关于夏家店上层文化分布区的东界问题，目前存在着两种意见。一种认为在奴鲁儿虎山东麓，包括建平、大凌河上游一线[69]；另外一种认为在医巫闾山以西、阜新锦州一线[70]。这里所指的东部相邻地区包括大凌河中下游、辽河中游地区，主要目的是比较这一区域内出土的几批西周晚期至春秋战国时期青铜器（图一八）与夏家店上层文化青铜器的区别和联系，尚不能简单地据此划定夏家店上层文化分布区的东界。

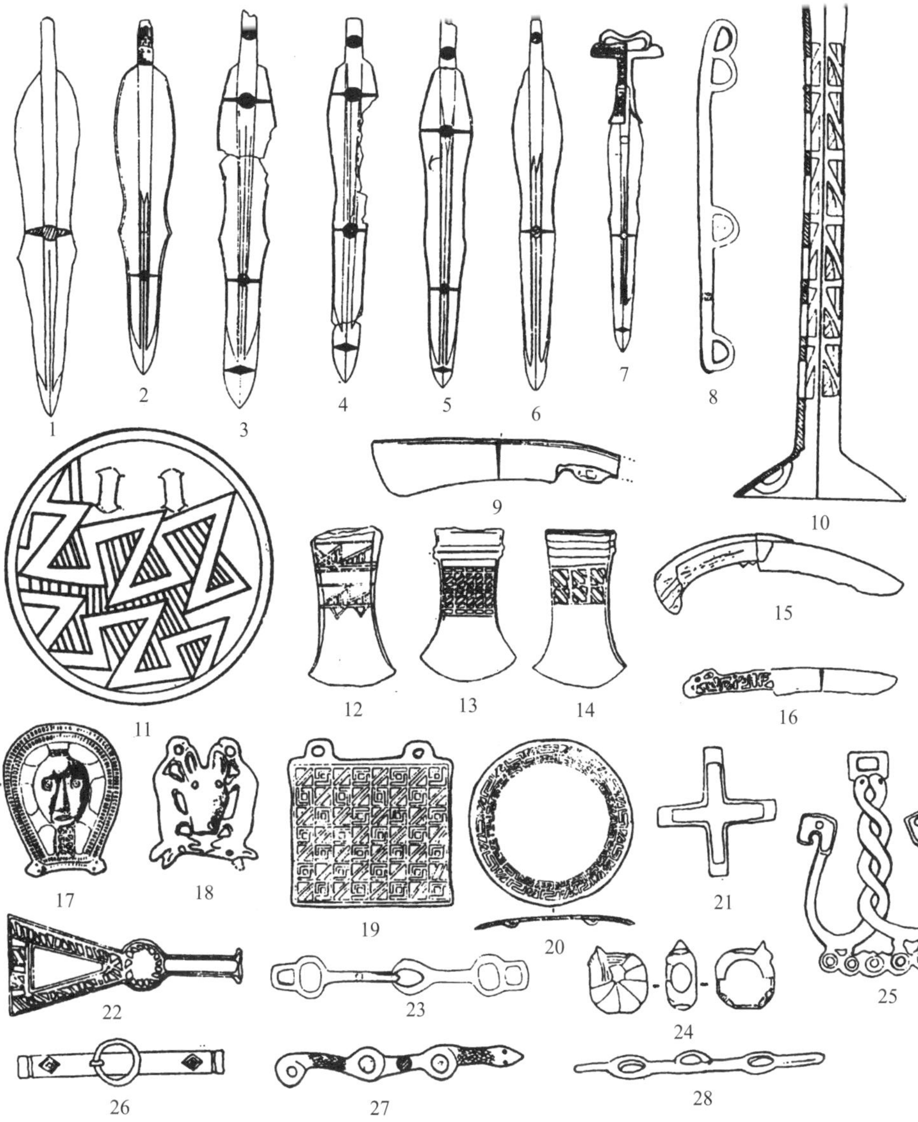

图一八　十二台营子、郑家洼子文化青铜器

1～7. 短剑　8、23. 衔　9、15、16. 刀　10. 喇叭形器　11、20. 多纽镜形饰　12～14. 斧　17. 人面形牌饰　18. 兽面形牌饰　19. 方形牌饰　21. 十字形器　22. 丫形器　24. 虾形节约　25. 双虺纠结状器　26. 游环长板状器　27、28. 镳（1、12、19. 乌金塘墓　2、9、13、16～18、20、22、28. 十二台营子M1　3～5、8、10、11、15、23、24、27. 郑家洼子M6512　6. 寺儿堡　7. 南洞沟墓　14、21、25、26. 十二台营子M2）

在大凌河中下游地区，出土短茎式、T形柄曲刃青铜短剑的地点主要有朝阳十二台营子[71]、锦西乌金塘[72]、寺儿堡[73]、喀左南洞沟[74]等。在辽河中游地区，则以沈阳郑家洼子（包括一、二、三地点）[75]的发现最具代表意义。以往的研究中，常将大凌河中下游地区含曲刃青铜短剑遗存划定为夏家店上层文化的一个地方类型[76]（称为“凌河类型”或“十二台营子类型”）而与辽河中游地区以郑家洼子为代表的青铜文化遗存加以严格区分。在对夏家店上层文化青铜器进行系统的分类、分期之后发现，十二台营子、乌金塘、寺儿堡、南洞沟等地出土的青铜器与夏家店上层文化青铜器区别显著，与郑家洼子出土的青铜器风格相近。其特征主要表现在：第一，青铜短剑形制单一，仅有短茎式或T形柄曲刃剑，不见銎柄直刃、曲刃剑和直柄匕首式剑。刀类仅有环首刀和齿柄刀两种，刀身形制与夏家店上层文化同类器明显不同。斧均为方銎、外凸弧刃，斧身上半段皆铸有纹饰。马具最为发达，有三穿条形、蛇形镳，套环形衔，圆形、虾形、鳐鱼形节约等。装饰品中，镜形饰有单纽、多纽之分。人面形和兽面形牌饰也很有特点。铜泡数量较多。此外，还有造型各异的青铜器具，主要有Y字形、十字形、长管形、双㼆纠结形、喇叭形器等，用途不明。第二，在青铜器装饰纹样方面具有鲜明的共性。主要流行三角纹、曲尺纹、方格纹和斜方格纹等，主要装饰在斧身上半部、刀柄部、镜形饰背面或正面外围、Y形、扁平方形、喇叭形等器具上面，与夏家店上层文化青铜器装饰纹样有显著差异。除上述青铜器方面的特征外，在埋葬习俗方面还有一定的共性，与夏家店上层文化有别。朝阳十二台营子M1是一座男女双人合葬墓，男性墓主人头顶和脚下各置一面较大的镜形饰。郑家洼子M6512内仅埋葬一位男性死者，除头顶和脚下各立置一面较大的镜形饰外，身上还按等距离放置四面较小的镜形饰。这种在男性死者头顶和脚下立置镜形饰的习俗在夏家店上层文化埋葬中一例未见。这一点对于正确认定十二台营子等地出土青铜器的文化属性提供了有力证据。另外，朝阳十二台营子M1出土两块残陶片，一块为夹细砂褐陶，另一块为泥质深灰陶。郑家洼子M6512内随葬3件长颈壶，均为泥质灰陶。由此看出，在陶系方面亦与夏家店上层文化有别。

综上所述，十二台营子墓葬和郑家洼子墓葬代表的遗存应属同一个考古学文化。该文化主要分布在大凌河中下游、辽河中游地区，在铜器、陶器以及埋葬习俗等方面具有鲜明的个性，与夏家店上层文化区别明显，因发掘资料有限，在此暂命名为“十二台营子文化”。以下先对该文化青铜器进行初步分期，然后依次阐明与夏家店上层文化青铜器的关系。

根据青铜短剑形制的演变特征，参考前述夏家店上层文化青铜器分期标准，可以将十二台营子文化青铜器初步分为四期。

第一期：以十二台营子M2、乌金塘墓葬为代表。青铜短剑为短茎式，弧刃，节尖凸出，束腰明显，叶尾宽肥，作圆弧内收，与夏家店上层文化青铜器第五期相当。年代约为西周晚期至春秋早期。

第二期：以十二台营子M1为代表。青铜短剑的基本形制与第一期相近，仅叶尾作圆弧折收。与夏家店上层文化青铜器第六期相当。年代约为春秋中期早段。

第三期：以郑家洼子M6512为代表。青铜短剑亦为短茎式，弧刃，节尖、束腰均不如一、二期剑明显，叶尾作斜弧折收，与夏家店上层文化青铜器第七、八期相当。年代约为春秋中期晚段至春秋晚期。

第四期：以南洞沟墓葬为代表，包括寺儿堡出土的一件青铜短剑。青铜短剑为T形柄，弧刃，柄筒中间起节，筒口呈喇叭状，盘壁内收，盘体向剑把头一侧略翘，平面呈束腰梭形，柄身满饰三角勾连纹，剑把头为凹腰枕状，中间起棱，叶两侧节尖、束腰均不明显，剑身前段明显长于后段，叶尾变窄，作斜弧折收。从南洞沟墓出土的铜簋、戈的形制看均属战国早期风格，铜带钩以及窄身、细柄、大环首刀与怀来北辛堡[77] M1出土同类器形制相近。故此期年代晚于夏家店下层文化青铜器第八期，约为战国早期。

夏家店上层文化青铜器与十二台营子文化青铜器之间关系密切，主要表现在以下方面。

其一，夏家店上层文化青铜器第五期正值鼎盛时期，对十二台营子文化青铜器第一期产生了强烈的影响，突出表现是后者如实接受了前者短茎式和T形柄曲刃青铜短剑。十二台营子M2出土两件以及乌金塘墓葬出土1件的短茎式曲刃剑，与南山根M101、汐子北山嘴M7501各出土的一件形制完全一致。前者六、七、八期与后者二、三期的短茎式曲刃青铜短剑经历了并行发展阶段，剑体形制变化一致。十二台营子Ml内出土的两件与东井墓出土的一件形制相同；郑家洼子M6501出土的两件与山湾子墓地出土的一件形制相近。同时，夏家店上层文化T形柄曲刃短剑从第五期开始在铸造风格方面也接受了十二台营子文化的影响，主要体现在柄筒和盘壁面上铸三角形纹饰，此种作风一直持续到第八期。夏家店上层文化青铜器趋于消亡之后，此种剑形在十二台营子文化第四期青铜器中得到进一步发展，并成为该文化的典型器类之一。

其二，夏家店上层文化青铜工具十分发达，某些典型器类对十二台营子文化青铜器产生过一定的影响，但远不如短茎式和T形柄曲刃青铜短剑那样强烈和深远，不存在并行发展的阶段。十二台营子Ml内出土两件铜刀，其中一件刀身较宽，窄柄下侧接一鼻纽；另一件刀身窄长，与夏家店上层文化Ba型刀相近，但柄端上侧接铸两个联鼻纽，刀柄两面饰三角、曲尺形纹饰。M2内出土1件环首刀，刀身窄长，弧背凹刃，与夏家店上层文化C型Ⅳ式刀相近但柄首却为扁圆环形，身、柄连接处下斜明显。郑家洼子M6501内出土1件齿柄刀，弧背凹刃柄端下侧伸出2个尖状齿，嵌以骨柄，与夏家店上层文化同期刀尖上翘的齿柄刀显然不同。十二台营子文化的铜斧数量较少，通常一座墓葬内出土1件，斧身形制与夏家店上层文化Ab型Ⅴ式、Ab型Ⅵ式斧相近。不同点在于斧身上半部表面皆铸以三角形、曲尺形、斜方格等几何形纹饰，而夏家店上层文化同类型斧器表多素面，也有个别器体上半部饰一排三角纹（小黑石沟M8501出土5件）或满饰方格纹（东井墓葬出土1件），应是受十二台营子文化装饰风格影响的结果。

其三，夏家店上层文化铜车马具有其自身传统，第四期出现的鹿首镜和双虺形銮铃可以作为代表。进入第五期，车马具也得到了空前的发展，具体表现为马衔的种类增多，发现有车辖。南山根M102内发现一件长条形骨板，上面刻画出车马图案和一人手持弓箭猎兔的场景。属于第六期的南山根M3内出土1件铜环。环体外侧圆雕双人骑马追逐奔兔的场面。这些发现表明，夏家店上层文化车马器至少自第五期开始已经进入相当完备的阶段。十二台营子文化的青铜马具最为发达，各种器类在墓葬中的出土数量相对较多。以镳为例，十二台营子M1内出土6件，M2内出土5件，郑家洼子 M6512 内出土 16 件（铜、骨质各 8 件），其形制分为长条形三穿或两穿镳、蛇形三穿镳等，与夏家店上层文化鹿首镳区别显著。节约分为圆形、虾形、鳐鱼形三类，数量也比较多。进入第四期，发现了形制和雕铸纹样均较复杂的车辔。另外，喇叭形、十字形、长管形铜具均可能与车马具有关。目前从实物资料本身尚难看出上述两种文化在车马器方面的交流形式，但从发展趋势推断，十二台营子文化发达的马具系统无疑曾对夏家店上层文化（第五期以后）产生过某种程度的积极影响。

其四，夏家店上层文化青铜器（五～八期）与十二台营子文化青铜器（一～三期）在并行发展的过程中，除上述某些器形和纹样在两个文化间得以相互交流影响外，各自均较好地保持了自身的传统。具体表现：夏家店上层文化青铜器中的诸多典型器类，如銎柄直刃、曲刃剑、匕首式剑、双联罐、豆形器等各种容器，双尾饰、联珠饰等各种装饰品在十二台营子文化中均不见，反之十二台营子文化中的某些典型器类，如多纽镜形饰、蛇形锥、鱼钩、喇叭形、十字形、长管形等各种铜具亦不见于夏家店上层文化。正因为十二台营子文化在发展的过程中始终突出自身的独特性，在与夏家店上层文化经历了并行发展的阶段后，仍得以延续发展，并在相当区域内取代了夏家店上层文化的地位。

其五，在对夏家店上层文化青铜器与十二台营子文化青铜器的关系做了对比分析之后，这里专门讨论一下曲刃青铜短剑的起源和流向问题。从考古发现看，曲刃青铜短剑分布范围极其广阔，包括内蒙古东南部、冀北及整个东北地区，朝鲜半岛等地，还有部分传入日本列岛和俄罗斯滨海南部。通过对夏家店上层文化各类剑型进行排比发现，短茎式和 T 形柄曲刃青铜短剑均出现于夏家店上层文化青铜器第五期，两种剑型安柄方式不同，但剑身形制变化规律相同。这两种剑型的出现与夏家店上层文化青铜器第五期进入发达阶段的背景有关。短茎式曲刃剑共分三式，其中Ⅰ式出现于南山根 M101、汐子北山嘴 M7501、山湾子墓地等，叶尾作圆弧内收的显著特征与夏家店上层文化青铜器三、四期流行的 Ab 型Ⅲ式剑叶尾形制相近，因此短茎式曲刃剑的早期形制应该是在 Ab 型Ⅲ式剑的基础上发展起来的一种新剑，在第五期与 Aa 型Ⅳ、Ab 型Ⅳ式剑共存，第六期以后则明显取代了 A 型剑的地位。山湾子墓地还出土了两件 B 型Ⅰ式短茎式曲刃剑的石范，是夏家店上层文化先民铸造此型剑的实证。T 形柄曲刃剑亦分三式，其中Ⅰ式出于小黑石沟 M8501，身、柄连铸，剑身短小，实用性较差；Ⅱ、Ⅲ式剑则为身、柄分铸，然后焊接在一起，剑身明显增长，具有较强的实用性。短茎式曲刃剑一经出现，几乎同时被十二台营子文化所接受，此型剑在两个文化中经历了相当长的并行发展阶段。T 形柄曲刃剑自Ⅱ、Ⅲ式式开始对十二台营子文化产生影响，同时在剑柄装饰风格方面也吸收了后者的某些因素。在夏家店上层文化衰亡之后，此剑型在十二台营子文化中仍得到进一步发展，并成为该文化的主要兵器之一。

通过上述分析得知，短茎式和 T 形柄曲刃青铜短剑均起源于夏家店上层文化，并由此传入、影响到东邻地区的十二台营子文化。东北其他地区和朝鲜半岛、日本列岛等地曲刃青铜短剑形制也比较复杂，时间跨度较长，由于资料零散，缺乏系统性比较和研究，是否还存在另外的起源地目前还难以定论。但从夏家店上层文化和十二台营子文化青铜器之间的关系不难看出，短茎式、T形柄曲刃青铜短剑均存在由西向东的流布过程，至少可以肯定由西部的老哈河中上游地区扩展到东部的辽河中游地区。关于夏家店上层文化短茎式、T形柄曲刃青铜短剑由东向西传入的观点[78]是不客观的。

（三）与西南部相邻地区青铜器的关系

夏家店上层文化分布区的西南端大体以七老图山为界，与之相邻且文化关系比较密切的区域包括滦河、潮河、白河、洋河、桑干河流域一带，大体包括太行山以北、军都山、燕山周围的整个冀北山地。这个地区与夏家店上层文化年代大体相当的考古遗存中以出土直刃匕首式青铜短剑最具特征。20世纪50～70年代，在河北平泉、青龙、承德、滦平、隆化、丰宁、赤城、张北、张家口、宣化、怀来等地陆续征集或发掘到一批直刃匕首式青铜短剑资料。郑绍宗同志在《中国北方青铜短剑的分期及形制研究》[79]一文中发表了51件，并对其形制与年代做了初步分析。此类含直刃匕首式青铜短剑的文化遗存在军都山南麓、北京延庆县境内调查到10余处，80年代中后期发掘了玉皇庙[80]、葫芦沟[81]、西梁桄[82]三处墓地。这三处墓地共清理墓葬500余座，出土各类文物近万件，其中，直刃匕首式青铜短剑近百件，青铜刀130余件。这三处墓地的年代上限约在两周之际或春秋早期，下限在战国早期。由于同类性质的遗址发掘地点极少，对于含直刃匕首式青铜短剑遗存的整体文化面貌认识还很不充分，至今尚无一个严格意义上的考古学文化定名。为便于比较，在此暂以“含直刃匕首式青铜短剑遗存”称之（图一九）。

夏家店上层文化与含直刃匕首式青铜短剑遗存在青铜器方面的关系表现在以下方面。

其一，夏家店上层文化青铜器中的某些典型器类传入含直刃匕首式青铜短剑遗存之中，并在局部铸造形制和装饰风格方面加以改造，体现出鲜明的当地特色。隆化骆驼梁M5[83]、滦平窑上墓[84]、白旗砖厂墓[85]各出土1件銎柄直刃剑。青龙有一件征集品[86]，前段剑身已残。这四件短剑形制相近，两侧叶刃斜直，叶尾部下斜出两个齿状剑格，柱脊直贯锋部，与夏家店上层文化Aa型Ⅲ式剑形制相近。不同之处在于，这四件短剑的柱脊均起细棱，横剖面呈菱形；齿状剑格下斜明显，有的上面饰以阴线刻纹；器柄的变化较大，除骆驼梁M5出土的那件剑柄通体中空外，其余三件均在靠近柄端中空，下段则为实心柄。另外，隆化下甸子墓[87]、瓦房墓[88]，骆驼梁M2[89]、M8[89]内各出土1件直柄曲刃剑，丰宁有一件征集品[90]两侧叶刃弧曲，叶尾宽肥，作圆弧内收或斜直收，下接平伸的两个齿状剑格；直柄扁平，有四件上饰两道锯齿纹，另一件铸以长条形浅槽[91]；柄首分为兽首、双圆联结形、凹腰枕形三种。上述5件曲刃剑中，有4件剑身形制与夏家店上层文化B、C、D型剑早期形制相近，但叶刃两侧均无凸出的节尖和束腰。扁平剑柄表面饰以锯齿纹是当地文化最具特点的装饰纹样，而双圆联结形柄首在其他型式的直刃匕首式青铜短剑柄端最为常见。柄端圆雕蹲踞虎

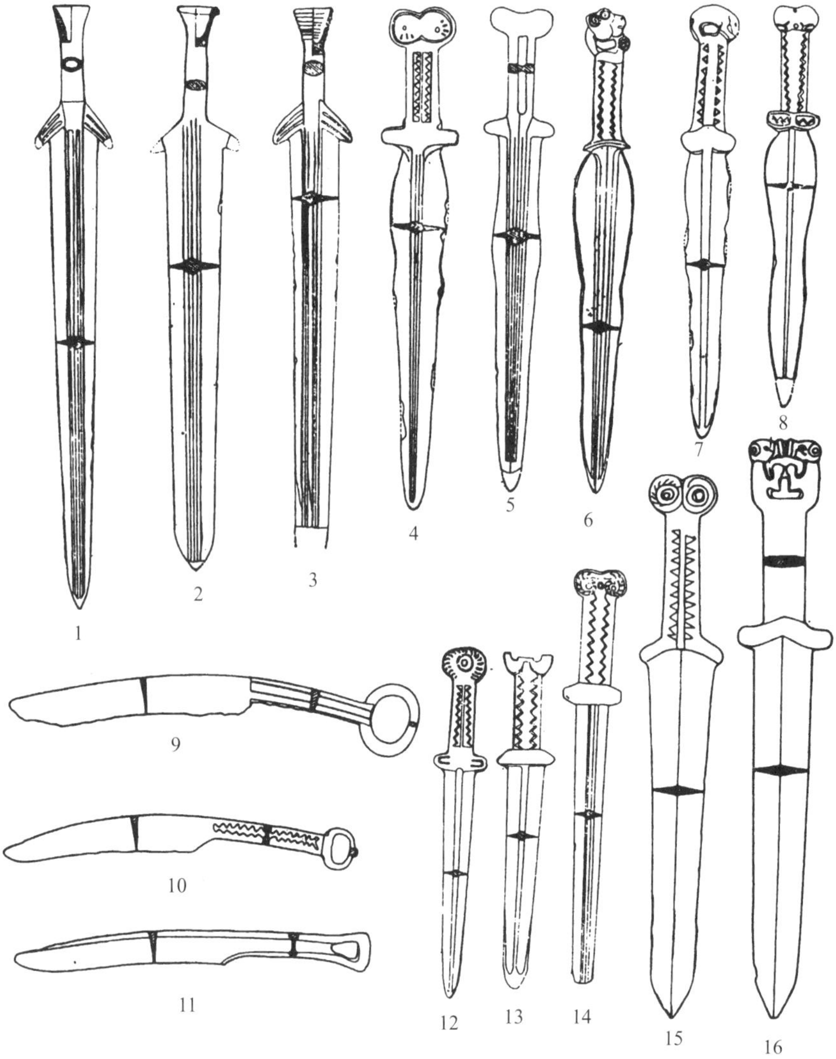

图一九　军都山、燕山山地周围青铜器

1～3. 銎柄直刃短剑　4～8. 直柄曲刃短剑　9、10. 环首刀　11. 平首刀　12～16. 直刃匕首式短剑
（1、4、7、13. 隆化骆驼梁 M5、M2、M8　2. 滦平白旗砖厂墓　3. 滦平窑上墓　5. 隆化瓦房墓　6. 隆化下甸子墓　8. 丰宁　9～11. 延庆玉皇庙 Ml68、M86、M300　12. 承德　14. 滦平苘子沟 M18　15、16. 延庆玉皇庙 M22、M95）

形或立熊的形象，铸造风格与夏家店上层文化 Da 型刀首相近，但熊的形象在夏家店上层文化青铜器上不见。玉皇庙 M300 内出土 1 件弧背、凹刃平首刀，柄端下侧略凹中间有钻孔，与夏家店上层文化 Be 型刀柄首形制相近。M86、M168 内各出土 1 件环首刀，前者刀身形制与夏家店上层文化 C 型Ⅳ式刀相近，但身、柄衔接处明显下斜，柄体各铸锯齿纹和波浪形纹，均系当地文化特色；后者刀柄变窄，两侧面各铸出两道棱线，环首明显增大，尽管刀身仍作弧背凹刃，但柄部和环首的铸造风格已经接近于战国早期的环首刀，与夏家店上层文化 C 型刀有别。

其二，夏家店上层文化青铜器中某些器类局部铸造风格被含直刃匕首式青铜短剑遗存所接受，并在相同或不同器类的局部铸造上加以体现。玉皇庙 M95 内出土 1 件直刃匕首式青铜短剑，柄首铸出对卧双熊的形象，此种作风与夏家店上层文化Db型剑柄首形制相近，但后者主要表现为对卧双虎形象。平泉东南沟M6[92]内出土1件直柄匕首式短剑，剑柄两面各铸出10个立马形图案，此种装饰风格与夏家店上层文化Ee型剑相近，也见于A型戈的内上和Ba型牌饰的正面，动物图案除马外，还有鸟、鹿、牛、犬、猪等。

其三，夏家店上层文化与含直刃匕首式青铜短剑遗存在青铜器类别方面既有共同之处，又有明显区别。二者青铜兵器和工具均较发达，但前者种类丰富，式样繁多；后者器类略显单一，仅以直刃匕首式青铜短剑和环首刀为主。装饰品中，前者总体种类和数量明显多于后者。二者均有动物纹牌饰和螺形耳环，但后者更显突出，铸造技术较为进步。车马具中，后者有軎、衔、镳、各式节约、泡饰等，较前者略显发达。前者第五期出现具有当地特色的各种青铜容器，后者则不见当地铸造的容器。曾有一种观点认为[93]，夏家店上层文化直刃匕首式青铜短剑非原生因素，是受冀北山地含直刃匕首式青铜短剑遗存影响的结果。通过剑形比较发现，夏家店上层文化直刃匕首式青铜短剑身、柄衔接处斜伸两个齿状剑格、下有凹缺的作风与商周之际北方青铜器中的同类剑形相近，而与冀北山地主要流行的平直或斜翘的宽剑格作风明显不同。因此夏家店上层文化直刃匕首式青铜短剑应是直接在承继商周之际北方草原青铜文化的同类剑形的基础上发展起来的，并非受冀北山地含直刃匕首式青铜短剑遗存影响的结果。相反，在剑柄的装饰纹样和铸造风格方面，前者曾对后者产生过一定程度的影响。关于冀北山地含直刃匕首式青铜短剑的渊源问题目前认识还很不清楚，需要在今后发掘和研究工作中认真加以解决。

（四）与西部鄂尔多斯地区青铜器的关系

夏家店上层文化分布区的西界目前尚难准确划定，大体应不超过东经117°。尽管分布地域并未紧邻，但夏家店上层文化与鄂尔多斯地区青铜时代至铁器时代的考古学文化存在着明显的影响关系。中华人民共和国成立以前，鄂尔多斯地区出土的青铜器便因其优美的动物造型和装饰风格著称于世。20世纪60年代前后，在速机沟[94]、范家窑子[95]、水涧沟门[96]等地征集到一批青铜器，丰富了对鄂尔多斯地区青铜器的认识。70～80年代，先后发掘了一批墓葬资料，主要有桃红巴拉[97]、阿鲁柴登[98]、公苏壕[99]、西沟畔[100]、玉隆太[101]、补洞沟[102]、毛庆沟[103]、呼鲁斯太[104]等地，初步建立起鄂尔多斯地区青铜时代至铁器时代的文化序列。桃红巴拉和公苏壕墓葬年代约为春秋晚期。毛庆沟墓地分为四期，第一期年代相当于春秋晚期，第二、三、四期年代分别相当于战国早、中、晚期。同属战国晚期的还有阿鲁柴登墓、玉隆太墓、速机沟墓和西沟畔墓。补洞沟墓葬的年代相当于西汉末至东汉初期。由于上述地点以墓葬资料为主，缺乏相关遗址的发掘，在考古学文化定名问题上存在着一定的不足。另外，相当于西周早期至春秋中期这一阶段内的鄂尔多斯地区青铜文化面貌尚不很清楚。这对认识夏家店上层文化与鄂尔多斯地区同时期青铜文化的关系造成很大的困难。下面所谈的鄂尔多斯地区青铜器包含青铜时代和铁器时代的资料。

夏家店上层文化青铜器与鄂尔多斯地区青铜器（图二〇）的关系主要表现在两个方面。

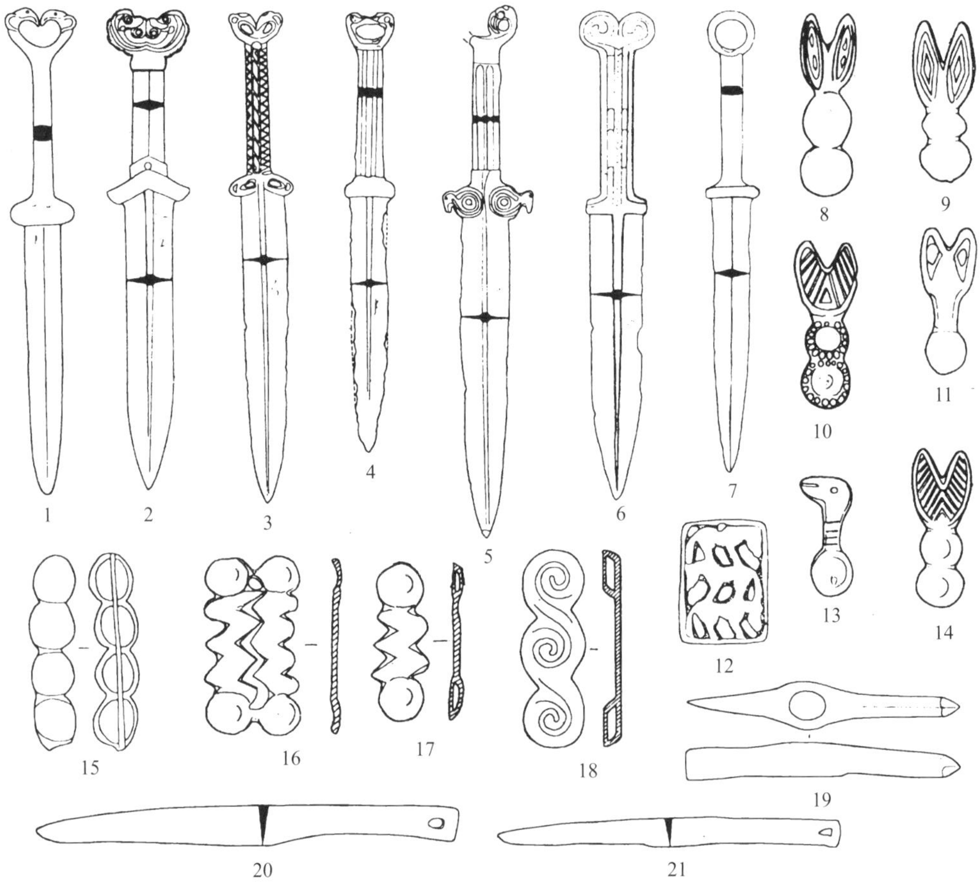

图二〇 鄂尔多斯地区青铜器

1～7. 短剑 8～11、13、14. 兽头联珠饰 12. 长方形牌饰 15～18. 联珠饰 19. 鹤嘴斧 20、21. 刀
（1、19、21. 公苏壕 M1 2～7. 毛庆沟 M59、M70、M45、M58、M60、M55 8～11、13、14. 鄂尔多斯地区征集品 12、15、20. 桃红巴拉 M1、M5 16、17. 毛庆沟 M2 18. 补洞沟 M9）

其一，夏家店上层文化青铜器中的某些典型器类传入鄂尔多斯地区，经过改造，成为当地文化富有特点的器类。同样，鄂尔多斯地区青铜器对夏家店上层文化的某些器类也产生了深远的影响。联珠饰是夏家店上层文化青铜装饰品中的典型器类，出现于第一期，由两个或多个圆泡相连铸成，正面鼓起、多素面，背面有纽。桃红巴拉 Ml、M4 内出土联珠饰 56 件，均为三联珠或四联珠，与夏家店上层文化 B、C 型联珠饰相近。毛庆沟 M2、M3、Ml8 内共出土联珠饰 49 件，器体两端各有一个圆泡，中间联结部分呈锯齿状，背面铸纽，有单、双体之分。玉隆太墓出土的一件与毛庆沟单体联珠饰形制相近，但在两端圆泡上饰涡纹。补洞沟 M9 内出土两件三联珠饰，圆泡正面均饰以涡纹。上述三地点出土的联珠饰与夏家店上层文化典型的联珠饰形制有别，体现出较强的当地文化特色。双尾饰是夏家店上层文化具有典型意义的青铜装饰品，始见于二期，以后一直流行。在鄂尔多斯地区发掘品中尚未见到此类双尾饰，但在征集品中有 228 件[105]。从演变序列中可以看出，这种弧形双尾实际代表着抽象的兽头的形象。夏家店上层文化的双尾饰是否由鄂尔多斯地区传入，还需要由考古发掘来证实。

其二，夏家店上层文化青铜器与鄂尔多斯地区青铜器在相互交流、影响的同时，都明确突出自身特点，前者的銎柄直刃、曲刃剑、短茎式、T形柄曲刃剑、齿柄刀以及鬲、豆形器、双联罐等各种形制的青铜容器在鄂尔多斯地区不见。后者主要流行直柄匕首式短剑，柄首多铸成触角式，并由写实形、变体形触角式演变成圆环、扁圆环形首。青铜容器中双耳铜鍑很有特点。青铜工具中鹤嘴斧具有代表意义，是鄂尔多斯地区青铜时代至铁器时代最典型的器类。随着鄂尔多斯地区青铜时代考古的深入展开，鄂尔多斯地区与夏家店上层文化青铜器之间的关系必将逐步得以揭示。

（五）与中原地区青铜器的关系

夏家店上层文化青铜器与中原地区两周时期青铜器的关系主要表现在以下三个方面。

其一，夏家店上层文化某些大型石椁墓中出土典型中原式青铜礼器和兵器（图二一）。目前，所知共有四座墓葬，分别是南山根M101，小黑石沟M8501、M9601，北山嘴M7501。青铜礼器主要包括簋、鼎、簠、罍、盉、尊、匜、壶等。青铜兵器主要是直内、阑侧带三穿的戈，其中，有铭文的铜器共3件。小黑石沟M8501

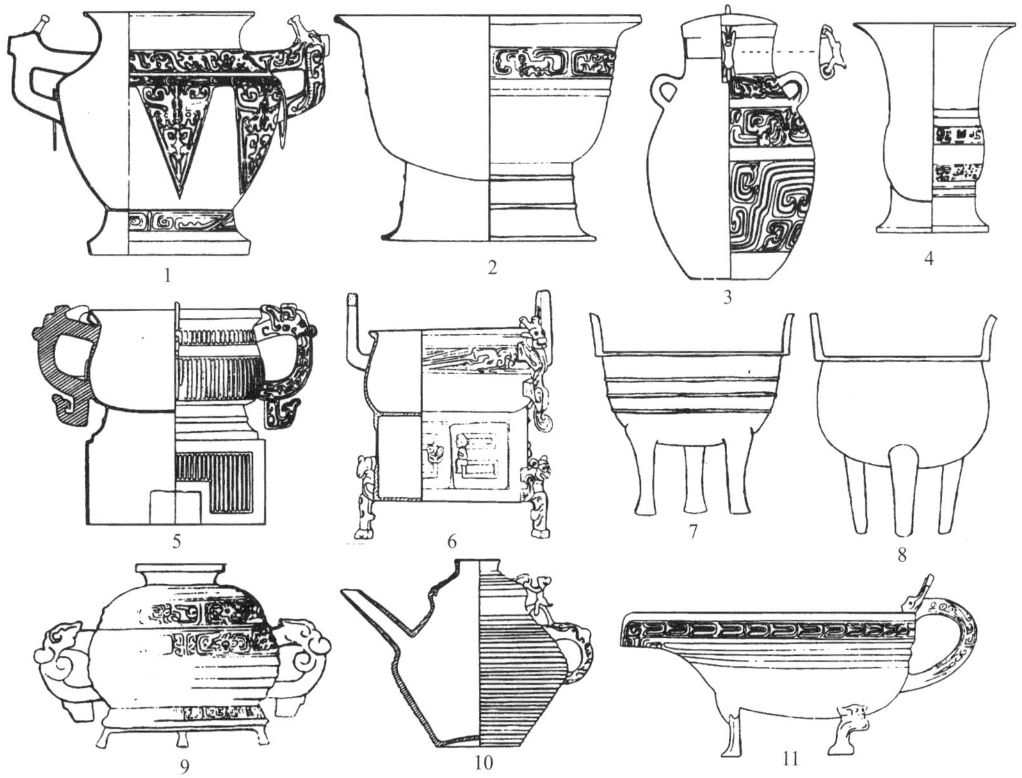

图二一　夏家店上层文化墓葬出土中原式青铜器

1. 罍　2、5、9. 簋　3. 壶　4. 尊　6～8. 鼎　10. 盉　11. 匜

（1～6、10、11. 小黑石沟M8501　7～9. 南山根M101）

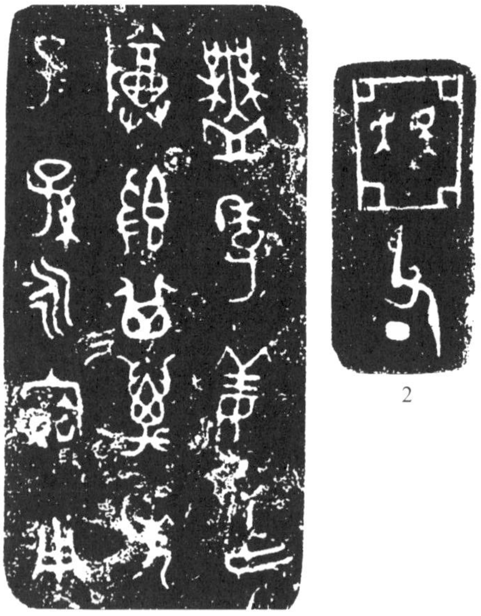

1

2

图二二　铭文拓本（小黑石沟 M8501）
1. 簋铭　2. 尊铭

出土一件方座簋内底铭“许季姜作尊簋其万年子子孙永宝用”。同出的敞口尊腹内底部有铭文4字，上为亚某族徽，下书“父丁”（图二二）。小黑石沟 M9601 内出土 1 件铜簋，腹内底部铭文有 90 余字。上述三件铸有铭文铜器的出土，是中原式青铜器直接传入夏家店上层文化的实证。这批中原式青铜器的年代大体在西周晚期至春秋早期，有的可早到西周中期，与夏家店上层文化第五期青铜器共存。

其二，夏家店上层文化青铜器中的个别器类是在仿效中原式同类器的基础上铸造出来的，同时具有鲜明的当地风格。南山根东区石椁墓内出土 1 件铜戈，援刃较直，前端斜收成锋，刃部向下弯曲成胡，阑侧三穿，与中原式直内三穿戈形制相近，不同点在于此戈直内有銎，内两面各铸出四个并立的犬纹，明显融入了夏家店上层文化铸造和装饰风格。

其三，夏家店上层文化分布区与中原地区以燕山山地相隔，在青铜器方面存在着显著的差异，当属不同的青铜文化系统。无论中原地区青铜礼器和兵器以何种方式传入夏家店上层文化中，无疑会在铸造技术和青铜器用制方面对后者产生较强的影响。夏家店上层文化第五期出现各种形制的青铜容器，标志着青铜铸造技术的进步，很可能与接受中原地区青铜文化的影响有关。长城地带东段出土中原式青铜器的传统可以追溯到商代。赤峰郊区西牛波罗[106]、克什克腾旗天宝同[107]出土过商代晚期的铜甗；翁牛特旗解放营子[108]出土的一甗、二鼎，年代可能早到殷墟一期。喀左县境内发现窖藏 6 处（北洞一、二号坑，小城子，马厂沟，山湾子，小波汰沟）[109]，出土中原式青铜器 69 件，年代相当于商周之际。夏家店上层文化发现的中原式青铜礼器均出自规格较高的石椁墓中，这对研究北方草原地区与中原青铜文化的交流方式具有一定启发。

六、结　　语

综合全文，对夏家店上层文化青铜器及相关问题的认识概括如下。

1）夏家店上层文化青铜器主要分布在西拉木伦河流域及其以北地区，老哈河及其支流英金河、坤都河流域，孟克河、教来河流域，努鲁儿虎山东麓至大凌河上游地区，其中尤以老哈河中上游及其支流坤都河流域分布最为密集。

2）夏家店上层文化青铜器种类丰富、式样繁多，依其使用功能大体分为兵器、工具、车马具、日用器具、装饰品、杂器六大类。其中一批最富特色的器类如銎柄直刃、曲刃短剑、短茎式、T形柄曲刃短剑、二翼有铤式镞、柳叶形镞、弧顶带纽盔、齿柄刀、方銎斧、鹿首镜、两端伸出尖齿状衔、双联罐、四联罐、豆形器、祖柄勺、联珠饰、双尾饰等构成了夏家店上层文化青铜器的核心内涵。

3）夏家店上层文化青铜器历时五个世纪之久，大体分为八期。第一期为初创阶段，约相当于西周早期；第二、三、四期处于逐步发展阶段，约相当于西周中期早段、晚段、西周晚期早段；第五期进入鼎盛阶段，约相当于西周晚期晚段至春秋早期；第六、七、八期处于逐渐衰亡阶段，分别相当于春秋中期早段、晚段、春秋晚期。

4）夏家店上层文化青铜器是在合理承继商周之际北方草原地带诸青铜文化优势因素的基础上发展起来的，在器物造型和装饰风格方面又具有鲜明的独创性，对东部相邻地区十二台营子文化产生了深远的影响，短茎式、T形柄曲刃青铜短剑也由此传至辽河中游地区；同时对军都山、燕山山地周围含直刃匕首式青铜短剑遗存的青铜文化及鄂尔多斯地区青铜时代至铁器时代文化均产生了一定的影响。周邻地区同期青铜文化的影响，特别是中原地区青铜礼器和兵器的流入，对丰富夏家店上层文化青铜器内涵所起的积极作用也是不可忽视的。

5）夏家店上层文化青铜器主要出自墓葬中，依据器类组合关系、数量多寡、有无青铜器等标准，可以将夏家店上层文化墓葬分成几个不同的等级，借此能够探讨夏家店上层文化社会组织与结构，是深入研究北方草原民族历史文化特征及其发展历程的重要环节。林西大井铜矿遗址集采矿、选矿、冶炼、铸造于一体，丰富的铜矿资源和日渐成熟的开采、冶炼、铸造技术是夏家店上层文化青铜器得以发展的重要条件，在中国北方早期铜矿开采、冶炼史上占有重要地位。

6）夏家店上层文化青铜器是构成该文化的重要内涵之一，对青铜器进行全面系统的研究有助于认识夏家店上层文化的总体特征及其在中国北方草原地带青铜文化中所处的独特位置。目前在夏家店上层文化研究工作中还存在一些亟待解决的问题，主要是经过科学发掘的遗址、墓葬较少；普查工作开展得还很不够，至今尚未确认、发掘中心性居住遗址；各区域间的考古工作很不平衡，特别是西拉木伦河北部地区显得较薄弱；在有关族属问题研究方面还存在很大分歧[110]。相信随着上述问题的解决，夏家店上层文化青铜器研究也将向更深层次发展。

附记：本文是在乌恩教授指导下完成的硕士学位论文，修改过程中承蒙中国社会科学院考古研究所杨虎、北京市文物研究所靳枫毅、北京大学考古系孙华三位先生提出宝贵意见，在此对我的导师及以上三位先生深表谢意。本课题为台湾中流基金资助项目。

注　释

[1] 滨田耕作、水野清一：《赤峰红山后——热河省赤峰红山后先史遗址》，《东方考古学丛刊》甲种第六册，东亚考古学会，1938年。

[2] 中国科学院考古研究所内蒙古发掘队：《内蒙古赤峰药王庙、夏家店遗址试掘简报》，《考古》1961年2

期；中国科学院考古研究所内蒙古工作队：《赤峰药王庙、夏家店遗址试掘报告》，《考古学报》1974 年 1 期。
[3] 同 [2]。
[4] 中国科学院考古研究所内蒙古工作队：《宁城南山根遗址发掘报》，《考古学报》1975 年 1 期。
[5] 中国社会科学院考古研究所内蒙古工作队：《赤峰蜘蛛山遗址的发掘》，《考古学报》1979 年 2 期。
[6] 辽宁省昭乌达盟文物工作站、中国科学院考古研究所东北工作队：《宁城南山根的石椁墓》，《考古学报》1973 年 2 期。
[7] 中国社会科学院考古研究所东北工作队：《宁城南山根 102 号石椁墓》，《考古》1981 年 4 期。
[8] 李逸友：《内蒙昭乌达盟出土的铜器调查》，《考古》1959 年 6 期。
[9] 宁城县博物馆、中国社会科学院研究生院东北考古专业：《宁城县新发现的夏家店上层文化墓葬及其相关遗物的研究》，《文物资料丛刊（9）》，文物出版社，1985 年。
[10] 同 [9]。
[11] 同 [9]。
[12] 同 [9]。
[13] 同 [9]。
[14] 同 [9]。
[15] 建平县文化馆、朝阳地区博物馆：《辽宁建平县的青铜时代墓葬及相关遗物》，《考古》1983 年 8 期。
[16] 同 [15]。
[17] 同 [15]。
[18] 邵国田：《内蒙古敖汉旗发现的青铜器及有关遗物》，《北方文物》1993 年 1 期。
[19] 同 [18]。
[20] 同 [18]。
[21] 同 [18]。
[22] 赤峰市博物馆、宁城县文物管理所：《宁城小黑石沟石椁墓调查清理报告》，《文物》1995 年 5 期。
[23] 辽宁省博物馆文物工作队：《辽宁林西县大井古铜矿 1976 年试掘简报》，《文物资料丛刊（7）》，文物出版社，1983 年。
[24] 内蒙古自治区文物考古研究所、克什克腾旗博物馆：《内蒙古克什克腾旗龙头山遗址第一、二次发掘简报》，《考古》1991 年 8 期。
[25] 朱永刚：《夏家店上层文化的初步研究》，《考古学文化论集（一）》，文物出版社，1987 年；靳枫毅：《夏家店上层文化及其族属问题》，《考古学报》1987 年 2 期。
[26] 刘冰：《试论夏家店上层文化的青铜短剑》，《内蒙古文物考古》1992 年 1、2 期。
[27] 齐晓光：《夏家店上层文化空首青铜斧及相关问题》，《内蒙古文物考古文集》，中国大百科全书出版社，1994 年。
[28] 乌恩：《夏家店上层文化艺术初探》，《内蒙古文物考古》1993 年 1、2 期。
[29] 贾鸿恩：《翁牛特旗大泡子青铜短剑墓》，《文物》1984 年 2 期。
[30] 董文义：《巴林右旗发现青铜短剑墓》，《内蒙古文物考古》创刊号，1981 年。
[31] 王大方：《宁城打击盗掘古墓犯罪获重大成果》，《中国文物报》1996 年 12 月 15 日。
[32] 中国科学院考古研究所内蒙古工作组：《内蒙古敖汉旗周家地墓地发掘简报》，《考古》1984 年 5 期。
[33] 同 [18]，图九，1。
[34] 同 [15]，图九，L
[35] 同 [15]，图九，3。
[36] 同 [15]，图九，2。
[37] 同 [9]，图三二，L
[38] 同 [9]，图三三，3；同 [15]，图九，6.
[39] 同 [9]，图三三，2。
[40] 同 [15]，图九，7。
[41] 同 [9]，图三三，1。

[42] 同[15]，图九，4。
[43] 同[27]，图三，3。
[44] 同[9]，图三四。
[45] 同[9]，图三二，4。
[46] 同[15]，图一三，2。
[47] 同[15]，图一三，7。
[48] 同[15]，图二，3。
[49] 同[15]，图一三，8。
[50] 同[15]，图一四，1。
[51] 同[15]，图一四，4。
[52] 同[9]，图三五，3；同[15]，图一四，5。
[53] 同[15]，图一四，2。
[54] 同[15]，图一四，8。
[55] 同[9]，图三五，2；同[15]图一四，7。
[56] 齐晓光：《内蒙古克什克腾旗龙头山遗址发掘的主要收获》，《内蒙古东部区考古学文化研究文集》，海洋出版社，1991年。
[57] 黑龙江省文物工作队：《黑龙江肇源白金宝遗址第一次发掘》，《考古》1980年4期。
[58] 中国社会科学院考古研究所实验室：《放射性碳素测定年代报告（六）》，《考古》1979年1期。
[59] 中国科学院考古研究所：《长安张家坡西周铜器群》，文物出版社，1965年。
[60] 中国科学院考古研究所：《上村岭虢国墓地》，科学出版社，1959年。
[61] 中国社会科学院考古研究所：《大甸子——夏家店下层文化遗址与墓地发掘报告》，科学出版社，1996年。
[62] 齐亚珍、刘素华：《锦县水手营子早期青铜时代墓葬及铜柄戈》，《辽海文物学刊》1991年1期。
[63] 内蒙古文物考古研究所：《内蒙古朱开沟遗址》，《考古学报》1988年3期。
[64] 乌恩：《殷至周初的北方青铜器》，《考古学报》1985年2期。
[65] J. G. Andersson，Hunting Magic in the Animal Style. Bulletin of the Museum of the Far Eastern Antiquities. Stockholm，Bull. 4，1932.
[66] B. Karlgren，Some Weapons and Tools of the Yin Dynasty. Bulletin of the Museum of the Far Eastern Antiquities，Stockholm，Bull. 17，1945.
[67] 杨绍舜：《山西柳林高红发现商代青铜器》，《考古》1981年3期。
[68] 北京市文物管理处：《北京地区的又一重要考古收获——昌平白浮西周木椁墓的新启示》，《古考》1976年4期。
[69] 同[25]。
[70] 迟雷：《关于曲刃青铜短剑的若干问题》，《考古》1982年1期。
[71] 朱贵：《辽宁朝阳十二台营子青铜短剑墓》，《考古学报》1960年1期。
[72] 锦州市博物馆：《辽宁锦西乌金塘东周墓调查记》，《考古》1960年5期。
[73] 孙守道、徐秉琨：《辽宁寺儿堡等地青铜短剑与大伙房石棺墓》，《考古》1964年6期。
[74] 辽宁省博物馆、朝阳地区博物馆：《辽宁喀左南洞沟石椁墓》，《考古》1977年6期。
[75] 沈阳市文物工作组：《沈阳地区出土的青铜短剑资料》，《考古》1964年1期；沈阳故宫博物院、沈阳市文物管理办公室：《沈阳郑家洼子的两座青铜时代墓葬》，《考古学报》1975年1期。
[76] 靳枫毅：《论中国东北地区曲刃青铜短剑的文化遗存》（上、下），《考古学报》1982年4期、1983年1期。
[77] 河北省文化局文物工作队：《怀来北辛堡战国墓》，《考古》1966年5期。
[78] 林沄：《中国东北系铜剑初论》，《考古学报》1980年2期。
[79] 郑绍宗：《中国北方青铜短剑的分期及形制研究》，《物文》1984年2期。
[80][81][82] 北京市文物研究所山戎文化考古队：《北京延庆军都山东周山戎部落墓地发掘纪略》，《文物》1989年8期。
[83] 同[79]，图一，6～9。
[84] 同[79]，图一，6～9。

［85］ 同［79］，图一，6～9。
［86］ 同［79］，图一，6～9。
［87］ 同［79］，图一，10～14。
［88］ 同［79］，图一，10～14。
［89］ 同［79］，图一，10～14。
［90］ 同［79］，图一，10～14。
［91］ 同［79］，图一，10～14。
［92］ 河北省博物馆、河北省文物管理处：《河北平泉东南沟夏家店上层文化墓葬》，《考古》1977年1期。
［93］ 同［26］。
［94］ 盖山林：《内蒙古准格尔旗速机沟出土的一批铜器》，《文物》1965年2期。
［95］ 李逸友：《内蒙昭乌达盟出土的铜器调查》，《文物》1959年6期。
［96］ 郑隆：《大青山下发现一批铜器》，《文物》1965年2期。
［97］ 田广金：《桃红巴拉的匈奴墓》，《考古学报》1976年1期。
［98］ 田广金：《内蒙古阿鲁柴登发现的匈奴遗物》，《考古》1980年4期。
［99］ 同［97］。
［100］ 伊克昭盟文物工作站、内蒙古文物工作队：《西沟畔匈奴墓》，《文物》1980年7期。
［101］ 内蒙古博物馆、内蒙古文物工作队：《内蒙古准格尔旗玉隆太的匈奴墓》，《考古》1977年2期。
［102］ 伊克昭盟文物工作站：《伊克昭盟补洞沟匈奴墓清理简报》，《内蒙古文物考古》创刊号，1981年。
［103］ 内蒙古文物工作队：《毛庆沟墓地》，《鄂尔多斯式青铜器》，文物出版社，1986年。
［104］ 塔拉、梁京明：《呼鲁斯太匈奴墓》，《文物》1980年7期。
［105］ 同［103］。
［106］ 郭大顺：《赤峰地区早期冶铜考古随想》，《蒙内古文物考古文集》，中国大百科全书出版社，1994年。
［107］ 克什克腾旗文化馆：《辽宁克什克腾旗天宝同发现商代铜甗》，《考古》1977年5期。
［108］ 苏赫：《从昭盟发现的大型青铜器试论北方的早期青铜文明》，《内蒙古文物考古》1982年2期。
［109］ 同［106］。
［110］ 主“东胡说”有：a. 同［25］靳枫毅文；b. 同［70］；c. 中国科学院考古研究所：《新中国的考古收获》，文物出版社，1961年。主“山戎说”有：a. 同［25］朱永刚文；b. 韩嘉谷：《从军都山东周墓谈山戎、胡、东胡的考古学文化归属》，《内蒙古文物考古文集》，中国大百科全书出版社，1994年。主“山戎–东胡说”有刘观民、徐光冀：《内蒙古东部地区青铜时代的两种文化》，《蒙内古文物考古》创刊号，1981年。

（原载《考古学报》2000年4期）

论夏家店上层文化在欧亚大陆草原古代文化中的重要地位

乌　恩

20 世纪 60 年代初，中国科学院考古研究所内蒙古工作队相继发掘了内蒙古赤峰药王庙、夏家店遗址，首次提出了夏家店上层文化的命名[1]。经过近 40 年的考古调查和发掘，积累了丰富的资料，对该文化的分布、年代、分期，以及文化内涵等进行了深入的研究，取得了重要的成果。特别是宁城南山根、小黑石沟等中型和大型石椁墓的发现，为我们提供了断定该文化准确年代的依据，以及可供比较研究的丰富资料。本文拟就夏家店上层文化在欧亚大陆草原早期游牧人文化中所处的地位问题，谈点个人的粗浅看法。

一

夏家店上层文化是长城以北地区重要的青铜时代晚期文化。关于夏家店上层文化的分布、年代和分期，以及族属等问题，目前还存在着不同的认识。当初确认夏家店上层文化的时候，因受资料的限制，将年代断为“大体相当于西周、春秋，也可能晚到战国时期”[2]。后来经过进一步的调查和发掘，确认“年代上限当在春秋以前”“年代下限应在以燕、秦为代表的战国文化到达这里之前”[3]。宁城南山根 M101 石椁墓的发现，为断定其年代提供了重要的依据，原报告根据墓内出土的中原式青铜礼器，将年代断为“西周晚期到春秋早期，约当公元前 9 世纪中叶到公元前 8 世纪初叶或稍晚”[4]。

20 世纪 80 年代之后，随着资料的进一步积累，加强了综合性研究，人们的认识也在不断的深化。然而在年代分期问题上却依然存在着不同的观点，有人根据克什克腾旗龙头山遗址的发掘，提出了夏家店上层文化“龙头山类型”，并根据 ^{14}C 测年数据（距今 3240 年 ±150 年），将年代上限断为商代晚期或不晚于商周之际[5]。有人将夏家店上层文化划分为大井类型、南山根类型和十二台营子类型，认为“年代上限约可早到商、周之际或西周早期”“下限一直延续到战国中期前后”[6]。

近年来，随着大、小凌河流域考古遗存的不断发现，有些学者已注意到其文化内涵与分布于老哈河流域的夏家店上层文化之间存在着明显的区别，提出“以努鲁儿虎山为界，自商末周初起并存着东西两个发展系统”的见解[7]。认为夏家店上层文化主要分布于西拉木伦河和老哈河流域，划分为龙头山类型和南山根类型，年代断为西周早期至春秋中期[8]。有人根据地层依据及器物组合，将夏家店上层文化划分为八期，第一期的年代为西周早期，第八期的年代为春秋晚期，并将以往视为夏家店上层文化的遗存，诸如朝阳十二台营子[9]、锦西乌金塘[10]等墓地，从夏家店上层文化中划分出来，同时提出第二至第五期（约当西周中期至春秋早期）为从逐步发展到鼎盛时期[11]。

总之，近年来对夏家店上层文化的研究取得了重要的进展，尽管仍然存在着一些不同的见解，但在很多问题的认识上越来越趋于一致。特别是有三点意见很值得重视：一是将夏家店上层文化的分布地域限定在西拉木伦河和老哈河流域，划分为龙头山类型和南山根类型，年代断为西周早期至春秋中期；二是将夏家店上层文化的族属推断为山戎[12]；三是西周晚期至春秋早期（约当公元前9～前8世纪）为该文化的繁荣时期。如果这三点意见被学术界认可的话，那么我们有充分的根据同欧亚大陆其他地区进行比较研究。

众所周知，夏家店上层文化的内涵非常丰富，有极其发达的青铜器，包括青铜容器、兵器、工具、车马器具及丰富多彩的动物纹装饰艺术品。青铜容器和生活用具有罐、鼎、鬲、豆形器、勺、匙等（图一，1～4）。其中的鼎、鬲、豆形器等仿造同类陶

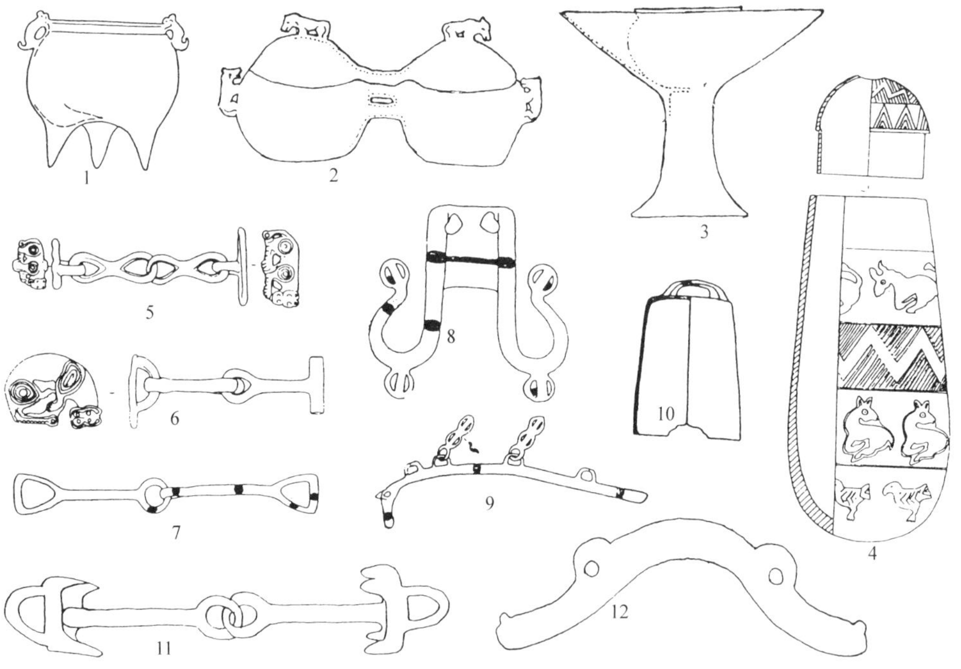

图一　夏家店上层文化青铜生活用具和车马器

1. 鬲　2. 双联罐　3. 豆形器　4. 罐　5～7、11. 衔　8. 鸾铃　9. 镳　10. 铃　12. 轭
（1～3、11. 宁城南山根 M101　4～6、12. 宁城小黑石沟 M8501　7. 宁城天巨泉 M7301　8、9. 小黑石沟 M8061
10. 宁城孙家沟 M7371）

器的形制，有些铜器还装饰动物纹样。兵器有短剑、剑鞘、矛、盾、盔、管銎斧、管銎戈、镞等（图二，1～12；图三，1、2、4～9）。短剑包括銎柄曲刃或直刃剑、短茎或丁字形柄曲刃剑、直刃匕首式剑等，有些短剑装饰人形或虎、鹿、鸟、蛇等动物纹样。管銎斧和戈继承了前期的传统，也是这类兵器的最晚形式。工具包括刀、刀鞘、斧、锛、凿、锥、镐、锄等（图三，3；图四，1～14）。刀的形式多样，柄部带齿及装饰群鸟纹、群兽纹，以及柄端装饰牛、马等形象的铜刀最具特色。斧均系有銎斧，有些斧装饰三角纹。镐、锄的发现表明夏家店上层文化的居民从事一定的农业生产。车马器具包括衔、镳、铃、銮铃、軏等（图一，5～12）。衔有多种形式，有的作单环形，

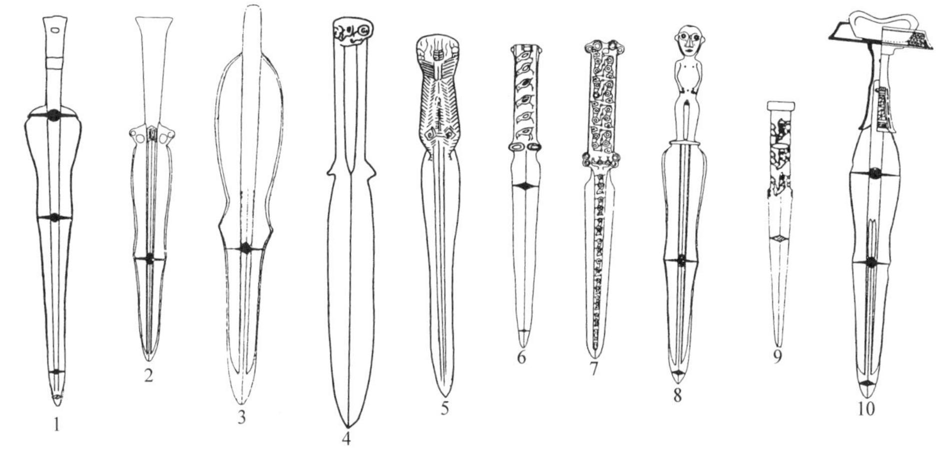

图二　夏家店上层文化青铜短剑

1. 建平水泉城子 M7801　2、7. 宁城小黑石沟（1975）　3. 敖汉旗山湾子　4、8. 南山根东区石椁墓　5. 南山根 M101　6. 宁城天巨泉　9. 宁城小黑石沟 M8501　10. 宁城孙家沟 M7371

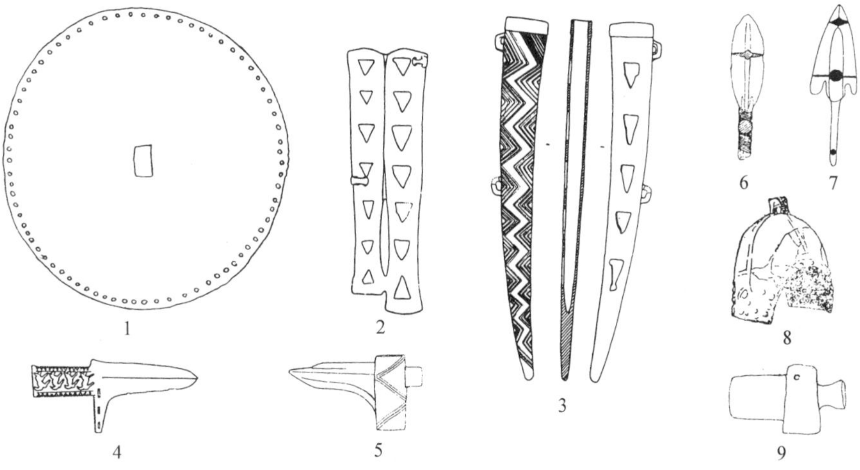

图三　夏家店上层文化青铜兵器和工具

1. 盾　2. 剑鞘　3. 刀鞘　4. 戈　5. 管銎戈　6、7. 镞　8. 盔　9. 管銎斧

（1、8、9. 南山根 M101　2、3. 小黑石沟 M8501　4、5. 南山根东区石椁　6. 克什克腾旗龙头山 M1　7. 赤峰红山后 D 区 M2）

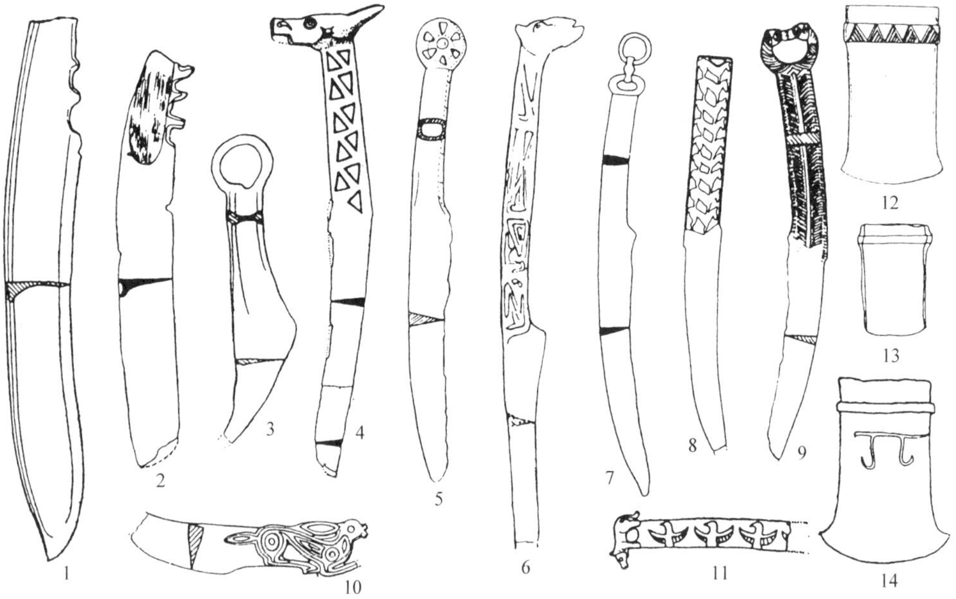

图四 夏家店上层文化青铜刀和斧

1～11. 铜刀（南山根 M3、水泉城子 M7801、敖汉千斤营子、建平老南船石砬山 M741、小黑石沟 M8501、敖汉热水汤、天巨泉 M7301、小黑石沟 M8501、小黑石沟 M8501、敖汉周家地 M31、建平采集） 12～14. 斧（小黑石沟 M8501、小黑石沟 M8501、建平采集）

有的作马镫形，有的作三环形或两端作成倒刺，有些衔的两端装饰伫立状虎或卷曲成环的猛兽形象。有些镳的一端做鹿首状，侧面有 4 环；有的环内连接可摇动的镂空饰件。衔、镳制作精致、形式多样，表明夏家店上层文化的居民骑马已很普遍。南山根 M3 石椁墓出土的一件铜环，环周铸出双人骑马追兔的圆雕形象，生动地再现了夏家店上层文化的居民从事围猎活动的情景（图五，5）[13]。车在夏家店上层文化居民中也很普及，小黑石沟 M8501 石椁墓出土的一件青铜軏[14]，以及南山根 M102 石椁墓出土的一件刻纹骨牌饰，其上刻有人物狩猎和车马图形，表明夏家店上层文化的居民已使用带轮畜力车（图五，14）[15]。特别应当指出的是，夏家店上层文化具有丰富多彩的动物纹装饰艺术，除上述骑马追兔、张弓射鹿，以及卧鹿、群鸟、群兽、伫立状虎、卷曲成环的猛兽形象外，还有鸟、蛇、鸭、蛙、兔、山羊形饰，而阴阳人、动物相斗、动物交媾等形象（图五，1～4、6～13、15～17），则代表了这一时期造型艺术的最高水平。夏家店上层文化的繁荣，集中表现在铸铜业的高度发达。在林西大井发现该文化的铜矿遗址，包括从采矿、冶炼到铸造等整套工序，出现了像南山根 M101，小黑石沟 M8501、M9601 石椁墓[16]等大型墓葬，出土各类青铜器四五百件，甚至上千件。总之，夏家店上层文化完全具备了所谓“斯基泰三要素”（兵器、马具和“野兽纹”艺术），这就为我们提供了同欧亚大陆草原其他地区同时代考古学文化进行比较研究的依据。

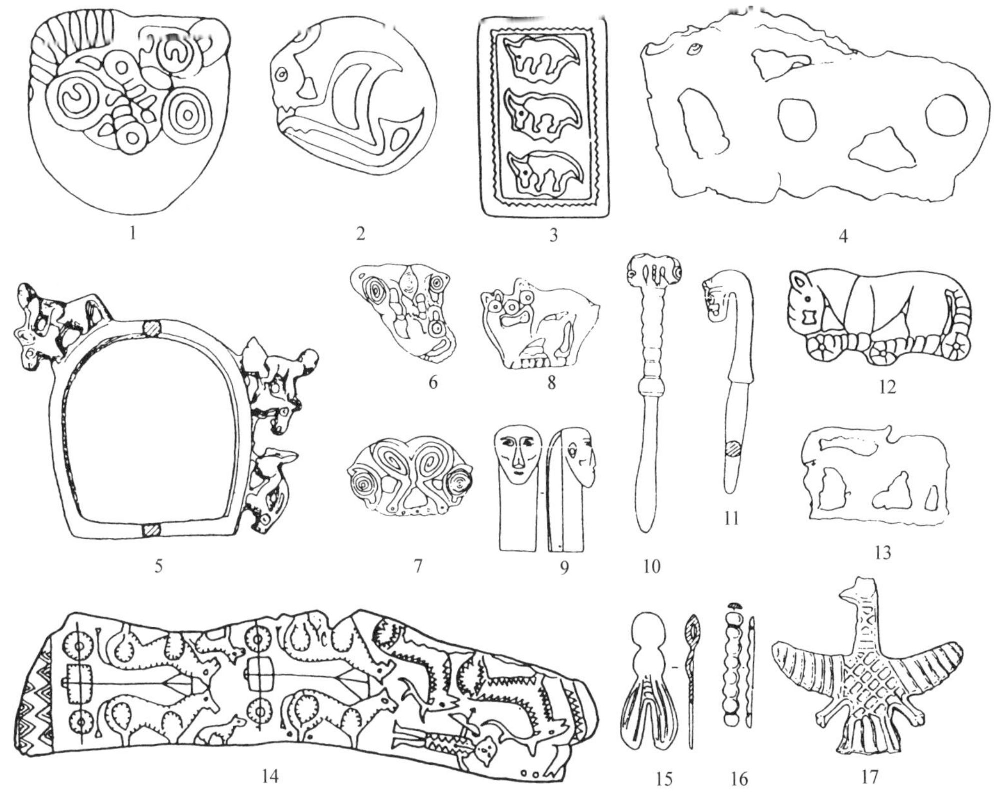

图五 夏家店上层文化装饰品

1～4、6～8、12～14、17. 动物纹牌饰 5. 环 9. 杖首 10、11. 锥形饰 15. 双尾垂饰 16. 联珠形饰（1～3、6～12. 小黑石沟M8501 4、13. 南山根M101 5. 南山根M3 14. 南山根M102 15、16. 周家地M2、M1 17. 南山根M4，14为骨，余为铜）

二

如前所述，夏家店上层文化的年代及文化内涵表明其处于青铜时代晚期。那么，这一时期欧亚大陆草原其他地区又是个什么情况呢？是否像有些研究者所断言的那样，中国北方草原的古代文化其中包括夏家店上层文化，受来自西部草原文化的强烈影响，甚至有些学者认为是外来民族迁徙的结果。如苏联出版的《西伯利亚史》（卷Ⅰ）谈到卡拉苏克文化时认为："在先前的安德罗诺沃文化的基础上形成的卡拉苏克文化，对其邻近的西西伯利亚森林文化产生了影响。但同时它又传播到遥远的东方——外贝加尔、蒙古、鄂尔多斯、安阳。"[17]俄罗斯著名考古学家Н.Л.契列诺娃提出卡拉苏克文化的发源地在米奴辛斯克盆地的西南，接近于帕米尔和额尔齐斯河上游的地区，认为"卡拉苏克文化的祖先由此一方面渗入蒙古、图瓦和米奴辛斯克盆地，同当地居民融合，形成了卡拉苏克文化和鲁加夫文化；另一方面渗入内蒙古、鄂尔多斯和东北南部，同当地居民融合而形成了石棺墓文化或夏家店文化及其他文化”[18]。如果说早年这些观点还可以理解的话，那么目前所积累的资料，证明上述观点是缺乏事实根据的。当然，我们并不否认民族的迁徙，以及同时并存的不同文化之间存在相互影响。问题是得出的结论必须有充分的事实根据，而不能毫无根据的凭空想象。

那么，实际情况是否如上述观点所说的那样呢？不妨对欧亚大陆草原同夏家店上层文化同时期的文化遗存做些简单的分析，我们就会发现实际情况并非如此。众所周知，欧亚大陆草原一般是指多瑙河至鄂尔多斯的广阔地域，这里自古以来是早期游牧或半游牧人的活动舞台，他们遗留下丰富的文化遗存，尤以兵器、马具和所谓“野兽纹”装饰艺术最具特色，国外的考古文献称之为“斯基泰三要素”或“斯基泰三合一”。一般来说，人们在认定早期游牧人文化时也从这几个方面进行衡量，而讨论不同文化之间的关系问题时，也都从这些方面进行分析。如前所述，夏家店上层文化具有发达的兵器、马具和所谓“野兽纹”装饰艺术。下面我们就此做些简略的比较分析。

第一，让我们看看黑海北岸的情况。众所周知，黑海北岸以斯基泰文化而著称于世。

关于斯基泰文化的年代上限，一般认为为公元前7世纪，而早于这一时期的文化遗存通常称之为“前斯基泰文化”或“金麦里文化”，年代约为公元前9～前7世纪[19]。当然，也有人认为在公元前9～前8世纪在黑海北岸已出现某种斯基泰游牧部落，有人则认为金麦里人是公元前9～前7世纪顿河至多瑙河草原的唯一居民[20]。因此，目前对此问题还没有一致的认识，也就是说，还分辨不出哪些考古遗存属于金麦里人，哪些属于斯基泰人。尽管如此，在黑海北岸发现了一些这一时期的文化遗存。根据目前的发现，在黑海北岸属于前斯基泰时期的文化遗存为数不多，而且有些确认为前斯基泰时期的器物系非发掘品。这一时期的兵器主要是弓矢、剑和短剑。弓的形制见于石雕的腰部[21]。镞除青铜和骨制者外，还有铁制者，形制有菱形銎镞和双尾四棱镞等[22]。剑和短剑有青铜的，也有铁的，同时有铜柄铁剑。铁剑较长，有的柄首作蘑菇形；有的格呈十字形两端下垂。从石碑腰间所刻短剑看，其形制为环首直刃剑[23]（图六，1、2、10、11、14）。马具主要是衔和镳，即有青铜也有铁制者。马衔有单环、双环和马镫形者，有的两端附以圆形装饰。马镳有三孔镳，有的镳还装饰三个小环[24]（图六，3～8、12）。装饰品有青铜和金耳环或垂饰、青铜或金丝螺旋饰，以及装饰腰带的金牌饰等[25]（图六，9、13、15）。从总的情况看，尽管这一时期铁器已相当普及，但无论兵器、马具，还是装饰品，其种类和类型都比较简单，动物纹装饰艺术也极不发达，无法同夏家店上层文化相媲美，这是显而易见的事实。

第二，哈萨克斯坦咸海沿岸是早期萨基人的活动地域。早期萨基人的文化遗存主要分布于锡尔河下游和南塔吉斯肯，年代断为公元前7～前5世纪。在此以前的文化遗存属于青铜时代晚期，主要分布于北塔吉斯肯，年代断为公元前10～前8世纪[26]。从年代上说，北塔吉斯肯青铜时代晚期遗存与夏家店上层文化相当。但从文化内涵方面分析，两者之间却存在着明显的区别。从目前所发表的资料来看，北塔吉斯肯青铜时

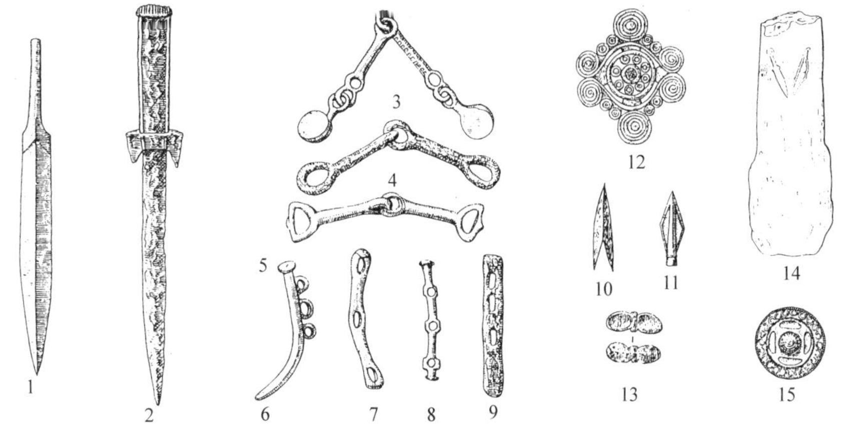

图六　黑海北岸前期墓葬出土器物

1、2. 剑和短剑　3～5. 衔　6～8、12. 镳　9、13、15. 装饰品　10、11. 镞　14. 石雕像

（1、2、10、15. 高墓　3、6. 奥布雷斯基　4、12. 布尔卡雷　5、7. 切尔诺格罗夫古冢　8、11. 小齐木巴勒克　9. 佐里内古冢　13. 鲁干斯科耶　14. 赞科依，1、3、5～8、11为铜，2、4、12为铁，9、10、13为骨，14为石，15为金）

代晚期遗存出土的兵器有柳叶形有銎铜镞和柳叶形青铜短剑。装饰品主要是不同类型的金或银耳环[27]（图七，1～6）。可见，咸海沿岸青铜时代晚期遗存，文化内涵无法与同一时期的夏家店上层文化相媲美。只有晚于这一时期即属于公元前7～前5世纪的早期萨基人遗存，如威加拉克、南塔吉斯肯等墓地出土的器物，包括兵器（青铜或铁短剑和剑、铜镞）、马具（单环或马镫形衔、三孔铜镳或骨镳）和丰富的“野兽

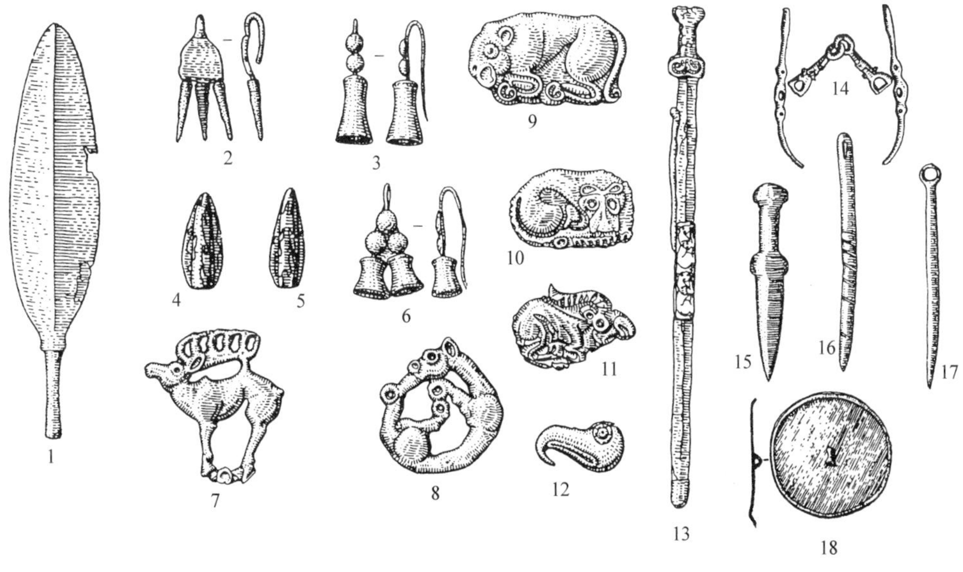

图七　咸海沿岸早期萨基人文化遗物

1～6. 北塔基斯肯（马夫佐列依器物群）7、8、12、14～17. 威加拉克（41、33、69、51、21、47、50号冢）9～11、13、18. 南塔基斯肯（45、53、66、53、66号冢）

（1、4、5、7、8、12、14、15、17、18为铜，2为银和金，3、6、9～11为金，13、16为铁）

纹”器物（猛鸟头、狮子、伏卧状山羊、伫立状鹿、卷曲成环的猛兽等）[28]，具备了所谓“斯基泰三合一”的典型特点（图七，7～18）。但咸海沿岸早期萨基人的文化遗存和早期斯基泰遗存一样，都不早于公元前 7 世纪，也就是说均晚于夏家店上层文化。

第三，叶尼塞河中游米奴辛斯克盆地以卡拉苏克文化和塔加尔文化著称于世。卡拉苏克文化属于青铜时代晚期，通常划分为卡拉苏克期和石峡期。关于该文化的年代始终存在着不同的认识。有人根据该文化的铜刀同中国周代刀币相比较，将年代断为公元前 10～前 8 世纪[29]；有人根据安阳殷墟出土的铜刀将卡拉苏克文化的年代断为公元前 12～前 8 世纪[30]，此后根据赛义马铜刀的发现，将年代改定为公元前 15～前 13 世纪[31]；有人同样用中国的资料进行比较，将年代上限断为公元前 11～前 10 世纪，下限为公元前 8～前 7 世纪[32]。有人根据卡拉苏克文化的某些青铜器同北京昌平白浮墓地出土的器物相类似，认为该文化的年代不会早于公元前 11 世纪[33]。俄罗斯大部分学者采用中国的考古发现来推断卡拉苏克文化的年代，这是因为中国的出土物年代比较准确，而赛义马－图尔宾诺青铜器的年代一般断为公元前 14～前 12 世纪或公元前 13～前 10 世纪[34]，不可能早于这个年代。那么，卡拉苏克期的年代有人断为公元前 13～前 11 世纪，石峡期的年代断为公元前 10～前 8 世纪[35]。当然对此也有不同的看法，认为卡拉苏克期的年代为公元前 11～前 10 世纪，石峡期的年代为公元前 9～前 8 世纪[36]。根据目前的发现，卡拉苏克文化具有代表性的青铜器主要出自石峡期。石峡期的年代无论是定在公元前 10～前 8 世纪，还是定在公元前 9～前 8 世纪，均不早于夏家店上层文化，大体与夏家店上层文化的繁荣期相当。

卡拉苏克文化的墓葬结构、葬俗及陶器与夏家店上层文化截然不同。该文化尚未发现铁器，青铜器包括兵器、工具和装饰品。兵器有短剑、矛、镞等，大部分短剑系非发掘品，以《叶尼塞河中游草原考古遗存》一书所列石峡期 48 处居址、窖穴和墓地为例，所发掘的 40 处墓地 240 多座墓葬中未发现一件青铜兵器[37]，而所著录的短剑大部分系采集品，具有夏家店上层文化短剑的特点。这一时期的青铜器以刀、锥、凿、镜、牌饰、蹼形垂饰、牛轭模型（即弓形器）等为主（图八，1～8）。动物纹装饰艺术也不十分发达，仅见于装饰短剑和刀柄首的圆雕山羊、绵羊或麋鹿形象。由此可见，卡拉苏克文化石峡期的文化内涵远没有夏家店上层文化发达，无论是器物种类，还是数量，都无法同夏家店上层文化相比。只有后续的塔加尔文化早期（公元前 7～前 6 世纪的巴伊诺夫期和公元前 6～前 5 世纪的波德格尔诺夫期）短剑、刀、斧及“野兽纹”艺术的某些母体（图八，9～16）[38]，同夏家店上层文化具有更多的相似之处。

第四，图瓦地区处于米奴辛斯克盆地的东南，这里已确认的有早期铁器时代的乌尤克文化，因为发现阿尔然巨冢，使得学术界对该文化给以更大的关注。乌尤克文化的年代为公元前 8～前 2 世纪，划分为初期（公元前 8 世纪）、早期（公元前 7～前 6 世纪）和晚期（公元前 5～前 3 世纪）。初期阶段的遗存以阿尔然巨冢为代表[39]。众所周知，阿尔然巨冢属于部落首领的墓葬，出土了丰富的随葬品，包括青铜短剑、啄锤、衔、镳，以及卷曲成环的猛兽、圆雕山地绵羊顶饰，另有用鹿角雕刻的马头等（图九，

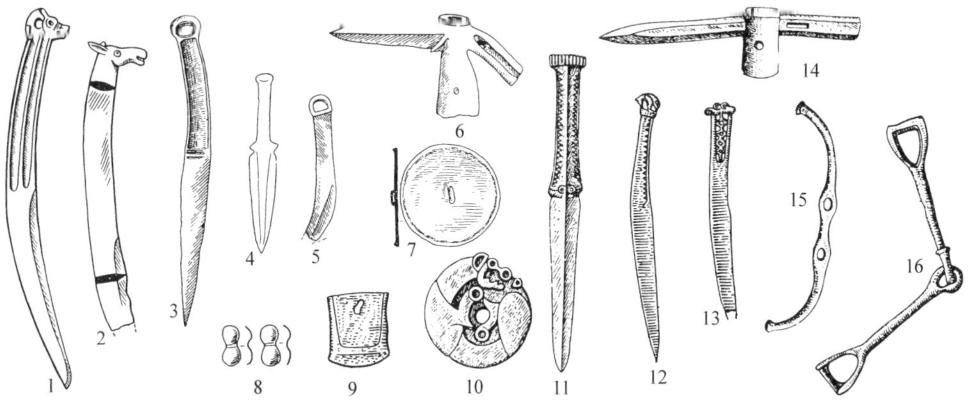

图八 卡拉苏克文化和早期塔加尔文化青铜器

1～8. 卡拉苏克文化石峡期（托帕诺沃、克拉斯诺亚尔、莱科夫村、斯维谢沃村附近墓葬、沃勒齐洛格、莱科夫村、萨尔格夫村12号冢、萨尔塔窖藏） 9～16. 塔加尔文化早期（新伊德尔、别依科耶、胡德诺格瓦、切列姆什卡、米奴辛斯克边区、索希纳、小伊尼雅）

1～13）。该墓的 ^{14}C 年代数据为：公元前800年 ±50年、公元前850年 ±50年和公元前820年 ±50年，相当于公元前8世纪初[40]。尽管俄罗斯考古学界对阿尔然巨冢的年代有不同意见，但定为公元前9～前8世纪不会有什么问题。该墓地作为乌尤克文化的初期阶段，目前所发现的相关遗存并不多，之所以将该墓地的年代定得较早，除了有 ^{14}C 数据作为依据之外，墓内出土的青铜镳、镞及各种牌饰等，同黑海北岸前斯基泰器物群相类似。正因为阿尔然巨冢的年代相当于前斯基泰时期，人们开始重新审视欧亚大陆早期游牧人文化的许多问题，譬如所谓“野兽纹”及某些青铜器的起源问题。然而，就阿尔然巨冢出土的器物而言，显然没有夏家店上层文化丰富。这里出土的卷曲成环的猛兽形象相当精致，这是早期“野兽纹”艺术中最具代表性的母体之一。这种母体的动物纹样，在南山根M101号[41]、小黑石沟M8501石椁墓[42]中发现3件，均表现卷曲成环的猛兽（虎、豹）形象，分别装饰铜刀、马衔和牌饰（图一，6；图五，1）。此外，1975年征集的一批小黑石沟出土青铜器中，包括20余件动物纹牌饰，

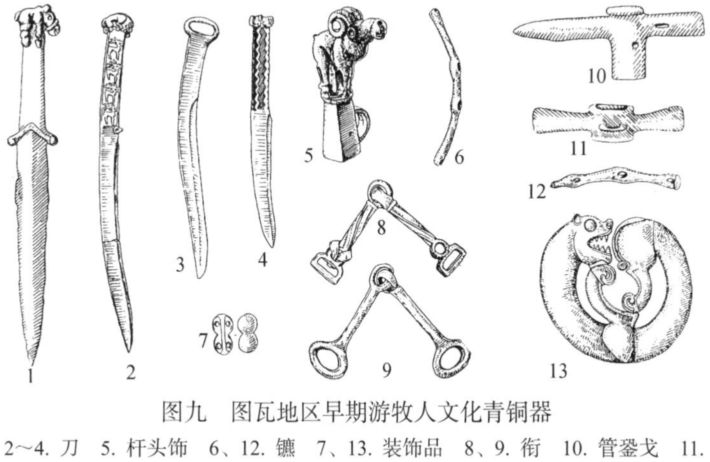

图九 图瓦地区早期游牧人文化青铜器

1. 剑 2～4. 刀 5. 杆头饰 6、12. 镳 7、13. 装饰品 8、9. 衔 10. 管銎戈 11. 管銎斧

（1、5、7～10、12、13. 阿尔然古冢 2、3、采集品 4. 朱伯卡夫 6. 阿勒德-别利Ⅰ 11. 山齐格）

全都表现头尾相接成环形的动物纹样[43]，表明这种母体在夏家店上层文化中已相当普及。另外，阿尔然巨冢出土的圆雕山地绵羊青铜顶饰也很精致，具有相当高的艺术水平。然而，夏家店上层文化青铜器已有装饰马、骑马追兔、人头、动物头像、伫立男女人像等圆雕形象。如前所述，阿尔然巨冢的年代相当于夏家店上层文化的繁荣期，而它所处的位置在卡拉苏克文化和夏家店上层文化之间，这对研究欧亚大陆草原不同文化之间的关系问题，无疑是个非常重要的因素。

第五，俄罗斯阿尔泰地区是早期游牧人活动的又一个重要舞台，遗留下很多重要的文化遗存。阿尔泰地区早期游牧人文化通常划分为早、中、晚三期：早期为库尔图－麦耶米尔期（前 8～前 6 世纪）；中期为巴泽雷克期（前 5～前 3 世纪）；晚期为希别期（前 2～公元 1 世纪）。其中早期遗存相当于夏家店上层文化繁荣期的偏晚阶段，代表性遗存有阿尔泰地区额尔齐斯河支流布赫塔尔马河上游库尔图Ⅱ墓地、戈尔诺－阿尔泰州耶洛村附近谢米萨尔特Ⅰ墓地及戈尔诺－阿尔泰斯克市附近有冢墓地等[44]。诚然，这几处墓地的年代并非都属于同一个时期，其中谢米萨尔特Ⅰ墓地的年代，有人断为公元前 8～前 7 世纪[45]。库尔图Ⅱ墓地的年代偏早，有人则根据出土的三孔骨镳同阿尔然巨冢和黑海北岸出土马镳相类似，将其年代断为公元前 9 世纪末至公元前 8 世纪[46]。实际上，阿尔然巨冢和黑海北岸前斯基泰文化的年代早不到公元前 9 世纪。至于麦耶米尔出土的器物公认为属于公元前 7～前 6 世纪，显然晚于夏家店上层文化。相当于公元前 8～前 7 世纪墓地出土的器物有青铜刀、马蹄形衔、节约、镜形饰、带扣等，以及镀金青铜猛禽头像、角制三孔马镳等[47]。此外，采集品中有蘑菇形首短剑、柳叶形镞等（图一〇，1～10）[48]。由此可见，阿尔泰早期

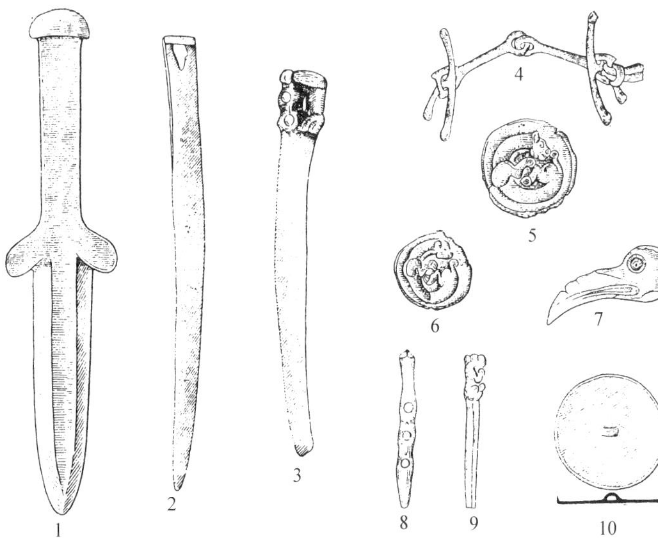

图一〇　阿尔泰地区早期游牧人文化遗物

1. 短剑　2、3. 刀　4、8. 衔、镳　5～7、9. 装饰品　10. 镜形饰

（1. 阿尔泰采集　2、8. 乌斯特－库尤姆　3、4、9. 索洛涅别罗克　5～7、10. 麦阿密尔草原，1～4、10 为铜，5、6 为金，余为兽角）

游牧人初期的文化遗存，不仅年代相当于夏家店上层文化南山根期的晚段，而且文化内涵远不及南山根期丰富。

三

通过以上的比较分析，有几点很不成熟的意见提出来供诸位参考。

第一，自多瑙河至长城地带的欧亚大陆草原地区，是游牧和半游牧人的活动舞台。早期游牧人文化，在其形成的初期阶段即以兵器、马具和所谓“野兽纹”艺术为典型特征。这种草原文化的形成期大约在公元前第一千年的头几个世纪，即青铜时代晚期或青铜时代向早期铁器时代过渡时期。但这一发展过程是漫长的，而且不会是绝对同步的。一般认为，斯基泰文化形成于公元前7世纪后半叶[49]。有人认为形成于公元前8～前7世纪。进入20世纪80年代之后，由于发现了阿尔然王陵，有人又提出斯基泰–西伯利亚文化形成于公元前9～前7世纪，代表性的地区有黑海北岸、北高加索和前高加索、亚速海沿岸、中央哈萨克斯坦、阿尔泰、米奴辛斯克盆地、图瓦、蒙古国、我国的鄂尔多斯[50]。但是，我们很难认同斯基泰文化形成于公元前9世纪之说，因为得不到考古资料的证实。如果用所谓“斯基泰三要素”来衡量，无论是黑海北岸和咸海沿岸，还是图瓦、阿尔泰和米奴辛斯克盆地，公元前7世纪以前的文化遗存（除阿尔然王陵之外），显然还都处于很不成熟的初级阶段，尽管出现了兵器、马具和“野兽纹”艺术，但内涵并不丰富，而且各地的文化内涵各具特色，只是到了公元前7世纪之后，相似的兵器、马具和“野兽纹”艺术的某些母体在广袤的欧亚大陆草原传播开来。相对而言，夏家店上层文化的内涵要比其他地区丰富，兵器、马具和所谓“野兽纹”艺术的种类、制作技术，都超出了年代相当或略晚的其他地区早期游牧人遗存，而且形成的时间并不比其他地区晚。由此可见，夏家店上层文化的兵器、马具和“野兽纹”艺术并非来源于前斯基泰或早期斯基泰文化，而是有着自身的文化传统。因此，那种认为欧亚大陆草原早期游牧人文化来源于一个共同中心的见解是缺乏根据的。

第二，夏家店上层文化地处欧亚大陆草原的东端，同先进的黄河流域农业文明相毗邻。这一优越的地理位置，以及同中原地区的紧密联系，决定了它在欧亚大陆草原古代文化中的重要地位。当然，夏家店上层文化在欧亚大陆草原早期游牧人文化中的重要地位，并不是表现在某一个方面，而是表现在文化内涵的各个方面。如果用“斯基泰三要素”来衡量，夏家店上层文化的兵器包括各种形制的青铜短剑、剑鞘、盔、盾、矛、管銎斧和戈、镞等；车马器有衔、镳、铃、銮玲、軏等；动物纹样包括浮雕、透雕和圆雕形象。这些发现充分表明夏家店上层文化已是一个相当成熟、地域特征鲜明的考古学文化。因此，那种认为夏家店上层文化来源于西部草原地带的观点显然是毫无根据的。特别应当指出的是，以往人们总是把中国北方草原地带作为“斯基泰–西伯利亚文化”东传的终点，特别是将中国北方草原古代动物纹样归结为所谓“斯基泰－西伯利亚野兽纹”传播或影响的结果。早年国人曾将这类器物直接称为“西番片”或“斯基泰式铜器”，目前虽然已无这类称呼，但所谓“斯基泰风格东传”的认识在人们的观念中深深扎根，挥之不去。实际上，正如上面所指出的那样，夏家店上层文化动物纹样包括浮雕、透雕和圆雕形象，在该文化的繁盛期（前9～前8世纪），在欧亚大陆草原其他地区尚未发现如此丰富的动物纹样。有人将斯基泰“野兽纹”划分为三个发展阶段：①公元前7世纪后半叶～前6世纪；②公元前5世纪；③公元前4～前3世纪[51]。作为“斯基泰野兽纹”源头之一的伊朗萨盖兹市地区齐维耶墓地出土的野兽纹器物，其年代也只是公元前7世纪[52]。另外，自从发现阿尔然巨冢，以及在蒙古国、外贝加尔、图瓦和阿尔泰发现大量雕刻鹿形象的鹿石之后，有些学者已对斯基泰“野兽纹”东传的理论提出了怀疑[53]，这是因为鹿石及阿尔然巨冢的年代要早于公元前7世纪，如果说欧亚大陆东部地区的“野兽纹”是斯基泰文化东传的结果，就已失去了年代上的根据。更何况，“斯基泰野兽纹”的早期母体如屈足伏卧鹿、卷曲成环的猛兽（虎、豹）形象等，在夏家店上层文化繁盛期（前9～前8世纪）就已出现，譬如内蒙古克什克腾旗龙头山M1出土的伏卧状鹿纹牌饰[54]、小黑石沟M8501出土的卷曲成环的虎纹牌饰及装饰马衔的卷曲豹形象等[55]，年代都早于公元前7世纪，显然同前斯基泰或早期“斯基泰野兽纹”毫无关系。只是公元前5世纪之后，斯基泰或阿尔泰艺术风格及某些艺术母体，对中国北方早期铁器时代文化产生了影响[56]。

第三，夏家店上层文化为探索欧亚大陆草原早期游牧人文化的形成问题，提供了重要的资料。早期游牧人文化形成于青铜时代晚期，但其形成的初期经济形态并非真正意义上的游牧畜牧业，而绝大部分仍然处于定居的半游牧状态，只是畜牧业和狩猎业在经济生活中占有重要的地位，夏家店上层文化的情况正是如此。因此，很难用“居无常处”“逐水草迁徙”来理解早期游牧人初期的情形。当然，不能因为夏家店上层文化的居民从事一定的农业，就将其排除在欧亚大陆草原文化的范畴之外。实际上，夏家店上层文化的内涵充满草原文化的气息，无论是埋葬习俗和陶器，还是兵器、车马器、装饰品及动物纹装饰艺术，同长城沿线及以北地区的少数族文化遗存有着千丝万缕的联系。另外，该文化的居民同中原地区有着密切的联系，如确认为山戎的话，这不仅在文献中多有记载，而且像南山根M101、小黑石沟M8501等大型石椁墓内发现来自中原地区的簋、鼎、罍、簠、盉、壶、尊、匜等青铜礼器，包括商末周初至春秋初期的各时代之物[57]，有的器物上有铭文，少则4字，多则90余字，足见同中原诸侯国有着频繁的接触。与此同时，该文化同南面和东面相邻青铜文化也有密切的联系。但夏家店上层文化是否同黑海北岸的前斯基泰文化和中亚的前萨基文化发生过接触，在考古资料中得不到反映。也无证据说明该文化的居民向阿尔泰、图瓦和米奴辛斯克盆地迁移，因为从人种方面分析，蒙古国西部、阿尔泰、图瓦的古代居民属于欧罗巴人种，而蒙古国东部、外贝加尔地区的居民则为蒙古人种[58]。从文化内涵方面考察，蒙古国西部的乌兰固木文化[59]、阿尔泰的巴泽雷克文化、图瓦的乌尤克文化，均以木椁墓和多人葬为主，显然与夏家店上层文化不搭界。至于蒙古国东部和外贝加尔的“石板墓”文化则以石棺墓和单人葬为主，墓内出土的青铜短剑、管銎斧、刀、斧、各种联珠形饰、双尾垂饰、镜形饰、衔、镳，以及卷曲成环的猛兽形象（图一一，1～21）[60]，同夏家店上层文化的同类器物及艺术风格颇多相似之处。夏家店上层文化以石棺墓和单人葬为主，同“石板墓”文化的墓葬结构和葬俗接近，又都同属于蒙古人种，无怪乎有人曾推测匈奴文化源于夏家店上层文化[61]。尽管此说目前还难以被人所接受，但足以说明夏家店上层文化同蒙古国东部和外贝加尔的所谓“石板墓”文化关系密切。但是，夏家店上层文化的居民是否向北迁移，以及该文化的影响是否向西波及更遥远的地区，目前还难以得出这样的结论，这是一个需要进一步探索的问题。

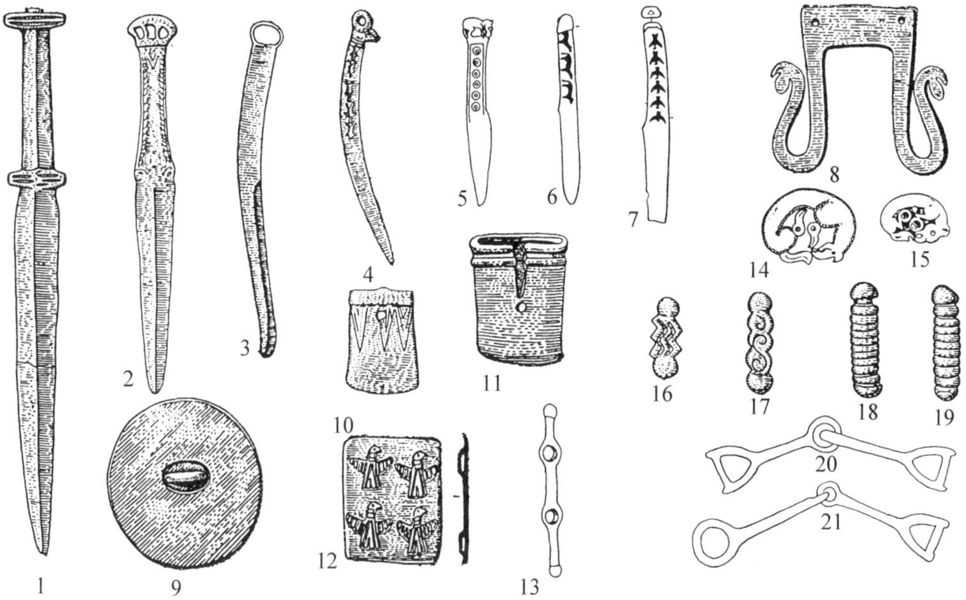

图一一　蒙古国和外贝加尔石板墓文化青铜器

1～4、8～12、16～19. 外贝加尔（1. 乌斯特—图鲁泰　2. 萨彦图依　3. 吉达河畔扎卡缅窖藏　4、9、11. 湿尔琴斯克市附近墓葬　8. 塔普哈尔山　10. 外贝加尔采集　12. 德沃尔茨　16～19. 奥罗维扬纳雅车站）5～7、13～15、20、21. 蒙古国（5、21. 戈壁省　6. 南戈壁省曼赖苏木　7. 苏赫巴特尔省　13. 后杭爱省　14、20. 乌布苏省　15. 戈壁－阿尔泰省）

注　释

［1］中国科学院考古研究所内蒙古工作队：《内蒙古赤峰药王庙、夏家店遗址试掘简报》，《考古》1961年2期，77～81页。

［2］同［1］，80页。

［3］中国科学院考古研究所内蒙古工作队：《赤峰药王庙、夏家店遗址试掘报告》，《考古学报》1974年1期，143页。

［4］辽宁省昭乌达盟文物工作站等：《宁城县南山根的石椁墓》，《考古学报》1973年2期，38页。

［5］齐晓光：《内蒙古克什克腾旗龙头山遗址发掘的主要收获》，《内蒙古东部区考古学文化研究文集》，海洋出版社，1991年，64页。

［6］靳枫毅：《夏家店上层文化及其族属问题》，《考古学报》1987年2期，177～208页。

[7] 朱永刚:《大、小凌河流域含曲刃短剑遗存的考古学文化及相关问题》,《内蒙古文物考古文集(二)》,中国大百科全书出版社,1997年,362～374页。

[8] 朱永刚:《东北青铜文化的发展阶段与文化区系》,《考古学报》1998年2期,133～152页。

[9] 朱贵:《辽宁朝阳十二台营子青铜短剑墓》,《考古学报》1960年1期,63～71页。

[10] 锦州市博物馆:《辽宁锦西乌金塘东周墓调查记》,《考古》1960年5期,7～9页。

[11] 刘国祥:《夏家店上层文化青铜器研究》,《考古学报》2000年4期,451～500页。

[12] 林沄:《东胡与山戎的考古探索》,《环渤海考古国际学术讨论会论文集》,知识出版社,1996年,174～181页。

[13] 中国科学院考古研究所内蒙古工作队:《宁城南山根遗址发掘报告》,《考古学报》1975年1期,图一九,4;图版柒,9。

[14] 赤峰市博物馆等:《宁城小黑石沟石椁墓调查清理简报》,《文物》1995年5期,图二〇。

[15] 中国社会科学院考古研究所东北工作队:《内蒙古宁城县南山根102号石椁墓》,《考古》1981年4期,图六;图版柒。

[16] 王大方:《宁城打击盗掘古墓犯罪获重大成果》,《中国文物报》1996年12月15日。

[17] Истории Сибири(西伯利亚史). Ленинград. 1968. стр. 186.

[18] Н. Л. Членова. Хронология памятников кароаск-ской эпохи(卡拉苏克时期遗迹的年代学). Москва. 1972. стр. 6.

[19] A. N. Мелюкова. Предскифский период в степях Северного Причерноморья(黑海北岸草原的前斯基泰时期)—Степи европейской части СССР в скифо—сар— матское время. Москва. 1989. стр. 10-16. табл. 1-3.

[20] 同[19], стр. 10.

[21] 同[19], табл. 1、13.

[22] 同[19], табл. 2、48-70.

[23] 同[19], табл. 2、19-22.

[24] 同[19], табл. 2、1-11.

[25] 同[19], табл. 2、29、78、80、84.

[26] M. A. Итина. Ранние саки Приаралья(咸海沿岸的早期萨基人)— Степная полоса Азиатской части СССРвскифо-сарматское время. Москва. 1992. стр. 31-47.

[27] 同[26], табл. 1、2.

[28] 同[26], табл. 3-5.

[29] C. A. Теплоухов. Опыт классификации древних металлических культур Минусинского края(试论米奴辛斯克边区古代金属文化的分期)—Материалы по этно—графии. 1929, т. 4, вып. 2, стр. 44-45.

[30] C. B. Киселев. Древняя история Южной Сибири(南西伯利亚古代史)—Материалы иисследования по ар—хеологии СССР. 1949, № 9. Москва. стр. 104-108.

[31] 同[18], стр. 6.

[32] 同[18], стр. 120.

[33] C. A. Комиссаров. Комплекс вооружения Китая эпохи поздней бронзы(中国青铜时代晚期兵器群). Новосибирск. 1985. стр. 14.

[34] 同[18], стр. 135-136.

[35] Э. Б. Вадецкая. Археологические памятники встепях среднего енисея(叶尼塞河中游草原的考古遗存). Ленинград. 1986. стр. 65.

[36] 同[35], стр. 65.

[37] 同[35], стр. 73-76.

[38] 同[35], табл. Ⅵ.

[39] A. M. Мандельштам. Ранние кочевники скифскогопериода на территории Тувы(图瓦境内斯基泰时期早期游牧人)—Степная полоса Азиатской части СССР вскифо-сарматское время. Москва. 1992. стр. 178～196.

[40] M. П. Грязнов. Аржан—Царский курган ранне—скифского времени(阿尔然—早期斯基泰时期王冢). Ленин—град. 1980.

[41] 同[4],图版玖,7。

[42] 同[14]，图一九，11；图二三，4、6。
[43] 项春松：《小黑石沟发现的青铜器》，《内蒙古文物考古》1984年3期，122页。
[44] М. П. Грязнов. Алтай и приалтайская степь（阿尔泰和阿尔泰附近草原）—Степная полоса Азиатской части СССР в скифо-сарматское время. Москва. 1992. стр. 161-178.
[45] Л. С. Марсадолов. Исследования в Онгудайском и Улаганском районах Горного Алтай（戈尔诺阿尔泰翁古达和乌拉干地区的考察）—Археологическиё открытия 1980г. стр. 195.
[46] С. С. Сорокин. Памятники ранних кочевников в верховьях Бухтармы（布赫塔尔马河上游早期游牧人遗存）—Археологический сборник Государственного Эрмитажа, 1966, вып. 8, стр. 43-47.
[47] 同[44]，табл. 61，4、6、7、19、24、27；62，1-7.
[48] 同[44]，табл. 61，1、2、13、14.
[49] М. Г. Мошкова. Предисловие（前言）—Степная поло—са Азиатской части СССР в скифо-сарматскоевремя. Москва. 1992. стр. 7.
[50] М. П. Грязнов. Начальная фаза развития скифо-сибирских культура（斯基泰 — 西伯利亚文化发展的初级阶段）—Археология Южной Сибири. Кемелово. 1983. с. 3-18.
[51] А. И. Мелюкова. Скифское искусство звериногостиля（斯基泰野兽纹艺术）—Степи европейской части СССР в скифо-сарматское время. Москва. 1989. стр. 101.
[52] В. А. Ильинская. Образ кошачьего хишника в раннескифском искусстве（早期斯基泰艺术中的猫科猛兽形象）. Советская археология. 1971. №. 2. стр. 65.
[53] 同[40]，стр. 57.
[54] 齐晓光：《内蒙古克什克腾旗龙头山遗址发掘的主要收获》，《内蒙古东部区考古学文化研究文集》，海洋出版社，1991年，58～72页，图七，6。
[55] 同[14]，图一九，11；图二三，4。
[56] 乌恩：《论我国北方古代动物纹饰的渊源》，《考古与文物》1984年4期，46-59页。
[57] 同[12]，179页。
[58] Э. А. Новгородова. Древняя Монголия（古代蒙古）. Москва. 1989. стр. 314.
[59] 同[58]，стр. 257-315.
[60] В. В. Волков. Бронзовый и ранний железный век Северный Монголии（北蒙古的青铜时代和早期铁器时代）. Улан—батр. 1967. рис. 4, 17-21; 5, 2、3; 7, 1-5; 13, 1、2、4、6; 15; 20, 7、8; Н. Л. Членова. Культура плиточных могил（石板墓文化）—Степная полоса Азиатской части СССР в скифо—сарматское время. Москва. 1992. стр. 247-254. табл. 101～103.
[61] С. С. Миняев. К проблеме происхождения сюнну（论匈奴起源问题）—Международная ассоциация по изучению культур центральной Азии Инфор—мационный бюллетен. выпуск 9. Москва. 1985. стр. 76-77.

（原载吉林大学边疆考古研究中心：
《边疆考古研究（第1辑）》，科学出版社，2002年）

夏家店上层文化向南的分布态势与地域文化变迁

朱永刚

一、空间分布与地域文化特征

20世纪60年代初，基于老哈河流域发现提出的夏家店上层文化，从一开始就把包括大、小凌河流域在内的辽西地区视为一个整体，将其分布范围圈定得较大。在夏家店上层文化研究初期，已有研究者注意到上述广大区域内文化面貌不尽相同。首先是靳枫毅先生根据曲刃青铜短剑及伴存器物群的一系列差别，提出把这一文化分为南山根和十二台营子两个地方类型[1]。对此，林先生发表了不同意见，他认为夏家店上层文化主要分布的热河山地（努鲁儿虎山以西地区），并非是这种短剑的主要分布区，而集中发现于大、小凌河流域含这种铜剑的遗存是否算作夏家店上层文化的一个类型，非常值得怀疑[2]。笔者通过对比陶器的研究进一步指出，大、小凌河流域三足器不发达，少见矮领鼓腹罐，尚未见双耳圜底鼎和直腹鬲等夏家店上层文化典型器物。仅根据陶质、陶色、制法上的共同性，把不同遗存划归为一个考古学文化显然是不充分的。由于大、小凌河流域含曲刃短剑遗存与夏家店上层文化有明显区别，所以很难把这一区域纳入夏家店上层文化分布范围内[3]。

目前确认的夏家店上层文化分布范围，北面越过西拉木伦河，东边应以努鲁儿虎山包括大凌河上游一线为界，西抵浑善达克沙地东缘，南界比较模糊，一般多笼统地指向燕山山地。夏家店上层文化分布区域内以山地丘陵为主，海拔为500～1500米，年平均气温5～7℃，降水量300～400毫米，属中温带大陆性季风气候。由于区域内自然地理形势比较复杂，依水系可划分为三个纬度带，如图一所示。

北部的西拉木伦河流域，位于北纬43°～44°，西自大兴安岭南段东麓，东至科尔沁沙地北缘。这里主河道及支流沿岸地势较为开阔，河漫滩有固定或半固定沙丘与甸子地相间分布。稍远的山地丘陵沟壑纵横，在黄土状沉积上形成的暗栗钙土腐殖质较薄，有机质含量低，极易受风力和降水的侵蚀。这里年平均气温，西端克什克腾旗为2.4℃，东部的阿鲁科尔沁旗为5.5℃，多旱少雨，生态环境十分脆弱。现在的生业状况表现为农业与畜牧业兼营的土地利用方式。中部的老哈河流域，位于北纬41.5°～43°。区域内主要河流受山系控制多呈西南—东北流向，其山间谷地形成与冀北相连接的天然通道。地貌特征为丘陵和黄土台塬，低地往往有厚十余米的洪积堆积。这里年平均气温高于

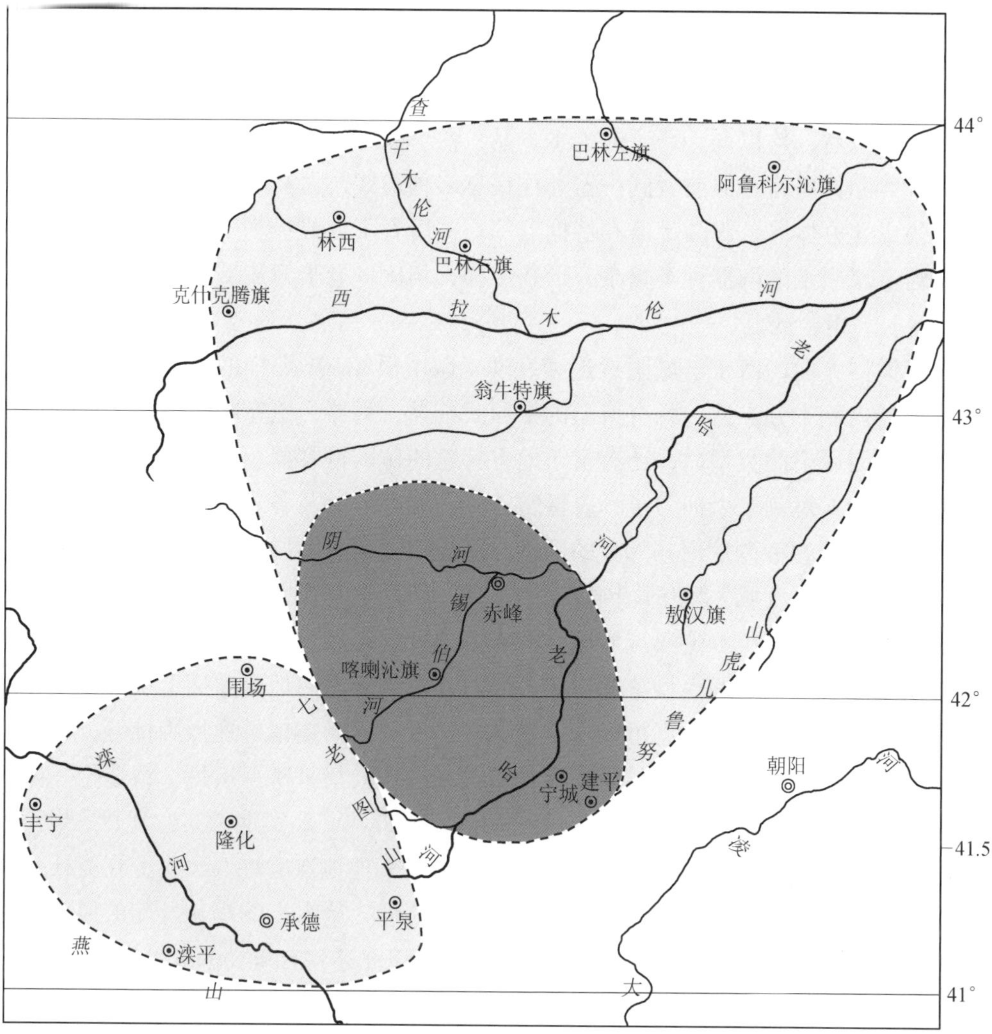

图一 夏家店上层文化分布示意图

西拉木伦河以北 2℃左右（宁城为 7.3℃），水热条件适于农业生产，考古发现早在距今 6000 年前就出现了原始农业。位于北纬 41°～42°略有超出的滦河上游，东北以七老图山为界，西南有燕山相隔，平均海拔 1000 米以上，是坝上高原向环渤海沿岸过渡的中间地带。这里周围地势较高，中间坐落的承德盆地有滦河、潮河流经，水热条件与老哈河流域相近，可耕、可牧亦提供了渔猎的广泛空间。考虑到地理形势对这一地区古文化的影响，来自东北和西南部的文化传播与人群迁徙容易向中部盆地汇聚，反之则较为困难，即它对周围文化的接受程度要大于其反向的流动，所以滦河上游是一个相对独立的地理单元。

在上述三个纬度带中，以老哈河流域的夏家店上层文化分布最为密集，以此作为研究基干，容易把握处在不同纬度带的地域文化特征。首先从西拉木伦河与老哈河陶器的甄别开始。两地的陶器皆以夹砂红褐陶为主，但前者大多呈红灰（黑）相间，烧制火候不高，色泽发暗；后者则以颜色纯正光洁的红陶为多见。前者施于鬲、鼎、罐等器物上的附加堆纹、戳印三角纹、窝纹，以及篦点几何纹、动物纹在老哈河流域极为罕见，突显其地域特征；而后者也有少量的彩陶纹饰表明存在着某种地域差异。从器形和组合来看，均以鬲、罐、钵为主，鼎、盆、豆为次，且都流行外叠唇、方耳和环形桥耳等制作风格。但前者同一器类往往有多种形式，尤其是拥有诸如仿桦树皮筒形器、仿皮囊方体器，假圈足器和持柄器等一些后者不见或极为少见的器形。总之西拉木伦河流域出土的陶器种类繁杂，形式多样，相比较老哈河流域的陶器群则显得形制比较统一，组合规范。

在青铜器方面，由于宁城附近连续发现了南山根 M101 那样的大墓，故老哈河流域的青铜器内涵十分丰富，既有典型的中原式礼器、兵器，也有吸收周邻文化或加以改制表现不同风格的类型品，还有富于地方特色的仿陶铜容器。然而就其基本组合而言，诸如銎柄式短剑、齿柄刀子、直銎空首斧、柳叶形镞及各式常见的装饰品等，与西拉木伦河流域的考古发现并无大的区别。这说明夏家店上层文化具有独立定型的青铜器群，而老哈河流域大型仿陶铜容器的出现，则反映其青铜铸造技术已达到了相当高的水平。相比较西拉木伦河流域出土的青铜器种类和数量要少得多，这可能与迄今尚没有发现随葬青铜器的大型墓葬有关，同时还应该考虑两地夏家店上层文化遗存的年代早晚问题。尽管如此，仍可以从本流域区出土的素面铜镜、鹿形牌饰等，看出不同于老哈河流域的地方差别。另外，在林西大井发现的集采矿、冶炼、铸造于一体的大型铜矿址[4]，据专家估算，其矿石开采总量达 16 万吨。经实地考察，其开采规模大于冶炼能力[5]，这说明该矿采出的矿石还可能输往其他地点冶炼。事实上在克什克腾旗的喜鹊沟和巴林右旗的塔布敖包也找到了冶炼遗址，从出土的陶片及陶鼓风管、炼渣来看与大井基本相同[6]，可以相信在西拉木伦河以北还将有重要的考古发现。

据 2002 年对西拉木伦河流域的考古调查，夏家店上层文化遗址多分布在倚山伴河的岗阜或台地上，遗址面积不大，堆积较薄，文化内涵单一，一般在地表依稀可辨黑灰土遗迹[7]。在关东车遗址发掘的房址为地穴式，深 2.7、底径 3.2 米，居住面平坦硬实似经烧烤，穴壁设有壁龛[8]。龙头山遗址也发现了这类房址。这与老哈河流域常见的用自然石块或土坯垒筑的半地穴和地面式房址有明显区别。

夏家店上层文化的墓葬形制以石块或石板砌筑的石棺为主，除非正式墓地的特殊葬式外，多单人仰身直肢葬，有殉犬习俗。老哈河流域的墓葬，根据规格、葬具形制及随葬品的多少，可分为大型石椁木棺墓，小型石椁木棺墓、石棺墓和木棺墓四种，另外还发现利用废弃房址和灰坑埋葬的现象。西拉木伦河流域除了没有发现大型石椁墓外，其他几种形制的墓葬基本相同。但龙头山遗址发掘中被确认的梯形土坑墓和袋状坑套梯形土坑墓，与老哈河流域常见的长方形土坑墓不同，尤其在袋形坑底部再挖出梯形墓穴的做法（也见关东车遗址），后者从未见报道。在随葬品方面，两地中小型墓多随葬兵器、工具、装饰品，也有少量陶器。但头部置铜盔、腰间配铜剑和剑鞘，并出有铜戈、铜矛、马具的军事首领墓，以往西拉木伦河流域还没有发现过。

通过以上材料的对比，可以认为，老哈河与西拉木伦河两地在基本文化面貌大体一致的情况下，存在地域文化特征的差别。需要指出的是，上述差别既有年代上的参差，亦不排除对比资料不充分造成的某种假象，事实上由于受周邻文化影响强度的不同和文化演进中的自身变异等原因，这种差别也是存在的。哪些是年代上的差别，哪些是地域差别，还有待进一步的考古发现并准确把握同一时间平面上各自区域的特征来证明。

位于老哈河流域以南，越过七老图山至燕山山地之间的滦河上游地区，长期以来田野工作较为薄弱。虽然有研究者把这一地区划定在夏家店上层文化范围内，但对相关遗存文化面貌的概括及性质的界定始终不够明确。这一地区以石构葬具为特点的墓葬以平泉东南沟为代表，在黄窝子山，北大面山以及相去不远的柳树沟共发现100多座[9]。墓葬结构有板岩砌筑的石棺墓，有用不规则石块垒筑的石椁墓，还有在土坑墓穴上铺石板的石盖墓。这类墓葬地表多有封土或积石，一个墓地少则几座，多则三四十座，一般由相邻的几个墓地构成一个墓群。考古调查发现，同类石构墓葬群，还见于滦河红旗伊逊河东，隆化少府石佛口、二道梁，丰宁皮匠沟北大面山、大半截梁、小半截梁、老爷庙梁、二道梁东坡[10]，丰宁土城子镇[11]，围场东宁营子[12]，以及承德市周边地区[13]。在调查中还发现，墓地附近的遗址往往发现有夹砂红褐陶系的鬲、罐、盆等残片。

张忠培先生就如何判定某些遗存是同一考古学文化的类型，抑或是其他考古学文化时曾指出："既不能以其源为标准，又不能以其流为标准，只能视其当时的状况，即看它们自身陶器的基本组合的变异程度。变异程度未超过一考古学文化陶器基本组合的范畴，则是这一文化的一种类型；超出了，当另划分一考古学文化。"[14]实际在判断滦河上游是否纳入夏家店上层文化的分布范围时，首先遵循以陶器鉴别为主的原则是至关重要的。

据报道，在丰宁千佛寺、城根营、胡岔沟、皮匠二道梁、滦平营坊、围场张家湾，平泉排仗子[15]和承德市郊的若干地点[16]，都曾零散发现过陶器。已知器形有双高尖足筒腹鬲、双直领鼓腹鬲、叠唇直领罐、双盆、圈足豆，以及钵、杯等。其中鬲的残片最多，并伴出有锥状实足根和扁平方形耳。虽然这类遗存的陶器多数还仅是凭残片辨识出来的，但就器形和组合而言，完全具有夏家店上层文化陶器群的基本特点，而与相邻的所谓军都类型遗存和大、小凌河流域含曲刃短剑遗存有着明显区别。另外，在这些遗址还采集到有孔锤斧、厚体石斧、双孔半月石刀、骨镞、骨管等一般夏家店上层文化遗址常见的器物。本地区陶器的制作水平不高，夹砂陶中有一定数量的灰陶，像老哈河流域那样颜色纯正光洁的红陶非常少见。有些器形如双侈口盆、四足钵以及部分鬲口沿施附加堆纹的做法，又与老哈河流域有一定区别，但这方面的差距，滦河上游区甚至较西拉木伦河流域要小。

以平泉东南沟为代表的石棺墓遗存，从墓葬形制和出土遗物分析，具有夏家店上层文化特点。可做对比的器物，如三穿式铜戈、平首剑、刀子见于宁城南山根石椁墓[17]，小黑沟 M8501[18]、瓦房中 M791 和天百泉 M7301[19]；铜圆牌饰、铜泡和骨珠见于赤峰夏家店上层墓葬[20]。最近发表的丰宁土城镇东沟道下石棺墓出土的一批铸铜石范和铜器[21]，如直銎空首斧、齿柄刀、桥形纽凹面镜、联珠饰等均为典型的夏家店上层文化器物，其铸造工艺特点更为突出。所以东南沟一类遗存应属夏家店上层文化。

在滦河上游还有另外一种遗存值得关注。代表单位有隆化骆驼梁 M1、M5、M8，滦平苘子沟 M16、M18 和滦平窑上及梨树沟的部分遗存[22]，在以往的研究中也被归于夏家店上层文化。这类遗存拥有的銎柄柱脊直刃剑、兽首曲刃剑和双连圆饼首曲刃剑，是体现与夏家店上层文化联系的几种器物。它们的喇叭状半中空銎柄和波浪形剑身，被认为极有可能是受夏家店上层文化銎柄式短剑向南扩展影响的结果[23]。但它们蝶形或翼形剑格、双连圆饼状剑首以及剑柄上的对称锯齿纹，主要是吸收了来自军都山东周匕首式短剑的成分。其他如蹲距虎形饰牌、双首刀子等，也是这一时期燕山以南军都山类型所流行的。至于这类遗存普遍出现的土坑墓和殉牲习俗更是与夏家店上层文化有很大区别，故应区分为不同的考古学文化类型。从以上分析可以看出，夏家店上层文化存在着地域文化特征的差别。造成这种差异的原因是多方面的，地理分布格局的多样性可能是重要原因之一，但并不是问题的全部。因为已熟练掌握青铜铸造技术、发展稳定且有着很强扩张力的夏家店上层文化已具备了克服某种地理条件对文化束缚的能力，所以还应该从其自身发展进程中去探寻深层的原因。

二、西拉木伦河流域的夏家店上层文化及成因

长期以来西拉木伦河流域的田野工作较为薄弱，20 世纪 80 年代中期以后明显加强。有学者根据该地区夏家店上层文化遗存表现的若干特点，提出将原归于“南山根类型”的这部分遗存划分出来，单独设定一个新类型[24]。这一见解无疑是正确的，但由于资料不充分，讨论不免空泛，对其文化内涵的认识也有不确之处。克什克腾旗龙头山遗址的发掘报道之后，受到学界的普遍关注。结合相关资料，本文将这一地区夏家店上层文化遗存的主要特征归纳如下：

龙头山遗址出土的大量陶器经鉴别的器类有十余种[25]。有些器类包括了多种形式，据统计鬲和钵有 4 种，罐有 8 种，盆、鼎、豆各 2 种。但依出土层位排比，主要器类器形的发展演变并不明显。其中一些器形，如方体罐、筒形罐、假圈足钵、假圈足豆、凹口持柄器等为老哈河流域所罕见。另外，从整体造型来看，鬲和鼎的腹腔普遍较浅，部分鬲的口沿置对称环耳，三款足外撇，凡此种种排除年代因素外，均凸显出地域制陶的特点。

青铜器主要出于墓葬，在翁牛特旗大泡子[26]、巴林右旗大板南山[27]，克什克腾旗龙头山[28]、关东车[29]，通辽希伯营子[30]，均发现有随葬青铜器的墓葬。除龙头山遗址较大型墓葬为石椁木棺外，一般多为小型石棺墓或土坑墓，其中袋形坑套梯形竖穴墓的形制颇具特色，这种形制的墓仅见于该地区。墓中出土的青铜器种类与形制与

宁城南山根、赤峰夏家店等地中小型墓相似，基本组合都是兵器、工具和装饰品，但没有发现中原式的兵器及马具，而素面铜镜和鹿形牌饰也不见于老哈河流域。

生产工具以石器为主，一般在遗址地表多散见有穿孔锤斧、环状器、盘状器、石斧、双孔石刀及磨棒、石球等。这里的石器器形较大，体厚重，制作粗陋，打制石器占较大比重。骨制品中，骨镞的数量最多，形式多样。

最初对夏家店上层文化发展序列及主要器物阶段性变化做出的分期研究，就将林西大井铜矿址和翁牛特大泡子青铜短剑墓等列入早期阶段，并指出其年代约为西周中期前后[31]。龙头山遗址发掘后，根据^{14}C数据和典型器物比较，又将其年代上限推定到不晚于商周之际[32]。一些研究者已经注意到西拉木伦河流域的夏家店上层文化遗址内涵单一，目前报道的该文化早期遗存都发现在这一地区，所以西拉木伦河流域应该是夏家店上层文化最早分布的地区。

关于夏家店上层文化的来源，作者曾通过典型器物直腹腔陶鬲谱系的研究，提出部分源自东部下辽河流域高台山文化的观点[33]。但龙头山遗址早期遗存和大泡子墓均发现的花边口沿鬲，“这究竟是吸收大小凌河流域魏营子文化（类型）因素还是承自当地晚商遗存”[34]一时尚未得其解。

考古发现表明，继夏家店下层文化之后出现的魏营子类型主要见于大、小凌河流域，而努鲁儿虎山以西夏家店上层文化分布区这类遗存则十分稀少。由于龙头山遗址的发掘将夏家店上层文化年代提前到商周之际，事实上已经排除了这一文化对魏营子类型的继承关系。

夏家店上层文化是在夏家店下层文化结束后兴起的。纵观两种文化在西拉木伦河以南有共同的分布，且下层文化多有直接被上层文化所叠压。由于两种文化内涵上的显著区别，大多数学者支持，“夏家店上层文化不是从夏家店下层文化演变而来”的观点[35]。以往认定的夏家店下层文化北界不超过羊肠子河[36]，但最近在西拉木伦河以北查干木伦河的考古调查中有了新发现，找到了有原生堆积的这种文化遗址[37]。据悉，现陈列于巴林右旗博物馆的一件灰陶绳纹鼓腹罐和一件菱形石刀等夏家店下层文化遗物，也是在这里采集的[38]。与夏家店下层文化在西拉木伦以南持续稳定的分布相比，目前在这一区域发现的夏家店下层文化遗存的地点仅为3处，看来其在西拉木伦以北只有小规模的渗透。检视辽西新石器时代多种考古学文化分布的格局，西拉木伦河以北的古文化一直存在着自身发展线索，可以设想在夏家店下层文化分布北界，作为当地筒形罐谱系的延续，还应并存有另一种考古遗存。

2002年作者带领一个课题小组，在对西拉木伦河流域的考古调查中，于巴林右旗的呼特勒、查日斯台、和布特哈达等地点采集到一些夹砂红褐陶系的陶片[39]。这些陶片突出的特点是口沿和领部饰戳印纹和泥条堆纹，有的还在领部饰珍珠纹（即使用钝头工具由器壁内向外顶压在器表形成的乳突状纹饰）或置鸡冠。从口沿残片观察，器形有弧领和直领两种，可能为鬲、罐类陶器。20世纪50年代林西锅撑子山曾采集到一件陶罐，高领、弧腹，口沿与颈腹间饰附加堆纹并排列有密集的珍珠纹[40]。另外，在科尔沁沙地北缘的小白音胡硕[41]、巴林右旗的古日古勒台等地点（巴林右旗博物馆：《巴林右旗古日古勒台新石器时代遗址调查简报》,《内蒙古文物考古》1992 年 1、2 期合刊）也采集过相同器形和纹饰的陶片。这类遗存具有共同的时代特征，据王立新对珍珠纹陶器的研究，以上列举的带领鬲、罐大体是晚商或更早时期在西拉木伦河流域出现的[42]。联系早年在克什克腾旗天宝同[43]、翁牛特旗头牌子[44]发现的殷商青铜容器，看来在高台山文化居民来到之前本地并非如想象的那样完全是空白的。目前这类遗存的文化性质还很难说清楚，但从其文化类型品（主要是花边口沿鬲）的时空分布现象来看，在相邻的大、小凌河流域和松嫩平原的不同文化系统中也几乎同时发生，并均表现出明显的时段特征，这在上述地区青铜时代的发展进程中是很值得关注的。所以西拉木伦河晚商遗存与随之兴起的夏家店上层文化应该存在某种必然的联系。

自翁牛特大泡子出土的一组陶器发表之后，人们已注意到夏家店上层文化与松嫩平原青铜文化的联系。龙头山遗址发掘揭示，第 2 层堆积及开口于此层下的部分单位，突然出现了不少施印直线几何纹样的篦点纹陶片，类似的篦纹陶片还见于林西大井和克什克腾旗关东车遗址。这种采用平行缠绕细绳的片状工具，以刃端在陶器表面施印的纹饰，施纹技法和纹样特点与松嫩平原的白金宝文化基本相同。有所区别的是白金宝文化的纹理较深，纹样繁缛，纹饰覆盖面大。而以龙头山遗址为代表的多数篦纹陶片，纹理较浅，纹样简约，一般仅施纹于陶器的口沿部。关于松嫩平原早期青铜文化的探索，近些年取得了重要进展。据白金宝遗址第三次发掘资料，在该遗址早于白金宝文化的遗存中就已出现篦纹陶器[45]。可见这种施纹技法突出地代表了该地区的一种文化传统。那么篦纹陶在西拉木伦河流域的出现，尤其像翁牛特旗大泡子那种纹样和施纹技法更接近于白金宝文化的陶器（龙头山遗址也见有这样的陶片），就不应仅视为一种文化因素的传递，当暗示有人群的迁徙。

文化因素分析表明，夏家店上层文化早期遗存中含有北方草原青铜文化的成分，如仿皮囊式陶器、施印于陶器上的鹿形或马形纹样、分叉装铤式柳叶铜镞、素面铜镜和大型青铜鹿牌饰等。人种学研究认为，夏家店上层文化居民是含有北亚人种性状特征的东亚人种[46]，而地理位置偏北的龙头山组混有更为显著的北亚人种因素[47]。林先生曾指出，龙头山所见柳叶铜镞独特的装铤方式，其原始形式和铸范均发现于西伯利亚的叶尼塞河和额尔齐斯河[48]。而背面有单纽的素面铜镜和形式多样的动物形青铜牌饰，也是在北方草原地带先流行起来然后向东传输的。至于夏家店上层文化典型的銎柄式短剑，其联铸剑柄和早期的直刃剑身形式，显然吸收了北方系短剑因素，又在以后演进中充分吸收采取了东北系铜剑曲刃剑身而铸就的形制特殊的铜剑。这种铜剑的祖型或许与米努辛斯克盆地流行的卡拉苏克式短剑有谱系关系[49]。由此可以推定，夏家店上层文化之初，西拉木伦河流域受到了周邻地区甚至更为遥远的北方大草原地带青铜文化的影响，它们以某种形式的介入是构成夏家店上层文化的另一重要来源。

总之，从文化结构的多样性来看，夏家店上层文化的形成机制，应该是在本地晚商遗存与来自下辽河流域高台山文化结合的基础上，吸收多种文化因素融会整合的结果。

三、老哈河流域文化重心形成的重构

以往对夏家店上层文化的分期与编年研究，多把南山根 M101 出土的一组中原式青铜器作为断代依据，将老哈河流域的夏家店上层文化定在西周晚至春秋早期。近来有报道这一地区也发现有年代偏早的该文化遗存[50]，但尚需要进一步证实。而曾经被认定年代较晚的敖汉周家地墓葬[51]，也因葬俗有明显区别，是否可以归入夏家店上层文化还有待探讨。事实上老哈河流域夏家店上层文化的重心正是在这一时期形成的。所谓文化重心，是指人口集中、财富汇聚和多层次社会组织的构建等核心要素组成的区域考古学文化表现形式。

据李水城的统计，夏家店上层文化遗址为 293 处，其中绝大部分分布在老哈河流域[52]。按中美赤峰联合考古队的报道，仅赤峰地区调查到含有这一文化陶片的遗址就有 348 处[53]。尽管因工作方法的不同，两种调查结果有很大出入，但仍然可以说明夏家店上层文化遗址数量和人口规模保持了较高的水平。尤其是在阴河、锡伯河和老哈河上游沿岸区域，遗址分布密度并不低于此前的夏家店下层文化。从这一区域遗址分布的格局来看，可划分为南北两群。位于北部偏西的一群，位于赤峰的阴河和锡伯河，遗址主要沿河流成串分布。根据中美联合考古队提供的资料，按单个遗址面积至少可分为三个等级。在阴河南岸"自西南向东北一线分布着 4 处超大型的遗址，面积都在 10 万平方米以上，最大的一处约有 20 万平方米"，为最高级；1 万平方米左右的大多数遗址为次级；面积不足 0.5 万平方米的小型遗址级别最低。如果把赤峰周围的群落看成是一个统一的整体，那么遗址的等级差别，就意味着其组成结构的多层次。理论上讲高级别对低级别具有控制力，即一个超大型遗址对分布于周邻的若干中、小型遗址存在领属关系，而若干个超大型遗址之间又以最大的一处为核心。这样按等级的领属关系逐层内聚，就形成了一种金字塔式的组成结构。考古调查与发掘证明，位于南部老哈河上游的是另一个遗址密集分布群，虽然目前尚不掌握这些遗址的规模及分布的详细数据，但历来在宁城附近屡有大型墓葬发现，作为权力与财富集中体现的高等级大墓仅见于宁城的现象，说明这里在夏家店上层文化整体布局中具有重要地位。

从空间来看赤峰、宁城外围地带的遗址分布较为稀疏，但也不排除并列有若干规模较小的遗址群。这些遗址群同样也有所属的中心，并受制于高等级的群落，由此结成一个有序的控制网络。以上分析表明，这一时期夏家店上层文化形成了多层次的社会组织结构。作为区域考古文化的表现形式，已构成该文化的分布重心（如图一所示）。

从老哈河流域遗址分布密度、规模及文化层堆积厚度来看，反映当时的人口数量和定居化程度都要远高于西拉木伦河流域，这说明夏家店上层文化生产经济有了进一步的发展。有关当时的生产经济情况，可以从以下现象中得到一些了解。首先，夏家店上层文化整体农业生产水平不高，一般遗址仅见有石斧、石刀、磨盘、磨棒等粗放型的农业生产和加工工具。虽然没有发现像夏家店下层文化那样的扁薄石铲，但根据窖穴上遗留的齿状痕迹推测，木制的耒耜可能是当时普遍使用的一种翻耕工具。粗放型的农业，往往与一定规模的集体劳作相联系。在建平水泉遗址发现了储藏粮食的窖穴，三个直径约 2 米的窖穴相距不远，内残存有半米以上的炭化谷物[54]。另外在喀喇沁旗大山前和建平水泉遗址出土的一些大型陶瓮，也与储藏粮食有关[55]。将收获的谷物集中存放，然后再以某种相应的形式分配给各个家庭，说明当时农业生产是集体经营的。其次，据大山前遗址发现的 162 例动物骨骼统计，猪占 59.9%、牛 11.73%、羊 12.96%、狗 12.96%，马和鹿各 2 例[56]；作为对比材料，克什克腾旗关东车遗址经鉴定的 31 个动物个体中，猪占 25%、羊 32.2%、牛 19.2%、狗 16.2%，马和狼各 1 例[57]。前者以家畜饲养的猪为主；后者以适于放养的牛、羊所占比例较高。若参考林西大井遗址发现的鹿、麃、野马、野牛、狼、狐狸、熊等大量野生动物[58]，反映西拉木伦河流域的狩猎经济亦占有较大比重。通过分析比照可以认定，伴随夏家店上层文化的南移，由最初的农、牧、渔猎兼营的多种生产经济方式，逐渐过渡到对土地依赖程度的不断提高，而由于农业生产规模的扩大，则突显出老哈河流域在地域经济形态上发生了重要转变。

迄今在老哈河流域发现的大量制作工艺精美的青铜器，是夏家店上层文化进入繁荣阶段的重要标志，同时也见证了与周邻文化的频繁交往。宁城附近高级大墓随葬的青铜种类繁多，内涵复杂，除去地域特点十分明显的一类青铜器外，其余主要受到两个方面的影响。其一是源自内蒙古长城带所谓北方草原风格的器物，如管銎战斧、兽首刀子、连铸柄兽首短剑、挂缰钩、透雕动物牌饰和一些形制特殊的马衔、马镳等。其中在器物柄部或顶端装饰的立兽造型和以固定手法表现的动物雕像制品，或许来自更为遥远的北方大草原地带。其二是各式曲刃短剑，显然受到大、小凌河流域东北系铜剑的影响。这些异域风格的青铜器，有的是直接或间接的输入品，也不排出一些模仿的产品，而比仿制更为重要的是在吸收借鉴基础上加以改造的一类制品。例如，銎柄式曲刃短剑，就应该是在接触到东北系铜剑之后，对其原有直刃剑身的一种改造。而兽首曲刃剑，则是改进东北系铜剑装柄方式，将之与北方系联铸柄短剑融为一体的另一个例证。凡此种种，说明此时的夏家店上层文化，在与周邻文化频繁交往中所具有的包容性和采取的兼收并蓄机制，对促进其青铜铸造业的迅速提升起到了重要作用。

宁城南山根和小黑石沟大墓出土的不少典型中原式青铜礼器、兵器曾引起学者们的普遍关注，不过论者多把夏家店上层文化考虑成被施加中原文化影响的授受一方，而极少注意这些青铜器是以何种方式或途径获得的。令人迷惑不解的是，这些青铜礼器并非成套出土而是散乱搭配的，并且出自同一墓葬的青铜器年代相去甚远，年代早的可定在商末周初，年代晚的可断在两周之际到春秋早期[59]。所以它们绝不是贵族接受中原礼制的馈赠，而是作为财富被瓜分的战利品。

从时空范畴与周邻文化的关系来看，夏家店上层文化属山戎族。文献史料记载，春秋早期前后活动在燕山北部的山戎族，时有“病燕”“越燕伐齐”的事件发生，说明此时的山戎族十分强盛。从大多数墓葬以兵器为随葬品的事实，可以看出崇尚武备的社会风气。值得注意的是，当时人们已知马的重要性，对骑马和驾驭马车技术的掌握更扩大了空间活动范围。从某种意义上说，这一时期夏家店上层文化与周邻文化的交往，是以军事活动为媒介，以劫掠财富为目的的。

伴随夏家店上层文化向南的扩展，老哈河流域已形成人口密集、财富汇聚的文化重心区。此间，农业生产规模不断扩大，青铜铸造业迅速提升，社会复杂化的进程加快，在与周邻文化的接触中军事活动频繁，正是诸多因素的交织作用促进了夏家店上层文化的发展，使其步入繁荣。

四、夏家店上层文化向滦河上游的游移

本文第一节已经对夏家店上层文化在滦河上游地区的分布进行了确认，那么需要进一步讨论的是该文化是何时进入这一地区的。以平泉东南沟M6出土的一件中原式铜戈断代，其形制为长援平直等宽，援尖作三角锋，援与胡相交呈较小钝角，中胡三穿，属春秋早期。另外同出的铜剑、刀子、铜泡，也可以在老哈河流域相关年代的墓葬中找到铸造形制和纹饰特征十分相近的类比器物。更为重要的是在此类石构墓葬群附近，往往发现有特征明确的夏家店上层文化陶片。从以上分析判断，夏家店上层文化进入滦河上游的时间不会晚于春秋早期。至于此前在延庆西拨子出土的一些与夏家店上层文化相近的类型品[60]，如刀子、直銎斧、匙形饰、泡饰、猎钩等，究竟是受到了北方长城地带不断东渐文化的影响，还是本地区的固有文化成分，由于材料太少一时还难以说清楚。不过杨建华指出，西拨子特有的执耳铜釜和三足圜底铜鼎，却是与夏家店上层文化所使用的陶鬲属于完全不同的炊器系统[61]。由于西拨子窖藏出有饰重环纹的中原式铜鼎残片，可将年代断在西周中、晚期。而目前在该地区尚没有发现明确的相当于这一时期的夏家店上层文化遗存。由此可见，夏家店上层文化向南的游移，应该是在老哈河文化重心确立以后的一个渐进过程，所以这一文化在滦河上游出现的时间可能更晚一些。

从滦河上游考古调查与发掘的情况来看，这一地区的夏家店上层文化遗址规模普遍较小。已发现的墓地少的只有几座，多也不过三四十座，且墓葬出土遗物较少。据郑绍宗先生报道，平泉东南沟两处墓地11座墓葬，有7座无遗物、3座遗物很少，仅1座略为丰富；柳树沟发现的5座石棺墓，有4座遗物甚少或无遗物[62]。最近发表的丰宁土城镇石棺墓资料，也证实了这一点[63]。迄今这里发现的均为中小型墓，尚不见宁城南山根和小黑石沟那样高级大墓。就墓葬形制而言，虽然大多数为石棺墓，但在同一墓地中也发现有土坑墓和土坑石盖墓。特别是墓葬结构比较普遍地采用了封土或积石的做法，这与老哈河流域有明显区别。

正如有学者估计的那样，齐桓公北伐山戎的军事行动，使夏家店上层文化在春秋早期以后明显衰退了。这在遏制其继续向南扩展势头的同时，也使游移至滦河上游的夏家店上层文化处于弱势。然而与老哈河流域原夏家店上层文化分布区有所不同的是，此时在军都山类型的遗存中，仍可以分析出吸收夏家店上层文化并加以改造的銎柄直刃

剑、兽首或双圆饼首曲刃剑[64]。此外，夏家店上层文化很有特点的齿柄刀除在当地被继续使用，甚至传输到整个冀北地区。如果把上述情况看成是夏家店上层文化的孑遗，说明其在滦河上游仍具有一定的影响力。

五、余　论

总结全篇，夏家店上层文化分布区按自然地理形势以水系划分为三个纬度带，其间存在着地域性文化特征差异，这种差异反映的是该文化由北向南分布态势的一个历时过程。北部的西拉木伦河流域为夏家店上层文化早期遗存集中出现的地区，也很可能是发源地。目前有线索可以推测，夏家店上层文化应该是高台山文化之一部分，并吸收本地晚商遗存文化成分而形成的。同时，从松嫩平原甚至更为遥远的北方大草原地带传播的信息包括迁徙的居民，也对这一地区产生了影响。两周之际，已扩展到老哈河流域的夏家店上层文化，农业生产有了进一步发展，随着人口的增加，多层次社会组织体系及等级制度的构建，少数显贵成为财富与权力的拥有者，而获取青铜器成为显示权力、炫耀财富的重要手段。在尚武精神的感召下，以掠夺财富为目的的军事活动频繁，尤其是对处于燕势力范围但又不被其所实际控制地区的“入侵”不断升级。夏家店上层文化在老哈河流域文化重心确立以后继续南下的势头，并没有对滦河上游形成强有力的文化冲击，似乎也没有实现排他性的殖民占领。

夏家店上层文化结束后，其原分布地努鲁儿虎山以西地区遗址非常稀少。据文献记载，在战国燕人到来之前这里是东胡族活动的领地，这就使得把夏家店上层文化认定为东胡遗存的种种说法与考古学的实际发现有很大差距。那么这种活动性很强的人群是否真正占据过这一地区，还是一个谜。不过最近发掘的林西井沟子墓地，为探索东胡遗存提供了重要线索[65]。该墓地位于西拉木伦河北岸，从已清理的58座墓葬来看，随葬的青铜器，如扁茎直刃剑、銎体三翼镞、镂孔铃、变体鸟形饰以及骨镳、弓弭、骨扣饰等，均为北方草原地带青铜文化所多见。值得关注的是，这批墓葬流行殉牲习俗，以个体数所占百分比统计马、牛、羊的出现率非常高。初步认定，井沟子墓地反映的是一种发达的畜牧业文化。据出土遗物的类型学比较并参考^{14}C测定数据，这类遗存的年代为春秋晚至战国早期。另外其墓制、葬俗及部分随葬的陶器、青铜器，还与同期的敖汉铁匠沟A区墓葬[66]，以及以往认定属夏家店上层文化的敖汉周家地墓葬表现出多方面的一致性[67]。所以其时间、地域及突显的畜牧业文化特征，均与文献记载的东胡族相吻合。经人种鉴定，井沟子居民具有的低颅、阔面和面部特别扁平的性状特征，与东胡族系的鲜卑和契丹体质特征非常接近。初步检测成果还认为，井沟子居民与蒙古国中部石板墓文化人群均属西伯利亚人种，他们之间的细小差别仅限于个别测量数据。若从人种学角度考虑，可以设想井沟子居民来自石板墓文化那样的人群。目前虽然尚不能肯定夏家店上层文化的消亡，与这支远距离迁徙而至的畜牧业人群有着直接关系，但它却在本地区不同青铜文化的交替中扮演过重要角色。

注 释

[1] 靳枫毅：《论中国东北地区含曲刃青铜短剑的文化遗存》，《考古学报》1982年4期、1983年1期。
[2] 林沄：《中国东北系铜剑初论》，《考古学报》1980年2期。
[3] 朱永刚：《夏家店上层文化初步研究》，《考古学文化论集（一）》，文物出版社，1987年。
[4] 辽宁省博物馆文物工作队：《辽宁林西县大井古铜矿1976年试掘简报》，《文物资料丛刊（7）》，文物出版社，1983年。
[5] 李延祥、韩汝玢：《林西大井古铜矿冶炼技术及产品特征初探》，《边疆考古研究（第1辑）》，科学出版社，2002年。
[6] 2002年，由吉林大学边疆考古研究中心和内蒙古文物考古研究所联合对西拉木伦河上游调查的资料。
[7] 吉林大学边疆考古研究中心、内蒙古文物考古研究所：《西拉木伦河上游考古调查与试掘》，《内蒙古文物考古》2002年2期。
[8] 吉林大学边疆考古研究中心、内蒙古文物考古研究所：《克什克腾旗关东车遗址考古调查与试掘》，《边疆考古研究（第2辑）》，科学出版社，2004年。
[9] 河北省博物馆、河北省文物管理处：《河北平泉东南沟夏家店上层文化墓葬》，《考古》1977年1期。
[10] 郑绍宗：《中国长城地带石棺墓之研究》，《文物春秋》1993年2期。
[11] 河北省文物研究所：《河北丰宁土城镇石棺墓调查》，《河北省考古文集》，东方出版社，1998年。
[12] 1924年法国人桑志华和德日进在围场东家营子发掘5座石棺墓。资料见于《考古学论丛（二）》，岛田贞彦《考古学すり见左る热河》图30。
[13] 河北省文物研究所：《河北丰宁土城镇石棺墓调查》，《河北省考古文集》，东方出版社，1998年。
[14] 张忠培：《研究考古学文化需要探索的几个问题》，《文物与考古论集》，文物出版社，1987年。
[15] a. 郑绍宗：《有关河北长城区域原始文化类型的讨论》，《考古》1962年12期；b. 河北省文物局文物工作队：《河北承德地区的古文化遗址调查》，《考古》1962年12期。
[16] a. 八幡一郎：《热河省北部の先史时代遗迹及遗物》，《第一次满蒙学术调查团研究报告》第六部，第3编，1940年；b. 河北省文物研究所：《河北承德县考古调查》，《文物春秋》1996年1期。
[17] 辽宁省昭乌达盟文物工作站、中国科学院考古研究所东北队：《宁城南山根的石椁墓》，《考古学报》1973年2期。
[18] 项春松、李义：《宁城小黑石沟石椁墓调查报告》，《文物》1995年5期。
[19] 靳枫毅：《宁城县新发现的夏家店上层文化墓葬及其相关遗物的研究》，《文物资料丛刊（9）》，文物出版社，1987年。
[20] 中国科学院考古研究所内蒙古工作队：《赤峰药王庙、夏家店遗址试掘报告》，《考古学报》1974年1期。
[21] 河北省文物研究所：《河北丰宁土城镇石棺墓调查》，《河北省考古文集》，东方出版社，1998年。
[22] a. 郑绍宗：《中国北方式青铜短剑的分期及形制研究》，《文物》1984年2期；b. 承德地区文物保护管理所等：《河北省滦平县梨树沟门墓群清理简报》，《文物春秋》1994年2期。
[23] 朱永刚：《试论我国北方地区銎柄式柱脊短剑》，《文物》1992年12期。
[24] 靳枫毅：《夏家店上层文化及其族属问题》，《考古学报》1987年2期。
[25] a. 内蒙古自治区文物考古研究所：《克什克腾旗龙头山第一、二次发掘简报》，《考古》1991年8期；b. 齐晓光：《内蒙古克什克腾旗龙头山遗址发掘的主要收获》，《内蒙古东部区考古学文化研究文集》，海洋出版社，1991年。
[26] 贾鸿恩：《翁牛特旗大泡子青铜短剑墓》，《文物》1984年2期。
[27] 董文义：《巴林右旗发现青铜短剑墓》，《内蒙古文物考古》创刊号，1981年。
[28] a. 内蒙古自治区文物考古研究所：《克什克腾旗龙头山第一、二次发掘简报》，《考古》1991年8期；b. 齐晓光：《内蒙古克什克腾旗龙头山遗址发掘的主要收获》，《内蒙古东部区考古学文化研究文集》，海洋出版社，1991年。
[29] 吉林大学边疆考古研究中心、内蒙古文物考古研究所：《克什克腾旗关东车遗址考古调查与试掘》，《边疆考古研究（第2辑）》，科学出版社，2004年。
[30] 候莉敏：《通辽市发现一座青铜剑墓》，《哲里木盟文物通讯》创刊号，1982年。
[31] 朱永刚：《夏家店上层文化初步研究》，《考古学文化论集（一）》，文物出版社，1987年。
[32] a. 内蒙古自治区文物考古研究所：《克什克腾旗龙头山第一、二次发掘简报》，《考古》1991年8期；b. 齐晓光：《内蒙古克什克腾旗龙头山遗址发掘的主要收获》，《内蒙古东部区考古学文化研究文集》，海洋出版

社，1991 年。
[33] 朱永刚 :《论高台山文化及其与辽西青铜文化的关系》,《中国考古学会第八次年会论文集·1991》，文物出版社，1996 年。
[34] 王立新 :《辽西夏至战国时期文化格局与经济形态的演进》,《考古学报》待刊稿。
[35] 刘观民、徐光冀 :《内蒙古东部地区青铜时代两种文化》,《内蒙古文物考古》创刊号，1981 年。
[36] 朱延平 :《夏家店下层文化的社会发展阶段》,《中国北方古代文化国际学术研讨会论文集》，中国文史出版社，1995 年。
[37] 朱永刚 :《查干木伦河流域古遗址文化类型及相关问题》,《考古与文物》待刊稿。
[38] 笔者观察到的这 2 件遗物，分别出自巴林右旗的和布特哈达和呼特勒。
[39] 朱永刚 :《查干木伦河流域古遗址文化类型及相关问题》,《考古与文物》待刊稿。
[40] 内蒙古自治区文化局文物工作组 :《内蒙古自治区发现的细石器文化遗址》,《考古学报》1957 年 1 期。
[41] 李甸甫、朱声显 :《科尔沁右翼中旗呼林河沿岸原始文化遗存》,《文物资料丛刊（7）》，文物出版社，1983 年。
[42] 王立新 :《中国东北地区所见的珍珠纹陶器》,《边疆考古研究（第 2 辑）》，科学出版社，2003 年。
[43] 克什克腾旗文化馆 :《辽宁克什克腾旗天宝同发现商代铜器》,《考古》1977 年 5 期。
[44] 苏赫 :《从昭盟发现的大型青铜器试论北方的早期青铜文明》,《内蒙古文物考古》1982 年 2 期。
[45] 黑龙江省文物考古研究所、吉林大学历史系考古专业 :《黑龙江肇源白金宝遗址 1986 年发掘简报》,《北方文物》1997 年 4 期。
[46] 朱泓 :《夏家店上层文化居民的种族类型及其相关问题》,《辽海文物学刊》1989 年 1 期。
[47] 陈山 :《克什克腾旗龙头山青铜时代居民的人类学研究》，吉林大学硕士学位论文，1995 年。
[48] 林沄 :《东胡与山戎的考古学探索》,《环渤海考古国际学术讨论会论文集》，知识出版社，1996 年。
[49] 朱永刚 :《试论我国北方地区銎柄式柱脊短剑》,《文物》1992 年 12 期。
[50] 王立新、齐晓光 :《龙头山遗址的几个问题》,《北方文物》2002 年 1 期。
[51] 中国社会科学院考古所内蒙古队 :《内蒙古敖汉旗周家地墓地发掘简报》,《考古》1984 年 5 期。
[52] 李水城 :《西拉木伦河流域古文化变迁及人地关系》,《边疆考古研究（第 1 辑）》，科学出版社，2002 年。
[53] 中美赤峰联合考古队 :《内蒙古赤峰地区区域性考古调查阶段性报告（1999～2001）》,《边疆考古研究（第 1 辑）》，科学出版社，2002 年。
[54] 辽宁省博物馆、朝阳市博物馆 :《建平水泉遗址发掘简报》,《辽海文物学刊》1986 年 2 期。
[55] 内蒙古喀喇沁旗大山前遗址 1998 年发掘资料。
[56] 王立新 :《辽西夏至战国时期文化格局与经济形态的演进》,《考古学报》待刊稿。
[57] 吉林大学边疆考古研究中心、内蒙古文物考古研究所 :《克什克腾旗关东车遗址考古调查与试掘》,《边疆考古研究（第 2 辑）》，科学出版社，2003 年。
[58] 辽宁省博物馆文物工作队 :《辽宁林西县大井古铜矿 1976 年试掘简报》,《文物资料丛刊（7）》，文物出版社，1983 年。
[59] 项春松、李义 :《宁城小黑石沟石椁墓调查报告》,《文物》1995 年 5 期。
[60] 北京市文管处 :《北京市延庆县西拨子村窖藏铜器》,《考古》1979 年 3 期。
[61] 杨建华 :《冀北周代青铜文化初探》,《中原文物》2000 年 5 期。
[62] 郑绍宗 :《中国长城地带石棺墓之研究》,《文物春秋》1993 年 2 期。
[63] 河北省文物研究所 :《河北丰宁土城镇石棺墓调查》,《河北省考古文集》，东方出版社，1998 年。
[64] 郑绍宗 :《中国北方式青铜短剑的分期及形制研究》,《文物》1984 年 2 期。
[65] 吉林大学边疆考古研究中心、内蒙古文物考古研究所 :《2002 年内蒙古林西县井沟子遗址西区墓葬发掘纪要》,《考古与文物》2004 年 1 期。
[66] 邵国田 :《敖汉旗铁匠沟战国墓地调查简报》,《内蒙古文物考古》1992 年 1、2 期合刊。
[67] 中国社会科学院考古所内蒙古队 :《内蒙古敖汉旗周家地墓地发掘简报》,《考古》1984 年 5 期。

（原载吉林大学边疆考古研究中心：
《庆祝张忠培先生八十岁论文集》，科学出版社，2014 年）

辽西区夏至战国时期文化格局与经济形态的演进

王立新

本文所说的辽西区，依照张忠培先生的界定，“是指医巫闾山以西，北至西拉木伦河两侧，包括西拉木伦河、老哈河、大凌河、小凌河及它们的支流地区”[1]。区内以东北西南走向的努鲁儿虎山为界，可分为东、西两个相对独立的地理单元。西区地貌以山地丘陵为主，海拔多在500～1500米。年平均气温，北端阿鲁科尔沁旗大致在5.5℃，南端宁城县为7.3℃，西端的克什克腾旗为2.4℃。年平均降水量在300～400毫米，基本属中温带大陆性季风气候[2]。东区地貌多为平川和低矮的丘陵，海拔50～700米[3]。在气候上，北部的年平均气温和降水量与西区大致相当，中、南部由于邻近渤海，气候较西区相对温暖和湿润。就目前认识，辽西区作为一个相对独立的文化区，大致形成于距今8000年前后的兴隆洼文化阶段。至青铜时代，该区本身相对稳定的结构不断受到冲击，文化格局和经济类型相继发生了不同程度的变化。本文即拟在以往该区域夏至战国时期古文化的分期、编年与谱系研究的基础上，探索区域内文化格局的演进与经济形态的转变，并试图对这些变化背后的原因做出合理的推测。

一、文化格局的演进

通过对区域内诸考古学文化的分布、特征、年代与成分构成的具体分析，可将该区域文化格局的演进过程分为夏至早商、晚商—春秋中、春秋晚—战国中、战国晚四个阶段。

夏至早商时期，辽西区可确定的只有一种文化，即夏家店下层文化。在相当长时间内，学者们都是将燕山以南西起壶流河流域、东至京津唐地区的同期古文化划归夏家店下层文化。自20世纪90年代初，随着大坨头文化命名的提出和材料的日渐丰富，人们逐渐认识到，燕山南北的这两种遗存是有渊源又并行发展、性质不同的考古学文化。

从调查掌握的资料来看，夏家店下层文化分布较密集的区域是在老哈河中上游、教来河上游、大小凌河及其支流地区。其范围北至西拉木伦河两岸，南到渤海之滨，东西大致以七老图山和医巫闾山为界，西南不逾燕山山脉。经试掘或发掘的遗址已超过 30 处，墓葬近千座。在这广阔区域内，文化面貌达到了高度的一致性。遗址所见陶器以夹砂或泥质灰陶为主，褐陶、黑陶其次。流行绳纹或弦断绳纹。尊形鬲、无腰鬲甗、罐形鼎、尊、中口深腹罐、双鋬深弧腹盆、大口鼓腹瓮、浅盘高柄豆等器类数量多，分布面广，且大都存在自身较完整的演变序列，从而构成了一个特征鲜明的稳定的陶器组合，区别于周邻同时期的其他考古学文化。墓葬随葬陶器以鬲、罐为基本组合，且多施复杂的彩绘纹饰，是为专门明器，风格亦独树一帜。依据最新资料，该文化可分为前后相继的 5 段，其中 2～5 段大体相当于二里头文化一期至二里冈下层或稍晚，1 段略早于二里头一期，可至龙山期之末[4]。据已公布的碳测数据，可将这一文化的绝对年代大致估计在距今 4000～3400 年。

以往关于辽西区夏家店下层文化的渊源，不少学者曾进行过探讨。主要看法可归为两类，一类认为该文化具有黄河流域龙山文化的浓厚作风，可归为中原系统或它的一个地方变种[5]；另一类主张该文化的主体因素源自辽西区红山、小河沿文化，同时也吸收有中原龙山期文化因素[6]。夏家店下层文化中确有一组因素系源自当地的红山文化与小河沿文化。如陶器中颇为流行的尊及钵形鼎、浅腹平底盆、浅盘高柄豆等均可在后两种文化中找到前身。此外，大甸子和丰下遗址所见玉器与红山文化玉器、夏家店下层文化陶器的彩绘作风与小河沿文化彩绘陶之间，也都存在不容忽视的联系。但不能借此只强调该文化植根于当地新石器时代晚期文化的一面。实际上，在该文化的形成过程中，来自后冈二期文化的包括夹砂深腹罐、无腰鬲甗、深腹双鋬盆等为代表的因素（占陶器群总体的 30% 左右）的冲击，对当地红山、小河沿文化起到了重要的作用。从此，以鬲、甗类空三足器为代表的文化取代了当地传承数千年的筒形罐文化，这是一次质的飞跃[7]。从这一意义上说，夏鼐先生提出的夏家店下层文化是“中原龙山文化的变种”的说法，是有一定道理的。后冈二期文化的年代下限一般认为是公元前 2100 年前后，这与我们估计的夏家店下层文化的上限年代基本衔接。由于两支文化地域相隔较远，被夏家店下层文化所继承的该文化的因素又是大量的，所以，这种现象只能理解为后冈二期文化居民远距离迁徙的结果。大甸子墓地人种研究的成果表明，该墓地居民在种族上不是单一的，而是存在两个类型、三个分组。其中第一类型（第一分组）的居民“可能与中原地区居民的关系具有更直接的联系”[8]。这与我们的研究结果基本相符。当然，在夏家店下层文化的居民中，有可能正像大甸子墓地的材料所提示的那样，来自中原的居民在比例上要低于当地的原住居民，但这丝毫不会影响他们在夏家店下层文化形成过程中所扮演的角色的重要性。

夏家店下层文化与周邻地区甚至相距更远的考古学文化都存在一定的联系[9]，关系最为密切的自然要数燕山以南的大坨头文化。正如大家都已注意到的那样，后者典型的鼓腹鬲、折肩鬲、簋等在前者的陶器群中屡有所见，而前者最具特色的尊、尊形鬲等也频见于后者。并且，这种相互之间的联系在中晚期还有不断加强的趋势。可以说，这两支考古学文化在某种程度上已构成了一个层次更高的“亲缘文化区”。

医巫闾山以东的高台山文化与夏家店下层文化也存在较为密切的联系。朱永刚先生在论述此问题时说："前期，夏家店下层文化对下辽河区的影响起了决定性的作用，主要表现在高台山文化演化过程中对袋足三足器制作工艺的借鉴与吸收；后期，以高台山文化向西的扩展为主。这一时期的夏家店下层文化红褐陶系增多，绳纹衰退，而在随葬陶器和丧葬习俗方面反映的渗透现象尤为明显。"[10]

夏家店下层文化中所见饰蛇状或棱状堆纹的鬲、甗，以往就有学者指出这是由内蒙古中南部同期文化东向传播的结果[11]。不仅如此，夏家店下层文化所见罐、鬲等器物口沿带鋬纽或花边堆纹的作风，也属朱开沟文化因素。这些因素大致也是从中期之后逐渐增多。目前所见两地之间的关系，主要是一种文化因素自西向东的单向流动，其中的蛇纹鬲等，甚至通过夏家店下层文化远播到蒙古国东部与外贝加尔地区[12]。据冯恩学研究，辽西区至少从富河文化阶段就已经与外贝加尔地区之间发生了联系[13]。所以，夏家店下层文化阶段出现的鄂尔多斯—辽西—外贝加尔这样一个文化传播带，是以新石器时代三地之间的文化联系为基础的。

夏家店下层文化还吸收了来自地域上并不毗邻的二里头文化、先商文化、岳石文化和前白金堡文化的少量因素。若从早期北方系青铜器的传播角度看，夏家店下层文化甚至与相隔万里之遥的安德罗诺沃文化之间也存在着间接的联系[14]。

值得注意的是，那些来自南面和东面的文化因素在地域上一般多见于夏家店下层文化的偏东区域，而来自北面和西面的文化因素则多发现于偏西区域。加之在其他方面所呈现的一些区域性差异，已可将该文化以努鲁儿虎山和教来河下游为界区分为东西两个类型。

尽管这一时期努鲁儿虎山东西两侧的文化呈现了些许差异，但整体的文化面貌是颇为一致的。在文化格局上可视为单一文化的时期。

晚商至春秋中期，辽西区努鲁儿虎山东西两侧的文化开始明显分化。以东地区，继夏家店下层文化之后兴起了魏营子文化，随后又被凌河文化的早期所取代；以西地区后来成为夏家店上层文化的主要分布区。这一时期又可划分为前后两个阶段：晚商至西周中期、西周晚期至春秋中期。

前一阶段主要包括魏营子文化和夏家店上层文化的早期。

魏营子文化遗存从20世纪70年代初已陆续有所发现，并逐渐引起人们的注意。1987年，郭大顺先生发表《试论魏营子类型》一文，详细概括了这种遗存的内涵与特征，并明确指出这是一种年代上介于夏家店下层文化与曲刃青铜短剑所代表的文化之间的一种新的文化类型[15]。20世纪90年代初，有学者开始将其改称魏营子文化[16]。

根据以往提供的较明确的资料，魏营子文化主要分布于大、小凌河流域。目前发表的属于该文化的遗存大多是调查和清理的材料，而经正式发掘的遗址不多，只有阜新平顶山[17]、义县向阳岭[18]、兴城仙灵寺[19]等几处。该文化陶器以夹砂红褐陶为主，素面陶所占比例较大，陶器纹饰多见绳纹，纹痕浅细而乱，且常在饰纹后再打磨掉。器类有鬲、甗、钵、盆、罐、瓮、豆，鬲的数量最多，多数陶鬲的口部还装饰指压附加堆纹条带（多称花边鬲），是最富代表性的器物。

董新林曾以义县向阳岭遗址的发掘资料为基础，将魏营子文化分为二期 4 段，并将其年代上限估计在殷墟二期前后，下限估计在两周之际[20]。在对该文化年代下限的认识上，显然与郭大顺先生最初所说的西周早期相差很大。究其原因，主要是董新林主张喀左和尚沟 B、C、D 地点的墓葬与 A 地点墓葬实际同属一个墓地，自当归属同一个文化。我们认为，郭大顺先生当初未将和尚沟 B、C、D 地点墓葬归入魏营子文化，现在看仍是颇有道理的。但对该文化的下限年代，却赞同卜箕大所提出的西周中期前后的看法[21]。

虽然资料并不丰富，却仍可看出魏营子文化复杂，源头颇多。正如郭大顺先生强调的那样，魏营子文化陶质、陶色方面的特点与夏家店下层文化（应主要是东区）晚期红褐陶比例增加、绳纹退化的趋势是明显有承接关系的。从器形上看，喀左后坟水井中出土的筒腹鬲、侈口鼓腹罐、敞口钵（原简报图一 7、13、8、10、18）等都可视为夏家店下层文化同类器的延续[22]。但该类器物所占的比例却并不大。

花边鬲是魏营子文化中最引人注目的器类，这类风格的器物至少在晚商时期已伴随着北方系青铜器而广布于中国北方的长城地带[23]。已知内蒙古中南部的朱开沟文化是该类陶鬲最早出现并逐渐流行的文化。但具体到魏营子文化中的陶鬲究竟是由哪一支文化直接传播而来？是否所有花边鬲均是由外地传入？目前仍无法确切回答。有迹象表明，义县向阳岭遗址中有一种颈部饰附加堆纹的“花边鬲”，高颈，体形颇瘦长。遗址中共存与此种陶鬲上部形态极其相似的陶罐[24]，所以，“花边鬲”很可能是由一种陶罐加以改制而创造出来的。高台山文化中有一种颈部饰附加堆纹的陶壶，从形态上看像是上述陶罐的前身[25]。另外，前面归为夏家店下层文化的喀左后坟出土的筒形鬲，口部装饰附加堆纹花边。可见，魏营子文化中的花边鬲的来源并不单一。除了在“花边”风格上的一致外，难以笼统地认为都是自西而来的因素。

也有人详述了魏营子文化与高台山文化的关系，认为魏营子文化中的直腹鬲（如平顶山 H113：2；后坟图一，5）、矮领壶、外叠唇盆和圈足钵等，从形态上明显与高台山文化相类，可能是高台山文化南进的一支[26]。需要补充的是，魏营子文化中带鋬耳或贯耳的盆、素面的甗（如平顶山 88H303：4、88 采：08、88H201：2、88H201：4）等，亦当为继承高台山文化的因素。

以往发现于大、小凌河流域的北方系青铜器与青铜礼器窖藏，现在看来可以归属于魏营子文化。

不仅因为已发现了魏营子文化陶器与这些青铜器共生的例子[27]，更主要的是迄今为止在该区域所辨识出来的年代相当的遗存只有魏营子文化一种。从这组青铜器看，北方系的环首刀、短剑、啄戈、管銎战斧等，大都是沿长城地带由西而来的因素；青铜礼器多是商末周初的典型中原式样，而窖藏本身的年代则基本在周初。这些珍贵的器物很可能是周初封燕之后，魏营子文化的高层居民通过某种手段直接或间接从燕国得到的。魏营子遗址木椁墓的形制和在椁外填灰膏泥的做法[28]，都与中原贵族墓极其相似，较高级的墓葬中有的还随葬中原式的礼器与车马器，说明他们在祭祀和丧葬等方面是仿效中原贵族的。但同时也应注意到，魏营子文化青铜器中还存在类似喀左小波汰沟出土青铜器盖那样的“具有浓厚地方特色的产品”[29]。

此外，朝阳等地曾出土过年代相当于白家庄期或稍晚阶段的锥足鼎、平底爵等青铜礼器[30]，它们的性质是属魏营子文化，还是属夏家店下层文化，目前尚无法确定。

努鲁儿虎山以西地区，在赤峰西牛波罗[31]、克什克腾旗天宝同[32]、翁牛特旗头牌子[33]都曾出土过晚商青铜礼器，其中头牌子出土一甗二鼎的年代还可早到殷墟早期。与此年代相当的陶器遗存很少，目前仅知在宁城西门外[34]、克什克腾旗天宝同等地有一些线索。在后一处遗址采集的陶片中见有饰附加堆纹花边的陶鬲口沿和饰绳纹抹平的（鬲）足，接近于魏营子文化同类器特征。但其中一件口沿残片上有横耳，这一现象却不见于目前所知的魏营子文化陶器之中。搞清这类遗存的面貌和性质，是将来工作的一个重点。

以往不少学者将努鲁儿虎山以东大、小凌河流域含曲刃青铜短剑的遗存归入夏家店上层文化，并将其作为该文化的一个地方类型，称为“凌河类型”[35]或“十二台营子类型”[36]。林沄先生很早就曾指出，努鲁儿虎山以东地区的遗存不宜归入夏家店上层文化[37]。随后，朱永刚、翟德芳先生也相继发表了类似观点[38]。从目前的调查和发掘资料来看，夏家店上层文化的主要分布区北至西拉木伦河，南抵承德、平泉一线，西至克什克腾旗，东达努鲁儿虎山东麓。

最近，我们以克什克腾旗龙头山遗址的分期为基础，将目前所见的夏家店上层文化遗存归纳为四个阶段。其中以龙头山遗址Ⅱ区第3层及第3层下开口遗迹为代表的第一期，遵从发掘者的意见估计年代不晚于商周之际，或可早至晚商。以敖汉旗周家地M45为代表的第四期，年代大致可估定在春秋中期前后，而以南山根M101为代表的第三期，以往就有较充分的证据确定为西周晚期至春秋早期。这样，夏家店上层文化的早期（第一、二期）应与魏营子文化并行[39]。

目前夏家店上层文化第一期遗存仅见于龙头山遗址[40]，第二期遗存较多见于西拉木伦河流域，老哈河流域及努鲁儿虎山东麓很少发现，说明正如从前有人估计的那样，夏家店上层文化很可能是最早形成于西拉木伦河流域，而后才逐渐向南扩展[41]。从这些早期阶段的遗存看，流行素面的夹砂红褐陶，器表装饰横鋬耳和竖桥耳等风格与下辽河流域的高台山文化十分接近，典型的筒腹鬲、无腰鬲、素面甗及部分形态的罐、盆、钵、壶等，也都能在高台山文化中找到形制上的直接前身。所以朱永刚先生几年前曾指出，夏家店上层文化的主体应当就是来源于高台山文化[42]。除此之外，又有两类因素也比较惹人注目。一是在龙头山、大泡子遗址[43]都发现有口沿装饰花边的陶鬲，这究竟是吸收大、小凌河流域魏营子文化的因素，还是继承自当地晚商期遗存？ 由于材料甚少，一时难以明了。二是来自北方地区的文化因素，包括仿桦树皮筒形罐、仿皮囊式陶器、分叉装铤式柳叶铜镞、素面铜镜、大型铜鹿牌饰等。其中有些成分，如装饰篦点几何纹和动物纹的仿皮囊器等，可能是直接来自松嫩平原的白金宝文化。另外，夏家店上层文化最具代表性的青铜器——銎柄式短剑，也有学者提出是受卡拉苏克文化的影响而创制出来的[44]。

人种学研究表明，夏家店上层文化居民是含有北亚人种性状特征的东亚人种[45]。与下辽河流域高台山文化居民的体质特征非常接近[46]。这就为考古学的分析提供了重要证据。据陈山研究，地理位置偏北的龙头山组夏家店上层文化人骨混有更为显著的北亚人种因素[47]。这是否说明，来自下辽河流域的居民可能与北亚人种或北亚人种成分较强的人群有了更多的接触？如果是这样，那么夏家店上层文化早期遗存中掺入的北方地区文化因素便可得到较合理的解释。

以上分析表明，至少从商末周初开始，努鲁儿虎山东西两侧的文化就走上了一条不同的发展轨道。以东的魏营子文化与以西的夏家店上层文化，并不像以往认为的那样具有前后承继关系，而是各有自身的起源与发展过程，文化面貌亦有本质的不同。西周晚期至春秋中期，努鲁儿虎山以东新兴以曲刃青铜短剑为重要特征的凌河文化，以西的夏家店上层文化则发展到了鼎盛阶段。近年，随着新资料的增多，越来越多的学者认识到，大、小凌河流域的凌河类型遗存确与夏家店上层文化有若干鲜明的区别，应是一支独立的考古学文化，甚至可以径称为凌河文化[48]。

年代相当于西周晚期到春秋中期的凌河文化遗存资料并不丰富，主要包括喀左和尚沟 B、C、D 地点墓葬[49]、锦西乌金塘墓[50]、朝阳十二台营子 M1 和 M2[51]、朝阳袁台子 M1[52]、喀左南沟门石椁墓[53]、锦西邰集屯小荒地古城 H10[54]等，大致相当于朱永刚先生所分大、小凌河流域含曲刃青铜短剑遗存的第 1、2 段[55]，其中喀左和尚沟 B、C、D 地点墓葬，学者主张归入魏营子类型，这种看法的证据仍不充分，在资料较少的情况下，宁可暂信曲刃青铜短剑及伴随遗物的出现是该地区文化的一次重大变化。还有，这一时期高级别墓葬采用石椁墓，陶器多为手制素面夹砂红褐陶等特点，皆有别于魏营子文化。从文化因素看，这类遗存中至少可析为四组：第一组包括圈足钵、敛口钵[56]、大口罐（图一，5、2、3）等，此类因素上承本地魏营子文化同类器。第二组以短茎式曲刃短剑、双鋬筒腹罐（图一，1）等为代表，可能起源于辽东地区。第三组以抹斜口沿的叠唇双鋬盆、侈口鼓腹罐（图一，6、4）等为代表，均为素面夹砂红褐陶，风格同于夏家店上层文化，应是吸收后者的文化因素。郭治中先生曾经指出，朝阳十二台营子墓出土青铜器上所见的蛇纹、犬纹、人面纹等应与夏家店上层文化相关[57]。第四组系以青铜戈、双翼有铤式铜镞为代表的来自中原系统的文化。此外，墓葬中还有多纽铜镜、扇刃铜斧、铜牌、挂缰钩、铜泡、长条形马镳、铃形饰等器类，其上多饰特色鲜明的几何形纹饰。这些文化因素有些起源于北方草原地区，但此时多少都已形成了自身特点，当然也不排除有些就是自己独创的可能。在几组外来的文化因素中，源自辽东地区的文化因素最为重要。努鲁儿虎山以东地区魏营子文化的消亡和凌河文化的兴起，在相当程度上就是起因于这种因素的流入。

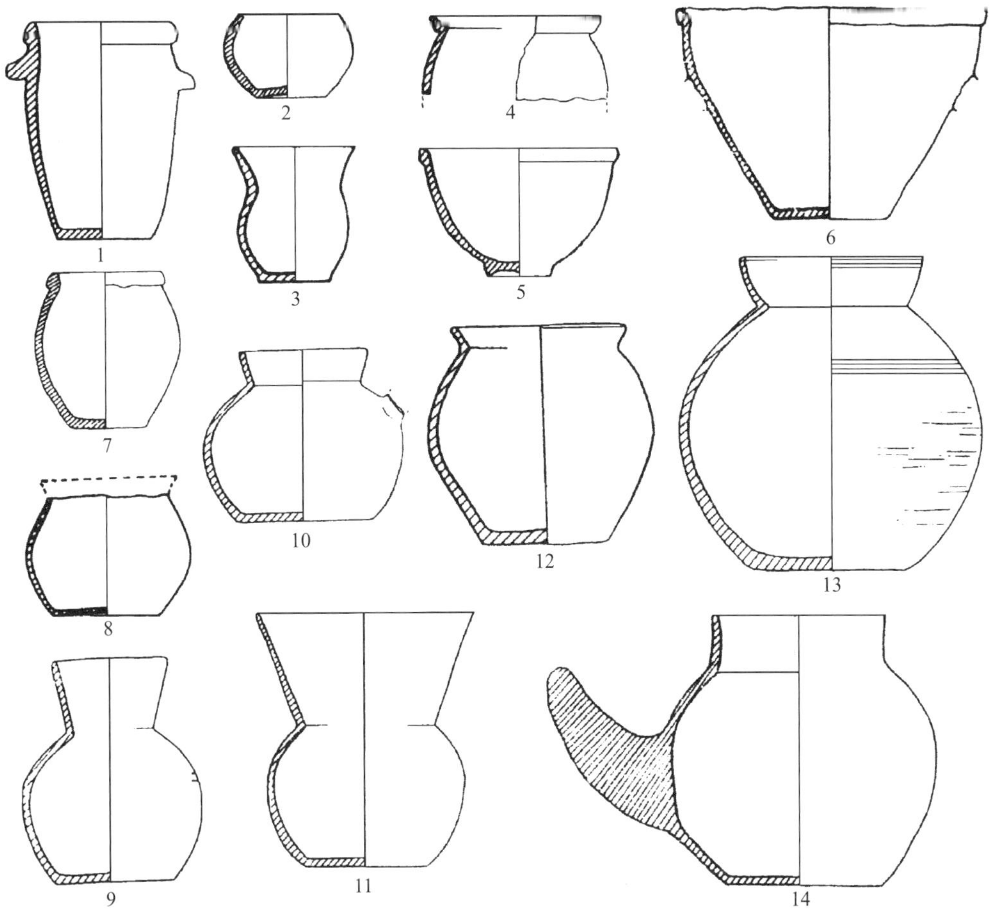

图一　凌河文化陶器

1. 双鋬筒腹罐（朝阳袁台子 M1：2） 2. 敛口钵（朝阳东岭岗 M1） 3、11. 大口罐（喀左南沟门石椁墓、敖汉水泉 M45：1） 4、8、12. 侈口鼓腹罐（锦西小荒地古城 H10：4、喀左南洞沟石椁墓、敖汉水泉 M45：1） 5. 圈足钵（朝阳袁台子 M1：1） 6. 双鋬盆（锦西小荒地古城 H10：2） 7. 叠唇鼓腹罐（敖汉水泉 M69：2） 9. 长颈壶（敖汉水泉 M105：1） 10、14. 角把罐（敖汉水泉 M100：1、喀左果木树营子墓） 13. 凹沿鼓腹罐（敖汉水泉 M29：1）（1～6. 早期　7～14. 晚期）

夏家店上层文化晚期（第三、四期），该文化的分布重心南移，老哈河中上游及其支流地区成为遗址分布最为密集的地区。而且宁城南山根、小黑石沟两个地点发现贵族墓，暗示了这一带可能存在着一个权力与财富高度集中的中心性聚落[58]。与早期相比，这一时期夏家店上层文化所吸收的外来文化因素主要是青铜器，且大都出土于贵族墓之中。

与内蒙古长城地带及以北的草原地区相似的文化，从种类、数量上远超早期阶段，如柄身连铸的短剑、兽首刀、管銎斧、挂缰钩、动物牌饰、形制特殊的马衔和马镳等都可视为北方草原样式。但应注意的是，有些源自北方草原地区的文化因素已与其他文化融为一体，形成了夏家店上层文化的自身文化风格。

正如学者注意的那样，宁城一带的大墓出土了不少典型的中原式青铜礼器和兵器，但同一墓中所出青铜礼器不仅年代早晚相差甚大，且毫无形成固定搭配的迹象。所以，与其将这种现象解释为这里的贵族从礼制上认同中原，倒不如将其看作是一种战利品或财富的炫耀。

夏家店上层文化墓葬中所见的各式曲刃短剑显然是受凌河文化影响的结果，有些直接接受了凌河文化青铜短剑的典型式样，有些则将其他形态短剑的刃部改造成曲刃，如銎柄式和兽首式曲刃短剑即是如此。

在青铜器方面，夏家店上层文化在大量吸收外来文化因素的同时，也产生了一批独具特色的器类，如双耳鬲、钵形鼎、联体罐、联体豆、祖柄勺等，其中不少是仿自当地陶器的式样。有趣的是，墓葬中真正盛有食物和佐料的是上述这些“土著”式样的青铜容器[59]。

夏家店上层文化因素的向外流布，目前只见于大、小凌河流域和冀北山地一带。从文化因素的双向交流角度，仅能看到它与辽西区内的凌河文化存在较密切的关系。

纵观晚商至春秋中期前后辽西区的总体文化格局，尽管努鲁儿虎山东西两侧的文化始终不乏彼此交流的例证，但至少从商末周初开始，两区的文化就已出现了质的区别。所以，这一时期可概括为文化的东西分异时期。

春秋晚期至战国中期，辽西区的文化格局呈现了更为复杂的形势。目前能够辨识出来的遗存，至少已有四种：凌河文化（晚期）、水泉文化、凌源五道河子遗存和敖汉铁匠沟遗存。

凌河文化晚期遗存，以往见诸报道的有喀左南洞沟[60]、老爷庙果木树营子[61]、凌源河汤沟、北票何家沟[62]、凌源三官甸子[63]、锦西寺儿堡[64]、建平二十家子[65]等，多是墓葬及零星发现的青铜短剑等遗物，遗址材料也仅有锦西部集屯小荒地古城一个地点[66]。而新近公布的敖汉水泉墓地的南区墓葬[67]（包括北区的M50、M55），是目前所见最丰富和系统的一批资料。

从出土遗物来看，此期较常见的泥质或夹砂侈口鼓腹罐、大口罐（图一，8、12、11）当继早期的同类器发展而来，长颈壶、泥质凹沿鼓腹罐（图一，9、13）和贯耳壶（喀左老爷庙果木树营子）等则明显具有辽东区同类器的风格，表明来自辽东方向的文化因素依然活跃。此期新见的角把罐（图一，10、14）形式独特，郭治中先生认为它是泥质侈口鼓腹罐的衍生器种。形体瘦小的夹砂叠唇鼓腹罐（图一，7）也是水泉文化中的常见器类，叠唇和唇缘内侧抹斜的特点，与凌河文化早期所见夏家店上层文化的双鋬盆、侈口鼓腹罐的口部特征比较接近。此期文化中来自中原的文化因素仍占一席之地，凌源三官甸子墓葬旁边安置殉马坑的习俗无疑习自中原，一些较高级别的贵族墓中还出土有中原式的青铜容器（如三官甸子鼎、南洞沟簋）。

凌河文化在发展过程中，也在不断向外传播它的影响，最明显的是针对努鲁儿虎山以西以北地区。作为该文化典型陶器的大口罐，甚至远播到西拉木伦河之北（详后）。在燕文化全面到达之后，凌河文化的一部分与之逐渐相融，而另一部分则向东流布。林沄先生曾就曲刃短剑的分布态势有类似说法[68]，今本溪上堡遗址发现的儿座石棺墓[69]，所出曲刃短剑与叠唇罐从形制上看明显属凌河文化同类器的延续，年代据伴出的燕式泥质陶器判断，已入战国晚期。

以1995年发掘的敖汉旗水泉墓地命名的水泉文化以该墓地北区墓葬（不包括M50、M55）为代表，是西拉木伦河流域夏家店上层文化之后至战国燕文化到来之前，具有地域特色的考古学文化之一。性质与之相同的遗存包括敖汉山湾子部分墓葬[70]、赤峰松山区初头朗镇部分战国墓[71]等，宁城三座店[72]、喀喇沁旗西府[73]和大山前[74]也曾收集到属于该文化的遗物。据此可知其分布范围当在努鲁儿虎山以西地区，部分地段可至此山东麓。该文化墓葬所出典型器类主要包括双耳罐、单耳罐、叠唇鼓腹罐（图二，1～6），三种器物的共同特征是夹砂红褐陶的质地与厚厚的叠唇。其他还有少量单把杯、高领鼓腹罐（图二，7～9）和长颈壶等，其中部分带耳罐和叠唇鼓腹罐唇缘内侧抹斜的特点以及高领鼓腹罐的斜直领，体现了与本地此前的夏家店上层文化的联系。但由于缺乏遗址材料，对该文化整体面貌及其形成过程的了解一时还难以深入。郭治中先生曾推断，水泉文化中最富特征的带耳陶罐，其耳部特征与长城地带中段流行的带耳陶器一致。问题是这些带耳陶器的母体即叠唇鼓腹罐究竟是先产生于凌河文化而西传，还是诞生于努鲁儿虎山以西再向东播散，还是一个尚待解开的谜。不过，水泉文化与凌河文化存在密切的联系却是不容忽视的事实。从水泉墓地南区墓葬打破北区墓葬并结合墓葬年代的推断看，凌河文化在其最后阶段还曾一度北上，占据一部分原属水泉文化的分布范围。

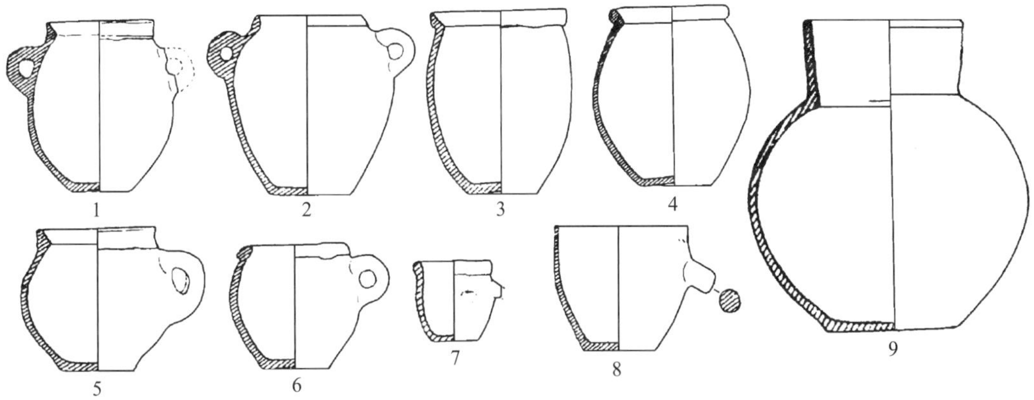

图二　水泉文化陶器

1、2. 双耳罐（敖汉水泉M79∶1、敖汉水泉M73∶1） 3、4. 叠唇鼓腹罐（敖汉水泉M76∶1、敖汉水泉M8∶1） 5、6. 单耳罐（敖汉水泉M7∶2、敖汉水泉M36∶3） 7、8. 单把杯（敖汉水泉M3∶2、敖汉水泉M22∶2） 9. 高领鼓腹罐（敖汉山湾子）

最新的人种学研究结果显示，水泉墓地居民（南北区墓葬未分开鉴定）的颅面部特征基本接近蒙古人种的东亚类型，而在诸古代对比组中，又与辽西区夏家店上层文化合并组、大甸子全组等人骨材料的种系特征相近[75]，说明他们与此前当地的居民仍有血缘关系。

凌源五道河子遗存，目前仅见五道河子墓地一处，共清理 11 座墓[76]。该墓地位于青龙河上游右岸，属努鲁儿虎山南段东麓。从出土的铜戈看，墓葬的年代大致应在战国早期偏晚[77]。有学者认为其性质应划归以冀北山地为分布中心的“山戎文化”，并可作为该文化晚期的代表性遗存[78]。实际上，从已报道的资料看，这批遗存不宜归属辽西及其邻近地区目前所知的任何一种文化。首先，这批墓葬的形制与葬俗相当独特，墓穴一般前宽后窄，平面呈梯形，有的设二层台，墓底铺有一层桦树皮。已有学者指出，这种墓制和葬俗与一般曲刃短剑墓明显有别，却与年代较晚的完工、扎赉诺尔等被认定为东胡族系的鲜卑墓葬有相当的一致性[79]。其次，出土遗物中未见陶器，而以青铜兵器、工具、车马具、装饰品、乐器等为组合。从成分构成上看，墓中所出长援长胡三穿戈、扁茎无格式柳叶形长身铜剑、圆茎直刃铜剑、蟠螭纹铜纽钟等无疑应属中原文化系统，而马形铜饰牌、牛形金饰牌、联珠状铜饰、三角形或人形铜坠饰等又具北方草原地区的风格。此外，墓中出土的 3 件当卢（M1）与喀左南洞沟石椁墓出土的鳐鱼形当卢在造型和纹饰上非常接近，但未见凌河文化最富特征的曲刃青铜短剑、扇刃铜斧及装饰发达几何形纹饰的饰件等，显示了与凌河文化在整体面貌上泾渭分明。墓中还出土了 4 件圆首扁圆茎直刃短剑，风格与张家口白庙[80]、宣化小白阳[81]、滦平梨树沟门[82]等地所见同类器十分接近，当系地域邻近而受后者影响的结果，但总体上与冀北山地东周遗存的差别显著。我们认为，在这类遗存中，特殊的葬俗及铜马饰牌等因素很可能属早期形成的“本体因素”，而所含中原文化、冀北山地东周遗存、凌河文化的因素，很可能是其进入辽西山地之后，在与周邻文化的接触中吸收、融合的成分，属“非本体因素”。有迹象表明，这种遗存的根系不在辽西本地，加强对这种遗存的工作并仔细地搜集鉴定人骨，将是一项有意义的课题。

1992 年报道的敖汉旗铁匠沟墓地 A 区的 3 座墓葬，文化面貌也比较独特，遗存的年代在夏家店上层文化之后至战国燕文化到达之前的“春秋末至战国初”[83]。墓中所出弹簧形耳环、铃形饰、夹砂罐的直领等反映出与夏家店上层文化具有一定的承袭关系；涡纹铜饰、卷云纹铜饰、虎形饰、连锁“之”字纹带饰等在长城地带中区同期遗存中则是非常流行的饰件。需要说明的是，墓中所出的夹砂侈口鼓腹罐（M2：1）和短颈壶（M2：2）等可能是受凌河文化或水泉文化影响的因素，但同时却未见后二者最具代表性的带耳罐或叠唇鼓腹罐等器类。尤为重要的是，墓中所出 7 件野猪形饰牌是辽西区的首次发现，颇有特色，所以我们主张暂时将其作为一种单独的遗存来看待。至于其文化面貌与最终的性质归属，有待进一步探索。

此外，西拉木伦河之北的林西井沟子墓葬也颇值得注意。简报认为属夏家店上层文化[84]，郭治中先生已指出其判断有误[85]。此墓共出 3 件陶器，其中Ⅱ式罐形制非常接近敖汉铁匠沟罐（M2：1），Ⅲ式罐与水泉墓地南区所出凌河文化晚期大口罐特征一致，卷云纹铜饰亦与铁匠沟同类器相同。由于仅此一墓，虽可大致断为战国时期，但具体年代和文化性质尚难下断语。

以上几种遗存，年代较明确的大多在春秋晚期至战国早期，以水泉墓地南区为代表的凌河文化的最晚阶段，年代的下限不晚于战国中期。众所周知，自燕将秦开北却东胡之后，燕国在包括辽西地区在内的广大东北方地区设郡置县，并修筑长城，这些地区正式纳入燕国版图。但北击东胡的年代却不甚确定，一般认为是公元前4世纪末至公元前3世纪初，即战国中晚期之交。辽西区目前发现的燕文化或燕文化作风比较浓厚的遗存的年代，绝大多数在这一时间之后，但也有少量例外。一是喀左眉眼沟1975年清理的两座瓮棺葬[86]。从发表的红陶盆（瓮M1：1）形制看，确如简报作者所说，与北京怀柔东周墓Ⅱ式盆形制相近，年代当在战国早期，不会晚于战国中期。而陈光女士在燕墓日用陶器的分期序列中，甚至将这两个瓮棺葬的年代断在春秋战国之际[87]。另一处是朝阳袁台子墓地[88]，资料未正式公布。据介绍，墓葬可分两期，年代大致为战国早、中期。有些墓中手制的夹砂罐与燕式的鼎、豆、壶等共出。已发表的一件属于第二期的盖豆，郑君雷将其年代断为战国中期偏早前后[89]。辽西区以外，沈阳热闹街墓也是一个颇为重要的墓葬[90]。该墓在郑君雷的墓葬分期体系中也断为战国中期偏早。以上现象表明，燕国北却东胡之前，很可能燕文化的陶器及葬俗等就已影响到了包括辽西在内的东北南部地区，其中不排除有些墓葬的主人就是来自燕地的移民的可能。

可见，自夏家店上层文化消亡之后，原属该文化分布区的努鲁儿虎山东麓以西地区，文化面貌出现了错综复杂的局面，目前可判别的至少已有水泉文化、铁匠沟墓葬、五道河子墓葬三种遗存，它们虽然年代相当，但彼此的来源、性质互不相同。而以东地区，凌河文化虽仍在延续，但从战国早期前后开始，燕文化可能就已穿插其间。所以，春秋晚期至战国中期，辽西地区的文化较之此前的东西分异时期更为复杂，呈现出一种多元文化并存的局面。

战国晚期，燕文化随着燕国势力的北进而广布于辽西区。自燕北长城以南，文化面貌重新展示了较大的一致性。目前经调查和发掘的遗址既有郡县治所，又有军事性质的边障堡垒，还有一般性的村落。从这些遗址中所出战国燕文化遗存看，来自燕文化的成分几乎占绝大多数，从生产工具、生活用具到建筑构件等，大多是典型的燕文化式样。但也曾发现少量的“非燕文化因素”。试举两例说明：一例是喀喇沁旗大山前第Ⅰ地点。在战国晚期，是一座小型的军事堡垒，围墙中发现若干战国时期的房址，其中一座（F37）居住面上发现了典型燕式的夹蚌红陶盆、泥质灰陶盆等与一组夹砂褐陶器共存的现象。后者的可辨器形有双鋬罐、侈口鼓腹罐（图三，1、2）等。其他战国墓中还出有带耳罐、叠唇鼓腹罐等，也是夹砂褐陶[91]，其中有些遗物的风格明显接近于水泉文化的同类器，或许就是自水泉文化承袭而来。这种现象的存在说明了一个重要的问题，即燕国北击东胡之后，并未将这里的原住居民驱赶殆尽。燕国是否对当地不同的人群采取了不同措施，是需要探索的问题。

努鲁儿虎山以东的锦西部集屯小荒地古城，战国燕文化的地层或灰坑之中共存有少量非燕式陶器，如C型盆，实际是一种夹砂红褐陶侈口鼓腹罐（图三，4），明显是由凌河文化继承而来。这一时期的少量墓葬中也存在燕式陶器与非燕式陶器共出的现象。敖汉旗乌兰宝拉格 1995 年发掘的 M8 属战国晚期，墓中与燕式仿铜陶鼎、盘、匜等共出的夹砂叠唇鼓腹罐和泥质侈口鼓腹罐（图三，5、8）[92]，可能就是凌河文化同类器的遗留。

以往研究凌河文化时常提到的喀左园林处墓葬[93]，很可能是燕国占领辽西地区后的土著遗存。该墓出土的青铜短剑未发表，但从文字叙述可知非东北系的曲刃剑。鼎是仿燕式陶鼎，盆和Ⅰ、Ⅱ式壶（图三，9、11）具有与梨树沟门墓地同类器相同的风格。尤为重要的是，此墓还出有燕地战国墓曾经见过的长条形小石板[94]。墓中两件夹砂罐（图三，6）系凌河文化叠唇鼓腹罐的后继形式。综合考虑，该墓的主人也可能是来自冀北山地一带的受燕文化影响较深的移民。

此外，喀左眉眼沟 M1 和赤峰红山区发掘的一座战国墓中[95]，与燕式仿铜陶礼器伴出的都有一种罐形鬲（图三，3、7、10），相似的器物在冀北山地屡有发现。因此可

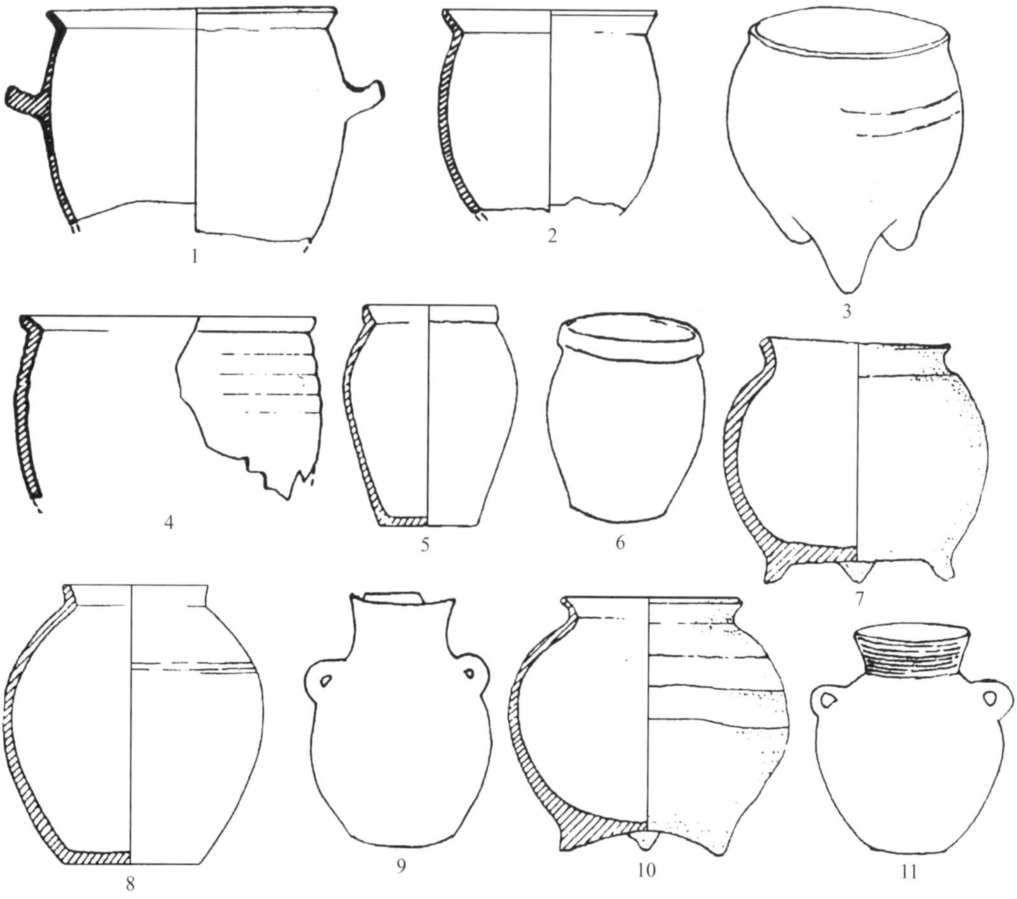

图三　辽西区战国燕文化中的“非燕文化因素”

1. 双錾罐（喀喇沁旗大山前 F37：6） 2、4、8. 侈口鼓腹罐（喀喇沁旗大山前 F37：5、锦西小荒地古城 H4：1、敖汉乌兰宝拉格 95ASWM8：5） 3、7、10. 罐形鬲（赤峰红山区榆树林子墓、喀左眉眼沟 M1：2、喀左眉眼沟 M1：1） 5、6. 叠唇鼓腹罐（敖汉乌兰宝拉格 95ASWM8：3、喀左园林处墓） 9、11. 壶（喀左园林处墓）

以产生这样一个设想：燕国占领辽西地区后，除容留一部分当地土著之外，可能将部分早先占领区（如冀北山地）内的居民迁移到新占区，当然，这种迁移也许是一种自发的行为。战国晚期辽西地区燕墓中所见冀北山地东周遗存的文化因素，很可能即是由这些移民携带而来的。

总体上看，自从辽西区（至少是大部分）被纳入燕国版图之后，虽然当地的土著因素仍有保留，并随外来的移民又携入一些非燕文化因素，但文化面貌整体上趋向一致。这一时期可称为文化的再次整合时期，而这次整合，是以燕国大规模的军事扩张为前提的。

以上讨论，揭示了辽西区夏至战国时期文化格局演进的大致过程，即由单一文化时期而逐渐过渡到文化的东西分异时期，多元文化的并行时期，最后又在强有力的政治行为的左右下，再次走向整合。其间每一种新文化的出现乃至每一次文化格局的改变，大致都起因于外来文化的强劲冲击，从而促使当地考古学文化相对稳定的结构发生了质变。其中根本的动因自当是人群的穿插流动，而且该区域在被燕国统一之前，这种人群的穿插流动有着越演越烈的趋势。

二、经济形态的发展

近年的考古研究对古代的经济形态给予了更多的关注。长城东段的辽西地区历史上曾长期处于农业文化与游牧文化交互作用的地带，传统认为，这一地区大致以东胡的出现为标志，与长城地带的其他地区一起，步入了游牧经济阶段。但实际上，这一地区游牧文化的出现时间、形成机制在相当大程度上还是一个未知数。就现有资料，系统分析该区域内夏至战国时期不同阶段、不同文化的经济形态及总体的发展过程，可能会有助于上述问题的解决。夏至早商时期的夏家店下层文化已公认是较发达的农业文化，主要体现在以下方面。

第一，夏家店下层文化的遗址不仅分布十分密集，且其中的坡岗型和平地土丘型遗址多有文化层堆积，不少地点的堆积还很厚，有的甚至深6米以上，遗迹遗物也十分丰富。说明这些遗址大都经历了较长时期的定居活动。

第二，几乎每个经过较大规模发掘的遗址，都出土大批与农业生产相关的石质生产工具。其中磨制石器最为常见，占70%左右。在所有石质生产工具中，有肩石铲是数量最多的一种，据赤峰药王庙[96]、南山根[97]、北票丰下[98]等几个地点的统计情况看，约占磨制石器总数的三分之一以上。这种工具体甚轻薄，刃多向一侧倾斜，捆柄后便于松土锄草，是主要的中耕工具。其次是打制的亚腰石锄，一般认为这是一种掘土工具。但这类石器多数体形厚重，刃部很钝或干脆没有刃部，很难入土翻地，所以也可能作为一种砍砸工具，或用于破碎土块。其他如可用于砍伐的厚体石斧、用于收割的三棱形或长条形石刀以及加工谷物的石磨盘与石磨棒等亦有一定数量。可见，该文化石质生产工具中很难确认出类似赵宝沟文化和红山文化尖头石耜那样的掘土工具。

实际上，当时的主要翻土工具可能并非石质的。近年我们在喀喇沁旗大山前遗址的发掘中注意到，有不少夏家店下层文化灰坑的坑壁上遗留有一种齿状工具的痕迹，其中有些明显可以辨认出是一种双齿的工具，齿距一般7～12厘米，很可能就是中原地区流行的掘土工具——耒。所以，当时农业生产中耒或许已取代了石质的耜而成为主要的翻耕工具。此外，少量形状规整的灰坑坑壁上也留有铲类工具的痕迹，但经过仔细观察，发现使用铲类工具的目的主要是将这些坑的坑壁修整光滑[99]。如果考虑到大量木质工具的存在，则夏家店下层文化农业生产工具的种类就已相当齐全了。从砍伐的斧类工具，到翻耕的耒、破碎土块的锄，再到中耕的铲和收割用的石刀及谷物加工工具，应有尽有。种类的多样化和形制的定型化说明农具的使用已有了明确的分工，同时也表明该文化属于一种精耕细作的农业类型。

第三，已发掘的不少遗址中都曾发现谷物的痕迹，如赤峰四分地东山咀遗址出土的陶甗内似现代黄米的炭化谷粒[100]，敖汉旗大甸子墓地有的墓随葬陶罐中盛有谷子[101]。我们在大山前遗址的发掘中，在一些祭祀坑和灰土层里也发现了不少炭化谷物[102]。从北票丰下等遗址出土谷物的鉴定看，品种主要为稷和粟。

从以上三个方面可以看出，农业在夏家店下层文化居民的经济生活中占据重要的地位。

夏家店下层文化遗址几乎都出土大量的动物骨骼，家畜的种类主要有猪、牛、羊、狗，此外还有极少量野生的鹿科动物和兔等。大山前遗址1996～1997年出土的夏家店下层文化动物骨骼已进行了鉴定。在2145块可鉴定标本中，猪所占的比例最大，达48.2%，其次是牛、羊、狗，分别占24.3%、15.3%和10.9%。此外还有20例马和几例鹿科的狍、麂等。所发现的马尚不能确定是家马还是野马[103]。从某种意义上说，猪是与人争食的动物，所以，养猪业的规模应是以农业的发展为基础的。夏家店下层文化居民饲养动物中猪所占的比例，也从一个侧面反映了当时农业的发展程度。牛和羊所占比例合计达40%，说明畜牧业是当时居民肉食品的主要来源，在经济生活中占有较重要的地位。从各个遗址所出野生动物骨骼极少的现象看，狩猎在经济生活中可以说是无足轻重的。另外，大甸子墓地中较盛行以猪、狗殉葬的习俗，主要反映了一种农业居民的行为。由此可见，夏家店下层文化的经济形态确实是以农业经济为主，并以畜牧业作为重要的辅助性手段。

相当于晚商至西周中期的魏营子文化，能反映经济形态的资料较少。从现有资料可知，这也是一种定居性的文化，在义县向阳岭和阜新平顶山等遗址都发现了堆积有一定厚度的居住址。石质生产工具中有可用于砍伐的斧、锤斧，用于收割的长条形和半月形石刀及石锄等，但缺乏中耕用的石铲。单从石质农具的种类与数量看，魏营子文化的农业类型较之此前的夏家店下层文化明显落后，很可能是缺乏中耕的一种粗放式农业。见于报道的动物骨骼只有少数墓葬中的殉牲，如喀左和尚沟A地点M3殉葬的猪前腿[104]，高家洞M1填土中发现的两个羊头[105]。由此可见，魏营子文化很可能是一种由不发达农业所支持的定居文化，也存在养猪和畜牧业成分。但各自所占比重如何，则需要在以后的工作中着力解决。不过，这一时期墓中殉羊的现象虽只发现1例，但与此前相比，却很可能是一个重要变化。因为夏家店下层文化虽然养羊，但在已报道的大量殉牲实例中却绝不见以羊殉葬的现象。另外，魏营子文化还发现少量青铜马具与车具，说明当时已开始饲养马匹并用于驾车，但是否普遍尚不得而知。

继魏营子文化之后兴起的凌河文化，能够反映经济形态的资料不多。这一文化的居住址迄今只在锦西部集屯小荒地和义县向阳岭两个地点做过发掘，在小荒地战国文化层之下发现凌河文化堆积层，并清理过一个灰坑。该遗址北半部的一座山城，推测属这一时期[106]。在义县向阳岭遗址还清理到一座房址[107]。看来，凌河文化的居民应是定居而非牧民。

凌河文化的石质农具仅发现石斧、锤斧及半月形石刀，未见中耕工具，特征与魏营子文化十分相似。但是，这一时期的墓葬中流行用铜斧随葬的现象却应引起注意。铜斧既可作为手工工具，也可作为砍伐工具。

饲养动物目前只能通过墓中的殉牲现象做初步了解。在凌河文化早期阶段，喀左和尚沟B地点M6的壁龛中殉葬牛头一具。晚期阶段的凌源三官甸子一座大型墓葬的旁边有殉马坑；水泉墓地南区的部分墓葬发现用猪、牛、狗的头、蹄或下颌殉葬的现象，其中以猪最多。殉牲中强调对猪的选择，反映了农业民族的心理特点。但这一时期殉牲的种类又扩及牛和马，很可能从侧面反映了畜牧业在当时已占据了重要的地位。凌河文化中发现的青铜马具和车具，从种类和数量上远超魏营子文化阶段，可说明养马和用马在这一时期已比较普遍。此外，朝阳十二台营子M1出土的铜鱼钩和石网坠，显示了捕鱼是经济生活中的一项内容。喀左南洞沟出土的造型生动的鳐鱼形当卢和节约，也说明生活在这里的人们对鱼类是非常熟悉的。

努鲁儿虎山以西地区，年代相当于魏营子文化早期的遗存分布零星。近年在赤峰南部松山区与喀喇沁旗境内展开的大规模调查，未发现此时期的遗址[108]，其经济形态有待研究。

有关夏家店上层文化的经济形态，以往学术界颇有争议。且往往与该文化族属的推断联系在一起。相信该文化族属为东胡的学者多认为它以畜牧业为主，甚至认为是游牧。而相信该文化族属是山戎的学者，一般则认为是农业文化，并兼营畜牧。究其原因，缺少详细的实物资料将不可避免地影响到对该文化经济形态的判断。

从调查和发掘资料看，夏家店上层文化在努鲁儿虎山以西各个时期的遗址分布相对比较密集。在老哈河中上游地区，其分布密度甚至接近夏家店下层文化。但这个文化的遗址有一个共同特点，即遗址中大多缺乏文化层堆积，往往只分布着较稀疏的遗迹，只在少数遗址的局部地段存在文化层相叠压的现象。出土陶器中生活用具的种类比较齐全，且颇多大型盛贮器，说明这也是一种定居性的文化。遗址中的人口密度或遗址使用年限不及夏家店下层文化。

夏家店上层文化出土石质农具的组合种类与魏营子文化和凌河文化基本相同，主要是石斧、锤斧、半月形或椭圆形石刀，缺乏中耕用的石铲。石质农具之外，相当多的夏家店上层文化灰坑坑壁留有齿状工具的痕迹，有些是双齿工具，这一点与夏家店下层文化相似，说明当时大量的挖土工具应是木质的耒耜。较高级别的墓葬中普遍随葬铜斧，其中小黑石沟 1985 年发掘的石椁墓一墓就出 22 件[109]。此外，遗址中见有极少量的骨铲，南山根 M101 中还出土 1 件铜锄[110]。可见，夏家店上层文化是一种相对粗放的农业类型。

克什克腾旗龙头山和喀喇沁旗大山前夏家店上层文化的祭祀坑中都保存有炭化谷物的痕迹，建平水泉中层的一个“窖穴”（T103J1）中残存的炭化谷物甚至深达 0.64 米，经鉴定有粟和稷[111]。以谷物作为祭品无疑应属农业居民的行为，表明农业仍是其经济生活的主要来源。

不少夏家店上层文化遗址中出土动物骨骼，家畜有猪、狗、马、牛、羊，可能还有鸡（如夏家店），猪最多。野生动物以林西大井铜矿遗址出土的一批最为集中，有鹿、麃、野马、野牛、狼、狍、狐、兔、熊、野鸡等[112]，其他遗址较少见，可能和大井遗址的性质非一般性居民点有关。最近大山前 1996～1997 年夏家店上层文化中期或稍晚阶段遗址出土的动物骨骼已鉴定，在 162 块标本中，猪占 59.9%，其次是狗、羊、牛，分别占 12.96%、12.96%、11.73%，其他只有马和马鹿各 2 例[113]，说明这一时期的家畜饲养并不发达，牛、羊所占的比例甚至不如夏家店下层文化高。另从殉牲情况看，夏家店上层文化绝大多数地点发现的墓葬都未见殉牲的实例，只有属该文化偏晚阶段的敖汉旗周家地墓地发现有殉葬狗、牛、马头以及马蹄的现象，殉牲特点有别于同时期的努鲁儿虎山以东的凌河文化，也非自身固有的习俗，故推测很可能是该文化晚期受来自北方或长城地带其他文化的影响而形成的一种葬俗。从对殉牲种类的选择上看，适宜于放养的马和牛受到了重视，而猪至少已非必殉之物了。这也许从一个侧面反映了夏家店上层文化的晚期畜牧业开始在人们的经济生活中占据重要的地位。

总之，夏家店上层文化是一种不甚发达的农业经济所支持的定居性文化，并兼营畜牧业。在这一文化的晚期，畜牧业比重有所增加，但并不发达，更非游牧。至于夏家店上层文化之后在其原来的分布区内所新出现的几种遗存，由于各方面的发现都很少，只能就有限的资料做大致的推测。

水泉文化目前仅发现几处墓地，遗存分布稀疏，未见居住遗迹与生产工具的报道。北区墓葬有殉牛、猪、狗头骨、蹄或下颌的现象，以猪最多。各墓殉牲的种类和数量不等，殉牲墓约占墓葬总数的三分之一。殉牲特征与凌河文化基本一致，经济形态也当与其相似。

敖汉铁匠沟遗存，从其出土的各种青铜饰件与冀北山地、内蒙古中南部地区同期遗存所具有的相似风格看，经济形态至少也不是发达的农业经济。报道者说：“铁匠沟墓地出土的野猪形、鸟纹等铜饰件，反映了山地森林民族狩猎业的文化特征。”不失为一种合理的推测。

凌源五道河子遗存，最突出的特征莫过于以桦树皮为葬具，以大量的马牙为殉、流行马形牌饰，反映了当时人们意识深处对桦树皮与马的重视和眷顾。毫无疑问，这与农业居民的精神截然不同，很可能是目前最适合判断为游牧民族的一种遗存。考虑到努鲁儿虎山东麓以西同时期遗存分布极为稀疏的现象，可以认为那里有足够的地域供古人纵横驰骋，从一定意义上说，他们最有可能是曾一度南下，而后又被远驱漠北的古族东胡。

战国晚期的燕文化无疑是农业定居文化，上至郡县治所，下至一般性村落遗址，都有较厚的文化堆积。与此前相比，生产工具因铁器的引入而发生了质的变化，大量的镢、锄、铲、犁等铁农具的使用，基本淘汰了木、石农具，从而推动了农业生产的发展。这一时期长城和大大小小的城堡的建设，自然是以发达的农业经济为基础的。遗址中出土动物骨骼比较丰富。大山前1996～1997年发掘区出土动物骨骼的可鉴定标本共1351块，以猪骨最多，占46.1%，其次是牛、狗、羊，分别占19.8%、16.9%、14.4%，马很少，只占2.5%，显然是一种依附于农业生产的家畜饲养业形态。野生动物有獾、麅各2例，马鹿与熊各1例，表明狩猎在经济结构中比例甚微。

纵观辽西地区夏至战国时期古文化的经济形态便会发现，自夏家店下层文化较发达的农业文化解体之后，努鲁儿虎山东西两侧相继出现了以欠发达农业经济所支持的定居文化。从殉牲现象看，大小凌河流域的魏营子文化和后继的凌河文化，反映畜牧经济的羊、马、牛有逐渐受到重视的趋势。努鲁儿虎山东麓以西地区，夏家店上层文化的晚期似乎畜牧业成分也存在增大的倾向。但这些依然是依附于农业的一种畜牧业形态。至春秋战国之际，与辽西地区多元文化并行格局相应，出现了不同特征的经济类型并存的局面。大、小凌河流域的凌河文化晚期，经济形态同于此前。而在努鲁儿虎山东麓以西的原夏家店上层文化分布区内，新出现的几种遗存的经济形态明显有别，既有与凌河文化和夏家店上层文化晚期相近的类型（水泉文化），又有反映“山地森林民族狩猎业”特点的类型（铁匠沟遗存），甚至还可能出现了游牧业（五道河子遗存），其中后者显然是不同于此前的新型经济形态。战国晚期，伴随燕国势力的北扩，辽西地区出现了一种较之夏家店下层文化更为发达的农业经济。总体上看，辽西地区夏至战国时期经济形态的演进，大体存在两种情况：同种经济类型中的渐变和不同经济类型之间的突变。

下面探讨经济形态演进的内在机制。近年对甘青和内蒙古中南部地区青铜文化的研究，都得出一个相似的认识，即环境的变化是该地区由农业转向畜牧业甚至游牧业的主要原因[114]。那么，辽西地区夏至战国时期所发生的经济形态的转变是否也具有同样的控制因素呢？

环境变迁的众多研究实例表明，在距今4000年前后（相当于夏代早期），中国北方有一个气温和降水量快速下降的阶段。有的研究者做过推算，这一时期年平均温度比现今低1～20℃，持续时间约为200年，若与此前的高温期气候相比，年平均气温下降3～10℃[115]。通过对贝壳堤等海岸线指示物的研究，也发现在距今4000～3800年渤海有一个明显的低海面时期，显示气候干凉[116]。可见这是一次十分剧烈的气候变化。不过，古土壤和孢粉研究表明，这一时期辽西地区的气候仍相对比较湿润。翁牛特旗四道杖房剖面的第 5 层，^{14}C 测定年代为距今 4040 年 ±85 年，理化分析表明，这层古土壤是在较现今更为湿润的环境中形成的。该层孢粉以草本的蒿属、藜科为主，应属草原植被。吉林大安叉干沙丘剖面，^{14}C 测定年代为距今 3920 年 ±150 年，理化分析结果也显示气候较为湿润[117]。所以，距今 4000 年前后北方气候虽普遍转向干冷并存在一个低温期，但辽西及邻近地区的气候仍相对比较湿润。

夏代中晚期至早商阶段（距今 3800～3400 年），目前已有三个地点文化堆积中的孢粉资料，其中敖汉旗大甸子墓葬中的两个样品分别出自 M14 和 M16 的填土，共发现 96 粒孢粉，种类分属油松、椤、云杉、蔷薇和菊科植物，其中油松花粉占孢粉总数的 69%，反映了当时墓地附近的植被状况[118]。1983 年又从该墓地 7 座墓葬内取样，其中 M1117：5 样品发掘时既知是罐内盛放的谷物。M1123：2 和 M1241：2 陶罐内的样品统计出大量的松的孢粉（85.5%～99.4%），M1145：2 则以沼生或水生植物香蒲占绝对优势（81.8%）。这 3 件样品比例异常，暗示了这些陶罐或许在置入墓葬之前已有盛装物。该地点另外 3 例样品则分析出少量孢粉，计有松、云杉、栗、禾本科、蒿、麻黄、豆科和水龙骨[119]。第二个地点是敖汉旗喇嘛洞山遗址，取自一座夏家店下层文化灰坑（年代为距今 3600 年左右）的 5 块土样，孢粉以草本植物花粉为主，占 72.5%，蕨类植物和木本植物花粉各占 20.8% 和 6.7%[120]。第三个地点是喀喇沁旗大山前遗址，在分属夏家店下层文化中期或稍晚阶段的 8 个单位中取土样 13 块。从样品所含孢粉分析，木本植物花粉平均占 36.35%，其中松、冷杉、云杉等针叶植物花粉数量较多，约占 28.38%，桦、栎、胡桃、榆、椴、栗属等阔叶植物占 7.66%，灌木及草本植物占 57.14%，禾本科和耐旱的蒿、藜孢粉所占比例较高，分别为 25.9%、21.12%、7.58% 左右，还有少量麻黄、榛、紫菀、菊科、蓼、伞形科、杜鹃科、十字花科、唐松草、莎草科等，蕨类及藻类植物孢粉很少，占 3.35%，种类有石松、卷柏、水龙骨、膜蕨科、真蕨纲等[121]。

以上三个地点的孢粉统计结果显示出一定差异，这些差异有的可能是由微环境或堆积形成季节的不同造成的，如大甸子两座墓葬填土样品油松孢粉比例很高，可能和墓地附近生有松林有关；喇嘛洞山灰坑样品中蕨类植物石松与卷柏的孢粉比例偏高，或许因其地处山麓。而有些比例异常的现象则可能是人为造成的，如大甸子墓葬几例陶罐中的样品即是如此。总体考虑，大山前遗址孢粉样品数量较多，且多出自遗址中的不同单位甚至不同地点，其统计结果相对来说可信度较大。以大山前遗址的孢粉统计为基点并兼顾其他两个地点，可认为当时努鲁儿虎山以西的区域是属于针阔叶混交林草原植被，反映气候温暖较湿，属暖温带气候类型。另外，遗址中发现的野生动物有斑鹿（药王庙）、狍、鹿和兔等，也与上面推测的气候状态相适应。

以往几处重要遗址的发掘表明，夏家店下层文化的房屋建筑存在一个由早期的半地穴式逐渐向地面式过渡的现象，或许就和夏代中晚期气候由冷转温的变化有关。

晚商至西周早期阶段（距今 3400～2900 年），目前仅有三例自然层中的环境资料，均位于努鲁儿虎山以西地区。一是浑善达克沙地东端的达来诺尔湖岸剖面，据该剖面显示的湖相层来看，距今 3400 年前湖面要比今日广阔得多。距今 3400～3300 年，湖面缩小，湖滨发育的地层为泥炭层夹风沙透镜体，表明这一时期气候波动频繁，风沙活动加强[122]。二是翁牛特旗苞米营沙坨剖面，碳测年代为距今 3280 年 ±85 年。孢粉中“木本植物花粉最多只占孢粉总数的 18.4%，种类非常单调，只见到针叶树松属，灌木及草本植物花粉最高占孢粉含量的 80.3%，其中藜科含量最高，达 71.7%，其次为蒿属，最高 35.7%，另外还有个别的禾本科、草属等”。三是林西县半拉山高阶地剖面，碳测年代为距今 3035 年 ±85 年，孢粉以草本植物蒿属、藜科占绝对优势[123]。综合分析可知，这一时期气候较以前变得相对干燥，风沙活动也随之加强。

西周中期至春秋中期（距今 2900～2500 年），适值夏家店上层文化中晚期阶段。孔昭宸等先生曾公布一例采自敖汉周家地墓地的孢粉资料[124]，并据此推测夏家店上层文化时期气候温干。其实，这例采自死者腹中的孢粉资料是否能够客观地反映当时的植被与气候，颇令人怀疑。属于这一阶段的夏家店上层文化堆积中，目前已有两例孢粉资料。一是敖汉旗西台遗址剖面（距今 2800 年左右），共取 3 块土样。统计显示，木本植物花粉占孢粉总数的 29.5%，种类有松属、桦属、栎属、椴属、胡桃属等；草本植物花粉占 49.9%，有禾本科、藜科、菊科、蒿属、莎草科、蓼科、苋科等；蕨类植物孢子占 22.6%，有中华卷柏、石松科。研究者认为可能代表针阔叶混交林草原植被，反映气候温暖较湿[125]。另一处是大山前遗址夏家店上层文化地层剖面，此层年代大约相当于夏家店上层文化中期偏晚（距今 2800～2700 年），仅取 1 块样品。木本植物花粉占孢粉总数的 24.8%，其中针叶植物花粉占 13.7%，阔叶植物花粉占 11.1%，种类有松属、桦属、栎属、胡桃属、榆属、椴属、柳属等，与西台遗址剖面反映的情况相似。灌木及草本植物花粉占孢粉总数的 71.8%，其中蒿属、禾本科和藜科花粉比例较高，分别为 33.2%、24.7% 和 10.2%。其余有少量榛属、紫菀属、菊科等。蕨类及藻类植物孢粉很少，只占 3.4%，种类有卷柏、水龙骨属、真蕨纲[126]。综合这两个地点的孢粉资料，可知夏家店上层文化中期以后的气候又转而温暖湿润，甚至接近夏家店下层文化中晚期的气候。

春秋晚期至战国（距今 2500～2200 年），仅知翁牛特旗乌丹少郎河北岸剖面，碳测年代距今 2474 年 ±75 年，孢粉中木本的针叶树以松属为主，阔叶树桦属、栎属、榆属、椴属、桤木属占有少量比例，草本植物蒿、藜、菊、麻黄占有绝对优势，研究者认为这里的植被应属灌丛草原[127]。与前一阶段相比，此时气候似乎有转向干冷的趋势。此外，在辽宁南部地区，研究者认为冰后期温暖气候转变为凉爽或比较寒冷气候的界限在距今 2500 年前后[128]。内蒙古中东部冰缘地貌的研究表明，寒冷的第三冰缘阶开始于距今 2400～2300 年[129]。综合辽西及邻近地区的环境变化信息，可知这一时期的气候要较前一阶段相对干凉。

归纳起来，辽西区环境演进大体经历了五个阶段：夏代早期（距今 4000～3800 年），气候冷湿；夏代晚期至早商（距今 3800～3400 年），气候较暖；晚商至西周早期（距今 3400～2900 年），气候温干，风沙活动增强；西周中期至春秋中期（距今 2900～2500 年），气候恢复暖湿状态；春秋晚期至战国，温暖期结束，气候干凉。需要说明的是，前引环境信息的所出地点，基本都在努鲁儿虎山以西，所以，这一环境演进过程主要是反映了辽西区偏西偏北地区的状况。偏东偏南的大小凌河流域，由于受海洋气候的影响，环境转变的剧烈程度当不及前一地区。

从上述环境演进的过程再看文化经济形态的发展。夏代早期正值中国北方普遍降温的时期，由于辽西地区的气候仍然保持了相对较为湿润的状态，所以以发达农业经济而著称的夏家店下层文化形成于此。至夏代晚期和早商，气候转向温和湿润，更有利于农业的发展。正是在这一时期，夏家店下层文化步入繁荣发达的阶段，聚落成群，阶层分化，礼制形成。而从这一文化的末期即距今3400年前后，辽西地区气候出现大的波动，并总体转向温干，风沙活动加剧，这种状态显然不再有利于农业的发展。辽西地区地貌多丘陵山地，至今耕地仍多仰仗自然降水，若遇长期干旱或雨不逢时，便会减产甚至颗粒无收。已有学者指出，夏家店下层文化之所以消亡，主要是其大规模农垦活动“导致了西辽河流域严重的沙质荒漠化”，从而迫使其居民不断南迁[130]。温暖干燥的气候，加上大规模的垦殖，必然严重破坏自然生态环境，这是努鲁儿虎山以西以北地区的沙质荒漠化和居民远徙的主要原因。

晚商时期的文化分布格局也正好说明了这一问题。在努鲁儿虎山以东的大小凌河流域，由于气候的转变不甚剧烈，自然环境状况较好，所以自夏家店下层文化之后，兴起了与之有一定承继关系的魏营子文化，文化的发展体现了较强的连续性。而努鲁儿虎山以西以北地区，相当于魏营子文化早期的遗址寥若晨星，文化上出现了一个长达400年的间歇期。从而为生态系统的自我恢复提供了时机。直到距今3000年前后，以欠发达的农业经济为基础的夏家店上层文化才又出现于西拉木伦河流域。大致自西周中期前后开始，随着气候重新转向温湿，环境条件改善，夏家店上层文化分布范围便向南扩及老哈河流域和努鲁儿虎山东麓，并于今宁城一带形成了一个强大的政治中心。这些显然是以农业经济的发展为基础的。

至春秋晚期之前，努鲁儿虎山东西两侧文化的经济结构皆以欠发达的农业经济为主并兼营畜牧业的形式发展着。其间的经济形态虽有渐变的迹象，却一直未发生重大转变。

以春秋晚期为起点，辽西地区的气候再次转干并明显降温。伴随这一变化，夏家店上层文化解体，在其原来的分布区内出现了经济形态明显不同的遗存。以农业经济为主的水泉文化分布非常稀疏，铁匠沟遗存和五道河子遗存又不存在明显的农业迹象。夏家店上层文化的定居民是被外来的异族击溃或驱散，还是由于气候干凉不再适宜大规模的垦殖而远徙他处？目前尚难回答。不过，以铁匠沟和五道河子墓葬为代表的遗存，却很可能正是由于气候的干凉而由更北的地方南下的。这在后来的历史时期是被不断重演的历史现象。与此同时，大小凌河流域的凌河文化则依然相对稳定地延续着，直到战国燕文化全面到达。

以上讨论的若干实例表明，环境的变迁的确影响和制约着辽西区夏至战国时期古文化经济形态的发展。在两个气候最为适宜的时期（夏代晚期至早商、西周中期至春秋中期），不同类型的农业经济都得到了充分发展，夏家店下层文化和夏家店上层文化步入了各自的繁盛期。而在气候温干或干凉的时期，欠发达的农业经济很难得到发展，其他的生业形式自然便受到重视。而且，不仅经济形态的发展如此，甚至有些文化的消失（如夏家店下层文化）和新文化的出现（如铁匠沟遗存和五道河子遗存）也有环境变迁的因素为其深层根源。但如全面考虑，却有两方面事实不能忽略。其一，在经济形态转变的过程中，每一种新的经济形态的出现并非都是由本地此前的经济形态逐步演化的结果。夏家店下层文化尽管有部分因素被魏营子文化所继承，但其主要的流向不在本地，因此，很难认为稍后出现的欠发达的农业文化是由它演化而来的。通过与周邻地区的比较可以看出，自它之后出现的欠发达型的农业经济主要是由来自东、西两方面的文化流和人流而携入的。春秋战国之际所出现的铁匠沟遗存和五道河子遗存，很可能是新型的经济形态。从文化成分的分析来看，它们也当是由外来的人流带来的。战国晚期出现的更为发达的农业经济亦是如此。可见，前述诸种经济类型的本质差异主要是根源于文化传统的不同，它们之间的转变准确地说应是一种更替，这可能正是辽西区夏至战国时期古文化经济形态发展的一大特点。其二，环境干冷化的过程中长城地带并不一定就不能存在发达的农业文化。战国燕文化在辽西区的全面出现和繁荣时期，就正好处于该地区环境相对干冷的阶段。因此，探究文化和经济类型的发展与环境变迁之间的关系时，不能单纯强调文化或经济类型对环境的被动适应和依赖，也应充分考虑到其中人为的、能动的因素。

三、结　语

本文综合近年新的发现和研究成果，探讨了辽西区夏至战国时期考古学文化的格局演进与经济形态的发展，并对其中的控制因素进行了初步分析。结果发现，在文化格局的演进过程中，努鲁儿虎山是一个重要分水岭。相当于夏至早商时期的夏家店下层文化，大致以此山为界分化为两个区域类型。至少到商末周初，此山两侧的考古学文化已走上了不同的发展轨道，具有明显的东西分异的特征。春秋晚期至战国中期前后，辽西区虽然出现了多元文化并行的局面，但新出现的一种文化大致仍分布于努鲁儿虎山东麓以西的范围内，这种差异的影响可能一直保留到战国燕文化全面到达或更晚。地域上呈现出的东西差别，主要是由两地与周邻地区文化互动的方向和重点不同导致的，但也应注意到，即使在文化东西分异时期之后，此山两侧的考古学文化仍然存在密切的交流，显示了这一历史文化区仍有其相对的稳定性。从纵向发展上看，努鲁儿虎山以东地区自夏家店下层文化至魏营子文化，再到凌河文化，文化传统多少有一定的承继性。而此山以西地区，自夏家店下层文化之后出现了一个颇长的间歇期，然后发展出面貌与夏家店下层文化截然不同的夏家店上层文化。至春秋战国之际，新出现的铁匠沟遗存和五道河子遗存又与夏家店上层文化无多联系，显示了此山以西在文化发展上具有较大的更替性。或许这些现象除了人为因素之外，也与两地的自然环境及其变迁程度的差异有密切关系。

从经济形态的发展上看，春秋晚期之前，努鲁儿虎山东西两侧的考古学文化并不存在重大差别。在夏至早商时期，此山东西两侧的农业经济同样发达。在此之后，以东地区的魏营子文化、凌河文化与以西地区的夏家店上层文化，都属于一种欠发达的以农业经济为主并兼营畜牧业的形态。春秋战国之际开始，以铁匠沟墓葬和五道河子墓葬为代表的新型文化的出现，打破了以往的经济文化格局。铁匠沟遗存显示了山地狩猎居民的经济特征，五道河子遗存则很可能是一种较纯粹的游牧业，尤其后一种经济形态与本地此前的经济类型近乎完全异质，与同时期的水泉文化和凌河文化的晚期亦有鲜明的差异。总体来看，这种不同特征的经济类型的并存，大体是与这一时期文化格局的多元并行相对应的（图四）。考察经济形态发展的内在控制因素，可以发现环

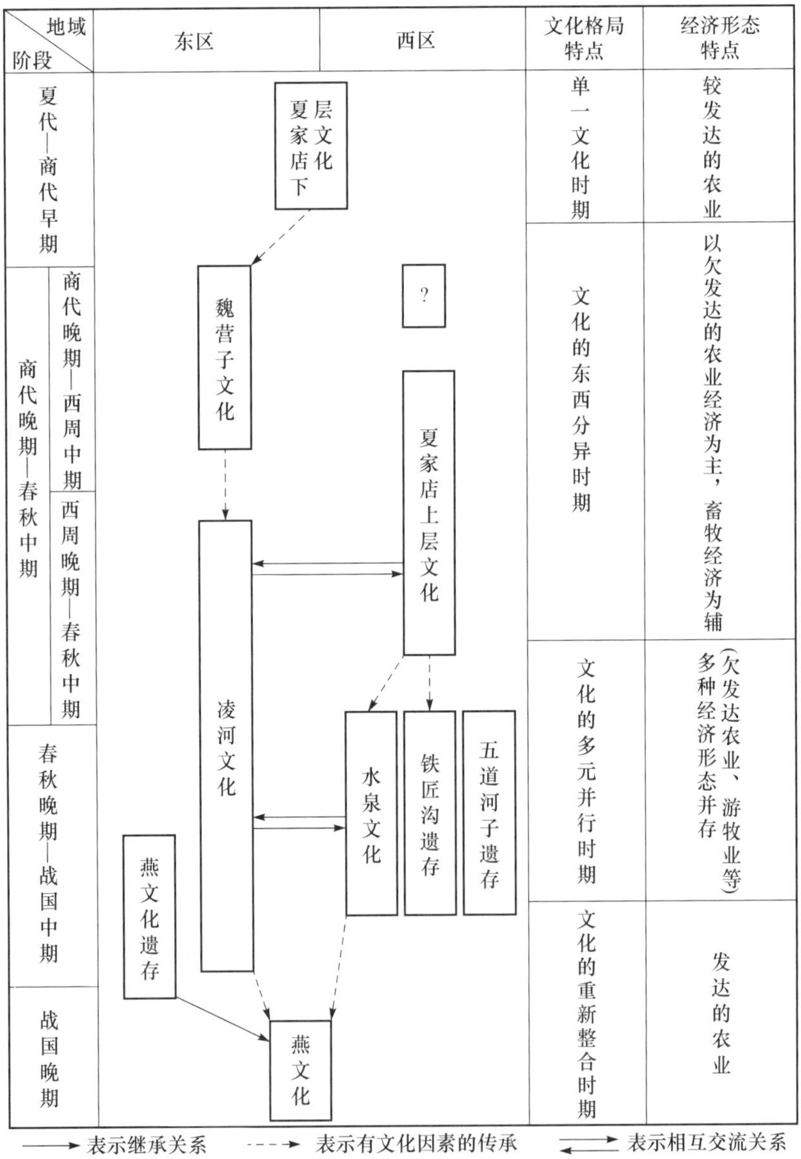

图四　辽西区夏至战国时期文化格局与经济形态演进示意图

境的演变在相当大程度上制约和影响着经济形态的发展，甚至可能是这一地区旧的经济类型的消失和新的经济类型产生的直接或间接诱因。但是，这一地区不同经济类型的转变并非循序渐进式的演化，而是新旧之间的更替，其间的差异主要植根于文化传统的不同。

注 释

[1] 张忠培：《辽宁古文化的分区、编年及其他》，《辽海文物学刊》1991年1期。

[2] 内蒙古自治区测绘局综合队：《内蒙古自治区地图册》，内蒙古自治区测绘局，1989年。

[3] 《中华人民共和国地形图》，地图出版社，1993年；《中国自然地理图集》（第二版），地图出版社，1998年。

[4] 王立新等：《关于夏家店下层文化的几个问题》，《博物馆纪要（第13集）》，1998年。

[5] 夏鼐：《我国近十五年来的考古新收获》，《考古》1964年10期。

[6] 李恭笃等：《夏家店下层文化若干问题》，《辽宁大学学报》1984年5期；何贤武：《试论辽西地区古代文化的发展》，《中国考古学会第六次年会论文集》，文物出版社，1987年。

[7] 王立新等：《夏家店下层文化渊源刍论》，《北方文物》1993年2期；王立新等：《再论夏家店下层文化的源流及其与其他文化的关系》，《青果集（二）》，知识出版社，1998年。

[8] 潘其风：《大甸子墓葬出土人骨的研究》，《大甸子——夏家店下层文化遗址与墓地发掘报告》，科学出版社，1996年。

[9] 王立新等：《夏家店下层文化渊源刍论》，《北方文物》1993年2期；王立新等：《再论夏家店下层文化的源流及其与其他文化的关系》，《青果集（二）》，知识出版社，1998年。

[10] 朱永刚：《东北青铜文化的发展阶段与文化区系》，《考古学报》1998年2期。

[11] 田广金等：《鄂尔多斯式青铜器的渊源》，《考古学报》1988年3期。

[12] 刘观民：《苏联外贝加尔地区所出几件陶鬲的分析》，《中国原始文化论集》，文物出版社，1989年。

[13] 冯恩学：《我国东北与贝加尔湖周围地区新石器时代文化交流的三个问题》，《辽海文物学刊》1997年2期。

[14] 林沄：《早期北方系青铜器的几个年代问题》，《内蒙古文物考古文集（第1辑）》，中国大百科全书出版社，1994年。

[15] 郭大顺：《试论魏营子类型》，《考古学文化论集（一）》，文物出版社，1987年。

[16] 韩嘉谷：《燕史源流的考古学考察》，《北京文物与考古（第二辑）》，北京燕山出版社，1991年。

[17] 辽宁省文物考古研究所等：《辽宁阜新平顶山石城址发掘报告》，《考古》1992年7期。

[18] 王成生：《义县向阳岭青铜时代遗址》，《中国考古学年鉴》，文物出版社，1993年。

[19] 高美璇：《兴城县仙灵寺夏家店下层文化遗址》，《中国考古学年鉴》，文物出版社，1985年。

[20] 董新林：《魏营子文化初步研究》，《考古学报》2000年1期。

[21] 卜箕大：《辽西地区青铜时代文化》，吉林大学博士学位论文，1998年。

[22] 喀左县文化馆：《记辽宁喀左县后坟村发现的一组陶器》，《考古》1982年1期。

[23] 朱永刚：《夏家店上层文化的初步研究》，《考古学文化论集（一）》，文物出版社，1987年；韩嘉谷：《花边鬲寻踪》，《内蒙古东部区考古学文化研究文集》，海洋出版社，1991年。

[24] 董新林：《魏营子文化初步研究》，《考古学报》2000年1期，图七，13。

[25] 腰高台山73M4：3、76M12：1壶。沈阳市文物管理办公室：《沈阳新民县高台山遗址》，《考古》1982年2期；新民县文化馆、沈阳市文物管理办公室：《新民高台山新石器时代遗址1976年发掘简报》，《文物资料丛刊（7）》，文物出版社，1983年。

[26] 朱永刚：《论高台山文化及其与辽西青铜文化的关系》，《中国考古学会第八次年会论文集》，文物出版社，1996年。

[27] 如喀左和尚沟A地点M1、道虎沟墓、高家洞M1等。分别见辽宁省文物考古研究所等：《喀左和尚沟墓地》，《辽海文物学刊》1989年2期；同郭大顺：《试论魏营子类型》，《考古学文化论集（一）》，文物出版社，1987年；辽宁省文物考古研究所：《辽宁喀左县高家洞商周墓》，《考古》1998年4期。

[28] 辽宁省博物馆文物工作队：《辽宁朝阳魏营子西周墓和古遗址》，《考古》1977年5期。

［29］郭大顺：《试论魏营子类型》，《考古学文化论集（一）》，文物出版社，1987年。
［30］辽宁省博物馆文物工作队：《概述辽宁省考古新收获》，《文物考古工作三十年》，文物出版社，1979年；郭大顺：《赤峰地区早期冶铜考古随想》，《内蒙古文物考古文集（第1辑）》，中国大百科全书出版社，1994年。
［31］资料存赤峰市博物馆。
［32］克什克腾旗文化馆：《辽宁克什克腾旗天宝同发现商代铜》，《考古》1977年5期。
［33］苏赫：《从昭盟发现的大型青铜器试论北方的早期青铜文明》，《内蒙古文物与考古》1982年2期。
［34］辽宁省博物馆文物工作队：《概述辽宁省考古新收获》，《文物考古工作三十年》，文物出版社，1979年。
［35］郭大顺：《试论魏营子类型》，《考古学文化论集（一）》，文物出版社，1987年。
［36］靳枫毅：《论中国东北地区含曲刃青铜短剑的文化遗存（上）》，《考古学报》1982年4期。
［37］林沄：《中国东北系铜剑初论》，《考古学报》1980年2期。
［38］朱永刚：《夏家店上层文化初步研究》，《考古学文化论集（一）》，文物出版社，1987年；翟德芳：《中国北方地区青铜短剑分群研究》，《考古学报》1988年3期。
［39］王立新等：《龙头山遗址的几个问题》，《北方文物》2002年1期。
［40］内蒙古自治区文物考古研究所等：《内蒙古克什克腾旗龙头山遗址第一、二次发掘简报》，《考古》1991年8期；齐晓光：《内蒙古克什克腾旗龙头山遗址发掘的主要收获》，《内蒙古东部区考古学文化研究文集》，海洋出版社，1991年。
［41］刘观民等：《内蒙古东部地区青铜时代的两种文化》，《内蒙古文物考古》创刊号，1981年。
［42］朱永刚：《论高台山文化及其与辽西青铜文化的关系》，《中国考古学会第八次年会论文集·1991》，文物出版社，1996年。
［43］贾鸿恩：《翁牛特旗大泡子青铜短剑墓》，《文物》1984年2期。
［44］朱永刚：《试论我国北方地区銎柄式柱脊短剑》，《文物》1992年12期。
［45］朱泓：《夏家店上层文化居民的种族类型及相关问题》，《辽海文物学刊》1989年1期。
［46］朱泓：《中国东北地区的古代种族》，《文物季刊》1998年1期；王明辉：《辽河流域古代居民的种系构成及相关问题》，《华夏考古》1999年2期。
［47］陈山：《克什克腾旗龙头山青铜时代居民的人类学研究》，吉林大学硕士学位论文，1995年。
［48］卜箕大：《辽西地区青铜时代文化》，吉林大学博士学位论文，1998年。
［49］辽宁省文物考古研究所等：《喀左和尚沟墓地》，《辽海文物学刊》1989年2期。
［50］锦州市博物馆：《辽宁锦西县乌金塘东周墓调查记》，《考古》1960年5期。
［51］朱贵：《辽宁朝阳十二台营子青铜短剑墓》，《考古学报》1960年1期。
［52］王成生：《概述近年辽宁所见青铜短剑》，《辽海文物学刊》1991年1期。
［53］郭大顺：《试论魏营子类型》，《考古学文化论集（一）》，文物出版社，1987年。
［54］吉林大学考古学系等：《辽宁锦西市邰集屯小荒地秦汉古城址试掘简报》，《考古学集刊（第11集）》，中国大百科全书出版社，1997年。
［55］朱永刚：《大、小凌河流域含曲刃短剑遗存的考古学文化及相关问题》，《内蒙古文物考古文集（第2集）》，中国大百科全书出版社，1997年。
［56］靳枫毅：《论中国东北地区含曲刃青铜短剑的文化遗存（上）》，《考古学报》1982年4期。
［57］郭治中：《水泉墓地及相关问题之探索》，《中国考古学跨世纪的回顾与前瞻》，科学出版社，2000年。
［58］林沄：《东胡与山戎的考古探索》，《环渤海考古国际学术讨论会论文集》，知识出版社，1996年。
［59］赤峰市博物馆项春松等：《宁城小黑石沟石椁墓调查清理报告》，《文物》1995年5期。
［60］辽宁省文物考古研究所等：《辽宁喀左南洞沟石椁墓》，《考古》1977年6期。
［61］刘大志等：《喀左老爷庙乡青铜短剑墓》，《辽海文物学刊》1993年3期。
［62］靳枫毅：《朝阳地区发现的剑柄端加重器及其相关遗物》，《考古》1983年2期。
［63］辽宁省博物馆：《辽宁凌源三官甸青铜短剑墓》，《考古》1985年2期。
［64］孙守道等：《辽宁寺儿堡等地青铜短剑与大伙房石棺墓》，《考古》1964年6期。
［65］建平县文化馆等：《辽宁建平县的青铜时代墓葬及相关遗物》，《考古》1983年8期。
［66］吉林大学考古学系等：《辽宁锦西市邰集屯小荒地秦汉古城址试掘简报》，《考古学集刊（第11辑）》，中国

大百科全书出版社，1997 年。
［67］ 郭治中：《水泉墓地及相关问题之探索》，《中国考古学跨世纪的回顾与前瞻》，科学出版社，2000 年。以下所引水泉墓地的资料均出此文。
［68］ 林沄：《中国东北系铜剑初论》，《考古学报》1980 年 2 期。
［69］ 魏海波等：《辽宁本溪县上堡青铜短剑墓》，《文物》1998 年 6 期。
［70］ 邵国田：《内蒙古敖汉旗发现的青铜器及有关遗物》，《北方文物》1993 年 1 期。
［71］ 1984 年清理，资料现存赤峰市博物馆。
［72］ 宁城县文化馆等：《宁城县新发现的夏家店上层文化墓葬及其相关遗物的研究》，《文物资料丛刊（9）》，文物出版社，1985 年。
［73］ 喀喇沁旗文管所征集。
［74］ 赤峰考古队征集。
［75］ 朱泓等：《内蒙古敖汉旗水泉遗址出土的青铜时代人骨》，《东北亚先史文化的比较考古学研究》2002 年 2 期。
［76］ 辽宁省文物考古研究所：《辽宁凌源县五道河子战国墓发掘简报》，《文物》1989 年 2 期。
［77］ 简报作者已指出五道河子 M1：43 戈形制与山彪镇 M1 出土的戈相似。而山彪镇 M1 的年代一般是定在战国早期偏晚（朱凤瀚：《古代中国青铜器》，南开大学出版社，1995 年）。再参照其他两件铜戈的形制，可将这批墓葬的年代大致估计在战国早期偏晚阶段前后。
［78］ 靳枫毅等：《山戎文化所含燕与中原文化因素之分析》，《考古学报》2001 年 1 期。
［79］ 朱永刚：《大、小凌河流域含曲刃短剑遗存的考古学文化及相关问题》，《内蒙古文物考古文集（第 2 辑）》，中国大百科全书出版社，1997 年。
［80］ 张家口市文物事业管理所：《张家口市白庙遗址清理简报》，《文物》1985 年 10 期。
［81］ 张家口市文物事业管理所等：《河北宣化县小白阳墓地发掘报告》，《文物》1987 年 5 期。
［82］ 承德地区文物保护管理所等：《河北省深平县梨树沟门墓群清理发掘简报》，《文物春秋》1994 年 2 期。
［83］ 邵国田：《敖汉旗铁匠沟战国墓地调查简报》，《内蒙古文物考古》1992 年 1、2 合期。以下有关铁匠沟墓地材料均出此文。
［84］ 王刚：《林西县井沟子夏家店上层文化墓葬》，《内蒙古文物考古》1998 年 1 期。
［85］ 郭治中：《水泉墓地及相关问题之探索》，《中国考古学跨世纪的回顾与前瞻》，科学出版社，2000 年。
［86］ 朝阳地区博物馆等：《辽宁喀左大城子眉眼沟战国墓》，《考古》1985 年 1 期。
［87］ 陈光：《东周燕人生活用器分析》，《北京建城 3040 年暨燕文明国际学术研讨会会议专集》，北京燕山出版社，1997 年。
［88］ 省文物普查训练班：《1979 年朝阳地区文物普查发掘的主要收获》，《辽宁文物》1980 年 1 期。
［89］ 郑君雷：《战国时期燕墓陶器的初步分析》，《考古学报》2000 年 3 期。
［90］ 金殿士：《沈阳市南市区发现战国墓》，《文物》1959 年 4 期。
［91］ 赤峰考古队发掘资料。
［92］ 郭治中：《水泉墓地及相关问题之探索》，《中国考古学跨世纪的回顾与前瞻》，科学出版社，2000 年。
［93］ 傅宗德等：《辽宁喀左县出土战国器物》，《考古》1988 年 7 期。
［94］ 原报告未说明出有这种小石板，徐基先生在《辽宁喀左大城子眉眼沟战国墓》（《考古》1985 年 1 期）一文中提及。
［95］ 张松柏：《赤峰市红山区战国墓清理简报》，《内蒙古文物考古》1996 年 1、2 期。
［96］ 中国科学院考古研究所内蒙古工作队：《赤峰药王庙、夏家店遗址试掘报告》，《考古学报》1974 年 1 期。
［97］ 中国科学院考古研究所内蒙古工作队：《宁城南山根遗址发掘报告》，《考古学报》1975 年 1 期。
［98］ 辽宁省文物干部培训班：《辽宁北票县丰下遗址 1972 年春发掘简报》，《考古》1976 年 3 期。
［99］ 97KDIH226 坑壁遗留的双齿工具痕，齿距 12 、齿宽 2.5 厘米；97KDIH226370 坑壁遗留的工具痕为宽条状，宽 5.5 厘米，似为一种单平刃的铲类工具所留。
［100］ 辽宁省博物馆等：《内蒙古赤峰县四分地东山咀遗址试掘简报》，《考古》1983 年 5 期。
［101］ 中国社会科学院考古研究所：《大甸子——夏家店下层文化遗址与墓地发掘报告》，科学出版社，1996 年。
［102］ 赤峰考古队发掘资料。

[103] 大山前遗址出土动物骨骼，由吉林大学汤卓炜先生鉴定。下同。
[104] 见辽宁省文物考古研究所等:《喀左和尚沟墓地》,《辽海文物学刊》1989年2期。
[105] 郭大顺:《试论魏营子类型》,《考古学文化论集(一)》，文物出版社，1987年。
[106] 朱永刚等:《辽宁锦西部集屯三座古城遗址考古纪略及相关问题》,《北方文物》1997年2期。
[107] 王成生:《义县向阳岭青铜时代遗址》,《中国考古学年鉴》，文物出版社，1993年。
[108] 赤峰联合考古调查队:《内蒙古赤峰地区1999年区域性考古调查报告》,《考古》2003年第5期；中美赤峰联合考古队:《内蒙古赤峰地区区域性考古调查阶段性报告(1999—2001)》,《边疆考古研究(第1辑)》，科学出版社，2002年。
[109] 赤峰市博物馆项春松等:《宁城小黑石沟石椁墓调查清理报告》,《文物》1995年5期。
[110] 辽宁省昭乌达盟文物工作站等:《宁城县南山根的石椁墓》,《考古学报》1973年2期。
[111] 辽宁省博物馆等:《建平水泉遗址发掘简报》,《辽海文物学刊》1986年第2期。
[112] 辽宁省博物馆文物工作队:《辽宁林西县大井古铜矿1976年试掘简报》,《文物资料丛刊(7)》，文物出版社，1983年。
[113] 由于夏家店上层文化的灰坑在遗址中多打破夏家店下层文化的堆积，所以不排除这些动物骨骼中有些是由下层堆积中搅扰上来的可能。但总体来讲所统计的各类动物骨骼的比例仍是大致可信的。
[114] 水涛:《论甘青地区青铜时代文化和经济形态转变与环境变化的关系》,《环境考古研究(第2辑)》，科学出版社，2000年；田广金等:《中国北方畜牧—游牧民族的形成与发展》,《中国商文化国际学术讨论会论文集》，中国大百科全书出版社，1998年。
[115] 任震球等:《行星运动对中国五千年来气候变迁的影响》,《全国气候变化学术讨论会文集》，科学出版社，1981年。
[116] 张景文等:《^{14}C年代测定与中国海陆变迁研究的进展》,《第一次全国^{14}C学术会议文集》，科学出版社，1984年。
[117] 裘善文等:《东北西部沙地古土壤与全新世环境》,《中国全新世大暖期气候与环境》，海洋出版社，1992年。
[118] 孔昭宸等:《内蒙古自治区几个考古地点的孢粉分析在古植被和古气候上的意义》,《植物生态学与地植物学丛刊》1981年第5卷3期。
[119] 孔昭宸等:《内蒙古自治区赤峰市距今8000—2400年间环境考古学的初步研究》,《环境考古研究(第1辑)》，科学出版社，1991年。
[120] 宋豫秦:《西辽河流域全新世沙质荒漠化过程的人地关系》，北京大学博士后研究工作报告，1995年。
[121] 由中国社会科学院考古研究所齐乌云博士鉴定，研究报告待刊。
[122] 杨志荣等:《中国北方农牧交错带东南部环境考古研究》,《环境考古研究(第2辑)》，科学出版社，2000年。
[123] 降廷梅:《内蒙古农牧交错带全新世孢粉组合及植被探讨》,《中国北方农牧交错带全新世环境演变及预测》，地质出版社，1992年。
[124] 孔昭宸等:《内蒙古自治区赤峰市距今8000—2400年间环境考古学的初步研究》,《环境考古研究(第1辑)》，科学出版社，1991年。
[125] 宋豫秦:《西辽河流域全新世沙质荒漠化过程的人地关系》，北京大学博士后研究工作报告，1995年。
[126] 由中国社会科学院考古研究所齐乌云博士鉴定,研究报告待刊。
[127] 降廷梅:《内蒙古农牧交错带全新世孢粉组合及植被探讨》,《中国北方农牧交错带全新世环境演变及预测》，地质出版社，1992年。
[128] 中国科学院贵阳地球化学研究所第四纪孢粉组、^{14}C组:《辽宁省南部一万年来自然环境的演变》,《中国科学》1977年6期。
[129] 李容全:《内蒙古高原湖泊与环境变迁》，北京师范大学出版社，1990年。
[130] 宋豫秦:《西辽河流域全新世沙质荒漠化过程的人地关系》，北京大学博士后研究工作报告，1995年。

(原载《考古学报》2004年3期)

夏家店上层文化在中国北方青铜器发展中的传承作用

杨建华

中国北方的青铜器文化是一个有自身特色的青铜器群，分布在介于中原农业文明与欧亚草原畜牧文化之间的北方地带，是由当地居民创造的独特的青铜文化。整个先秦时代的北方青铜文化出现过两次文化发展高峰，其表现是数量大、种类多、分布广泛，而且各地的青铜器具有明显的共性。第一次高峰是在商末周初，以兽首、铃首和环首的曲柄刀、剑等器物为代表；第二次高峰是在春秋中期到战国末期，代表性器物是双鸟回首剑、鹤嘴斧以及动物形装饰的竿头饰和腰牌饰等①。夏家店上层文化的青铜器主要分布在西拉木伦河及其以北地区、老哈河以及支流地区[1]。它的年代主要在西周时期到两周之际，正处于北方青铜器的两次发展高峰之间。这时的中国北方的东部是发达的夏家店上层文化，西部有年代延续时间很长但是不太发达的卡约文化。夏家店上层文化的青铜器继承了商末周初北方青铜器的一些传统，并对后来的东周时期的北方青铜器有所影响，因此这个文化对于中国北方青铜文化的发展具有一定的传承作用。分析夏家店上层文化的青铜器在中国北方青铜文化中的传承作用，一方面可以明确夏家店上层文化一些青铜器的源流以及各地青铜文化之间的联系，另一方面可以明确夏家店上层文化在中国北方青铜文化发展中的地位。

一

夏家店上层文化的青铜器中，有一些是承袭了商末周初北方青铜器的文化传统。其中一部分是来自长城沿线的商末青铜器；还有一部分是来自当地燕山南北的商末青铜器；还有一部分是来自年代大体同时的燕山南麓的北方青铜器。

1. 来自长城沿线的商末青铜器

目前可以确认的与夏家店上层文化青铜器有渊源关系的商末北方青铜器主要来自南流黄河两岸的保德青铜器群[2]。在保德青铜器群的柳林县高红遗址出土的青铜器中

---

① 由于此时期已经有少量铁器，这一阶段在欧亚草原又被称为早期铁器时代。

有青铜盔（图一，2）。夏家店上层文化中也出土了几件青铜盔。我们把目前发现的几件年代比较确定的盔放在一起进行形态比较，会发现它们基本的变化规律：商代晚期殷墟出土的中原式青铜盔只有前开脸，没有后开口（图一，1）；高红所属的保德北方青铜器群，年代在商末到西周中期，盔的后部有开口，这是中原式与北方式最大的区别。高红的盔是目前见到的年代最早的北方式青铜盔，盔前开脸很低。西周中期白浮墓葬[3]出土的盔（图一，3）与高红的相比，前开脸的高度向上提了，开口变大。通过这些不同时期铜盔形态的比较我们发现，盔的基本变化是遮盖的部位越来越小，从而使得戴头盔的人的活动更加自如。白浮墓葬中出土的头盔虽然前开脸变高，但是后开口很低，可以看成是中原殷墟头盔的遗风。夏家店上层文化的青铜盔形态不一。可以分为两种类型：A 型与高红的相同，前开脸是圆弧状（图一，4，5）；B 型前开脸顶部中间出弧尖[4]（图一，6），这与欧亚草原黑海沿岸库班地区的凯列尔梅斯墓葬出土的相似[5]，具有草原文化因素（图二）。按照前面分析的头盔的前开脸由低向高的发展趋势看，夏家店上层文化的头盔可以分为早晚两期，早期是以小黑石沟 M8061 为代表，

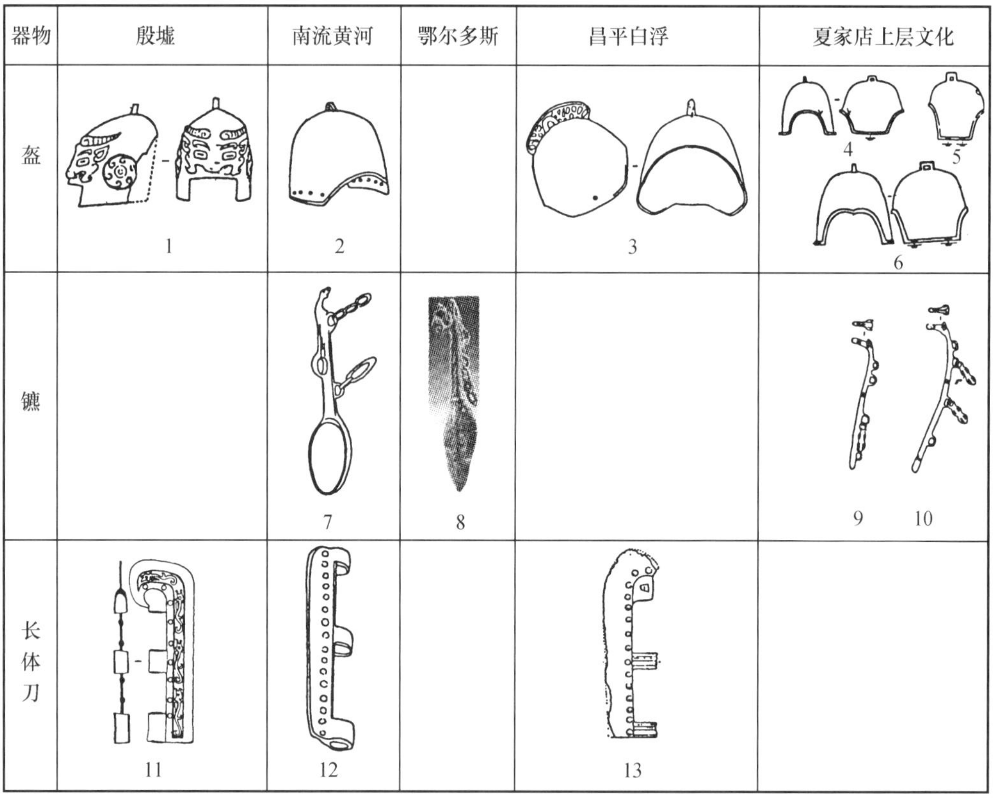

图一　来自南流黄河两岸商周北方青铜器的影响

1. 侯家庄西北岗 M1004：R15338　2. 柳林高红墓葬　3. 昌平白浮 M2：6　4. 宁城小黑石沟 M8061：212　5. 宁城瓦房中 M791：188　6. 宁城汐子山北嘴 M7501：13　7. 石楼曹家塬　8. 鄂尔多斯征集　9、10. 宁城小黑石沟 M8061：210　11. 殷墟西区 M1713：94　12. 石楼后兰家沟　13. 昌平白浮 M2：24

前开脸和后开口都比较低（图一，4），晚期以瓦房中M791的为代表，前开脸和后开口都向上提，头盔的内腔变窄（图一，5）。早期头盔属于夏家店上层文化的南山根类型，晚期的属于夏家店上层文化的东南沟类型[6]。东南沟类型是夏家店上层文化的最晚的类型，已经向南发展到了河北北部。

图二　凯列尔梅斯出土铜盔

在蒙古国的石板墓中出土了青铜盔[7]，与夏家店上层文化的A型头盔相同（图三）。一件出土在Kholtost Nuga的M1，另一件出土在Emgent Khoshuu遗址的M3，从前后开口的高度看，M1的早于M3的盔。而且这两件铜盔还有重量与厚度的差别：M1的盔壁厚1.2厘米，重1850克；M3的壁厚1厘米，重1000克。这说明盔的器壁厚度与遮盖面积的大小都是这两件铜盔重量不同的原因。所以无论从形态还是重量、厚度看，M1铜盔的年代当早于M3的（从这些分析中可以看出，目前对铜盔的分析还受到资料发表的是否全面的限制，还有相当一部分重要信息没有公布）。有意义的是，蒙古国石板墓出土的铜盔与中国北方地区流行的A型铜盔相同，这说明同样处于欧亚草原东端的蒙古高原与中国北方在青铜时代的联系非常紧密，它们构成了欧亚草原青铜时代最东端的文化区。

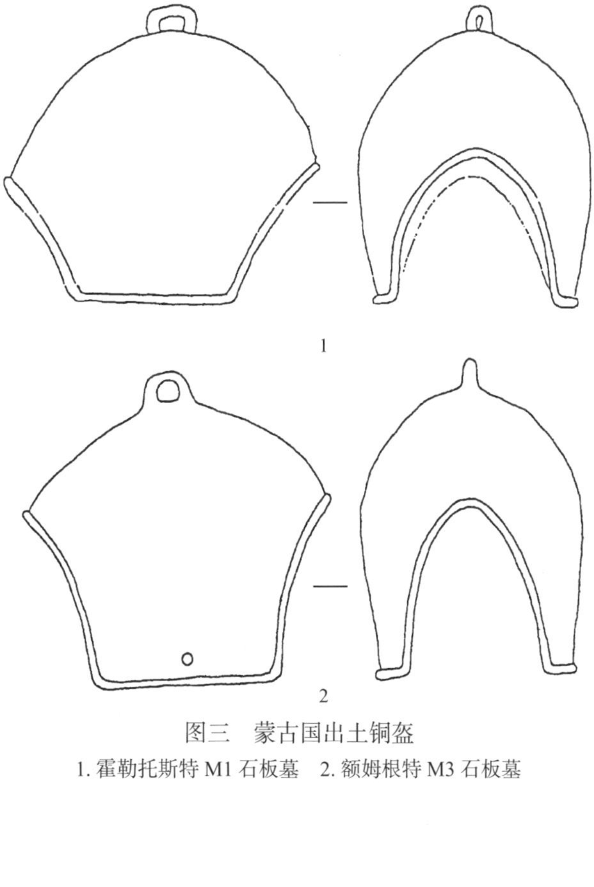

图三　蒙古国出土铜盔
1. 霍勒托斯特M1石板墓　2. 额姆根特M3石板墓

通过对铜盔的分析可以看出，中国北方的铜盔从南流黄河两岸向东北方向传播，到达燕山以南又向北传布到夏家店上层文化，而且到达更北的蒙古高原。这是一条连接长城沿线到长城以外再到蒙古高原的青铜时代北方青铜器的传布路线。

夏家店上层文化另一件与保德青铜器群有关的器物是兽首马镳。在保德类型发现并发表的马镳地点有三处：山西吉县上东村[8]、石楼外庄村[9]和曹家垣[10]。在这三处发现中，曹家垣的勺形器是征集到的，外庄村的是1976年农民在平整土地时发现的，这两处都只收集到1件，只有吉县上东村的是科学发掘的，墓中出土2件完全相同的勺形器，放置在人骨左侧腰部。这些马镳的形状都是蛇首带环勺形，发表时都称作“勺形器”。经过与欧亚草原同类器物的比较，可以确认这是马镳[11]（图一，7）。保德青铜器群的三处马镳的长度在9～13.8厘米，应该是同一种用途的器物。勺柄还有三个纽。上下纽应该是连接缰绳的，中间的纽是连接马衔的。在鄂尔多斯征集的一件“马首勺”，长11.7、勺长5.4厘米，也应是同一种用途的器物[12]（图一，8）。

在夏家店上层文化的内蒙古宁城县小黑石沟M8061[13]出土了与上东村和鄂尔多斯征集马镳相近的马镳（图一，9），墓中出土2件马镳，器身更加瘦长，通长分别为16.5厘米和19厘米，蛇首变成鹿首，3个纽变成4个纽，纽孔套连的叶状环变成了扁体凸面镂孔联珠形饰件。这种由短粗向细长的发展与黑海北岸的马镳是相同的。

在《大草原的骑马民族——中国北方的青铜器》这本图录中[14]，我们发现了介于保德青铜器群的蛇首勺形马镳与夏家店上层文化鹿首马镳之间的一些过渡环节。其中的一件“兽首匕”长10.2厘米[15]，整体形状与上东村的蛇首勺形马镳相近，但是整体更加接近“S”形。马镳上端由蛇首变为兽首，与鄂尔多斯征集到的马首马镳相似（图四，2）。另一件马镳是细长形铃首马镳[16]，整体形状与小黑石沟的马镳相似，但是下端仍然保留勺形的遗风。这本图录中的两件馆藏品使得中国北方马镳的演变序列更加完整（图四，1）。

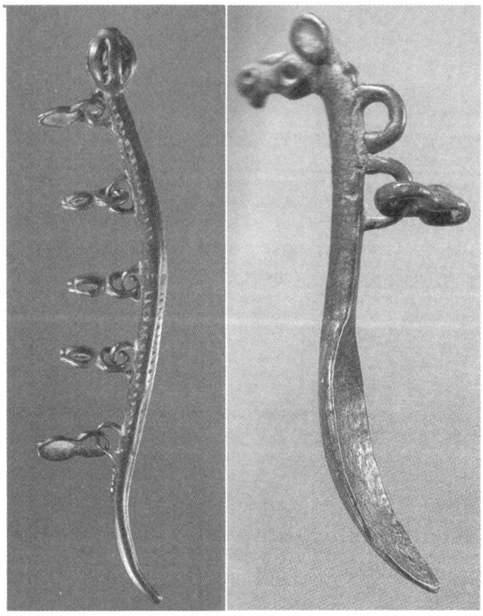

1　　2

图四　日本馆藏马镳

1.《大草原的骑马民族——中国北方的青铜器》（图27）　2.《大草原的骑马民族——中国北方的青铜器》（图28）

商周之际北方的马镳的演变与分布再一次证实了夏家店上层文化的青铜器继承了保德青铜器群的北方青铜文化传统，它的传播路线仍然是从南流黄河两岸沿长城地带向东，经过鄂尔多斯高原，到达燕山以北。

还可以作为这条传播路线旁证的是长体刀[17]。这种器物在殷墟有较多的发现，是以长方形“穿”和“内”与柄相连（图一，11），后来传到陕西淳化的黑豆嘴遗存的山西石楼青铜器群中（图一，12）。在石楼青铜器群中与北方文化因素相结合，变成北方青铜器中特有的有“銎”长体刀，这种器物也是从南流黄河两岸向东沿长城地带传播，目前只发现在昌平白浮墓地（图一，13）。在夏家店上层文化中尚未见到这种器物。但是从夏家店上层文化吸收很多白浮墓葬中中原与北方结合的器物看（见下文），这种有銎长体刀出现在夏家店上层文化也在情理之中。

2. 来自当地的燕山南北的商末青铜器

夏家店上层文化青铜器中来自燕山南麓商末青铜器的主要是兽首刀。它是商周之际在长城沿线非常流行的一种北方青铜器，而且在殷墟也有发现。它的演变系列较为清楚。最早的一件为抄道沟的鹿首刀（图五，1）[18]，与之相似的还有兴城县杨河[19]、绥德墕头村[20]、殷墟妇好墓[21]和张家口怀安[22]等，这说明这种刀子最早分布于长城沿线，而且主要是东部地区。后来这种刀向北传播，与抄道沟的刀较为相近的是朝阳县二十家子[23]和奈曼旗东犁[24]的兽首刀（图五，2，3），这两把刀仍保留了环纽，但刀身弓背不明显了。内蒙古林东塔子沟的兽首刀[25]的环纽已消失（图五，4）。内蒙

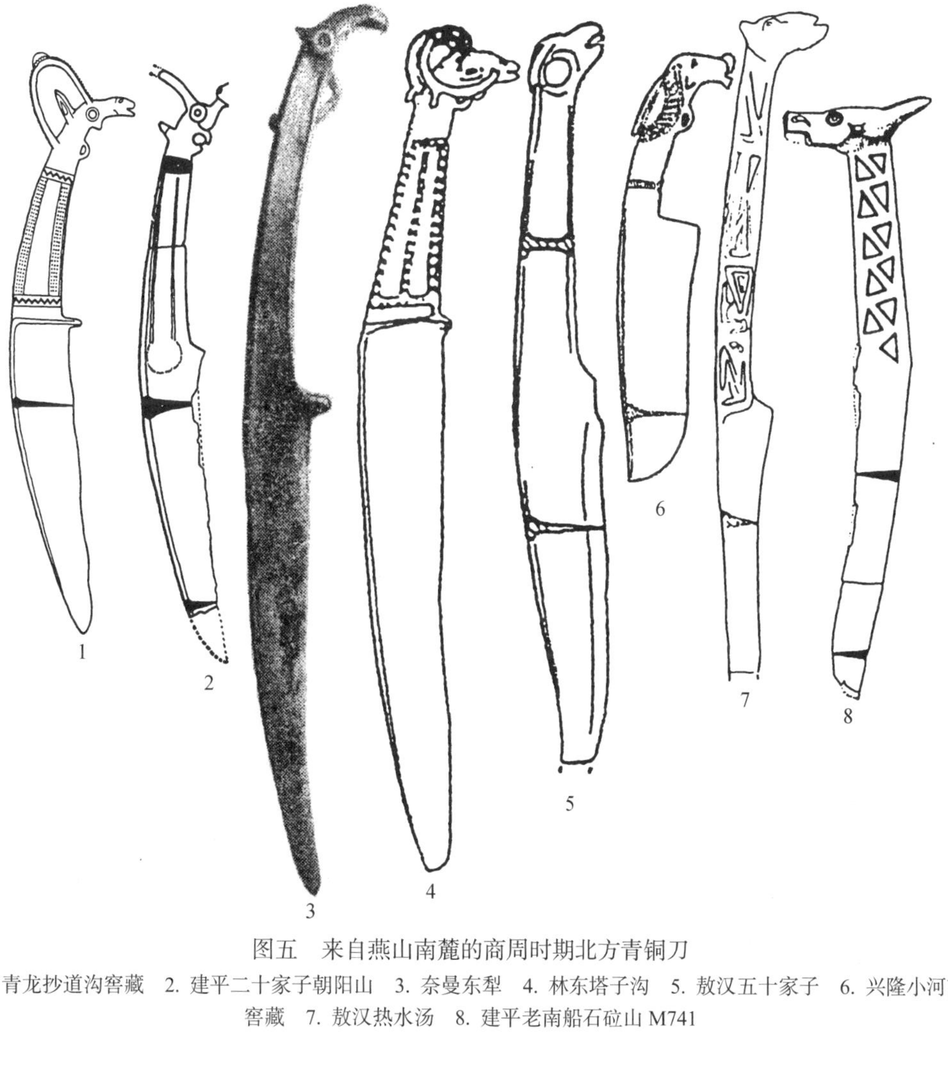

图五　来自燕山南麓的商周时期北方青铜刀

1. 青龙抄道沟窖藏　2. 建平二十家子朝阳山　3. 奈曼东犁　4. 林东塔子沟　5. 敖汉五十家子　6. 兴隆小河南窖藏　7. 敖汉热水汤　8. 建平老南船石砬山 M741

古敖汉旗五十家子的羊首刀[26]和河北兴隆县小河南[27]的牛首刀已经地方化了，刀柄和刀刃的横隔不明显（图五，5，6），刀身近直。敖汉热水汤[28]和老南船石砬子M741[29]上的马首和牛首刀柄上由于已经装饰了夏家店上层文化的纹饰（图五，7，8），因此是夏家店上层文化的青铜工具。燕山以北的兽首刀，如二十家子、东犁、塔子沟和五十家子发现的刀，都介于夏家店下层文化与夏家店上层文化之间，属于何种考古学文化目前还不清楚。但是有一点可以明确，夏家店上层文化的兽首刀就是来源于燕山南麓以青龙抄道沟和以兴城杨河为代表的商末北方青铜器，它们向北发展，分布到燕山以北，并被后来的夏家店上层文化所吸收。

从兽首刀的发展我们可以看出，目前见到的最早的商末周初的北方青铜器在燕山南麓的长城沿线，很可能这里是商末周初北方青铜器的发源地，然后逐渐向北传播，经朝阳、赤峰、巴林左旗到奈曼，这支一直延续到夏家店上层文化中。

3. 来自周代燕山南麓的北方青铜器

与夏家店上层文化年代、地域以及文化面貌最接近的当属昌平白浮墓葬的北方青铜器。白浮对于夏家店上层文化来说，更像是一个文化传播的中转站，一方面它把来自南流黄河两岸的北方青铜器如高红的铜盔从这里再传到夏家店上层文化，另一方面它又把上一阶段广泛分布于燕山以南的中原与北方青铜器结合的新器形传到了夏家店上层文化中。第一方面我们上文已经分析过，在这里着重讨论第二方面。

青铜戈和钺是典型的中原式青铜器，在受到境外管銎斧的影响后，在北方地区流行两者融合的管銎戈与管銎钺。但是这种带有中原文化因素的北方青铜器在夏家店上层文化之前是没有越过燕山的[30]。只有到了夏家店上层文化，与中原文化联系的加强，才使得这种器物传到了燕山以北的夏家店上层文化中。夏家店上层文化中具有中原混合因素的器物主要有管銎戈和管銎钺（图六，1，3）。这里的管銎斧，斧身宽，刃部呈扇形，明显受到中原钺的影响（图六，2）。这些器物的形制与白浮墓葬中的最为接近（图六，4～6），管銎与器身有明显的分界线，这是由于器身与管銎的厚度不同造成的，说明管銎与器身没有很好地融合在一起，与真正的北方青铜器中的管銎类器物还存在着差别。因此有可能夏家店上层文化的这类器物是从白浮传到这里的。

白浮墓葬中的北方青铜器最有特点的是菌首直柄短剑，这种剑在燕山以北的烧锅营子[31]、小河南[32]以及甘肃合水九站[33]都有发现，但是这些地点的器物组合完全不同。所以比较合理的解释应该是这种具有南西伯利亚卡拉苏克式青铜器特点的菌首直柄剑分布到了中国北方地区，并被白浮的军事首领所采用。

白浮墓葬位于燕山以南，这一地区在西周时期的北方文化是当地的张家园上层文化。而张家园上层文化与夏家店上层文化是分布于燕山南北两侧的北方土著文化，它们之间当有着密切的交往。只是张家园上层文化由于西周燕文化的不断扩大发展，没有能够像燕山以北的夏家店上层文化那样达到自己文化发展的鼎盛时代就被燕文化逐渐取代了。在这样的历史背景下，我们就能够理解白浮墓葬与夏家店上层文化的密切联系了。

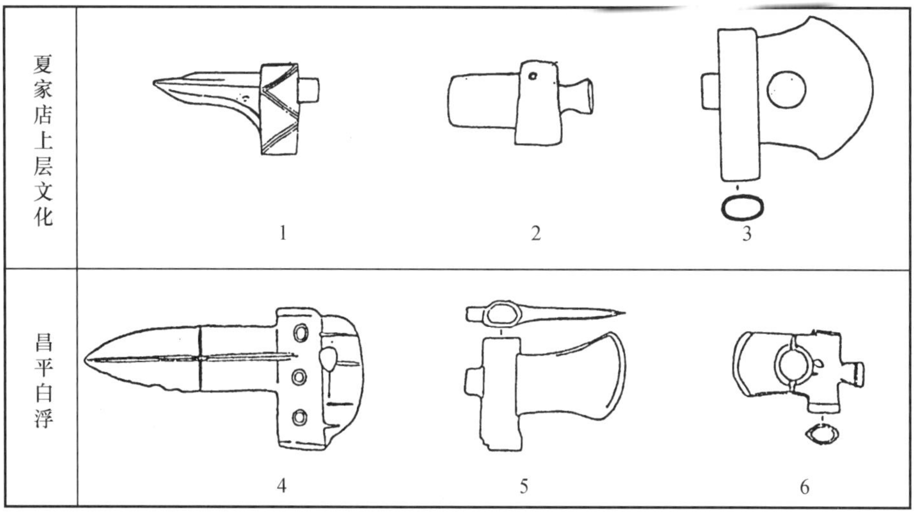

图六　来自燕山南麓西周北方青铜器的影响

1. 宁城南山根东区石椁墓　2. 宁城南山根 M101：47　3. 汐子山北嘴 M7501：22　4. 白浮 M2：20　5. 白浮 M3：17　6. 兴隆小河南窖藏

二

夏家店上层文化的鼎盛时代是在西周晚期与东周早期，如现在已经发现的南山根石椁墓[34]与小黑石沟的墓葬[35]。此后这一文化就逐渐衰退了。这大概与历史记载中的齐桓公伐山戎有关。但是这一文化的影响仍然残留在后来的附近文化中。这些影响按其与夏家店上层文化的距离可以分为冀北东部、冀北西部与北方长城沿线的内蒙古地区和甘宁地区。

1. 对冀北东部的影响

这一地区与夏家店上层文化无论是年代上还是地域上都最为接近。主要的考古发现是隆化县三道营村骆驼梁墓葬、下甸子墓，滦平县苘子沟、窑上墓葬和白旗砖厂墓[36]。从发表的几座墓看，主要的随葬品是短剑、刀子和服饰品。短剑的种类有銎柄剑、兽首剑、双环首剑和剑格有纹饰的花格剑。刀子的形态主要是齿柄刀和双环首刀。服饰品类有长方形铜管、单体虎饰牌和圆形扣饰。

这一阶段的剑和刀明显地受到夏家店上层文化的影响。例如，隆化三道营骆驼梁M8出土短剑的剑首是一立体的动物（可能是熊），腹下有穿（图七，7）。宁城县南山根1958年发现的一批铜器，有两把青铜短剑，各铸一动物立于柄端，其中之一可能是熊[37]（图七，2），骆驼梁和南山根这两把剑首上的动物伫立姿态基本相同。

最重要的影响是夏家店上层文化中数量最多的銎柄剑和齿柄刀在这里的大量出现。隆化骆驼梁M5、滦平窑上墓和白旗砖厂墓都出土了銎柄剑（图七，6）。与夏家店上层文化的銎柄剑相比（图七，1），冀北銎柄剑的剑身与剑柄的长度之比所占比重更大，

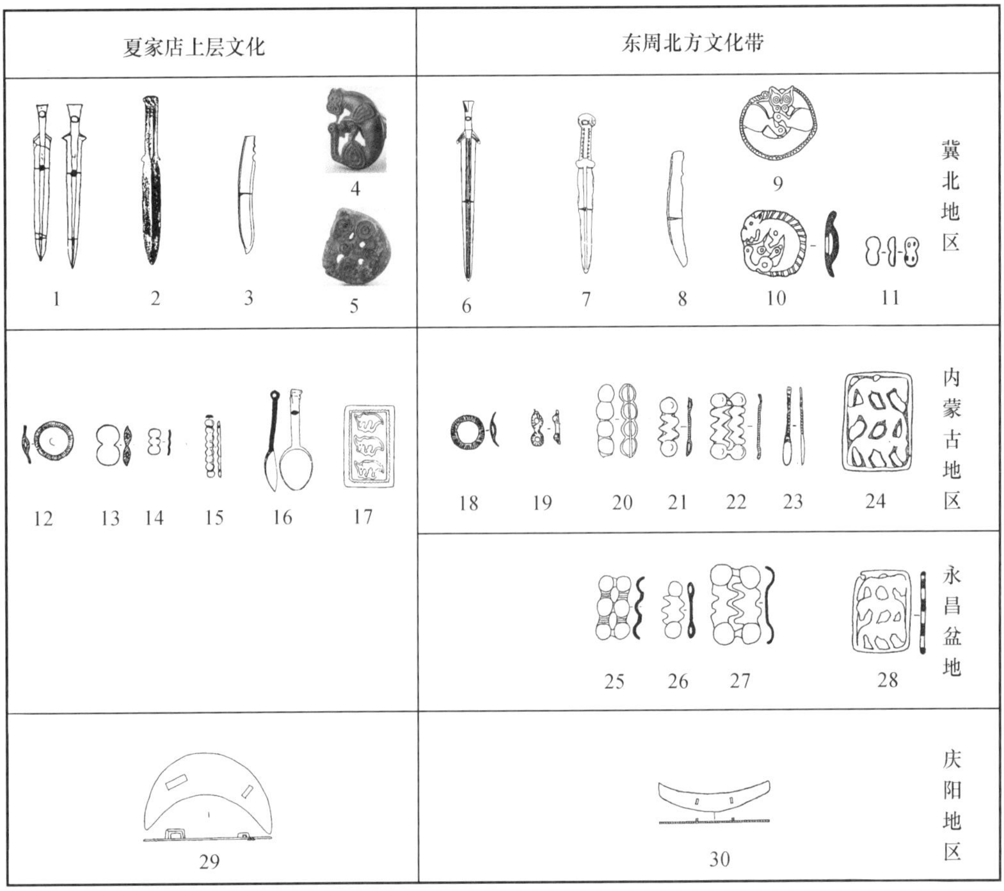

图七　夏家店上层文化对东周北方文化带的影响

1、4、5、17. 小黑石沟 M8501　2. 南山根东区石棺墓　3. 南山根 M3：7　6. 隆化三道营骆驼梁 M5：1　7. 隆化三道营骆驼梁 M8：1　8. 隆化三道营骆驼梁 M8　9. 河北康保　10. 玉皇庙 YYM18：12-9　11. 玉皇庙 YYM20：8-1　12. 龙头山ⅡM1：3　13. 周家地 M45：46　14. 龙头山ⅡT0402③：2　15. 周家地 M1：1　16. 南山根 M4：17　18. 西园 M3：3　19. 西园 M2：24　20. 桃红巴拉 M1：40　21. 毛庆沟 M2：4　22. 西园 M2：8　23. 西园 M6：2　24. 桃红巴拉 M5：7　25. 西岗 M14：1　26. 西岗 M136：3　27. 西岗 M56：5　28. 西岗 M74：8　29. 宁城天巨泉 M7301　30. 庆阳城北车马坑

就是说剑身有加长的趋势，而且剑脊有血槽，剑格外凸明显（剑格外凸，呈蝶式护手是这个时代的特点）。这些变化都说明了东周时期的銎柄剑的杀伤力更大了。冀北地区的齿柄刀（图七，8）似乎是没加改造就直接从夏家店上层文化（图七，3）那里拿过来使用的。但冀北地区的长方形铜管是夏家店上层文化不见的，表明它们是两种不同的考古学文化。夏家店上层文化没有把针随身携带的习惯，而冀北地区东周时期北方系青铜文化把装有针的铜管随身携带，挂置在腰带上，这是东周时期整个北方文化带的特点，欧亚草原也具有同样的习俗，这一方面反映了冀北东周时期游动性的增强，另一方面说明夏家店上层文化与东周北方文化带是两个完全不同的时代。

冀北东周北方系青铜文化的早期与夏家店上层文化东南沟类型都分布在河北省东北部与内蒙古东南部交界的地区，因此这些影响是非常直接的、大量的。正是这些影响，造成了东周时期冀北地区的东部与中西部有很大差别，但是随着夏家店上层文化遗风的减弱以及中原影响的增强，冀北地区东部与中西部的差别也逐渐消失。

2. 对冀北中西部的影响

这一地区有几批墓地资料（军都山[38]、小白阳[39]和甘子堡[40]等），但是来自夏家店上层文化的影响数量比冀北东部地区少，主要是齿柄刀，而且只是在早期有少量发现，如小白阳墓地出土过一把这样的刀。新近出版的《军都山墓地——玉皇庙》报告[41]全面报道了玉皇庙墓地的发现，从中我们了解到玉皇庙墓地随葬的卷曲动物纹牌饰与夏家店上层文化有承袭关系。夏家店上层的卷曲动物纹饰牌的动物形象有正面与侧面两种，均出土于小黑石沟墓葬（图七，4、5）。玉皇庙文化的卷曲动物纹也分为正面与侧面两种，正面的发现于河北唐保（图七，9），玉皇庙墓地出土了31件（报告称“团兽形”大铜扣），均为侧面（图七，10）。

3. 对内蒙古地区东周时期北方青铜文化早中期的影响

内蒙古东周时期北方青铜文化早期的遗存发现数量很少。它的特点是以缝缀的泡饰和不见青铜短剑，属于这一时期的遗存有准噶尔旗宝亥社青铜器群[42]、包头西园春秋墓地[43]、土默特旗水涧沟门铜器群[44]和伊金霍洛旗明安木独村墓[45]。

这时的随葬品主要有銎戈、刀、马衔以及服饰品类。其中的服饰品有夏家店上层文化的影响。服饰品中有带扣、联珠饰和铜泡。这种以铜扣缝缀在衣物上的装饰手法在夏家店上层文化中非常流行，并延续到东周时期北方青铜文化的早期。从考古发现的位置看，这些扣饰主要装饰在人身体的上半部。从东周北方青铜文化中期开始，服饰品以带扣和腰饰牌为主，这与骑射和挂置工具武器的需要有关。

夏家店上层文化的泡饰一种素面，一种有放射性纹饰（图七，12）。内蒙古东周时期的北方文化早期有两种泡饰，一种是表面有放射线纹的（图七，18），与夏家店上层文化的相似；另一种是有二三周方点或圆点纹的铜扣，这种纹饰不见于夏家店上层文化。而且这种纹饰见于当地中期的带扣上。内蒙古东周北方文化早期还有（宝亥社和西园的装饰物）双联珠饰和铜匙（图七，19，23）。应当是受夏家店上层文化的影响。如果说夏家店上层文化与东周时期北方文化带早期以泡饰为主要装饰是时代特征的相似，那么两地都有的带有放射线装饰的铜泡以及联珠饰应当是文化特征的相似。

在相当于春秋晚期到战国早期的东周北方文化的中期，服饰品中以腰饰牌为主。以毛庆沟墓地为例[46]，这种饰牌分为两类，一类是上下对成的鸟纹饰牌，后简化为云纹饰牌；另一类是联珠饰，这应当是夏家店上层文化联珠饰的影响，但是它又有自己的独立发展。夏家店上层文化的联珠饰均为圆珠形（图七，13～15），东周北方的联珠饰有圆珠形（图七，20），也有“之”字形锯齿状的（图七，21），这种“之”字形的联珠饰排在一起，可以咬合，非常紧密，又能弯曲自如，起到腰饰牌的作用。夏家店上层文化的联珠饰均为单排，东周北方的联珠饰有单排，也有双排甚至三排的（图七，

22），而且多排的年代更晚，制作粗糙。联珠饰的背纽也不同。夏家店上层文化联珠饰的背面没有明显的纽，可能是将整体固定在衣物上，最明显的是周家地墓地的联珠饰（图七，15）。东周北方文化的联珠饰的背纽一般是在联珠饰的两端（图七，21），这样可以将许多联珠饰串在一起，固定在腰带上。总之，东周北方文化联珠饰的这些变化都说明这时的联珠饰是为了装饰腰带的。但是其形态又是从夏家店上层文化的联珠饰发展来的。内蒙古地区的东周北方文化中期还有一种与夏家店上层文化相似的器物——三马牌（图七，17，24），见于桃红巴拉和忻州窑子等地，数量不多，但是分布比较广。

4. 对甘肃宁夏东周时期北方青铜文化早中期的影响

这个地区距离夏家店上层文化最远，影响分为两种情况。第一种情况是与沙井文化的联系。新近出版的《西岗柴湾岗》的考古报告[47]使我们对沙井文化有了更多的了解，沙井文化有大量与夏家店上层文化以及内蒙古东周北方文化相似的联珠饰和三马牌饰（图七，25～29），而以固原杨郎马庄墓地为代表的北方文化主要是简化的云纹饰牌，少见联珠饰。

在庆阳城北发现的一座葬马坑，出土的65件马甲饰（图七，30）[48]，形状与内蒙古宁城夏家店上层文化晚期宁城县天巨泉M7301出土的“月牙饰”[49]非常相似（图七，29），可以看成是夏家店上层文化对这一地区零星的影响。天巨泉M7301月牙形器的尺寸是：长18.5、最宽处5.85、厚0.25厘米。庆阳出土的长的两组为22件长16.2～20、宽2.8～3.8厘米，短的三组43件长13～16.5、宽2.5～4厘米。这种马甲饰我们在欧亚草原也见到，并且复原了它们的用法（图八）[50]。

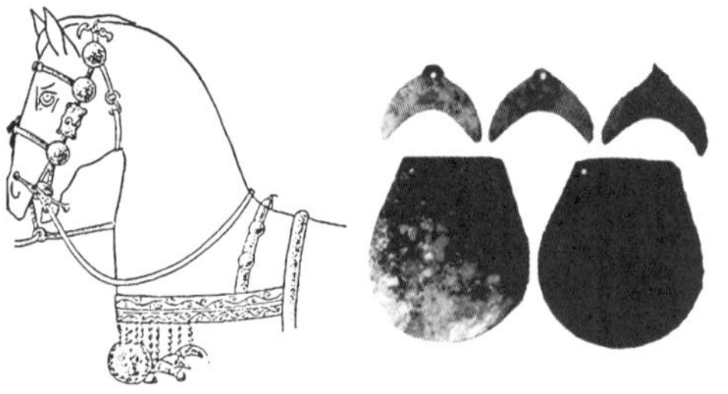

图八　欧亚草原马甲使用方法

从夏家店上层文化影响的分析可以看出，夏家店上层文化虽然在春秋中期以后已经衰落，但是仍然对春秋中期兴起的东周北方文化带产生了一些影响。这些影响分为两种情况：一种是直接的影响，即当地的器形与夏家店上层文化的基本相同。这种情况主要见于东周北方文化带的早期，受其影响最大的是冀北的东部地区，有夏家店上层文化中最主要的銎柄剑和齿柄刀；对内蒙古地区的影响有泡饰、联珠饰和铜匙。第二种情况是对夏家店上层文化的器物加以改造，使之更加符合自身需要，并成为该文化的一个主要特点。这主要见于内蒙古地区中期和沙井文化的联珠饰，出现了“之”字形和多排联体的，器纽形制也发生了变化，从而适应了装饰腰带的需要。所以夏家店上层文化对东周时期长城沿线北方文化带的影响中最有意义的还是第二种情况，它的影响更为深远。第一种情况其原因主要是地域上的便利所形成的简单的传播，第二种情况则是由于社会生活方面的相似，才使得内蒙古地区把夏家店上层文化的联珠饰继承并发展了下去。夏家店上层文化与内蒙古和沙井文化相似的这些文化因素，也出现在蒙古国东部的石板墓中。东周北方文化带中不同文化吸收夏家店上层文化影响的不同情况很可能暗示了各族群之间的联系与区别[51]。

三

夏家店上层文化继承北方青铜器的渠道有三条：第一条来自长城沿线的商末青铜器；第二条来自当地燕山南北的商末青铜器；第三条来自年代大体同时的燕山南麓的北方青铜器。从这三条渠道中我们可以看到商末周初北方青铜器的主要流向：第一条是通过青铜盔、马镳和长体刀的分期与分布的变化所表现出来的，是从南流黄河两岸—鄂尔多斯高原—燕山南麓—燕山以北—蒙古高原；第二条是以兽首刀的分析所呈现出来的，由燕山南麓—燕山以北；第三条是由白浮的管銎戈与钺等器物所表现出来的，也是燕山南麓—燕山以北。第二条与第三条路线相同，他们的不同之处在于第二条是在商代晚期，第三条是在周代早期，说明了燕山南北从商代晚期到西周早期始终有北方青铜文化向北传播，而且不同时期传播的器物和其中包含的文化因素是不同的。这三条路线的共性是从与中原相近的北方到与草原相近的北方，这暗示着中国商代晚期的北方青铜器很可能是起源于长城沿线。而且蒙古高原与中国北方的文化关系最为密切。有学者在研究卡拉苏克文化的冶金[52]时提出卡拉苏克文化的冶金是从南西伯利亚的米努辛斯克盆地起源，然后一支向图瓦传播，另一支向蒙古国传播，又从蒙古国到鄂尔多斯，在鄂尔多斯形成次生冶金生产中心，然后向中国北方的其他地区传播，最后传到中原地区这样一种假说。但是这种假说还没有器物的年代学的支持。而我们分析的夏家店上层文化青铜器中的一部分来自长城沿线的商末北方青铜器恰好是与这个假说相反的传播方向，即从南向北的传播路线。我们并不是说这个从南向北的传播证据就否认了从北向南的构想。但是这个证据可以说以兽首刀为代表的东部欧亚草原的分布不是从北向南的。夏家店上层文化中也有草原传入的影响，如立兽和柄部成排纹饰的刀或剑，我们将另文讨论。所以在讨论草原文化传播时应该具体到器物的年代、器形的演变以及具体的传播物的发现地点。因为不同时代有不同的传播发展方向，而且同一时代不同的器物也可能有不同的来源，可以并存几种传播路线，不能够以偏概全。所以欧亚草原东部地区二千纪的冶金与青铜器的生产与传播还有待更多的新发现。

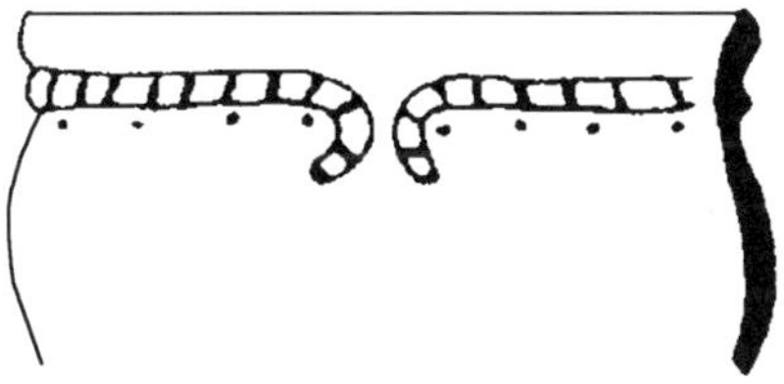

图九 安德罗诺沃文化的附加堆纹陶器

最近读到库兹米纳的一本关于印度–伊朗人起源的新书[53]，在谈到蒙古国石板墓的青铜盔时，作者认为石板墓有堆纹陶，而堆纹陶是安德罗诺沃文化的特点（图九），所以青铜盔也是从安德罗诺沃文化传来，而且不仅到了蒙古国，还传播到外贝加尔以及中国北方。但是从目前发现看，安德罗诺沃文化没有青铜盔，而且从上文对铜盔演变的分析看，中国北方的铜盔中最晚的夏家店上层文化的铜盔与蒙古国石板墓的铜盔大体同时。而且在夏家店上层文化中有两类铜盔，一类是中国北方的铜盔，另一类是与欧亚草原有相似性的铜盔，蒙古高原目前发现的都是前一种，反映了蒙古高原与中国北方的密切联系，它们构成了欧亚草原最东端的一个青铜器分布区。

夏家店上层文化对后来北方青铜文化的影响由近及远在逐渐递减，在最近的冀北东部只是一种简单的延续，并且逐渐消失。其中影响最为深远的是联珠饰，在内蒙古地区和更西部的沙井文化经过改造成为一种腰饰牌。在甘宁地区这种影响只是零星的。值得注意的是，夏家店上层文化的联珠饰也见于蒙古高原的石板墓文化中。这种饰牌分布的背后是否具有某种历史意义有待进一步的探讨。

夏家店上层文化的青铜器是多元的，它以自身特色的銎柄剑和齿柄刀为主，并有中原文化的影响，部分地继承了中国北方青铜文化的传统，并吸收了草原青铜文化的因素。因此这个青铜文化才能达到如此高的青铜器制造的成就。在公元前一千纪初期的整个欧亚草原，只有图瓦地区的阿尔然大冢能够与夏家店上层文化的发展水平相比，他们共同成为广义的斯基泰时代骑马游牧文化的前驱者。

注　释

[1] 刘国祥：《夏家店上层文化青铜器研究》，《考古学报》2000年4期，451～499页。

[2] 保德青铜器群的划分详见杨建华、蒋刚：《公元前2千纪的晋陕高原与燕山南北》，科学出版社，2008年。

[3] 北京市文物管理处：《北京地区的又一重要考古收获——昌平白浮西周木椁墓的新启示》，《考古》1976年4期，246～258页。

[4] a. 刘国祥：《夏家店上层文化青铜器研究》，《考古学报》2000年4期，451～499页；b. 王彤：《中国北方商周时期铜胄》，吉林大学硕士学位论文，2007年。

[5] L. K. Galanina.Die Kurgane von Kelermes. Steppenvolker Eurasiens. Band I Moskau，1997：TAFEL15.

[6] 以河北东南沟墓葬为代表，见河北省博物馆、河北省文物管理处：《河北平泉东南沟夏家店上层文化墓葬》，《考古》1977年1期，51～55页。

[7] Erdene bataar. Burial Materials Related to the History of the Bronze Age in the Territory of Mongolia//Metallurgy in Ancient Eastern Eurasia From the Urals to the Yellow River. Edited by Katheryn M. Linduff. 2004.

[8] 吉县文物工作站：《山西吉县出土商代青铜器》，《考古》1985年9期，848～849页。

[9] 杨绍舜：《山西石楼新征集到的几件商代青铜器》，《文物》1976年2期，94页。

[10] 山西吕梁地区文物工作室：《山西石楼褚家峪、曹家垣发现商代铜器》，《文物》1981年8期，49～53页。

[11] 杨建华、Linduff K：《试论“勺形器”的用途——兼论晋陕高原商周青铜器的武装化与移动化，公元前2千纪的晋陕高原与燕山南北》，科学出版社，2008年。

[12] 中国内蒙古文物考古研究所、韩国高句丽研究财团：《内蒙古中南部的鄂尔多斯青铜器和文化》，2006年，143页，图47。

[13] 宁城县文化馆、中国社会科学院研究生院考古系东北考古专业：《宁城县新发现的夏家店上层文化墓葬及其相关遗物的研究》，《文物资料丛刊（9）》，文物出版社，1985年，23～58页。

[14] 东京国立博物馆：《大草原的骑马民族——中国北方的青铜器》，东京，1997年。

[15] 东京国立博物馆：《大草原的骑马民族——中国北方的青铜器》，东京，1997年，图27。

[16] 东京国立博物馆:《大草原的骑马民族——中国北方的青铜器》,东京,1997年,图28。
[17] 韩金秋:《商周长体刀起源再研究》,《公元前2千纪的晋陕高原与燕山南北》,科学出版社,2008年,93～108页。
[18] 河北省文物局文物工作队:《河北青龙县抄道沟发现一批青铜器》,《考古》1962年,644～645页。
[19] 锦州市博物馆:《辽宁兴城县杨河发现青铜器》,《考古》1978年6期,387页。
[20] 绥德县博物馆:《陕西绥德发现和收藏的商代青铜器》,《考古学集刊(第2集)》,中国社会科学出版社,1982年,41～43页。
[21] 中国社会科学院考古研究所:《殷墟妇好墓》,文物出版社,1980年,图版六六-1。
[22] 刘建忠:《河北怀安狮子口发现商代鹿首刀》,《考古》1988年10期,941页。
[23] 建平县文化馆、朝阳地区博物馆:《辽宁建平县的青铜时代墓葬及相关遗物》,《考古》1983年8期,679～694页。
[24] 李殿福:《库仑、奈曼两旗夏家店下层文化遗址分布与内涵》,《文物资料丛刊(7)》,文物出版社,1983年,98～114页。
[25] 王未想:《内蒙古林东塔子沟出土的羊首铜刀》,《北方文物》1994年4期,31页。
[26] 邵国田:《内蒙古敖汉旗发现的青铜器及有关遗物》,《北方文物》1993年1期,18～25页。
[27] 王峰:《河北兴隆县发现商周青铜器窖藏》,《文物》1990年11期,57～58页。
[28] 邵国田:《内蒙古敖汉旗发现的青铜器及有关遗物》,《北方文物》1993年1期,18～25页。
[29] 建平县文化馆、朝阳地区博物馆:《辽宁建平县的青铜时代墓葬及相关遗物》,《考古》1983年8期,679～694页。
[30] 杨建华:《燕山南北商周之际青铜器遗存的分群研究》,《考古学报》2002年2期,157～173页。
[31] 建平县文化馆、朝阳地区博物馆:《辽宁建平县的青铜时代墓葬及相关遗物》,《考古》1983年8期,679～694页。
[32] 王峰:《河北兴隆县发现商周青铜器窖藏》,《文物》1990年11期,57～58页。
[33] 王占奎:《甘肃合水九站遗址发掘报告》,《考古学研究(三)》,科学出版社,1997年,300～477页。
[34] 辽宁省昭乌达盟文物工作站、中国科学院考古研究所东北工作队:《宁城县南山根石椁墓》,《考古学报》1973年2期,27～38页;中国社会科学院考古研究所东北工作队:《内蒙古宁城县南山根102号石椁墓》,《考古》1981年4期,304～308页;中国科学院考古研究所内蒙古工作队:《宁城县南山根遗址发掘报告》,《考古学报》1975年1期,117～140页。
[35] 赤峰市博物馆、宁城文物管理所:《宁城小黑石沟石椁墓调查清理报告》,《文物》1995年5期,4～22页。
[36] 郑绍宗:《中国北方的青铜短剑的分期及形制研究》,《文物》1984年2期,37～49页。
[37] 李逸友:《内蒙昭乌达盟出土的铜器调查》,《考古》1959年6期,图二-5、6,276～277页。
[38] 北京市文物研究所:《北京延庆军都山东周山戎部落墓地发掘纪略》,《文物》1989年8期,17～35页。
[39] 张家口市文管所、宣化县文化馆:《河北宣化县小白阳墓地发掘报告》,《文物》1987年5期,45～51页。
[40] 贺勇、刘建中:《河北怀来甘子堡发现的青铜墓群》,《文物春秋》1993年2期,23～40页。
[41] 北京市文物研究所:《军都山墓地——玉皇庙》,文物出版社,2007年。
[42] 伊克昭盟文物工作站:《内蒙古准噶尔旗宝亥社发现青铜器》,《文物》1987年12期,81～83页。
[43] 内蒙古文物考古研究所、包头市文物管理处:《包头西园春秋墓地》,《内蒙古文物考古》1991年1期,13～23页。
[44] 郑隆:《大青山下发现一批铜器》,《文物》1965年2期,50～51页。
[45] 伊克昭盟文物工作站、伊金霍洛旗文物保护管理所:《内蒙古伊金霍洛旗匈奴墓》,《文物》1992年5期,79～81页。
[46] 内蒙古文物工作队:《毛庆沟墓地》,《鄂尔多斯式青铜器》,文物出版社,1986年,227～315页。
[47] 甘肃省文物考古研究所:《永昌西岗柴湾岗》,甘肃人民出版社,2001年。
[48] 庆阳地区博物馆、庆阳县博物馆:《甘肃庆阳城北发现战国时期葬马坑》,《考古》1988年9期,852页。
[49] 宁城县文化馆、中国社会科学院研究生院考古系东北考古专业:《宁城县新发现的夏家店上层文化墓葬及其相关遗物的研究》,《文物资料丛刊(9)》,文物出版社,1985年,23～58页。

[50] КОННИ ВСАДНИК. Взгляд СквозьВека. МОСКВА, 2003：33.
[51] 参见杨建华：《中国北方东周时期两种文化遗存的辨析——兼论戎狄与胡的关系》，待刊。
[52] Sophie Legrand，Karasuk Metallurgy. Technological Development and Regional Influence//Metallurgy in Ancient Eastern Eurasia from the Urals to the Yellow Rivers. Edited by Katheryn Linduff The Edwin Mellen Press, 2004：152.
[53] Kuzmina E E. The Origin of the Indo-Iranians. Leiden Boston，2007：Fig109-19，724.

（原载吉林大学边疆考古研究中心：
《边疆考古研究（第 7 辑）》，科学出版社，2008 年）

辽西山地夏至战国时期考古学文化时空框架研究的再检讨

赵宾福

一、地理范围与文化区分

以往学术界在谈到东北南部地区特别是辽宁境内战国以前考古学文化的分区问题时，提法上存在着很多的相同之处，如都使用“辽西”“辽东”等一些区域性概念。但是，在这些相同概念的背后，却有着完全不同的指代内容。概括起来，主要可分为以下两种情况。

一种是将它们当作行政区划概念使用。例如，“辽西”是指辽宁省的西部地区，“辽东”是指辽宁省的东部地区。与此相应，自然也就有了“辽南”“辽北”“辽中”等几个方位概念。至于这五个“方位区”之间的界线，则很少有人明确加以界定或给出一个具体的说明。

另一种是将它们当作自然地理概念使用。具体情况是依据考古发掘材料的不同，“将战国以前的辽宁分为辽西、辽东和辽中三个地区”。其中“辽西地区是指医巫闾山以西，北至西拉木伦河两侧，包括西拉木伦河、老哈河、大凌河、小凌河及它们的支流地区。辽中地区是指下辽河及太子河流域地区。辽东地区由于和胶东半岛的历史文化关系，又可分为沿海列岛和半岛两个亚区”[1]。

这里，笔者以第二种分区思想和分区结果为基础，对东北南部“辽西”“辽中”“辽东”三个文化区的地理范围和概念表述，再提三点补充性意见和说明。

第一，“辽西”“辽中”“辽东”概念中的“辽”字，指代的应该是“辽河”而不是“辽宁”。因为包括西拉木伦河及其支流老哈河、教来河在内的“辽西地区”，实际上已经涵盖了内蒙古自治区的东南部和河北北部的一小部分区域。“辽东地区”的北部也覆盖了吉林省的东南部边缘地带。

第二，“辽西地区”和“辽中地区”的分界线，应该是医巫闾山。“辽中地区”和“辽东地区”的分界线，应该是秀水河及其入河口以南的辽河主河道。

第三，由于“辽西地区”所处的地理范围主要为山地丘陵，因此可改称为“辽西山地地区”。“辽中地区”所处的地理范围主要为辽河与秀水河一线以西的平原地带，故可改称为“辽西平原地区”。“辽东地区”虽大部分为山地丘陵，但也包含了辽河和秀水河以东的一小部分辽河平原地带，因此为了表述上的方便，仍统称为“辽东地区”为宜。但是从文化本身所表现出来的差异来看（特别是夏商时期），可暂以营口和丹东连线为界，将其进一步区分为“辽东南部地区”和“辽东北部地区”两个亚区（图一）。

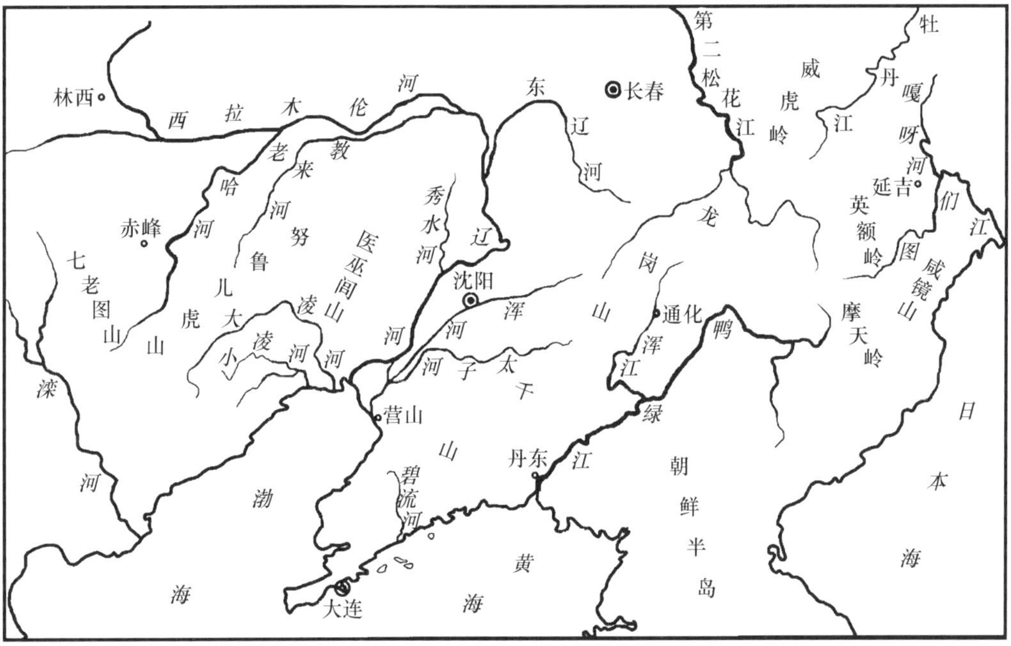

图一　东北南部地区主要河流与山脉位置关系示意图

位于医巫闾山以西并以西拉木伦河、老哈河、教来河和大、小凌河流域为重心的辽西山地地区，目前已识别出来并得到公认的属于夏至战国时期的考古学文化主要有夏家店下层文化（该文化的分布范围已超出了辽西山地地区的范畴，南面已经到达了燕山以南的海河和壶流河流域）、魏营子类型、夏家店上层文化三种。而年代大致与夏家店上层文化并行的“凌河遗存”（晚期可到战国早中期）和继夏家店上层文化之后出现的“水泉遗存”“井沟子遗存”“铁匠沟遗存”“五道河子遗存”等，均因发掘材料较少而导致认识上较为模糊，特别是在文化性质方面，尚存在着许多不同的看法。因此这里通称它们为“遗存”，而暂不使用“文化”或“类型”的概念。

下面按由早及晚的顺序，分别就辽西山地地区各类考古学文化遗存的内涵、分布、分期、年代、序列等有关时空框架研究方面的结论逐一进行检讨，并结合对具体材料的分析和认识，进一步提出笔者的意见和观点。

二、夏家店下层文化的内涵、分期与年代

夏家店下层文化是1960年通过发掘赤峰药王庙和夏家店遗址之后得以命名的一种有别于夏家店上层文化的青铜时代早期遗存[2]。这种遗存虽然早在20世纪30年代日

本人发掘赤峰红山后遗址时就已出土，但当时并没有被单独识别出来，而是和其他文化一起被纳入所谓的“赤峰第二期文化”之中[3]。后来尽管有中国学者已经注意到了“赤峰第二期文化”包含有几个性质不同的文化遗存[4]，但事实上并未从根本上改变和深化对夏家店下层文化的研究和认识。因此，1960年赤峰药王庙和夏家店遗址的发掘以及由此提出来的“夏家店下层文化”和“夏家店上层文化”的区分与命名，应该是夏家店下层文化研究历史上的一个重要转折点，标志着中国学术界对夏家店下层文化的认识，从此进入了一个新的发展阶段。

近半个世纪以来，在辽宁、内蒙古、河北、北京和天津境内先后发现了数百处夏家店下层文化的遗址和墓葬，其中经过正式调查和发掘的，数量也很可观。伴随着考古材料的不断丰富，学术界就夏家店下层文化的年代、分期、类型、分布、渊源、流向、族属等一系列问题展开了深入的研究和讨论。但是在取得了许多成绩和基本共识的同时，有些问题还存在着不小的分歧。尤其是在夏家店下层文化基本内涵和时段性研究方面，仍有必要做进一步的分析和说明。

1. 关于夏家店下层文化的分布和内涵问题

已有的考古发现证明，夏家店下层文化不仅占据了燕山以北的整个辽西山地地区，而且覆盖了燕山以南的壶流河（桑干河支流）、永定河和海河以北地区。由于分布范围十分广泛，因此不同区域内出土的夏家店下层文化遗存，面貌上存在着一定的差异，而对于这种差异的认识——也就是基本文化内涵的认识，目前主要有两种截然不同的意见。

第一种意见认为以上各地区出土的夏家店下层文化遗存属于同一考古学文化范畴。不同地域之间所表现出来的面貌差异，应该是同一文化内部不同地方类型的反映。同时，根据具体比较，提出将夏家店下层文化划分为两个或三个不同的类型或地区。如李经汉先生提出的“燕南类型”和“燕北类型”[5]，邹衡先生提出的“辽西类型”和“燕山类型”[6]，张忠培先生等提出的“西辽河水系区”和“海河北系区”[7]，李伯谦先生提出的“药王庙类型”、“大坨头类型”和“壶流河类型”[8]等。

第二种意见认为燕山以南地区出土的夏家店下层文化遗存不是当地的主体文化因素，而是辽西山地地区夏家店下层文化对燕山以南地区产生较大影响的结果，因此不属于夏家店下层文化的范畴。同时进一步提出燕山以南地区以“大坨头类型”为代表的遗存应该是一种独立的考古学文化，并且一致认为应该定名为“大坨头文化”[9]。

其实，从陶器的基本器物组合来看，燕山以南壶流河、海河流域和燕山以北辽西山地地区出土的夏家店下层文化遗存，面貌大同小异。因此在如何认定夏家店下层文化基本内涵的问题上，笔者以第一种观点为己见，并且赞同将夏家店下层文化区分为“西辽河水系区”（药王庙类型）和“海河北系区”（“大坨头类型”和“壶流河类型”）两个小区、三个类型的观点。其中“西辽河水系区”（药王庙类型）的分布范围，等同于本文划定的辽西山地地区。

2. 关于夏家店下层文化的分期和年代问题

关于夏家店下层文化的分期和年代问题，过去已有专文进行过讨论，其中比较有代表性的而且是分期结果和年代结论能够令人信服的研究成果，当首推 1987 年发表的《夏家店下层文化研究》[10] 和 1990 年发表的《论夏家店下层文化》[11] 两篇力作。此后发表的一些材料和见解，多是补充、丰富或印证了上述两篇文章的认识，而难以修正或推翻已有的研究结论。

比如 20 世纪 90 年代中后期对半支箭河流域开展的考古调查[12] 和同时重点发掘的赤峰大山前遗址[13]，出土材料虽较为丰富，但仅就目前发表的材料来看，尚难以就此对辽西山地地区的夏家店下层文化分期问题有新的修正性认识。

再比如 1996 年出版的《大甸子——夏家店下层文化遗址与墓地发掘报告》[14]，其墓葬部分的分期结果，与以往建立的以尊形鬲为代表的时间框架基本相符。遗址部分提供的 T6A ① H6：6 尊形鬲→ T3 ③：16 尊形鬲→ T1 ④：27 尊形鬲（以箭头所指方向为早）的层位关系，则又一次印证了上述两文对尊形鬲年代排序的认识。

下面以《夏家店下层文化研究》和《论夏家店下层文化》两文的分段、分期结论为基础，通过相互比较，提出笔者的整合性认识。

1987 年发表的《夏家店下层文化研究》一文，首先依据当时发表的赤峰药王庙、夏家店[15]、蜘蛛山[16]、新店、香炉山、西山根[17]，宁城南山根[18]、小榆树林子[19]，敖汉大甸子[20]、小河沿[21]，喀左小转子山[22] 和北票丰下[23] 等遗址的发掘材料，将“西辽河水系区”（辽西山地地区）的夏家店下层文化遗存自早至晚划分为四段，并且排出了Ⅰ～Ⅳ段甗、尊、尊形鬲、绳纹盆 4 种陶器的早晚演化序列。其次，根据河北大厂大坨头[24]、唐山大城山[25]、小官庄[26]，北京昌平雪山[27]、房山琉璃河刘李店[28]，天津蓟县张家园[29]、围坊[30] 等遗址的发掘材料，将分布在永定河以北，包括潮白河、蓟运河在内的“海河水系区”的夏家店下层文化遗存自早至晚划分为三段。另外，该文的作者还在《蔚县考古纪略》[31] 和《蔚县夏商时期考古的主要收获》[32] 两篇文章中将蔚县壶流河流域出土的“主体成分和海河北系区的夏家店下层文化同属一系统文化”的遗存划分成了早晚不同的四段。以上三个地区不同段别之间的对应关系和年代推论，可参见《夏家店下层文化研究》一文的表一。

1990 年发表的《论夏家店下层文化》一文，一是从北票丰下、赤峰药王庙、蜘蛛山和宁城南山根等遗址的典型层位关系入手，结合对不同单位出土遗物的分析并参考其他遗址的材料（使用材料与《夏家店下层文化研究》一文相同，只是补收了《考古》1983 年第 5 期发表的赤峰四分地遗址的试掘材料和《文物》1977 年第 12 期发表的敖汉白斯朗营子塔山和南台地遗址的发掘材料），将分布于辽西山地地区的“药王庙类型”（等同于“西辽河水系区”）自早至晚划分为五段，并且在排定了Ⅰ～Ⅴ段甗、尊、尊式鬲、绳纹盆、鼎、瓮 6 种陶器早晚演化序列的同时，还判定了浅盘豆、圈足盘、素面折肩鬲 3 种陶器的年代位置。二是依据大坨头、张家园、围坊、东庄店[33] 等遗址提供的层位关系，并通过各遗址出土陶器的比较，将“大坨头类型”（等同于“海河北系区”）的夏家店下层文化遗存从早到晚划分为五段，并且排定了Ⅰ～Ⅴ段绳纹鼓腹鬲、素面折肩鬲、尊、盆、瓮5种陶器的演化序列。三是重申并肯定了《蔚县夏商时期考古的主要收获》一文在蔚县壶流河流域夏家店下层文化遗存分段问题上的“三段论”认识，区别仅在于将原文划入二段的前堡F1提早到了一段。以上三个类型不同段别之间的对应关系和年代推论，可参见《论夏家店下层文化》一文的表一。

具体比较以上两文的分段、分期结果，很容易发现它们所依靠的层位关系和据以排比的典型陶器基本相同。对于同一地区或类型所划分出来的时段虽有疏密之分，但各期段遗存的首尾位置和演化趋势基本上没有太大的区别。基于这样两个前提，我们可以通过进一步的比较，把上述两篇文章的分段、分期结果，整合为夏家店下层文化的早晚两期。

早期：相当于《夏家店下层文化研究》的“西辽河水系区”Ⅰ、Ⅱ段，“海河北系区”Ⅰ、Ⅱ段，“壶流河流域”Ⅰ、Ⅱ段和《论夏家店下层文化》的“药王庙类型”1、2段，“大坨头类型”1、2、3段，“壶流河类型”1、2段。整合后的代表单位有丰下遗址的第5层，药王庙遗址的T1③、F2，南山根遗址的T1④、T1③、T10④、T10③、H28，蜘蛛山遗址的T1②F、T1②G、T3④D、T3④E、H42，四分地遗址的F1、F2、F8、H6，南台地遗址的F3，围坊遗址的T1～T4③、T7～T9④、T4H2，张家园遗址的第4层、F4，大坨头遗址的H2，雪山遗址的H109[34]，东庄店遗址的第2～4层，小官庄遗址的甲墓、戊墓，三关遗址的M2008、M2010、H2022、H2047，前堡遗址的F1，四十里坡遗址的T12③等。

晚期：相当于《夏家店下层文化研究》的“西辽河水系区”Ⅲ、Ⅳ段，“海河北系区”Ⅲ段，“壶流河流域”Ⅲ、Ⅳ段和《论夏家店下层文化》的“药王庙类型”3、4、5段，“大坨头类型”4、5段，“壶流河类型”3段。整合后的代表单位有丰下遗址的第2、3层及有关房址和灰坑、T20②H1、T102②F8，药王庙遗址的T1①、T1②、F1，蜘蛛山遗址的T1②A～T1②E、T2④A、T2④B、T3④A～T3④C、H31、H40，塔山遗址的F1、F12，围坊遗址的T7～T9③，张家园遗址的T3②，大坨头遗址的H1，雪山遗址的M11、M42，刘家河遗址的铜器墓[35]，前堡遗址的B1②、TG②：6，四十里坡遗址的H28，庄窠遗址的H224、W3等。

现从以上两期单位中选择绳纹鼓腹鬲、尊形鬲、素面鬲、甗、鼎、尊、盆、瓮等几种典型陶器，排成一个夏家店下层文化陶器的分期图，是为图二。

关于夏家店下层文化早、晚两期的年代，《夏家店下层文化研究》和《论夏家店下层文化》两文的研究结论完全相同，即整合后的早期所包含的各地区各类型的各个段别，年代相当于夏；晚期所包含的各地区各类型的各个段别，年代相当于商代早期。由于夏家店下层文化整体年代相当于夏至早商的观点已基本成为学术界的共识，因此无须再做进一步的讨论。

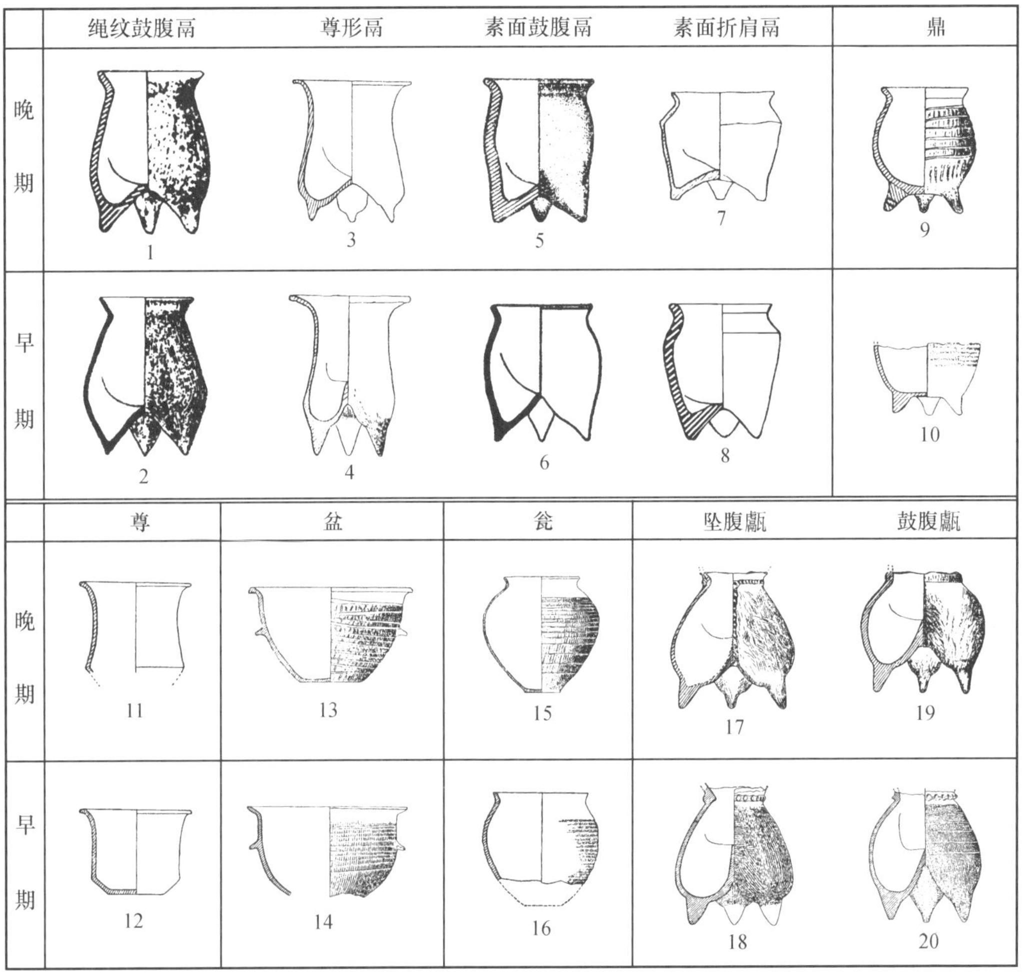

图二　夏家店下层文化典型陶器分期图

1、2. 前堡（TG②：6、F1：39）　3、9、11～13、15、17、19. 丰下（T23③：1、T10③：1、T8②：3、T17⑤：2、T102②F8：9、T84②F13：8、T17③：1、T4②F1：1）　4、7、10、14、20. 南山根（T1③：34、采：1、T10④：23、H28：3、T10④：21）　5. 范杖子（M79：2）　6. 雪山（H66④：94）　8. 小官庄（戊墓：3）　16. 南台地（F3：4）　18. 药王庙（T1③：13）

三、魏营子类型的内涵与年代

如果说20世纪60年代夏家店上、下层两种青铜文化的区分是整个辽西山地地区青铜时代考古的一个转折点，那么20世纪七八十年代发现并识别出来的魏营子类型则标志着该地区的青铜文化研究又进入了一个新的发展阶段。因为这种遗存的确认不仅填补了辽西山地地区夏家店上、下层两种文化之间的年代空白，而且在客观上为辨识整个东北地区与魏营子类型处于相同发展阶段的其他文化遗存提供了一个具有重要启发意义和比照作用的判断标准。

然而，自20世纪90年代以来，随着阜新平顶山、义县向阳岭等新材料的发现和对原有喀左和尚沟墓地D、C、D地点出土遗存性质认识的转变，学术界对魏营子类型的认识也出现了一些新的提法（将魏营子类型改称为魏营子文化）和看法（将魏营子类型的下限年代定在两周之际）。其中核心问题是在一些材料的归属上也就是在如何界定魏营子类型的文化内涵上，意见分歧较大。而由此带来的直接后果，便是对魏营子类型年代的认识出现了很大的不同。由于内涵的界定直接关系到年代的认识，因此要想明确魏营子类型的年代，就必须首先讨论如何看待魏营子类型的文化内涵问题。

1987年发表的《试论魏营子类型》[36]一文，依据对当时发现的朝阳魏营子遗址和墓地[37]、南沟门二期文化层，喀左后坟陶器群[38]、和尚沟A点墓地、北洞孤山[39]、道虎沟墓等材料的梳理和分析，首次提出了在辽西山地地区的夏家店上、下层文化之间应该有一个"魏营子类型"的观点，并且从遗址、陶器、墓地、铜器、时代、分布6个方面界定了魏营子文化的"文化内容"。指出"魏营子类型是主要分布于大凌河流域南部、小凌河流域以至渤海海滨，时代在商周之际前后的一种青铜文化"。

需要特别强调的是：①该文在和尚沟墓地A、B、C、D四个地点出土材料的定性问题上，明确提出"属于魏营子类型的是A点墓地……其他三点为凌河类型墓地"。②从时间、地域和共存关系三个方面推定喀左等地出土的"窖藏铜器应与地方青铜文化有关，据和尚沟1号墓共存陶器的性质，这种地方青铜文化应即魏营子类型"。③在强调魏营子类型是"时代在商周之际前后的一种青铜文化"的同时，还明确指出"这一类型晚于夏家店下层文化而早于夏家店上层文化凌河类型"。④在明确了魏营子类型主要分布于大、小凌河流域的同时，还强调指出在老哈河、西拉木伦河流域的赤峰及周围地区（克什克腾旗天宝同、翁牛特旗头牌子、哲里木盟小库伦等）也发现有与魏营子文化相同或类似的遗物，并认为虽"不能肯定它们同魏营子一类是否属同一文化类型，但可以肯定的是，它们在时间上是相近的"。

从近年来发表的一些新材料和新见解来看，《试论魏营子类型》一文所界定的魏营子类型的"文化内容"，有些得到了进一步的印证或认同，有些则被一些学者提出了异议。以下试就这一问题并结合对不同材料和观点的分析，阐明自己的观点。

首先从新发现的阜新平顶山三期遗存[40]和义县向阳岭三期遗存[41]来看，它们同属于魏营子类型应该没有问题，至少目前尚未见到不同的意见。这两批材料的发现，弥补了以往魏营子类型遗址发掘材料的不足，为更全面地认识魏营子类型的陶器组合特征创造了条件（图三），也为探讨魏营子类型的分期提供了线索（图四）。但值得注意的是，在向阳岭遗址第四期遗存是否也属于魏营子类型的问题上，发掘者的意见并不统一。有的认为它应该是魏营子类型的晚期遗存[42]，有的则认为它与魏营子类型有所区别而应单独定名为"向阳岭第四期遗存"[43]。鉴于遗址内出土的第四期遗存材料很少，并且缺乏完整或可复原陶器（仅1件），加之有些特征与第三期陶器相近的标本不排除是从早期堆积中扰入的可能，因此在材料较少意见又有分歧的情况下，暂以不把"向阳岭第四期遗存"并入魏营子类型为好。也就是说，在讨论魏营子类型的内涵和年代时，不宜包括"向阳岭第四期遗存"在内。

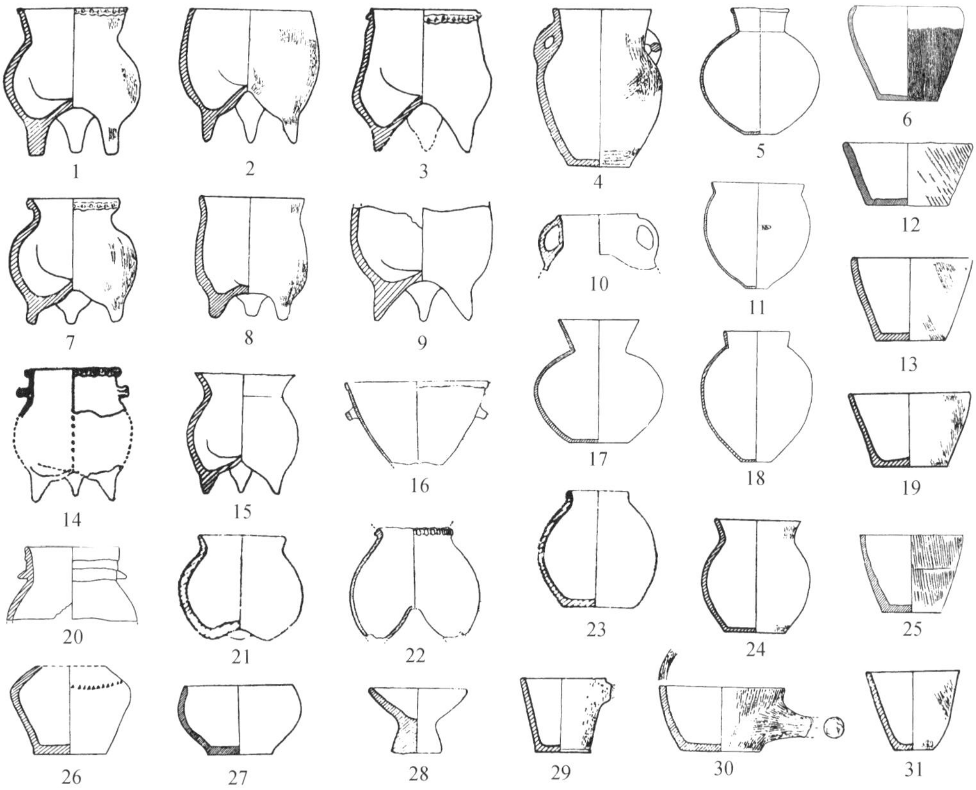

图三　魏营子类型陶器

1～4、7、8、13、17、19、24、26、29、31. 喀左后坟　5、10、11、16、21～23、28、30. 阜新平顶山（H113：2、H112：13、H307：1、H201：2、M303：2、采集：08、M303：1、采集：012、T302③：1）　6. 喀左道虎沟　9、15、18、20. 义县向阳岭（H132：2、H21：1、H37：1、T9③：13）　12. 喀左北洞孤山　14. 丰宁城根营　25、27. 喀左和尚沟A点M1

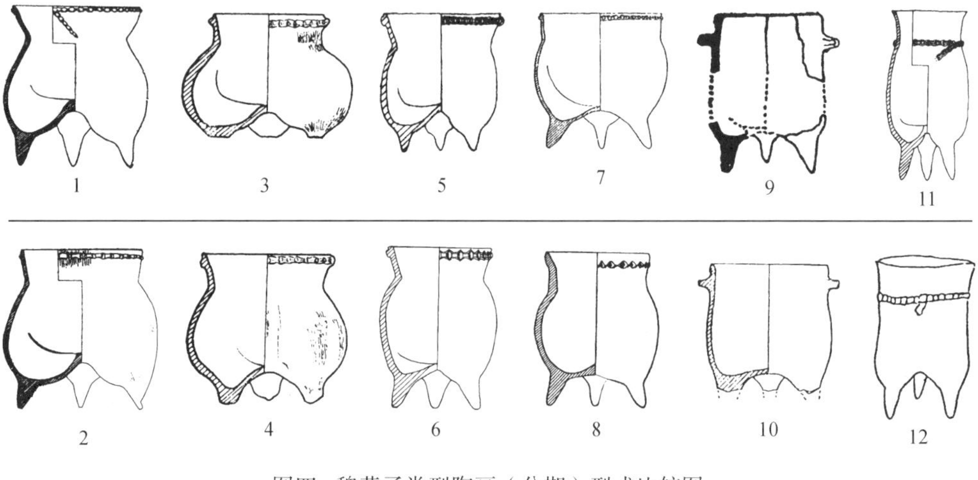

图四　魏营子类型陶鬲（分期）型式比较图

1、2. 哲里木盟小库伦　3、4. 喀左后坟　5、6、11. 义县向阳岭（H62：2、H153：2、H138：2）　7、10. 平顶山（H201：1、H302：7）　8. 喀左南沟门　9. 丰宁城根营　12. 建平水泉

（1、3、5、7、9、11可能较晚，2、4、6、8、10、12可能较早）

其次，在如何看待喀左和尚沟 B、C、D 三个地点出土材料的性质问题上，目前有人发表了不同的看法。认为这三个地点的墓葬和 A 点墓葬属于同一个墓地，也应纳入魏营子类型的范畴，并且由此将魏营子类型的年代下限后延到了两周之际[44]。这种意见提出以后，很快有人顺应，并且明确指出大小凌河流域包括喀左和尚沟 B、C、D 地点墓葬和锦西乌金塘墓在内的、以曲刃青铜短剑为代表的第一阶段遗存（西周晚期至春秋早期）应该属于魏营子类型[45]。与此相反，也有人不赞同这种观点，认为“郭大顺先生当初未将和尚沟 B、C、D 地点墓葬归入魏营子类型，现在看仍是颇有道理的……（有）学者主张（将其）归入魏营子类型，这种看法的证据仍不充分，在资料较少的情况下，宁可暂信曲刃青铜短剑及伴随遗物的出现是该地区文化的一次重大变革”[46]。应该说后一种看法是比较符合客观实际的，因为在辽西山地地区柱脊曲刃剑和銎柄直刃剑的出现，无论如何反映的应该是一种文化内容或文化构成上的重大变革，是一个划时代的重要标志。而且就和尚沟 B、C、D 地点遗存所代表的阶段而言，所见陶器无论是器形还是手制素面夹砂红褐陶系等特点，都与魏营子类型的陶器存在较大的区别，而且在木椁外又垒石椁的高等级墓葬不见于魏营子类型[47]。事实上，大、小凌河流域继魏营子类型之后出现的所谓“凌河类型”，面貌十分复杂，其中包含了许多性质不同、来源有别的文化因素或文化成分。从整体上看，应该是一种已存在曲刃柱脊短剑、基本不见三足器和绳纹陶器为主要特点的文化共同体。基于以上认识，魏营子类型的文化内涵不宜包括和尚沟 B、C、D 地点墓葬和乌金塘墓葬在内，其年代下限当然也就不会晚到两周之际。

再次，关于辽西山地地区以往发现的青铜器窖藏遗存是否属于魏营子文化的问题，已有人提出了肯定的看法。认为“以往发现于大小凌河流域的北方系青铜器与青铜礼器窖藏，现在看来可以归属于魏营子文化”[48]。魏营子类型的青铜器可分为两组，其中一组为“典型中原铜器，主要出自窖藏，也见于墓葬中，常见鼎、甗、簋、卣、壶、鬲、盘等”[49]。由于在喀左道虎沟墓[50]、和尚沟 A 点 M1[51]、高家洞 M1[52]三座墓葬中，均发现了魏营子类型陶器与窖藏所见青铜器共存的证据，因此可以认定这两种遗存的年代应该是同时的。加之在辽西山地地区目前识别出来的考古学文化中，只有魏营子类型与窖藏青铜器的年代相当，所以将两者看成是同一种文化的遗存应该是比较合适的。以这一认识为前提，则可进一步考虑将西拉木伦河和老哈河流域出土的同期同类遗存也一并纳入魏营子类型当中。换言之，以往在克什克腾旗天宝同[53]、翁牛特旗头牌子[54]、赤峰西牛波罗南山[55]等地出土的晚商时期的青铜礼器和天宝同、宁城西门外[56]、哲里木盟小库伦等遗址出土的以花边堆纹鬲为代表的陶器标本，也应该被看作魏营子类型的遗存。特别是小库伦出土的 19：32 号和 19：15 号陶鬲标本[57]，均为夹砂红褐陶，斜直领，口饰花边堆纹、素面或绳纹经过打磨，造型特点分别和后坟出土的斜领花边绳纹鬲（见原报告图一，1～3）、平顶山三期的素面花边堆纹鬲（H201：1）十分相近。天宝同出土的花边堆纹鬲标本不仅具有魏营子类型同类陶鬲的一般特点，而且口沿外侧施鋬耳的做法，在平顶山三期遗存的直腹鬲上也有发现（H302：7）。同样的錾耳鬲标本还见于更南一点的河北丰宁城根营遗址[58]。如是，则魏营子类型的分布范围除了大、小凌河流域以外，还应包括努鲁儿虎山以西地区的西拉木伦河、老哈河流域，甚至是比老哈河上游更远的南部地区。如同年代较早的夏家店下层文化一样，魏营子类型的分布也应该是整个辽西山地地区。当然，大、小凌河流域以外的魏营子类型遗存材料少而零星、面貌比较模糊，这是一个不可回避的事实。但是造成这一现象的主要原因，应该是以往在这些地区开展的田野工作较为薄弱，特别是缺乏有意识的大规模的考古调查和发掘。所以根据现有的宝贵线索推测，在大、小凌河流域以外地区大量的成批的魏营子文化材料的发现，也许只是一个时间问题。

最后，关于魏营子类型的年代，最早被定为“商周之际前后”[59]，于是在相当长的一段时间内，很多人都习惯称其为“商末周初”。

从共存关系上看，在喀左和尚沟 A 点 M1 内，与魏营子类型绳纹钵和素面碗共出的是相当于安阳商代晚期的青铜卣等中原礼器和相当于京郊平谷刘家河商中期墓葬出土的金钏。在喀左高家洞 M1 内，魏营子类型的绳纹外叠唇钵和素面碗同相当于殷墟二期的铜瓿共出[60]。这两个单位的共存关系表明，魏营子类型的年代很可能处在商代的中晚期。

从层位关系上看，在喀左南沟门遗址，属于魏营子类型的第二期遗存直接叠压在属于夏家店下层文化的第一期遗存之上[61]。出有魏营子类型典型陶鬲的建平水泉中层遗存，下压的是属于早期的夏家店下层文化[62]。另外在属于魏营子类型的喀左高家洞 M1 填土中，发现有夏家店下层文化的陶片。这三处层位关系表明，魏营子类型的上限年代应该在夏家店下层文化之后，也就是在商代早期之后。魏营子类型的下限年代，有两处层位关系可作参考。一是在喀左南沟门遗址，以砌石墓群（春秋时期墓地）为代表的第三期遗存叠压在属于魏营子类型的第二期遗存之上。二是在被确认为属于西周早期的朝阳魏营子墓葬填土中出有魏营子类型的陶片。以往学者多根据后者将魏营子类型的下限年代定在周初或西周早期。最近又有学者试图依据与昌平白浮西周墓年代相当的魏营子西周墓被重新考证为西周中期或更晚[63]为理由，而将魏营子类型的下限年代划定在西周晚期或两周之际[64]。其实仅就这一层位关系而言，只能判定魏营子类型的下限年代不晚于西周早期或西周中晚期而已。因为无论是西周早期的墓葬也好，还是西周中晚期的墓葬也好，其填土中所包含的魏营子类型遗物从堆积形成的先后次序上说应该是早于墓葬的建造年代，但究竟早多少则是难以凭据这一层位关系本身可以确定的。再加上魏营子西周墓内未见有魏营子类型的陶器共出，因此将墓葬本身划定为魏营子类型的观点实际上也是难以令人信服的。

从整个东北地区的考古发现来看，与魏营子类型存在密切关系的考古学文化北有“古城遗存”，南有围坊三期文化，东有高台山文化，而这些文化的年代均处在商代晚期。相反，在周边地区发现的年代处于西周之后的考古学文化中，尚未看到有特征十分明显的魏营子类型的陶器出土。而据这一侧面现象推测，魏营子类型的年代也应该不会晚到西周。

综合以上分析，现就魏营子类型的内涵和年代等问题重申如下。

1）喀左和尚沟 B、C、D 点墓葬，锦西乌金塘墓葬，朝阳魏营子西周墓，义县向阳岭第四期遗存，均不属于魏营子类型的文化范畴。

2）魏营子类型的分布范围可能基本上与夏家店下层文化相当。

3）魏营子类型的年代范畴为商代晚期。

四、夏家店上层文化的分期与年代

夏家店上层文化主要分布在辽西山地地区的西半部，即努鲁儿虎山以西，七老图山以东，西拉木伦河流域以南，滦河流域以北。中心地区为西拉木伦河和老哈河流域。

1. 关于夏家店上层文化的分期问题

在夏家店上层文化的分期问题上，目前主要有以下几篇代表性研究成果。

第一篇是《夏家店上层文化的初步研究》（以下简称《研究》）一文，发表于 1987 年[65]。该文依据当时发表的赤峰夏家店遗址[66]、蜘蛛山遗址[67]、红山后墓葬[68]，宁城南山根遗址[69]、南山根石椁墓[70]，敖汉旗周家地墓葬[71]，林西大井铜矿遗址[72]，翁牛特旗大泡子墓葬[73]等材料，首次将夏家店下层文化区分为三段。其主要研究结论是：第Ⅰ段以翁牛特旗大泡子青铜短剑墓为代表，另包括建平水泉城子 M7701[74]。第Ⅱ段以夏家店墓葬和遗址 T3⑤等早期遗存为代表，另包括南山根遗址的部分灰坑，林西大井铜矿 F2，蜘蛛山遗址 H1、H16、H21、H25 和建平水泉城子 M7801。第Ⅲ段以夏家店遗址 T7②、T7①、T4④、H5、F4 等晚期层位遗存为代表，另包括宁城南山根石椁墓，赤峰红山后 A、D 墓地石棺墓和敖汉周家地 M45。

第二篇是《内蒙古克什克腾旗龙头山遗址发掘的主要收获》（以下简称《收获》）一文，发表于 1991 年[75]。该文主要是依据 1987～1991 年先后经过四次发掘的克什克腾旗龙头山遗址的出土材料[76]写成的。虽然属于对单个遗址所做的个案分析，但是由于龙头山遗址的发掘面积较大，层位关系复杂，遗存含量丰富，因此这一研究成果不仅对解决整个夏家店上层文化的分期问题具有十分重要的参考价值，而且起到了目前发掘的其他任何遗址都无法比拟和替代的标尺性作用。据《收获》一文图六可知，龙头山遗址的发掘材料自早至晚可划分为四个时期（第四期又分为Ⅰ、Ⅱ两段），其中各期比较有代表性的单位是：第一期为ⅡH70 和ⅡH54，第二期为ⅡT0606③、ⅡT0701③、ⅡT0801③和ⅡH6，第三期为ⅡT0402②、ⅡT0605②、ⅡT0701②、Ⅱ祭祀坑 2 和ⅡH36，第四期Ⅰ段为Ⅱ祭祀坑 1、ⅡH11、ⅡH12 和ⅡH25，第四期为ⅡT0902①、ⅡT0904①、ⅡH39 和ⅡH40。

第三篇是《龙头山遗址的几个问题》（以下简称《问题》）一文，发表于 2002 年[77]。该文首先是在不改变《收获》一文原来各期单位时间位置的前提下，严格按照各单位之间的层位关系，将过去所分的四期五段重新合并为三段，并且排定了鬲、鼎、罐、盆、钵五类器物的型式演化序列（见该文图一）。与《收获》一文的分期相比，《问题》的第一段相当于《收获》的第一、二期，《问题》的第二段相当于《收获》的第三期（区别仅在于将原四期Ⅰ段的ⅡH12改并到了该段当中），《问题》的第三段相当于《收获》的第四期。然后，该文以龙头山遗址的分段为基础，结合其他遗址的出土材料，进一步提出整个夏家店上层文化遗存可划分为顺序相承的四个发展阶段。具体结论是：

第一期以龙头山遗址第1段遗存单位为代表（Ⅱ区第3层及3层下开口的ⅡH6、ⅡH54、ⅡM1和ⅡH70），其他遗址目前尚极少见到这期遗存。

第二期以龙头山遗址第1段遗存单位为代表（Ⅱ区第2层及2层下开口的ⅡH36、Ⅱ祭祀坑2和第1层下开口的ⅡH12），另包括林西大井铜矿F2、翁牛特旗大泡子青铜短剑墓、建平水泉中层M8等单位。

第三期以龙头山遗址第3段遗存单位为代表（Ⅱ区第1层及1层下开口的ⅡH11、ⅡH25、ⅡH39、ⅡH40和Ⅱ祭祀坑1），另包括赤峰夏家店T1②、T3⑤、H5，赤峰蜘蛛山H16，敖汉旗周家墓地M6、M42，宁城南山根M101、M3，建平水泉城子M7801等单位。

第四期不见于龙头山遗址，代表单位有赤峰夏家店T7①、H11、F4，赤峰蜘蛛山H1、H21，赤峰红山后M3，敖汉周家地M45和巴林右旗大板南山墓[78]等。

《问题》一文的分期，最大限度地利用了龙头山遗址的发掘材料，尽可能地兼顾了以往积累的原始材料，是在部分地肯定、调整、修正了《收获》和《研究》两文分期结果的基础上提出的一个比较切合实际的分期结论。因此这里以《问题》的分期为母本，同时结合自己的认识和发表的新材料，将《问题》一文所划分的夏家店上层文化一至四期合并为三期4段，各期、段典型陶器的型式关系可重新调整为图五。现就该分期结果与《问题》分期之间的区别说明如下。

1）早期和中期分别相当于《问题》的一、二期，晚期Ⅲ、Ⅳ段分别相当于《问题》的三、四期。

2）调整了个别单位的期属。林西大井古铜矿F2在《问题》的分期中被定为二期，本文将其调整到了早期，原因是该单位出土的F2∶1直腹鋬耳鬲（图五，25），应该是中、晚期同型陶器（图五，16、6）的早期形态；赤峰夏家店H5在《问题》的分期中被定位三期，本文也把它调整到了早期，理由是该单位出土的H5∶15环耳鬲（图五，27），双耳明显高于器口，整个鬲腹形态更近似于环耳陶罐，从造型风格上看应该是中、晚期同型陶器（图五，18、8、1）的祖型。

3）否定了个别单位的性质。该分期剔除了以出土銎柄式直刃剑为特征的建平水泉中层M8和建平水泉城子M7801两个单位的材料（包括《研究》一文提到的建平水泉城子M7701）。理由是建平地处努鲁儿虎山的东麓，地理范畴属大、小凌河流域。这里不仅发现有少量的具有夏家店上层文化特点的陶器和青铜器（銎柄式直刃剑），而且出土数量更多的“凌河遗存”的陶器和青铜器（柱脊式曲刃剑）。正像老哈河流域的宁城南山根石椁墓（M101）[79]和小黑石沟石椁墓[80]虽均出有柱脊式曲刃剑但并未因

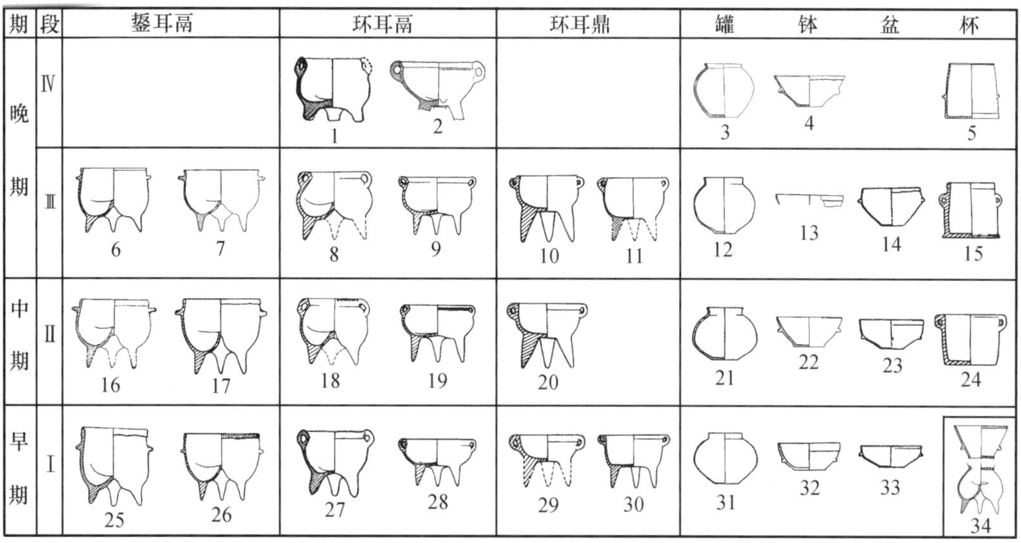

图五　夏家店上层文化典型陶器分期图

1、3、27. 赤峰夏家店（T7①：2、H11：4、H5：15） 2. 敖汉周家地（M45：01） 4. 赤峰蜘蛛山（H1：2） 5、18、22. 赤峰大山前［98（Ⅳ）H143③：1、H125④：2、H125④：3］ 6～17、19～21、23、24、26、28～33. 克什克腾旗龙头山（Ⅱ区祭祀坑1：6、T0803①：1、H11：3、H40：15、T0904①：1、T0902①：1、H40：18、T0802①：3、H40：6、H40：11、T0203②：4、祭祀坑2：5、H12：6、H36：1、T0402②：5、T0903②：4、T0701②：1、H70：1、T0701③：3、T0606③：1、H54：3、H70：3、H70：9、H70：7） 25. 林西大井古铜矿（F2：1） 34. 克什克腾旗龙头山

此而将其划入大、小凌河流域的“凌河遗存”范畴一样，建平地区出有銎柄式直刃剑的遗址和单位也不宜因此而被划入到夏家店上层文化的范畴之中（顺便提到的是年代更晚一点的老哈河敖汉旗山湾子墓地、东井墓地[81]，本应和当地晚于夏家店上层文化的“水泉遗存”[82]属同一文化性质[83]，但有人却将其划入大、小凌河流域的“凌河遗存”范畴[84]）。事实上，大、小凌河流域的“凌河遗存”和老哈河流域的夏家店上层文化互见少量的对方文化因素，应该是相邻文化之间彼此交流或渗透的结果，而不应该根据在哪里见到了某种文化因素就把某文化的分布范围划到哪里。因为出某种文化遗物，与属于某文化的分布区是两件不同的事情。一句话，出有銎柄式短剑的建平水泉中层M8和建平水泉城子M7701、M7801等单位不属于夏家店上层文化，而是东部大、小凌河流域“凌河遗存”的遗存。

4）增补了个别单位的期属。宁城南山根H1：20环耳鼎（罐）[85]，形态与早期的夏家店H5：15环耳鬲相近，因此可定为早期；赤峰大山前第四地点[86]Ⅳ98H125④出土的一件环耳鬲（H125④：2），形态与属于《问题》二期的ⅡT0402②：3环耳鬲相同，因此应并入《问题》二期也就是本文的中期；赤峰大山前98（Ⅳ）H143③：1直壁敛口杯（图五，5），形态应排在晚期三段ⅡH40：11环耳杯（图五，15）之后，腹部鋬耳的出现可能是借鉴了同期鋬耳盆的制作工艺，因此大山前98（Ⅳ）H143③可定为晚期四段；克什克腾旗关东车M1出土的一件扁腹陶壶（M1：1）[87]，颈部饰一周平行线内加波折线的篦点压印纹（图六，1），从形态上看应该排在中期翁牛特旗大泡子同类陶壶（图六，4）之后，因此应定为晚期（Ⅲ或Ⅳ段）；龙头山遗址出土的甗盆和甗体标本（图五，34；图七，18），形态与商代晚期的高台山文化76东高台山T1H1：5接近（图七，17），因此年代应该较早，暂定为早期标本；赤峰红山后M7出土的一件乳足鬲（图六，7），器口折直，腹壁弧圆，无实足跟，形态和年代应介于本文中期ⅡH12：3有实足跟的乳足鬲（图六，3）和商代晚期魏营子类型同类器（图三，21）之间，因此可定为早期。

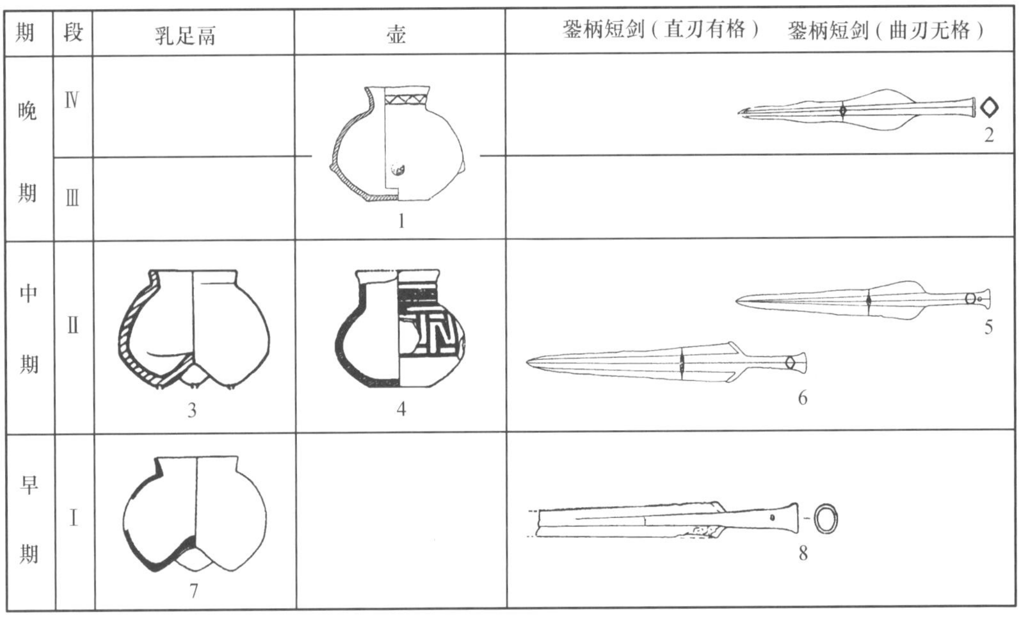

图六　夏家店上层文化乳足鬲、壶、銎柄短剑分期图

1. 克什克腾旗关东车（M1：1）　2. 巴林右旗大板南山墓　3. 克什克腾旗龙头山（ⅡH12：3）4～6. 翁牛特旗大泡子　7. 赤峰红山后M7　8. 克什克腾旗龙头山（ⅡM1：15）

5）修改了个别陶器的型别。《问题》和《收获》两文将施有鋬耳和环耳的陶鬲未加区别，而统一划分为A、B、C三型，分型的标准是鬲腹形态的不同，结果是A型鬲的序列中既有鋬耳鬲又有环耳鬲（参见两篇原文的图一）。本文在不改变《问题》一文陶鬲时间位置的情况下，受夏商时期高台山文化陶鬲型式特点的启发（高台山文化是夏家店上层文化的前身），将施有鋬耳和环耳的陶鬲首先划分为鋬耳鬲和环耳鬲两个大型，然后在每型之下又依据器腹的不同各划分出两个亚型（各亚型陶鬲的演化特点及规律和《收获》一文总结的基本相同）。如此划分的理由是夏家店上层文化的鋬耳鬲和环耳鬲以及它们的亚型均可以在高台山文化的鬲、罐、鼎中，找到各自发展的源头（图七）。

6）补排了一些器物的型式演化序列。如钵、杯、乳足鬲、壶和銎柄短剑等（图五、图六）。

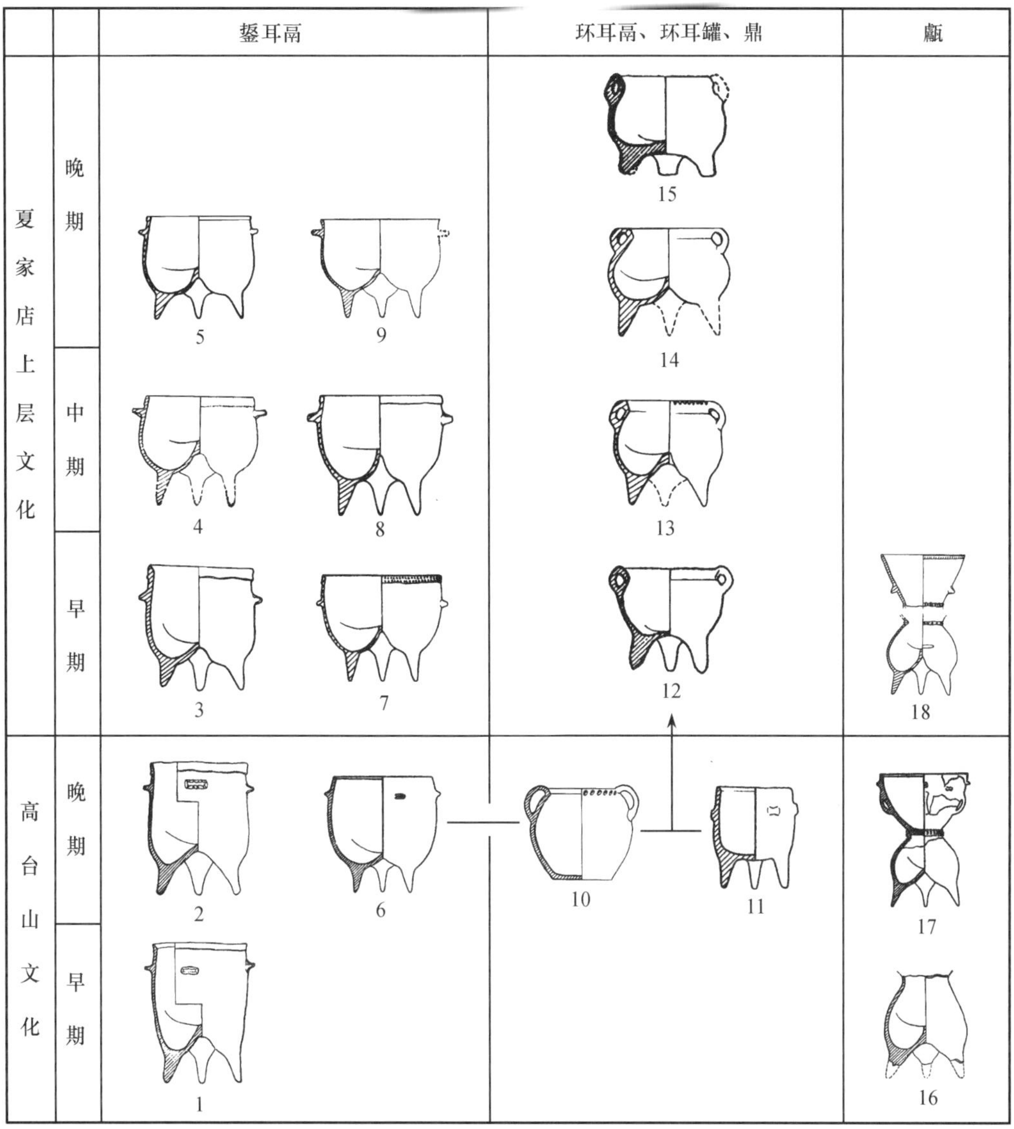

图七 夏家店上层文化和高台山文化三足类陶器亲缘关系比较图

1、2、16. 88平安堡（T103④：7、H1012：1、H3052：5） 3. 林西大井古铜矿（F2：1） 4、5、7～9、14、18. 克什克腾旗龙头山（ⅡT0203②：4、祭祀坑1：6、H70：1、祭祀坑2：5、T0803①：1、H11：3、采集） 6、17. 76东高台山（T1H1：3、T1H1：5） 10. 彰武鸡冠山屯出土 11. 74东高台山S7450 12、15. 夏家店（H5：15、T7①：2） 13. 大山前［98（Ⅳ）H125④：2］

2. 关于夏家店上层文化的年代问题

关于夏家店上层文化的年代问题，早在20世纪80年代初期以前就有许多种不同的看法[88]。后来，随着认识水平的提高和新材料的发现，人们的认识开始逐渐趋向一致。早年业已存在的“西周至春秋时期”的说法，差不多已成为学术界的共识。目前需要讨论的只是它的上限年代能否早到商代晚期，下限年代究竟是春秋中期还是春秋晚期的问题。

（1）上限年代早不到商代晚期

关于夏家店上层文化的上限年代，最近一个时期以来比较流行的说法是“接近于晚商，或不晚于西周早期”[89]；另一种表述方式是“商晚期或不晚于商周之际”[90]。这一观点是在克什克腾旗龙头山遗址发掘之后提出来的，其立论依据主要有四。

一是在属于夏家店下层文化早期的克什克腾旗龙头山ⅡM1中发现的铜斧形态与中原晚商铜斧接近。

二是同墓出土的一件銎柄直刃剑应该早于翁牛特旗大泡子墓所出同类剑，属北方地区銎柄式短剑的早期形态。

三是遗址形态最早的Ad型Ⅰ式鬲，与年代较早的高台山文化同类陶鬲相似。

四是遗址早期单位中出土有口沿饰附加堆纹的Aa型筒腹鬲，而这种形态的陶鬲广泛流行于晚商时期。

综合分析以上四点理由，笔者认为无一可以构成支持其立论的有力证据。

首先是第二点和第三点本身与所提出的立论没有太大的联系，对于说明夏家店上层文化的早期能否进入晚商没有直接关系。因为克什克腾旗龙头山ⅡM1内出土的那件銎柄直刃剑早于翁牛特旗大泡子墓所出同类剑，并且属于北方地区銎柄式短剑的早期形态已被大家所承认，但是仅凭这一点似乎无法说明这类剑能不能够早到晚商。事实上，在整个东北地区目前尚未发现有什么样的青铜短剑可以早到商代的例证——有准确无误的商代晚期陶器共出的例证。而遗址中出土的早期陶鬲有的形态与高台山文化（商代晚期）陶鬲相似的事实，只能证明早已提出的高台山文化是夏家店上层文化源头的观点是正确的[91]，而不能不考虑这两种文化之间的亲缘联系和早晚关系而将它们视为并行的两种文化。换言之，这种陶鬲的存在应该理解为是商代晚期高台山文化同类陶鬲到了西周早期的夏家店上层文化时期进一步发展的结果。从形态上看，这件陶鬲正好应该排在高台山文化晚期的鋬耳鬲之后（图七，7），而且期间没有太大的缺环，因此年代反倒应以定在西周早期为宜。

其次从第一和第四两点理由来看，表面上好像完全可以从遗物共存关系的角度构成以上立论的重要依据，但是从年代学的理论上讲，这两方面的证据同样难以成立。因为陶器和青铜器的使用寿命有所不同，前者质地疏脆，易于破损，使用时间和传世时间很短（考古学上往往不再细分这类遗存的制造时间和使用及废弃时间）。后者质地坚硬，经久耐用，使用时间和传世时间较长。所以一件早期铸造的青铜制品，可以使用或流传到很晚的时期才被废弃。换言之，青铜器的制造年代和废弃年代之间的时间跨度有时很大。如果在考古工作中仅凭出土的青铜器进行断代，往往会把其所在单位的年代定得偏早。龙头山ⅡM1内出土的青铜斧虽具有商代晚期的特点，但该单位本身的年代却未必就是商代晚期。晚商时期的青铜器出在西周早期的遗迹中，一点儿也不奇怪。至于在龙头山夏家店上层文化早期单位中发现的具有商代晚期特点的陶鬲标本，则完全有可能是晚期堆积中扰入的早期遗物。因为从报告介绍的情况看，这种鬲的数量很少，而且只有陶片，没有完整器形。另外据标本本身的特点观察，与当地天宝同遗址出土的属于商代晚期的魏营子类型同类标本十分近似。所以，这种被作为判定夏家店上层文化早期年代的重要标本，很可能根本就不属于夏家店上层文化。其性质应该是混入夏家店上层文化早期单位当中的魏营子类型陶片，因此应该予以剔除才是。

总之，以现有的材料，尚无法证明夏家店上层文化的早期年代可以早到商代晚期。因此在证据不够充分、发现材料较少的情况下，还是依照传统认识，将夏家店上层文化的年代上限确定在西周早期比较合适。

（2）下限年代可以晚到春秋晚期

关于夏家店上层文化的下限年代，目前多数学者认为是在春秋中期。从立论本身来看，使用的同样是依据对青铜器的比较而进行定年的办法（陶器方面的证据尚不见有人提及）。如在判定夏家店上层文化晚期年代时有人提出："南山根 M101（属夏家店上层文化晚期早段，不出陶器。笔者注）随葬了一组年代明确的中原青铜容器，所以第Ⅲ段（指南山根 M101 所处的时段，即夏家店上层文化晚期的早段。笔者注）年代大约在西周晚期到春秋早期。考虑到本段部分墓葬中出土的箭头形式，在中原春秋中期墓葬中仍有发现，所以估计也可能延续到春秋中期。"[92] 再如"属夏家店上层文化第四期的周家地 M45（相当于笔者前文划分的晚期晚段，也就是Ⅳ段。笔者注）出土有一件双翼有铤式铜镞（M45：1），此器双翼收束，脊透出本部较长的特点接近于洛阳中州路 M4：30，年代属春秋中期前后……至于早于周家地 M45 的龙头山第三期遗存（相当于笔者前文划分的晚期早段，也就是Ⅲ段。笔者注），其年代则只能估计在春秋中期以前"[93]。

由于以青铜器为标准判定遗迹的年代往往会出现偏早现象，因此不排除夏家店上层文化的年代下限可以晚到春秋晚期的可能。而事实上这方面的证据已经在夏家店上层文化的晚期陶器群中有所显露。

众所周知，夏家店上层文化当中发现的以压印篦点纹为主要施纹手法的陶壶和直筒罐，应该是受北部嫩江流域白金宝文化影响的产物，也可能是直接来自白金宝文化的外来因素。从翁牛特旗大泡子青铜短剑墓出土的一批属于夏家店上层文化中期的陶器来看，其中的扁腹直颈壶整体造型和颈部纹饰与白金宝文化中期的同类器（白金宝74H1：15）完全相同（图八，5、6）。同出的一件直筒罐虽体态矮胖、口沿外翻明显，但口小底大、腹壁内收的造型风格和器表同样的曲尺形压印篦点纹图案，均显示出它和白金宝文化中期的直筒罐应属于同一时期的遗物（图八，4、7）。通过这两种陶器的对比，不仅可以证明夏家店上层文化的中期应该和白金宝文化的中期相当，而且可据此判定两种文化的晚期年代应该比较接近。在属于夏家店上层文化晚期的陶器当中，饰压印篦点纹的陶壶和直筒罐仍然存在，只是形态与前期相比有所变化。其中关东车M1：1壶（图八，2），腹部弧圆、纹饰消失，颈部外侈较甚、篦点纹依然存在，整体造型与中期同型器一脉相承。虽然在白金宝文化中尚未找到该阶段的同类标本，但据两文化中期和晚期陶壶的整体比较，可以认定关东车 M1：1 壶所处的时间位置应该相当于白金宝文化的晚期。另外，赤峰大山前出土的一件夏家店上层文化晚期直筒罐，虽器表无纹饰并施鋬耳，但整体形态仍然表现出了具有明显的北部邻区白金宝文化晚期直筒罐的一般特征（图八，1、3）。

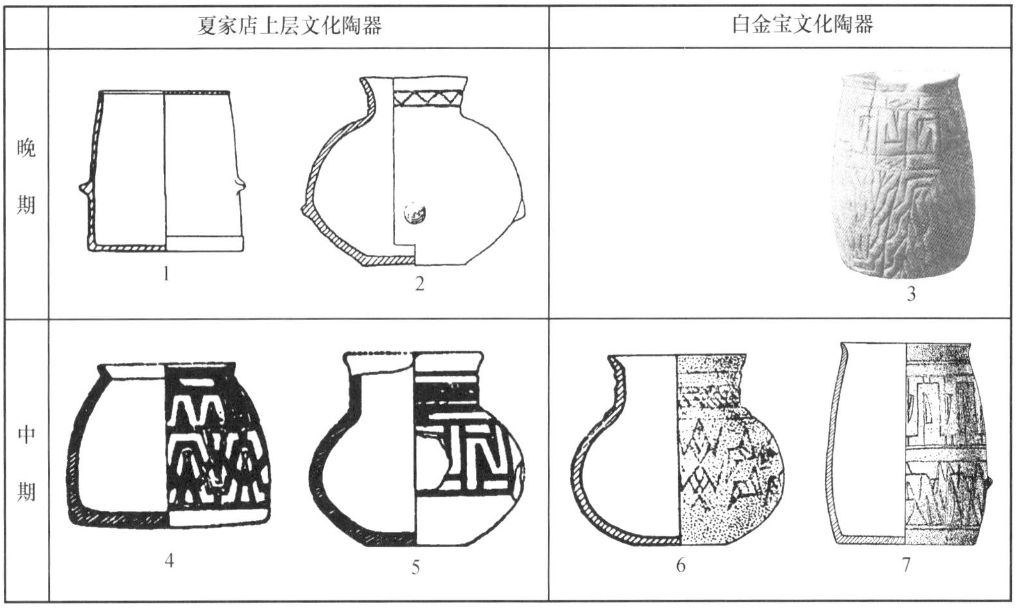

图八　夏家店上层文化中晚期陶器与白金宝文化中晚期陶器的比较

1. 赤峰大山前［98（Ⅳ）H143③：1］ 2. 克什克腾旗关东车（M1：1） 3、6、7. 肇源白金宝（74T3②：2、74H1：15、74H1：11） 4、5. 翁牛特旗大泡子

总之，尽管目前可供比较的材料较少，但是我们还是可以从中看到一些线索。既然有两种文化中期陶器的横向比较做基础，再加上晚期共时性陶器的隐约存在，那么便可初步判定夏家店上层文化的晚期应该和白金宝文化的晚期年代相同。由于白金宝文化晚期的年代可以晚到春秋晚期，因此夏家店上层文化的年代下限也可以晚到春秋晚期。

（3）小结

总结上文的分析结果，以重新调整后的夏家店上层文化分期为基础，通过陶器而不是青铜器的比较，可最后将夏家店上层文化的年代跨度界定为西周早期到春秋晚期。其中早期年代可以早到西周早期，晚期年代可以晚到春秋晚期，中期年代当介于二者之间。

五、“凌河遗存”的内涵、分期与年代

“凌河遗存”主要分布在辽西山地地区的东半部，也就是介于努鲁儿虎山和医巫闾

山之间的大、小凌河流域。从其所占据的地理范围上看，正好和夏家店上层文化形成了东西对峙的局面。由于这类遗存的材料比较零星，文化内涵比较复杂，文化性质若明若暗，因此认识上存在着较大的分歧。

在以往的研究著述中，有人认为这类遗存应属于夏家店上层文化的范畴，并将其看作该文化的一个地方类型，称为“十二台营子类型”[94]、“凌河遗存”[95]或“和尚沟类型”[96]。也有人认为不应该将其归入夏家店上层文化之中[97]，而是应该作为一种独立的遗存来看待，由于它主要分布在大、小凌河流域，因此建议定名为“凌河类型”[98]。本文暂称之为“凌河遗存”，并就其基本内涵、分期和年代等问题，再做一些讨论。

1. 关于“凌河遗存”基本内涵（材料）的两点说明

“凌河遗存”目前发现的主要是墓葬材料，这些墓葬主要出自大、小凌河流域，但是在以往研究中，有文章将老哈河流域的同期墓葬划入了凌河遗存，也有文章将大凌河流域的同期墓葬划入了老哈河流域的夏家店上层文化。既然有些材料的文化归属问题尚不够明确或者说还存有异议，所以有必要先就此做两点必要的说明。

第一，敖汉旗山湾子墓地和东井墓地出土的含曲刃青铜短剑的遗存[99]，不宜划入“凌河遗存”的范畴，而应属于“水泉遗存”。以往有人将其视为“凌河遗存”[100]，也有人把它划归“水泉遗存”[101]。事实上敖汉旗地处努鲁儿虎山以西的老哈河流域，远离“凌河遗存”的分布区，因此在文化归属上应按第二种意见将山湾子墓地和东井墓地的材料纳入“水泉遗存”为宜。至于这类遗存的文化面貌和“凌河遗存”晚期较为相似，反映的应该是“凌河遗存”晚期曾向西拓展并对“水泉遗存”产生过重要影响。

第二，建平地区发现的一些既有曲刃青铜短剑又有銎柄式青铜短剑的遗存，原则上应该划入“凌河遗存”的范畴[102]。銎柄式青铜短剑遗存在大凌河上游的出现，可视为夏家店上层文化向东渗透的结果。

2. 关于“凌河遗存”分期和年代问题的再认识

从目前发表的材料来看，涉及“凌河遗存”分期问题的研究成果只有两篇。一篇是《大、小凌河流域含曲刃短剑遗存的考古学文化及相关问题》（以下简称《问题》）[103]，另一篇是《水泉墓地及相关问题之探索》（以下简称《探索》）[104]。

《问题》一文首先将锦西乌金塘[105]、寺儿堡[106]、喀左和尚沟[107]、南洞沟[108]、老爷庙[109]、朝阳十二台营子[110]、袁台子[111]、凌源三官甸子[112]等墓葬出土的曲刃青铜短剑区分为Ⅰ、Ⅱ、Ⅲ、Ⅳ、Ⅴ五个式别，然后以“不同式别的短剑均可提供伴存的中原式青铜器为断代依据”，判定“Ⅰ～Ⅴ式演变序列反映的是这种短剑时态早晚的年代关系”。最后“检验以短剑排序为标志的特征组合变化”，将大、小凌河流域含曲刃短剑的墓葬遗存划分为五个发展阶段。并指出五段的年代分别为西周晚期至春秋早期（1 段）、春秋中期（2 段）、春秋晚期（3 段）、战国早期（4 段）、战国早期至战国中期前后（5 段）。五段的文化性质分别属于魏营子类型（1 段），“凌河遗存”（2、3、4 段）和“后凌河遗存”（5 段）。

从该文的分段结果来看，被视为相同段别的曲刃青铜短剑和陶器之间绝大多数没有直接的共存关系，因此 1～5 段陶器和 1～5 段青铜短剑之间的年代对应关系难以令人信服。对此，《探索》一文发表了明确的调整意见。指出“朱永刚先生排出的三期 5 段序列需作一些必要的调整和更动。敖汉旗山湾子的 4 件陶器，不属于第 2 段，应改为第 4 段……南沟门遗存应从 3 段改为 2 段……喀左园林处的发现也应从 4 段移至 5 段”。同时认为第 1 段属于魏营子类型不属“凌河遗存”，第 2 段为“凌河遗存”的早期，第 3、4 段为“凌河遗存”的中期，第 5 段为“凌河遗存”的晚期。

这里以《问题》和《探索》两文的认识为参考，结合现有材料和自己的看法，就“凌河遗存”的分期和年代问题提出以下几点新认识。

1）在目前发表的材料当中，只有朝阳袁台子 M1 和喀左老爷庙青铜短剑墓提供了陶器和青铜短剑的共存关系（图九）。在《问题》的分段中，前者被定为 2 段，后者被定为 5 段。《探索》一文对此也未提出任何异议。因此这两个单位应该是探讨凌河遗存分期问题的两个参照点，也就是说可把朝阳袁台子 M1 和喀左老爷庙青铜短剑墓分别看作“凌河遗存”早期阶段和晚期阶段的代表性单位。

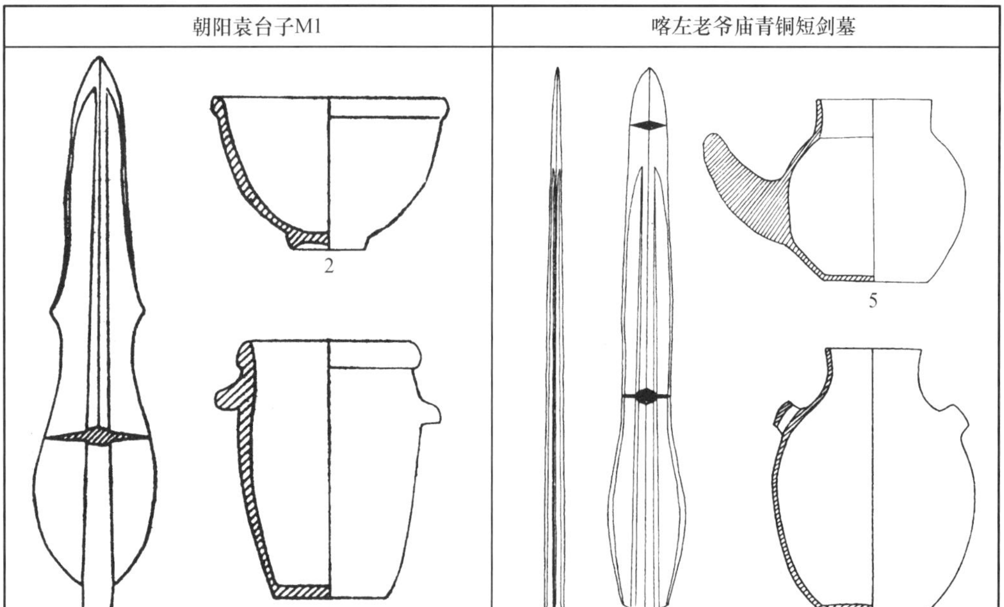

图九 “凌河遗存”同时出有陶器和曲刃青铜短剑的墓葬

2）《探索》针对《问题》分段中某些陶器错位现象所提出的调整意见均是正确的。但仍将敖汉旗山湾子出土的4件陶器视为“凌河遗存”陶器，则是不合适的，因为该遗存应属“水泉遗存”，理由已于前述。

3）限于目前材料较少，可供比较的资料不多，特别是不同类别的遗存之间缺乏足够的共存关系和层位关系，因此在这种情况下对“凌河遗存”进行分期研究，时间刻度宜粗不宜细。

基于以上三点认识，并以《问题》和《探索》两文的正确意见和分析结论为基础，这里暂将整个“凌河遗存”划分为早、晚两大期。

“凌河遗存”早期：以朝阳袁台子M1为代表，另包括出有陶器的喀左和尚沟B、C、D点墓葬，朝阳东岭岗M1[113]，凌源河汤沟M7401[114]，喀左南洞沟[115]，喀左南沟门石椁墓[116]等。该期大致相当于按《探索》意见调整后的《问题》1、2、3段，年代跨度为西周至春秋晚期。从《探索》一文图九排定的敞口盂由魏营子类型到“凌河遗存”和“水泉遗存”的演变序列来看，该期的上限年代有可能早到西周早期。整体年代基本上和夏家店上层文化相当。

“凌河遗存”晚期：以喀左老爷庙青铜短剑墓为代表，另包括出有陶器的喀左园林处[117]、喀左黄家店土城子[118]等。该期相当于按《探索》意见调整后的《问题》4、5段，年代为战国早中期。园林处出土的竖耳壶（图一〇，5、6）与河北唐山贾各庄战国墓出土的竖耳壶相同[119]。以上两期具有代表性的陶器和青铜短剑可参见图一〇。

3. 关于“凌河遗存”曲刃青铜短剑的型式划分

“凌河遗存”的曲刃青铜短剑，可从早期的朝阳袁台子M1短剑和晚期的喀左老爷庙青铜短剑墓短剑的形制差异出发，通过类型学排比，统一划分为四个式别。

Ⅰ式：标本15件，铸范1件。分别出自朝阳袁台子M1、十二台营子1号和2号墓、黄花沟[120]、木头沟[121]、东岭岗[122]，锦西乌金塘，义县稍户营[123]，绥中肖家村[124]，建平炮手营子M901[125]、喀喇沁[126]，北票喇嘛洞ⅡM306[127]、何家沟[128]，喀左和尚沟M6[129]（图一一，1～16）。

Ⅱ式：标本11件。分别出自建平大拉罕沟M851、栾家营子M901[130]、老窝卜、高台乡、头台乡[131]，喀左和尚沟M13、南洞沟石椁墓[132]，绥中后矾石村[133]（图一一，17～27）。

Ⅲ式：标本4件。分别出自义县（采集）[134]，锦西寺儿堡[135]、邰集屯小荒地[136]，喀左和尚沟M17（图一一，28～31）。

Ⅳ式：标本3件。分别出自建平（采集）[137]、喀左老爷庙[138]，凌源三官甸[139]（图一一，32～34）。

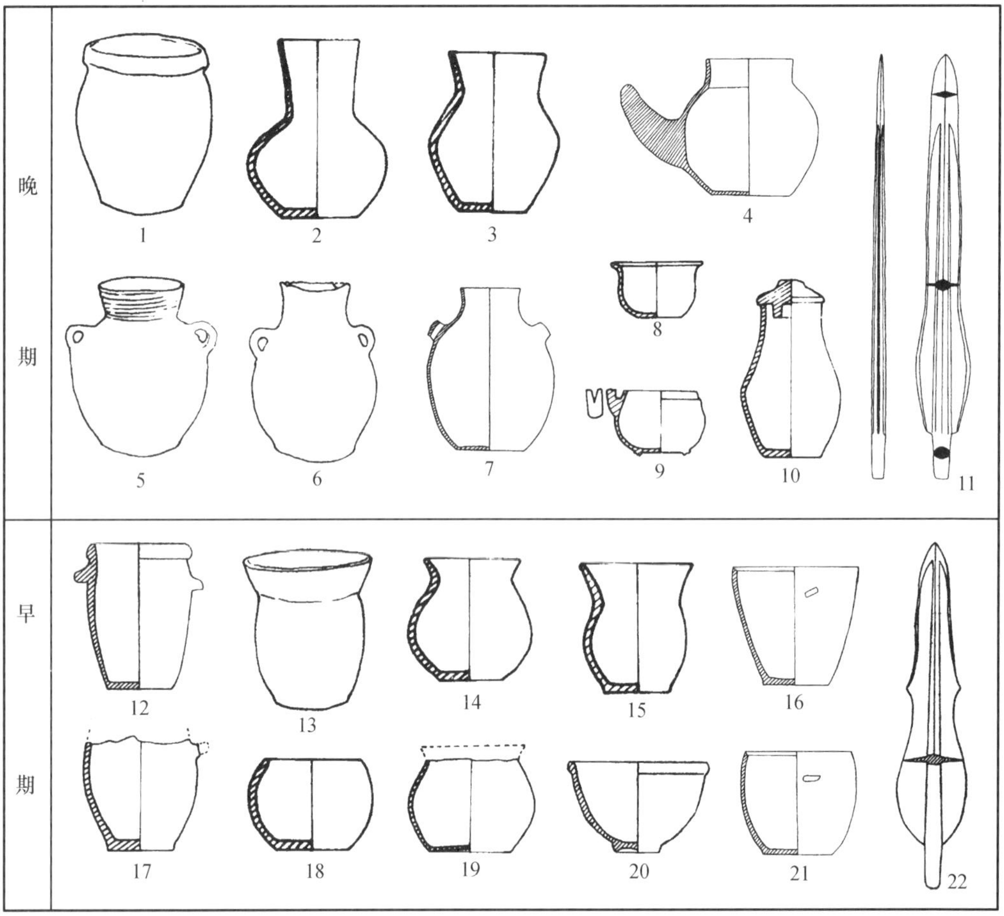

图一〇　“凌河遗存”陶器及曲刃青铜短剑分期图

1、5、6、8、9. 喀左园林处　2、10. 喀左黄家店土城子　3. 凌源三官甸子　4、7、11. 喀左老爷庙青铜短剑墓　12、20、22. 朝阳袁台子（M1：2、M1：1、M1：4）　13、16、21. 喀左和尚沟（M2：1、M11：2、M20：2）　14、17. 凌源汤河沟 M7041　15. 喀左南沟门　18. 朝阳东岭岗 M1　19. 喀左南洞沟

Ⅰ～Ⅳ式曲刃青铜短剑的差别（变化规律）是：脊突和节尖从有到无（由明显到不明显到完全消失）、后叶由宽肥到窄瘦（节尖消失时后叶仍然保留）。整体上看Ⅰ～Ⅳ式的变化过程为由两段式的宽体曲刃剑发展为一段式的窄条直刃剑，即由“矛形剑”演化成了“剑形剑”。

需要说明的是，在Ⅰ～Ⅳ式剑的演化序列中，Ⅰ式剑与早期陶器共出（袁台子 M1），推测其铸造年代不会晚于早期（西周至春秋）。Ⅳ式剑与晚期陶器共出（老爷庙青铜短剑墓），因此铸造年代不会晚于晚期（战国早中期）。Ⅱ、Ⅲ式剑的铸造年代，则有可能在Ⅰ、Ⅳ两式之间。

各式剑的废弃年代，由于缺乏足够的与陶器的共存关系而无法判定。但是较早式别的青铜短剑，出自较晚时期的墓葬当中，也是完全有可能的。

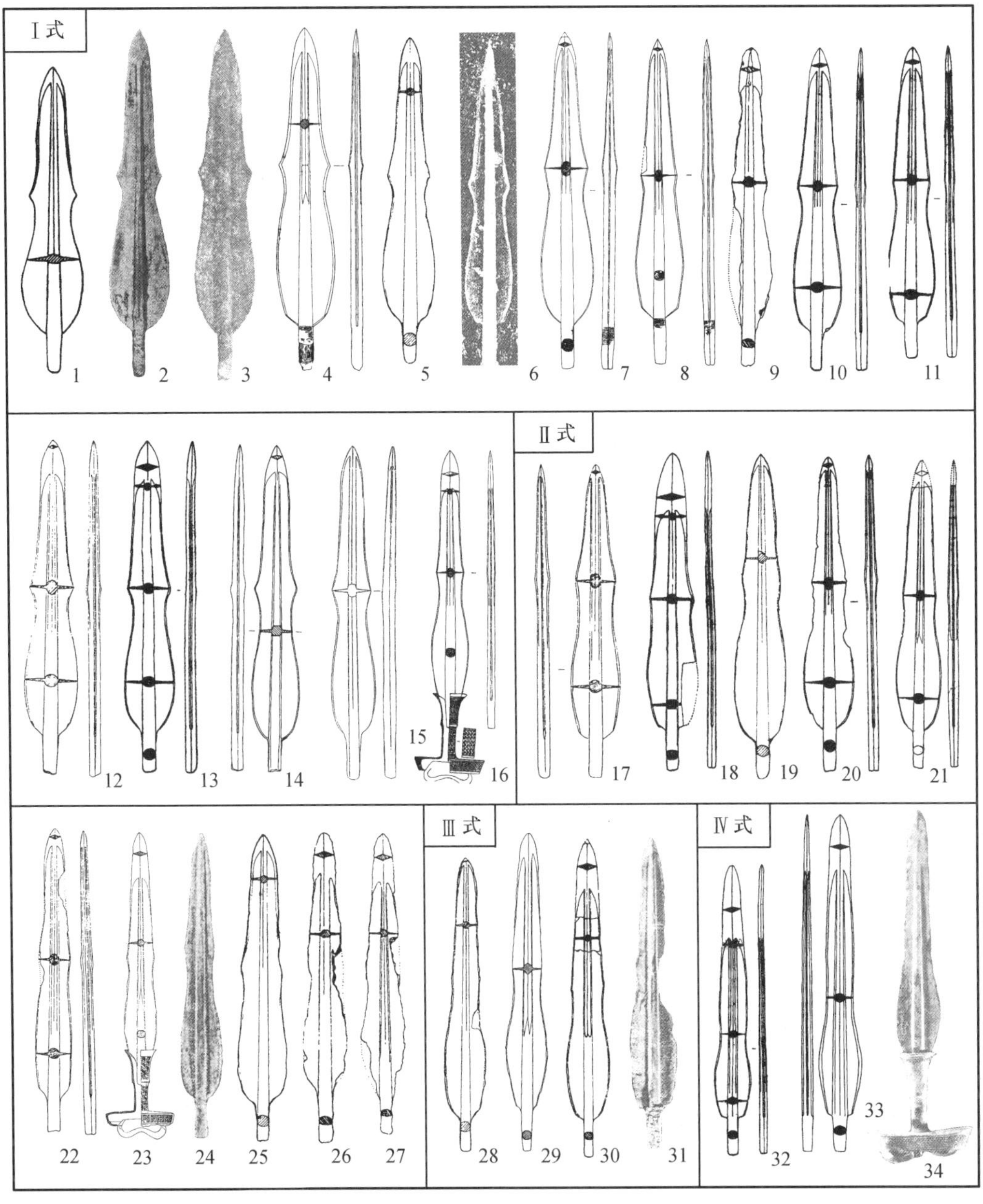

图一一 "凌河遗存"Ⅰ～Ⅳ式曲刃青铜短剑举例

1. 朝阳袁台子（M1：4） 2、4. 朝阳十二台营子2号墓、1号墓 3. 锦西乌金塘3号墓 5、19、25. 义县稍户营、高台乡、头台乡 6. 朝阳黄花沟 7. 朝阳木头沟（M1：1） 8. 朝阳东岭岗 9. 绥中肖家村 10、11. 建平喀喇沁 12. 建平炮手营子M901 13、21、32. 建平出土 14. 北票喇嘛洞（ⅡM306：1） 15、24、31. 喀左和尚沟（M6：1、M13：1、M17：1） 16. 北票何家沟 17. 建平大拉罕沟M815 18、20. 建平老窝卜 21、22. 建平栾家营子901号墓 23. 喀左南洞沟石椁墓 26、27. 绥中后矾石村 28. 义县出土 29. 锦西寺儿堡 30. 锦西邰集屯小荒地 33. 喀左老爷庙 34. 凌源三官甸

六、夏家店上层文化之后至战国燕文化之前的几种文化遗存

辽西山地地区自夏家店上层文化结束之后至战国晚期燕文化全面到达之前，主要发现四种文化遗存。其中有两种分布在该区西部的老哈河和西拉木伦河流域，分别为“水泉遗存”和“井沟子遗存”（含“铁匠沟遗存”）。另外两种分布在该区东部的大、小凌河流域，分别为“凌河遗存”晚期和凌源“五道河子遗存”。

1. 关于“水泉遗存”的内涵与年代问题

“水泉遗存”是1995年发掘内蒙古敖汉旗四家子镇水泉墓地之后提出来的（主要以北区墓地为代表）[140]。同类遗存还见于赤峰红山后[141]、敖汉旗山湾子、东井[142]、乌兰宝拉格[143]、宁城三座店[144]。据说在赤峰松山区、大山前和喀喇沁旗西村等地也曾收集到过属于该文化的遗物[145]。从以上地点出土的材料来看，这种遗存主要分布在努鲁儿虎山以西的老哈河流域。所见遗物均出自墓葬，典型陶器为无耳罐（杯）和施双耳或单耳的环耳罐（杯），柱耳罐（杯）和直口壶等数量较少，不见三足器（图一二）。这些陶器的本质特点是以罐、壶为两大基本器类，以素面夹砂红褐陶和厚厚的外叠唇为显著特征。如果把水泉南墓地和敖汉山湾子、乌兰宝拉格等地发现的泥质陶器和曲刃青铜短剑等遗存也视为其中的一部分，则该文化所表现出的总体风格当主要与“凌河遗存”的晚期相似。特别是两种遗存中的素面夹砂叠唇罐（图一〇，1；图一二，3、4）和角状把手罐（图一〇，4；图一二，18），造型完全相同。老爷庙（图一〇，11）和水泉、乌拉宝拉格[146]出土的较晚型式的曲刃青铜短剑，形制也比较接近。这说明两种文化遗存的年代基本相当，应该同属于战国早中期的遗存。

这里需要指出的是水泉墓地的发掘者认为水泉北区墓地属于“水泉遗存”，南区墓地属于“凌河遗存”。后来的研究者也都毫无例外地附和了这种说法。其实从目前公布的墓区发掘平面图来看[147]，南北两个墓区紧密相连，墓向基本一致，很难看出有明显的分区界线。另外该墓地的材料尚未全面发表，各墓葬的器物组合关系并不清楚。因此在现有情况下，与其将墓地性质一分为二，倒不如把它们看成是同一个文化的墓地。至于墓区南部出土的一些与“凌河遗存”晚期遗存相似的文化因素，则可视为受到了“凌河遗存”较强冲击和影响的结果。

2. 关于“井沟子遗存”（含“铁匠沟遗存”）的内涵与年代问题

“井沟子遗存”得名于内蒙古林西县双井店乡井沟子遗址。1989年发现，1998年清理，2002～2003年进行过两次发掘。目前发表的材料主要为1998年清理的一座墓葬[148]和2002年发掘的西区31座墓葬[149]。从墓葬形制上看，均为窄梯形或圆角长方

图一二 “水泉遗存”陶器

1. M50：2 2. 红山后（fig.22-7） 3. M69：2 4. M8：1 5. M76：1 6、9、22. 敖汉山湾子 7. M79：1 8. M73：1 10、18、23. 乌兰宝拉格 11. M37：1 12. 敖汉东井 13. 宁城三座店 14. M36：3 15. M7：2 16. M77：1 17. M105：2 19. M3：2 20. M22：2 21. M4：5 24. M21：2（未注明出土单位者均为敖汉水泉出土）

形土坑竖穴墓，未见葬具（清理的一座例外）。有单人葬，也有合葬，其中大部分墓葬经过扰动。随葬遗物有陶器、青铜器、骨角器、蚌贝器及玉石等。其中陶器以素面夹砂陶为主，以形体较大的圆鼓腹罐（瓮）为主要器形，折颈壶、筒腹鬲、叠唇盆、敞口盂和单耳或双耳罐数量较少。青铜器主要有饰件和武器两种，前者以各式铜泡和耳环居多，后者则仅见有短剑、铜镞和铜刀（图一三）。

据葬制和出土遗物两方面观察，井沟子墓葬和水泉墓葬相比，两者虽有一定的联系，如墓圹方向一致，互见单耳陶罐、双耳陶罐和圆形铜泡、铜丝耳环等（反映出年代应该同时），但区别是主要的。如水泉墓葬多见木质葬具，流行单人仰身直肢葬，填土中多随葬猪头和猪蹄，随葬品多以有耳和无耳的叠唇罐（杯）为主；而井沟子西区墓葬均无葬具，双人合葬墓较多，墓内或填土中随葬马、牛、羊，而不见猪骨，随葬品以数量较多的大型无耳夹砂陶罐（瓮）最具特色，四足筒腹鬲亦具有鲜明的自身特点。正是出于对这种差异性的考虑，发掘者认为井沟子墓葬代表了一种新的文化类型，并且建议称为“井沟子类型”（本文称“井沟子遗存”）。另外，根据井沟子西区墓葬打破了夏家店上层文化灰坑的层位关系，发掘者判定“井沟子遗存”的年代应该和“水泉遗存”一样，晚于夏家店上层文化。它们都是辽西山地地区介于夏家店上层文化之

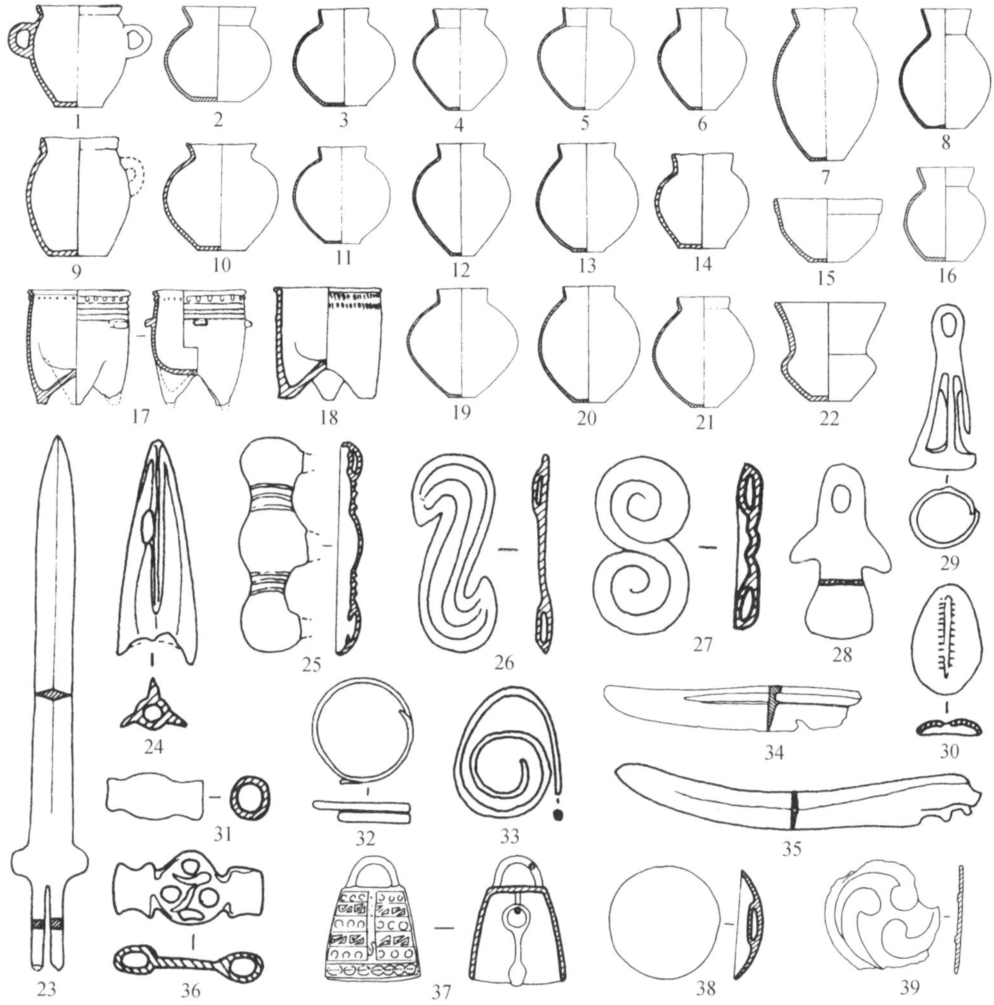

图一三 “井沟子遗存”的陶器和青铜器

1. M10∶2 2、16、22. 1996年清理墓葬出土 3、15. M2∶1、M2∶2 4. M15∶2 5、8～10、27. M13∶3、M13∶40、M13∶39、M13∶2、M13∶33 6. M18∶1 7、34、38、39. M5∶20、M5∶13、M5∶4、M5∶10 11. M27∶1 12、25、33. M31∶1、M31∶7、M31∶22 13、21. M22∶2、M22∶1 14. M9∶1 17、19、20. M19∶3、M19∶4、M19∶5 18、36. M25∶1、M25∶10-4 23、29、32. M3∶6、M3∶46、M3∶57-1 24. M26∶20 26. M6∶1 28. M8∶2 30. M7∶11 31、37. M20∶10、M20∶22 35. M23∶3

（除注明者外，均为2002年井沟子遗址西区墓葬发掘出土）

后和战国晚期燕文化全面到达之前的文化遗存，年代应“在春秋晚期到战国早期前后”。依本文对夏家店上层文化下限年代的界定，井沟子遗存的年代应该在战国的早中期。特别需要指出的是，早年发现的年代晚于夏家店上层文化的敖汉旗“铁匠沟遗存”[150]，多数学者认为应属于一种独立的考古学文化。现在看来，应该将这类遗存并入“井沟子遗存”比较合适。理由是：第一，铁匠沟A区的三座墓葬均为土坑竖穴墓，有单人葬也有双人葬，总体葬制与“井沟子遗存”墓葬相同。第二，铁匠沟所见5件陶器均可以在“井沟子遗存”的陶器群中找到相同或相近的器形，出土的青铜器绝大多数在类别和形制上与井沟子墓地所见的青铜器相同或相似（图一四）。第三，铁匠沟出土的野猪形、虎形牌饰以及环手刀、带钩等青铜制品目前不见于“井沟子遗存”墓葬，很可能与暂时揭露材料不够充分或铁匠沟所处的位置比较靠南有关。

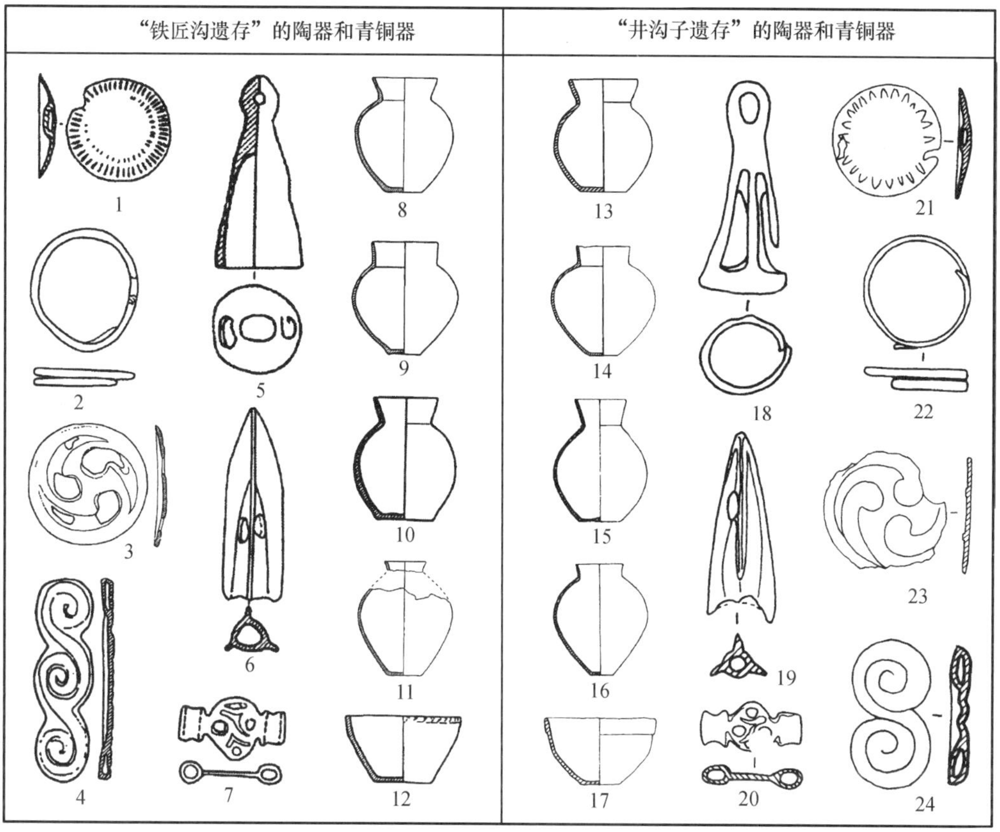

图一四 “铁匠沟遗存”与“井沟子遗存”出土遗物的比较

1、9. AM3：2、AM3：1 2、5、7、8、10、12. AM2：27、AM2：6、AM2：11、AM2：1、AM2：2、AM2：3 3、4、11. AM1：15、AM1：17-1 6. A区采集 13. 96清理墓葬出土 14、15、24. M13：2、M13：40、M13：33 16. M31：1 17. M2：2 18、22. M3：46、M3：57-1 19. M26：20 20. M25：10-4 21. M23：7 23. M5：10

3. 关于“五道河子遗存”的内涵与年代问题

“五道河子遗存”是指以辽宁凌源县五道河子11座墓葬为代表的遗存[151]。这种遗存目前仅见五道河子墓地一处，葬制比较特殊。墓穴平面多呈梯形，一般为前宽后窄，有的还有二层台。墓底普遍铺有一层桦树皮，底部或填土中见有成堆或成排放置的马牙。随葬品主要是青铜器，尚未见到有陶器出土。从青铜器的文化构成上看，主要包含了铜戈、铜剑、铜刀、车器、马牌饰、金牛牌饰、带钩、人形及其他形坠饰、鳐鱼形当卢、山字形铜轭等多种文化因素（图一五）。由于这批材料内涵较为复杂，因此在文化定性问题上意见并不一致。有人认为应该属于冀北地区的“山戎文化”[152]（也就是玉皇庙文化），有人认为应该和玉皇庙文化区分开来[153]。这里暂从后说，并赞同

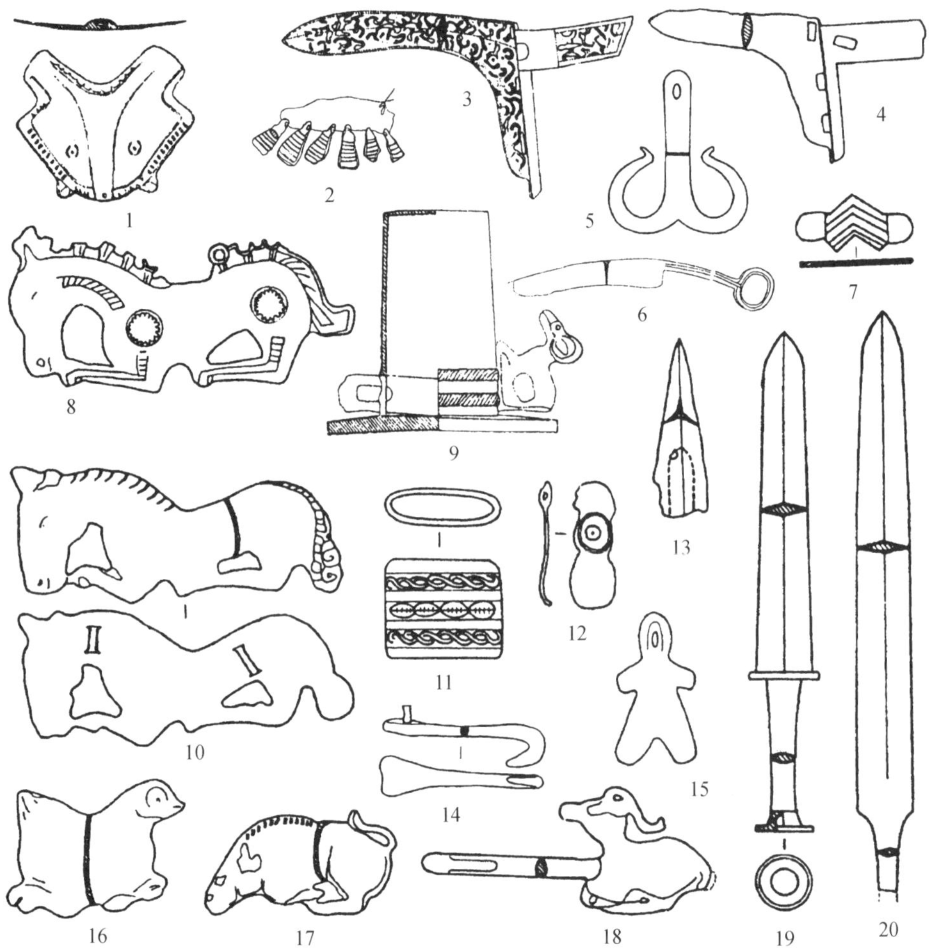

图一五　“五道河子遗存”的青铜器

1. 鳐鱼形当卢（M1：18）2、7、12、15. 铜坠饰件（M9：2、M7：2、M7：19、M7：13）3、4. 铜戈（M1：43、M8：4）5. 铜軛（M1：15）6. 环手刀（M8：8）8、10. 马牌饰（M8：3、M9：7）9. 车軎（M1：1）11. 铜箍（M1：50）13. 铜镞（M9：18）14、18. 带钩（M10：8、M9：14）16. 鸡牌饰（M8：7）17. 牛牌饰（M1：39）19、20. 铜剑（M1：5、M8：10）

“这批遗存不宜归属辽西及其邻近地区目前所知的任何一种文化”[154]的意见。

需要说明的是，虽然大家对“五道河子遗存”性质的认识存有分歧，但是在年代问题上看法基本一致，即相当于战国早期或中期前后。

七、战国晚期的燕文化遗存

有迹象表明，早在燕将秦开北却东胡之前，少量的燕文化因素就已经渗透到了辽西山地地区[155]。但是到了战国晚期，随着燕文化势力的大举北进，燕国开始在这里设置郡县，修筑长城，使得土著文化很快被燕文化所替代。从目前调查和发掘的材料来看，不仅许多遗址都发现有典型的燕文化遗迹和遗物，而且有些遗址还发现了直接叠压在夏家店上层文化之上的燕文化堆积。从这些遗址出土的燕文化遗存来看，无论是生活用具、生产工具还是建筑构建，都具有典型的燕文化特征，而属于非燕式的文化因素较少。这表明从战国晚期开始，整个辽西山地地区已被正式纳入燕国的版图。

八、年代序列与时空框架

依据上文对夏家店下层文化、魏营子类型、夏家店上层文化、“凌河遗存”、“水泉遗存”、“井沟子遗存”（含“铁匠沟遗存”）、“五道河子遗存”、燕文化遗存所做的分期和年代分析，现可把辽西山地地区夏至战国时期的诸考古学文化遗存，从早到晚划分为六个发展阶段。

一段：以夏家店下层文化早期为代表，年代相当于夏。

二段：以夏家店下层文化晚期为代表，年代相当于商代早期。

三段：以魏营子类型为代表，年代相当于商代晚期。

四段：以夏家店上层文化和“凌河遗存”早期为代表，年代相当于西周至春秋时期。

五段：以“凌河遗存”晚期、“水泉遗存”、“井沟子遗存”（含“铁匠沟遗存”）、“五道河子遗存”为代表，年代相当于战国早中期。

六段：以战国燕文化遗存为代表，年代为战国晚期。

以上述编年序列为基础，同时结合各种遗存在整个辽西山地地区的空间分布状况，可最后将辽西山地地区夏至战国时期考古学文化的时空框架确定如表一。

表一　辽西山地地区夏至战国时期考古学文化的时空框架

时代	西部（努鲁儿虎山以西）	东部（努鲁儿虎山以东）
战国晚期	燕文化	
战国早中期	“水泉遗存” “井沟子遗存”（含“铁匠沟遗存”） “五道河子遗存”	“凌河遗存”晚期
西周至春秋	夏家店上层文化	“凌河遗存”早期
商代晚期	魏营子类型（？）	魏营子类型
商代早期	夏家店下层文化晚期	
夏代	夏家店下层文化早期	

构建考古学文化的时空框架，是探讨考古学文化谱系关系的基础，也是进一步开展考古学其他各层面专题研究的基础。因此，考古学文化的划分（文化内涵的界定）及其时空位置关系的判定（时空框架的构建），永远是考古学研究中的“基础性研究”。只有基础研究搞准了、搞精了、搞扎实了，其他研究或称考古学的“专题性研究”才能够建立在一个科学的基础之上，才能够拥有一个可靠的认识问题的前提条件。否则，一切研究都将是徒劳的，一切结论都将是扭曲的，一切解释都将是错谬的。

东北辽西山地地区的考古工作起步较早，积累的材料相对比较丰富，研究工作开展得也较为深入。可即便是这样一个“热点”地区，考古学文化的发现、辨识及其时空框架的构建等相关基础性研究工作，仍然没有得到实质性或者说是一致性的解决。围绕这项工作，日后还有很长的路要走，还有很多的事要做。所以，从呼唤和加强“考古学基础性研究”的重要性和迫切性角度上看，本文的写作意义远远大于论文本身所解决的问题和提出的观点。

附记：本成果得到“教育部新世纪优秀人才支持计划”基金资助。

注　释

[1] 张忠培：《辽宁古遗存的分区、编年及其他——“环渤海考古”学术讨论会上的发言》，《辽海文物学刊》1991年1期，8～12页。

[2] 中国科学院考古研究所内蒙古发掘队：《内蒙古赤峰药王庙、夏家店遗址试掘简报》，《考古》1961年2期，43～56页。

[3] 滨田耕作、水野清一：《赤峰红山后——热河省赤峰红山后先史遗址》，《东方考古学丛刊》甲种第六册，东亚考古学会，1938年。

[4] 吕遵谔：《内蒙赤峰红山考古调查》，《考古学报》1958年3期，1～21页。

[5] 李经汉：《试论夏家店下层文化的分期和类型》，《中国考古学会第一次年会论文集·1979》，文物出版社，1980年，163～170页。

[6] 邹衡：《夏商周考古学论文集》，文物出版社，1980年，98～113页。

[7] 张忠培、孔哲生、张文军、陈雍：《夏家店下层文化研究》，《考古学文化论集（一）》，文物出版社，1987年，58～78页。

[8] 李伯谦：《论夏家店下层文化》，《纪念北京大学考古学专业三十周年论文集》，文物出版社，1990年，56～79页。

[9] 韩嘉谷：《京津地区商周时期文化发展的一点线索》，《中国考古学会第三次年会论文集·1981》，文物出版社，1984年，220～229页；纪烈敏：《燕山南麓青铜文化的类型谱系及其演变》，《边疆考古研究（第1辑）》，科学出版社，2002年，103～122页；卜工：《燕山地区夏商时期的陶鬲谱系》，《北方文物》1989年2期，21～29页；王立新：《夏家店下层文化渊源刍论》，《北方文物》1993年2期，1～11页。

[10] 张忠培、孔哲生、张文军、陈雍：《夏家店下层文化研究》，《考古学文化论集（一）》，文物出版社，1987年，58～78页。

[11] 李伯谦：《论夏家店下层文化》，《纪念北京大学考古学专业三十周年论文集》，文物出版社，1990年，56～79页。

[12] 国家文物局合组赤峰考古队：《半支箭河中游先秦时期遗址》，科学出版社，2002年。

[13] 中国社会科学院考古研究所等：《内蒙古喀喇沁旗大山前遗址1996年发掘简报》，《考古》1998年9期，43～49页；中国社会科学院考古研究所等：《内蒙古喀喇沁旗大山前遗址1998年的发掘》，《考古》2004年3期，31～39页。

[14] 中国社会科学院考古研究所：《大甸子——夏家店下层文化遗址与墓地发掘报告》，科学出版社，1996年。

[15] 中国科学院考古研究所内蒙古工作队：《内蒙古赤峰药王庙、夏家店遗址试掘简报》，《考古》1961年2期，9～17页；中国科学院考古研究所内蒙古工作队：《赤峰药王庙、夏家店遗址试掘报告》，《考古学报》1974年1期，21～29页。

[16] 中国社会科学院考古研究所内蒙古工作队：《赤峰蜘蛛山遗址的发掘》，《考古学报》1979年2期，38～54页。

[17] 刘观民、徐光冀：《内蒙古东部地区青铜时代的两种文化》，《内蒙古文物考古》1981年1期，5～14页。

[18] 中国科学院考古研究所内蒙古工作队：《宁城南山根遗址发掘报告》，《考古学报》1975年1期，78～97页。

[19] 内蒙古自治区文物工作队：《内蒙古宁城县小榆树林子遗址试掘简报》，《考古》1965年12期，19～24页。

［20］ 中国科学院考古研究所辽宁工作队：《敖汉旗大甸子遗址1974年试掘简报》，《考古》1975年2期，17～26页。
［21］ 辽宁省博物馆等：《辽宁敖汉旗小河沿三种原始文化的发现》，《文物》1977年12期，1～22页。
［22］ 王增新：《凌源青铜器群出土地点发现新石器时代遗址》，《文物参考资料》1957年3期，11～16页。
［23］ 辽宁省文物干部培训班：《辽宁北票丰下遗址1972年春发掘简报》，《考古》1976年3期，20～29页。
［24］ 天津市文化局考古发掘队：《河北大厂回族自治县大坨头遗址试掘简报》，《考古》1966年1期，23～31页。
［25］ 河北省文物管理委员会：《河北唐山市大城山遗址发掘报告》，《考古学报》1959年3期，213～224页。
［26］ 安志敏：《唐山石棺墓及其相关的遗物》，《考古学报》1954年3期，219～226页。
［27］ 邹衡：《夏商周考古学论文集》（第六篇第二章），文物出版社，1980年；鲁琪、葛英会：《北京市出土文物展览巡礼》，《文物》1978年4期，7～18页。
［28］ 北京市文物管理处等：《北京琉璃河夏家店下层文化墓葬》，《考古》1976年1期，1～10页。
［29］ 天津市文物管理处：《天津蓟县张家园遗址试掘简报》，《文物资料丛刊（1）》，文物出版社，1977年。
［30］ 天津市文物管理处考古队：《天津蓟县围坊遗址发掘报告》，《考古》1983年10期，34～46页。
［31］ 张家口考古队：《蔚县考古纪略》，《考古与文物》1982年4期，76～81页。
［32］ 张家口考古队：《蔚县夏商时期考古的主要收获》，《考古与文物》1984年1期，22～29页。
［33］ 河北省文物研究所：《河北滦南县东庄店遗址调查》，《考古》1983年9期，56～64页。
［34］ 邹衡：《夏商周考古学论文集》，文物出版社，1980年，263页，图二，2。
［35］ 北京市文物管理处：《北京市平谷县发现商代墓葬》，《文物》1977年1期，19～24页。
［36］ 郭大顺：《试论魏营子类型》，《考古学文化论集（一）》，文物出版社，1987年，79～98页。
［37］ 辽宁省博物馆文物工作队：《辽宁朝阳魏营子西周墓和古遗址》，《考古》1977年5期，43～49页。
［38］ 喀左县文化馆：《记辽宁喀左县后坟村发现的一组陶器》，《考古》1982年1期，29～34页。
［39］ 喀左县文化馆等：《辽宁喀左县北洞村出土的殷周青铜器》，《考古》1974年6期，12～20页。
［40］ 辽宁省文物考古研究所等：《辽宁阜新平顶山石城址发掘报告》，《考古》1992年5期，57～68页。
［41］ 辽宁省文物考古研究所：《辽宁义县向阳岭青铜时代遗址发掘报告》，《考古学集刊（第13集）》，中国大百科全书出版社，2000年，56～81页。
［42］ 董新林：《魏营子文化初步研究》，《考古学报》2000年1期，77～89页。
［43］ 辽宁省文物考古研究所：《辽宁义县向阳岭青铜时代遗址发掘报告》，《考古学集刊（第13集）》，中国大百科全书出版社，2000年，56～81页。
［44］ 董新林：《魏营子文化的界定及相关问题略论》，《青果集——吉林大学考古专业成立二十周年论文集》，知识出版社，1993年；董新林：《魏营子文化初步研究》，《考古学报》2000年1期，77～89页。
［45］ 朱永刚：《大小凌河流域含曲刃短剑遗存的考古学文化及相关问题》，《内蒙古文物考古文集（第二辑）》，中国大百科全书出版社，1997年，157～166页。
［46］ 王立新：《辽西区夏至战国时期文化格局与经济形态的演进》，《考古学报》2004年3期，412～426页。
［47］ 辽宁省文物考古研究所等：《喀左和尚沟墓地》，《辽海文物学刊》1989年2期，18～24页。
［48］ 王立新：《辽西区夏至战国时期文化格局与经济形态的演进》，《考古学报》2004年3期，412～426页。
［49］ 董新林：《魏营子文化初步研究》，《考古学报》2000年1期，77～89页。
［50］ 郭大顺：《试论魏营子类型》，《考古学文化论集（一）》，文物出版社，1987年，79～98页。
［51］ 辽宁省文物考古研究所等：《喀左和尚沟墓地》，《辽海文物学刊》1989年2期，15～23页。
［52］ 辽宁省文物考古研究所：《辽宁喀左县高家洞商周墓》，《考古》1998年4期，25～32页。
［53］ 克什克腾旗文化馆：《辽宁克什克腾旗天宝同发现商代铜甗》，《考古》1977年5期，46～52页。
［54］ 苏赫：《从昭盟发现的大型青铜器试论北方的早期青铜文明》，《内蒙古文物考古》1982年2期，27～33页。
［55］ 标本现藏赤峰博物馆。
［56］ 辽宁省博物馆文物工作队：《概述辽宁省考古新收获》，《文物考古工作三十年》，文物出版社，1979年，99～113页。
［57］ 郭大顺：《试论魏营子类型》，《考古学文化论集（一）》，文物出版社，1987年，79～98页，图一〇。
［58］ 朱永刚：《夏家店上层文化的初步研究》，《考古学文化论集（一）》，文物出版社，1987年，99～128页，图九，1。
［59］ 郭大顺：《试论魏营子类型》，《考古学文化论集（一）》，文物出版社，1987年，79～98页。

［60］辽宁省文物考古研究所：《辽宁喀左县高家洞商周墓》，《考古》1998年4期，25～32页。
［61］郭大顺：《试论魏营子类型》，《考古学文化论集》（一），文物出版社，1987年，79～98页。
［62］辽宁省博物馆等：《建平水泉遗址发掘简报》，《辽海文物学刊》1986年2期，37～42页。
［63］林沄：《早期北方系青铜器的几个年代问题》，《内蒙古文物考古文集》第一辑，中国大百科全书出版社，1994年，291～295页。
［64］董新林：《魏营子文化初步研究》，《考古学报》2000年1期，77～89页；朱永刚：《大小凌河流域含曲刃短剑遗存的考古学文化及相关问题》，《内蒙古文物考古文集》第二辑，中国大百科全书出版社，1997年，157～166页。
［65］朱永刚：《夏家店上层文化的初步研究》，《考古学文化论集》（一），文物出版社，1987年，99～128页。
［66］中国科学院考古研究所内蒙古工作队：《赤峰药王庙、夏家店遗址试掘报告》，《考古学报》1974年1期，28～38页。
［67］中国社会科学院考古研究所内蒙古工作队：《赤峰蜘蛛山遗址的发掘》，《考古学报》1979年2期，90～108页。
［68］滨田耕作、水野清一：《赤峰红山后——热河省赤峰红山后先史遗址》，《东方考古学丛刊》甲种第六册，东亚考古学会，1938年。
［69］中国科学院考古研究所内蒙古工作队：《宁城南山根遗址发掘报告》，《考古学报》1975年1期，214～242页。
［70］辽宁省昭乌达盟文物工作站、中国科学院考古研究所东北工作队：《宁城南山根的石椁墓》，《考古学报》1973年2期，67～80页。
［71］中国社会科学院考古研究所内蒙古工作队：《内蒙古敖汉旗周家地墓地发掘简报》，《考古》1984年5期，16～23页。
［72］辽宁省博物馆文物工作队：《辽宁林西县大井古铜矿1976年试掘简报》，《文物资料丛刊（7）》，文物出版社，1983年，39～48页。
［73］贾鸿恩：《翁牛特旗大泡子青铜短剑墓》，《文物》1984年2期，89～97页。
［74］建平县文化馆等：《辽宁建平县的青铜时代墓葬及相关遗物》，《考古》1983年8期，32～39页。
［75］齐晓光：《内蒙古克什克腾旗龙头山遗址发掘的主要收获》，《内蒙古东部区考古学文化研究文集》，海洋出版社，1991年，112～127页。
［76］内蒙古自治区文物考古研究所：《克什克腾旗龙头山遗址第一、二次发掘简报》，《考古》1991年8期，56～71页。
［77］王立新、齐晓光：《龙头山遗址的几个问题》，《北方文物》2002年1期，14～20页。
［78］董文艺：《巴林右旗发现青铜短剑墓》，《内蒙古文物考古》1981年1期，59～64页。
［79］辽宁省昭乌达盟文物工作站、中国科学院考古研究所东北工作队：《宁城南山根的石椁墓》，《考古学报》1973年2期，67～80页。
［80］赤峰市博物馆、宁城县文物管理所：《宁城小黑石沟石椁墓调查清理报告》，《文物》1995年5期，37～41页。
［81］邵国田：《内蒙古敖汉旗发现的青铜器及有关遗物》，《北方文物》1993年1期，102～110页。
［82］郭治中：《水泉墓地及相关问题之探索》，《中国考古学跨世纪的回顾与前瞻——1999年西陵国际学术研讨会文集》，科学出版社，2000年，91～103页。
［83］王立新：《辽西区夏至战国时期文化格局与经济形态的演进》，《考古学报》2004年3期，231～243页。
［84］朱永刚：《大小凌河流域含曲刃短剑遗存的考古学文化及相关问题》，《内蒙古文物考古文集（第二辑）》，中国大百科全书出版社，1997年，157～166页。
［85］中国科学院考古研究所内蒙古发掘队：《宁城南山根遗址发掘报告》，《考古学报》1975年1期，214～242页。
［86］中国社会科学院考古研究所等：《内蒙古喀喇沁旗大山前遗址1998年的发掘》，《考古》2004年3期，31～39页。
［87］吉林大学边疆考古研究中心等：《西拉木伦河上游考古调查与试掘》，《内蒙古文物考古》2002年2期，1～11页。
［88］中国社会科学院考古研究所东北工作队：《内蒙古宁城县南山根102号石椁墓》，《考古》1981年4期，83～91页。
［89］内蒙古自治区文物考古研究所：《克什克腾旗龙头山遗址第一、二次发掘简报》，《考古》1991年8期，11～19页。

［90］齐晓光：《内蒙古克什克腾旗龙头山遗址发掘的主要收获》，《内蒙古东部区考古学文化研究文集》，海洋出版社，1991年，112～127页；王立新、齐晓光：《龙头山遗址的几个问题》，《北方文物》2002年1期，14～20页。
［91］张忠培：《辽宁古遗存的分区、编年及其他——“环渤海考古”学术讨论会上的发言》，《辽海文物学刊》1991年1期，8～12页。
［92］朱永刚：《夏家店上层文化的初步研究》，《考古学文化论集（一）》，文物出版社，1987年，99～128页。
［93］王立新、齐晓光：《龙头山遗址的几个问题》，《北方文物》2002年1期，14～20页。
［94］靳枫毅：《论中国东北地区含曲刃青铜短剑的文化遗存（上）》，《考古学报》1982年4期，357～372页。
［95］郭大顺：《试论魏营子类型》，《考古学文化论集（一）》，文物出版社，1987年，79～98页。
［96］辽宁省考古研究所等：《辽宁喀左和尚沟墓地》，《辽海文物学刊》1989年2期，23～29页。
［97］林沄：《中国东北系铜剑初论》，《考古学报》1980年2期，75～88页；朱永刚：《夏家店上层文化的初步研究》，《考古学文化论集（一）》，文物出版社，1987年，99～128页；翟德芳：《中国北方地区青铜短剑分群研究》，《考古学报》1988年3期，213～231页。
［98］王成生：《辽河流域及邻近地区短铤曲刃短剑研究》，《辽宁省考古博物馆学会成立大会纪念文集》，1981年，74～79页。
［99］邵国田：《内蒙古敖汉旗发现的青铜器及有关遗物》，《北方文物》1993年1期，102～110页。
［100］朱永刚：《大小凌河流域含曲刃短剑遗存的考古学文化及相关问题》，《内蒙古文物考古文集（第二辑）》，中国大百科全书出版社，1997年，157～166页。
［101］王立新：《辽西区夏至战国时期文化格局与经济形态的演进》，《考古学报》2004年3期，231～243页。
［102］建平县文化馆等：《辽宁建平县的青铜时代墓葬及相关遗物》，《考古》1983年8期，44～48页。
［103］朱永刚：《大小凌河流域含曲刃短剑遗存的考古学文化及相关问题》，《内蒙古文物考古文集（第二辑）》，中国大百科全书出版社，1997年，157～166页。
［104］郭治中：《水泉墓地及相关问题之探索》，《中国考古学跨世纪的回顾与前瞻——1999年西陵国际学术研讨会文集》，科学出版社，2000年，59～66页。
［105］锦州市博物馆：《辽宁锦西县乌金塘东周墓调查记》，《考古》1960年5期，28～31页。
［106］孙守道、徐秉琨：《辽宁寺儿堡等地青铜短剑与大伙房石棺墓》，《考古》1964年6期，53～62页。
［107］辽宁省文物考古研究所等：《喀左和尚沟墓地》，《辽海文物学刊》1989年2期，89～94页。
［108］辽宁省博物馆等：《辽宁喀左南洞沟石椁墓》，《考古》1977年6期，67～71页。
［109］刘大志、柴贵民：《喀左老爷庙乡青铜短剑墓》，《辽海文物学刊》1993年3期，27～32页。
［110］朱贵：《辽宁朝阳十二台营子青铜短剑墓》，《考古学报》1960年1期，67～75页。
［111］王成生：《概述近年辽宁新见青铜短剑》，《辽海文物学刊》1991年1期，32～39页。
［112］辽宁省博物馆：《辽宁凌源县三官甸子青铜短剑墓》，《考古》1985年2期，28～34页。
［113］靳枫毅：《论中国东北地区含曲刃青铜短剑的文化遗存（上）》，《考古学报》1982年4期，357～372页。
［114］靳枫毅：《朝阳地区发现的剑柄端加重器及其相关遗物》，《考古》1983年2期，39～47页。
［115］辽宁省博物馆等：《辽宁喀左南洞沟石椁墓》，《考古》1977年6期，67～71页。
［116］郭大顺：《试论魏营子类型》，《考古学文化论集（一）》，文物出版社，1987年，79～98页。
［117］傅宗德、陈莉：《辽宁喀左县出土战国器物》，《考古》1988年7期，67～74页。
［118］辽宁省文物普查训练班：《1979年朝阳地区文物普查发掘的主要收获》，《辽宁文物》1980年1期，76～82页；靳枫毅：《论中国东北地区含曲刃青铜短剑的文化遗存（上）》，《考古学报》1982年4期，357～372页。
［119］安志敏：《河北省唐山市贾各庄发掘报告》，《考古学报》第六册。
［120］靳枫毅：《论中国东北地区含曲刃青铜短剑的文化遗存（上）》，《考古学报》1982年4期，357～372页。
［121］靳枫毅：《朝阳地区发现的剑柄端加重器及其相关遗物》，《考古》1983年2期，39～47页。
［122］靳枫毅：《朝阳地区发现的剑柄端加重器及其相关遗物》，《考古》1983年2期，39～47页。
［123］义县文物管理所：《辽宁义县出土青铜器》，《辽海文物学刊》1993年1期，32～41页。
［124］王云刚：《辽宁绥中县近年发现的青铜短剑》，《北方文物》2002年4期，76～82页。
［125］李殿福：《建平孤山子、榆树林子青铜时代墓葬》，《辽海文物学刊》1991年2期，28～37页。

[126] 建平县文化馆等：《辽宁建平县的青铜时代墓葬及相关遗物》，《考古》1983年8期，61～69页。
[127] 辽宁省文物考古研究所：《辽宁北票喇嘛洞青铜时代墓葬》，《文物》2004年5期，26～30页。
[128] 靳枫毅：《朝阳地区发现的剑柄端加重器及其相关遗物》，《考古》1983年2期，39～47页。
[129] 辽宁省文物考古研究所等：《喀左和尚沟墓地》，《辽海文物学刊》1989年2期，89～94页。
[130] 李殿福：《建平孤山子、榆树林子青铜时代墓葬》，《辽海文物学刊》1991年2期，28～37页。
[131] 建平县文化馆等：《辽宁建平县的青铜时代墓葬及相关遗物》，《考古》1983年8期，61～69页。
[132] 辽宁省博物馆等：《辽宁喀左南洞沟石椁墓》，《考古》1977年6期，67～71页。
[133] 王云刚：《辽宁绥中县近年发现的青铜短剑》，《北方文物》2002年4期，76～82页。
[134] 建平县文化馆等：《辽宁建平县的青铜时代墓葬及相关遗物》，《考古》1983年8期，61～69页。
[135] 孙守道、徐秉琨：《辽宁寺儿堡等地青铜短剑与大伙房石棺墓》，《考古》1964年6期，53～62页。
[136] 朱永刚：《锦西邰集屯小荒地出土的曲刃青铜短剑与屠何故城》，《文物春秋》2000年1期，101～114页。
[137] 建平县文化馆等：《辽宁建平县的青铜时代墓葬及相关遗物》，《考古》1983年8期，61～69页。
[138] 刘大志、柴贵民：《喀左老爷庙乡青铜短剑墓》，《辽海文物学刊》1993年2期，71～82页。
[139] 辽宁省博物馆：《辽宁凌源县三官甸青铜短剑墓》，《考古》1985年2期，67～72页。
[140] 郭治中：《水泉墓地及相关问题之探索》，《中国考古学跨世纪的回顾与前瞻——1999年西陵国际学术研讨会文集》，科学出版社，2000年，59～66页。
[141] 滨田耕作、水野清一：《赤峰红山后——热河省赤峰红山后先史遗址》，《东方考古学丛刊》甲种第六册，东亚考古学会，1938年。
[142] 邵国田：《内蒙古敖汉旗发现的青铜器及有关遗存》，《北方文物》1993年1期，90～97页。
[143] 邵国田：《敖汉旗乌兰宝拉格战国墓地调查》，《内蒙古文物考古》1996年1、2期合刊，77～85页。
[144] 宁城县文化馆等：《宁城县新发现的夏家店上层文化墓葬及其相关遗物的研究》图三九，3，《文物资料丛刊（9）》，文物出版社，1985年，123～135页。
[145] 郭治中：《水泉墓地及相关问题之探索》，《中国考古学跨世纪的回顾与前瞻——1999年西陵国际学术研讨会文集》，科学出版社，2000年，59～66页； 王立新：《辽西区夏至战国时期文化格局与经济形态的演进》，《考古学报》2004年3期，231～243页。
[146] 郭治中：《水泉墓地及相关问题之探索》，《中国考古学跨世纪的回顾与前瞻——1999年西陵国际学术研讨会文集》，科学出版社，2000年，59～66页，图五，2、7。
[147] 郭治中：《水泉墓地及相关问题之探索》，《中国考古学跨世纪的回顾与前瞻——1999年西陵国际学术研讨会文集》，科学出版社，2000年，59～66页，图一。
[148] 王刚：《林西县井沟子夏家店上层文化墓葬》，《内蒙古文物考古》1998年1期，43～48页。
[149] 吉林大学边疆考古研究中心等：《2002年内蒙古林西县井沟子遗址西区墓葬发掘纪要》，《考古与文物》2004年1期，56～67页。
[150] 邵国田：《敖汉旗铁匠沟战国墓地调查简报》，《内蒙古文物考古》1992年1、2期合刊，74～81页。
[151] 辽宁省文物考古研究所等：《辽宁凌源县五道河子战国墓发掘简报》，《文物》1989年2期，17～22页。
[152] 靳枫毅、王继红：《山戎文化所含燕与中原文化因素之分析》，《考古学报》2001年1期，47～59页。
[153] 杨建华：《再论玉皇庙文化》，《边疆考古研究（第2辑）》，科学出版社，2003年，154～163页。
[154] 王立新：《辽西区夏至战国时期文化格局与经济形态的演进》，《考古学报》2004年3期，231～243页。
[155] 郑君雷：《战国燕墓的非燕文化因素及其历史背景》，《文物》2005年3期，69～75页。

（原载吉林大学边疆考古研究中心：
《边疆考古研究（第5辑）》，科学出版社，2006年）

夏家店上层文化的分期与源流

井中伟

夏家店上层文化是中国北方草原地带一支相当发达的青铜文化，主要分布于内蒙古东南部的西拉木伦河至老哈河流域，在中国北方乃至欧亚草原青铜文化发展中具有十分重要的历史地位。该文化自命名以来，受到国内外学术界广泛而持续的关注，研究成果涉及分期编年、类型划分、文物特征、装饰艺术、经济生业、文化源流、人群族属以及与其他文化的关系等[1]。本文在已有研究成果的基础上，结合近年来的新增资料，重点探讨该文化的分期与源流问题。

一、分期与年代

首先，我们对目前发现属夏家店上层文化的三处典型遗址进行深入细致的分析。

（一）夏家店遗址

夏家店遗址位于赤峰市松山区夏家店乡夏家店村东北的黄土岗上，南临老哈河支流英金河。1960年春，中国科学院考古研究所内蒙古工作队分四个地点对该遗址进行试掘，揭露面积共计270平方米，发现早晚叠压、性质不同的两种文化遗存，分别命名为“夏家店下层文化”和“夏家店上层文化”[2]。

据试掘报告描述，第Ⅰ地点缺乏文化层堆积，清理房址1处（F4）、灰坑5个（H23～H27）和墓葬3座（M7、M9、M10），它们均开口于表土层下，都属于夏家店上层文化，其中F4→H24（“→”表示有叠压或打破的早晚关系，下同）。

第Ⅱ地点的文化层堆积较厚，分四层。现将T9的层位关系示意图整理如下（图一）。

第Ⅲ地点与第Ⅱ地点同在一处黄土岗上，合并后的文化层堆积也分四层。现将T3的层位关系示意图整理如下（图二）。

根据包含遗物判断，第Ⅱ、Ⅲ地点的第2、3层及这两层下开口遗迹均属于夏家店上层文化。结合第Ⅰ地点的相关发现，可将该遗址夏家店上层文化遗存分为两段：第Ⅰ段以T1②、T3⑤、H5、M7、M11、M12、M14、M15、M17为代表。第Ⅱ段以T7①、F4、H11为代表。

第Ⅱ、Ⅲ地点的第4层与开口于第4层下的H13，以及第Ⅳ地点清理的2个残破灰坑（H2、H4），均属于夏家店下层文化遗存，不在本文讨论之列。

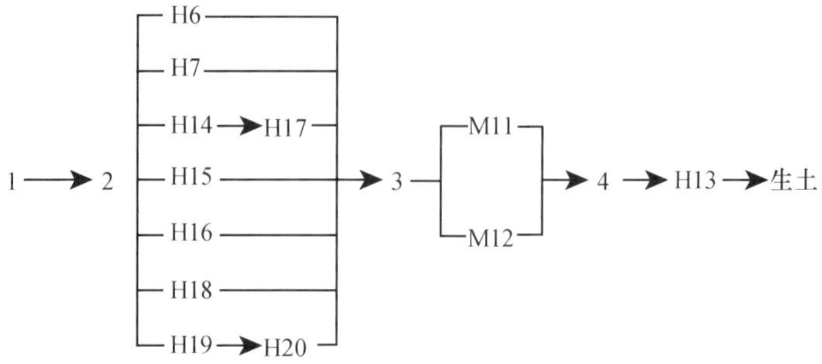

图一　夏家店遗址 60ⅡT9 层位关系示意图

（为明晰起见，图中简化了四组遗迹打破关系，即 H6 → M11 → H13；H14 → H13；H7、H16 → M12）

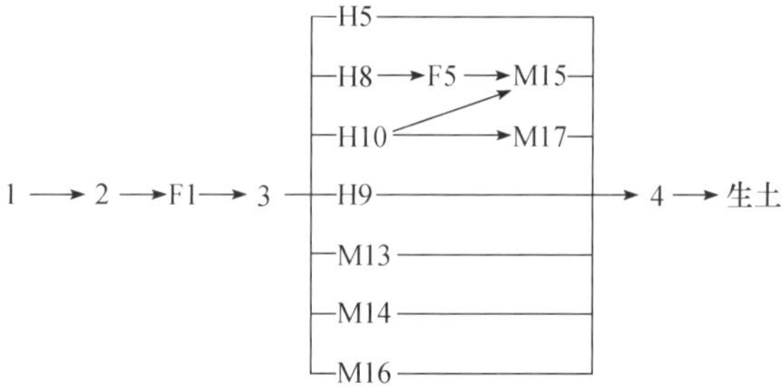

图二　夏家店遗址 60 Ⅲ T3 层位关系示意图

（二）龙头山遗址

龙头山遗址位于赤峰市克什克腾旗土城子镇南 6 千米处的龙头山北坡，东邻西拉木伦河支流苇塘河。1987～1991 年，内蒙古自治区文物考古研究所先后进行四次发掘，揭露 5000 余平方米，是目前发掘面积最大、遗存内涵丰富且文化性质单纯的一处夏家店上层文化遗址。

1991 年公布的《简报》重点报道了 1987 年和 1988 年两次发掘的第Ⅱ区东端石砌围墙址内的地层关系与典型的遗迹遗物，发掘者敏锐地指出龙头山遗址第Ⅱ区三个文化层的陶器“表现出一定的演变规律，应具有分期意义”；并估计第 2 层的年代在西周晚期前后，第 3 层及部分遗迹的年代均在西周中期或偏早[3]。同年，齐晓光先生发表《内蒙古克什克腾旗龙头山遗址发掘的主要收获》[4]（以下简称《收获》）一文，新增了 1989 年的发掘资料，对遗迹布局、分期与年代及其与邻近诸文化的关系问题提出初步认识。他将龙头山遗址前三次的发掘资料划分四期（第四期又细分为两段）：第一期主要以早于石砌围墙址第 3 层的部分遗迹单位（如ⅡH54、ⅡH70）为代表，年代大致相当于商晚期或不晚于商周之际；第二期主要以石砌围墙址第 3 层（如ⅡT0606 ③、ⅡT0701 ③、ⅡT0801 ③、ⅡH6）为代表，年代应早于西周中期；第三期主要以石砌围墙址第 2 层（如ⅡT0402 ②、ⅡT0605 ②、ⅡT0701 ②、ⅡH36、Ⅱ祭坑 2）为代表，年代应在西周晚期前后；第四期第Ⅰ段以石砌围墙址第 1 层下部分遗迹单位（如ⅡH11、ⅡH12、ⅡH25、Ⅱ祭坑1）为代表，年代约在春秋中、晚期；第四期第Ⅱ段主要以石砌围墙址第1层（如ⅡT0902①、ⅡT0904①、ⅡH39、ⅡH40）为代表，下限年代可延至战国晚期。2002年，王立新和齐晓光两位先生发表《关于龙头山遗址的几个问题》[5]（以下简称《问题》）一文，结合第四次的发掘收获，对该遗址的分期年代、地域特点与聚落布局问题进行重新认识。他们以龙头山遗址Ⅱ区的层位关系为基础，根据鬲、鼎、罐、盆、钵五类典型陶器的形制分析及各型器物式别之间的组合关系，将该遗址夏家店上层文化遗存归纳为三段：第Ⅰ段以Ⅱ区第3层及3层下开口的ⅡH6、ⅡH54、ⅡM1等单位为代表，相当于《收获》所分的第一、二期；第Ⅱ段以Ⅱ区第2层和2层下开口的ⅡH36、Ⅱ祭坑2及1层下开口的ⅡH12等单位为代表，相当于《收获》所分的第三期；第Ⅲ段以Ⅱ区第1层和1层下开口的ⅡH11、ⅡH25、ⅡH39、ⅡH40、Ⅱ祭坑1等为代表，相当于《收获》所分的第四期。比较来看，《收获》所分第四期第Ⅰ段的ⅡH12被提早到《问题》所分的第2段，前者所定龙头山夏家店上层文化遗存的下限年代也被后者提早到“春秋中期以前，而最有可能在两周之际”。

综合以上三方面的资料，可知龙头山遗址共分五个发掘区，其中第Ⅰ、Ⅲ、Ⅳ、Ⅴ区均缺乏文化层堆积，绝大多数遗迹开口于表土层下，直接打破生土。而第Ⅱ区东端的石砌围墙址内保存良好的文化层堆积，厚1米左右，可统一划分三层，均叠压在墙体及其附属堆积之上，为墙体使用时期形成的堆积，包含有丰富的遗迹和遗物。根据《简报》与两篇论文的文字描述，现将龙头山遗址第Ⅱ发掘区典型单位的层位关系示意图整理如下（图三）。

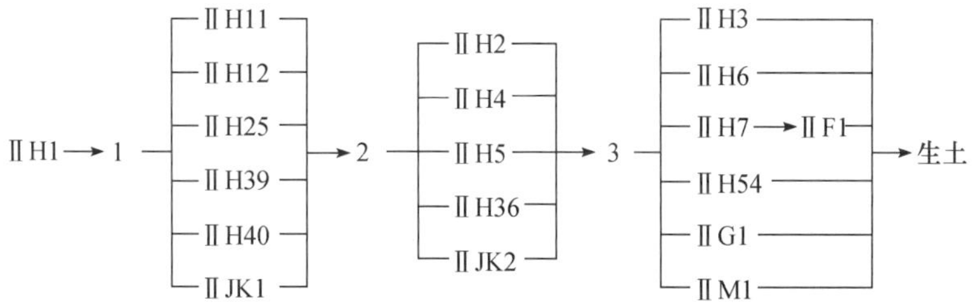

图三　龙头山遗址第Ⅱ发掘区典型单位层位关系示意图

（图中简化了开口于地表的ⅡH1→ⅡH2；JK为祭祀坑缩写）

另外，ⅡH70开口于石砌围墙址的东墙外侧墙体垫土下，打破生土，与上述第3层下开口的单位属并列单位。

上述层位关系清楚明确，各单位内涵丰富，为龙头山遗址夏家店上层文化遗存的分期提供了很好的依据。笔者赞同《问题》所分的“三段”，不过考虑到晚期单位会出土早期遗物的可能性，还是将ⅡH12归入第Ⅲ段比较稳妥，这样第3层及3层下开口遗迹属于第Ⅰ段，第2层及2层下开口遗迹属于第Ⅱ段，第1层及1层下开口遗迹属于第Ⅲ段，清晰明了。

（三）小黑石沟遗址

小黑石沟遗址位于赤峰市宁城县甸子乡东南约3千米的小黑石沟村东南台地上，三面环山，西距老哈河约1千米。1975年，经调查发现一批征集的青铜器系该遗址的墓葬出土[6]。1980年清理一座中型石椁墓，出土青铜器10余件[7]。1985年又清理一座大型石椁墓，出土青铜器400余件[8]，此次的重大发现引起学术界高度关注。内蒙古自治区文物考古研究所分别于1985年、1992年、1993年和1998年对该遗址进行四次考古发掘，共清理夏家店上层文化房址、灰沟、灰坑（含窖穴、祭祀坑）及墓葬等遗迹320余处，累计揭露面积超过2300平方米[9]。它的发掘，极大地丰富了夏家店上层文化的内涵，为该文化分期断代、聚落形态、生业经济等研究增添了翔实的资料。

小黑石沟遗址除极少量的新石器时代遗物和1998年清理的8座战国墓葬外，已发现的文化遗存均属于夏家店上层文化。因1985年发掘资料不全，层位关系不明，地层和遗迹出土陶器中缺乏可用于类型学排比的复原标本，故不做分析。

1992～1993年AⅡ发掘区与1985年AⅠ发掘区处于同一台地，地层堆积可分五层，大部分探方内可见四层，局部探方内出现2A层，部分探方内又不见第3层。下面根据考古报告正文与附表内容，将92～93NDXAⅡ区的层位关系列举如下：

第4层出土遗物极少，且该层下无开口遗迹。

第3层下开口的遗迹有H5、H8、H28、H42、H47、H50、H59、H61、H65、H97、H123、H127、H128、M6、M9，计15个。其中出土复原陶器标本的单位仅有H5和H8。

第2A层下开口的遗迹有H66、H79、H80、H85～H87、H99、H104、H105、H107、H108、H110、H111、H113、H116～H118、H121、H124～H126、H130～H132、H135～H139、H143～H150、H156、H159、H160、H169、H172、M21，共计43个。其中出土复原陶器标本的单位仅有9个，即H79、H80、H104、H111、H121、H136、H146、H159、H160。

第2层下开口的遗迹有F1～F7、F9、F10、H1～H4、H6、H7、H9～H12、H14～H27、H29～H40、H43～H46、H48、H49、H52～H58、H60、H62～H64、H67～H78、H81～H84、H88～H96、H98、H100～H103、H106、H109、H112、H115、H119、H120、H122、H133、H140～H142、H151～H155、H157、H161～H167、H173～H175、M1、M3～M5、M7、M8、M10、M11、M13～M16、M18～M20、M23，计135个。其中出土复原陶器标本的单位有30个，即F4、H1、H7、H9、H10、H12、H16、H18、H21、H23、H24、H25、H29、H31、H35、H40、H64、H68、H69、H73、H89、H94、H95、H98、H115、H122、H153、H154、H161、H174。

第1层下开口的遗迹有F8、H13、H51、H134、H158、H168、H170、H171、M17、

M22，计 10 个。其中出土复原陶器标本的单位仅有 H13、H134、H158。

撇开第 4 层不谈，这样我们就获得 92～93NDXAⅡ区的四组层位关系。需要说明的是，H114 虽出土 1 件复原陶鬲，但层位关系不详；该区发现的 7 条灰沟既未出土复原陶器标本，也未公布层位关系，故这里不做分期讨论。

1998 年 AⅢ发掘区地层堆积划分三层，从早到晚分别与 92～93NDXAⅡ区第 3、2、1 层相对应。该区大部分探方内仅存两层，不见 92～93NDXAⅡ区的第 4 层次生土堆积。下面根据考古报告正文与附表内容，将 98NDXAⅢ区的层位关系列举如下：

第 3 层出土遗物极少，且该层下无开口遗迹。

第 2 层下开口的遗迹有 H7、H11～H13、H20、H24、H28、H31、H32、H34、H45、H52、H54、H55、H57、H58、H61～H63，计 19 个。其中出土复原陶器标本的单位仅有 H13。

第 1 层下开口的遗迹有 H1～H6、H9、H10、H15～H19、H21～H23、H25、H26、H29、H33、H35～H44、H47～H51、H53、H56、H59、H60、M1～M5、M7、M8、M10、M11、M14～M17、W1，计 53 个。其中出土复原陶器标本的单位仅有 H3、H9、H19、H21、H25。

这样，我们可以将 98NDXAⅢ区的两组层位关系分别合并到 92～93NDXAⅡ区第 2 和 1 层下开口遗迹的两组层位关系中。

综合来看，以 92～93NDXAⅡ区为代表的小黑石沟遗址层位关系可以分为四组。以此为依据，通过全面考察各组单位出土复原陶器标本的形制变化以及墓葬随葬品组合关系，可将该遗址夏家店上层文化遗存划分为三段：

第Ⅰ段以 92～93NDXAⅡ第 3 层及该层下开口的 H5 和 H8 和第 2A 层及该层下开口的 H79、H80、H104、H111、H121、H136、H146、H159、H160、M21 为代表。

第Ⅱ段以 92～93NDXAⅡ第 2 层下开口的 H1、H7、H9、H10、H12、H16、H18、H21、H23、H24、H25、H29、H35、H40、H64、H68、H73、H94、H95、H98、H115、H122、H153、H154、H161、H174、M1、M11、M13、M14、M19 以及 85NDXAⅠM2、M3 和 M6、98NDXA Ⅲ H13 为代表。

第Ⅲ段以 92～93NDXAⅡ第 2 层下开口的 F4、H31、H69、H89、M5 和 1 层下开口的 H13、H134、H158、M17、M22，92～93NDXB 区墓葬，85NDXAⅠ1 层下开口的 M1、M8 和 M10，98NDXA Ⅲ 1 层下开口的 H3、H9、H19、H21、H25、M1、M5、M17 为代表。

（四）典型器类型式划分

典型器物形制的分类、排序是进一步明确考古学文化发展阶段性的重要依据。我们选取上节中层位关系清楚的单位所出土的代表性器类，再结合部分未经分期的遗址资料，对夏家店上层文化遗存进行统一的形制分析。

1. 陶器方面

在夏家店上层文化的陶器群中，鬲、鼎、罐、豆、盆、碗、钵等器类不仅数量多、分布广，而且常见的器形存在一定的演变规律，因此可以作为分期排队的主要对象。

1）鬲，根据器耳的有无与形态，可分为鋬手鬲、环耳鬲和无鋬无耳鬲三类。

鋬手鬲　领部横向安装两个对称的（长）方形鋬手。根据腹部形态，可分为三型。

A 型　直腹。可分四式。Ⅰ式：龙头山ⅡH6∶1→Ⅱ式：龙头山ⅡT0203②∶4→Ⅲ式：龙头山ⅡJK1∶6→Ⅳ式：夏家店60ⅠF4∶2（图四，1～4）。

演变趋势：口部由微侈到稍敛，上腹随之略内收，袋足由深变浅，实足根由竖直逐渐外撇。

B 型　弧腹。可分四式。Ⅰ式：龙头山ⅡH70∶1→Ⅱ式：龙头山ⅡJK2∶5→Ⅲ式：龙头山ⅡT0803①∶1→Ⅳ式：蜘蛛山63H21∶5[10]（图四，5～8）。

演变趋势：敞口近直到束颈微侈，腹部逐渐外鼓，袋足由深变浅，实足根由竖直逐渐外撇。

C 型　鼓腹。可分三式。Ⅰ式：小黑石沟93NDXAⅡH160∶6→Ⅱ式：夏家店60ⅡT1②∶7→Ⅲ式：小黑石沟92NDXAⅡH69∶7（图四，9～11）。

演变趋势：口部由微敞变侈沿，腹部逐渐外鼓，袋足由深变浅，实足根由竖直逐渐外撇。

环耳鬲　口腹之间竖向安装两个对称的拱桥形环耳，颈部明显。根据腹部形态，可分三型。

A 型　直腹。可分三式。Ⅰ式：龙头山ⅡT0801③∶6→Ⅱ式：龙头山ⅡT0605②∶3→Ⅲ式：龙头山ⅡH39∶5（图四，12～14）。

演变趋势：口部由微侈到稍敛，上腹随之略内收，袋足由深变浅，实足根由竖直逐渐外撇。

B 型　鼓腹。可分三式。Ⅰ式：龙头山ⅡT0402②∶3→Ⅱ式：龙头山ⅡH11∶3→Ⅲ式：蜘蛛山63H1∶1（图四，15～17）。

演变趋势：口部由卷沿变折沿，袋足由深变浅，实足根由竖直逐渐外撇。

C 型　扁腹。可分三式。Ⅰ式：龙头山ⅡT0701③∶1→Ⅱ式：龙头山ⅡH12∶6→Ⅲ式：小黑石沟92NDXAⅡH31∶2（图四，18～20）。

演变趋势：口部渐趋内敛，腹腔由浅变深，袋足渐趋退化，实足根由竖直逐渐外撇。

无鋬无耳鬲　复原器很少，暂不分析，标本如龙头山ⅡH12∶3（图五，1）。

2）鼎，根据器耳的有无与形态，鼎也可分为鋬手鼎、环耳鼎和无鋬无耳鼎三类，其中以环耳鼎最常见。

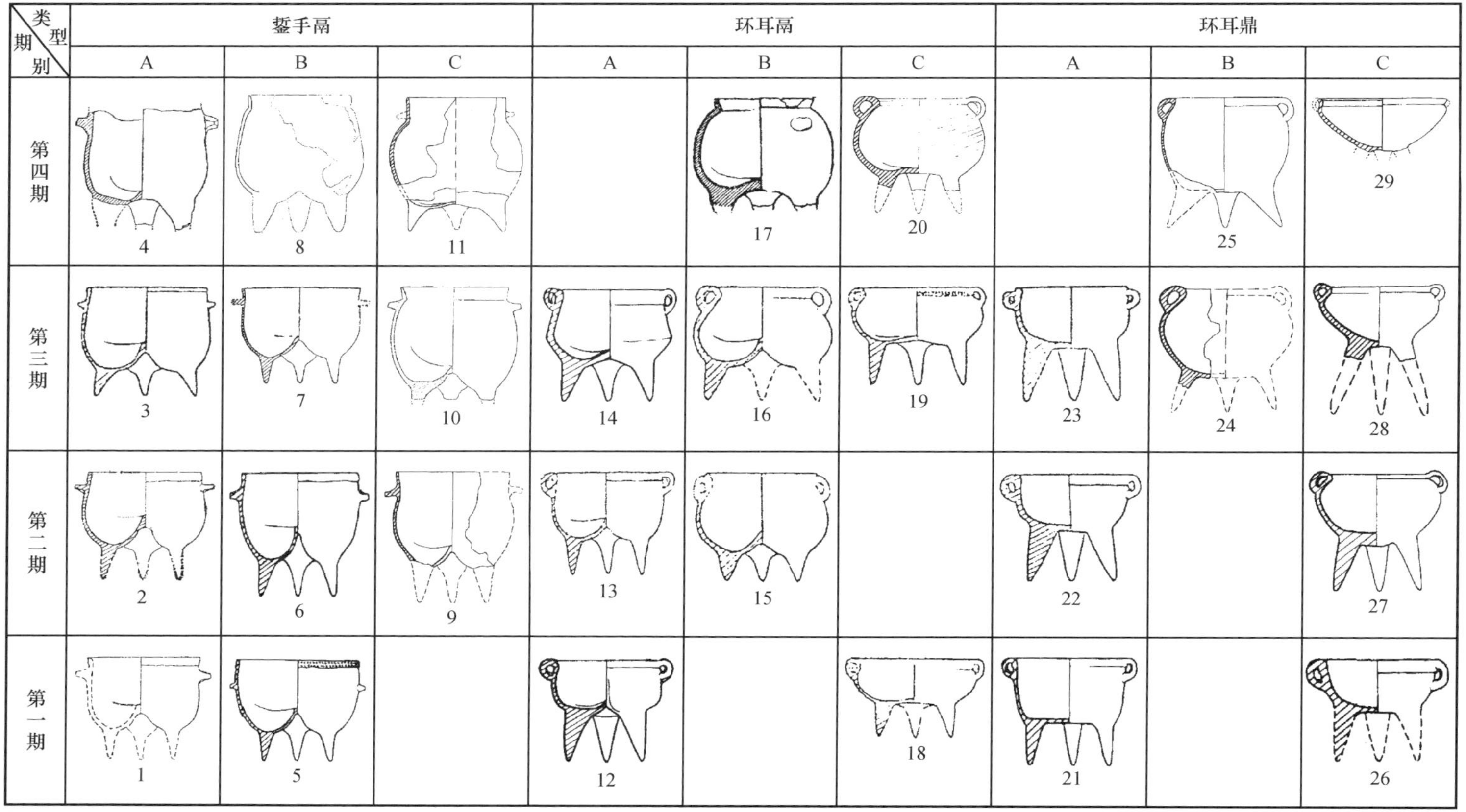

图四　夏家店上层文化陶器分期图（一）

1. 龙头山ⅡH6：1　2. 龙头山ⅡT0203 ②：4　3. 龙头山ⅡJK1：6　4. 夏家店 60ⅠF4：2　5. 龙头山ⅡH70：1　6. 龙头山ⅡJK2：5　7. 龙头山ⅡT0803 ①：1　8. 蜘蛛山 63H21：4　9. 小黑石沟 93NDXAⅡH160：6　10. 夏家店 60ⅡT1 ②：7　11. 小黑石沟 92NDXAⅡH69：7　12. 龙头山ⅡT0801 ③：6　13. 龙头山ⅡT0605 ②：3　14. 龙头山ⅡH39：5　15. 龙头山ⅡT0402 ②：3　16. 龙头山ⅡH11：3　17. 蜘蛛山 63H1：1　18. 龙头山ⅡT0701 ③：1　19. 龙头山ⅡH12：6　20. 小黑石沟 92NDXAⅡH31：2　21. 龙头山ⅡH54：3　22. 龙头山ⅡH36：1　23. 龙头山ⅡT0904 ①：1　24. 小黑石沟 93NDXAⅡH161 ③：1　25. 小黑石沟 98NDXA Ⅲ H9：3　26. 龙头山ⅡT0606 ③：1　27. 小黑石沟 92NDXAⅡH8：13　28. 小黑石沟 92NDXAⅡH18 ②：4　29. 小黑石沟 92NDXAⅡH89：1

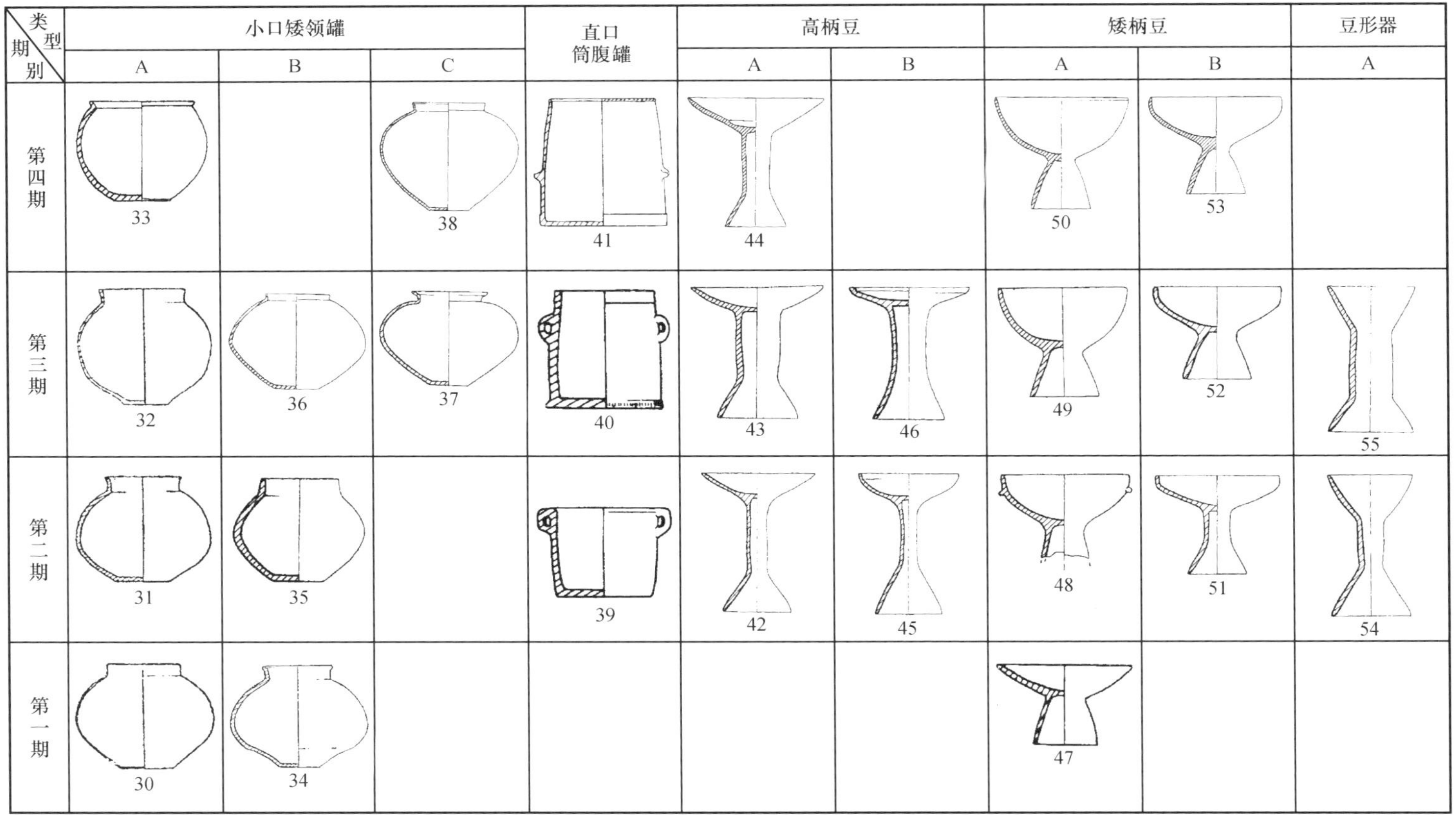

图四　夏家店上层文化陶器分期图（二）

30. 龙头山ⅡH70：3　31. 龙头山ⅡT0402②：5　32. 龙头山ⅡH40：18　33. 小黑石沟 92NDXAⅡH69：6　34. 龙头山ⅡH0203③：1　35. 小黑石沟 92～93NDXAⅡH1319③：1　36. 小黑石沟 93NDXAⅡH161：1　37. 小黑石沟 92NDXAⅡH24：6　38. 大山前 98 Ⅳ H64④：1　39. 龙头山ⅡH0701②：1　40. 龙头山ⅡH40：11　41. 大山前 98 Ⅳ H143③：1　42. 小黑石沟 92NDXAⅡH8：22　43. 小黑石沟 92NDXAⅡH9：1　44. 小黑石沟 93NDXAⅡH134：2　45. 小黑石沟 92NDXAⅡH8：8　46. 小黑石沟 92NDXAⅡH24：3　47. 龙头山（《收获》图 5-23）　48. 小黑石沟 92NDXAⅡH5：4　49. 小黑石沟 93NDXAⅡH68：1　50. 小黑石沟 98NDXA Ⅲ H9：2　51. 小黑石沟 92NDXAⅡH8：2　52. 小黑石沟 92NDXAⅡH24：4　53. 小黑石沟 93NDXAⅡH134：8　54. 小黑石沟 92NDXAⅡH8：10　55. 小黑石沟 92NDXAⅡH24：2

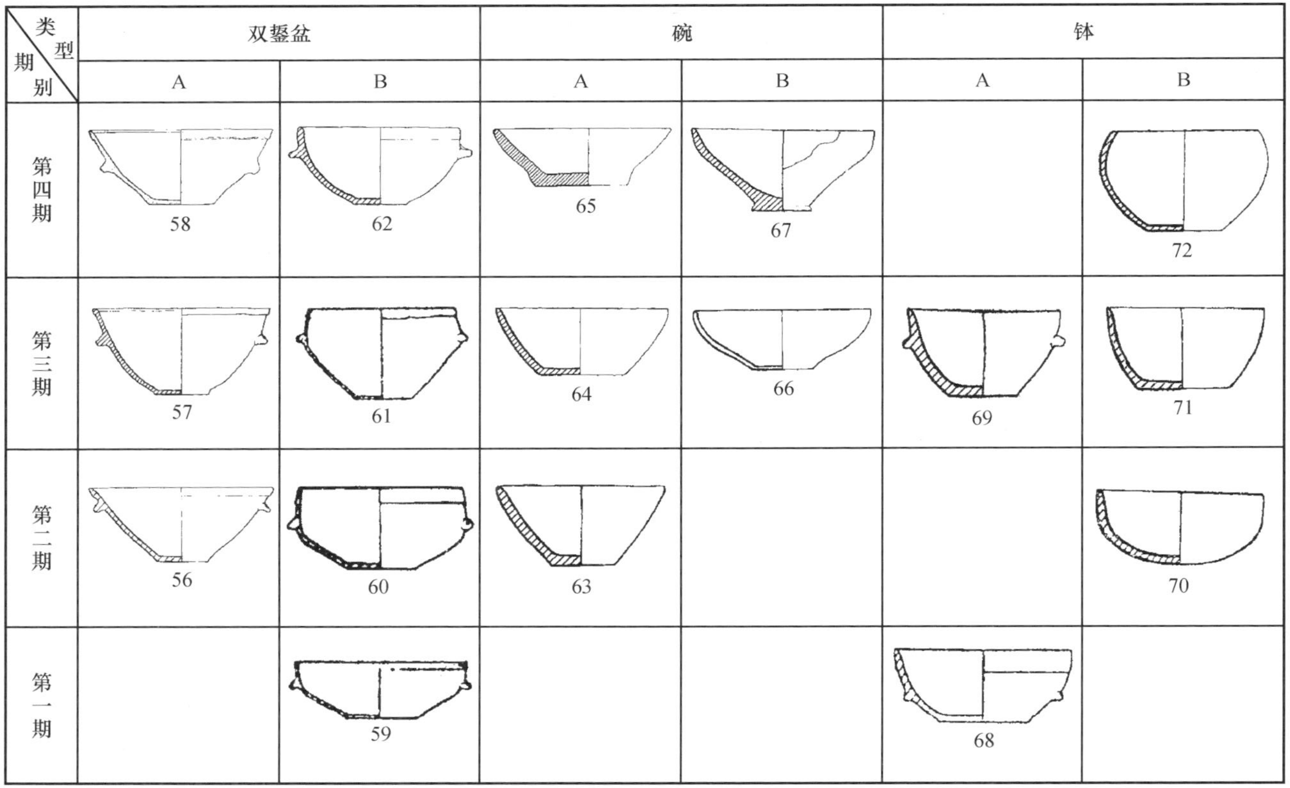

图四　夏家店上层文化陶器分期图（三）

56. 小黑石沟 92NDXAⅡH8：16　57. 小黑石沟 93NDXAⅡH174：1　58. 蜘蛛山 63H1：2　59. 龙头山ⅡH70：7　60. 龙头山ⅡT0903②：4　61. 龙头山ⅡH40：6　62. 小黑石沟 92NDXAⅡH31：1　63. 小黑石沟 92NDXAⅡH5：3　64. 小黑石沟 92NDXAⅡH18③：1　65. 小黑石沟 98NDXA Ⅲ H25：3　66. 小黑石沟 93NDXAⅡH95：3　67. 小黑石沟 98NDXA Ⅲ H19：2　68. 龙头山ⅡH70：9　69. 小黑石沟 92NDXAⅡH12：2　70. 龙头山ⅡT0402②：6　71. 小黑石沟 92NDXAⅡH16：1　72. 小黑石沟 92NDXAⅡH69：4

环耳鼎　口部竖向安装两个对称的拱桥形环耳。根据腹部形态，可分三型。

A型　直腹。可分三式。Ⅰ式：龙头山ⅡH54：3→Ⅱ式：龙头山ⅡH36：1→Ⅲ式：龙头山ⅡT0904①：1（图四，21～23）。

演变趋势：口部由外敞逐渐内收，腹腔由浅变深，实足根由竖直逐渐外撇。

B型　鼓腹。可分二式。Ⅰ式：小黑石沟93NDXAⅡH161③：1→Ⅱ式：小黑石沟98NDXA Ⅲ H9：3（图四，24、25）。

演变趋势与A型环耳鼎相同。

C型　扁腹。可分四式。Ⅰ式：龙头山ⅡT0606③：1 →Ⅱ式：小黑石沟92NDXAⅡH8：13 → Ⅲ式：小黑石沟92NDXAⅡH18②：4 → Ⅳ式：小黑石沟93NDXAⅡH89：1（图四，26～29）。

演变趋势：敞口逐渐内敛，下腹逐渐内收，实足根由竖直逐渐外撇。

鋬手鼎和无鋬无耳鼎，未见复原器，暂不分析，标本如关东车02KGDH1③：3[11]（图五，2）。

3）罐，口部有侈口、直口、敛口之分，腹部有鼓腹、筒腹、折腹之别，平底，但个别亦有圈足。总之，类型多样，大小不一。目前可供型式排比的仅有小口矮领罐和直口筒腹罐。

小口矮领罐　根据肩、腹部形态，可分三型。

A型　溜肩，鼓腹。可分四式。Ⅰ式：龙头山ⅡH70：3→Ⅱ式：龙头山ⅡT0402②：5→Ⅲ式：龙头山ⅡH40：18→Ⅳ式：小黑石沟92NDXAⅡH69：6（图四，30～33）。

演变趋势：口部由直变侈，腹部由浅加深。

B型　广肩，扁腹。可分三式。Ⅰ式：龙头山ⅡH0203③：1→Ⅱ式：小黑石沟92～93NDXAⅡH1319③：1→Ⅲ式：小黑石沟93NDXAⅡH161：1（图四，34～36）。

演变趋势与A型小口矮领罐相同。

C型　鼓肩，深腹。可分二式。Ⅰ式：小黑石沟92NDXAⅡH24：6→Ⅱ式：大山前98 Ⅳ H64④：1（图四，37、38）。

演变趋势：侈口由卷沿变折沿，腹部由浅加深。

直口筒腹罐　可分三式。Ⅰ式：龙头山ⅡH0701②：1→Ⅱ式：龙头山ⅡH40：11→Ⅲ式：大山前98 Ⅳ H143③：1（图四，39～41）。

演变趋势：直口逐渐内敛，上腹随之斜收，口径略大于底径发展为口径小于底径。

其他类型的陶罐（如小口高领鼓腹罐、侈口折腹罐、敛口鼓腹罐、圈足罐等）复原标本很少，暂不分析，标本如龙头山ⅠH2：1（图五，3）。

4）豆，根据柄部形态，可分为高柄豆和矮柄豆两类。

高柄豆　根据豆盘形态，可分二型。

A型　豆盘腹壁斜直。可分三式。Ⅰ式：小黑石沟92NDXAⅡH8：22→Ⅱ式：小黑石沟92NDXAⅡH9：1→Ⅲ式：小黑石沟93NDXAⅡH134：2（图四，42～44）。

演变趋势：豆盘由浅加深，壁底内侧由缓弧到下折出棱。

B型　豆盘腹壁弧曲。可分二式。Ⅰ式：小黑石沟92NDXAⅡH8∶8→Ⅱ式：小黑石沟92NDXAⅡH24∶3（图四，45、46）。

演变趋势：口沿逐渐内敛，豆盘由深变浅。

矮柄豆　根据豆盘形态，可分二型。

A型　敞口，弧腹。可分四式。Ⅰ式：龙头山（《收获》图5-23）→Ⅱ式：小黑石沟92NDXAⅡH5∶4→Ⅲ式：小黑石沟93NDXAⅡH68∶1→Ⅳ式：小黑石沟98NDXA Ⅲ H9∶2（图四，47～50）。

演变趋势：豆盘由浅加深。

B型　直口略敛，豆盘下腹斜收。可分三式。Ⅰ式：小黑石沟92NDXAⅡH8∶2→Ⅱ式：小黑石沟92NDXAⅡH24∶4→Ⅲ式：小黑石沟93NDXAⅡH134∶8（图四，51～53）。

演变趋势与A型矮柄豆相同。

另外，有的豆柄镂孔，豆座与柄有间隔，形成圈足（图五，4）。

5）豆形器，两端呈喇叭口，腰部收束，中空。可分二型。

A型　高体，近似高柄豆。可分二式。Ⅰ式：小黑石沟92NDXAⅡH8∶10→Ⅱ式：小黑石沟92NDXAⅡH24∶2（图四，54、55）。

演变趋势：形体由细瘦渐宽胖。

B型　矮体，近似矮柄豆。暂不分式。标本小黑石沟92NDXAⅡH68∶2（图五，5）。

6）盆，根据鋬手的有无，可分为双鋬盆和无鋬盆两类。

双鋬盆　上腹斜向安装两个对称的鋬手。根据口、腹形态，可分为二型。

A型　大敞口，斜腹。可分三式。Ⅰ式：小黑石沟92NDXAⅡH8∶16→Ⅱ式：小黑石沟93NDXAⅡH174∶1→Ⅲ式：蜘蛛山63H1∶2（图四，56～58）。

演变趋势：口部由外敞渐内收，腹部由斜直变微弧，由浅渐深。

B型　微敛口，弧腹，下腹略内曲。可分四式。Ⅰ式：龙头山ⅡH70∶7→Ⅱ式：龙头山ⅡT0903②∶4→Ⅲ式：龙头山ⅡH40∶6→Ⅳ式：小黑石沟92NDXAⅡH31∶1（图四，59～62）。

演变趋势与A型双鋬盆基本相同。

无鋬盆　复原标本很少，暂不分析，标本小黑石沟93NDXAⅡH73①∶3（图五，6）。

7）碗，形似无鋬盆，但个体较小（《小黑石沟》报告所谓的“Ba型盆”，根据其尺寸比例称“碗”比较合适）。根据腹部形态，可分为二型。

A型　敞口，斜腹。可分三式。Ⅰ式：小黑石沟92NDXAⅡH5∶3→Ⅱ式：小黑石沟92NDXAⅡH18③∶1→Ⅲ式：小黑石沟98NDXA Ⅲ H25∶3（图四，63～65）。

演变趋势：下腹部由斜直渐折收，平底出台。

B 型　微敛口，弧腹。可分二式。Ⅰ式：小黑石沟 93NDXAⅡH95 : 3 →Ⅱ式：小黑石沟 98NDXA Ⅲ H19 : 2（图四，66、67）。

演变趋势与 A 型碗相同。

8）钵弧腹，平底，常见二型。

A 型　敞口，上腹附有两个对称的小錾手。形似双錾盆，但个体较小。可分二式。Ⅰ式：龙头山ⅡH70 : 9 →Ⅱ式：小黑石沟 92NDXAⅡH12 : 2（图四，68、69）。

演变趋势与 A 型双錾盆基本相同。

B 型　敛口，无錾。可分三式。Ⅰ式：龙头山ⅡT0402 ② : 6 →Ⅱ式：小黑石沟 92NDXAⅡH16 : 1 →Ⅲ式：小黑石沟 92NDXAⅡH69 : 4（图四，70～72）。

演变趋势：口由微敛到明显内收，腹由浅渐深。

另有少量方体钵、凹口钵、带流钵等，暂不分析，标本如龙头山ⅡT0203 ② : 2（图五，7）。

此外，在夏家店上层文化的陶器群中，还有甗、瓮、盘、盂、壶、杯等器类，它们有的未见复原器，有的复原标本很少，有的早晚无变化，均无法进行型式排队，暂不分析（图五，8～10）。

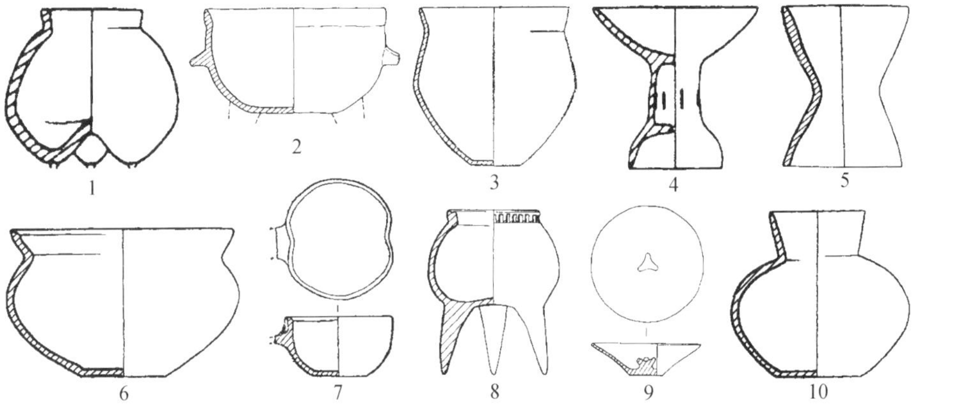

图五　夏家店上层文化未分型式陶器举例

1. 无錾无耳鬲（龙头山ⅡH12 : 3） 2. 錾手鼎（关东车 02KGDH1 ③ : 3） 3. 折腹罐（龙头山ⅠH2 : 1） 4. 镂孔豆（龙头山） 5. 豆形器（小黑石沟 92NDXAⅡH68 : 2） 6. 无錾盆（小黑石沟 93NDXAⅡH73 ① : 3） 7. 凹口钵（龙头山ⅡT0203 ② : 2） 8. 甗（小黑石沟 92NDXAⅡH18 : 8） 9. 盘（大山前 98 Ⅳ H113 ③ : 5） 10. 壶（小黑石沟 98NDXA Ⅲ H9 : 12）

2. 青铜器方面

夏家店上层文化的青铜器主要出自墓葬，种类丰富，其中出现频率高、延续时间长、形制变化明显者当首选銎柄剑、柳叶形有铤镞、齿柄刀、空首斧四类，它们可以作为该文化铜器群分期排队的主要对象。

1）銎柄剑，根据刃部的曲直，可分二型。

A 型　直刃。可分四式。Ⅰ式：龙头山ⅡM1 : 15 →Ⅱ式：大泡子墓“Ⅰ式”剑[12]→Ⅲ式：小黑石沟 M8501 : 36 →Ⅳ式：石砬山 M742 : 1[13]（图六，1～4）。

B型 曲刃。可分三式。Ⅰ式：大泡子墓“Ⅱ式”剑→Ⅱ式：小黑石沟M8061∶2→Ⅲ式：小黑石沟75ZJ∶9（图六，5～7）。

A、B型銎柄剑的演变趋势基本同步，即剑格从无到有，发展为八字形剑格与剑本分离。另外，B型剑身曲刃由不明显到明显。

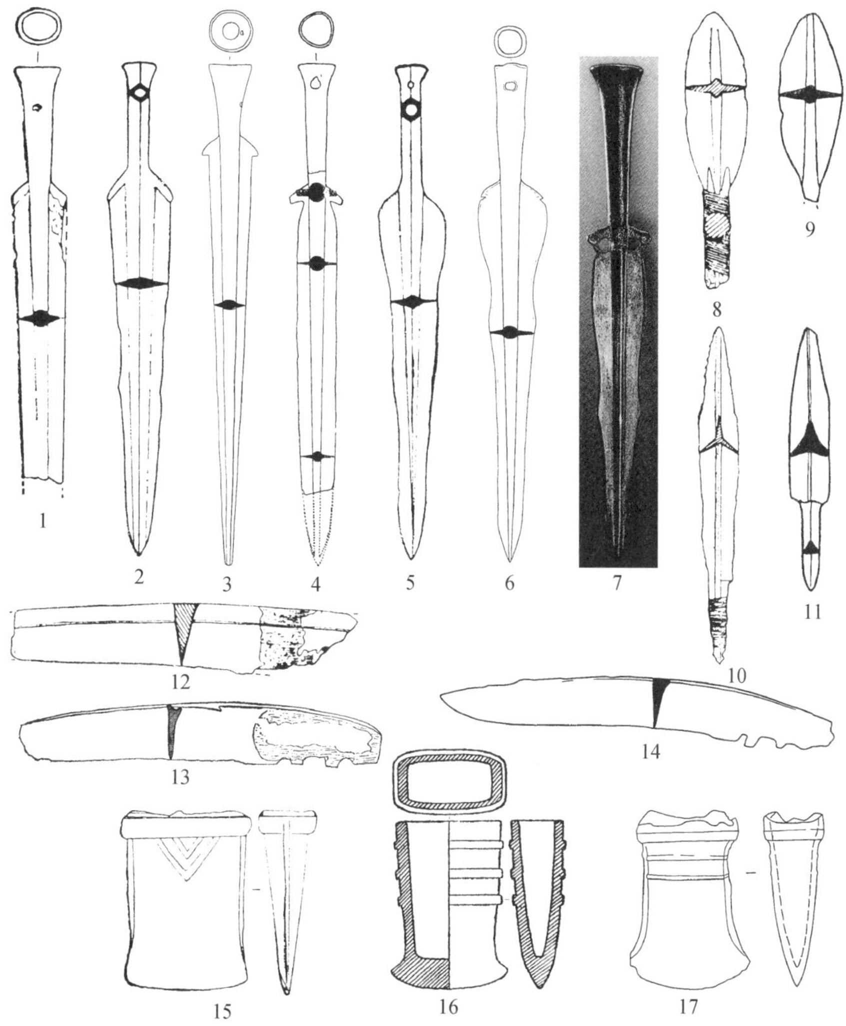

图六 夏家店上层文化部分典型铜器

1、8、10、12、15. 龙头山ⅡM1∶15、M1∶5、M1∶18、M1∶9、M1∶6 2、5. 大泡子墓“Ⅰ式”“Ⅱ式”剑 3、9、11. 小黑石沟M8501∶36、M8501∶43、M8501∶53 4. 石砬山M742∶1 6. 小黑石沟M8061∶2 7. 小黑石沟75ZJ∶9 13、16. 水泉中层M8出土 14. 小黑石沟92NDXBⅡM4∶4 17. 小黑石沟92NDXAⅡM5∶5

2）柳叶形有铤镞，根据翼部特征，可分二型。

A型 双翼。可分二式。Ⅰ式：龙头山ⅡM1∶5→Ⅱ式：小黑石沟M8501∶43（图六，8、9）。

B型 三翼。可分二式。Ⅰ式：龙头山ⅡM1∶18→Ⅱ式：小黑石沟M8501∶53（图六，10、11）。

A、B 型柳叶形有铤镞的演变趋势基本同步，即镞身从长变短，由宽变窄。

3）齿柄刀凸背，刃近平直或略凹。可分三式。Ⅰ式：龙头山ⅡM1∶9→Ⅱ式：水泉中层 M8 出土[14]→Ⅲ式：小黑石沟 92NDXBⅡM4∶4（图六，12～14）。

演变趋势：刀身由宽变窄。

4）空首斧方銎，斧身有宽短和窄长之分，以前者为主，可分三式。Ⅰ式：龙头山ⅡM1∶6→Ⅱ式：水泉中层 M8 出土→Ⅲ式：小黑石沟 92NDXAⅡM5∶5（图六，15～17）。

演变趋势：刃口由平变弧，刃角逐渐外张，形成扇形刃。

（五）文化分期与年代推断

前面我们从典型遗址的层位关系入手，排比出典型陶器的形制演变序列与各型器物式别之间的组合关系，由于出土相同式别陶器组合的不同单位具有共时性的特点，这样我们运用桥联法不仅可以对前面三个典型遗址进行时段上的对应，也可对其他不同遗址的典型单位进行归纳。尽管夏家店上层文化的墓葬基本不见陶器随葬，不过由于在夏家店、龙头山和小黑石沟等地发掘的墓葬层位关系清楚，尤其小黑石沟 M8501、M9601 和南山根 M101[15]等不仅随葬品丰富，而且年代明确，以它们为基点，根据随葬典型青铜器形制与组合的变化，还是可以对墓葬进行分期的。综合以上分析，我们将夏家店上层文化分为四期（表一）。

表一　夏家店上层文化分期对照表

文化期别	夏家店段别	龙头山段别	小黑石沟段别	其他遗址典型单位
四期	Ⅱ		Ⅲ	蜘蛛山 63H1、H21；大山前 98 ⅣH5、H64、H143；赤峰红山后 M3；大板南山墓；南山根 58 年东区墓；石砬山 M741
三期	Ⅰ	Ⅲ	Ⅱ	蜘蛛山 63H16；大山前 98 ⅣH138；关东车 02M1；南山根 61M1～M4、M101 和 M102
二期		Ⅱ	Ⅰ	大井 76F2；大山前 98 ⅣH107、H125；大泡子铜短剑墓；水泉中层 M8；水泉城子 M7701 和 M7801
一期		Ⅰ		

第一期：以龙头山Ⅱ区第Ⅰ段遗存为代表。本期典型陶器有 A 型Ⅰ式和 B 型Ⅰ式鋬手鬲、A 型Ⅰ式和 C 型Ⅰ式环耳鬲、A 型Ⅰ式和 C 型Ⅰ式环耳鼎、A 型Ⅰ式和 B 型Ⅰ式小口矮领罐、A 型Ⅰ式矮柄豆、B 型Ⅰ式双鋬盆、A 型Ⅰ式钵等，与之共存的可辨器形还有平底鼎、敛口鼓腹罐、浅盘豆等，除了少数鋬手鬲口下饰附加堆纹外，其他几乎不见纹饰。墓葬方面，目前仅见龙头山ⅡM1，随葬品有以铜器为主，有 A 型Ⅰ式銎柄剑、A 型Ⅰ式和 B 型Ⅰ式柳叶形有铤镞、Ⅰ式齿柄刀、Ⅰ式空首斧、凿、锥、大型牌饰、泡、联珠饰、箕形饰、带饰以及砺石、穿孔骨甲片、桦树皮筒形罐等总计

近200件。

第二期：以龙头山Ⅱ区第Ⅱ段遗存、小黑石沟第Ⅰ段遗存为代表，可以归入本期的还有林西县大井76F2[16]、喀喇沁旗大山前98Ⅳ H107和H125[17]以及翁牛特旗大泡子青铜短剑墓、建平县水泉中层M8、水泉城子M7701和M7801[18]等单位。本期典型陶器有A型Ⅱ式、B型Ⅱ式和C型Ⅰ式鋬手鬲，A型Ⅱ式和B型Ⅰ式环耳鬲，A型Ⅱ式和C型Ⅱ式环耳鼎，A型Ⅱ式和B型Ⅱ式小口矮领罐，Ⅰ式直口筒腹罐，A型Ⅰ式和B型Ⅰ式高柄豆，A型Ⅱ式和B型Ⅰ式矮柄豆，A型Ⅰ式豆形器，A型Ⅰ式和B型Ⅱ式双鋬盆，A型Ⅰ式碗，B型Ⅰ式钵等，与之共存的陶器除一期所见之外，还有无实足根的乳状袋足鬲、矮领折腹罐、甗腰、凹口钵、敛口双鋬钵、小杯等，纹饰种类有所增加，如篦点几何纹、戳印窝点纹、斜向方格划纹等。墓葬方面，随葬铜器主要有A型Ⅱ式和B型Ⅰ式銎柄剑、Ⅱ式齿柄刀、Ⅱ式空首斧、凿、锥、镜、泡、联珠饰等。

第三期：以龙头山Ⅱ区第Ⅲ段遗存、小黑石沟第Ⅱ段遗存和夏家店第Ⅰ段遗存为代表，可以归入本期的还有赤峰蜘蛛山63H16，喀喇沁大山前98Ⅳ H138及克什克腾关东车02M1，小黑石沟M8061、M8501和M9601，宁城南山根61M1～M4[19]、M101和M102[20]，汐子北山嘴M7501，瓦房中M791和天巨泉M7301[21]等单位。本期典型陶器有A型Ⅲ式、B型Ⅲ式和C型Ⅱ式鋬手鬲，A型Ⅲ式、B型Ⅱ式和C型Ⅱ式环耳鬲，A型Ⅲ式、B型Ⅰ式和C型Ⅲ式环耳鼎，A型Ⅲ式、B型Ⅲ式和C型Ⅰ式小口矮领罐，Ⅱ式直口筒腹罐，A型Ⅱ式和B型Ⅱ式高柄豆，A型Ⅲ式和B型Ⅱ式矮柄豆，A型Ⅱ式鼓形器，A型Ⅱ式和B型Ⅲ式双鋬盆，A型Ⅱ式碗，B型Ⅱ式钵等，与之共存的陶器除二期所见之外，还有束颈鼓肩罐、三联罐、侈口鼓腹无鋬盆等，总体上折腹器有所增多，不见附加堆纹鬲，纹饰种类也有所减少。本期墓葬数量多，层级分明，高规格墓葬的随葬品极为丰富，典型铜器主要有A型Ⅲ式和B型Ⅱ式銎柄剑、A型Ⅱ式和B型Ⅱ式柳叶形有铤镞、Ⅲ式齿柄刀、Ⅲ式空首斧及大量的装饰品等，另有本地特色的仿陶铜容器，以及来自中原的青铜礼器和兵器等。

第四期：以小黑石沟第Ⅲ段遗存、夏家店第Ⅱ段遗存为代表，可以归入本期的还有赤峰蜘蛛山63H1和H21，喀喇沁大山前98Ⅳ H5、H64和H143，以及赤峰红山后M3[22]、巴林右旗大板南山墓[23]、宁城南山根58年东区墓[24]、梁家营子M8071和孙家沟M7371[25]、建平石砬山M741等单位。本期典型陶器有A型Ⅳ式、B型Ⅳ式和C型Ⅲ式鋬手鬲，B型Ⅲ式和C型Ⅲ式环耳鬲，B型Ⅱ式和C型Ⅳ式环耳鼎，A型Ⅳ式和C型Ⅱ式小口矮领罐，Ⅲ式直口筒腹罐，A型Ⅲ式高柄豆，A型Ⅳ式和B型Ⅲ式矮柄豆，A型Ⅲ式和B型Ⅳ式双鋬盆，A型Ⅲ式和B型Ⅱ式碗，B型Ⅲ式钵等，与之共存的陶器除三期所见之外，还有环耳圈足罐、侈口扁鼓腹罐、带流钵、大侈口盂、高领壶等。本期墓葬的随葬品仍以青铜兵器、工具和装饰品为主，部分典型器类（如A型Ⅳ式銎柄剑）较第三期有一定的变化。

学术界对夏家店上层文化分期与年代的认识，经历了由宽泛模糊到具体明确的不断深化过程。20世纪90年代以前，存在着多种看法[26]。其中朱永刚先生的认识最具代表性，他将夏家店上层文化分为三期，认为其“上限可以早到西周初”，“迄今发现最晚的上层文化遗存约在春秋中期左右”，“下限不会晚于战国早期”[27]。20世纪90年代以来，随着考古资料的不断丰富，学者们提出的夏家店上层文化分期有疏有密，对其年代的讨论则集中在上下限问题上。1997年，田广金先生分为四期，早期年代相当于西周早期，晚期年代不晚于春秋中期[28]。2000年，刘国祥先生将夏家店上层文化的青铜器划分为八期，其中第一期年代相当于西周早期，第八期年代约当春秋晚期[29]。该研究实际上可视为其对夏家店上层文化分期与年代的认识。2002年，王立新和齐晓光两位先生以龙头山遗址为基础，将夏家店上层文化分为四期，年代上限定为“商晚期或不晚于商周之际”，第四期年代属“春秋中期前后”[30]。2007年，赵宾福先生以前者分期为母本，分别否定、调整和新增个别单位资料，将该文化分为三期4段，认为其“年代上限确定在西周早期比较合适”，“晚期年代可以晚到春秋晚期”[31]。同年，乌恩先生则认为将夏家店上层文化划分三期为宜，年代相当于西周早期至春秋中期[32]。

如上所述，本文结合新发表的小黑石沟资料，将夏家店上层文化分为四期：第一期年代相当于西周早期，第二期年代相当于西周中期，第三期年代相当于西周晚期至春秋早期，第四期年代相当于春秋中期。其中第一至三期的年代证据与以往分期断代成果中提到的一致，第四期将敖汉旗周家地墓地排除在外，其文化性质不属于夏家店上层文化（详后），这是与以往研究最大的不同点。第四期的年代证据来自宁城南山根1958年东区墓出土的铜戈，中胡二穿，前锋呈弧线三角形，这是中原地区春秋中期铜戈中很常见的形制[33]，由此估计第四期的年代约当春秋中期。

二、渊源与流向

上文分期研究表明，夏家店上层文化第一期遗存仅发现于以龙头山遗址为代表的西拉木伦河流域，第二期时夏家店上层文化开始向南逐渐扩展，进入第三期文化重心完全转移到以宁城南山根和小黑石沟遗址为代表的老哈河流域。已有研究表明，夏家店上层文化由北向南的发展进程中先后形成龙头山、南山根和东南沟（分布于滦河上游地区）三个地方类型，由于齐桓公北伐山戎（按：夏家店上层文化当为文献记载的“山戎”遗存[34]）的军事行动，夏家店上层文化向南扩展势头遭到遏制，春秋早期以后就很快衰退了[35]。所以要追溯和探寻夏家店上层文化的源流，自然应该分别由该文化的早、晚期遗存入手。

（一）渊源

关于夏家店上层文化来源问题的探索历程，乌恩先生曾做过很好的归纳总结，他指出“夏家店上层文化与夏家店下层文化没有继承关系是毫无疑问的。至于同魏营子文化的关系，因为分布的地域基本不重叠，而且有相当一段时间是共存的，因此两者也不会有承继关系。……将高台山文化作为夏家店上层文化唯一源头的理由还不够充分。……夏家店上层文化居民的人种成分是相当复杂的，这无疑涉及文化起源的多源性，要想解决这一棘手的问题还需要作进一步的工作，特别是西拉木伦河流域及其以北的考古调查和发掘工作”[36]。2002～2003年，吉林大学边疆考古研究中心与内蒙古自治区文物考古研究所合作在西拉木伦河流域主要是北部地区进行较大范围的考古调查，发现数处遗址中含有晚商遗存，采集的陶片属夹砂红褐陶系，突出特点是口沿和领部饰有戳印纹和泥条堆纹，有的还饰珍珠纹、带鸡冠状鋬耳，器形有直领和弧领的鬲、罐等。联系到以往在林西县锅撑子山[37]、巴林右旗古日古勒台[38]等也曾采集相同的器形和纹饰陶片，以及克什克腾旗天宝同[39]、翁牛特旗头牌子[40]发现过殷商青铜容器，调查者认为可以在西拉木伦河流域专门划分出一个有别于大、小凌河流域魏营子文化的晚商时期文化类型，它与随后兴起的夏家店上层文化应该存在某种必然的联系[41]。遗憾的是，目前该流域的晚商遗存尚未做过科学发掘，缺乏论证二者传承关系的坚实依据。

以往有学者注意到夏家店上层文化与高台山文化具有明显的亲缘关系。朱永刚先生认为夏家店上层文化以直腹鬲为代表的素面红陶系统来自高台山文化，同时指出“夏家店上层文化的形成过程是复杂的，来源是多重的，高台山文化只是其中的一个重要源头”[42]。董新林先生认为“二者有着大致相同的文化传统，应属于同一文化谱系的不同发展阶段。在夏家店上层文化的形成中，高台山文化是其主要来源”[43]。考古资料显示，高台山文化主要分布于以柳河为中心的辽河以西地区。其分布范围的东北界，涉及对法库县湾柳街[44]和康平县顺山屯[45]这两个著名遗址的性质认定。目前学界主要有五种意见：一是以田耘先生为代表，认为它们分别属于高台山文化的两个类型，即高台山类型和顺山屯类型[46]；二是以李晓钟和蔺新建两位先生为代表，认为它们不属于高台山文化，单独称为“顺山屯类型”，“二者的年代上是连续递进的承继关系”[47]。三是以上文提到的朱永刚和董新林两位先生为代表，将以顺山屯遗址命名的顺山屯类型排除在高台山文化之外，认为湾柳街遗址属于高台山文化北区的地方类型。四是以赵晓刚先生为代表，将这两个遗址归入新乐上层文化[48]。五是以赵宾福先生为代表，将这两个遗址与新乐上层文化一并纳入马城子文化[49]。

综合比较来看，以顺山屯遗址命名的顺山屯类型作为一支独立的晚商时期文化类型是成立的，居址有房址和灰坑，出土陶器以敛口鼓腹鬲最具特色，有带鋬手和桥状竖耳之分；其次为侈口双耳罐，口有大、小之分，腹有弧腹、鼓腹和扁腹之别；其他还有瓮、盆、甑、钵、杯、勺等（图七，1～23）。所谓的“墓葬”与居址互有打破，呈不规则的圆形或椭圆形，死者葬式、方向不一，出土陶器有花边侈口弧腹贯耳鬲、侈口鼓腹无耳鬲、带鋬直腹鼎、罐、盆、壶、簋、钵、杯等（图七，24～33），无固定组合且成分颇杂，推测它们当属非正常埋葬。

湾柳遗址出土陶器比较复杂，文化因素可以分为三组：A组有直腹鼎、腰部带双环耳的连体甗、小直口鼓腹壶等，为新乐上层文化因素；B组有带鋬手的直腹鬲、深

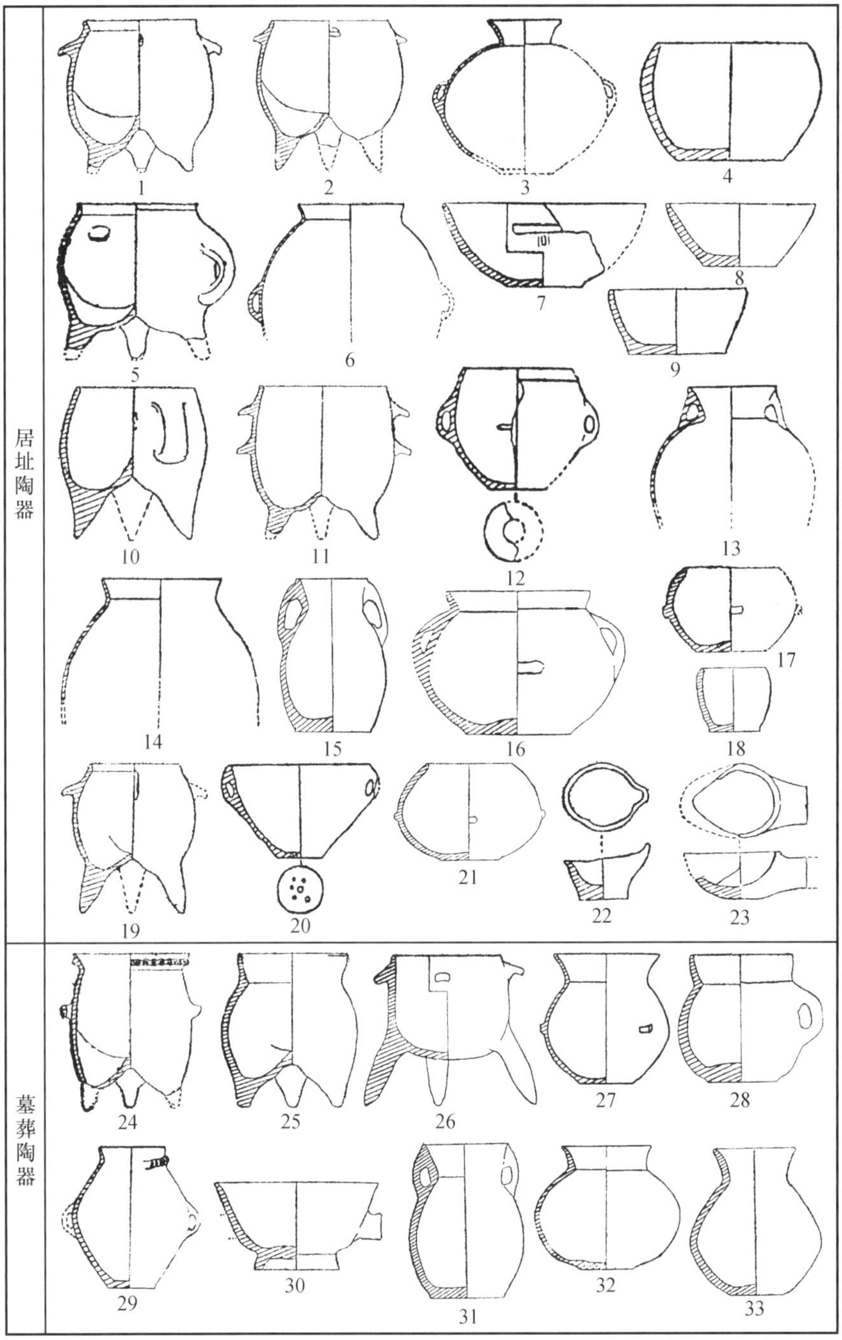

图七　顺山屯遗址出土陶器

1～4. F1∶1、F1∶2、F1∶3、F1∶4　5～9. F2∶1、F2∶2、F2∶3、F2∶4、F2∶5　10～18. H1∶1、H1∶2、H1∶3、H1∶4、H1∶5、H1∶6、H1∶7、H1∶8、H1∶9　19. T3②下∶1　20. H3∶1　21. H2∶1　22. H5∶1　23. H5∶2　24. M10∶1　25. M13∶1　26. M9∶3　27. M9∶2　28. M12∶1　29. M14∶1　30. M11∶2　31. M4∶3　32. M14∶1　33. M4∶1

腹盆、矮柄豆，为高台山文化因素；C组有带鋬耳的敛口鼓腹鬲、盆形甑、敛口钵、勺等，为顺山屯类型因素（图八）。尽管没有详细的统计数据，但就发表资料的整体情况看，A组所占比重最大，B、C组远少于A组，所以湾柳遗址主体遗存当属于新乐上层文化。尤其值得一提的是，在湾柳遗址曾采集到管銎战斧、方銎斧、铃首刀、鹿首刀、环首刀、镜等多件铜器（图九），由此推断湾柳遗址的主体年代约在商代晚期。若此认识成立，湾柳遗址则不能纳入高台山文化，这样就要重新考虑高台山文化的年代下限问题了，因为上述董新林和赵宾福两位先生均明确将高台山文化晚期年代定在晚商时期。董新林先生将高台山文化分为三期4组，其中第三期第4组的典型材料就是湾柳遗址出土器物。若将湾柳遗址剔除出来，其关于高台山文化的第三期第4组也就不存在了，如此下限也就进入不了晚商。赵宾福先生将高台山文化分为两期3段，其中晚期第Ⅲ段的年代是通过典型陶器与魏营子类型比较而得出的。他虽将湾柳遗址排除在高台山文化之外，但在晚期年代判定时却忽略了在阜新平顶山遗址发现5座高台山文化墓葬均开口于魏营子文化地层下的层位关系[50]。这组层位关系可解读为高台山文化不晚于魏营子文化。高台山文化晚期年代与魏营子类型同时约为商代晚期是一种可能，当然也存在早于魏营子文化的可能，似乎后一种可能性更大些，如高台山文化晚期的彰武平安堡H1012∶1鬲[51]与湾柳88H2∶2鬲（图八，12）属于同一形态，前者

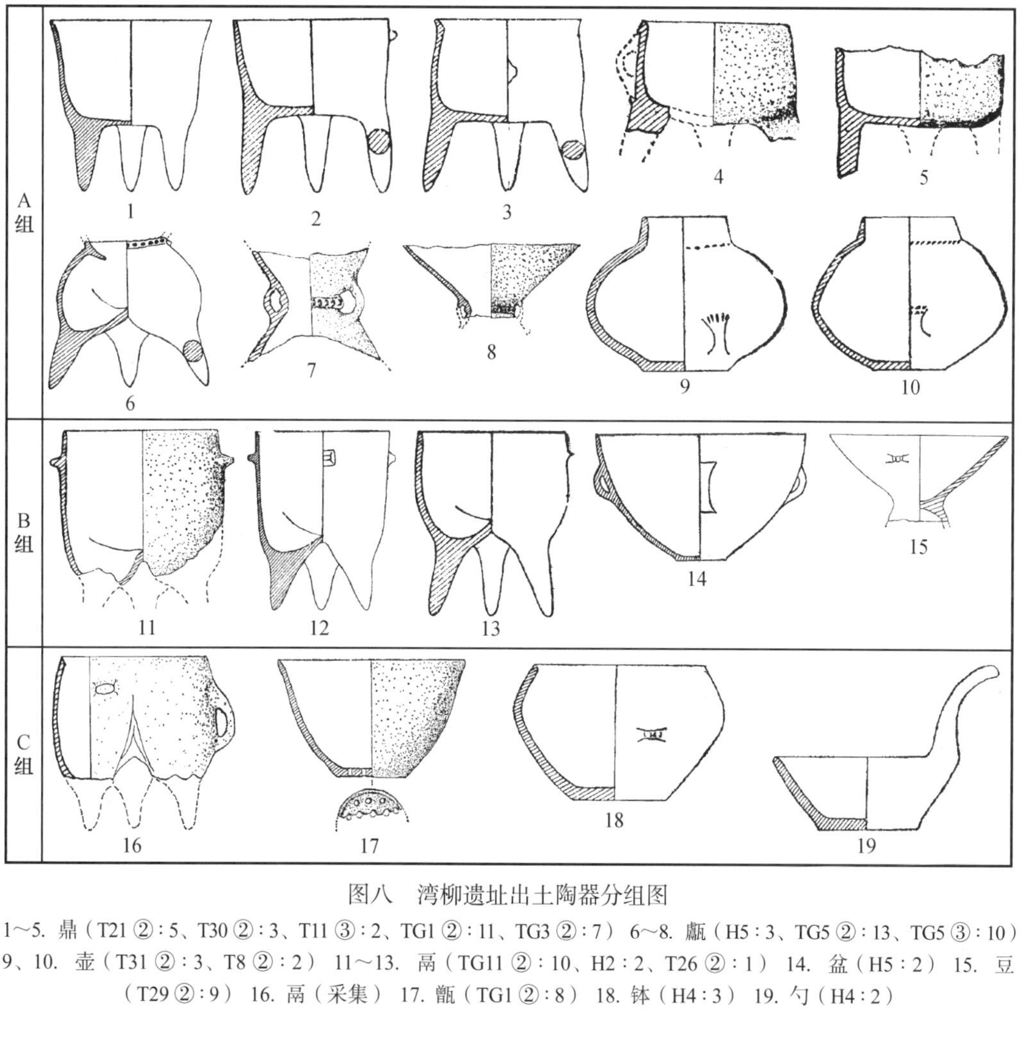

图八　湾柳遗址出土陶器分组图

1～5. 鼎（T21②∶5、T30②∶3、T11③∶2、TG1②∶11、TG3②∶7）　6～8. 甗（H5∶3、TG5②∶13、TG5③∶10）　9、10. 壶（T31②∶3、T8②∶2）　11～13. 鬲（TG11②∶10、H2∶2、T26②∶1）　14. 盆（H5∶2）　15. 豆（T29②∶9）　16. 鬲（采集）　17. 甑（TG1②∶8）　18. 钵（H4∶3）　19. 勺（H4∶2）

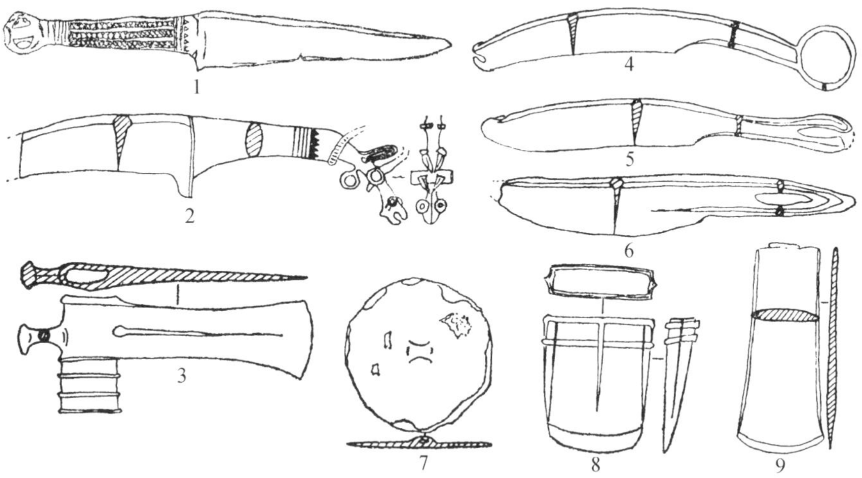

图九　湾柳遗址采集铜器

1. 铃首刀　2. 鹿首刀　3. 管銎斧　4～6. 环首刀　7. 镜　8、9. 釜

袋足要比后者深些，依据该型陶鬲袋足由深变浅的演变规律，前者的年代当早于后者。因此，我们认为高台山文化的晚期年代应早于晚商，下限不会晚于殷墟一期。

从年代上看，高台山文化下限与夏家店上层文化上限之间还隔着晚商，二者并非前后衔接。而在晚商时期，以花边鬲为代表的所谓花边口沿陶器具有明显的共时特征，它们伴随着北方系青铜器广泛分布于中国北方中东部地区[52]。就东区而言，自南向北分别在大小凌河（魏营子文化）、辽河上游（顺山屯类型）、西拉木伦河流域（文化名称待定）和嫩江下游（白金宝二期文化[53]）均可见到此类遗存。2007 年春，吉林大学边疆考古研究中心与吉林省文物考古研究所合作在通榆敖包山，老富大坨子和洮南四海泡子第Ⅱ、Ⅲ地点调查采集到的夹砂红褐陶片口沿压制成花边状，沿下可见附加堆纹，有的还饰珍珠纹，器表多饰细绳纹，可辨器形有鬲、罐、甗等，其中鬲、罐以高领为特征，部分领部可见鋬手[54]。此外，以往在科尔沁右翼中旗小白音胡硕也曾采集过相同的器形和纹饰陶片[55]。这里处在西辽河与嫩江下游之间，它们在文化性质上是属于白金宝二期文化，还是归入西拉木伦河流域晚商遗存类型，抑或依自身特点划为一个独立的地方文化类型，目前尚未形成一致认识。

综上所述，夏家店上层文化可能是在西拉木伦河流域晚商遗存的基础上，吸收魏营子文化、顺山屯类型、新乐上层文化、白金宝二期文化等多种文化因素而产生的，以直腹陶鬲为代表的高台山文化因素对夏家店上层文化的影响可能是间接的。

（二）流向

探寻夏家店上层文化的踪迹，首要讨论周家地墓地的属性。周家地墓地位于内蒙古敖汉旗古鲁板蒿乡周家地村西的老哈河近旁，1981 年 8 月中国社会科学院考古研究所内蒙古工作队于此发掘了 54 座墓葬，1984 年发表的简报报道了 4 座[56]，2006～2008 年王鹏全面整理这批资料，并以此为基础完成他的硕士学位论文[57]。学界对周家地墓地文化属性的判识有个逐步深入的过程，最初发掘者认为其属于夏家店上层文化，时代约当春秋时期。后来研究者一般将其归入夏家店上层文化的晚期，具体年代上则有春秋中期和春秋晚期两种认识。2002年以来，由于林西县井沟子西区春秋晚期至战国早期墓地的发掘，有学者开始注意到周家地墓地的葬俗与夏家店上层文化墓葬明显有别，不宜再将其归入夏家店上层文化[58]。因此，这里有必要将其与经科学发掘的夏家店上层文化晚期墓葬、井沟子西区墓葬等进行一番系统对比（表二）。

表二　夏家店、南山根、小黑石沟、周家地和井沟子西区墓葬特征统计表

墓葬特征＼墓地举例		夏家店（10座）	南山根（15座）	小黑石沟（72座）	周家地（53座）	井沟子西区（55座）
形制	石构墓	10	15	51		
	土坑竖穴墓			21	53	55
墓向	西北—东南向	1	6	10	50	55
	东北—西南向	1		8		
	东—西向	1	4	11	3	
	南—北向	7	5	41		
葬式	单人葬	9	15	72	42	21
	二人合葬	2			11	12
	三人以上合葬				1	22
殉牲					26	50
早期人为扰动现象					37	51

注：迄今报道的夏家店上层文化墓葬已超过120座，除少数几座属于第一、二期外，绝大多数属于第三、四期。从中我们选取发掘数量较多的夏家店、南山根和小黑石沟三地墓葬作为夏家店上层文化晚期墓葬的代表。表中参与统计的数量不含保存状况极差、各项信息不明的墓葬。“石构墓”是指在长方形土坑墓穴内以石板或石块垒砌、铺垫或搭盖而构筑的墓室，以往俗称石椁墓或石板墓。“墓向”是指墓长边的走向，而非死者头向。

从墓葬形制上看，夏家店上层文化晚期墓葬以石构墓为主，高达78.4%，土坑竖穴墓仅占21.6%；周家地和井沟子西区墓地均为土坑竖穴墓，未见石构墓。从墓向上看，夏家店上层文化晚期墓葬以南—北向为主，约占54.6%，其次为西北—东南向和东—西向，分别占17.5%和16.5%；周家地除3座为东—西向外，其余墓葬与井沟子西区均为西北—东南向。从葬式上看，夏家店上层文化晚期墓葬除2座合葬外，其余均为单人葬；周家地合葬墓约占22.6%；井沟子西区合葬墓高达61.8%。从殉牲情况看，夏家店上层文化晚期墓葬未见，周家地殉牲墓约占49.1%，殉牲以狗的头骨和颌骨最常见，另有少量马的头骨和颌骨、牛头和牛角；井沟子西区殉牲墓高达90.9%，殉牲以马最多，其次为牛和绵羊，另有少量的驴、骡和狗。从早期人为扰动现象看，夏家店上层文化晚期墓葬未见，周家地“扰墓”约占69.8%，井沟子西区“扰墓”高达92.7%，两地所见此类现象大体相同，有的墓完全被扰，有的墓局部被扰，其中尤以上半身被扰而下肢不动的情况最为多见。墓中出土遗物包括死者随身穿戴的装饰品和真正意义的随葬品（如容器、车马器、兵器、工具等），仅就后者而言，夏家店上层文化晚期墓葬以随葬青铜器为主，少见陶、石、骨、蚌器，随葬陶容器墓有11座，仅占11.3%，1墓1件，分别为罐5、钵4、碗1、杯1。周家地随葬陶容器墓有33座，高达61.1%，器类主要为罐，其他有壶2、钵1、鬲1，另有19座墓随葬大量箭镞，以骨质为主，极少数为铜镞。井沟子西区随葬陶罐容器墓32座，约占55.2%，器类主要为罐，其他有极少量的壶、钵、鬲，另出土骨角箭镞多达251件。

通过上述比较可以看出，周家地墓葬在诸多特征方面的相似性程度明显接近于井沟子西区墓葬，而有别于夏家店上层文化晚期墓葬。不可否认，周家地墓葬出土的工具（如齿柄刀、匕形器、锥、针等）和装饰品（如铜耳环、鸟形饰、双尾形饰、联珠饰等）与夏家店上层文化墓葬出土同类者基本相同，但这些共性远小于上述差异性。因此，我们同意周家地墓地绝对年代为春秋晚期的已有认识，但其文化属性却不宜归入夏家店上层文化，而是一支与以林西县井沟子西区墓葬为代表的井沟子类型和以敖汉旗水泉北区墓葬为代表的水泉文化[59]大体并存的考古遗存，不过考虑到上述工具、装饰品等方面存在的相似性因素，周家地墓地很可能是夏家店上层文化的直接继承者。

夏家店上层文化消亡后，部分文化因素除见于周家地墓地外，还散布于辽西区的井沟子类型、水泉文化和凌河文化中，少量因素则由近及远、由强到弱地影响到冀北、内蒙古中部、甘宁乃至蒙古国东部地区[60]。

注　释

[1] 乌恩·岳斯图：《北方草原考古学文化研究——青铜时代至早期铁器时代》，科学出版社，2007年，174～223页。

[2] a. 中国科学院考古研究所内蒙古发掘队：《内蒙古赤峰药王庙、夏家店遗址试掘简报》，《考古》1961年2期，77～81页；b. 中国科学院考古研究所内蒙古工作队：《赤峰药王庙、夏家店遗址试掘报告》，《考古学报》1974年1期，111～144页。

[3] 内蒙古自治区文物考古研究所、克什克腾旗博物馆：《内蒙古克什克腾旗龙头山遗址第一、二次发掘简报》，《考古》1991年8期，704～712页。

[4] 齐晓光：《内蒙古克什克腾旗龙头山遗址发掘的主要收获》，《内蒙古东部区考古学文化研究文集》，海洋出版社，1991年，58～72页。

[5] 王立新、齐晓光：《龙头山遗址的几个问题》，《北方文物》2002年1期，15～23页。

[6] 项春松：《小黑石沟发现的青铜器》，《内蒙古文物考古》1984年3期，120～123页。

[7] 宁城县文化馆、中国社会科学院研究生院考古系东北考古专业：《宁城县新发现的夏家店上层文化墓葬及其相关遗物的研究》，《文物资料丛刊（9）》，文物出版社，1985年，23～58页。

[8] 赤峰市博物馆、宁城县文物管理所：《宁城小黑石沟石椁墓调查清理报告》，《文物》1995年5期，4～22页。

[9] 内蒙古自治区文物考古研究所、宁城县辽中京博物馆：《小黑石沟——夏家店上层文化遗址发掘报告》，科学出版社，2009年。

[10] 中国社会科学院考古研究所内蒙古工作队：《赤峰蜘蛛山遗址的发掘》，《考古学报》1979年2期，215～243页。

[11] 吉林大学边疆考古研究中心、内蒙古文物考古研究所：《克什克腾旗关东车遗址考古调查与试掘》，《边疆考古研究（第2辑）》，科学出版社，2004年，15～29页。

[12] 贾鸿恩：《翁牛特旗大泡子青铜短剑墓》，《文物》1984年2期，50～54页。

[13] 建平县文化馆、朝阳地区博物馆：《辽宁建平县的青铜时代墓葬及相关遗物》，《考古》1983年8期，679～694转713页。

［14］辽宁省博物馆、朝阳市博物馆：《建平水泉遗址发掘简报》，《辽海文物学刊》1986 年 2 期，11～29 页。
［15］辽宁省昭乌达盟文物工作站、中国科学院考古研究所东北工作队：《宁城南山根的石椁墓》，《考古学报》1973 年 2 期，27～39 页。
［16］辽宁省博物馆文物工作队：《辽宁林西县大井古铜矿 1976 年试掘简报》，《文物资料丛刊（7）》，文物出版社，1983 年，138～146 页。
［17］中国社会科学院考古研究所、内蒙古自治区文物考古研究所、吉林大学边疆考古研究中心、赤峰考古队：《内蒙古喀喇沁旗大山前遗址 1998 年的发掘》，《考古》2004 年 3 期，31～39 页。
［18］建平县文化馆、朝阳地区博物馆：《辽宁建平县的青铜时代墓葬及相关遗物》，《考古》1983 年 8 期，679～694 转 713 页。
［19］中国科学院考古研究所内蒙古工作队：《宁城南山根遗址发掘报告》，《考古学报》1975 年 1 期，117～140 页。
［20］中国社会科学院考古研究所东北工作队：《内蒙古宁城县南山根 102 号石椁墓》，《考古》1981 年 4 期，304～308 页。
［21］宁城县文化馆、中国社会科学院研究生院考古系东北考古专业：《宁城县新发现的夏家店上层文化墓葬及其相关遗物的研究》，《文物资料丛刊（9）》，文物出版社，1985 年，23～58 页。
［22］滨田耕作、水野清一：《赤峰红山后——热河省赤峰红山后先史遗址》，《东方考古学丛刊》甲种第六册，东亚考古学会，1938 年。
［23］董文义：《巴林右旗发现青铜短剑墓》，《内蒙古文物考古》1981 年（创刊号）。
［24］李逸友：《内蒙昭乌达盟出土的铜器调查》，《考古》1959 年 6 期，276～277 页。
［25］宁城县文化馆、中国社会科学院研究生院考古系东北考古专业：《宁城县新发现的夏家店上层文化墓葬及其相关遗物的研究》，《文物资料丛刊（9）》，文物出版社，1985 年，23～58 页。
［26］中国社会科学院考古研究所东北工作队：《内蒙古宁城县南山根 102 号石椁墓》，《考古》1981 年 4 期，308 页。
［27］朱永刚：《夏家店上层文化的初步研究》，《考古学文化论集（一）》，文物出版社，1987 年，99～128 页。
［28］田广金：《中国北方系青铜器文化和类型的初步研究》，《考古学文化论集（四）》，文物出版社，1997 年。
［29］刘国祥：《夏家店上层文化青铜器研究》，《考古学报》2000 年 4 期，451～500 页。
［30］王立新、齐晓光：《龙头山遗址的几个问题》，《北方文物》2002 年 1 期，15～23 页。
［31］赵宾福：《辽西山地夏至战国时期考古学文化时空框架研究的再探讨》，《边疆考古研究（第 5 辑）》，科学出版社，2007 年，32～69 页。
［32］乌恩·岳斯图：《北方草原考古学文化研究——青铜时代至早期铁器时代》，科学出版社，2007 年，174～223 页。
［33］井中伟：《早期中国青铜戈·戟研究》，科学出版社，2011 年，101～126 页。
［34］林沄：《东胡与山戎的考古探索》，《林沄学术文集》，中国大百科全书出版社，1998 年，387～396 页。
［35］朱永刚：《夏家店上层文化向南的分布态势与地域文化变迁》，《庆祝张忠培先生七十岁论文集》，科学出版社，2004 年，422～436 页。
［36］乌恩·岳斯图：《北方草原考古学文化研究——青铜时代至早期铁器时代》，科学出版社，2007 年，174～223 页。
［37］内蒙古自治区文化局文物工作组：《内蒙古自治区发现的细石器文化遗址》，《考古学报》1957 年 1 期，9～20 页。
［38］巴林右旗博物馆：《巴林右旗古日古勒台新石器时代遗址调查简报》，《内蒙古文物考古》1992 年（1、2）期，67～76 页。
［39］克什克腾旗文化馆：《辽宁克什克腾旗天宝同发现商代铜甗》，《考古》1977 年 5 期，354～356 页。
［40］苏赫：《从昭盟发现的大型青铜器试论北方的早期青铜文明》，《内蒙古文物考古》1982 年 2 期。
［41］内蒙古自治区文物考古研究所、吉林大学边疆考古研究中心：《西拉木伦河流域先秦时期遗址调查与试掘》，科学出版社，2010 年，Ⅻ - ⅩⅦ。
［42］a. 朱永刚：《论高台山文化及其与辽西青铜文化的关系》，《中国考古学会第八次年会论文集·1991》，文物出版社，1996 年，139～156 页；b. 朱永刚：《东北青铜文化的发展阶段与文化区系》，《考古学报》1998 年 2 期，133～152 页。

[43] 董新林:《高台山文化研究》,《考古》1996 年 6 期,52～66 页。
[44] a. 曹桂林、许志国:《辽宁法库县弯柳街遗址调查报告》,《北方文物》1988 年 2 期,18～20 页;b. 铁岭市博物馆:《法库县弯柳街遗址试掘报告》,《辽海文物学刊》1990 年 1 期,31～41 页;c. 辽宁大学历史系考古教研室、铁岭市博物馆:《辽宁法库县湾柳街遗址发掘》,《考古》1989 年 12 期,1076～1086 页。
[45] 辛占山:《康平顺山屯青铜时代遗址试掘报告》,《辽海文物学刊》1988 年 1 期,27～40 页。
[46] 田耘:《顺山屯类型及其相关问题的讨论》,《辽海文物学刊》1988 年 2 期,68～78 页。
[47] 李晓钟、蔺新建:《下辽河流域早期青铜文化谱系研究》,《辽海文物学刊》1991 年 1 期,47～60 页。
[48] 赵晓刚:《沈阳地区新乐上层文化初探》,吉林大学硕士学位论文,2007 年,195～218 页。
[49] 赵宾福:《中国东北地区夏至战国时期的考古学文化研究》,科学出版社,2009 年,195～218 页。
[50] 辽宁省文物考古研究所、吉林大学考古学系:《辽宁阜新平顶山石城址发掘报告》,《考古》1992 年 5 期,399～417 页。
[51] 辽宁省文物考古研究所、吉林大学考古学系:《辽宁彰武平安堡遗址》,《考古学报》1992 年 4 期,437～472 页;图一五,1.
[52] 韩嘉谷:《花边鬲寻踪——谈我国北方长城文化带的形成》,《内蒙古东部区考古学文化研究文集》,海洋出版社,1991 年,41～52 页。
[53] a. 朱永刚:《论白金宝二期文化》,《北方文物》2009 年 1 期,3～9 页;b. 黑龙江省文物考古研究所、吉林大学考古学系:《肇源白金宝——嫩江下游一处青铜时代遗址的揭示》,科学出版社,2009 年,53～82、207～209 页。
[54] a. 朱永刚、郑钧夫:《通榆县三处史前遗址调查与遗存分类》,《边疆考古研究(第 7 辑)》,科学出版社,2008 年,334～352 页;b. 王立新、豆海锋:《吉林洮南四海泡子四处遗址调查与初步认识》,《边疆考古研究(第 9 辑)》,科学出版社,2010 年,343～363 页。
[55] 李甸甫、朱声显:《科尔沁右翼中旗呼林河沿岸原始文化遗存》,《文物资料丛刊(7)》,文物出版社,1983 年,115～122 页。
[56] 中国社会科学院考古研究所内蒙古工作队:《内蒙古敖汉旗周家地墓地发掘简报》,《考古》1984 年 5 期,417～426 页。
[57] 王鹏:《周家地墓地研究——兼论夏家店上层文化的衰亡与流向》,中国社会科学院研究生院硕士学位论文,2008 年。
[58] a. 吉林大学边疆考古研究中心、内蒙古文物考古研究所:《2002 年内蒙古林西县井沟子遗址西区墓葬发掘纪要》,《考古与文物》2004 年 1 期,6～19 页;b. 朱永刚、王立新:《西拉木伦河流域先秦时期文化遗存的编年与谱系研究》,《边疆考古研究(第 4 辑)》,科学出版社,2005 年,52～69 页;c. 内蒙古自治区文物考古研究所、吉林大学边疆考古研究中心:《林西井沟子——晚期青铜时代墓地的发掘与综合研究》,科学出版社,2010 年,25 页。
[59] 郭治中:《水泉墓地及相关问题之探索》,《中国考古学跨世纪的回顾与前瞻》,科学出版社,2000 年,297～309 页。
[60] 杨建华:《夏家店上层文化在中国北方青铜器发展中的传承作用》,《边疆考古研究(第 7 辑)》,科学出版社,2008 年,136～150 页。

(原载吉林大学边疆考古研究中心:
《边疆考古研究(第 12 辑)》,科学出版社,2012 年)

三座店石城遗址与夏家店下层文化若干问题之我见

郭治中　郭　丽

夏家店下层文化是1960年发掘赤峰郊外夏家店、药王庙遗址后确立起来的一支早期青铜时代考古学文化类型。当然，学界对这类遗存的发现和探索，还可以追溯得更早一点。在20世纪初的一二十年内，已有少数中外学者做过一些古迹的探访和考察工作，虽然也涉及若干史前遗存，但在认识上却是一片朦胧，存在着不可避免的时代局限性。30年代中期，日本学者发掘赤峰红山后，提出"赤峰第二期文化"的概念。但这个所谓的"赤峰第二期文化"，仍然混淆了两种不同性质的文化遗存，即夏家店下层文化和夏家店上层文化。1960年在夏家店和药王庙的发掘，很好地解决了这个问题，这是中国的考古工作者带着明确的发掘目的、有针对性地进行的一次考古实践活动，其意义重大，影响深远，自不待言。

夏家店下层文化的确立已近半个世纪，时至今日，学界对该文化的认识，无论从考古资料的积累还是研究的深度和广度上看，都取得了长足的进展。目前了解到的夏家店下层文化遗存，主要分布在燕山以北、西拉木伦河以南以及医巫闾山以西的区域。行政上包括内蒙古东南部、辽宁西部以及河北北部的一小部分，习惯上也笼统地称之为"辽西地区"。在英金河和老哈河上游几条大的支流如召苏河、阴河、西路嘎河、盔甲山河、半支箭河、锡伯河以及孟克河和教来河沿岸，夏家店下层文化遗址最为密集。在努鲁儿虎山和医巫闾山之间的大、小凌河流域也有着广泛的分布。而在西拉木伦河以北则比较罕见，只有一些零星的发现，可见夏家店下层文化向北的发展是极其有限的。值此之时，与夏家店下层文化邻近的其他考古学文化遗存，分布在东边的有高台山文化，西边有朱开沟文化，南边是大坨头文化，唯北边的文化格局目前尚不清楚。考古发现证明：夏家店下层文化在其发展过程中，同周边文化的交往和相互影响是不可避免的，比较而言，与南边大坨头文化的关系显得更为密切，以致最初曾将二者视为同一考古学文化或者是同一考古学文化的不同地方类型。由此也启发我们在探讨生成夏家店下层文化主要因素的来源时，应该将关注的目光投向何方。

关于夏家店下层文化的存续时间，许多学者在文化分期的基础上结合 ^{14}C 测年数据进行推定，保守一点的估计多落实在夏至早商的年代范围内。就目前的资料来看，这个结论较为可信。由于本地区一直没有发现明确的含空三足器的龙山时期遗存，且夏家店下层文化同较早的小河沿文化乃至较晚的夏家店上层文化之间，年代上衔接得并不紧密，尚存缺环。故而有人指出该文化的年代上限或可早到龙山文化阶段，下限也可能再晚一点，直接与夏家店上层文化相衔接。此说也许不无道理，但尚需田野考古的新发现予以支持，找到该文化首尾两端更早或更晚的遗存来。就现有资料看，这方面也确实存在着一些缺憾。

石城在夏家店下层文化中是一种颇具代表性的遗址类型，因有石块垒砌的围墙而得名。又因为这类遗址绝大多数位于山顶和临河的高岗上，也被称作“山城”。土俗习称“大王山”（山大王住的地方）或“城子顶”（山顶上的城圈子），十分形象地道出了这类遗址的择地特性。石城的规模有大有小，一般为 1 万～2 万平方米，多数在 1 万平方米以下，3 万平方米以上的比较少，个别特大型的接近 10 万平方米，称其为“石堡”或“石砦”似乎更为恰当。但“石城”的名分由来已久，自佟柱臣 1943 年首次调查赤峰东八家石城始，一直相沿成习，传承至今。事实上，这类城址并非一律都修筑着高大的石砌围墙，有的则挖沟环卫，或者是墙壕结合，形成深沟高垒的效果。至于采用何种方式，完全取决于就近的资源情况。阴河沿岸多为熔岩台地，大量玄武岩出露于地表，取材便利，因而多见石城。石料稀缺或不易开采的地点，则多见环壕或夯土墙。且无论石墙或壕沟，往往不是一个闭合的环状遗迹，总是在断崖和山势陡峭的一面敞开，巧妙地借用险峻地形作为天然屏障。也有在缓坡的一面修筑起层层的石阶，其势尤为壮观。石城的平面形状皆随地形曲折，或方或圆，并无定制，大抵以近圆者居多。其中很多被建置在高山绝顶或陡坡之上，不仅攀爬不易，立足尚且困难。附近也少有可供利用的耕地和便利的水源，因此不能理解为后世一般意义上的“城堡”或“城市”。就其性质来说，以前过多地强调了这类遗存的军事防御特点，一律视为单纯的设防聚落；新近越来越多的学者把思维转向古代社会的精神层面，认为这类遗存除了作为一般的社区聚落之外，也可能同时兼具原始宗教的功能，它们中的大部分应与远古祭祀遗迹有关。

由于石城类遗址特征明显，易于辨识，在自然状态下经历数千年风雨沧桑依然保存得比较好，因而成为历来田野考古调查的重点。以遗址分布密集的阴河—英金河沿岸为例，1964 年中国科学院考古研究所内蒙古工作队在这里调查石城遗址 43 座，包括佟柱臣先生最早发现的东八家以及本报告介绍的三座店遗址 [1]。其中新店和西山根两座石城，还经过局部发掘并测绘了简略的平面图。1994～1995 年，在美国国家科学基金会（NSF）资助下，北京大学以色列籍研究生吉迪和赤峰民族高等师专北方民族文化研究所及赤峰市北方文化国际研究中心，联合在阴河中下游沿岸进行区域性考古调查。这次是在 1964 年调查的基础上进行的，调查的范围从初头朗经孤山子至大庙镇的韩家营子一段 20 多千米，两岸纵深各以分水岭为界，面积约 200 平方千米。发现含有夏家店下层文化因素的遗存 70 多处，其中有石墙的遗址 51 处，远远超过了 1964 年在这个范围内发现的所谓“第一组石城址群”20 座的数量 [2]。其他经过重点调查的有：国家文物局合组的赤峰考古队在半支箭河中游所做的先秦遗址调查。该队由中国社会科学院考古研究所、内蒙古文物考古研究所和吉林大学考古学系联合组建，著名考古学家张忠培先生担任领队。自1996年开始重点发掘了位于半支箭河中游的喀喇沁旗大山前遗址，并以此为中心在方圆220平方千米的范围内展开相关调查，到2000年为止，田野工作历时5年，共发现先秦时期遗址220处，含明确夏家店下层文化遗存的地点143处，另有9处也可能属夏家店下层文化遗址[3]。多数为石城或环壕的聚落。其中大山前遗址及其附近的架子山遗址群被公布为全国第六批重点文物保护单位。1998～2007年，美国匹兹堡大学和中国社科院考古研究所、内蒙古文物考古研究所、吉林大学边疆考古研究中心组成联合考古队，在赤峰地区展开了长达10年的区域性考古调查，调查范围选定在英金河及其上游的流域之内，与上述90年代两次大规模调查的区域相衔接或部分范围重合。地形选择上既包含了几条主干河流中游的河谷台地丘陵区，也包括了下游的冲积平川区，调查面积1234平方千米。发现各时期遗址1580处，遗物采集点总共3455处，其中含夏家店下层文化因素的采集点或可确定为夏家店下层文化遗址占有很大比例，而它们中的相当一部分又属于石城类遗址[4]。

除此之外，在第三次全国文物普查中，赤峰市相关旗、县、区发现大量夏家店下层文化遗址。据文物地图公布的资料，仅敖汉旗一地就有1970多处。宁城县、喀喇沁旗、松山区等地也应该是夏家店下层文化分布密集区，在单位面积上实际存在的遗址数量当与敖汉旗不相上下。这还不包括邻近的辽宁朝阳和河北承德地区，在那里夏家店下层文化遗址的分布密度依然相当可观[5]。考古上对夏家店下层文化山城的了解，除了上述田野考古调查获得的表象认识之外，也得益于几项重要的考古发掘和清理。1964年和1974年试掘阴河流域的新店和西山根石城址，使我们第一次见识了石墙的结构和类似后世马面的半圆形石砌墩台，以及城内石砌圆形建筑基址的情况。特别是被评为“1998年度全国十大考古新发现”的辽宁北票康家屯石城遗址，发掘面积8500多平方米，一座夏家店下层文化石城的各部细节，基本上得以全面展现。该城的城墙、门址、马面、房屋台基、石筑穴、排水道等城建设施齐全，基本上代表了这类遗存通常所固有的一些特征[6]。此外，考古界还规模不等地发掘清理过一些夏家店下层文化的环壕或壕墙结合的遗址，如20世纪70年代发掘的敖汉旗大甸子遗址、90年代发掘的赤峰西道遗址和喀喇沁旗大山前遗址，近年发掘的红山区二道井子遗址，这类环壕遗址以土建为主，选址位置偏低，往往见于临河的阶地上，建筑形式与山城遗址比较既有联系也有一定差别。这些发掘，对于我们认识夏家店下层文化遗址的类别及其功能有更多的启发和思考。

位于赤峰市松山区的三座店遗址，经内蒙古文物考古研究所连续2年的发掘，一座夏家店下层文化的山城全貌基本上被完整地揭露出来。截至目前，石城内共发现圆形建筑基址65座、窖坑49座、夏家店上层文化积石台16座、不同时代的墓葬10座，特别是规模巨大的城墙及星列的所谓“马面”遗迹，蔚为壮观。

三座店石城遗址是由大小两座并列石城组成，坐落于阴河右岸的一列山冈上，南侧即山冈的端头，下临河滩，两者的垂直高度近40米。松山区初头朗镇的三座店自然村就坐落在这里。遗址的西侧为临河陡崖，北侧与连绵的冈峦相连接。东侧不远处是一处天然的沟谷，人称大莫胡沟，隔沟又是大片的山峦。大城在西，小城在东。二者共处同一坡面，双生双伴，比邻而居。大城已发掘面积约7500平方米，大城城墙只存在于北、东两侧，西边则利用了山体的陡崖，南边因处于坡下的易毁地段而不知其所终。在城墙外侧发现了15个大小不等的半圆形“马面”。在东城墙发现一处出入口，宽仅1米余，由一条坡道通向城外。

图一　松山区三座店遗址全景

小城面积近1600平方米，不规则形。周围环列着石墙，与大城相邻的西墙构筑十分简便，其南段甚至仅以一排列石作为彼此之间的界限。北段有一处小缺口可供出入。在小城的东、西、北面总共发现10个半圆形“马面”，只有南城墙上不设“马面”，但在外侧墙根处发现2具人骨，二者相距10米，仰身直肢，头东脚西，紧靠墙根放置。总体来看，小城的建造比大城矮小简陋（图一）。

城内建筑基址宛然、道路通达、布局清晰。大城内清理院落20余处，院落之间有石砌的围墙相间隔。每个院落的基本组合是由一个圆形双圈房址和一个单圈房址及“窖穴”构成。也有个别不循此例的，或为两座房址组合，或为一座房址加若干灰坑的组合。此外还有少量单体建筑，并不组成特定的院落。多数房址都有一个土石混筑的台基，台基上的房址皆为石砌的单圈或双圈圆形地面建筑，砌墙的石块皆取自本地到处出露的黑色玄武岩。需要指出是，这些石块有的特别细小，直径多半不超过10厘米，普遍用于内圈的石墙，看来好像有意而为。用这种不经加工的碎石建造住室的主体墙，很难想象它的高度。室内地面发现多层用泥土加工的硬面，少量特殊者还使用了白灰。城内西侧的一条主干道通向一座中心院落。院落前建有石砌的“门关”。“门关”两侧各安放一块凿有圆窝的石头，窝内有门轴旋转摩擦痕迹。门道地面铺砌石板，踏痕清晰可见。

三座店石城遗址的发掘到底能给予我们一些什么启发呢？

首先从城墙和“马面”说起。三座店的石墙用自然石块垒砌，不经人工雕琢，选料随意，砌筑粗率；这种筑造特点当与山城本身的特征相适应。此类山城在建城之初必先沿外围挖出一条环带，取低垫高，形成一处高台；石墙则缘高台外壁砌筑，起着一种防护作用，这与近代修石埂梯田的方法十分类似。所以，这类城看上去没有高耸的墙，只能见到凸出的台，准确地说，三座店的城墙不过是一堵护坡的石壁而已。唯其是护壁，内侧有土台做倚靠，外侧向内倾斜的坡度较大，不易坍塌，所以选料不一定十分考究，砌筑技术也无须太过精细，只要达到外壁的大体平整即可。三座店石城就整体形象而言，称之为“台城”似乎更为贴切，夏家店下层文化的石城大抵皆如此。当然也有两面砌石中间填充土石的夹心墙，但墙体两侧的高度却并不对等，总是外侧高峻而内侧低矮，仍属台城性质。调查中见到的一些存在环壕或土筑墙的遗址，如果加上石砌护坡，皆可视为与三座店台城同类。而石筑墙的有无，完全取决于就近石材的资源状况，三座店所在的阴河沿岸为熔岩台地，石料资源丰富，沿河多见石城。而在黄土台原或阶地上，则土城与环壕遗址多见。这个现象经前述几次大范围调查业已得到证实。

所谓“马面”，实际上是一个被借用的现成名词，它与后世的城防马面绝不相同，而无论其形式和内容。从形式上看，它是一个附着于墙体外侧的半圆形或马蹄形墩台，外围包砌石块，体量较大者砌石可有2～3层，中间用杂土填实；较小者只有1层砌石或干脆是一个实心的墩台。这类马面的显著特点是体量大小不一且排列十分密集。以三座店为例，位于东北转角处的7号马面最大，纵长5、宽4.6米；位于坡下通道口近旁的11号马面较小，长宽各为2.5米；小城上的马面有的只有1米余，仅具象征意义。体量如此窄小，当然不是为防卫而设。大城清理的城墙总长140米，有马面15个，中心平均距离10米不足。8号和9号马面间隔3.1米。如此密集的马面设置，若用于防卫又显然过当。后世在城墙外增设马面的主要功能是有效御敌，仔细考量三座店的城墙和马面工程，显然很难达到这一目的（图二）。

图二　松山区三座店遗址城墙马面

此外，三座店的城墙和马面，外侧都向里倾斜，收分角度较大（70°～80°），尽管有的地方高度可以达到4米，但对一个身轻体健的人来说几乎不足以构成障碍，只要稍加助跑，便可轻松登顶（参加发掘的一些年轻人就能够自如地蹿上跳下）。更何况此类山城整体上设防并不均衡也不够严密，它的深沟高垒似乎只针对某一个方向，如在山顶高处比较平缓的地方，往往墙高沟宽，甚至出现双沟双墙，其他部位则不然，特别是坡下，墙壕的修筑就比较简易，无论墙体还是马面，与山顶部分相比，体量和高度皆大打折扣。另外，许多遗址的石墙或环壕并不是一个封闭的环，呈现的是一个半环或大半环，而敞开的一面也不一定都是陡崖绝壁。此现象笔者在田野调查中多次见到，也曾怀疑这是一个未完的工程抑或是被后世毁掉了，但都没有证据做出能让人信服的解释。再者，按常理而论，城门应是防御的重点，在遗址中应当有所表现却恰恰没有表现出来（图三）。如此看来，将三座店看作一座与军事性质有关的设防山城，存在很多疏漏，证据明显不足。在这里我的结论是，夏家店下层文化中，至少有像三座店这样的一批古城，尽管墙、壕、马面齐备，但主要功能不是为了军事上的防御，其功能和性质当从别处求解。

图三　松山区三座店遗址城墙上的出口（城门）

其次讨论大小两城双生双伴的建制。双生聚落的存在是一个十分普遍的现象，而且有着悠久的历史和传统。20世纪90年代发掘的林西县白音长汗遗址，就是一处兴隆洼文化时期非常典型的双生聚落[7]。两个规模大小相近的环壕聚落比邻而居，环壕之间的最近间隔不足8米。北边的聚落（A区）有房址29座，大抵呈4排分布；南边的聚落（B区）清理25座房址，基本也是成排分布。无论房屋的建筑形制还是出土器物，二者反映的特征都非常一致，我们认为这两处聚落是在同一时段出现于同一空间，所以称其为双生聚落（图四）。

白音长汗的双生聚落在新石器时代并非孤例，稍晚一点的赵宝沟文化赵宝沟遗址，虽未发现环壕，但它的聚落可以明显分为两个区域，有学者分析面积大的“一区”为居住区，较小的“二区”为祭祀区[8]（图五）。20世纪70年代试掘和调查的敖汉旗西台遗址，也存在着两个红山文化时期的环壕聚落双伴双生[9]（图六）。三座店遗址已经跨入青铜时代，而这种双生双伴的聚落模式依然兴盛不衰。三座店和白音长汗一样都是经过大规模系统发掘的遗址，二者有一共同特征，即双生聚落恰好处于同一面坡上，彼此靠得很近，它的发现不能不说是具有一定的偶然性。事实上，双生聚落的设置存在多种形式，有的紧邻，有的分开较远，或隔沟相望，或分别居于两个相邻的山丘之上。还有则是若干遗址形成一个组群，交相杂处，仅凭地面调查一般不易区分彼此间的双生关系。所以在以往的调查中，人们看到的只是一个个遗址，而忽略了这种双生双伴的关系。然而，双生聚落在辽西地区整个史前时代的的确确是真实存在的，特别在夏家店下层文化中更为普遍，如果我们带着这种观点去审视前人调查收集的资料，一定会从中发现许多个双

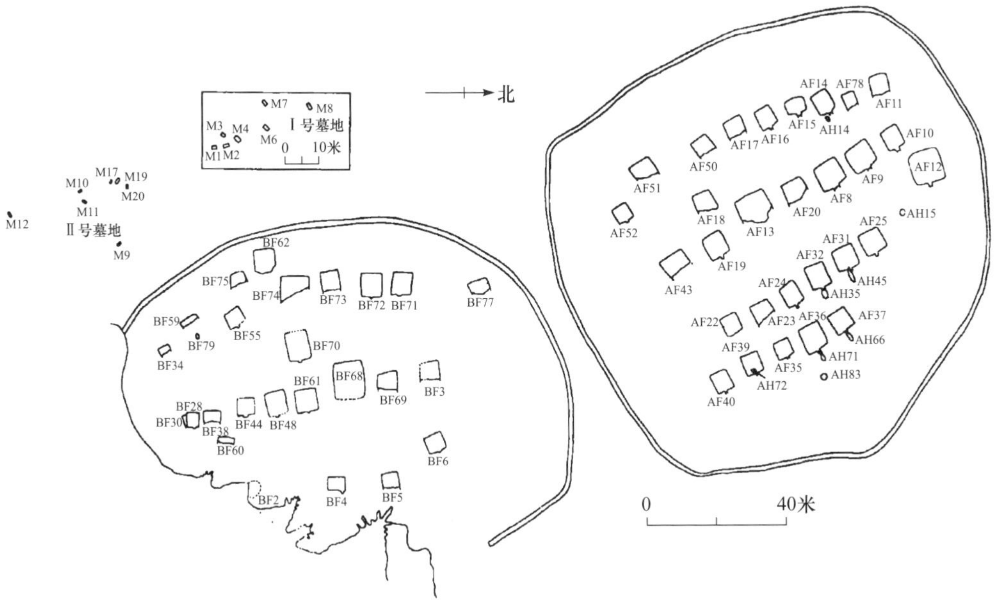

图四　白音长汗聚落平面图

生聚落的实例。这对我们进一步深入了解和认识夏家店下层文化，必将大有裨益。

从三座店起傍阴河右岸溯流而上，在不到两千米的范围内为一个相对独立的地理单元，这里是一列高岗，其间发育出若干条大大小小的冲沟，将临河的一侧切割的支离破碎，但岗顶是连在一起的，而且比较平坦。就在这个狭小的范围内，集中分布着6座夏家店下层文化的石城遗址，其中，三座店两座，占据着同一座山头，彼此紧邻；下机房营子两座，也是一大一小隔沟相邻，大城约20000多平方米，小城2000平方米不足；上机房营子两座，大城数万平方米居坡顶，小城4000余平方米居坡脚。以上三组总是大城位置居高而小城偏低，面积和位置都是不对等的。在配合三座店水利枢纽工程的考古发掘中，上述三处遗址都不同程度地做过发掘工作，双生的格局非常清楚，无可置疑，可以视为一个大的组群中的3个组别。对岸的砚台山遗址，面积超巨大，包含好几个不同时代的遗存，地表有多道墙壕纵横交织，不经系统发掘，一般很难判断其属性。在砚台山南侧约500米处还有一处比较单纯的夏家店下层文化聚落，是否为砚台山双生聚落，由于砚台山本身的复杂性，目前尚不好判断（图七）。

在半支箭河中游的先秦遗址调查中，发现的143处夏家店下层文化遗址绝大多数为石城或环壕聚落，其中不乏双生双伴者。例如，位于洞山第一地点面积14000平方米，占据海拔930米的洞山最高点，它的西南100多米处为第二地点，位置稍低，面积约3000平方米；两者之间以一条平缓的山脊相连接。在高高的洞山顶上，只有这两处环壕遗址双生双伴（图八）。还可以举出若干处明确的双生环壕聚落，如架子山第18和第19地点（图九），架子山第14和第15地点（图一〇），房身第15地点和16地点（图一一），已经发掘的大山前第4地点，同它东侧处于高位的第3地点，共为一组双生的环壕聚落（图一二）。具体情况请读者参阅赤峰考古队编著的《半支箭河中游先秦

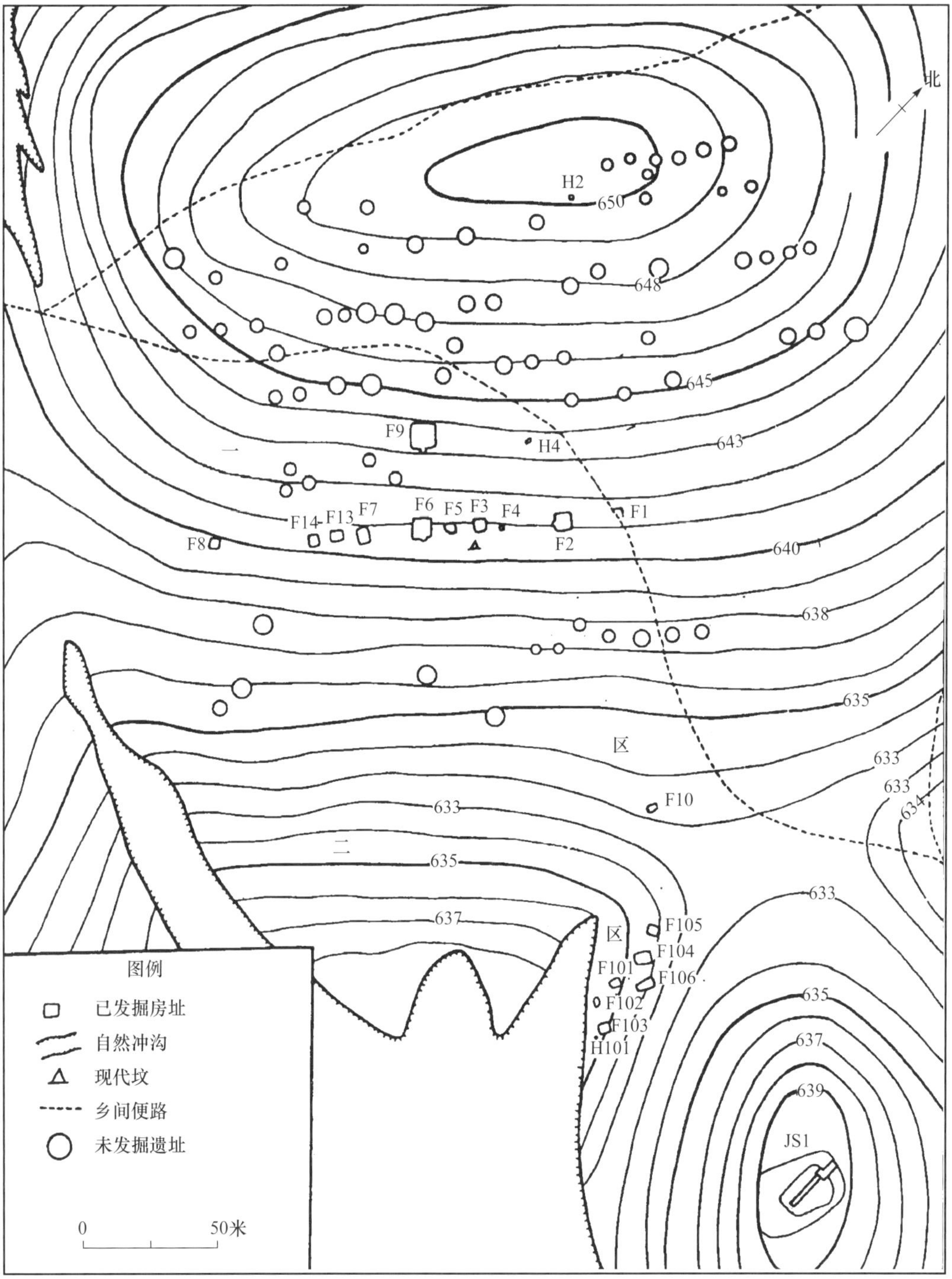

图五　赵宝沟聚落

时期遗址调查》彩版一〇、下、上；图版一〇、2；图版一九、2；彩版一、2 等，兹不赘述。仔细分析各地的田野调查资料，此类例证则不胜枚举。比如 1964 年和 1974 年试掘阴河流域的新店和西山根石城址，从公布的遗址平面图来看，都可视为双生建制的一种形式（图一三、图一四）。至于夏家店下层文化遗址成组群分布的现象，更是比

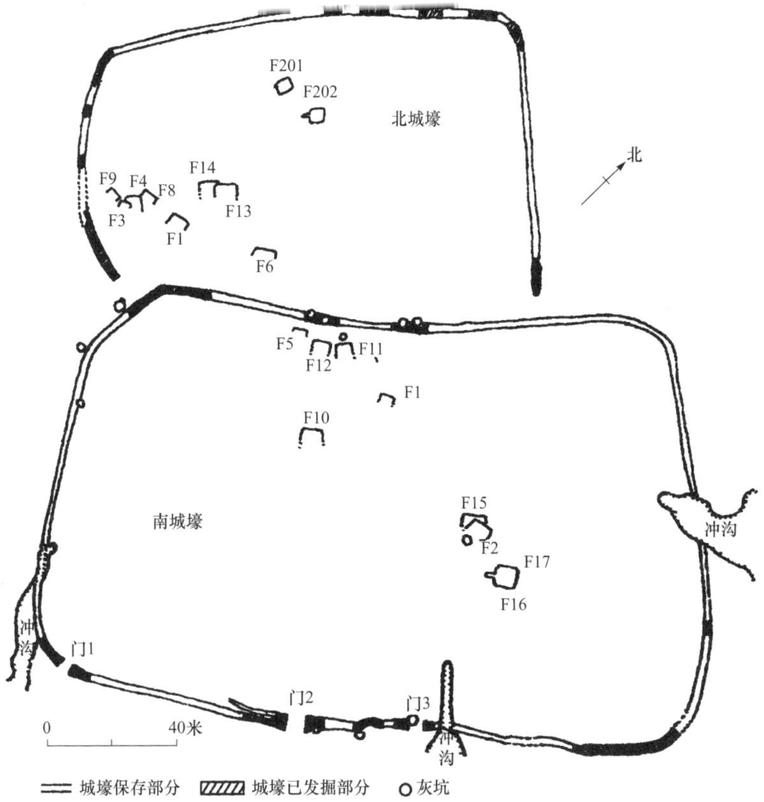

图六 西台城址平面图

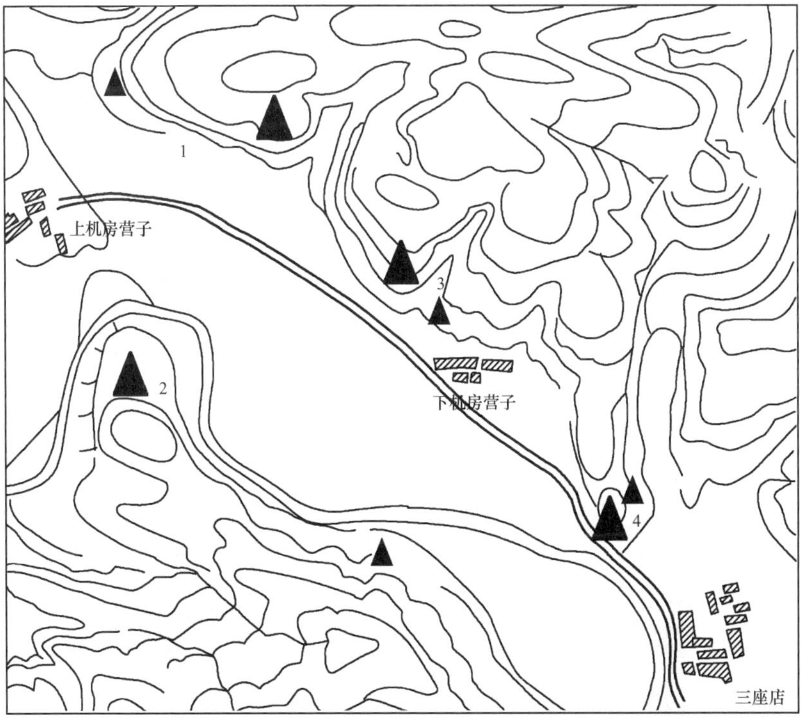

图七 三座店附近几处双生聚落

图八 洞山 SD1 与 SD2

图九 架子山 KJ18 与 KJ19

图一〇 架子山 KJ14 与 KJ15

图一一 房身 KF15 与 KF16

图一二　大山前 KD3 与 KD4

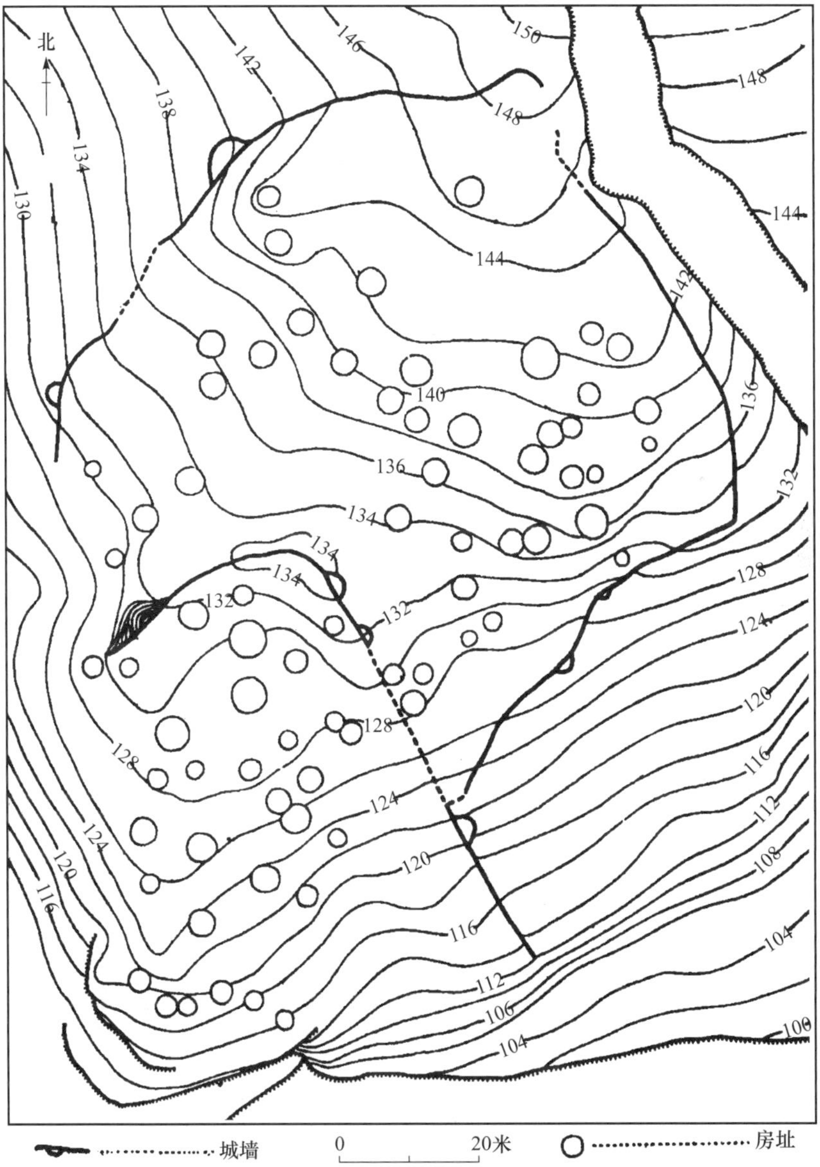

图一三　西山根石城址

图一四　新店石城址

比皆是，在大山前、架子山、转山子、太平庄、水泉村南和水泉北以及画匠沟门等地，全都呈现出这种分布态势。

还有一个现象一直令我困惑：各地遗址中大量存在的圆形石头圈建筑基址（有的使用土坯），其中也不乏两两成对者，三座店的院落组合可为例证，它是否与遗址的双生双伴在某种观念上暗合。在这里似乎也有必要提出来，就教于有识者。

总之，双生聚落是一种确定无疑的现象，它与本文前面讨论的聚落的非军事性质是相辅相成的，其间包含的深层次原因目前虽然还不能给出一个合理的解释；然而，只要我们将目光投向古代社会的精神层面和意识形态领域，通过开展古文献学、古器物学、民族学和人类学等多方面综合研究，就不难找到一把解开谜团的钥匙。

注　释

［1］徐光冀：《赤峰阴河、英金河流域的石城遗址》，《中国考古学研究（第1集）》，文物出版社，1986年。

［2］a. 王惠德、薛志强、吉迪、刘景岚：《阴河中下游石城的调查与研究》，《北方民族文化——中国北方古代文化·1998年·赤峰第二届国际学术研讨会专辑》（《昭乌达蒙族师专学报（汉文哲学社会科学版）》1998年第19卷第4期）；b. 王惠德：《夏家店下层文化石城研究》，国际华文出版社，2001年。

［3］国家文物局合组赤峰考古队：《半支箭河中游先秦时期遗址》，科学出版社，2002年。

[4] 资料待发。
[5] 郑绍宗：《河北平泉一带发现的石城聚落遗址——兼论夏家店下层文化的城堡带问题》，《文物春秋》2003年4期。
[6] 辛岩、李维宇：《辽宁北票市康家屯城址发掘简报》，《考古》2001年8期。
[7] 内蒙古自治区文物考古研究所：《白音长汗——新石器时代遗址发掘报告》，科学出版社，2004年。
[8] a. 刘国祥：《赵宝沟文化聚落形态及相关问题研究》，《东北文物考古论集》，科学出版社，2004年，99页；b. 中国社会科学院考古研究所：《敖汉赵宝沟——新石器时代聚落》，中国大百科全书出版社，1997年。
[9] a. 邵国田：《敖汉旗文物精华》，内蒙古文化出版社，2004年，第25页；b. 杨虎、林秀贞：《内蒙古敖汉旗红山文化西台类型遗址简述》，《北方文物》2010年3期。

（原载《草原文物》2014年1期）

赤峰新店石城址发掘记

——兼谈夏家店下层文化石城址研究的相关问题（提要）

徐光冀

一

1960 年发掘赤峰夏家店、药王庙遗址，提出了夏家店下层文化和夏家店上层文化的命名[1]。1961 年发掘宁城南山根遗址，再次印证了上述两种文化的地层关系，同时增加了对两种文化内涵的认识[2]。1963 年发掘赤峰蜘蛛山遗址[3]，明确红山文化、夏家店下层文化、夏家店上层文化、燕秦（汉）文化的地层叠压关系和年代序列。初步确立了该地区文化关系和年代序列的框架。

1964 年为进一步了解这几种文化的分布状况，对英金河及其上游阴河两岸开展了田野调查工作。这次调查发现遗址 150 余处，以夏家店下层文化遗址最多，其次是夏家店上层文化、燕秦（汉）文化（含长城）遗址，红山文化遗址最少，仅发现 18 处，其中引人注目的是发现石城址 43 座[4]。为了解石城址的年代、文化性质和形制结构，同年 8 月选择新店石城址进行小规模发掘，取得了重要收获。

二

新店石城址位于赤峰市阴河北岸，面积 1.24 万平方米，是石城址中较小的一座。城址因山势而建，形状略呈三角形，仅于北、东两面缓坡处建城墙，西、南两面为陡峭山崖，未建城墙。石砌城墙高出地面 0.2～0.5 米，城墙外侧有半圆形石砌建筑基址（与后世“马面”相似）。城内至少尚存圆形石砌建筑基址 60 座，城外尚存圆形石砌建筑基址 18 座，共计 78 座。发掘探沟 5 条，计 140 平方米，城墙处 1 条，城内 4 条。

经发掘城墙建于生土之上，存高 2.5、顶宽 3.8～4.2、基宽 4.8 米。同时解剖城墙外侧半圆形建筑基址一座。城墙中间为夯土，两侧用石块垒砌。夯土中发现夏家店下层文化陶片，未见其他文化陶片，城墙并被夏家店上层文化窖穴破坏。在城内发掘夏家店下层文化圆形石砌建筑基址 6 座，也建于生土之上，多为居住址。并发现夏家店上层文化的窖穴破坏夏家店下层文化的圆形石砌建筑基址。

工作一个月，还有两条探沟未结束，即接单位急电召回参加农村“四清”运动。这是我们第一次对石城址的发掘，可惜以后未对该遗址继续工作。

三

这次发掘的主要收获：初步断定新店石城址始建和使用于夏家店下层文化时期；初步了解新店石城址的文化性质、年代和形制结构；至于其功能应是有防御设施的居住遗址。这次发掘虽然规模很小，但基本达到预期的学术目的。以上初步认识在现在早已不是问题，但在当时是有突破性的。

对石城址的发掘方法与土遗址也有所不同，需仔细分辨倒塌的石块和原砌的石块，避免破坏原有的遗迹。石城址城墙外侧的半圆形石砌建筑基址，在防御上开创了后世"马面"的先河。

联系到这次调查的43座石城址中，大体可以分为三组，每组相隔一定距离，分别由20、12、5座石城址组成，每组均有一两座大型石城址，这种状态的产生和形成，应有深刻的社会背景。

四

40多年来，由于学术界的重视，考古学界的同行对夏家店下层文化城址进行了大量的工作和研究，发表了多项报告和多篇论文，提出了不同的观点和看法，使我们的认识不断深化[5]。例如，大甸子遗址的发掘，使我们了解到夏家店下层文化除在山上建筑石城址，还在平缓地区建筑夯土城址；同时发掘的800多座墓葬，虽在同一墓地中，但随葬三组或以上陶器（礼器）的（含彩绘陶器），只有20座左右，说明有阶级、阶层的分化。半支箭河的调查和发掘、赤峰三座店石城址的发掘，给我们增添了新的材料，并有了新的认识。辽西地区夏家店下层文化这类石（土）城址大范围的发现，是社会发展到一定阶段的产物，这时有可能已进入方国时期。今后还需选择大型石（土）城址（中心城址），进行发掘和研究，以便深入了解当时的社会状态。

总之夏家店下层文化的年代，与二里头文化或夏时期大体相当，说明辽西地区的文明进程，与中原地区基本是同步的，这对中国文明起源和形成的研究具有重要意义[6]。

注　释

[1] 中国科学院考古研究所内蒙古发掘队：《内蒙古赤峰药王庙、夏家店遗址发掘简报》，《考古》1961年2期。

[2] 中国科学院考古研究所内蒙古工作队：《宁城南山根遗址发掘报告》，《考古学报》1975年1期。

[3] 中国社会科学院考古研究所内蒙古工作队：《赤峰蜘蛛山遗址的发掘》，《考古学报》1979年2期。

[4] 徐光冀：《赤峰英金河、阴河流域的石城遗址》，《中国考古学研究（一）》，文物出版社，1986年。

[5] 徐光冀、朱延平：《辽西区古文化（新石器至青铜时代）综论》，《苏秉琦与当代中国考古学》，科学出版社，2001年。

[6] 有关赤峰新店遗址请参阅本书《赤峰英金河、阴河流域石城遗址》一文的相关插图。

（原载《中国考古学会第十二次年会论文提要集》，2009年）

老哈河中、上游夏家店上层文化之源

朱延平

关于夏家店上层文化的渊源，近30年来，许多学者认为应主要来自东面的高台山文化[1]，或是由高台山文化的一部分，吸收了北面西拉木伦河流域晚商遗存文化成分而生成的，之后夏家店上层文化向南推移，于两周之际扩展到老哈河流域[2]。后来又有一种观点，认为“高台山文化下限与夏家店上层文化上限之间还隔着晚商”，故高台山文化不能对夏家店上层文化产生直接的影响，夏家店上层文化“是在西拉木伦河流域晚商遗存的基础上，吸收魏营子……多种文化因素而产生的”[3]。

仅从“老哈河流域”是“夏家店上层文化的重心”[4]这一近乎共识的描述来考虑，至少不应将此重心区内的夏家店上层文化源自本土的可能性排除在外。根据赤峰中美联合考古队（Chifeng International Collaborative Archaeological Research Project）1999～2007年对英金河流域的调查，在1200多平方千米的范围内，青铜时代的遗址分属夏家店下层文化和夏家店上层文化，未发现时间上居于二者之间的文化遗存[5]。同时，与赤峰境内其他地区相比，英金河流域这两种文化的遗址分布都非常密集，夏家店上层文化的遗址与此前的夏家店下层文化同样，也显示出以“阴河中下游一带最为重要”[6]。并且，英金河流域的这两种文化均以“石城”和“石圆圈”等“石砌建筑”[7]而引人关注，尤其是都在“高山顶端或地势较高处”营建“祭祀址”[8]……如此看来，以英金河流域为重心的老哈河中、上游一带[9]，极有可能由当地的夏家店下层文化发展为夏家店上层文化。

一

就已发表的夏家店上层文化遗物而言，老哈河中、上游一带的石、骨、金属制品和非容器陶制品中，均有一些明显源自当地的夏家店下层文化，仅举以下几例。

被视为夏家店上层文化典型石器的磨制双孔石刀中，有一种略近半圆形而双孔贴近背侧者，如赤峰松山区上机房营子遗址T0203②：5，“弧背较大，器形不对称，双孔贴近刀背边缘，刀身厚薄均匀，刃较钝。长6.5、宽3.8、厚0.6厘米”[10]。松山区陈家营子遗址H33：1属夏家店下层文化，“弧形双面刃，孔为单面钻孔法制。长7.9、宽4、厚0.3、孔径0.4厘米”（图一）[11]。二者不仅形似，大小也很接近。

夏家店上层文化流行夹砂红褐陶圆台形或半球形纺轮，有不少在底面还戳刻较为复杂的纹样，如上机房营子遗址 T0301 ①：1，“平顶，夹砂红褐陶，边缘有残破脱落现象，中心有一外大内小的圆孔。底面有‘十’字形刻划纹，刻划纹两侧有对称成行排列的篦点纹。直径 4.5、厚 1.9、孔径 0.5～0.75 厘米”[12]。松山区康家湾遗址ⅡH15 ②：1 则是夏家店下层文化的陶纺轮，“残，整体呈馒首状，底面微内凹，中间有一孔，凹底面有一‘十’字形刻划纹，两侧为锥刺篦点纹。直径 6.5、厚 2、孔径 1 厘米”（图二，2、1）[13]。二者形制略近，刻纹尤其相似。

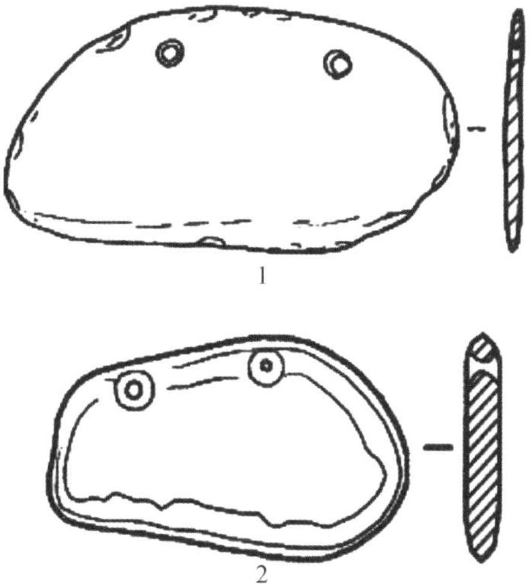

图一　夏家店下层文化和夏家店上层文化的双孔石刀
1. 赤峰陈家营子 H33：1（夏家店下层文化）
2. 赤峰上机房营子 T0203 ②：5（夏家店上层文化）

夏家店下层文化习见泥质陶算盘珠形纺轮，并有沿外缘制成一周凸齿的，如赤峰药王庙遗址 T1 ①：12，“圆形，中腰有六个凸瘤”[14]。夏家店上层文化虽缺乏此种形制的陶纺轮，却出现过与之类似的石纺轮，如宁城小黑石沟遗址 92-93NDXAⅡT1311 ②：4，“通体打磨光滑，平面呈九齿花瓣形，略残，中间有穿孔。直径 6.3、孔径 1.4、厚约 1.8 厘米”（图二，3、4）[15]。

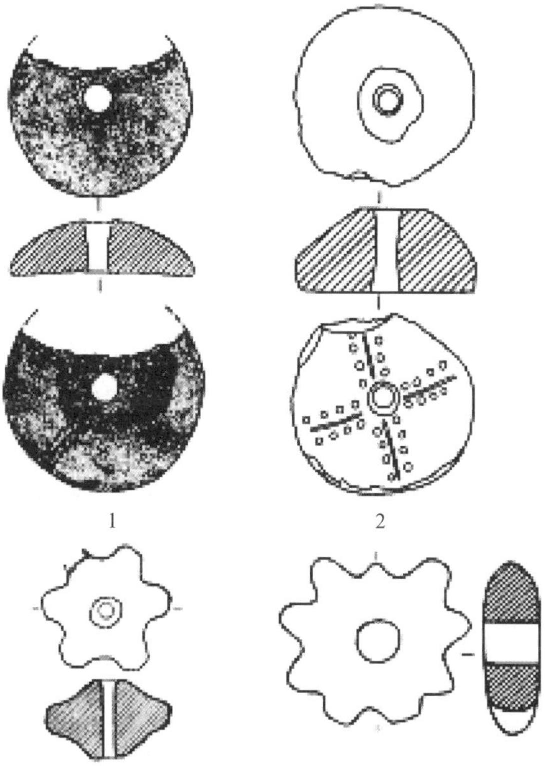

图二　夏家店下层文化和夏家店上层文化的两种纺轮
1. 赤峰康家湾ⅡH15 ②：1（夏家店下层文化） 2. 赤峰上机房营子 T0301 ①：1（夏家店上层文化） 3. 赤峰药王庙 T1 ①：12（夏家店下层文化） 4. 宁城小黑石沟 92-93NDXAⅡT1311 ②：4（夏家店上层文化）

夏家店上层文化屡见骨甲片，正视近长方形，靠近边角处设若干组缀孔，每组 1～3 孔，即赤峰夏家店遗址发掘报告所称之“骨牌”[16]。此类制品夏家店下层文化业已出现。如上机房营子遗址 T0403 ③下开口的夏家店下层文化 H91，出有 H91：5 这件“骨牌饰”，“器表打磨光滑。整体呈扁薄长方形，一面内凹，另一面外弧，两端及两侧磨平。四角有倾斜的双孔，中部上下有对称双孔，上端与下端有浅凹痕，推测是绑痕。长 6.6、宽 2.8、厚 0.5、孔径 0.2 厘米”。该遗址夏家店上层文化的 06H12 ②：5 与之类似，“整体呈扁薄长方形，一面内凹且凸凹不平，另一面外弧。器表稍经打磨，四角有倾斜对称的单面钻双圆孔，中部上下各有对称单面钻双圆孔。长 7.4、宽 3.4、厚 0.6 厘米”（图三）[17]。

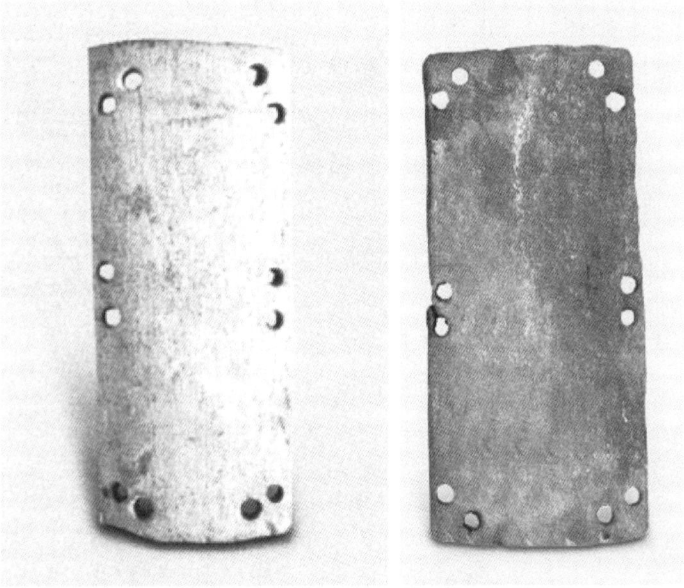

1　　2

图三　赤峰上机房营子骨甲片

1. H91：5（夏家店下层文化）2. 06H12 ②：5（夏家店上层文化）

上机房营子遗址 T0502 ③下开口的夏家店下层文化 H152，出“骨笄”H152：13，“通体磨制光滑。整体呈扁长三角形……长 10.8、宽 1.3、厚 0.3、孔径 0.3 厘米”[18]。夏家店遗址夏家店上层文化的“穿孔器”H15：14，“磨制。长条形骨片，一端稍宽，有穿孔，另一端较狭而薄”[19]。据线图推算，长 7～8 厘米。此二者或为同类骨器（图四，1、2）。

上机房营子遗址的夏家店上层文化骨铲 06H12 ①：1，“长 18.8、宽 8.4、厚 0.4～1.2 厘米”[20]。报告介绍“用偶蹄类动物肩胛骨制成”，但如图四所示，很可能是以动物下颌骨制成的。此类形制的骨铲虽亦见于其他地区，但赤峰境内的夏家店下层文化不乏其例，如敖汉旗大甸子遗址 T3 ③：20，“长 17、铲刃边宽 8.5 厘米。柄端尚存颌骨原貌”（图四，4、3）[21]。

燕山南北的商周时期，还有一种两端呈扁喇叭口形的金属环，多称臂钏（明确介绍出于墓内“手臂处”的有喀左和尚沟 A 点 M1 的“金钏一对”[22]），亦作耳环（蓟县张家园墓葬的这类环“皆出于头骨两侧”[23]）或名之“钏式耳环”[24]。发掘资料显示，老哈河中上游一带的这类金属环共出有 3 件，赤峰二道井子遗址的“铜耳环”F6：12，“圆环形，两端扁状喇叭口相接。外径 4.9、内径 3.8、厚 0.4 厘米”[25]。宁城汐子北山嘴 M7501 石椁墓之“金环”，“环径 4.6、厚 0.15 厘米，重 6.89 克”[26]。

宁城南山根的“金环”M101：126，“直径5.1～5.5厘米，重10.5克”[27]，“环的接口处向内凸起一尖角，接口有一阴刻分界线”[28]。从发表的线图和照片不难看出，前两件环扁喇叭形口的两端紧贴并拢，做“合口”状，后者两端相连，仅以一道刻线表示端口（图五）。燕山南北其他地域所见既有这种“合口”的（如喀左和尚沟A点M1的一对），也有两端隔开一定距离而做“开口”状的（如迁安小山东庄QXM1：2、QXM1：3这两件“金臂钏”[29]），更有少数是两端的端口交互搭叠的（如蓟县张家园87M1：1和87M3：3这两对“金耳环”[30]）。而老哈河中上游的3件环内径仅为3.8～5.1厘米，燕山南北其他地域的这类环除前述“搭叠口”的之外，其余的直径至少在8厘米以上[31]。由此可见，小型“合口”环大约是老哈河中上游一带的地域特色。二道井子F6：12属夏家店下层文化，宁城的2件皆为夏家店上层文化金环，故可得知，在老哈河中上游一带，夏家店上层文化的这类金环应源于当地夏家店下层文化的铜环。

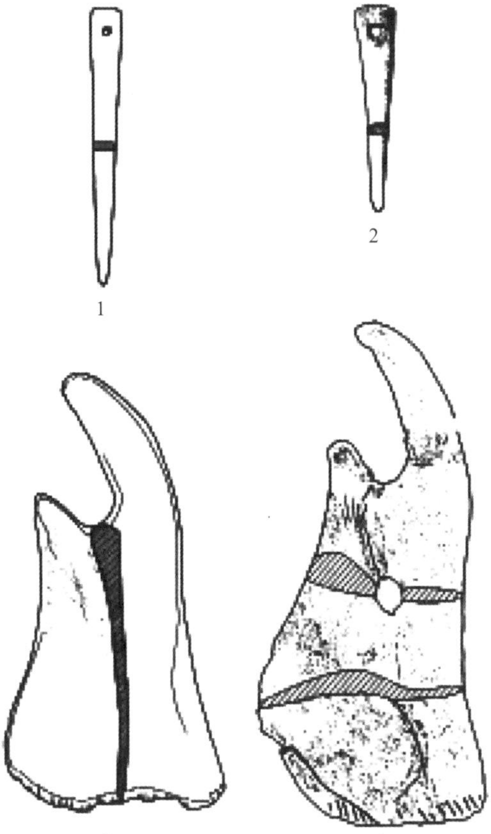

图四 夏家店下层文化和夏家店上层文化的骨器
1. 骨笄（赤峰上机房营子H152：13，夏家店下层文化） 2. 骨穿孔器（赤峰夏家店H15：14，夏家店上层文化） 3、4. 骨铲（敖汉大甸子T3③：20，夏家店下层文化；赤峰上机房营子06H12①：1，夏家店上层文化）

图五 夏家店下层文化铜环和夏家店上层文化金环
1. 赤峰二道井子F6：12（夏家店下层文化） 2. 宁城汐子北山嘴7501号石椁墓所出（夏家店上层文化）
3. 宁城南山根M101：126（夏家店上层文化）

二

事实上，在更受学界关注的陶质容器方面，老哈河中上游一带的夏家店上层文化也体现为对夏家店下层文化的一脉相承。只是由于二者在陶质、陶色和器表纹饰上的迥然不同，使得人们难以接受它们属于同一文化谱系的认识，从而将探索夏家店上层文化主源的目光投向邻近地区的相关文化。但如果仅就器形而言，两种文化陶器的关联性还是比较清楚的。

作为夏家店上层文化的典型器，至少“筒腹鬲”[32]（筒腹鬲“袋足呈半球状”[33]，本地区夏家店下层文化的“筒形鬲”[34]在这一点上与之相仿）、鼓腹鬲、矮领鼓腹罐、双鋬盆、圜底钵式豆、敞口盆式无腰隔甗这几种器形在夏家店下层文化的陶器中均可找到原型。不可否认，除陶质、陶色和器表纹饰外，夏家店上层文化陶器的器形较之夏家店下层文化的同类器已有所改变。例如，作为两文化的主要器类，夏家店上层文化筒腹鬲和夏家店下层文化筒形鬲的上部确有差异；同属圜底钵式豆，夏家店下层文化的豆座常连有较细长的柄部，夏家店上层文化的豆座则比较粗矮，且多呈漫凸弧或近于斜直的纵剖轮廓线；夏家店上层文化的鬲、盆类器普遍出现外叠唇；夏家店上层文化盛行在三空足器上安装长实足根，尤以鬲、鼎类的表现最为突出；夏家店上层文化还流行附加鋬手，与夏家店下层文化相比，鋬手的形式也有明显的区别……（图六）[35]，这些局部的改变，当可视为时代之更替使然。

另外，在器表处理方面，这里的夏家店上层文化的陶器，也反映出对当地夏家店下层文化的某种传承。例如，该地区夏家店上层文化绝大多数陶器的外表是素面，其中又有许多因“用工具刮抹”[36]而“留有粗劣的刮磨痕”[37]，致使器表被刮抹得参差不齐，周身光素但并不匀整。此点于筒腹鬲的器表表现得最为典型（图七）[38]。而这种刮抹器表的做法亦见于夏家店下层文化的磨光陶，赤峰药王庙遗址的夏家店下层文化磨光陶“大多是把已印上的绳纹磨掉而成的”。夏家店遗址夏家店下层文化的“磨光陶也有把印上的绳纹磨掉的现象”[39]，尤其是该地区还见有被磨去绳纹的夏家店上层文化陶器，如赤峰松山区砚台山遗址2005年B2发掘区出土的夹砂红褐陶鬲残片H12：13、H12：15、H16：1、H16：2，局部均遗留绳纹痕迹[40]，从而更可说明夏家店上层文化刮抹器表的做法源自当地夏家店下层文化之传统（有一种意见认为砚台山的鬲等陶器代表了“夏家店下层文化与夏家店上层文化之间”的另外一种文化遗存[41]。限于篇幅，暂不讨论）。

三

器物发展演化的变异程度与历时之久暂成正比，红山文化晚期发展到夏家店下层

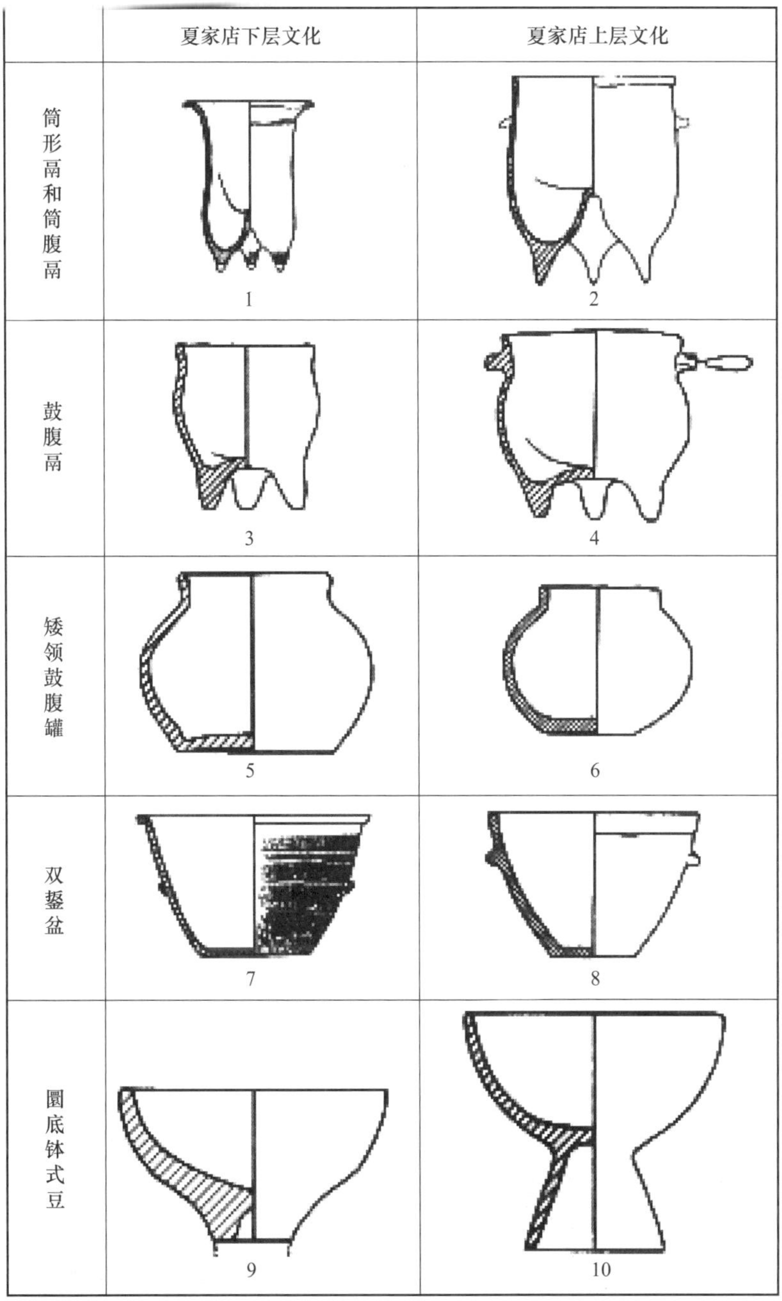

图六　夏家店下层文化和夏家店上层文化的陶器

1. 宁城南山根 T1③：35　2、7. 喀喇沁旗大山前Ⅳ H107①：2、Ⅳ T402④：1　3～6. 赤峰上机房营子 G1②：6、H138①：2、F6：5、T0403②：1　8、10. 宁城小黑石沟 92NDXAⅡH5：1、ⅡH68：1　9. 赤峰陈家营子 H47：6

文化，时间间隔至少有七八百年，二者陶器群的面貌已大相径庭。夏家店上层文化和夏家店下层文化相比，虽然文化面貌的差别也很显著，但主要陶器成分未变，故而两种文化的年代差不会太大。既如前述老哈河中上游一带的两种文化显现了前后相继的关系，那么，二者之间也就不会隔着晚商至西周早期那样长的时间阶段[42]。以下的

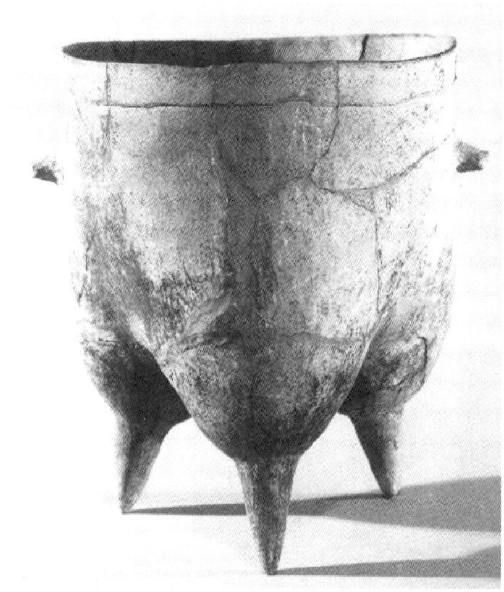

图七　器表有刮抹痕的筒腹鬲（赤峰夏家店T3⑤：11）

分析或许有助于说明这一地区夏家店上层文化的起始年代。

彰武平安堡遗址第三期的陶器与夏家店上层文化有所相似，这一点素为学界关注。就已发表的材料而论，平安堡三期夹砂褐陶的筒腹鬲、双鋬筒腹罐、四盲耳罐（钵）、壶等在老哈河中上游一带的夏家店上层文化遗存中都不乏与之形近者：平安堡筒腹鬲H1012：1和夏家店T3⑤：11酷似，唯其体量稍小，圜底袋足似乎略尖，并多出两个“对称花鋬”[43]（图八，1、2）。平安堡双鋬筒腹罐H3074：1相似于上机房营子H128：1、喀喇沁旗大山前Ⅳ H143③：1，也只是体量较小[44]（图八，3～5）。平安堡钵H1002：3、M3004：1和夏家店罐M12：7都在器腹安有4个对称的“盲耳”或“类似附加堆纹的器耳”，

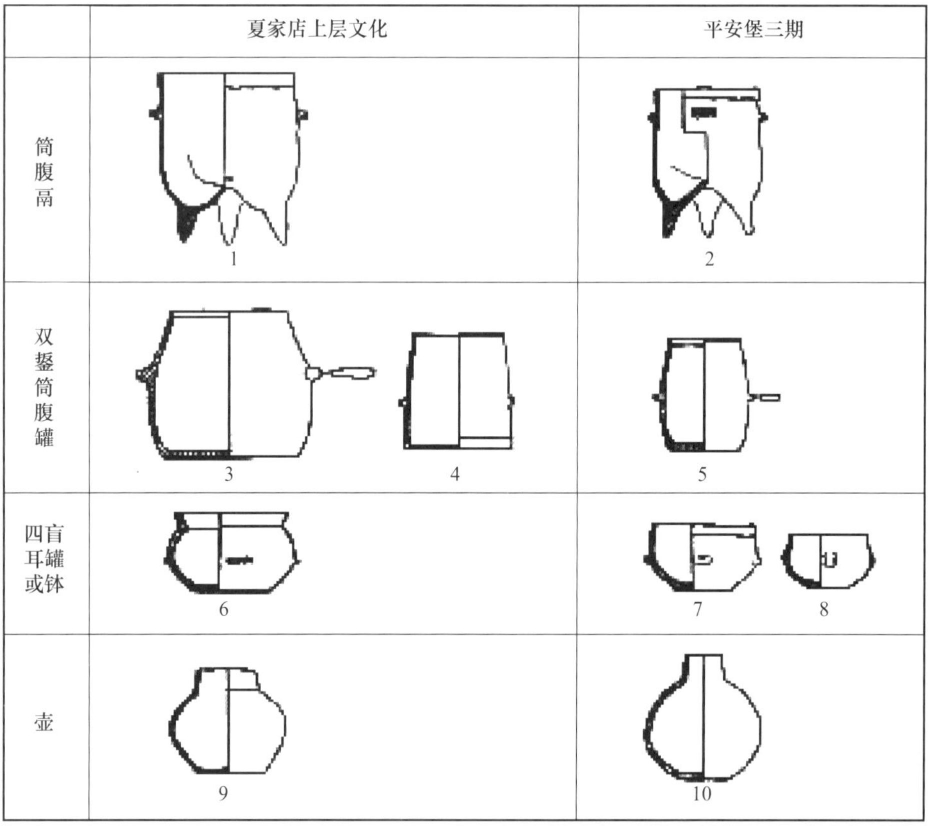

图八　夏家店上层文化和平安堡三期的陶器

1、6. 赤峰夏家店T3⑤：11、M12：7　2、5、7、8、10. 彰武平安堡H1012：1、H3074：1、H1002：3、M3004：1、M3008：2　3、9. 赤峰上机房营子H128：1、06H16：2　4. 喀喇沁旗大山前Ⅳ H143③：1

前者和后者的大小几乎相同[45]（图八，6～8）。平安堡壶 M3008：2 与上机房营子罐 06H16：2 形态接近，体积大体相若[46]（图八，9、10）。

在对平安堡三期遗存的讨论中，多将图八的 2、5、7、8、10 这 5 件陶器的出土单位归入平安堡三期（或以此为代表的同类遗存）的晚段或晚期[47]，而关于此阶段的定年则有不同意见，一般认为相当于"商代的晚期"[48]，少数学者提出应为商代"中期"[49]或"早于晚商，下限不会晚于殷墟一期"[50]。

黄河及其以北的中国北方地区的磨制石锤斧中有一种较为粗短的形式，其宽（最宽处）长（最长处）比往往超过 0.6，顶部略平，正视略近倒三角形（而非顶部向上隆起，整体如倒水滴形），纵剖面似长方形或上、下边长差别不是很大的梯形。此型锤斧有明确出土单位的，多见于西周之前。如长武碾子坡遗址相当于晚商时期的 T157④：10，"浅灰色砾石磨制。长 11.8 厘米，顶宽 8.2 厘米，厚 4.6 厘米，孔径 3 厘米"[51]。又如北京昌平张营遗址 H54：1 这件"穿孔石器"，"灰色细砂岩，体形厚重，通体打磨。长 19.1、宽 11.8、厚约 5.4 厘米"。此器亦当为磨制锤斧，属张营早期青铜文化遗存中的第 3 段，该段的年代被判断为相当于商文化的"二里冈上层至白家庄期"[52]。老哈河中上游一带的夏家店上层文化虽有不少石锤斧，但几乎不见出土单位明确的完整品。夏家店 T4②：3"残。楔形，磨制，纵剖面长方形"，此器的线图参考了该遗址采集的"与此形状相同"的完整品[53]，故可依从。建平水泉遗址 T26③：29 也是 1 件"平面呈三角形，平顶，窄刃"的磨制残锤斧，"长 12、残宽 3.5、厚 4.8 厘米"[54]，与碾子坡锤斧大小相近（图九）。

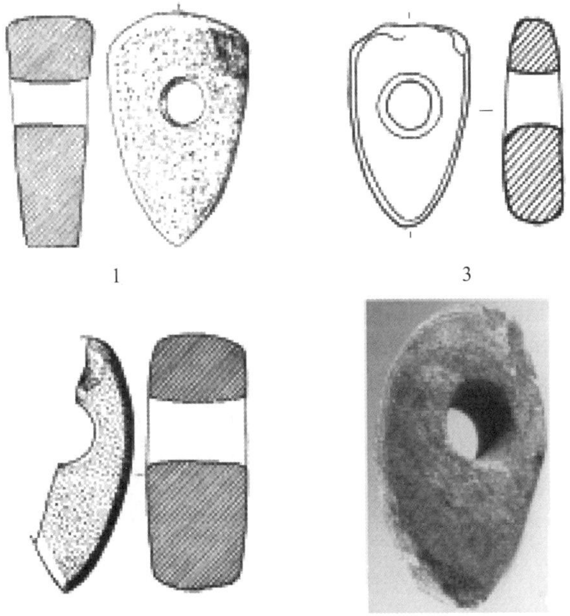

1　　3

2　　4

图九　石锤斧

1. 赤峰夏家店 T4②：3（夏家店上层文化） 2. 建平水泉 T26③：29（夏家店上层文化）
3. 长武碾子坡 T157④：10（白家庄期之后的商代） 4. 昌平张营 H54：1（白家庄期之后的商代）

老哈河中上游一带的夏家店上层文化习见半月形磨制双孔石刀，此类石刀双孔的位置以及背、刃之边廓线随时间推移而有变化。一般而言，较早阶段的双孔靠近背侧，而在弧背线条的差异上，较早阶段的弧线曲率更大或凸弧更陡，较晚阶段凸弧趋缓（如小黑石沟 92NDXAⅡH64：7[55]）。较早阶段的可以建平水泉 T22③：6 为代表，直刃，“长 10.1、宽 5 厘米”[56]。殷墟妇好墓玉刮刀 M5：559 背边弧线特征与之相同，双孔偏于背侧，“长 15.6、宽 5.7、厚 0.3 厘米”（图一〇）[57]。

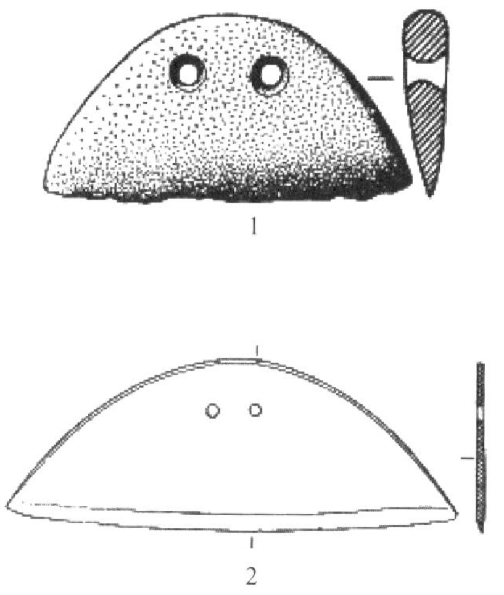

图一〇　夏家店上层文化石刀和殷墟的玉刀

1. 建平水泉的夏家店上层文化石刀（T22③：6）　2. 殷墟妇好墓的玉刮刀（M5：559）

此区域夏家店上层文化尚有一种顶部明显上凸的夹砂陶纺轮，剖视近“凸”字形，如上机房营子 H16：1，“直径 4、厚 2.3、孔径 0.3~1 厘米”。H96：16，“直径 4.2、厚 2、孔径 0.4～1.4 厘米”[58]。昌平张营的夹砂陶纺轮 H69：6 和 T0305④：24 与它们同形而略显瘦高，分别为“顶径 1.7、底径 3.5、孔径 0.6、高 2.7 厘米”和“顶径 1.4、底径 3.3、孔径 0.4、残高 2.6 厘米”。H69 和 T0305④均属张营早期青铜文化遗存的第 3 段[59]（图一一）。

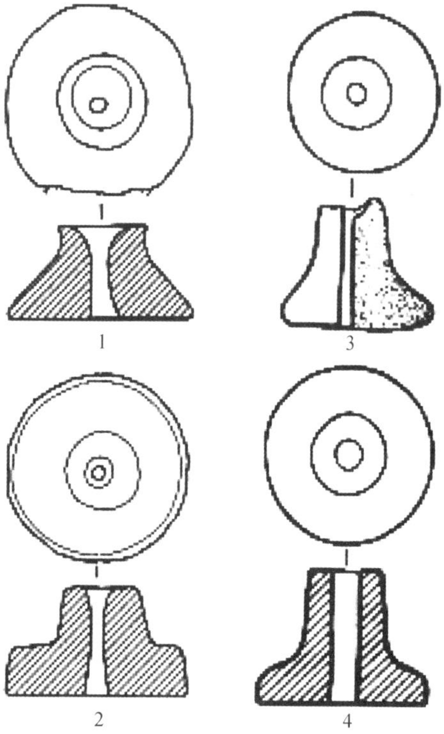

图一一　夏家店上层文化和张营早期青铜文化第三段的陶纺轮

1、2. 赤峰上机房营子 H96：16、H16：1（夏家店上层文化）　3、4. 昌平张营 T0305④：24、H69：6（张营早期青铜文化第 3 段）

老哈河中上游一带的夏家店上层文化还以多种形式的铜镞见长，并有不少三翼镞。夏家店 M12 出土的 2 件铜镞中就有 1 件三翼镞 M12：4，镞身正视近三角形。M12 的另一件铜镞 M12：6，“镞身扁平，中有脊，两刃向前聚成较宽的前锋，向后聚于中脊，呈扇形，与《赤峰红山后——热河省赤峰红山后先史遗址》M22 青铜镞相似，铤部椭圆形”，即俗称之柳叶形镞。该墓尚有 2 件骨镞，M12：3 镞身“三棱形”，正视亦近三角形，M12：1 镞身“圆锥形”[60]（图一二）。可见，两种质料的双镞中均有 1 件为三翼或三棱而正视若三角形者。此区以北西拉木伦河流域的克什克腾旗龙头山遗址夏家店上层文化ⅡM1 也出有两种铜镞，一为柳叶形镞（ⅡM1：5），另一是正视近若长三角形的三翼镞（ⅡM1：18）[61]。这两种铜镞共出的墓葬尚见于宁城小黑石沟，如85NDXAM3和M9601，据介绍，85NDXAM3：14这件柳叶形镞和M9601的柳叶形镞也都是三翼镞，M9601虽被盗掘，但最终登记的镞身正视若三角形的三翼镞有86件、柳叶形三翼镞85件[62]，两种铜镞数量基本相当。是知三角形三翼（或三棱）镞与柳叶形镞成双配对的稳定组合，大约是夏家店上层文化葬俗中的某种规制。而这也许暗示出三角形三翼镞和柳叶形镞或为夏家店上层文化的原创。

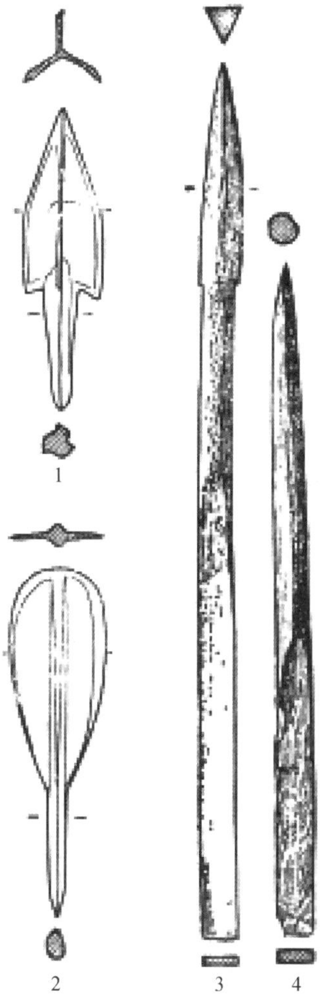

图一二　夏家店M12的铜镞和骨镞
1、2. 铜镞（M12：4、M12：6）3、4. 骨镞（M12：3、M12：1）

从出示的线图和图版约略可知，夏家店M12：4三翼较薄，俯视若“Y”形，亦未显现出铤与镞身之间的关，与以小黑石沟M9601：254所代表的俯视如三角星形或凹边三角形而本、关、铤有着清晰分界的三角形三翼镞构成明显的早、晚之区别。夏家店M12：6虽属柳叶形镞，但“呈扇形”，与以小黑石沟85NDXAM3：9～85NDXAM3：13为代表的镞身修长、前锋尖凸的柳叶形镞也有较大差异，前述龙头山ⅡM1的柳叶形镞在形制上似居两者之间而更近后者。从这一点来看，夏家店M12至迟应不晚于龙头山ⅡM1。至于龙头山ⅡM1的年代，按发掘者的意见，应“大致相当于商晚期或不晚于商周之际”[63]。

如石岩博士所言，黄河流域及其以北的中国北方目前所见年代最早的三翼铜镞可能是西安老牛坡遗址的85XLⅡ2T4②：2[64]，年代“相当于殷墟文化一、二期”[65]（从《老牛坡》发表的材料看，“晚期铜镞混入早期地层”[66]的可能性不大）。老牛坡的这件与夏家店上层文化的三角形三翼镞形制差别明显，目前还看不出两者之间有何联系。但如果说“三翼镞的产生可能是源自北方”[67]，而辽西区的冶金工艺于夏家店上层文化之前已显出某种优势[68]，则老哈河中上游一带在晚商时期出现三翼铜镞是完全有可能的。

综上所述，将老哈河中上游夏家店上层文化的年代上限估计在白家庄期之后的商代范围内应不致大谬。

四

以上我们看到，老哈河中上游一带的夏家店上层文化是在当地夏家店下层文化之后不久形成的，并体现了对后者的传承，但陶器的质、色为何会出现偌大的变化呢？

红山是崛起在英金河畔的突兀的孤丘。因其岩体是一种罕见的红色花岗岩，裸露的外表呈现出一派暗红色，从西、南两侧瞻望，甚为壮观（图一三）。老哈河流域及其

图一三　红山

上：俯瞰红山及其周边　下：从西面眺望红山

周边以山地为主，虽说连绵的山丘间也不乏红色花岗岩之岩体，但红山的周围是英金河下游广袤的低地，所以，这座暗红色孤丘异常显眼，格外引人瞩目，这一独特的景观在整个老哈河流域无出其右。学界早就注意到红山的特殊性，那里不仅是著名的红山后遗址所在地，红山的南坡（红山前）和北坡（红山后）还分布着若干新石器到战国—西汉间的不同时段的遗址[69]。这突兀的孤丘并不适于居住，而更可能是人们心目中的圣山，因此，这里的发现多半应是各时期的祭祀遗存。

2007年，赤峰中美联合考古队对红山进行详查，在34平方千米的范围内调查到30处遗址点，以夏家店下层文化和夏家店上层文化为主，属于后者的有15处，其中超过半数的夏家店上层文化遗址点分布于各山头的顶部（图一四）[70]。这些地处山顶的遗址点经过多年自然营力和人为因素的破坏，存留至今的竟只是极碎的陶片甚至是陶片渣，它们散布于岩丛之间，与深红的基岩浑然一色，胎土中均匀掺杂浅色砂石，和花岗岩特有的半透明颗粒几无二致，发现辨认十分不易。由此可见，夏家店上层文化的红褐色夹砂陶很可能是出于对这座圣山红色岩体的模拟。其实，这样的做法早在红山文化就已出现了，夏家店上层文化则是在新的背景下对古老传统的复兴。目前看到的据以辨识夏家店上层文化的那种独特的陶质陶色，或正是红山圣灵的象征。换言之，晚商时期老哈河中上游一带陶器面貌的骤变，很可能是当地先民于祭祀礼俗乃至宗教信仰上发生变革的某种反映。

图一四　从南面仰望红山（左端山头为夏家店上层文化遗址点）

注 释

［1］朱永刚：《论高台山文化及其与辽西青铜文化的关系》，《中国考古学会第八次年会论文集·1991》，文物出版社，1996 年，152～155 页；赵宾福：《中国东北地区夏至战国时期考古学文化研究》，科学出版社，2009 年，279～283 页。

［2］朱永刚：《夏家店上层文化向南的分布态势与地域文化变迁》，《庆祝张忠培先生七十岁论文集》，科学出版社，2004 年，422～436 页。

［3］井中伟：《夏家店上层文化的分期与源流》，《边疆考古研究（第 12 辑）》，科学出版社，2012 年，166、169 页。

［4］朱永刚：《夏家店上层文化向南的分布态势与地域文化变迁》，《庆祝张忠培先生七十岁论文集》，科学出版社，2004 年，432 页。

［5］Chifeng International Collaborative Archaeological Research Project, 2011, Settlement Patterns in the Chifeng Region, Center for Comparative Archaeology University of Pittsburgh, 2011（Pittsburgh）.

［6］朱延平：《赤峰南部夏家店上层文化遗址的分布及相关问题》，《无限悠悠远古情——佟柱臣先生纪念文集》，科学出版社，2014 年，526 页。

［7］"单纯的夏家店上层文化石城"和"石圆圈"如赤峰市松山区二八地、大王山、下洼、鸡冠子山东近沟山峰等遗址所见（吕富华：《昭苏河流域石砌建筑调查简报》，《边疆考古研究（第 9 辑）》，科学出版社，2010 年，376～378 页）。

［8］建于山顶或地势较高处的纯夏家店上层文化祭祀址如赤峰市松山区岱王山、鸡冠子山等（赤峰学院红山文化国际研究中心、中国社会科学院考古研究所内蒙古第一工作队：《内蒙古赤峰市岱王山夏家店上层文化遗址调查简报》，《边疆考古研究（第 6 辑）》，科学出版社，2007 年，398～410 页；吕富华：《昭苏河流域石砌建筑调查简报》，《边疆考古研究（第 9 辑）》，科学出版社，2010 年，378 页）。

［9］本文所说的老哈河中上游一带，系指羊肠子河—红山水库以南的老哈河流域，大体包括目前赤峰市的红山区、元宝山区、松山区、喀喇沁旗、宁城县，以及翁牛特旗南部、敖汉旗西部、建平市的中北部和平泉市的北部。

［10］内蒙古自治区文物考古研究所、吉林大学边疆考古研究中心：《赤峰上机房营子与西梁》，科学出版社，2012 年，105 页，图一〇八，2。

［11］内蒙古自治区文物考古研究所：《赤峰市陈家营子遗址发掘报告》，《内蒙古文物考古文集（第四辑）——配合国家基本建设专集》，科学出版社，2013 年，356 页，图五一，2。

［12］内蒙古自治区文物考古研究所、吉林大学边疆考古研究中心：《赤峰上机房营子与西梁》，科学出版社，2012 年，89 页，图九七，4。

［13］吉林大学边疆考古研究中心、内蒙古文物考古研究所：《内蒙古赤峰市康家湾遗址 2006 年发掘简报》，《考古》2008 年 11 期，19～20 页，图九，16。

［14］中国科学院考古研究所内蒙古工作队：《赤峰药王庙、夏家店遗址试掘报告》，《考古学报》1974 年 1 期，117 页，图八，9。

［15］内蒙古自治区文物考古研究所、宁城县辽中京博物馆：《小黑石沟——夏家店上层文化遗址发掘报告》，科学出版社，2009 年，32 页，图一八，2。

［16］中国科学院考古研究所内蒙古工作队：《赤峰药王庙、夏家店遗址试掘报告》，《考古学报》1974 年 1 期，135 页，图版壹叁，12、13。

［17］内蒙古自治区文物考古研究所、吉林大学边疆考古研究中心：《赤峰上机房营子与西梁》，科学出版社，2012 年，第 53、130 页，彩版五，3，彩版九，5。

［18］内蒙古自治区文物考古研究所、吉林大学边疆考古研究中心：《赤峰上机房营子与西梁》，科学出版社，2012 年，53 页，图四八，12。

［19］中国科学院考古研究所内蒙古工作队：《赤峰药王庙、夏家店遗址试掘报告》，《考古学报》1974 年 1 期，135 页，图二五，8。

［20］内蒙古自治区文物考古研究所、吉林大学边疆考古研究中心：《赤峰上机房营子与西梁》，科学出版社，2012 年，第 129 页，图一二七，1。

[21] 中国社会科学院考古研究所：《大甸子——夏家店下层文化遗址与墓地发掘报告》，科学出版社，1996年，33页，图二〇，3。

[22] 辽宁省文物考古研究所、喀左县博物馆：《喀左和尚沟墓地》，《辽海文物学刊》1989年第2期，110页，图版贰，5。

[23] 天津市历史博物馆考古部：《天津蓟县张家园遗址第三次发掘》，《考古》1993年4期，322页。

[24] 杨建华：《燕山南北商周之际青铜器遗存的分群研究》"表一"，《考古学报》2002年2期，158～159页。

[25] 内蒙古自治区文物考古研究所：《内蒙古赤峰市二道井子遗址2009年发掘述要》，《内蒙古文物考古文集（第四辑）——配合国家基本建设专集》，科学出版社，2013年，298页，彩版四〇，3。

[26] 宁城县文化馆、中国社会科学院研究生院考古系东北考古专业：《宁城县新发现的夏家店上层文化墓葬及其相关遗物的研究》，《文物资料丛刊（9）》，文物出版社，1985年，26页，图六。

[27] 辽宁省昭乌达盟文物工作站、中国科学院考古研究所东北工作队：《宁城南山根的石椁墓》，《考古学报》1973年2期，36页。

[28] 刘冰：《赤峰博物馆文物典藏》，远方出版社，2007年，37页。

[29] 唐山市文物管理处、迁安县文物管理所：《河北迁安县小山东庄西周时期墓葬》，《考古》1997年4期，第59页，图六，右下、左下。另需提及的是，平谷刘家河墓葬的2件"金臂钏"，从《北京市平谷县发现商代墓葬》出示的照片看，均应做"开口"状（北京市文物管理处：《北京市平谷县发现商代墓葬》，《文物》1977年11期，6页，图一三），而《北京考古四十年》（图版八，2）却显现为"合口"状（北京市文物研究所：《北京考古四十年》，北京燕山出版社，1990年），二者出入较大，令人费解。

[30] 天津市历史博物馆考古部：《天津蓟县张家园遗址第三次发掘》，《考古》1993年4期，321～322页，图一三，3。

[31] 蓟县张家园87M4：3这对"金耳环"未介绍尺寸，但据线图推算它们的直径应不小于10厘米。迁安小山东庄的2件"金臂钏"亦未介绍尺寸，但QXM1：2重21克，QXM1：3重15.5克，按此重量（前者与喀左和尚沟A点M1的一对相同）推测其直径当不下8厘米。

[32] 朱永刚：《夏家店上层文化的初步研究》，《考古学文化论集（一）》，文物出版社，1987年，119页。

[33] 朱永刚：《论高台山文化及其与辽西青铜文化的关系》，《中国考古学会第八次年会论文集·1991》，文物出版社，1996年，154页。

[34] 张忠培：《关于内蒙古东部地区考古的几个问题》，《内蒙古东部区考古学文化研究文集》，海洋出版社，1991年，6页。

[35] 图六诸器分别引自——中国科学院考古研究所内蒙古工作队：《宁城南山根遗址发掘报告》，《考古学报》1975年1期，图六，2（T1③：35）。赤峰考古队：《内蒙古喀喇沁旗大山前遗址1998年的发掘》，《考古》2004年3期，图一〇，4，图五，3（ⅣH107①：2、ⅣT402④：1）。内蒙古自治区文物考古研究所、吉林大学边疆考古研究中心：《赤峰上机房营子与西梁》，科学出版社，2012年，图三五，2，图三六，2，图八九，1、5（上机房营子G1②：6、F6：5、H138①：2、T0403②：1）。内蒙古自治区文物考古研究所：《赤峰市陈家营子遗址发掘报告》，《内蒙古文物考古文集（第四辑）——配合国家基本建设专集》，科学出版社，2013年，图四三，2（H47：6）。内蒙古自治区文物考古研究所、宁城县辽中京博物馆：《小黑石沟——夏家店上层文化遗址发掘报告》，科学出版社，2009年，图四四，9，图九五，2（92NDXAⅡH5：1、ⅡH68：1）。

[36] 中国社会科学院考古研究所内蒙古工作队：《赤峰蜘蛛山遗址的发掘》，《考古学报》1979年2期，227页。

[37] 刘观民、徐光冀：《内蒙古东部地区青铜时代两种文化》，《内蒙古文物考古》1981年创刊号，10页。

[38] 中国社会科学院考古研究所：《考古精华——中国社会科学院考古研究所建所四十年纪念》，科学出版社，1993年，230页，图版一九〇，2。

[39] 中国科学院考古研究所内蒙古工作队：《赤峰药王庙、夏家店遗址试掘报告》，《考古学报》1974年1期，114、123页。

[40] 赤峰博物馆：《砚台山遗址（B2区）发掘简报》，《内蒙古文物考古》2009年2期，17页，图九，1、2、7、10。

[41] 付琳、王立新：《夏家店下层文化消亡后的辽西》，《考古》2015年8期，95页。

[42] 井中伟：《夏家店上层文化的分期与源流》，《边疆考古研究（第12辑）》，科学出版社，2012年，164页。

［43］辽宁省文物考古研究所、吉林大学考古学系：《辽宁彰武平安堡遗址》，《考古学报》1992 年 4 期，455 页，图一五，1；中国科学院考古研究所内蒙古工作队：《赤峰药王庙、夏家店遗址试掘报告》，《考古学报》1974 年 1 期，130 页，图二三，1。

［44］辽宁省文物考古研究所、吉林大学考古学系：《辽宁彰武平安堡遗址》，《考古学报》1992 年 4 期，459 页，图一七，5；内蒙古自治区文物考古研究所、吉林大学边疆考古研究中心：《赤峰上机房营子与西梁》，科学出版社，2012 年，78～79 页，图八九，3；赤峰考古队：《内蒙古喀喇沁旗大山前遗址 1998 年的发掘》，《考古》2004 年 3 期，38 页，图一〇，9。

［45］辽宁省文物考古研究所、吉林大学考古学系：《辽宁彰武平安堡遗址》，《考古学报》1992 年第 4 期，第 460、467 页，图二〇，18，图二七，12；中国科学院考古研究所内蒙古工作队：《赤峰药王庙、夏家店遗址试掘报告》，《考古学报》1974 年 1 期，131～132 页，图二三，8。

［46］辽宁省文物考古研究所、吉林大学考古学系：《辽宁彰武平安堡遗址》，《考古学报》1992 年 4 期，465 页，图二六，3（该页介绍 M3007：1 高 14 厘米，M3008：2 高 6.6 厘米，而依线图两壶高度均在 15 厘米以上）。内蒙古自治区文物考古研究所、吉林大学边疆考古研究中心：《赤峰上机房营子与西梁》，科学出版社，2012 年，第 79 页，图八九，6。

［47］辽宁省文物考古研究所、吉林大学考古学系：《辽宁彰武平安堡遗址》，《考古学报》1992 年 4 期，471 页，“附表一”；董新林：《高台山文化研究》，《考古》1996 年 6 期，52～66 页；唐森、段天璟：《夏时期下辽河平原地区考古学文化刍议——以高台山文化为中心》，《边疆考古研究（第 7 辑）》，科学出版社，2008 年，79～91 页；赵宾福：《高台山文化再论》，《华夏考古》2012 年 3 期，38～46 页。

［48］赵宾福：《高台山文化再论》，《华夏考古》2012 年 3 期，44 页。

［49］董新林：《高台山文化研究》，《考古》1996 年 6 期，59 页。

［50］井中伟：《夏家店上层文化的分期与源流》，《边疆考古研究（第 12 辑）》，科学出版社，2012 年，166 页。

［51］中国社会科学院考古研究所：《南邠州·碾子坡》，世界图书出版公司北京分公司，2007 年，117 页，图九七，3。

［52］北京市文物研究所、北京市昌平区文化委员会：《昌平张营——燕山南麓地区早期青铜文化遗址发掘报告》，文物出版社，2007 年，90、213～214、233 页，“续附表一”，图八七，4，图版一七，5。

［53］中国科学院考古研究所内蒙古工作队：《赤峰药王庙、夏家店遗址试掘报告》，《考古学报》1974 年 1 期，132 页，图二四，13，图版壹壹，11、10。

［54］辽宁省博物馆、朝阳市博物馆：《建平水泉遗址发掘简报》，《辽海文物学刊》1986 年 2 期，25 页，图一七，2。

［55］内蒙古自治区文物考古研究所、宁城县辽中京博物馆：《小黑石沟——夏家店上层文化遗址发掘报告》，科学出版社，2009 年，图九二，11。

［56］辽宁省博物馆、朝阳市博物馆：《建平水泉遗址发掘简报》，《辽海文物学刊》1986 年第 2 期，第 25 页，图一七，4。

［57］中国社会科学院考古研究所：《殷墟妇好墓》，文物出版社，1980 年，第 143 页；中国社会科学院考古研究所：《殷墟的发现与研究》，文物出版社，1994 年，图一九五，4。

［58］内蒙古自治区文物考古研究所、吉林大学边疆考古研究中心：《赤峰上机房营子与西梁》，科学出版社，2012 年，90 页，图九八，5、4。

［59］北京市文物研究所、北京市昌平区文化委员会：《昌平张营——燕山南麓地区早期青铜文化遗址发掘报告》，文物出版社，2007 年，69、178 页，表二，图六四，6、9。

［60］中国科学院考古研究所内蒙古工作队：《赤峰药王庙、夏家店遗址试掘报告》，《考古学报》1974 年 1 期，139～141 页，图三〇，9、10、5、6，图版壹肆，5、6、15、14（本文在此处征引的是该报告作者刘观民先生原稿中对 M12：6 的描述，并非报告发表时所称之“双翼呈椭圆形”）。

［61］内蒙古自治区文物考古研究所、克什克腾旗博物馆：《内蒙古克什克腾旗龙头山遗址第一、二次发掘简报》，《考古》1991 年 8 期，710 页，图一一，3、2。

［62］内蒙古自治区文物考古研究所、宁城县辽中京博物馆：《小黑石沟——夏家店上层文化遗址发掘报告》，科学出版社，2009 年，302、377～379 页，图二四二，2～8、11、12，图三〇六，7～9。

［63］齐晓光：《内蒙古克什克腾旗龙头山遗址发掘的主要收获》，《内蒙古东部区考古学文化研究文集》，海洋出

版社，1991 年，64 页。
[64] 石岩：《青铜三棱镞与三翼镞出现年代考》，《北方文物》2005 年 1 期，15～16 页。
[65] 刘士莪：《老牛坡》，陕西人民出版社，2002 年，142、333 页，图一〇七，3。
[66] 石岩：《青铜镞在先秦时期的多元化作用》，《新果集——庆祝林沄先生七十华诞论文集》，科学出版社，2009 年，298 页。
[67] 同 [66]。
[68] 朱延平：《辽西区冶金考古初识》，《庆祝张忠培先生八十岁论文集》，科学出版社，2014 年，256 页。
[69] 吕遵谔：《内蒙赤峰红山考古调查报告》，《考古学报》1958 年 3 期，第 25～40 页；赤峰学院红山文化国际研究中心、中国社会科学院考古研究所内蒙古第一工作队：《内蒙古赤峰市岱王山夏家店上层文化遗址调查简报》，《边疆考古研究（第 6 辑）》，科学出版社，2007 年（第 410 页所述“赤峰红山后第Ⅳ地点”）；赵爱民、黄丽、张艳玲、于晓玲：《赤峰市红山夏家店下层文化石城址调查报告》，《内蒙古文物考古》2009 年 1 期，1～12 页。
[70] Chifeng International Collaborative Archaeological Research Project, 2011, Settlement Patterns in the Chifeng Region, Center for Comparative Archaeology University of Pittsburgh, 2011 (Pittsburgh) .此书 143页的 Appendix B 提供了查阅所有调查资料和彩图的路径。

（原载吉林大学边疆考古研究中心：《新果集（二）——庆祝林沄先生八十华诞论文集》，科学出版社，2018 年）

附录　辽西区青铜时代考古文献目录索引

一、考古专刊报告和图录

（一）中文

［1］中国社会科学院考古研究所：《大甸子——夏家店下层文化遗址与墓地发掘报告》，科学出版社，1996年3月。

［2］国家文物局合组赤峰考古队：《半支箭河中游先秦时期遗址》，科学出版社，2002年8月。

［3］赤峰中美联合考古研究项目：《内蒙古东部（赤峰）区域考古调查阶段性报告》，科学出版社，2003年11月。

［4］内蒙古自治区文物考古研究所、宁城县辽中京博物馆：《小黑石沟——夏家店上层文化遗址发掘报告》，科学出版社，2009年3月。

［5］内蒙古自治区文物考古研究所、吉林大学边疆考古研究中心：《西拉木伦河流域先秦时期遗址调查与试掘》，科学出版社，2010年8月。

［6］内蒙古自治区文物考古研究所、吉林大学边疆考古研究中心：《林西井沟子——晚期青铜时代墓地的发掘与综合研究》，科学出版社，2010年8月。

［7］辽宁省文物考古研究所、朝阳市博物馆：《朝阳袁台子——战国西汉遗址和西周至十六国时期墓葬》，文物出版社，2010年10月。

［8］赤峰市第三次全国文物普查领导小组办公室：《赤峰市第三次全国文物普查工作报告》，2012年。

［9］内蒙古自治区文物考古研究所、吉林大学边疆考古研究中心：《赤峰上机房营子与西梁》，科学出版社，2012年2月。

［10］辽宁省文物考古研究所：《牛河梁——红山文化遗址发掘报告（1983～2003年度）》，文物出版社，2012年11月。

［11］辽宁省文物考古研究所：《代海墓地》，文物出版社，2013年1月。

（二）外文

［1］滨田耕作、水野清一：《赤峰红山后——热河省赤峰红山后先史遗址》，《东方考古学丛刊》甲种第六册，东亚考古学会，1938年。

［2］中国内蒙古文物考古研究所、韩国东北亚历史财团：《夏家店上层文化的青铜器》，东北亚历史财团（首尔），2007年。

［3］Chifeng International Collaborative Archaeological Research Project，2011，Settlement Patterns in the Chifeng Region, Center for Comparative Archaeology University of Pittsburgh, 2011（Pittsburgh）

［4］Christian E. Peterson, Lu Xueming（吕学明）, Robert D.Drennan, Zhu Da（朱达）2014, Hongshan Regional Organization in the Upper Daling Valley（大凌河上游流域红山文化区域性社会组织）, Center for Comparative Archaeology Department of Anthropology University of Pittsburgh U. S. A., 2014（Pittsburgh）.

二、各刊物中的考古资料

（一）内蒙古自治区

［1］佟柱臣:《赤峰东八家石城址勘查记》,《考古通讯》1957年6期，15～22页。

［2］吕遵谔:《内蒙赤峰红山后考古调查报告》,《考古学报》1958年3期，25～40页。

［3］李逸友:《内蒙昭乌达盟出土的铜器调查》,《考古》1959年6期，276～277页。

［4］吕遵谔:《内蒙林西考古调查》,《考古学报》1960年1期，9～23页。

［5］中国科学院考古研究所内蒙古发掘队:《内蒙古赤峰药王庙、夏家店遗址试掘简报》,《考古》1961年2期，77～81页。

［6］内蒙古自治区文物工作队:《内蒙古宁城县小榆树林子遗址试掘简报》,《考古》1965年12期，619～621页。

［7］辽宁省昭乌达盟文物工作站、中国科学院考古研究所东北工作队:《宁城南山根的石椁墓》,《考古学报》1973年2期，27～39页。

［8］中国科学院考古研究所内蒙古工作队:《赤峰药王庙、夏家店遗址试掘报告》,《考古学报》1974年1期，111～144页。

［9］中国科学院考古研究所内蒙古工作队:《宁城南山根遗址发掘报告》,《考古学报》1975年1期，117～140页。

［10］中国科学院考古研究所辽宁工作队:《敖汉旗大甸子遗址1974年试掘简报》,《考古》1975年2期，99～101页。

［11］克什克腾旗文化馆:《辽宁克什克腾旗天宝同发现商代铜甗》,《考古》1977年5期，354、356页。

［12］辽宁省博物馆、昭乌达盟文物工作站、敖汉旗文化馆:《辽宁敖汉旗小河沿三种原始文化的发现》,《文物》1977年12期，1～15页。

［13］中国社会科学院考古研究所内蒙古工作队:《赤峰蜘蛛山遗址的发掘》,《考古学报》1979年2期，215～243页。

［14］董文义:《巴林右旗发现青铜短剑墓》,《内蒙古文物考古》创刊号（1981年

10 月），153～154 页。

［15］中国社会科学院考古研究所东北工作队：《内蒙古宁城县南山根 102 号石椁墓》，《考古》1981 年 4 期，304～308 页。

［16］张柏忠：《霍林河矿区附近发现的西周铜器》，《内蒙古文物考古》第 2 期（1982 年 12 月），5～8 页。

［17］李殿福：《吉林省库伦、奈曼两旗夏家店下层文化遗址分布与内涵》，《文物资料丛刊（7）》，文物出版社，1983 年 2 月，98～114 页。

［18］辽宁省博物馆文物工作队：《辽宁林西县大井古铜矿 1976 年试掘简报》，《文物资料丛刊（7）》，文物出版社，1983 年 2 月，138～146 页。

［19］辽宁省博物馆、昭乌达盟文物工作站、赤峰县文化馆：《内蒙古赤峰县四分地东山咀遗址试掘简报》，《考古》1983 年 5 期，420～429 页。

［20］郑瑞丰、张义成：《喀喇沁旗发现夏家店下层文化石磬》，《文物》1983 年 8 期，第 54 页。

［21］邵国田：《内蒙古昭乌达盟敖汉旗李家营子出土的石范》，《考古》1983 年 11 期，1042～1043 页转 1041 页。

［22］贾鸿恩：《翁牛特旗大泡子青铜短剑墓》，《文物》1984 年 2 期，50～54 页。

［23］内蒙古文物工作队：《敖汉旗范仗子古墓群发掘简报》，《内蒙古文物考古》第 3 期（1984 年 3 月），第 22～25 页。

［24］青松：《介绍一件青铜阴阳短剑》，《内蒙古文物考古》第 3 期（1984 年 3 月），119 页。

［25］项春松：《小黑石沟发现的青铜器》，《内蒙古文物考古》第 3 期（1984 年 3 月），120～123 页。

［26］中国社会科学院所考古研究所内蒙古工作队：《内蒙古敖汉旗周家地墓地发掘简报》，《考古》1984 年 5 期，417～426 页。

［27］宁城县博物馆、中国社会科学院研究生院考古系东北考古专业：《宁城县新发现的夏家店上层文化墓葬及其相关遗物的研究》，《文物资料丛刊（9）》，文物出版社，1985 年 10 月，23～58 页。

［28］内蒙古自治区文物考古研究所、克什克腾旗博物馆：《内蒙古克什克腾旗龙头山遗址第一、二次发掘简报》，《考古》1991 年 8 期，704～712 页。

［29］齐晓光：《内蒙古克什克腾旗龙头山遗址发掘的主要收获》，《内蒙古东部区考古学文化研究文集》，海洋出版社，1991 年 9 月，58～72 页。

［30］王惠德：《赤峰郊区孤山子古代遗存调查记》，《昭乌达蒙族师专学报》（汉文哲学社会科学版）1992 年 3 期，1～5 页。

［31］邵国田：《内蒙古敖汉旗发现的青铜器及有关遗物》，《北方文物》1993 年 1 期，18～25 页。

［32］内蒙古文物考古研究所：《克什克腾旗南台子遗址发掘简报》，《内蒙古文物

考古文集（第一辑）》，中国大百科全书出版社，1994年8月，87～95页。

［33］王未想：《内蒙古林东塔子沟出土的羊首铜刀》，《北方文物》1994年4期，31页。

［34］赤峰市博物馆、宁城县文物管理所：《宁城小黑石沟石椁墓调查清理报告》，《文物》1995年5期，4～22页。

［35］邱国彬：《内蒙古敖汉旗打哈巴齐拉墓地调查》，《北方文物》1996年3期，8～10页转14页。

［36］郝维彬：《内蒙古库伦旗南泡子崖夏家店下层文化遗址调查简报》，《北方文物》1996年3期，11～14页。

［37］姜延华、敖秉全：《内蒙古奈曼旗青龙山发现曲刃青铜短剑墓》，《北方文物》1997年4期，46页。

［38］邵国田：《内蒙古敖汉旗发现一件夏家店下层文化玉斧》，《考古》1997年11期，89、94页。

［39］王刚：《林西县井沟子夏家店上层文化墓葬》，《内蒙古文物考古》1998年1期，1～4页。

［40］王惠德、薛志强、吉迪、刘景岚：《阴河中下游石城的调查与研究》，《昭乌达蒙族师专学报（汉文哲学社会科学版）》1998年4期，15～61页。

［41］赤峰考古队：《内蒙古赤峰市半支箭河中游1996年调查简报》，《考古》1998年9期，36～42页。

［42］赤峰考古队：《内蒙古喀喇沁旗大山前遗址1996年发掘简报》，《考古》1998年9期，43～49页。

［43］任学军、邵国田：《尹家店山城调查简报》，《内蒙古文物考古》2000年2期，52～55页转103页。

［44］邵国田：《城子山遗址》，《内蒙古文物考古》2001年2期，95页。

［45］吉林大学边疆考古研究中心、内蒙古文物考古研究所：《西拉木伦河上游考古调查与试掘》，《内蒙古文物考古》2002年2期，1～11页。

［46］郝维彬：《内蒙古库伦旗胡金稿古墓葬清理简报》，《北方文物》2002年3期，21～24页。

［47］中美赤峰联合考古队：《内蒙古赤峰地区区域性考古调查阶段性报告（1999～2001）》，《边疆考古研究（第1辑）》，科学出版社，2002年10月，357～368页。

［48］赤峰联合考古调查队：《内蒙古赤峰地区1999年区域性考古调查报告》，《考古》2003年5期，24～34页。

［49］吉林大学边疆考古研究中心、内蒙古文物考古研究所：《2002年内蒙古林西县井沟子遗址西区墓葬发掘纪要》，《考古与文物》2004年1期，6～19页。

［50］赤峰考古队：《内蒙古喀喇沁旗大山前遗址1998年的发掘》，《考古》2004年3期，31～39页。

［51］中国社会科学院考古研究所内蒙古第一工作队：《内蒙古赤峰市兴隆沟聚落遗址2002～2003年的发掘》，《考古》2004年7期，3～8页。

［52］吉林大学边疆考古研究中心、内蒙古自治区文物考古研究所：《克什克腾旗关东车遗址考古调查与试掘》，《边疆考古研究（第2辑）》，科学出版社，2004年5月，15～29页。

［53］陈国庆、张全超：《内蒙古赤峰地区发现红山及夏家店下层文化时期陶窑》，《吉林大学社会科学学报》2005年6期，21页。

［54］内蒙古文物考古研究所：《赤峰市松山区三座店遗址2005年度发掘简报》，《内蒙古文物考古》2006年1期，1～8页。

［55］席永杰、张国强：《内蒙古赤峰市康家湾红山文化及相关遗址调查报告》，《赤峰学院学报（汉文哲学社会科学版）》2006年3期，1～10页。

［56］李雨生、于焕金、陈国庆、张全超：《2005年赤峰市三座店库区考古调查记》，《北方文物》2006年4期，7～11页。

［57］李树国、黄莉：《赤峰市松山区初头朗镇三座店村东梁东区石城址调查报告》，《内蒙古文物考古》2007年1期，21～28页。

［58］李凤举：《喀喇沁旗出土的夏家店下层文化石磬》，《内蒙古文物考古》2007年1期，38～41页。

［59］内蒙古文物考古研究所：《内蒙古赤峰市三座店夏家店下层文化石城遗址》，《考古》2007年7期，第17～27页。

［60］吉林大学边疆考古研究中心、内蒙古文物考古研究所：《赤峰上机房营子西梁石城址2006年考古发掘简报》，《边疆考古研究（第6辑）》，科学出版社，2007年12月，389～397页。

［61］赤峰学院红山文化国际研究中心、中国社会科学院考古研究所内蒙古第一工作队：《内蒙古赤峰市岱王山夏家店上层文化遗址调查简报》，《边疆考古研究（第6辑）》，科学出版社，2007年12月，398～411页。

［62］吉林大学边疆考古研究中心、内蒙古文物考古研究所：《2006年赤峰上机房营子石城址考古发掘简报》，《北方文物》2008年3期，22～26页。

［63］吉林大学边疆考古研究中心、内蒙古文物考古研究所：《内蒙古赤峰市康家湾遗址2006年发掘简报》，《考古》2008年11期，15～23页。

［64］赵爱民、黄丽、张艳玲、于晓玲：《赤峰市红山夏家店下层文化石城址调查报告》，《内蒙古文物考古》2009年1期，1～12页。

［65］吕富华、黄文博：《昭苏河流域夏家店上层文化遗址调查简报》，《赤峰学院学报（汉文哲学社会科学版）》2009年2期，第5～9页。

［66］赤峰市博物馆：《砚台山遗址（B2区）发掘简报》，《内蒙古文物考古》2009年2期，13～23页。

［67］内蒙古文物考古研究所：《内蒙古赤峰市二道井子遗址的发掘》，《考古》

2010 年 8 期，13～26 页。

［68］吕富华：《昭苏河流域石砌建筑调查简报》，《边疆考古研究（第 9 辑）》，科学出版社，2010 年，第 64～380 页。

［69］吉林大学边疆考古研究中心、内蒙古拉鲁特旗文物管理所：《内蒙古通辽市扎鲁特旗香山镇双龙泉与水泉沟遗址的调查》，《考古与文物》2011 年 3 期，12～19 页。

［70］陈小三、王立新、吉平：《内蒙古库伦旗查干朝鲁台遗址的调查与初步认识》，《边疆考古研究（第 10 辑）》，科学出版社，2011 年 12 月，415～422 页。

［71］内蒙古自治区文物考古研究所：《赤峰市陈家营遗址发掘报告》，《内蒙古文物考古文集（第四辑）——配合国家基本建设专集》，科学出版社，2013 年 4 月，309～372 页。

［72］林森、董利军、王立新：《内蒙古赤峰市松山区板地营与二龙山遗址的复查》，《内蒙古文物考古文集（第四辑）——配合国家基本建设专集》，科学出版社，2013 年 4 月，409～416 页。

［73］内蒙古自治区文物考古研究所、赤峰市博物馆：《赤峰市敖汉旗西粉房遗址发掘简报》，《内蒙古文物考古文集（第四辑）——配合国家基本建设专集》，科学出版社，2013 年 4 月，417～439 页。

［74］内蒙古自治区文物考古研究所：《通辽市奈曼旗小东沟遗址发掘简报》，《草原文物》2013 年 2 期，24～35 页。

［75］吉林大学边疆考古研究中心、内蒙古自治区文物考古研究所：《内蒙古克什克腾旗喜鹊沟遗址发掘简报》，《考古》2014 年 9 期，3～15 页。

［76］乌兰察布市博物馆：《赤峰松山区水地乡大南沟石城调查简报》，《草原文物》2015 年 1 期，53～56 页。

［77］霍东峰、夏艳平、朱永刚：《内蒙古库伦旗三家子遗址发掘报告》，《边疆考古研究》第 19 辑，科学出版社，2016 年 6 月，61～82 页。

［78］内蒙古自治区文物考古研究所、黑龙江大学考古学系：《内蒙古敖汉旗乃林皋遗址 2015 年发掘简报》，《文物》2018 年 6 期，4～17 页。

（二）辽宁省

［1］刘谦：《锦州市大泥洼遗址调查记》，《考古通讯》1955 年 4 期，32～34 页。

［2］热河省博物馆筹备组：《热河凌源县海岛营子村发现的古代青铜器》，《文物参考资料》1955 年 8 期，16～27 页。

［3］刘谦：《辽宁朝阳两处新石器时代遗址》，《考古通讯》1956 年 6 期，19～25 页。

［4］王增新：《凌源青铜器群出土地点发现新石器时代遗址》，《文物参考资料》1957 年 3 期，80 页。

［5］朱贵：《辽宁朝阳十二台营子青铜短剑墓》，《考古学报》1960 年 1 期，

63～71 页。

［6］锦州市博物馆：《辽宁锦西县乌金塘东周墓调查记》，《考古》1960 年 5 期，7～9 页。

［7］辽宁省博物馆、朝阳地区博物馆：《辽宁喀左县北洞村发现殷代青铜器》，《考古》1973 年 4 期，225～226 页转 257 页。

［8］北洞文物发掘小组：《辽宁喀左县北洞村出土的殷周青铜器》，《考古》1974 年 6 期，364～372 页。

［9］辽宁省文物干部培训班：《辽宁北票县丰下遗址 1972 年春发掘简报》，《考古》1976 年 3 期，197～210 页转 186 页。

［10］辽宁省博物馆文物工作队：《辽宁朝阳魏营子西周墓和古遗址》，《考古》1977 年 5 期，306～309 页。

［11］喀左县文化馆、朝阳地区博物馆、辽宁省博物馆：《辽宁省喀左县山湾子出土殷周青铜器》，《文物》1977 年 12 期，23～33 页转 43 页。

［12］锦州市博物馆：《辽宁兴城县杨河发现青铜器》，《考古》1978 年 6 期，387 页。

［13］省文物普查培训班：《一九七九年朝阳地区文物普查发掘的主要收获》，《辽宁文物》第 1 期，1980 年 11 月，20～23 页。

［14］冯永谦、邓宝学：《建昌县文物普查的重要发现》，《辽宁文物》第 1 期，1980 年 11 月，24～28 页。

［15］姜念思：《建平县喀喇沁出土距今约四千年的石磬》，《辽宁文物》第 1 期，1980 年 11 月，39～40 页。

［16］辽宁省博物馆文物工作队：《概述辽宁省考古新收获》，《文物考古工作三十年（1949～1979）》，文物出版社，1981 年 10 月，84～99 页。

［17］喀左县文化馆：《记辽宁喀左县后坟村发现的一组陶器》，《考古》1982 年 1 期，108～109 页。

［18］辽宁义县文物保管所：《辽宁义县发现商周铜器窖藏》，《文物》1982 年 2 期，87～88 页。

［19］孙国平：《朝阳胜利三角城子遗址群调查记》，《辽宁文物》第 3 期，1982 年，28～32 页。

［20］靳枫毅：《朝阳地区发现的剑柄端加重器及其相关遗物》，《考古》1983 年 2 期，133～145 页。

［21］建平县文化馆、朝阳地区博物馆：《辽宁建平县的青铜时代墓葬及相关遗物》，《考古》1983 年 8 期，679～694 页转 713 页。

［22］辽宁省博物馆文物工作队、朝阳地区博物馆文物组：《辽宁建平县喀喇沁河东遗址试掘简报》，《考古》1983 年 11 期，973～981 页转 1003 页。

［23］方殿春、刘葆华：《辽宁阜新县胡头沟红山文化玉器墓的发现》，《文物》1984 年 6 期，1～5 页。

［24］高美璇：《兴城县仙灵寺商周时期古遗址发掘收获》，《锦州文物通讯》1985年2期，14～20页。

［25］朝阳市博物馆、喀左县博物馆：《介绍辽宁朝阳出土的几件文物》，《北方文物》1986年2期，31～33页。

［26］李恭笃：《辽宁凌源县三官甸子城子山遗址试掘报告》，《考古》1986年6期，497～510页。

［27］刘谦：《锦州山河营子遗址发掘报告》，《考古》1986年10期，873～881页。

［28］辽宁省博物馆、朝阳市博物馆：《建平水泉遗址发掘简报》，《辽海文物学刊》1986年2期，11～29页。

［29］靳枫毅：《大凌河流域出土的青铜时代遗物》，《文物》1988年11期，24～35页。

［30］辽宁省文物考古研究所、吉林大学考古学系：《辽宁彰武平安堡遗址发掘简报》，《辽海文物学刊》1989年2期，99～109页。

［31］辽宁省文物考古研究所、喀左县博物馆：《喀左和尚沟墓地》，《辽海文物学刊》1989年2期，110～115页。

［32］齐亚珍，刘素华：《锦县水手营子早期青铜时代墓葬》，《辽海文物学刊》1991年1期，102～103页。

［33］李殿福：《建平孤山子、榆树林子青铜时代墓葬》，《辽海文物学刊》1991年2期，1～9页转77页。

［34］朱永刚、赵宾福：《1988—1989年辽宁阜新、彰武青铜时代考古的主要收获》，《吉林大学社会科学学报》1991年6期，60～64页。

［35］辽宁省文物考古研究所、吉林大学考古学系：《辽宁彰武县考古复查纪略》，《考古》1991年8期，673～683页。

［36］辽宁省文物考古研究所、吉林大学考古学系：《辽宁阜新县平顶山石城址发掘报告》，《考古》1992年5期，399～417页。

［37］辽宁省文物考古研究所、吉林大学考古学系：《辽宁彰武平安堡遗址》，《考古学报》1992年4期，437～475页。

［38］义县文物管理所：《义县出土青铜短剑》，《辽海文物学刊》1993年1期，13～15页。

［39］张静、田子义、李道升：《朝阳小波赤青铜短剑墓》，《辽海文物学刊》1993年2期，15～17页。

［40］赵振生、纪兰：《辽宁阜新近年来出土一批青铜短剑及短剑加重器》，《考古》1994年11期，1047～1049页。

［41］王云刚、王国荣、李飞龙：《绥中冯家发现商代窖藏铜器》，《辽海文物学刊》1996年1期，51～55页。

［42］朱永刚、王立新：《辽宁锦西部集屯三座古城址考古纪略及相关问题》，《北

方文物》1997 年 2 期，16～22 页。

［43］中日考古合作研究考察组：《辽宁省凌源县三官甸子城子山石城址测量及有关遗存考察》，《东北亚考古学研究——中日合作研究报告书》，文物出版社，1997 年 8 月，25～45 页。

［44］中日考古合作研究考察组：《辽宁省阜新县南梁石城遗址考古测量及有关遗存考察》，《东北亚考古学研究——中日合作研究报告书》，文物出版社，1997 年 8 月，46～67 页。

［45］吉林大学考古学系、辽宁省文物考古研究所：《辽宁锦西市邰集屯小荒地秦汉古城址试掘简报》，《考古学集刊（11）》，中国大百科全书出版社，1997 年 12 月，130～153 页。

［46］辽宁省文物考古研究所：《辽宁喀左县高家洞商周墓》，《考古》1998 年 4 期，39～41 页转 86 页。

［47］辽宁省文物考古研究所：《辽宁义县向阳岭青铜时代遗址发掘报告》，《考古学集刊》第 13 集，中国大百科全书出版社，2000 年 12 月，41～82 页。

［48］辽宁省文物考古研究所：《辽宁北票市康家屯城址发掘简报》，《考古》2001 年 8 期，31～44 页。

［49］王云刚：《辽宁绥中县近年发现的青铜短剑》，《北方文物》2002 年 4 期，11～13 页。

［50］辽宁省文物考古研究所：《辽宁北票喇嘛洞青铜时代墓葬》，《文物》2004 年 5 期，26～30 页转 77 页。

［51］辽宁省文物考古研究所、朝阳市博物馆、朝阳县文物管理所：《朝阳小东山新石器至汉代遗址发掘报告》，《辽宁省道路建设考古报告集（2003）》，辽宁民族出版社，2004 年 9 月，1～94 页。

［52］辽宁省文物考古研究所、朝阳市博物馆、朝阳县文物管理所：《朝阳罗锅地夏家店下层文化遗址发掘报告》，《辽宁省道路建设考古报告集（2003）》，辽宁民族出版社，2004 年 9 月，95～163 页。

［53］辽宁省文物考古研究所、葫芦岛市博物馆、兴城市文物管理所：《兴城马圈子青铜时代遗址发掘报告》，《辽宁省道路建设考古报告集（2003）》，辽宁民族出版社，2004 年 9 月，164～227 页。

［54］辽宁省文物考古研究所：《兴城望宝山青铜时代遗址发掘报告》，《辽宁省道路建设考古报告集（2003）》，辽宁民族出版社，2004 年 9 月，228～248 页。

［55］辽宁省文物考古研究所、锦州市文物考古研究所：《锦州前西山青铜时代遗址发掘简报》，《辽宁省道路建设考古报告集（2003）》，辽宁民族出版社，2004 年 9 月，249～281 页。

［56］于俊玉、蔡强：《朝阳北票章吉营子乡大凌河南岸考古调查》，《辽宁考古文集（二）》，科学出版社，2010 年 7 月，13～26 页。

［57］辽宁省文物考古研究所、阜新市文物管理办公室：《辽宁阜新县代海遗址发掘简报》，《考古》2012 年 11 期，7～22 页。

［58］滕铭予、Gideon Shelach、万雄飞、Ofer Marder、Ido Wachtel：《辽宁阜新地区区域性考古调查阶段性报告（2012—2013）》，《北方文物》2014 年 3 期，3～10 页。

［59］辽宁省文物考古研究所：《辽宁阜新县界力花青铜时代遗址发掘简报》，《考古》2014 年 6 期，3～18 页。

［60］辽宁省文物考古研究所、锦州市文物考古研究所：《辽宁锦州西大砬子遗址发掘简报》，《北方民族考古（第 2 辑）》，科学出版社，2015 年 8 月，1～15 页。

［61］吉林大学边疆考古研究中心、辽宁省文物考古研究所：《大凌河流域上游 2012～2013 年区域考古调查简报》，《边疆考古研究（第 18 辑）》，科学出版社，2015 年 12 月，23～37 页。

［62］王立新、李延祥、李波：《辽宁建平两处早期冶铜遗址的调查与初步认识》，《边疆考古研究（第 19 辑）》，科学出版社，2016 年 6 月，47～59 页。

［63］辽宁省文物考古研究所、中国人民大学历史学院、喀左县博物馆：《辽宁喀左土城子遗址 2014～2015 年发掘简报》，《文物》2018 年 4 期，4～19 页。

（三）河北省

［1］郑绍宗：《解放以来热河省考古的新发现》，《考古通讯》1955 年 5 期，52～55 页。

［2］郑绍宗：《河北承德附近的新石器时代遗址》，《考古》1959 年 7 期，369～370 页。

［3］河北省文化局文物工作队：《河北承德地区的古文化遗址调查》，《考古》1962 年 12 期，641～643 页。

［4］郑绍宗：《河北省发现的青铜短剑》，《考古》1975 年 4 期，226～227 页转 248 页。

［5］河北省博物馆、文物管理处：《河北平泉东南沟夏家店上层文化墓葬》，《考古》1977 年 1 期，51～55 页。

［6］王峰：《河北兴隆县发现商周青铜器窖藏》，《文物》1990 年 11 期，57～58 页。

［7］彭立平：《围场县博物馆收集一件青铜兽首弯刀》，《文物春秋》1993 年 3 期，88 页。

［8］刘子龙：《平泉县七沟镇发现青铜戈》，《文物春秋》1993 年 3 期，88 页。

［9］承德地区文物保护管理所、滦平县文物保护管理所：《河北省滦平县梨树沟门墓群清理发掘简报》，《文物春秋》1994 年 2 期，15～30 页。

［10］承德地区文物保管所、滦平县博物馆：《河北滦平县后台子遗址发掘简报》，《文物》1994 年 3 期，53～72 页。

[11] 张守义、赵小光:《承德市平泉县佟杖子遗址调查报告》,《文物春秋》1995年3期，6～11页。

[12] 河北省文物研究所:《河北承德县考古调查》,《文物春秋》1996年1期，1～11页。

[13] 刘朴:《承德县狼崽沟古遗址调查》,《文物春秋》1997年2期，8～9页转92页。

[14] 河北省文物研究所:《河北丰宁土城镇石棺墓调查》,《河北省考古文集》，东方出版社，1998年10月，127～132页。

[15] 刘朴:《承德县内的夏家店下层文化遗址》,《文物春秋》1998年4期，22～30页。

[16] 丰宁满族自治县文物管理所:《丰宁土城东沟道下山戎墓》,《文物》1999年11期，23～27页。

[17] 赵晓光、张守义、刘子龙:《平泉瀑河流域早期文化遗址的调查》,《文物春秋》1999年增刊，77～82页。

[18] 刘朴:《承德县2002年文物普查的新收获》,《文物春秋》2003年4期，47～50页转76页。

[19] 承德市文物局、承德县文物保管所:《承德市双峰寺水库淹没区文物调查》,《文物春秋》2006年3期，42～44页。

[20] 刘子龙、王烨:《承（德）朝（阳）高速公路沿线考古调查》,《文物春秋》2007年2期，48～51页转61页。

[21] 白光:《河北丰宁早期墓葬综述》,《文物春秋》2008年1期，23～33页。

[22] 王为群:《河北隆化县发现的两处山戎墓群》,《文物春秋》2008年3期，19～22页。

三、论　　文

[1] 陈梦家:《西周铜器断代（二）》,《考古学报》第十册（1955年），69～142页。

[2] 佟柱臣:《东北原始文化的分布与分期》,《考古》1961年10期，557～566页。

[3] 郑绍宗:《有关河北长城区域原始文化类型的讨论》,《考古》1962年12期，658～671页。

[4] 鲁作文:《关于夏家店上层和下层文化的几个问题》,《文物》1973年11期，44～45页转77页。

[5] 中国科学院考古研究所体质人类学组:《赤峰、宁城夏家店上层文化人骨研究》,《考古学报》1975年2期，157～169页。

[6] 晏琬:《北京、辽宁出土铜器与周初的燕》,《考古》1975年5期，274～279

页转 270 页。

［7］乌恩：《关于我国北方的青铜短剑》，《考古》1978 年 5 期，324～333 页转 360 页。

［8］张震泽：《喀左北洞村出土铜器铭文考释》，《社会科学辑刊》1979 年 2 期，142～155 页转 192 页。

［9］李殿福：《巳簋初释》，《社会科学战线》1980 年 3 期，221～222 页。

［10］林沄：《中国东北系铜剑初论》，《考古学报》1980 年 2 期，139～161 页。

［11］邹衡：《关于夏商时期北方地区诸邻境文化的初步探讨》，《夏商周考古学论文集》，文物出版社，1980 年 10 月，253～293 页。

［12］李经汉：《试论夏家店下层文化的分期和类型》，《中国考古学会第一次年会论文集·1979》，文物出版社，1980 年 12 月，163～170 页。

［13］刘观民、徐光冀：《内蒙古东部地区青铜时代两种文化》，《内蒙古文物考古》创刊号（1981 年 10 月），5～14 页。

［14］安志敏：《中国早期铜器的几个问题》，《考古学报》1981 年 3 期，269～285 页。

［15］迟雷：《关于曲刃青铜短剑的若干问题》，《考古》1982 年 1 期，54～59 页。

［16］张柏忠：《霍林河上游出土周代铜器的几点补正》，《社会科学战线》1982 年 2 期，185～186 页。

［17］靳枫毅：《论中国东北地区含曲刃青铜短剑的文化遗存（上）》，《考古学报》1982 年 4 期，387～426 页。

［18］苏赫：《从昭盟发现的大型青铜器试论北方的早期青铜文明》，《内蒙古文物考古》第 2 期（1982 年 12 月），1～4 页。

［19］李恭笃、高美璇：《夏家店下层文化分期探索》，《辽宁省考古、博物馆学会成立大会会刊》，1982 年，71～75 页。

［20］武家昌：《有关夏家店上层文化诸问题》，《辽宁省考古、博物馆学会成立大会会刊》，1982 年，90 页。

［21］王成生：《辽河流域及邻近地区短铤曲刃短剑研究》，《辽宁省考古、博物馆学会成立大会会刊》，1982 年，92～99 页。

［22］靳枫毅：《论中国东北地区含曲刃青铜短剑的文化遗存（下）》，《考古学报》1983 年 1 期，39～54 页。

［23］魏凡：《就出土青铜器探索辽宁商文化问题》，《辽宁大学学报（哲学社会科学版）》1983 年 5 期，53～58 页。

［24］郑绍宗：《中国北方青铜短剑的分期及形制研究》，《文物》1984 年 2 期，37～49 页。

［25］韩嘉谷：《京津地区商周时期古文化发展的一点线索》，《中国考古学会第三次年会论文集·1981》，文物出版社，1984 年 4 月，220～229 页。

［26］李恭笃、高美璇：《夏家店下层文化若干问题研究》，《辽宁大学学报（哲学

社会科学版)》1984 年 5 期，50～56 页。

[27] 蔺新建：《先商文化探源》，《北方文物》1985 年 2 期，16～21 页转 36 页。

[28] 乌恩：《殷至周初的北方青铜器》，《考古学报》1985 年 2 期，135～156 页。

[29] 赤峰市文物工作站、自然科学史研究所：《宁城早期铜镜及其科学分析》，《考古》1985 年 7 期，659～661 页。

[30] 刘观民：《内蒙古东南部地区青铜时代的几个问题》，《中国考古学会第四次年会论文集·1983》，文物出版社，1985 年 12 月，167～172 页。

[31] 郭大顺：《西辽河流域青铜文化研究的新进展》，《中国考古学会第四次年会论文集·1983》，文物出版社，1985 年 12 月，185～195 页。

[32] 张锡瑛：《试论我国北方和东北地区的"触角式"剑》，《考古》1984 年 8 期，744～751 页转 768 页。

[33] 张锡瑛：《试论东北地区先秦铜镜》，《考古》1986 年 2 期，163～172 页。

[34] 苏秉琦：《辽西古文化古城古国——试论当前考古工作重点和大课题》，《辽海文物学刊》1986 年创刊号，2～5 页转 15 页。

[35] 何贤武：《试论夏家店下层文化的社会经济与社会性质》，《辽宁大学学报(哲学社会科学版)》1986 年 2 期，19～23 页。

[36] 徐光冀：《赤峰英金河、阴河流域的石城遗址》，《中国考古学研究——夏鼐先生考古五十年纪念论文集》，文物出版社，1986 年 8 月，82～93 页。

[37] 刘观民：《试析夏家店下层文化的陶鬲》，《中国考古学研究——夏鼐先生考古五十年纪念论文集》，文物出版社，1986 年 8 月，94～100 页。

[38] 刘晋祥：《大甸子墓地乙群陶器分析》，《中国考古学研究——夏鼎先生考古五十年纪念论文集》，文物出版社，1986 年 8 月，101～104 页。

[39] 郭大顺：《丰下遗址陶器分期再认识》，《文物与考古论集》，文物出版社，1986 年 12 月，78～92 页。

[40] 苏秉琦：《象征中华的辽宁重大文化史迹》，《辽宁画报》1987 年 1 期。

[41] 靳枫毅：《夏家店上层文化及其族属问题》，《考古学报》1987 年 2 期，177～208 页。

[42] 王彩梅：《燕国历史溯源与夏家店下、上层文化》，《华夏文明(第一集)》，北京大学出版社，1987 年 7 月，388～407 页。

[43] 朱贵：《试论曲刃青铜短剑的渊源》，《辽海文物学刊》1987 年 2 期，111～116 页。

[44] 刘观民：《西拉木伦河流域不同系统的考古学文化分布区域的变迁》，《考古学文化论集(一)》，文物出版社，1987 年 12 月，48～57 页。

[45] 张忠培、孔哲生、张文军、陈雍：《夏家店下层文化研究》，《考古学文化论集(一)》，文物出版社，1987 年 12 月，58～78 页。

[46] 郭大顺：《试论魏营子类型》，《考古学文化论集(一)》，文物出版社，1987

年 12 月，79～98 页。

［47］朱永刚：《夏家店上层文化的初步研究》，《考古学文化论集（一）》，文物出版社，1987 年 12 月，99～128 页。

［48］林沄：《商文化青铜器与北方地区青铜器关系之再研究》，《考古学文化论集（一）》，文物出版社，1987 年 12 月，129～155 页。

［49］翟德芳：《中国北方地区青铜短剑分群研究》，《考古学报》1988 年 3 期，277～299 页。

［50］靳枫毅：《大凌河流域出土的青铜时代遗物》，《文物》1988 年 11 期，24～35 页。

［51］吴鹏：《试论燕北地区夏家店下层文化的分期——兼谈燕南地区所谓“夏家店下层文化”性质及相关问题》，《华夏考古》1988 年 4 期，78～86 页转 37 页。

［52］张镇洪：《建平县水泉夏家店下层文化遗址兽骨研究》，《考古与文物》1989 年 1 期，57～63 页转 102 页。

［53］张国硕：《岳石文化来源初探》，《郑州大学学报（哲学社会科学版）》1989 年 1 期，1～6 页。

［54］朱泓：《夏家店上层文化居民的种属类型及其相关问题》，《辽海文物学刊》1989 年 1 期，111～122 页。

［55］卜工：《燕山地区夏商时期的陶鬲谱系》，《北方文物》1989 年 2 期，30～38 页。

［56］刘观民：《苏联外贝加尔地区所出几件陶鬲的分析》，《中国原始文化论集——纪念尹达八十诞辰》，文物出版社，1989 年 6 月，371～377 页。

［57］郭大顺：《辽西古文化的新认识》，《庆祝苏秉琦考古五十五年论文集》，文物出版社，1989 年 8 月，203～215 页。

［58］刘观民、徐光冀：《夏家店下层文化彩绘纹式》，《庆祝苏秉琦考古五十五年论文集》，文物出版社，1989 年 8 月，227～234 页。

［59］张忠培：《夏家店上、下层文化及其相关的几个问题》，《中国北方考古文集》，文物出版社，1990 年 3 月，207～208 页。

［60］孙继民：《从青铜礼器看夏家店下层文化与商代文化的关系》，《昭乌达蒙族师专学报（汉文哲学社会科学版）》1990 年 4 期，17～18 页转 16 页。

［61］李伯谦：《论夏家店下层文化》，《纪念北京大学考古学专业三十周年论文集 1952～1982 年》，文物出版社，1990 年 6 月，150～170 页。

［62］何贤武：《试论辽西地区古代文化的发展》，《中国考古学会第六次年会论文集·1987》，文物出版社，1990 年，38～49 页。

［63］金岳：《论东北商代青铜器分期、性质和特点》，《辽海文物学刊》1990 年 2 期，55～66 页。

［64］韩嘉谷：《燕史源流的考古学考察》，《北京文物与考古（第二辑）》，北京燕

山出版社，1991 年 2 月，1～24 页。

［65］靳枫毅：《夏家店上层文化及其族属问题的探讨》，《北京文物与考古（第二辑）》，北京燕山出版社，1991 年 2 月，65～103 页。

［66］张忠培：《辽宁古遗存的分区、编年及其他——“环渤海考古”学术讨论会上的发言》，《辽海文物学刊》1991 年 1 期，8～12 页。

［67］王成生：《概述近年辽宁新见青铜短剑》，《辽海文物学刊》1991 年 1 期，74～81 页转 139 页。

［68］瑜琼：《齿柄式铜刀刍议》，《北方文物》1991 年 3 期，12～18 页。

［69］张忠培：《关于内蒙古东部地区考古的几个问题——在内蒙古东部地区考古学术研讨会上的发言》，《内蒙古东部区考古学文化研究文集》，海洋出版社，1991 年 9 月，3～8 页。

［70］韩嘉谷：《花边鬲寻踪——谈我国北方长城文化带的形成》，《内蒙古东部区考古学文化研究文集》，海洋出版社，1991 年 9 月，41～52 页。

［71］林沄：《对南山根 M102 出土刻纹骨版的一些看法》，《内蒙古东部区考古学文化研究文集》，海洋出版社，1991 年 9 月，53～57 页。

［72］刘观民：《内蒙古赤峰市大甸子墓地述要》，《考古》1992 年 4 期，304～309 页。

［73］董高：《东北地区燕文化遗存及其有关问题》，《京华旧事存真（一）》，北京古籍出版社，1992 年 5 月，30～40 页。

［74］李恭笃、高美璇：《试论辽河流域青铜文化与燕文化的关系》，《京华旧事存真（一）》，北京古籍出版社，1992 年 5 月，41～51 页。

［75］田广金：《内蒙古石器时代——青铜时代考古发现和研究》，《内蒙古文物考古》1992 年 1、2 期合刊，1～20 页。

［76］刘冰：《试论夏家店上层文化的青铜短剑》，《内蒙古文物考古》1992 年 1、2 期合刊，26～33 页。

［77］朱永刚：《试论我国北方地区銎柄式柱脊短剑》，《文物》1992 年 12 期，65～72 页。

［78］刘建华：《论北方青铜短剑所反映的若干民族文化问题》，《内蒙古社会科学（文史哲版）》1993 年 2 期，74～84 页。

［79］刘观民：《不同文化之间特征品交叉现象释例》，《中国考古学论丛——中国社会科学院考古研究所建所 40 年纪念》，科学出版社，1993 年 5 月，162～169 页。

［80］王立新、齐晓光、夏保国：《夏家店下层文化渊源刍论》，《北方文物》1993 年 2 期，5～16 页。

［81］郭大顺：《辽河流域“北方式青铜器”的发现与研究》，《内蒙古文物考古》1993 年 1、2 期合刊，23～28 页。

［82］乌恩：《夏家店上层文化艺术初探》，《内蒙古文物考古》1993 年 1、2 期合

刊，81～88页。

［83］蔺新建、李晓钟：《辽宁地区商周时期陶壶研究》，《青果集——吉林大学考古专业成立二十周年考古论文集》，知识出版社，1993年12月，262～272页。

［84］赵宾福：《关于高台山文化若干问题的探讨》，《青果集——吉林大学考古专业成立二十周年考古论文集》，知识出版社，1993年12月，273～284页。

［85］朱泓、王成生：《彰武平安堡青铜时代居民的种族类型》，《考古》1994年2期，159～169页。

［86］林沄：《"燕亳"和"燕亳邦"小议》，《史学集刊》1994年2期，56～59页。

［87］张国硕：《岳石文化的渊源再探》，《郑州大学学报（哲学社会科学版）》1994年6期，56～62页。

［88］郭大顺：《赤峰地区早期冶铜考古随想》，《内蒙古文物考古文集（第一辑）》，中国大百科全书出版社，1994年8月，278～282页。

［89］林沄：《早期北方系青铜器的几个年代问题》，《内蒙古文物考古文集（第一辑）》，中国大百科全书出版社，1994年8月，291～295页。

［90］翟德芳：《试论夏家店上层文化的青铜器》，《内蒙古文物考古文集（第一辑）》，中国大百科全书出版社，1994年8月，296～316页。

［91］齐晓光：《夏家店上层文化空首青铜斧及相关问题》，《内蒙古文物考古文集（第一辑）》，中国大百科全书出版社，1994年8月，317～326页。

［92］乌恩：《论古代战车及其相关问题》，《内蒙古文物考古文集（第一辑）》，中国大百科全书出版社，1994年8月，327～335页。

［93］郑绍宗：《长城地带发现的北方式青铜刀子及其有关问题》，《文物春秋》1994年4期，28～48页转93页。

［94］蔺新建：《东北地区陶鬲谱系研究》，《辽海文物学刊》1995年1期，69～78页。

［95］田广林：《关于西辽河地区早期农耕时代城的起源及其发展》，《昭乌达蒙族师专学报（汉文哲学社会科学版）》1995年2期，1～7页。

［96］薛志强、王惠德：《阴河中下游地区夏家店下层文化石城的性质及特点》，《昭乌达蒙族师专学报（汉文哲学社会科学版）》1995年3期，1～7页。

［97］田淑华：《燕北承德地区考古成果概述与思考》，《北方文物》1995年2期，48～52页。

［98］杜金鹏：《试论夏家店下层文化中的二里头文化因素》，《华夏考古》1995年3期，57～62页转40页。

［99］刘观民：《红山后发掘以来，赤峰地区考古发现中提出的问题与认识》，《中国北方古代文化国际学术研讨会论文集》，中国文史出版社，1995年9月，11～16页。

［100］朱延平：《夏家店下层文化的社会发展阶段》，《中国北方古代文化国际学术研讨会论文集》，中国文史出版社，1995年9月，103～109页。

［101］宫本一夫、贺伟：《中国东北地区史前陶器的编年与地域性》，《辽海文物学

刊》1995 年 2 期，109～133 页。

［102］苏秉琦：《〈大甸子〉序》，《大甸子——夏家店下层文化遗址与墓地发掘报告》，科学出版社，1996 年 3 月，Ⅰ页。

［103］董新林：《高台山文化研究》，《考古》1996 年 6 期，52～66 页。

［104］马利清：《夏家店下层文化源流考》，《内蒙古大学学报（哲学社会科学版）》1996 年 6 期，24～29 页。

［105］刘观民：《中国青铜时代早期彩绘纹饰试析》，《考古》1996 年 8 期，61～70 页转 80 页。

［106］吉迪（刘景岚译）：《青铜时代早期中国北方的社会形态——关于二里头文化和夏家店下层文化的比较研究》，《昭乌达蒙族师专学报（北方民族文化研究专辑）》1996 年 3 期，8～24 页。

［107］朱永刚：《论高台山文化及其与辽西青铜文化的关系》，《中国考古学会第八次年会论文集·1991》，文物出版社，1996 年 8 月，139～156 页。

［108］林沄：《东胡与山戎的考古探索》，《环渤海考古国际学术讨论会论文集》，知识出版社，1996 年 9 月，174～181 页。

［109］郑绍宗：《山戎民族及其文化考——关于夏家店上层文化社会性质的研究》，《环渤海考古国际学术讨论会论文集》，知识出版社，1996 年 9 月，187～193 页。

［110］马利清：《夏家店下层文化的渊源及其与周邻文化的关系》，《考古文物研究——纪念西北大学考古专业成立四十周年文集（1956～1996）》，三秦出版社，1996 年 12 月，315～325 页。

［111］董高、邓宝学：《从水泉遗址看夏家店下层文化的分期》，《中国考古集成·东北卷·青铜时代（二）》，北京出版社，1997 年 1 月，1450～1455 页。

［112］邓辉：《全新世大暖期燕北地区人地关系的演变》，《地理学报》1997 年 1 期，63～71 页。

［113］邓辉：《燕北地区两种对立青铜文化的自然环境透视》，《北京大学学报（哲学社会科学版）》1997 年 2 期，119～126 页。

［114］郑绍宗：《夏商时期河北古文化的初步分析》，《考古学文化论集（四）》，文物出版社，1997 年 4 月，155～163 页。

［115］林沄：《中国东北系铜剑再论》，《考古学文化论集（四）》，文物出版社，1997 年，234～250 页。

［116］田广金：《中国北方系青铜器文化和类型的初步研究》，《考古学文化论集（四）》，文物出版社，1997 年 4 月，266～307 页。

［117］王迅：《二里头文化与中国古代文明》，《考古与文物》1997 年 3 期，61～68 页。

［118］张翠莲：《先商文化、岳石文化与夏家店下层文化关系考辨》，《文物季刊》1997 年 2 期，31～48 页。

［119］郭治中：《内蒙古东部区新石器——青铜时代的考古发现与研究》，《内蒙古文物考古文集（第二辑）》，中国大百科全书出版社，1997 年 7 月，13～23 页。

［120］朱永刚：《大小凌河流域含曲刃短剑遗存的考古学文化及相关问题》，《内蒙古文物考古文集（第二辑）》，中国大百科全书出版社，1997 年 7 月，362～374 页。

［121］刘晋祥、董新林：《燕山南北长城地带史前聚落形态的初步研究》，《文物》1997 年 8 期，18～56 页。

［122］广川守著，蔡凤书译：《辽宁大凌河流域的殷周青铜器》，《东北亚考古学研究——中日合作研究报告书》，文物出版社，1997 年 8 月，217～236 页。

［123］严文明：《〈大甸子〉——北方早期青铜文化研究的硕果》，《考古》1997 年 10 期，94～96 页。

［124］朱泓：《中国东北地区的古代种族》，《文物季刊》1998 年 1 期，54～64 页。

［125］王惠德：《中国北方古文化研究的回顾与展望》，《昭乌达蒙族师专学报（汉文哲学社会科学版）》1998 年 4 期，68～73 页。

［126］朱永刚：《东北青铜文化的发展阶段与文化区系》，《考古学报》1998 年 2 期，133～152 页。

［127］郭大顺：《北方古文化与商文化的起源》，《中国商文化国际学术讨论会论文集》，中国大百科全书出版社，1998 年 9 月，113～116 页。

［128］田广金、郭素新：《中国北方畜牧——游牧民族的形成与发展》，《中国商文化国际学术讨论会论文集》，中国大百科全书出版社，1998 年 9 月，310～322 页。

［129］胡金华：《河北地区石构墓葬制的初步研究》，《河北省考古文集》，东方出版社，1998 年 10 月，428～435 页。

［130］刘朴：《承德县内的夏家店下层文化遗址》，《文物春秋》1998 年 4 期，22～30 页。

［131］王立新、卜箕大：《对夏家店下层文化源流及与其他文化关系的再认识》，《青果集——吉林大学考古系建系十周年纪念文集》，知识出版社，1998 年 12 月，179～187 页。

［132］董新林：《魏营子文化的界定及相关问题略论》，《青果集——吉林大学考古系建系十周年纪念文集》，知识出版社，1998 年 12 月，188～198 页。

［133］朱泓：《小黑石沟夏家店上层文化居民的人类学特征》，《青果集——吉林大学考古系建系十周年纪念文集》，知识出版社，1998 年 12 月，228～236 页。

［134］杨虎、孙祖初、邵国田：《夏家店下层文化药王庙类型城址发现与探索》，《昭乌达蒙族师专学报（汉文哲学社会科学版）》1999 年 5 期，17～20 页。

［135］乌恩：《中国北方青铜文化研究中的几个问题》，《昭乌达蒙族师专学报（汉文哲学社会科学版）》1999 年 5 期，21～25 页。

［136］杨建华：《试论夏商时期燕山以南地区的文化格局》，《北方文物》1999 年 3 期，1～9 页。

[137] 刘国祥：《大甸子玉器试探》，《考古》1999 年 11 期，56～70 页。

[138] 郭大顺：《辽西窖藏商周青铜器发现与研究的新进展》，《青铜文化研究（第一辑）》，黄山书社，1999 年。

[139] 董新林：《魏营子文化初步研究》，《考古学报》2000 年 1 期，1～30 页。

[140] 朱凤瀚：《论中国东北地区与朝鲜半岛出土的短茎曲刃青铜短剑》，《中国历史博物馆考古部纪念文集》，科学出版社，2000 年 4 月，162～179 页。

[141] 王惠德：《夏家店下层文化的发现与研究》，《昭乌达蒙族师专学报（汉文哲学社会科学版）》2000 年 5 期，33～42 页。

[142] 王立新：《试析夏家店下层文化遗址的类型与布局特点》，《文物春秋》2000 年 3 期，10～14 页转 50 页。

[143] 杨晶：《关于大甸子墓地玉器的分析》，《文物》2000 年 9 期，69～77 页。

[144] 朱延平：《辽西区古文化中的祭祀遗存》，《中国考古学跨世纪的回顾与前瞻（1999 年西陵国际学术研讨会文集）》，科学出版社，2000 年 10 月，207～226 页。

[145] 郭治中：《水泉墓地及相关问题之探索》，《中国考古学跨世纪的回顾与前瞻（1999 年西陵国际学术研讨会文集）》，科学出版社，2000 年 10 月，297～309 页。

[146] 刘国祥：《夏家店上层文化青铜器研究》，《考古学报》2000 年 4 期，451～500 页。

[147] 杨建华：《赤峰东山嘴遗址布局分析及其相关问题》，《北方文物》2001 年 1 期，6～13 页。

[148] 李文龙：《中国古代长城的四个历史发展阶段》，《文物春秋》2001 年 2 期，37～39 页转 43 页。

[149] 郭大顺：《渤海湾北岸出土的铜柄戈——辽河文明巡礼之五》，（台北）《故宫文物月刊》总号 218（2001 年 5 月），72～87 页。

[150] 张志刚：《赤峰古代都邑沿革初论》，《中国古都研究（第十八辑上册）——中国古都学会 2001 年年会暨赤峰辽王朝故都历史文化研讨会论文集》，国际华文出版社，2001 年 5 月，245～252 页。

[151] 刘素霞、宋继红：《试谈西辽河上游地区早期城市的形成》，《中国古都研究（第十八辑下册）——中国古都学会 2001 年年会暨赤峰辽王朝故都历史文化研讨会论文集》，国际华文出版社，2001 年 5 月，92～102 页。

[152] 王刚：《关于夏家店上层文化采矿、青铜冶铸及独具特色的青铜文化之管见》，《中国古都研究（第十八辑下册）——中国古都学会 2001 年年会暨赤峰辽王朝故都历史文化研讨会论文集》，国际华文出版社，2001 年 5 月，245～255 页。

[153] 徐光冀、朱延平：《辽西区古文化（新石器至青铜时代）综论》，《苏秉琦与当代中国考古学》，科学出版社，2001 年 6 月，86～96 页。

[154] 刘观民、刘晋祥：《苏秉琦先生与〈大甸子〉》，《苏秉琦与当代中国考古学》，科学出版社，2001 年 6 月，136～145 页。

［155］陆思贤：《夏家店下层文化两幅彩绘陶文释义》，《文物春秋》2001年4期，1～7页。

［156］郭大顺：《从彩陶到彩绘陶》，《龙出辽河源》，百花文艺出版社，2001年9月。

［157］佟柱臣：《中国东北地区、内蒙古地区和朝鲜北部青铜短剑的研究》，《文物》2001年8期，46～51页。

［158］何堂坤、靳枫毅：《辽西夏家店上层文化青铜合金成分初步研究》，《考古》2002年1期，76～83页。

［159］陆思贤：《夏家店下层文化彩绘陶器纹饰研究》，《内蒙古文物考古》2002年1期，49～71页。

［160］王立新、齐晓光：《龙头山遗址的几个问题》，《北方文物》2002年1期，15～23页。

［161］吉迪：《对中国东北赤峰遗址的格局进行考察的初步报告》，《考古与文物》2002年2期，43～50页。

［162］杨建华：《燕山南北商周之际青铜器遗存的分群研究》，《考古学报》2002年2期，157～174页。

［163］王建新：《东北亚系青铜剑分类研究》，《考古学报》2002年2期，175～202页。

［164］李延祥、贾海新、朱延平：《敖汉旗大甸子夏家店下层文化墓葬出土铜器初步研究》，《有色金属》2002年4期，123～126页。

［165］肖瑞玲：《内蒙古南部地区走向文明的进程及特征初探》，《内蒙古师范大学学报（哲学社会科学版）》2002年5期，47～52页。

［166］俞伟超：《夏家店下层与上层文化为两支东夷遗存》，《古史的考古学探索》，文物出版社，2002年7月，329～335页。

［167］林沄：《夏代的中国北方系青铜器》，《边疆考古研究（第1辑）》，科学出版社，2002年10月，1～12页。

［168］华玉冰、张振军、杜守昌：《朝阳罗锅地夏家店下层文化遗址的分期及相关问题》，《边疆考古研究（第1辑）》，科学出版社，2002年10月，123～138页。

［169］乌恩：《论夏家店上层文化在欧亚大陆草原古代文化中的重要地位》，《边疆考古研究（第1辑）》，科学出版社，2002年10月，139～155页。

［170］李延祥、韩汝玢：《林西大井古铜矿冶遗址冶炼技术及产品特征初探》，《边疆考古研究（第1辑）》，科学出版社，2002年10月，204～213页。

［171］李健菁：《族群、生态、资源的对话——以夏家店上层文化与“山戎”文化为例》，《边疆考古研究（第1辑）》，科学出版社，2002年10月，240～254页。

［172］水涛：《从小黑石沟的发现看骑马民族文化因素向东方的拓展》，《边疆考古研究（第1辑）》，科学出版社，2002年10月，263～268页。

［173］李水城：《西拉木伦河流域古文化变迁及人地关系》，《边疆考古研究（第1

辑)》，科学出版社，2002 年 10 月，269～288 页。

［174］汤卓炜：《中国北方草原地带青铜时代以来气候、植被变化研究综述》，《边疆考古研究（第 1 辑）》，科学出版社，2002 年 10 月，289～300 页。

［175］朱泓：《内蒙古长城地带的古代种族》，《边疆考古研究（第 1 辑）》，科学出版社，2002 年 10 月，301～313 页。

［176］胡金明、崔海亭：《西辽河流域历史早期的文化景观格局》，《地理研究》第 21 卷第 6 期（2002 年），723～733 页。

［177］陈平：《夏家店下层文化研究综述》，《北京文物与考古（第五辑）》，北京燕山出版社，2002 年 12 月，99～123 页。

［178］董秉义：《赤峰夏家店下层文化中的仿制货贝》，《辽、金、西夏、元货币研讨会论文集（一）》，2002 年，50～52 页。

［179］杨文山：《青铜器“巳簋”与邢齐通婚——两周邢国历史综合研究之三》，《文物春秋》2003 年 1 期，17～27 页。

［180］田广林：《关于夏家店下层文化燕北类型的年代及相关问题》，《内蒙古大学学报（人文社会科学版）》2003 年 2 期，88～92 页。

［181］李永化：《文明传承的非稳定性特征——关于辽西考古文化演替规律的思考》，《辽宁师范大学学报》2003 年 5 期，109～112 页。

［182］林沄：《中国北方长城地带游牧文化带的形成过程》，《燕京学报（新十四期）》，北京大学出版社，2003 年 5 月，95～146 页。

［183］郭大顺：《大甸子墓地初析》，《古代文明（第 2 卷）》，文物出版社，2003 年 6 月，97～113 页。

［184］王成生：《东北亚地区短铤曲刃青铜短剑的年代与族属》，《辽宁考古文集》，辽宁民族出版社，2003 年 7 月，193～216 页。

［185］王成生：《辽宁出土铜戈及相关问题的研究》，《辽宁考古文集》，辽宁民族出版社，2003 年 7 月，217～241 页。

［186］郑绍宗：《河北平泉一带发现的石城聚落遗址——兼论夏家店下层文化的城堡带问题》，《文物春秋》2003 年 4 期，1～6 页转 12 页。

［187］李延祥、朱延平、贾海新、韩汝玢、宝文博、陈铁梅：《辽西地区早期冶铜技术》，《广西民族学院学报（自然科学版）》2004 年 2 期，11～20 页。

［188］朱永刚：《东北青铜时代的发展进程及特点》，《吉林大学社会科学学报》2004 年 3 期，100～107 页。

［189］阿瑟·罗恩、埃思尼·巴恩斯著，杨建华译：《赤峰大山前遗址埋葬行为的重建》，《边疆考古研究（第 2 辑）》，科学出版社，2004 年 5 月，337～352 页。

［190］李永化、张小咏：《辽西地区新石器——青铜时代耕作业的兴衰与环境变化的关系》，《人文地理》2004 年 5 期，79～84 页。

［191］朱永刚：《查干木伦河流域古遗址文化类型及相关问题》，《考古与文物》

2004 年 3 期，40～47 页。

［192］王树芝、王增林、朱延平：《内蒙古赤峰市大山前第一地点夏家店下层文化的植被和生态气候》，《华夏考古》2004 年 3 期，44～51 页。

［193］朱永刚：《夏家店上层文化向南的分布态势与地域文化变迁》，《庆祝张忠培先生七十岁论文集》，科学出版社，2004 年 7 月，422～436 页。

［194］王立新：《辽西区夏至战国时期文化格局与经济形态的演进》，《考古学报》2004 年 3 期，243～270 页。

［195］宋蓉、陈全家：《赤峰地区汉代以前动物遗存初探》，《内蒙古文物考古》2004 年 2 期，85～101 页。

［196］武志江：《“赤峰第二期文化”再认识》，《边疆考古研究（第 3 辑）》，科学出版社，2005 年 3 月，23～41 页。

［197］吉迪、张玲、余静：《公元前 1000 年以来中国东北地区牧业生活方式的兴起——区域文化的发展及其与周邻地区的互动》，《边疆考古研究（第 3 辑）》，科学出版社，2005 年 3 月，237～262 页。

［198］滕铭予：《赤峰地区环境考古学研究的回顾与展望》，《边疆考古研究（第 3 辑）》，科学出版社，2005 年 3 月，263～273 页。

［199］张忠培：《西拉木伦河地区考古学文化及其在中国的历史地位》，《中国考古学：九十年代的思考》，文物出版社，2005 年 7 月，137～141 页。

［200］索秀芬：《中全新世内蒙古东南部和中南部环境考古对比研究》，《内蒙古文物考古》2005 年 2 期，42～55 页。

［201］刘国祥：《西辽河流域新石器时代至早期青铜时代考古学文化概论》，《辽宁师范大学学报》2006 年 1 期，113～122 页。

［202］王绵厚：《燕亳、北戎与东胡——夏家店下层文化与上层文化的区系类型与族属论析》，《二十一世纪的中国考古学——庆祝佟柱臣先生八十五华诞学术文集》，文物出版社，2006 年 2 月，431～447 页。

［203］朱凤瀚：《再论有关短茎曲刃青铜短剑的几个问题》，《二十一世纪的中国考古学——庆祝佟柱臣先生八十五华诞学术文集》，文物出版社，2006 年 2 月，587～597 页。

［204］陈国庆、张全超：《赤峰上机房营子石城址考古发掘与启示》，《吉林大学社会科学学报》2006 年 3 期，103～106 页。

［205］田广林：《夏家店下层文化时期西辽河地区的社会发展形态》，《考古》2006 年 3 期，45～52 页。

［206］朱永刚、王立新：《西拉木伦河流域先秦时期文化遗存的编年与谱系研究》，《边疆考古研究（第 4 辑）》，科学出版社，2006 年 3 月，52～69 页。

［207］索秀芬：《西辽河流域全新世人地关系》，《边疆考古研究（第 4 辑）》，科学出版社，2006 年 3 月，247～260 页。

［208］刘爽、金海燕：《内蒙古大山前遗址陶片化学成分测定和分析》，《边疆考古

研究（第 4 辑）》，科学出版社，2006 年 3 月，330～338 页。

［209］陈山：《朝阳青铜短剑墓人骨的人类学考察》，《东北、内蒙古地区古代人类的种族类型与 DNA》，吉林人民出版社，2006 年 5 月，36～46 页。

［210］朱泓：《东胡人种考》，《文物》2006 年 8 期，75～77 页转 84 页。

［211］张忠培：《论内蒙古地区的考古学文化》，《内蒙古文物考古》2006 年 2 期，31～35 页。

［212］赵宾福：《辽西山地夏至战国时期考古学文化时空框架研究的再检讨》，《边疆考古研究（第 5 辑）》，科学出版社，2006 年 12 月，32～69 页。

［213］滕铭予：《GIS 在赤峰市西南部环境考古研究中的实践与探索》，《边疆考古研究（第 5 辑）》，科学出版社，2006 年 12 月，226～256 页。

［214］滕铭予：《GIS 在西拉木伦河以南地区环境考古研究中的初步应用》，《内蒙古文物考古》2007 年 1 期，81～105 页。

［215］王正东、毛振伟、陈国庆、张全超：《上机房营子遗址出土陶器的 XRF 分析研究》，《光谱实验室》2007 年 4 期，725～728 页。

［216］廖泱修：《试析大甸子玉器与红山及其它文化的关系》，《赤峰学院学报（汉文哲学社会科学版）》2007 年 4 期，5～7 页转 19 页。

［217］张星德：《与燕文化起源相关的两个问题》，《文化学刊》2007 年 4 期，161～164 页。

［218］田广林：《论夏家店下层文化燕北类型中的中原文化因素》，《禹城与大禹文化文集》，中国文联出版社，2007 年 9 月，263～279 页。

［219］韩茂莉、刘宵泉、方晨、张一、李青淼、赵玉蕙：《全新世中期西辽河流域聚落选址与环境解读》，《地理学报》2007 年 12 期，1287～1298 页。

［220］李延祥、陈建立、朱延平：《西拉木伦河上游地区 2005 年度古矿冶遗址考察报告》，《文化遗产保护科技发展国际研讨会论文集：中国文物研究所成立七十周年纪念》，科学出版社，2007 年 12 月，86～94 页。

［221］杨建华：《商周时期中国北方冶金区的形成——商周时期北方青铜器的比较研究》，《边疆考古研究（第 6 辑）》，科学出版社，2007 年 12 月，165～197 页。

［222］王立新：《大山前遗址发掘资料所反映的夏家店下层文化的经济形态与环境背景》，《边疆考古研究（第 6 辑）》，科学出版社，2007 年 12 月，350～357 页。

［223］王禹浪、孙军、王文轶：《大、小凌河流域的古代文明与历史文化》，《黑龙江民族丛刊》2008 年 1 期，83～88 页。

［224］陈国庆、张全超：《浅析辽西地区史前时代的陶窑》，《内蒙古文物考古》2008 年 1 期，61～65 页。

［225］王玉华：《辽西地区文明起源的再认识》，《辽宁师范大学学报（社会科学版）》2008 年 1 期，120～122 页。

［226］张景明：《北方草原西周至春秋青铜器的造型艺术与多样文化——以夏家店

上层文化为例》,《内蒙古社会科学（汉文版）》2008 年 4 期，56～59 页。

［227］陈红、常金仓:《西辽河流域新石器至青铜时代经济形态研究综述》,《辽宁师范大学学报（社会科学版）》2008 年 5 期，117～119 页。

［228］任晓辉、许民:《西辽河上游考古学文化时期全新世环境变化研究》,《赤峰学院学报自然科学版》2008 年 5 期，1～4 页。

［229］杨子林:《西辽河地区的农业起源及其早期发展》,《辽宁师范大学学报（社会科学版）》2008 年 6 期，130～132 页。

［230］韩茂莉、张一、方晨、赵玉蕙:《全新世以来西辽河流域聚落环境选择与人地关系》,《地理研究》第 27 卷第 5 期（2008 年 9 月），1118～1129 页。

［231］夏保国:《“流共工于幽州”的考古学释读——以夏家店下层文化源自后冈二期文化为证》,《北方文物》2008 年 3 期，3～9 页。

［232］王志丽:《夏家店下层文化族属研究综述》,《赤峰学院学报（汉文哲学社会科学版）》2008 年 9 期，1～4 页。

［233］韩嘉谷:《孤竹国名及相关问题》,《首都博物馆丛刊（第 22 辑）》，北京燕山出版社，2008 年 10 月，15～23 页。

［234］熊增珑:《试论大小凌河流域商周之际窖藏青铜器的归属》,《文物春秋》2008 年 6 期，11～15 页转 32 页。

［235］唐淼、段天璟:《夏时期下辽河平原地区考古学文化刍议——以高台山文化为中心》,《边疆考古研究（第 7 辑）》，科学出版社，2008 年 12 月，79～91 页。

［236］杨建华:《夏家店上层文化在中国北方青铜器发展中的传承作用》,《边疆考古研究（第 7 辑）》，科学出版社，2008 年 12 月，136～150 页。

［237］井中伟:《水手营子青铜连柄戈的年代与属性》,《边疆考古研究（第 7 辑）》，科学出版社，2008 年 12 月，163～169 页。

［238］滕海键:《全新世大暖期燕北地区的自然环境及其与古文化的关系》,《内蒙古社会科学（汉文版）》2009 年 1 期，43～47 页。

［239］滕铭予:《GIS 在半支箭河中游环境考古中的应用》,《考古与文物》2009 年 1 期，91～99 页。

［240］滕铭予:《半支箭河中游先秦时期遗址分布的空间考察》,《吉林大学社会科学学报》2009 年 4 期，73～80 页转 159～160 页。

［241］徐昭峰、李丽娜:《夏商之际王朝文化北向传播的通道及背景探析》,《中原文物》2009 年 5 期，22～28 页。

［242］邓聪:《夏家店下层文化中的二里头文化玉器因素举例》,《三代考古（三）》，科学出版社，2009 年 8 月，171～175 页。

［243］崔岩勤:《夏家店下层文化彩陶简析》,《赤峰学院学报（汉文哲学社会科学版）》2009 年 10 期，1～3 页。

［244］罗运兵:《大甸子遗址中猪的饲养与仪式使用》,《边疆考古研究（第 8

辑）》，科学出版社，2009 年 12 月，288～300 页。

［245］郭大顺：《辽河流域“北方式青铜器”再认识》，《鄂尔多斯青铜器国际学术研讨会论文集》，科学出版社，2009 年 12 月，46～60 页。

［246］李晓红：《试论大甸子彩绘陶器曲线形纹饰与商代青铜器龙纹之间的关系》，《鄂尔多斯青铜器国际学术研讨会论文集》，科学出版社，2009 年 12 月，267～282 页。

［247］韩茂莉：《史前时期西辽河流域聚落与环境研究》，《考古学报》2010 年 1 期，1～20 页。

［248］徐昭峰：《夏家店下层文化类型辨析——基于二里头文化类型的对比研究》，《东北史地》2010 年 2 期，10～16 页。

［249］张全超、陈国庆：《内蒙古赤峰市上机房营子遗址夏家店上层文化时期人骨研究》，《北方文物》2010 年 2 期，25～28 页。

［250］孙小淳、何驽、徐凤先、高江涛、黎耕：《中国古代遗址的天文考古调查报告——蒙辽黑鲁豫部分》，《中国科技史杂志》2010 年 4 期，384～406 页。

［251］崔岩勤：《夏家店下层文化青铜器简析》，《赤峰学院学报（汉文哲学社会科学版）》2010 年 5 期，1～4 页。

［252］徐昭峰：《试论夏家店下层文化石城》，《中原文物》2010 年 3 期，40～45 页。

［253］姜念思：《马面溯源》，《辽宁考古文集（二）》，科学出版社，2010 年 7 月，304～308 页。

［254］徐昭峰：《夏家店下层文化卜骨的初步研究》，《文物春秋》2010 年 4 期，14～18 页转 27 页。

［255］徐坚：《喀左铜器群再分析：从器物学模式到行为考古学取向》，《考古与文物》2010 年 4 期，26～31 页转 72 页。

［256］朱永刚：《东北青铜时代区系考古学文化论纲》，《中国考古学会第十二次年会论文集》，文物出版社，2010 年 10 月，78～95 页。

［257］卢治萍：《夏家店下层文化石城聚落房屋分析及其相关问题》，《辽宁省博物馆馆刊·2010》，辽海出版社，2010 年 11 月，195～206 页。

［258］邵会秋、熊增珑：《河北丰宁东沟道下墓葬的新启示》，《文物春秋》2010 年 6 期，16～22 页。

［259］井中伟：《夏家店上层文化的青铜钉齿马具——北方草原与中原青铜文化交往的新证之一》，《边疆考古研究（第 9 辑）》，科学出版社，2010 年 12 月，75～84 页。

［260］汤卓炜：《辽西地区青铜时代考古学文化与生态环境》，《边疆考古研究（第 9 辑）》，科学出版社，2010 年 12 月，247～257 页。

［261］郭大顺：《记旅顺博物馆收藏的两件“花边鬲”》，《旅顺博物馆学苑（第五辑）》，2010 年。

［262］赵克良、李小强、周新郢、孙楠：《辽西城子山遗址夏家店下层文化期农业活动特征及环境效应》，《第四纪研究》2011 年 1 期，8～15 页。

［263］席永杰、滕海键：《夏家店下层文化研究述论》，《赤峰学院学报（汉文哲学社会科学版）》2011年4期，6～9页。

［264］滕海键：《燕北暨西辽河流域史前经济形态及其演变态势》，《中国农史》2011年4期，56～62页。

［265］席永杰、滕海键、季静：《夏家店上层文化研究述论》，《赤峰学院学报（汉文哲学社会科学版）》2011年5期，1～2页。

［266］孙永刚、曹彩霞：《夏家店下层文化时期聚落分布、环境变化与农业经济的关系》，《赤峰学院学报（汉文哲学社会科学版）》2011年11期，1～4页。

［267］夏保国：《辽西夏家店下层文化聚落的防御性及相关问题》，《北方文物》2011年4期，35～40页。

［268］赵宾福：《辽西地区汉以前文化发展序列的建立及文化纵横关系的探讨》，《边疆考古研究（第10辑）》，科学出版社，2011年12月，191～207页。

［269］李亚光：《先秦时期辽西区的民族迁移与文化交流》，《内蒙古社会科学（汉文版）》2012年4期，67～71页。

［270］陈国庆、张全超：《阴河、英金河流域夏家店下层文化石城址研究》，《社会科学战线》2012年5期，106～111页。

［271］赵宾福：《高台山文化再论》，《华夏考古》2012年3期，38～46页。

［272］付琳、王立新：《朝阳袁台子周代墓葬的再分析》，《北方文物》2012年3期，23～31页。

［273］王绵厚：《从苏秉琦先生的"三部曲"窥探辽河文明的特殊历史地位——再论夏家店下层文化与"燕亳"》，《辽河寻根·文明溯源——中华文明起源学术研讨会论文集》，文物出版社，2012年9月，181～191页。

［274］孙永刚：《夏家店下层文化经济形态研究》，《松州学刊》2012年5期，28～34页。

［275］曾祥江、毕德广：《辽西区早期铜器及相关问题探讨》，《黑龙江史志》2012年23期，21～25页。

［276］孙永刚：《西辽河流域新石器时代至青铜时代考古学文化陶器造型与纹饰概论》，《赤峰学院学报（汉文哲学社会科学版）》2012年12期，1～9页。

［277］井中伟：《夏家店上层文化的分期与源流》，《边疆考古研究（第12辑）》，科学出版社，2012年12月，149～174页。

［278］李延祥、董利军、陈建立、朱延平：《塔布敖包冶铜遗址再探》，《边疆考古研究（第12辑）》，科学出版社，2012年12月，389～396页。

［279］董婕：《论红山诸文化与野猪崇拜》，《辽宁师专学报（社会科学版）》2013年1期，133～134页转137页。

［280］朱永刚：《关于东北青铜时代考古学文化研究的几个问题》，《内蒙古文物考古文集（第四辑）——配合国家基本建设专集》，科学出版社，2013年4月，612～621页。

［281］王立新：《夏家店下层文化综论》，《内蒙古文物考古文集（第四辑）——配合国家基本建设专集》，科学出版社，2013 年 4 月，622～641 页。

［282］孙永刚：《试论夏家店下层文化生业方式——以植物考古学为中心》，《内蒙古社会科学（汉文版）》2013 年 5 期，45～48 页。

［283］赵学峰、滕海键：《地理区位与文化的交流和发展——以中国北方西辽河流域为考察实例》，《社会科学战线》2013 年 5 期，111～113 页。

［284］陈胜前、杨宽、董哲、陈慧、王立新：《大山前遗址夏家店下层文化石铲的功能研究》，《考古》2013 年 6 期，50～61 页。

［285］杨小梅、程磊：《朝阳古城早期历史考证》，《黑龙江史志》2013 年 11 期，52～53 页。

［286］王永乐、梅建军、陈坤龙、曹建恩、孙金松：《内蒙古赤峰市二道井子遗址出土铜器的初步科学分析》，《边疆考古研究（第 13 辑）》，科学出版社，2013 年 7 月，283～292 页。

［287］魏东、赵永生、徐韶钢：《阜新代海墓地出土颅骨测量性状研究》，《边疆考古研究（第 13 辑）》，科学出版社，2013 年 7 月，315～325 页。

［288］胡传耸：《略论大凌河流域商周窖藏铜器的年代及相关问题》，《中国考古学会第十五次年会论文集·2012》，文物出版社，2013 年 10 月，232～239 页。

［289］郭治中、郭丽：《三座店石城遗址与夏家店下层文化若干问题之我见》，《草原文物》2014 年 1 期，89～97 页。

［290］肖晓鸣、汤卓炜：《赤峰上机房营子遗址人地关系研究》，《草原文物》2014 年 1 期，138～144 页。

［291］李延祥、杨菊：《夏家店上层文化铜刀的科学分析》，《中国文物科学研究》2014 年 2 期，57～63 页。

［292］徐昭峰：《试论郑州地区的筒腹鬲》，《中国国家博物馆馆刊》2014 年 3 期，29～34 页。

［293］陈胜前、杨宽、董哲、陈慧、王立新：《内蒙古喀喇沁大山前遗址出土石锄的功能研究》，《人类学学报》2014 年 4 期，522～533 页。

［294］滕海键：《论燕北西辽河地区的经济形态与地理环境的互动关系——从环境史角度考察》，《郑州大学学报（哲学社会科学版）》2014 年 5 期，42～148 页。

［295］洪猛、王聪：《浅探冀北地区夏家店上层文化遗存》，《考古与文物》2014 年 3 期，35～44 页。

［296］王禹浪、夏振泉：《东北地区筑城的起源》，《哈尔滨学院学报》2014 年 6 期，1～8 页。

［297］李恭笃、高美璇：《“方国”时代的夏家店下层文化》，《寻觅与探索——中国东北原始文化考古论文集》，文物出版社，2014 年 6 月，275～291 页。

［298］朱延平：《辽西区冶金考古初识》，《庆祝张忠培先生八十岁论文集》，科学

出版社，2014 年 7 月，255～263 页。

［299］赵宾福：《东北和内蒙古东部地区辽河流域的陶鬲》，《中国陶鬲谱系研究》，故宫出版社，2014 年 7 月，385～408 页。

［300］滕海键：《西辽河流域史前聚落空间分布及历时性变化探析》，《北方文物》2014 年 3 期，11～17 页。

［301］段天璟：《二里头文化时期环渤海地区的文化区域与互动态势》，《社会科学战线》2014 年 9 期，97～104 页。

［302］孙永刚：《西辽河上游地区新石器时代至早期青铜时代经济形态研究综述》，《赤峰学院学报（汉文哲学社会科学版）》2014 年 10 期，8～11 页。

［303］陈海霖：《小黑石沟遗址相关问题研究》，《北方民族考古（第 1 辑）》，科学出版社，2014 年 10 月，33～58 页。

［304］李延祥、陈建立、朱延平：《克什克腾旗喜鹊沟古矿遗址考察》，《东北亚古代聚落与城市考古国际学术研讨会论文集》，科学出版社，2014 年 10 月，339～452 页。

［305］孙永刚、赵志军、曹建恩、孙金松、党郁：《内蒙古二道井子遗址 2009 年度浮选结果分析报告》，《农业考古》2014 年 6 期，1～9 页。

［306］王春雪、刘亚林、霍东峰、朱永刚：《通辽市库伦旗三家子遗址出土石制品的初步研究》，《草原文物》2014 年 2 期，53～56 页。

［307］李延祥、董利军、陈建立、朱延平、王刚、吴甲才、青格勒、邵国田：《赤峰北部地区青铜时代晚期古矿冶遗址专项考察报告》，《中国·乌珠穆沁边疆考古国际学术研讨会论文集》，科学出版社，2014 年 12 月，171～200 页。

［308］张星德、辛岩：《大、小凌河流域夏家店下层文化聚落的初步认识》，《东方考古（第 11 集）》，科学出版社，2014 年 12 月，93～103 页。

［309］徐政：《代海墓地性别考古学的初步研究》，《东方考古（第 11 集）》，科学出版社，2014 年 12 月，104～112 页。

［310］朱延平：《赤峰南部夏家店上层文化遗址的分布及相关问题》，《无限悠悠远古情——佟柱臣先生纪念文集》，科学出版社，2014 年 12 月，514～527 页。

［311］郭京宁：《试论高台山文化的陶器分期》，《北京文博文丛》2014 年 1 期，60～67 页。

［312］梁会丽：《太平遗址夏家店上层文化因素辨析》，《草原文物》2014 年 1 期，106～112 页。

［313］赵莹、刘志鹏、霍东峰、朱永刚：《通辽市库伦旗三家子遗址出土的动物遗存研究》，《草原文物》2014 年 2 期，113～116 页。

［314］朱乃诚：《夏家店下层文化的环类玉坠饰研究》，《无限悠悠远古情——佟柱臣先生纪念文集》，科学出版社，2014 年 12 月，501～513 页。

［315］周亚利：《夏家店上层文化探源》，《甘肃省博物馆学术论文集》，2014 年，92～101 页。

［316］张国硕、缪小荣：《先秦城址马面初探》，《中原文化研究》2015 年 1 期，14～19 页。

［317］韩金秋：《夏家店上层文化石锤斧的初步研究》，《草原文物》2015 年 1 期，77～85 页。

［318］王绵厚：《辽西傍海道和大凌河古道的交通地理与相关史迹考察——兼论大凌河古道上商周青铜器窖藏的史因》，《渤海大学学报（哲学社会科学版）》2015 年 2 期，23～27 页。

［319］王立新、付琳：《论克什克腾旗喜鹊沟铜矿遗址及相关问题》，《考古》2015 年 4 期，79～87 页。

［320］李维宇：《北票康家屯城址及相关问题研究》，《东北史地》2015 年 4 期，40～44 页。

［321］张全超、张群、彭善国、王立新、朱延平、郭治中：《内蒙古赤峰市大山前遗址夏家店上层文化"祭祀坑"出土人骨稳定同位素分析》，《考古与文物》2015 年 4 期，107～110 页。

［322］刘潼、温科学：《夏家店下层文化聚落研究》，《北方民族考古（第 2 辑）》，科学出版社，2015 年 8 月，123～141 页。

［323］付琳、王立新：《夏家店下层文化消亡后的辽西》，《考古》2015 年 8 期，89～102 页。

［324］张金伟、陈蕾：《高台山文化墓葬研究》，《学理论》2015 年 8 期，78～79 页。

［325］邵会秋、杨建华：《从夏家店上层文化青铜器看草原金属之路》，《考古》2015 年 10 期，85～99 页。

［326］黄可佳：《试析以大甸子墓地玉器为代表的夏家店下层文化玉器》，《草原文物》2015 年 2 期，61～71 页。

［327］周亚威：《内蒙古孤家子遗址高台山文化居民的体质人类学研究》，《华夏考古》2015 年 4 期，29～37 页。

［328］孙晓勇：《西辽河流域涡旋纹眼睛人面岩画研究》，《三峡论坛》2016 年 2 期，29～35 页。

［329］李晓健、王立新：《辽宁阜新代海墓地文化因素构成分析》，《北方文物》2016 年 1 期，29～36 页。

［330］李晓扬：《中国早期土坯建筑发展概述》，《草原文物》2016 年 1 期，78～86 页。

［331］党郁、孙金松：《夏家店上层文化祭祀性遗存初探》，《草原文物》2016 年 1 期，87～94 页。

［332］朱乃诚：《夏家店下层文化玉器六题》，《考古》2016 年 2 期，95～110 页。

［333］公雪霜、于丽君、聂跃平、朱建峰、潘玉青：《辽宁西部地区先秦时期聚落遗址空间格局分析》，《中国科学院大学学报》2016 年 3 期，373～379 页。

［334］董哲、杨宽、陈胜前、王立新：《赤峰人山前遗址第1地点夏家店下层文化梭形石刀的使用方式》，《考古》2016年3期，93～101页。

［335］王明荪：《中国北方草原城市的萌芽与雏形——以内蒙古为主的探讨》，《史学集刊》2016年4期，49～61页。

［336］刘玮、赵志军、霍东峰、朱永刚：《内蒙古库伦旗三家子遗址浮选结果分析报告》，《农业考古》2016年3期，7～13页。

［337］袁靖：《新石器时代至先秦时期东北地区的生业初探》，《南方文物》2016年3期，175～182页。

［338］骆玉梅：《从二道井子遗址中的遗迹和遗物探讨先民的衣食住行》，《红山文化研究（第三辑）》，辽宁人民出版社，2016年，126～131页。

［339］陈醉、霍东峰、朱永刚：《内蒙古库伦旗三家子遗址陶器工艺研究》，《草原文物》2016年2期，73～80页。

［340］张帅、田惠农、孙永刚：《内蒙古敖汉热水汤遗址浮选结果分析》，《农业考古》2016年6期，22～27页。

［341］黄晓雷、金熙茗：《大甸子墓地随葬骨器分析》，《辽宁省博物馆馆刊（2015）》，辽海出版社，2016年12月，89～93页。

［342］卢治萍：《夏家店下层文化石城聚落研究》，《文化遗产与公众考古（第三辑）》，2016年12月，66～86页。

［343］赵少军：《试论凌河类型的石构墓葬》，《北方文物》2017年1期，35～43页。

［344］周宇杰：《夏家店下层文化玉器的初步研究》，《辽宁师范大学学报（社会科学版）》2017年第1期，52～55页。

［345］李道新、孙航：《谈黑山头遗址的文化性质和年代》，《辽宁师范大学学报（社会科学版）》2017年2期，34～36页。

［346］王雅艺、陈全家、包曙光、王乐文：《内蒙古乃林皋遗址2015年出土动物遗存研究》，《草原文物》2017年1期，115～124页。

［347］郭大顺：《从饕餮纹在燕山地区消失最晚谈起》，《郭大顺考古文集》，辽宁人民出版社，2017年3月，197～206页。

［348］王绵厚：《关于辽西三大考古文化相关问题的再思考——红山文化玉料产地、夏家店下层文化与“燕亳”、商周青铜器窖藏史因》，《渤海大学学报（哲学社会科学版）》2017年3期，20～26页转100页。

［349］胡岩涛：《北方长城地带史前城防遗存及其特征研究》，《内蒙古民族大学学报（社会科学版）》2017年4期，14～20页。

［350］孙永刚、高云逸：《辽西地区青铜时代灰坑葬研究》，《辽宁师范大学学报（社会科学版）》2017年6期，134～139页。

［351］贾鑫、孙永刚、杨金刚、赵志军：《西辽河上游地区夏家店文化时期浮选结果与分析》，《农业考古》2017年6期，33～39页。

[352] 吴博：《东北民族筑城起源与夏家店石城文化概述》，《黑龙江民族丛刊》2018年1期，90～94页。

[353] 张明悟、王晓强：《两周时期北方地区青铜器铸造石范研究》，《中国科技史杂志》2018年1期，88～96页。

[354] 汤艳杰：《辽宁建平水泉遗址夏家店下层文化陶器类型分析》，《文物春秋》2018年1期，17～22页转31页。

[355] 雷帅：《试析内蒙古乃林皋遗址的经济形态》，《文博》2018年2期，55～60页。

[356] 黄晓雷、白梅：《东北地区双孔石刀研究》，《辽宁省博物馆馆刊》(2016)，辽海出版社，2018年4月，78～84页。

[357] 赵少军：《夏家店上层文化石构墓葬初步研究》，《地域文化研究》2018年2期，90～106页。

[358] 张珣：《中国早期城市聚落与水的规划史考察——以夏家店下层文化遗址为例》，《建筑与文化》2018年5期，229～230页。

[359] 徐光冀：《赤峰新店石城址发掘记——兼谈夏家店下层文化石城址研究的相关问题（提要）》，《废墟上的足迹——徐光冀考古与文物保护文集》，科学出版社，2018年，225～226页。

[360] 赵益健：《夏家店上层文化祖式玉人考证》，《文物鉴定与鉴赏》2018年10期，54～55页。

[361] 邵国田：《敖汉旗夏家店下层文化遗址分布概述——以第二次文物普查所获资料为据》，《庆祝郭大顺先生八秩华诞论文集》，文物出版社，2018年11月，303～325页。

[362] 郭丽：《内蒙古东部区的两种青铜文化巡礼》，《草原文物》2018年2期，28～34页。

[363] 王永乐、梅建军、李延祥、曹建恩、孙金松、党郁：《夏家店下层文化铜器成分及工艺研究》，《草原文物》2018年2期，108～114页。

[364] 朱延平：《老哈河中、上游夏家店上层文化之源》，《新果集（二）——庆祝林沄先生八十华诞论文集》，科学出版社，2018年12月，142～158页。

[365] 杨建华、邵会秋：《从鄂多斯青铜器到北方系青铜器——中国东北长城地带青铜器研究的历程》，《新果集（二）——庆祝林沄先生八十华诞论文集》，科学出版社，2018年12月，159～169页。

[366] 华玉冰、徐韶钢：《族群认同背景下的辽西含东北系铜剑早期遗存初步考察》，《新果集（二）——庆祝林沄先生八十华诞论文集》，科学出版社，2018年，226～250页。

[367] 钟雅薰：《东周东北地区的“铸合式”曲刃短剑》，（台北）《故宫文物月刊》总424期（2018年7月），110～121页。

四、考古专著

（一）中文

［1］王惠德:《夏家店下层文化石城研究》，国际华文出版社，2001年5月。

［2］李海荣:《北方地区出土夏商周时期青铜器研究》，文物出版社，2003年11月。

［3］田广金、郭素新:《北方文化与匈奴文明》，江苏教育出版社，2004年11月。

［4］郭大顺、张星德:《东北文化与幽燕文明》，江苏教育出版社，2004年11月。

［5］田广林:《中国东北西辽河地区的文明起源》，中华书局，2004年12月。

［6］杨建华:《春秋战国时期中国北方文化带的形成》，文物出版社，2004年12月。

［7］陈平:《燕文化》，文物出版社，2006年4月。

［8］朱泓:《东北、内蒙古地区古代人类的种族类型与DNA》，吉林人民出版社，2006年5月。

［9］乌恩岳斯图:《北方草原考古学文化研究——青铜时代至早期铁器时代》，科学出版社，2007年7月。

［10］塔拉主编:《草原考古学文化研究》，内蒙古教育出版社，2007年7月。

［11］孙登海:《追寻远逝的民族：山戎文化探幽》，北京师范大学出版社，2007年11月。

［12］席永杰、王惠德、崔岩勤、任晓辉、孙永刚:《西辽河流域早期青铜文明》，内蒙古人民出版社，2008年3月。

［13］席永杰、任爱君、杨福瑞等:《古代西辽河流域的游牧文化》，内蒙古人民出版社，2008年4月。

［14］乌恩岳斯图:《北方草原考古学文化比较研究——青铜时代至早期匈奴时期》，科学出版社，2008年3月。

［15］滕铭予:《GIS支持下的赤峰地区环境考古研究》，科学出版社，2009年9月。

［16］赵宾福:《中国东北地区夏至战国时期的考古学文化研究》，科学出版社，2009年9月。

［17］杨建华、邵会秋、潘玲:《欧亚草原东部的金属之路——丝绸之路与匈奴联盟的孕育过程》，上海古籍出版社，2016年3月。

（二）外文

［1］Gideon Shelach，1999，Leadership Strategies, Economic Activity, and Interregional interaction——Social Complexity in Northeast China，Kluwer Academic/Plenum Publishers New York.

编 后 记

2020 年是内蒙古自治区赤峰市药王庙、夏家店遗址发掘六十周年，也是夏家店下层文化与夏家店上层文化发现六十周年。六十年来，在对这两种青铜时代考古学文化的研究上取得了一系列重要成果，学界对涉及两种青铜文化的一些基本问题已形成共识。分布于辽西区的这两种文化，年代大体相当于中原地区二里头文化至春秋时期，即公元前 2000～前 500 年，它们是中国北方地区青铜时代的重要组成部分，在中华民族形成的进程中起到过不可或缺的重要作用。有鉴于此，亟须总结回顾这六十年来两种文化的研究成果，以推动北方地区青铜时代考古的进展。故决定于 2020 年 8 月下旬在赤峰市召开“夏家店下层文化与夏家店上层文化发现六十周年国际学术研讨会”。2019 年 10 月，在北京召开了由主办单位与承办单位代表出席的筹备会议，对会议的主题、名称、议程、规模、经费等相关事宜进行了商讨，并形成会议纪要。

为开好这次会议，2019 年初即委托徐光冀、朱延平、王丹、陶建英四位先生整理汇编六十年来发表的相关著述，形成《辽西区青铜时代考古文献目录索引》，并在此基础上辑成《辽西区青铜时代考古文献选编——回眸药王庙、夏家店遗址发掘六十周年》。经过近一年的时间，这些工作已基本完成，2020 年初交付科学出版社，准备于会前出版。收入本书的文章，观点虽不尽相同，却在一定程度上反映了各阶段的主要认识。因篇幅所限，许多颇有建树的论文只好割爱，还请大家谅解。好在这些文章已收进《辽西区青铜时代考古文献目录索引》，读者可自行查阅。限于条件，这部仓促面世的“选编”肯定存在诸多问题，不妥之处，盼请指正。

“选编”辑录的过程中，除入选文章作者提供的帮助外，还得到内蒙古自治区文物考古研究所、赤峰市文旅局文物局、赤峰市历史文化研究院的大力支持。中国社会科学院考古研究所编辑室、图书室积极配合，党郁（内蒙古自治区文物考古研究所）、郭明（辽宁省文物考古研究所）、黄曲（文物出版社）、黄益飞（《考古》杂志社）及时提供有关图文资料。科学出版社闫向东、孙莉、李茜等同仁更是鼎力相助。在此一并致谢!

编　者

2020 年 1 月 2 日

由于新冠肺炎疫情原因，原定 2020 年 8 月在赤峰召开的学术研讨会，经主办单位商定推迟至 2021 年 8 月召开，特此说明。

编　者

2020 年 6 月 1 日

1. 遗址全景

2. 遗址航拍片

二道井子遗址

1. 城墙一角

2. 三号院落

1. 发掘现场

2. 院落群

二道井子遗址

彩版四

1. 筒形鬲（H17：1）

2. 筒形鬲（H60：1）

3. 罐形鬲（F28：6）

4. 盘形鬲（F12：8）

5. 模具（F92：1）

6. 甗（F73：5）

7. 甗（F71：1）

8. 甗（F81：3）

二道井子陶器

1. 尊（F76：14）

2. 鼎（G1：8）

3. 罐（F40：1）

4. 豆（F30：8）

5. 模具（F61：1）

6. 器盖柄（H104：2）

7. 纺轮（F27：1）

二道井子陶器

1. A型斧（F3：1）

2. B型斧（F84：1）

3. B型斧（F76：1）

4. A型铲（T1110①：3）

5. B型铲（H95：1）

6. 凿（F114：2）

7. 锛（F22：4）

8. 钺（F1：1）

二道井子石器

1. 石臼（F12：7）

2. 鞋楦（F42：1）

3. 玉斧（F8：3）

4. 玉凿（F84：2）

5. 玉璧（F36：1）

6. 铜刀（F22：2）

7. 铜耳环（F6：12）

二道井子石器、玉器、铜器

1. 骨匕（F36：3）

2. 骨匕（F102：1）

3. 骨勺（F1：8）

4. 骨勺（F30：4）

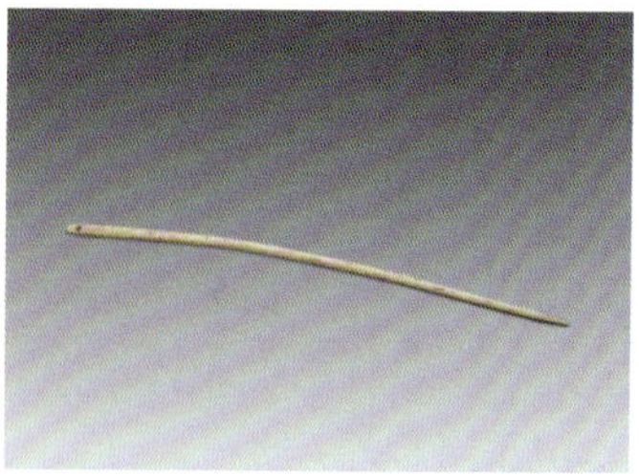
5. 骨针（H79：1）

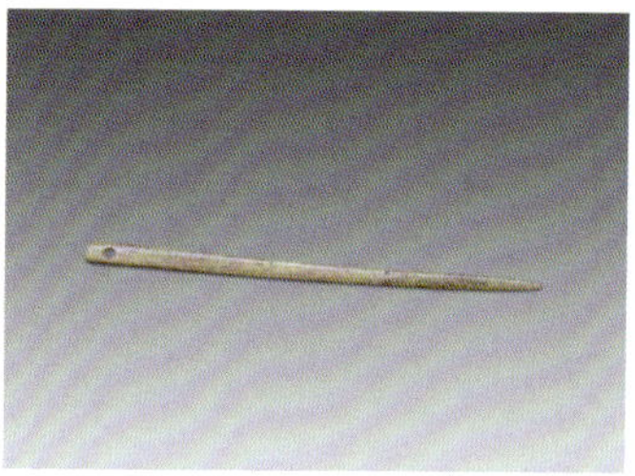
6. 骨针（T0706②：1）

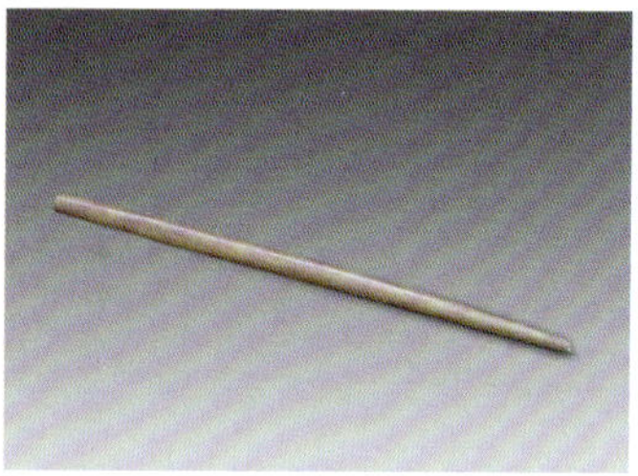
7. 骨簪（F86：1）

8. 骨镞（F92：2）

9. 骨镞（F51：2）

10. 骨镞（H59：4）

11. 骨镞（F38：3）

12. 卜骨（F39：3）

13. 卜骨（F58：1）

14. 骨针管（F63：5）

15. 刻画骨器（F102：2）

二道井子骨器

1. 药王庙遗址全景

2. F1

3. F2

图版二

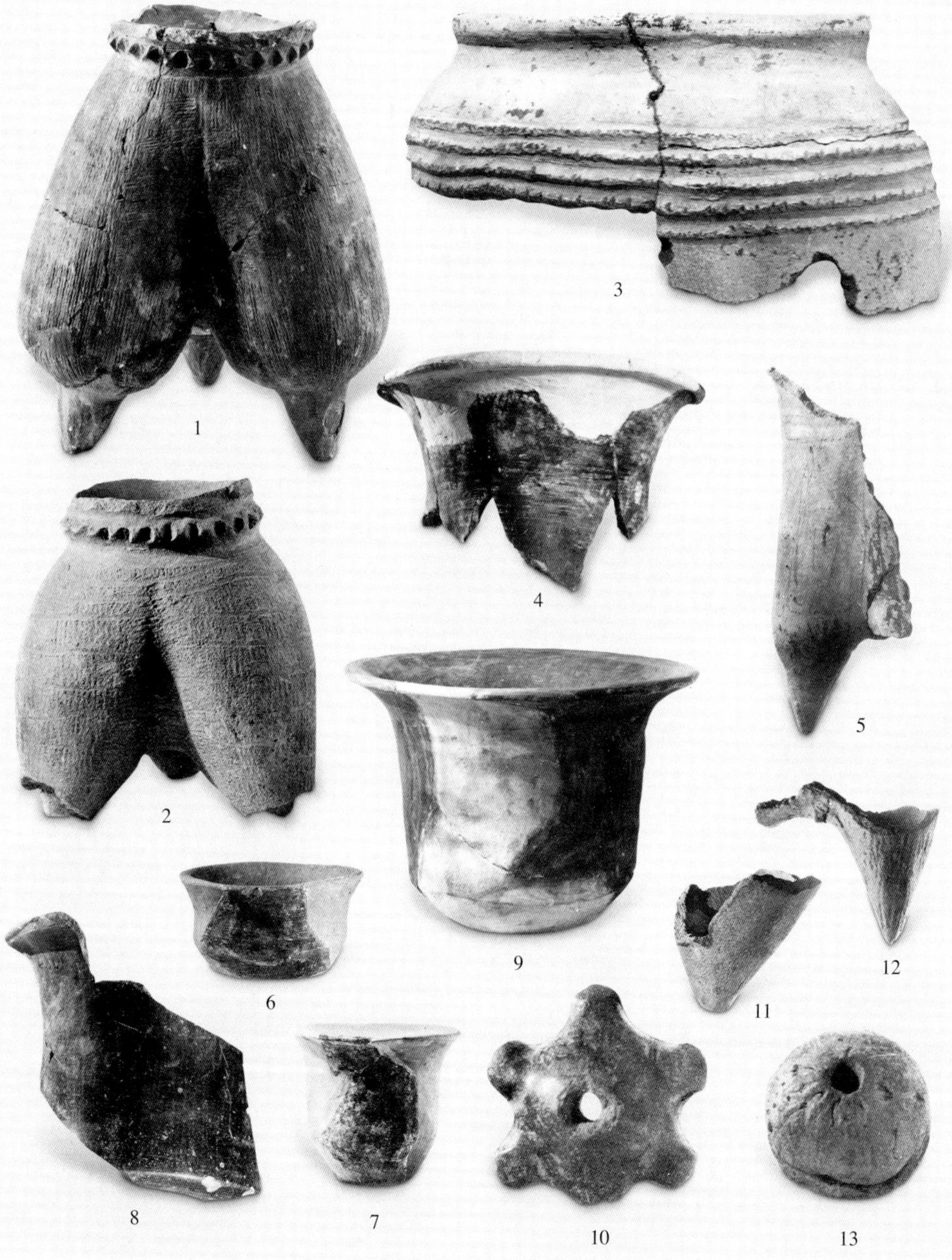

1. Ⅰ式甗（T1③：13）　2. Ⅲ式甗（采集）　3.瓮（T1①：11）　4. Ⅰ式鬲（T4③：21）
5. Ⅱ式鬲（采集）　6. Ⅰ式尊（T4③：28）　7. Ⅱ式尊（F2：22）　8. Ⅲ式尊（T4③：23）　9.尊（采集）
10.Ⅱ式纺轮（T1①：12）　11、12.鬲足（T3②：1、T1①：7）　13. Ⅰ式纺轮（T2②：3）

药王庙遗址出土陶器

1. 盘状器（T1②：3） 2、3. 锄（采集、T4②：7） 4. 打制斧（T4②：13）
5. 磨制Ⅰ式斧（F2：14） 6. 磨制Ⅱ式斧（F2：13） 7、8. 磨制Ⅲ式斧（T4③：14、F1：9）
9. 锛（T4②：6） 10、11. 铲（采集、F1：1）

药王庙遗址出土石器

图版四

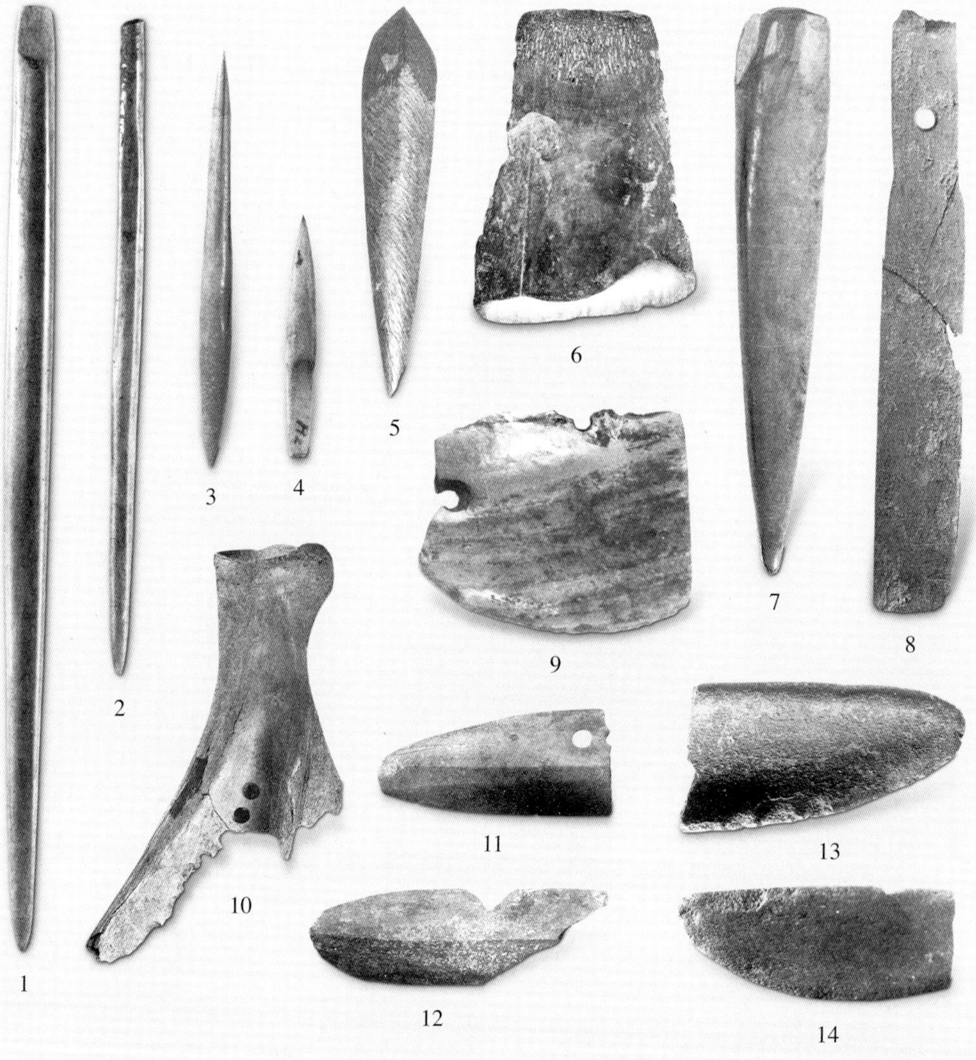

1. Ⅰ式骨簪（F2：1） 2. Ⅱ式骨簪（T2②：1） 3. Ⅱ式骨镞（T1②：4）
4. Ⅲ式骨镞（F2：10） 5. Ⅰ式骨镞（T4②：5） 6. 骨铲（T4②：1） 7. 骨锥（T2②：2）
8. 骨匕（T1②：2） 9. 穿孔蚌器（F1：4） 10.卜骨（F2：10）
11、12. Ⅱ式石刀（T4②：16、T4③：15） 13、14. Ⅰ式石刀（T1②：13、采集）

药王庙遗址出土器物

1. 夏家店遗址全景

2. H16

3. F5

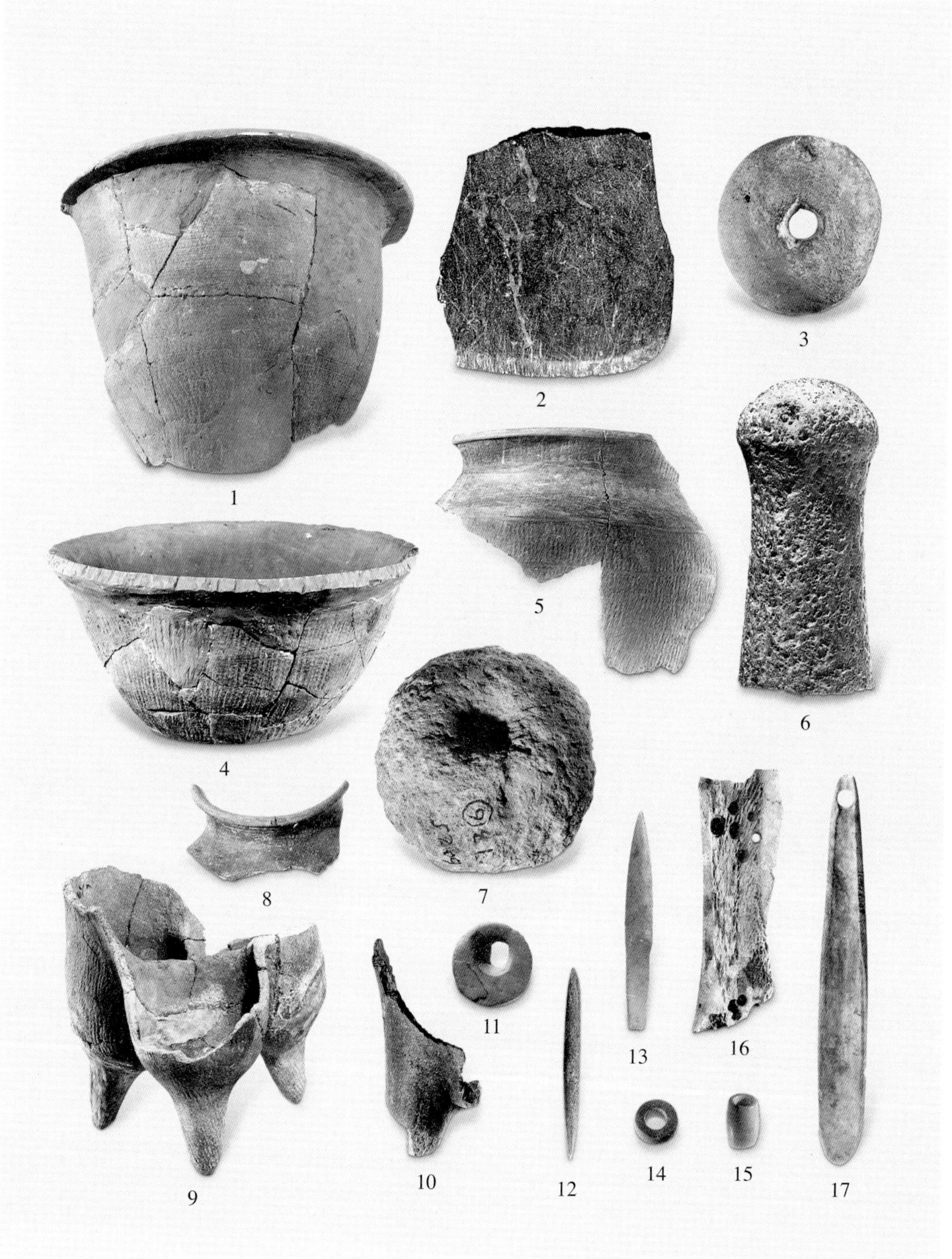

1. Ⅰ式陶盆（T9④：19） 2. 石铲（T3⑥：28 ） 3. 陶纺轮（T3⑥：35）
4. Ⅱ式陶盆（H2：4） 5、8. 陶罐（T5②：4、H13：3） 6. 石杵（H4：13）
7. 球形石器（T3⑥：43） 9. Ⅰ式陶鬲（T9④：18） 10. Ⅱ式陶鬲（T3⑥：38）
11. 蚌饰（T3⑥：32） 12、13. 骨镞（H4：3、H13：1）
14、15. 石珠（T3⑥：25、T3⑥：30） 16. 卜骨（H2：1） 17. 骨匙（H4：1）

夏家店遗址下层出土器物

1. H26

2. F4

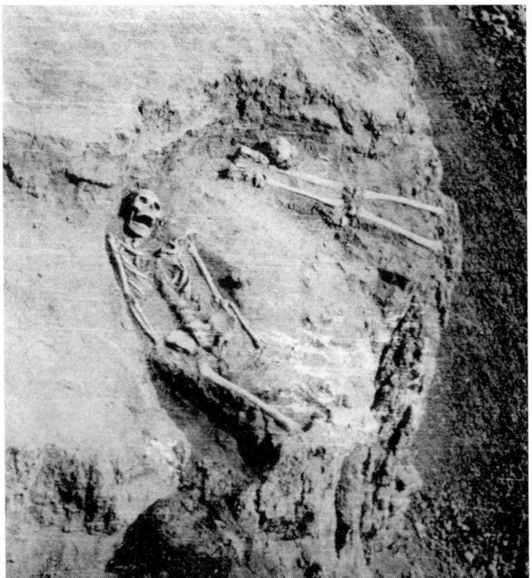

3. F4填土中的人骨架

夏家店遗址上层遗迹

1. M17

2. M17

3. M13

4. M15

1. M11

2. M11

3. M12

4. M14

图版一〇

1. Ⅰ式鬲（T3⑤：11）

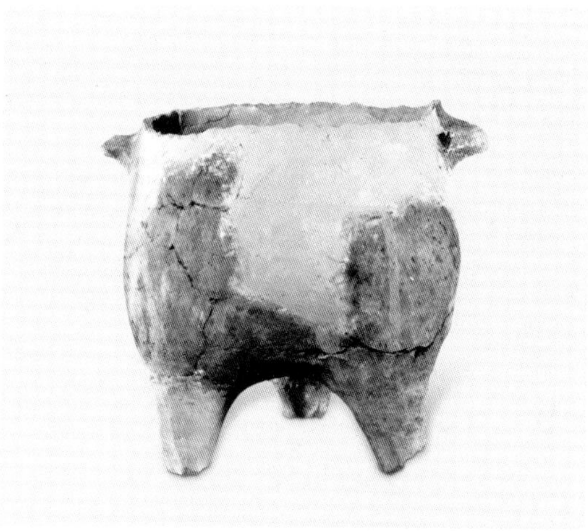

2. Ⅰ式鬲（F4：2）

3. Ⅱ式鬲（T1②：7）

4. Ⅰ式罐（H11：4）

5. Ⅰ式罐（M11：13）

夏家店遗址上层出土陶器

1、2. Ⅱ式罐（M15：1、M12：7） 3、6. Ⅰ式罐（F5：4、采集） 4. Ⅱ式豆（F4：1）
5. Ⅳ式罐（采集） 7. Ⅰ式豆（T3④：37） 8、9. Ⅲ式鬲（H5：15、T7①：2）

夏家店遗址上层出土陶器

图版一二

1. Ⅰ式斧（T3④：4） 2. Ⅱ式斧（T3④：38） 3. Ⅲ式斧（T3⑤：5） 4. Ⅳ式斧（T9②：18）
5. Ⅴ式斧（T3⑤：6） 6. 联珠铜饰范（T3③：12） 7. 圆形石器（H5：11） 8. 范（T7②：7）
9.刀（T9②：9） 10、11. 锤斧（采集、T4②：3）

夏家店遗址上层出土石器

1、2、4. 环形石器（T1①：1、H18：1、采集） 3. 盘状器（T4②：1）
5、7. 石坠（H20：1、H21：2） 6. 陶坠（H11：1） 8. 石杵（T4②：2） 9. 石臼（T4②：11）

夏家店遗址上层出土器物

图版一四

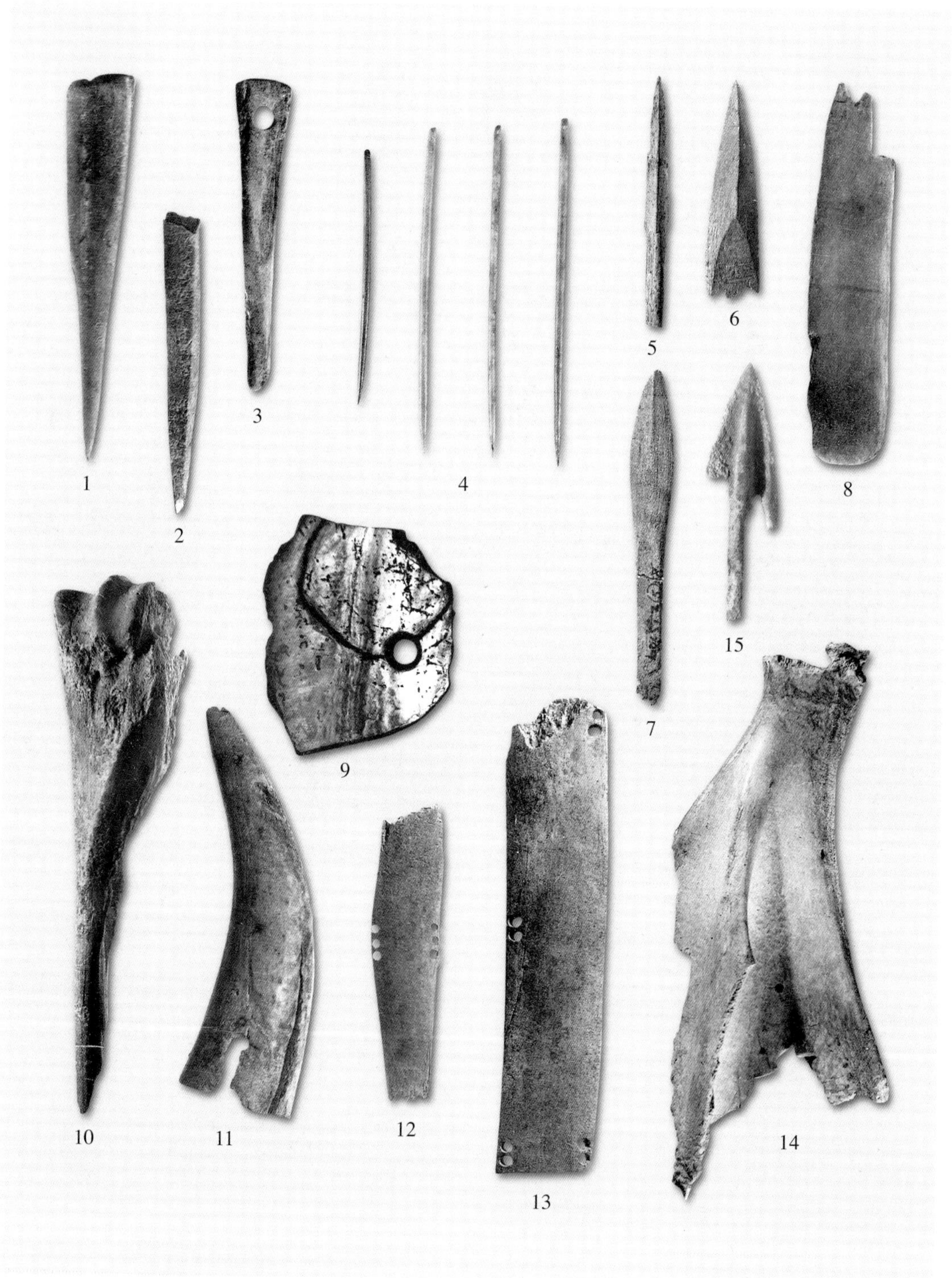

1、10. Ⅰ式骨锥（T3⑤：7、H10：1） 2. Ⅱ式骨锥（T3②：2） 3. 穿孔器（H15：14）
4. 骨针（H5：3、H9：3、T3④：16、H5：17） 5. Ⅰ式骨镞（H22：4） 6. Ⅲ式骨镞（T1②：5）
7. Ⅱ式骨镞（T3⑤：8） 8. 骨匕（H5：5） 9. 蚌器（T9②：11） 11. 角器（T5③：2）
12、13. 骨牌（T9②：17、采集） 14. 卜骨（H5：8） 15. 铜镞（T3）

夏家店遗址上层出土器物

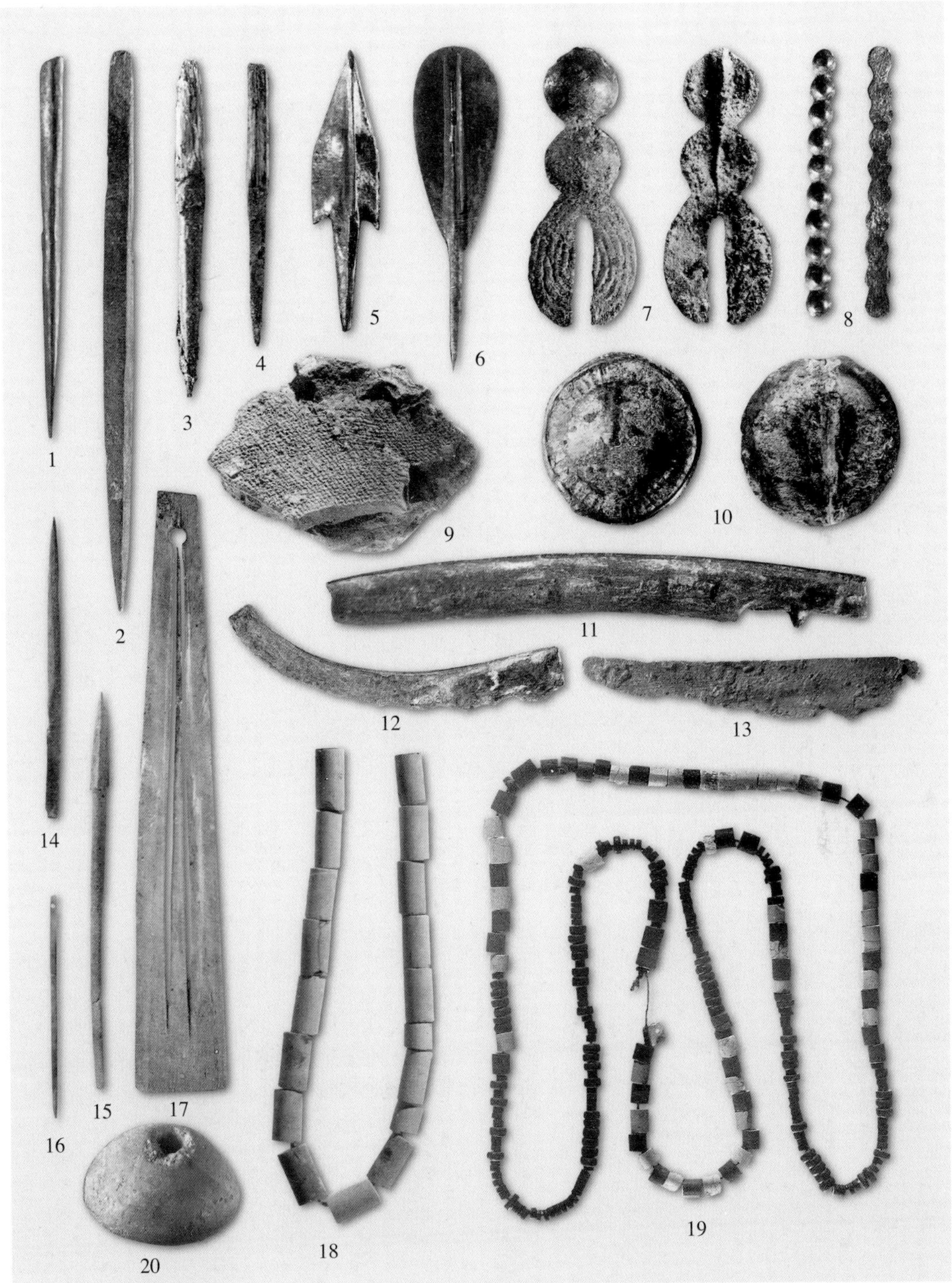

1～4. 铜锥（出自M17、M1：1、出自M14、出自M11） 5、6. 铜镞（M12：4、M12：6）
7. 双尾形铜饰（M11：1） 8. 联珠形铜饰（M11：12） 9. M17织物痕 10. 大型铜扣（M17：2）
11. Ⅰ式铜刀（M17：6） 12. Ⅱ式铜刀（M12：2） 13. Ⅲ式铜刀（M1：2）
14、15. 骨镞（M12：1、M12：3） 16. 骨针（M11：11） 17. 骨梭（M14：6）
18. 大型骨珠（M1：3） 19. 小型骨珠（M17：42） 20. 陶纺轮（M11：14）

夏家店遗址上层出土器物

图版一六

1. 甗

2. 甗铭文

3. 饕餮纹鼎

4. 弦纹鼎

翁牛特旗解放营子出土铜器